CHENGSHI JIANSHE GONGCHENG GUANLI

城市建设工程管理

聂琦波　申玲　编著

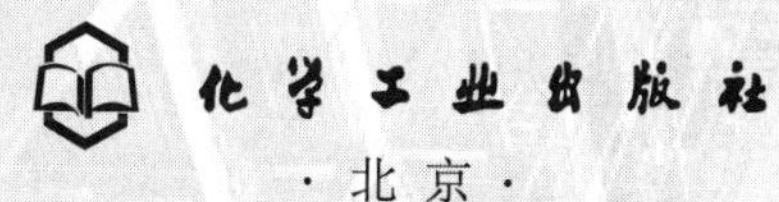

化学工业出版社
·北京·

迅猛奋进的城市化进程，激越奔腾的城市建设大潮，让城市建设中的工程管理推进成为城市建设与发展的一项关键抓手和举措。城市建设工程管理对于推进城市建设，落实城市发展，实现城市建设与发展的社会效益、经济效益、环境效益相统一，实现三大效益目标的优化、升级和创新有着十分重大的现实意义和极其深远的历史意义。

《城市建设工程管理》内容主要分为三大部分。第一部分是关于城市化和城市建设，城市建设和工程管理、建设工程项目系统及其概念，城市建设基本建设程序的主要环节、阶段等内容，是全书的基础及总体基本概念部分。第二部分按城市建设工程项目从投资决策立项，到项目建设前准备、预备工作，到项目招投标、项目施工建设，一直到项目施工建设完毕的竣工验收以及最终移交的全过程，讲述其中的工程管理原理与实践内容，也将城市建设工程管理的基本过程和要素控制作了清楚有序、明确渐进的分析解释。第三部分对城市建设工程管理内容作了创新性的调整和引进。提出和介绍了从中国国情现实与特色出发，在中国城市建设中发挥重要作用的城市建设重点工程协调推进模式的问题；对以前工程管理书本"重房屋、轻设施""重建筑、轻构筑"以及"重土木，轻装饰、安装、园林绿化"的倾向作了重要而有意义的调整，较大篇幅用在城市建设基础设施和城市建设公共设施建设的内容上，如城市地铁、桥梁、大型体育场馆和会议中心等。引进了城市综合体、现代高层（超高层）、绿色生态和节能环保以及智慧建筑等新型建筑内容，探讨了绿色城市、海绵城市、生态城市等新概念。是跟踪城市建设新潮流、新趋势、新成果的部分。

全书体系清楚全面，内容系统现实，案例丰富新颖，理念明晰而紧跟前沿发展趋势。值得城市建设行业、建设系统人士一读，也值得设置相关专业的高校师生阅读学习。并特别向建设单位管理人员、城市建设研究人员、相关专业研究生推荐。

图书在版编目（CIP）数据

城市建设工程管理/聂琦波，申玲编著．—北京：化学工业出版社，2017.12

ISBN 978-7-122-30766-8

Ⅰ.①城… Ⅱ.①聂…②申… Ⅲ.①城市建设-工程管理-研究 Ⅳ.①TU984

中国版本图书馆CIP数据核字（2017）第315695号

责任编辑：唐旭华　尉迟梦迪　　文字编辑：荣世芳
责任校对：边　涛　　装帧设计：王晓宇

出版发行：化学工业出版社（北京市东城区青年湖南街13号　邮政编码100011）
印　　装：三河市延风印装有限公司
787mm×1092mm　1/16　印张39　字数1028千字　2018年3月北京第1版第1次印刷

购书咨询：010-64518888（传真：010-64519686）　售后服务：010-64518899
网　　址：http://www.cip.com.cn
凡购买本书，如有缺损质量问题，本社销售中心负责调换。

定　　价：118.00元

Preface
前言

《城市建设工程管理》的内容逻辑框架是两横一竖的“工”字型结构。“第一横”是第一～三章，主要从综合、横向、总体方面，介绍城市化和城市建设，城市建设和工程管理、建设工程项目系统及其概念，城市建设基本建设程序主要环节、阶段等内容；“一竖”是第四～十二章共九章，按工程项目从投资决策立项，到项目建设前准备、预备工作，到项目招投标、项目施工建设，一直到项目施工建设完毕的竣工验收以及最终移交的全过程，讲述其中的工程管理原理与实践内容；再一横是第十三～二十章共八章，其中第十三章从横向角度分别专项介绍了工程管理中安全、合同、信息、节能与创新管理等要素管理内容，以及工程监理、国际工程承包内容；第十四章介绍了贯穿于城市建设始终的建设资金融资问题；第十五章讲述了以前基本忽略，而实际是从中国国情现实和特色出发，在中国城市建设中发挥重要作用的城市建设重点工程组织协调推进模式的问题；同样，第十六～十八章针对以前工程管理书本“重房屋、轻设施”和“重建筑、轻构筑”的倾向作了重要而有意义的调整，专门重点讨论了城市基础设施桥梁、隧道、轨道交通以及能源、给排水、环保节能、防灾救灾设施的建设和管理；专门重点讨论了城市公共服务设施的建设与管理推进问题；第十九章则紧跟城市建设中新型建筑的发展现状和方向趋势，引进了绿色生态、节能环保建筑建设与管理介绍，开展了对城市高层（超高层）建筑、城市综合体等新型、特大型建筑的建设、开发与管理分析，并对城市新型别墅建设开发进行了讨论；第二十章讨论了目前已逐步成为热点的既有建筑改造问题。

《城市建设工程管理》新在案例。首先，补上以前没有的案例，比如办理建设手续必需的而读者一般又因多种原因见不到的如“建设地块规划条件要点审批表”“两证一书”“拆迁补偿分户表”等；还专门引进介绍工程竣工验收完成后，政府协调移交后的有关单位管理责任分工落实案例；专门引入城建重点工程办公室的工作流程实例。

其次，跟踪城市建设的新情况、新特点、新问题，引入大量城市建设中出现的新案例。引入城市重大基础设施和公共设施工程项目案例，包括北京奥运会场馆建设，杭州G20峰会场馆改造建设，港珠澳大桥、苏通大桥，中国国际贸易中心城市综合体等案例；引入“一带一路”所涉案例；引入涉及生态、环保、土地改良、地质环境灾害治理、海洋等方面的案例等。

第三，对新型建筑如绿色生态建筑、节能环保建筑，以及绿色城市、智慧城市、海绵城市、城市综合体都有示例涉及；传统工程管理方面的涉及“三控两管一协调”方案的案例也十分丰富。

新在内容。

这是一本关于城市建设工程管理全过程内容的教材。着重增加了以前《工程管理》教材中一般没有但又是必需的内容，如工程规划设计概念、程序等，土地房屋征收拆迁等内容；主要讲述城市建设工程管理理论与实践新发展的有关新内容，包括绿色建筑、建筑环保、建设资金市场运作等，以及节能、信息和全寿命工程、可持续发展工程、建筑科技与管理创新工程等问题；引入建设工程资本市场投资、融资运作，BT、PPP方式承揽工程任务，重大城市基础设施和公共设施的建设工程项目管理，城建重点工程项目管理与协调等问题。同时在以往工程管理比较关注建筑物工程的基础上，本书在内容处理时，结合当前现实，特别是结合“一带一路”建设不断推进的现实与前景，结合当前城市建设热点，加大了交通、环保、大型商服一体化设施等基础设施和公共设施建设工程项目的工程管理内容，加大了对构筑物工程建设内容的关注等。考察利用现代金融工具手段，在金融资本市场上进行工程项目投资的投资、融资运作等问题；绿色、生态、环保理念在城市建设工程管理中的影响评价和应用等；可持续发展理念、全寿命工程理念在城市建设工程管理中的引入和应用等。还有环保工程，绿色建筑，以及应用电子化、智能化、信息化等创新科技应用的工程项目管理内容。

从理论上看，工程管理是门相对比较成熟的学科，但丰富多彩、瞬息万变、气象万千的社会建设与发展现实，不断丰富和提升着工程管理尤其是城市建设工程管理实践。“理论是灰色的，而生命之树长青”，我们无力用面前的这本新书、这本小书，概括和总结丰富多彩的现实，只愿在迎接即将到来的伟大而美好的建设春天时代里，做一朵小小迎春花……

本书的两名合作编写者聂琦波、申玲，共同对全书的结构框架、内容理念、案例分析、编写协作进行了全面而有益的较为深入、丰富的讨论，形成了一致意见，由聂琦波具体执笔第一～三章、第五、六章、第八、九章、第十一～十三章、第十五～十九章；申玲具体执笔第四章、第七章、第十四章、第二十章，并参与修改第三章部分内容；聂琦波、申玲共同执笔第十章。

衷心感谢王建平教授对本书编撰、出版的关心、支持和帮助，并十分感谢他的指导、协阅和鼓励。深深感谢周振华同志的宝贵帮助，他对本书相关撰写、出版工作的帮助、支持，尤其在第十章的撰写工作上以及其他一些章节资料的帮助，都让我们十分难忘。

出于可以理解的原因，对案例中出现的多数单位名称及人员姓名等作了隐去处理；某些数据进行了必要而合适的技术性调整。

本书在写作过程中，通过阅读网络信息，得到许多教益和启发，一般修改引用、调整引用了部分信息内容参编，但因下述多方面原因无法准确标明出处：一是同样信息多处多时出现，无法判明源头；二是名字地址不清，多数是网名或非正常用名，或不能确认系本人名情况等；三是本身不清楚或多义之处较多，作了较大改动或只引用个别话语或段落，也查不到标题和出处等。在此一并致谢！并恳请广大读者提出宝贵意见，我们将十分珍惜，十分感激，将从多种途径予以整改提高。

编著者

2017年11月

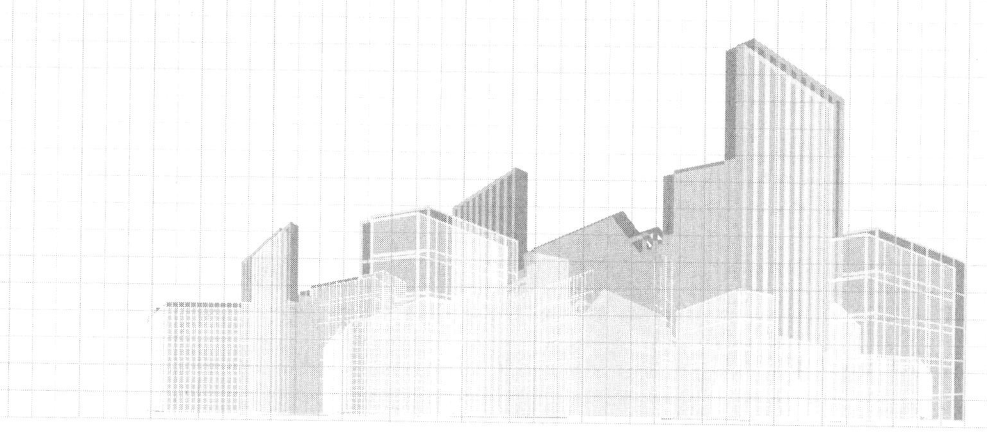

目 录
CONTENTS

第十一章 11 Chapter 城市建设工程质量控制 / 255

第十二章 12 Chapter 城市建设工程验收移交 / 281

第十三章 Chapter 13 城市建设工程其他管理问题 / 307

第十四章 Chapter 14 城市建设工程资金运作与融资 / 363

第一章　城市建设与建设工程管理

01 Chapter

第一节　城市历史进程与城市发展

一、城市及其历史概述

（一）城市与城市系统概述

与城市这个名词相对应的名词应该是农村，城市是一种完全不同于农村的复杂的社会与自然复合、人与物复合的综合巨大系统。城市是以非农业产业和非农业人口集聚形成的较大居民点。城市是人口较稠密的地区，一般包括了住宅区、工业区和商业区，具体还有居民区、厂区、街道、医院、学校、公共绿地、写字楼、商业卖场、广场、公园等设施。城市还具备行政管辖功能，这涉及较其本身更广泛的区域。

城市是“城”与“市”的组合词。从城市的起源来说，最早的城市就等于城+市，反映早期城市的防御和交易两大功能。“城”主要是为了防卫，并且用城墙等围起来的地域；“市”则是指进行交易的场所，“日中为市”。这两者都是城市最原始的形态。城市是个由物质硬件及其环境等物质性要素，人口、信息、能源、资金及其他核心为软件性质的非物质要素共同构成有机联系的复杂大系统。人们已经开始运用系统工程思想来研究、分析和认识、处理城市系统的运作、推进及调整等问题。

（二）城市的出来及历史

1. 城市的六种起源说

一是防御说。认为古代城市的兴起是出于防御上的需要。在居民集中居住的地方或氏族首领、统治者居住地修筑墙垣城郭，形成要塞，以抵御和防止别的部落、氏族、国家的侵犯，保护居民的财富不受掠夺。

二是社会分工说。认为随着社会大分工逐渐形成了城市和乡村的分离。第一次社会大分工是在原始社会后期农业与畜牧业的分工。不仅产生了以农业为主的固定居民，而且带来了产品剩余，创造了交换的前提。第二次社会大分工是随着金属工具制造和使用，引起手工业和农业分离，产生了直接以交换为目的的商品生产。使固定居民点脱离了农业土地的束缚。第三次社会大分工是随着商品生产的发展和市场的扩大，促使专门从事商业活动的商人出现，从而引起工商业劳动和农业劳动的分离，并形成城市和乡村的分离。

三是私有制说。认为城市是私有制的产物，是随着奴隶制国家的建立而产生的。

四是阶级说。认为从本质上看，城市是阶级社会的产物，是统治阶级奴隶主、封建主用以压迫被统治阶级的一种工具。

五是集市说。认为由于商品经济的发展，形成了集市贸易，促使居民和商品交换活动的集中，从而出现了城市。

六是地利说。用自然地理条件解释城市的产生和发展。认为有些城市的兴起是由于地处商路交叉点、河川渡口或港湾，交通运输方便，自然资源丰富等优越条件的原因。

2.关于城市起源与演进的评述

城市是生产力发展到一定历史阶段的产物，归根结底，城市的产生归结于自然、地理、经济、社会、政治、文化等诸方面因素的综合作用。考古资料证明，世界上最早的城市是位于约旦河注入死海北岸的古里乔，距今已有9000年左右。考古学家发现，那里堆积有从中石器时代到青铜器时代晚期厚达17层的文化层，遗址范围达4万平方米。《圣经》上称为“棕榈之城”，曾繁荣一时，居住有约2千人。城市作为一种复杂的经济社会综合体，“罗马不是一天建成的”，而是有个逐渐的演进过程，必须经过一段漫长的历史发展时期。

（三）早期城市及其发育

1.早期城市发展形成的一般模式

城市形成的规律一般为：原始聚落→分散的乡村→集市→早期城市。

2.早期城市形成模式的主要内容

（1）原始聚落　远在距今约6000年的新石器时代，人们开始了对野生动植物的驯化、耕作，农业和养殖业也产生了，继而发生了农业与畜牧业分离的第一次社会大分工。人类的生产活动从选择有适合耕作土地的地方定居下来开始了，形成了人类历史上最新的以原始农业生产为主的固定居民点——聚落。所谓聚落是人类各种形式的聚居点的总称，包括与人类生存密切相关的房屋建筑以及各种生产、生活设施，是人类集体进行各种生产、劳动、居住、生活、休息及各种社会活动的场所。聚落的形成使原始人群可以充分地利用集体的力量，互助合作，共同应对自然的挑战，提高了战胜自然的能力，改善了生存的质量，对于人类的文明发展具有划时代的重大意义。

（2）分散的乡村　乡村是以农业活动和农业人口为主的聚居地。一般在水源、交通路口等地带易于形成乡村。当然，当时乡村规模还比较小，人口一般很少超过200人，居民之间可能有着密切的血缘关系。

（3）集市　奴隶制社会初期，产生了由石器工具向金属工具的飞跃。农民中兼做工具的手工匠独立出来，成为专门从事工具生产的手工业者，从而产生了农业与手工业的分离——第二次社会大分工。产品开始有了剩余，商业交换应运而生。手工业者为便于生产和交换，选择交易方便的地方集中居住，导致集市的产生。集市已经包含了城市最基本的内容和功能，是城市胚胎的发育形态。在约旦河口西北约15km处发现的耶利哥遗迹，面积达4hm^2，该村落约有2000人，时代为前陶与新石器时代，住房以黏土筑墙。这类村落逐步发展，就有可能演化为城市。

（4）早期城市　原始社会瓦解，私有制社会随之产生。商品交换日益频繁，交换地区不断扩大，出现了专门从事商品交换的中间人即商人，产生了商业与农业、手工业的分离——第三次社会大分工，更加促进了商品经济的发展。在社会制度变革、商业经济发展和政治统治需求等多种因素的共同作用下，早期的城市诞生了。

（四）远古时期的城市

1. 两河流域地区

自公元前5000年至前2500年，两河流域的美索不达米亚和苏美尔地区诞生了很多城市国家，如乌尔、埃利都、乌鲁克、拉迦什等。其中最为著名的城市遗址是乌尔城邦。巴比伦古城则是公元前19世纪建立的巴比伦王朝的都城。该城横跨幼发拉底河两岸，面积约88km^2，呈长方形，人口50万～60万。

2. 尼罗河流域

从公元前3200年到332年，共经历了30个王朝，尼罗河流域的古埃及产生了人类历史上最早的一批城市，如孟菲斯、卡洪城、底比斯、法雍等。孟菲斯是第一王朝美尼斯所建的首都，考古发现了较完整的城市遗址。位于开罗以南约100km处，是第十二王朝（公元前1991～前1786年）建造的卡洪城。

3. 印度河流域

位于现巴基斯坦境内的印度河两岸信德地区摩亨卓达罗城，存在于公元前2500年至前1500年之间，当时的居民以从事农业为主，但手工业与商业已相当发达。该城的鼎盛时期大约在公元前2000年，面积约260hm^2，近似长方形布局，人口有3万～4万人，是当时世界上最大的城市之一。

4. 长江流域和黄河流域

最新考古发现表明，位于长江、巢湖流域的安徽含山陵家滩原始部落遗址，是中国最早的城市。这里远古时期是一座繁华的城市，养殖业、畜牧业、手工业初步形成规模，并具备了初步的城市规划水平。山东日照的丹士村，也距今有4000多年的历史。公元前21世纪～公元前17世纪，黄河流域出现夏王朝。据传当时夏的统治者禹，在嵩山之阳修筑城池，建阳城（今河南登封东南）。由于夏王朝实施分封制，封侯纷纷筑墙围城，由此在黄河中下游地区建立了很多作为统治中心的早期城市，形成我国历史上的第一次建城热潮。

第二次建城热潮产生于春秋战国时期。史料记载，从黄河两岸向南向北扩展建设，当时已经分布有了100多座城市。另外，苏州（吴）、成都（蜀）等许多著名城市就是诞生在这一时期的。

5. 欧洲的早期城市

（1）古代地中海沿岸城市。公元前2000年左右，古希腊和古罗马先后建立马西利亚、叙拉古、拜占庭、斯巴达、雅典和罗马等城市。

（2）古希腊。古希腊时期的城市规模一般不大，很少有超过5000人的。但发展到公元前5世纪时，雅典城的人口已达到30万人左右。希腊城内有两个明显的功能区，即卫城和人民会场。城内还修建了许多供商业活动的广场，在广场周围还建有许多饮食店。

（3）罗马帝国。公元前27年～公元476年兴起并逐步实现对地中海周围地区的控制，欧洲的中心城市转向了罗马。尽管在公元4世纪时罗马帝国崩溃后城市也随之衰落了，但像巴黎、伦敦、维也纳等世界名城，仍然是后世在其旧址的基础上修建发展起来的。

6. 中美洲的城市

中美洲最古老的城市为玛雅文明的代表蒂卡尔城。该城是玛雅地区中央低地的古典文化中心，位于今危地马拉东部。大约在公元初期出现城邦，到9世纪时衰落，直到19世纪才被发掘。城区面积较大，估计约有4万居民。城中央的卫城是祭祀和行政管理中心，众多的金字塔式台庙、宫殿和官署组成复杂的建筑群，与道路、广场和球场等建筑设施配套设计，十分壮观。

（五）中古时期的城市

1. 中古时期

是指世界各国的封建社会时期，时间跨度大约从公元5世纪到16世纪（在中国则为1840年的鸦片战争前），其主要特点在政治上的表现是封建制度的产生和发展，在经济上的表现是自然经济开始向商品经济转化。

2. 中古时期的欧洲城市

中古时期欧洲城市的发展经历了一个由衰亡到复兴的过程。在公元4世纪，欧洲北方以游牧生活和自给型农业经济为主的日耳曼民族南下，挑起新的持续不断的战乱，5世纪罗马帝国灭亡。城市大多在战争中遭到破坏，欧洲分裂成许多小国家，城市人口锐减。如当时已经有近百万人口的罗马城，降到6世纪的4万人，10世纪的3万人。大约在10世纪到11世纪，西欧城市开始复兴。11世纪后，欧洲东部一些地方的中小城镇的手工业和商品经济日趋活跃，使城市也得到了恢复和发展，欧洲城市逐步进入一个复兴时期。

该期欧洲城市的发展表现出如下几个特点：一是完成了由“城”到“市”的转变，“城”的防御功能逐渐淡化，商业流通使“市”的职能明显增强；二是商品经济的发展促进了城市功能；三是城市行会组织和市民运动兴起，城市自治权扩大及城市国家出现；四是城市的科技文化获得前所未有的发展，出现许多大师和艺术作品，对此后的欧洲思想文化产生重要而深刻的影响。

3. 中古时期的中国城市

（1）秦、汉时期。秦始皇统一六国后实行郡县制，全国分为36郡，郡下设县，各行政中心都发展成规模不等的城市，建立起全国范围内从上到下的统治中心——城市系统。秦朝鼎盛时期约有800～900个城市。首都咸阳的人口规模达80万之众，是当时世界上最大的城市。汉代城市更是蓬勃发展，据不完全统计，汉代有城市670座，城市主要集中在经济较为发达的黄河流域；同时，河西走廊、云贵等边疆地区也出现了城市。西汉首都长安城的外形较完好地保留至今。目前中国东部地区城市分布的基本轮廓就是在汉代形成的。

（2）魏、晋、南北朝时期。此时期是中国封建社会前期城市发展的一个重要阶段。该阶段城市的空间分布中心由黄河流域向长江流域推进，拓展了沿运河、长江两条城市发展轴线。并因北方汉族大量南迁与汉族政权南移，促进了南方的经济发展。当时建康（今南京）“城中二十八万余户，东西南北各四十里”，总人口逾百万，是我国都城发展史上第一个人口超过百万的特大城市，也成为当时世界上最大的城市。

（3）隋、唐时期。隋唐两代是中国城市迅速发展的时期。隋统一中国后，开辟运河贯通南北，密切南北两大区域的经济联系，为城市发展奠定了良好的基础。在大运河沿岸，因为航运的缘故，促使以淮安、扬州、苏州、杭州所谓“四大都市”牵头的一批运河城市发展兴起。

唐代建成了以长安为中心，东到汴梁、商丘，西到岐州、成都，南到长沙、广州，北抵范阳（今北京）的城市网。唐代的城市文明对世界特别是对亚洲地区具有重大影响，这种影响通过丝绸之路波及中亚和欧洲。

（4）五代、宋、元时期。该时期城市规模有了进一步的扩大，人口超过10万的城市达40多座，中国目前的历史名城大多是在这一时期奠定的。

北宋都城汴梁（开封）是当时最繁华的城市。名画《清明上河图》描绘的就是北宋末年都城开封的繁荣景观。元时的都城元大都（今北京）是当时全国最大的城市。

（5）明、清（鸦片战争前）时期。明、清两代是中国古代城市发展的顶峰时期，也是中国古代城市向近代城市过渡的时期。明、清全国共有大中城市100多个，小城镇2000多个。特别是在元大都的基础上大规模地建设了北京城，成为中外历史上经典的城建之作。明、清两代出现了一批专业化的著名城市，如以陶瓷业为主的景德镇，在明时人口已达10万，清初已扩展到方圆10余里。清代画家徐扬《盛世滋生图》所描绘的就是乾隆时期，苏州城外塘路市面的繁华盛况。

（六）工业革命与近代城市的发展

1.工业革命对近代城市发展的推动作用

① 使城市商品经济迅速发展，大大增强了城市的经济实力，促进了城市基础设施建设，使各类公共服务设施有了全新的发展，为城市居民的生产生活提供了方便的条件，整体上提高了城市居民的生活水平。伦敦于1863年建成世界上第一条地铁，1890年形成了电气化的地铁网络。到第一次世界大战前夕，全球已有12个城市修建了或大或小的地铁，形成了名副其实的城市立体交通体系。

② 为农村提供了先进的技术和生产工具，提高了农业的生产效率；解放了大批的农业劳动力，为城市的工业化提供了充足的劳动人口，储备了丰富的后备劳动力资源；使城市服务农村的能力得到极大的提高。

③ 工业革命对各类人才和技术提出了前所未有的巨大需求；促进了城市的科学技术研究与教育、服务业的蓬勃发展，使城市的创新能力得到了极大提高，各种新思想、新科学和新技术纷纷问世，极大地强化了城市作为科技文化中心的地位和作用。

2.近代城市的发展状况及特点

（1）城市数量大幅度增加　形成了数目众多、规模巨大、结构复杂的近代城市。经济发达的西欧、北美地区国家的城市发展十分迅速。例如英国从1801年时5000人以上的106个城镇数目猛增到1891年的622个，格拉斯哥、曼彻斯特、伯明翰、利兹等一大批工业城市迅速成长为现代名城。同时，靠近交通线路、枢纽的地点，工业原材料产地等的地区，涌现建设了一大批新兴城市和煤炭、钢铁、纺织等专门化城市。

（2）城市人口迅猛增加，规模急剧膨胀　英国在1600年，城市居民只占总人口的2%，而到1890年时有60%的人住在城市。同时，不断涌现出了许多100万人以上的特大城市，以至500万人以上的巨型城市，并出现了如墨西哥城、圣保罗、里约热内卢、纽约、东京、上海、北京等千万以上人口的超级大城市。

（3）城市分布的区域范围扩展　通过工业革命获得技术、市场优势的国家，实施殖民扩张，殖民经济的刺激使亚洲、非洲、拉丁美洲等地出现大量殖民地城市，如亚洲的孟买、新加坡、科伦坡、雅加达以及我国的上海、广州等，非洲的内罗毕、金沙萨等，并且殖民城市在这些地区趋向沿海、沿江、沿湖和沿铁路、公路线多向分布发展。

3.中国近代城市发展

（1）通商口岸城市　由于帝国主义的侵略、胁迫、渗透，迫使我国在沿海、沿江、陆路边界等地区开港开埠，从而形成了一系列半殖民地、半封建性的对外通商口岸城市，如香港、青岛、大连、哈尔滨等城市，在30年左右的时间内，城市人口规模均由原来的数百人或数千人，上升为50万人口以上的中等城市。

（2）近代工业化城市　早期投资重点集中在沿海、沿江地带的城市，其后以上海及其周边地区为重点，上海至此成为全国最大的工业中心城市。统计表明，产业结构中商业资本大大强于工业资本，工业处于商业和贸易业等的附庸地位，是中国近代工业化城市的基本特征。

（3）近代交通运输型城市　伴随着新型铁路、公路等陆路交通干线的修建，沿线兴起了一批交通型城市，原有的一些城市发展成为铁路枢纽，扩大了城市的功能和影响力，如北京、济南、徐州、南昌、衡阳、柳州等；推动了像蚌埠、石家庄等一批新城市的迅猛发展。石家庄在1900年时是一个仅有800余人的村庄，因京汉、石太铁路建设、建成，40多年内人口增长了300余倍，1949年达到28万人。

在内地的中西部地区，缺乏水运干线，铁路修建滞后，公路成为主要交通运输方式。像宝鸡、双石铺、天水、华家岭、广元、腾冲等内地城市，最初都是在新建公路的影响下发展起来的。

（4）近代矿业城市　有以煤炭开采为主的基隆、开平、广济、兴国、池州、阳泉、焦作、唐山、井陉、滦州、阜新、抚顺、本溪、扎赉诺尔、萍乡、淄博、枣庄（峰县）等城市；有新型金属矿产城市，如漠河（金矿）、大冶（铁矿）、张家口（外科尔沁山铅矿）、承德（三山银矿）、建平（金矿）、山东淄川（铅矿）、湖南水口山（铅锌矿）、铜仁（汞矿）、招远（金矿）、观音山（金矿）、珲春天宝山（银矿）等以金属采矿业为核心的矿业化城市。

（5）近代商业城市　上海、天津因交通、地理、历史等原因发展成商业重镇。上海1843年辟为商埠，1857年帝国主义国家取得长江航运权，大大提高了上海对于内地尤其是长江流域的辐射力和影响力，上海得到迅速发展，成为全国最大的进出口贸易港口城市，东亚地区国际性的经济大都市。

二、城市发展与城市化意义评述

（一）城市化进程的启动与推进

工业革命后，随之迅速发展壮大的城市，又随着全球范围的前进趋势，由第一次产业，向第二次产业、第三次产业不断转化与推进，或先或后、或快或慢地开始了波澜壮阔的城市化进程。

城市化就是乡村转变为城市，具体表现为：一是农业人口不断向城市集聚；二是转入城市人口的素质相对总体不断提高；三是第三次产业在城市国民生产总值中所占的比例不断扩大。从全球范围内的发展情况看，现代社会的城市化是人类经济社会发展的必然趋势，是不以人的意志为转移的客观规律。加快城市化进程是全面提高人民生活水平、改善生活方式、提高人口素质的客观要求。城市化水平的高低，相当程度上反映了一个国家或地区的经济发达程度、文明进步程度，是社会现代化的重要标志之一。

伴随着城市化进程的加快，中国城市建设也迈出前所未有的大步伐。在人口老龄化、能源资源短缺、生态环境治理任务繁重的巨大压力下，中国城市建设的奋力推进，极大增进了城市基础设施的建设速度和质量，极大改善了城市公共设施的建设规模和水平，优化了城市生态环境，提高了城市发展的社会效益、经济效益、环境效益水平。在中国城市化的宏大进程中，中国城市建设也迎来了辉煌的建设与推进热潮。

（二）城市化概念及内涵

1.城市化概念

城市化是指在一定的历史条件下，在一个国家或地区范围内产生的，以人口的非农业结构比重的增加和城市人口比重的提高以及城市规模的扩大为主要标志的一种经济、社会和人口的发展过程；也就是指随着一个国家或地区社会生产力的发展、科学技术的进步以及产业结构的调整，其社会由以农业为主的传统乡村型社会向以工业（第二产业）和服务业（第三产业）等非农产业为主的现代城市型社会逐渐转变的历史过程。

从城市化的进程来分析把握，狭义城市化指农业人口不断转变为非农业人口的过程；广义城市化是社会经济变化过程，包括农业人口非农业化，城市人口规模不断扩张，城市用地不断向郊区扩展，城市数量不断增加以及城市社会、经济、技术变革扩张进入并改造乡村的过程。

城市化过程包括人口职业的转变、产业结构的转变、土地及地域空间的变化。2011年12月，中国社会蓝皮书发布，中国城镇人口占总人口的比重将首次超过50%，标志着中国城市化首次突破50%。

2.城市化进程的基本意义

现代社会的城市化是人类经济社会发展的必然趋势，是不以人的意识为转移的客观规律。加快城市化进程是全面提高人民生活水平、改善生活方式、提高人口素质的现实要求。城市化水平的高低，反映了一个国家或地区的经济发达程度、文明进步程度，是社会现代化的重要标志之一。

一是人口聚集，城市土地、设施、环境集约高效利用，取得优化效果。

二是人口结构改变，不断推进人口素质提高，为人类社会进步提供最重要的基础性保障。

三是生产资料聚集，集约节约高效生产、经营、使用，推进节约型社会城市的建设和实现。

四是不断推进科学技术发展，建设科技型、创新型、智慧型、绿色生态型城市，不断提高城市科技创新水平和可持续发展水平。

五是促进服务行业高水平高品质发展。城市人口的增加，文明的进步，环境的改善，发展的提升，使得第三产业成为现代城市的主导主流产业，对服务行业的发展和提升要求不断加强。

六是社会经济发展增长基础逐渐变强。现代社会城市建设集聚有巨量的房地产、庞大而便利的各类交通、能源、邮电资讯、产业制造及其生产经营设施与平台等巨量价值的经济财富，还有教育、科技、文化、卫生、体育、行政、社团等广泛而丰富的社会资源。现代城市的这些巨量财富和资源，是保证人类社会不断前进与发展的强大基础和保障。

七是教育质量得到广泛提高。社会的进步，科技的发展、教育的普及，现代社会城市的教育手段、教育资源、教育环境、教育理念等教育硬软件条件不断配备、完善、先进和丰富，必将导致现代城市教育质量的高速发展和提升。

八是促进人才集聚和作用发挥。现代城市对人才资源有无穷的吸引力和利用能力，现代城市社会经济发展和人才资源集聚是一对互相促进、互相对接、互相适应的良性循环关系。处理好这种关系，人才资源集聚效益大增，城市社会经济发展如虎添翼。

九是基础设施和公共服务设施全面完善提升。路、水、电、气、暖、通信、网络、环卫、环保等基础设施是承载、支撑现代城市社会发展和运转的基础平台和手段。教、科、文、卫、体、政等以及园林绿化和各类社会公益的公共设施是辅助、服务、配合现代城市社会发展和城市功能发挥的重要公共服务手段和设施。

十是社会整合管理系统体系得到加强。现代城市的综合管理治理是个复杂的大问题，科学化、人性化、时代化的城市综合管理和治理是现代城市进步和发展的前提。城市化进程的加速既加大了城市管理和治理的难度与复杂性，又为这些问题的解决和运作提供了有效有益的应对手段、理念和环境、条件。

（三）城市化演进进程

1. 城市化四阶段演进进程

正常的城市化进程都会经历城市化、郊区城市化、逆城市化、再城市化的进程。

2. 城市化进程具体阶段

（1）城市化　一般指人口向城市地区集聚的过程和乡村地区转变为城市地区的过程。

（2）郊区城市化　一般指人口的主要流向是城市，中、上阶层人口则移居市郊或外围地带。

（3）逆城市化　20世纪70年代以来，发达国家以及一些大城市中心市区、郊区人口向外迁移，迁向离城市更远的农村和小城镇，出现了与城市化相反的人口流动现象。逆城市化也称城市中心空洞化。

逆城市化不是城市化的衰败，而是城市化扩展的一种新形式，它是建立在城乡差别近于消失、形成一体化的基础上。乡村、小城镇的交通、水、电、信息等设施的完善，再加上优越的自然风光，吸引了长久面对浑浊空气、噪声的大城市居民回到乡村、城镇暂住、定居，从而导致逆城市化现象。

（4）再城市化　合理的城市化可以改善环境，例如通过平整土地、修建水利设施、绿化环境等措施，使得环境向着有利于提高人们生活水平和促进社会发展的方向转变，降低人类活动对环境的压力。作为区域发展的经济中心，能带动区域经济发展，而区域经济水平的提高又促进城市的发展；促使城市聚落形态、生产方式、生活方式、价值观等的变化。

（四）当代世界城市化的主要特征

1. 城市化进程大大加速，发展中国家城市化速度尤其引人注目

1950年，世界城市化水平为29.2%，1980年上升到39.6%，增加10.4个百分点。预计2020年达到57.4%，即在世界范围内，居住在城市中的人口超过居住在乡村中的人口。

如果把世界分为发达国家和发展中国家两大部分，发达国家早在1950年城市化水平已超过50%，1950—1980年间的城市化速度仍较快，30年中上升16.4个百分点。但1980年后的城市化速度开始减缓，这表明发达国家以人口集中为特点的城市化已进入后期阶级。发展中国家的城市化水平在前30年中只增加12.2个百分点，低于发达国家的速度，不过，从20世纪70年代起，发展中国家的城市人口数开始超过发达国家，这表明，发展中国家的城市化已构成当今世界城市化的主体。

2. 人口向大城市迅速集中，大城市所在地域空间不断扩展，形成大都市区、大都市带

当代，城市化的一个重要特征是，大城市化趋势明显，其后果不仅使人口和财富进一步向大城市集中，大城市数量急剧增加，而且出现了超级城市、巨城市、城市集聚区和大都市带等新的城市空间组织形式。

3. 郊区城市化、逆城市化和再城市化

第二次世界大战后，若干发达国家从乡村到城市的人口迁移逐渐退居次要地位，一个全新的规模庞大的城乡人口流动的逆过程开始出现。据统计，几乎4000万（占全美国人口的1/5）的美国人因变换工作及其他原因，每年至少搬家一次，而人口的主要流向是城市中上阶层人口移居市郊或外围地带，这就是所谓郊区城市化。郊区城市化的出现可追溯到20世纪

30年代大危机时期。

根据发达国家一些城市人口增长的周期变动，一些学者提出了城市化进程的空间周期理论，即由城市化、郊区城市化、逆城市化、再城市化四个连续的变质阶段构成大都市区的生命周期。

4.发展中国家的城市化仍以乡村向城市移民为主

当代发展中国家城市化的特点，仍然以农村人口向城市迁移为主。发展中国家不仅出现城市人口增长过快的趋势，而且由于大城市，特别是首位城市的吸引力，导致大城市数激增，首位城市人口膨胀，出现所谓过度城市化的现象。1980年，发展中国家人口在百万以上的大城市有119个，400万人口以上的超级城市有22个，其数量均超过发达国家。随着首位城市的急剧发展，很多发展中国家的城市体系形成很高的城市首位度。1980年，阿根廷的城市首位度为9.57，秘鲁为8.61，墨西哥为6.13，委内瑞拉为3.54，埃及为2.67等。城市首位度大，一般地说，反映了这些国家经济、城市发展水平的区域差异很大。因此，很多发展中国家面临协调本国城市规模体系的任务，通过发展中小城市，促进区域经济平衡发展。

三、中国城市化进程

（一）中国城市化进程本质

中国城市化进程本质上是经济社会结构变革的过程。加快城市化进程的本质并不是到处出现城市，而是要使全体国民享受现代城市的一切城市化成果并实现生活方式、生活观念、文化教育素质等的转变。即：实现城乡空间的融合发展——产业的融合、就业的融合、环境的融合、文化的融合、社会保障的融合、制度的融合等，以期真正实现城市和农村人民群众的共同富裕、共同发展、共同进步。

考察我国城市化进程，总的看来仍处在城市化集中发育成长阶段。新中国成立以来我国城市化进程，可以分为以下几个阶段：① 1949—1957年，是城市化起步发展时期；② 1958—1965年，是城市化的不稳定发展时期；③ 1966—1978年，是城市化停滞发展时期；④ 1979—1997年，是城市化的启动并加速、快速发展时期；⑤ 1998年至今，是中国城市化进程按照自己的轨道和特色，步入稳步发展而全面推进的发展时期。

（二）中国城市化进程五阶段

① 1949年，我国仅有城市132个，城市非农业人口2740万人，城市化水平（以城市非农业人口占总人口的比重计算）为5.1%。在国民经济恢复和“一五”建设时期，随着156项重点工程建设的开展，出现了一批新兴的工矿业城市。与此同时，对一批老城市还进行了扩建和改造，如武汉、成都、太原、西安、洛阳、兰州等老工业城市。加强发展了鞍山、本溪、哈尔滨、齐齐哈尔、长春等大中城市。一大批新建扩建工业项目在全国城市兴建，对土地、劳动力的需求和城市建设、经济发展以及服务业的兴起，都起到了有力的推动作用。

到1957年末，我国的城市发展到176个，城市非农业人口占总人口的比重上升到8.4%。随着国家政治的稳定和经济建设的稳步发展，1953—1957年，全国工农业总产值平均年增长率为18.3%，城市人口年均增长16%。

② 1958—1965年期间，经历了“大跃进”运动。城市发展呈现出由扩大到紧缩的变化。在3年的“大跃进”后，全国城市由1957年的176个，增加到1961年的208个；城市人口由5412万增长到6906万，增长了28%；城市非农业人口所占比重由8.4%上升到10.5%。

从1962年开始，陆续撤销了一大批城市，到1965年年底，只剩下168个，比1961年减少了40个。这个时期，一部分新设置的市恢复到县级建制，如榆次、侯马、岳阳等；另一部分地级市实行降级，成为县级市，如石家庄、保定等。与此同时，由于城市社会经济出现萎缩，致使城市人口出现负增长，城市化水平也由1961年的10.5%减少到1965年的9.2%。

③ 1966—1978年期间，是城市化发展的低迷徘徊期。整整13年间，城市只增加25个，城市非农业人口长期停滞在6000万~ 7000万，城市化水平在8.5%上下徘徊。

④ 1979—1997年期间，城市化在改革开放中稳步发展，进入了稳定、快速发展的通道。改革开放政策的实施，无论是城市，还是农村，社会经济各项事业有了新的活力。“乡村工业化”和城市工业的空前扩张，对城市化进程起了推动作用。这期间，我国经历了一个城市化的快速发展时期。到1997年，我国城市已发展至668个，与1979相比，新增城市452个，相当于前30年增加数的2倍多。城市人口也迅速增加，城市化水平增长到18%。

⑤ 1998年至今，中国城市化进程进入稳步发展、全面推进的时期，至2008年年底，全国城市总数达到655个，城市人口59373.3万，城市化率提高到45.68%。改革开放以来，我国经历了世界历史上规模最大、速度最快的城镇化进程，城市发展波澜壮阔，取得了举世瞩目的成就。城市发展带动了整个经济社会发展，城市建设成为现代化建设的重要引擎。城市是我国经济、政治、文化、社会等方面活动的中心，在党和国家工作全局中具有举足轻重的地位。

第二节　城市建设发展和推进进程

一、伴随城市建设推进的发展进程

（一）城市建设概述

1. 城市建设基本概念

城市建设是以城市规划为依据，通过建设工程对城市人居环境进行改造，建设内容包括城市系统内各类硬件物质设施的实物形态产出，是为城市发展和管理创造良好条件的基础性、阶段性工作，是过程性和周期性比较明显的一种特殊社会经济工作。城市建设是最终服务于城市运行发展的重要重大工作任务，一般分为城市精神文明建设和城市建筑实物建设内容。

城市建设就是根据城市成长发展的需要和要求，明确阶段性的城市建设活动目标，依据城市总体建设规划内容，布局安排城市建设任务及相关各类建设工程项目，持续推进各类工程项目的施工建设，努力达成建设目标，不断为城市的运营发展和社会、经济和环境效益等的提高，提供基础性、服务性、承载性、运营性的各类支撑、条件和平台硬件设施的过程。

2. 城市建设与城市规划

城市建设中落实城乡规划，应当遵循城乡统筹、合理布局、节约土地、集约发展和先规划后建设的基本原则，改善生态环境，促进资源、能源节约和综合利用，保护耕地等自然资源和历史文化遗产，保持地方特色、民族特色和传统风貌，防止污染和其他公害，并满足区域人口发展、国防建设、防灾减灾和公共卫生、公共安全的需要。

（1）整合原则　城市规划要坚持从实际出发，正确处理和协调各种关系的整合原则。

① 应当使城市的发展规模、各项建设标准、定额指标、计划程序同国家和地方的经济技

术发展水平相适应。

② 要正确处理好城市局部建设和整体发展的辩证关系。要从全局出发，使城市的各个组成部分在空间布局上做到职能明确，主次分明，互相衔接，科学考虑城市各类建设用地之间的内在联系，合理安排城市生活区、工业区、商业区、文教区等，形成统一协调的有机整体。

③ 要正确处理好城市规划近期建设与远期发展的辩证关系。任何城市都有一个形成发展、改造更新的过程，城市的近期建设是远期发展的一个重要组成部分，因此，既要保持近期建设的相对完整，又要科学预测城市远景发展的需要，不能只顾眼前利益而忽视了长远发展，要为远期发展留有余地。

④ 要处理好城市经济发展和环境建设的辩证关系。注意保护和改善城市生态环境，防止污染和其他公害，加强城市绿化建设和市容环境卫生建设，保护历史文化遗产、城市传统风貌、地方特色和自然景观；不能片面追求经济效益，以污染环境、破坏生态平衡、影响城市发展为代价，避免重复“先污染，后治理”的老路，而要使城市的经济发展与环境建设同步进行。人与环境是相互依存的有机整体，保持人与自然相互协调，这是城市规划工作的基本原则。

（2）经济原则　城市规划要坚持适用、经济的原则，贯彻勤俭建国的方针，这对于中国这样一个发展中国家来说尤其重要。

① 要本着合理用地、节约用地的原则，做到精打细算，珍惜城市的每一寸土地，尽量不占农田，坚决不占良田。我国耕地人均数量少，总体质量水平低，后备资源不富裕，必须长期坚持“十分珍惜和合理利用每寸土地，切实保护耕地”的方针。

② 在城市发展中要把集约建设放在首位，形成合理的功能与布局结构，注意加大投资密度，不断深化土地使用制度改革，提升和优化土地利用率。提高对城市发展中可能出现的矛盾的预见性，为城市更新预留政府控制用地，以实现城市的可持续发展。

（3）安全原则

① 编制城市规划应当符合城市防火、防爆、抗震、防洪、防泥石流等要求。在可能发生强烈地震和严重洪水灾害的地区，必须在规划中采取相应的抗震、防洪措施，特别注意高层建设的防火防风问题等。

② 还要注意城市规划的治安、交通管理、人民防空建设等问题。如城市规划中要有意识地消除那些有利于犯罪的局部环境和防范上的“盲点”。

（4）美化原则　规划是一门综合艺术，需要按照美的规律来安排城市的各种物质要素，以构成城市的整体美，给人以美的感受，避免“城市视觉污染”。要注意传统与现代的协调，保护好城市中那些有代表性的历史文化设施、名胜古迹的同时，也要注意体现时代精神。要注意自然景观和人文景观的协调，建筑格调与环境风貌的协调。城市规划需要通过对建筑布局、密度、层高、空间和造型等方面的干预，体现城市的精神和气质，实现高水平的城市环境建设。

（5）公共原则　所谓公共原则，就是在城市规划中树立为全体市民服务的指导思想，贯彻有利生产，方便生活，促进流通，繁荣经济，促进科学、技术、文化、教育事业的原则。设计要注重人与环境的和谐。现代化的公共设施、舒适安全的居住环境，富有生活情趣和人情味的城市环境，已成为世界上许多城市面向21世纪的规划和建设的目标。要大力推广无障碍环境设计。城市设施不仅要为健康成年人提供方便，而且要为老、弱、病、残、幼着想，在建筑出入口、街道商店、娱乐场所设置无障碍通道，体现社会高度文明。

（二）城市建设主要内容

1.两项主要建设内容

从建设角度看，面临的建设任务总有存量和增量两部分。比如，房屋建设中，有增量的新建商品房建设，也有存量的二手房改造问题。城市建设也是如此，从增量方面，有新区开发（或新城建设）；从存量方面，则有旧城改造。

2.新区开发（新城建设）

（1）一般内涵　新区开发是指按照城市总体规划的部署，在城市现有建成区以外的一定地段，进行集中成片、综合配套的开发建设活动。新区开发是随着城市经济与社会的发展、城市规模的扩大，为了满足城市生产、生活日益增长的需要，逐步实现城市预期的发展目标而展开的，是城市建设和发展的重要内容。

（2）新区开发内容

① 新区的开发建设。主要是为了解决城市建成区内由于布局混乱、密度过高、负荷过重造成的种种弊端，或为了比较完整地保护古城的传统风貌，在建成区外围进行集中成片的开发建设，以达到疏解旧区人口、调整旧区结构、完善旧区功能和改善旧区环境等目的。

② 经济技术开发区的建设。它是随着我国经济体制改革和对外开放形势的发展而出现的一种开发建设形式，其目的是为了提供优惠政策、创造良好的投资环境，以吸引外资、引进先进技术和进行横向经济联合。经济技术开发区的建设主要集中在沿海城市及一些对外开放条件较好的城市。

③ 卫星城镇的开发建设。主要是为了有效地控制大城市市区的人口和用地规模，按照总体规划要求，将市区需要搬迁的项目或新建的大、中型项目安排到周围的小城镇去，而有计划、有重点地开发建设这些小城镇，逐步形成以大城市为中心的、比较完善的城镇体系。

④ 新工矿区的开发建设。是指国家或地方政府根据矿产资源开发和加工的需要，在城市郊区或郊县建设大、中型工矿企业，并逐步形成相对独立的工矿区，在统一规划的指导下，进行配套建设。

（3）新城新区五大开发模式简介

① 产业升级先导型新城新区开发模式。即按新城市化战略规划，以主流和优势产业的联合合作牵头，通过全面立体升级原区域产业，引入区域互补型产业，通过高效集约整合利用区域资源，提升转型产业平台的方式启动和推进新区开发。

② 重大交通依托型新城新区开发模式。城际高铁、动车、城市地铁等轨道交通，是目前风行的城市重大基础设施建设重点。依托城市重大交通工程建设与运营，设立集引资、建设、管理于一体的项目公司，与城市地方政府开展密切互动合作，以专业、高效、多赢的合作运作模式推进工程建设，实现项目自身财务平衡和项目公司良性循环的可持续发展。

③ 区域一体化推动型新城新区开发模式。在空间层次上，区域一体化推动下的新城新区开发模式分为内部空间发展模式和外部空间发展模式两种。

内部空间发展模式是以新城（新区）的核心区为基础，联动区域旅游资源，承接中心城区功能，带动产业发展，特别是发展商贸合作、物流集散等功能，依托交通优势和区域结合部的地缘优势作文章。

外部空间发展模式是依托土地资源丰富和外部效应良好的优势，实现城市基础经济部类扩张。城市的外部空间跨越式发展地区，包括城市中心区外围的卫星城、科技园区、产业基地、大型居住社区乃至综合性新城新区，其开发与成长最能反映城市新型功能发展的培育与演化方向，将成为新城新区发展的主流方向。

④ 生态建设特色型新城新区开发模式。生态建设特色型的新城新区开发必须遵循循序渐进，稳步推动，生态基础建设先行，导出生态环境特色的原则进行。一般是一要明确绿色生态城市的规划目标，建立绿色生态城市（镇）的准则指标体系；二要在尊重、保护原有生态基础体系的前提下，加快推动区域生态修复，开展绿色生态园林绿化建设，落实绿色生态建设指标，构建新城新区走绿色生态建设特色之路的新格局。

⑤ 文化旅游拉动型新城新区开发模式。通过挖掘本地的绿色生态文化、旅游产业的特色与潜力，集聚、提炼、创新、利用本地文化、旅游资源，大打文化、旅游特色牌，建设完善相关文化、旅游景点设施，提高文化、旅游服务质量，逐步导向、牵引、拉动新城新区的开发建设。

3.旧城改造

（1）一般概念　旧城改造是个不间断的过程，取决于城市的发展方向和速度，是指局部或整体地、有步骤地改造和更新老城市的全部或大部物质生活等环境，以便根本改善旧城生产、生活服务和休息等条件。既反映城市的发展过程，城市空间规划组织以及建筑和社会福利设施的完善过程，又展示物质建设成果，反映当时的建筑和福利设施状况。

（2）四种旧城改造模式　第一种是全盘改变，就地“以新换旧”。这种旧城改造接近于建一座新城，唯一不同的是，建新城市是全面铺开，旧城改造是一个局部一个局部推进的。

第二种模式是保留旧城不动，仅对其进行局部维护与整修，选择附近的地域建立辅城（或卫星城），以充实完善旧城的现代功能。意大利罗马和法国巴黎就是这种模式的典型代表。

第三种是不发展模式，维持旧城原样不变，只做局部维修，以意大利的威尼斯为代表。

第四种模式是保留旧城的形式与精髓，更换外表的材质，把破旧的“旧城”变为全新的“旧城”。日本东京是这种模式的典型代表。

（3）国外旧城改造的三个案例

① 法国巴黎：每个拐角处都有历史。巴黎建都已有1400多年的历史，而城市自身的历史已有2000多年。站在埃菲尔铁塔上放眼望去，老城一片黄墙青瓦，全部是历史遗留下来的老建筑格调，没有高层建筑。在巴黎，哪怕是街心的一座雕塑、路边的一座小教堂、民居的一扇窗都在讲述着她“每个拐角处都有历史”的荣光。即使是普通的民居，要改造，也必须征求整个社区的意见。

二战以后，巴黎也曾经历大拆大建，当时一些文化人士大力呼吁，引起政府的高度重视，旧巴黎城才得到整体保护。巴黎自1965年之后开发了9个城市副中心，将商务、住宅区迁出旧城安排到郊区，在旧城之外形成30多个新城区。

早在1840年，法国就颁布了《历史性建筑法案》，这也是世界上最早的一部关于文物保护方面的法典。此后，1887年又颁布了《纪念物保护法》。法国现代旧城保护法律体系的核心，分别是1913年颁布的《保护历史古迹法》和1962年颁布的《历史街区保护法》（通常称“马尔罗法”）。这两部法律分别是文物建筑与历史街区两个层次内容的保护法的核心。根据法律规定对文化建筑和历史建筑不得随意拆除，维修改建等也要经过国家建筑师的指导，符合规划要求的修缮可以得到政府的资助，并享受减免税赋的优惠。1991年，塞纳河沿岸历史建筑群被联合国教科文组织列入世界遗产名录，成为对巴黎人“护旧”直接的肯定。

② 意大利罗马：古城外建新城。在意大利，每年有20亿欧元的财政预算用于文物保护

事业。1996年国家通过法律形式规定，将彩票收入的8%作为文物保护资金，仅此一项每年就有15亿欧元左右的经费收入。

首都罗马被誉为全球最大的“露天历史博物馆”，是世界上唯一在城市中心保存有大面积古遗址和待发掘区的首都。罗马以一墙为界，分为老罗马和新罗马。老罗马保留原有风格，内部是古罗马共和国、帝国、中世纪、文艺复兴、19世纪意大利王国时期的建筑和遗址、废墟。20世纪50年代，罗马新城建成，被打造成新兴商业区和居住区，建筑多为不超过10层的办公楼和公寓楼。老城是中心，地租和房价昂贵，住在里面的一般是有钱人和游客。罗马总人口约300万，大部分人住在新罗马或更远的周边小镇。

对罗马城内遗址的保护一般是遵循“修旧如旧”原则，即使有维修，现在的和古代的也有截然不同的区别。罗马新旧城分开的做法为世界许多城市所效法，成为解决现代与传统冲突的有效途径之一。

③ 日本东京：拆旧建旧杜绝“危房”　第二次世界大战中，东京遭到毁灭性的轰炸，如今的建筑物十有八九是新建的，但是大多风格仍沿袭旧城。事实上，定期或不定期将有价值的传统建筑物拆除，再按照原样重新翻建，这种做法在东京极为普遍。所以日本人心中几乎没有“危房”的概念。日本“拆旧建旧”的传统与其地理位置和历史有关。历史上的建筑物多为木结构，易腐朽很难长期保留，另外地震等自然灾害较多。大的地震之后重建是普遍的做法。所以，日本在历史上形成了一个不成文的惯例：每隔60 ～ 70年就把旧房拆掉，然后盖新房。对于古老建筑物翻建的办法并不是先拆后建，而是先建后拆，先在原址旁边建新的，新的落成之后即拆毁旧的。

二、城市建设案例及其意义分析

（一）国内外城市建设案例集锦

1.特色模式一：疏老城建新城促格局优化，描绘城市发展新蓝图

（1）中国合肥　安徽的省会合肥不但是一座具有两千年文明历史的古城，还是全省的政治、经济、文化中心。该市大规模的城市旧城改造工作起步于20世纪80年代，已走过了三十多年的历程。资料显示，在“十一五”期间，该市实施“大拆违”、老旧小区改造和景观整治，老城区功能不断完善、形象不断提升，全面完成新一轮主城区小街巷改造；城市副中心加快形成；滨湖新区快速启动，高水准规划、高起点建设，累计竣工建设面积640万平方米，建成道路81km，路网围合面积30km^2，初步形成可容纳30万人口的生态新城区。该市在改造建设过程中，坚持基础设施优先的原则，通过着力解决交通问题、成片改造加快旧城改造的步伐、发挥群众主体作用、政府的积极贯彻实施、拆迁政策的公开公正化、把环境的改善作为一条重要的目标等措施，如今已由一座破旧落后的小城，建成具有80km^2，100万人口的新型现代化城市。

（2）中国深圳　随着城市化进程的加速发展，深圳也出现了一大批亟待动手术的城市改造项目。这些项目主要集中在老大难的城中村、城市建设初期的经济适用房、工业厂房以及城市规划残留地块、由于经济利益关系形成的烂尾楼项目等。从1997年开始，深圳即尝试改造“城中村”，按每镇一村的办法试点，探索农村城市化的操作模式。1999年，市委、市政府又提出“规划全覆盖”要求，试点村确定发展方向和策略，划定不准发展区、控制发展区及非建设用地的界限，规定各类用地的使用要求；然后撤点并村，实行村民住宅连建、单元式统建。值得一提的还有龙岗镇全区工业区整体搬迁升级改造项目，该项目以大手笔的旧区改造模式建设高档次的商业服务与居住综合项目，采取整体规划、全部拆迁、分期实施的步骤，同步建设商住、公建与市政配套，形成在分期目标内拆旧与建新的滚动发展模式，兴建成为一个集商业、娱乐、休闲、居住为一体的商业城，对提升城市化档次、改变城市面貌、繁荣经济起到了积极作用。

（3）日本东京　例如位于东京都会区的六本木新城旧城改造项目。这个地区的街道多年来一直非常狭窄，建筑物陈旧且密度极高。六本木新城再开发计划则以打造“城市中的城市”为目的，并以展现其艺术、景观、生活独特的一面为发展重点。经过17年的不断努力，在政府、民间企业、地方人士的合作下，六本木新城再开发改造计划于2000年4月开始建设施工，于2003年4月底完成。六本木新城总占地面积约为0.116hm^2，以办公大楼森大厦为中心，具备了居住、办公、娱乐、学习、休憩等多种功能及设施，是一个超大型复合性都会地区，几乎可以满足都市生活的各种需求，已经成为著名的旧城改造、城市综合体的代表项目。六本木新城再开发计划通过良好艺术规划与开放空间设计的结合，将整体空间塑造得更加艺术化和人性化，不但为居民提供了一处舒适宜人的都市生活、办公与休闲、购物空间环境，而且带来了一种新的都市设计思考方向。

2.特色模式二：保留与更新并举，实现老城与新城的协调发展

（1）中国上海　上海新天地广场项目位于上海市中心淮海中路南侧、黄陂南路和马当路之间三万平方米的地块上，属于上海的黄金地段，“中共一大”会址也在其范围内，其中以上海建筑文化的代表——成片的石库门式里弄建筑为主。其改造前为高密度旧宅区，改造中主要保留了建筑外墙，重建建筑内部，将居住功能改为商业用途。另外，由于改造后建筑需要兼顾演出和餐饮功能，内部需要宽敞与能承受大荷载的空间和供舞台演出用的机电设施，因而建筑除了外墙之外，里面从基础、上下水道到屋顶全部需要重新建造，外墙有些部分则进行修补与加固。改造后的上海新天地广场以“中共一大”会址所在的兴业路为中轴，分为北里和南里。北里以餐饮娱乐为主，充满了怀旧气息，北里的精粹所在，是展示石库门建筑文化的“屋里厢”展示馆，它以20世纪20年代的石库门住房为蓝本，设有客堂间、书房、老人房、主人房、女儿房、儿子房和灶间七间展示房，并以一个虚拟的石库门家庭故事贯穿始终；南里以“销品茂”（Shopping-Mall）为中心，购物休闲场所较多。如今已成为上海时尚休闲文化娱乐中心和城市新地标，吸引大量游客。

有业内人士认为，“新天地”在旧城改造中走出了一条保护和发展相辅相成的好路子，将中国化的元素进行保留，并穿插新的时代符号，在新旧的对比、历史与现代的融合中完成保护并实现创新发展。

（2）中国杭州　杭州清河坊片区也是如此。其通过“适当保护、改善和整治知名建筑，大量按原风格重建的方式”，还原古街区原貌。分区规划含特色商贸、餐饮、民俗风情区等，并以保存最为完好的特色商贸区作为项目引擎，形成购在河坊街、吃在高银街的城市名片。项目在整体开发过程中选取中间保存最为完好的河坊街作为一期工程，定位为商贸旅游区，与西湖风景区和吴山风景区联动，用特色商业吸引游客，迅速积累人气；二期启动高银街打造成为餐饮一条街，与特色旅游商贸形成功能互补，既吸引了游客，又使得一大批本地的消费者前往就餐；三期与中山路整体改造工程同期进行，定位为时尚购物步行街，形成时尚与古老相融合的特色商贸旅游区。

（3）中国成都　此外，成都文殊坊是以宗教佛禅文化、民俗文化为主题，以川西街院建筑为载体，充分体现老成都人文历史精髓的都市文化休闲旅游胜地，大部分建筑拆除后重新进行情景商业规划，形成不同的商业功能分区，并通过几条商业主街串联；宽窄巷子则以三条巷子为轴线，合围形成三种功能各异的四合院式街区，步行街宽度4 ~ 7m，成为聚集人气的步行商业游览空间。

3.特色模式三：新城崛起，高水平高起点布局，形成高新吸引力

（1）中国北京　北京的新城建设开始于20世纪90年代。当时，为了适应城市规模扩大带来的人口增长对住房的需求，同时安置旧城改造从老城区搬迁的居民，也为了在城市的外围构筑一条防波堤以防止外来人口过多涌入城市核心区，回龙观、天通苑等新城区应运而生。当年给这些新城区的定位，就是居住功能。2004年《北京城市总体规划（2004—2020）纲要》中，提出了建设通州、顺义、亦庄、大兴、房山、昌平、怀柔、密云、平谷、延庆、门头沟11座具有相对独立性、成规模的新城，重点发展通州、顺义和亦庄3个新城，疏解北京中心城人口和功能，集聚新的产业，打造北京城市发展新动力。

北京20多年新城的建设过程表明：首先，新城功能规划必须分工明确，新城在城市形象上要有特色，不是简单地模仿其他城市，忽视了本身珍贵的自然、历史文化特色，不注重发掘城镇丰富的历史文化内涵，就缺乏对城市居民的吸引力。其次，方便有效的交通基础设施是建设的重点内容。与主城区之间的安全、快速、廉价、大容量的交通网络，需要与新城落成的同时形成，保证仍然要到市区就业、就学的市民的需要。第三，教育卫生等配套公共服务设施发展要跟上。教育、卫生水平的进一步提高，是新城居住环境和社区环境改善的必然要求，强化城市基础设施和公共设施的建设，也是新城自身发展客观需要。

（2）中国河北廊坊　在新城开发类型中，产业新城占有重要位置。世界上产业新城成功案例有位于日本东京东北约60km的筑波科学城和位于美国加利福尼亚州以南50km处的尔湾。就尔湾而言，政府始终注意均衡发展，使城市发展和环境、居住舒适度等各个方面保持良好的平衡关系而取得开发成功，此外以高科技为主导形成多元化的产业结构抵抗风险、市场化的运作机制等都是重要决定因素。

我国河北省廊坊市固安县也是这样的例子。如果将固安县比作一辆高速前进的列车，那么其动力强劲的车头便是固安工业园区。固安这种城镇化方式借助了市场的力量，实现了在一穷二白的土地上建设一座“产业集聚、资本集中，包括各种配套”的新城。之前的固安，还是一个典型的农业县。农业生产连年高产丰收，工业产值却低位运行，钓具、肠衣、滤芯、塑料是支撑县域工业的“四大金刚”，全县年财政收入不足亿元。作为区位优势得天独厚的京南第一县“抱着金碗讨饭”。2002年6月28日，固安工业园区在京南固安奠基。正式开启产业新城的建设。固安工业园区“规划领先、专业招商、服务创新”的全新理念，是新时期“产业新城”建设的有益尝试。在建区之初，固安工业园区就深刻认识到“开发区——工业化、城市化”是未来发展的重要趋势，他们遍访新加坡、德国等国先进开发区、工业区，提出了“公园城市、产业聚集、休闲街区”的规划理念，打造具有前瞻性、创新性的“未来城市试验区”。固安要的是一个源于工业区而高于工业区的未来之城。按照城市与工业园区是一种兼容共进关系的认识，将国际成功经验和区域实际情况相结合，考虑园区发展同城市发展的相互促进的关系，在原有城市总体规划的基础上，规划了新城核心区、工业聚集区等功能区域。总投资48亿元的固安未来城市规划馆、五星级酒店、创业大厦、城市综合体等11个城市公共项目组成城市客厅。固安产业新城的建设不再以房地产为主导或单纯以工业为导向，而以产业为支撑，做到产城融合。固安这种城镇化方式借助了市场的力量，实现了在一个一穷二白的土地上建设一座“产业集聚、资本集中，包括各种配套”的新城的目标。

（3）美国哥伦比亚新城　哥伦比亚新城是美国公认的最成功的新城开发项目。其以“创建一个良好的社区环境”为目标，以“以人为本，关注人们的生活”为理念，注重保护土地并提高土地的质量，延续地区历史，强调公共空间的开发，提倡环境为社区共享，构筑清晰的“新城-小区-组团”三级结构体系，实现社区人口构成的多样化，增强居民的社区感，努力协调了不同种族、不同收入者的关系，创造了令人愉快的生活氛围。新城内注重交通协调：组团占地直径不得超过半英里，方便步行和自行车交通；组团内没有内部车道；小区内各设施到每个组团距离不超过半英里；修筑高标准的自行车道；重视公共交通，采用微型公共汽车，30%的居民可在3min到达汽车站。新城建设促进了当地商业、工业和贸易的发展，提供了5万个就业机会。新城23%的土地为永久性绿地；在绿地中修建了很多迂回曲折的小路，供游憩使用；成立非营利性的公园和文娱协会，负责管理公园和游憩区。

（4）中国广州　我国的广州珠江新城也十分出色。其位于广州市天河区，北起黄埔大道，南至珠江，西以广州大道为界，东至华南快速干线，是广州市政府为配合2010年亚运会召开而建设的重点工程之一。珠江新城规划建设用地为6.12km^2，计划居住人口约30万，是集金融、商贸、文娱、行政和居住等功能于一体的城市新区。珠江新城选址，是与广州市总体规划和天河区的定位相符的。按照广州城市总体发展战略规划提出的“东进西联、南拓北优”的构想，天河区位于广州未来主要发展方向“东进”“南拓”的空间交汇点，交通条件极为优越，主骨架道路为“五横五纵”的结构，未来有7条地铁线经过天河。由于珠江新城位于未来三大城市组团交汇的城市地理中心，区位居中，易于培养良好的城市中心意向；同时，它又位于城市主要景观轴线珠江与城市新中轴线交汇的城市景观中心，易于形成良好的城市空间意向。在此背景下，广州市政府进一步确定了珠江新城的功能定位为：作为广州市21世纪城市中心商务区，将发展成为集国际金融、贸易、商业、文娱、外事、行政和居住等城市一级功能设施区，推动国际文化交流与合作的基地。在规划中，新城充分体现“以人为本”理念，提出了由高架步行道、地下人行隧道、步行街构成的立体化的、舒适的步行系统和突出景观环境建设的绿地生态系统建设理念。珠江新城内公共绿地为123.6hm^2，占全区用地的20%。绿化结合开放空间和步行系统，构成片、带、面结合的系统，包括公园、街头绿地、基地绿化、道路绿化、隔离绿带、平台绿化等，全区绿地率达30%。坚持基础设施建设与招商引资并举，项目建设与环境营造互动，采用滚动开发模式。目前，珠江新城已从规划阶段进入建设实施阶段，且实施建设速度正在迅速加快。一是主干道路系统的建设已经基本完成。二是政府启动了一批公共项目，包括：妇女儿童保健中心、第二少年宫、博物馆、歌剧院、图书馆等。三是在原有项目的基础上，一批以商务服务为主的大型项目正在启动或建设之中，部分金融、通信等企业总部或分支机构已经定位于珠江新城内。此外，还建设中轴线的景观与环境、改变小地块开发“楼看楼”的模式、提高公共配套设施水平、规划建设便捷的道路系统更加强了吸引力。

（二）城市建设的重大作用和意义分析

1.加强城市建设，发展城市是发展区域经济的必然选择

城市是区域的政治、文化、经济、社会、环境的中心和核心，对其周边地区具有强大的辐射力、影响力、带动力。加快城市建设必然要集中大量资金，增大对城市基础设施、市政公共服务设施、城市环境、交通设施等大批城建项目的投资，加大固定资产投资，则为经济活动提供了良好的空间，刺激和带动了区域经济的发展。特别是在当前城市建设中，对土地和各类资源的有效运作和经营，能促进资源的升值，带动工业和商贸业的繁荣，有利于地方产业的提升和产业结构的调整，有利于人口聚集和人口素质的提高，进一步促进地方区域经济的协调发展和资源的优化配置。

2. 加快城市建设和发展有利于增强城市综合竞争力

城市发展是城市软、硬件环境的全方位发展。通过加快城市建设和发展，完善了城市各种功能配套的基础和公共设施，创造了更加宜居的生活环境和投资创业环境，提高了城市品位，提升了市民文明素质和城市文明水平，促进了政府的高效管理，重新塑造了城市的崭新形象，增强了对外来投资和人才引进的吸引力，为区域社会、经济今后的可持续发展创造了更多的机会和条件。

3. 加快城市建设能使城市环境得到优化和改善

优化和改善城市环境是城市建设的主要目标之一，城市建设在坚持“以人为本”前提下，要正确处理好人工建筑和自然环境之间的协调关系，加强对城市住宅区、商业区、工业区的科学规划和合理布局，下大力气对城市进行大规模、高水平绿化、美化、净化和亮化，对城市污染进行防治，改善城市生态环境，建设现代化生态园林城市，也是城市发展方向的优化选择。

4. 加快城市建设能提升地方城市文化品位

城市建设是一定城市文化背景下的建投城市建筑是一定社会文化的表现，现代城市必然与先进文化相融合。高水平的城市建设必然要提高城市建筑的文化品位和文化含量，创造有特色的文化景观，营造浓郁的文化氛围。特别是一些标志性建筑文化、广场文化、广告文化、雕塑文化等更能体现当地文化特色和文化内涵，使当地传统文化特色得到传承和弘扬，达到传统与现代相融合，营造城市奋发向上、文明和谐、健康繁荣的文化景象。

5. 科学经营城市能实现财政创收

按照市场经济规律，进行城市建设投融资体制改革，变土地资源为土地资本；改善用地结构，实现土地增值，促进用地效益和产业效益综合提高，发挥城市土地最大的利用效率和经济效益；利用城市各种有形和无形的资产，进行城市建设投融资体制改革，对市政公用基础设施实行有偿使用，通过出让基础设施投资经营权、公用事业经营权、拍卖冠名权等办法，促进财政增收。

（三）简短的总结

首先，抓住了城市建设，就抓住了营造良好环境的关键。从政府的职能来看，最重要的任务就是要营造一个良好的环境，这个环境既要努力满足经济发展的需要，也要满足老百姓安居乐业的需要，而营造良好环境的关键在于城市。城市是一个包含了硬件和软件的综合体系，积聚了现代政府主要的也是最优质、最核心的公共服务和公共产品，它本身就是一个地区发展最重要的载体和环境。一个地区的发展环境好不好，集中体现在城市建设上，企业的投资意愿，一定程度上也是取决于城市环境。人们对一个城市的美誉度越高、认同感越强，到这个地方居住、创业、观光旅游乃至打工就业的人就会越多，相应带来的发展机遇也就更大。因此，城市建设质量的好坏、城市品位的高低，决定着整个发展环境的优劣。

其次，抓住了城市建设，就抓住了产业发展的重要平台。发展是硬道理，发展是第一要务。一个地方的发展，必须以城市为依托，只有建好了城市这个舞台，才能唱好发展这出戏。人类社会发展的实践证明，城市人口的集中化布局、产业的集聚化发展、基础设施和公共服务的集约化提供，为优化社会分工和协作、加快生产力发展提供了有利的条件和平台。当一个城市发展到一定阶段的时候，就会集中所在地区二次、三次产业中绝大部分的经济体量，成为产业发展的密集区、核心区和资源配置的中心。同时，城市也是一个地区产业发展的助推器。我们常说，有了人气，才有商气；有了人流，才有物流、资金流，城市人口的大量聚集，产生了庞大的有效需求，因此城市本身就是一个巨大的、现实的消费市场，对于区域内三次产业的发展具有强力的直接拉动作用，城市规模越大，消费市场就越大，对产业发展的拉动力就越强。此外，在城市建设的过程中也会产生大量需求，不仅与之密切相关的建筑业、房地产业等“城建经济”能够得到快速发展，而且可以带动众多的行业发展和大批人员就业。

第三，抓住了城市建设，就抓住了统筹城乡发展的“牛鼻子”。统筹城乡发展，薄弱环节在农村，牵引动力在城市。城市是区域经济的增长极，从某种程度上讲，城市发展的水平可以决定周边经济发展的水平，城市发展的步伐可以决定农村劳动力转移的速度，影响公共服务延伸的力度，关系农民收入增长的多少。城市的发展，其意义不仅在于城市本身的发展，而且是带动整个地区经济发展的基础。实践证明只有城市发展到了一定水平，才能为城乡统筹注入强大动力。

第四，抓住了城市建设，就抓住了提高社会文明程度的“龙头”。城市建设是经济、社会文明的载体，是现代文明的重要标志，人类的发展史就是一部由农业-工业-现代服务业、由村落-城镇-现代化城市发展的历史。城市以其特有的经济活力、内在的激励机制和完善的配套体系，承载着人们的梦想，改变着人们的行为，促进市民的自我完善和提高，城市的文明程度也在这个过程中不断提升并向农村辐射和传导，影响和带动农村文明进程，使农民的思想观念、生活方式、文化素质得到提升，促进农村乃至整个社会文明程度的提高。因此，我们要把提高城市的管理水平和文明程度作为城市建设的重要内容，努力调动全民参与城市建设和管理的积极性，提高市民素质，改变市民观念，培育城市精神，同时加快推进公共服务和先进文化向农村延伸，提升整个社会的文明程度。

第三节　城市建设与建设工程管理

一、工程建设活动及其成果

（一）建设工程基本概念

1. 建设工程

（1）建设工程的概念　建设工程是指为人类生活、生产提供物质技术基础的各类建筑物和工程设施的统称。

建设工程是人类有组织、有目的、大规模的经济活动的产物。是固定资产再生产过程中形成综合生产能力或发挥工程效益的工程项目。建设工程是指建造新的或改造原有的固定资产。

反过来说工程建设是指为了国民经济各部门的发展和人民物质文化生活水平的提高而进行的有组织、有目的的投资兴建固定资产的经济活动，即建造、购置和安装固定资产的活动以及与之相联系的其他工作。

（2）建设工程的范围　建设工程虽然有时似乎可以和工程建设混用，但严格辨析，还是有明确区别的。简单说，建设工程是建设的结果、产出，是一个项目、一类实体设施、一种固定资产；而工程建设是建设的过程，是一次活动、一项工作、一个任务。

建设工程按照自然属性可分为建筑工程、土木工程和机电工程三类。涵盖房屋建筑工程、铁路工程、公路工程、水利工程、市政工程、煤炭矿山工程、水运工程、海洋工程、民

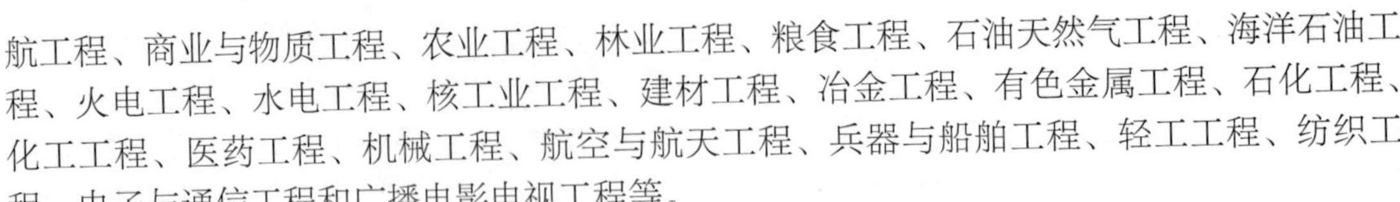

航工程、商业与物质工程、农业工程、林业工程、粮食工程、石油天然气工程、海洋石油工程、火电工程、水电工程、核工业工程、建材工程、冶金工程、有色金属工程、石化工程、化工工程、医药工程、机械工程、航空与航天工程、兵器与船舶工程、轻工工程、纺织工程、电子与通信工程和广播电影电视工程等。

2. 工程建设与城市建设

简单的理解，可以把城市建设理解为“城市建设活动”，也可以理解为“建设成城市”。作为城市建设活动时，它反映的是一个个项目建设的过程；作为建设成城市，一个个实体项目交付使用，联合或独立地发挥着项目各自的功能作用。

（1）工程建设活动　工程建设活动为新建、改建或扩建房屋建筑物和附属构筑物设施所进行的规划、勘察、设计和施工、竣工等各项技术工作和活动，并要通过这些工作和活动完成通过验收的工程实体。

城市建设涉及的工程建设活动内容十分丰富，有住宅、厂房、办公楼、宾馆、商业大厦的建设，有公路、铁路、桥梁、地铁、轻轨的建设，有车站、码头、航空港、候车楼、水电站的建设，有商店、学校、医院、影剧院、博物馆、会议中心等的建设；有污水处理厂、垃圾焚烧站、自来水厂等的建设。工程大到三峡工程、宝山钢铁厂、北京奥运场馆等，小到加油站、卫生所、公交车场站等。

（2）城市建设活动　工程建设是大量存在的社会经济活动，林立的高楼大厦，鳞次栉比的工业厂房，四通八达的铁路、高速公路，宽敞的停机坪，明亮的地铁站，还有学校、医院、体育馆、公园、博物馆、影剧院等，无不是工程建设的巨大成果。

城市建设任务则是由大量工程建设项目组成的，每一年度每一城市的城市建设任务都包含有数百个甚至上千个工程建设项目的建设任务。人类不断建设的结果，使得高度集中人类建设成果的城市，早已脱离了传统的“城+市”，即主要为防御和贸易功能的相对简单系统，而成为功能纷繁、形式多元的复杂的现代化社会经济文化巨系统。当代条件下对城市建设的要求越来越高、越来越复杂、越来越全面。从建设的角度看，中国当前所处的时代是个城市化进程加速推进，城市建设热潮方兴未艾并日益与“一带一路”宏伟建设热潮相呼应互促进的年代，说中国的21世纪是城市建设的世纪也不为过。

（3）城市建设活动示例　2月12日，江苏13个设区市同时举行2017年重大项目集中开工现场推进会。江苏全省1363个重大项目集中开工，计划总投资1.33万亿元，年度投资4300多亿元。项目涵盖了科创载体、产业、生态环保、民生和基础设施等领域，其中有230个项目被列入江苏省重大项目，比2016年增加10个。

当日集中开工的1363个重大项目中，苏南五市南京、苏州、无锡、常州、镇江项目667个，总投资7973亿元，占比60%，其中南京开工项目规模最大，达到2716亿元，苏州开工项目个数最多，达到177个，年度投资额最大，达到594亿元；苏中三市南通、泰州、扬州项目308个，总投资2145亿元，占比16%，其中，南通、泰州项目个数均为140个左右，南通开工项目总投资超过1000亿元，扬州集中开工的重大项目中10亿元以上有9个；苏北五市徐州、连云港、盐城、淮安、宿迁项目388个，总投资3199亿元，占比24%，其中徐州项目140多个，总投资超过900亿元。

总体来看，2017年江苏的重大项目呈现出“三个增多”的显著特点：一是创新引领项目增多；二是多元合作项目增多；三是协同联动项目增多。同时，体现出“五个突出”：一是突出规模性，二是突出先进性，三是突出区域性，四是突出针对性，五是突出普惠性。尤其是今年的省级重大项目显现出新产品、新技术、新业态、新模式类项目明显增多，表明经济转型升级的态势日渐明显，经济运行向好的基础不断稳固。

江苏今年的重大项目显示：具有高端技术水平和产业化规模的战略性新兴产业项目50个，具有先进研发能力和产业集聚能力的创新载体项目20个。这批项目抢占行业发展制高点，引领或紧跟世界前沿技术，通过协同创新推动新兴产业加速发展，是产业迈向中高端的重要支撑。

（4）“一带一路”的宏伟建设热潮　特别是“一带一路”国家级顶层战略的发布和实施，促使工程建设领域出现一个规模宏大、气势磅礴、项目丰富的大建设热潮，据不完全统计，“一带一路”经济区开放后，承包工程项目突破3000个。2015年，我国企业共对“一带一路”相关的49个国家进行了直接投资，投资额同比增长18.2%。2015年，我国承接“一带一路”相关国家服务外包合同金额178.3亿美元，执行金额121.5亿美元，同比分别增长42.6%和23.45%。

“一带一路”贯穿亚欧非大陆，一头是活跃的东亚经济圈，一头是发达的欧洲经济圈，中间广大腹地国家经济发展潜力巨大。丝绸之路经济带重点畅通中国经中亚、俄罗斯至欧洲（波罗的海）；中国经中亚、西亚至波斯湾、地中海；中国至东南亚、南亚、印度洋。21世纪海上丝绸之路重点方向是从中国沿海港口过南海到印度洋，延伸至欧洲；从中国沿海港口过南海到南太平洋。根据“一带一路”走向，陆上依托国际大通道，以沿线中心城市为支撑，以重点经贸产业园区为合作平台，共同打造新亚欧大陆桥、中蒙俄、中国—中亚—西亚、中国—中南半岛等国际经济合作走廊；海上以重点港口为节点，共同建设通畅安全高效的运输大通道。中巴、孟中印缅两个经济走廊与推进“一带一路”建设关联紧密，要进一步推动合作，取得更大进展。

“一带一路”建设是沿线各国开放合作的宏大经济愿景，需各国携手努力，朝着互利互惠、共同安全的目标相向而行。工程建设领域在这项大战略中，面对着极其宝贵而宏大的建设机遇，要努力实现区域基础设施更加完善，安全高效的陆海空通道网络基本形成，互联互通达到新水平；高标准自由贸易区、经济开发区网络基本形成，这宏伟美丽的蓝图需要工程建设来实施、来发展、来建设，最终建设成为地球上伟大而美好的现实。

（5）雄安新区，千年大计　雄安新区位属中国河北省，地处北京、天津、保定腹地，规划范围涵盖河北省雄县、容城、安新3个小县及周边部分区域。

2017年4月1日，中共中央、国务院决定在此设立国家级新区。这是以习近平同志为核心的党中央作出的一项重大的历史性战略选择，是继深圳经济特区和上海浦东新区之后又一具有全国意义的新区，是千年大计、国家大事。

雄安新区规划建设以特定区域为起步区先行开发，起步区面积约100km^2，中期发展区面积约200km^2，远期控制区面积约2000km^2。雄安新区定位为二类大城市。设立雄安新区，对于集中疏解北京非首都功能，探索人口经济密集地区优化开发新模式，调整优化京津冀城市布局和空间结构，培育创新驱动发展新引擎，具有重大现实意义和深远历史意义。

党中央、国务院通知要求，各地区各部门要认真落实国家主席习近平重要指示，按照党中央、国务院决策部署，统一思想、提高认识，切实增强“四个意识”，共同推进河北雄安新区规划、建设、发展各项工作，用最先进的理念和国际一流的水准进行城市设计，建设标杆工程，打造城市建设的典范。

（二）工程建设成果或产出

1.建筑物和构筑物

建设工程就是为某种社会经济需要而建设的建筑物、构筑物工程。房屋建筑物是指人们通过施工建造的，具有一定围护和遮盖结构，承载和提供人们从事生产、生活和其他社会、经济、文化等活动的不可移动的土木工程空间。房屋建筑物一般包括地基基础、墙体（承重墙、非承重墙）、梁、柱、屋楼地、屋盖以及楼梯、门窗等内容；非房屋建筑物或构筑物是由人工建造的，可独立发挥特定社会、经济功能的，具有某种特定专业功用、不可移动的土木工程实体系统，如桥梁、隧道、指挥塔、码头、机场、车站、港口等，为保证构筑物功能的正常发挥和利用，通常其实体及用地上一般有相应的如道路、水电、槽沟、绿化等附属设施配套。

因此，工程建设的成果是得到建筑物和构筑物。建筑物包括房屋建筑物与非房屋建筑物；构筑物一般主要是起着基础性、专业性、服务性、辅助性等功能作用的实体设施。

2.建设工程产品及其构成

（1）基本类型　城市建设工程产品可以分为基础设施、公共设施、房屋居住设施及其他设施四大类型。基础设施包括城市轨道交通、市政道路与市内公共交通、城际高铁动车轻轨交通、桥梁、隧道等交通工程设施，排水、排污等环保设施，供水、供电、煤气、通信、网络、热力等设施；公共设施包括商业、娱乐、旅游设施，机场、码头、车站等交通公共设施，园林绿化、文化、宗教、办公、工业等设施；房屋居住设施包括成套住房、非成套住房、平房、别墅、独立院落等类型。

（2）公益性和市场性　基础设施主要是各种特定功能的构筑物系统，具有明显的社会公益性，在我国一般由政府主持建设；公共设施有房屋建筑物，也有构筑物系统，可分为一部分是商业、娱乐、旅游等商业性质设施，通常通过市场化方式开发建设，一部分是文化、宗教等公益性设施，还有一部分如机场、车站、大型会议设施、旅游设施等市场与公益混合性质的设施；房屋居住设施基本上是房屋建筑物，包括公益性质、部分公益性质住房和市场化性质商品房等内容。

综上可见，建设工程产品从经济管理角度可以分为两大性质产品，一类是以公益性质为主的公共产品，为全社会提供基础性、公益性服务；另一类则是具有商品性质的建筑产品，主要为特定消费对象以价值交换形式提供建筑商品或建筑劳务商品服务。虽然建筑产品有公益性、市场性之分，但其生产建设过程都必须重视投入产出效益，都必须加强建设工程管理，都是争取以满意、优化的投入产出效果获得建筑产品。

二、建设工程管理与城市建设推进

（一）建设工程管理概述

1.建设工程管理概念

总体上站在建设单位角度看，建设工程管理就是对具体的建设工程项目从项目前期筹划、准备，到项目开工，经项目施工建设，到项目竣工验收，并移交使用的全过程的管理。即是对项目决策立项、规划设计、征收拆迁、招标投标、施工准备、建设开工、施工建设、竣工验收、交付使用各环节阶段的控制和管理，还是对项目建设的安全、成本、进度、质量等全要素的控制和管理，同时还要对工程建设协作、合同、信息、档案材料、设备、物资材料、资金、财务等进行专项管理。

2.建设工程管理内容

因此，从系统工程角度看，建设工程管理就是以具体的建设工程项目为对象，运用预测、分析、决策、计划、设计、组织、协调、协作、分工、检查、监控和指挥、控制等一系列管理手段，启动和推进城市建设工程项目施工建设工作，直至完成竣工验收，产出优良质量的建筑工程产品（产出物）。在该过程中，管理者和建设者要努力齐心协力运用系统工程思想，选择优化的管理手段和相应管理控制方法措施，对工程项目建设的安全、成本、进度、质量及相关要素进行整合、协调、组合、调度等管理控制工作，保证该工程项目建设过程的优化有序有效进展，争取以尽可能节约人财物等资源投入和资源损耗，取得良好、丰富、尽可能高效益的成果和效果。这些成果和效果包括优良质量的建筑工程产品本身，还包括其相应产生和发挥的政治、经济、社会、环境和文化的功能发挥和效益集成。

（二）城市建设工程的推进

1.城市建设的推进模式

现实情况是，城市建设的推进实际有以下两种模式。

（1）常规推进模式　一般的常规推进模式是就一个具体的城市建设工程项目，由建设单位牵头决策、组织和运作，并实施项目建设工程管理。

比如，开发商开发建设一个城市商品房小区建设项目，则开发商企业将就该项目设立专门的项目部（一般是矩阵制式），具体负责项目工程管理的相关工作，主要包括项目可行性研究及立项决策，前期手续办理；聘请、选择勘察、设计规划、招标代理、施工、监理等参加建设与工程管理。接着要安排规划设计，以及接下来的招标投标，明确中标单位并签订工程承包合同；然后是施工队伍进场和施工准备、开工后推进施工建设，其中还要特别注意施工建设过程中的质量、安全、成本、进度的控制和优化管理问题，再下来就是竣工验收；竣工验收后的交付使用。

（2）重点工程推进模式　就目前城市建设的实际情况而言，对于重大重要的建设工程项目，一般地方政府出面牵头，专门组建市城市建设重点工程办公室（通常称“重点办”），直属市政府。一般重点办由市政府与城市建设相关的部门基本按矩阵制模式组成，代表市政府统筹协调全市城市建设工作任务，集中调度、指挥、协调全市重要、重大工程项目，即市重点工程项目建设活动的推进。

也即，市重点办根据城市建设的投资计划和年度工作目标，将一批（多个甚至多批项目）要开发建设施工的重要、重大建设项目列入市城建重点工程项目，实施重点支持、督查、协调推进，确保城市建设重点工程的高水平、高质量完成。在组织部署上，一般列入市城市建设重点工程项目的建设单位也是该项目的责任单位，重点办还专门安排内部各组成单位的业务领导分工“包挂”负责，代表重点办具体加强对责任单位推进建设工程项目的支持和协调。对项目建设过程中遇到一些重要复杂的问题、难题时，重点办将采用集中会办、现场督办、特事特办等多种形式，及时解决问题，重点工程推进模式的基础还是常规推进模式，相当于在项目建设单位作为责任单位在正常推进工程建设的进程中，再借助重点工程推进模式加大推进力度，提升管理水平，能够多个项目同时协调并进，同时协作共成，取得更满意的工程建设效果。

2.城市建设中的工程管理

（1）工程管理伴随城市建设产生　从历史角度看，并不是一有建设就有建设工程管理，原始村落时代一家一户盖个房屋，或小村落搭盖几处小建筑、小设施等，可以说都不需要工程管理，因为这种工作首先是随意性大，何时盖、何人盖、盖成怎样都没有计划，所以不是都需要工程管理的。只有当出现社会化劳动分工，早期城市出现，并出现规模性的工程建设活动时，工程管理才是需要并应该产生的。随着城市的出现，大型公共祭坛、舞台，发展到庙宇、宫殿、大型帝王陵墓等工程逐渐增多，著名而宏伟的万里长城工程也开始建设。工程建设活动规模日益增大，频次也日益增多，工程管理就成为城市建设活动不可或缺的工作内容了。

（2）工程管理贯穿城市建设活动　现代城市建设中，从工程项目立项决策开始，工程管理的思想方法和手段就进入到工程建设项目领域，如何正确决策，如何高效处理前期准备的程序性问题，如何优化规划设计等，如何协调、组织、推进施工建设，一直到如何搞好竣工验收，如何圆满交付使用等。

（3）成功的城市建设必须抓好工程管理　工程建设活动是需要动用大量人力、物力、财力的综合性活动，如何在有限的人、财、物资源约束下取得最佳的建设成果，或者如何在设定的建设目标下，尽可能节约人、财、物资源，实现以尽可能少的投入而达成建设目标。这就需要建设工程管理，需要通过工程管理来顺利优化地推进和实现工程建设目标。因此，建设工程管理就是通过对项目工程建设活动进行恰当、合适、有效地计划、协调、控制、推进，使之能有序、高效、恰当地运行，并以良好的综合效益达成项目建设目标。所以完全可以这样说，成功的城市建设必须抓好工程管理。

（三）工程管理在城市建设中的应用

1. 案例“北宋丁渭修皇城”的启示

（1）案例背景　北宋真宗年间，皇城（首都）发生火灾，皇宫被烧为灰烬。丁渭受命主持修复，当时不执行皇命即为抗旨。接旨后他对废墟进行勘察，发现此工程存在三难题：第一是取土困难；第二是运输困难；第三是清墟堆放的困难。他找到了主要矛盾后，就征集解决方案。最后他从众多方案中综合出了一个最佳方案，这个方案最终使其成功，提前完成了“皇城修复工程”。

（2）工程建设修复方案　首先，把皇宫前面的大街挖成一条大沟，直至汴水河岸，挖道取土，利用挖出来的土烧砖烧瓦，解决“取土困难”；然后把皇城附近的汴水挖通引入大沟，通过汴水运进建筑材料直运工地，解决“运输困难”；皇宫修复之后，再把碎砖烂瓦等建筑垃圾填入沟中，最后修复原来的大街，又解决了“清墟堆放”的困难。

（3）落实结果及简评　按这一方案修造，取得了“一举三得”的效果。丁渭挖街修皇宫的故事，体现了系统思维、顶层设计、整体谋划、提高综合效益的理念。挖沟取土虽然暂时破坏了完好的大街，但从工程的全局来看是有利的。

2. 建设工程管理与城市建设密切相关

首先，城市人造系统如居民小区、博物馆、市政中心、购物商城、旅馆、车站、地铁、市政道路、水电系统等的硬件构成主要是基础设施、公共设施、房屋居住设施三大部分；城市自然系统如山川、湖泊、河流、涌泉、洞穴、森林等往往经过了大量的人工建设改造，成为城市中的适用设施。所有这些设施的建设改造活动都需要全面全过程的建设工程管理内容。

其次，城市建设活动是在一定时段内，由该城市系统内一个个具体的工程项目建设活动集合构成的。因此，各个工程建设项目的建设工程管理活动是保证城市建设活动顺利优化推进并取得建设成效的基础。

再次，工程建设活动必须遵循城市建设基本程序，自然建设工程管理也必然要求遵循城市建设基本程序，而城市建设基本程序则在工程建设活动中得到实施和落实，建设工程管理的重要目标是使这种实施和落实活动得以优化，有序而高效益地进行。

综上可见，城市建设是当前我国社会经济发展的一项具有全面而重大现实意义的重要内容，建设工程管理则是推进城市建设顺利优化高效进行的重要手段，抓好和加强建设工程管理，对于我国城市化建设进程的发展具有不可或缺的重要意义。加强对建设工程管理的研究与实践，对于搞好工程项目建设，取得更高效益进而推进城市建设工作无疑具有十分重要的意义。

也由于本书中所依托的工程案例和所讲述的内容主要是城市建设工程内容，包括大量城市建设重点工程内容，所以为突出主题，适应当前建设与应用以及理论研究的实际，书名定为《城市建设工程管理》。

3.建设工程管理在现代城市建设中的应用准则

（1）系统全面原则 就是要全面考虑，综合权衡，从总体着眼和布局，不能遗漏，不应偏颇，不宜单兵直进。

（2）注重实际原则 城市建设是最实际的东西，必须尊重现实，实事求是，工程建设施工中遇到难题、问题是十分正常的现象，必须从实际出发，针对具体问题寻找现实可行的可操作的解决方案，而不能照搬书本，更不能闭门造车想当然。

（3）现场处理原则 城市建设特别是施工建设中，必须注重多到现场，许多事情必须坚持现场勘查、现场分析、现场研究、现场处置，这样处理事情既能及时快速，又能面对真实准确的情况。

（4）遵守程序原则 城市建设，施工建设有一套相对固定的程序和进程，这些程序和进程是许多年建设发展的理论和实践经验的总结，十分重要也十分有用，一定要坚持、要遵守，要按规定的流程走，这对于保证工程施工建设安全、进度和质量都是十分重要而有意义的。

（5）合作协作原则 工程建设涉及建设单位、勘察单位、规划设计单位、监理单位、施工单位、设备供货单位、材料供货单位等多家单位，以及政府相关行政和管理部门。这些单位需要密切协作合作，才能顺利推进工程建设进程；也只有各方的密切合作协作，以及相互的交流、配合和支持帮助，才能比较顺利地达成工程建设目标。

（6）关键节点原则 施工建设在阶段转换、工种衔接、工序换位等情形下，需要特别关注关键节点的转换、衔接、换位的处理，关键节点的启动或收尾工作，对于保证工程总体进度、成本、质量的控制具有重要意义。

（7）及时沟通原则 由于城市建设工程管理涉及的参与单位多，进程环节多，工种工序多，施工队伍多，参与人员多，材料设备物资种类多，工地现场情况复杂，安全压力大，加之市内施工甚至闹市区施工环境限制严格，有社会、环保、环卫、安全、稳定等方面压力。这就要求在工程管理方面，各相关单位和个人都要特别重视沟通和联系，有问题有情况一定要尽早及时报告和沟通，要特别强调把可能发生和出现的不利情况、局面控制、处理在萌芽状态。

（8）和谐人际原则 “众心齐，泰山移”，城市建设一般都是面对大工程、大项目、大任务，而且人员众多，来源多种多样，必须加强管理，并在管理中高度重视人际和谐工作。要知道没有众人的团结和谐、齐心协力，就没有大型工程项目的顺利推进，就没有工程建设的优质高效。所以工程建设中人际和谐、团结奋进不是小事情，应该把它当成城市建设工程管理的一件大事来抓。

三、建设工程管理的实质与定位

（一）建设工程管理的内涵范围

本书对通常说的工程管理这个专业术语设定为建设工程管理的原因在于，工程管理是个庞大的学科，航天、电子、武器、设备、医疗、军演等，甚至国防、文化、物流、区域经济、政治等都有其自身特定的工程管理内容，为明确专业范围，明确管理对象，专门限定建设工程管理是土木建设领域内的工程管理问题，直接与城市基础设施、公共设施和各类工业与民用建筑设施建设活动相联系，也就是说建设工程管理大量、直接、主要地与城市建设活动相联系。建设工程管理既与当前城市建设活动密切相关，更与地区、区域、国家等国际范围内的宏大经济、社会建设活动有密切联系。

（二）建设工程管理的认识定位

1. 关于学科属性

建设工程管理从学科属性而言，是具有明确工科性、技术性、实践性、应用性，同时具有明显综合性的学科。

建设工程管理广泛而密切涉及建筑、结构、给排水、强电和弱电、机械设备、建材、岩土、地质、测绘、环保、节能、网络智能化等，以及金融、投资经济分析、管理还有合同、法律等多科性的专业知识内容。

2. 关于建设工程管理的主体

建设工程管理的主体当然是工程项目的建设单位。从职责上看对工程项目建设整体上实施立项决策，规划设计，建设手续办理，施工、设计、勘察等单位的选择，施工全过程的管理，竣工验收等都起着主导性、决策性作用；从产权关系看，建设单位一般就是建设工程项目的产权人或代理人，对工程建设资源具有分配、控制、管理的权责。建设单位一般是工程项目的总发包单位，在工程承包合同上是甲方。

应该指出的是，由于现代城市建设工程规模、体量都越来越庞大，建设内容、形式越来越复杂、丰富、多样，专业化、机械化、信息化程度越来越高，这就决定了建设单位或其他单位无法一家独揽全部建设内容，通常按专业化分工合作原则来选择相应更多的施工、设计、勘察等单位。这些单位既要接受建设单位（甲方）的管理、控制，要对甲方负责；另一方面，也要像甲方一样对下面分包的各相关专业性单位，以及按标段划分工程任务范围的分包性单位进行管理和监督。因此，这些设计、施工、勘察等单位也可以视为是二级主体单位，在层层分包情况下，可能还会有更为次一级的三级、四级等主体单位。

3. 关于建设工程管理的对象

从上面的讨论可知，从建设单位角度讲，建设工程管理的对象是工程项目和施工等工程活动，及相关承担工程项目建设任务的二级主体单位（勘察、规划设计、施工、供材供货等为项目工程建设服务的单位），以及参加工程建设的更次一级主体单位（例如分包等情形）。

4. 关于建设工程管理的特点描述

从系统工程角度看，建设工程管理面对的是一个复杂的多目标多属性系统，要在多重条件约束下实现工程建设的有序优化推进。一般而言，要求在人财物资源、时间、安全、环保、相关技术规范规程、政府法律政策规定、承包合同等的约束条件下，精心计划、加强管理、科学控制、统筹协调，保证在工程进度、成本、质量等主要目标上，达成进度合理按时完成、成本节约减少浪费、推进高效质量优良的综合目标。

用系统工程思想优化建设工程管理，呈现出如下几个特点：

一是要求同时要达成进度、成本、质量等多方面目标的目的。

二是每个目标都有一组评价目标的属性要素集（评价指标体系）。如评价工程进度的属性，实际进度与计划进度的差异，返工情况，工程进展的均衡性，各单位工程在时间上的衔接情况等。

三是建设工程管理要达成的最终综合目标，并非（实际也不可能）追求最优解，而是达成次优的“满意解”。

四是按系统思维，强调建设工程管理要注重预作计划、留有余地、统筹协调、综合平衡、合作共赢、现场优先等管理思想。

（三）建设工程管理的目标绩效评价

1. 城市建设的效果评价问题

对城市建设的效果绩效评价，是个重要而有重大现实意义的问题，城市建设的成果效益如何，直接关系到对城市社会、经济、文化、生态环境效益产出的认识和判断，也直接关系到是否节约社会资源和财富、建设节约型社会发展和城市建设产出效果的评价。这种评价分析结果可以反过来指导城市建设宏观决策和工作思路。由于城市建设的成果绩效与城市建设工程管理的绩效直接联系，所以用建设工程管理的目标实现成果和绩效的评价结果，来评价分析城市建设的成果效益是可行而有益的。

城市系统是个复杂的巨大系统，城市建设成果绩效的评价涉及城市建设、发展的方方面面，所以避繁就简，用模糊综合评判理论原理，通过评价分析城市建设工程管理的目标实现情况来判断城市建设的成果绩效。

2. 两种评价分析模式

（1）单个项目评价模式

① 评价因素指标与权重。对单个具体的城市建设工程项目的工程管理绩效来分析评价，称为单个城市建设项目目标管理综合考核评价模式，简称单个项目评价模式。由于建设工程管理的主要设定考核目标主要是安全、质量、成本、进度，因此可以在项目竣工验收后对这四个目标落实实现满意度进行综合评价，得到的项目目标管理实现满意度的综合指数，即是某个城市建设项目的评价数量分析总结果。

将某个阶段（例如，年度）城市的全部当年竣工建成项目的建设工程目标管理实现满意度综合指数p_i的总和$\sum p_i$，除以当年总竣工验收项目数n，即得到城市建设工程管理目标实现年度平均满意度$P_{年度}$。

一般安全、质量、成本、进度四种因素对达成工程管理目标满意度的影响程度是有差异的，衡量这种差异的程度，一般采用权重$\lambda_j(j=1,2,3,4)$对某个项目i的安全、质量、成本、进度指标得分$g_{ij}(i=1,2,\cdots,n;\ j=1,2,3,4)$，则$p_i=\sum\lambda_j g_{ij}$

② 某项目i按因素指标打分得分判别。采用模糊综合评判打分方法确定某个项目i的得分。指标评判打分表见表1-1。

表1-1　指标评判打分表

因素指标	目标达成状态	评分依据说明及判断	得分g_{ij}	折算成标准分p_i
安全管理	优良	没有发生安全事故，安全生产平稳有序，安全管理体系、制度健全，管理效果好	g_{i1}	
	合格	没有发生任何较大安全事故。安全生产正常进行，管理效果较好		
	不合格	发生较大及以上的安全事故		

续表

因素指标	目标达成状态	评分依据说明及判断	得分 g_{ij}	折算成标准分 p_i
质量管理	优良	工程质量优良率达95%及以上（注：现在实际评比中，只有合格和不合格两类。此处为便于定量测算分析而沿用）	g_{i2}	
	合格	工程质量合格率达标		
	一般	工程质量虽然达到验收标准，但总体质量水平一般		
成本管理	超支	要分析超支原因，浪费、非正常消耗原因的超支才是问题	g_{i3}	
	达成	要分析满足成本管理的原因，并进一步分析成本管理效益如何		
	未用完	要进行成本经济效益的比较分析		
进度管理	延期	要分析延期的深层原因，从而得出符合实际的结论	g_{i4}	
	按时	要分析按时完成费效比		
	超期	要分析超期原因及其效应		

③ 城市建设工程管理目标实现年度平均满意度$P_{年度}$测算

$$P_{年度}=\sum p_i/n$$

（2）城市总体评价分析模式　对城市建设年度的总体建设绩效效果评价，主要从某个城市的社会、经济、环境发展效益增长、提升和优化情况来与上年度的情况进行比较分析评价，最终得出结论。

社会发展进步效益S评价一般可用代表性因素，如城市排名进展（x）、城市特色体现（y）、城市社会福利保障水平提升（z）等情况来表征描述，社会效益良性发展影响得分标准值S，应该可以建立某种数量性模型来测试，即

$$S=S(x,y,z)$$

同样，经济发展提升效益增长J一般可用代表性因素GDP（u）、财政收入（v），单位投资的GDP产出率（w）等来表征描述。因此，经济效益良性增长影响得分标准值J同样可用某种数量性模型来测算，即

$$J=J(u,v,w)$$

同样，环境影响推进效益增长H一般可用代表性因素，如绿化率提高（r）、好天气数量增加（s），全市达到100%清洁水源标准（t）等来表征描述。因此，经济效益良性增长影响得分标准值J同样可用某种数量性模型来测算，即

$$H=H(r,s,t)$$

最后，可以用某种数量规划模型来综合计量城市建设社会效益S、经济效益J、环境效益H的综合增长测算计量结果G，即

$$G=G(S,J,H)$$

这种理论模型的数学计量确定自然可以用建立有关数学模型来测算，对于巨量数据情形计算机的大数据处理无疑是必要的。这里只是表达了一种描述性思路。

第二章　城市系统建设工程管理分析

Chapter 02

第一节　建设工程项目系统概述

一、建设工程项目系统三大构成

（一）基本概念

1. 建设工程项目系统

建设工程项目或工程项目，是通过土木、机械等工程施工建设活动而形成特定功能建筑物、构筑物产出物及其过程的系统。它是工程产出物与为形成该产出物而进行的各项工程建设、经济及管理活动的总和。

因此，这一“总和”意味着正如《中国大百科全书（土木工程）》对“土木工程”术语所界定的那样，“它既指所应用的材料、设备和所进行的勘测、设计、施工、保养、维修等技术活动，也指工程建设的对象”。建设工程项目系统因而在概念内涵上主要包括两大部分内容：一是工程建设形成的产出物系统，包括具有特定功能的建筑物、构筑物；另一是为形成该产出物而进行的各项工程建设、经济、管理活动内容及其过程。

2. 系统概念内涵的三大构成

对系统概念内涵作进一步的仔细分析，发现建设工程项目系统可细分为三大构成部分：一是项目的产出物子系统，由具备特定功能的建筑物、构筑物组成；二是为形成该建筑物（或构筑物）所进行的勘察、设计、土木、安装施工、协作等建设活动子系统；三是建设形成该项目（产出物子系统）所包含的环节、程序、进程等过程子系统，后面称为基建程序子系统。

可见，工程项目与工程建设密切不可分离，对工程建设活动的计划、组织、协调、运筹就是建设工程管理的重要内容。要抓好建设工程管理，首先要了解建设工程项目的特征属性，建立对建设工程项目的总体概念和认识。

（二）建设工程项目的内涵认识

从概念上说，建设工程项目包括项目产出物和建设等活动过程两部分内容。而为形成该产出物的建设等活动的内容和过程又可以分为基本建设程序和工程建设要素两部分来认识。

1. 建设工程项目产出物子系统

建设工程项目产出物主要为房屋建筑物和构筑物两类。

建设工程项目产出物=房屋建筑物+构筑物

其中，房屋建筑物是指人们通过施工建造的，具有一定围护和遮盖结构，承载和提供人们从事生产、生活和其他社会、经济、文化等活动的不可移动的土木工程空间，如商品住宅、医院、学校、博物馆、电影院、工业厂房等；构筑物是由人工建造的，可独立发挥特定社会、经济功能的，具有某种特定专业功用、不可移动的土木工程实体系统，如轨道、公路、隧道、桥梁、化工反应塔等。

而城市建设中产出的建筑物、构筑物通常在功能上表现为：一是城市基础设施，如交通、水电、能源、通信、网络等系统；二是城市公共服务设施，如教科文卫体设施，大型会议中心、大型体育场馆等设施系统；三是住宅等房屋设施系统。

2. 基本建设程序子系统

建设工程项目在建设形成过程中，是由一系列标准的、必经的、固定的环节、阶段、工作内容组成的。基本建设程序一般包括项目投资决策阶段、项目规划设计阶段、项目土地改造阶段、项目招标投标阶段、项目施工实施阶段、项目验收移交阶段。必须说明的是，上述六个阶段的顺序是基本固定的，就是说先后顺序是从投资决策，到规划设计，到土地改造，到招标投标，到施工实施，到验收移交，虽然部分阶段存在交集但整个先后顺序是不能颠倒的。

3. 工程建设管理要素子系统

每个工程项目的建设一定会涉及一些关键性、必要性的工程建设要素，包括工程合同、工程成本、工程施工、工程进度、工程质量、工程安全等。这些要素是建设工程管理的抓手和着力点。

（1）工程合同　也称建设工程合同，是指为“按质按量按时按价”完成某特定建设工程项目任务，而由项目建设单位（拥有单位，发包人）和项目建设的勘察、设计、施工等任务承担单位（承包人）之间签订的，明确相应权利、义务、职责的合同协议。工程合同核心的权责当然是承包人进行工程建设，发包人支付工程价款。

工程合同规定着具体项目的建设活动，对项目的进展、成败和项目效益起着重要的影响和制约作用，这样工程合同管理就成为工程管理的重要内容。

（2）工程成本　是为按合同约定或规定并达到质量标准完成项目建设各项活动任务所必须消耗或使用人工、材料、机械设备台班等的直接费用和相应配套辅助性的间接费用，以及相关各类财务、管理、办公和分摊费用，还有按规定缴纳的规费和税金等的总和。

工程成本是建设工程管理中的重要概念，合理节约与降低工程成本是建设工程管理的重要和关键目标，也就是说，在工程建设中如何“少花钱，多办事”是工程管理首要考虑和承担的任务。同时，必须指出，“工程成本”有时和“建设资金”这个词是混用的。

（3）工程施工　是按照合同约定和建设工程项目规划设计文件要求，将施工队伍分成不同工种，运用不同工具和机械设备，消耗使用相应建筑材料，应用相应施工工艺和施工方法，建设形成相应建筑、构筑产出物的生产活动过程。

工程施工是工程建设中的主体活动，有工程开工、施工、竣工全过程，传统工程管理中的主要内容是工程施工管理内容。工程施工活动直接决定着工程建设的成败。“工程施工”和“施工建设”也经常混用。

（4）工程进度　通常也称施工进度，是指工程项目整体从施工建设开工开始，建设施工活动依预定施工计划，按工种、工序的安排与时间顺序的展开和推进情况。

工程进度反映了工程建设活动推进的快慢，同时还与建设工期和工程项目建设周期两个概念密切相连。建设工期一般指工程项目中构成固定资产的单项工程、单位工程从正式破土动工到按设计文件全部建成到竣工验收交付使用所需的全部时间。工程项目建设周期则是指按照城市建设基本程序开展项目建设，从项目投资决策正式启动开始，直到项目竣工验收并移交之日为止的全过程所需时间。工程进度对建设工期的长短和工程项目建设周期的长短起着关键而相对固定的重要影响。

（5）工程质量　也称建筑工程质量或工程项目质量。是指在国家现行的有关法律、法规、技术标准、设计文件和合同中，对工程的安全、适用、经济、环保、美观等特性的综合要求。有时，工程质量也是指按照上述综合要求对某一工程项目产出物建设竣工时的使用效能水平的综合评价。

（6）工程安全　主要是指在建设工程施工过程中，为预防水火、电气、爆炸、伤亡、其他危险等事故，保证人员、财产、物资安全，重点是人员人身安全而开展的各项系统性的预防事故、保证安全、综合治理的安全工作。

工程安全是重大的工程建设要素，工程安全问题贯穿工程项目建设过程始终，也是工程管理重中之重的问题，值得深入研究和认真对待。

（三）建设工程项目系统内涵的总结

工程管理中的建设工程项目内涵可以理解为项目建设产出物和建设活动过程的集合。这种理解健全了工程管理的概念体系，保证工程管理内涵的系统、全面和体系化，同时也有利于工程管理内容的梳理和条理化，如图2-1所示。

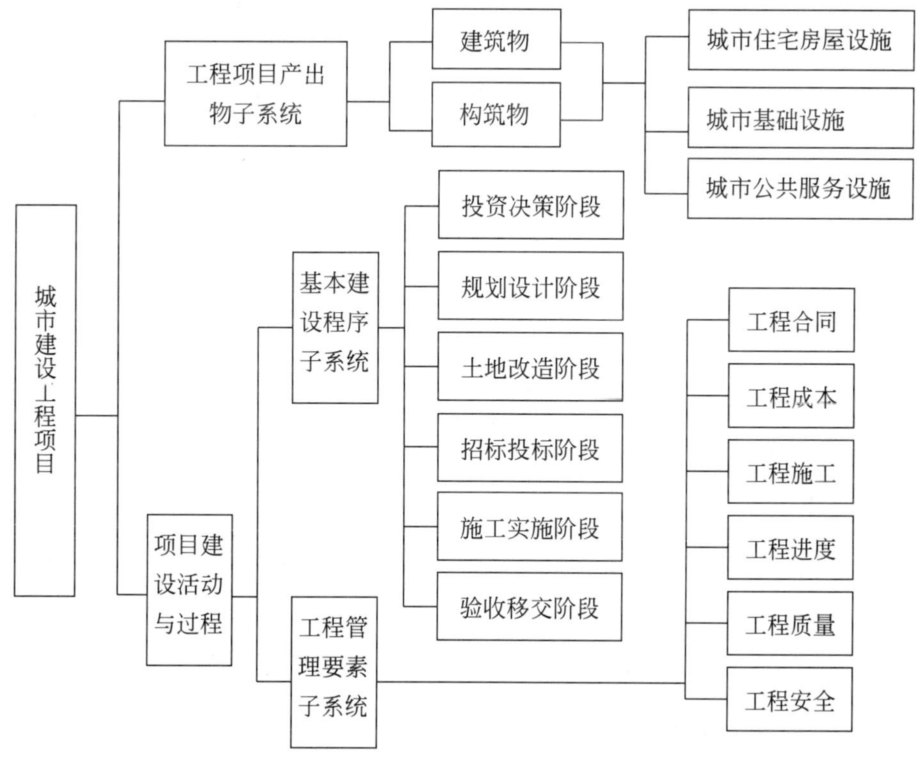

图2-1　建设工程项目系统内涵体系

二、建设项目产出物子系统内涵分析

（一）产出物子系统内涵总述

从图2-1可以看出，建设工程项目产出物是房屋建筑物和构筑物，从城市建设角度看，房屋建筑物和构筑物依其功能特点及其在城市运作发展中的地位和作用，可以分为基础设施、公共服务设施和住宅房屋设施三类。也就是说建设工程项目主要包括基础设施工程项目、公共服务设施工程项目、住宅房屋设施工程项目。

也可以说

项目产出物=基础设施+公共服务设施+住宅房屋设施=房屋建筑物+构筑物

建设工程项目产出物内容如图2-2所示。

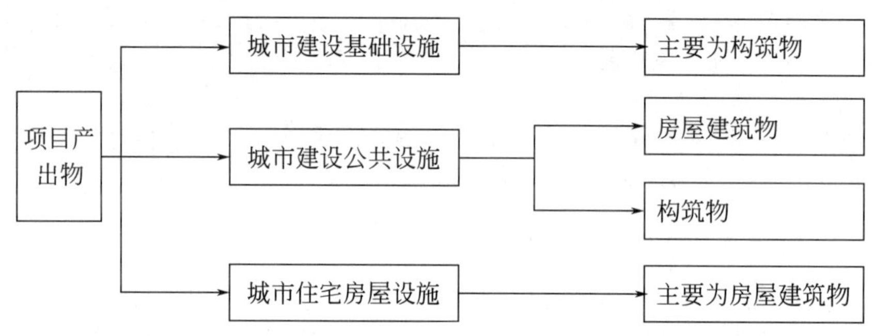

图2-2　建设工程项目产出物

其中城市建设基础设施一般是道路、桥梁、管网、隧道等构筑物设施（当然不排除有些大型设施主体上包含有值班室、哨所、休息室等少量、小型的房屋建筑物配套设施）。城市建设公共设施既有医院、学校、博物馆、电影院等房屋建筑物设施，又有码头、加油站、站台、机场跑道、体育场、园林、高尔夫球场、大型雕塑等非房屋的构筑物设施；城市住宅房屋设施当然以房屋建筑物为主，自然现在商品住宅小区也有许多建筑小品、绿化、车库等构筑物性质的配套设施，更不用说地下水电管网设施等。但所有这些都是建筑产品，都是建设工程项目的产出物，具有共同的属性特性，如长期使用性、不可移动性、单件生产性等，将在下面进一步分析。

（二）城市建设基础设施

1.城市建设基础设施的概念

城市基础设施是指城市运行和发展所必须具备的工程性、基础性的各项以路管线网隧为主等的设施系统，除城市基础交通系统外，一般为能源系统、给排水系统、交通系统、通信系统、环境系统、防灾系统等工程设施。城市基础设施是承载城市用水、用电、排污、通信、交通等社会性、经济性基础功能的重要系统。基础设施支撑着城市社会经济发展的基本运行需要，一个城市的功能发挥越强，其基础设施水平也就越高。具体细分，城市基础设施主要包括基础交通设施、环保设施、供水设施、供电设施、煤气天然气等能源设施、通信及网络设施、热力输供设施、其他设施等。

2.城市建设基础设施的主要内容

① 基础交通设施包括道路、桥梁、隧道、城市轨道交通等内容。

其中道路包括铁路、公路设施。铁路设施还可分为普通客运铁路、高铁、专用线等设施；公路包括市政公路、高速公路、高等级公路、其他一般公路等情形。

桥梁主要包括过江、过河、过街、过铁道线等跨越型桥梁和向城市空中立体发展的高架桥系统。

隧道主要包括过江河等穿越型隧道和发展城市地下立体交通系统的疏通型隧道。

城市轨道交通主要包括地铁、轻轨、现代有轨电车等。

② 环保设施包括排污系统、污水处理系统、水污分流系统、防洪工程、其他环保工程等内容。

③ 供水设施主要指城市自来水供水系统，其他有时也包括消防供水和一些环保供水、工业供水系统。

④ 供电设施主要指城市生活、办公、商业、非工业生产企业等输送供应电力系统。

⑤ 煤气、天然气等能源设施主要是指城市生活、办公、商业、非工业生产企业等用煤气、天然气的供应系统。

⑥ 通信与网络设施主要是指城市社会经济各方面使用的通信设施、有线和无线电视等广电设施、计算机网络等内容。

⑦ 热力输供设施主要是指城市供暖相关设施系统。

⑧ 其他设施包括城市消防系统、防灾系统等内容。

必须说明的是，随着城市建设的日益推进，城市化进程的不断加速，城市发展步入一个崭新阶段，城市交通基础设施中的市内交通和城际交通中现代化交通手段体系日趋完善先进，包括城际高铁、动车，市内轻轨、地铁，过江隧道、市内高架快速通道等都不断涌现。

3.城市建设基础设施构成体系小结

综上，得到城市基础设施系统构成体系，如图2-3所示。

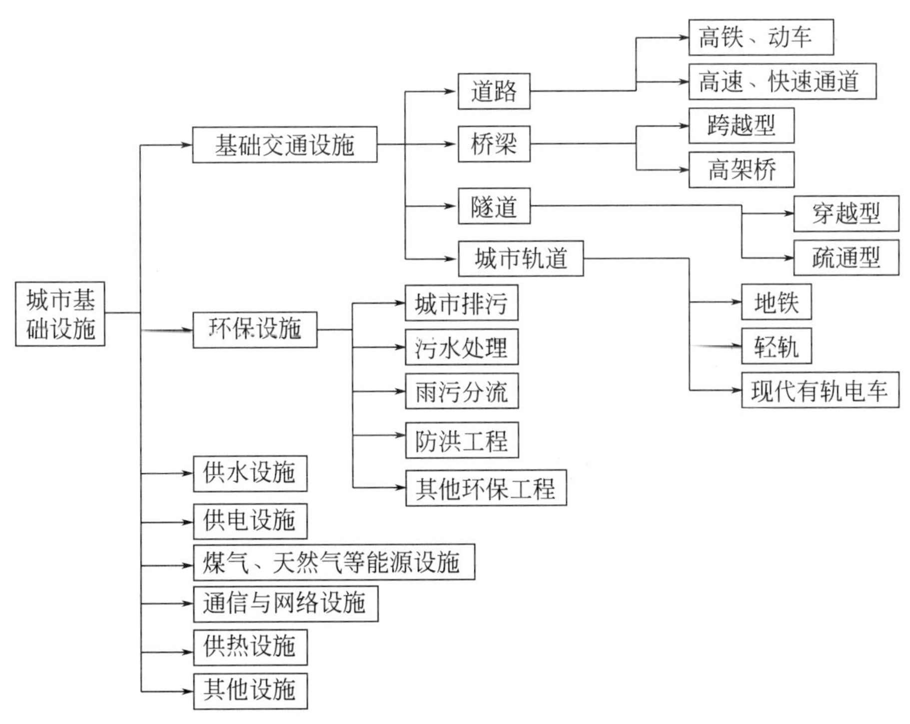

图2-3　城市基础设施系统构成体系

（三）城市建设公共设施

1.城市建设公共设施的定义

城市建设公共设施是指主要由政府提供的属于社会的给公众享用或使用的公共建筑产品或公共构筑设施，以及由企业或相关社会组织建设，面向社会公众提供各类公共消费服务的盈利与非盈利设施。这些设施主要包括公共交通设施、商业旅游娱乐服务设施、公益类市政设施、行政类服务设施、其他公共服务设施等内容。

按经济学的说法，公共设施是公共政府提供的公共产品。从社会学来讲，公共设施是满足人们公共需求（如便利、安全、参与）和公共空间选择的设施，如公共行政设施、公共信息设施、公共卫生设施、公共体育设施、公共文化设施、公共交通设施、公共教育设施、公共绿化设施、其他公共用房等。城市公共设施不同于农村公共设施，具体来说，城市公共设施是指城市污水处理系统、城市垃圾（包括粪便）处理系统、城市道路、城市桥梁、港口、市政设施抢险维修、城市广场、城市路灯、路标路牌、城市防空设施、城市绿化、城市风景名胜区、城市公园等。城市公共设施按收费与否，有收费和不收费之分。从空间布局来分，有全市性公共设施、区域性公共设施、邻里性公共设施三种。

2.城市建设公共设施的主要内容

① 公共交通设施主要包括航空港候机楼、火车站、长途汽车站、江湖河海运码头及其附属设施等内容。

② 商业娱乐旅游服务设施包括商场、购物中心、银行、宾馆、饭店、游乐场、商务写字楼等内容，主要可分为商场类、商铺类、餐饮类、宾馆类、旅游类、娱乐类、商务类、其他类8大类内容。各类商旅娱设施的具体内容可参见图2-4。

③ 公益类市政设施包括学校、医院、文化馆、博物馆、体育馆、研究院、办公楼等，主要包括教育类、科技类、文化类、医疗卫生类、体育类等几大类。各类市政设施的具体内容可参见图2-4。

④ 行政类服务设施主要包括政府及其机关办公楼、各类行政检查审批中心、各类政府及街道办事处等内容。

⑤ 其他公共服务设施包括绿化、绿地设施，还有诸如敬老院、多功能社区活动中心等内容。

3.城市建设公共设施的分类

城市公共设施的分类大致按其在城市运营管理中所发挥的功能作用，分为如下三个大类。

① 基础性公共设施。主要是市政公用类设施，包括市内公共交通、路灯和交通信号灯，市区下水道、污水处理和雨污分流管网，市区环卫、垃圾处理等，还有时也包括市区生活供水、供电、燃气、电信、宽带网络、数字电视等设施。

② 功能性公共设施。就是教科文卫体如学校、科研大楼、实验中心、基地等，文化艺术方面的影剧院、展馆、博物馆、美术馆、音乐厅等，医疗卫生方面的医院、卫生院、疗养院、康复中心等设施，还有各种体育场馆，更有承办各种全球最高体育赛事的奥体馆、世界杯足球赛场等大型、高档的体育场馆，以及会议中心、展览中心、规划展示馆、多功能场馆等体现城市实力和城市建设发展规模水平的大型公共设施。同时，还有政府机构、各类组织和社会团体的办公建筑等。

③ 附属性公共设施。主要包括城市园林绿化、城市公园、市民广场、城市街道出新亮

化、城市街头景观小品、城市旅游风景名胜景点以及新出现的大型城市娱乐、游乐、旅游等设施。

4.城市建设公共设施构成体系小结

综上，得到城市公共设施系统构成体系，见图2-4。

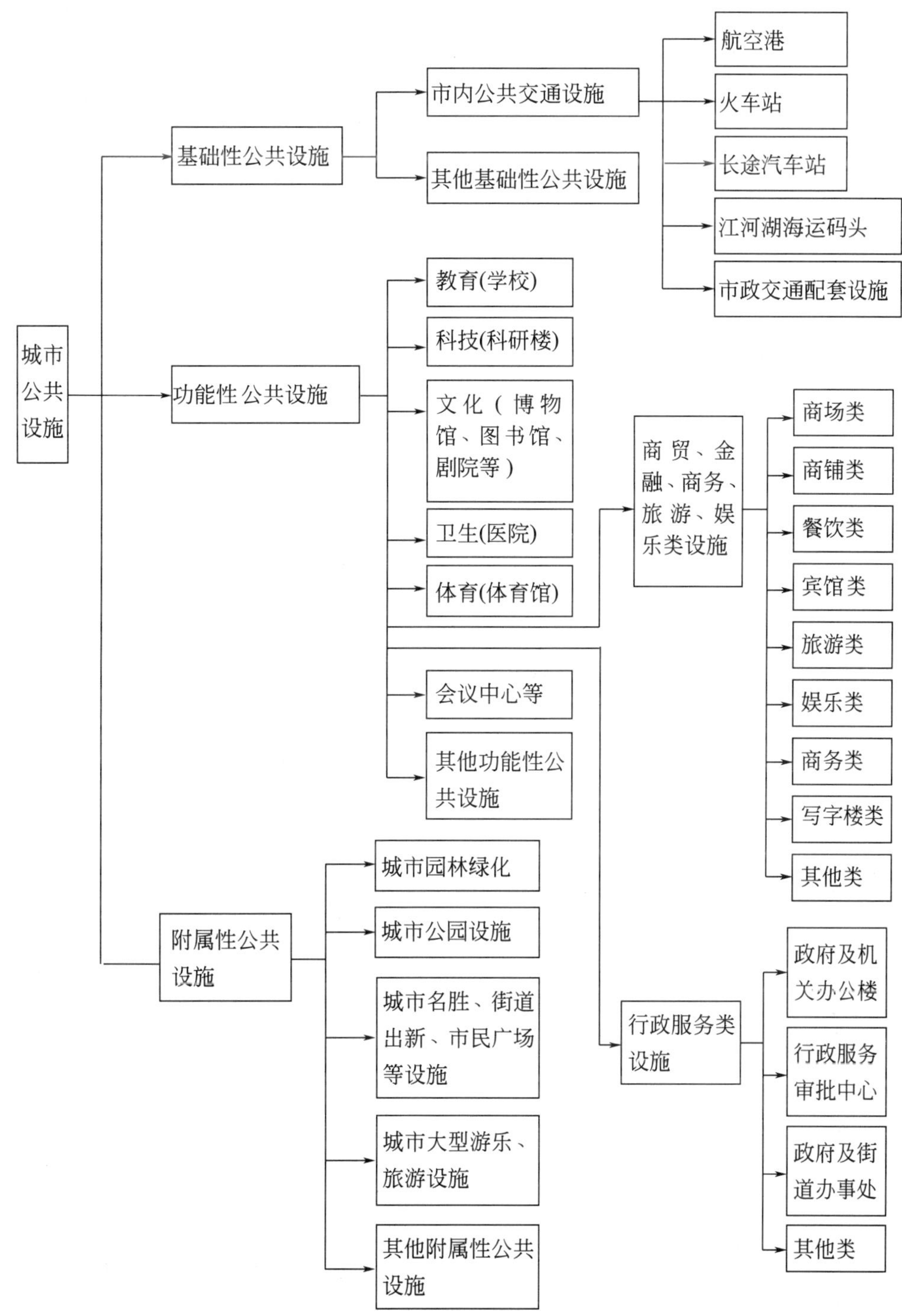

图2-4　城市公共设施系统构成体系

（四）城市房屋居住设施

城市房屋居住设施主要是指城市居民住宅及其附属设施。城市房屋居住设施是城市房地产的重要内容，对城市社会经济发展有着重要而巨大的影响，也是城市资产的一笔巨大财富。目前商品住宅建设一般主要以商品住宅小区建设为主流，是房地产开发建设的主要内容。

一般来说，城市房屋居住设施可分为成套住房、非成套住房、独立院落、别墅4大类型。其中，成套住房指具有独立完整的住宅生活居住功能，独户具备厨房、卫生间配套设施的住房，是当前商品住宅小区典型和普遍的住宅建筑。成套住房包括多层和高层建筑，其中高层住房建筑还可以细分为8 ~ 11层的小高层住宅、12 ~ 17层的中高层住宅、18 ~ 30层的高层住宅以及30层以上的超高层住宅建筑。不具备独立完整的居住生活功能的自建住房、简易搭建住房、非公寓型集体宿舍等是非成套住房。城市房屋居住设施系统构成体系见图2-5。

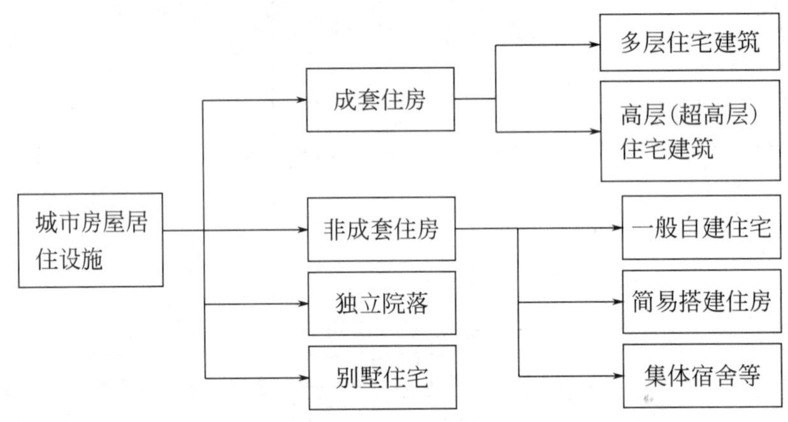

图2-5　城市房屋居住设施系统构成体系

第二节　建设工程项目管理系统与特性

一、项目建设参与方与项目系统特性

（一）管理主体责任单位

1.项目建设单位

建设工程管理的主体是建设单位，建设单位在建设工程管理过程中将与多方单位或部门产生重要的联系、协调、合作、代理，以及决策、管理和被监管等多种复杂关系。

一是由建设单位选择聘请合作单位或服务单位。建设单位有权选择可行性研究咨询单位、勘察单位、规划与设计单位、监理单位，主导一般通过招标投标形式选择施工单位，主导一般通过招标等竞争方式或以转包方式选择设备、材料等供货单位；二是由建设单位负责从项目立项决策到项目前期准备、到项目施工建设、到项目竣工验收，直到项目移交交付投入使用全过程的工程管理（过去称基建管理）工作；三是建设单位是投资单位或投资单位代表，负责对项目资金的筹措、决策、运作、使用和控制、管理，对项目建设效果目标负有直接责任。

2. 几组关系分析

从建设工程项目内涵看，工程项目产出物实体庞大，不可移动，加之建设程序阶段环节多，程序手续办理与建设时间长，建设内容多，工程管理要素复杂，使得项目建设过程中必然涉及许多部门单位，涉及多方复杂关系。

（1）第一组关系：发包方与承包方　一是从工程主合同关系看，工程项目建设单位是工程项目建设的业主，是项目施工建设承包合同的发包方（即合同甲方）；而施工单位（企业）则是项目施工建设任务的承接方，是施工建设承包合同的承包方（即合同乙方）。二是从其他工程合同，如勘察施工合同、规划设计合同看，项目建设单位依然是勘察、设计等承包合同的委托方（也即发包方、甲方），勘察、设计单位（企业）则是勘察、设计任务的受托方（也即承接方、乙方）。

（2）第二组关系：建设单位-监理单位-施工单位　为加强工程管理，确保工程项目建设得到专业优质的管理与监督服务，促进项目工程建设有序、优质、高效地进行，建设单位要专门从建筑市场上委托具有相关资质的专业监理单位，代替建设单位对承建（施工）单位的施工建设活动实施监控督察。因此，建设单位和监理单位之间是按工程建设监理合同建立的一种委托与被委托的合同协作关系；而监理单位与承建施工单位之间是监理与被监理关系。

（3）第三组关系：建设单位与政府部门　工程建设工作往往具有复杂的社会影响性，一般具有公益性、基础性的支撑城市发展的作用，又有较大而多样的环境影响性，同时动用的人财物资源也十分巨大，因此一项工程建设既要争取政府的支持和协作，又要接受政府的监督、管理和约束。

从基本建设程序来分析，建设单位与政府部门的关系主要是：

① 投资决策阶段要接受政府发改委、环保等部门的立项审批。

② 规划设计阶段要接受政府规划部门的规划设计审批。

③ 土地改造阶段要按规定程序和要求，到政府的国土、规划、建设等部门办理相应手续并接受审核和批准。

④ 招标投标阶段主要要按相关规定，到政府建设部门落实相关手续及其准备、实施工作的办理。

⑤ 施工实施阶段同样要按照相关规定，主要接受政府建设、安监、环保、属地等部门的监督、检查，办理相关施工建设、质量控制、环境保护等手续。

⑥ 验收移交阶段要按规定做好相关验收移交准备工作，并接受政府建设、属地等有关部门的核查。

（4）第四组关系：建设单位与其他部门　在项目工程建设过程中，一般会比较频繁地涉及市政道路占用、渣土外运、市容影响、自来水管网接入、供电增容、树木砍伐、施工工地围挡、环境整治等协调内容，这就要求建设单位应针对施工建设过程中出现的上述问题或情况，及时与自来水公司、电力公司、煤气天然气公司、电信公司等，还有土地部门、规划部门、建设部门、交通部门、城管部门、环保部门、园林绿化部门、人防部门等联系对接，协调处理问题，解决矛盾和意见。

（二）建设工程项目系统特性

认真分析建设工程项目系统的特点，可以发现其呈现的如下特性。

① 建设工程项目实体庞大。无论是房屋、医院、博物馆、大型会馆、城市综合体、CBD等，还是地铁、桥梁、车站、机场、市民广场等，这些项目的实体都占据着相对庞大的空间，具有相当大的体量，需要耗用大量的建筑材料。

② 建设工程项目不可移动。建设工程项目实体一般是固定的、不可移动的，因此决定了建设工程项目与其占用的土地及其位置有着密切的联系；也决定了工程项目建设对周围环境有重要而长远的影响，也因不可移动的情况，建设工程项目所形成的资产常被称为固定资产或不动产。

③ 建设工程项目功能多元。建设工程项目产出物既有城市基础设施，如道路、水电、桥梁；又有城市公共设施，如学校、医院、宾馆、饭店、商场、电影院；还有住宅房屋设施。这些产出物的使用功能涉及社会经济的方方面面，支撑着城市的日常运行和发展。

④ 建设工程项目使用期长。建设工程项目建成并投入使用后，使用寿命是非常长的，一般都是数十到数百年，比如钢筋混凝土结构的房屋耐用年限都在60年以上。这就要求在工程建设与管理中对影响使用寿命的工程质量予以高度关注和重视。

⑤ 建设工程项目具有环境影响性。正因为建设工程项目具有实体庞大、不可移动、功能多元、使用期长等的特点，决定了工程项目必然具有明显的环境影响，即对建筑物、构筑物设施周边的水文、大气、地质、绿化、电磁等环境造成影响，同时噪声、排污、排气、日照、通风等也有明显的增长或变化。

⑥ 建设工程项目具有单件性生产的特点。工程项目不是批量生产的，而是单件生产的，这意味着每一个工程项目都必须重新进行规划设计，都必须用新的一套设计图纸，即使是功能与建筑特征都相同的建筑物也是如此。因为不可移动性导致了建设工程项目的独特性，至少不同的地理位置和不同的地质条件，使得工程项目的建设仍然需要针对具体现实情况的独立规划设计。

⑦ 建设工程项目施工基本上是野外作业。工程项目不可移动，导致项目建设施工基本上是野外作业，既然是野外作业，沟通施工道路、水电，搭建施工工棚，清理施工场地等施工准备工作，都对今后工程建设及推进具有重要意义的工作。另外，野外作业的特点也是建设工程管理中应高度重视的问题。

⑧ 建设工程项目具有生产建设复杂性的特点。建设过程中工种丰富、工序繁多、岗位多样，如打桩工、瓦工、水工、电工、钢筋工、木工、油漆工、电焊工等，涉及打桩、土木、水电、机械、强弱电、空调、电梯等工作内容，复杂而丰富，这就对施工组织、协调和工程管理提出了很高的要求。

⑨ 建设工程项目的建设周期较长。一般的建设工程项目建设周期需时达1 ~ 3年，有些像三峡工程这样的重大工程项目则耗时高达十年甚至数十年之久。所以建设周期长也使得工程管理成为非常重要的工作。

⑩ 建设工程项目的资金占用巨大。一个工程项目的建设由于其实体庞大、功能多元、野外作业、建设复杂、周期漫长等原因，需要消耗大量的人力物力资源，自然需要占用大量的建设资金，包括动工前的前期费用，施工建设过程中的造价费用，以及管理费用、财务费用、各项规费税费等。这是一笔庞大的费用，因此，如何筹措、运用、监督、控制、节约好这大笔资金费用，就成为了工程管理中要重点关注的突出问题。需要特别指出的是由于建设资金基数大，建设周期长，建设工程资金产生的财务费用（利息）也是十分巨大的。而建设过程中一旦发生资金链断裂现象，其损失和不良影响也是十分巨大和难以承受的。

⑪ 建设工程项目的基础性、公益性特色也是十分明显的。建设工程项目完工后的运行使用，对城市各项基础公共功能的发挥起着重要而不可或缺的作用，对城市社会、经济的发展起着巨大而深刻的促进作用。首先，城市基础设施是城市正常运行和发展的基础性工程设施，如水电气路等，基本由政府主导其建设和使用管理工作，基本是纯基础性、纯公益性的项目；其次，城市公共设施中，教科文卫体设施有很强的公益特色，也是城市社会经济发展

的基础和前提。就是商场、旅游等市场性、商业性设施也有很强的公共性质，也有一定的公益性质或政府对特定项目予以优惠政策或支持、补助性质；再次，城市房屋居住设施中，很多住房实际也都带有深刻的政策支持或限制背景，比如，安居工程、廉租房、公租房、经济适用房、人才引进房等情况。

二、建设工程项目管理

（一）建设工程管理内涵

建设工程项目管理或建设工程管理就是在工程项目建设的全过程中，遵循基本建设程序，抓住工程项目建设的工程建设要素，加强工程成本控制、进度控制、质量控制，加强合同管理和安全管理，注重多方关系的协调，保证工程项目建设有序、优化、高效、平安、谐调地推进，获得满意的建设效果。

所谓有序，主要是指确保工程建设能遵循基本建设程序和建设施工的正常技术路线及其方向进行，不出现违反基本建设程序规律和违反建设施工技术路线要求的事情。

所谓优化，主要是指工程建设中，通过精心的组织、管理和计划、协调、控制等工作，保证工程成本、进度、质量三者处在一个最优的协调状态，即总体、综合和相比较来看是成本较低、进度较快、质量较好的优化状态。

所谓高效，主要是指通过合同管理，推动施工建设承包合同得到高水平、高效率、高效益、恰当、及时、合适、富有实效地履行。

所谓平安，主要是指安全管理各项责任、措施都切实、有效地落实到位到人，安全管理的应对、应急体系高效得当，整个工程建设过程管控处在一个低风险、低（无）事故水平的平安状态。

所谓谐调，主要是指工程建设过程中，各方关系和谐协调，各方协作友好互惠，处于矛盾小、纠纷少的良好状态。

所谓获得满意的建设效果，一方面是指项目产出物达到节约、高质、美观的效果；另一方面是指项目建设过程井然有序、优化高效、平安谐调。

（二）建设工程管理对象

建设工程管理的主体是建设单位。建设工程管理对象当然也包括二级、三级主体等，但这主要是通过合同和制度、法规、政策来进行的，从课程的重点内容出发，建设工程管理对象当然主要是两个方面，一方面是项目产出物，另一方面是项目建设全过程。

从项目产出物的角度看，建设工程管理也有一般工业产品管理的特点，比如注重成本、注重计划。对产品主要采用目标管理体系，注重投入产出效果“物美价廉”，也就是成本低、产品好。因此，从这方面看，工程管理的目标是项目产出物达到节约、高质、美观的要求。

从项目建设全过程的角度看，建设工程管理必须注重过程管理，注重路线清晰，方向明确，路线结点和环节分布合理、规范有序，这也要求工程管理必须保障项目建设全程井然有序、优化高效、平安谐调。

因此，从管理对象看工程管理必须目标管理和过程管理相结合，两者均要重视，不可偏颇。进一步讲，均衡管理、协调推进是工程管理的精髓。

（三）建设工程管理特性分析

由前分析可知，建设工程管理对象体现着项目产出物具有相当大的独特性，建设过程具有相当大的复杂性，这就决定了建设工程管理具有自己的一些管理特性，深入地分析和把握其管理特性是项有着重要意义的工作。

特性一：具有目标管理与过程管理相统一的特色。

建设工程管理既要注重目标管理，以项目产出物达到节约、高质、美观为目标；又要注重过程管理，保证项目建设过程井然有序、优化高效、平安谐调。这必然要求工程管理既要注重目标管理，又要注重过程管理，实现目标管理和过程管理相统一。

特性二：具有综合性管理与均衡性管理相并重的特色。

建设工程管理涉及的管理对象具有独特性，且建设过程环节多，耗用资源大，建设工序工种复杂，建设周期长，建设过程中涉及的多方关系的协调也十分复杂等。这一切问题都要求工程管理必须站在整体、全过程的高度、角度来通盘考虑，对项目建设统筹协调规划，要用系统的、综合的思维，一定要多方面、多角度地把握信息，综合协调、平衡考虑、不可偏废。比如工程成本、进度、质量就是一个复杂的综合、均衡管理的问题，决不可强调一个方面，忽视了另一方面。不能为了一味地降低成本，而影响进度和质量；不能因为赶进度而忽视成本和质量要求；当然也不能只顾进度和质量，而忽视成本负担，造成浪费和资金链断裂的可怕局面。

特性三：具有实践性管理和可操作性管理并举的特色。

建设工程管理高度重视实践性，讲究实用、实效、实际，一定要能解决实际问题。正因为重视实践性，也就高度重视可操作性，注重管理方法、手段和艺术的可行、可用，能适应现场实际，注重现场处理。建设工程管理遇到的问题常常是现场性的、非常规性的、突发性的、协调性的、涉及多方面关系的问题，特别需要从事工程管理各项工作的人员脚踏实地、实事求是地处理问题，多动手，多实践，多思考，多想主意，尽量在现场解决处理问题。因此，丰富的实际处理经验和现场处理经验是一个建设工程管理工程师的宝贵财富。

特性四：具有定量管理与定性管理相结合的特色。

建设工程管理既要与工程打交道，又要与人打交道。与工程打交道要尊重工程技术的特点和规律，尊重基本建设程序，注意精准、严谨、科学，准确客观地分析相关信息，用数据说话，用严密精准的测算、分析结论说话。这就需要管理人员具备和熟悉现代建筑工程技术知识，能够运用统计、运筹等数学知识，分析处理相关管理问题。同时与人打交道就要协调多方面的关系，注重达到管理目的。自然、管理学、法律、心理学、经济学以及社会、文化等多方面的知识都要有所了解和掌握，并且在工程管理实践中能灵活具体应用，取得良好的管理成效。

特性五：具有强约束性管理和紧迫性管理都注重的特色。

所谓“强约束性”是指建设工程管理受到政府政策法规、规划设计、承包合同等的明确规定和约束，同时诸如工程成本有预算约束，工程进度有明确的时点、工期要求，质量有明确具体的标准要求和检查、验收规定等，都要求建设工程管理工作在诸多条件和限制约束下展开，这就要求工程管理人员要熟悉多方面的规定要求，对具体约束了然于胸，在实际管理工作中及时处理、规避和满足相关约束。所谓“紧迫性”是指实际项目工程建设中，由于环境条件、建设目标、政府政策、经营决策、市场形势、企业内因等的变化，往往导致发生设计调整、工程变更的情况，但建设工期、质量、资金数量等许多约束是刚性或准刚性的，这就导致出现“赶工期”、“赶进度”和“资金紧张”的情况，这种情况是工程建设实际中客观存在的，所以很多项目都会面临工期紧迫的问题，也会面临资金紧张短缺的问题，对于这种情况不能一味地指责不正常、不按计划办，而应该正视这些经常存在的客观问题，相应作好一些突击性、紧迫性、变通性的工作，保证进度，保证资金供应，特别要防止资金链断裂的情况发生，这在现实的建设工程管理中也是一种常态。

特色六：具有社会性管理和环境性管理都有要求的特色。

随着城市化进程的加速，项目规模日益增大和复杂程度日益增高，还有人们法制意识、环保意识日益增强等情况的出现，在建设工程管理中越来越多地涉及工程建设的社会性问题和环境性问题，这些问题的处理和解决越来越多地占据着建设工程管理的工作内容。

比如，三峡工程等大型复杂项目，移民问题、水库环境问题成为建设工程管理中所必须面对和处理的重大、重要问题。再如，城市建设中因土地房屋征收中的拆迁矛盾，失地农民上访、“钉子户”问题也越来越成为建设工程管理中的“头疼”问题，成为影响工程建设推进的重大问题。还有，在工程建设中，渣土运输、施工噪声、居民阳光被挡的问题，邻近居民小区、单位拒绝让水管、煤气天然气管道、电线通过的问题，电磁污染、化工污染、水体污染、空气污染等造成居民阻拦施工问题等导致项目工程建设受阻甚至不能进行的情况，也就越来越成为建设工程管理中常见的推进困难和问题。

因而，相应对这些因项目工程建设而引起的社会性、环境性矛盾和问题，进行协调和及时合理地处理，以推进项目工程建设的顺利有序进行，就成为建设工程管理中为实现项目建设全程井然有序、优化高效、平安谐调的新课题。

（四）城市建设面临的工程管理新变化

1. 城市建设工程管理的发展新趋势

（1）从工程管理对象物的情况看　城市建设工程管理对象物当然是城市建设工程产出物，即建筑物和构筑物。与传统的工程管理对象物不同，由于新的建筑材料、新的建筑技术及手段、新的规划设计理念等不断创新，今天的管理对象也随之出现了三种新情况。一是新型建筑不断涌现，如绿色生态建筑、环保节能建筑、智慧建筑、城市综合体、新型超高层建筑等，且出现追求建设“地标式”建筑的攀比现象，城市综合体和超高层建筑一时成为热潮；二是现代城市建设项目中，建筑装修工程和设备安装工程等占有越来越高的造价比例，传统土木建筑工程中土木工程占有最大比例、一马当先的情况早已成为过去；三是建设工程项目中，对建筑物环境及配套设施建设日益重视，相应的投入日益加大增多；四是近年来中国城市基础设施建设中的交通基础设施建设项目日益成为各地城市建设的重头戏，特别是地铁等轨道交通设施建设已成为热点，“地铁热”正在城市间蔓延。

（2）建设工程管理应用性体系的新发展趋势

① 建设工程管理范围发展的国际化趋势。随着中国经济日益深刻地融入全球市场，企业走出国门在海外投资和经营的项目也在增加，许多项目要通过国际招标、咨询或BOT方式运作，项目管理的国际化正形成趋势和潮流。进入新时代，国内市场国际化，国内外市场全面融合，面对日益激烈的市场竞争，我国的企业必须以市场为导向，转换经营模式，增强应变能力，勇于进取，在竞争中学会生存，在拼搏中寻求发展。

另一方面，国际项目管理协会（IPMA）发挥更大作用，国际间的学术交流日益频繁。国际项目管理协会是以欧洲国家为主体组成的，我国项目管理委员会也已加入成为其成员单位。由于项目管理的普遍规律和许多项目的跨国性质，各国专家都在探讨项目管理学科的国际通用体系。

② 建设工程管理技术手段应用发展的信息化趋势。伴随着互联网走进千家万户，以及知识经济、信息时代的到来，项目管理的信息化已成为必然趋势。新时代的项目管理是通过知识共享、运用集体智慧来提高应变能力和创新能力。不少项目管理公司已经在项目管理中

运用了计算机网络技术，开始实现了项目管理网络化、虚拟化。另外，许多项目管理公司也开始大量使用项目管理软件进行项目管理，同时还从事项目管理软件的开发研究工作。迈入新时代的项目管理将更多地依靠电脑技术和网络技术，21世纪的项目管理必将成为信息化管理。

③ 建设工程管理系统体系整合组织协调功能的集成化趋势。所谓工程项目管理的集成化就是利用项目管理的系统方法、模型、工具对工程项目相关资源进行系统整合，并达到工程项目设定的具体目标和投资效益最大化的过程。例如“SIPOC”工程项目管理模型将工程项目的过程简单描述为：S——供应商；I——工程项目输入；P——工程项目的系统处理过程；O——输出；C——客户。它将工程项目的利害关系者集合和工程项目的过程作为一个完整的整体进行研究，揭示了工程项目的系统集成是工程项目内在本质的要求。它梳理了项目系统内部连接、配合、组合、转换、并行、串联等管理和施工生产结构体系，对系统内部运行程序和各模块功能配合与发挥进行了优化的计划、协调、组织和布局安排，从系统整体上提高了效能和效益，实现了优化的系统输出目标。

（3）建设工程管理推进模式的新发展

① 项目总控制。项目总控是以现代信息技术为手段，对大型建设工程进行信息的收集、加工和传输，用经过处理的信息流指导和控制项目建设的物质流，支持项目决策者进行策划、协调和控制的管理组织模式。

项目总控是在项目管理（Project Management）基础上结合企业控制论发展起来的，是一种运用现代信息技术为大型建设工程业主方的最高决策者提供战略性、宏观性和总体性咨询服务的新型组织模式。该组织模式以对传统大型建设工程组织模式的实践分析为基础，结合最新的项目管理研究，提出一种适合大型建设工程管理需要的组织模式。模式于20世纪90年代中期在德国首次出现并形成相应理论。我国于1998年首次引进该模式。工程项目总控制是指以独立和公正的方式，对工程项目实施活动进行综合协调，围绕工程项目的费用、进度和质量等目标进行综合系统规划，以使工程项目的实施成为一种可靠安全的目标控制机制。通过对工程项目实施的所有环节的全过程进行调查、分析、建议和咨询，提出对工程项目实施切实可行的建议方案，供工程项目的管理层决策参考。根据建设工程的特点和业主方组织结构的具体情况可以分为单平面和多平面两种类型。

② 项目代建制。在中国，代建制是指政府通过招标的方式，选择专业化的项目管理单位（以下简称代建单位），负责项目的投资管理和建设组织实施工作，项目建成后交付使用单位的制度。代建期间，代建单位按照合同约定代行项目建设的投资主体职责，有关行政部门对实行代建制的建设项目的审批程序不变。

项目代建制最早起源于美国的建设经理制（CM制）。CM制是业主委托一称为建设经理的人来负责整个工程项目的管理，包括可行性研究、设计、采购、施工、竣工试运行等工作，但不承包工程费用。项目代建制是契约精神在委托代理方面的深化，是现代市场经济背景下，分工进一步细化的表现之一。建设经理作为业主的代理人，在业主委托的业务范围内以业主名义开展工作，如有权自主选择设计师和承包商，业主则对建设经理的一切行为负责。采用CM制进行项目管理，关键在于选择建设经理，一般来说，精通管理、商务、法律、设计、施工等知识和技能，并具有丰富经验和良好信誉，是一名优秀建设经理所必须具备的素质。与CM制相比，无论是在代理人的定义上还是在选择程序上，现代代建制都更具科学性和先进性。

代建制为政府投资项目引入严格的以合同管理为核心的法制建设机制，在满足项目功能的前提下，项目的投资、质量和进度要求在使用单位与代建单位的委托合同中一经确定，便不得随意改动。代建单位将全心全意做好项目控制工作，使用单位则侧重于监督合同的执行和代建单位的工作情况，对项目的实施一般不能无故干涉。代建制有利于政府加强对投资项目的监管。政府主要以合同管理为中心，运用法律手段，制衡各方。

③ 项目合作制。传统的建设合同中，业主与承包商往往视彼此为对手，导致了效率的降低和成本的增加。因此，业主们试图寻找一种新的模式来处理与承包商之间的工作关系。于是，合作管理开始为人们所重视和使用。所谓合作管理模式，是指业主与工程参与各方在相互信任、资源共享的基础上达成一种短期或长期的协议；在充分考虑参与各方利益的基础上确定建设工程共同的目标；建立工作小组，及时沟通，避免争议和诉讼的产生，相互合作、共同解决建设工程实施过程中出现的问题，共同分担工程风险和有关费用，以保证参与各方目标和利益的实现。选择了合作管理模式，就应为达到一种“双赢”局面而努力。因此，人际关系、权利的平衡和各方股东利益的满足是合作管理模式需要解决的问题。

项目合作制在合作伙伴之间一般采用普通合伙制，普通合伙制是所有的合伙人对于合伙制的经营、合伙制结构的债务以及其他经济责任和民事责任负有连带的无限责任的一种合伙制。但由于合伙人在普通合伙制结构中承担无限责任，因而一旦项目出现问题，或者如果某些合伙人由于种种原因无力承担其应负的责任的话，其他合伙人就面临着所需要承担的责任超出其在普通合伙制结构中所占投资比例的风险。这一问题严重限制了普通合伙制在项目开发和融资中的使用。为了克服这一缺陷，国外有些公司在使用普通合伙制作为投资结构时加入了一些减少合伙人风险的措施：其中一种做法是投资者并不直接进入普通合伙制结构，而是专门成立一个项目公司投资到普通合伙制结构中；另一种做法是为采用普通合伙制结构的项目安排有限追索的项目融资。

2.建设工程管理的理论新发展

项目管理理论不仅是管理技术和方法，它从根本上改善了管理人员的工作流程和思维方式。市场竞争的全球化对工程企业的管理提出了更高、更新的要求，多项目、高风险、快变化、严质量、短工期、低成本已经成为工程项目管理理论关注的主要方面。

（1）工程项目管理工作内容扩展为六控制　从工程项目管理的工作内容而言，传统的工程项目管理主要包括进度管理、成本管理、质量管理，也就是对工程项目的工期、成本和质量三大目标所进行的全过程、全方位的规划、组织、控制与协调。现代工程项目管理则扩展到包括健康、安全和环境管理，风险管理，人力资源与沟通管理和知识管理等相当广泛的内容，涵盖从资源的评价、生态与环境评价、社会需求的评估、社会文化的评价以及经济效益的评价，到项目的规划、勘测设计、项目论证、立项决策、资金措施、工程设计，再到制定实施计划、管理体制、组织构架、建设安装、监理监督，直到竣工验收决算、生产运行、经营管理、更新或拆除等内容。

（2）全寿命周期成本管理广泛应用　所谓全寿命管理即从工程项目前期策划，直至工程使用期终结拆迁的全寿命、全过程进行策划、协调和控制，使该项目在预定的建设期限和计划投资范围内顺利完成建设任务，达到工程质量标准，满足投资商、项目经营者以及最终用户的需求。

建筑市场的核心是工程造价问题，工程造价的合理确定和有效控制是建设管理的重要内容。工程造价管理理论的发展，是随着生产力、社会分工及商品经济的发展而逐渐形成和发展的。工程造价管理理论经历了几个世纪，发展成为思想先进和体系完备的诸多流派。目前的工程项目成本管理主要涉及成本估计、成本控制和成本变化风险等，其中的全面成本管理和全寿命周期成本管理概念已成为各国关注的热点。特别是LCC，它在一个拉长的时间轴上

（项目全寿命期）综合考虑项目的总成本，包括建设成本、运营成本、维护/维修成本、损失成本（如对环境的破坏）和拆除成本等，而不是仅仅关注某个阶段、某个方面的成本，为工程项目管理中的成本管理赋予了新的内容。

（3）价值工程理论和方法广泛应用　价值工程是一种提升产品价值的有效方法，或者是在成本控制及经济分析中常采用的一种方法，一般而言，凡是有费用发生的地方，价值工程就有用武之地。在建筑设计与施工领域，价值工程亦有很大的运用潜力。由于同一建设项目、同一单项单位工程可以有不同的设计方案和施工方法，因而就会有不同的造价，可以利用价值工程原理进行方案的分析与选择。

（4）建设项目可持续性后评价得到重视　可持续性后评价是在建设项目投入生产或运营一段时间以后，在对社会、经济和环境等效益和影响分析的基础上进行的，目的在于为建设项目管理者提供依据、反馈信息，完善项目的全年周期管理水平。与项目前期的可行性研究相比，可持续性后评价需要对项目已经完成的阶段进行总结，研究的是项目实际情况，因此评价结果更加全面、准确。同时，可持续性后评价还要根据已有的数据资料对项目的发展方向进行预测，并提出意见和建议，以供项目管理者决策，因此评价结果具有较好的反馈性。建设项目可持续性的内涵体现为自然环境的相容性、经济效益的合理性、社会影响的和谐型和管理体系的整体性。对项目在其生命周期内和影响范围内的可持续性进行后评价，是建设项目可持续性理论研究与实际操作最重要的联系纽带，具有准确、全面、反馈性好的特点。对于可持续性后评价而言，最重要的工作在于建立后评价指标体系、选择后评价的内容和确定后评价的方法。

（5）建设工程领域信息技术（IT）广泛应用　从目前国际上建设工程领域信息技术应用的现状来看，已经体现出了标准化、集成化、网络化和虚拟化等特点。与此密切相关的是，网络、通信、信息等技术的迅猛发展，智能建筑乃至智慧城市建设日益成为城市建设发展的重要趋势和方向。

第三节　全寿命周期建设工程管理

一、全寿命周期建设工程管理的意义

（一）城市建设工程全寿命周期

1.城市建设工程全寿命周期的概念

任何一项城市建设工程项目，从形象的意义上来说，其全部寿命应包括从投资立项之日开始，一直到建设工程项目产品在使用完毕后报废或重新大翻修改造时为止。全寿命周期曾是工程造价控制理论的一个词汇，是指一个建设项目从立项开始，到建成投产，到生产运行，再到报废淘汰即项目完全失去效益的整个过程时间。

2.城市建设工程全寿命周期的阶段划分

一般情况下可以将城市建设工程全寿命周期划分为项目投资决策阶段、工程建设准备阶段、建设施工实施阶段、产品投入使用阶段四个阶段。

从城市建设的基本程序看，全寿命周期里划分的四个阶段中又可以进一步明确如下环节阶段等。

① 第一阶段，项目投资决策阶段。应包括基建程序中的城市建设投资决策阶段全部，

有的观点认为该第一阶段还应包括城市建设项目规划设计的项目规划阶段，还有一观点认为由于项目投资决策阶段的主要内容包括项目可行性研究，其中已涉及和引入了不少前期的规划和项目设计等准备内容，所以可以不包括项目规划设计阶段。本书采用了后一种观点。

② 第二阶段，工程建设准备阶段。应包括城市建设规划设计阶段、城市建设征地拆迁和土地整理改造阶段、城市建设招标投标阶段等内容。

③ 第三阶段，建设施工实施阶段。应包括城市建设施工实施阶段和城市建设竣工验收与移交阶段。

④ 第四阶段，是城市建设工程项目在完成竣工验收并适时移交到业主、使用者、运营者、物业管理者等之后，从投入到使用、运营和管理的阶段，这个阶段从开始投入使用开始，直到产品在使用完毕后报废或重新大翻修改造时为止。

其中，在城市建设项目全寿命周期工程管理的分析中，为抓住问题的全面格局，从系统角度出发，按总体、综合的大尺度出发把握问题的全局，可以将全寿命周期分为建设阶段和使用阶段两大阶段。建设阶段包括第一、第二、第三阶段，即项目投资决策阶段、工程建设准备阶段、建设施工实施阶段；使用阶段是第四阶段，即建设项目投入使用运营阶段。

3.建设项目全寿命周期管理的思路

建设项目全寿命周期管理的思路是要求项目策划、建设面向运营使用，使项目策划、建设和运营的资源、组织、技术、过程一体化和连续化，即在项目的决策、设计、施工过程中充分考虑运营使用的情况，通过建设项目决策、设计、施工、运营等环节的充分结合，实现相关参与方之间的有效沟通和信息共享。在项目实施的不同阶段，各参与方提前介入项目管理中，依据自己的核心优势和市场情况参与项目各阶段的实施。同时，通过及时的信息沟通，使各参与方充分了解项目情况和项目信息，为下一阶段项目管理计划的制定和调整提供信息和技术支持。

4.全寿命周期管理模式参与方及其定位

以业主方为总协调人，负责项目整体的运作与协调，督促相关方按照项目进度情况完成相关工作，各阶段则由责任方负责。在不同实施阶段，将相关信息都反馈到该阶段的责任方，由责任方组织对信息的处理，并将处理结果及时反馈，同时完成信息的及时整理和归档集成。

业主方：业主方是项目的发起者和最终受益者，其他相关各方与业主方的关系主要通过合同、协议等明确，为业主方提供咨询和技术服务，作为项目的总协调人，督促相关各方按照合同、相关法规、专业技术规范的要求完成相关工作，同时根据运营方的项目后评价，对各参与方进行奖罚，其协调和监督作用贯穿项目始终。

咨询方：为项目提供专业咨询服务，负责对相关市场信息、政策信息、业主方信息的分析与评估，其参与范围为项目决策和规划设计阶段。

设计方：为项目提供专业技术服务，将业主对项目的产品定位细化成可施工的设计图纸，同时负责项目成本的论证和控制，其参与范围从决策阶段到项目建成。

施工方：严格按照设计图纸施工，对项目成本、技术可行性提出相关意见，在质量保修期内对建设项目进行维修，其参与范围从规划设计阶段到项目保修期满。

运营方：负责项目的运营管理和物业管理，在项目不同阶段，从运营角度对项目各阶段性初步成果提出相关建议，同时负责对项目管理的后评价。

（二）城市建设全寿命周期工程管理原则

1.全寿命周期工程管理理念

在城市建设项目工程管理领域引入全寿命周期工程管理理念，是将现代系统工程理念引入建设工程管理的重要尝试和创新。其目的是将系统的、综合的、协调的理念融入到城市建设工程管理中，要真正满足全寿命周期工程管理要求，就应该用全系统、全过程、全费用、全要素、全信息、全集成（六全）的模式和方案，组织配置建设资源，控制引导建设活动，优化安排进度、质量、成本要素，协调推进建设决策规划、前期准备、施工实施、竣工验收以及移交直至运营使用等各项工作，获取项目建设总体的、优化的，综合的、满意的建设和使用的效益、效果。

例如全面的建筑节能，就是建筑全寿命过程中每一个环节节能的总和。是指建筑在选址、规划、设计、建造和使用过程中，通过采用节能型的建筑材料、产品和设备，执行建筑节能标准，加强建筑物所使用的节能设备的运行管理，合理设计建筑围护结构的热工性能，提高采暖、制冷、照明、通风、给排水和管道系统的运行效率，以及利用可再生能源，在保证建筑物使用功能和室内热环境质量的前提下，降低建筑能源消耗，合理、有效地利用能源。全面的建筑节能是一项系统工程，必须由国家立法、政府主导，对建筑节能作出全面的、明确的政策规定，并由政府相关部门按照国家的节能政策，制定全面的建筑节能标准；要真正做到全面的建筑节能，还须由设计部门、施工部门、各级监督管理部门、开发商、运行管理部门、用户等各个环节，严格按照国家节能政策和节能标准的规定，全面贯彻执行各项节能措施，从而使每一位公民真正树立起全面的建筑节能观，将建筑节能真正落到实处。

2.引入系统工程的工程管理思维

项目管理在工程领域应用较为广泛，传统的工程管理思维有多方面的局限性，现在的工程项目管理中处处体现出系统思维。为工程全寿命期管理提出将工程的目标、流程、对象、技术等要素在全寿命期的维度上整合集成管理，调整了以质量控制、费用控制、进度控制为主要内容，以质量、费用、进度为目标的传统工程管理套路，力求实现工程全寿命期系统最优化目标。即从工程系统的整体出发，用贯穿工程全寿命的管理活动来实现工程全寿命期整体的最优目标。工程全寿命期管理是在全面把握工程全寿命期的系统规律基础之上，是工程管理系统思维的管理理论及工程实践体现。将系统理论和工程实践联系起来，将工程管理的要素在全寿命期的维度上整合集成管理，实现一种能实现工程全寿命期系统最优化目标的新型管理模式。

二、“六全”全寿命周期管理基础方案分析

（一）“六全”要素基础方案概述

“六全”是指城市建设工程项目管理和推进中，引进全寿命周期管理理念和方法、方案，以追求的全系统成本优化、资源合理利用为目标，对项目建设全过程实行系统优化满意管理，并纳入项目维护使用阶段管理优化运营；实施包括项目建筑工程造价和项目运营预计费用在内的全费用控制；全面协调、组织、部署、分工、计划、安排城市建设工程的资源、合同、队伍、安全、成本、进度、质量等全要素在内的管理；引入和利用相对全面的信息化管理手段，开展高水平的信息化管理；实行系统内部在全面集成基础上的集中、有序、节约、平稳运转，最终达成满意的建设成果和效益。

（二）“六全”基础方案内容

1.全系统

是指对城市建设项目的工程管理，其管理对象应该是投入到该工程项目全系统、全周期的全部资源，也就是城市建设工程项目所投入的全部人、财、物等资源，要把全系统的各个单位、各个部门都纳入到全寿命周期的工程管理中，从系统总体上进行全面与互联的综合考虑、平衡、协调、组织、安排，要从总体、综合、系统优化的角度来组织布局分配资源。

2.全过程

也就是在城市建设项目全寿命周期工程管理中，既要考虑项目建设过程的高效推进，也要考虑项目投入使用过程中如何促进、助益项目使用功能高效发挥、效能优化的问题。还要将城市建设项目推进中各个阶段的工作联系起来考虑，就是在前阶段的管理、运作、协调、计划等中要考虑和兼顾后面阶段的工作推进实施事宜，中间阶段的相关管理、运作、协调、计划等，既要充分考虑前一阶段工作造就的效果和现实约束，也要进一步考虑其后阶段工作推进的提升、改善、修正、调整的影响，并在本阶段工作中予以必要的处理和调整、控制，这样的先行处理可以大大减少重复工作，也最大限度地避免了后期的调整、修改和重复消耗，有效提高管理效率和效益。例如，施工过程中由于缺乏全面、总体、综合的协调、配合，往往导致工序与工序、班组与班组之间的实施工作出现矛盾、纠缠和混乱，造成工程的浪费和延误。再例如，在项目投资决策阶段的可行性研究中，就必须考虑和安排下步规划设计中关于项目目标、范围（如征地拆迁）、规模、投资、功能等的依据和数量，也必须考虑现在的投资决策和可行性研究建议，将对到后面阶段项目建设实施时产生何种影响，如何争取引导和控制这种影响有利于项目进度、成本、质量的控制效果等。

3.全费用

城市建设项目全寿命周期工程管理中既要考虑建设过程中的建设投资或工程造价的控制与节约，还必须考虑建设竣工验收后移交投入使用过程中运营成本的降低、节约问题，不能看起来建设过程稍微省了点钱，但在运营使用中却耗费巨大、成本高昂，反而得不偿失，从全局看、全寿命周期看，在项目建设周期里特别是投资决策阶段、规划设计阶段就考虑到使用周期里的运营效能发挥，使用期运营成本的控制和降低是十分有效而且也是十分有益的事情。所以，全寿命周期的总成本（费用）降低才是资金和成本的真正节约。

4.全要素

对工程资源、工程合同、工程成本、工程施工、工程进度、工程质量、工程安全等要素及其活动的调度和协调，应该纳入到建设工程项目系统中，按全寿命周期工程管理的原则、理念进行全面、综合、互动、优化的计划、协调、组织和安排。这些要素与活动往往在实际工作会因种种原因而出现分工不明、责任不清、纠结缠绕、工作交叉、推进错乱、各自为政的情况。这种情况下，必须以系统的思维、全寿命周期的工程管理理念，进行顶层设计、统筹平衡，一定要形成“全局一盘棋”的协调、组织格局。

5.全信息

引入全寿命周期工程管理的一个重要标志，是适应当前电子化、信息化、网络化时代先进科技潮流的先进手段在现代城市建设工程管理中得到广泛而深入的应用。现代城市建设工程项目已日益演化变成大规模、复杂化的庞大复杂系统，对管理控制的判断精准化，处理快速化，联络通畅化，督查高效化，推进有序化等都有着越来越严格而急迫的要求。这种形势就必然要求，建立在现代网络平台上的专业化的针对现代城市建设工程管理的新型管理信息系统及相关先进的信息处理和管理手段体系。全信息要求信息化管理深入到现代城市建设工程管理大系统的每一部分，而且只有引进先进的信息管理技术，才能真正实现系统思维、全寿命周期模式在现代城市建设工程管理上的全面、可靠、高效利用。

6.全集成

由于现代城市建设工程项目系统十分庞大而复杂，只有采用集成系统方式，才能完成系统要素的快速梳理和调节，才能完整、准确地推进系统高效连接和运行。所谓全寿命周期工程管理的全集成，是指将城市建设工程项目的各相关单位、相关资源、相关要素按“一盘棋”的格局进行系统、全面、综合、优化的安排、组织、配合和协作。这些相关单位、资源、要素等在组织、集合上必须有一个公共性的、互助性的、贯通性的集成平台。同时，为了节约和高效处理等目标原则的实现，避免系统要素等的重复、缠绕、复杂化、矛盾混乱情形出现，需要集约方式来梳理、组合、组织要素的连接、配合、协作。只有这样才达到系统实施、全面协调、统一运作、精准配合的目标。因此，设置全系统的公共集成平台，采用要素集约组织的处理模式，是全面而实质性地实现全寿命周期工程管理的重要前提。要说明的是，这并不意味着，在当前条件下在城市建设中引入和应用全寿命周期工程管理理念，用全寿命周期工程管理理念、原则和方法处理一些实际问题是没有意义的，情况可能恰恰相反。

三、全寿命周期工程管理优化模式

（一）建设阶段和使用阶段并重

1.并重模式的含义

城市建设全寿命周期工程管理优化的一个重要模式是注意全寿命周期内的建设阶段和使用阶段并重。“并重”并不是说建设阶段和试用阶段的推进运作要等量、完全同等，而是要平衡，要综合平衡不可偏颇，就是说绝对不能“重建轻管”、“重建（设）轻（使）用”，只有“建管并重”、“建用并重”才能保证全局优化、系统优化、综合平衡，才是全寿命周期工程管理优化的应有的题中之意。

建设阶段和使用阶段并重，还是指在城市建设工程项目管理的工作推进和要素运作中，必须考虑两阶段目标任务的总体综合优化目标，必须考虑两阶段计划组织实施的相互平衡、照应、协调和支持关系，建设阶段的推进必须考虑和衔接使用阶段的运作功能，使用阶段的运作必须发挥和维护建设阶段的推进成果。

2.城市建设中的“重建轻管”“重建轻用”现象

（1）“重建轻管”“重建轻用”现象　重建设轻管理以及重建轻用现象的表现如下。

① 管理意识淡薄。在城市管理上，存在着重建设轻管理的思想。很多城市注重搞形象工程，往往领导者在城市建设上花费了巨大的精力，而建设完成后就疏于管理了，这种管理意识的淡薄会直接导致城市道路设施长期处于缺乏有效维护的状况。“管好城市”是摆在我们面前的一个重大课题，没有高效能的管理，城市的现代化就无从谈起。

② 资金投入不合理，管理效率低下。资金投入不合理首先表现为城市建设资金投入远远多于城市管理资金，在财政预算中，二者并没有被放在同等重要的位置上。其次，在城市建设和管理过程中资金投入不合理导致资金投入产出经济效益普遍比较低。

③ 移交过程信息缺失严重。在城市管理者交接班的过程中，虽然职位权力移交了，但是

城市的发展规划思路、资金的使用规划信息在移交的过程中严重的流失，导致很多城市出现换一任领导搞一次重复建设，使得资金的利用效率大打折扣。

另外，基础设施建设完毕的交接过程中也容易产生交接困难的现象。公益性公共建筑各部门自行建设，没有实行集中化、专业化建设与管理。

④ 建设主体与管理主体不统一。根据城市基础设施项目的性质和特征，可将城市基础设施项目区分为非经营性项目和经营性项目。经营性基础设施的建设主体与管理主体基本趋于一致，但对于非经营性市政基础设施，其建设主体和管理主体不统一。

⑤ 城市基础设施管理不善。部分城市公用基础设施使用期长，甚至已经超过使用寿命，破损严重；一些市政污井盖、路灯设施频频被盗；公共绿地、公共设施被随意侵占、破坏。由于对城市公用基础设施管理的投入少、欠债多，缺损本来严重的市政公用设施维修、更新改造不及时，严重影响到城市设施的使用功能和市容市貌。

⑥ 环卫水平低，卫生质量差。一是部分居民随意倾倒垃圾、排放污水，饮食店、大排档、农贸市场的卫生状况极差；二是建筑垃圾随处弃倒，“泥头车”撒漏严重；三是违章饲养家禽、家畜，随地遛狗大小便现象随处可见，严重影响街区卫生；四是小街小巷、城中村、城乡结合部、部分开发新区的生活污水、垃圾污染日益严重，存在卫生死角。由于卫生条件差，严重影响了市民群众的工作学习生活。

⑦ 市容秩序混乱，运行效率低。一是乱占道现象严重，存在占道经营、流动摊、店外摊等现象；二是广告设置不规范，设置摆放粗劣简陋，存在随意悬挂广告牌，特别是非法小广告到处乱张贴乱涂写的情况；三是在房屋建筑上面设置广告牌，不仅影响房屋里面的住户对广告收益的分配、处置意见纷纷，争执不一，而且，笨重的广告牌对房屋的安全使用产生不可忽视的危害和影响。

⑧ 房屋装饰装修中违章建筑问题突出。未经批准，一些居民擅自拆旧建新，加层、扩建等或在屋顶、外墙违章搭盖，随意改变墙体等承重结构和房屋用途的现象比较普遍。这些违章行为不但影响了城市规划，而且存在严重的安全隐患，也导致居民群众意见不断，矛盾、争议、纠纷增多。

⑨ 住宅小区物业管理不规范。公共建筑、住宅建筑的电梯、供水、供电、供气等公共设备、设施、部位的维修维护费用分摊没有标准，筹集资金困难，业主意见纷纷。部分小区房屋和小区公用部位、公用设施质量不过关，部分小区内安全、卫生、环保等设备设施的管理不善，业主与物业公司、开发公司纠纷和投诉不断，遗留积累问题较多，后遗症不断。

（2）关于建设阶段与使用阶段存在明显的“建用脱节”问题　以上只是简单列举了部分现象，许多情况还没有列出，但重建轻管、重建轻用中，有一种是因为没有系统思维、综合处置，对全寿命周期的工程管理理念根本不知如何考虑应用，甚至造成重复建设，返工建设，刚建好就改建、扩建、补建的荒唐情况。这个情况可以定义为“建用脱节”现象。

城市建设工程全寿命周期中，“建用脱节”意味着建设阶段很少甚至没有考虑使用阶段的目标、要求、运作情况和项目使用功能发挥等问题，而是只管“为建而建”；也意味着使用阶段的运作设计、管理中很少甚至没有做好衔接和利用建设阶段的建设成果，加强管理和组织协调不力，导致使用阶段难以具备功能得到正常发挥的基础条件。

“建用脱节”可以用现实中多次发生过的现象，城市重要基础设施——交通设施的建设为例说明。有的城际高速公路或快速通道刚刚建好，就发现由于城市汽车数量的大规模快速度增加又不够用了，出现严重的交通拥堵现象，行车事故增多。这显然是原来高速公路道路交通规划时没有考虑到城市行车量急剧快速增长情况，以至于道路刚建成就过时了。无奈之下，只能再次大规模投入来扩宽路面，再来一次决策、规划设计，再来征地拆迁，将路面停用或部分停用让出场地施工建设，造成极大的浪费和使用延误。还有的高架桥刚建成，就发现需要加引桥、加连接甬道、加补充的地下通道等设施，才能正常发挥作用，建好却不能用，必须把缺少的而必须增建的设施都加上才能算数，如此一番折腾，还能谈什么城市建设“效益”呢？

无疑，“建用脱节”一方面抑制和阻碍了城市建设工程项目功能的充分和有效发挥，另一方面还造成投资一再追加，重复建设浪费巨大的严重后果。因此，高度重视防止“建用脱节”现象，必须积极行动，引入城市建设全寿命周期工程管理理念和模式，坚持建管并重、建用并重，全面考虑，综合平衡，系统组织，从全局性、综合性的总体角度出发，在城市建设全寿命周期的项目投资决策阶段、工程建设准备阶段、建设施工实施阶段、产品投入使用阶段四个阶段中，都要全面考虑、认真衔接，特别是“建用并重”“建管并重”，坚持建设阶段和使用阶段并重，才能收到好的、全系统的、总体优化的建设、使用效果。

（二）费用–效益优化模式

1.城市建设工程项目全寿命周期费用

全寿命周期费用（成本）是指一个项目（事物）自立项、建设、使用至报废拆除或大修全过程中所付出的资源代价。对于一个城市建设项目来说，是指该项目的设计与生产、营销与使用、处理与回收等全过程中所耗费的全部费用。

城市建设工程项目总投入费用=建设阶段造价费用+使用阶段运营成本

此处的城市建设工程项目全寿命周期费用就等于城市建设工程项目总投入费用。

2.关于城市建设工程项目全寿命周期费用的一个示例

引用一个国外的关于城市建设工程项目全寿命周期费用分析示例，需要说明的是，引用这个示例是为了说明如何从这个分析结果中找出全寿命周期费用的费用控制重点，相关数据也只是说明一个费用的组成，数据是普通而个性化的，只供解释问题用，无任何其他典型意义。

某城市市区开发建设了一座大型商用写字楼，项目竣工验收后投入使用，主要为对外租赁经营。

应用全寿命周期理念进行工程项目的费用-效益优化，当然是对费用、成本要控制节约，对效益要努力发挥和增进建设和运营效果，实现建设成果和运营效益的增值。

（1）全寿命周期内的费用投入的控制节约　对投入的资金费用的控制节约，首先要找重点、抓重点，才能举重若轻，高效率地控制、节约造价、成本。

经研究分析，该写字楼在从建设阶段到使用阶段的全寿命周期内全部投入费用的组成比例为

建设阶段——写字楼的建设费用（造价）：19%

使用阶段——写字楼的运营成本（成本）：42%

（全寿命周期）资金利息：39%

看得出来，使用阶段的运营成本（42%）占全寿命周期总费用的比例，明显高于建设阶段的建筑造价（19%），所以如何降低、控制使用阶段的运营成本也应该成为重点考虑的方面。因此，必须专题规划、协调，及时采取各种控制、节约措施方案，确保没有一点浪费，确保控制节约措施准确、有效、有力、到位。

同时会注意到资金利息费用占比竟达39%。于是资金的融通使用就变成了节约控制资金投入的重要和关键问题。如何按全寿命周期工程管理的要求，仔细决策选择融资单位、融资

渠道和融资条件，如何安排融资节点、融资节奏、融资规模，如何协调资金链条连接，如何优化资金使用、资金周转、资金还贷方案等将直接决定资金投入的效益。

从专业角度分析，项目投资决策阶段的可行性研究是控制建设投资规模、明确合理的投资估算数额的重要节点，对后续投资、造价的测算定夺具有重要的控制性影响；而后续的设计概算、施工图预算、工程结算、竣工决算等环节都应逐次保持对费用测算使用的持续跟踪与控制。实际上按全寿命周期费用控制的观点考虑，使用运营阶段的成本费用的降低与控制方案，早在建设阶段就要积极考虑，而且要注意衔接好建设阶段的成本控制基础，以充分持续地发挥好建设阶段的工作和产品成果效能。

（2）关于建设阶段和使用阶段的成果效益　从系统优化角度出发，全寿命周期内，一方面是要注意建设与运营成本费用的控制节约，另一方面也要注意建设与运营成果效能的高效达成发挥，取得高的效益效能增值，也就是尽量争取高的建设成果和运营效益（成果效益），即max（成果效益/成本费用）。

全寿命周期成果效益见图2-6。

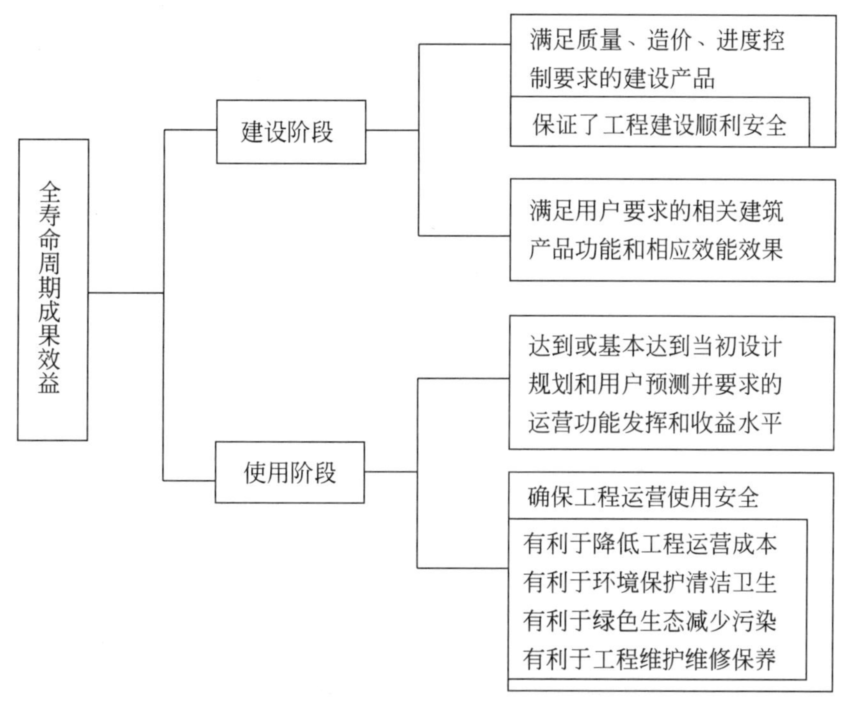

图2-6　全寿命周期成果效益

（三）规划设计阶段的优化模式分析

1.规划设计阶段对优化的意义分析

设计阶段是建设项目进行全面规划和具体描述实施意图的过程，是工程建设的灵魂，是处理技术与经济关系的关键性环节，是保证建设项目质量和控制建设项目造价的关键性阶段。规划设计阶段对于建设工程成果水平的提升，对于保证城市建设的成果和效益水平都有极其重要的影响和意义。

设计阶段的重要任务就是预先对项目实施投资、进度和质量控制。设计阶段实施质量控制的重要性及对策设计在技术上是否可行、工艺是否先进、经济是否合理、设备是否配套、结构是否安全可靠等，都将决定工程项目建成后的功能和使用价值，以及工程实体的质量。没有高质量的工程设计，就没有高质量的工程，精心设计是工程质量的重要保障。我国工程质量事故统计资料表明，40.1%的工程质量事故是由于设计原因引起的，居工程质量事故原因之首。可见，对设计质量严加控制，对于控制整个工程项目的进度和投资都有重要的意义。同时设计阶段就要考虑工程实施进度的问题，要考虑最优或优化建设工期的确定问题。从整个项目的实施过程看，设计阶段在整个项目实施过程中的地位是极其重要的，在初步设计阶段，影响项目投资的可能性为25% ~ 35%；在技术设计阶段，影响项目投资的可能性为35% ~ 75%；在施工图设计阶段，影响项目投资的可能性则为5% ~ 35%。很显然，项目投资控制的关键就在于设计。国外专家指出，虽然设计费用占工程全寿命费用的比例不到1%，但正是这少于1%的费用，却基本决定了几乎全部随后的费用。在决策正确的条件下，它对工程造价的影响程度可达75%以上。显然，设计是有效控制工程投资的关键。当建设项目决策后，控制建设项目投资的关键环节就是设计阶段。要有效地控制建设项目投资，就要坚决地把工作重点转到建设前期阶段上来，尤其是要抓住设计这个关键环节，未雨绸缪，以取得事半功倍的效果。

2.建设工程项目的耐久性（使用寿命）确定问题

在规划设计阶段引入全寿命周期工程管理理念之后，建设工程项目的耐久性和安全性问题，实际由于安全性问题本质上可以归于耐久性问题，所以突出重点，着重考虑和研究如何优化确定建设工程项目的使用寿命（耐久性）问题。

一般情形下考虑全寿命周期工程管理问题，首先考虑项目寿命周期长短的问题。当然一般是使用寿命越长分摊的维修、养护、小改小修的费用就少，就越经济实用。但这只是问题的一方面，另一方面，一般建筑物、构筑物使用寿命越长，造价花费也就越大，从经济性考虑，使用寿命一定有一个合理时限，太长太短都不经济。理论上存在一个最优点，即一个适当的使用寿命对应一个相对最低的费用。

看来确实存在一个正确确定建筑物、构筑物的最佳耐久性或最优使用寿命问题，从全寿命周期工程管理理念出发，首先在设计上要通过充分的分析、比较、测算，得出一个合理、满意、经济的寿命期限（耐久性）；二是设计中必须充分、全面、周到地考虑到建设工程项目移交投入使用后，在使用阶段的养护、维修、管理、小改小修乃至翻修、更新等的问题，力争将总体维修养护费用控制到一个较低水平；三是对产品、设施等的发展方向有一个良好准确的预测，尤其对其功能折旧和“经济折旧”有充分的预测和应对方案。

经济折旧又称外部性折旧，是指建筑物本身以外的各种不利因素所造成的其价值损失，包括供给过量、需求不足、自然环境恶化、噪声、空气污染、交通拥挤、城市规划改变、政府政策变化等。在现实中，人们不难发现，两个位置、实物状况等相差无几的住宅小区，市场价格差异可能很大，究其原因可能是因为价格低的住宅小区的附近有一座工厂。上述的物质折旧属于有形折旧，功能折旧和经济折旧属于无形折旧。有些折旧会由于某种原因减少甚至消失。所以经济折旧和功能折旧将严重而明确地影响到工程寿命期限。

第三章　城市建设的基本建设程序

03 Chapter

第一节　城市建设总体过程

一、城市建设主要内容

（一）城市建设是工程项目建设的集合

城市建设包括城市基础设施建设、城市公共设施建设和城市居住房屋设施建设三大类内容。城市基础设施建设一般由政府专门成立或委托的部门主导进行；城市公共设施建设一般由政府部门、事业部门和其他社会部门、企业部门主导进行；城市居住房屋设施建设当前主要是房地产开发企业成为开发主体。

无论是哪一类型的建设，建设的基本单位都是工程项目，也就是说是从一个个具体项目开始的。一个具体项目规模上有大有小，小的可能是个一百多平方米的泵站工程，大的可能是个上百万甚至数百万平方米的住宅小区建设工程，更大的如三峡工程、城市地铁工程等；建设内容上有繁杂有简单，有的只是个给水管线铺设工程，而有的却是个机场候机楼建设工程，有的属基础设施工程，有的属公共设施工程，有的属居住房屋建设设施工程，有的甚至一个项目里面以上三种类型的工程建设都包括了。一般来说一个项目建设总要包括项目建议、项目论证、项目审批，项目规划方案、项目设计、项目施工图设计及审批，项目动迁、项目用地整理、项目“七通一平”配套，项目招投标及签订施工承包合同，项目施工前准备、项目开工、项目施工建设、项目竣工验收、项目交付使用和质量保证期等环节。也就是说建设工程都是由一个个项目组成的，城市建设是工程项目建设的集合。项目是从项目建议开始的，虽然是单件生产，但都要经历基本性质相同的若干环节，最后才是项日的竣工验收和交付使用。建设工程管理是对这一项目建设全过程的管理，是对项目各项生产、经营、管理活动的全面协调和管控。这些基本性质相同的若干环节共同构成了项目建设的总体过程。

（二）工程建设全寿命周期的四个阶段

从工程建设全寿命周期的观点看，全寿命周期可划分为项目投资决策、工程建设准备、建设施工实施、产品投入使用四个过程阶段。

各个过程阶段又可以进一步划分为如下阶段内容。

① 项目投资决策过程阶段：包括投资决策阶段1个环节阶段。

② 工程建设准备过程阶段：包括项目规划设计阶段、项目土地改造阶段、项目招标投标阶段3个环节阶段。

③ 建设施工实施过程阶段：包括建设施工实施、项目验收移交2个环节阶段。以上阶段均是项目全寿命周期内的建设周期阶段。

④ 产品投入使用过程阶段：包括产品进入使用运营维护1个环节阶段。

二、项目建设总体过程

（一）总体过程程序

综上，可以把这些一般建设项目都要经历的若干环节，根据其性质划分为若干个阶段，这些阶段及其次序就构成了项目建设的总体过程，也就成为了城市建设的基本建设程序。

这一总体过程通常可以划分为如下阶段：即项目投资决策阶段、项目规划设计阶段、项目土地改造阶段、项目招标投标阶段、项目施工实施阶段、项目验收移交阶段。

（1）项目投资决策阶段　是对项目投资建设效果，从技术、经济、社会、环境等方面进行建设的必要性和可行性分析论证，提出建设投资方案的修改和完善意见，从而明确项目的投资决策，并通过必要的审批程序，奠定项目建设的基础和起步。这一阶段通常包括项目建议、项目论证、项目审批环节。

（2）项目规划设计阶段　是在明确的项目投资建设方案的基础上，进行项目的规划方案设计、初步设计和扩充初步设计，以及随后更细致的施工图设计，目的是明确待建建筑物、构筑物的空间形状、承载结构、外观、建设材料、装备设备、包含设施等情况，以落实项目投资建设方案具体可实施的技术内容。

（3）项目土地改造阶段　包括土地及地上附属物征收或国有土地出让转让，地上房屋及其附属物动迁，土地整理改造及土地“七通一平”配套等环节。这一阶段将为未来的施工建设提供可用的建设场地。

（4）项目招标投标阶段　是指建设单位在满足规定的条件下，作为项目业主和发包方通过招标方式向社会有限制或无限制地发包择优选择施工单位；而施工单位按规定通过投标方式竞争承揽工程建设任务的过程。这是项目建设的基本建设程序中的一项重要内容，通过招标投标阶段可以公正地确定中标方，一般开标确定中标方后，发包方要与中标方签订正式的项目施工建设承包合同。

（5）项目施工实施阶段　是指施工单位按照工程承包合同的要求，接受并进入建设单位移交的建设场地，遵循施工生产的技术经济特点开展项目施工建设活动的过程。包括开工前准备、工程开工、工程施工直到工程竣工的过程。这是项目基本建设程序的主要阶段。

（6）项目验收移交阶段　是指施工单位按照工程承包合同要求和相关质量标准，全面完成工程建设任务后，在建设单位主持和组织下，对项目工程建设内容、质量等进行全面检查验收，验收合格即可按合同约定和要求由施工单位向建设单位移交项目。

（二）基本建设程序总结图

基本建设程序总结图见图3-1。

（三）关于总结图的简要说明

1. 过程阶段总体走向

图3-1从全寿命周期的观点出发，描述了项目建设周期阶段基本建设程序的主要环节和

相关走向、内容。基本建设程序可以划分为有先后顺序的三大过程阶段，即① 项目投资决策过程阶段→② 工程建设准备过程阶段→③ 建设施工实施过程阶段。图中的箭头“→”表明了各阶段的运作逻辑走向，在实际操作中可能存在一定的交叉和重叠，但基本的逻辑走向是一定而不变的。

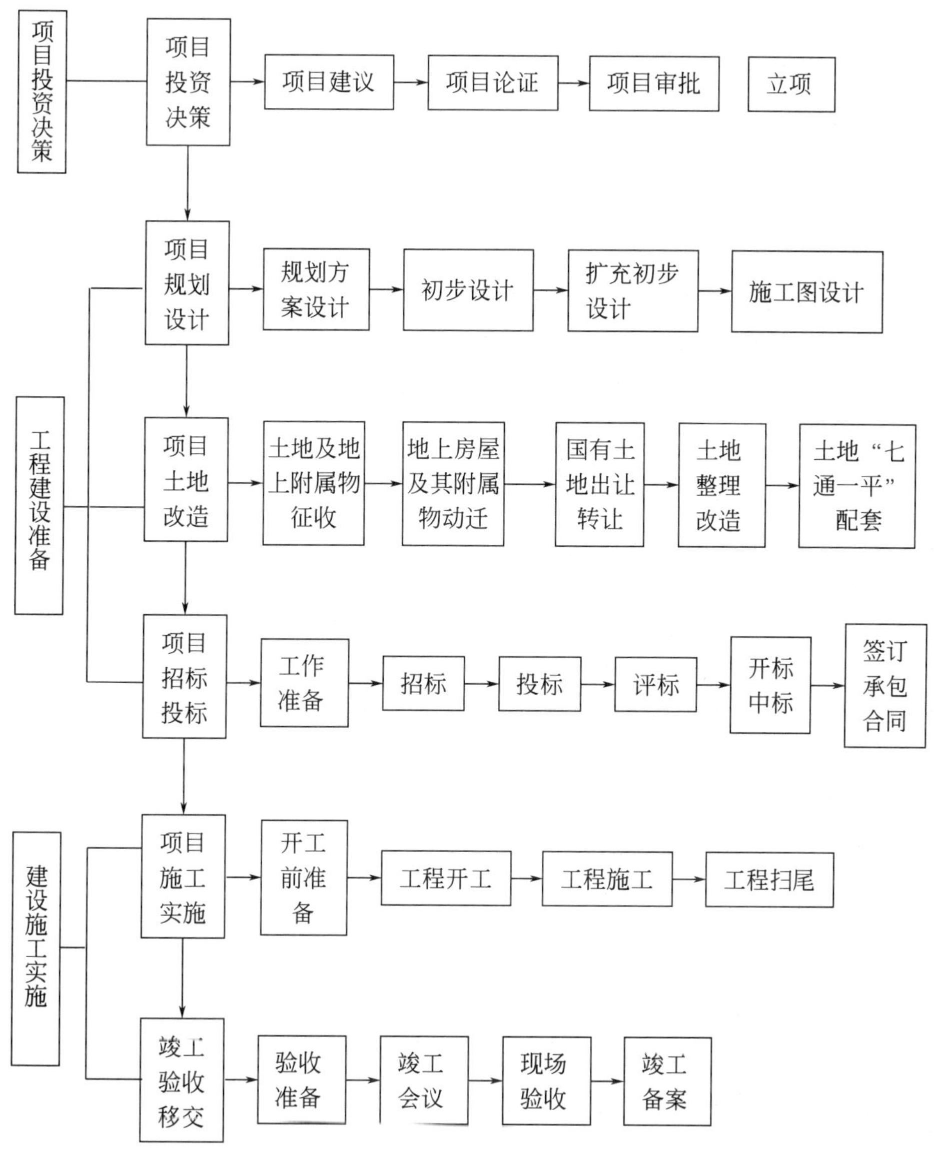

图3-1 基本建设程序总结图

2. 三大过程阶段包含的环节阶段走向

第一过程阶段从项目投资决策过程阶段开始；接下来进入第二过程阶段的项目规划设计环节阶段，再到项目土地改造环节阶段，最后到项目招标投标环节阶段，至此第二过程阶段结束；接下来程序进入第三过程阶段，即建设施工实施过程阶段，直至竣工验收移交阶段结束。

第二节　城市建设项目投资决策过程阶段

一、项目投资决策过程阶段的目的和意义

（一）城市建设项目投资决策的目的

1. 主要内容

是通过投资决策分析考察该城市建设项目是否在工程上可行，在经济上合算，对社会有效益，从而为项目是否可以上马建设、按何种方案建设提供根本而有力的决策依据，最终决定项目投资的立项。

2. 建设项目投资决策首先必须考虑风险防范

投资决策是工程项目管理中最重要的决策，对企业的获利能力、资金结构、偿债能力以及长远发展都有着直接影响。随着我国市场经济的发展，市场竞争日益激烈，投资主体和投资渠道趋于多元化发展态势，如何优化配置资源，有效地利用资源，提高投资决策水平和效益，是当前工程项目经营发展中的突出问题。因此，能否做出正确的资本决策是工程项目经营发展的关键。

建设项目一般周期长、投资大、风险大，并且有不可逆转性，一旦开始运行，工程建起来，设备安装后，即使发现错误，也很难更改，损失很难挽回。因此，项目决策是项目的首要环节，对项目能否取得预期的经济和社会效益起着关键的作用。若决策失误，后期实施阶段不管如何努力，也无法弥补损失。投资估算直接关系到下一阶段即设计阶段的概算、施工图预算的编制和项目资金筹措方案，对项目决策及成败至关重要。投资估算要考虑充分，估算合理，充分估计出项目建设过程中及建成后的收益与风险，并提出应对和防范措施，也要防止高估，尽可能做到全面、准确、合理。

3. 建设项目投资决策的目的

企业投资项目的目的：追求财务效益、经济效益的最大化。社会公共项目的目的：追求经济效益与社会效益的平衡。

任何经济活动（市场经济条件下）都围绕市场展开，通过对市场供需状况、竞争状况及需求结构的分析（经济学的基本要求），得出建设项目可行性研究的科学、客观结论，从而指导、支持和辅助投资决策，即最终确定是否应该、如何进行城市建设项目的投资决策。

（二）城市建设工程投资决策的内涵及分类

1. 建设工程投资决策基本内涵

城市建设工程投资决策的内涵是按照一定的项目目标，根据投资方向、投资布局的战略构想，充分考虑国家有关的方针、政策，在广泛占有信息资料的基础上，对拟建项目进行技术经济分析和多种角度的综合分析评价，决定项目是否建设、在什么地方和什么时间建设，选择并确定项目建设的较优方案。

投资决策的范畴一般包括项目目标的确定、项目建设规模和产品（服务）方案的确定、场（厂）址的确定、项目技术方案和设备方案的确定、项目工程方案确定、项目环境保护方案以及融资方案的确定等。投资决策对于项目的成败具有决定性的作用。

2. 建设工程投资决策类型

城市建设工程的投资主体主要有企业和政府两类。

企业投资包括国有企业投资、民营企业投资和三资企业投资。企业投资是整个社会投资的基础，主要追求经济效益最大化。

政府投资是指为了适应和推动国民经济和区域经济的发展，为满足社会的文化、生活需要，以及出于政治、国防等因素的考虑，由政府通过财政投资，发行国债或地方财政债券，利用外国政府赠款以及国家财政担保的国内外金融组织贷款等方式进行的投资。政府投资主要追求社会效益最大化，其投资目标具有两重性，一是公益目标，二是经济目标。

由此，从不同决策者的角度可将项目决策分为以下几类。

① 企业投资项目决策。企业投资项目决策是指企业根据总体发展战略、自身资源条件、在竞争中的地位以及项目产品所处的生命周期阶段等因素，以获得经济效益、社会效益和提升持续发展能力为目标，作出是否投资建设项目的决定。

② 政府投资项目决策。政府投资项目决策是指政府有关投资管理部门根据经济和社会发展的需要，以满足社会公共需求，促进经济、社会、环境可持续发展为目标，作出政府是否投资建设项目的决定。

③ 金融机构贷款决策。金融机构贷款决策是指银行等金融机构遵照“独立审贷、自主决策、自担风险”的原则，依据申请贷款的项目法人单位的信用水平、经营管理能力和还贷能力以及项目的盈利能力，作出是否贷款的决定。

（三）城市建设项目投资决策分析的意义

① 明确项目建设的需求和目的。

② 了解项目面临的市场、社会、环境等的条件制约，从而得出正确的决策和应对方法。

③ 寻找和选择可行的投资建设方案。

④ 拟选方案的实施路径建议。

⑤ 分析、了解、测算、评价拟选方案的社会效益、经济效益、环境效益的预测结果。

⑥ 项目立项决策的主要理由和结论。

二、项目建议书

一个工程项目的建设是从项目建议书开始的。

（一）项目建议书的基本概念

建设工程项目建议书是项目建设单位、项目法人依据国民经济发展中长期规划和国家相关产业政策、生产力布局等相关规定要求，按照地方和城市社会经济发展的规划要求，根据地方和城市所处的社会经济地位、市场地位、外部条件、环境条件等主要因素，就某一具体新建、改扩建项目提出的实施该项目投资建设的建议文件。项目建议书一般是由项目投资方向其主管部门上报的文件，主要是从总体上论述项目设立的必要性和可能性，把项目投资的设想变为概略的投资建议。项目建议书的呈报可以供项目审批机关作出初步决策，也可减少项目选择的盲目性，为下一步可行性研究打下基础。

（二）项目建议书的主要内容及其用途

1. 项目建议书的主要内容

简单说，建设工程项目建议书主要回答如下问题。

① 这是一个什么建设项目（包括项目名称、类型、主要功能或将发挥的作用等内容）。

② 建议投资该建设项目的主要供需依据是什么（包括现有同类项目的功能发挥或供应情况、该类项目功能需求预测等内容）。

③ 该项目的建设规模是多大（如建筑面积、容量、载重量、通行能力等）。

④ 该项目拟选址何处建设及选址的主要理由。

⑤ 该项目建设的主要初步工程方案内容（如建筑特征和总体方案，主要建筑物、构筑物工程及其功能等内容）。

⑥ 该项目建设投资及其估算数量。

⑦ 该项目建设的主要效益分析（包括经济效益、社会效益、环境效益以及可能的政治、文化等其他特定效益情况）。

2.项目建议书的主要作用

① 作为项目拟建主体上报审批部门审批决策的依据。② 作为项目批复后编制可行性研究报告的依据。③ 作为项目的投资设想变为现实的投资建议的依据。④ 作为项目发展周期初始阶段基本情况汇总的依据。

三、项目可行性研究报告

（一）项目可行性研究的基本概念

1.城市建设工程项目可行性研究报告

可行性研究报告是在制订城市建设工程项目计划的前期，从工程技术、财务测算、社会影响等角度，进行投资建设方案的多方面分析、论证和评价，以明确该工程项目建设建议是否在技术上可行可靠、在经济上合算有效益、对社会总体上有正面良性影响等情况的书面材料。可行性研究报告是在项目建议书基础上的全面深化、细化、修正、提升和完善。

2.建设工程可行性研究报告的主要用途

就建设工程项目管理而言，一般建设工程项目可行性研究报告的作用主要体现在如下几个方面。

① 作为向发改委、主管部门申报立项审批的文件内容。

② 用于项目融资贷款、项目对外招商合作的重要文件。

③ 用于项目规划设计依据的基础性文件。

④ 作为土地房屋征收等的参考依据性文件等。

（二）项目可行性研究的主要内容

根据项目可行性研究的目的和作用，可行性研究报告主要通过实事求是的调查研究和评价分析，提出如下内容。

（1）基本情况

① 项目单位基本情况。包括单位名称、地址及邮编、联系方式、法人代表、人员、资产规模、隶属关系等情况。

② 项目负责人基本情况。包括姓名、职务、专业、联系方式，与项目相关的主要业务经历和业绩等。

③ 项目基本情况。包括项目名称、项目类型、项目属性、主要工作内容、预期总目标及阶段性目标情况；主要预期经济效益或社会效益指标；项目总投入情况（包括人、财、物等

方面）。

④ 合作单位的基本情况。包括单位名称、地址及邮编、联系方式、法人代表、人员、资产规模等情况。

（2）必要性和可行性

① 项目背景情况。项目建设单位的背景及发展现状；项目建设单位需求分析；项目是否符合国家政策规定，是否有利于产业升级换代转型等要求；是否属于国家政策优先支持的领域和范围。

② 项目实施的必要性。项目实施可以解决哪些当前急需解决的问题，对促进单位和区域的相关事业发展，对促进单位和区域的经济、社会、文化、环境效益的提升和发展有何实际而重要的意义，对改善民生、发展公益、促进区域进步有何实际作用和效果等。

③ 项目实施的主要工作思路与设想。项目预算的合理性及可靠性分析；项目预期的社会效益与经济效益分析，与同类项目的对比分析；项目预期效益的持久性和稳定性分析。

④ 项目风险与不确定性分析。项目实施存在的主要风险、困难与不确定性分析预测；应对风险的主要措施和运作研究。

（3）实施条件

① 人员条件。项目负责人的组织管理能力，技术负责人的知识、经验、专业业务能力水平，项目主要参加人员的姓名、职务、职称、专业等方面的情况，对同类项目建设的熟悉、了解情况。

② 资金条件。项目资金投入总额及投入计划，对财政资金需求情况及额度，其他渠道资金来源及其筹措落实情况。

③ 基础条件。项目建设单位及其合作单位、二级主体单位为项目建设已安排具备的基础条件，重点说明已经具备的重要和关键的设备、设施条件。

④ 其他相关条件。

（4）项目具体的进度与计划安排　包括项目建设总工期，总体形象计划进度安排，总体施工路线与关键路线。

（5）主要结论　可行性研究的项目前景，市场分析，经济、社会、环境效益等内容应有具体扼要而清楚明确的研究结论。一般对项目是否可行应有明确的肯定或否定意见。

四、项目投资决策审批

（一）城市建设工程投资决策的程序和内容

1. 投资管理体制及其对投资决策的影响

投资管理体制是指政府管理投资活动所采取的基本制度、主要形式和方法，是投资活动的运行机制和管理制度的总称。其内容包括：投资主体行为、资金筹措途径、投资使用方式、投资项目决策程序、建设实施管理和宏观调控制度等。

2004年7月，国务院决定深化投资体制改革，批准颁发了《关于投资体制改革的决定》（国发[2004]20号）。该文作为建设和完善社会主义市场经济体制的重要举措，打破了传统计划经济体制下高度集中的投资管理模式，促进了投资主体多元化、资金来源多渠道、投资方式多样化、项目建设市场化的格局的形成与发展。

本次深化投资体制改革的一个基本出发点，就是要改进既有投资项目的决策规则和程序，提高投资决策的科学化、民主化水平。对于企业不使用政府投资建设的项目，政府一律不再实行审批制，区别不同情况实行核准制和备案制；对于政府投资项目，采用直接投资和资本金注入方式的，从投资决策角度只审批项目建议书和可行性研究报告。

2.企业投资项目决策的程序和内容

企业投资项目决策，特别是投资规模较大的大型项目的投资决策，关系到企业的长远发展。应按照公司法人治理结构的权责划分，经经理层讨论后，报决策层进行审定，特别重大的投资决策还要报股东大会讨论通过。有的企业投资项目是由项目的发起人及其他投资人出资，组建具有独立法人资格的项目公司，由出资人或其授权机构对项目进行投资决策。对企业投资项目，政府仅对《政府核准的投资项目目录》（由国务院投资主管部门会同有关部门提出、报国务院批准后实施）内的项目（重大项目和限制类项目）从维护公共利益角度进行核准，其他的项目，除国家法律法规和国务院专门规定禁止投资的项目以外，无论规模大小，均改为备案制。项目的市场前景、经济效益、资金来源和产品技术方案等均由企业自主决策、自担风险，并依法办理环境保护、土地利用、资源利用、安全生产、城市规划等许可手续和减免税确认手续。

对于企业投资建设实行政府核准制的项目，一般是在企业完成项目可行性研究后，根据可行性研究的基本意见和结论，委托具备相应工程咨询资格的机构编制项目申请报告，按照事权划分，分别报政府投资主管部门进行核准。

由国务院投资主管部门核准的项目，其项目申请报告应有具备甲级工程咨询资格的机构编制。

项目申报单位在向项目核准机关报送申请报告时，需根据国家法律、法规的规定，附送城市规划、国土资源、环境保护、水利、节能等行政主管部门出具的审批意见和金融机构项目贷款承诺。项目核准机关在受理核准申请后，如有需要，应委托符合资质的咨询中介机构进行评估。

3.政府投资项目决策的程序和内容

对于政府投资项目，仍要按照规定的程序进行决策。这类建设项目必须先列入行业、部门或区域发展规划，由政府投资主管部门审批项目建议书，审查决定项目是否立项；再经过对可行性研究报告的审查，决定项目是否决策建设。根据投资体制改革有关完善政府投资体制、规范政府投资行为、合理界定政府投资范围的规定，政府投资主要用于关系国家安全和市场不能有效配置资源的经济和社会领域，包括加强公益性和公共基础设施建设，保护和改善生态环境，促进欠发达地区的经济和社会发展，推进科技进步和高新技术产业化。按照投资事权划分，中央政府投资除本级政权等建设外，主要安排跨地区、跨流域以及对经济和社会发展全局有重大影响的项目。

对于政府投资项目，采用直接投资和资本金注入方式的，从投资决策角度只审批项目建议书和可行性研究报告，除特殊情况外不再审批开工报告，同时应严格进行政府投资项目的初步设计、概算审批工作；采用投资补助、转贷和贷款贴息方式的，只审批资金申请报告。政府投资项目一般都要经过符合资质要求的咨询中介机构的评估论证，特别重大的项目实行专家评议制度。需要广泛听取各方面意见和建议的项目，实行政府投资项目公示制度。

（二）项目投资决策审批

项目投资决策审批分为政府投资项目和非政府投资项目两类，政府投资项目实行审批制，非政府投资项目实行核准制或登记备案制。不同的性质项目其审批办法和审批内容都有所不同。具体情况见表3-1。

表 3-1　项目投资决策审批制度分类及其内容

项目	审批制度		审批内容
政府投资项目	审批制	直接投资或以资本金注入的政府项目	① 项目建议书 ② 可行性研究报告 ③ 初步设计和概算
非政府投资项目	核准制	属《政府核准的投资项目目录》中的项目	项目申请报告
	备案制	属《政府核准的投资项目目录》外的项目	按照属地原则向地方政府投资主管部门备案

第三节　城市建设工程建设准备过程阶段

一、工程建设准备过程阶段的目的和意义

（一）工程建设准备过程阶段的目的

该过程阶段工程管理工作的主要目的为建设项目开展全面的施工建设做好充分而必要准备，提供施工建设正式开工推进的前提和条件。这些主要包括施工建设需要的最终施工图设计成果（设计图纸准备），开展施工建设的具备施工条件的施工场地（施工场地或施工建设用地准备），一般通过竞争方式选择好的施工队伍（施工队伍准备）。

（二）工程建设准备过程阶段的重要意义

该过程阶段的准备工作，包括设计图纸准备、施工场地准备、施工队伍准备，为项目施工建设的开工和全面推进，准备重要和必要条件，而且对于项目建设的安全、造价、质量、进度控制和管理具有十分重要的意义。例如，优秀的规划设计对于从源头节约费用和成本，对于建设资金的筹措和提高资金使用利用效益都发挥着不可或缺的作用；而建设场地的及时获取和具备开工条件，对于保障工程进度意义重大；施工队伍的情况、素质、经验等直接影响到安全、成本、质量、进度等多方面工程管理的关键问题。

二、项目规划设计环节阶段

（一）关于总规、控规和修规

城市建设项目规划设计主要是规划方案阶段和设计阶段内容，规划方案主要涉及城市总体规划（总规）、控制性详细规划（控规）、修建性详细规划（修规）三个层次的规划方案设计。

1. 城市总体规划

城市规划是指城市人民政府依据国民经济和社会发展规划以及当地的自然环境、资源条件、历史情况、现状特点等，统筹兼顾、综合部署，为确定城市的规模和发展方向，实现城市的经济和社会发展目标，合理利用城市土地，协调城市空间布局等所作的一定期限内的综合部署和具体安排。

城市总体规划是城市在一定时期内发展的计划和各项建设（或各项物质要素）的总体部

署，是城市建设规划编制工作的第一阶段，也是城市建设和管理的依据。城市总体规划之后，在一些较大城市一般还有城市建设分区规划。

2.控制性详细规划

以城市总体规划或分区规划为依据，确定建设地区的土地使用性质和使用强度的控制指标，确定各类基础设施和部分公共设施建设要求指标，以及道路和工程管线控制性位置以及空间环境控制的规划要求。

3.修建性详细规划

以城市总体规划或分区规划、控制性详细规划为依据，制订用以指导各项建筑和工程设施的设计和施工的规划设计。一般来说，修建性详细规划已到完备的方案阶段，并有相当深度的设计成果，已与具体的城市建设项目直接相联系了。

（二）初步设计和扩充初步设计

设计阶段一般有两阶段设计和三阶段设计之说，两阶段设计即初步设计和施工图设计，适用于一般建设项目；三阶段设计即初步设计、技术设计和施工图设计，适用于技术复杂、基础资料缺乏和不足的建设项目或大型综合复杂项目中的个别路段、桥梁、互通、隧道等。

1.初步设计和扩初概念

一般修建性详细规划已与具体项目相联系，其在设计深度上又可分为初步设计和扩充初步设计。初步设计是最终成果的前身，相当于一幅图的草图。初步设计是建筑设计的一个中间阶段，设计深度界于方案与施工图之间。扩充初步设计（扩初）是指在方案设计基础上的进一步设计，但设计深度还未达到施工图的要求。通常来说，修建性详细规划中，先是项目规划方案的初步设计，然后是扩初，接下来才是施工图。一般常规性工程和小型工程可以不必经过扩初阶段而直接进入施工图设计。

2.初步设计文件

初步设计文件包括初步设计说明和初步设计图纸两部分内容。其中初步设计说明部分包括总说明及建筑、结构、给水排水、电气（强电、弱电）、采暖、空调与通风、消防、人防、环境设计与保护、劳动安全、技术经济与概算等各专业篇章说明。初步设计图纸一般包括建筑、结构、给水排水、电气、采暖空调与通风、热能动力、消防、环境、人防等各分系统设计图纸。

3.扩初设计审查

城市建设项目应该办理扩初设计审查，具体应依据《中华人民共和国城乡规划法》，按照地方规划部门的相关规定进行。需要特别说明的是，对于某些大型综合复杂或重要、重大城市建设项目，在项目规划方案阶段，地方政府常常要委托规划部门组织专门的规划方案论证审查。

（三）施工图与施工图设计

1.施工图设计

施工图设计为工程设计的一个阶段，在初步设计或技术设计之后。这一阶段主要通过图纸，把设计者的意图和全部设计结果表达出来，作为施工制作的依据，它是设计和施工工作的桥梁。对于工业项目来说包括建设项目各分部工程的详图和零部件、结构件明细表、拟用验收标准方法等。民用工程施工图设计应形成所有专业的设计图纸：含图纸目录、说明和必要的设备、材料表，并按照要求编制工程预算书。施工图设计文件应满足设备材料采购、非标准设备制作和施工的需要。

2. 施工图

施工图是表示工程项目总体布局，建筑物的外部形状、内部布置、结构构造、内外装修、材料作法以及设备、施工等要求的图样。施工图具有图纸齐全、表达准确、要求具体的特点，是进行工程施工、编制施工图预算和施工组织设计的依据，也是进行技术管理的重要技术文件。一套完整的施工图一般包括建筑施工图、结构施工图、给排水施工图、采暖通风施工图及电气施工图等专业图纸。

3. 施工图审查

施工图应经施工图审查环节。由当地建设主管部门认定的施工图审查机构，按照有关法律、法规，对施工图涉及公共利益、公众安全和工程建设强制性标准的内容进行的审查。

三、城市建设项目土地改造环节阶段

（一）土地的获得

城市建设项目土地的获得无非是两种情况：一是通过集体土地及地上附属物的征收（征地）；二是通过国有土地的出让、转让。

1. 集体土地及地上附属物的征收

土地征收是指政府为了公共利益需要，依照法律规定的程序和权限将农民集体所有的土地转化为国有土地，并依法给予被征地的农村集体经济组织和被征地农民合理补偿和妥善安置的法律行为。还应该说明土地征收的对象通常既包括土地也包括其上的土地附属物。土地征收具有法定性、强制性和公益性的特点。土地征收应该支付土地补偿费用。

2. 国有土地的出让

国有土地出让是指国家以土地所有者的身份将土地使用权在一定年限内让予土地使用者，并由土地使用者向国家支付土地使用权出让金的行为。

国有土地出让主要有协议、招标、拍卖三种方式。国有土地出让的最高年限按下列用途确定：① 居住用地70年；② 工业用地50年；③ 教育、科技、文化、卫生、体育用地50年；④ 商业、旅游、娱乐用地40年；⑤ 综合或者其他用地50年。

3. 国有土地的转让

土地使用权转让是指土地使用者将土地使用权再转移的行为，可以采用出售、交换、赠与等方式进行。建立国有土地使用权出让、转让制度，一是对土地所有者和土地使用者依法享有的占用、收益及处分权进行保护；二是对土地所有者和使用者的这些权利进行限制和调节。

（二）房屋和其他地上物的征收

土地获取后一般要对其上的房屋和其他地上物等进行清理拆迁，成为可以在其上进行土地改造和施工建设的用地。特别应该说明的是，国有土地出让一般应是净地出让，即在出让前已全面完成房屋和其他地上物的征收拆迁，但现实情况中因多种原因往往“净地不净”，还是需要继续进行完成房屋拆迁，以使已出让或转让的“净地”成为真正的净地。

1. **房屋征收**

房屋（含其他地上物）征收是依据《国有土地上房屋征收与补偿条例》（以下简称《条例》）实施的一种行政行为，是指政府依照法律程序剥夺房屋及其他不动产所有权人的所有权及其使用权，同时丧失土地使用权并给予市场交易价格补偿的行政购买行为。《条例》是为了规范国有土地上房屋征收与补偿活动，维护公共利益，保障被征收人合法权益而制订并公布施行的。

房屋征收在实际工作中常被称为房屋拆迁或拆迁。房屋征收工作涉及千家万户群众的切身利益，在项目工程建设中占有十分重要的地位。特别在城市建设工作中，可以说，拆迁工作的成败某种程度上决定着项目建设的成败，应当高度重视和认真对待。

2. **房屋征收的补偿安置**

房屋征收是法律确立的一种政府以职权行使征收权力并处理征收后果的法律关系。征收了房屋，政府应对被征收人予以补偿安置。法律规定"征收单位、个人的房屋及其不动产，应当依法给予拆迁补偿，维护被征收人的合法权益，征收个人住宅的，还应当保障被征收人的居住条件"。征收事由、征收权限、征收程序等由行政法律来规定。

《条例》同时规定市、县级人民政府负责本行政区域的房屋征收与补偿工作。市、县级人民政府确定的房屋征收部门（如"拆迁办"）组织实施本行政区域的房屋征收与补偿工作，政府有关部门应当依照条例规定和职责分工，互相配合，保障房屋征收与补偿工作的顺利进行。

（三）土地改造与"七通一平"配套

1. **土地改造与配套工作的重要性**

土地获取并完成房屋拆迁工作，还应该进行项目所在区域土地的改造与"七通一平"配套建设工作，这是保证项目建设启动、施工并最终竣工交付使用的基本前提。没有土地改造和"七通一平"配套工作，不仅项目建设工作难以推进，就是项目完工了也难以或不能投入正常使用。

2. **土地改造**

此处是指对待建设用地区域进行开发改造，建设道路、管网等城市基础设施配套，以保证相关建设用地成为适于建设项目顺利建设并建成发挥效能的工作。在具体的城市建设工作中，土地的"七通一平"配套工作是土地改造中的主要和重要内容。

3. **"七通一平"配套**

"七通一平"是建设行业对规划区域范围内的土地开发改造主要内容的通常术语。它指的是土地（生地）在通过一级开发后，使其达到具备通上水（给水）、通下水（排水）、通电、通信、通暖、通气、通路以及场地平整的条件，保证建设单位或二级开发商可以及时进场并按程序开展工程建设工作。

一般土地出让合同规定规划区域内"七通一平"配套的道路及管网等应到达项目建设用地红线。

具体说来，土地改造的"七通一平"配套是指自来水（给水）、生活污水及雨水排放、电力电缆、电话线和网络及光缆等、供暖、天然气或煤气等市政基础设施管网和道路交通应通达至项目用地红线，相关场地已平整待用。

（四）关于用地红线

建设项目用地红线是围起建设项目所在地块的一些坐标点连成的红线，此红线由规划部门划定，红线内的土地就是取得土地使用权的项目建设等用地（即建设地区）。红线周边外围则不属于项目用地，所以出让合同中一般都要求地方政府的“七通一平”等土地改造配套需要达到项目用地红线边缘。

四、城市建设项目招标投标环节阶段

（一）城市建设工程项目招标

经过项目土地改造阶段，建设项目通过征收或出让、转让方式获取土地，并完成房屋等地上物征收拆迁，土地“七通一平”配套完成或基本完成后，项目建设用地具备或基本具备施工建设条件，可以进入建设项目招标投标阶段。

1.建设工程招标

建设工程招标是指建设单位对拟建的工程项目通过法定程序和方式吸引建设项目的施工承包单位来参加竞争，并从中选择条件优越者来承担工程建设任务的法律行为。建设单位是建设工程项目的拥有方，是项目的业主单位，所以建设工程招标是由建设单位主导的，建设单位是掌握有选择权的一方。建设单位是建设工程项目的招标方或发包方，是签订建筑工程施工承包合同时的甲方。

2.招标的基本原则和要求

工程招标必须具备国家和省、市规定的条件，不具备条件者不得进行招标；建设工程招标包括勘测、规划设计、施工、材料设备采购、建设监理等类型，此处主要研究建筑工程项目施工的招标问题。

工程招标可以有专业的招标代理服务。招标一般由当地的工程交易中心、政府采购中心、建设工程招标管理中心等来组织进行。招标方式可以根据工程实际情况采取公开招标、邀请招标、协议招标等方式，城市建设工程项目招投标绝大多数采用公开招标或邀请招标的方式进行。

3.标底和招标文件

招标文件是指由招标人编制或委托编制，并向潜在投标人发出的明确资格条件、合同条款、评标方法和投标文件响应格式的文件。招标文件一般包括招标公告、投标人须知、合同主要条款、合同格式、技术规范、设计图纸、评标标准和方法、投标文件格式等，采用工程量清单招标的还应提供工程量清单。

标底是由建设单位（业主）专门组织专业人员，为准备招标的工程项目分析测算出的一个合理的明确工程造价的基本价格。所谓合理，是指在保证质量、工期适当、标价合适的前提下测算的标底价格，它不等同于工程项目的概预算价格，也不等同于合同价格。标底是招标单位的绝密资料，不能向任何无关部门或人员泄露。标底的是招标工程的预期价格，能反映出拟建工程的资金额度。一般国内工程施工招标的标底，应在批准的工程概算或修正概算以内，招标单位以此来控制工程造价，并以此为尺度来评判投标者的报价合理性。因此，招投标活动中，标底的编制是工程招标中的重要环节，标底应客观、公正地反映建设工程的预期价格，是评标、定标的重要依据，且工作时间紧、保密性强，任务比较繁重。

（二）城市建设工程项目投标

1.建设工程投标

工程投标是与工程招标相对应的概念，满足招标文件关于投标人资格要求条件的施工单位，可以根据招标公告或投标邀请函的说明，按照招标文件规定的要求参加竞争承揽招标工程项目的活动。参与竞争活动的施工单位作为投标人，要在规定的时间、地点按规定的方式主动向招标人（招标方）递交反映其投标承诺和报价的投标文件，投标人（投标方）的投标活动是通过投标竞争来争取中标，从而得以承揽到工程招标项目施工建设任务的行为。

2.工程项目投标的基本做法

首先，得到招标公告、招标通知或投标邀请函后，要及时做出是否参与该次投标的决策。

其次，要及时领取招标文件，并进行认真分析研究（包括现场实地勘察），以明确投标要求、招标项目情况与未来施工环境条件等情况。

再次，是根据招标文件和分析研究意见进行投标书（投标文件）的编制工作，投标书内容应十分明确，应如实和充分反映己方的竞争优势，并经过细心的审改核查。

最后，是按照招标文件要求装订、包装好投标书，并在规定时间内投递到招标方指定的地址和联系人处。

3.投标书的主要内容

投标书是投标方参与竞争的重要文件，必须认真编制。工程投标书通常分为技术标、商务标和资格证明文件三部分。

技术标：主要是以施工组织设计体现，即所投标的主要技术参数、规范。评标时，技术标一般占30%。

商务标：主要是预算报价部分，即结合自身和外部条件对整个工程的造价进行报价。商务标是整个投标的重中之重，评标时，商务标一般占70%。

资格证明文件：用以反映企业、人员、机械等相关资质等级要求，以及参加工程建设业绩等方面的证件、证明材料。资格证明文件主要是审查公司有无投标、中标及完成指定的工程项目任务资格等情况。

（三）工程招投标的其他环节

工程招投标活动还包括开标、评标、定标、中标等环节内容。

1.开标

开标是指在招投标活动中，由招标方主持，邀请所有投标人和行政监督部门或公证机构人员参加的情况下，在招标文件预先约定的时间和地点，当众对所有参与投标的投标文件进行开启和宣读（唱标）的法定流程。

开标应该按招标文件规定的时间、地点和程序，以公开方式进行。开标时间与投标截止时间应为同一时间。唱标内容应完整、明确。只有唱出的价格优惠才是合法、有效的。唱标及记录人员不得将投标内容遗漏不唱或不记。

2.评标

所谓评标，是指按照规定的评标标准和方法，对各投标人的投标文件进行评价、比较和分析，从中选出最佳投标人即选定中标单位的过程。评标是招投标活动中十分重要的环节，决定着整个招投标活动能否获得公平公正的评选结果。评标的质量决定着能否从众多投标者中选出最能满足招标项目各项要求的中标者。

3.定标

定标就是招标人根据评标结果和评标推荐的中标候选人最终确定中标人。招标人也可以授权评标组织直接确定中标人。

4. 中标

中标是指投标人被招标人经评标、定标确定为中标人，并按规定流程与招标人就招标项目建设签订工程承包合同。一般情况下，投标人中标的，应当收到招标人发出的中标通知书。中标的标准是两项：一是能够最大限度地满足招标文件中规定的各项综合评价标准，就是在对投标文件进行总体评估和比较，既按照价格标准又将非价格标准尽量量化成货币尺度进行测算，评价为最佳者；二是能够满足招标文件的实质性要求，并且经评审的投标价格相对最低，但投标价格低于成本的除外。中标通知书实质上就是招标人对其选中的投标人的承诺，是招标人同意某投标人的要约的意思表示。

（四）工程承包合同

某投标人中标后，招标人应作为发包方（甲方）与中标人作为承包方（乙方）就招标工程项目的施工建设签订工程承包合同，明确双方在项目施工建设任务承包的权利义务和相互协作条款。

工程承包合同一旦签订，即意味着项目建设将全面转入到项目建设施工实施阶段了。

第四节　城市建设项目施工实施过程阶段

一、建设施工实施过程阶段的目的和意义

（一）建设施工实施过程阶段的目的

该过程阶段工程管理工作是项目建设周期阶段的主要工作内容，建设项目全面开工进入施工建设实施阶段，项目建设的安全、成本、质量、进度管理和控制等工作成为最重要和最现实的工程管理工作内容。本过程阶段将全面开展建设施工实施工作，并顺利推进各工种、工序、单位工程进展，完成各项施工作业任务，最终达到规定标准，进入项目竣工验收并移交阶段，最终实现工程完工，取得预定的建设成果。

（二）建设施工实施过程阶段的重要意义

该过程阶段包括施工准备、开工、施工实施及其“四控两管一结合”管理工作落实，直到竣工、验收、备案、移交完成，最终全面圆满完成工程建设任务，取得满意合格的工程建设成果。

城市建设项目成果的取得，进一步提升了城市功能发挥水平，增加了城市固定资产财富，改善了城市基础设施和公共设施条件，使城市社会、经济、环境的良性发展得到进一步巩固和加强。

二、项目施工实施环节阶段

（一）施工前准备

主要包括施工文件的准备、施工条件的准备、施工开工的准备、安全文明施工的准备。

1. 施工文件的准备

主要包括合同的准备、应向甲方提交的文件（如有关管理制度等）准备，图纸会审及交

底，图纸及变更通知单管理，项目相关档案资料的立档与管理等工作。

2. 施工条件的准备

主要包括甲方临时设施搭建、办公设备申请及购置，施工现场“五通一平”和开工前手续办理，提前做好现场雨水、污水、自来水接口位置的调查和确定，熟悉项目的有关情况，施工用地测量及建筑物定位测量，取得“建设工程规划许可证”后规划管理部门的定位测量复核，施工组织设计的审批等。同时进行的相关工作包括临时用水、用电的接入与施工，临时设施明确位置及施工，确定场地高程，设置区域永久性经纬坐标桩等。

3. 施工开工的准备

主要包括首次会议组织、审核施工质量管理体系文件、审核施工组织设计和开工报告、施工计划的编制与审查等工作。

4. 安全文明施工的准备

指在施工中采用多种措施和办法贯彻文明施工的要求，推行现代化管理方法，科学组织施工，做好施工现场的各项管理工作。

（二）工程开工

1. 工程开工

工程开工是指施工单位已作好开工准备，满足开工条件，取得开工通知或许可后，施工队伍、机械设备进入施工工地现场正式开始项目施工生产作业。

2. 工程开工报告

工程开工报告（工程开工报审表）是施工单位完成开工准备后向监理机构提交的申报开工的报审材料。开工报告的报审应经监理工程师签署。

3. 工程开工通知

工程开工通知（工程开工令）是监理单位对施工承包单位的各项开工准备工作和开工条件审查确认后，签署发出的承包方可以开工的明确指示。

（三）工程施工

1. 简述

从开工开始，项目工程进入施工阶段，施工阶段的项目工程管理由于存在着不同的参与方，管理工作和内容相对复杂，所以有建设单位（业主方）的项目管理、设计方的项目管理、施工单位（承包方）的项目管理、供货方的项目管理等。此处依然主要从建设单位角度研究工程施工阶段的管理问题。项目工程施工阶段的管理问题可以总结为“三控三管一协调”。

2. “三控三管一协调”

①“三控”是工程进度控制、工程质量控制、工程投资（成本）控制。

工程进度控制是指项目实施阶段（包括设计准备、设计、施工前准备、施工各阶段）的进度控制。控制的目的是：通过采取控制措施，确保项目交付使用时间目标的实现。

工程质量控制是指监理工程师组织参加施工的承包商，按合同标准进行建设，并对形成质量的诸多因素进行检测、核验，对差异提出调整、纠正措施的监督管理过程。

工程投资（成本）控制对于施工单位是成本控制，对于建设单位及其代表监理单位来说就是投资控制了。不是指投资越省越好或成本越低越好，而是指工程项目的投资或造价在合理范围内得到合理优化的控制。

②“三管”是合同管理、安全与环境管理、信息管理。

合同管理指建设项目管理贯穿于合同的签订、履行、变更或终止等活动的全过程。安全与环境管理是围绕着动态目标控制展开的，而安全则是固定资产建设过程中最重要的控制目标，是抓好工程管理的重要基础和前提。信息管理则因为施工项目管理是一项复杂的现代化的管理活动，更要依靠大量的信息以及对大量信息的管理，并应用计算机和网络等进行辅助。

③“一协调”则是指全面地多方地组织协调，包括项目内外部的协调、上下多层次的协调工作。

（四）工程竣工

工程竣工是项目工程建设的一个终结点。这个终结点意味着施工单位已按照工程建设施工承包合同的要求，按质按量全面完成了工程施工建设任务，可以进入工程竣工验收和交付使用阶段了。

三、城市建设项目验收移交环节阶段

（一）工程竣工验收

1.概念

工程竣工验收是指建设工程依照国家有关法律、法规及工程建设规范、标准的规定完成工程设计文件要求和合同约定的各项内容，建设单位已取得政府有关主管部门（或其委托机构）出具的工程施工质量、消防、规划、环保、城建等验收文件或准许使用文件后，组织工程竣工验收并编制完成《建设工程竣工验收报告》。

工程项目的竣工验收是施工全过程的最后一道程序，也是工程项目管理的最后一项工作。它是建设投资成果转入使用或生产的标志，也是全面考核投资效益、检验设计和施工质量的重要环节。

2.竣工验收组织

工程竣工后，由开发单位会同设计、施工、设备供应单位及工程质量监督部门，组成一般包括上级主管部门人员、建设单位项目负责人、建设单位项目现场管理人员及勘察、设计、施工、监理单位与项目无直接关系的技术或质管负责人等，此外重大项目还邀请有关方面专家参加的竣工验收小组。

3.竣工验收程序

一般竣工验收程序为：① 施工单位提交工程竣工验收报告，申请工程竣工验收；② 建设单位组成验收组，制定工程竣工验收方案；③ 建设单位将验收事项书面通知负责该工程的工程质量监督机构；④ 建设单位组织工程竣工验收；⑤ 建设单位提出工程竣工验收报告；⑥ 工程竣工验收合格后，建设单位向工程所在地的县级以上地方人民政府建设行政主管部门备案。

4.竣工决算

工程竣工决算是指在工程竣工验收交付使用阶段，由建设单位编制的建设项目从筹建到竣工验收、交付使用全过程中实际支付的全部建设费用。竣工决算是整个建设工程的最终价格，是建设单位财务部门汇总固定资产的主要依据。

5.竣工图

竣工图是在施工的时候，由施工单位按照施工阶段竣工验收时的实际情况绘制的图纸。由于施工过程中存在设计等变更、工程量增减等原因，项目产出物的实际竣工状况会与施工图纸有所差异和变化。为了让建设单位或使用者能比较清晰地了解土建工程、房屋建筑工程、电气安装工程、给排水工程中管道的实际走向和各种设备、设施的实际安装和联结情况，规定在工程竣工验收之后施工单位必须提交竣工图。

6.竣工验收备案

建设工程竣工验收备案是指建设单位在建设工程竣工验收后，将建设工程竣工验收报告和规划、公安消防、环保等部门出具的认可文件或者准许使用文件报建设行政主管部门审核的行为。

（二）工程验收移交

1.验收移交

工程项目竣工验收合格后，应及时或按合同约定移交给建设单位或使用单位、使用人，一般新建商品房小区还要移交给物业管理单位代管。移交内容一是包括项目建筑物如房屋及附属设备、设施、绿化等的移交，以及构筑物及其附属设备、设施等的移交；二是竣工图等相关工程文档资料的移交。

2.资料文档整理

工程验收移交时应全面整理各种技术文件资料，绘制竣工图纸。建设项目（包括单项工程）验收移交前，勘察、设计、施工、设备、监理和建设等各有关单位应将该项目所涉及的所有技术文件资料进行系统整理，由建设单位分类立卷。竣工验收移交时，交业主单位或生产、使用单位统一保管。同时，将与所在地区有关的文件材料交当地档案管理部门，以服务项目移交后的管理、使用、生产、维修等需要。

3.项目移交协调

一般城市建设项目往往涉及多个使用者或业主，而项目本身是整体系统而相互密切关联的，为保证项目使用效率，一般在向多个业主或使用者移交时，应召开专门的移交协调会议，明确移交责任分配和具体移交对象，并有会议纪要，确保后续使用和管理的有序、高效。

第四章　城市建设工程投资决策

04 Chapter

第一节　工程经济分析基本原理

一、工程经济分析要素

（一）工程经济分析要素构成

工程经济分析评价就是要对工程投资方案投入运营后预期的经济效果做出评估，为投资决策提供依据。因此，工程经济分析评价需要首先确定工程所处的特定环境下实施方案的投资、成本、营业收入、利润和税金等方面的基本数据，这些就构成了工程经济分析的基本经济要素。

1. 投资

投资是投资主体以一定的资源投入某项计划或工程，以获取期望回报的活动。投资是人类的一种有目的的经济行为。建设工程项目经济评价中的投资又称评估用总投资，由建设投资、建设期利息和流动资金投资三大部分构成。

（1）建设投资　建设投资亦称固定投资，包括固定资产投资、无形资产投资、其他资产投资。

① 固定资产投资。固定资产投资包括固定资产购建费和固定资产投资方向调节税（2000年已停止征收），最终形成固定资产。固定资产指使用期限较长（使用寿命超过一个会计年度），单位价值在规定标准以上，在生产过程中为多个生产周期服务，在使用过程中保持原来的物质形态的资产，包括房屋及建筑物、机器设备、运输设备、工具器具等。

② 无形资产投资。指无形资产的获取费用。无形资产指企业拥有或者控制的没有实物形态的可辨认的非货币性资产，如专利权、商标权、著作权、土地使用权、非专利技术、版权、商誉等。

③ 其他资产投资。其他资产（原称递延资产）是指除流动资产、长期投资、固定资产、无形资产以外的其他资产。

④ 预备费。包括基本预备费和涨价预备费。预备费主要用于投资过程中因不确定因素的出现而造成的投资额增加。

工程项目建成后，建设投资转化为各类资产。在会计核算中，购建固定资产的实际支出（包括固定资产投资方向调节税、耕地占用税等）即为固定资产的原始价值，简称为固定资产原值。获取无形资产的实际支出即为无形资产原值。在项目筹建期内，实际发生的各项费用，除应计入固定资产和无形资产价值者外，均应计入开办费，视为其他资产。

（2）建设期利息　建设期利息是指筹措债务资金时在建设期内发生并按规定允许在投产后计入固定资产原值的利息，即资本化利息，包括银行借款和其他债务资金的利息，以及其他融资费用。

（3）流动资金投资　流动资金是指运营期内长期占用并周转使用的营运资金，不包含运营中需要的临时性营运资金。当项目寿命期结束，流动资金成为企业在期末的一项可回收的现金流入。

2. 成本

工程经济分析中的成本有多种不同视角的概念。

（1）经营成本与总成本　经营成本是一种付现成本，是以现金流量实现为依据的成本耗费。而总成本则是从企业财务会计角度，核算生产产品的全部资源耗费。投资项目投产后产品的总成本和经营成本之间的关系如下：

经营成本=外购原材料、燃料和动力费+工资和福利费+修理费+其他费用

总成本=外购原材料、燃料和动力费+工资和福利费+折旧费+摊销费+财务费用+修理费+其他费用

经营成本=总成本–折旧费–摊销费–财务费用

需注意的是，产品的总成本中包含有固定资产的折旧费用、采掘采伐类企业维持简单再生产的维简费和无形资产的摊销费，它们是对项目初期投资所形成资产的补偿价值。而在工程经济分析中，它们并不是现金支出，而只是在方案内部的一种现金转移，所以为方便起见，利息支出并不列入经营成本中，当在分析中需要考虑利息时，则可在经营成本之外，作为现金流出单独列出。

（2）固定成本与可变成本　按照各种成本费用与产品产量的关系，可将产品总成本构成要素划分为固定成本与可变成本两部分。固定成本是指在一定生产规模限度内不随产品产量而变动的费用；可变成本是指产品成本中随产量变动而变动的费用，亦称为变动成本。长期借款利息应视为固定成本，短期借款利息如果用于购置流动资产，可能部分与产品产量有关，其利息可视为半固定半可变，通常为简化计算，也可视为固定成本。

（3）平均成本与边际成本　平均成本是指产品总成本与产品总产量之比，即单位产品成本。边际成本是经济学上的一个重要概念，用以判断增减产量在经济上是否合算。由于固定成本与产量增减无关，在作短期增减产量决策时，不必考虑固定成本因素，所以边际成本实际上就是产品变动成本。

（4）沉没成本　沉没成本是指本方案实施之前已经发生或者按某种凭证而必需的费用。由于沉没成本是在过去发生的，它并不因为采纳或拒绝某个项目的决策而改变，因此对方案是否采纳的决策不应造成影响。例如，已使用多年的设备，其沉没成本是指设备的账面净值与其现时市场价值之差，它与是否选择新设备进行设备更新的决策无关。沉没成本不计入工程经济分析的现金流中。

（5）机会成本　当一种有限的资源具有多种用途时，可能有许多投入这种资源获得相应收益的机会，如果将这种资源置于某种特定用途，必然要放弃其他资源的投入机会，同时也放弃了相应的收益。机会成本就是指将一种具有多种用途的稀缺资源用于该方案放弃的其他用途中的最大收益。例如，一定量的资金用于城市建设项目投资，有甲、乙两个项目，若选

择甲，就只能放弃乙的投资机会，则乙项目的可能收益即是甲项目的机会成本；一吨煤炭，用于发电可以产生一定的效益，但是就不得不放弃将这一吨煤炭用于取暖所获得的收益；一台施工机械用于某道路工程施工，就失去了出租或用于其他建设工程的现金收益。工程经济分析中要计入机会成本。

（6）全寿命周期成本　全寿命周期成本是一种系统的经济分析思想，又称全寿命费用，是指技术方案在其寿命周期内发生的全部费用，包括以初期的方案研究开发、设计制造到使用期间运行和维护直至寿命结束时的全部成本支出。

3. 营业收入

营业收入是企业生产经营阶段的主要收入来源，是指销售产品或者提供服务所获得的收入。营业收入是反映建设工程项目真实收益的经济要素，也是工程经济分析中现金流入的一个重要项目。

4. 税金

税金是建设工程项目投资活动和经营活动过程中向国家缴纳的税收，是国家凭借政治权力参与国民收入分配和再分配的一种方式，具有强制性、无偿性和固定性的特点。工程经济分析中涉及的税金主要有以下几种。

（1）销售税及其附加

① 增值税。增值税是以商品生产和流通中各环节的新增价值和商品附加值作为征税对象的一种流转税。增值税的基本税率为17%。计算公式

增值税＝销项税－进项税
销项税＝运营销售收入 × 税率
进项税＝运营外购原材料、燃料和动力等支出 × 税率

值得说明的是，我国于2012年启动了营业税改征增值税的转型改革，并在上海等地的交通运输业和部分现代服务业进行试点。按中华人民共和国财政部、国家税务总局出台的《关于全面推开营业税改征增值税试点的通知》（财税[2016]36号）的规定，自2016年5月1日起，在全国范围内全面推开营业税改征增值税试点，建筑业、房地产业、金融业、生活服务业等全部营业税纳税人纳入试点范围，由缴纳营业税改为缴纳增值税，规定交通运输、邮政、基础电信、建筑、不动产租赁服务，销售不动产，转让土地使用权，税率为11%。

② 销售税附加。销售税附加包括教育费附加和城乡维护建设税，它们以增值税和营业税为基数征收，在税制分类中属于特别行为税。计算公式

销售税附加＝增值税（或营业税）× 相应税率

（2）所得税　所得税以企业的生产、经营所得和其他所得为征税对象，属于收益税。

所得税＝应税所得额 × 所得税税率
应税所得额＝销售收入－总成本－销售税及附加－弥补以前年度亏损

（3）其他税　如房产税、土地使用税、车船使用税和印花税等，这些税通常计入经营成本的其他费用中。

5. 利润

（1）利润总额　利润总额又称为所得税前利润（简称“税前利润”）。

利润总额＝销售收入－总成本－销售税金及附加

（2）税后利润（净利润）

$$税后利润=利润总额-所得税$$

6.效益、费用与效果

在经济分析中，项目的效益是指项目对国民经济所作的贡献，分为直接效益和间接效益；项目的费用是指国民经济为项目付出的代价，分为直接费用和间接费用。

（1）直接效益和直接费用　直接效益是指项目（包括产品和服务）带来的，并在项目范围内计算的，体现为生产者和消费者受益的经济效益，一般表现为项目为社会生产提供的物质产品、科技文化成果和各种各样的服务所产生的效益。

直接费用是指项目使用社会资源并在项目范围内计算的经济费用，一般表现为投入项目的各种物料、人工、资金、技术以及自然资源带来的社会资源的消耗。

（2）间接效益与间接费用　间接效益是指项目为国民经济作了贡献，但在直接效益中未得以反映的效益。间接费用是指国民经济为项目付出了代价，但在项目的直接费用中未得以反映的费用。

在经济分析中，应关注项目的外部性。习惯上将间接效益和间接费用统称为外部效果。间接效益和间接费用就是由于项目的外部性所导致的项目对外部的影响，而项目本身并未因此实际获得收入或支付费用。

（3）效果　效果是指引起的效应或效能，表示项目目标的实现程度，往往不能或难于货币量化。

（二）工程经济分析要素之间的关系

1.投资、资产和成本的关系

投资（包括资金来源）和投资所形成的资产及项目投入运营后的产出产品的成本之间的关系，可用图4-1概要表述。

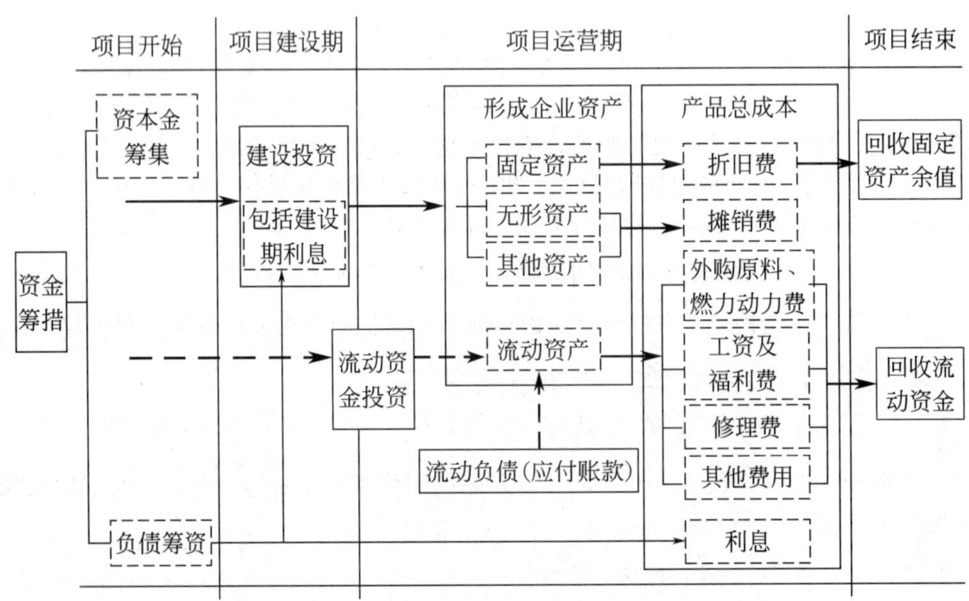

图4-1　投资、资产和成本关系图

2.营业收入、总成本、税金和利润之间的关系

营业收入、总成本、税金和利润之间的关系可用图4-2概要表述。

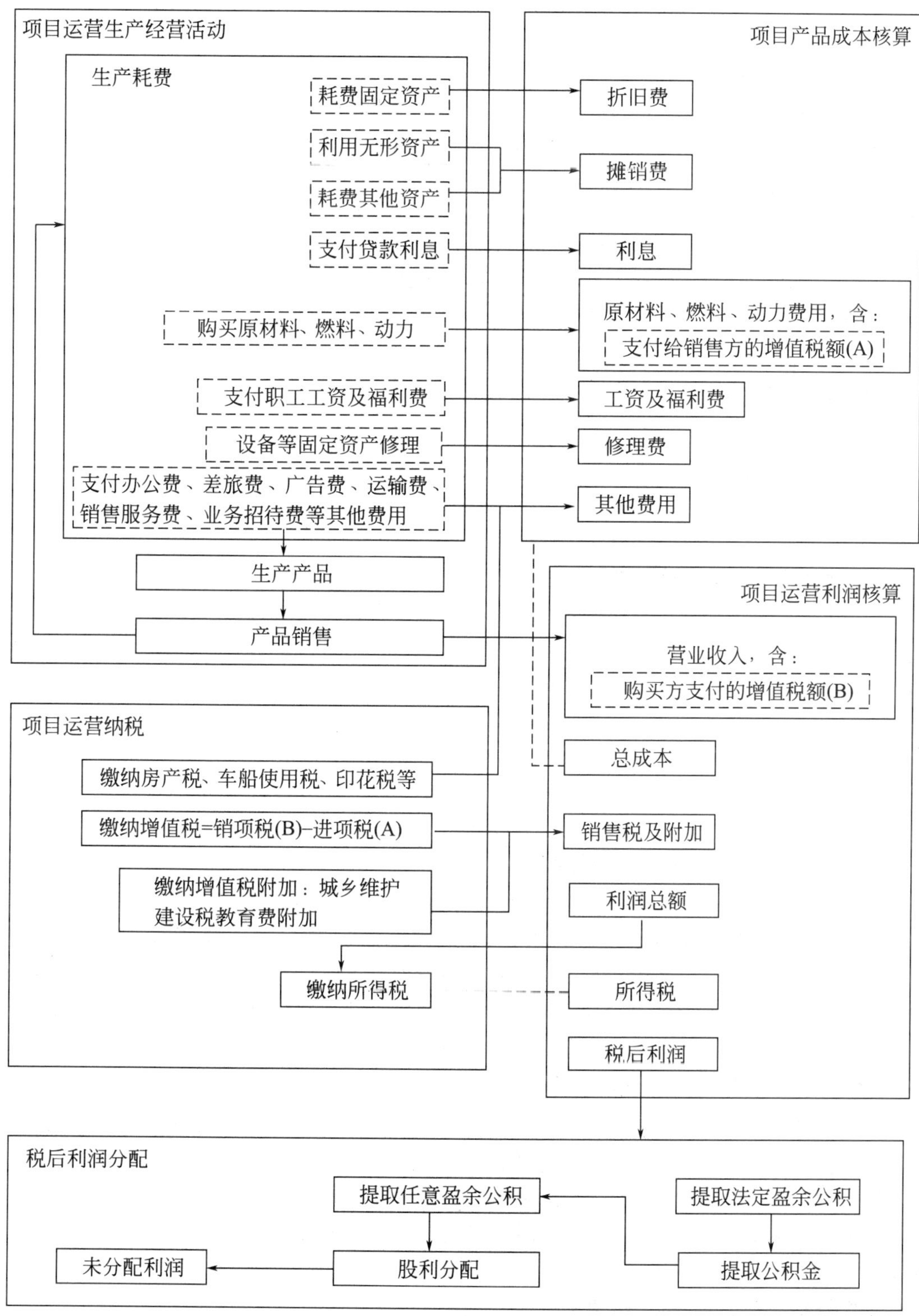

图4-2 营业收入、总成本、税金和利润关系图

二、工程经济分析的基本原则与比较原理

（一）工程经济分析的基本原则

工程经济分析一般要遵循以下八项原则。

1. 系统分析原则

将工程经济分析对象看成一个系统，明确系统的功能目的，剖析系统的要素构成、各自的特征及其相互联系，实现要素的有机结合，达到系统的整体优化。工程项目本身就是一个独立的系统，提高经济效益、实现利润最大化是系统的整体目标。在这个系统中还有许多子系统，如生产系统、财务系统、供销系统等，企业要想提高经济效益必须首先具备优良的生产、财务、供销子系统，使之有机地结合，才能达到整体目标。

另外，任何工程项目都是一个开放的系统，都处于社会经济大系统之中，与外部有着信息和能量的交换，并对社会、生态环境产生影响。工程经济分析人员要坚持系统论的观点，在提高项目经济效益的同时必须兼顾社会效益。

2. 资源最优配置原则

使有限的资源为社会创造出更多、更好的产品和劳务是经济性分析评价的最终目的。因此，生产什么、生产多少、如何生产就成为这一客观矛盾的中心。解决好这些问题需要工程经济分析人员对工程项目进行综合分析、合理筹划，以资源的最优配置为原则，选择那些技术上可行、经济上合理的项目上马。

3. 定性分析与定量分析相结合原则

定性分析是以主观判断为基础，在占有一定资料、掌握相应政策的基础上，根据决策人员的经验、直觉、学识、逻辑推理能力等进行评价的方法；定量分析则是以客观、具体的计算结果为依据，以得出的项目的各项经济效益指标为尺度，通过对项目经济数量关系的分析、推导和测算，对项目进行客观评价。定量分析不仅使得分析评价更加科学化，还有利于在定量分析中发现研究对象的实质和规律。但在实际项目或方案评价中，由于有些问题的复杂性以及有些内容很难（或不能）量化，定性分析也十分必要。故项目经济性评价应坚持定性与定量分析相结合的原则，以有利于发挥各自在分析上的优势，互相补充。

4. 静态评价与动态评价相结合原则

静态与动态之分在于是否考虑资金的时间价值。对项目评价不考虑时间价值称为静态评价，它适用于对项目的粗略评价；考虑时间价值称为动态评价，它适用于对项目进行详细评价。比如，在确定投资机会和对项目进行初步选择时一般只进行静态评价。为了更科学、更全面地反映项目的经济情况，必须对其进行详细评价，所以对工程项目进行评价时应静态评价与动态评价相结合，并以动态评价为主。

5. 统计分析与预测分析相结合原则

工程经济分析是项目投资之前所进行的主要工作，大量经济数据都来自预测。预测方法在工程经济分析中是很重要的。评价结论的准确性很大程度上依赖预测。同时，工程经济分析人员要学习和掌握不同的预测方法以便于实际工作中的应用。此外，工程经济分析离不开统计分析。许多模型的建立、经验数据（系数）的取得都离不开统计、回归分析，因此，掌握适当的统计方法也是十分必要的。

6. 考虑未来情况的不确定性原则

对项目进行评价主要基于对项目未来效益的估计。然而，影响未来的因素是众多的。决

策者要充分考虑（估计到）项目未来的发展或变化情况，并做出相应的风险分析。

7.微观经济效益与宏观经济效益相统一原则

微观经济效益是个体的、局部的，是宏观经济效益的基础。没有微观经济效益的提高，宏观经济效益的提高也是难以实现的。所谓“小河有水大河满，小河无水大河干”正是强调微观经济的作用。企业（项目）在追求其微观经济效益的同时决不能影响甚至损害宏观经济效益，比如对国民经济的贡献和对社会安定、对生态环境的影响，决不能以牺牲宏观经济效益为代价而达到发展微观经济效益的目的。要正确处理微观经济效益与宏观经济效益的关系，在合理利用资源、保护环境与生态的前提下，以尽量少的劳动消耗生产和提供更多、更好的符合人和社会需要的产品和服务。

8.短期经济效益与长期经济效益相统一原则

任何项目上马都不能只顾眼前利益，要以发展的眼光，从长远的角度看问题，使项目具有长久的生命力，要正确处理短期经济效益与长期经济效益的关系。作为一个企业，要合理的安排人力、物力、财力资源，把握好项目的发展方向，加大技术和创新投资力度，增强企业的竞争能力，长期保持较好的经济效益。凡是只图眼前利益，无计划地盲目生产，不注重设备的维修与保养以及设备的更新，不及时进行技术改造，其结果必然损坏其长远经济利益。

（二）工程经济分析的比较原理

工程经济分析的实质，就是对可实现某一预定目标的多种工程实施方案进行比较，从中选出最优方案。根据技术经济分析的比较原理，对两个以上的工程实施方案进行经济效益比较时，必须遵循以下四个可比原则：满足需要上的可比、消耗费用上的可比、价格指标上的可比和时间上的可比。

1.满足需要可比性

任何技术方案都以其产量、质量和品种满足特定的需要。满足需要可比是指相比较的各个技术方案应该满足同样的社会实际需要。从技术经济的观点来看，一个方案要与另一个方案相比较，必须以满足相同需要为条件，否则就无法相互比较和相互替代。具体要求如下。

（1）产量可比　产量可比是指各技术方案实际满足社会需要的产品产量应该相等，即被比较方案的实际产出量（也称净产出量）可比。对比方案时需要注意以下三点。

① 产量相等时，其投资和经营成本可直接比较。

② 产量不等且差别不显著时，可用单位产品投资额和单位产品经营成本相比较。

③ 产量不等且差别显著时，可重复建设一个方案，再用上述方法比较。

（2）质量可比　产品质量可比有两个基本要求：一是各方案的产品质量必须符合国家规定的质量标准；二是当某一技术方案的产品质量有很大提高（如产品的使用寿命或可靠性等），对方案的比较有明显影响时，为了做到满足需要的可比，应作质量可比的修正计算，即将质量的差异换算成可比的产量。

进行质量修正的常用方法是：首先，按质量差异程度计算出使用效果系数；其次，使用效果系数调整其中一个方案的产量指标以及有关投资和成本指标；最后进行方案比较。

使用效果系数为

$$E_G = \frac{G_1}{G_2}$$

式中，E_G为使用效果系数；G_1、G_2分别为方案1、方案2的产品使用效果。

（3）品种可比 相互比较的方案不仅在数量上、质量上要可比，在产品的品种上也要可比。对品种不同的技术方案也要先进行满足需要的等同化处理。品种不同的等同化处理可采用的调整方法有：

① 可采用折算系数对不同的品种进行折算。

② 采用使用效果系数E_G进行修正。

例如，石油和煤，从满足电厂燃料需要的角度看，1t油相当于2t煤，即油与煤的使用效果系数E_G=2/1=2。但是作为机动车燃料满足城市铁路运输的需要时，内燃机车1t油的运输量相当于蒸汽机车7t煤的运输量，即E_G=7。求出了E_G，再对其中一个方案的投资额与经营费用进行调整，用调整后的指标来对用石油还是用煤两种燃料方案进行比较。

2.满足消耗费用可比性

消耗费用的可比原则是：在计算和比较费用指标时，不仅要计算和比较方案本身的各种费用，还应考虑相关费用，并且应采用统一的计算原则和方法来计算各种费用。相关费用是指实现本方案而引起生产上相关的环节（或部门）所增加（或节约）的费用。采用统一的原则是指在计算技术方案的消耗费用时，各方案的费用构成项目的计算范围必须一致。

3.满足价格可比性

价格可比的原则是：在对技术方案进行经济计算时，必须采用合理的、一致的价格。“合理的价格”是指价格必须正确反映产品价值，各种产品之间的比价合理。“一致的价格”是指价格种类的一致。在对不同技术方案进行比较和评价时，必须采用相应时期的价格。具体处理时要考虑工程经济分析的性质和范围。从性质上说，工程经济分析的财务分析用现行价格（市场价格）；国民经济分析用影子价格。从范围上说，微观工程经济分析用现行价格；宏观工程经济分析用影子价格。

4.满足时间因素可比性

时间因素的可比原则主要考虑两方面的问题：一是经济寿命不同的技术方案进行比较时，应采用相同的计算期作为基础；二是技术方案在不同时期内发生的效益与费用，不能直接相加，必须考虑时间因素。

（1）对经济寿命不同的技术方案进行比较时，必须采用相同的计算期作为比较的基础。关于采用相同计算期的问题，有下述三种情况。

① 当相比较的各技术方案的经济寿命周期有倍数关系时，应采用它们的最小公倍数作为各技术方案的共同计算期。

② 当相比较的各技术方案的经济寿命周期没有倍数关系时，一般可采用20年作为统一的计算期。

③ 如果相互比较的各技术方案由于投入期、服务期和退役期不一致，而使它们的寿命周期有所不同，应采用约定的计算期作为共同基础，进行相应的计算比较。

（2）技术方案在不同时期内发生的效益和费用，不能直接简单地相加，必须考虑时间因素。

三、工程经济分析的基本程序

1.确定目标

工程经济分析的第一步就是通过调查研究寻找经济环境中显在和潜在的需求，确立工作目标。只有通过市场调查，明确了市场需求目标，才能谈得上技术可行性和经济合理性。

2. 寻找关键要素

关键要素就是实现目标的制约因素，确定关键要素是工程经济分析的重要一环。只有找出了主要矛盾，确定了系统的各种关键要素，才能集中力量，采取最有效的措施，为目标的实现扫清道路。寻找关键要素，实际上是一个系统分析的过程，需要树立系统思想方法，综合地运用各相关学科的知识和技能。

例如，1933年以前的田纳西河不仅不能给两岸人民造福，而且经常泛滥成灾。1933年成立了管委会对田纳西河进行开发。如果仅建设治洪系统，那么被洪水冲下山的泥沙很快会堵塞系统；如果两岸人民收入低到连电都用不起，那么水力发电的效果就无法体现；如果生产不发展，没有货物可运，航运就无法发挥效益。因此，管委会决定运用系统工程的分析方法，对整个流域进行治理。他们经过论证确定了整个开发系统的6个关键要素：控制水患；改善通航条件；发展水电；通过绿化进行水土保持；改变沿岸的耕作方式；不断提高两岸人民生产和生活水平。

3. 穷举方案

关键要素找到后，紧接着要做的工作就是制订各种备选方案。工程经济分析过程本身就是要尽可能多地提出潜在方案，包括什么都不做的方案，也就是维持现状的方案。实际工作中往往有这样的情况，虽然在分析时考虑了若干方案，然而，由于恰恰没有考虑更为合理的某个方案，导致了不明智的决策结果。很明显，一个较差的方案与一个更差的方案相比时自然会变得有吸引力。穷举方案需要多专业交叉配合。分析人员也不应轻率地淘汰方案，有时经仔细地定量研究后会发现，开始已凭感觉拒绝的方案其实就是解决问题的最好方案。

4. 评价方案

从工程技术的角度提出的方案往往都是技术上可行的，但效果一定时，只有费用最低的方案才能成为最佳方案，这就需要对备选方案进行经济效果评价。评价方案，首先必须将参与分析的各种因素定量化，一般将方案的投入和产出转化为用货币表示的收益和费用，即确定各种对比方案的现金流量，并估计现金流量发生的时点，然后运用数学的手段进行综合运算、分析对比，从中选出最优的方案。

5. 方案决策

决策即是从若干行动方案中选择令人满意的实施方案，它对工程项目建设的效果有决定性的影响。工程技术人员、经济分析人员和决策人员应特别注重信息交流和沟通，减少由于信息不对称所产生的分歧，确保各方人员充分了解各方案的工程经济特点和各方面的效果，提高决策的科学性和有效性。

四、财务分析与经济分析

（一）财务分析

1. 财务分析的内容

财务分析（又称为财务评价）是在国家现行的会计规定、税收法规和价格体系下，从项目的财务角度，通过对项目的直接效益和直接费用进行预测，编制财务报表，计算评价指标，考察和分析项目的盈利能力、偿债能力和生存能力，据以判断项目的财务可行性，明确项目对财务主体及投资者的价值贡献，为项目决策提供依据。财务分析既是经济评价的重要核心内容，又为经济分析提供了调整计算的基础。

判断财务可行性的能力分析主要包括以下内容。

（1）盈利能力分析　主要考察项目投资的盈利水平，它直接关系到项目投产后能否生存和发展，是评价项目在财务上可行性程度的基本标志。盈利能力的大小是企业进行投资活动的原动力，也是企业进行投资决策时考虑的首要因素，应从以下两方面进行分析。

① 项目整个寿命周期内的盈利水平，即主要通过计算财务净现值、财务内部收益率以及投资回收期等动态和静态指标，考察项目在整个计算期内的盈利能力及投资回收能力，判别项目投资的可行性。

② 项目达到设计生产能力的正常生产年份可能获得的盈利水平，即主要通过计算总投资收益率、资本金净利润率等静态指标，考察项目在正常生产年份年度投资的盈利能力，以及判别项目是否达到行业的平均水平。

（2）偿债能力分析　主要是考察项目的财务状况和按期偿还债务的能力，它直接关系到企业面临的财务风险和企业的财务信用程度。对需要筹借债务资金的项目，偿债能力的大小是企业进行筹资决策的重要依据，应从以下两方面进行分析。

① 通过计算利息备付率和偿债备付率等比率指标，考察项目是否能按计划偿还所筹措的债务资金，判断其偿债能力。

② 通过计算资产负债率、流动比率、速动比率等比率指标，考察项目财务状况和资金结构合理性，分析短期债务偿还能力，判断项目的财务风险。

（3）财务生存能力分析　主要是考察项目在整个计算期内的资金充足程度，分析财务可持续性，判断在财务上的生存能力。对于非经营性项目，财务生存能力分析还兼有寻求政府补助维持项目持续运营的作用。应从以下两方面进行分析。

① 根据财务计划现金流量表考察项目在计算期内各年的投资、融资和经营活动，通过计算净现金流量和累计盈余资金，分析项目是否有足够的净现金流量维持正常运营。

② 根据累计盈余资金出现负值的年份，分析能否通过适当的调整以满足财务上可持续的必要条件。

2.财务分析的基本步骤及部分关系图

按照财务分析与投资估算、融资方案的关系，财务分析应该分为两个有关联的阶段进行。财务分析大致可分为三个基本步骤，见图4-3。

第一步，进行财务分析基础数据与参数的确定、估算与分析，编制财务评价的辅助报表。通过对主要投入物和产出物的市场价格、税率、利率、计算期、生产负荷、营业收入、成本费用及基准收益率等基础数据和参数的选取与确定，完成财务评价辅助报表的编制工作。

第二步，编制财务分析的基本报表。将上述辅助报表中的基础数据进行汇总，编制出现金流量表、利润与利润分配表、财务计划现金流量表、资产负债表等主要财务基本报表。为了保证辅助报表与基本报表间数据的一致性和联动性，可使用专门的制表工具（Excel），完成表格间的数据链接。

第三步，计算财务分析的指标，进行财务分析，判别项目的财务可行性。利用各基本报表，可直接计算出一系列财务评价的指标，包括进行项目能力分析的各项静态和动态指标。将这些指标值与国家有关部门规定的基准值进行对比，就可得出项目在财务上是否可行的评价结论。为了减少项目在未来实施过程中不确定性因素对经济评价指标的影响，保证项目效益的兑现，在财务分析中，还要进行不确定性分析，包括盈亏平衡分析和敏感性分析。

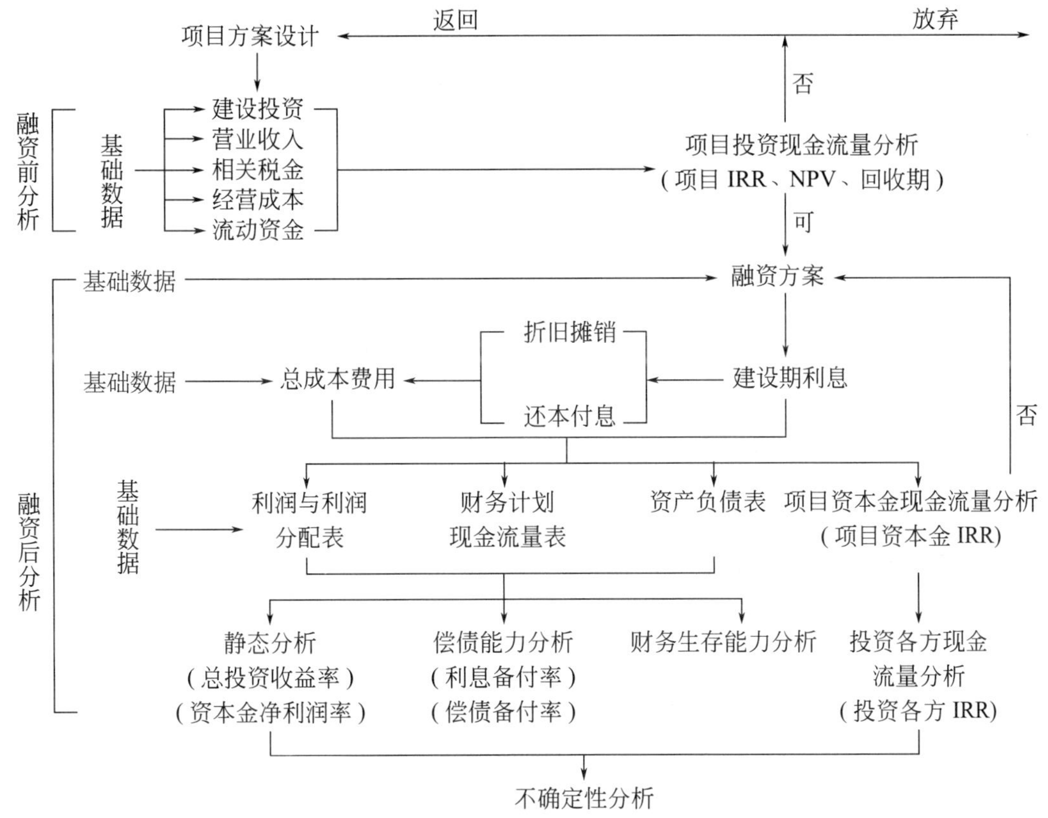

图4-3　财务分析基本步骤及部分关系图

（二）经济分析

1.经济分析的含义及作用

经济分析（又称为国民经济评价）是对投资项目从宏观角度进行决策分析与评价，判定其经济合理性的一项重要工作。它是按照资源合理配置的原则，采用影子价格、影子汇率和社会折现率等经济分析参数，从国家整体角度考察和确定项目的效益和费用，分析计算项目对国民经济带来的净贡献，以评价项目经济上的合理性。

经济分析的作用主要包括以下内容。

① 正确反映项目对社会福利的净贡献，评价项目的经济合理性。由于企业利益与国家和社会利益不总是完全一致，因此基于企业（项目）利益的财务分析至少在几个方面难以全面正确地反映项目的经济合理性：国家给予项目的补贴；企业向国家缴纳的税金；某些货物市场价格的扭曲；项目的外部效果（间接效益和间接费用）等。因而，需要按照资源合理配置的原则，从国家（社会）的角度判断项目对社会福利的净贡献。

② 为政府合理配置资源提供依据。在现行经济体制下，需要政府在资源配置中发挥调节作用，经济分析的结果将有助于政府做出资源配置决策。即对那些本身财务效益好，但经济效益差的项目实行限制；而对那些本身财务效益差，但经济效益好的项目予以鼓励。

③ 政府审批或核准项目的重要依据。在我国新的投资体制下，国家对项目的审批和核准重点放在项目的外部性、公共性方面。而经济分析强调对项目的外部效果进行分析，因此可以作为政府审批核准项目的重要依据。

④ 为市场化运作的基础设施等项目提供财务方案的制定依据。对部分或完全市场化运作的基础设施，例如桥梁、公路、隧道等项目，可通过经济分析来论证项目的经济价值，为制定财务方案提供依据。

⑤ 有助于实现企业利益、地区利益和全社会利益有机地结合和平衡。国家实行审批和核准的项目，应当特别强调要从社会经济的角度评价和考察，支持和发展对社会经济贡献大的产业项目。正确运用经济分析方法，在项目决策中可以有效地察觉盲目建设、重复建设项目，有效地将企业利益、地区利益和全社会利益有机地结合。

2.经济分析的基本方法

① 经济分析采用费用效益分析或费用效果分析方法，即效益（效果）与费用比较的理论方法，寻求以最小的投入（费用）获取最大的产出（效益或效果）。

② 经济分析采取“有无对比”方法识别项目的效益和费用。

③ 经济分析采取影子价格估算各项效益和费用。

④ 经济分析遵循效益和费用的计算范围对应一致的基本原则。

⑤ 经济费用效益分析采用费用效益流量分析方法，采用内部收益率、净现值等经济性指标进行定量的经济效益分析。经济费用效果分析对费用和效果采用不同的度量方法，计算效果费用比或费用效果比指标。

3.经济分析的适用范围

并非所有项目都要做经济分析。例如依赖市场自行调节的行业项目，政府不必参与具体的项目决策，而由投资者通过财务分析自行决策，因此这类项目不必进行经济分析。而某些项目由于市场配置资源的失灵或者需要由政府进行干预，这类行业的建设项目必须进行经济分析。

需要进行经济分析的项目主要有：具有自然垄断特征的项目；产出具有公共产品特性的项目；外部效果显著的项目（如对环境和公共利益影响重大的项目）；国家控制的战略性资源开发和关系国家经济安全的项目；受过度行政干预的项目；国家及地方政府参与投资的项目（如交通运输、农林水利、基础产业建设项目）等。

4.经济分析与财务分析的异同与联系

（1）经济分析与财务分析的区别

① 两种评价的角度和基本出发点不同。财务分析是站在项目的层次上，从项目的财务主体、投资者、未来的债权人角度，分析项目的财务效益和财务可持续性，分析投资各方的实际收益或损失，分析投资或贷款的风险及收益；经济分析则是站在国家的层次上，从全社会的角度分析评价比较项目对社会经济的效益和费用。

② 由于分析的角度不同，项目效益和费用的含义和范围划分也不同。财务分析只根据项目直接发生的财务收支，计算项目的直接效益和费用；经济分析则从全社会的角度考察项目的效益和费用，不仅要考虑直接的效益和费用，还要考虑间接的效益和费用。从全社会的角度考虑，项目的有些收入和支出不能作为费用或效益，如企业向政府缴纳的大部分税金和政府给予企业的补贴、国内银行贷款利息。

③ 财务分析与经济分析使用的价格体系不同。财务分析使用预测的财务收支价格，经济分析则使用影子价格。

④ 财务分析要进行盈利能力分析、偿债能力分析、财务生存能力分析；而经济分析只有盈利性，即经济效益分析。

（2）经济分析与财务分析的相同之处

① 两者都使用效益与费用比较的理论方法。

② 两者都遵循效益和费用识别的“有无对比”原则。

③ 两者都根据资金时间价值原理，进行动态分析，计算内部收益率和净现值等指标。

（3）经济分析与财务分析的联系　在很多情况下，经济分析是在财务分析基础上进行，利用财务分析中已经使用的数据资料，以财务分析为基础进行必要的调整计算，得到经济分析的结论。经济分析也可以独立进行，即在项目的财务分析之前就进行经济分析。

第二节　工程投资资金与资金成本

一、投资资金的内涵与构成

建设工程投资决策中涉及的不同用途的投资资金概念主要有以下两个。

1.项目投入总资金与项目总投资

项目投入总资金又称为评估用总投资，由建设投资、建设期利息和流动资金投资三大部分构成，是建设工程项目经济评价中所使用的投资概念。

项目总投资是作为计算资本金基数的总投资，是《国务院关于固定资产投资项目试行资本金制度的通知》中为了避免与项目投入总资金的概念相混淆而提出的一个术语。项目总投资由建设投资、建设期利息和铺底流动资金构成（铺底流动资金是指流动资金中的非债务资金，占全部流动资金的30%）。

2.静态投资与动态投资

静态投资是指建设工程项目在不考虑物价上涨、建设期贷款利息等动态因素情况下估算的建设投资。静态投资是以某一基准年、月的建设要素的价格为依据所计算出的建设项目投资的瞬时值，具体包括建筑工程费、设备购置费及安装工程费、工程建设其他费用、基本预备费等。静态投资是具有一定时间性的，应统一按某一确定的时间来计算，特别是遇到估算时间距开工时间较远的项目，应以开工前一年为基准年，按照近年的价格指数将编制的静态投资进行适当调整，否则就会失去基准作用，影响投资估算的准确性。

动态投资是指建设工程项目在考虑物价上涨、建设期贷款利息等动态因素情况下估算的建设投资，主要包括建设期贷款利息、汇率变动及建设期价差预备费。动态投资适应了市场价格运行机制的要求，使投资的计划、估算、控制更加符合实际。

二、投资资金的估算

（一）投资估算的阶段划分及深度要求

投资估算是依据现有的资料和一定的估算方法对建设工程项目的投入总资金进行的估计。建设工程项目投资估算一般划分为如下两个阶段。

1.项目建议书阶段投资估算

项目建议书阶段投资估算是指按照项目建议书中确定的产品方案、项目建设规模、产品主要生产工艺、企业车间组成、初选建厂地点等估算建设项目所需要的投资额。主要目的是判断一个建设项目是否初步可行，对项目决策只是概念性的参考。《建设项目投资估算编审规程》（CECA/GC 1-2015）要求此阶段应编制总投资估算，总投资估算表中工程费用应分解到主要单项工程，工程建设其他费用可在总投资估算表中分项计算。

2. 可行性研究阶段投资估算

可行性研究阶段投资估算是指按照可行性研究报告中确定的，比项目建议书更为具体、详尽、全面的建设内容、建设方案及标准等，估算的建设项目所需要的投资额。项目可行性研究阶段的投资估算是项目投资决策的重要依据，也是研究、分析、计算项目投资经济效果的重要条件。其深度及精度应满足国家和地方相关部门审批或核准（备案）的要求。预可行性研究阶段、方案设计阶段项目投资估算视设计深度，宜参照可行性研究阶段的编制办法进行。

（二）投资估算的方法及依据

1. 投资估算的方法

投资估算的方法主要有生产能力指数法、系数估算法、比例估算法、混合法、指标估算法等。

生产能力指数法是根据已建成的类似建设项目生产能力和投资额，进行粗略估算拟建建设项目相关投资额的方法。系数估算法是以已知的拟建建设项目主体工程费或主要设备购置费为基数，以其他辅助配套工程费占主体工程费或主要设备购置费的百分比为系数，进行估算拟建建设项目相关投资额的方法。比例估算法是根据已知的同类建设项目主要设备购置费占整个建设项目的投资比例，先逐项估算出拟建项目主要设备购置费，再按比例估算拟建建设项目相关投资额的方法。混合法是根据主体专业设计的阶段和深度，投资估算编制者所掌握的国家、地区、行业或部门相关投资估算基础资料和数据（包括造价咨询机构自身统计和积累的可靠的相关造价基础资料），对一个拟建建设项目采用生产能力指数法与比例估算法混合或系数估算法与比例估算法混合进行估算其相关投资额的方法。

指标估算法是把拟建建设项目以单位工程或单项工程为单位，按建设内容纵向划分为各个主要生产系统、辅助生产系统、公用工程、服务性工程、生活福利设施以及各项其他工程，同时，按费用性质横向划分为建筑工程、设备购置、安装工程等，根据各种具体的投资估算指标，进行各单位工程或单项工程投资的估算，在此基础上汇集编制成拟建建设项目的各个单项工程费用和拟建建设项目的工程费用投资估算。最后，按相关规定估算工程建设其他费用、预备费、建设期利息等，形成拟建建设项目总投资。

项目建议书阶段投资估算主要采用前四类方法，可行性研究阶段投资估算原则上应采用指标估算法。实际工作中应在遵循《建设项目投资估算编审规程》（CECA/GC 1-2015）要求的基础上结合编制者所掌握的国家及地区、行业或部门相关投资估算基础资料和拟建项目已有数据的合理、可靠、完整程度选用合适的方法。

2. 投资估算的依据

投资估算一般应根据建设项目的特征、设计文件和相应的工程造价计价依据等资料进行编制，并对主要技术经济指标进行分析。具体的编制依据如下。

① 国家、行业和地方政府的有关规定。

② 工程勘察与设计文件，图示计量或有关专业提供的主要工程量和主要设备清单。

③ 行业部门、项目所在地工程造价管理机构或行业协会等编制的投资估算指标、概算指标（定额）、工程建设其他费用定额（规定）、综合单价、价格指数和有关造价文件等。

④ 类似工程的各种技术经济指标和参数。

⑤ 工程所在地同期的工、料、机市场价格，建筑、工艺及附属设备的市场价格和有关费用。

⑥ 政府有关部门、金融机构等部门发布的价格指数、利率、汇率、税率等有关参数。

⑦ 与项目建设相关的工程地质资料、设计文件、图纸等。

⑧ 委托人提供的其他技术经济资料。

（三）投资估算文件组成

投资估算文件一般由封面、签署页、编制说明、投资估算分析、总投资估算表、单项工程估算表、主要技术经济指标等内容组成。具体格式可参见《建设项目投资估算编审规程》（CECA/GC 1-2015）相关规定。

三、投资资金成本

（一）资金成本的含义及作用

1.资金成本的含义及构成

资金成本是指为筹集和使用资金而付出的代价/费用，是在筹资和投资过程中要考察的重要范畴。资金成本包括资金筹集费用和资金占用费用两部分。

（1）资金筹集费用　资金筹集费用是指投资者在筹集资金的过程中发生的各种费用。主要包括：向银行借款的手续费；发行股票、债券而支付的各项代理发行费，如注册费、印刷费、公证费、担保费、宣传费等。资金筹集费用通常是在筹集资金时一次支付，在用资过程中不再发生。因此，属于固定性的资金成本，可视作筹资总额的一项扣除。

（2）资金占用费用（即资金使用成本）

资金占用费用是指占用他人资金应支付的费用，亦或是资金所有者凭借对资金的所有权而向资金占用者索取的报酬，如支付给股东的股息、红利，债券及银行借贷款利息等。资金占用费用一般与所筹资的金额以及资金的使用时间有关，具有经常性、定期支付的特点。资金占用费用属于变动性资金成本，是资金成本的主要内容。

资金成本的性质体现在以下几方面。

① 资金成本是商品经济条件下资金的所有权与使用权分离的产物。

② 资金成本具有一般产品成本的基本属性，即同为资金耗费，但又不同于账面成本，而属于预测成本，一部分具有产品成本的性质，故计入成本费用，而相当一部分作为利润分配处理。

③ 资金成本的基础是资金的时间价值，但通常还包括物价变动因素和投资风险价值。

2.资金成本的作用

资金成本是选择资金来源和拟定筹资方案的重要依据，也是评价项目可行性的主要经济指标。在市场经济条件下，项目投资只有资金利润率高于资金成本率才是有利可图的，才值得筹资和投资。

（二）资金成本的计算

1.资金成本计算的一般形式

资金成本可用绝对数表示，也可用相对数表示，为便于分析比较，在实际中通常用相对数来表示，即资金的成本占资金总额的比率，称之为资金成本率，其一般计算公式为

$$K=\frac{D}{P-F}\text{或}K=\frac{D}{P(1-f)} \qquad (4\text{-}1)$$

式中，K为资金成本率（一般也可称为资金成本）；P为筹集资金总额；D为资金占用费；F为筹资费；f为筹资费率（即筹资费占筹集资金总额的比率）。

2.各种资金来源的资金成本计算

（1）优先股成本　公司发行优先股股票筹资，需支付的筹资费有注册费、代销费等。优先股优先享有支付股利的权利。与负债利息的支付不同，股息须在税后净利润中列出，不会减少公司应上缴的所得税。因优先股的股利率固定，期限永久，可视为永续年金。因此资金成本率计算较为方便，其计算公式为

$$K_p = \frac{D_p}{P_0(1-f)} \text{或} K_p = \frac{P_0 i}{P_0(1-f)} = \frac{i}{1-f} \tag{4-2}$$

式中，K_p为优先股成本率；P_0为优先股票面值；D_p为优先股每年股息；i为股息率。

例4-1　公司为某基础设施项目发行优先股股票，票面额按正常市价计算为500万元，筹资费用率为5%，每年向优先股股东支付10%固定股利。试求其资金成本。

解：根据公式（4-2）得

$$K_p = \frac{i}{1-f} = \frac{10\%}{1-5\%} = 9.5\%$$

（2）普通股的成本　普通股成本属于权益资金成本。权益资金的资金占用费是向股东分派的股利，而股利是以扣除所得税后的净利润支付，不能抵减所得税。计算普通股资金成本的常用方法有股利增长模型法和资本资产定价模型法。

① 股利增长模型法。普通股的股利往往不是固定的，因此，其资金成本率的计算通常用股利增长模型法计算。一般假定收益以固定的年增长率递增，则普通股成本的计算公式为

$$K_s = \frac{D_c}{P_c(1-f)} + g = \frac{i_c}{1-f} + g \tag{4-3}$$

式中，K_s为普通股成本率；P_c为普通股筹资额；D_c为预期年股利额；i_c为普通股预计年股利率；g为普通股利年增长率。

例4-2　某市政公司发行普通股正常市价为200万元，筹资费率为4%，第一年的股利率为10%，以后每年增长5%。试求普通股的资金成本。

解：根据公式（4-3）得

$$K_s = \frac{i_c}{1-f} + g = \frac{10\%}{1-4\%} + 5\% = 15.42\%$$

② 资本资产定价模型法。这是一种根据投资者对股票的期望收益来确定资金成本的方法。在这种前提下，普通股成本的计算公式为

$$K_s = R_s = R_F + \beta(R_m - R_F) \tag{4-4}$$

式中，R_F为无风险报酬率；β为股票的校正系数；R_m为平均风险股票必要报酬率。

例4-3　某证券市场无风险报酬率为10%，平均风险股票必要报酬率为15%，某一股份公司普通股β值为1.15。试计算该普通股的资金成本。

解：根据公式（4-4）得

$$K_s = R_s = R_F + \beta(R_m - R_F) = 10\% + 1.15 \times (15\% - 10\%) = 15.75\%$$

（3）债券成本　发行债券的成本主要是指债券利息和筹资费用。企业发行债券后，所支付的债券利息列入企业的费用开支，因而使企业少缴一部分所得税，两者抵消后，实际上企业支付的债券的利息仅为：债券利息 ×（1−所得税税率）。债券的筹资费用一般比较高，不可在计算资金成本时省略。因此，债券成本率可以按下列公式计算

$$K_B = \frac{I(1-T)}{B(1-f)} \text{或} K_B = i_b \frac{1-T}{1-f} \tag{4-5}$$

式中，K_B为债券资金成本；B为债券筹资额；I为债券年利息；i_b为债券年利息利率；T为所得税税率。

例4-4　假定某公司发行面值为500万元的10年期债券，票面利率8%，发行费率5%，发行价格600万元，公司所得税税率为25%。试计算该公司债券的资金成本。如果公司以450万元发行面额为500万元的债券，则资金成本又为多少？

解：根据公式（4-5），得到以600万元价格发行时的资金成本为

$$K_B = \frac{I(1-T)}{B(1-f)} = \frac{500 \times 8\% \times (1-25\%)}{600 \times (1-5\%)} = 5.26\%$$

以450万元价格发行时的资金成本为

$$K_B = \frac{I(1-T)}{B(1-f)} = \frac{500 \times 8\% \times (1-25\%)}{450 \times (1-5\%)} = 7.02\%$$

（4）银行借款　向银行借款，企业所支付的利息和费用一般可作为企业的费用开支，计入税前成本费用，相应减少部分利润，因此，企业可以抵消一部分所得税，使其实际支出相应减少。对每年年末支付利息、贷款期末一次全部还本的借款，其借款成本率为

$$K_g = \frac{I(1-T)}{G-F} = i_g \frac{1-T}{1-f} \tag{4-6}$$

式中，K_g为借款成本率；G为贷款总额；I为贷款年利息；i_g为贷款年利率；F为贷款费用。

例4-5　某市政公司为某城市建设项目申请银行借款2500万元，年利率10%，借款期限3年，每年计息一次，到期一次还本，借款手续费0.5%。企业所得税率25%。求这笔借款的资金成本。

解：根据公式（4-6）得

$$K_g = i_g \frac{1-T}{1-f} = 10\% \times \frac{1-25\%}{1-0.5\%} = 7.54\%$$

（5）融资租赁成本　企业租入某项资产，获得其使用权，要定期支付租金，并且租金列入企业成本，可以减少应付所得税。因此，其租金成本率为

$$K_L = \frac{E}{P_L} \times (1-T) \tag{4-7}$$

式中，K_L为租赁成本率；P_L为租赁资产价值；T为所得税率；E为年租金额。

一般来说，融资租赁的资金成本较债券或借贷的资金成本都要高，但采用融资租赁方式筹资，承租企业可享受较多的税收优惠。根据我国现行的财务制度和规定，融资租入的固定资产可视同自有固定资产，在租赁期内计提折旧。而折旧费是可以在成本中列支的，故而可以省税。

（6）保留盈余成本　保留盈余又称为留存收益，是指企业未以股利等形式发放给投资者而保留在企业的那部分盈利，即经营所得净收益的积余，包括盈余公积金和未分配利润。保留盈余是所得税后形成的，其所有权属于股东，实质上相当于股东对企业的追加投资，是企业资金的一种重要来源。股东对这部分投资与以前缴给企业的股本一样，也要求有一定的报酬，所以，保留盈余也有资金成本。它的资金成本是股东失去向外投资的机会成本，故与普通股成本的计算基本相同，只是不考虑筹资费用。其计算公式为

$$K_{\mathrm{R}}=\frac{D_{\mathrm{c}}}{P_{\mathrm{c}}}+g=i+g \tag{4-8}$$

式中，K_{R}为保留盈余成本率。

例4-6　某企业普通股的目前市场价格为32元，估计增长率为5%，本年发放股利为2元。试计算其留存收益成本。

解：根据公式（4-8）得

$$K_{\mathrm{R}}=\frac{D_{\mathrm{c}}}{P_{\mathrm{c}}}+g=\frac{2\times(1+5\%)}{32}+5\%=11.56\%$$

3.综合资金成本

建设工程项目的资金筹集一般采用多种融资方式，采用不同的筹资方式，其筹资成本各不相同。由于条件制约，项目不可能只从某种低成本的来源筹集资金，而是各种筹资方案的有机组合。因此，在对整个项目的融资方案进行筹资决策时，在计算各种筹资方式资金成本的基础上，还要计算各融资方式的筹资额占项目总筹资规模的权重，计算筹资方案的综合资金成本（又称加权平均资金成本），通过对各种筹资方案的资金成本分析比较，合理调整资金结构，最终以最低的综合资金成本筹集到项目所需的资金。其计算公式为

$$K_{\mathrm{W}}=\sum_{j=1}^{n}K_{\mathrm{j}}\times W_{\mathrm{j}} \tag{4-9}$$

式中，K_{W}为综合资金成本；W_{j}为第j种筹资金额占全部筹资金额的比重；K_{j}为第j种筹资方式的资金成本。

例4-7　某一建设项目需要筹资5000万元，其资金来源方式有银行贷款400万元，发行债券600万元，发行普通股3200万元，使用保留盈余800万元，其资金成本分别为8%、5%、15%、9%。试计算其综合资金成本。

解：根据公式（4-9）得

$$K_{\mathrm{W}}=\sum_{i=1}^{n}K_{\mathrm{j}}\times W_{\mathrm{j}}=8\%\times\frac{400}{5000}+5\%\times\frac{600}{5000}+15\%\times\frac{3200}{5000}+9\%\times\frac{800}{5000}=12.28\%$$

第三节 建设工程可行性研究

一、可行性研究的含义、作用及阶段划分

（一）可行性研究的含义及作用

1. 可行性研究的含义

建设工程可行性研究是指在工程项目投资决策之前，调查、研究与拟建项目有关的自然、社会、经济和技术条件，分析、比较可行的投资建设方案，预测、评价项目建成后的社会经济效益，并在此基础上，综合论证项目投资建设的必要性，财务上的盈利性和经济上的合理性，技术上的先进性和适用性以及建设条件上的可能性和可行性，从而为投资决策提供科学依据。

2. 可行性研究的作用

（1）可行性研究是决定项目决策的直接依据。

可行性研究实质上是一个方案的具体确立和构造，是一个项目投资与否的最重要的一个环节，它是项目建设单位的决策性文件，投资业主和国家审批机关主要根据可行性研究提供的评价结果，确定是否投资和如何投资。

（2）可行性研究是编制项目设计文件的依据。

可行性研究一经审批通过，意味着该项目正式批准立项，可以进行初步设计。并为下一步实施项目设计提出具体的操作方案，初步设计不能违背可行性研究已经论证的原则。在可行性研究中，对项目选址、建设规模等方面都进行了深入详尽的论证研究，设计文件的编制应以可行性研究报告为依据。

（3）可行性研究是建设单位融资的重要依据。

凡是向银行贷款的项目，必须向有关部门报送项目的可行性研究报告，研究报告中需要详细预测项目的财务效益、经济效益及贷款偿还能力。而批准的可行性研究是项目建设单位筹措资金特别是向银行申请贷款或向国家申请补助资金的重要依据，也是其他投资者合资理由的根据。对于政府投资建设项目，可行性研究报告是国家拨款审批当中需要验证的重要依据。

（4）批准的可行性研究是项目建设单位向国土开发等土地管理部门中请建设用地的依据。

可行性研究对拟建项目如何合理利用土地提出了办法和措施，且报告中包含总图布置、环境及生态保护方案等方面的论证。国家相关管理部门可根据可行性研究具体审查用地计划，审查建设是否符合城市规划以及对环境的影响，从而办理土地使用手续。可行性研究报告为确保项目达到环保标准，在环境保护方案中根据要求明确环保治理措施和方法，这些信息可作为环保部门对项目进行环境评价、具体研究治理措施和签发建设许可文件的依据。

（5）可行性研究是建设期项目管理依据，是建设工程管理工作的重要环节。

可行性研究不仅对拟建中的项目进行系统分析和全面论证，判断项目是否可行、是否值得投资，还要进行反复比较，寻求最佳建设方案，避免项目方案的错选造成的人力、物力、财力的巨大浪费和时间的延误。同时，可行性研究关于建设工程管理方面的构思和各种因素

分析，对项目实施可能遇到的问题的预测，可作为组织实施的重要依据。

（6）可行性研究是项目后评估的依据。

建设项目后评估即是在项目建成运营一段时间后，评价项目实际运营效果是否达到预期目标。建设项目的预期目标是在可行性研究报告中确定的，因此，后评估应以可行性研究报告为依据，用以评价目标的实现程度。

（二）可行性研究的阶段划分

可行性研究阶段一般分为机会研究、初步可行性研究及详细可行性研究。

1.机会研究

机会研究主要是为项目投资者寻求具有良好发展前景、对经济发展有较大贡献且具有较大成功可能性的投资、发展机会，并最终形成项目设想。机会研究是项目生成的摇篮，是进行可行性研究的第一阶段。其主要任务是提出建设项目投资方向的建议，即在一个确定的地区和部门，根据对自然资源和对市场需求的调查、预测形势政策等情况，选择建设项目，寻求最有利的投资机会。

2.初步可行性研究

初步可行性研究是在机会研究的基础上开展的，是从产品市场需求、经济政策、法律、资源、能源、交通运输、技术、工艺及设备等方面，对项目的可行性进行系统的分析，作更进一步的调查研究。其主要工作目标是分析投资机会研究的结论，并在现有详细资料的基础上做出初步投资估算；确定对某些关键性问题进行专题辅助研究，对各类建设方案进行筛选，选择效益最佳方案；鉴定项目的选择依据和标准，确定项目的初步可行性。

3.详细可行性研究

详细可行性研究是在项目决策前对项目有关的工程、技术、经济等各方面条件和情况进行详细的比较论证，并对项目建成后的经济效益、国民经济和社会效益进行预测和评价的一种科学分析过程和方法，作为建设项目投资决策的基础。这必须对涉及实现建设目标、要素优化等各种可能的选择方案进行深入的研究，才能寻得以最少的投入获取最大效益的方案。

二、可行性研究报告的编制与评估

（一）可行性研究报告的编制

一般建设工程项目的可行性研究报告应包括以下12个方面的内容。

1.总论

总论即项目的基本情况，一般包括以下内容。

① 说明项目提出的背景、投资环境，项目投资建设的必要性和经济意义，项目投资对国民经济的作用和重要性，尤其是非盈利性质的城市基础设施和公共设施项目，需要强调其外部性。

② 提出项目调查的主要依据、工作范围和要求。

③ 分析项目的历史发展概况、项目建议书及有关审批文件。

④ 综述可行性研究的主要结论、存在的问题与建议，列表说明项目的主要技术经济指标。

2.必要性分析

必要性分析即是指工程项目建设的重要意义分析，是对城市建设项目满足国家和地区社会、经济、环境等发展需要的必要性和迫切性分析，是指工程项目落实城市建设规划和落实城市发展战略需要的重要性分析。一般要从两个层次进行分析，一是结合项目功能定位，分析拟建项目对实现企业自身发展，满足社会需求，促进国家、地区经济和社会发展等方面的必要性；二是从国民经济和社会发展角度，分析拟建项目是否符合合理配置和有效利用资源的要求，是否符合区域规划、行业发展规划、城市规划的要求，是否符合国家产业政策和技术政策的要求，是否符合保护环境、可持续发展的要求等。对于政府投资建设的公共设施项目和基础设施项目，还应包括政府投资的必要性及其对社会效益的影响。

3.市场分析

主要是待建设施项目的需求量和规模预测及其供应能力分析。调查、分析和预测拟建项目产品和主要投入品的国际、国内市场的供需状况和销售价格；研究确定产品的目标市场；在竞争力分析的基础上，预测可能占有的市场份额；研究产品的营销策略。

4.项目选址与建设条件

对于新建项目的厂址分析，包括：明确厂址的选择是否符合城市规划，与原材料产地和市场的距离，厂址周边的条件；根据建设项目的生产技术要求，对建厂的地理位置、气象、水文、地质、地形条件、地震、洪水情况和社会经济现状进行调查研究，收集基础资料；了解交通运输及水、电、气、热的现状和发展趋势；了解厂址面积、占地范围、厂区总体布置方案、建设条件、地价、拆迁及其他工程费用情况；对场址选择进行多方案的技术经济分析和比选，提出选择意见。特别的，对于城市大型建设用地的项目，还应分析项目用地情况，提出节约用地的措施。涉及搬迁和移民的项目，还应分析搬迁方案和移民安置方案的合理性。

5.项目的工程设计方案

包括建设工程的内容和规模，总平面设计、建筑设计、结构设计、景观设计、室内精装修设计、给排水设计、暖通设计、电气设计等设计说明。项目的工程设计方案是施工设计的最初设想，是对设计阶段提出的总体思路与要求。

6.环境保护与劳动安全

环境影响评价是在分析确定场址方案和技术方案的过程中，调查分析环境条件，识别和分析拟建项目影响环境的因素，提出治理和保护环境的措施，比选和优化环境保护方案。

主要内容有：

① 对建厂具体地区历史和现在的环境调研，以及建设项目投产后对环境影响的预测。

② 制定环境保护措施和“三废”治理方案，如防止公害的主要措施、三废处理和劳动保护的主要方法。

③ 编制环境影响报告书（附建设项目环境影响评价资格证书的单位所完成的“环境影响报告书”）。

7.项目管理及建设工程招投标

明确项目法人组建方案，给出组织系统表，说明人力资源配置情况；工程技术和管理人员的素质和数量要求；劳动定员的配备方案；人员培训的规划和费用估算；建设项目的进度安排和工期规划，包括项目实施准备，资金筹集安排，勘察设计和设备订货，施工准备，施工和生产准备，试运转直到竣工验收和交付使用等各工作阶段；建设工程招投标的初步工作计划。对于政府投资建设项目，还应包括项目需实施代建制的方案。依法须进行招标的建设工程项目，增加具体招标范围、拟采用的招标组织形式、招标方式等有关招标内容；不进行招标的，须说明不招标原因。

8. 投资估算与资金筹措

建设项目的投资估算和资金筹措分析，是项目可行性研究内容的重要组成部分。每个项目均需计算所需要的投资总额，分析投资的筹措方式，并制定用款计划。投资估算包括项目总投资估算，主体工程及辅助、配套工程的估算，以及流动资金的估算；资金筹措主要是说明资金来源、资金投入的时间、偿还方式，可依据实施进度所确定的建设期各阶段的具体安排来筹措资金，并确定资金投入的时间。对于政府投资建设项目，还应包括投资的方式。对采用资本金注入方式的项目，要分析出资人代表的情况及其合理性。

9. 项目的经济评价

建设项目的经济评价包括项目财务评价和项目国民经济评价。财务分析是在财务效益与费用的估算以及编制财务辅助报表的基础上，编制财务报表，计算财务分析指标，考察和分析项目的盈利能力、偿债能力和财务生存能力，判断项目的财务可行性，明确项目对财务主体的价值以及对投资者的贡献，为投资决策、融资决策以及银行审贷提供依据。

国民经济评价（也称经济分析）是在合理配置社会资源的前提下，从国家经济整体利益的角度出发，用影子价格、影子工资、影子汇率和社会折现率计算分析项目的经济效益、效果和对社会的影响，评价项目在宏观经济上的合理性。国民经济评价实质上是以国家作为系统，以国民经济净收益为目标函数，以国家有用资源的合理利用为约束条件的最优化问题。

对于行业、区域经济及宏观经济影响较大的项目，还应从行业影响、区域经济发展、产业布局及结构调整、区域财政收支、收入分配以及是否可能导致垄断等角度进行分析。

对于涉及国家经济安全的项目，还应从产业技术安全、资源供应安全、资本控制安全、产业成长安全、市场环境安全等角度进行分析。

10. 社会稳定性分析

中办、国办于2015年4月发布《关于加强社会治安防控体系建设的意见》时强调：落实重大决策社会稳定风险评估制度，切实做到应评尽评，着力完善决策前风险评估、实施中风险管控和实施后效果评价、反馈纠偏、决策过错责任追究等操作性程序规范，将社会维稳提升为重要的党政国策。

社会稳定性分析即项目的社会评价，用于分析项目的实施可能给社会带来的益处和负面影响，使项目的内容和设计符合项目所在地区的社会发展目标，如减轻或消除贫困、促进社会平等、维护社会稳定、促进经济与社会的协调发展。因此，社会稳定性分析也是可行性研究报告不可或缺的内容。

11. 风险分析

对于一个项目而言，风险管理的目标是使项目获得成功，为项目的实施创造一个平静、稳定的环境，降低项目成本，避免损失和浪费，最大限度地减少或消除外部的干扰，使项目顺利投产并效益稳定。在项目决策阶段应考虑的风险包括：投资环境风险、地质风险、设计和技术风险、资源风险、市场风险、原材料风险、布局安全风险、建设工程风险、人力资源风险、资金风险、汇率风险和不可抗力的风险等。对风险因素应按照一定的方法进行识别，分析风险因素对项目目标的影响，进行风险等级分类，评估风险的影响结果，并根据不同类型风险的具体特点，提出具有针对性的风险规避对策。

12. 结论与建议

根据前面各部分的研究分析结果，对建设方案进行综合性分析评价与方案选择，推荐一个以上的可行性方案，提供决策参考，指出项目存在的问题、改进建议及结论性意见。主要内容有：① 对推荐的拟建方案在建设条件、产品方案、工艺技术、经济效益、社会效益、环境影响等方面提出结论性意见。② 对主要的对比方案进行说明。③ 对可行性研究中尚未解决的主要问题提出解决办法和建议。④ 对应修改的主要问题进行说明，提出修改意见。⑤ 对不可行的项目，提出不可行的主要问题及处理意见。⑥ 可行性研究中主要争议问题的结论。

（二）项目评估

项目评估是项目报批或报核准前的最后一项工作，其实质是对可行性研究报告进行审核、查实，即通过第三方对可行性研究报告可能存在的问题进行合理的纠正和补充，使可行性报告更完善和准确，便于融资机构做出融资决策，也便于政府相关部门作出审批或核准决策。承担政府投资项目可行性研究和经济评价的单位不得参加同一项目的评估。政府投资项目的决策，应将经科学评估的经济评价结论作为项目或方案取舍的重要依据。

（三）可行性研究与项目评估的比较

可行性研究与项目评估的区别与联系可用表4-1表示。

表4-1 可行性研究与项目评估的比较

研究阶段	可行性研究			项目评估
	机会研究	初步可行性研究	详细可行性研究	
研究性质	项目设想	项目初选	项目准备	审查、核实
研究目的和内容	鉴别投资方向，寻求投资机会（含地区、行业、资源和项目的机会研究），选择项目，提出项目投资建议	对项目作初步评价，进行专题辅助研究，广泛分析、筛选方案，确定项目的初步可行性	对项目进行深入细致的技术经济论证，重点对项目的技术方案和经济效益进行分析评价，进行多方案比选，提出结论性意见	综合分析各种效益，对可行性研究报告进行全面审核和评估，分析判断可行性研究的可靠性和真实性
研究要求	编制项目建议书	编制初步可行性研究报告	编制可行性研究报告	提出项目评估报告
研究作用	为初步选择投资项目提供依据，批准后列入建设前期工作计划，作为国家对投资项目的初步决策	判定是否有必要进行下一步详细可行性研究，进一步判明建设项目的生命力	作为项目投资决策的基础和重要依据	为投资决策者提供最后决策依据，决定项目取舍和选择最佳投资方案
估算精度（%）	±30	±20	±10	±10
研究费用（占总投资）/%	0.1 ~ 1.0	0.25 ~ 1.25	大项目0.2 ~ 1 中小项目1 ~ 3	—
需要时间/月	1 ~ 3	4 ~ 6	8 ~ 12或更长	—

三、不同类别项目可行性研究的关注点

（一）可行性研究视角下建设工程项目的分类及特点

1.经营性项目和非经营性项目

建设工程项目按照满足需求的不同，可以划分为私人项目和公共项目。

私人项目是个人或单位为了满足个人或单位的需求而进行的项目投资。一般来说，私人项目的产出具有明显的排他性和竞争性，主要以追求利润为基本出发点，因而在《建设项目经济评价方法与参数》(第三版)中被称为经营性项目。公共项目又称为公共工程或公用事业项目，主要是指由政府为社会、国家和公众利益而投资兴办的非盈利性项目(也称政府投资项目)，包括交通运输、邮电、水利等生产性基础设施建设项目；教育、科学、卫生、体育、气象等社会性基础设施建设项目；城市交通、能源动力、城市绿化等公用事业项目。这类项目提供公共物品，满足公共需求，不以商业利润为基本出发点，而以社会公共利益为主要目标，具有非竞争性、外部性和多目标性。在《建设项目经济评价方法与参数》(第三版)中，这类项目被归类为非经营性项目。

2.不同行业、不同部类项目

行业、部类不同，其项目可行性研究报告的关注点也有一定差异。《投资项目可行性研究指南(试用版)》中提供了12类不同行业、不同部类项目的可行性研究报告编制大纲，为实际工作提供了参考。

(二)经营性项目与非经营性项目关注点

1.经营性项目

经营性项目的目标是通过投资以实现所有者权益的市场价值最大化，以投资牟利为行为趋向。该类项目在盈利的同时也会具有一定社会效益，其可行性研究的侧重点在于其盈利能力、偿债能力、财务生存能力分析，由此判断项目的财务可接受性，明确项目对财务主体及投资者的价值贡献。

2.非经营性项目

效率和公平是以政府投资为主的非经营性项目追求的基本目标。政府的效率目标是通过有效投资，实现社会资源的有效配置，促进社会经济增长；其公平目标则是实现社会福利的公平分配，改善人民的生活水平。非经营性项目的特点及其评价目标决定了非经营性项目评价应更加关注以下几个方面。

(1)社会和国家的宏观效果　由于非经营性公共项目是以提供公共物品为特征的项目，对其评价不应局限于项目本身的营业收入和利润，而应以增进社会经济效益和改善社会福利为基本评价依据。因此，非经营性公共项目评价不能仅着眼于项目本身的微观效果，更要注重社会和国家的宏观效果。

(2)间接效果　非经营性公共项目除产生直接效果外，还会产生许多涉及社会各方面的间接效果，而且公共项目的间接作用传导机理十分复杂，往往难以精确估计。此外，公共项目的影响具有长期性，其效果往往要经过很长时间才能显现。这更加剧了公共项目评价的不确定性。对公共项目的间接效果评价的准确性是公共项目评价的重要课题。

(3)定量分析和定性分析相结合　非经营性公共项目不仅产生有形效果，而且会产生无形效果，即难以用货币或实物单位来衡量的效果，这是由于公共项目的多目标性和外部性所决定的。因此，必须采用定量分析和定性分析相结合的评价方法。无形效果的度量和分析也是非经营性公共项目评价的重要课题。

(三)城市建设工程中典型行业、部类项目可行性研究关注点

1.交通运输类项目

包括公路、铁路、机场、地铁、桥梁、隧道等项目，一般不生产实物产品，而是为社会

提供交通、运输服务。该类项目具有前期投资大、建设周期长、网络效益强、受益主体广、外部效果显著等特点。可行性研究需要重点分析项目区域综合运输网布局、路网布局、道路选线、对经济和社会发展等方面的作用和意义。此类型项目属于准经营性项目，其经济评价以经济效益分析为主，财务分析为辅。通常此类项目还应分析时间节约效应，应根据“有无对比”分析，计算节约的经济费用。

2. 文教卫生类项目

包括学校、体育馆、图书馆、医院、卫生防疫与疾病控制系统等项目。项目建设的目的在于改善公共福利环境，提高人民的生活水平，保障社会公平，促进社会发展。需要重点研究项目的服务范围，确定项目的建设规模；依据项目的功能定位，比较选择适宜的建筑方案、主要设备和器械；项目经济评价以经济分析为主，常用的方法有最小成本分析、经济费用效果分析等。

3. 商业房地产开发类项目

商业房地产开发项目可行性研究报告依据其类别与作用，侧重点有一定差异。

① 项目策划、定位、选项性质的可行性研究报告。这种类型的可行性研究实质上和商业计划书相似，主要用于项目比选、投资决策使用。

② 核准、备案性质的可行性研究报告。这种类型的报告，各地区要求内容不尽相同，例如很多地区要求项目申请报告也要达到可行性研究报告的深度，这就要求咨询公司制定不同的编写方案，以满足政府管理部门的需要。

③ 融资性质的可行性研究报告，主要提供给各类金融部门，侧重于项目的财务分析和现金流分析。

第四节　建设工程投资决策的审批、核准与备案

一、我国现行投资管理制度

我国现行建设工程项目投资管理制度主要是依据《国务院关于投资体制改革的决定》（国发[2004]20号）建立的。其主要特征是将投资项目根据资金来源分为政府投资项目和企业投资项目两类，分别实行审批制、核准制或备案制。目前，投资项目由在线审批监管平台进行统一在线管理。

（一）政府投资项目

对于采用直接投资和资本金注入方式的政府投资项目，采用审批制。通常情况下，城市基础设施工程、城市公共设施工程都属于政府投资建设项目，适用于该制度。城市住宅房屋设施视其资金性质决定，一般保障性住房建设项目也属政府投资项目。

（二）企业投资项目

对于企业不使用政府资金投资建设的项目，一律不再实行审批制，区别不同情况实行核准制或登记备案制。

（1）核准制　企业投资建设《政府核准的投资项目目录》中的项目时，适用核准制程序。

（2）备案制　对于《政府核准的投资项目目录》以外的企业投资项目，实行备案制。除

另有规定外，由企业按照属地原则向地方政府投资主管部门备案。

为扩大大型企业集团的投资决策权，对于基本建立现代企业制度的特大型企业集团，投资建设《政府核准的投资项目目录》中的项目时，可以按项目单独申报核准，也可编制中长期发展建设规划，规划经国务院或国务院投资主管部门批准后，规划中属于《政府核准的投资项目目录》中的项目不再另行申报核准，只须办理备案手续。企业集团要及时向国务院有关部门报告规划执行和项目建设情况。

二、政府投资项目的审批

（一）审批制适用范围

审批制适用于政府投资项目。政府投资项目是指全部或部分使用中央预算内资金、国债专项资金、省级预算内基本建设和更新改造资金投资建设的地方项目。投资内容：政府投资主要用于社会公益事业、公共基础设施和国家机关建设，改善农村生产生活条件，保护和改善生态环境，调整和优化产业结构，促进科技进步和高新技术产业化。政府投资采取直接投资、资本金注入、投资补助、贴息等投资方式。

（二）审批权限与程序

1. 审批权限

省发改部门是负责全省政府投资管理工作的主管部门；市、州、县（市、区）发展改革部门是负责本行政区域内的政府投资管理工作的主管部门。

政府投资300万元及以上的建设项目，由省级投资主管部门审批项目建议书、可行性研究报告、初步设计及概算，并组织竣工验收（初步设计概算总投资与审定的可行性研究报告的总投资差额不能超过10%。确需超过的，应当按程序重新报批可行性研究报告）。

政府投资300万元以下的建设项目，按职责权限和隶属关系由省直有关部门或市、州政府投资主管部门审批项目建议书、可行性研究报告、初步设计及概算，并组织竣工验收。

2. 审批程序

政府投资项目审批程序见图4-4。

三、企业投资项目的核准与备案

（一）投资项目的核准

1. 核准制的含义

企业投资项目核准制是政府对社会投资管理的一种方式，是从维护社会公共利益的角度，对不使用政府资金的重大建设项目和限制类项目进行审查核准。实行核准制的投资项目，仅需向政府提交项目申请报告，不需要经过批准项目建议书、可行性研究报告和开工报告的程序。对于企业使用政府补助、转贷、贴息投资建设的项目，政府只审批资金申请报告。

政府对企业提交的项目申请报告，主要是从维护经济安全、合理开发利用资源、保护生态环境、优化重大布局、保障公共利益、防止出现垄断等方面进行核准，不再对投资项目的市场前景、经济效益、资金来源和产品技术方案等进行审批。但投资项目还要依法办理环境保护、土地使用、资源利用、安全生产、城市规划等许可手续。

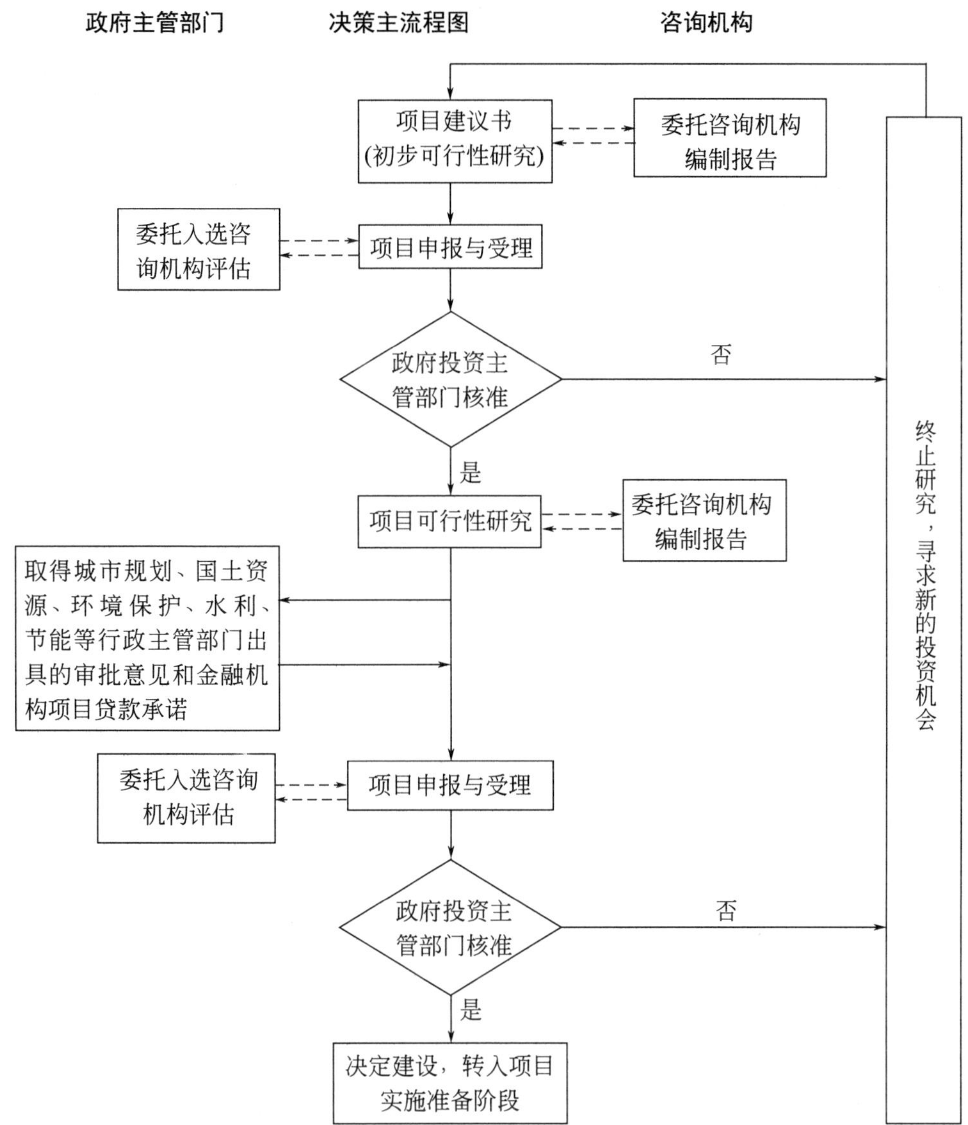

图4-4　政府投资项目审批程序

2.核准制的适用范围及权限

实行核准制的范围和权限，由每年《政府核准的投资项目目录》作出规定。目录中规定由国务院投资主管部门核准的项目，由国务院投资主管部门会同行业主管部门核准，其中重要项目报国务院核准。目录规定由地方政府投资主管部门核准的项目，由地方政府投资主管部门会同同级行业主管部门核准。省级政府可根据当地情况和项目性质，具体划分各级地方政府投资主管部门的核准权限，但目录明确规定“由省级政府投资主管部门核准”的，其核准权限不得下放。对于外商投资项目，政府还要从市场准入、资本项目管理等方面进行核准。

3.核准制的程序和标准

核准制项目的管理程序相对审批制要简单一些。实行核准制的企业投资项目，项目单位分别向城乡规划、国土资源和环境保护部门申请办理规划选址、用地预审和环评审批手续；

履行相关手续后，项目单位向发展改革等项目核准部门报送项目申请报告，并附规划选址、用地预审和环评审批文件；项目单位依据项目核准文件向城乡规划部门申请办理规划许可手续，向国土资源部门申请办理正式用地手续；最后，依据相关批复文件，向建设主管部门申请办理项目开工手续。核准制项目在办理各项行政管理手续过程中，需按照有关部门的相关标准、规范和格式准备各种项目文件和报告。

企业投资项目核准流程见图4-5。

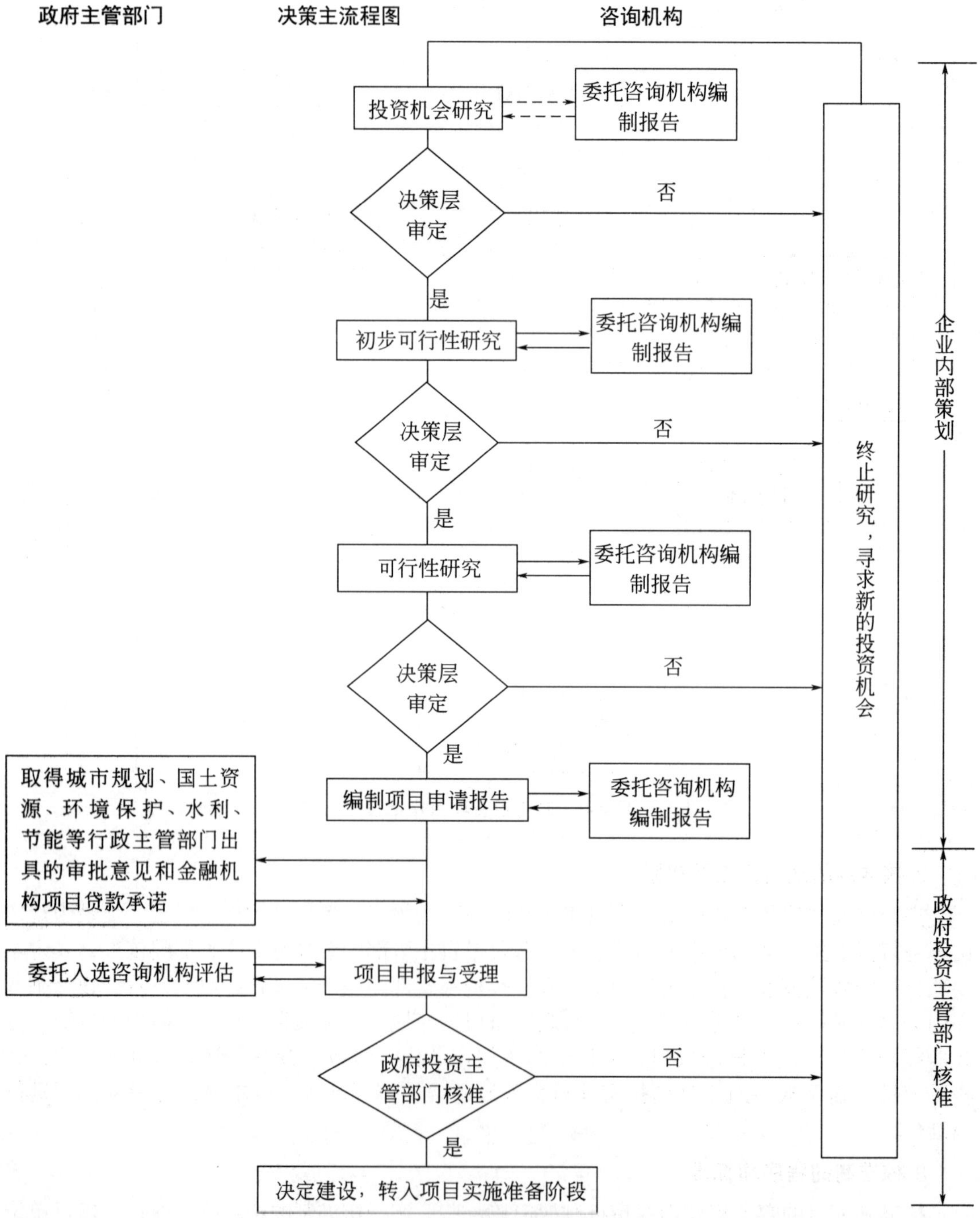

图4-5　企业投资项目核准流程

（二）投资项目的备案

1.备案制的含义

备案制是指凡企业不使用政府性资金又不属于应当核准的重大项目和限制类项目的投资建设的项目，由投资企业向投资主管部门申请备案，投资主管部门对除不符合法律法规的规定、产业政策禁止发展、需报政府核准或审批的项目外的项目予以备案的投资管理制度。

2.备案制的适用范围及权限

对于《政府核准的投资项目目录》以外的企业投资项目实行备案制。除国家另有规定，由企业按照属地原则向地方政府投资主管部门备案。需要特别指出的是，不能将本属于《政府核准的投资项目目录》内的项目进行拆分后予以备案。总投资在1亿元以上的项目，由省发展改革部门备案；总投资在1亿元以下的项目，由市（州）发展改革部门备案。备案制的具体实施办法由省级人民政府自行制定。国务院投资主管部门要对备案工作加强指导和监督，防止以备案的名义变相审批。其后，企业即可自行组织建设。企业报送备案的项目，除不符合法律法规有关规定、产业政策禁止发展、需报政府核准或审批的之外，地方政府投资主管部门应当予以备案。

3.备案制的程序和标准

企业对属于备案范围的投资项目，必须向投资主管部门提交备案材料进行备案，备案的方式、需提交的材料由省级人民政府规定。投资主管部门对收到的备案材料进行审查。审查的标准包括：① 属于实行备案制管理的项目；② 没有违反法律和法规；③ 不属于产业政策禁止发展的项目。地方人民政府和投资主管部门不得再附加其他标准，不能将备案变成变相的核准或者审批。对于符合以上标准的，依法予以备案；对于不符合以上标准的，不予备案，并说明理由。

第五章　城市建设工程项目规划与设计

05 Chapter

第一节　工程项目规划设计类型

一、三种类型规划设计方案总述

应该说明，本处所述的规划设计均是指城市建设布局、安排和施工建设的规划设计。前面第三章第三节已简单介绍了工程项目规划设计三种类型的概念，即按从上往下层次分为总规、控规、详规三种类型。总规是城市建设总体规划，控规是控制性详细规划，详规是修建性详细规划。

三种类型的主要内容及区别见表5-1。

表5-1　总规、控规、详规的主要内容和区别

类型	规划范围	规划设计深度	主要内容
总规	全市区域	城市规划总图	城市性质、目标、规模、方向等
控规	建设地区	控制性详规图	土地规划要点
详规	建设地区	规划设计说明书 修建性详细规划图	规划说明书，包括规划地区现状图、规划总平面图、各项专业规划图、竖向规划图，反映规划设计意图的透视图等图纸

二、城市建设总体规划

（一）城市建设总体规划概念

城市建设总体规划是根据国家对城市的发展和建设方针、经济技术政策、国民经济和社会发展长远规划的总体思路，在区域规划和合理组织区域城镇体系的基础上，按城市自身建设条件和现状特点，合理制定城市经济和社会发展目标，确定城市的发展性质、规模和建设标准，安排城市用地的功能分区和各项建设的总体布局，布置城市道路和交通运输系统，选定规划定额指标，制定规划实施步骤和措施。目的是明确一定时期内城市性质、发展目标、发展规模、土地利用、空间布局及各项建设的综合部署和落实步骤，最终使城市工作、居住、交通和游息四大功能活动相互协调发展。总体规划期限一般为20年，建设规划一般

为5年。

（二）城市建设总体规划工作主要内容

① 确定城市性质和发展方向，估算城市人口发展规模，确定有关城市的各项技术经济指标。

② 选定城市用地，确定规划范围，划分城市用地功能分区，综合安排工业、商贸旅游、对外交通运输、仓库、生活居住、大专院校、科研单位及绿化等的用地位置、范围。

③ 布置城市道路、交通运输系统以及车站、港口、机场等主要交通运输枢纽的位置、范围。

④ 大型公共建筑的规划与布点。

⑤ 确定城市主要广场位置、交叉口形式、主次干道断面、主要控制点的坐标及标高。

⑥ 提出给水、排水、防洪、电力、电信、燃气、供热、公共交通等各项工程管线规划，制定城市园林绿化规划。

⑦ 综合协调人防、抗震和环境保护等方面的规划。

⑧ 旧城区的改造规划。

⑨ 综合布置郊区居民点，蔬菜、副食品生产基地，郊区绿化和风景区，以及大中城市有关卫星城镇的发展规划。

⑩ 近期建设规划范围和主要、重点建设工程项目的确定，安排建设用地和建设步骤。一般还要估算相应年度内城市重大、重点项目总体投资数额。

（三）城市建设总体规划的编制工作步骤

1. 第一步：明确原则

根据我国有关政策法规的规定，为使城市总体规划编制工作有所依据，城市政府部门应先提出城市总体规划纲要，就城市性质、规模、发展方向、布局结构、规划标准、各项工程系统的重点规划等重大问题提出原则意见，再据以编制城市总体规划。

2. 第二步：资料调查

城市总体规划需要搜集、调查的主要基础资料如下。

① 城市自然条件和历史资料。如地形、气象、水文、地质、地震、城市历史沿革等资料。

② 技术经济资料。如矿藏、水资源、燃料动力资源、农副产品出产等资料；城市人口资料；土地利用情况；工矿企业、对外交通运输、文化、教育、科学研究、卫生、体育、金融、商务办公等以及商贸、旅游和服务业等部门的现状和发展资料。

③ 城市现有建筑物和工程设施、园林绿地、名胜古迹等资料。

④ 城市环境及其他资料。如环境监测成果，废气、废水、废渣、城市垃圾等及其他影响环境的因素（放射性污染、噪声、震动、粉尘、雾霾等），此外地方病及其他有害居民健康的环境资料等。

3. 第三步：方案比较

在研究论证城市发展依据和选用适宜的各项城市规划定额标准、指标的基础上，从城市与区域的有机联系、城市干道系统和空间布局的协调合理性等方面着手，结合工程系统和环境保护等方面的因素，对城市总体布局进行多方案的比较，以便就经济效益、社会效益和环境效益作出综合评价，选择符合实际客观条件的较优和满意方案。

4. 第四步：征询意见

规划编制过程中，可采取调查会、展览会、座谈会、评议会、听证会等形式广泛认真听取人民群众、专家和有关部门的意见，作为抉择的参考。

5. 第五步：审批

按照我国的有关政策法规规定，城市总体规划实行分级审批。

（四）城市建设总体规划成果

包括：① 城市现状图。② 城市用地评价图。③ 城市环境质量评价图。④ 城市规划总图。⑤ 城市各项工程系统规划图。⑥ 城市建设规划图。⑦ 城市郊区规划图。⑧ 总体规划说明书（包括投资估算）。

根据城市的不同规模、性质和特点，规划图纸可以适当合并或增减。图纸一般为1∶5000或1∶10000的比例尺，城市郊区规划图用较小的比例尺。

三、城市建设控制性详细规划

（一）控制性详细规划的概念

控制性详细规划是城市、镇人民政府城乡规划主管部门根据城市、镇总体规划的要求，用以控制建设用地性质、使用强度和空间环境的规划。

根据《城市规划编制办法》的相关规定，根据城市规划的深化和管理的需要，一般应当编制控制性详细规划，以控制建设用地性质、使用强度和空间环境，作为城市规划管理的依据，并指导修建性详细规划的编制。

控制性详细规划主要以对地块的用地使用控制和环境容量控制、建筑建造控制和城市设计引导、市政工程设施和公共服务设施的配套以及交通活动控制和环境保护规定为主要内容，并针对不同地块、不同建设项目和不同开发过程，应用指标量化、条文规定、图则标定等方式对各控制要素进行定性、定量、定位和定界的控制和引导。

控制性详细规划是城乡规划主管部门作出规划行政许可、实施规划管理的依据，并指导修建性详细规划的编制。

（二）控制性详细规划编制工作

1. 组织编制机关

城市、县人民政府城乡规划主管部门组织编制城市、县人民政府所在地镇的控制性详细规划；其他镇的控制性详细规划由镇人民政府组织编制。

2. 编制单位

城市、县人民政府城乡规划主管部门、镇人民政府（以下统称控制性详细规划组织编制机关）应当委托具备相应资质等级的规划编制单位承担控制性详细规划的具体编制工作。

3. 编制要求

一是编制控制性详细规划，应当综合考虑当地资源条件、环境状况、历史文化遗产、公共安全以及土地权属等因素，满足城市地下空间利用的需要。

二是编制控制性详细规划，应当依据经批准的城市、镇总体规划，遵守国家有关标准和技术规范，采用符合国家有关规定的基础资料。

4. 基本内容

基本内容有：① 土地使用性质及其兼容性等用地功能控制要求。② 容积率、建筑高度、建筑密度、绿地率等用地指标。③ 基础设施、公共服务设施、公共安全设施的用地规模、范围及具体控制要求，地下管线控制要求。④ 基础设施用地的控制界线（黄线）、各类绿地范围的控制线（绿线）、历史文化街区和历史建筑的保护范围界线（紫线）、地表水体保护和控制的地域界线（蓝线）“四线”及控制要求。

编制大城市和特大城市的控制性详细规划，可以根据本地实际情况，结合城市空间布局、规划管理要求，以及社区边界、城乡建设要求等，将建设地区划分为若干规划控制单元，组织编制单元规划。

5. 征求意见

控制性详细规划草案编制完成后，控制性详细规划组织编制机关应当依法将控制性详细规划草案予以公告，并采取论证会、听证会或者其他方式征求专家和公众的意见。

公告的时间不得少于30日。公告的时间、地点及公众提交意见的期限、方式，应当在政府信息网站以及当地主要新闻媒体上公告。

6. 分期分批编制

控制性详细规划组织编制机关应当制订控制性详细规划编制工作计划，分期，分批地编制控制性详细规划。

7. 编制成果

控制性详细规划编制成果由文本、图表、说明书以及各种必要的技术研究资料构成。文本和图表的内容应当一致，并作为规划管理的法定依据。

① 控制性详细规划文件包括规划文本、规划图则、分图图则，规划说明及基础资料汇编。规划文本中应当包括规划范围内土地使用及建筑管理规定；

② 控制性详细规划图纸包括：规划地区现状图、控制性详细规划图纸。图纸比例为1/2000 ～ 1/1000。修建性详细规划根据《城市规划编制办法》的相关规定，对于当前要进行建设的地区，应当编制修建性详细规划，用以指导各项建筑和工程条件设施的设计和施工。

（三）控制性详规示例

某市规划部门给出的“小朱庄地块规划条件要点”见表5-2。

表5-2　小朱庄地块规划条件要点

<table>
<tr><td colspan="3">编号</td><td colspan="2"></td><td>日期</td><td>2008-8-9</td></tr>
<tr><td colspan="3">地块名称</td><td colspan="2">小朱庄地块</td><td>位置</td><td>中山北路和祥和路交叉口东北角</td></tr>
<tr><td rowspan="5">用地范围</td><td colspan="2">四至</td><td colspan="4">东至徐运新河、南至现状用地边界、西至中山北路、北至马场大沟（祥见附图）</td></tr>
<tr><td rowspan="4">用地面积</td><td colspan="2">总用地面积</td><td colspan="3">18.14hm^2</td></tr>
<tr><td rowspan="3">其中</td><td>城市道路面积</td><td colspan="3">2.83hm^2</td></tr>
<tr><td>绿化带及河道防护绿地面积</td><td colspan="3">195hm^2</td></tr>
<tr><td>可出让地块面积</td><td colspan="3">13.36hm^2（其中A地块6.47hm^2，B地块6.03hm^2，C地块0.86hm^2）</td></tr>
</table>

续表

<table>
<tr><td rowspan="5">建设控制</td><td colspan="2">用地性质</td><td>居住用地（可兼容商业用地）</td></tr>
<tr><td colspan="2">容积率</td><td>2.1 ~ 2.3</td></tr>
<tr><td colspan="2">建筑密度</td><td>≤26%</td></tr>
<tr><td colspan="2">绿地率</td><td>≥30%</td></tr>
<tr><td colspan="2">建筑高度</td><td>—</td></tr>
<tr><td rowspan="5">建筑退让</td><td colspan="2">退道路红线</td><td>按规范后退道路红线</td></tr>
<tr><td colspan="2">退用地边界</td><td>按规范后退建设用地边界</td></tr>
<tr><td colspan="2">退蓝线绿线</td><td>按规范退蓝线绿线</td></tr>
<tr><td colspan="2">日照间距</td><td>多层住宅间距按日照间距系数1.44控制，高层住宅可采取日照分析满足大寒日2小时日照时间确定</td></tr>
<tr><td colspan="2">其他</td><td>—</td></tr>
<tr><td rowspan="4">交通组织</td><td colspan="2">出入口位置</td><td>—</td></tr>
<tr><td rowspan="2">停车</td><td>机动车</td><td>住宅建筑不低于0.4辆／户标准</td></tr>
<tr><td>非机动车</td><td>住宅建筑不低于2辆／户标准</td></tr>
<tr><td colspan="2">其他</td><td>—</td></tr>
<tr><td rowspan="6">市政配套</td><td colspan="2">道路</td><td>宗地范围内代征城市道路用地应无条件退出</td></tr>
<tr><td colspan="2">管线</td><td>按规范配置</td></tr>
<tr><td colspan="2">市政公用设施</td><td>按规范配置</td></tr>
<tr><td colspan="2">公共设施</td><td>按规范配置</td></tr>
<tr><td colspan="2">公共绿地</td><td>按规范配置</td></tr>
<tr><td colspan="2">其他</td><td>—</td></tr>
<tr><td colspan="3">景观要求</td><td>做好沿路、沿河景观设计</td></tr>
<tr><td>综合意见</td><td colspan="3">1.规划设计方案要符合《城市居住区规划设计规范》(2002年版)(GB 50180-93)、《江苏省城市规划管理技术规定》(2004年版)等现行的有关技术规定和规范要求。
2.地块拍卖前，要按规定做好环境影响评价报告、地质灾害评估报告，并报相关主管部门批准。
3.B、C地块住宅建筑套型结构比例应满足《徐州市住房发展规划》要求。A地块为拆迁定销房建设用地，小于90m^{2}的住宅套型结构比例为100%，其中45 ~ 50m^{2}的住宅结构套型比例在拆迁定销房中不小于40%。
4.商业建筑不超过22000m^2。
5.中山北路、祥和路绿化带为15m，从北侧规划道路红线向南退让30m为马场大沟的河道蓝线。
6.城市道路、绿化带以及街头绿地不参与指标平衡。
7.本规划要点仅作为该地块拍卖的依据之一，有效期为 × 个月，逾期自行失效。国土部门应重新申请规划要点。
2008年8月9日</td></tr>
</table>

四、城市建设修建性详细规划

（一）修建性详细规划概念

修建性详细规划是以城市总体规划、分区规划或控制性详细规划为依据，制订用以指导各项建筑和工程设施的设计和施工的规划设计，是城市详细规划的一种。

编制修建性详细规划的主要任务是：满足上一层次规划的要求，直接对建设项目做出具体的安排和规划设计，并为下一层次建筑、园林和市政工程设计提供依据。对于当前要进行建设的地区，应当编制修建性详细规划，用以指导各项建筑和工程设施的设计和施工。

（二）修建性详细规划内容

1.修建性详细规划包括的主要内容

根据建设部《城市规划编制办法》，修建性详细规划应当包括下列内容。

① 建设条件分析及综合技术经济论证。② 建筑、道路和绿地等的空间布局和景观规划设计，布置总平面图。③ 对住宅、医院、学校和托幼等建筑进行日照分析。④ 根据交通影响分析，提出交通组织方案和设计。⑤ 市政工程管线规划设计和管线综合。⑥ 竖向规划设计。⑦ 估算工程量、拆迁量和总造价，分析投资效益。

2.需收集的基础资料

修建性详细规划可以由有关单位依据控制性详细规划及建设主管部门（城乡规划主管部门）提出的规划条件，委托城市规划编制单位编制。

修建性详细规划需收集的基础资料，除控制性详细规划的基础资料外，还应增加：① 控制性详细规划对本规划地段的要求；② 工程地质、水文地质等资料；③ 各类建筑工程造价等资料。

3.规划流程

① 成立项目组。

② 收集必要的规划资料。上位规划资料：城市总体规划、分区规划或控制性详细规划资料及园区的发展规划。现行规划相应规范、要求。现有场地测量和水文地质资料调查。供水、供电、排污等情况调查。

③ 根据规范计算出本园区各项规划指标。

④ 确定路网和排水排污体系。

⑤ 确定需拆除及改造项目，并议定赔偿搬迁方案。

⑥ 确定活动中心与绿化位置。

⑦ 绘制总平面和竖向设计。

⑧ 各基本原则经济指标分析。

⑨ 编制文本说明。

⑩ 组织相关专业人员评审。

⑪ 报规划主管部门审批。

（三）修建性详细规划成果

1.修建性详细规划主要成果

修建性详细规划的成果包括文件和图纸。文件是指规划设计说明书；图纸包括规划地区现状图、规划总平面图、各项专业规划图、竖向规划图、反映规划设计意图的透视图。图纸比例为1/2000 ~ 1/500。

2.规划说明书内容

包括：① 现状条件分析。② 规划原则和总体构思。③ 用地布局。④ 空间组织和景观特色要求。⑤ 道路和绿地系统规划。⑥ 各项专业工程规划及管网综合。⑦ 竖向规划。⑧ 主要技术经济指标，一般应包括以下各项：总用地面积；总建筑面积；住宅建筑总面积，平均层数；容积率、建筑密度；住宅建筑容积率，建筑密度；绿地率；工程量及投资估算。

3.图纸内容

① 规划地段位置图。标明规划地段在城市的位置以及和周围地区的关系。② 规划地段现状图。图纸比例为1/2000 ~ 1/500，标明自然地形地貌、道路、绿化、工程管线及各类用地和建筑的范围、性质、层数、质量等。③ 规划总平面图。比例尺同上，图上应标明规划建筑、绿地、道路、广场、停车场、河湖水面的位置和范围；④ 道路交通规划图。比例尺同上，图上应标明道路的红线位置、横断面，道路交叉点坐标、标高、停车场用地界线；⑤ 竖向规划图。比例尺同上，图上标明道路交叉点、变坡点控制高程，室外地坪规划标高；⑥ 单项或综合工程管网规划图。比例尺同上，图上应标明各类市政公用设施管线的平面位置、管径、主要控制点标高以及有关设施和构筑物位置；⑦ 表达规划设计意图的模型或鸟瞰图。

4.修建性详规图纸示例

① 规划总平面图（图5-1）。

② 透视图（图5-2）。

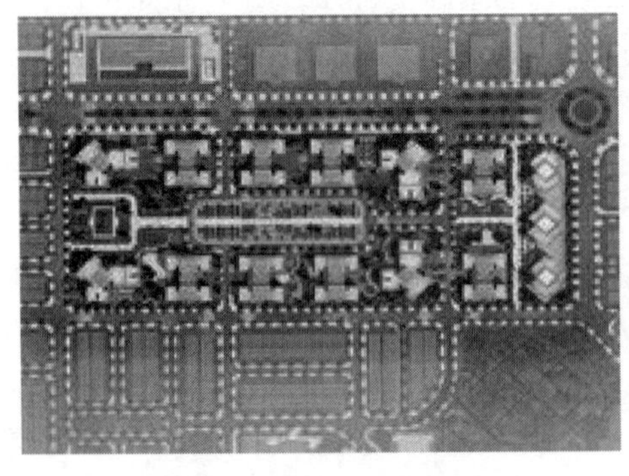

图5-1 规划总平面图

图5-2 透视图

第二节 项目建设工程设计

一、建设工程设计的三阶段划分

（一）工程设计的阶段划分

建筑工程设计一般可以分为方案阶段、初步设计阶段和施工图设计阶段。对有些小型和技术简单的城市建筑，可以以方案阶段代替初步设计阶段，而有些复杂的工程项目，则还需要在初步设计阶段和施工图设计阶段之间插入技术设计的阶段。而一般的城市建设项目中，特别是商品房小区建设工程设计也常把这三个阶段分为初步设计、扩充初步设计（扩初）和施工图设计阶段。由于行业不同和惯例差异，工程设计的阶段划分不同，大部分行业的设计阶段起始于总体设计或者方案设计，终结于施工图设计。

（二）方案设计、初步设计和施工图设计阶段

① 方案设计（概念设计）是投资决策之后，由咨询单位将可行性研究提出的意见和问题，经与业主协商认可后提出的具体开展建设的设计文件，其深度应当满足编制初步设计文件和控制概算的需要。

② 初步设计（基础设计）的内容依项目的类型不同而有所变化，一般来说，它包括项目的宏观设计即项目的总体设计、布局设计、主要的工艺流程、设备的选型和安装设计、土建工程量及费用的估算等。初步设计文件应当满足编制施工招标文件、主要设备材料订货和编制施工图设计文件的需要，是下一阶段施工图设计的基础。

③ 施工图设计（详细设计）的主要内容是根据批准的初步设计，绘制出正确、完整和尽可能详细的建筑、安装图纸，包括建设项目部分工程的详图、零部件结构明细表、验收标准及方法、施工图预算等。此设计文件应当满足设备材料采购、非标准设备制作和施工的需要，并注明建筑工程合理使用年限。

二、方案设计阶段

（一）方案设计阶段的概念

方案设计是设计中的重要阶段，它是一个极富有创造性的设计阶段，同时也是一个十分复杂的问题，它涉及设计者的知识水平、经验、灵感和想象力等。方案设计包括设计要求分析、系统功能分析、原理方案设计几个过程。该阶段主要是从分析需求出发，确定实现产品功能和性能所需要的总体对象（技术系统），决定技术系统，实现产品的功能与性能到技术系统的映像，并对技术系统进行初步的评价和优化。设计人员根据设计任务书的要求，运用自己掌握的知识和经验，选择合理的技术系统，构思满足设计要求的原理解答方案。

（二）方案设计示例——天籁村概念设计

天籁村是部门第一个从市场调研到产品设计全程跟踪，而且无论是规划还是景观上都有着充实内涵的项目。

项目与华侨城仅一路之隔，地块特征为一块东西方向长、南北方向短的矩形平整地块。场地自身没有任何特点，所以开始考虑该如何给项目创立一个设计主题。起初并没有去想项目的具体概念，只想做一个有主题的社区。华侨城片区本来就给人美丽、宁静、浪漫的感觉。但项目地块毕竟与真正的华侨城一路之隔，而且地块门前就有一条会过货柜车的大路。噪声的影响是一个很明显需要解决的问题。如果要规避地块的劣势，首先想到了与噪声所对立的音乐，这样就拥有了设计主题。而且紧扣这个设计主题，还为项目编写了一个动人的故事以丰富项目的说服力。

天籁村，一个以音乐为主题的设计理念，绝对不是包装的炒作，而是让建筑的内涵像音乐一样，富有韵律感。其实，建筑本身就是凝固的音乐，两者之间有着很多的联系。在建筑排布上，以波浪形的建筑组合表现音乐的韵律感，按其形状象征和进户方式设计的退台THOWNHOUSE，称为琴台洋房。还有一种创新户型，可以送面积，买一层送一层，将传统的复式倒过来做，可称叠式住宅，这都是受音乐中旋律不断反复的启发。

在景观的设计上，做了一个类似木琴的广场，街区地面铺装做成五线谱模样，水系则像一连串动听的音符。就连跨过侨香路的人行天桥，那弯弯的斜索，也很像扬琴琴线……

场地有特点，可以利用其自身场地优势的天河谷。

天河谷的项目地块是一块很有意思的场地，有平地，有山丘，有沟壑，有断谷。考虑打破传统的设计手法，于是先对地块进行手术，先对地进行整改，即从景观设计开始，而不是先考虑建筑。引《园冶》里面所讲，“高方欲就亭台，低凹可开池沼”，将原有沟壑灌注水，形成两条天河，缓缓流下，与泳池交融。由于两条河是从山顶流下，大有从天而落之势，又经过山涧，所以把项目设计理念布局成“天河谷”。

在建筑分布上，在天河旁安排了大量的THOWNHOUSE，在平地则布置多层和中高层，由于都是沿等高线布置，整个小区的建筑轮廓线非常自然、迷人。在建筑户型上开展创新设计，那就是一种“廊院”式户型，是将私家花园和户内走道结合的做法。还设计了一种新的THOWNHOUSE，将私家花园做在中间，让厅具有独特性。

在环境规划设计上大胆求新，在小区内规划了一条30m宽的主干道，中间挖开，做成桥穿过天河。路一边是步行商业街，一边是泳池与会所，还有绿地，给人感觉非常好。在山顶，相应设计了天山，天池，还有大风车……给人宁静、高雅及某种超越自然的感觉。

三、初步设计阶段及扩初设计阶段

（一）关于初步设计和扩初设计阶段

1.初步设计

初步设计是最终成果的前身，相当于一幅图的草图，一般做设计的在没有最终定稿之前的设计都统称为初步设计。

初步设计的步骤：① 找到主题；② 依据主题；③ 用途设计模式；④ 收集资料；⑤ 整理分析资料；⑥ 摆出多种界面；⑦ 设计出多种思路；⑧ 依据用途，需要选出最合适的一种设计模式。

2.扩初设计及其说明

通常来说，初步设计，然后是扩初（即"扩充初步设计"），接下来才是施工图设计。扩初是指在方案设计基础上的进一步设计，扩初设计就是扩大性初步设计，是对初步设计进行细化的一个过程，但设计深度还未达到施工图的要求，小型工程可能不必经过这个阶段直接进入施工图设计。

（1）关于扩初设计阶段　扩初设计是介于方案设计和施工图设计之间的过程，施工图是最终用来施工的图纸。方案设计和初步设计是两个不同的阶段的设计名称。一个项目的规划设计包含5个阶段：概念性规划（概规）—修建性详细规划（修规）—方案设计—初步设计—施工图设计，如果施工中发生较大改变，则需要做设计变更。

（2）扩初设计阶段监理工作、质量控制程序和要点　扩大初步设计是在项目可行性研究报告被批准后，由建设单位征集规划设计方案并以规划设计方案和建设单位提出的扩初设计委托设计任务书为依据而进行的。扩初设计阶段监理工作内容与工业交通项目初步设计阶段质量控制内容基本一样。监理工程师对扩大初步设计的质量控制要侧重于技术方案的研究、选择。具体的质量控制通过跟踪设计，对设计图纸审查来实现。

3.初步设计（含扩初）说明

包括总说明及建筑篇、结构篇、给水排水篇、电气篇（强电、弱电）、空调与通风篇、消防篇、人防篇、环境设计与保护篇、劳动安全篇、概算篇等各专业篇章说明。

（1）设计总说明　包括设计依据（各种文件、法规、地理、气候条件）、工程概况、工程设计范围及规模、设计特点及指导思想、交通组织及停车、园林绿化布置及指标、消防、环保、劳动保护、职业卫生、人防、建筑设计的原则和标准、室内外装修标准、设备、电气系统标准及用量组成、外部市政条件、节水节电等措施、生产工艺流程及特点、结构选型及特点、抗震设防、存在问题、总指标（主要技术经济指标、总概算投资额，水、电、建材消耗量）等。

（2）建筑篇　内容包括设计依据，工程概况，场地条件及总平面设计，竖向设计，交通环境设计，功能布局，水平及垂直交通设计，单位平面、立面、剖面设计，地下室及屋面防水措施，门窗表，主要技术经济指标（总用地面积、总建筑面积、地上建筑面积、地下建筑面积、地面建筑基底面积、覆盖率、容积率、绿地率等）。

（3）结构篇　包括设计依据、工程概况、工程地质概况、荷载取值、抗震设防烈度、结构安全等级及抗震等级、材料选用、结构设计（结构选型、基础形式、主要构件截面尺寸等）、结构计算（分析方法、计算内容、计算结果、计算结果小结）、按规定需做的地灾安全性评价和时程分析计算、特殊结构分析处理、新技术与新材料的应用、基坑支护方案、人防设计等。设有结构转换层时，也需说明就转换层计算及相关尺寸等情况。

（4）给水排水篇　内容包括设计依据、工程概况、设计范围、给水系统（水源、用水量、室外给水系统、室内给水系统）、室内热水及饮用水供水系统、消防系统（消火栓给水系统、自动喷水灭火系统）、循环水系统、排水系统（市政排水系统、污水日排放量、雨水排水量、室外排水系统、餐厅厨房污水处理、粪便污水处理排放、室内排水系统、屋面雨水排放、卫生洁具选型）、人防给排水（给水、排水）、节水措施、节能措施、防污染措施、主要设备及材料表等。

（5）电气篇（强电、弱电）　包括设计依据、工程概况、设计范围、强电设计、弱电设计、设备用电负荷统计表、总电力供应指标、主要设备材料表等。

强电设计应包括：供电设计（负荷等级、供电电源及电压、系统、变配电站、继电保护与计量、控制与信号、功率因素补偿方式、供电线路和户外照明、防雷与接地）；电力设计（电源、电压和配电系统、环境特征和配电设备的选择、导线、电缆选择及敷设方式、设备安装、接地系统）；照明设计（照明电源、电压、容量、照度标准及配电系统形式、光源及灯具的选择及控制、配电设备的选择及线路敷设方式、照明设备的接零或接地）；自动控制与自动调节（工艺要求、控制原则、仪表和控制设备的选型）；火灾自动报警及联动控制系统；人防地下室战时电气系统（供电电源、战时照明、线路的选择及敷设、接地）、建筑与构筑物防雷保护。

弱电（建筑智能化）设计应包括：楼宇自控系统设计、保安电视监控系统、停车场管理系统、通信设施系统、电脑经营管理系统设计（智能化网络）、综合布线、中央广播音响系统、有线电视（CATV）系统等。

（6）采暖、空调与通风篇　包括设计依据、工程概况、设计范围、采暖系统、通风系统、制冷系统、防烟系统、排烟系统及主要设备材料表。

（7）热能动力篇　① 锅炉房：包括设计依据、工程概况、设计范围、热负荷的确定及锅炉型号的选型、热力系统及辅机选择、烟风系统和环保措施、简述锅炉房及附属间的组成、对扩建发展的考虑等以及技术经济指标。② 室内、外动力管道：包括设计依据、设计范围、各种介质负荷的确定、管道及其敷设、主要设备及材料表。

（8）技术经济与概算篇　设计概算文件必须完整地反映工程项目初步设计的内容，严格执行国家有关的方针、政策和制度，实事求是地根据工程所在地的建设条件（包括自然条件、施工条件等影响造价的各种因素）、按有关的依据性资料编制。

概算设计文件应包括：编制说明（工程概况、编制依据、建设规模、建设范围、不包括的工程项目和费用、其他必须说明的问题等）、总概算表、单项工程综合概算书、单位工程概算书、其他工程和费用概算书和钢材、木材和水泥等主要材料表。

总概算书是确定一个建设项目从筹建到竣工验收交付使用所需全部建设费用的总文件，包括三个部分：建筑安装工程费和设备购置费、其他费用（如土地征购费、房屋拆迁费、研究试验费、勘察设计费等）、预备费（不可预见的工程和费用）。

（9）消防篇　包括设计依据、工程概况、总平面图、建筑及结构部分、消防系统、火灾自动报警及联动控制、防烟及排烟设计说明等。

（10）环境设计与保护篇　包括设计依据、工程概况、设计的范围及设计原则、废水治理、废气治理、噪声治理、固体废物治理、环境设计（绿化、美化环境）。

（11）劳动安全卫生篇　包括设计依据、工程概况、室内空气质量和环境噪声的控制、卫生措施、安全措施。

（12）人防篇　包括设计依据、工程概况、设计的范围及设计原则、建筑部分、结构部分、人防给排水、人防地下室战时电气系统设计、通风空调设计（平战结合通风、排风系统设计）。

（13）总建筑面积　是指工程地下室、裙楼、架空层、塔楼、屋面机房等建筑面积之和，是工程总量概念，与概算总建筑面积值一致。主要技术经济指标应包括：总用地面积、建筑占地面积、绿地面积、道路广场面积等各类总面积（地上建筑面积、地下建筑面积）、总居住户数、总居住人口，及各种类型、各种专项、公建配套等（架空层面积、屋面水箱面积等）和建筑、绿化、附属设施等控制指标。

若工程简单或规模较小，设计总说明和各专业的设计说明书可合并编写，有关内容亦可适当简化。

（二）初步设计（扩初）阶段图纸

（1）建筑设计图纸　目录、四至图、总平面图、地下室各层平面图、首层及以上各层平面图（各层平面图注出建筑面积、首层平面图另加注总建筑面积）、各向立面图、剖面图（剖面图应剖在层高、层数不同、内外空间比较复杂的部位）。

（2）结构设计图纸　目录、桩位及基础平面图、地下室结构平面图、各层结构平面图（选取有代表性的楼层、过渡层、结构转换层并标注板厚及梁截面尺寸）、新型结构的构造要求或节点简图。

（3）给水排水设计图纸　包括目录、总平面图、各层平面图、给水系统图、排水系统图、主要设备及材料表。

（4）电气设计图纸　包括目录、供电总平面图、变配电站、电力平面图、系统图、建筑防雷图、各弱电项目系统图（方框图）、主要设备及材料表。

（5）采暖、空调与通风设计图纸　包括目录、各空调及通风平面图、主机房及热交换间主要冷热源机房平面图（设备位置及规格）、特殊自控系统原理图、主要设备及材料表。

（6）热能动力设计图纸　包括目录、设备平面及剖面布置图、原则性热力系统图、燃料及除渣系统布置图、区域布置图、管道平面布置图、主要设备及材料表。

（7）消防设计图纸　包括建筑各层平面防火及防烟分区、疏散路线图；消防给排水总平面图、各层消防平面图、消防给水系统示意图；电气消防系统图、各层消防平面图；消防排烟通风各层平面图，前室、楼梯间、内廊加压系统图，各工种主要设备及材料选型。

（8）环境设计图纸　包括建筑首层平面加室外绿化、小品、雕塑等布置。

（9）人防设计图纸　包括建筑首层人防入口平面图、地下室人防平面图、各口部平面及剖面图；人防顶板结构布置图、人防底板结构布置图、临时封堵、战时加柱、防爆隔墙等大样；通风系统图与操作说明、通风平面图、滤毒室及机房、口部大样、预埋件图；地下室人防给排水平面图、各口部给排水平面图及系统图、人防地下室战时排水系统图；地下室人防配电平面图，人防配电系统图，进排风、水泵控制电路图，移动电站、人防配电室、进排风机室配电平面图。

四、施工图设计阶段

1. 施工图设计阶段的概念

施工图设计为工程设计的一个阶段，在初步设计、技术设计两阶段之后。这一阶段主要通过图纸，把设计者的意图和全部设计结果表达出来，作为施工制作的依据，它是设计和施工工作的桥梁。对于工业项目来说包括建设项目各分部工程的详图和零部件，结构件明细表，已用验收标准方法等。民用工程施工图设计应形成所有专业的设计图纸，含图纸目录、说明和必要的设备、材料表，并按照要求编制工程预算书。施工图设计文件，应满足设备材料采购、非标准设备制作和施工的需要。

2. 施工图设计的内容与作用

施工图设计为工程设计的一个阶段，在初步设计、技术设计两阶段之后。这一阶段主要通过图纸，把设计者的意图和全部设计结果表达出来，作为施工制作的依据，它是设计和施工工作的桥梁。对于工业项目来说包括建设项目各分部工程的详图和零部件，结构件明细表，以用验收标准方法等。民用工程施工图设计应形成所有专业的设计图纸：含图纸目录，说明和必要的设备、材料表，并按照要求编制工程预算书。施工图设计文件，应满足设备材料采购，非标准设备制作和施工的需要。

第三节　建设项目规划及设计方案审批

一、城市总规、控规、修规的审批

（一）城市建设总体规划的审批

按照有关规定，城市总体规划编制完成后，在上报审批之前，必须提请同级人民代表大会或其常务委员会审议通过。城市总体规划实行分级审批：直辖市的总体规划由直辖市人民政府报国务院审批；省和自治区人民政府所在地的城市以及国务院确定的城市的总体规划，由所在省、自治区人民政府审查同意后，报国务院审批；其他城市的总体规划，由所在省、自治区人民政府审批；市辖的县城、镇的总体规划，报市人民政府审批。城市总体规划一经批准，任何单位或个人不得任意改变。如确需修改，应报请原审批机关同意。

（二）城市建设控制性详细规划审批

1. 审批程序

城市的控制性详细规划经本级人民政府批准后，报本级人民代表大会常务委员会和上一

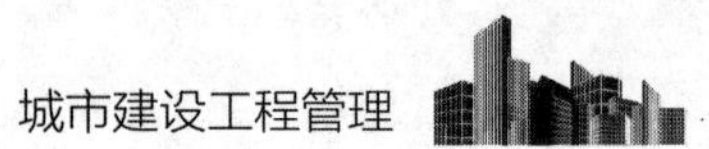

级人民政府备案。

县人民政府所在地镇的控制性详细规划，经县人民政府批准后，报本级人民代表大会常务委员会和上一级人民政府备案。其他镇的控制性详细规划由镇人民政府报上一级人民政府审批。

城市的控制性详细规划成果应当采用纸质及电子文档形式备案。

控制性详细规划组织编制机关应当组织召开由有关部门和专家参加的审查会。审查通过后，组织编制机关应当将控制性详细规划草案、审查意见、公众意见及处理结果报审批机关。

控制性详细规划应当自批准之日起20个工作日内，通过政府信息网站以及当地主要新闻媒体等便于公众知晓的方式公布。

控制性详细规划组织编制机关应当建立控制性详细规划档案管理制度，逐步建立控制性详细规划数字化信息管理平台。

控制性详细规划组织编制机关应当建立规划动态维护制度，有计划、有组织地对控制性详细规划进行评估和维护。

2.修改程序

经批准后的控制性详细规划具有法定效力，任何单位和个人不得随意修改；确需修改的，应当按照下列程序进行。

① 控制性详细规划组织编制机关应当组织对控制性详细规划修改的必要性进行专题论证。

② 控制性详细规划组织编制机关应当采用多种方式征求规划地段内利害关系人的意见，必要时应当组织听证。

③ 控制性详细规划组织编制机关提出修改控制性详细规划的建议，并向原审批机关提出专题报告，经原审批机关同意后，方可组织编制修改方案。

④ 修改后应当按法定程序审查报批。报批材料中应当附具规划地段内利害关系人意见及处理结果。

控制性详细规划修改涉及城市总体规划、镇总体规划强制性内容的，应当先修改总体规划。

（三）城市建设修建性详细规划审批

2012年10月10日，国务院发文《国务院关于第六批取消和调整行政审批项目的决定》（国发【2012】52号），取消重要地块城市修建性详细规划审批。

二、初步设计与扩充初步设计审查

（一）初步设计审查

以某地初步设计审查流程为例。

1.办理程序

办理程序为：受理（建委窗口）→审核（勘察设计科）→审批（建委领导）→发件（建委窗口）。

2.申报条件

① 已取得规划部门方案设计审查意见书。② 经专家审查合格的初步设计文件。

3.申报材料

① 规划部门方案设计审查意见书和方案设计图。② 初步设计专家评审回复意见。③ 建筑工程初步设计审批申报表。④ 建筑初步设计蓝图和初步设计说明书（包括初步设计工程概算书、初步设计图说光盘、结构计算书）。⑤ 设计单位的消防自审意见表，节能自审意见、节能设计专篇的说明书和节能模型光盘。⑥ 工程地质勘察报告及审查合格书。⑦ 勘察合同和设计合同，设计人员社保缴费证明及劳动合同。⑧ 其他地方规定需要提交的相关材料（略）。

（二）扩充初步设计审查

以某地有关管理部门的相关规定和标准为例。

1.主要目的

扩充初步设计审查是建设工程在报建工程中的一个重要环节。其目的是审查确认扩初设计的成果和深度，促进设计与实际建设的结合，提高投资效益，提高建筑使用功能和城市环境水平。

2.列入扩初设计审查的对象范围

一般为：大中型公共建筑；总建筑面积超过5万平方米或单体建筑面积超过2万平方米的住宅建设项目；单体建筑面积超过2万平方米的其他民用建筑项目；建筑高度超过100m的超高层建设项目；特殊指定的建设项目。

3.参加审查人员

参加审查人员包括总建筑师、项目经理、土建设计管理人员、设备设计管理人员、土建工程师、设备工程师等。

4.审前准备工作

① 已取得规划部门签发的规划设计要求及规划设计方案的审核意见。② 全套初步设计文本已编制完成（若为多家设计单位联合设计，应有由总设计单位负责汇总的资料；若为境外设计，须提交国内设计顾问单位的咨询意见）。初步设计文本必须加盖市建委统一颁发的出图专用章。③ 扩初设计的开始和过程中，主管和主办岗位已多次和设计单位沟通联络，甲方意图已充分表达清楚，并已完全体现在设计文本上。④ 已经市建委建设规划处认可，并由建设单位委托项目所在地的建委科技委组织专家进行设计技术预审。

5.组织审查会

① 主办单位负责扩初审批会议的会务工作，与建委协商出席单位名单，分发会议资料和通知；和出席人员联络与沟通；布置会场；落实记录和编制会议纪要，并接待签到人员。② 会议由建委主持，设计单位介绍设计概况，各专业审查部门针对设计和说明是否符合国家及省、市有关技术标准、规范、规程、规定及综合管理部门的管理法规发表审核意见。包括如下内容：设计主要指标是否符合被批准的可行性研究报告或土地出让合同内容要求；总体布局是否合理及符合各项要求；工艺设计是否成熟、可靠，选用设备的容量是否合理和符合功能要求；采用的新技术是否适用、可靠、先进。

三、申领“两证一书”

（一）两证一书的概念

两证一书指建设两证一书。两证是《建设用地规划许可证》《建设工程规划许可证》；

一书是《建设项目选址意见书》，或者是《土地使用权出让合同书》，或者是《建设用地批准书》。

《建设用地规划许可证》是建设单位在向土地管理部门申请征用、划拨土地前，经城乡规划行政主管部门确认建设项目位置和范围符合城乡规划的法定凭证，是建设单位用地的法律凭证。没有此证的用地单位属非法用地，房地产商的售房行为也属非法，不能领取房地产权属证件。

《建设工程规划许可证》是城市规划行政主管部门依法核发的，确认有关建设工程符合城市规划要求的法律凭证。《建设工程规划许可证》是有关建设工程符合城市规划要求的法律凭证，是建设单位建设工程的法律凭证，是建设活动中接受监督检查时的法定依据。没有此证的建设单位，其工程建筑是违章建筑，不能领取房地产权属证件。

《建设项目选址意见书》是城乡规划主管部门按照国家法律规定，对以划拨方式提供国有建设用地使用权的建设项目，在报送有关部门批准或者核准前向建设单位核发的同意选址证明文件。《建设项目选址意见书》的主要内容应包括：建设项目的基本情况和建设项目规划的主要依据。《建设项目选址意见书》按建设项目计划审批权限实行分级规划管理。

《土地使用权出让合同书》即国有土地使用权出让合同，是指市、县人民政府土地管理部门代表国家（出让人）与土地使用者（受让人）就特定地块的土地使用权出让事宜所达成的、明确相互间权利义务关系的书面协议。

《建设用地批准书》是建设单位或者个人的用地申请按照法定程序经批准后，由市、县人民政府向建设单位或者个人颁发的准予使用建设用地的证件，是建设单位或者个人依法使用土地进行开发建设的法律凭证。按照国家规定，《建设用地批准书》由市、县人民政府土地行政主管部门负责填写和颁发。

（二）两证一书申领和管理

1.《建设项目选址意见书》

选址意见书是建设工程（主要是新建的大、中型工业与民用项目）在立项过程中，由城市规划行政主管部门出具的该建设项目是否符合规划要求的意见书。建设项目选址意见书是城乡规划行政主管部门依法核发的有关建设项目的选址和布局的法律凭证。按照国家规定需要有关部门批准或者核准的建设项目，以划拨方式提供国有土地使用权的，建设单位在报送有关部门批准或者核准前，应当向城乡规划主管部门申请核发选址意见书。

选址意见书内容主要是建设项目名称、性质，用地与建设规模，供水与能源的需求量，采取的运输方式与运输量，以及废水、废气、废渣的排放方式和排放量。其申领审批的主要依据是：① 经批准的项目建议书；② 建设项目与城市规划布局的协调；③ 建设项目与城市交通、通信、能源、市政、防灾规划的衔接与协调；④ 建设项目配套的生活设施与城市生活居住及公共设施规划的衔接与协调；⑤ 建设项目对于城市环境可能造成的污染影响，以及与城市环境保护规划和风景名胜、文物古迹保护规划的协调。⑥ 建设项目选址、用地范围和具体规划要求。

2.《建设用地规划许可证》

（1）申请方式

① 在城市、镇规划区内以划拨方式提供国有土地使用权的建设项目，经有关部门批准、核准、备案后，建设单位应当向城市、县人民政府城乡规划主管部门提出建设用地规划许可申请，由城市、县人民政府城乡规划主管部门依据控制性详细规划核定建设用地的位置、面

积、允许建设的范围，核发建设用地规划许可证。建设单位在取得建设用地规划许可证后，方可向县级以上地方人民政府土地主管部门申请用地，经县级以上人民政府审批后，由土地主管部门划拨土地。

② 在城市、镇规划区内以出让方式提供国有土地使用权的，在国有土地使用权出让前，城市、县人民政府城乡规划主管部门应当依据控制性详细规划，提出出让地块的位置、使用性质、开发强度等规划条件，作为国有土地使用权出让合同的组成部分。未确定规划条件的地块，不得出让国有土地使用权。以出让方式取得国有土地使用权的建设项目，在签订国有土地使用权出让合同后，建设单位应当持建设项目的批准、核准、备案文件和国有土地使用权出让合同，向城市、县人民政府城乡规划主管部门领取建设用地规划许可证。

（2）《建设用地规划许可证》的申办

① 申办《建设用地规划许可证》，申请人须提交建设用地规划许可申请，并按要求提供所规定的文件、图纸、资料进行申报。

● 建设用地规划许可证申请表（单位公章）；

● 立项批复；

●《建设项目选址意见书》及附件；

● 项目合同；

● 经国土资源部门确认的、具有测绘资质的单位测绘的1∶500或1∶1000勘测定界图3张（蓝晒图，现状地形，所在市统一坐标、统一高程，包括各类地上、地下管线以及建构筑物的位置），同时提供一份电子材料；

● 相关人员等的证件（略）。

② 经土地招标、拍卖方式取得国有土地使用权的建设项目还需提供：

●《国有土地使用权出让合同》；

●《国有土地使用权出让合同》中的规划设计条件及附图；

● 法人资格证明（工商营业执照或组织机构法人代码证）；

● 如属于经营性房地产开发建设项目，还需提供开发公司资质证明。

（3）建设用地规划许可证的核发许可条件

① 建设项目符合城乡规划；

② 以划拨方式供地的建设项目，取得《建设项目选址意见书》（有效期内）和国有主管部门对建设项目用地的预审意见或其他相关文件；

③ 以出让方式供地的建设项目，取得《国有土地使用权出让合同》；

④ 取得发展改革等项目审批部门批准、核准、备案的建设项目；

⑤ 可能涉及的其他各相关部门意见（略）。

3.《建设工程规划许可证》

（1）建设工程规划许可证包括的内容

① 许可证编号；

② 发证机关名称和发证日期；

③ 用地单位；

④ 用地项目名称、位置、宗地号以及子项目名称、建筑性质、栋数、层数、结构类型；

⑤ 计容积率面积及各分类面积；

⑥ 附件包括总平面图、各层建筑平面图、各向立面图和剖面图。

（2）申报范围　城市规划区内各类建设项目（包括住宅、工业、仓储、办公楼、学校、医院、市政交通基础设施等）的新建、改建、扩建、翻建，均需依法办理《建设工程规划许可证》。具体范围包括：

① 新建、改建、扩建建筑工程。

② 各类市政工程、管线工程、道路工程等。

③ 文物保护单位和优秀近代建筑的大修工程以及改变原有外貌、结构、平面的装修工程。

④ 沿城市道路或者在广场设置的城市雕塑等美化工程。

⑤ 户外广告设施。

⑥ 各类临时性建筑物、构筑物。

（3）主要作用

①《建设工程规划许可证》是建设工程办理《建筑工程施工许可证》，进行规划验线和验收、商品房销（预）售、房屋产权登记等的法定要件。

②《建设工程规划许可证》确认有关建设活动的合法地位，保证有关建设单位和个人的合法权益。

房地产商如未取得《建设工程规划许可证》或者违反《建设工程规划许可证》的规定进行开发建设，严重影响城市规划的，由城市规划行政主管部门责令停止建设，限期拆除或者没收违法建筑物、构筑物及其他设施，对有关责任人员，可由所在单位或者上级主管机关给予行政处分。

（4）申报材料　申请办理建设工程规划许可证，应当提交使用土地的有关证明文件、建设工程设计方案等材料。需要建设单位编制修建性详细规划的建设项目，还应当提交修建性详细规划。

① 建筑工程类的申报材料包括：

●《建设工程规划许可证》申请表1份，并加盖申请人印章。

● 有关计划批准文件、设计条件或规划方案审批意见。

● 土地使用权属证件及附图。

● 1/500或1/1000地形图两份，地形图上应由设计单位用HB铅笔标明下列内容：建筑基地用地界限、建筑物外轮廓及层数、新建建筑物与基地用地界限、道路规划红线及相关控制线、相邻建筑物间距尺寸轴线标号（作图格式见《报送建筑工程设计方案、建设工程规划许可证地形图示意图》）。

● 符合出图标准并加盖建筑设计单位设计出图章的1/500或1/1000总平面设计图两份。

● 分层面积表（应按国家有关建筑面积规定计算）。

● 相关单位部门审核意见。

● 日照分析文件一份（可选）。

● 规划部门要求提供的其他材料。

● 涉及拆迁的，应附送拆迁文件。

② 市政工程类的申报材料包括：

●《建设工程规划许可证》申请表1份，并加盖申请人印章。

● 有关计划批准文件、设计条件或规划方案审批意见。

● 土地使用权属证件及附图（可选）。

● 1/500或1/1000地形图两份。

● 符合出图标准并加盖市政府工程设计单位设计出图章的1/500或1/1000总平面设计图两份。

- 涉及拆迁的，应附送拆迁文件。
- 相关部门书面意见。
- 规划部门要求提供的其他材料。

第四节 施工图与工程审图

一、关于施工图

（一）施工图的定义

施工图是施工时工人所依据的图样，包括了图与说明（材料使用、施工方法标注）。施工图是表示工程项目总体布局，建筑物、构筑物的外部形状、内部布置、结构构造、内外装修、材料作法以及设备、施工等要求的图样，具有图纸齐全、表达准确、要求具体的特点，是进行工程施工、编制施工图预算和施工组织设计的依据，也是进行技术管理的重要技术文件。一套完整的施工图一般包括建筑施工图、结构施工图、给排水、采暖通风施工图及电气施工图等专业图纸，也可将给排水、采暖通风和电气施工图合在一起统称为设备施工图。

（二）建筑施工图的组成部分

建筑专业是整个建筑物设计的龙头，建筑设计如此重要，需要懂得如何查看建筑施工图。首先要了解建筑施工图的组成，大体上包括以下部分：图纸目录，门窗表，建筑设计总说明，一层～屋顶的平面图，正立面图，背立面图，东立面图，西立面图，剖面图（视情况，有多个），节点大样图及门窗大样图，楼梯大样图（视功能可能有多个楼梯及电梯）。

（三）施工图设计成果内容组成

1.图纸目录与门窗表

图纸目录是了解整个建筑设计整体情况的目录，从其中可以明了图纸数量及出图大小和工程号，还有建筑单位及整个建筑物的主要功能，如果图纸目录与实际图纸有出入，必须与建筑核对情况。

2.建筑设计总说明

建筑设计总说明对结构设计是非常重要的，因为建筑设计总说明中会提到很多做法及许多结构设计中要使用的数据，比如建筑物所处位置（结构中用以确定设防烈度及风载雪载），黄海标高（用以计算基础大小及埋深、桩顶标高等，没有黄海标高，施工中根本无法施工），墙体做法、地面做法、楼面做法等（用以确定各部分荷载）。

3.建筑平面图

建筑平面图就比较直观了，主要信息就是柱网布置及每层房间功能、墙体布置、门窗布置、楼梯位置等。而一层平面图在进行上部结构建模中是不需要的（有架空层及地下室等除外），一层平面图在做基础时使用，至于如何真正地做结构设计此处不详述，只分析如何看建筑施工图。结构设计师在看平面图的同时，需要考虑建筑的柱网布置是否合理，不当之处应该讲出理由说服建筑设计师修改，通常在不影响建筑功能及使用效果的情况下修改，建筑设计师一般也是会同意修改的；看建筑平面图，了解了各部分建筑功能，基本上对结构上的活荷载取值心中就大致有数了；了解了柱网及墙体门窗的布置，柱截面大小、梁高以及梁的

布置也差不多有数了，墙的下面一定有梁，除非是甲方自理的隔断，轻质墙也最好是立在梁上。值得一提的是，注意看屋面平面图，通常现代建筑为了外立面的效果，都有层面构架，通常都比较复杂，需要仔细地理解建筑的构思，必要的时候咨询建筑设计师或索要效果图，力求使自己明白整个构架的三维形成是什么样子的，这样才不会出错。另外，层面是结构找坡还是建筑找坡也需要了解清楚。

4. 建筑立面图

建筑立面图是对建筑立面的描述，主要是外观上的效果，提供给结构师的信息，主要就是门窗在立面上的标高布置及立面布置以及立面装饰材料及凹凸变化。通常有线的地方就是有面的变化，再就是层高等信息，也是对结构荷载的取定起作用的数据。

5. 建筑剖面图

建筑剖面图的作用是对无法在平面图及立面图表述清楚的局部剖切以表述清楚建筑设计师对建筑物内部的处理，结构工程师能够在剖面图中得到更为准确的层高信息及局部地方的高低变化，剖面信息直接决定了剖切处梁相对于楼面标高的下沉或抬起，又或是错层梁，或有夹层梁、短柱等。同时对窗顶是框架梁充当过梁还是需要另设过梁有一个清晰的概念。

6. 节点大样图及门窗大样

建筑师为了更为清晰地表述建筑物的各部分做法，以便于施工人员了解自己的设计意图，需要对构造复杂的结点绘制大样以说明详细做法，不仅要通过结点图进一步了解建筑师的构思，更要分析结点画法是否合理，能否在结构上实现，然后通过计算各构件尺寸是否足够，配出钢筋。当然，有些结点是不需要结构师配筋的，但结构师也需要确定该结点能否在整个结构中实现。门窗大样对于结构师作用不是太大，但个别特别的门窗，结构师须绘制立面上的过梁布置图，以便于施工人员对此种造型特殊的门窗过梁有一个确定的做法，避免发生施工人员理解上的错误。

7. 楼梯大样图

楼梯是每一个多层、高层建筑必不可少的部分，也是非常重要的一个部分，楼梯大样又分为楼梯各层平面及楼梯剖面图，结构师也需要仔细分析楼梯各部分的构成，是否能够构成一个整体，在进行楼梯计算的时候，楼梯大样图就是唯一的依据，所有的计算数据都是取自楼梯大样图，所以在看楼梯大样图时也必须将梯梁、梯板厚度及楼梯结构形式考虑清晰。

二、施工图设计与施工图

1. 施工图设计

施工图设计阶段包括初步设计阶段和设计阶段。初步设计阶段包括概算、预算、勘测、初步设计图纸，专业之间互提条件是否满足等。设计阶段包括概算、互提条件补充，图纸审查、修改图纸，出版详图（施工图纸）。施工图设计是一种建筑设计服务，而不仅仅是画图，它是建筑设计实践的一个重要阶段。施工图设计与方案设计阶段相比，具有更大的法律意义，应严格遵守设计程序和业务规程。

2. 施工图的意义

施工图是设计者与建筑建设者之间的桥梁，设计师把自己的想法和灵感展现在图纸上，建筑建设者要理解这份图纸，并将它的理念付诸实践，施工图是设计者知识和心血的结晶，是建设施工者的行动指导和规矩。施工图是建筑师和建设方协调沟通的工具。建筑师通过施工图的形式传达其设计意图，必须简洁、明确和易懂。施工图中的任何一条线或一个数字都有重要的法律意义。制作出一套明确、完整特别是没有错误的施工图是建筑师最重要的职责和任务之一。因此，施工图纸质量的好坏至关重要，不够完善的施工图不仅不能充分体现好设计者的想法和考虑，也不能指导好施工者的实际施工作业，整个建筑物的质量和效果都会受到影响甚至是某种程度的干扰。

建筑设计服务的过程分成若干个阶段，其中施工图阶段的工作量约占到全部设计服务工作量的一半，是建筑师们充分发挥专业知识和技能之处，同时也是承担风险和责任之处。

3.施工图设计基本要求

（1）初步设计阶段的设计要求和深度　要求由设计说明书、设计图纸、主要设备、材料表、工程概算组成；各专业对方案或重大技术问题的解决方案进行综合技术经济分析；论证技术，选用可靠、经济合理、符合审定的方案。

设计深度包括：设计方案的选择和确定；确定土地征用范围；进行主要设备、材料订货；提供项目投资控制的依据；能进行施工图设计的编制；能进行全场性的施工准备工作。

（2）施工图设计阶段的设计要求和深度　要求进一步完善、落实初步设计的内容；施工图由设计说明书、施工图纸、施工图预算组成；图纸绘制正确、完整，避免错、漏；尽可能采用标准设计。

设计深度包括：能安排设备、材料的订货，非标准设备的制作；能进行施工图预算编制；能进行土建施工和安装；成为竣工验收的依据。

（3）各专业配合及各设计成员的责任　建筑、结构、水、暖、电、预算等专业成员，应该按照设计程序互相配合，并对各自的工作承担责任，科学、高效地完成建筑设计服务工作。

（4）施工图设计中各个专业的配合　建筑专业给结构、设备（水、暖、电）、预算等专业提供条件图、设计说明、工程做法表、门窗表、卫生间详图、平立剖面图等；结构、设备专业给建筑专业反馈条件，包括结构布置，梁、柱、剪力墙等主要结构构件的尺寸、位置，设备用房的位置大小等；建筑专业深化完善全套施工图纸以及外檐、细部详图；确定生产安装电梯、扶梯、幕墙等的厂家，完成相关设计。

最后是图纸会审、修改。

三、施工图审查

1.施工图审查的概念

施工图审查是施工图设计文件审查的简称，是指建设主管部门认定的施工图审查机构按照有关法律、法规，对施工图涉及公共利益、公众安全和工程建设强制性标准的内容进行的审查。施工图未经审查合格的，不得使用。

为了加强对房屋建筑工程、市政基础设施工程施工图设计文件审查的管理，根据《建设工程质量管理条例》《建设工程勘察设计管理条例》，制定《房屋建筑和市政基础设施工程施工图设计文件审查管理办法》，自2013年8月1日起施行。

2.施工图审查的内容

建设单位报请施工图技术性审查的资料应包括以下主要内容：① 作为设计依据的政府有关部门的批准文件及附件。② 审查合格的岩土工程勘察文件（详勘）。③ 全套施工图（含计算书并注明计算软件的名称及版本）。④ 审查需要提供的其他资料。

施工图技术性审查的主要问题：① 是否符合消防、节能、环保、抗震、卫生、人防等有关强制性标准、规范；是否符合《工程建设标准强制性条文》和其他有关工程建设强制性标准。② 建筑物的稳定性、安全性审查，包括地基基础和主体结构体系是否安全、可靠，地基基础和结构设计等是否安全。③ 是否符合公众利益。④ 施工图是否达到规定的设计深度要求。⑤ 是否符合作为设计依据的政府有关部门的批准文件要求。

3. 施工图审查批准书

① 为简化手续，提高办事效率，凡需进行消防、环保、抗震等专项审查的项目，应当逐步做到有关专业审查与结构安全性审查统一报送、统一受理；通过有关专项审查后，由建设行政主管部门统一颁发设计审查批准书。施工图审查批准书，由省级建设行政主管部门统一印制，并报国务院建设行政主管部门备案。

② 审查机构应当在收到审查材料后20个工作日内完成审查工作，并提出审查报告；特级和一级项目应当在30个工作日内完成审查工作，并提出审查报告，其中重大及技术复杂项目的审查时间可适当延长。审查合格的项目，审查机构向建设行政主管部门提交项目施工图审查报告，由建设行政主管部门向建设单位通报审查结果，并颁发施工图审查批准书。对审查不合格的项目，提出书面意见后，由审查机构将施工图退回建设单位，并由原设计单位修改，重新送审。

③ 施工图审查报告的主要内容应当符合本办法第七条的要求，并由审查人员签字、审查机构盖章。

④ 凡应当审查而未经审查或者审查不合格的施工图项目，建设行政主管部门不得发放施工许可证，施工图也不得交付施工。

⑤ 施工图一经审查批准，不得擅自进行修改。如遇特殊情况需要进行涉及审查主要内容的修改时，必须重新报请原审批部门，由原审批部门委托审查机构审查后再批准实施。

⑥ 建设单位或者设计单位对审查机构作出的审查报告如有重大分歧时，可由建设单位或者设计单位向所在省、自治区、直辖市人民政府建设行政主管部门提出复查申请，由省、自治区、直辖市人民政府建设行政主管部门组织专家论证并做出复查结果。

⑦ 建筑工程竣工验收时，有关部门应当按照审查批准的施工图进行验收。

4. 其他相关规定

铁道、交通、水利等专业工程的施工图审查办法，由有关专业部门参照该《办法》制定，并报国务院建设行政主管部门。

四、关于工程审图

（一）一个工程审图经验示例

此处，引入业内一位专业人员的工程审图经验心得，既说明建筑工程审图知识，又作为一个示例供参考。

工程开工之前，需识图、审图，再进行图纸会审工作。如果有识图、审图经验，掌握一些要点，则事半功倍。识图、审图的程序是：熟悉拟建工程的功能，熟悉、审查工程平面尺寸，熟悉、审查工程立面尺寸，检查施工图中容易出错的部位有无出错，检查有无可改进的地方。

1. 熟悉拟建工程的功能

图纸到手后，首先了解本工程的功能是什么，了解功能之后，再联想一些基本尺寸和装修，例如车间的尺寸一定要满足生产的需要，特别是满足设备安装的需要等。最后识读建筑说明，熟悉工程装修情况。

2.熟悉、审查工程平面尺寸

建筑工程施工平面图一般有三道尺寸，第一道尺寸是细部尺寸，第二道尺寸是轴线间尺寸，第三道尺寸是总尺寸。检查第一道尺寸相加之和是否等于第二道尺寸、第二道尺寸相加之和是否等于第三道尺寸，识读工程平面图尺寸，先识建施平面图，再识本层结施平面图，最后识水电空调安装、设备工艺、第二次装修施工图，检查它们是否一致。熟悉本层平面图尺寸后，审查是否满足使用要求。识读下一层平面图尺寸时，检查与上一层有无不一致的地方。

3.熟悉、审查工程立面尺寸

建筑工程建筑施工图（以下简称建施图）一般有正立面图、剖立面图、楼梯剖面图，这些图有工程立面尺寸信息；建施平面图、结施平面图上，一般也标有本层标高；梁表中，一般有梁表面标高；基础大样图、其他细部大样图，一般也有标高注明。通过这些施工图，可掌握工程的立面尺寸。正立面图一般有三道尺寸，第一道是窗台、门窗的高度等细部尺寸，第二道是层高尺寸，并标注有标高，第三道是总高度。审查方法与审查平面各道尺寸一样，第一道尺寸相加之和是否等于第二道尺寸，第二道尺寸相加之和是否等于第三道尺寸。检查立面图各楼层的标高是否与建施平面图相同，再检查建施的标高是否与结施标高相符。建施图各楼层标高与结施图相应楼层的标高应不完全相同，因建施图的楼地面标高是工程完工后的标高，而结施图中楼地面标高仅为结构面标高，不包括装修面的高度，同一楼层建施图的标高应比结施图的标高高几厘米。这一点需特别注意，因有些施工图，把建施图标高标在了相应的结施图上，如果不留意，施工中会出错。

熟悉立面图后，主要检查门窗顶标高是否与其上一层的梁底标高相一致；检查楼梯踏步的水平尺寸和标高是否有错，检查梯梁下竖向净空尺寸是否大于2.1m，是否出现碰头现象；当中间层出现露台时，检查露台标高是否比室内低；检查厕所、浴室楼地面是否低几厘米，若不是，检查有无防溢水措施；最后与水电空调安装、设备工艺、第二次装修施工图相结合，检查建筑高度是否满足功能需要。

4.检查施工图中容易出错的地方有无出错

熟悉建筑工程尺寸后，再检查施工图中容易出错的地方有无出错，主要检查内容如下。

① 检查女儿墙混凝土压顶的坡向是否朝内。

② 检查砖墙下有梁否。

③ 结构平面中的梁，在梁表中是否全标出了配筋情况。

④ 检查主梁的高度有无低于次梁高度的情况。

⑤ 梁、板、柱在跨度相同、相近时，有无配筋相差较大的地方，若有，需验算。

⑥ 当梁与剪力墙同一直线布置时，检查有无梁的宽度超过墙的厚度。

⑦ 当梁分别支承在剪力墙和柱边时，检查梁中心线是否与轴线平行或重合，检查梁宽有无突出墙或柱外，若有，应提交设计处理。

⑧ 检查梁的受力钢筋最小间距是否满足施工验收规范要求，当工程上采用带肋的螺纹钢筋时，由于工人在钢筋加工中，用无肋面进行弯曲，所以钢筋直径取值应为原钢筋直径加上约21mm肋厚。

⑨ 检查室内出露台的门上是否设计有雨篷，检查结构平面上雨篷中心是否与建施图上门

的中心线重合。

⑩ 检查设计要求与施工验收规范有无不同。如柱表中常说明：柱筋每侧少于4根可在同一截面搭接。但施工验收规范要求，同一截面钢筋搭接面积不得超过50%。

⑪ 检查结构说明与结构平面、大样、梁柱表中的内容以及与建施说明有无存在相矛盾之处。

⑫ 单独基础系双向受力，沿短边方向的受力钢筋一般置于长边受力钢筋的上面，检查施工图的基础大样图中钢筋是否画错。

5. 审查原施工图有无可改进的地方

主要从有利于该工程的施工、有利于保证建筑质量、有利于工程美观三个方面对原施工图提出改进意见。

① 从有利于工程施工的角度提出改进施工图意见。

② 从有利于建筑工程质量方面，提出修改施工图意见。

③ 从有利于建筑美观方面提出改善施工图。

按照“熟悉拟建工程的功能，熟悉、审查工程平面尺寸，熟悉、审查工程的立面尺寸；检查施工图中容易出错的部位有无出错，检查有无需改进的地方”的程序和思路，会有计划、全面地展开识图、审图工作。

（二）工程审图信息管理系统（软件）

建设工程施工图审查管理系统是一个管理系统，立足当前建设单位施工图审查中心工作实际，以全过程项目管理为主线，以动态项目审查为核心，以合格书管理为辅线，将原先的人工操作变为计算机处理；信息查询、汇总、统计更加方便；使审查流程及审查意见更加规范。系统运行后，建设单位可通过互联网了解审查进度并下载审查意见，实现办公业务异地同步，降低了办公成本。

为充分应用计算机网络和通信等现代化技术手段，促进建设单位施工图审查工作的规范化管理，提高审查工作效率，并最终满足异地同步、一体化、无纸化办公的切实需求，一些软件公司等在充分吸收借鉴同行业先进软件理念及设计流程的基础上，根据实际工作需要设计开发了建设工程施工图审查管理系统。

第六章　城市建设土地与房屋征收及拆迁管理

06 Chapter

第一节　土地征收与房屋拆迁工作

一、土地征收与房屋拆迁总述

（一）土地征收与房屋拆迁的概念

1. 土地征收的概念

土地征收（征用土地）是指国家为了公共利益需要，依照法律规定的程序和权限将农民集体所有的土地转化为国有土地，并依法给予被征地的农村集体经济组织和被征地农民合理补偿和妥善安置的法律行为。现征地一般指征收。

2. 房屋拆迁与房屋征收的概念

当前情况下，城市房屋征收包含有房屋征收和房屋拆迁两个概念，这是两个既有十分密切的联系又有所区别的概念。

房屋征收是指依据《国有土地上房屋征收与补偿条例》（以下简称《条例》）实施的一种行政行为，是指政府依照法律程序剥夺房屋及其他不动产所有权人的所有权及其使用权，同时丧失土地使用权并给予市场交易价格补偿的行政购买行为。房屋拆迁是指因国家建设、城市改造、整顿市容和环境保护等需要，由建设单位或个人对现存建设用地上的房屋进行拆除，对房屋所有者或使用者进行迁移安置并视情况给予一定补偿的活动。拆房、搬迁、还建等过程中产生了各种各样的法律关系。

（二）土地征收和房屋拆迁两个概念的分析

1. 依据的法律基础

①《土地管理法》规定，土地征收是指国家为了公共利益的需要，运用国家强制力，按照法定程序将一定范围农村集体土地的所有权转为国家所有权，并依法对被征收土地的原权利人（包括土地所有权人、使用权人以及土地承包经营权的发包人、承包人、转包人等）给予补偿的活动。土地征收的具体实施部门是各级国土行政主管部门。

②《城市房屋拆迁管理条例》规定，城市房屋拆迁是指为了实施城市规划、旧城区改造，

运用国家强制力，组织在城市规划区内国有土地上实施房屋拆迁，并对原房屋权利人（包括房屋所有权人、使用权人、出租人、承租人、转租人等）给予补偿、安置的活动。房屋拆迁的具体实施部门是各级建设行政主管部门。

2.两项工作的开展

由上述两个概念引出的土地征收和房屋拆迁两项工作的开展和运作内容则有相应的差异。

① 征地是对土地的征收，拆迁是对土地上房屋及其他建筑物的拆迁。二者的区别主要在于对象不同。二者依据的法律规定不同，征地主要依据《土地管理法》及实施条例和各省土地管理条例；而拆迁主要依据原《城市房屋拆迁管理条例》和新的《国有土地上房屋征收与补偿条例》。

② 征地拆迁是指国家因公共利益的需要，经依法批准将集体所有的土地征为国有后，对原集体所有的土地上的建筑物、构筑物进行强制拆迁，并给予补偿的行为。城市房屋拆迁是指因城市建设项目的需要，取得房屋拆迁许可证的拆迁单位（拆迁人）与被拆迁房屋的所有人（被拆迁人）订立拆迁补偿安置协议，按照协议实施房屋拆迁的行为。我国法律规定，城市市区的土地属于国家所有。农村和城市郊区的土地，除由法律规定属于国家所有的外，属于农民集体所有；宅基地和自留地、自留山，属于农民集体所有。国家为了公共利益的需要，可以依照法律规定对土地实行征用。国有土地和农民集体所有的土地，可以依法确定给单位或者个人使用。

③ 国有土地地上建筑物的拆迁，属于城市房屋拆迁的范畴，适用国务院《城市房屋拆迁管理条例》的规定。而农民集体所有土地地上建筑物的拆迁，属于集体土地征用中房屋拆迁的范畴，适用《土地管理法》有关征地补偿安置的规定。房屋拆迁管理部门和土地管理部门分别是城市房屋拆迁和集体土地征用中房屋拆迁的主管机关。由此可见，集体土地征用中房屋拆迁与城市房屋拆迁是两种不同性质的拆迁活动，其各自遵循不同的程序和规则来实施。由于农村与城市之间经济发展水平差异很大，很难制定一个统一的标准，致使集体土地征用中房屋拆迁与城市房屋拆迁在补偿安置方面存在高低不等的标准，在拆迁中，两种补偿安置标准的选择适用，往往成为当事人各方争议的一个焦点。

所以房屋拆迁还要区分土地的性质：简单而言，对于征地拆迁来说，城市房屋是地随房走，农村房屋是房随地走。很难抽象地说哪个补偿高，集体土地是征用，征用后性质改变为国有土地；而城镇土地本身是国有，如需征用，政府直接收回并给予补偿。

二、关于土地征收、征用土地和房屋征收、房屋拆迁

（一）四个概念的内涵

于是，我们有了四个关于征地、拆迁的概念。即征地方面的土地征收、征用土地；拆迁方面的房屋征收、房屋拆迁。还需要在分析四个概念内涵的基础上进行相应的辨析，以利于实际工作的开展。

从城市建设角度看，建设用地（基地）的取得无非是两种方式。一是对于集体所有土地，通过以前是依法征用，现在规范为依法征收集体土地获得；二是对于国有土地而言，以前（2011年）是房屋拆迁，现在是房屋征收及房地产经营开发等方面的房屋拆迁。房屋征收主要从公共利益角度开展。

必须说明的是，征用土地一直是由土地管理部门实施和管理的，只是进一步法制化、规

范化了。严格来讲，征收是明确获得所有权，征用是获得使用权；过去是征用土地（征地），现在是土地征收。房屋征收是对国有土地上房屋的土地使用权征收，实际上是从法制上进一步规范、完善为公共利益开展的房屋拆迁行为，另外实际也还有因房地产开发需要的房屋拆迁。按规定市、县级人民政府是房屋征收主体，市、县级人民政府确定的房屋征收部门是房屋征收的实施部门，其可以委托房屋征收实施单位，承担房屋征收与补偿的具体工作。房屋拆迁在《国有土地上房屋征收与补偿条例》出台后，得到进一步的规范与完善，当前实际操作中，主要作法主要是衔接过去的管理和操作作法。

（二）四个概念的具体辨析

1.征地方面

关于土地征收和征用土地，值得我们在实际工作中注意的是土地征收与征用土地的区别：土地征收取得的是财产所有权，而征用土地取得的是财产使用权。在实际工作中“征地”就是指“土地征收”。“征用土地”这个词在实际工作的法律意义上已基本停用了。

2.拆迁方面（关于房屋征收和房屋拆迁）。

（1）房屋征收的特点　相对于征地概念而言，这个问题的情况相对复杂一些，“拆迁”与“征地”在法律意义和实际工作中呈现出一些相异的特色。首先，房屋征收是指由房屋征收部门通常是政府城建部门在摸底立项的基础上对居民百姓居住房屋的土地使用权的有偿回收；其次，根据2011年初通过的国务院《国有土地上房屋征收与补偿条例》规定，房屋征收必须满足一是属国有土地，二是因公共利益需要，三是符合四规划一计划这3个法定条件。这样一来房屋征收就无法全面覆盖包含并取代房屋拆迁的概念了，这已为理论和实践上都有相应情况、实例证明了的。

（2）房屋征收不能全部覆盖房屋拆迁的情况　比如，现实情况还有在非国有土地上拆迁房屋的情况，这显然不是房屋征收所覆盖的；同时，存在着自行拆迁的情况。更有一种情况，虽然现行房地产开发一般结合旧城改造、安居工程建设等形式进行，但也存在并非因公共利益需要，而是因经营获利等的需要，而将对方单位、个人所有的二手房屋从市场上购买过来再拆迁改造成公寓、写字间楼、商铺、服务点等，以租、售、自营、合作等形式经营获利的情况。

这种情况在城市建设工程管理中也是不能回避的。这种情况的特点是在依法依规运作的前提下，以市场化买卖房屋行为来完成拆迁。在这里，把这种房屋征收所不能覆盖的房屋拆迁情形，集成一类归为“房屋市场化拆迁”（后面简称房屋市场拆迁）行为。这类房屋拆迁的情形是一般以城市房屋改造经营获利为目的，必须依国家、政府的土地管理法规、房地产管理法规以及投资、经济合同等方面法规，按市场等价交换法则，以市场化方式进行交易、合作进行。

3.小结

综上分析，城市建设工程用地通过征地环节取得，即依据土地征收的法规进行。房屋征收是依据《国有土地上房屋征收与补偿条例》进行国有土地上房屋征收与补偿活动，维护公共利益，保障被征收房屋所有权人的合法权益。同时城市建设实践中，必须以依法依规的市场化方式开展非公共利益需要进行的房屋市场拆迁行为。特别说明的是，现在讲的“土地征收”一般是对集体所有土地（主要是农村土地）的征收或征用及其地上物的拆迁工作，地上物的拆迁依“房随地走”处理，以《土地管理法》为依据，由土地管理部门主管；“房屋拆迁”一般是对城市国有土地上房屋及其所属份额土地的征收拆迁，所属份额土地依“地随房

走”处理，主要依据原《城市房屋拆迁管理条例》和新的《国有土地上房屋征收与补偿条例》。

因此，在这四个概念中，目前“土地征收”基本已全面取代“土地征用”成为征地的基本概念，“土地征用”已基本停用；而城市“房屋征收”成为城市房屋征用的主流，也实际大部取代“房屋拆迁”概念，但不能覆盖全部房屋拆迁、搬迁行为，因此当前情况下因公益事业需要的房屋拆迁，已为房屋征收所取代，部分市场性、个别性自行拆迁行为仍沿用传统的“房屋拆迁”做法。故当前是城市土地征收、房屋征收、房屋拆迁三个概念在城市建设实际中应用和运作。

三、土地征收与房屋拆迁区别分析

一是适用的法律程序不同。国家建设征收土地适用《土地管理法》及其配套法规中关于国家建设征收土地的规定；城市房屋拆迁适用《城市房屋拆迁条例》的规定。

二是适用范围不同。国家建设征收土地的适用范围是农村集体所有的土地；城市房屋拆迁的适用范围是城市规划区内的国有土地。

三是行为所指向的标的不同。国家建设征收土地指向的标的是农村集体土地所有权；城市房屋拆迁指向的标的是房屋。

四是法律后果不同。国家建设征收土地导致的法律后果是农村集体土地所有权的消灭；城市房屋拆迁导致的法律后果是被拆迁房屋所有权的消灭以及房屋产权的等价调整或者价值的交换。

第二节　城市建设土地征收工作

一、土地征收内涵及其法律特征

（一）土地征收内涵

1. 土地征收

土地征收是指国家为了公共利益需要，依照法律规定的程序和权限将农民集体所有的土地转化为国有土地，并依法给予被征地的农村集体经济组织和被征地农民合理补偿和妥善安置的法律行为。

我国目前的土地征收制度还具有计划经济的色彩，随着市场经济的大力发展，政治文明和法治社会的建设，现有的土地征收制度在保障被征地农民的权益方面存在诸多不完善之处，需要在立足国情、省情的基础上，综合吸收和借鉴发达国家的文明做法，建立适合本土的合理的土地征收法制体系，完善土地利用规划和管理制度，合理利用土地资源。

土地征收关系到国家、集体和个人的利益冲突和利益平衡，对社会影响深远。如果处理不当，很可能损害各方利益，影响土地征收的顺利进行，致使征收目的无法实现，甚至引起社会动荡，所以，必须有科学合理的法定程序作保障。中国的土地征收程序还存在着很多缺陷，迫切需要进行改革、完善。

2. 土地征收的法律特征研究

从征收的内涵可见其法律特征。

（1）征收规则的法定性　土地征收具有法定性，根据行政合法性原则，必须符合法律和行政法规的规定，遵循一定的法律程序。

（2）征收主体的唯一性　国家建设征收土地的主体必须是国家，具体来讲就是国家授权县级以上人民政府行使征收权，土地征收本身就是政府的一种具体行政行为，也是政府的专有权力。

（3）征收对象的限定性　即只能是农村集体土地，因为征收土地的内容就是将农村集体土地变为国有土地，因而国有土地不存在征收的问题。

（4）征收行为的强制性　土地征收具有强制性，征收是国家强制取得他人土地所有权的行为，并不以征得被征地人的同意为必要条件。

（5）征收目的的公益性　土地征收的目的和前提是为了国家公共利益的需要，即土地征收必须符合公共利益。

（6）征收补偿的必要性　征收以土地补偿为必备条件，即按照被征收土地的原用途给予补偿，要向被征用土地的所有者支付补偿费，造成劳动力剩余的必须予以安置。具体而言，标准如下：征收耕地的补偿费用包括土地补偿费、安置补助费以及地上附着物和青苗的补偿费。

（7）征收流转的单向性　即征收土地权属流向只能从集体土地变为国有土地，不存在国有土地征为集体土地的情形。

（8）征收告知的公开性　征地行为必须向社会公告公开，接受社会的广泛公开监督。

（二）土地征收审批权限及改革

1.两级审批制度

征收土地实行国务院和省级人民政府两级审批制度。

国务院的批准权如下：① 基本农田；② 基本农田以外的耕地超过35hm^2的；③ 其他土地超过70hm^2的。

其他的用地由省、自治区、直辖市人民政府批准，报国务院备案。土地管理法将这项权力集中于国务院和省级人民政府，改变了土地征收权分散行使的现象。在征收土地的审批中，要征收农用地，首先要办理农用地转用，或同时办理农用地转用审批。

2.2013年中央一号文件有关征地部分

加快推进征地制度改革。依法征收农民集体所有土地，要提高农民在土地增值收益中的分配比例，确保被征地农民生活水平有提高、长远生计有保障。加快修订土地管理法，尽快出台农民集体所有土地征收补偿条例。完善征地补偿办法，合理确定补偿标准，严格征地程序，约束征地行为，补偿资金不落实的不得批准和实施征地。改革和完善农村宅基地制度，加强管理，依法保障农户宅基地使用权。依法推进农村土地综合整治，严格规范城乡建设用地增减挂钩试点和集体经营性建设用地流转。农村集体非经营性建设用地不得进入市场。

（三）土地征收的法制原则、要素与后果

1.土地征收应遵循的原则

① 十分珍惜、合理利用土地和切实保护耕地的原则。

② 保证国家建设用地的原则。

③ 妥善安置被征地农民的原则。

2.土地征收的主要政策性要素内容

一是土地征收的条件是公共利益。我国土地征收条件应仅限于公共利益，不得随意突

破；公共利益具有公共性、直接性、不确定性、相对性和动态性、社会负担性、法定性。在公共利益的界定方式上，可采取概括式与列举式相结合，明确土地征收权力的边界。土地征收条件即公共利益的实际界定方法主要是比例原则的使用，能采用非征收方式取得就不得使用征收，征收的范围必须严格限定公共利益需要，不得随意多征多占；要实现的公共利益必须是具体的、扎根于现实生活生产。

二是土地征收的核心是补偿。我国土地征收补偿应以公平为原则，必须按市场价格进行补偿，补偿以实际发生的物质损失为限。当前应通过村民自治权和履行民主程序解决补偿费的分配问题。

三是土地征收程序。现行土地征收程序体现了审批的高位性和用途管制制度，建立了“两公告一登记”和听证程序。征收程序进一步完善改革的方向是土地征收行政程序，具体包括建立公共利益的认定程序、完善参与和听证程序、建立收回权制度等。

四是土地征收相关的制度建设。首先要加强农村土地产权创新，包括集体土地所有权主体的再确认，赋予农户清晰、相对完整、稳定的土地权利，在征地过程中能直接参与协商、谈判；弱化或消除农村土地的保障功能，促进农村集体建设用地土地市场化，为城市经营性建设项目提供土地来源。其次，要重建我国农村土地治理框架，包括改变土地多头管理的局面，实现土地管理机构框架的合理化；协调和统一农村和城市的登记，协调和统一土地及房屋的登记，加强和统一农村土地登记制度。

3. 土地征收的法律后果

建设用地的取得是土地征收的结果，这是进行工程建设的前提性、基础性条件，没有取得建设用地，后面的一切城市建设都无从谈起。土地征收的法律后果是土地所有权的改变，土地所有权由农民集体所有变为国家所有；土地征用的法律后果只是使用权的改变，土地所有权仍然属于农民集体，征用条件结束需将土地交还给农民集体。简言之，涉及土地所有权改变的，是征收；不涉及所有权改变的，是征用。

二、土地征收程序及其环节

（一）土地征收的三阶段工作程序

土地征收工作程序分为征地报批前工作程序、征地报批材料组卷和征地批准后组织实施程序三个阶段。第一阶段的主要工作有发布《征地前告知书》或者《拟征地公告》，应将拟征地的用途、位置、补偿标准、安置途径等告知被征收人，同时告知被征地集体经济组织和被征地农民有申请听证权利，向他们送达听证告知书；第二阶段征地报批材料组卷，即按要求逐级上报有批准权限的人民政府审批；第三阶段工作主要由组织实施的县级以上人民政府发布征收土地公告、县级以上人民政府土地行政主管部门发布征地补偿安置方案公告，告知被征地农村集体经济组织和被征地农民有申请听证的权利等。

（二）土地征收的具体操作程序环节

1. 征地报批前工作程序

（1）征地情况告知　在征地报批前，市、县国土资源局应当制作《征地告知书》，将拟征土地的用途和位置告知被征地的农村集体经济组织和农户。

《征地告知书》由国土资源所负责在被征土地所在地的村内张贴。在有条件的地方，市、县国土资源局应当将《征地告知书》在互联网上发布、在当地电视台播出。张贴、发布或者播出《征地告知书》的过程，应当进行摄像和录像，取出的照片和视频资料要妥善保存备查。《征地告知书》不得泄露国家秘密。

（2）征地调查确认　在征地报批前，市、县国土资源局或者国土资源所调查核实拟征土地的权属、地类、面积以及地上附着物权属、种类、规格和数量等，据实填写《征地调查结果确认表》，并经被征地的农村集体经济组织、农户以及地上附着物所有人盖章和签字予以确认。

（3）函告征地情况　市、县国土资源局将被征地农村集体经济组织和农户确认的拟征地的权属、种类、面积和有审批权的人民政府等情况函告同级劳动保障部门。同级劳动保障部门及时确定被征地农民社保对象的条件、人数、养老保险费的筹资渠道、缴费比例，并函告同级国土资源局。

（4）征地听证告知　在征地报批前，市、县国土资源局应当制作《听证告知书》，将拟征土地的补偿标准、安置途径、当地劳动保障部门确定的被征地农民社保对象的条件、人数、养老保险费的筹资渠道、缴费比例等内容，告知被征地农村集体经济组织和农户，并告知被征地的农村集体经济组织和农户对补偿标准、安置途径和社保措施享有申请听证的权利。《听证告知书》由国土资源所负责在被征土地所在地的村内张贴并告知被征地农民。

（5）组织征地听证　在征地报批前，被征地集体经济组织和农户就征地补偿标准和安置途径申请听证的，市、县国土资源局应当组织听证。涉及社会保障有关事项的，邀请劳动保障部门参加。举行听证的，应当制作《听证笔录》和《听证纪要》，全面准确地反映当事人的意思。确有必要的，应当对征地补偿标准和安置途径进行修改和完善。被征地农村集体经济组织和农户自愿放弃听证的，应当填写《听证送达回执》。

2.征地报批材料组卷

（1）文字材料

① 省辖市人民政府建设用地请示文件。

② 省辖市人民政府建设用地审查意见（附土地开发建设整体方案及控制性规划；涉及划拨供地的，附划拨用地项目名单）。

③ 县（市）人民政府建设用地请示文件。

④ 县（市）人民政府建设用地审查意见（附土地开发建设整体方案及控制性规划，其中涉及划拨供地的，附划拨用地项目名单）。

⑤ 建设用地项目呈报材料“一书三方案”。

⑥ 征地告知、确认、听证有关材料。

⑦ 补充耕地验收文件和市、县国土资源行政主管部门关于资金来源情况的说明。

⑧ 缴纳新增建设用地土地有偿使用费承诺函（加盖市、县财政部门印章）。

⑨ 占用林地的，应当先办理占用林地审核手续。

⑩ 现场踏勘表及影像资料。

（2）图件材料

① 建设用地勘测定界图和勘测定界技术报告书。

② 城市建设用地规模控制图（可用A4局部彩图，加盖报文的市、县国土资源行政主管部门印章或规划审核章）。

③ 拟占用土地1∶1万分幅土地利用现状图（标注占地位置并加盖报文的市、县国土资源行政主管部门印章）。

④ 补充耕地位置图（在1∶1万分幅土地利用现状图上标注并加盖报文的市、县国土资

源行政主管部门印章)。

3.征地批准后组织实施

(1)发布征收土地公告　征地经依法批准后，被征土地所在地的市、县人民政府应当自收到征地批准文件之日起10个工作日内，在被征收土地的村内张贴《征收土地公告》。该公告应当包括下列内容。

① 征地批准机关、批准文号、批准时间和批准用途。

② 被征用土地的所有人、位置、地类和面积。

③ 征地补偿标准、农业人员安置途径、社保情况。

④ 办理征地补偿登记的期限和地点。

(2)办理征地补偿登记　被征地农村集体经济组织、农村村民、地上附着物产权人或者其他权利人应当在《征收土地公告》规定的期限内，持土地权属证书等有关证明材料，到《征收土地公告》规定的地点，办理征地补偿登记手续。

(3)发布征地补偿安置方案公告　市、县人民政府土地行政主管部门根据批准的《征收土地方案》和补偿登记资料，在发布《征收土地公告》之日起45日内，以被征地农村集体经济组织为单位制定《征地补偿安置方案公告》并在被征收土地的村内张贴。该公告应当包括下列内容。

① 本集体经济组织被征收土地的位置、地类、面积、地上附着物和青苗的种类、数量，需要安置的农业人口和数量。

② 土地补偿费的标准、数额、支付对象和支付方式。

③ 安置补助费的标准、数额、支付对象和支付方式。

④ 地上附着物和青苗的补偿标准和支付方式。

⑤ 社保费用的筹集办法、缴费比例和计算方法。

⑥ 其他有关征地补偿、安置的具体措施。

(三)土地征收的一般程序

较新的土地征收一般程序，对有关环节和材料内容进行了根据新的现实情况的简化和调整，现介绍如下。

1.预征告知

《国务院关于深化改革严格土地管理的决定》中规定:“在征地依法报批前，要将拟征地的用途、位置、补偿标准、安置途径告知被征地农民。”国土资源部关于印发《关于完善征地补偿安置制度的指导意见》的通知中规定:“在征地依法报批前，当地国土资源部门应将拟征地的用途、位置、补偿标准、安置途径等，以书面形式告知被征地农村集体经济组织和农户。在告知后，凡被征地农村集体经济组织和农户在拟征土地上抢栽、抢种、抢建的地上附着物和青苗，征地时一律不予补偿。”

2.现状调查及确认

《国务院关于深化改革严格土地管理的决定》中规定:“对拟征土地现状的调查结果须经被征地农村集体经济组织和农户确认;确有必要的，国土资源部门应当依照有关规定组织听证。要将被征地农民知情、确认的有关材料作为征地报批的必备材料。”国土资源部关于印发《关于完善征地补偿安置制度的指导意见》的通知中规定:“确认征地调查结果。当地国土资源部门应对拟征土地的权属、地类、面积以及地上附着物权属、种类、数量等现状进行调查，调查结果应与被征地农村集体经济组织、农户和地上附着物产权人共同确认。”

3.征询意见，组织征地听证

国土资源部关于印发《关于完善征地补偿安置制度的指导意见》的通知中规定：“在征地依法报批前，当地国土资源部门应告知被征地农村集体经济组织和农户，对拟征土地的补偿标准、安置途径有申请听证的权利。当事人申请听证的，应按照《国土资源听证规定》规定的程序和有关要求组织听证”。《征收征用农民集体所有土地征地补偿费分配使用办法》第7条规定：“在征地依法报批前，当地国土资源部门应当告知被征地农户、农村集体经济组织和地上附着物产权人，对拟征土地的补偿标准、安置途径有要求听证的权利。当事人要求听证的，应当在被告知后5个工作日内提出听证申请。国土资源部门应当自收到听证申请之日起20日内按照有关规定组织听证。”

4.征地材料的组织、审核及上报

市、县国土资源行政主管部门根据征地情况调查结果和市县人民政府拟定的征地补偿标准、安置方案，以及建设项目的相关材料，依法拟定农用地转用方案、补充耕地方案、征收土地方案和供地方案，编制建设用地呈报说明书（简称：一书四方案），经过县级人民政府初步审核同意后，由县级人民政府正式行文报批。县级人民政府同时应就征地补偿标准合法性、安置方案的可行性及妥善安置被征地农民生产生活保障措施出具说明材料。

被征地农民提出的意见较多、情况较为复杂的，县级人民政府应当说明采纳意见的情况。

5.征地的审核、报批

市、县人民政府上报的征地材料，由省（自治区、直辖市）国土资源厅（局）受理，并进行审核。凡是征地材料齐全、征地程序合法、征地补偿标准符合法律规定、安置方案已经确认、市县人民政府已经出具说明材料的，报请省级人民政府审批。须报国务院批准的，由省（自治区、直辖市）人民政府审查后报请国务院批准。国土资源厅（局）将征地材料报送国土资源部审查。征地经国务院或省级人民政府批准后，省国土资源厅或国土资源部下发征地批准文件。

6.征地公告

经依法批准征地项目后，市、县人民政府和市、县国土行政主管部门要及时进行征地的两公告，即征收土地公告和征地补偿安置方案公告。根据《征收土地公告办法》的规定，征收土地公告由市、县人民政府在收到征收土地方案批准文件之日起10个工作日内进行，内容包括：① 征地批准机关、批准文号、批准时间和批准用途；② 被征收土地的所有权人、位置、地类和面积；③ 征地补偿标准和农业人员安置途径；④ 办理征地补偿登记的期限、地点。征收土地的补偿、安置方案公告由市、县国土行政主管部门进行。内容包括：① 本集体经济组织被征收土地的位置、地类、面积、地上附着物和青苗的种类、数量，需要安置的农业人口的数量；② 土地补偿费的标准、数额、支付对象和支付方式；③ 安置补助费的标准、数额、支付对象和支付方式；④ 地上附着物和青苗的补偿标准和支付方式；⑤ 农业人员的具体安置途径；⑥ 其他有关征地补偿、安置的具体措施。如果征地项目未获省级人民政府或国务院批准，由发布预征公告的国土资源管理部门及时下发书面通知，取消原预征公告。

7.两公告后被征地农民的权利

根据《征收土地公告办法》的规定，被征地农村集体经济组织、农村村民或者其他权利人对征地补偿、安置方案有不同意见的或者要求举行听证会的，应当在征地补偿、安置方案公告之日起10个工作日内向有关市、县人民政府土地行政主管部门提出。有关市、县人民政

府土地行政主管部门应当研究被征地农村集体经济组织、农村村民或者其他权利人对征地补偿、安置方案的不同意见。对当事人要求听证的，应当举行听证会。确需修改征地补偿、安置方案的，应当依照有关法律、法规和批准的征用土地方案进行修改。有关市、县人民政府土地行政主管部门将征地补偿、安置方案报市、县人民政府审批时，应当附具被征地农村集体经济组织、农村村民或者其他权利人的意见及采纳情况，举行听证会的，还应当附具听证笔录。

8.征地补偿安置方案的批准和交付土地

市、县国土行政主管部门进行征地补偿安置方案的公告后，公告期满当事人无异议或者根据有关要求对征地补偿安置方案进行完善后，将征求意见后的征地补偿安置方案，连同被征地农村集体经济组织、农村村民或者其他权利人的意见及采纳情况报市县人民政府批准，并报省级国土行政主管部门备案。

征地补偿安置方案批准后，市、县人民政府应及时依法组织落实征地补偿安置方案的事宜，将征地补偿安置方案确定的费用及时足额地支付给被征地的农民和村集体经济组织。征地补偿安置方案确定的有关补偿费用没有足额支付到位的，被征地的农村集体经济组织和农民有权拒绝交出土地。如果征地补偿安置方案确定的有关补偿费用已经足额支付到位而被征地的农民拒绝交出土地的，征地的市县人民政府有权责令限期交出土地。如果被征地的农民对市县人民政府确定的补偿标准和支付方式等有不同意见，也应该交出土地。对于补偿标准等有关纠纷，可以通过行政复议、行政诉讼、行政裁决的方式予以解决。

三、土地征收补偿

（一）土地征收补偿的内容

作出房屋征收决定的市、县级人民政府对被征收人给予的补偿包括：① 被征收房屋价值的补偿。② 因征收房屋造成的搬迁、临时安置的补偿。③ 因征收房屋造成的停产停业损失的补偿。④ 市、县级人民政府应当制定补助和奖励办法，对被征收人给予补助和奖励。

（二）土地征收补偿费用（征地总价）

1.土地征收补偿费用构成

征地补偿费是指国家建设征收土地时，按照被征收土地的原用途给予被征地单位补偿的各项费用，是指土地补偿费、安置补助费、地上附着物和青苗补偿费等的总和。土地补偿费是因国家征收土地对土地所有者在土地上的投入和收益造成损失的补偿。补偿的对象是土地所有权人。安置补助费是国家建设征收农民集体土地后，为了解决以土地为主要生产资料并取得生活来源的农业人口因失去土地造成生活困难所给予的补助费用。青苗补偿费是指征用土地时，对被征用土地上生长的农作物，如水稻、小麦、玉米、土豆、蔬菜等造成损失所给予的一次性经济补偿费用。地上附着物补偿费是对被征用土地上的各种地上建筑物、构筑物，如房屋、水井、道路、管线、水渠等的拆迁和恢复费以及被征用土地上林木的补偿或者砍伐费等。其他补偿费是指除土地补偿费、地上附着物补偿费、青苗补偿费、安置补助费以外的其他补偿费用，即因征用土地给被征用土地单位和农民造成的其他方面损失而支付的费用，如水利设施恢复费、误工费、搬迁费、基础设施恢复费等。

2.土地征收补偿费用构成的分析与总结

综合土地征收补偿内容可以将全部费用分成对“物”的补偿和对“人”的补偿两大部分

费用。

（1）对“物”的补偿费用——征地补偿费用 对“物”的补偿费用就是征地补偿费用，包括对被征收土地本身价值的补偿和对被征收土地地上价值物的补偿。被征收土地本身价值按不同土地用途等来确定，比如按宅基地、耕地、菜地、苗圃地、场院地、果园、池塘、林地、荒地、沙石地等；地上价值物的补偿又可分为地上附着物和地上生长物的补偿两部分。地上附着物包括地上建筑物如房屋、场院设施、水井、道路、管线、水渠、水坝、桥梁、牲口棚、坟墓等；地上生长物包括农作物和林木等，农作物包括水稻、小麦、玉米、土豆、蔬菜等及其青苗损失，林木包括果树、用材和一般树木等。

（2）对“人”的补偿费用——安置补助费用 对“人”的补偿费用就是安置补助费用，包括生活来源主要依靠土地的农业人口的安置和相关补助费用及其他补偿费用。其他补偿费用包括征收工作相关奖励补助以及水利等农业基础设施和公共设施的恢复费、误工费、搬迁费等。

以上分析总结的结果见图6-1。

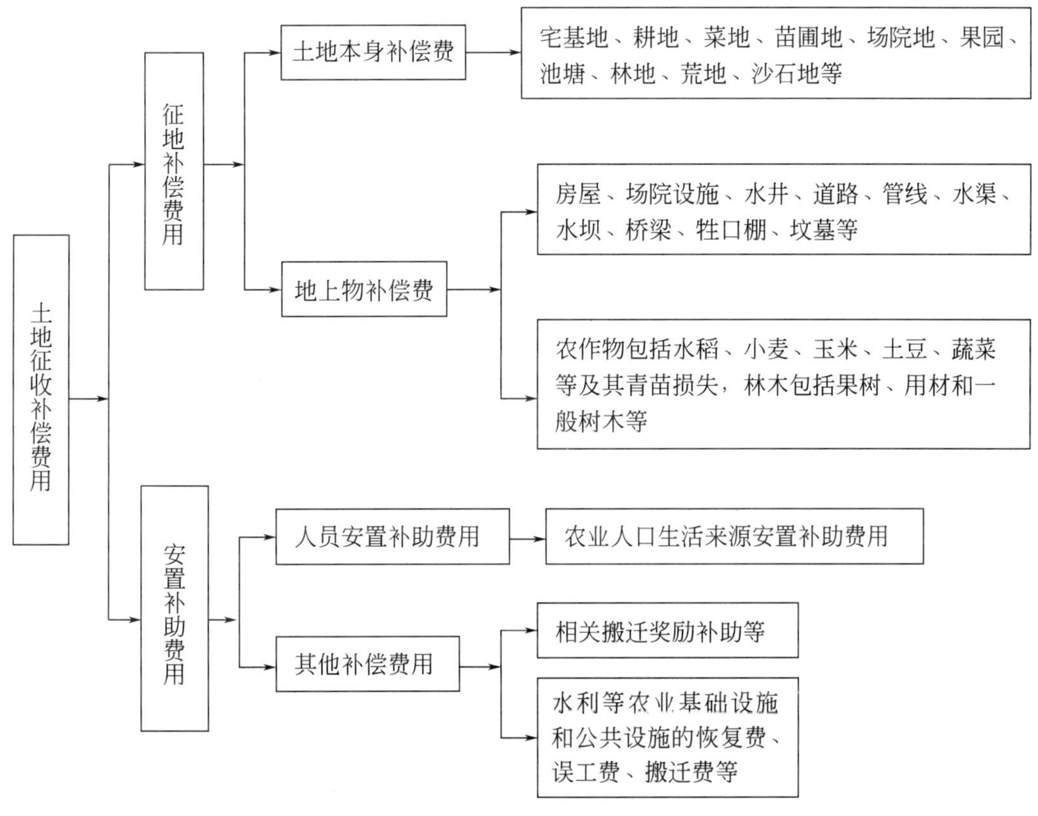

图6-1 土地征收补偿费用构成

（三）最新土地征收补偿标准规定说明

1.国家征地补偿标准说明

征收土地的，按照被征收土地的原用途给予补偿。

① 征收耕地的补偿费用包括土地补偿费、安置补助费以及地上附着物和青苗的补偿费。征地补偿和安置补助费用标准见图6-2。

征收耕地的土地补偿费，为该耕地被征收前三年平均年产值的6～10倍

征收耕地的安置补助费，按照需要安置的农业人口数计算。需要安置的农业人口数，按照被征收的耕地数量除以征地前被征收单位平均每人占有耕地的数量计算。每一个需要安置的农业人口的安置补助费标准，为该耕地被征收前三年平均年产值的 4 ～ 6 倍。但是，每公顷被征收耕地的安置补助费，最高不得超过被征收前三年平均年产值的 15 倍

图6-2　征地补偿和安置补助费用标准

② 征收其他土地的土地补偿费和安置补助费标准，由省、自治区、直辖市参照征收耕地的土地补偿费和安置补助费的标准规定。

③ 被征收土地上的附着物和青苗的补偿标准，由省、自治区、直辖市规定。

④ 征收城市郊区的菜地，用地单位应当按照国家有关规定缴纳新菜地开发建设基金。

2. 征地安置补偿标准有关规定

（1）征地补偿费用项目

① 土地补偿费：用地单位依法对被征地的农村集体经济组织因其土地被征收造成经济损失而支付的一种经济补偿。

② 青苗补偿费：用地单位对被征收土地上的青苗因征地受到毁损，向种植该青苗的单位和个人支付的一种补偿费用。

③ 附着物补偿费：用地单位对被征收土地上的附着物，如房屋、其他设施，因征地被毁损而向该所在人支付的一种补偿费用。

④ 安置补助费：用地单位对被征地单位安置因征地所造成的富余劳动力而支付的补偿费用。

（2）补偿标准

① 各项征地补偿费用的具体标准、金额由市、县政府依法批准的征地补偿安置方案规定。

② 土地被征用前三年平均年产值的确定（有关土地补偿费、安置补助费的补偿标准）按当地统计部门审定的最基层单位统计年报和经物价部门认可的单价为准。

③ 按规定支付的土地补偿费、安置补助费尚不能使需要安置的农民保持原有生活水平的，可增加安置补助费。原土地补偿费和安置补助费的总和不得超过土地被征用前三年平均年产值的30倍的土地管理规定，已经在2013年3月26日《土地管理法》中删除（意思是无上限限制，上不封顶）。

第三节　城市建设房屋征收与拆迁工作

一、房屋征收与拆迁概述

（一）房屋征收与拆迁的概念

1. 房屋征收

（1）基本定义　房屋征收是指由房屋征收部门通常是政府城建部门在摸底立项的基础上对居民百姓居住房屋的土地使用权的有偿回收。

（2）征收决定 为了保障国家安全、促进国民经济和社会发展等公共利益的需要，有下列情形之一，确需征收房屋的，由市、县级人民政府作出房屋征收决定：① 国防和外交的需要；② 由政府组织实施的能源、交通、水利等基础设施建设的需要；③ 由政府组织实施的科技、教育、文化、卫生、体育、环境和资源保护、防灾减灾、文物保护、社会福利、市政公用等公共事业的需要；④ 由政府组织实施的保障性安居工程建设的需要；⑤ 由政府依照城乡规划法有关规定组织实施的对危房集中、基础设施落后等地段进行旧城区改建的需要；⑥ 法律、行政法规规定的其他公共利益的需要。

（3）房屋征收的相关政策规定 一是征收主体为市、县级人民政府，实施部门为市、县级人民政府确定的房屋征收部门，一般为市、县级人民政府房屋征收补偿办公室。房屋征收部门可以委托房屋征收实施单位，承担房屋征收与补偿的具体工作。房屋征收实施单位不得以营利为目的。

二是城市房屋征收依《国有土地上房屋征收与补偿条例》进行。为了公共利益的需要，征收国有土地上单位、个人的房屋，被征收人为征收范围内房屋所有权人、公房使用权人、未经登记建筑所有权人等。

三是作出房屋征收决定前，征收补偿费用应当足额到位、专户存储、专款专用。房屋被依法征收的，国有土地使用权同时收回。

四是房屋征收应满足下列三项条件：

① 征收范围属于国有土地。

② 因公共利益需要（具体见前述“征收决定”中的六条）。

③ 符合四规划一计划。包括国民经济和社会发展规划、土地利用总体规划、城乡规划和专项规划。保障性安居工程建设、旧城区改建，应当纳入市、县级国民经济和社会发展年度计划。

2. 房屋拆迁

（1）一般定义 拆迁是指取得拆迁许可的单位，根据城市建设规划要求和政府所批准的用地文件，依法拆除建设用地范围内的房屋和附属物，将该范围内的单位和居民重新安置，并对其所受损失予以补偿的法律行为。

（2）城市房屋拆迁管理依据 城市房屋拆迁管理依据国务院《城市房屋拆迁管理条例》。

（3）城市建设房屋拆迁方式 一般包括当地人民政府组织的统一拆迁、建设单位（拆迁人）自行拆迁和委托拆迁三种方式。其中当地政府主持的统一拆迁是主流拆迁方式。

（4）拆迁许可证制度 房屋所在地的市、县人民政府房屋拆迁管理部门经过审查后，为符合条件的拆迁人颁发据以实施拆迁的有关证书。其中，应载明被拆迁房屋的拆迁人、拆迁范围、拆迁期限等事项，并以房屋拆迁公告的形式予以公布。拆迁人在申领房屋拆迁许可证时，应向拆迁管理部门提交以下资料：建设项目（计划）批准文件；建设用地规划许可证；国有土地使用权批准文件；房屋拆迁计划和拆迁方案；用于房屋拆迁费用的证明。

（二）房屋征收与房屋拆迁异同比较分析

1. “房屋征收”和“房屋拆迁”的法律意义不同

“房屋征收”是一种具有强制性的国家行为，是特指国家为了“公共利益”而改变土地、房屋及其他不动产的所有权。征收房屋及其他不动产，则是指为了“公共利益”将原属于单位、个人所有的房屋及其他不动产征收为国家所有。因此从法律上讲，“房屋征收”属于国家行为，是一种行政法律关系。

“房屋拆迁”是一种民事法律关系，是指建设单位出于非公共利益的目的，根据建设规划要求和政府所批准的用地文件，在取得拆迁许可证的情况下，依法拆除建设用地范围内的房屋和附属物，将该范围内的单位和居民予以安置。建设单位与被拆迁人之间是以平等、自愿的形式就因拆迁而造成的损失签订补偿协议的一系列法律行为。被拆迁房屋及其所有权随着拆迁行为的开始而“灭失”，但并不改变房屋所有权的归属。

2.“房屋征收”和“房屋拆迁”的实施主体不同

《征收条例》规定了县级以上地方人民政府负责本行政区域的房屋征收与补偿工作。县级以上地方人民政府规定的房屋征收部门具体组织实施房屋征收与补偿工作。因此，房屋征收的主体是国家。而“房屋拆迁”的实施主体是依法领取房屋拆迁许可证的单位。虽然现在政府临时性机构作为拆迁主体时有耳闻，但这是一种政府不规范行为，甚至是一种越权行为。

3.“房屋征收”和“房屋拆迁”适用范围不同

《征收条例》规定：为了公共利益的需要，对国有土地上单位、个人的房屋实行征收以及对被征收房屋的所有权人（简称被征收人）给予补偿的，适用本条例。当前情况是适用于为了公共利益的需要而实施“房屋征收”。必须说明，目前对于“公共利益”范围的界定，在学术理论上和实践中还存在争议。

同时，对于非因公共利益的需要，拆迁国有土地上单位、个人的房屋从事建设活动的，应当符合城乡规划、土地利用总体规划，并依法办理有关审批手续。

4.“房屋征收”和“房屋拆迁”程序不同

在征收程序方面，因公共利益的需要对国有土地上单位、个人的房屋实行征收的，《征收条例》明确由县级以上地方人民政府在作出房屋征收决定前，应当组织发展改革、城乡规划、国土资源、环境保护、文物保护、建设等有关部门，就房屋征收目的、房屋征收范围、实施时间等事项进行论证。并采取论证会、听证会或者其他方式征求被征收人、公众和专家意见。经征求被征收人、公众和专家意见，无重大争议的，由县级以上地方人民政府作出房屋征收决定；存在重大争议的，由县级以上地方人民政府报请上一级人民政府裁决后，作出房屋征收决定，并就征收决定予以公告。而对于非因公共利益的需要进行的“房屋拆迁”，《征收条例》也有相应规定。

二、房屋征收工作

（一）房屋征收一般政策流程

1.确定征收范围，禁止建设和停办各类手续

房屋征收范围确定后，不得在房屋征收范围内实施新建、扩建、改建房屋和改变房屋用途等不当增加补偿费用的行为；违反规定实施的，不予补偿。房屋征收部门应当将前款所列事项书面通知有关部门暂停办理相关手续。暂停办理相关手续的书面通知应当载明暂停期限。暂停期限最长不得超过1年。

2.拟定征收补偿方案

房屋征收部门拟定征收补偿方案，报市、县级人民政府。市、县级人民政府应当组织有关部门对征收补偿方案进行论证并予以公布，征求公众意见。征求意见期限不得少于30日。

3.修改和听证

市、县级人民政府应当将征求意见情况和根据公众意见修改的情况及时公布。因旧城区改建需要征收房屋，多数被征收人认为征收补偿方案不符合本条例规定的，市、县级人民政府应当组织由被征收人和公众代表参加的听证会，并根据听证会情况修改方案。

4.社会稳定风险评估

市、县级人民政府作出房屋征收决定前，应当按照有关规定进行社会稳定风险评估；房屋征收决定涉及被征收人数量较多的，应当经政府常务会议讨论决定。

5.补偿资金验收

作出房屋征收决定前，征收补偿费用应当足额到位、专户存储、专款专用。

6.调查登记公示

房屋征收部门应当对房屋征收范围内房屋的权属、区位、用途、建筑面积等情况组织调查登记，被征收人应当予以配合。调查结果应当在房屋征收范围内向被征收人公布。

7.对未经登记建筑调查认定处理

市、县级人民政府作出房屋征收决定前，应当组织有关部门依法对征收范围内未经登记的建筑进行调查、认定和处理。对认定为合法建筑和未超过批准期限的临时建筑，应当给予补偿；对认定为违法建筑和超过批准期限的临时建筑，不予补偿。

8.作出征收决定并公告

市、县级人民政府作出房屋征收决定后应当及时公告。公告应当载明征收补偿方案和行政复议、行政诉讼权利等事项。

（二）房屋征收工作总体程序

1.申请征收房屋程序

（1）提出征收申请，提交相关材料　公共利益项目建设单位向房屋征收部门提出房屋征收申请，并同时提交相关规划、城建、征收补偿安置资金等文件。

（2）审查征收申请事项　房屋征收部门在接到项目建设单位的房屋征收申请后，于指定工作日内，完成对申请征收房屋事项的审查工作。

2.作出房屋征收决定前程序

（1）通知有关部门暂停办理相关手续　房屋征收申请审查通过后，房屋征收部门应在规定期限内起草并送达相关单位暂停办理新建、扩建、改建房屋和改变房屋用途等相关手续通知书。

（2）委托房屋征收实施单位　房屋征收部门可以委托房屋征收实施单位，承担房屋征收与补偿的具体工作，委托的事项一般包括：协助调查、登记，协助编制征收补偿方案，协助进行房屋征收与补偿政策的宣传、解释，就征收补偿的具体问题与被征收人协商，协助组织征求意见、听证、论证、公示、动员以及组织对被征收房屋的拆除等。征收实施单位一般为乡镇政府、街道办、房地产管理机构、政府专门组织的项目办、土地储备开发机构等非营利性单位，并对其在委托范围内实施的房屋征收与补偿行为负责监督，对其行为后果承担法律责任，但房屋征收实施单位不得以营利为目的。

（3）选择房地产评估机构（7个工作日）

① 房屋征收部门在房屋征收范围内公示具有三级以上房地产评估资质的估价机构，并发

布选择评估机构公告；

② 被征收人在规定的期限内，协商确定估价机构；

③ 协商不成的，由多数被征收人决定估价机构，也可以采取投票、抽签、摇号等随机方式，确定估价机构。

（4）对房屋调查登记并依法处理未经登记的建筑物

① 房屋征收部门组织房屋登记机构、国土资源部门、城乡规划部门及被征收房屋所在地的基层组织等单位，对征收范围内房屋及土地使用权的权属、区位、用途、建筑面积等情况在10个工作日内进行调查登记；

② 城乡规划部门依法对未经登记的建筑进行调查、认定和处理，并在2个工作日内将相关情况书面告知房屋征收部门；

③ 房屋征收部门在2个工作日内在房屋征收范围内发布被征收房屋的调查结果。

（5）上报征收补偿方案

① 房屋征收实施单位在5个工作日内拟定征收补偿方案；

② 房屋征收部门在2个工作日内对征收补偿方案进行审核及修改；

③ 房屋征收部门在2个工作日内向政府报送征收补偿方案。

（6）组织对征收补偿方案论证　市、县（区）级人民政府组织房屋征收、城乡规划、国土资源、发展改革、财政、信访、政府法制等部门，在5个工作日内对征收补偿方案进行充分论证和修改。

（7）公布征收补偿方案

① 房屋征收部门在房屋征收范围内公布征收补偿方案，并征求公众意见，征求意见的期限不少于30日；

② 房屋征收部门做好意见的收集和整理工作；

③ 征求意见期满之日起2个工作日内，房屋征收部门向政府提交征求意见和补偿方案修改情况的报告。

（8）公布征求意见和补偿方案修改情况　房屋征收部门以政府名义在2个工作日内公布征求意见情况和征收补偿方案修改情况。

（9）依法召开听证会

① 旧城区改建项目半数以上被征收人认为征收补偿方案不符合《征收条例》规定的，市、县（区）级人民政府应当组织被征收人和公众代表召开听证会；

② 房屋征收部门根据听证会情况修改征收补偿方案。

（10）实施社会稳定风险评估

① 房屋征收部门按照政府要求，依据相关规定，进行社会稳定风险评估，并在2个工作日内向市、县、区政府提出是否作出房屋征收决定的意见；

② 涉及房屋征收户数在100户以下的（含100户），由市、县（区）长审批；户数在100户以上的，经市、县（区）人民政府常务会议讨论决定。

3.作出房屋征收决定后程序

（1）征收补偿费足额到位资金保障　作出房屋征收决定前，相关部门依据被征收地块的调查资料，拟定征收补偿费用的预算，报市人民政府。征收补偿费用应当足额到位，专户储存（责任单位：房屋征收实施单位、市住房和建设局、市财政局等）。

房屋征收实施单位在7个工作日内对被征收房屋进行调查，编制房屋征收补偿费用概算；房屋征收部门在2个工作日内对概算进行审核；建设单位根据房屋征收部门要求，在5

个工作日内将全部补偿费用汇入专户存储。

（2）发布房屋征收公告 房屋征收部门在市、县（区）级人民政府作出房屋征收决定书之日起5个工作日内，在征收房屋范围内发布房屋征收公告，并在新闻媒体发布公告。

（3）做好宣传解释 房屋征收部门及房屋征收实施单位应向被征收人做好房屋征收与补偿的宣传、解释工作。

4.房屋征收补偿程序

（1）对被征收房屋价值进行评估（10个工作日）

① 估价机构选派3名以上房地产估价师进行实地查勘。

② 依法确定被征收房屋的价值，出具房地产评估报告。

（2）申请复核评估及鉴定

① 房屋征收部门和被征收人对评估结果有异议的，在接到估价报告之日起5日内提出书面复核申请；

② 估价机构对评估结果进行复核并出具复核报告；

③ 当事人对复核结果有异议的，可以在接到复核报告之日起5日内向房地产价格评估专家委员会提出鉴定申请；

④ 当事人从房地产价格评估专家委员会专家名单库中选取3人以上单数专家，组成鉴定小组，对估价报告进行鉴定。房地产价格评估专家委员会在收到申请之日起10日内出具书面鉴定意见。

（3）签订房屋征收补偿协议（征收补偿方案确定的签约期限）

① 房屋征收实施单位与被征收人核算征收房屋补偿费等；

② 协商搬迁期限、过渡期限等具体补偿与安置事项；

③ 房屋征收部门与被征收人签订书面的房屋征收补偿协议。

（4）先补偿后搬迁

① 房屋征收实施单位按照房屋征收补偿协议的约定，完成对被征收人的补偿事项；

② 被征收人在房屋征收补偿协议约定的期限内，完成搬迁事项，并及时向房屋征收实施单位交付被征收房屋。

（5）对建筑物实施拆除

① 房屋征收实施单位应当委托具有建筑施工总承包企业资质或爆破与拆除工程专业承包企业资质的单位，依照国务院《建设工程安全生产管理条例》等规定，对建筑物实施拆除；

② 施工单位采取围挡作业等安全措施，对建筑物进行拆除，并在约定的期限内完成拆除任务。

5.达不成补偿协议的纠纷处理程序

（1）作出补偿决定 在征收补偿方案确定的签约期限内，达不成征收补偿协议或房屋所有权人不明确的，由市、县（区）人民政府作出补偿决定。

① 房屋征收部门报请市、县（区）级人民政府作出补偿决定。

② 经政府法制部门把关后，市、县（区）级人民政府研究作出补偿决定。

（2）发布补偿决定公告 房屋征收部门及时在房屋征收范围内公告补偿决定。

（3）申请强制执行 非诉讼案件强制执行。

被征收人在接到补偿决定书之日起60日内不申请行政复议或者在接到补偿决定书之日起三个月内不提起诉讼，又在补偿决定规定的期限内不搬迁的，市、县（区）人民政府应当自被执行人法定起诉期限届满之日起180日内，向人民法院申请强制执行。

① 房屋征收部门代政府起草《强制执行申请书》；② 经政府法制部门把关后报政府审批；③ 市、县（区）级人民政府向人民法院提交强制执行申请书，并提交征收补偿金额和专户存储账号；实行产权调换的，提供安置房屋和周转房的位置、面积等资料。

6.达成补偿协议后纠纷的处理程序

① 房屋征收部门或被征收人依法向人民法院提起诉讼。

② 依法申请强制执行。人民法院对补偿协议纠纷案件的判决书生效后，被征收人拒绝履行的，市、县（区）依法申请人民法院强制执行。

7.房屋征收信息公开程序

（1）建立房屋征收补偿专项档案

① 房屋征收项目完成后15日内，房屋征收实施单位向房屋征收部门移交补偿协议等相关文件、资料；

② 房屋征收部门归集征收补偿协议等文件、资料，按规范化标准建立健全档案资料。

（2）向被征收人公布分户补偿信息　房屋征收部门在房屋征收范围内向被征收人公布分户补偿信息。

（3）审计机关公布审计结果

① 房屋征收项目完成后20日内，房屋征收部门向审计机关提交房屋征收补偿费管理使用情况等文件、资料；

② 审计机关对征收补偿费管理和使用情况进行审计，并公布审计结果。

（三）房屋征收补偿安置事宜

1.房屋征收补偿政策及标准

（1）补偿项目内容　作出房屋征收决定的市、县级人民政府对被征收人给予的补偿包括：

① 被征收房屋价值的补偿；② 因征收房屋造成的搬迁、临时安置的补偿；③ 因征收房屋造成的停产停业损失的补偿；④ 市、县级人民政府应当制定补助和奖励办法，对被征收人给予补助和奖励。

（2）住房保障优先　征收个人住宅，被征收人符合住房保障条件的，作出房屋征收决定的市、县级人民政府应当优先给予住房保障。具体办法由省、自治区、直辖市制定。

（3）被征收房屋的价值补偿标准　对被征收房屋价值的补偿，不得低于房屋征收决定公告之日被征收房屋类似房地产的市场价格。被征收房屋的价值，由具有相应资质的房地产价格评估机构按照房屋征收评估办法评估确定。

对评估确定的被征收房屋价值有异议的，可以向房地产价格评估机构申请复核评估。对复核结果有异议的，可以向房地产价格评估专家委员会申请鉴定。

2.房屋征收补偿方式选择

（1）货币补偿或产权调换方式　被征收人可以选择货币补偿，也可以选择房屋产权调换。

被征收人选择房屋产权调换的，市、县级人民政府应当提供用于产权调换的房屋，并与被征收人计算、结清被征收房屋价值与用于产权调换房屋价值的差价。因旧城区改建征收个人住宅，被征收人选择在改建地段进行房屋产权调换的，作出房屋征收决定的市、县级人民政府应当提供改建地段或者就近地段的房屋。

（2）搬迁与停产停业

① 因征收房屋造成搬迁的，房屋征收部门应当向被征收人支付搬迁费；选择房屋产权调换的，产权调换房屋交付前，房屋征收部门应当向被征收人支付临时安置费或者提供周转用房。

② 对因征收房屋造成停产停业损失的补偿，根据房屋被征收前的效益、停产停业期限等因素确定。具体办法由省、自治区、直辖市制定。

（3）违章建筑　市、县级人民政府作出房屋征收决定前，应当组织有关部门依法对征收范围内未经登记的建筑进行调查、认定和处理。对认定为合法建筑和未超过批准期限的临时建筑的，应当给予补偿；对认定为违法建筑和超过批准期限的临时建筑的，不予补偿。

（4）房屋征收补偿协议

① 补偿协议。房屋征收部门与被征收人依照《征收条例》的规定，就补偿方式、补偿金额和支付期限、用于产权调换房屋的地点和面积、搬迁费、临时安置费或者周转用房、停产停业损失、搬迁期限、过渡方式和过渡期限等事项，订立补偿协议。补偿协议订立后，一方当事人不履行补偿协议约定的义务的，另一方当事人可以依法提起诉讼。

② 补偿决定。房屋征收部门与被征收人在征收补偿方案确定的签约期限内达不成补偿协议，或者被征收房屋所有权人不明确的，由房屋征收部门报请作出房屋征收决定的市、县级人民政府依照《征收条例》的规定，按照征收补偿方案作出补偿决定，并在房屋征收范围内予以公告。补偿决定应当公平，包括依据规定的有关补偿协议的事项。被征收人对补偿决定不服的，可以依法申请行政复议，也可以依法提起行政诉讼。

（5）实施房屋征收应当先补偿、后搬迁　作出房屋征收决定的市、县级人民政府对被征收人给予补偿后，被征收人应当在补偿协议约定或者补偿决定确定的搬迁期限内完成搬迁。

任何单位和个人不得采取暴力、威胁或者违反规定中断供水、供热、供气、供电和道路通行等非法方式迫使被征收人搬迁。禁止建设单位参与搬迁活动。

三、房屋拆迁及拆迁补偿工作

（一）房屋拆迁的基本过程

（1）调查核实　拆迁人收到征地批文后，首先要到派出所、房管站抄录征地范围内的常住人口以及全部房产情况，按表格逐一登记，并上门大量核实。

（2）逐户走访　拆迁人应成立拆迁小组，对所有的被拆迁人逐户走访，全面进行宣传接触，了解被拆迁人的拆迁安置愿望。

（3）编制拆迁计划　根据调查核实的情况以及国家、地方有关拆迁的法律规定，及时编制拆迁计划和拆迁方案，确定拆迁时间、拆迁步骤和拆迁形式。

（4）申请拆迁　拆迁人持有关的国家批文、拆迁计划和拆迁方案，向当地拆迁主管部门提出申请。经审查批准并领到拆迁许可证后，方可进行拆迁。

（5）发出拆迁公告　拆迁许可证一经批准发放，拆迁主管机关应将拆迁人、拆迁范围、拆迁期限等以公告或其他形式予以公布，同时应作好房屋拆迁的宣传、解释工作。

（6）签订协议　在公告规定的时限内，拆迁人与被拆迁人应按国家和本地区关于安置、补偿的有关规定在自愿、有偿的基础上签订协议书。协议应明确补偿办法和数额、安置面积和地点、搬迁过渡方式和时限以及违约责任等。协议经双方同意，可送拆迁主管机关备案和公证机关公证。

（7）实施拆迁　被拆迁人搬迁后，拆迁人应及时在批准的拆迁范围和期限内实施拆迁。

（二）拆迁补偿

1.房屋征收补偿方式及内容

房屋征收拆迁补偿有货币补偿、产权置换、货币补偿与产权置换相结合三种方式。

（1）货币补偿　货币补偿是通过不同的法定依据由专业的评估机构对被拆迁房屋进行专业的估价，生成有据可循的多元组成的补偿金额，即被拆迁房屋价值的货币补偿量。

从专业估价看一般有三种价格评估的法定依据。一是市场评估价。是指被拆迁房屋的房地产市场价格，是由符合规定的专业估价机构，根据估价目的，遵循估价原则，按照估价程序，选用适宜的估价方法，并在综合分析影响房地产价格因素的基础上，对房地产在估价时点的客观合理价格或价值进行估算和判定。二是商品房交易均价。是指同区域、同类型普通住宅商品房交易平均价格，由相关部门每季度定期汇总测定并公布。三是重置价。是指由估价机构采用估价时点的建筑材料和建筑技术，按估价时点的价格水平，判定出重新建造与估价对象具有同等功能效用的全新状态的建筑物的正常价格。三种价格都是拆迁补偿的法定依据，但用途各有不同，在不同情形下分别适用。

（2）产权置换　产权置换也被称作产权调换，根据评估方法不同，有两种置换方式。价值标准产权置换指的是依照法定程序，通过对被拆迁人房屋的产权价值进行评估，之后再以新建房屋的产权予以价值的等价置换。面积标准产权置换指的是以房屋建筑面积为基础，在应安置面积内不结算差价的异地产权房屋调换。

产权置换分异地安置和回迁安置两种形式。异地安置是指由于开发项目不涉及住宅或由于该地块容积率原因，不能进行回迁安置，只能选择在其他地块上新建安置房，再通过产权的增减尽量以等价做到产权置换；回迁安置是指开发商拆迁重建项目能够完成回迁安置，通过产权置换比例完成回迁安置。

（3）货币补偿与产权置换相结合　这种补偿方式是指既给货币补偿又给产权置换。由于我国城市化进程与其他诸多客观因素，导致房价和地价的虚高，因此造成了诸多不能够单单用货币补偿或者产权置换解决的问题，所以就出现了货币补偿和产权置换相结合的补偿方式。

2.补偿类型

补偿类型包括国有土地上的房屋拆迁补偿和集体土地上的房屋拆迁补偿。《国有土地上房屋征收与补偿条例》已经2011年1月19日国务院第141次常务会议通过。该条例针对补偿数额的确定有两大核心要点：一是明确评估价“不得低于房屋征收决定公告之日被征收房屋类似房地产的市场价格”；二是强调评估机构的中立性。集体土地拆迁补偿可参照《国有土地上房屋征收与补偿条例》并依法依据各地政府制定颁布的相关标准进行。

3.拆迁补偿内容

作出房屋征收决定的市、县级人民政府对被征收人给予的补偿包括：① 被征收房屋价值的补偿；② 因征收房屋造成的搬迁、临时安置的补偿；③ 因征收房屋造成的停产停业损失的补偿。市、县级人民政府应当制定补偿和奖励办法，对被征收人给予补偿和奖励。

4.房屋征收拆迁补偿的费用构成及其确定标准

拆迁补偿费用构成及其确定标准见表6-1。

表6-1　拆迁补偿费用构成及其确定标准

序号	补偿类型	主要内容	确定标准	评估方法
1	被征收房屋本身价值补偿	房屋本身价值（含建筑物及其内外装修价值）	不低于被征收房屋类似房地产同期的市场价格	
2	因征收行为导致的直接补偿	搬迁补助费+没有提供周转房情况下的临时安置补助费+超过过渡期限的临时安置补助费	一般按当地核准确定的地方费用价格标准执行	
3	因征收行为导致的间接补偿	房屋（一般是非住宅房屋）因停产、停业造成的损失赔偿费	房屋因停产、停业造成的损失赔偿费一般按当地相关规定标准核定、执行	
4	因征收涉及的其他相关费用	对被征收人给予补助和奖励	一般按当地相关规定执行	

第四节　房屋征收和拆迁补偿案例及土地整理改造

一、案例一：某市棚户区改造房屋征收安置补偿案例

××市××街棚户区改造房屋征收安置补偿公告与方案

（一）城市房屋征收公告

1.征收范围

××西路以南、新华路以西、××路以北、胜利路以东国有土地上的建筑物，总建筑面积6.13万平方米，总占地面积15.42万平方米，共有房屋1187套。上述房屋征收后，国有土地使用权同时收回。

2.征收单位

房屋征收单位：××市人民政府。

房屋征收实施单位：××市房屋征收与补偿办公室。

3.征收期限

201×年2月×日至201×年4月×日。

4.禁止建设和停办相关手续

自本公告发布之日起，在征收范围内不得新建、改建、扩建房屋。凡新建、改建、扩建房屋的，一律不予补偿。不得改变房屋用途，不得买卖、租赁、抵押房屋。

5.关于违法建筑物

对不符合《中华人民共和国城乡规划法》和《中华人民共和国土地管理法》的规定，没有合法建设手续的违法建筑物，由产权所有人自行拆除，不予补偿。对具有合法手续的建筑物，具体补偿事宜由征收实施单位和建筑物所有人依法进行协商并签订合同。具体安置补偿按照《××市××街棚户区改造征收安置补偿方案》执行。

6.依法实施征收

被征收人应当积极配合房屋征收改造工作，按照有关规定及政策与房屋征收部门签订征收补偿安置协议；征收单位尊重被征收人的合法权益，依法实施征收。

7.依法依规提出异议

被征收人对本决定不服的，可以在本公告发布之日起60日内依法申请行政复议，或在6个月内直接向人民法院提起行政诉讼。

特此公告（下略）

（二）××市××街棚户区改造房屋征收安置补偿方案

1.征收范围

祁连西路以南、新华路以西、迎宾路以北、胜利路以东国有土地上的建筑物，总建筑面积6.13万平方米，总占地面积15.42万平方米，共有房屋1187套。

2.征收单位

房屋征收单位：××市人民政府。房屋征收实施单位：××市房屋征收与补偿办公室。

3.征收补偿依据

（此略）。

被征收房房地产权属、面积和用途，依据《房屋所有权证》《建设工程规划许可证》《土地使用证》和身份证明等合法证件确定。

4.补偿安置

（1）补偿安置对象　本次征收区域内具有合法有效手续的建筑物和设施，补偿安置对象为产权所有人。

（2）补偿安置方式　本次征收补偿通过货币补偿、购买存量商品住房异地安置、原地产权置换和住房保障相结合的方式进行。

① 货币补偿方式。选择货币补偿的，按每平方米3800元给予补偿，经双方签订协议后一次性支付给被征收人，不再发放临时过渡安置费。

② 购买存量商品住房异地安置方式。选择购买存量商品住房异地安置的，原房屋产权面积部分按货币补偿的方式给予被征收人补偿，同时，对于购买多层住宅的，一次性给予28000元/户的补助（含临时过渡安置费）；对于购买高层住宅的，一次性给予40000元/户的补助（含临时过渡安置费）。上述补助款在被征收人与房地产企业签订《商品房买卖合同》并经市房地产管理局备案后，一次性支付给被征收人。

③ 产权置换方式。按照“征一还一、产权置换、分段计价”的方式，向被征收人提供回迁房屋进行安置。回迁房屋有多层住宅和高层住宅两种，由被征收人自愿选择。

a.原房屋产权面积部分免收房款、房屋结构差价和楼层差价。b.超出原房屋产权面积至$70m^2$（含$70m^2$）的部分，按每平方米2250元计算房款。c.70（不含70）m^2至$90m^2$（含$90m^2$）的部分，按每平方米2900元（多层）或2950元（高层）计算房款。d.超过$90m^2$（不含$90m^2$）的部分，按每平方米3800元（多层）或4000元（高层）计算房款。e.多层住宅楼地下室以每平方米800元的优惠价计算房款。

④ 住房保障方式。对经济困难、无力购买安置住房的被征收人，对其房屋以货币补偿的形式进行回购，并根据国务院《社会救助暂行办法》的规定，按照住房保障政策进行安置。

（3）补助原则

① 自建房补助：公建院落内的自建房按实测面积给予1200元/m^2的补助。

② 多层住房地下室补助：被征收房屋产权证登记的地下室面积给予800元/m^2的补助。

③ 对于原有房屋给予装饰、装修补助：按1500元/户予以补助。

④ 搬迁补偿费：1000元/户（含迁出迁回两次费用）。

⑤ 临时过渡安置：根据《国有土地上房屋征收与补偿条例》规定，选择产权置换的被征收人给予临时过渡安置费。临时安置费按月计算，从签订征收补偿协议之日起，按被征收房屋产权核定的有效面积以每平方米每月14元计算，选择产权置换的，暂按18个月（高层22个月）计算，最终以实际过渡期为准。

⑥ 搬迁奖励：市政府对按规定时间签订征收补偿协议的被征收人每户奖励1000元；对严格履约并按规定时间搬迁入住的被征收人每户再奖励1000元。

5.安置房建设标准及分配办法

（1）安置房建设标准　新建安置房地点为建新街区（多层和高层）和雍平街（多层和高层），新建安置房的户型设计暂确定为：70m^2左右、90m^2左右和110m^2左右三种（以房屋户型实测面积为准），全部为框架结构。所有配套设施均不另行收费。安置房的各种动力产品由被征收人自行办理开户手续，并承担费用。安置房室内装饰标准采用两种方式由被征收人自愿选择，第一种方式为毛墙毛地，不进行简装，每户补助3000元；第二种方式为室内进行简装，简装标准如下。

① 墙面。a.厨房、卫生间内墙面贴普通瓷砖，其中厨房墙面贴至标高1.2m处，1.2m以上为普通涂料刷白。b.室内其余内墙面均为普通涂料刷白。

② 地面。厨房、卫生间地面铺普通瓷砖，其余地面均为水泥砂浆地面收光，配水泥砂浆踢脚。

③ 天棚。客厅、卧室、卫生间、厨房等天棚处均为普通涂料刷白。

④ 门窗。卧室、卫生间安装普通夹板套装门，配普通锁具；进户门为单扇保温防盗门，窗户为单层双玻璃隔热断桥密闭窗。

⑤ 卫生洁具。厨房安装壁挂式普通不锈钢水槽（单槽），配普通水龙头及非全钢下水套件；卫生间安装普通简易直冲式坐便器及普通立柱式简易洗漱盆，配普通水龙头。

⑥ 开关插座及照明。所有房间均安装普通白炽灯泡及普通开关插座。

⑦ 室内供暖。供暖采用分户地暖。

（2）安置房分配办法　在公证部门的监督下，所有房源按照“公正、公平、公开”和“先安置被征收人，后面向社会销售”的原则，所有参与产权置换的被征收人按照签订协议先后顺序摇号选房，并进行公证、公示，同时签订购房合同。老弱病残优先一楼选房。

6.补偿协议

××市房屋征收与补偿办公室与被征收人就征收相关事宜达成一致，签订补偿协议。补偿协议签订时间为201×年3月×日至201×年4月×日。

补偿协议签订后，双方当事人应当按协议约定履行应尽义务，一方当事人不履行补偿协议约定义务的，另一方当事人可以依法提起诉讼。

××市房屋征收与补偿办公室与被征收人在征收补偿方案确定的签约期限内达不成补偿协议，或者被征收房屋所有权人不明确的，市政府将依法作出征收补偿决定。

7.其他事项

① 被征收人须保持被征收房屋完好，不得私自拆除房屋及相关设施。涉及专业部门拆除

的水、电、燃气等在被征收人结清水费、电费和燃气等费用后，由专业部门负责拆除。擅自拆除造成损失的，在补偿费中予以扣除。

② 自2016年2月23日起，被征收人不得新建各类设施，新建的一律不予补偿并依法拆除。

③ 本方案未尽事宜以现行国有土地上房屋征收的法规、政策及文件规定为准。

④ 被征收人对本方案有异议的，可以直接向调查人员反映，也可以向××市棚户区改造指挥部××街工作组反映（联系人：×××，联系电话：×××）。

⑤ 本方案自公布之日起施行。

二、案例二：××市K巷D片项目拆迁补偿评估案例

（一）基本情况

项目名称：××市K巷D片项目拆迁补偿评估

委托方：NJJN城建综合开发有限公司

拆迁评估机构：NJSDTC房地产评估咨询事务所有限公司

评估人员：（略）

评估作业日期：2003年12月10日至2004年元月10日

评估报告编号：Ning-SDTC房地估字第200×-019号

（二）致委托方函（节选）

NJJN城建综合开发有限公司：

NJSDTC房地产评估咨询事务所有限公司接受贵方委托，对贵方按2003年9月30日领取的拆迁许可证实施拆迁的K巷D片改造项目进行拆迁补偿评估。本次评估涉及的评估范围为CB街489～493号、LJ巷2～18号、K巷123～153号，项目拆除总建筑面积8567.43m^2，其中登记建筑面积（评估建筑面积）7767.43m^2，未见证面积800m^2；项目用地面积6270m^2；评估补偿的拆迁总户数174户，其中居民总户数为165户，工企单位总户数为9户。

依照国家和省市关于房地产评估的有关法律、法规和政策要求，遵循科学、客观、公正、实事求是的原则，根据《××市城市房屋拆迁评估技术规范（试行）》的要求开展本次委托的评估工作。评估人员在认真分析贵方提交的查产资料基础上，进行了拆迁评估前期调查和现场勘察工作，并查验了被拆迁房屋的产权证件和相关资料，按照房地产评估程序和规范，应用市场化拆迁评估模式，认真完成拆迁评估工作。现按与贵方签订的委托评估协议要求，将我方本次评估结果《××市K巷D片项目拆迁补偿评估报告》（Ning-SDTC房地估字第2003-019号）交付贵方。经本所评估确认，贵方委托估价的待拆迁房地产在2003年9月30日的补偿金额总值为大写人民币贰仟捌佰叁拾柒万肆仟陆佰壹拾玖元正；各被拆迁人的分户补偿金额已在本报告附件中列出。（以下略）

（三）项目拆迁补偿估价结果报告（节选）

（Ning-SDTC房地估字第200×-019号结）

1.估价项目名称

××市K巷D片改造项目。

2. 委托估价方（略）

3.房地产评估机构（略）

4.评估对象和范围

（1）评估范围情况　本次评估范围为K巷D片改造项目片区范围内。包括经委托方查产确认的全部被拆迁房屋，具体范围为CB街489 ～ 493号、LJ巷2 ～ 18号、K巷123 ～ 153号。

（2）评估对象情况

① 评估对象为委托方于9月30日领取拆迁许可证的K巷D片改造项目拆迁范围内的拟拆迁房屋及其占用的国有土地使用权。拟拆迁房屋门牌号为CB街489 ～ 493号、LJ巷2 ～ 18号、K巷123 ～ 153号，项目拆除总建筑面积8567.43m^2，其中登记建筑面积（评估建筑面积）7767.43m^2，未见证面积800m^2；项目用地面积6270m^2；评估补偿的拆迁总户数（按产权证计）174户，其中居民总户数为165户，工企单位总户数为9户。根据查产资料和与委托方沟通，确认本次委托评估的房屋建筑面积为7767.43m^2，用地土地使用权面积6270m^2；

② 拟拆迁房屋情况一览　见表6-2。

表6-2　拟拆迁房屋情况一鉴

序号	房屋坐落	被拆迁房屋数量			产权人户数			建筑面积/m^2		
		住宅	非住宅	总数	居民	单位	总数	住宅	非住宅	总数
1	CB街489-493号	27	1	28	26	0	26	1191.18	52.6	1243.78
2	LJ巷2-18号	70	5	75	73	（1）①	73	2922.53	314.55	3237.08
3	K巷123-153号	40	31	71	64	7①	71	1774.8	1511.77	3286.57
4	合计	137	37	174	163	7①	170	5888.51	1878.92	7767.43

① LJ巷被拆迁的工企单位与K巷的一家工企单位是同一单位。

③ 拟拆迁房屋建筑物情况简述。评估范围内被拆迁房屋包括住宅房屋和非住宅房屋两大类。

其中住宅房屋137处，建筑面积5888.51m^2，大部均为新中国成立前建造的老房屋，一般都在后期住用过程中进行了不同程度的改造，现均在使用中。均为砖混、砖木建筑结构房屋，其中砖木结构房屋100处，砖混结构房屋37处。由于建造年期较长，建筑式样较杂，多为非成套住房。房屋内外均较陈旧。

非住宅房屋37处，均为营业性质的用房，建筑面积1878.92m^2，为临街巷平房，装修简陋，房屋内外均较陈旧。评估范围内非住宅房屋基本上可分为两类，一是餐饮类共15处，二是商铺类22处。均为砖混、砖木结构房屋。

以上拟拆迁房屋建筑物经查产认定均为已办理产权登记手续的房屋。

④ 拆迁范围内的用地情况。拆迁范围内用地坐落在NJ市主城区中心地段的××东路～××南路地区，地块四至为：东至CB街、南至K巷、西至小巷道、北至外单位围墙。地块按1998年NJ市土地级别分级标准属市区二级地，紧靠一级地边缘；按《××市城市房屋拆迁区位图》的规定，该地块属白1-1分区，为市区一级拆迁区位。地块规划用途为居住性质，总用地面积6270m^2，已经批准列入2003年度储备计划而准备实施房屋拆迁。

地块所在地段为市区中心地段。从大环境看，北面、西面分别邻近××东路、××南路等市区内一级主干道，属市区商业中心边沿的老城区，银行、医院、学校、超市、邮电等，以及道路、车站、水电等各类市政和公共设施配套齐全，土地利用价值较高。从微观环境看，该地块及附近地区居民住宅较多，各类配套的门面房和其他非住宅房屋交杂，内部环境一般也无绿化，房屋布局稍显杂乱。

5. 估价目的

评估K巷D片改造项目范围内全部经查产认定的被拆迁房屋，为委托方确定拟被拆迁房屋金额提供价格依据。

6. 估价时点

2003年9月30日（拆迁许可证颁发之日）。

7. 价值定义（略）

8. 估价依据（略）

9. 估价原则（略）

10. 估价方法及其技术路线

（1）估价方法选用　拟被拆迁房屋中的住宅房地产应用市场法评估，非住宅房地产应用收益法评估。

（2）评估住宅房屋技术路线　适用市场比较法中的基准价格修正方式，其技术路线为：① 确立评估基准；② 测算基准价格；③ 确定评估价格。

（3）评估非住宅房屋技术路线　适用收益法评估，其技术路线为：① 确定房屋类别；② 选择评估方法；③ 测算评估价格。

11. 标准样本房屋基准价格的测算说明及测算结果

（1）标准样本房屋选取　选择在拆迁范围外同一分区（白1-1）内的房屋，其基本情况见表6-3。

表6-3　拆迁范围外同一分区内的房屋基本情况

房屋坐落	建筑结构	建筑面积	套型	层高	所在层数	建筑年代
××区CB街ST巷98号202室	砖混	$61.2m^2$	成套	6	2	1980

（2）基准价格测算　选择在同一分区的4个可比实例，应用《××市城市房屋拆迁评估技术规范（试行）》给出的基准价格修正计算公式，经过交易情况、交易日期、实体状况、区位状况及标准化修正后，再对得出的四个比准价格进行算术平均处理得到基准价格。

（3）基准价格结果　经上述测算得到本项目基准价格（标准样本房价格）为4200元/m^2。

12. 估价结果及其确定理由

（1）估价总结论　按照市场价格拆迁评估模式，结合政府拆迁补偿保障价格，经本所评估确认：××市K巷D片改造项目经查产认定的174处拟被拆迁房屋（含其合法占用的国有土地使用权）的拆迁补偿总金额为33653526元，大写人民币叁仟叁佰陆拾伍万叁仟伍佰贰拾陆元。

（2）主要估价结果　主要估价结果见表6-4。

表6-4　主要估价结果

按类别划分	房屋性质			产权人情况		
	住宅	非住宅	总计	居民	工企单位	总计
房屋数量	137	37	174	165	9	174
建筑面积/m^2	5888.51	1878.92	7767.43	7368.65	398.78	7767.43
评估补偿金额/元	22380006	11273520	33653526	22952034	10701492	33953526

（3）具体估价结果（简表另行专列）。

（4）估价结果及其确定理由（略）。

13.估价人员（略）

14.估价作业日期

2003年12月10日至2004年元月10日。

15.估价报告有效期

自2004年元月10日起，至该拆迁项目拆迁补偿结束时止。

（四）项目本次评估具体总结果简列

1.××市房屋拆迁评估补偿金额分户汇总表

××市房屋拆迁评估补偿金额分户汇总表见表6-5。

表6-5　××市房屋拆迁评估补偿金额分户汇总表

项目：K巷D片改造拆迁　所属区：××区　拆迁区域等级：一级　基准价格：4029元/m²											
序号	所在	坐落	产权人	分户建筑面积/m²	房屋建筑结构	所在层数	评估单价/（元/m²）	分户评估总价/元	保障补差	产权人补偿款/元	评估补偿金额/元
1	CB街	489号101	贺××	40.11	砖木	1	3940	158033	0	158033	158033
2		489号102	沙××	40.75	砖木	1	3940	160555	0	160555	160555
…		…	…	…	…	…	…	…	…	…	…
…		…	…	…	…	…	…	…	…	…	…
25		495号	胡××	16.70	砖木	1	3874	65696	7304	72000	72000
汇总1		（CB街）	—	1191.18	—	—	3912.5	4675957	103339	4779296	4779296
26	K巷	141号	吴××	30.91	砖木	2	3874	119745	0	119745	119745
27		141号	陈××	59.43	砖木	2	3889	231123	0	231123	231123
…		…	…	…	…	…	…	…	…	…	…
…		…	…	…	…	…	…	…	…	…	…
45		151、153号	胡×	103.60	砖木	2	3940	408184	0	408184	408184
汇总2		（K巷）	—	924.68	—	—	3912.8	3624811	39640	3664451	3664451
46	LJ巷	18-1楼上	洪×	112.00	砖木	2	3939	441168	0	441168	441168
47		18-1楼下	魏××	112.00	砖木	1	3939	441168	0	441168	441168
…		…	…	…	…	…	…	…	…	…	…
…		…	…	…	…	…	…	…	…	…	…
114		6号	高××	43.00	砖混	1	3968	170624	0	170624	170624
汇总3		（LJ巷）	—	2922.53	—	—	3930.19	11508875	108898	11617773	11617773
115	K巷	123楼上	刘XX	43.00	砖混	2	3984	171312	0	171312	171312
116		125楼下	王××	41.90	砖混	1	3984	166930	0	166930	166930
…		…	…	…	…	…	…	…	…	…	…
…		…	…	…	…	…	…	…	…	…	…
133		129号	王××	29.6	砖混	1	3969	117482	0	117482	117482
汇总4		（K巷）	—	609.12	—	—	3964，26	2415319	122442	2537761	2537761
总汇总			—	5647.51	—	—	3929.96	22224962	374319	2259928	2259928

2. ××市住宅房屋拆迁补偿金额评估表（分户单表）

××市住宅房屋拆迁补偿金额评估表见表6-6。

表6-6　××市住宅房屋拆迁补偿金额评估表

产权人	贺××	承租人	（无）	建筑面积	40.11m^2	使用性质	住宅
房屋坐落	CB街489号101		拆迁区位等级		B1	房屋结构	砖木一等
所在层次	1（共2）	最低保障单价		3900元/m^2		基准价格	4029元/m^2
结构修正	成套修正	朝向修正	层次修正	成新修正	实体因素修正	评估单价	保障补差
94	96	100	98	100	97.8	3940元/m^2	0
评估总价		产权人补偿款		拆迁补偿评估金额		评估人员	（略）
158033元		158033元		158033元		评估机构	（略）

3. 房屋拆迁补偿资金评估结果分户汇总表

房屋拆迁补偿资金评估结果分户汇总表见表6-7。

表6-7　房屋拆迁补偿资金评估结果分户汇总表

项目名称编号	项目名称	××区科巷地块（D片）拆迁项目				
	拆迁许可证号	宁规城中用地[2003]0208号	档案号	城中0030061		
项目相关单位	委托单位	（略）	实施单位	（略）	评估单位	（略）
项目基本情况	所在地点	所在区与分区	拆迁区位等级	拆迁范围		
	××区K巷	白下区B1	一级	K巷123-153号、LJ巷2-18号、CB街489-493号		
拆除总建筑面积	总面积	登记面积	未登记面积	自拆面积		
	8567.43m^2	7767.43m^2	800m^2			
拆迁总户数	总户数	居民总户数				工企单位总户数
		总户数	适用最低单价保障户数	适用最低总价保障户数	适用评估价格户数	
	179	170	0	13	121	9
评估总面积	总面积	住宅房屋面积	非住宅房屋面积			
	7767.43m^2	5636.46m^2	汇总	营业房屋	非营业房屋	
			2130.97m^2	2130.97m^2	0	
拆迁评估补偿金额	住宅房屋		营业用房		非营业用房	
	房屋补偿金额	室内装潢补偿	房屋补偿金额	室内装潢补偿	房屋补偿金额	室内装潢补偿
	23236359元					
拆迁补偿金额汇总	补偿总金额	居民补偿			工企单位补偿总金额	
		补偿总额	适用最低单价保障总额	适用最低总价保障总额		
	33653526元	22952034元	0	936000元	10701492元	

三、土地整理改造问题

（一）土地整理改造的基本内涵

一般土地征收完毕后，大片集体土地（可能有少量国有土地）需要进行进一步的土地整理改造，同样房屋征收拆迁完毕后的城市用地也需要进行进一步的清理改造。前种情况的土地整理改造是为了满足土地规模性的开发需要，主要有城市新区开发、新技术经济开发区开发以及各类科技、工业、文化、商贸、旅游园区的开发等；后种情况一般通常是对拆迁后的城市土地进行项目性的清理、整治和改造，以适应新的项目开发建设需要。

以规模性的集体土地征收为主的开发情况，一般称为一级土地开发情形，这种情形一般要求达到土地开发“七通一平”或“五通一平”配套水平标准；拆迁后的城市土地加以清理整治改造成为项目开发建设用地情形，一般整理改造成“三通一平”或“五通一平”项目施工建设用地标准即可。

（二）土地一级开发

1. 基本概念

土地一级开发，是指由政府或其授权委托的企业，对一定区域范围内的城市国有土地、乡村集体土地进行统一的征地、拆迁、安置、补偿，并进行适当的市政配套设施建设，使该区域范围内的土地达到“三通一平”、“五通一平”或“七通一平”的建设条件（熟地），再对熟地进行有偿出让或转让的过程。

2. 土地一级开发一般流程

① 原土地所有者或使用者在征得区、县和乡镇政府或上级主管部门的同意后向市国土局提出土地一级开发申请。

② 市国土局受理申请并进行土地开发项目预审。

③ 通过土地预审的项目，根据项目的性质，委托市、区、县土地储备机构负责组织编制土地储备开发实施方案，开发实施方案主要包括：待储备开发地块的范围、土地面积、控规条件、地上物状况、储备开发成本、土地收益、开发计划、实施方式等。

④ 编制了开发实施方案的项目，由市国土资源局会同市发展改革、规划、建设、交通、环保等部门参加的联审会，通过会审，对建设项目土地一级开发的实施方案中土地、产业政策、城市规划、建设资质、交通及环保等条件提出原则意见。

⑤ 通过联审会的项目确定土地开发主体

● 土地储备机构负责实施土地开发的，由土地储备机构负责筹措资金、办理规划、项目核准、征地拆迁及大市政建设等手续并组织实施。其中通过招标方式选择开发企业负责土地开发具体管理的，开发企业的管理费用不高于土地储备开发成本的2%。以招标方式确定开发企业后，土地储备机构应当与中标开发企业签订土地一级开发管理委托协议。

● 通过招标方式选择开发企业实施土地开发的，由开发企业负责筹措资金、办理规划、项目核准、征地拆迁和大市政建设等手续并组织实施。招标底价包括土地储备开发的预计总成本和利润，利润率不高于预计成本的8%。通过招标方式确定开发企业后，土地储备机构应当与中标开发企业签订土地一级开发委托协议。

⑥ 土地储备开发实施单位向市规划部门办理规划意见，向市国土部门办理用地手续，向市发展和改革委员会办理核准手续，涉及交通、园林、文物、环保和市政专业部门的，应按照有关规定办理相应手续。

⑦ 如果开发项目涉及新增集体土地办理农用地征收、农转用手续或存量国有建设用地收回国有土地使用权的，土地储备开发实施单位依法办理相关手续，并获得市人民政府的批准。

⑧ 在取得市人民政府的批准文件后由土地储备开发实施单位到相关部门办理征地、拆迁、市政基础设施建设等相关手续，组织实施征地、拆迁和市政基础设施建设。危改、文保、绿隔等项目需按规定承担回迁房建设。

⑨ 组织验收　建设项目的土地一级开发完成后由市国土资源局组织相关部门进行验收，验收审核的内容：a.审核土地一级开发成本。b.组织验收土地开发程度是否达到合同的要求。c.根据委托合同支付相应土地开发费或管理费。d.纳入市土地储备库。

3.一般土地开发模式

（1）一级土地开发类型概述　从空间上来讲，土地一级开发主要可分为成片（或连片）开发及分片开发两类。当然，这只是一种约定俗成的说法，在法律上还没有明确的规模指标界定；从时间上来讲，一种是可以先做一级开发、再做二级开发，即一、二级开发分离的形式，另一种是一级开发包含在二级开发之中的形式；从性质上来讲，一类是存量一级开发，包括旧城改造、旧村改造、城中村改造及退二进三（工业厂区改商业、住宅等第三产业）项目，另一种是增量一级开发，包括征用和农转用土地，有些是已纳入城市总体规划的成片征地开发，有些是总体规划区以外单独立项基建类项目。

（2）五种开发模式　根据土地一级开发涉及的类型不同及发展历程，当前土地一级开发的开发模式主要有以下五种。

① 割腊肉式。谁看上哪一块就割给谁，开发商、用地单位自行做一级和二级开发。这种方式的好处是政府无需投入，缺点是政府收益也低，城市整体规划难以实施，开发进度无法掌控、保障。尽管国家三令五申强调，今后经营性城市建设用地将一律先由政府进行一级开发，再进入土地市场，但割腊肉式仍将会延续相当长的时间，这是无可奈何的事情，在缺乏大额保证资金的情况下，很多制度是苍白的。

② 指婚式（即五统一）。成立土地储备机构或指定专门成立的国有公司承担一级开发，好处是政府收益相对丰厚，缺点是政府需要大量铺垫资金，开发进度慢，没钱的地方玩不起，更等不起。

③ 招亲式。政府公开招标方案优、成本廉的企业承担一级开发，根据土地使用权的转移与否及分利办法不同，在实际操作中又衍生为多种形式，如一级开发不发生土地使用权转移的委托式，实际上相当于工程承包，也可以发生两次土地使用权转移，即政府将生地出让给一级开发商，开发成熟后再由一级开发商转让给二级开发商，另一种叫“生地出让-熟地回购”，即一级开发成熟后再由政府收储统一上市。在政府与一级开发商的分利办法上有固定收益、溢价分成、固定收益+溢价分成及完全市场操作等几种，在惠州市政府与中信深圳集团一级开发合作中，政府作出了土地增值收益全部归中信深圳集团的承诺。

④ 新城公司式。直接成立新的城区公司垄断一级开发经营，好处是政府主导，缺点是与市场脱节甚至滋生腐败。

⑤ 借壳上市式。目前国内土地证券仍为空白，可与境外有信誉、有资质的机构合作进行土地一级开发，借壳上市融资，其缺点是政府容易陷入被动。如我国香港华润曾经操作的10平方公里海南石梅湾项目采用的就是这一形式。

4.一般开发盈利模式

（1）工程总承包模式　土地一级开发企业接受土地整理储备中心的委托，按照土地利用总体规划、城市总体规划等，对确定的存量国有土地、拟征用和农转用土地，统一组织进行征地、农转用、拆迁和市政道路等基础设施的建设。市土地储备中心按照总建设成本的一定百分比作为经营利润（北京市规定利润率不高于预计成本的8%）。

（2）利润分成模式　重庆市的土地一级开发采用的是这种方式，土地一级开发企业接受土地整理储备中心的委托进行土地一级开发，生地变成熟地之后，土地储备中心进行招拍挂出让，出让所得扣除开发成本后在市政府和企业之间按照一定的比例进行分成。

（3）土地补偿模式　土地一级开发企业在完成规定的土地一级开发任务后，土地储备中心并不是给予现金计算，而是给予开发企业一定面积的土地作为补偿（可能需要走形式上的招拍挂）。此种方式的利润率会高于第一种模式，但是对于企业的现金流压力会比较大。

土地储备机构负责实施开发的，其为主体。通过招标方式选择开发企业负责整理的，开发企业的管理费用不高于土地储备开发成本的2%，并由土地储备中心同开发企业签订土地一级开发管理委托协议。

（三）土地开发配套的“几通一平”

1. 土地开发配套费用

获得土地后，对其开发的费用有三种：基础设施配套费、公共事业建设配套费和小区开发配套费。

① 基础设施配套费。对于基础设施配套常常概括为“三通一平”“五通一平”和“七通一平”。

② 公共事业建设配套费用。这与项目大小、用地规模有关，各地情况不一，视实际情况而定。

③ 小区开发配套费。同公共事业建设配套费类似，各地根据用地情况确定合理的标准。

2. 三通一平

（1）土地开发三通一平　三通一平是基本建设项目开工的前提条件，具体指：水通、电通、路通和场地平整。水通专指给水；电通指施工用电接到施工现场具备施工条件；路通指场外道路已铺到施工现场周围入口处，满足车辆出入条件；场地平整（指拟建建筑物现场基本平整，无需机械平整，人工简单平整即可进入施工的状态），简称三通一平。

（2）项目施工建设三通一平　房地产开发、新建工厂、住宅小区、文化体育场馆、工业园区、科技园区、经济开发区、商业街区以及涉外宾馆饭店、写字楼、构筑物等公共建筑与民用建筑工程，投资方首先要委托做好落实工程场地即红线内的“三通一平”（水通、电通、路通、场地平整）。这也是招标工程必须具备的条件的重要组成部分。

① 水通。施工企业应根据开发建筑规模、结构、檐高、工程地点（城近郊区以内不允许现场搅拌混凝土）计算出生产用水，根据进驻工地施工的民工人数计算出生活用水，以及消防用水等累计出日需用水量，要求建设单位提供直径多少毫米的水管安装到红线以内，施工企业的项目经理（建造师）依据施工工程的实际需要以及拟定的施工组织设计（施工方案）安装临时管网，在安装临时水管时，尽量利用红线内的正式管网，如果可以利用或取而代之，应在破土动工之前先把红线内室外管线铺设到室外检查井再接通临时管网，以便节约现场管理费中的临时设施费用。

② 电通。施工企业在施工组织设计中，根据施工工期、建筑物的高度和跨度，建筑构配件或设备的最大重量，确定安装几台什么型号的大型垂直运输机械以及施工现场需要设置的中小型机械和施工方案中计划使用的施工电动机具，根据施工企业进驻施工现场办公、操作

（干活）人数计算照明、生活用电等，要求建设单位提供满足需求的变压器或电闸总表，施工企业项目负责人按照标后设计（中标后的施工组织设计），布线接通电源安装临时电线或电缆，亦可把红线的室外线路铺设安装到位，再接通临时线路，节省费用开支。临时线路要用合格产品，防止漏电，确保生产安全。

③ 路通。首先要明确公路交通（汽车或火车）能否直通施工现场，以满足施工机械、建筑材料、设备的运输以及施工劳务的进出施工场地要求。如果建筑物建在山丘上或半山腰或湖泊中，公路不能直通，施工组织设计中就要充分考虑不能通达里程的运输方案。如果通往施工现场有段道路松软，难以载重车辆通行，须在开工前将松软地段采取加固技术措施满足道路通畅。以上诸多因素造成的劳动消耗，施工企业要在商务标（经济标）的开办费中或在投资方登记的技术经济洽商中给予量化并用货币形式计取出来。

④ 场地平整。场地内的障碍物已经全部拆除，满足施工企业在中标后的施工组织设计中对生产区、生活区在施工活动中的平面布置要求，以及测量建筑物的坐标、标高、施工现场找平放线的需要。

3. 五通一平

五通一平是建筑中为了合理有序施工进行的前期准备工作，一般包括通水、通电、通路、通信、通气、平整土地。

4. 七通一平

行业术语，指的是土地（生地）在通过一级开发后，使其达到具备通给水、通排水、通电、通路、通信、通热力、通天然气或煤气以及场地平整的条件，使二级开发商可以进场后迅速开发建设。

（1）通给水　指的是指规划区内自来水通畅。

设计要求：规划区供水满足正常生活工作需要。

设计施工主要内容：规划区给水管网按规划区日最高时用水量设计，管网各段的管径应满足所需的水压。规划区生活用水管网所需的从地面算起的服务水压，根据建筑物层数确定。在水压不足的地方设置增压泵站或水库调节泵站。规划区供水管材选择一般根据输送的水量、管内工作压力、土壤性质和水管供应情况等确定。

施工主要要求：符合给水排水管道工程施工及验收规范要求，由建设方、监理方、设计方和施工方等组织检查验收。

（2）通排水　这里的排水包括了规划区内的生活污水以及雨水的排放。

设计要求：规划区内生活污水、雨水排放通畅。设计施工主要内容：规划区按设计要求铺设了排水管网和雨水管网系统，使规划区生活废水和雨水分流后进入城市综合排水系统，其管道用材、布设、埋深必须满足设计要求，施工竣工验收必须满足相应市政验收规范标准。

施工主要要求：符合市镇排水管渠工程质量检验评定标准要求，由建设方、监理方、设计方和施工方等组织检查验收。

（3）通电　是指规划区内电缆铺设完毕，一般要求能满足规划区内一般正常生活工作需要。

（4）通信　通信是指园区内基本通信设施畅通，通信设施是指电话、传真、邮件、宽带网络、光缆等。

（5）通天然气或煤气　针对需要天然气或煤气的规划区设定的标准，燃气使用要符合整体规划和使用量，符合城镇燃气输配工程施工及验收规范。

（6）通热力　指规划区热力供应通畅。

设计要求：规划区、热力满足规划区正常生活工作需要。

设计施工主要内容：规划区内按设计要求埋设了热力管线，其管道用材、布设、埋深必须满足设计要求，施工竣工验收必须满足相应验收规范标准。

施工主要要求：符合建筑电气安装工程质量检验评定标准、建筑与建筑群综合布线系统工程施工及验收规范、城市供热管网工程施工及验收规范、城镇燃气输配工程施工及验收规范要求，由建设方、监理方、设计方和施工方等组织检查验收。

（7）通道路　是指规划区内通往城区的主干道和区内相互联系的支干道通畅。设计要求：规划区通往城区主干道和规划区内相互联系的支干道通畅。

设计施工主要内容：规划区道路主要分为柔性路面和刚性路面两类，规划区柔性路面设计以双圆垂直均布荷载作用下的多层弹性连续体系理论为基础，以设计弯沉值为路面整体刚度的设计指标，计算路面结构厚度。路面结构采用多层体系由计算机完成，也可采用当量层厚度法换算为三层体系后查诺模图进行计算。道路平面设计和竖向设计必须满足相应城市道路设计标准，其施工验收必须满足相应市政验收规范标准。

施工主要要求：符合市政道路工程质量验收评定标准要求，由建设方、监理方、设计方、施工方等组织检查验收。

（8）场地平整　指将需要进行的施工现场（红线范围内）的自然地面，通过人工或机械挖填平整改造成为设计需要的平面，使得施工现场基本平整，无需机械平整，人工简单平整即可进入施工的状态。确保施工现场无障碍物，施工范围内树木砍伐、移植完毕。满足测量建筑物的坐标、标高、施工现场抄平放线的需要。设计要求：规划区绿化景观满足居民生活休闲需要。设计施工主要内容：规划区内环境建设，即建筑物与建筑物之间，建筑物与道路之间按要求铺上草坪，种上了乔木和灌木，点缀了雕塑、喷泉、小桥、流水、亭台楼阁等建筑小品，这样整个环境建设达到规划区环境景观绿化设计要求。

施工主要要求：符合城市绿化工程施工与验收规范要求，由建设方、监理方、设计方、施工方等组织检查验收。

第七章　城市建设工程招标投标

Chapter 07

第一节　建设工程招标投标程序

一、招标与投标

招标与投标实施程序一般包括如下几个阶段。

（一）编制招标方案

招标方案是招标人为了规范、有序地实施招标工作，通过分析和掌握招标项目的技术特点、经济特性、管理特征以及招标项目的功能、规模、质量、价格、进度、服务等需求目标，依据有关法律政策、技术标准和规范，科学合理地设定、安排项目招标实施的条件、范围、目标、方式、计划、措施等方面的工作方案。其主要工作一般包括：确定招标范围、招标方式、招标组织形式；划分合同标段、选择合同类型、确定投标人资格条件；安排招标工作目标、顺序和计划，分解招标工作任务；落实需要的资源、技术与管理条件等。

按照国家有关规定，需要履行项目审批、核准手续的依法必须进行招标的项目，其招标范围、招标方式、招标组织形式应当报项目审批、核准部门审批、核准。项目审批、核准部门应当及时将审批、核准确定的招标范围、招标方式、招标组织形式通报有关行政监督部门。

较多省、市还规定，招标人在工程项目首次发包前，应当向建设工程招标投标监督管理机构（以下简称“招投标监管机构”）提交整个项目的发包初步方案，包括招标范围、招标方式与招标组织形式等，以供招投标监管机构备案。工程项目需要划分标段的，发包人还应当在发包初步方案中具体说明每个标段的发包内容、发包方式、合同估算价和计划发包时间，必要时应当附有关的图纸、文件、资料。发包方案提交后发生变更的，发包人应当另行说明。

（二）发布资格预审公告或招标公告

公开招标的项目，应当依照“招标投标法”和“招标投标法实施条例”的规定发布招标公告，招标人采用资格预审办法对潜在投标人进行资格审查的，应当发布资格预审公告。招标公告发布时间应与投标报名、资格预审文件（或招标文件）的发售时间一致，同时进行，且不少于五日。

招标公告应当载明招标人的名称和地址、招标项目的性质、数量、实施地点和时间、履约保证金的数额、缴纳和退还方式以及获取招标文件的办法等事项；应当明确招标项目所有资格审查条件、资格审查的标准和方法以及评标的标准和方法。招标人发布公告，应当将公告提交招投标监管机构备案。招标人在发布招标公告后无正当理由不得终止招标。需要调整招标公告中的资格审查条件、资格审查的标准和方法、评标的标准和方法或者其他实质性条件的，应当重新发布公告。

依法必须进行招标的项目，其资格预审公告和招标公告应当在国务院发展改革部门依法指定的媒介发布，且在不同媒介发布的同一招标项目的资格预审公告或者招标公告的内容应当一致。

（三）组织资格审查

资格审查分为资格预审和资格后审。

资格预审是指在投标前对资格预审申请人进行的资格审查。资格预审程序一般包括：编制资格预审文件；发布资格预审公告；获取资格预审文件；编制和递交资格预审申请文件；对资格预审申请文件进行评审；编写资格评审报告；向资格预审合格的申请人发出资格预审合格通知书，并同时向资格预审不合格的申请人书面告知资格预审结果。

资格后审是指在开标后对投标人进行的资格审查。资格后审程序一般包括：编制招标文件；发布招标公告；发售招标文件；编制和递交投标文件；对投标人的资格进行审查。

资格预审分为合格制和有限数量制两种方法。资格后审均采用合格制。合格制是指凡符合资格预审公告或者招标公告规定资格审查标准的申请人均通过资格审查。有限数量制是指对通过初步审查和详细审查的资格预审申请人进行量化打分，按得分顺序确定通过资格预审的申请。

（四）编制招标文件、招标控制价或标底

1.编制、发售招标文件

招标人应依据招标项目的特点和需求，调查收集有关技术、经济和市场情况，编制工程招标文件。编制依法必须进行招标项目的招标文件，应当使用国务院发展改革部门会同有关行政监督部门制定的标准文本。

招标人应当按照招标公告或者投标邀请书规定的时间、地点发售招标文件。招标文件的发售期不得少于5日。投标人对招标文件内容有异议的，可在规定时间内要求招标人澄清、说明或纠正。招标人编制的招标文件的内容违反法律、行政法规的强制性规定，违反公开、公平、公正和诚实信用原则，影响潜在投标人投标的，依法必须进行招标的项目的招标人应当在修改招标文件后重新招标。

2.编制招标控制价或标底

自2014年2月1日起施行的《建筑工程施工发包与承包计价管理办法》规定，国有资金投资的建筑工程招标的，应当设有最高投标限价；非国有资金投资的建筑工程招标的，可以设有最高投标限价或者招标标底。招标人设有最高投标限价的，应当在招标时公布最高投标限价的总价，以及各单位工程的分部分项工程费、措施项目费、其他项目费、规费和税金。

（五）编制、递交投标文件

投标人应严格依据招标文件要求的格式和内容，编制、签署、装订、密封、标识投标文件，并按照规定的时间、地点、方式递交投标文件，提供相应方式和金额的投标保证金。投

标人在提交投标截止时间之前，可以撤回、补充或者修改已提交的投标文件。投标人撤回已提交的投标文件，应当在投标截止时间前书面通知招标人。招标人已收取投标保证金的，应当自收到投标人书面撤回通知之日起5日内退还。投标截止后投标人撤销投标文件的，招标人可以不退还投标保证金。

二、开标、评标和中标

开标、评标和中标程序如下。

（一）评标委员会组建

评标委员会应当在开标前依法组建。评标委员会应由招标人的代表和有关技术、经济等方面的专家组成，成员人数为五人以上单数，其中技术、经济等方面的专家不得少于成员总数的三分之二。国有资金项目施工招标需要对施工组织设计进行评分的，评标委员会人数应当为不少于7人的单数。其中，评审经济标的专家不得少于2人，评审技术标的专家不得少于5人。国有资金项目的招标人一般只能委派1名代表参与评标，且必须取得工程类相关专业中级及以上职称或者具有工程建设类执业资格。招标代理机构的人员不得担任其所代理招标的工程项目的评标委员会成员。

依法必须进行招标的项目，其评标委员会的专家成员应当从评标专家库内相关专业的专家名单中以随机抽取方式确定。技术复杂、专业性强或者国家有特殊要求，采取随机抽取方式确定的专家难以保证胜任评标工作的特殊招标项目，可以由招标人直接确定。

（二）开标

招标人应当按照招标文件规定的时间、地点开标。投标人少于3个的，不得开标，招标人应当重新招标。开标会议上，应当当众公布投标人及其拟派项目负责人名称、投标保证金的递交情况、投标总价等内容，工程项目施工招标的，还应当公布质量目标、工期等内容。开标一般有以下步骤。

① 宣布开标人、唱标人、记录人、监标人等有关人员，并宣布开标纪律。

② 招标人根据招标文件的约定在开标前依次验证投标人代表的被授权身份。

③ 投标人代表检查确认投标文件的密封情况，也可以由招标人委托的公证机构检查确认并公证。

④ 公布投标截止时间前递交投标文件的投标人、投标标段、递交时间，并按招标文件规定，宣布开标次序，公布标底。

⑤ 开标人依开标次序，当众拆封投标文件，并由唱标人公布投标人名称、投标标段、投标保证金的递交情况、投标总报价等主要内容，投标人代表确认开标结果。

⑥ 投标人代表、招标人代表、唱标、监标和记录等有关人员在开标记录上签字确认。

（三）评标

评标由招标人依法组建的评标委员会负责。评标委员会成员应当按照招标文件规定的评标标准和方法，客观、公正地对投标文件提出评审意见。招标文件没有规定的评标标准和方法不得作为评标的依据。评标的基本步骤如下。

① 初步评审。对投标资格、投标文件的形式和响应性进行初步评审。

② 详细评审。对初步评审合格的投标文件进行技术、经济、商务的进一步分析对比和评价。

③ 澄清、说明和补正。评标过程中，评标委员会可在必要时以书面方式要求投标人对投标文件中的疑问进行澄清、说明和补正。

④ 评标报告编写。评标完成后，评标委员会应当向招标人提交书面评标报告和中标候选人名单。中标候选人应当不超过3个，并标明排序。评标报告应当由评标委员会全体成员签字。对评标结果有不同意见的评标委员会成员应当以书面形式说明其不同意见和理由，评标报告应当注明该不同意见。评标委员会成员拒绝在评标报告上签字又不书面说明其不同意见和理由的，视为同意评标结果。

（四）中标人公示及中标通知书发出

招标人在收到评标报告之日起3日内，应当在建设工程交易中心以及招标公告发布媒介上公示中标候选人情况、评标结果及拟定中标人名称，公示期不得少于3日。投标人或者其他利害关系人对评标结果有异议的，应当在中标候选人公示期间以实名书面方式向招标人提出。因招投标当事人质疑、投诉、复议等原因，改变拟中标人的，应当重新公示拟中标人，公示期不得少于3日。评标委员会提出书面评标报告后，且投标人或者其他利害关系人在中标候选人、评标结果及拟定中标人公示期间无异议的，招标人一般应当在15日内确定中标人，但最迟应当在投标有效期前确定。中标人确定后，招标人应当将中标人名称、中标价和项目负责人在招标公告发布媒介上予以公告，并发出中标通知书（公告时间与中标通知书签发时间应当一致），且同时将中标结果通知所有未中标的投标人。自发出中标通知书之日起15日内，招标人应当向招投标监管机构提交招标投标情况的书面报告。

（五）合同订立、备案及履行

招标人和中标人应当在投标有效期内并在自中标通知书发出之日起30日内签订书面合同。合同的标的、价款、质量、履行期限等主要条款应当与招标文件和中标人的投标文件的内容一致，招标人和中标人不得再行订立背离合同实质性内容的其他协议。此阶段工作步骤如下：

① 中标人按招标文件要求向招标人提交履约保证金。

② 双方签订合同协议书，并按照法律、法规规定向有关行政监督部门备案、核准或登记。

③ 招标人退还投标保证金，投标人退还招标文件约定的设计图纸等资料。

三、电子招标、投标流程

（一）电子招标、投标系统构成

电子招标、投标是指工程项目招标、投标参与各方根据招标、投标相关法律法规规章，以数据电文形式，应用网络信息技术，使用电子招标、投标系统进行的招标、投标活动。电子招标、投标系统根据功能的不同，分为交易平台、公共服务平台和行政监督平台。交易平台是以数据电文形式完成招标、投标交易活动的信息平台，公共服务平台是满足交易平台之间信息交换、资源共享需要，并为市场主体、行政监督部门和社会公众提供信息服务的信息平台，行政监督平台是行政监督部门和监察机关在线监督电子招标、投标活动的信息平台。其典型系统架构与系统功能见图7-1。

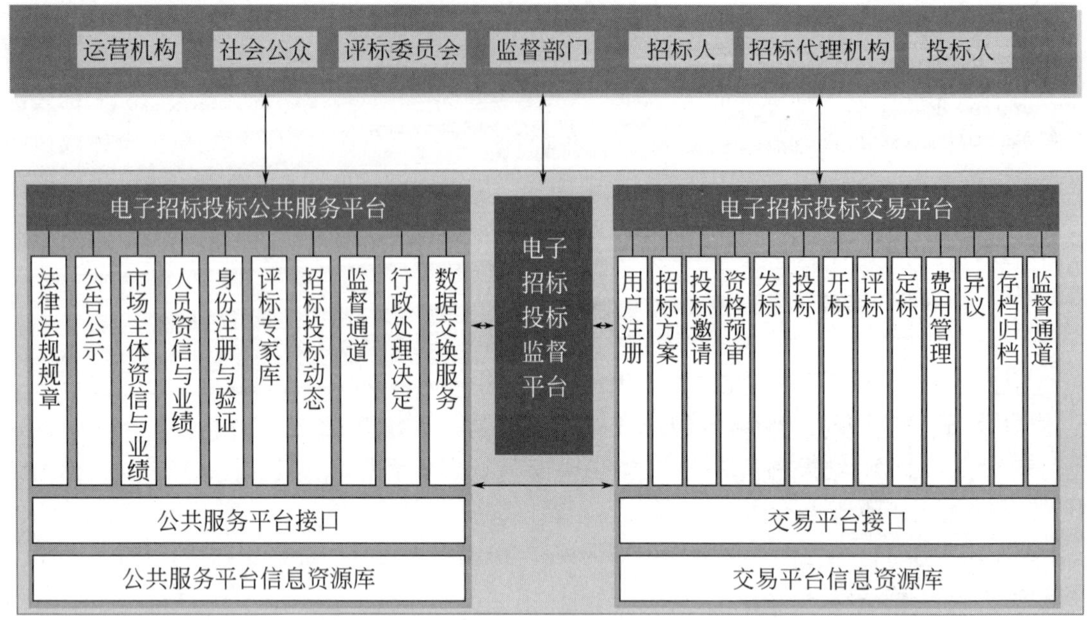

图7-1　电子招标、投标系统架构与系统功能

（二）利用交易平台招标的工作流程

1.资格审查

公开招标的工程项目实行资格预审的，招标人应当登录招标、投标平台编制资格预审公告，并使用资格预审文件制作软件编制资格预审文件。资格预审公告、资格预审文件进行电子签名后在招标、投标平台上发布。资格预审公告还应当通过招标、投标平台在指定媒介上发布。招标人需要对已发出的资格预审文件进行必要的澄清或者修改的，应当通过招标、投标平台发布。资格预审申请人对资格预审文件有疑问的，应当在资格预审文件规定的时限内通过招标、投标平台提出，招标人通过招标、投标平台接收疑问、发布澄清或者修改。

公开招标的工程项目实行资格后审的，招标人应当登录招标、投标平台编制招标公告并进行电子签名后，在招标、投标平台和指定媒介上发布。

2.招标文件的编制、修改与备案

招标人应当使用招标文件制作软件编制招标文件并进行电子签名，通过招标、投标平台发布。招标文件应当提交招投标监管机构备案。招投标监管机构应当及时将备案意见通过招标、投标平台告知招标人。需要对招标文件进行修改的，招标人应当作相应修改后重新提交备案和发布。招标人对招标文件进行澄清或者修改的，应当通过电子招标、投标交易平台以醒目的方式公告澄清或者修改的内容，并以有效方式通知所有已下载招标文件的潜在投标人。

3.投标文件的编制、提交

潜在投标人应当使用投标文件制作软件按照招标文件规定的内容和格式编制、签名、加密、递交投标文件。电子招标投标交易平台应当允许投标人离线编制投标文件，并且具备分段或者整体加密、解密功能。投标人应当按照招标文件和电子招标、投标交易平台的要求编制并加密投标文件。投标人未按规定加密的投标文件，电子招标、投标交易平台应当拒收并提示。投标人应当在投标截止时间前完成投标文件的传输递交，并可以补充、修改或者撤回投标文件。投标截止时间前未完成投标文件传输的，视为撤回投标文件。投标截止时间后送达的投标文件，电子招标投标交易平台应当拒收。电子招标投标交易平台收到投标人送达的投标文件，应当即时向投标人发出确认回执通知，并妥善保存投标文件。在投标截止时间前，除投标人补充、修改或者撤回投标文件外，任何单位和个人不得解密、提取投标文件。

4. 电子开标与评标

电子开标应当按照招标文件确定的时间，在电子招标、投标交易平台上公开进行，所有投标人均应当准时在线参加开标。开标时，电子招标、投标交易平台自动提取所有投标文件，提示招标人和投标人按招标文件规定方式按时在线解密。解密全部完成后，应当向所有投标人公布投标人名称、投标价格和招标文件规定的其他内容。开标后，评标委员会成员使用CA证书登录招标、投标平台电子评标系统，查阅电子招标文件和投标文件，按照招标文件的要求对投标文件进行评审，并在评标报告上进行电子签名。按照规定需要进行远程异地评标的，应当遵守远程异地评标管理办法的规定。电子评标过程中，评标委员会要求投标人对投标文件作出澄清、说明或补正的，应当通过招标投标平台发出。投标人应当按照评标委员会的要求通过招标、投标平台回复。

5. 书面报告及公示

招标人应通过招标、投标平台将招标、投标情况书面报告进行电子签名后提交招投标监管机构备案，并在招标投标平台和指定媒介上公示中标候选人及评标结果，发布中标人公告。

6. 发出中标通知书

招标人应当通过招标、投标平台向中标人发出中标通知书，向未中标人发出中标结果通知书。并根据需要，通过招标、投标平台打印书面形式的中标通知书。

网上招标投标具体工作流程见图7-2。

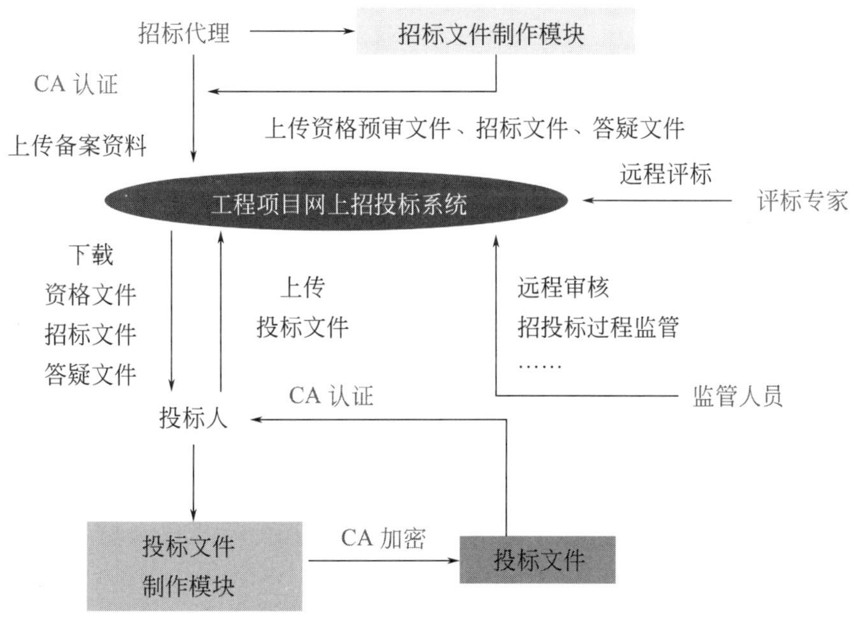

图7-2　网上招标投标工作流程

第二节　建设工程招标书与招标控制价及标底

一、招标方案策划与编制

招标方案是保证招投标工作规范、顺利、有效实施的基础。特别是对需审批、核准的项目，招标方案一旦经过项目审批、核准部门审批或核准，即是今后开展招标工作的依据，招标人或者招标代理机构在刊登招标公告、编制招标文件时，招标方式和招标组织形式、招标内容等都不能有实质性改变。由此，在对招标项目特征和需求分析的基础上，全面、系统地策划招标方案，对招投标工作的顺利进行和项目管理效率的提高都有积极的作用。

（一）工程招标方案策划与编制

国内对使用各级财政预算资金和各种财政专项建设基金的投资项目、国有企事业单位投资占主导的项目的招标、计划管理、资金支付、验收评价等都有严格的要求。该类工程招标必须严格执行招标投标和政府采购的法律法规、政策及有关规定，并接受招标监督部门以及审计、纪检（监察）等部门的严格监督。只有不涉及社会公共利益、公众安全的非国有投资项目才在招标投标法律程序范围内具有比国有投资项目较多的自主权。因此，招标人或其委托的项目管理人只有在对国家及省（自治区、直辖市）对工程招标的法规政策规定、工程项目特征及现场施工条件、招标人管理能力、工程总工期及投资控制目标等影响招标方案策划的因素进行系统、深入分析的基础上，才能规范、合理地完成招标方案策划与编制的工作。

招标方案策划与编制的主要工作如下。

1.招标方式和招标组织形式选择

（1）招标方式选择　招标方式分为公开招标和邀请招标。

公开招标为投标人提供了公平竞争的平台，同时招标人也有较大的选择余地；可扩大供应来源，减少徇私舞弊；有利于获得最优报价，取得最佳投资效益。但其采购费用较高；投标人良莠不齐、招标工作量大、耗费时间；容易被不负责任的单位抢标，也有可能会衍生倒闭、转包等问题，增加采购成本。一般全部使用国有投资或者国有资金占控制地位或主导地位的项目，应当实行公开招标；投资额大、工艺或者结构复杂的较大型建设项目也适宜公开招标。

与公开招标相比，邀请招标在一定程度上更灵活；且可因所需时间较短、工作量小、目标集中而节省时间和费用；因事前双方均考察、调研，信息沟通更为完整深入而降低了招标、投标风险。但邀请招标也存在可能产生串通投标、因投标人数量少而竞争性较差、因招标人所掌握信息的局限性而忽略一些更具有竞争力的企业的缺点。需注意的是，全部使用国有资金投资我国有资金占控制或主导地位的项目，必须经国家计划委员会或者省级人民政府批准方可实行邀请招标。

由此，招标人应在符合相关法规规定的前提下，结合招标项目信息的不对称情况、供应市场结构、工程规模和招标时间的限制、专业性强弱等因素合理选择招标方式。

（2）招标组织形式选择　招标组织形式分为自行招标和委托招标。自行招标应该满足国家或省（自治区、直辖市）关于自行招标的规定——招标人具有3名及以上熟悉和掌握招标、投标有关法规的本单位中级以上职称工程技术经济人员，并具备编制招标文件和组织评标能力。全部使用国有资金投资或者国有资金占控股或者主导地位的工程项目（以下简称国有资金项目），提倡采取招标或比选方式确定招标代理机构。

2.工程发承包方式选择

工程招标依据其发包范围，可以划分为工程施工招标和工程总承包招标两类。工程施工招标是建设工程招标人通过招标选择具有相应工程施工承包资质的企业，按照招标要求对工程建设的施工、试运行（竣工验收）等实行承包，并承担工程建设施工质量、进度、造价、安全等控制责任和相应的风险责任。工程总承包招标是指工程建设招标人通过招标选择具有相应工程设计或施工承包资质的企业，在其资质等级许可的承包范围内，按照招标要求对工程建设的设计、采购、施工、试运行（竣工验收）等实行全部或部分任务的总承包，全面负责工程建设总体协调、管理，并承担工程质量、进度、造价、环境、安全等和相应风险控制责任。

（1）工程施工招标（Design-Bid-Build，DBB）　DBB即是指建设工程的设计和施工分离，分别由不同主体负责实施，工程承包人按照招标人提供的设计图纸和技术规范施工。项目实施往往划分成一个或若干个单项、单位工程合同标段承包，相应的工程责任和风险由一个或若干个承包人承担。承包人可以将部分非主体和非关键工程分包给具有相应资质条件的分包人承担，并由承包人和分包人对分包工程共同承担连带责任。

DBB方式适用于招标人愿意较深入地介入设计控制及对设计和施工的相互协调管理，并希望分散承担风险的情况。该方式的建设周期一般较长，责任较难界定，设计与施工间的管理协调工作比较复杂，容易发生纠纷，工程质量、进度、造价控制较难。但这种工程承包方式的运用简单、成熟，对承发包双方的素质要求不高，且招标人对工程设计和施工各阶段实施的控制影响力较大，风险亦较分散，是我国房屋与市政建设工程的主要发承包方式。

（2）工程总承包招标　工程总承包招标的主要方式有“设计+施工”“设计采购建造”等。其与施工发承包方式的最大区别是招标人不再提供工程设计图纸，只提供基本的工程方案设计/工艺设计作为招标条件，而将此后的工程设计与施工责任及相应风险转移给一个总承包人。这类工程发承包方式有利于工程设计与施工之间的衔接配合，可以避免相互脱节而引起的差错、遗漏、变更、返工及纠纷；可以合理组织分段设计与施工，缩短建设工期。但招标人对工程设计细节和施工的调控影响力较小，所以通过招标选择设计施工专业素质以及综合协调管理水平较高的总承包人，并合理清晰界定相关责任、风险显得至关重要。

这类发承包方式一般适用于工程建设项目规模大、专业技术性强、管理协调工作复杂、招标人对设计施工的管理力量薄弱且愿意将大部分风险转移给一个承包人的情况。

3.合同类型与计价方式选择

工程合同类型一般分为总价合同、单价合同和成本加酬金合同三类。

单价合同的含义是指工程量风险由发包人承担、单价相对固定，仅在约定的范围内合同单价不作调整；总价合同是指合同当事人约定以施工图、已标价工程量清单或预算书及有关条件进行合同价格计算、调整和确认，在约定的范围内合同总价不作调整；成本加酬金合同则是指发承包双方约定以施工工程成本再加合同约定酬金进行合同价款计算、调整和确认。一般来说，发包人倾向于简化交易、规避风险，希望采用招标工程量清单工程量包干加工程变更的结算方式，更倾向于签订总价合同；而承包商则希望通过建设工程施工创收，希望“干多少得多少”，更倾向于签订单价合同或成本加酬金合同。

《建设工程工程量清单计价规范》（GB 50500—2013）规定：招标工程量清单必须作为招标文件的组成部分，其准确性和完整性由招标人负责。采用工程量清单方式招标形成的总价合同，施工中工程计量时，若发现招标工程量清单中出现缺项、工程量偏差，或因工程变更

引起工程量的增减，应按承包人在履行合同义务中完成的工程量计算；采用经审定批准的施工图纸及其预算方式发包形成的总价合同，除按照工程变更规定引起的工程量增减外，总价合同各项目的工程量是承包人用于结算的最终工程量，即施工图纸范围内工程量风险由承包人承担。

该规范还规定，使用国有资金投资的建设工程发承包，必须采用工程量清单计价。实行工程量清单计价的建设项目应采用单价合同。

4. 材料、设备供应方式选择

工程材料、设备通常有三种采购供应方式：招标人自行采购供货、承包人采购和招标人与承包人联合采购供货。

① 招标人自行采购供货。招标人为了控制工程建设项目中某些大宗的、重要的、新型特殊材料设备的质量和价格，通常采取自行采购供货的方式，与供应商签订供货合同。这种供货方式加大了招标人的采购控制权，也加大了招标人的责任和风险。

② 承包人采购。这种方式与招标人采购供货方式的利弊关系正好相反，责任风险均由承包人承担，采购和结算操作管理简单。这种方式比较适用于工期较短、规模较小或材料设备技术规格简单的工程建设项目。

③ 招标人与承包人联合采购供货。招标人联合承包人以招标方式组织材料、设备采购，或由承包人选择，招标人决策，承包人与供货商签订并履行货物采购合同。

5. 资格审查方式选择

资格审查分为资格预审和资格后审。资格审查的方式选用应当符合下列规定。

① 对于具有通用技术、性能、标准或者招标人对其技术、性能没有特殊要求的工程项目，一般应当采用资格后审。

② 对于大型且技术复杂或者具有特殊专业技术要求的工程项目，可以采用合格制资格预审。

③ 对于特大型且技术特别复杂或者具有特殊专业技术要求的工程项目，经招投标监管机构批准可以选用有限数量制资格预审，对有限数量制的使用应当严格控制。

（二）货物及服务招标方案策划与编制

1. 货物及服务招标的特点

（1）货物招标的特点　货物招标包括采购各种原材料、机电设备、产品等商品以及可能附带的配套服务。货物招标采购注重全面比较货物产品的价格、使用功能、质量标准、技术工艺、售后服务等因素。相同条件下，产品的价格是决定中标的主要因素，但也并非价格越低越好，招标人更需选择性价比高的产品。

（2）服务招标的特点　区别于工程和货物招标采购，服务招标竞争力主要体现在服务人员的素质和能力及其服务方案优劣的差异，所以服务价格并不是评价投标人竞争力的主要指标。

此外，一般意义的服务招标中还包括各类资产所有权、资源经营权和使用权出让招标，如企业资产或股权转让、土地使用权出让、基础设施特许经营权、科研成果与技术转让以及其他资源使用权的出让招标。此类招标大多以价格竞争为主，结合经营或使用权受让方案的科学性、可行性、可靠性及其经营管理能力的竞争。

2. 货物招标方案策划编制

由于货物招标必须与建设工程项目整体要求统一衔接协调，国家及省（自治区、直辖市）相关法规政策规定、招标人管理能力、工程总工期及投资控制目标要求也是影响货物招标方案策划的主要因素。以下主要通过分析货物的技术、经济、管理特征，提出货物招标方案策划要点。

（1）货物的交接、检验和交货方式　货物与工程最大的区别在于它的可移动性。货物种类繁多、来源广泛，货物中的机电设备大都属于技术密集型产品，其货物的性能、质量更多地取决于货物生产工艺设备的技术先进性，随着科学技术的发展，货物的科技含量越来越高。由此货物的交接、检验和交货方式是货物招标采购需要考虑的重要因素。

（2）货物的全寿命周期成本　货物的全寿命周期成本由货物的采购价格与使用成本组成。

货物的采购价格有国内货物价格和进口货物价格之分。其中，国内货物价格构成包括：货物出厂价及其包装费、运输费、运输保险费和其他杂费。进口货物价格包括：到岸价、进口环节税（包括进口关税、进口增值税、消费税）、国内运费、国内运输保险费和其他杂费。招标文件中应该合理分解货物价格的构成，以便掌控各部分成本费用的合理水平。例如，可以根据原材料价格、供应商生产规模以及技术管理水平估算其货物的制造成本，可以根据市场上运输公司、保险公司的报价了解运保费行情，从而可以合理确定货物预算价格，并有效分析判断投标报价等。

货物的使用成本包括运行成本、维护保养成本、维修改造成本、故障成本和废弃成本等。货物的全寿命周期中使用成本往往会是采购成本的数倍，所以对于技术较为复杂的货物不仅要考虑一次性的采购成本，还必须从上述各方面综合考虑使用成本，采取定量或定性的办法进行分析，从而选择性能价格比最高的货物投标方案。

由此，用全寿命周期成本方法将货物寿命周期的经济性以科学方式体现是评标时应考虑的重要因素。

（3）货物的付款条件　合同价款的支付条件是合同的重要组成部分，是招标投标双方关心的重要内容，也是影响投标报价的主要因素之一，甚至是投标人是否参与投标的制约因素之一。货物支付条件至少应包含支付方式、支付进度、货物的税收。设定支付方式和进度需要考虑多方面因素，包括产品的价格、生产周期、产品生产与供应需要的资金分布状态、招标人和投标人的财务状况和融资能力、市场供求状况、不同货物对招标投标双方所能控制的风险范围和幅度等。考虑全面的支付条款会带来双赢的合作，反之会影响双方的合作。货物的税收包括关税、增值税、购置税、消费税等。应该在招标文件中明确相关规则，特别是国际货物采购税收往往是一笔较大的费用开支，如果招标文件中不予以明确，则会对评标和合同谈判履行造成不利影响。

（4）货物的使用寿命　货物的使用寿命也是采购货物时需要重点考虑的因素。不同使用寿命的货物，直接影响招标人的经济成本。尤其对于使用寿命敏感的货物，一般将使用寿命作为强制性标准要求，而使用寿命不敏感的货物则可相对忽略。

（5）履约风险控制　货物采购的风险控制是货物招标采购管理的重要内容。由于供应商供货能力、行为带来的风险，招标人主要采取两种方式规避：一是对投标人进行严格的资格审查，要求投标人提供一系列的技术、经济等资格信誉资料帮助招标人分析判别其履约能力；二是在招标文件中提出要求条件，让投标人作出响应。一般采购规模较大、合同履行周期较长、采购地区距离较远的货物，履约过程中面临市场价格波动、环境变化等风险因素较多。这就需要认真分析货物采购的各种风险特征，根据采购货物的种类选择恰当的合同价格类型，设置严密的风险条款，以合理规避、分配采购、供应双方履约中可能产生的风险。如设置货物运输保险条款转移一部分风险；设置法规政策调整条款分担法规政策改变所引起的价格风险；设置市场价格波动条款双方合理分担市场风险等。

3. 服务招标方案策划编制

（1）设计招标方案　工程建设项目设计属于知识密集的智力服务行业，是建筑艺术和技术创作过程，作为其服务成果的设计方案具有一定的知识产权。因此，招标人在招标文件中应该根据项目特点和具体需求，规定设计招标所涉及的知识产权范围和归属以及投标补偿费用。投标人为创作设计投标方案需要付出很多智力劳动，还需要采用设计效果图、展板、模型、多媒体演示文件等方式来表现其设计投标方案，并且在设计投标方案外还可能要按招标要求提交备选投标方案，投标人为此需要付出一定费用。另外，招标人除采用中标设计方案外，还有可能采用未中标方案的部分设计构思或设计成果，从而需要考虑补偿一定的投标方案编制费用。目前国际及国内通行的做法是：不管中标与否，招标人一般都要给予授标人一定数量的补偿费用，作为对投标人编制、递交有效投标文件，以及其设计方案可能会被使用或部分使用的经济补偿。同时，为了鼓励投标人在投标设计立意、构思、设计方案优化等方面投入力量，招标人还可以在设定投标补偿费用的基础上，设置评选优秀设计方案，并予以奖励。这样，获得优秀设计投标方案的可能性就更大。但是，如果工程建设项目设计招标的投标人数量过多，投标设计方案出现雷同的可能性就大，而且招标人承担投标补偿费的数额也越大；而投标人数量过少时，设计方案的离散性和适配性可能不足，招标人获得设计创意和优秀设计方案的数量就会相应减少，而可能影响工程建设项目设计招标的效果。因此，一般应通过资格预审，从众多的设计投标申请人中择优选用具有与招标项目类似业绩经验的设计单位参与设计投标，既可避免招标人承担过高的投标补偿费用，又可以保证招标人能够集思广益，获得尽可能多的有效设计创作方案。

（2）监理招标方案　工程监理的主要任务是控制建设工程的造价、进度、质量和安全，主要方法是规划、控制、协调，最终按照项目业主目标要求建成工程建设项目。建设工程监理企业及其监理单位人员不直接产出新的物质成果或信息成果，只是利用自己的知识、技能和经验、信息以及必要的试验、检测手段，为工程建设项目建设提供管理服务，具有独立性和公正性。工程监理的特点决定了监理单位以及具体监理人员的知识、经验、能力和职业道德素质是决定监理服务质量的主要因素，是建设工程监理招标时要考虑的主要评价标准。

（3）项目管理服务招标　与建设工程监理招标类似，项目管理服务招标采购的标的是不构成物质产品的智能服务，项目管理服务单位及其投入项目管理人员的素质信誉、经验能力是构成投标竞争和招标选择的主要因素。因此项目管理服务招标不应将服务价格作为主要竞争和评价因素。

二、招标书编制

招标书是招标人向潜在投标人发出的要约邀请文件，是告知投标人招标项目内容、范围、数量与招标要求、投标资格要求、招标投标程序规则、投标文件编制与递交要求、评标标准与方法、合同条款与技术标准等招标、投标活动主体必须掌握的信息和遵守规则的载体。招标书作为联系、沟通招标人与投标人的桥梁，是整个招标过程都应遵循的法律性文件。招标书既是业主的期望，也是投标人报价、投标、编制技术实施方案和合同实施的基础，是招标、投标过程中最重要的纲领性文件，对招标活动的成败有重要影响。

（一）工程招标书编制

1. 工程招标书标准文件

为了规范工程招标书的编制活动，在法律法规框架下细化操作规程，统一有关各方对招标、投标相关的法律法规的理解和应用，提高招标书编制质量和效率，促进招投标活动的公开、公正、公平和有机衔接现有基本建设制度，发挥制度的整体优势，国家发展和改革委员会会同相关部委在学习世界银行、联合国发布的标准招标文件基础上，结合中国国情陆续发布了一系列招标书编制应采用的标准文件。最新版本有《标准施工招标文件》（2007年发布，后根据2013年第23号令修正）、《房屋建筑和市政工程标准施工招标文件》（2010年发布）、《简明标准施工招标文件》和《标准设计施工总承包招标文件》（发改法规〔2011〕3018号）。各标准文件适用范围如下。

①《标准施工招标文件》，适用于设计施工不是同一人承担的一定规模以上的工程项目。

②《房屋建筑和市政工程标准施工招标文件》（行业标准），适用于设计施工不是同一人承担的一定规模以上的房屋建筑和市政工程项目。

③《简明标准施工招标文件》，适用于设计施工不是同一人承担的小型工程项目，一般指工期不超过12个月、技术相对简单、不设暂估价和分包资格后审，采用工程量清单计价。

④《标准设计施工总承包招标文件》，适用于设计施工一体化直至EPC项目。《招标投标法实施条例》规定，编制依法必须进行招标项目的资格预审文件和招标文件，应当使用国务院发展改革部门会同有关行政监督部门制定的标准文本。

2. 工程招标书主要内容及编制要点

（1）主要内容　一般各类工程施工招标书的内容大致相同，但组卷方式可能有所区别。本书以《标准施工招标文件》为例介绍工程施工招标书的内容和编制要点。

《标准施工招标文件》共包含封面格式和四卷八章的内容，第一卷包括第一章至第五章，涉及招标公告（投标邀请书）、投标人须知、评标办法、合同条款及格式、工程量清单等内容。其中，第一章和第三章并列给出了不同情况，由招标人根据招标项目特点和需要分别选择；第二卷由第六章图纸组成；第三卷由第七章技术标准和要求组成。第四卷由第八章投标文件格式组成。

（2）编制要点　由于每个招标项目都有其自身的特点，编制招标书需要在对招标工程特征、项目管理方式、业主的管理能力、投标竞争的激烈程度、工程质量工期要求、合同条款的适用性、针对性、与招标公告和资格预审文件的连贯性等分析基础上，依据（必须进行招标的项目）或参照《标准施工招标文件》编制。一般来说，招标书要解决三个主要问题：一是招标标的描述、要求和告知投标人如何投标；二是告知评标专家如何评标；三是构建工程实施的合同体系。以下主要针对此三个问题阐述编制要点。

① 投标须知与投标须知前附表。投标须知与投标须知前附表是整个招标投标活动开展的指南，是招标标的描述、要求和告知投标人如何投标的集中体现。其主要内容有：招标工程基本情况，招标文件的组成，投标人资格审查标准，投标文件的组成及编制、密封、递交要求，投标报价编制要求，投标担保，评标方法和标准，授予合同的标准，其他有关投标、开标、评标的事项。

需注意的是：投标须知前附表是投标须知的摘要，其每一项内容均应与投标须知的相关条款相对应，以既便于招标书的编制，也便于招标书的收受人直观、便捷地了解投标须知中的重要内容。

投标须知中特别要注意对于招标范围的描述。范围描述一般有两种办法：一种是包括法，即将合同工作内容逐一描述；另一种是排除法，即将不包括的工作内容阐述清楚。特别要将交叉界面部分描述清楚。

② 评标办法。评标办法可以采用综合评估法、经评审的最低投标价法、合理低价法、合

理价随机确定中标人法或者法律、法规规定的其他方法。经评审的最低投标价法、合理低价法、合理价随机确定中标人法，适用于具有通用技术、性能标准或者招标人对其技术、性能没有特殊要求的中、小型工程及一般住宅小区工程。小型工程提倡采用合理价随机确定中标人法。综合评估法适用于大型及以上工程或技术较为复杂的工程。《评标办法前附表》用于明确评标的方法、因素、标准和程序。招标人应根据招标项目具体特点和实际需要，详细列明全部审查或评审因素、标准，没有列明的因素和标准不得作为资格审查或者评标的依据。

③ 合同条款及格式。招标书中包含合同主要条款的目的是明确将要签订合同的基本内容和格式，以便于投标人投标报价，减少中标后签订合同的工作量。由此，招标书中合同条款的主要内容应包括合同价款方式、工程价款支付、材料供应分工、工期质量要求与奖罚、发包人与承包人工作、保修期等。

招标书中的合同条款应当紧密结合工程实施中的具体情况，并与报价方式等相协调。一般发出中标通知书后，招标书中的主要合同条款原则上是不能变更的，由此，招标人或者招标代理机构应根据招标项目的具体特点和实际需要，在不违反法律、行政法规的强制性规定，以及平等、自愿、公平和诚实信用原则下认真在“专用合同条款”中对“通用合同条款”进行补充、细化和修改，以促进招投标工作的顺利实施与今后合同的顺利履行。

④ 其他需关注的问题。招标人设有最高投标限价的，应当在招标书中明确最高投标限价或者最高投标限价的计算方法。施工招标书中设定的暂估价和暂列金额还应当符合市场价格水平；暂估价项目需招标的，其招标主体、招标方式、招标组织方式也应当在招标书中明确。此外，特别要注意的是：招标书涉及报价要求的内容应贯穿于投标人须知、合同条款、技术标准和要求之中，有关的报价要求的内容也应前后呼应、环环相扣，避免出现前后矛盾或脱节的情况。

（二）货物与服务招标书编制

1.货物招标书编制

货物招标书目前尚无全国性的标准文件。依据货物招标的特点，货物招标书一般应包括：招标公告或投标邀请书、投标人须知、货物需求一览表、技术规格、项目商务要求、评标标准与办法、合同条款、投标文件格式、附件等。

① 招标公告或投标邀请书。包括招标项目内容、资金来源、投标人资格要求、投标与开标有关说明、投标保证金、投标有关规定和联系方式。

② 投标人须知。包括投标人、招标文件、投标文件、开标、评标、定标、中标通知书、关于质疑和投诉、招标代理服务费、交易服务费、签订合同说明。

③ 货物需求一览表与技术规格。包括招标项目一览表、招标项目技术需求、附件与图纸及包装要求、样品递交及退还要求，项目技术规格、数量及质量要求。

④ 项目商务要求。包括交货期（或为实施时间）与地点及验收方式、报价要求、质量保证及售后服务、付款方式、知识产权、其他。

⑤ 评标标准与办法。包括评标方法、评标标准、无效投标条款和废标条款。

⑥ 合同主要条款和格式合同。由于货物种类繁多，货物合同条件和格式组成也有所区别。合同条款应明确规定货物买卖双方的权利和义务。包括合同范围、交货方式、付款方式、质量保证与索赔、检验和测试、技术服务、合同生效与变更、合同终止、争议的解决等条款。

⑦ 投标文件格式。包括经济文件、资格文件、商务文件、技术文件、其他文件格式。

2014年3月，商务部机电和科技产业司发布了《机电产品国际招标标准招标文件（试行)》，该标准文件共包括二册。第一册包括第一章投标人须知、第二章合同通用条款、第三章合同格式及第四章投标文件格式。第二册由招标人根据项目情况自行编制并另行装订，包括第五章投标邀请、第六章投标资料表、第七章合同专用条款和第八章货物需求一览表及技术规格。机电产品国际招标可采用此标准招标文件。

2. 服务招标书编制

(1)设计招标书编制 工程设计招标书一般包括投标须知、设计条件及要求、主要合同条件、投标文件格式、附件及附图等内容。评标方法和标准可以作为投标须知的附件，也可以在招标书中单列章节。设计招标书与工程和货物招标有较大区别的是投标保证金的规定、投标补偿费用和奖金设定及支付方式、未中标投标文件的退还、知识产权的规定等内容。

(2)监理招标书编制 工程施工监理招标书一般由招标公告、投标人须知、监理大纲要求、合同文件、工程技术文件、投标文件格式、提供的设备仪器与设施要求等内容组成。施工监理招标书可参考工程招标书相关内容，其中区别较大的是委托监理的范围和内容、监理投标报价说明、投标书的编制要求等内容。

(3)项目管理招标书编制 工程建设项目管理的招标书通常由招标公告、投标人须知、项目管理大纲要求、合同文件、工程技术文件、投标文件格式等几部分组成。其招标书的内容和格式可以参照建设工程监理招标书的相关内容，但招标书对投标书的项目管理大纲内容的要求应体现以下几个特点：项目管理架构(组织分解结构)、合同网络图(工程分解结构)建议、项目管理重点与难点分析、项目管理规划、项目总进度控制(里程碑)计划及其管理体系、项目投资控制管理体系、办理政府审批手续和项目管理前期咨询管理服务等要点。

三、招标控制价和招标标底编制

由于货物和服务招标设置招标控制价和招标标底的情况较少，以下主要阐述工程招标控制价和招标标底编制。

1. 招标控制价编制

招标控制价是招标人根据国家或省级、行业建设主管部门颁发的有关计价依据和办法，以及拟定的招标书和招标工程量清单，结合工程具体情况编制的招标工程的最高投标限价。该概念于2008年在《建设工程工程量清单计价规范》(GB 50500—2008)中首次提出，经过几年的实践，其对引导建设主体行为、提高招投标活动的透明度、规范建设市场秩序、降低投资风险发挥了重要作用。新版《建设工程工程量清单计价规范》(GB 50500—2013)以强制性条文的形式规定，“国有资金投资的建设工程招标，招标人必须编制招标控制价”，使招标控制价制度在国有资金投资项目中正式确立。

(1)编制主要依据 招标控制价编制的主要依据如下。

① 国家或各行业建设工程工程量清单计量规范、计价规范。

② 国家或省级、行业建设主管部门颁发的计价定额和计价办法。

③ 建设工程设计文件及相关资料。

④ 拟定的招标文件及招标工程量清单。

⑤ 与建设项目相关的标准、规范、技术资料。

⑥ 施工现场情况、工程特点及常规施工方案。

⑦ 工程造价管理机构发布的工程造价信息；工程造价信息没有发布的，参照市场价。

⑧ 其他的相关资料。

（2）编制方法与应注意的问题　招标控制价由分部分项工程费、措施项目费、其他项目费、规费和税金组成，应采用工程量计价方式编制。编制招标控制价时应特别注意考虑招标书中有关合同条款，如质量要求、进度要求、风险责任、付款条件等因素对工程造价的影响，避免存在招标书要求与招标控制价内涵相脱节的现象，保证招标控制价作用的正常发挥。此外，招标控制价编制还应注重工程现场调查研究，充分考虑施工现场情况、工程特点及施工方案对措施项目费的影响。

2. 标底编制

标底是招标人通过客观、科学计算，期望控制的招标工程造价。工程招标标底主要用于评标时分析投标价格的合理性、平衡性和偏离性，分析各投标报价差异情况，作为防止投标人恶意投标的参考性依据。需注意的是：我国相关法规规定，标底只能作为评标的参考，不得以投标报价是否接近标底作为中标条件，也不得以投标报价超过标底上下浮动范围作为否决投标的条件。

（1）编制依据　标底应该客观反映工程建设项目实际情况和施工技术管理要求，根据工程招标书的发包内容范围和工程量清单（如果有），依据工程计价有关规定和市场价格信息等编制。各类工程建设项目标底编制的主要强制性、指导性或参考性依据基本同招标控制价。

（2）编制方法　编制标底的方法没有统一的规定，一般根据招标项目的技术管理特点、工程发包方式、合同计价方式等选择标底编制的方法。凡不具备编制工程量清单的招标项目，也可以使用经验估算法、工程设计概算分解法等方法编制参考标底。实务操作中也有把投标人报价的算术平均值作为评标标底，还有把平均值与最低值再平均，成为“平均先进”的评标标底等做法。

3. 标底与招标控制价的区别

标底与招标控制价的主要区别是：招标人可以自行决定是否编制标底，标底必须保密，标底的作用是防止投标人恶意投标；而国有资金投资的建设工程招标，招标人必须编制招标控制价，且招标人设有最高投标限价的，应当在招标文件中明确最高投标限价或者最高投标限价的计算方法，在发布招标文件时公布招标控制价，其作用是有利于客观、合理地评审投标报价，避免哄抬标价。

第三节　建设工程投标与标书

一、投标书组成及格式

投标，是市场经济体制下投标人获取生产任务的主要方式。投标书是表述投标人实力、信誉状况、投标报价及投标人对招标书响应程度的重要文件，也是评标委员会和招标人评价投标人的主要依据。投标人在产品和实力满足招标书要求的前提下，编制出高水平的投标书，是在竞争中获胜的关键。投标书的组成及格式应执行招标书的要求，投标书应当对招标书提出的要求和条件做出实质性响应。

（一）工程投标书的组成

工程投标书一般由下列内容组成：① 投标函及投标函附录；② 法定代表人身份证明；③ 授权委托书；④ 联合体协议书；⑤ 投标保证金；⑥ 已标价工程量清单；⑦ 施工组织设计；⑧ 项目管理机构；⑨ 拟分包项目情况表；⑩ 资格审查资料；⑪ 其他材料。

（二）货物与服务投标书组成

1. 货物投标书组成

货物投标书一般由下列内容组成：① 投标函；② 投标一览表；③ 技术性能参数的详细描述；④ 商务和技术偏差表；⑤ 投标保证金；⑥ 有关资格证明文件；⑦ 招标书要求的其他内容。

2. 服务投标书组成

服务投标书一般由下列内容组成：① 投标函及投标函附录；② 法定代表人身份证明或授权委托书；③ 联合体协议书（如有）；④ 投标保证金；⑤ 技术建议书（不同类型的服务项目，其技术建议书内容有所区别）；⑥ 投标报价文件；⑦ 资格审查资料（资格后审）或资格预审更新资料。

二、技术、服务和管理方案编制

建设工程项目技术、服务和管理方案是投标书的重点和难点，也是投标报价的基础。

（一）工程技术、服务和管理方案编制

施工组织设计是工程施工技术、服务和管理方案的集中体现，一般应用文字说明和图表、图例等方式详细具体地完成以下几个方面的内容。

① 工程概况。主要分析项目概况、建设场地情况、施工条件、本项目主要施工特点等。

② 施工准备工作计划。主要拟定工程技术准备、物资准备、劳动力和组织准备、施工现场准备和施工场外准备计划等。

③ 施工部署。主要拟定实施的总体设想，包括工期控制、施工顺序、专业穿插与协调等。

④ 施工现场总平面布置。主要布置已建和拟建的地上和地下的一切房屋、构筑物及其他设施；确定机械设备、地形等高线；测量放线标桩的位置、取舍土方的地点；布置为施工服务的一切临时设施等。

⑤ 施工进度计划。说明用以控制工期的方法及各分部、分项、分段工程的施工的逻辑关系和持续时间。

⑥ 施工方案。主要包括确定单项工程施工方案、自然条件影响下的施工方案、特殊技术的施工方案。

⑦ 主要施工机械、设备与材料。主要说明本项目所需各项施工机械、设备、材料的配置、选型、价格、供应计划和采购方式。

⑧ 劳动力配备计划。主要确定施工技术（组）人员的构成、资质、工种安排及配置及当地工人的数量、工种和劳务用工计划。

⑨ 主要技术经济指标。

⑩ 其他。

此外，还应根据实际情况，提出可降低成本或可充分发挥自身优势或特殊施工经验的施工措施。

（二）货物与服务的技术、服务和管理方案编制

1. 货物技术、服务和管理方案编制

货物技术、服务和管理方案主要表现为货物的供应组织方案。该供应组织方案一般包括

以下内容。

① 按照招标书技术要求提供投标货物的详细技术说明及证明资料，证明投标货物的质量合格并在技术性能上能够满足招标书技术规格要求。

② 依据招标书技术规格的要求编制货物技术规格的详细说明文件。

③ 招标书要求提供设备的备品备件、专用工具、消耗品及选配件等清单的，投标人应根据招标书要求的格式分别编制相应附件，作为投标书组成部分。

④ 招标书对安装、调试、检验、验收及培训等技术服务有要求时，应按照招标书要求作出详细的服务方案，包括工作计划、工作制度、工作内容、服务人员、计费标准等。

⑤ 大型、复杂的成套设备，还需要根据招标书要求制定详细的大件运输方案，在货物分批发运时，应对货物清单一览表详细检查，防止遗漏。

⑥ 交货期的安排应满足招标书要求。

⑦ 如招标书允许对采购货物进行分包，投标人应介绍分包货物名称及分包人的情况。

2. 服务技术和管理方案编制

服务技术和管理方案一般表现为服务技术建议书，其内容一般包括如下几个方面。

① 投标人实力介绍。包括企业历史、企业资源（资质、人力、设备、财务）、以往业绩、企业信誉等。

② 对项目的理解。包括项目概况与特征，工作范围，工作标准与技术要求，工作重点与难点分析，完成任务的方法、途径和步骤等。

③ 工作方案。包括进度计划，现场服务机构与人员安排，相关设备的配备，质量保证体系与措施，进度保证措施，其他应说明的事项等。

三、投标报价编制

投标报价也称经济标，是投标书的核心组成部分。

（一）工程投标报价编制

对采用工程量清单计价的工程，投标人必须按照招标工程量清单填报价格，其项目编码、项目名称、项目特征、计量单位、工程量必须与招标工程量清单一致。对采用施工图及其预算计价的工程，投标人应按照招标书的相关要求进行报价。投标报价不得低于工程成本，也不得高于招标控制价。

投标报价确定的基本程序如下。

① 进行相关调查。包括对市场宏观政治经济环境调查，工程所在地区的环境和工程现场考察，对工程业主调查，对竞争对手公司调查，对同类建筑的一般造价资料和建筑材料价格、人工单价、机械台班单价情况调查等。

② 研究招标书。包括熟悉本次招标的基本要求、研究评标办法、研究合同形式及主要合同条款（工程量与价格风险责任的承担、预付款比例及工程价款结算方式、工期和质量要求及违约责任、付款条件等）。

③ 收集基础资料。包括公用基础资料（各类规范、法规、企业定额、政府消耗量定额及人、材、机价格等）；项目特有资料（设计文件、现场情况、与项目有关的环境、竞争对手及招标人情况等）。

④ 复核工程量清单，为不平衡报价提供基础。

⑤ 确定分包项目，组织分包询价。

⑥ 编制施工组织设计或施工方案，计算施工方案工程量。

⑦ 计算初始投标报价。

⑧ 分析项目资金流动及工程成本状况。包括确定合同标价与时间的关系图、确定各种资源（人工、材料、机械、分包等）费用的时间分布、确定收支费用的延搁时间，以对项目资金流动情况进行分析、计算，最终对工程成本进行分析。

⑨ 确定投标报价策略及最终报价。

（二）货物与服务投标报价编制

1. 货物投标报价编制

货物投标应按照招标书的货物需求一览表和统一的报价表格式要求进行投标报价。投标人应全面、正确和详尽地理解招标书报价要求，根据招标书规定的报价要求、价格构成和市场行情，考虑设备、附件、备品备件、专用工具生产成本，以及合同条款中规定的交货条件、付款条件、质量保证、运输保险及其他伴随服务等因素报出投标价格。投标报价一般包括所需货物及包装费、保险费费、各种税费、运输费等招标人指定地点交货的全部费用和技术服务等费用。

2. 服务投标报价编制

服务招投标中，投标人应根据招标书规定的服务期、服务量、拟投入服务人员的数量以及服务方案，结合企业经营管理水平、财务状况、服务业务能力、履约情况、类似项目服务经验、企业资源优势等编制投标报价文件。投标报价文件包括：

① 服务费用说明。

② 服务费用估算汇总表。

③ 服务费用估算分项明细表等。

第四节　建设工程项目承包合同签订

一、招投标与合同的关系

招标是规范选择交易主体及其标的，订立交易合同的法律程序。招标人发出的招标公告和招标文件没有价格要素，属于要约邀请，投标人向招标人递交的投标文件属于要约，招标人向中标人发出的中标通知书属于承诺。招标投标各方通过公平竞争、公正评价的规范程序完成合同主体、客体的选择和合同权利、义务、责任的约定；合同既是招标的决策结果和项目实施的控制依据，也是检验、评价合同各方全面履行权利、义务、承担相应责任的标准。实行招标的工程，合同约定不得违背招、投标文件中关于工期、造价、质量等方面的实质性内容。招标文件与中标人投标文件不一致的地方，以投标文件为准。

二、合同的组成及解释顺序

城市建设工程涉及的主要合同类型有建设工程合同、货物采购合同和服务咨询合同。

（一）建设工程合同组成及解释顺序

建设工程合同是承包人进行工程建设，发包人支付价款的合同。建设工程合同受我国经济法、部门法调整，体现着行政监管和市场竞争双重特性。为了指导建设工程施工合同当事人的签约行为，维护合同当事人的合法权益，住房和城乡建设部和国家工商行政管理总局联

合发布了建设工程施工合同示范文本，目前最新版本是《建设工程施工合同（示范文本）》（GF-2013-0201）（以下简称《施工合同示范文本》)。该《施工合同示范文本》由合同协议书、通用合同条款和专用合同条款三部分组成。

《施工合同示范文本》中通用条款共20个条文，是合同当事人根据法律规范的规定，就工程项目施工的实施及相关事项，对合同当事人的权利、义务作出的通用性约定，其作用是供反复使用、避免漏项、便于管理和查阅。专用合同条款是合同当事人对通用合同条款进行的补充和完善，即在使用过程中，如果工程建设项目的技术要求、现场情况与市场环境等实际履行条件存在特别性，则可以在专用合同条款中进行相应的补充和完善。但原则上，对专用合同条款的使用应当尊重通用合同条款的原则要求和权利义务的基本安排。如专用合同条款对通用合同条款进行颠覆性修改，则从基本面上背离该合同的原则和系统性，出现权利义务不平衡、与起草初衷不符合的情况。尽管《施工合同示范文本》为非强制性使用文本，但其是国内外多年工程管理实践的集大成成果，对合同的顺利签订与履行都有良好的促进作用，应是工程施工合同签订的范本。

《施工合同示范文本》规定，组成合同的各项文件应互相解释，互为说明。除专用合同条款另有约定外，解释合同文件的优先顺序如下。① 合同协议书；② 中标通知书（如果有）；③ 投标函及其附录（如果有）；④ 专用合同条款及其附件；⑤ 通用合同条款；⑥ 技术标准和要求；⑦ 图纸；⑧ 已标价工程量清单或预算书；⑨ 其他合同文件。

上述各项合同文件包括合同当事人就该项合同文件所作出的补充和修改，属于同一类内容的文件，应以最新签署的为准。在合同订立及履行过程中形成的与合同有关的文件均构成合同文件组成部分，并根据其性质确定优先解释顺序。

为促进建设项目工程总承包的健康发展，规范工程总承包合同当事人的市场行为，住房和城乡建设部、国家工商行政管理总局还联合制定了《建设项目工程总承包合同示范文本（试行）》（GF-2011-0216），自2011年11月1日起试行。

（二）货物采购合同和服务咨询合同组成及解释顺序

1.货物采购合同组成及解释顺序

目前尚无货物采购合同的标准合同范本。货物合同条款及格式一般应明确合同项目情况、供货的内容范围与要求、招标人与中标人各自的权利和义务。货物采购合同标的物不同，合同订立方式不同，合同文件的组成详略不一，但下列条款都是构成货物买卖合同必不可少的主要条款。

① 合同双方当事人的名称、地址，法定代表人的姓名、职务，委托代订合同的代理人姓名、职务。

② 合同标的内容范围、价格，标的数量。

③ 货物的质量要求、技术标准、卖方对质量负责的条件和期限，验收标准和方法。

④ 交货时间、交货地点及方式，包装、运输、保险，价款的支付方式、时间、地点。

⑤ 违约责任，纠纷解决方式。

⑥ 合同的份数、使用的文字及其效力。

⑦ 订立合同的时间、地点及当事人签字。

复杂的、执行周期较长的货物采购合同，一般需将上述条款进一步细化，增加技术服务及联络、合同变更及修改、不可抗力、税、履约保证金、转让与分包、违约终止合同、破产终止合同、保密、责任的限定等条款，并将合同形式体现为包括合同协议书、合同通用条款、合同专用条款、合同附件等内容。

机电产品采购可参考《机电产品采购国际竞争性招标文件》所附的进口采购合同。

2. 服务咨询合同组成及解释顺序

为规范建设工程咨询服务行业市场秩序，维护合同当事人合法权益，住房城乡建设部和工商总局对工程勘察、工程设计、工程监理和工程造价咨询等建设工程中的主要咨询服务工作制定了合同示范文本。目前最新版本有：《建设工程勘察合同（示范文本）》（GF-2016-0203）、《建设工程设计合同示范文本（房屋建筑工程）》（GF-2015-0209）、《建设工程设计合同示范文本（专业建设工程）》（GF-2015-0210）、，《建设工程监理合同（示范文本）》（GF-2012-0202）和《建设工程造价咨询合同（示范文本）》（GF-2015-0212）。

服务咨询类合同文件的组成及解释顺序一般如下。① 协议书；② 中标通知书或委托书（如果有）；③ 专用条件及附录；④ 通用条件；⑤ 投标函及投标函附录或咨询服务建议书（如果有）；⑥ 其他合同文件。

上述各项合同文件包括合同当事人就该项合同文件所作出的补充和修改，属于同一类内容的文件，应以最新签署的为准。

三、合同协议签订

为按约定完成招标工程建设项目，明确双方责任、权利、义务，招标人与中标人应按照招投标与中标结果签订合同协议书。签订协议时，双方在不改变招投标实质性内容的条件下，对非实质性差异的内容可以通过协商确定一致意见。签约时，如果招标书有规定，招标人应按招标书约定向招标人提交合同履约担保。

第八章　城市建设工程施工实施

08 Chapter

第一节　建设工程开工与开工准备

一、建设工程开工

（一）建设工程开工时间

一般情况下，建设工程新开工时间是指永久性工程第一次正式破土开槽的开始日期。其他情况主要有以下几种。

① 如果工程不需要开槽，以正式开始打桩的日期作为开工日期。

② 铁路、公路、水库等需要进行大量土石方工程的，以开始进行土石方工程施工的日期作为正式开工日期。

③ 工程地质勘察、平整场地、旧建筑物拆除、临时建筑或设施、施工用临时道路和水、电等工程开始施工的日期不能算作正式开工日期。

④ 分期建设的工程分别按各期工程开工的日期计算，如二期工程应根据工程设计文件规定的永久性工程开工的日期计算。

（二）建设工程开工基本条件

① 施工许可证已获政府主管部门批准。② 征地拆迁工作能满足工程进度需要。③ 施工组织设计已获总监理工程师批准。④ 承包单位现场管理人员已到位，机具、工人已到场，主要工程材料已落实。⑤ 进场道路、水、电、通信已满足开工要求。

二、工程开工前基本准备

开工前基本准备工作包括以下内容。

（一）基本准备工作内容

① 施工道路、围墙；② 场地平整（土方平衡计算）；③ 现场2个控制桩点（横、纵坐标，高程）；④ 临电、临水、排污；⑤ 审批后的施工图纸；⑥ 总包、监理进场；⑦ 与监理、总包开工前的交底会；⑧ 开工仪式；⑨ 图纸会审（解答图纸问题，对项目的重难点作介绍）；⑩ 施工许可证。

（二）施工现场准备工作

在工程正式开工前完成施工现场的全场性前期准备工作，施工现场准备工作包括以下内容。

① 施工现场临时围墙的施工。

② 大型临时设施的建造。

● 施工生活区：包括宿舍、食堂、厕所、门卫、活动室、生活资料仓库等设施，施工生活区就近租赁场地搭设。

● 施工现场区：包括办公楼、职工临时休息室、现场木工、钢筋作业棚，配电房，搅拌机、卷扬机操作棚，水泥仓库等设施的搭建。

③ 临时施工道路的浇筑；临时用水用电管网的布置和敷设。

④ 复核及保护好建设方提供的永久性坐标和高程，按照既定的永久性坐标定好施工现场的测量控制网。

⑤ 有计划地组织机械及材料的进场，堆放于指定地点。

三、施工方进场前的甲方准备

（1）办好用地手续和收集用地资料　包括用地的土地证、拆迁或移除地面地下的障碍物（完成拆迁），收集周边、地下的建筑物、构筑物、管线图纸和所有人、使用人及使用状态的资料，水文气象资料。在施工期间如出现损坏、纠纷是要甲方出面协调和赔偿的。

（2）做好地质勘探、施工图设计的组织工作　备好施工用的图纸和地勘资料，有时候还要做土壤氡检测、地灾评估、环境评估、矿覆评估与补偿、文物勘探。

（3）办好审图手续　审图包括施工图审核、规划审图、消防审核、给排水审图、变配电、燃气供暖、人防、防雷、节能等的图纸报审工作。

（4）办好报建手续　报建手续包括建设用地规划、工程规划、施工许可证，人防、消防、环保、城管交通、用工等也是要申报的。质量监督、安全监督也要办理委托；同时要签订好监理合同。有时候要办监测、材料检验检测、工程款支付担保、不用红砖保证等手续。

（5）临时用水、用电等　办好临时用水、用电、排污、道路使用、施工噪声（灰尘）排放的申报手续并确定接驳口、出入口，配备必要的设置、设备、管线等。临时用水、用电、场外道路等是由甲方解决的。工地内才是施工方的责任。

（6）确定相关进场队伍单位　应确定预备进场的分包队伍、甲供材料、检验监测的单位，并确定好其进场的时间。很多项目是要由甲方分包出去的，如白蚁防治、市政管网、燃气、电信。甲方要计划其进场的施工节点。或者事先确定好单位，由总包单位安排协调各分包施工进场的时间。

（7）准备好各单位的通讯录　确定好各单位的相关责任人、现场负责人，并把他们的联系电话汇编并发给所有必要的人员。

（8）准备一份施工方进场须知　进场须知包括告知甲方现场负责人员的权限、监理权限、相应的监理管理要求，签证手续、索赔手续、工程款申报手续，工地管理安全条例，各种处罚条款（将合同中的条款摘录下来）。

（9）红线、坐标和水准控制点的确认　与政府相关部门确认红线、坐标控制点，并要拿到正规的政府文件和由政府确认的桩点，当施工队进场时要做好移交手续。

（10）拟定施工备案资料收集计划并已开始收集整理相关的资料　资料包括甲方、施工方、监理方的资料。竣工验收、房屋使用都必须要有完整的资料和做好工程技术资料备案。

另外还有甲方工作人员的组织、培训等就不在此列出。如果是要做土方工程还应做测量工作。

四、补充甲方工作及责任

① 应在开工前办理好土地征用、房屋拆迁、场地清理等工作，使施工场地具备施工条件。

② 提供水电接口至用地红线，由乙方负责接水接电至施工现场（包括管线铺设及安装计量表具），红线外费用由甲方承担，红线内费用由乙方承担，红线约定详见专用条款。

③ 负责用地红线外的主要施工运输通道，以满足施工运输进出的需要。

④ 向乙方提供施工场地的工程地质资料和地下管网线路资料。

⑤ 将水准点和坐标控制点以书面形式交给乙方，并进行现场交验。

⑥ 组织由甲方、乙方、设计单位、监理单位以及各承包单位参加的图纸会审，作好会议纪要，并按合同约定的份数提交给乙方。

⑦ 监督检查工程质量、进度，负责办理或审核图纸设计问题的处理结果、设计变更、工程指令的签证、违约金、索赔、工程款项的支付、办理竣工结算等。

⑧ 接到乙方报来的施工组织设计后，10天内组织审核批准或提出修改意见，但并不免除乙方在质量、进度、安全等方面的责任。

⑨ 根据销售等实际需要，对施工现场布置进行调整、对设计图纸进行变更、对工期进行合理调整。

⑩ 联合监理单位，对乙方（含乙方及乙方分包的单位）、其他分包、供应商进行综合评估，公开评估结果，以及向乙方管理层或主管单位通报，并基于评估结果进行表扬或违约金索赔。

⑪ 在工程结束时，甲方根据需要，有权在项目明显位置树立铭牌，记载项目开发大事和承建单位名称（乙方）、承建单位工程负责人名称（乙方项目经理）、承建单位联系电话（乙方公开电话），此公布无须另外取得乙方许可。

五、施工队伍进场前向监理单位提供的资料

① 施工组织设计、各种前期专项方案、施工证，人员准备情况，专职管理人员资格证书、测量控制点仪器人员等,审核、质量、技术等管理制度及体系的建立。

② 与建设方签订的施工合同和补充协议（需要报备，但根据各工地要求，有可能监理单位也要求报送），施工单位资质，安全生产许可证，管理体系，施工组织设计，各种人员操作证复印件，各项应急救援预案，主要施工机械设备安装/拆卸报审安全施工专项方案，材料进场复试/报验，进度报审。

六、施工现场安全生产准备要点

① 人员持证上岗，证件有效，岗前培训考核。

② 设备入厂检验和定期检查。

③ 材料入场检验，堆放管理责任。

④ 施工前安全、技术交底签字制度。

⑤ 施工环境隐患排查与防范措施。

七、施工过程中的“三控三管一协调”

1. 基本概念

三控三管一协调是一种工程建设中建设与施工主体各方的工作，施工建设、房地产以及建设监理的基础工作大致就分别包括“三控”“三管”“一协调”的主要内容。所谓“三控”是指投资控制、进度控制、质量控制；“三管”是指安全管理、合同管理、信息管理；“一协调”是指参建各方关于现场工作关系的协调。同时，监理工作的基本方法就是控制，基本工作就是“三控”“三管”“一协调”。

2. 关于“三控”

工程进度控制是指项目实施阶段（包括设计准备、设计、施工、施工前准备各阶段）的进度控制。控制的目的是：通过采用控制措施，确保项目交付使用时间目标的实现。

工程质量、安全控制是指监理工程师组织参加施工的承包商，按合同标准进行建设，并对形成质量的诸因素进行检测、核验，对差异提出调整、纠正措施的监督管理过程。

工程投资（成本）控制是指针对施工单位是成本控制，而对于建设单位和监理单位来说，就是控制住投资。不是指投资越省越好，而是指在工程项目投资范围内得到合理控制。

3. 关于“三管”

合同管理是指建设项目监理的合同贯穿于合同的签订、履行、变更或终止等活动的全过程。

职业健康安全与环境管理是围绕着动态目标控制展开的，而安全则是固定资产建设过程中最重要的目标控制的基础。

信息管理是指施工项目管理是一项复杂的现代化的管理活动，更要依靠大量的信息以及对大量信息的管理，并应用电子计算机进行辅助。

4. 关于“一协调”

指全面地组织协调（协调的范围分为内部的协调和外部的协调）。

自1988年设立“建设监理制”到今天，监理在我国已走过了近30个年头。作为一个行业已从幼稚逐步走向了成熟，下一步如何发展是摆在每个监理企业面前的大事。建设部《关于培育发展工程总承包和工程项目管理企业的指导意见》（以下简称《指导意见》）适时出台，为监理行业的发展指明了方向。该《指导意见》鼓励具有工程勘察、设计、施工、监理、资质的企业，通过建立与工程项目管理业相适应的组织机构、项目管理体系，充实项目管理专业人员，按照有关资质管理规定在其资质等级许可的工程项目范围内开展相应的工程项目管理业务。如前所言，监理企业本就是为工程项目管理而设的；其收益又不与建设项目的目标体系直接相关，因此本质上与项目业主的利益趋同；其拥有的资源适合知识密集型投入而非资金密集型投入，凡此种种决定只有监理企业最适合开展工程项目管理。工程监理企业要坚定信心，抓住机遇，在原有施工监理的基础上顺势而为，向两头延伸，逐步由施工监理过渡到全过程全方位监理，从而实现真正意义上的项目管理。同时，在建设项目、房地产开发活动中，协调工作也是日常工作的重要组成部分。

第二节　建设施工组织设计（一）

一、建设施工组织设计概述

（一）建设施工组织设计概念

施工组织设计是用来指导施工项目全过程各项活动的技术、经济和组织的综合性文件，是施工技术与施工项目管理有机结合的产物，它能保证工程开工后施工活动有序、高效、科学合理地进行，并安全施工。

（二）施工组织设计基本内容

施工组织设计一般包括以下五项基本内容。

（1）工程概况　工程的基本情况，工程的性质和作用，主要说明工程类型、使用功能、建设目的、建成后的地位和作用。

（2）施工部署及施工方案　施工安排及施工前的准备工作，各个分部分项工程的施工方法及工艺。

（3）施工进度计划　编制控制性网络计划。工期采用四级网络计划控制，一级为总进度，二级为三个月滚动计划，三级为月进度计划，四级为周进度计划。

（4）施工平面图　根据场区情况设计绘制施工平面布置图，大体包括各类起重机械的数量、位置及其开行路线；搅拌站、材料堆放仓库和加工厂的位置，运输道路的位置，行政、办公、文化活动等设施的位置，水电管网的位置等内容。

（5）主要技术经济指标　包括施工工期、施工质量、施工成本、施工安全、施工环境和施工效率，以及其他技术经济指标。

二、施工组织设计文本主要内容

1.施工组织设计文本编写总要求

施工组织设计的繁简，一般要根据工程规模大小、结构特点、技术复杂程度和施工条件的不同而定，以满足不同的实际需要。复杂和特殊工程的施工组织设计需较为详尽，小型建设项目或具有较丰富施工经验的工程则可较为简略。施工组织总设计要解决整个建设项目施工的全局问题，要求简明扼要，重点突出，要安排好主体工程、辅助工程和公用工程的相互衔接和配套。单位工程的施工组织设计是为具体指导施工服务的，要具体明确，要解决好各工序、各工种之间的衔接配合，合理组织平行流水和交叉作业，以提高施工效率。施工条件发生变化时，施工组织设计须及时修改和补充，以便继续执行。

2.一般文本的主要内容

施工组织设计的内容要结合工程对象的实际特点、施工条件和技术水平进行综合考虑，一般包括以下基本内容：① 编制说明（编制原则、编制依据、编制范围）；② 工程概况及特点；③ 施工部署和施工准备工作；④ 施工现场平面布置；⑤ 施工总进度计划；⑥ 各分部分项工程的主要施工方法；⑦ 拟投入的主要物资计划；⑧ 工程投入的主要施工机械设备情况；⑨ 劳动力安排计划；⑩ 确保工程质量的技术组织措施；⑪ 确保安全生产的技术组织措施；⑫ 确保文明施工的技术组织措施；⑬ 确保工期的技术组织措施；⑭ 质量通病的防治措施；⑮ 季节施工保证措施；⑯ 成品保护措施；⑰ 创优综合措施；⑱ 项目成本控制；⑲ 回访保修服务措施；⑳ 施工总平面图，施工总进度图，施工网络图。

三、一般施工组织设计的主要内容

施工组织设计根据建设项目的规模、专业、特点及施工建设条件、难易程度等，各有不同情况。主要内容一般应包括编制依据、工程概况、施工部署、施工准备、施工现场布置、施工进度计划及工期保证措施、主要分部分项工程施工方案及措施、重点与特殊部位施工措施和方法、季节性施工措施、施工组织管理、质量保证措施、安全生产保证措施、文明施工及环境保护措施等方面。

以下给出了一个相对全面系统而详细的施工组织设计编制内容。

四、施工组织设计内容说明

1. 工程概况

包括本项目的性质、规模、建设地点、气象、地质、结构特点、设计概况、设计单位、监理单位、勘察单位、建设期限、承包方式等。

2. 施工部署

① 施工用电：建设单位已将电源接至施工区域，供施工现场用电。如果施工总用电量没有满足要求，可将钢筋对焊机等大容量机械安排在夜间施工，避开用电高峰，满足施工用电要求。

② 施工用水：建设单位已将水源接至现场，能满足要求。

③ 施工道路：已能满足施工要求。

3. 平面布置

施工平面图是施工方案及施工进度计划在空间上的全面安排。它把投入的各种资源、材料、构件、机械、道路、水电供应网络、生产、生活活动场地及各种临时工程设施合理地布置在施工现场，使整个现场能有组织地进行文明施工、安全施工。

4. 进度计划

使施工工序在时间安排上有序进行，使工期成本资源等通过优化调整达到既定目标，在此基础上编制相应的人力和时间安排计划、资源需求计划和施工准备计划，来达到进度控制的目的，有效安排施工进度。

5. 施工方法

介绍工程各分部分项工程的主要施工方法、检验标准、注意事项、产品保护以及环境保护。各个关键部位或施工难点部位应图文并茂，介绍清楚。

6. 物资计划

介绍工程分次分批投入的主要物资计划。

7. 劳动安排

对该工程劳动力计划表按月分别进行计划安排，也可按施工阶段安排。

8.技术组织

① 质量目标：达到国家现行施工验收规范合格标准，创建建筑装饰优质工程。② 质量方针：(略)。③ 质量保证体系的内容及项目部质量保证体系运行程序。④ 项目质量控制和保证措施。

9.安全生产

① 安全生产管理目标：达到五无目标，即“无死亡事故，无重大伤人事故，无重大机械事故，无火灾，无中毒事故”，确保安全文明施工。② 安全保证体系的内容；③ 安全管理制度；④ 安全管理工作；⑤ 安全经济措施；⑥ 具体的安全技术措施；⑦ 安全应急救援预案。

10.文明施工

① 文明施工及工地标准化管理：本工程将按JGJ 59-2011《建筑施工安全检查标准》文明生产要求组织施工。由专业负责人对工地进行安全生产、文明施工、场容场貌、生活卫生检查，以有力地促进项目“标化”工作达到文明工地的要求；② 文明施工组织措施；③ 文明施工保证措施；④ 生活卫生保证措施；⑤ 环境保护措施；⑥ 确保工期的技术措施。

第三节　建设施工组织设计（二）

一、施工组织设计专项技术组织措施

（一）工期技术

根据招标文件要求，应列出以下内容。① 工期目标：计划开工日期和计划竣工日期，施工总工期日历天。② 确保工期的组织措施。③ 确保工期的技术措施。④ 影响工期的因素及赶工措施。

（二）质量通病

对工程在一般抹灰工程，装饰抹灰工程，吊顶工程，隔断墙工程，饰面砖（板）工程，涂料工程，裱糊工程，花饰工程，玻璃工程，木门窗工程，铝合金门窗安装工程，塑钢门窗安装工程，玻璃幕墙工程，建筑电气安装、配管及线槽、桥架安装，电线、电缆及母线安装，配电柜、箱、盒的安装，照明器具和一般电器安装，防雷及接地工程，火灾报警工程，焊接缺陷及对策等方面出现质量通病的进行原因分析，并且提出相关的防治措施。

（三）季节施工

1.夏季施工措施

夏季气温较高且空气湿度较大，因此夏季施工以安全生产为主题，以“防暑降温”为重点。

（1）保健措施　① 对高温作业人员进行就业前健康检查，凡检查不合格者，均不得在高温条件下作业；② 炎热时期应组织医务人员深入工地进行巡回和防治观察；③ 积极与当地气象部门联系，尽量避免在高温天气进行大工作量施工；④ 对高温作业者，供给足够的合乎卫生要求的饮料，如含盐饮料。

（2）组织措施　① 采用合理的劳动休息制度，可根据具体情况，在气温较高的条件下，适当调整作息时间，早晚工作，中午休息；② 改善宿舍和职工生活条件，确保防暑降温物品及设备落到实处；③ 根据工地实际情况，尽可能快速组织劳动力，采取勤倒班的方法，缩短一次连续作业时间。

（3）技术措施　① 确保现场水、电供应畅通，加强对各种机械设备的围护与检修，保证其能正常操作；② 在高温天气施工的如混凝土工程、抹灰工程，应适当增加其养护频率，以确保工程质量；③ 加强施工管理，各分部分项工程坚决按国家标准规范、规程施工，不能因高温天气而影响工程质量。

2.雨季施工措施

（1）雨季施工管理目标　① 雨季施工主要以预防为主，采用防雨措施及加强排水手段确保雨季正常地进行生产，不受季节性气候的影响；② 加强雨季施工信息反馈，发生的问题要采取防范措施设法排除。

（2）雨季施工准备工作

① 施工场地。a.场地排水：对施工现场及构件生产基地应根据地形对场地排水系统进行疏通以保证水流畅通，不积水，并要防止周边地区地面水倒入场内通行不陷。b.道路：现场内主要运输道路两旁要做好排水沟，保证雨后排水通畅。

② 机电设备及材料防护。a.机电设备：机电设备的电闸箱采取防雨、防潮等措施，并安装好接地保护装置。b.井架的接地装置进行全面检查，其接地装置、接地体的深度、距离、棒径、地线截面应符合规程要求，并进行接测。

③ 原材料及半成品的保护。对木门、窗、石膏板等怕雨淋的材料要采取防雨措施，放入棚内或仓库内，并垫高让其通风良好。

（3）雨季施工管理工作　由于混凝土在雨季施工中坍落度偏大，以及因雨后模板、钢筋插铁淤泥较多，影响混凝土质量。因此，应尽量避免混凝土浇捣在雨天进行，如无法避免，则采取调整配合比、适当减少加水量、合理使用外加剂等一系列措施，确保工程质量。外脚手架要设挡脚板，并随时清理架子上的污物，防止雨水溅污墙面。

（四）成品保护

对工程中的半成品、成品提出相应的保护措施。

1.成品保护小组

项目经理牵头建立“成品保护小组”，小组成员包括技术、质量、施工、材料等相关方面人员及班组长，每项工序由专人负责，从每道工序的开始到完工对已完成的成品进行核实，做好记录，对成品有损坏的应报告和备案，坚持“谁施工谁负责”的原则，落实到人头，并与经济收入挂钩，对成品有损坏情况的人员进行经济处罚。

2.教育培训

加强思想教育，增强施工人员的成品保护意识，提高施工队伍的素质。

3.遮盖保护

针对重点部位进行遮盖保护。专业工长技术交底时，必须针对工程特点提出相应的成品保护措施和要求，由成品保护小组实施落实。

4.交叉保护措施

① 搞好土建与安装、装饰工程的协调配合，科学地安排工序，尽量减少工种间的相互干扰，并根据工程的特点，做好交叉作业的保护，对水电施工做好预留、预埋工作，限制其随意剔槽凿孔。

② 做好不同工序的交接管理，在工序交接时工种间负责人进行检查，记录备案，做到有

据可查，健全成品保护的责任制。

5. 自身产品保护措施

① 在编制施工组织设计和具体施工安排时应合理安排施工工序，避免倒工序施工，而影响成品保护、破坏成品。

② 成品与半成品必须有专门的场所放置，并派专人管理。

③ 交叉施工阶段，上下道工序的交接双方要派人在施工现场监护，确保上道工序的成品不受损坏。

④ 成品和半成品饰面材料必须在基层粗活完工后进场，施工时应远离焊接或明火作业。

⑤ 采取护、包、盖、封等成品保护手段，防止成品损坏或污染等情况的发生，护是指提前保护，包是指进行包裹，盖就是表面覆盖，封就是指局部封闭。

⑥ 房间完成最后工序后，应关闭门窗，天晴时开窗通风，夜间关闭。

⑦ 对已施工完毕的楼面在验收后应在楼面加锁，并派专人看管，直到验收交付使用为止。

⑧ 加强值班，监督进出人员遵守规定，有效保护好成品，向业主移交一个完美无缺的优质工程。

⑨ 恢复保护：设置隔离区域，禁止非本项目的施工人员进出和通过，派专人监护。

（五）创优措施

① 成立创优领导小组。

② 建立相应的质量管理体系。（略）

③ 加强责任目标管理。工程开工前，从前期准备到竣工验收，直至工程保修的工作内容，进行合理分工，划清责任。把总体目标按阶段、按内容细化分解，实行动态管理，确定各阶段各项工作的短期目标，以实现总体目标。

④ 充分利用各种资源。工程开工前与建设主管部门签订责任状、共建状，定期向主管部门汇报工程进展情况，并邀请主管部门对工程进行严格的监督检查，让社会压力变成工作动力。

⑤ 加大工程投入。在工程开工之前，制定项目质量管理手册，对重要分部分项、重要部位制定高于规范标准的内部实施标准，严格管理，按照“三不放过”原则，对于不符合标准要求的建筑材料、成品、半成品以及施工中各道工序坚决拒绝，确保过程精品。

⑥ 加强资料整理。先制定总的资料目录，对于声像资料等特殊项目，由专人跟踪，力求对于工程全过程及重点部位进行及时、准确地录制，按要求进行归纳整理，使工程资料从开始即准确完整。并及时邀请专家指导，发现问题及时改正。

⑦ 充分利用新材料、新工艺、新技术、新设备。密切注视建筑技术的发展动向，主动采用新技术、新材料，引进新设备，加大科技投入。在施工中成立技术创新小组及质量检查QC小组，对于技术、质量上的难点进行攻关。

（六）成本控制

根据《建设工程项目管理规范》（GB/T 50326—2006）的要求，应制定项目成本控制制度，合理地控制本工程的成本。

（七）保修服务

1. 主要部门

① 经营部。定期（每六个月）组织对客户的走访调查，收集顾客质量反馈信息，并及时

将顾客的投诉意见转到质量信息部。

② 质检部。对于巡检时发现的问题要及时处理，同时向公司提供顾客的反馈意见；制定解决方案及维修服务实施计划；组织实施回访保修工作；负责回访保修过程中的质量检查和监督工作。

③ 相关部门。各部门根据维修实施计划和维修方案，及时提供设计图纸和维修所需材料。

2.其他制度及计划

① 回访保修部人员需有该行业多年的从业经验，技术熟练，且可为各客户提供全天候服务，节假日不休息。

② 工程通过竣工验收，物业公司接手后，回访保修人员随即开展“保驾护航”行动：对本工程在小区业主入住时出现的问题进行及时解决。

③ 保修期间专人留驻工地，可随时解决业主可能出现的问题。

④ 根据不同的情况，尽力提供最快的维修、最好的服务，直到满足客户合理的要求。

⑤ 每年都会对回访保修人员进行多次技能培训与素质教育。如公司内部定期组织的技能比赛、观看商务礼仪光盘、听取专家教授的讲座等。

二、施工组织设计的编制

1.施工组织设计编制原则

① 重视工程的组织对施工的作用；② 提高施工的工业化程度；③ 重视管理创新和技术创新；④ 重视工程施工的目标控制；⑤ 积极采用国内外先进的施工技术；⑥ 充分利用时间和空间，合理安排施工顺序，提高施工的连续性和均衡性；⑦ 合理部署施工现场，实现文明施工。

2.施工组织设计的编制依据

① 施工组织总设计的编制依据　包括计划文件；设计文件；合同文件。

② 建设地区基础资料；有关的标准、规范和法律；类似建设工程项目的资料和经验。

③ 单位工程施工组织设计的编制依据　包括建设单位的意图和要求；工程的施工图纸及标准图；施工组织总设计对本单位工程的工期、质量和成本控制要求；资源配置情况；建筑环境、场地条件及地质、气象资料，如工程地质勘察报告、地形图和测量控制等；有关的标准、规范和法律；有关技术新成果和类似建设工程项目的资料和经验。

3.施工组织总设计的编制程序

① 收集和熟悉编制施工组织总设计所需的有关资料和图纸，进行项目特点的施工条件的调差研究；② 计算主要工种工程的工程量；③ 确定施工的总体部署；④ 拟定施工方案；⑤ 编制施工总进度计划；⑥ 编制资源需求量计划；⑦ 编制施工准备工作计划；⑧ 施工总平面图设计；⑨ 计算主要技术经济指标。

4.有关说明

应该指出以上顺序中有些顺序必须固定，不可逆转，如：拟定施工方案后才可编制施工总进度计划（因为进度的安排取决于施工的方案）；编制施工总进度计划后才可编制资源需求量计划（因为资源需求量计划要反映各种资源在时间上的需求）。

第四节 施工建设基本过程

一、建设工程施工许可证

1. 建设工程施工许可证的定义

建设工程施工许可证是建筑施工单位符合各种施工条件、允许开工的许可证，是建设单位进行工程施工的法律凭证，也是房屋权属登记的主要依据之一。

为了加强对建筑活动的监督管理，维护建筑市场秩序，保证建筑工程的质量和安全，根据《中华人民共和国建筑法》《建筑工程施工许可管理办法》等法律、法规规定，1999年（已卯年）12月1日起在全国施行建筑工程施工许可证制度，此前，全国各地方政府也有类似的管理制度，但名称及管理方式缺乏统一指导，如开工报告、开工证等。

2. 申请前的准备工作与办理条件

① 施工场地已基本具备施工条件。

② 已经办理该建筑工程用地批准手续。

③ 在城市规划区的建筑工程，已经取得规划许可证。

④ 需要拆迁的，其拆迁进度符合施工要求。

⑤ 已经确定了建筑施工企业的，按照规定应该委托监理的工程已委托监理单位。

⑥ 有满足相关设计规范要求的施工图纸。

⑦ 已在质量监督主管部门及安全监督主管部门办理相应的质量、安全监督注册手续。

⑧ 建设资金已经落实，工期不足1年的，到位资金不得少于工程合同价款的50%；工期超过1年的，到位资金不得少于工程合同价款的30%。

3. 申办程序

（1）提交申请材料　一般根据建设工程的类型及性质相应提交。总体来说，申请材料一般要包括：一是《建筑工程施工许可申请表》，二是政府批准的相关手续、证照材料，三是建设工程规划、设计方面的技术资料，四是当地规定需要提交的其他相关材料。

（2）配合进行现场踏勘　进行现场踏勘，甲乙双方都要参加。通过现场踏勘明确下述情况：① 工程用地位置、范围应当与规划许可一致。② 规划许可确定的用地红线范围内和代征地范围内施工现场拆迁进度应当符合施工要求。③ 施工现场应当具备安全防护措施，施工围挡的设置、地下管线的防护或者改移措施、毗邻建筑物的安全防护措施以及空中架设障碍物的排除情况等应当符合规定。④ 施工现场供水和排水、供电以及施工道路应当满足施工要求，施工场地应当平整。⑤ 无违法开工行为。

（3）取得办理结果　只有办理好了施工许可证，才能开工。

二、施工开工进场

1. 开工报告

（1）开工报告的概念　建设工程施工开工应由施工单位向建设单位提交建设工程开工报告，建设单位应在审核开工报告后给出是否同意开工的批复意见。建设项目或单项（位）工程开工的依据，包括建设项目开工报告和单项（位）工程开工报告。工程开工报告经审核同意，可为开工令。

中央曾有明文规定要“认真落实开工报告制度”。

（2）开工报告示例　开工报告示例见表8-1。

表8-1　开工报告示例

建设单位：××市××区城市资产经营有限公司

<table>
<tr><td>工程名称</td><td colspan="3">××市××区锦阳花园住宅小区3#楼</td><td>工程地址</td><td colspan="3">××市淮阴区</td></tr>
<tr><td>施工单位</td><td colspan="3">××省建筑工程公司</td><td>监理单位</td><td colspan="3">××市中房监理公司</td></tr>
<tr><td>建筑面积</td><td>4824m²</td><td>结构/层次</td><td>砖混/6+1层</td><td>中标价格</td><td></td><td>承包方式</td><td>包工包料</td></tr>
<tr><td>定额工期</td><td></td><td>计划开工日期</td><td></td><td>计划竣工日期</td><td></td><td>合同编号</td><td></td></tr>
<tr><td>说明</td><td colspan="7">1.施工现场已基本达到“三通一平”；
2.现场临时设施已搭建到位；
3.项目部班子已组成，各工种、施工班组成员已落实到位；
4.材料已进场；
5.施工用大中型机械已进场就绪；
6.施工组织设计已审批。</td></tr>
<tr><td colspan="8">上述准备工作已就绪，定于2006年　月　日正式开工，希望建设（监理）单位于2006年　　月　日前进行审核。特此报告。

施工单位：××省建筑工程公司
项目经理：　　　　　　　　　　　　　　　　　　（公章）</td></tr>
<tr><td colspan="8">审核意见：
总监理工程师（建设单位）项目负责人：　　　　　（盖章）</td></tr>
<tr><td></td><td colspan="3"></td><td></td><td></td><td></td><td></td></tr>
</table>

（3）开工报告形式

① 总体开工报告。承包人开工前应按合同规定向监理工程师提交开工报告，主要内容应包括：施工机构的建立、质检体系、安全体系的建立和劳力安排，材料、机械及检测仪器设备进场情况，水电供应，临时设施的修建，施工方案的准备情况等。虽有以上规定，并不妨碍监理工程师根据实际情况及时下达开工令。

② 分部工程开工报告。承包人在分部工程开工前14天向监理工程师提交开工报告单，其内容包括：施工地段与工程名称；现场负责人名单；施工组织和劳动安排；材料供应、机械进场等情况；材料试验及质量检查手段；水电供应；临时工程的修建；施工方案进度计划以及其他需说明的事项等，经监理工程师审批后，方可开工。

③ 中间开工报告。长时间因故停工或休假（7天以上）重新施工前，或重大安全、质量事故处理完后，承包人应向监理工程师提交中间开工报告。

2.开工仪式

（1）开工仪式的意义　由于建设工程项目具有实体庞大、建设内容复杂、建设周期时间长、环境影响性大等特点，举行开工仪式对于宣传、沟通、推介、动员、联系、协调、合作等工作是有益且必要的。开工仪式，即新工地或者工厂准备正式开始运作时举办的带有喜庆性、纪念意义的庆典活动，一般都在工作的现场举办。在开工仪式中除了必要的司仪人员必须身穿礼仪性服饰外，其他一般人员也应该穿着干净而整洁的工作服。

（2）开工仪式的一般流程

① 开工仪式在正式宣布开始时所有参与的人员起立，由开工仪式主持者介绍来宾并奏乐。

② 在司仪的引导下，单位的主要负责人需要与来宾到开工现场肃立（启动开工电闸）。

③ 正式开工。所有来宾代表以及工作人员首先躬身施礼，然后再动手启动机器或合上电闸。在场的所有人员鼓掌志贺，同时奏响乐曲。

④ 所有人都回到各自的岗位按预定安排进行操作。

⑤ 在主要领导人员的带领下陪同来宾参观生产现场。

3.施工单位正式开工进场

（1）进场时间　施工项目部、施工人员应该在总监下达开工令之前进场，这是开工具备的重要条件之一。开工准备工作就绪，开工令下达就可施工。

（2）进场工作主要内容　施工单位进场，首先是要根据市政测绘控制点复测红线桩，将建设用地范围、施工用地、施工区域等测出来，同时对场地标高进行测设；其次进行工地围挡、建大门、建临时宿舍、建办公楼、接水接电等；再次是开挖土方、基坑支护或进行桩基础施工；然后才是主体施工。根据施工单位所要进行的施工来分析甲方所要做的工作。在施工单位进场前，按常规甲方要完成地质勘探、施工图设计、审图、报建、移交控制桩、场地移交等手续。施工单位进场是要进行施工的，所以施工单位进场后甲方做的第一件事是将施工图纸、施工文件、场地资料、控制桩坐标等交给施工方。同时还要根据合同办理相关的事宜，如介绍设计单位、监理单位或者说是组织工地第一次例会；工程质量、安全监督交底；工程设计交底、施工图图纸会审；按合同支付预付款、进度款等；一些甲方会向施工单位、监理单位等发进场须知等。施工单位开工是要向监理单位申请开工令的。开工令的前提条件是要编写好施工组织设计、施工方案及有关的资质审核、现场准备情况。施工单位进场后，现场的甲方要抓紧时间熟悉合同及施工图纸，看合同中约定甲方要做什么工作，包括提供原材料、设备、现场的施工条件等，还要注意合同约定的范围，甲方分包的内容。一般来说，开发商甲方关注的主要是施工进度。为了保证进度与合同相符，甲方要审查施工队的进度计划。开工伊始，要催促施工方大型施工设备的基础施工、钢筋加工场地平整，接着要催促施工设备的进场与安装，特别要注意塔吊基础的施工与安装。然后才催促工人班组进场。有些甲方在施工前期要组织施工队学习甲方的规定与规范以及各种施工工艺。除了施工队，还要培训监理人员。

三、工程规划定位放线

建设工程规划放线流程如下。

1.放线条件

① 场地已平整等。

② 有障碍的建筑、围墙已按规划要求拆除。

③ 施工围墙及规划公示栏已按要求建成，具备施工条件。

④ 所有建设手续已办理齐全。

2.申请材料

① 建设单位申请报告和建设工程规划放线申请书（须盖建设单位公章），以及建设单位介绍信或委托书。

② 建设用地规划许可证及附件、附图。

③ 建设工程规划许可证（副本）。

④ 地方主管部门审定的建筑施工图、总平面布置图（含电子版）。

⑤ 经设计单位、建设单位签字盖章的，与经审定总平面布置并一致标明坐标体系的总平面定位坐标图（含电子版）。

⑥ 地方主管部门认为需要提供的其他资料。

3. 实施主体

待申请材料符合要求后，由规划主管部门发放放线定位通知单、认定单，由业主方或规划科委托具有相应资质的测量单位进行放线定位，并做好放线记录。

4. 放线要求

① 建设工程规划放线必须依据经市城乡规划主管部门审定的总平面布置图并结合经审定的建筑施工图进行。

② 放线一律采用统一坐标。

③ 与施工图建筑尺寸、总平面布置图有出入或超出要求时，要经市城乡规划主管部门核准、纠正后再行放线。

④ 放线单位不得擅自改变规划许可内容及经审定的施工图尺寸。

5. 放线程序

建设单位申请→城乡规划主管部门发放建设工程规划放线通知单→由业主方或规划科委托具有相应资质的测量单位进行放线定位→测绘单位出具放线报告→在建设工程规划许可证（副本）及放线相关表格上签署意见。

四、施工建设阶段

（一）施工建设五阶段划分

在施工中，为突出重点，明确目标，将整个施工分为五个阶段。

第一阶段：施工准备阶段。重点做好场地交接，调集人、材、物等施工力量，进行施工平面布置，图纸会审，办理开工有关手续，做好技术、质量交底工作，并做好开工前的各项工作，争取早日开工。

第二阶段：基础施工阶段。由于工程刚开工，此阶段主要是交叉作业，需要做好组织、协调，使工程尽快正常施工。

第三阶段：主体施工及基层饰面阶段。此阶段为施工的高峰时期，确保按施工进度计划完成施工任务。

第四阶段：地面施工和环境工程阶段。此阶段为工程竣工的关键阶段，也是文明施工和成品保护最难控制的阶段，重点做好各个部位的协调工作。

第五阶段：扫尾工程阶段。此阶段为工程的竣工阶段。

（二）施工建设五阶段的推进路线分析

施工建设五阶段推进路线图见图8-1。

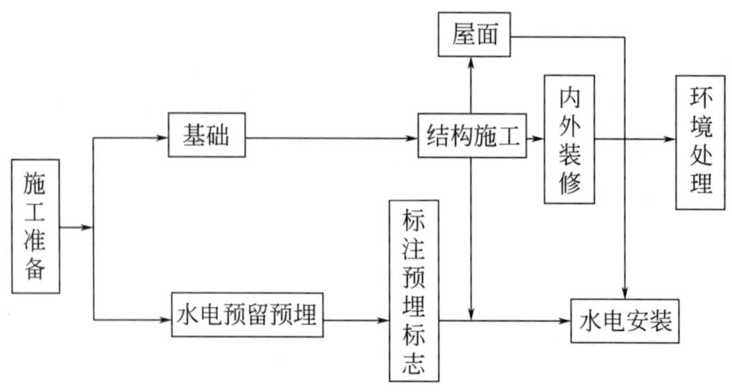

图8-1　施工建设五阶段推进路线图

1.施工准备阶段

施工准备是施工实施建设的基础性、前提性工作，是指工程施工前所做的一切工作。它不仅在开工前要做，开工后也要做，有组织、有计划、有步骤、分阶段地贯穿于整个工程建设的始终。认真细致地做好施工准备工作，对充分发挥各方面的积极因素，合理利用资源，加快施工速度、提高工程质量、确保施工安全、降低工程成本及获得较好的经济效益都起着重要作用。

2.基础施工阶段

基础工程是指采用工程措施，改变或改善基础的天然条件，使之符合设计要求的工程。基础施工主要指基础工程部分，交叉并行有水电预留预埋工作，以及标注预埋标志工作内容。

施工流程：定位放线→复核（包括轴线，方向）→桩机就位→打桩→测桩→基槽开挖→锯桩→浇筑混凝土垫层→轴线引设→承台模板及梁底板安装→钢筋制安→承台模板及基础梁侧板安装→基础模板、钢筋验收→浇筑基础混凝土→养护→基础砖砌筑→回填土。

包括桩基础、沉井及地下连续墙、基坑围护、地基处理、特殊土地基础及抗震地基基础的处理。

3.主体施工及基层饰面阶段

主体施工主要是结构施工内容。建筑主体工程指基于地基基础之上，接受、承担和传递建设工程所有上部荷载，维持结构整体性、稳定性和安全性的承重结构体系。它和地基基础一起共同构成的建设工程完整的结构系统，是建设工程安全使用的基础，是建设工程结构安全、稳定、可靠的载体和重要组成部分。它的基本功能包括三部分：一是主体结构本身形成一个有机联系的系统整体，有效地协调工作，承受主体结构部件本身相互传递的荷载，发挥主体框架支撑功能；二是附着于其体系表面的所有维护结构、装饰面层、相关设备重量及其施工和使用期间的活荷载以及在设计规范限定范围内的相关风载、尘载、雪载、地震荷载等自然力通过主体结构体系有效地承担，使建设工程能正常发挥各部分的使用功能；三是与地基基础可靠地联系，能够将其自身荷载和承受荷载系统地、有效地、稳定地传递给地基基础结构体系，并能与地基基础结构形成协调工作的整体结构体系，和谐地工作以共同维护建设工程整体安全和使用安全。

建筑工程主体结构，可以这样说：

① 在砖混结构中，主体结构是基础/梁/圈梁/柱/构造柱/墙/楼梯/板/屋面板主体结构

施工完工时一般叫主体封顶。

② 在框架结构/剪力墙结构/框剪结构或框支结构工程中，主体结构是基础\梁/板/柱/混凝土墙/楼梯工程，对于后砌的填充墙，也叫主体部分，但不是一般说的主体封顶了。

主体结构也是建筑的主要承重及传力体，包括梁、柱、剪力墙及楼面板、屋面梁及屋面板。基础、梁、柱、板、承重墙、楼梯间、屋面、墙体都属于主体工程。主体是建筑的骨骼。

室内上下水、电、煤气、暖通、通信、闭路、宽带等各种管道、线路安装工程、楼地面工程、墙体抹灰喷涂贴砖、门窗安装、防水工程、屋面瓦铺设、立面及屋面造型安装等都不属于主体结构工程，而属于一次装修也即基本装修。

4. 地面施工和环境工程阶段

这一阶段包括传统的地面施工内容和目前已广泛纳入施工建设的环境整治和建设内容。

（1）地面施工　建筑地面包括建筑物底层地面和楼层，也包含室外散水、明沟、台阶、踏步、护坡和坡道等。

地面施工主要以整体面层地面施工工艺处理为主，包括一是混凝土、水泥砂浆、水磨石地面，二是自流平地面；而板、块面层（不包括活动地板面层、地毯面层）施工工艺流程为，清理基层→找面层标高、弹线→设标志→天然石材“防碱背涂”处理→板、块试拼、编号→分格条镶嵌（设计有时要求）、板材浸湿、晾干→分段铺设结合层、板材→铺设楼梯踏步和台阶板材、安装踢脚线→勾缝、压缝或填缝→养护（保护成品）→竣工清理。

其他如木、竹面层施工也各有其成熟的工艺流程。

（2）环境工程　小区绿化，生态改造，环境美化整治，外环境建筑小品等。

5. 扫尾工程阶段

进入到扫尾工程阶段也就是走入竣工验收阶段。此时的扫尾工程是为迎接竣工验收所做的最后准备，包括一些小型的修缮完善工作，一些相关的清理、维护等零星工程等内容。

扫尾阶段后期常常与竣工验收阶段合在一起，最后是竣工验收。

第九章　城市建设工程投资资金控制

Chapter 09

第一节　城市建设工程投资总述

一、城市建设工程项目投资概述

（一）城市建设工程投资及主体

1. 建设工程项目总投资

建设工程项目总投资，一般是指进行某项工程建设花费的全部费用。生产性建设工程项目总投资包括建设投资和铺底流动资金两部分；非生产性建设项目总投资则只包括建设投资。

2. 投资主体

（1）基本概念　投资主体是指从事投资活动，具有一定资金来源，享有投资收益的权、责、利三权统一体。作为三权统一的投资主体，既是拥有投资决策权的决策主体；又是承担政治、法律、社会道德等风险的责任主体；也是享受收益权（包括盈利性的收益和非盈利性的收益）的利益主体。投资主体的实质是经济要素所有权在投资领域的人格化。

当前投资主体呈多元化趋势，不同的投资主体担负不同的投资任务，采取不同的投资方式。它们既是独立的，又是相互联系的；既可单独投资，又可以不同投资主体联合投资，由此构成了我国有机的多元化的多层次的投资体系。

（2）投资主体类型　目前我国的投资主体主要有以下几种。

① 中央政府作为投资主体，其投资重点一般为公用事业、基础设施、基础工业、极少数大型骨干企业和国防、航天、高技术等战略产业。

② 地方政府作为投资主体，主要从事区域性公用事业、基础设施、教育、卫生、社会福利等方面的投资。

③ 企业作为投资主体。企业作为相对独立的经济实体，根据市场需求和企业更新技术、改进工艺等要求，作出相应的投资决策，进行投资活动。

④ 个人作为投资主体。相对于前三个投资主体而言，个人具有范围广、数额小、灵活性强等特点。

⑤ 外国投资主体。指外国政府、金融机构、企业和个人对我国进行的直接投资，包括外

商独资、合资和合作经营等。

（二）建设项目投资运作模式

当前建设项目投资运作，特别是城市重大基础设施和公共设施建设，主要有DBFO（设计-建设-投资-运营）、TOT（转让-经营-移交）、BOT（建设-经营-移交）、BT（建设-移交）四种模式，另外还有一种PPP（公私合伙制）模式。主要是前三种模式的综合运用，不是一种单纯的经营模式。

1.DBFO模式

即设计-建设-投资-运营模式，是指从项目的设计开始就特许给某一机构进行，直到项目经营期收回投资和取得投资效益。它一般是一份长期合同，合同期在25 ~ 30年之间。

2.TOT模式

TOT即转让-经营-移交。TOT方式是国际上较为流行的一种项目融资方式，通常是指政府部门或国有企业将建设好的项目的一定期限的产权或经营权，有偿转让给投资人，由其进行运营管理；投资人在约定的期限内通过经营收回全部投资并得到合理的回报，双方合约期满之后，投资人再将该项目交还政府部门或原企业的一种融资方式。

3.BOT模式

BOT即建设-经营-移交。是私营企业参与基础设施建设，向社会提供公共服务的一种方式。中国一般称之为“特许权”，是指政府部门就某个基础设施项目与私人企业（项目公司）签订特许权协议，授予签约方的私人企业（包括外国企业）来承担该项目的投资、融资、建设和维护，在协议规定的特许期限内，许可其融资建设和经营特定的公用基础设施，并准许其通过向用户收取费用或出售产品以清偿贷款，回收投资并赚取利润。政府对这一基础设施有监督权、调控权，特许期满，签约方的私人企业将该基础设施无偿或有偿移交给政府部门。

4.BT模式

（1）BT模式的概念　BT即“建设-移交”，是政府利用非政府资金来进行非经营性基础设施建设项目的一种融资模式。BT模式是BOT模式的一种变换形式，指一个项目的运作通过项目公司总承包，融资、建设验收合格后移交给业主，业主向投资方支付项目总投资加上合理回报的过程。目前采用BT模式筹集建设资金成了项目融资的一种新模式。

（2）BT模式运作

① 政府根据当地社会和经济发展需要对项目进行立项，完成项目建议书、可行性研究、筹划报批等前期工作，将项目融资和建设的特许权转让给投资方（依法注册成立的国有或私有建筑企业），银行或其他金融机构根据项目未来的收益情况对投资方的经济实力等情况为项目提供融资贷款，政府与投资方签订BT投资合同，投资方组建BT项目公司，投资方在建设期间行使业主职能，对项目进行融资、建设并承担建设期间的风险。

② 项目竣工后，按BT合同，投资方将完工验收合格的项目移交给政府，政府按约定总价（或计量总价加上合理回报）按比例分期偿还投资方的融资和建设费用。

③ 政府在BT投资全过程中行使监管权利，保证BT投资项目的顺利融资、建设和移交。

④ 投资方是否具有与项目规模相适应的实力，是BT项目能否顺利建设和移交的关键。

（3）BT模式的三个主体

① 项目业主。是指项目所在国政府及所属部门指定的机构或公司，也称项目发起人，负

责对项目的项目建设特许权的招标。在项目融资建设期间，业主在法律上不拥有项目，而是通过给予项目一定数额的从属性贷款或贷款担保作为项目建设、开发和融资的支持。在项目建设完成和移交后，将拥有项目的所有权和经营权。

② BT投资建设方。BT方通过投标方式从项目所在国政府获得项目建设的特许权，负责提供项目建设所需的资金、技术，安排融资和组织项目的建设，并承担相应的项目风险。通过招投标方式产生相应的设计单位、施工单位、监理单位和设备、原材料供应商等。

③ 贷款银行或其他相关单位。融资渠道在BT模式中扮演很重要的角色，项目的融资渠道一般是投资方自有资产、银团贷款、政府政策性贷款等。而贷款的条件一般取决于项目本身的经济效益，BT方的管理能力和资金状况，以及政府为项目投资方提供的优惠政策。

5.PPP模式

（1）PPP模式的一般概念　PPP模式，是指政府与私人组织之间，为了提供某种公共物品和服务，以特许权协议为基础，彼此之间形成一种伙伴式的合作关系，并通过签署合同来明确双方的权利和义务，以确保合作的顺利完成，最终使合作各方达到比预期单独行动更为有利的结果。

公私合营模式（PPP）以其政府参与全过程经营的特点受到国内外广泛关注。PPP模式将部分政府责任以特许经营权方式转移给社会主体（企业），政府与社会主体建立起“利益共享、风险共担、全程合作”的共同体关系，政府的财政负担减轻，社会主体的投资风险减小。PPP模式比较适用于公益性较强的废弃物处理或其中的某一环节，如有害废弃物处理和生活垃圾的焚烧处理与填埋处置环节。这种模式需要合理选择合作项目和考虑政府参与的形式、程序、渠道、范围与程度，这是值得探讨且令人困扰的问题。

（2）广义PPP模式的分类　广义的PPP泛指公共部门与私人部门为提供公共产品或服务而建立的各种合作关系，而狭义的PPP可以理解为一系列项目融资模式的总称。广义PPP可以分为外包、特许经营和私有化三大类。

① 外包类。PPP项目一般是由政府投资，私人部门承包整个项目中的一项或几项职能，例如只负责工程建设，或者受政府之托代为管理维护设施或提供部分公共服务，并通过政府付费实现收益。在外包类PPP项目中，私人部门承担的风险相对较小。

② 特许经营类。项目需要私人参与部分或全部投资，并通过一定的合作机制与公共部门分担项目风险、共享项目收益。根据项目的实际收益情况，公共部门可能会向特许经营公司收取一定的特许经营费或给予一定的补偿，这就需要公共部门协调好私人部门的利润和项目的公益性两者之间的平衡关系，因而特许经营类项目能否成功在很大程度上取决于政府相关部门的管理水平。通过建立有效的监管机制，特许经营类项目能充分发挥双方各自的优势，节约整个项目的建设和经营成本，同时还能提高公共服务的质量。项目的资产最终归公共部门保留，因此一般存在使用权和所有权的移交过程，即合同结束后要求私人部门将项目的使用权或所有权移交给公共部门。

③ 私有化类。PPP项目则需要私人部门负责项目的全部投资，在政府的监管下，通过向用户收费收回投资实现利润。由于私有化类PPP项目的所有权永久归私人拥有，并且不具备有限追索的特性，因此私人部门在这类PPP项目中承担的风险最大。

（三）关于城市建设投资公司

1.城市建设投资公司的性质及起源

全国各大城市的政府投资融资平台，全称为城市建设投资公司，简称“城投”。起源于

1991年，当时，国务院进行新一轮政府投融资体制改革，要求地方政府不再直接负责基础设施建设，而是将其公司化运行，承担相应的政府职能；此类城投公司很多是不具备盈利能力的，属于事业单位或者国有独资公司性质，是通过政府补贴的方式实现盈利，属于带有政府性质的特殊市场经营体。

2.城市建设投资公司的发展历程

1991年，上海率先成立城投，之后，重庆、广东等省（直辖市）也相继成立。这段时间的操作模式是政府投融资平台只是个载体，自身并无资产。当时的城投公司主要由财政部门、建委共同组建，公司资本金和项目资本金由财政拨款，其余以财政担保向银行贷款。1995年，国家《担保法》出台后，这种模式难以为继：财政不能担保，而这类公司没有自己的资产，债务上升，举步维艰。而地方投融资平台的真正繁荣始于2008年下半年，在4万亿投资的刺激政策出台后，各家商业银行纷纷高调宣布积极支持国家重点项目和基础设施建设。　2009年3月，央行和银监会联合提出："支持有条件的地方政府组建投融资平台，发行企业债、中期票据等融资工具，拓宽中央政府投资项目的配套资金融资渠道。"同时，为了做强做大投融资平台，即城投公司，各级政府把公用企事业单位的资产纳入城投，比如自来水公司、公交公司、热力公司，燃气公司等，更好地发挥了投融资平台的作用。

3.政府的明确规定

2011年发改委发2881号文，明确规定，城投公司的主营收入70%需要来自自身，政府补贴只能占30%。这一政令具有一定的前瞻性，可预防地方政府财政开支太大，间接带来中央政府大规模财政赤字。相对国家的城市化进程而言，城投公司还是个新生事物，以后要走的路还很长，而其扮演的角色也将会更加重要。

二、城市建设投资构成分析

（一）建设工程资金构成

1.建设工程投资总构成

建设工程资金也即建设项目总投资，是指投入到工程项目中的全部资金。

建设项目总投资由建设投资、建设期利息和流动资金构成。

① 建设投资是指在项目筹建与建设期间所花费的全部建设费用，包括工程费用、工程建设其他费用和预备费用，其中工程费用包括建筑工程费、设备购置费和安装工程费，预备费用包括基本预备费用和涨价预备费用。

② 建设期利息是债务资金在建设期内发生并应计入固定资产原值的利息，包括借款利息及手续费、承诺费、管理费等。

③ 流动资金是项目运营期内长期占用并周转使用的营运资金。

2.建设项目估算总投资

建设项目估算总投资=建设投资+建设期利息+流动资金（+固调税）

3.建设投资

建设投资=工程费用+工程建设其他费用+预备费用

① 工程费用=建筑工程费+设备购置费+安装工程费

② 工程建设其他费用=固定资产其他费用+无形资产费用+其他资产费用（递延资产）

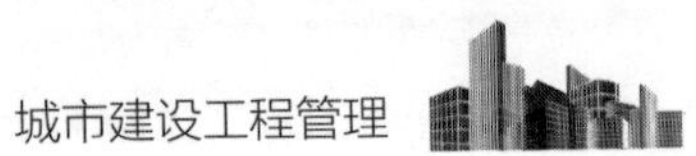

③ 预备费用=基本预备费+价差预备费

4. 建设工程总投资费用构成

建设工程总投资费用构成见表9-1。

表9-1 建设工程总投资费用构成

<table>
<tr><td rowspan="16">建设项目概算总费用</td><td colspan="2">费用项目类别</td><td>费用项目构成</td><td>费用内容</td></tr>
<tr><td rowspan="13">建设投资</td><td rowspan="7">第一部分
工程费用</td><td rowspan="4">1. 建筑工程费
2. 安装工程费</td><td>① 直接费</td></tr>
<tr><td>② 间接费及规费</td></tr>
<tr><td>③ 利润</td></tr>
<tr><td>④ 税金</td></tr>
<tr><td rowspan="3">3. 设备购置费</td><td>① 设备购置费</td></tr>
<tr><td>② 工器具、生产家具购置费</td></tr>
<tr><td>③ 备品、备件购置费</td></tr>
<tr><td rowspan="5">第二部分
工程建设
其他费用</td><td>1. 建设用地费用</td><td>土地使用权出让金、土地使用补偿费、拆除迁建费等</td></tr>
<tr><td>2. 技术咨询费</td><td>项目论证费、环境评价费、节能评估审查费、劳动安全卫生评价费、研究试验费、勘察设计费、专利和专有技术使用费、引进技术设备费</td></tr>
<tr><td>3. 项目配套费</td><td></td></tr>
<tr><td>4. 项目建设管理费</td><td>建设单位管理费、设计图纸审查费、工程招标费、监理费、造价咨询服务费、工程保险费、场地准备及临时设施费、特种设备检验检查费</td></tr>
<tr><td>5. 与未来生产经营有关的其他费用</td><td>生产准备及开办费、联合试运转费</td></tr>
<tr><td>第三部分
预备费用</td><td>1. 基本预备费
2. 价差预备费</td><td></td></tr>
<tr><td>建设期利息</td><td>第四部分</td><td>建设期贷款利息</td><td></td></tr>
<tr><td>流动资金</td><td>第五部分</td><td>经营性铺底流动资金</td><td></td></tr>
</table>

（二）建设工程资金构成费用说明

1. 建设项目建设总投资

是指自建设项目投资决策之时开始，经项目施工建设过程，至项目建设全面正式竣工验收为止所投入的全部资金。包括工程费用、工程建设其他费用、预备费用、建设期利息和流动资金五大部分资金费用（固定资产投资方向调节税已取消，不再列入），是在该项目上建设费用的全部投入。

2. 工程费用（建安工程费用）

建筑安装工程费用由直接费、间接费、税金和利润组成。现场管理人员工资包括在直接费内，生产工人劳动保护费包括在间接费内。建设工程造价中的工程费用是指设备工器具购置费用与建筑安装工程费用之和。

3.工程建设的其他费用

工程建设其他费用，是指从工程筹建起到工程竣工验收交付使用止的整个建设期间，除建筑安装工程费用和设备及工、器具购置费用以外的，为保证工程建设顺利完成和交付使用后能够正常发挥效用而发生的各项费用。工程建设其他费用，大体可分为三类：第一类指土地使用费；第二类指与工程建设有关的其他费用；第三类指与未来企业生产经营有关的其他费用。

4.预备费用

预备费是指考虑建设期可能发生的风险因素而导致建设费用增加的这部分内容。基本预备费属于建设方考虑的建设费用，与施工单位报价无关系。按照风险因素的性质划分，预备费又包括基本预备费和价差预备费两大类型。

（1）基本预备费　它是指由于如下原因导致费用增加而预留的费用：① 设计变更导致的费用增加；② 不可抗力导致的费用增加；③ 隐蔽工程验收时发生的挖掘及验收结束时进行恢复所导致的费用增加。基本预备费一般按照前五项费用（即建筑工程费、设备安装工程费、设备购置费、工器具购置费及其他工程费）之和乘以一个固定的费率计算。其中，费率往往由各行业或地区根据其项目建设的实际情况加以制定。

（2）价差预备费　它是指建设项目在建设期间内由于价格等变化引起工程造价变化的预测预留费用。费用内容包括：人工、材料、施工机械的价差费，建筑安装工程费及工程建设其他费用调整，利率、汇率调整等增加的费用。价差预备费的计算方法，一般是根据国家规定的投资综合价格指数，以估算年份价格水平的投资额为基数，采用复利方法计算。

三、建设工程投资与资金计划的五算

（一）建设工程投资资金的五算

在进行建设工程投资资金计划时，必须进行投资资金的测算工作。在建设资金投资计划中，主要涉及五种类型的测算：估算、概算、预算、结算、决算。由于不同目的下不同作用的原因，在工程管理上一般关注的是投资估算、设计概算、施工图预算和施工预算、工程结算、竣工决算。

（二）投资估算

1.投资估算的概念

投资估算是指在整个投资决策过程中，依据现有的资料和一定的方法，对建设项目的投资额（包括工程造价和流动资金）进行的估计。投资估算总额是指从筹建、施工直至建成投产的全部建设费用，其包括的内容应视项目的性质和范围而定。

2.投资估算的作用

① 项目建议书、可行性研究报告文件中投资估算是研究、分析、计算项目投资经济效益的重要条件，是项目经济评价的基础。

② 项目建议书阶段的投资估算是多方案比选，优化设计，合理确定项目投资的基础。是项目主管部门审批项目的依据之一，并对项目的规划、规模起参考作用，从经济上判断项目是否应列入投资计划。

③ 项目可行性研究阶段的投资估算是方案选择和投资决策的重要依据，是确定项目投资水平的依据，是正确评价建设项目投资合理性的基础。

④ 项目投资估算对工程设计概算起控制作用。可行性研究报告被批准之后，其投资估算额作为设计任务书中下达的投资限额，即作为建设项目投资的最高限额，一般不得随意突破，用以对各设计专业实行投资切块分配，作为控制和指导设计的尺度或标准。

⑤ 项目投资估算是项目资金筹措及制定建设贷款计划的依据，建设单位可根据批准的项目投资估算额，进行资金筹措和向银行申请贷款。

⑥ 项目投资估算是核算建设项目固定资产投资需要额和编制固定资产投资计划的重要依据。

3. 投资估算的方法

① 常用的估算方法有资金周转率法、单位生产能力估算法、生产能力指数法、比例估算法、系数估算法、综合指标投资估算法等。其中，比例估算法适用于设备投资占比较大的项目；指标估算法的投资估算指标分为建设工程项目综合指标、单项工程指标和单位工程指标三种。

流动资金估算一般是收集现有同类企业的状况采用分项详细估算法，个别情况或者小型项目可采用扩大指标法。

② 建设投资分类估算法

- 建筑工程投资费用估算一般采用单位建筑工程投资估算法和单位实物工程量投资估算法。
- 概算指标投资估算法，如安装工程费可以采用安装费率、每吨安装费等指标估算。安装工程费=安装工程实物量 × 安装费用指标。
- 流动资金估算的方法。一般采用分项详细估算法或扩大指标估算法进行。

（三）设计概算

1. 设计概算概况

设计概算是指设计单位在初步设计或技术设计阶段，在投资估算的控制下由设计单位根据初步设计或者技术设计的图纸及说明书、设备清单、概算定额或概算指标、各项费用取费标准等资料、类似工程预（决）算文件等资料，用科学的方法计算和确定建筑安装工程全部建设费用的经济结果。

设计概算是设计文件的重要组成部分，是编制建设项目投资计划、确定和控制建设项目投资、控制基本建设拨款和贷款的依据；是签订建设工程合同和贷款合同的依据；是控制施工图设计和施工图预算的依据；是衡量设计方案技术经济合理性和选择最佳设计方案的依据；是考核建设项目投资效果的依据。

2. 设计概算的内容

设计概算可分为单位工程概算、单项工程综合概算和建设项目总概算三级。

（1）单位工程概算　单位工程概算是确定各单位工程建设费用的文件，是编制单项工程综合概算的依据，是单项工程综合概算的组成部分。单位工程概算按其工程性质分为建筑工程概算和设备及安装工程概算两大类。

（2）单项工程综合概算　单项工程综合概算是确定一个单项工程所需建设费用的文件，是由单项工程中的各单位工程概算汇总编制而成的，是建设项目总概算的组成部分。

（3）建设项目总概算　建设项目总概算是确定整个建设项目从筹建到竣工验收所需全部

费用的文件，它是由各单项工程综合概算、工程建设其他费用概算、预备费、建设期贷款利息和固定资产投资方向调节税概算汇总编制而成的，包括单位工程概算、单项工程综合概算、其他工程的费用概算、建设项目总概算以及编制说明等。是由单个到综合，局部到总体，逐个编制，层层汇总而成。

3.设计概算的编制

（1）单位工程概算的编制方法　建筑工程概算的编制方法有概算定额法、概算指标法、类似工程预算法等；设备及安装工程概算的编制方法有预算单价法、扩大单价法、概算指标法。

（2）单项工程综合概算的编制方法　单项工程综合概算文件一般包括编制说明（不编制总概算时列入）和综合概算表（含其所附的单位工程概算表和建筑材料表）两大部分。

① 综合概算表的项目组成。工业建设项目综合概算表由建筑工程和设备及安装工程两大部分组成；民用工程项目综合概算表就只有建筑工程一项。

② 综合概算的费用组成。一般应包括建筑工程费用、安装工程费用、设备购置及工器具和生产家具购置费用。当不编制总概算时，还应包括工程建设其他费用、建设期贷款利息、预备费和固定资产方向调节税等费用项目。

（3）建设项目总概算的编制方法　建设项目总概算是设计文件的重要组成部分，是确定整个建设项目从筹建到竣工交付使用所预计花费的全部费用的文件。它由各单项工程综合概算、工程建设其他费用、建设期贷款利息、预备费、固定资产投资方向调节税和经营性项目的铺底资金概算组成，按照主管部门规定的统一表格进行编制。

（四）施工图预算和施工预算

1.施工图预算

（1）施工图预算的概念与内容

① 施工图预算是根据施工图、预算定额、各项取费标准、建设地区的自然及技术经济条件等资料编制的建筑安装工程预算造价文件。在中国，施工图预算是建筑企业和建设单位签订承包合同、实行工程预算包干、拨付工程款和办理工程结算的依据，也是建筑企业控制施工成本、实行经济核算和考核经营成果的依据。在实行招标承包制的情况下，是建设单位确定招标控制价和建筑企业投标报价的依据。施工图预算是关系建设单位和建筑企业经济利益的技术经济文件，如在执行过程中发生经济纠纷，应按合同经协商或由仲裁机关仲裁，或按民事诉讼等其他法律规定的程序解决。

② 施工图预算由预算表格和文字说明组成。工程项目（如工厂、学校等）总预算包含若干个单项工程（如车间、教室楼等）综合预算；单项工程综合预算包含若干个单位工程（如土建工程、机械设备及安装工程）预算（见设计概算）。按费用构成分，施工图预算由以下七项费用构成：人工费；材料费；施工机械使用费；企业管理费；利润；规费；税金。

（2）施工图预算的作用

① 施工图预算对建设单位而言是施工图设计阶段确定建设工程项目造价的依据，是设计文件的组成部分；是建设单位在施工期间安排建设资金计划和使用建设资金的依据；是招投标的重要基础，既是工程量清单的编制依据，也是招标控制价编制的依据；是拨付进度款及办理结算的依据。

② 施工图预算对施工单位而言是确定投标报价的依据；是施工单位进行施工准备的依据，是施工单位在施工前组织材料、机具、设备及劳动力供应的重要参考，是施工单位编制

进度计划、统计完成工作量、进行经济核算的参考依据；施工图预算是控制施工成本的依据。

③ 对于工程咨询单位而言，尽可能客观、准确地为委托方做出施工图预算，是其业务水平、素质和信誉的体现；对于工程造价管理部门而言，是监督检查执行定额标准、合理确定工程造价、测算造价指数及审定招标工程标底的重要依据。

（3）施工图预算的编制　包括套用地区单位估价表的定额单价法；根据人工、材料、机械台班的市场价及有关部门发布的其他费用的计价依据按实计算的实物法；根据工程量清单计价规范的工程量清单单价法，使用国有资金的项目必须采用工程量清单单价法。

施工图预算是设计文件的重要组成部分，是设计阶段控制工程造价的主要指标，概算、预算均由有资格的设计、工程（造价）咨询单位负责编制。作为招标控制价用，由业主单位或者招标代理机构委托有资质的造价编制单位来编制；作为投标报价用，由投标单位编制；作为内部成本控制或者项目计划用，由成本控制部门或计划部门编制（或委托他人编制）。

2. 施工预算

施工预算是编制实施性成本计划的主要依据，是施工企业为了加强企业内部经济核算，在施工图预算的控制下，依据企业的内部施工定额，以建筑安装单位工程为对象，根据施工图纸、施工定额、施工及验收规范、标准图集、施工组织设计（施工方案）编制的单位工程施工所需要的人工、材料、施工机械台班用量的技术经济文件。它是施工企业的内部文件，同时也是施工企业进行劳动调配、物资计划供应、控制成本开支、进行成本分析和班组经济核算的依据。

（五）工程结算

1. 工程结算简介

工程结算是指施工企业按照承包合同和已完工程量向建设单位（业主）办理工程价清算的经济文件。工程建设周期长，耗用资金数大，为使建筑安装企业在施工中耗用的资金及时得到补偿，需要对工程价款进行中间结算（进度款结算）、年终结算，全部工程竣工验收后应进行竣工结算。在会计科目设置中，工程结算为建造承包商专用的会计科目。工程结算是工程项目承包中的一项十分重要的工作。

工程结算全名为工程价款的结算，是指施工单位与建设单位之间根据双方签订合同（含补充协议）进行的工程合同价款结算。工程结算又分为工程定期结算、工程阶段结算、工程年终结算、工程竣工结算。

2. 工程结算的意义

工程结算是工程项目承包中的一项十分重要的工作，在项目投资资金控制中也起着十分重要的作用，主要表现为以下几个方面。

（1）工程结算是反映工程进度的主要指标　在施工过程中，工程结算的依据之一就是按照已完的工程进行结算，根据累计已结算的工程价款占合同总价款的比例，能够近似反映出工程的进度情况。

（2）工程结算是加速资金周转的重要环节　施工单位尽快尽早地结算工程款，有利于偿还债务，有利于资金回笼，降低内部运营成本。通过加速资金周转，提高资金的使用效率。

（3）工程结算是考核经济效益的重要指标　对于施工单位来说，只有工程款如数地结清，才意味着避免了经营风险，施工单位也才能够获得相应的利润，进而达到良好的经济效益。

（六）竣工决算

1.竣工决算概念

（1）竣工决算的意义　竣工决算是建设工程经济效益的全面反映，是项目法人核定各类新增资产价值，办理其交付使用的依据。通过竣工决算，一方面能够正确反映建设工程的实际造价和投资结果；另一方面可以通过竣工决算与概算、预算的对比分析，考核投资控制的工作成效，总结经验教训，积累技术经济方面的基础资料，提高未来建设工程的投资效益。

（2）竣工决算的内容　竣工决算是由建设单位编制的反映建设项目实际造价和投资效果的文件。

工程竣工决算是指在工程竣工验收交付使用阶段，由建设单位编制的建设项目从筹建到竣工验收、交付使用全过程中实际支付的全部建设费用。也即竣工决算的内容应包括从项目策划到竣工投产全过程的全部实际费用。竣工决算的内容包括竣工财务决算说明书、竣工财务决算报表、工程竣工图和工程造价对比分析四个部分。其中竣工财务决算说明书和竣工财务决算报表又合称为竣工财务决算，它是竣工决算的核心内容。竣工决算是整个建设工程的最终价格，是作为建设单位财务部门汇总固定资产的主要依据。

2.竣工决算的审计

竣工决算审计是资金控制和资产核定的重要内容，主要包括以下内容。

（1）审查决算资料的完整性　包括：① 经批准的可行性研究报告，初步设计、投资概算、设备清单；② 工程预算（投标报价）、结算书；③ 同级财政审批的各年度财务决算报表及竣工财务决算报表；④ 各年度下达的固定资产投资计划及调整计划；⑤ 各种合同及协议书；⑥ 已办理竣工验收的单项工程的竣工验收资料；⑦ 施工图、竣工图和设计变更、现场签证，施工记录；⑧ 建设项目设备、材料采购及入库、出库资料；⑨ 财务会计报表、会计账簿、会计凭证及其他会计资料；⑩ 工程项目交点清单及财产盘点移交清单；⑪ 其他资料，如收尾工程、遗留问题等。

（2）竣工财务决算报表和说明书完整性、真实性审计

① 大、中型建设项目财务决算报表如下：表1，基本建设项目竣工决算审批表；表2，大、中型建设项目竣工工程概况表；表3，竣工工程财务决算表；表4，交付使用资产总表；表5，交付使用资产明细表。

② 小型基建项目财务决算报表如下：表1，竣工工程决算总表；表2，交付使用资产明细表。

（3）各项建设投资支出的真实性、合规性审计　包括：建安工程投资审计；设备投资审计；待摊投资列支的审计；其他投资支出的审计；待核销基建支出的审计；转出投资审计。

（4）建设工程竣工结算的真实性、合规性审计　包括：约定的合同价款及合同价款调整内容以及索赔事项是否规范；工程设计变更价款调整事项是否约定；施工现场的造价控制是否真实合规；工程进度款结算与支付是否合规；工程造价咨询机构出具的工程结算文件是否真实合规等。

（5）概算执行情况审计　包括：实际完成投资总额的真实合规性审计，概算总投资、投入实际金额、实际投资完成额的比较；分析超支或节余的原因。

（6）交付使用资产真实性、完整性审计　包括：是否符合交付使用条件；交接手续是否齐全；应交使用资产是否真实、完整。

（7）结余资金及基建收入审计　包括：结余资金管理是否规范，有无小金库；库存物资

管理是否规范，数量、质量是否存在问题，库存材料价格是否真实；往来款项、债权债务是否清晰，是否存在转移挪用问题，债权债务清理是否及时；基建收入是否及时清算，来源是否核实，收入分配是否存在问题。

（8）尾工工程审计　包括未完工程工程量的真实性和预留投资金额的真实性。

第二节　城市建设工程项目投资控制与管理

一、项目建设全过程的投资控制综述

1.项目建设全过程投资控制的重大意义

城市建设全过程中，建设工程项目的投资严格控制和节约问题，是个直接关系到整个项目总体效益的重大问题，这个问题处理得当，控制有力，管理到位，必将取得优化、良好、满意的项目经济效益和成功的项目建设经济效果。因此项目建设全过程投资控制具有重大意义，必须千方百计排除万难，高度重视认真落实。

2.项目建设全过程五阶段投资控制

从城市建设投资的资金筹集、使用、管理角度看，项目建设投资全过程可划分为投资决策阶段、规划设计阶段、资金筹措阶段、建设实施阶段、项目竣工阶段等五阶段的投资控制问题。这五阶段时序一般是会存在交叉的，但其内容和性质上是存在不同特色和条件的，因此这五阶段也可以称之为五种阶段，全过程五阶段的投资控制模式基本可以总结为以下五种情况。

① 投资决策阶段的投资论证控制；② 规划设计阶段的投资比选控制；③ 资金筹措阶段的投资筹集控制；④ 建设实施阶段的投资跟踪控制；⑤ 项目竣工阶段的投资结算控制。

二、投资决策阶段的投资论证控制

（一）项目决策阶段投资控制的意义

1.项目决策阶段的重要性认识

项目投资决策是选择和决定投资行动方案的过程，是对拟建项目的必要性和可行性进行技术经济论证，对不同建设方案进行技术经济比较选择及作出判断和决定的过程。所谓“投资（造价）论证控制”，是指通过本阶段的技术经济论证，找到优化的建设投资方案，首先从源头和前提上保证建设资金的优化投入、使用和节约。

在建设工程的不同阶段，投资控制的重点和效果是不同的，它们对整个项目造价的影响大体上分别为投资决策阶段75% ～ 95%、设计阶段35% ～ 75%、施工阶段59% ～ 35%、竣工决算阶段0 ～ 5%等。经过决策的工程项目，投资决策阶段成了控制投资的关键，它对于项目的建设工期、工程造价、质量、使用功能起着决定作用。项目投资决策是投资行动的准则。项目投资决策正确与否，直接关系到项目建设的成败，关系到工程造价的高低及投资效果的好坏。正确决策是设计的依据，是合理确定与控制工程造价的前提。

项目投资决策阶段是项目周期中最重要的阶段，需要做出对项目投资效益起前提性和决定性影响的数项重要和关键决策，包括投资时机和方向选择及确定，投资项目的比选及改良，项目投资规模的把握和总体实施方案的综合平衡。其中任何一项决策的失误都可能导致项目投资的彻底失败，而且在现代激烈的市场竞争条件下，任何选择都具有很大的风险，所以，这个阶段管理的目标是高水平的决策质量，要求做出优化、正确、基本符合未来发展实际的决策方案。

实践表明，投资项目投资的失误主要是决策阶段的失误，是由于决策质量的低劣。所以，这个阶段投资管理的重点是项目决策的质量，项目决策质量恰恰又是一个难以科学测度的变量，一般要用投资最终产品使用的效果来大致评估，但是到了最终结果出来的时候要改正就已经晚了。项目投资活动一般具有不可逆转性和难以扭转的运行惯性，项目决策的这一特点，加大了其控制的难度，因项目投资决策的巨大后效作用，加强并改善投资决策工作质量，是立项和项目启动准备的重中之重的工作。20世纪50年代，我国著名水利专家黄万里坚决反对在黄河上兴建三门峡水利工程。当抗争无效时，建议在大坝底部预留六个排水孔，以便设闸排除泥沙。但当时没有采纳该建议，而是完全按照苏联专家的设计方案进行施工。到了20世纪70年代初，三门峡上游泥沙大量淤积，严重地破坏了生态环境，给当地百姓造成了巨大的损失，国家被迫决定在大坝底部重开六个排水孔，而开设一个排水孔的投资额竟达1000万元人民币。

2.项目决策阶段的投资风险控制问题

（1）市场风险　项目产品的市场需求、竞争态势、价格趋势等对项目的目标定位有直接影响，是决定项目建设和未来运营成功与否的基础。市场风险主要表现在供求变化、产品竞争力和价格风险等方面。

供求变化和产品缺乏竞争力，主要表现在产品的性能、价格以及新产品替代等方面。准确把握产品发展趋势，制定合适的产品方案，方能适应市场的变化。原材料料是决定项目建设成本和生产运营成本高低的关键因素，价格过快上涨将对项目的投资回收及预期效益产生直接影响。

（2）技术风险　投资项目的技术风险是指所采用的工艺技术发生重大变化时，项目目标的实现受到影响，导致产能降低、成本增加或产品质量不达标等。拟采用的技术方案对项目的投资、投产后的生产成本、今后的经济效益和社会效益以及项目的生存和竞争能力都会产生重大影响。在投资决策阶段，应高度重视技术先进性、可靠性、适用性和经济性的评价。

（3）投资估算风险　投资估算是指在整个投资决策过程中，依据现有的资料和一定的方法，对建设项目的投资数额进行的估计；投资估算是项目经济评价的基础，其准确程度将直接影响建设项目的经济效果，是决定项目是否建设、银行是否贷款的依据。合理确定投资估算的前提是项目决策的科学化和合理的投资估算指标。决策科学化的关键在于科学的决策体系和决策责任制。因此建立科学的决策体系，明确决策责任制，编制高质量的估算指标，是合理确定投资估算的关键。

（4）管理风险　管理风险是因经营管理方面的原因而导致的投资失败，主要有战略管理风险、组织管理风险和生产管理风险等。① 战略管理风险。指因企业的战略决策失败导致的风险。战略决策一旦失误，投资项目失去意义，将会给企业带来难以估量的损失。② 组织管理风险。指由于管理模式和组织结构不合理，导致管理混乱或管控不足，从而导致投资增加、项目不能按期投产造成损失的风险。需要及时调整组织结构中明显不合理的部分，使管理架构适应企业长远发展和投资项目建设的需要。③ 生产管理风险。指由于项目前期预测不足，导致实际的生产能力与实际的市场容量不一致。这种生产风险可以通过及时调节生产能力，力争需求与生产相匹配，从而减轻影响。

（5）人才风险　项目决策工作的内容决定了它是一项高度智力化的活动，这要求其投入要素必须是高水平、高素质的专业管理人员。人才风险主要是指由于项目建设以及生产运营所需的各专业、各层次人才不充足、核心团队建设不到位，高水平、高素质人才效用未能有效发挥等因素而导致投资失败或生产运营困难。需要分析项目不同阶段对人才的不同需求，合理进行人力资源配置。

（6）其他风险　项目投资还受其他外部因素制约，如产业政策导向、配套条件等。在投资决策阶段需要仔细研究论证，以保证项目建设的顺利实施，并实现投资效益的最大化。

（二）项目决策阶段的投资控制模式

1.项目可行建设方案的论证工作

本阶段关键是要经过科学、精心、严肃、认真的论证，确定推荐一个投资规模和资金使用合理优化的项目可行建设方案。在项目的决策阶段，合理地确定建设地点、建设规模，科学地确定建设标准，严密地进行可行性研究，对拟建工程项目在技术上是否可行、经济上是否合理有利、环境上是否允许等方面进行全面系统的分析、论证，进行多方案优选，做好建设项目投资估算的编制与审查，经审查批准后，即可作为建设项目总投资的计划控制额，项目实施期间不得任意突破，使其真正起到决策和控制作用。

投资方的项目建议书与可行性研究报告应能全面而准确地体现业主的投资意图。项目建议书的准确与否直接关系项目投资的效益，投资方应对拟建项目的选址、功能、建设规模、建设标准、设备选用、环境影响评价、使用年限等进行准确详细的阐述并编制可行性研究报告。可行性研究报告所确定的各项初步技术经济指标将直接决定整个项目的投资。

投资主体也可以选择适合的工程项目管理咨询单位参与建设项目的投资分析，有效控制项目投资。项目管理咨询单位可利用其在专业技术上的优势和丰富的管理经验，为业主更科学、更合理地进行投资控制提供技术上的保障，从而最低程度地减少业主投资决策的盲目性。

2.项目决策阶段的投资风险防控对策

（1）风险防控存在的现状问题　目前在项目建议书阶段，投资估算内容比较简单，漏项严重。在可行性研究阶段，建设单位组织编制的可行性研究报告内容深度不够，投资估算比较粗略，主要是由于本阶段以经济分析和方案为主，工程量不明确，所以造成投资估算准确性较差。同时由于建设单位通常缺乏投资估算和造价控制的专业人员，而且对工艺流程和方案缺乏认真研究，甚至有时建设单位为了所报项目能被批准，在做投资估算时有意低估，搞“钓鱼工程”，增加了投资估算的不准确性。

（2）决策阶段投资风险防控对策　一是在投资决策过程中，一份可靠的投资估算，是一个项目决策的关键依据。投资估算的真实程度，直接影响到一个项目的投资效益。在该阶段要求全面认真收集有关资料，通过与类似工程的对比和各类技术参数的研究，全面细致地编制投资估算，充分预计各种不利因素对工程造价的影响，使投资估算最大限度地符合实际并留有必要空间，使其真正起到控制项目总投资的作用。

做好方案优化是控制工程造价的关键。据国外统计资料表明，在项目决策方案优化过程中节约投资的可能性为80%左右。在完成市场研究以后，要结合项目的实际情况，在满足生产的前提下，遵循“效益至上”的原则，进行多方案比选。技术经济人员应该和设计人员密切配合，用动态分析方法进行多方案技术经济比较，通过方案优化，使工艺流程尽量简单，设备选型更加合理，从而节约大量资金。

二是在投资决策阶段做好基础资料的收集，保证翔实、准确地要做好项目的投资预测，需要很多资料以备参考，如工程所在地的水电路状况、地质情况、主要材料设备的价格资料、大宗材料的采购情况以及现有已建类似工程的相关资料等。投资管理人员要对资料的准确性、可靠性认真分析，保证投资预测、经济分析的准确。

三是认真做好市场研究，是论证项目建设必要性的关键。市场研究就是指对拟建项目所提供的产品或服务的市场占有可能性分析。包括国内外市场在项目计算期内对拟建产品的需求状况，类似项目的建设情况，国家对该产业的政策和今后发展趋势等。要做好市场研究，技术经济人员就需要掌握大量的统计数据和信息资料，并进行综合分析，合理评价项目建设的必要性。必须做好可行性研究阶段的技术经济论证。可行性研究的结果直接影响到项目的成败，且可行性研究阶段形成的项目投资估算是确定限额设计总值的重要依据，并影响到设计总概算和施工图预算，为加强其精确性需要作充分的市场调查研究。

四是合理确定评价价格和基准参数，以合理评价投资效益。财务评价是在国家现行财税制度和价格体系下，计算项目范围内的效益和费用，分析项目的盈利能力、清偿能力，以考察项目在财务上的可行性。在财务评价中，评价价格的选用是项目经济评价的关键，直接影响评价的质量。评价人员针对不同项的特点，结合市场、竞争力、不确定性等因素选取多种价格方案并加以分析，以使投资者对项目未来的效益和投资风险有充分的了解。对项目取舍实行效益否决制，达不到经济效益标准的项目不予立项。

三、规划设计阶段的投资比选控制

（一）项目设计阶段投资控制特点

这一阶段对设计方案的比较分析和改进选择成为投资控制的关键内容，它直接影响到造价的构成和高低。所谓“投资比选控制”，是指通过本阶段的方案比较改进工作，比选出优化设计方案，达到在项目前期阶段得到优化、高效、节约、适用的好方案。

1.承上启下的重要阶段

设计阶段是工程项目建设过程中承上启下的重要阶段。工程项目建设全过程一般分为项目决策、规划设计、建设准备、施工实施、验收移交五个阶段。当建设项目立项之后，设计是将决策和设想变为现实的唯一桥梁，同时设计又是指导建设工程项目实施的合法的经济技术性文件。

2.落实效果的关键阶段

设计阶段是建设项目投资控制的关键阶段。工程设计中的每一个方案甚至每一个几何尺寸的确定，都涉及工程量的规模、设计标准的规定、装修标准的选择、施工方案的选定、工料机的配备等，无不体现到整个建设项目的投资多少。从某种意义上讲，设计阶段规定了建设规模和建设标准，同时也决定了建设项目投资规模的大小。根据有关资料显示，设计阶段影响建设项目投资的程度为70% ~ 80%，而实施阶段，通过加强施工管理，采用技术措施，节约投资的可能性只有6% ~ 12%。因此，当建设项目决策后，控制建设项目投资的关键环节就是设计阶段。

3.实现目标的敏感阶段

设计阶段是建设单位最难控制的阶段。设计拥有广阔的发挥空间，对于同一个建设项目的设计，不同的设计单位，不同的设计人员，在不同的时期，完全有可能设计出不同的设计方案，这是因为设计受到设计单位的资质、设计人员的技术水平及其个人的经验和风格等因素的影响。建设单位处于相对被动的位置，既对设计方案和技术要求等难以控制，又对设计的过程无法进行有效控制，这样一种敏感的情况，容易直接对项目目标能否实现产生难以预料的影响，而加大项目资金控制的风险难度。

（二）项目规划阶段投资控制现状

1. 一般情况

目前在设计阶段项目投资控制最重要的一项工作就是编制设计概算，它是初步设计的重要组成部分，由设计单位根据初步设计图纸、概算、定额、指标、其他工程费用定额和管理费定额等编制，主要用来确定建设项目的投资总额、年度投资、控制投资和考核建设成本，也是选择、衡量设计方案是否经济合理、办理建设拨（贷）款和建筑企业进行施工准备的依据，它包括单位工程概算、单项工程综合概算和建设项目总概算。设计概算的编制过程实际上是投资控制的一个阶段性过程，对建设项目在设计阶段的投资控制具有重要意义。指出这一实际情况，有利于把握现状，坚决抓住控制重点，实事求是地搞好项目建设的城市建设投资控制和节约工作。

据有关资料统计，决策阶段需要投入的资源大约占工程项目总的资源投入量的1% ~ 3%，但是其对工程造价的影响程度却可高达80% ~ 90%。显然，设计水平高低和质量好坏是影响工程项目投资的关键环节。实践证明，重施工、轻设计和决策阶段的思想及传统习惯必须克服。国家审计署在北京召开的全国审计工作会议上指出：由于决策失误造成国有资产损失严重。

2. 存在问题

（1）传统的重施工、轻设计与决策的思想仍有市场　我国普遍忽视工程建设项目前期工作阶段的造价控制，而往往把控制工程造价的主要精力放在施工阶段——审核施工图预算，合理结算建安工程价款，算细账，这样做尽管也有用，但毕竟是“亡羊补牢”，事倍功半。要有效地控制建设工程造价，就要坚决把控制重点转移到前期阶段来。

（2）当前推行限额设计尚有一定难度，设计人员没有足够的投资控制意识　一方面，长期以来人们只注重技术创新，设计人员在控制工程造价上的创新却很少得到表彰和奖励，反而要承担更多的风险，这样势必挫伤设计人员主动控制工程造价的积极性。另一方面，现行设计费收费偏低和计算方法不利于开展限额设计。实行限额设计，设计单位和设计人员势必付出更多的劳动和时间，低费率的设计收费与其所付出的劳动并不匹配，设计收费按工程投资额及相应费率计算更是与实行限额设计相矛盾。

（3）技术和经济的结合不够　长期以来，在工程建设领域，工程设计和投资控制工作联系不够紧密是一种普遍现象。一提到设计，大家必然想到那是设计人员的责任；一提到造价控制，想当然的是造价人员的职责。在实际工作中，一般都是设计人员根据设计委托进行现场调查，选择方案，进行设计，不同阶段向造价人员提供条件，进行估价或预算。但造价人员没有主动、及时向设计人员反馈造价信息，设计和造价两项工作缺乏密切配合，从而未能使设计方案在满足生产要求的前提下，节约投资。

（三）项目设计阶段投资控制对策

1. 提高设计概算的准确性

当前，概算超估算、预算超概算、决算超预算早已成为建设项目投资中的普遍现象。究其原因，除业主原因和政策性费用调整外，设计阶段的概算误差过大，缺漏项较多，误导了业主的项目投资目标是主要原因。由于业主对项目设计阶段缺乏有效的控制，加上工程设计人员大多缺乏施工经验，对施工方案、技术措施了解较少。设计概算往往在图纸还没完善的情况下出台，因而失去了准确性和科学性，不能为确立投资控制目标提供可靠的依据，其结果造成工程概算与预算、决算之间差距甚大。由此可见，设计阶段是控制建设项目投资的关键，必须采取有效措施提高设计阶段概算的准确性和科学性。

由于专业知识和实践经验的局限，单靠设计人员在设计阶段实施投资控制是不够的，应该配备一定比例的工程造价人员和施工人员。利用工程造价人员和施工人员的专业优势，可以有效弥补设计人员在投资控制方面的不足。工程造价人员和施工人员应该与设计人员密切配合，做好设计阶段的设计概算，以达到用经济来指导设计，用经济来能动地影响设计的目的，从而实现在设计阶段对工程造价进行有效控制的目的。要推行建筑方案和经济方案相结合的设计招投标方法，促使设计人员不仅在建筑造型和使用功能上动脑筋，而且还要在如何降低工程造价上下功夫。一个优秀的设计方案，既要建筑造型美观、功能齐全，又要造价合理、突出经济性，保证有效地控制工程造价。

2.做好方案优化是设计阶段控制投资的关键

根据西方一些国家分析，设计费用一般只相当于建设工程全过程投资的1%以下，而这小于1%的投资对工程造价的影响程度却占75%以上。结合项目的实际情况，在满足生产的前提下，遵循“效益至上”的原则，进行多方案比选。同时要求设计人员必须牢固树立经济意识，克服重技术、轻经济、设计保守浪费的倾向。技术经济人员应有必要的专业知识，了解设计意图，熟悉工艺技术方案，和设计人员密切配合，用动态分析方法进行多方案技术经济比较，要在降低工程投资上下功夫。通过方案优化，使工艺流程尽量简单，设备选型更加合理，从而节约大量资金。

由于优化设计方案是设计阶段重要的步骤，是控制工程造价的有效方法，因此在该过程中，要善于应用价值工程的原理，以提高设计产品价值为中心，把功能分析作为研究方法，通过价值和功能分析，将技术问题与经济问题紧密地结合起来，在保证工程功能不变的前提下降低项目投资。在设备和材料的选用上，要着眼于项目的整体功能，而不仅仅局限于单个设备或材料功能的提高。比如，某个建设项目所选用的设备和材料的使用寿命大多在70年左右，而选用的某单个设备的使用寿命为100年，则是不经济的，造成了不必要的浪费。

3.切实推行限额设计，推广标准设计

限额设计是以项目可行性研究报告的批复所确定的建设规模、建设内容、建设标准为依据，在投资估算限额范围内进行工程设计，以提高投资的经济效益。另外，从业主的角度讲，业主的资金是有限的，其目的是通过项目建设实现经济效益，设计的任务就是利用业主的有限资金，合理确定工程标准、规模，确保项目的实施完成，保护业主的经济利益。从这个意义上讲限额设计更是业主所关心的。设计过程中要积极推行限额设计，按照设计程序分阶段层层控制总投资，使其贯穿于可行性研究、初步设计、技术设计直到施工图设计的各个阶段，形成纵向控制；各设计阶段，按各专业进行投资分解，分块限额，具体分配到单元和专业，形成横向控制和纵向控制相结合。但提倡限额设计并不是单纯地追求降低造价，应该坚持科学，采用优化设计，使技术和经济紧密结合，通过技术比较、经济分析和效果评价，力求以最少的投入创造最大的效益。

标准设计是指根据共同的条件按照通用的原则编制，是经过一定程序批准的，可供设计单位重复使用，既优质又经济的一套成果。标准设计能较好地贯彻执行国家的技术经济政

策，合理利用能源、资源、材料和设备，并能够缩短设计周期，加快施工进度。因此，采用标准设计一般都能降低工程造价。

4.学习采用先进措施，积极提升投资控制效果

（1）设计阶段正确处理技术与经济的对立统一关系　是控制项目投资的关键环节。既要反对片面强调节约，忽视技术上的合理要求，使建设项目达不到工程功能的倾向；又要反对重技术、轻经济，设计保守、浪费，脱离国情的倾向。尤其在当前建设资金紧缺，各建设项目普遍概算超估算、预算超概算、竣工决算超预算，更要强调反对后一种倾向。

（2）设计人员和工程经济人员密切配合　严格按照设计任务书规定的投资估算，做好多方案的技术经济比较，在批准的设计概算限额以内，在降低和控制项目投资上下工夫。工程经济人员在设计过程中应及时地对项目投资进行分析比较，反馈造价信息，能动地影响设计，以保证有效地控制投资。

（3）推行工程设计招标　有利于设计方案的选择和竞争。招标后，设计方案的选择范围扩大。投标单位为了在竞争中取胜，必须有自己的独创之处，要使自己的方案符合国家的有关方针、政策，节约用地，切合实际，安全适用，技术先进，选用新型材料和设备，并在建筑造型上有新意，打破千篇一律的呆板格调。设计招投标还有利于控制项目建设投资。中标项目投资估算一般能控制或接近在招标文件规定的投资范围内。最后设计招投标还有利于缩短设计周期，降低设计费。

（4）推行设计方案竞赛　建筑工程特别是大型建筑设计的发包，习惯上多采用设计方案竞赛的方式。其做法是：建设单位或其委托的建设监理公司（工程咨询公司等）提出竞赛的具体要求和评选条件，提供方案设计所需的技术、经济资料，发函邀请若干专门设计机构参加竞赛。接受邀请的设计单位，在规定的期限内向竞赛主办单位提交参赛设计方案。针对设计目标，可以组织单轮设计方案竞赛（如搞小区总体规划的设计方案竞赛或搞单体建筑设计的方案竞赛），也可以组织多轮设计方案竞赛（如对一个小区住房建筑的方案以及住房建筑内部设施设计方案等不同层次的要求分段组织竞赛）。设计方案竞赛由评审委员会评出中奖者，往往第一名承担此项目的设计任务，但也可以将前几名中奖方案的优点综合起来，作为确定设计方案的基础，再以一定的方式委托设计，这一点也正是设计方案竞赛与设计招投标的不同之处。

（5）推行限额设计　在工程项目建设过程中采用限额设计是我国工程建设领域控制投资支出，有效使用建设资金的有力措施。限额设计体现了设计标准、规模、原则的合理确定及有关概预算基础资料的合理取定，通过层层限额设计，实现了对投资限额的控制和管理，也就同时实现了对设计规模、设计标准、工程数量与概预算指标等各个方面的控制。

（6）工程建设设计标准和标准设计　来源于工程建设实践经验和科研成果，是工程建设必须遵循的科学依据。大量成熟的、行之有效的实践经验和科研成果纳入设计标准规范和标准设计加以实施，就能在工程建设活动中得到最普遍、最有效的推广使用。另一方面，工程建设标准规范又是衡量工程建设质量的尺度，在一切工程设计工作中都必须执行。标准设计一经颁发，建设单位和设计单位就要因地制宜积极采用，无特殊理由不得另行设计。

优秀的设计标准规范可以带来极佳的经济效益。如《工业与民用建筑地基基础设计规范》执行以来，收到良好的技术经济效果。采用该规定的挡土墙计算公式，可节省挡土墙造价20%；对于单桩承载力，该设计规范结合我国国情，把安全系数定为2（日本取3，美国也在2以上），这在沿海软土地区可节约基础造价30%以上。再如总结多年科研成果和借鉴国外先进经验编制的《工业与民用建筑灌注桩基础设计与施工规范》，可加快基础工程进度、降低造价，同预制桩相比，每平方米建筑可降低投资30%，节约钢材50%，并避免了预制桩施工带来的振动、噪声污染以及对周围房屋的破坏性影响，不但经济效益良好，而且社会效益明显，从而有效优化项目投资效益。

四、资金筹措阶段的投资筹集控制

（一）建设资金筹措与利用问题

1. 城市建设资金筹措的一般传统模式

目前我国城市建设资金的来源主要有四个方面：一是国家财政渠道来源的拨款；二是征收的城市建设维护费的使用；三是土地收益；四是银行贷款、集资等负债融资方式。传统的城建资金筹措方式相对比较单一，资金来源渠道少，城市建设资金“瓶颈”现象越来越明显。主要融资方式如下。

（1）通过财政收入取得的城建资金　地方政府通过税费收入、土地出让收入等方式取得的财政收入，通常有一定比例的切块资金专门用于城市维护和建设，而这部分资金还需要拿出一定的份额用于偿还以前年度的国内和国际金融机构贷款。因此这部分资金相对城市建设的投资规模来说已显得微不足道。

（2）通过国有商业银行贷款取得的城建资金　根据我国有关法律规定，政府部门不能从事城市经营性项目的直接运作，既不能直接从银行取得贷款，又不能对商业银行贷款提供担保。而现存的公用事业单位资产负债率普遍偏高，财务状况不佳，要进行新的融资存在一定的难度，并且商业银行基建贷款额度也极为有限。

（3）通过争取国债项目取得的城建资金　国债又称为公债，是国家作为借款人为实现其职能而直接向贷款人融资而发行的一种信用凭证，以弥补国家税收的不足，同时也是国家对宏观经济进行间接调控的经济杠杆和经济手段。国家主要是将国债用于国家重大基础设施、环保生态、科教文卫、老工业基地改造及西部大开发等涉及国计民生的重大方面，地方城市改造建设争取到的国债资金额度相对有限，且争取到的国债资金必须保证一定比例的地方配套资金。

2. 多渠道筹措城市建设资金的建议

（1）盘活城市存量资产　目前的城市基础设施基本上靠政府投资建设、维护更新，经营亏损由政府补助，社会无偿使用，这种机制导致现有的资产无法保值增值。因而城市基础设施建设得越多，政府投资越多，背的包袱越重，基础设施的维护往往也得不到相应的保证。城市的基础设施是城市最主要的存量资产，如果把这块存量资产盘活并使之增值，将是一个巨大的城市建设资金来源。从这个意义上讲，可以考虑以下三种有偿转让形式：一是有偿转让城市项目的经营权，如有偿转让城市道路、桥梁、公园等城市公共设施经营权。二是有偿转让公用事业单位（企业）的全部或部分股权，如供水、供气、公交等。三是有偿转让公用事业的无形资产，如出让城市出租车经营权、公交线路专营权，以及道路、广场、绿地、路灯、桥梁、雕塑等冠名权、广告权、收费权等。

（2）经营城市土地　土地是城市的主要国有资产，经营土地是筹集城建资金的重要途径之一。一是高度重视土地规划，变“生地”为“熟地”，将凸显出的土地级差效益投入城市建设。通过城市规划，调整城市用地结构，置换出城市中心土地，进行项目包装引资，结合基础设施同步开发周边地段，将土地招商、公开拍卖或有偿划拨，收回整个基础设施投资，充分发挥城乡土地资源的整体效应。二是加强对土地一级市场的宏观控制，放开二级、三级

市场，采用出让、转让、拍卖、置换、综合开发等办法经营城市土地。对于有开发价值的街道、广场、小区的土地，可采取分步、分段拍卖和出让使用权的办法，增加土地收益。除有关政策规定以划拨方式供应土地外，其他建设用地一律采用公开拍卖方式有偿出让土地使用权。同时，要一手抓储备，一手抓开发增值，实现土地收益最大化和资源-资本-资产的良性循环。

（3）利用资本市场　从我国城市经营发展趋势来看，利用资本市场为城市建设融资也是一种必然趋势。利用资本市场，可以考虑以下两种渠道：一是利用证券市场融资。对有条件的建设项目，特别是从事交通、能源建设的企业，可以采取上市的办法，筹集建设资金。如上海隧道公司、上海凌桥公司和巴士有限公司等企业上市后，经营业绩都比较好，不仅募集了大量的建设资金，而且促进了城建投融资体制的改革。二是适时发行市政债券。目前国债发放已形成规模和效益，但仅仅依靠国债还难以解决各地政府的城市建设投资问题。对城市建设债券和企业债券的发放，国家控制较严，限制了地方政府和企业的社会融资。

（4）吸收闲散资金　目前我国居民银行储蓄存款已突破十万亿，再加上海外民间资金的引进，可以说，这笔闲散资金数额总量极为可观。如何吸收这些闲散的资金用于城市建设，也是目前迫切需要研究解决的问题。吸收闲散资金，可以采用以下两种形式：一是建立基础设施建设基金。政府财政在一定的时期内留出适当份额建立专项基金，其目的主要是吸引和募集社会闲散资金。在项目的投资建设期，由政府贴息保证回报，待项目投入运营产生效益后，则由企业负责回报。二是鼓励民间资金通过商业银行委托贷款投资有回报的城市建设项目。

（二）建设资金筹措成本及其控制分析

1. 建设资金筹措成本——债务资金和权益资金

资金筹集则意味着要付出成本，既有利息成本、筹资费用，也有不确定的风险成本、机会成本等。因而所谓“投资筹集控制”，这里的“成本”是筹资成本，就是筹集资金需要支付利息，即要支付筹资成本，由于建设资金需求数量巨大，建设周期也即建设资金使用时间很长，筹资成本也数量巨大，于是认真精明地设计投资“筹集”方案，严格控制和降低筹资成本就成为城市建设项目投资控制一项十分重要的手段和内容。

资金筹集成本是企业也是投资建设单位取得和使用资金所付出的代价，包括资金的筹资费用和用资费用。筹资费用是建设单位为取得资金而付出的费用，例如向银行支付的借款手续费，佣金、发行债券、股票所支付的各项代理发行费用等；用资费用是企业因使用资金而付出的费用，使用者支付给资金所有者的报酬，如支付股东的投资股利、支付给银行的利息及支付给其他债权人的各种利息费用。

企业资金筹集时的成本，按资金来源性质不同，可以分为债务资金筹集成本与权益资金筹集成本。负债资本需要偿还，而权益资本不需要偿还，只需要在有盈利时进行分配。通过银行借款、发行债券、融资租赁、商业信用筹集的资金属于负债资金。吸收直接投资、留存收益、发行股票筹集的资金属于权益资金。

2. 债务资金筹集成本及优缺点分析

债务资金的筹集成本，在实务中全部归集为借款费用。

（1）长期借款　是指企业向银行、非银行金融机构和其他企业借入的，期限在一年以上的借款，它是企业长期负债的主要来源之一。其成本包括两部分，即借款利息和借款费用。一般来说，借款利息和借款费用高，会导致筹资成本高，但因为符合规定的借款利息和借款费用可以计入税前成本费用扣除或摊销，所以能起到抵税作用。例如，某企业取得5年期长期借款200万元，年利率11%，筹资费用率0.5%，因借款利息和借款费用可以计入税前成本费用扣除或摊销，企业可以少缴所得税36.63万元。

银行长期借款筹资的优点：由于银行借款所需手续远少于发行证券，所以筹资费用较低，资金成本较低，筹资速度快，银行借款利息低，筹资费用低；有一定的还款弹性，当借款到期，借款人与银行可根据实际情况商讨延期还款，有一定的回旋余地；不必公开企业经营情况。

银行长期借款筹资的缺点：虽然银行借款有一定的弹性，但是这种弹性是有限度的，到达最后期限的时候就必须偿还，这就给企业造成短时期还款的压力，容易形成较大风险；限制条款较多、筹资数额有限。

（2）发行债券　是由企业或公司发行的有价证券，发行债券的企业以债权为书面承诺，答应在未来的特定日期，偿还本金并按照事先规定的利率付给利息，是企业主要筹资方式之一。发行债券的成本主要指债券利息和筹资费用。债券利息的处理与长期借款利息的处理相同，即可以在所得税前扣除，应以税后的债务成本为计算依据。例如，某公司发行总面额为200万元的5年期债券，票面利率为11%，发行费用率为5%，由于债券利息和筹资费用可以在所得税前扣除，企业可以少缴所得税39.6万元。若债券溢价或折价发行，为更精确地计算资本成本，应以实际发行价格作为债券筹资额。

债券筹资的优点：资金成本低，在债券筹资中一方面债券利息较低，另一方面筹资费率也较低，所以资金成本低于股权筹资，且可以获得财务杠杆利益；不分散公司的控制权，有利于调整资本结构，当发行各种可转换债券时，筹集的资本可由债权资本转化为股权资本，有助于企业优化资本结构。

债券筹资的缺点：由于债券筹资存在固定利息且到期须如数偿还，负责公司将面临巨大的信誉风险；限制条件较多，公司发行债券必须符合证监会的各种限制条件才可以上市交易；筹资数量有限，在债券筹资伊始就必须确定筹资总额，且不能随意变更。

（3）融资租赁　又称为财务租赁，是指出租人在承租人给予一定报酬的条件下，授予承租人在约定期限内占有和使用财产权利的一种契约性行为。融资租赁即出租方融通资金引进用户所需设备，长期租给用户的行为，其实质是用户得到一批专用于购买设备的贷款，融资租赁资产所有权有关的风险和报酬实质上已全部转移到承租方。现在融资租赁已成为仅次于银行信贷的第二大融资方式。

融资租赁筹资的优点：筹资速度快、节约自有资金、有利于保存企业举债能力、设备淘汰风险小、财务风险小、租金税前列支可以获得减税的利益。

融资租赁筹资的缺点：租赁成本高、租金一般高于贷款，有利率变动的风险。

（4）商业信用　商业信用是伴随商品生产和商品交换产生的一种重要筹资方式。

其优点是为买卖双方提供方便，巩固经济合同，加强了经济责任，较易取得资金，一般不用提供担保；其缺点是商业信用的筹资期限一般较短，还款压力大，筹资成本高，受外部环境影响大，而且有一定的限制性条款。

3.权益资金筹集成本及优缺点分析

（1）吸收直接投资　吸收直接投资是指企业按照“共同投资、共同经营、共担风险、共享利润”的原则来吸收国家、法人、个人、外商投入资金的一种筹资方式。投资者的出资方式主要有现金投资、实物投资、工业产权投资、土地使用权投资等。吸收直接投资与发行股票、留存收益都属于企业筹集自有资金的重要方式。它是非股份有限责任公司筹措资本金的基本形式。

吸收直接投资的优点是：有利于增强企业信誉、有利于尽快形成生产能力、有利于降低财务风险。

吸收直接投资的缺点是：筹资成本较高、容易分散控制权。

（2）留存收益　是企业缴纳所得税后形成的，其所有权属于股东。股东将这一部分未分派的税后利润留存于企业，实质上是对企业追加投资。如果企业将留存收益用于再投资，所获得的收益率低于股东自己进行另一项风险相似的投资所获的收益率，企业就应该将留存收益分派给股东。留存收益成本的估算难于债券成本，这是因为很难对企业未来发展前景及股东对未来风险所要求的风险溢价作出准确的测定。计算留存收益成本的方法很多，最常用的是“资本资产定价模型法”。由于留存收益是企业所得税后形成的，因此企业使用留存收益不能起到抵税作用，也就没有节税金额。在权益资本筹集过程中，企业应更多地利用留存收益。因为使用企业留存收益所受限制较少，具有更大的灵活性，财务负担和风险都较小。

（3）发行股票　普通股是股份公司资本的最基本部分。普通股成本一般按照“股利增长模型法”计算。发行股票的筹资费用较高，在计算资本成本时要考虑筹资费用。例如，某公司普通股目前市价为56元，估计年增长率为12%，本年发放股利2元。若公司发行新股票，发行金额100万元，筹资费用率为股票市价的10%，则新发行股票的成本为16.4%。企业发行股票筹集资金，发行费用可以在企业所得税前扣除，但资金占用费即普通股股利必须在所得税后分配。该企业发行股票可以节税100 × 10% × 33%=3.3（万元）。

普通股筹资的优点是：没有固定的股利负担，普通股是否分红、分红多少都直接取决于公司的业绩，同时公司管理层也有决定分红多少的权利；有利于增强公司的信誉，企业筹集大量权益资本就会使企业的信誉增强，降低风险，各种财务指标向有利方向转化；筹资风险小，由于普通股没有定期支付股利的规定，即使公司出现短暂的现金流不足也不致使公司一泻千里；由于普通股的预期收益较高，并可以一定程度抵消通货膨胀的影响，因此普通股容易吸收资金。普通股筹资的缺点是：在国际上股票的股利较利息而言一般都较高；同时筹资费率也远远高于其他筹资方式，这就造成资金成本率自然很高；而如果不是固定股利率则还在上述公式后再加上一个年固定股利增长率，这就进一步加大了股权筹资的资金成本；容易分散公司控制权；新股东分享公司未发行新股前累计的盈余，盈余会降低普通股每股净收益，从而可能引起股价下跌。

4.影响企业资金筹集成本的主要因素

（1）筹资方式　企业筹资按筹资方式的不同直接影响着筹资成本的不同。筹资按形成资金性质的不同分为负债资金和权益资金两类，由于负债筹资成本在税前利润中支付，所以负债筹资成本一般低于权益筹资成本。因而，就筹资成本而言，应首选负债筹资，再选权益筹资。其中，负债筹资按筹资成本由低到高的顺序一般为借款筹资、商业信用、债券筹资和租赁筹资。需要特别说明如下几点。

① 从理论上讲，权益筹资成本较高，它一般高于其他任何一种筹资方式的筹资成本，其原因有两点：一是由于股利在税后利润中支付，股利的支付不能使企业少缴所得税；二是股权投资者（股东）期望得到的报酬较高，实现股东财富的最大化，是企业所有者和经营者共同追求的目标。但是，在我国企业实务界甚至理论界，有人认为权益筹资成本很低，甚至没有成本，这是对权益筹资成本的一种曲解，也是造成各类企业盲目追逐权益筹资的根本原因。要促进中小企业的健康发展，这种错误观念必须纠正。

② 企业内部积累的筹资成本虽然高于负债成本，但它是一种对再投资于外部获得收益的

一种放弃，是一种机会成本，它不需支付任何筹资费用，因而是企业权益筹资的首选方式。因此，就筹资成本而言，中小企业筹资方式的优选顺序为借款筹资、商业信用筹资、债券筹资、租赁筹资、内部积累、吸收直接投资、发行股票。

（2）筹资风险　筹资风险是指企业筹资中不能偿还到期债务的风险。筹资风险总是与筹资收益成正比，与筹资成本成反比。由于权益筹资形成的资金是企业永久性资金，在企业存续期内不需要偿还，因而其筹资风险最低，其筹资成本也就相对较高；而负债筹资形成的资金为企业的债务，一般要按事先约定的期限还本付息，且偿债期限越短，筹资风险就越大，筹资成本也相对较低。偿债期限越长，筹资风险就相对较小。因此，就筹资风险而言，低成本筹资的优选顺序为短期负债筹资、长期负债筹资、发行股票、吸收直接投资。

（3）筹资结构　筹资结构是指各种筹资方式之间的比例关系，它们之间的比例关系直接影响着筹资成本的高低。合理的筹资结构包括以下两方面的内容。

① 负债与权益筹资的合理比例。增加权益筹资有利于提高企业竞争力，增强举债能力，降低筹资风险；而增加负债筹资则有利于增强企业经营的灵活性，并在一定条件下为企业带来财务杠杆利益，但过多的负债将增加企业筹资风险。因而，适度的负债比率应以最大限度地提高净资产收益率、降低筹资风险为最佳结合点。根据我国上市公司经验，中小企业的负债比率应控制在40% ~ 60%较好。

② 长期筹资与短期筹资的合理比例。筹资期限结构是否合理，主要取决于筹资的用途。如果筹资是用于流动资产，则根据流动资产周转快、易变现、需用金额相对较小和占用时间短等特点，宜选择短期筹资方式，如短期借款、商业信用等；如果筹资是用于购置固定资产、无形资产或长期投资，则由于这类用途要求资金数量大、占用时间长，宜选择长期筹资方式，如长期借款、融资租赁、发行长期债券和发行股票等。

（三）有效控制企业资金筹集成本的途径

1.选择合理的筹资期限

对于短期资金需求，筹集时间较长的长期债务会使资金成本提高，企业如果可以使资金占有和来源渠道在期限内进行合理科学地使用，可以降低利息支出。筹资期限可以分为短期筹资和长期筹资，这两种的筹资成本和风险不一样，企业在筹资时，需要选择最佳的筹资期限，可按照投资的进度来合理安排筹资期限，在收益和风险之间进行合理选择，这样可以减少资金闲置和筹资成本。

2.合理控制利息和利率预期

利率趋于上升时，可采用固定利率借入款项或发行企业债券，以避免支付较高的利息；当利率趋于下降时，可采用浮动利率，灵活筹资，以减少利息支付。资本市场利率多变，合理安排利率预期对负债筹资非常重要。企业筹资时应对利率进行预期，从而可以降低筹资成本。

3.积极利用负债筹资经营

选择负债筹资，利息可以在税前扣除，从而减少所得税。但负债筹资的方式还是各有不同，如企业通过向社会公开发行债券可以避开中间商的利息支出，其税负又低于通过借款所承担的税负，而向非金融机构借款或是企业之间拆借，由于要涉及较多的人员与机构，有可能降低企业的应纳税利润规模，使得其所承担的税负要低于直接向金融机构借款所承担的税负。债务资本的筹集费用和利息可以在所得税前扣除；而权益资本只能扣除筹集费用，股息不能作为费用列支，只能在企业税后利润中分配。因此，企业在确定资本结构时必须考虑债务资本的比例，通过举债方式筹集一定的资金，可以获得节税利益，从而降低筹资成本。

4.积极利用股票增值机制降低股票筹资成本

对股票筹资来说，其中发行普通股与发行优先股，筹资成本也不同。对企业而言，要降低股权的资金成本，就应尽可能应用多种方式转移投资者对股利的偏好，而转向市场实现其投资增值，通过股票增值机制来降低企业实际的资本成本。当然，股票增值机制作用的发挥有赖于两个前提：一是要有完善的股票市场；二是企业的经营收益或潜在收益较大，企业的市场价值较高。因此，努力提高企业的经营实力和竞争能力，扩大市场份额，可直接减少股利分配的压力，从而降低股票的筹资成本。

5.提高企业信誉

目前，我国绝大多数企业不太注重企业信誉的建立，对信用等级也采取无所谓的态度，这样非常不利于企业自身财务形象的建立。企业要提高自身的信用等级，首先必须积极参与等级评估，让市场了解企业，也让企业走向市场，只有这样，才能为在以后的资本市场上筹资提供便利，才能增加投资者的投资信心，才能积极有效地取得资金，更好地降低资本成本。

6.企业优化内部的资本结构

筹资渠道不同，资金成本也不同。企业必须根据自己的生产经营规模和经营状况选择合适的筹资方案，企业在进行筹资决策时，应该在控制筹资风险与谋求最大收益之间使资本结构达到最佳。对不同的筹资方案中的各项关键数据进行精确计算，确定一个资金结构比较合理、筹资成本最低的方案。最佳方案可以为企业节约大量的资金使用成本和筹资成本，提高资金利用率。

7.实行内部融资的控制制度

企业在筹资过程中要考虑融资规模、融资时间、融资方式、融资成本、企业财务结构等因素的影响。建立和完善企业内部融资机制，是提升企业自身价值，增强其市场竞争力的有效途径，对提高企业的管理水平有重大的价值。通过实行企业内部会计控制筹资的全过程，避免过高的负债产生，从而降低企业的资金筹集成本。

企业在进行资金筹集成本的控制时，要合理安排各种筹资方式结构，使企业的资金成本最低，加强成本管理和控制，对企业的发展具有重要意义。因此，企业在资金筹措过程中，通过合理选用筹资渠道，有效地减少筹资风险和降低筹资成本，才能提高企业经济效益和整体价值。企业只有抓住资金筹集成本控制管理这个中心，优化资金的结构，合理化筹集资金，多方面加强对资金筹集成本的控制管理，降低筹资成本，提高资金的使用效益，才能使企业在市场经济中站稳脚跟，使企业财务工作迈上一个新的台阶。

五、项目实施阶段的投资跟踪控制

（一）建设实施阶段造价控制的特点

1.项目建设实施阶段包含的环节

一般而言，此处项目实施阶段包括项目建设承发包和施工环节阶段。这个阶段进行着项目建设的实质性建设运作生产内容，包括施工队伍、供货方等的选定，施工队伍进场开展施工建设。项目施工阶段的造价控制主要发生在工程施工建设推进阶段，这个阶段必须十分重视加强投资跟踪控制与事前控制。由于工程设计及招标投标业已完成，其工程量已完全具体化。在此阶段影响工程造价的可能性比其他阶段相对少一些，但是真正建设形成工程实体却主要是在这一阶段，若控制不好，就会使投资失控造成浪费。项目实施阶段的建设内容和工作特点决定了建设投资（工程造价）的控制是跟踪控制模式（“投资跟踪控制”），投资跟踪控制是一种操作性、实时性、互动性、实效性的控制。原因是这个阶段工期长、施工投入人数众多，施工生产工序环节繁多，现场工作复杂，需要调度、协调、组织等工作任务重，因此跟踪控制是个适应工程施工特点并且实践证明富有成效的造价控制模式。

2.建设实施之发包阶段工作重点分析

（1）建设项目发包阶段可能会出现的情况

① 所选单位并非真正的最低报价单位或选中报价低于成本价而希望今后在施工过程中通过各种手段、方法取得弥补的单位（容易引起扯皮而影响工期及造价失控）。

② 招投标文件、合同文件等不够严密、明确，在今后结算时造成扯皮或给施工单位钻空子。

（2）发包阶段工程造价部的工作重点

① 参与施工招、投标文件的编制及招投标的组织管理。

② 编制合适的施工预算标底（或工程量清单）。

③ 详细分析各投标单位的投标书。详细列出各投标书中存在的明显低于市场价、漏项或标书中不明确的内容。在询标时明确优惠条件及今后结算口径，并详细了解投标单位漏项及明显低于市场价项目的弥补方式或消化途径（否则，可能成为造价控制的隐患），在此基础上推荐真正低价并可行的中标单位。

上述工作本应由招标时的评标专家组评审完成，但目前的专家组均未能真正发挥其评审作用，且通常在如此短的时间内对每个投标报价作出正确合理的评价也不现实，这也是一些比较成熟的房地产开发公司实行自主招标、评标的一个重要原因。

④ 参与招标答疑时尽可能明确今后可能采取的一些控制措施，如甲供材料、分包项目及相应的经济责任，减少索赔隐患。

⑤ 参与合同谈判与施工合同经济条款的起草，避免由于合同未明确或不严密等原因而造成造价失控或扯皮现象。

3.项目实施之施工阶段工作重点建议

（1）施工阶段可能会出现的问题

① 设计变更偏多，一般而言变更越多，造价增加越多。

② 无价材料价格签证偏高，依据造价越是不明越不易控制。

③ 隐蔽工程验收不到位，甚至存在弄虚作假现象。

④ 监理单位监管不力，甚至与施工方共同作弊。

⑤ 联系单的签证存在叙述不明确、内容界限超合同甚至不真实等情况。

（2）施工阶段工程造价部的工作重点

① 从造价角度提出合理建议，帮助承发包双方进行施工组织总设计的合理优化，选择技术上可行、经济上合理的施工方案进行施工。

② 面对施工过程中出现的各种变化，如地质条件的变化、材料的代换、工程量的增减、设计的变更等，造价工程师应根据实际发生的问题，充分深入施工现场，争取第一手资料（隐蔽工程资料、实际施工记录等），包括联系单上的签署意见，为日后的索赔处理、结算决算提供依据（建议：造价部对所有联系单进行经济分析并签署意见（并附相关计算稿））。公司管理层应明确未经造价人员签署意见前，项目经理不得签署肯定意见。

③ 建议派员参与无价材料的市场考察，并提出建议供项目部或公司参考。

④ 为业主制定合理的资金使用计划。既要保证工程建设有足够的资金，不致因资金不足或资金提供不及时而影响工程建设进度；又要做到尽可能不占用过多的资金，减少利息支出，降低资金筹措的难度。

⑤ 为业主做好承包商月报资料的复核。既能使承包商能正常开展工作推进施工，又要防止工程款付过头。

（二）项目建设实施阶段造价控制的主要做法

1.合同管理

施工合同明确了企业在工程承包中的主要权利和义务，并将工程招投标、工程款的拨付方式、索赔方式、材料的购置、竣工结算方式等以法律的形式确定下来，是企业组织施工、进行项目验收的法律依据。由于建设工程具有投资大、工期长、涉及原材料种类多、过程工序复杂、质量要求严格和受地理环境影响大的特点，在施工过程中经常要与设计单位、政府主管部门等对接联系，所有这些都决定了施工合同涉及的内容多而复杂。因此，要有效控制工程造价，提高企业的利润，首先要从施工合同管理入手，加强对施工合同的管理。

① 不管是单位的决策者、执行层，还是合同管理人员都应重视合同管理，认真学习国家的法律、法规，掌握业务知识，在制定施工合同时应认真把关。

② 加强企业内部的合同管理。结合企业的实际情况，制定合同的管理办法，明确相关人员的责、权、利，制定出既保护企业自身利益又满足业主要求和投标承诺的施工合同条款。

③ 实行合同会签制度。合同签订后，认真进行交底，施工人员特别是现场施工管理人员应认真学习合同，明确合同规定的施工范围及甲乙双方的责任、权利和义务等。

2.优化施工方案并组织实施

施工前，要结合施工图纸及施工现场实际情况、自身的机械设备、施工经验、管理水平和技术规范验收标准情况，编制一套切实、经济、可行的施工方案。施工方案因指导施工准备乃至施工全过程的技术经济文件的不同而不同，一份好的施工方案能指导项目部合理利用人力、物力、财力，以最低投入满足合同要求。因此，施工方案是过程实施的行动纲领。由于中标价格较低或设计概算先天不足等原因，要求施工企业必须合理组织施工，节约成本，力求在管理中出效益。

3.现场管理

（1）工程变更　由于工程建设的周期长、涉及的经济关系和法律关系复杂、受自然条件和客观因素的影响大，导致项目的实际情况与项目招标投标时的情况相比会发生一些变化，应重点加强设计变更的管理。在施工过程中，如果发生设计变更，将对施工进度产生很大的影响。因此，应尽量减少设计变更，至少应尽量提前做好应对变更的准备，准备得越早损失越小，反之就越大，尤其对影响工程造价的重大设计变更，更要用先算账后变更的方法解决，使工程造价得到有效控制。否则，现场施工技术人员只顾施工，对于施工中的工程项目或工程量增减未能与业主及时办理变更委托手续或手续模糊等，都给结算带来很多问题和麻烦。

（2）材料费用的控制　加强材料、设备的采购供应，控制材料价格。据测算，一般建筑工程中材料费用占60% ~ 70%，且呈上升趋势。由此可见，选用材料是否经济合理，对降低造价起着十分关键的作用。在施工前，对工程所需材料不仅要进行货源的调查研究，广泛收集供货信息，尽量寻找货和价的最佳结合点，而且还要根据施工方案及有关技术实际需要的材料、设备总量，编制好需求计划。在施工中做好旬、月计划，要充分考虑资金的合理运转和现场场地实际情况以及工程进度需要，合理安排施工所需机械的进退场，特别要注意材料的保管，以免出现如水泥在保管中因违规堆放出现受潮及底层结块、钢筋未垫好而出现锈蚀导致不能试验等现象，避免不必要的浪费。制定合理的材料采购、保管制度，建立材料价格信息中心和材料价格监管机制，提高采购人员的自身素质和业务水平，保证货比三家，质优价廉地购买材料，减少工程成本。

（3）做好现场的签证工作 在工程项目实施过程中，由于施工过程的复杂和设计深度、质量等方面的原因，经常会出现工程量、地质、进度的变化，工程承发包双方在执行合同中需要修改变动的部分，须经双方同意，并用书面形式予以记录。合同、预算中未包括的工程项目和费用，须及时办理现场签证，以免事后补签而造成结算困难。

4.在施工阶段要加强索赔和反索赔意识

按索赔目的可分为工期索赔和费用索赔，其中费用索赔是重点。工期索赔只是要求业主合理延长工期，推迟竣工日期，这只能使施工单位工期得到补偿，但是由此造成的费用损失只能通过费用索赔来实现。施工索赔和反索赔，对于建设单位和施工单位而言都是一项复杂的、系统性很强的工作。在索赔工作中施工单位要充分理解施工图纸、技术规范、签订的合同、补充协议及与业主、监理的各项往来文件，必须依合同、重证据、讲技巧、树信誉，踏踏实实地做好索赔管理基础工作，严格按程序办事。施工索赔是项目管理的重要内容，是施工单位赢取利润的重要手段，只有把索赔工作处理好，才能切实维护企业的合法权益，取得效益最大化。而业主在施工阶段加强和开展针对施工单位（承包商）的反索赔举措，则对于降低工程造价或费用具有重要意义。

5.实行跟踪审计

工程造价全过程跟踪审核，作为工程造价审核的一种新的方式方法，通常也称之为“跟踪审查”或“跟踪审计”。它将工程造价的事后审核提前和扩展到工程造价形成的全过程，从它出现不久就迅速在全国各地各行各业推广，特别是国有资金投资工程的建设，因为人们越来越认识到跟踪审核能有效地克服事后监督的局限性，在促进相关管理单位提高投资效益方面发挥重要作用，更好地达到控制工程造价的目的，并且可以从源头上遏制工程建设领域的腐败。

六、项目竣工阶段的投资结算控制

（一）工程竣工结算阶段的主要工作

1.竣工阶段及结算

竣工阶段既是工程建设的最后阶段，又是工程最终造价的形成阶段，在此阶段，发包人或其代表应依据总承包合同、分包合同、材料设备采购合同及其他合同，按照国家和省（自治区、直辖市）对竣工结算的有关规定，及时开展竣工工程的结算审核工作。

工程结算是指施工企业按照承包合同和已完工程量向建设单位（业主）办理工程价清算的经济文件。为使建筑安装企业在施工中耗用的资金及时得到补偿，需要对工程价款进行中间结算（进度款结算）、年终结算，全部工程竣工验收后应进行竣工结算。工程结算是指对建设工程的发承包价款进行约定和依据合同约定进行工程竣工价款结算的活动。工程价款的结算方式有按月结算、竣工后一次性结算、分段结算等。做好工程竣工结算工作是竣工结算施工阶段投资控制的最后环节，是全面反映项目实际造价和投资效果的文件。

在工程结算时，一定要严肃认真地作好“投资结算控制”工作，要注意以下事项：① 核对施工图和工程变更的工程数量，看数量是否准确，② 核对工程项目情况，看是否存在漏项或错项，套用的定额是否合理、准确；③ 工程价款结算是否真实、合规，有无高估冒算、多计、多结工程款问题，特别要对无价材料进行市场询价等。

2.竣工结算阶段控制工程造价的几种常见问题

（1）虚报工程量及审核　建设工程的工程量是编制结算最基本的内容，也是整个工程取费和计税的基础，工程量计算正确与否对工程结算数额大小影响极大。有些基建工程由于工期长或由两个施工单位共同承建，就存在混淆工期界限，交叉工程量重复计算的现象，特别是对存在交界环节工程，从打基础、砌墙体开始，到楼层、屋面防水找平等，两个不同的工程队都可能因交叉计算而造成重复。有的由于设计变更，应该调整减少的工程量，在编制结算时不作调整，使工程量多计算。对此，工程结算审核人员要在工程结算审核前进行认真的调查和实地勘察，摸清施工情况，熟悉施工图纸和变更签证及合同等有关材料，对工程结算进行逐项审查验证。审查的重点应放在容易重复计算或隐蔽工程部分。核定工程价款结算内容与建设项目实际完成的工程量是否相符，是否存在多报、虚报问题。在审查过程中，既要认真查看施工记录、验收记录、变更签证手续，又要按设计要求仔细复查计算工程量，必要时，还应开挖勘察，要抱着实事求是的工作态度把工程量核实摸清。

（2）高套定额及审核　基建工程结算的编制都是依据国家有关部门规定的定额基价计算的。基价是否被套高，定额是否被错用，在选用子目时是否有重复等现象，这都是影响建筑安装工程结算价格高低的关键。目前有些工程不按本省、本地区规定定额执行，而是选用其他专业定额高套，有的跨年度工程不按工程实际进度合理收费，而是以定额费用高的年度为全部工程计价依据。有些施工单位采用低套高、少套多等手段来增加工程直接费用，有些旧定额旧规范已过时，施工单位仍在结算中套用，以增大材料用量和价格，争取不正当利益。有些工程在编制竣工结算时套用了综合定额后再套用单项定额，重复计算同一块费用，或不执行定额规定的计算原则等，其目的是提高工程造价，增加承包收益。对此，在审查工程结算时应按照定额及有关工程资料进行复核。在审查定额套用时，要审查定额套用的合理性、合法性，如新建的建设工程与改建的建设工程使用的定额不同。前者以建设工程预算定额为主，后者以建筑修缮定额为主。其次看定额编号与所对应的工程内容是否与工程部位完全一致，定额基价所包含的项目内容是否重复计算，定额基价的换算过程是否完全正确，还要看定额文件颁布的时间，适用的范围，定额的名称、含义，定额在不同情况下使用时的换算以及定额说明中的注意事项，以准确无误地使用定额核实工程造价。

（3）提高材料价格标准及审核　由于材料的价格对工程造价的影响很大，在实际工作中经常会出现施工单位在编制结算时虚报材料价格，特种材料的高估现象已成为工程造价偏高的重要因素。一般建设工程材料价格执行信息价，这个价格已考虑到施工单位的得利因素。但施工方并不满意，总是在特种材料上大做文章。如施工单位开具的发票价格与当时市场价格不吻合；施工时用低等级材料，结算时却套用高等级材料价格结算；明明是当地采购的各种材料，出具的却是外地采购的发票，以图多计取材差和采购保管费等。对此，根据国家规定的建筑、安装工程材料定额消耗标准，对施工单位竣工结算中的材料价差进行审核，对定额中和招标文件中无明确规定的材料价格应进行市场了解，并将了解情况与承、发包双方对接。在对材料价格进行审核时主要从五个方面进行把关：一是确定计算差价的材料，不该进行调差的决不进行调差；二是控制设计图纸核算定额所需材料用量或按施工实际核定用量；三是核定材料市场价格以及规定应取的采购保管费和税金；四是在编制预、结算时，所取定的材料价格，是否跨期高套；五是对大型设备、特种建材采购以及普通建材大批采购有必要实行实地审核程序。

（二）项目建设投资结算控制示例

1.示例背景及目的

（1）案例背景介绍　某综合楼，建筑面积10100m^2，开竣工时间为2014年1月到2015年2月，六层框架结构，预制桩基础，现浇混凝土空心楼板，外墙面砖，铝合金窗，地面为水磨石、块料面层，屋面为防水保温屋面，大厅属二次装修。该项目土建和装修工程（不含大厅二次装修）施工方报送结算金额为12791118.08元，建设方一审金额为10441760.17元，审减2349357.91元，审减率为18.37%。在建设方初审的基础上，造价咨询单位进行了二审，审定金额为9890889.63元，审减550870.54元，审减率为5.28%。

（2）示例目的　通过实际结算重点审查有关环节、资料的过程，节约成本、防止虚报、降低造价，达到建设造价结算控制的目的。

2.示例结算重点审查的主要环节和问题

（1）深入现场对工程量的审核　工程量是工程造价计算的基础，工程量的准确程度是影响竣工结算的重要因素之一，实际工作中工程量也是施工单位多计工程造价的重要环节，审计人员不仅要熟练掌握工程量的计算规则，还应对整个工程的设计和施工有系统的认识。在本工程中，工程量的审计情况如下：土石方多计3692m^3，砖砌体多计622m^3，钢筋混凝土多计618m^3，钢筋多计142t，水磨石地面多计314.8m^2，花岗岩多计62.9m^2，瓷砖地面多计338m^2，308涂料多计15580m^2，外墙面砖多计985.1m^2，以及其他项目多计的工程量，通过计算施工方由此多计金额约130万元。从以上实例可以看出工程量对工程造价的影响之大，对工程量进行审计应注意以下几方面：土石方的计算应注意放坡系数的确定，同时参加现场测量的人员要签字认可；砌体工程量计算应注意门窗洞口、梁、柱等是否扣除；钢筋混凝土工程应注意扣除柱、梁、板的重叠部分；钢筋工程应注意钢筋的搭接、弯勾长度，梁柱箍筋间距、板底筋、板分布筋的根数；各种预制构件的数量；装饰工程应结合图纸和现场，审查应扣除的地方是否扣除。

（2）材料价差合理性的审查　材料价格审核，主要是审核钢材、墙体、水泥、木材等主要材料的单价是否合理，这些材料是构成工程造价的重要部分。目前，建材价格受时间、产地、质量等因素影响而各不相同，施工单位在竣工结算中往往会以劣充好，抬高材料价格。在本工程中施工方报送水泥价格为300元/t，火烧板175元/m^2，而经审校确认的价格分别为285元/t，135元/m^2，还有其他部分材料价差合计共核减53204.6元。对此，结合本栋综合楼的材料价差审计，可按以下办法合理确定材料价格：一是以市造价站提供的价格信息为依据，在准确确定施工日期的基础上，按整个施工周期跨度加权平均价格调整材差；二是对价格信息中没有公布指导价且建设单位又没有参与购买的材料，不能单纯以施工单位提供的发票为计价依据，而应进行市场调查，以三方调查调整材料价差。

（3）审查隐蔽验收记录　验收的主要内容为图纸是否符合设计及质量要求，其中设计要求中包含了工程造价的成分，如果达到或符合图纸设计要求，也就达到或符合设计要求的造价。因此，作好隐蔽工程验收记录是进行工程结算的前提。目前，在很多建设项目中隐蔽工程没有验收记录，到竣工结算时，施工企业才找有关人员后补记录，然后列入结算。有的甚至没有发生也列入结算，这种事后补办的隐蔽工程验收记录，不仅存在严重的质量隐患，而且使工程造价提高，并且存在徇私舞弊、弄虚作假等现象。因此，在审查隐蔽工程的价款时，一定要严格审查验收记录手续的完整性、合法性。验收记录上除了有相关人员签字认可外，还要加盖建设单位公章并注明记录日期，防止事后补办记录或虚假记录的发生，有效地控制工程造价。

（4）审查设计变更签证　设计变更应由原设计单位出具设计变更通知单和修改图纸，设计、校审人员签字并加盖公章，并经建设单位、监理工程师审查同意。重大的设计变更应经原审批部门审批，否则不应列入结算。在审查设计变更时，除了有完整的变更手续外，还要注意工程量的计算，对计算有误的工程量进行调整，对不符合变更手续要求的不能列入结算。

（5）审查工程定额的套用　高套定额是施工单位在工程结算中常见的现象，尤其在土石方类别、砌体的砂浆标号以及混凝土、粉刷等分项工程上，施工单位套定额时往往就高不就低，如本综合楼外墙涂料按图纸设计要求是刷两遍，但施工方套定额套三遍，经计算核减造价12653.5元。如某项混凝土应套现浇平板子目，而施工方套的零星构件，基价相差1300元/m^3，经计算核减约15万元。所以审核套定额应注意要以建设单位现场签证记录及建设方签字认可的竣工图为依据，综合考虑工程质量状况，准确套用定额，对于虽有原始依据但工程质量不高的，要充分听取建设方现场管理人员的意见，进行适当的扣减，对于质量较差的项目，按低标准套用定额。

（6）审查各项费用的计取　建筑安装工程取费标准，应按合同要求或项目建设期间与计价定额配套使用的建安工程费用定额及有关规定。在审查时，应审查各项费率、价格指数或换算系数是否正确，价差调整计算是否符合要求，并在核实费用计算程序时要注意以下几点：取费标准的确定与地区分类工程类别是否相符；取费定额是否与采用的预算定额相配套；按规定有些签证应放在独立费用中，是否放在定额直接费中取费计算；有无不该计取的费用；结算中是否按照国家和地方有关调整结算文件规定计取费用；费用计列是否有漏项；施工企业资质等级取费项目有无挂靠高套现象；有无随意调整人工费单价等。

（7）防止各种计算误差　工程竣工结算是一项非常细致的工作，由于结算的子目多，工作量大，内容繁杂，不可避免地存在着这样或那样的计算误差，但很多误差都是多算。由于结算的子目多，工作量大，内容繁杂，不可避免地存在着这样或那样的计算误差，但很多误差都是多算。因此，必须对结算中的每一项进行认真核算，做到计算横平竖直，防止因计算误差导致工程价款多计或少计。

第三节　城市建设资金“三超”原因与控制应对

一、工程建设计划投资及资金“三超”问题

（一）建设工程资金“三超”现象

从大量的建设项目案例来看，工程建设中存在一种很普遍的“三超”现象，即竣工结算超施工图预算、施工图预算超设计概算、设计概算超投资估算。这是一个十分严重的问题，对基本建设项目的立项、建设和验收等都造成了不良影响，影响了项目的正常开展，制约了经济的发展。

工程建设周期长，耗资大，一定要认真做好投资估算、设计概算、施工图预算、竣工决算工作，以强化资金使用和管理的计划性，强化对资金的控制和节约。但实际工程管理资金控制的现实情况往往是出现了竣工决算超施工图预算，施工图预算超设计概算，设计概算超投资估算的现象，突破了估算、概算、预算的控制，甚至出现投资资金、工程造价不断加码，难以控制抑或控制不住，投资计划和工程造价支出严重超出计划资金约束和正常使用的

问题，出现了严重的浪费现象，明显降低了工程项目的建设效益。

这种现象被简单地称为决算超预算，预算超概算，概算超估算的“三超”现象。特别在政府投资建设项目的审计工作过程中，经常发现某些工程“三超”现象比较严重，例如某项目中标价1460万元，报送审计局的竣工决算造价为2848万元，审核后实际造价为2008万元。这是一个明显的“三超”工程。

（二）工程造价“三超”问题的形成根源

建设项目是一个长期的实现过程，实现过程中存在着各种各样的风险。如果不能很好地管理这些建设项目风险，就会造成各种各样的损失。这些损失最终都会导致建设工程造价的增加，从而出现“三超”问题。建设工程造价“三超”问题，其根本原因就是建设参与各方缺少对不确定性工程造价的风险管理。工程造价之所以具有不确定性特征，主要有以下三个原因。

1.项目环境的不确定性

工程项目的立项、分析、研究、设计和策划都是基于对未来环境的预测，是基于正常的或理想的技术、管理和组织，未来环境中包括经济环境、自然环境、市场环境。而在具体实施过程中，项目环境可能会产生变化，各方面均存在不确定性变动，由此带来工程造价的不确定性。

2.项目行为主体不确定性

工程项目行为主体包括政府部门、建设单位、设计单位、监理单位、施工单位等。根据利益相关者理论，因为这些行为主体的利益相关程度不同，所以采取的主观行为和意志不一样，从而带来工程造价的不确定性。

3.工程造价信息的不完备性

信息对决策起支持作用，但由于人们认识事物的深度和广度的能力是有限的，所以对某些事物属性的认识存在很大的局限性。由于信息的不对称性，导致了工程造价的不确定性。

上述三种状态可以产生确定性、风险性、完全不确定性事件。但随着工程的复杂性和人们对风险认识的深入，三种不同性质的事件会发生转化，完全不确定性事件会转化成风险性事件，而风险性事件会转化成确定性事件。风险性事件和完全不确定性事件是建设工程造价风险产生的根源，是工程造价造成“三超”的主要根源之一。

（三）工程造价“三超”问题的影响因素分析

1.资源价格因素

施工生产的资源要素有人工、材料和施工机械设备。这三大资源要素的价格是工程计价的基础，工程计价时应根据工程所在地区的材料来源以及当地的技术经济条件等，确定人工日单价、材料单价和施工机械台班单价作为计价的基本依据。施工生产消耗的各种资源来自技术劳务市场、建筑材料市场、机械设备市场，可见资源要素的价格动态地反映市场价格。因此，资源要素价格是工程造价风险的重要因素。

2.经营管理因素

建设工程的经营管理与其他商品生产的经营管理有很大的差别。建设工程的经营管理包括计价依据的使用、计价方式的选择、合同的签订方式、投资者和承包商参与造价活动的关注程度和能力、竣工结算的方法等。计价依据的使用对于工程造价的确定有着至关重要的影响。主要包括：工程项目的设计图纸、工程造价管理部门发布的定额、费用标准、文件规定，市场材料价格水平。要求工程造价各方要按照有关规定熟悉各种计价依据，尤其是设计图纸和定额、费用标准等。

3. 工程变更因素

工程变更或引起工程变更的因素可能源自设计方、业主、管理机构、承包商或其他方面。引起工程变更的因素既可能是人们的主观意识，也可能是独立于人们的主观意识之外的客观原因。在建筑工程中，工程变更指数在［1.001，1.400］区间的分布比率为80.6%，说明工程变更是造成工程造价结算超预算的主要原因之一。一定数量的工程变更可能对项目总的建安造价产生负面的影响。一般来说，工程变更的数量越大，造价增加越多。

4. 监督制度因素

监督制度因素包括业主和政府监督制度。如果业主内部工程监督制度松懈，当设计监督和现场监督混乱时，特别是对于工程变更缺乏监督和控制时，势必引起大量超支发生。政府监督制度亦是引发工程造价“三超”的源头。由于政府工程监督制度的缺陷，尤其是对工程变更缺乏有力的控制手段和控制程序，导致“钓鱼工程”屡禁不止。一些业主单位通过工程变更谋求建设规模的扩大或建设标准的提高，造成工程造价“三超”现象产生。

二、导致“三超”现象的具体原因分析与示例

（一）出现“三超”现象的具体原因分析

出现“三超”的原因比较复杂多样。主要原因大致是如下一些方面。

一是编制测算出于评审的原因，可能有意压低资金数额，以便顺利通过项目和资金评审。投资资金数额规模大的项目往往审查核实条件、要求更加严格仔细，资金申请单位容易产生先通过评审拿到钱再说的想法。

二是计划修改和设计变更。现实中由于种种原因，存在着“规划”变“鬼话”、“计划不如变化”等情况，计划调整往往造成原定的建设内容性质、任务数量规模、建设进度时间都发生变化，也打乱了原来做计划经过论证的优化安排，结果难以避免地导致增加投资、资金的情形以应对原计划调整后的新情况。设计变更更容易出现结构、施工、管理上的变动和影响，往往导致工期拖延、人财物消耗增加的问题。因此计划调整、设计变更的现象往往导致超出原定预算、概算、估算的情况。

三是招标投标环节出现诸如招标文件编制时建设任务描述模糊不清，相关价格清单报价控制不严，项目清单存在漏项和少计工程量现象，以及项目特征和工程描述存在错乱不系统、不清楚、不完整的情况。严重的还有合同审查把关不严，存在瑕疵甚至关键错误的情况。

四是施工环节施工管理比较薄弱，建设单位、监理单位监管不到位，致使施工过程中出现返工、进度迟滞不前的消极情况，甚至因管理问题导致质量、安全事故而出现赔偿和增加造价费用情况。

五是竣工决算环节出现虚报冒算现象。出现审核把关不严、审计工作到位不够的情况。

（二）“三超”具体原因分析示例

以上面提到的“三超”工程为例，“三超”原因主要出在如下环节。

一是设计环节。该工程施工过程中，设计变更较多，如主体内部填充墙由MU10混凝土

多孔砖内墙变更为M5蒸压加气混凝土轻质砌块内墙，此项变更增加造价约为29.8万元；屋面、外墙保温变更增加造价近77万元；架空层地库地面做法变更增加造价17万元等。

二是招标代理环节。该项目招标代理单位在编制招标文件、工程量清单及控制价时不严谨，在招标文件编制时，将部分有信息价的主要材料（如水泥、商品混凝土等）列入暂定价不合理，此项使承包方在办理竣工结算时针对列为暂定价的材料可以不优惠让利，不利于成本控制；在编制清单及控制价过程中审核制度不健全，致使工程量清单存在项目漏项（地下室防水混凝土要求掺入纤维膨胀剂漏项增加工程造价近16万元）、工程量少算（钢筋工程量误差大，增加造价182万元）、项目特征描述不完整（土方开挖、无负压供水清单项目特征描述不完整，增加造价近67万元）等问题。

三是施工环节。该项目在施工环节中建设单位、监理单位监管不到位，致使工程造价增加，主要体现在以下几方面：对关键部位原始数据测量监管不到位（场地交接时未对三通一平施工场地原始数据进行测量及归档，使土方开挖测量资料缺失）；对承包方的施工工艺把关不严，造成土方开挖及回填工程量增加；在施工过程中未能有效控制工程变更（例如：地库泵房及配电房地面标高由–7.700m提升至–6.500m全部采用混凝土填充；–4.400m地库车库部分的地面做法由素混凝土地面层改为钢筋混凝土地面层的变更；主楼内填充墙由多孔砖砌体改为蒸压加气混凝土砌块砌体的变更；屋面、外墙保温由岩棉板改为保温砂浆的变更；屋面找坡层由水泥焦砟变更为陶粒混凝土找坡的变更等）。

四是竣工结算环节。该项目竣工结算高估冒算严重，审计中发现施工单位有着“审出就减，审不出就赚”的侥幸心理，主要有以下几方面的问题：送审决算内工程量多算（如送审决算中钢筋量为1606.293t，审定后钢筋量为954.825t，核减造价376.55万元；安装工程量多算，核减工程造价约36万元）；因工程变更需重新组价的项目组价时就高不就低，至使变更后的综合单价偏高（送审决算内针对清单外或变更引起的新项目组价综合单价较高造成的价款核减约为72.35万元）。

三、工程造价“三超”的一般控制措施

（一）建设工程资金“三超”一般应对

1.工程造价“三超”潜在阶段的控制措施

（1）投资决策是产生工程造价“三超”现象的源头　正确决策是评价建设项目和开展后续工作的关键。组织有关部门、技术专家等对项目进行论证、咨询，把可行性研究和决策阶段建立在优化评选的基础上。准确地编制工程估算，保证估算起到控制造价的作用，有效遏止“三超”现象在源头的滋生。主要做好以下几项工作：① 科学高质量决策；② 合理确定项目规模和特征；③ 提高投资估算精度和质量；④ 正确选择建设地址。

（2）积极推行限额设计　推行限额设计是施工图设计阶段对工程实事求是地量体裁衣。设计人员必须严格按可行性研究及投资估算控制初步设计，按照批准初步设计总概算控制技术设计和施工图设计。造价人员要从经济角度参与设计阶段全过程管理，为设计人员提供有关经济指标，使概算更加合理，达到控制工程造价的目的，克服工程造价“三超”。

2.工程造价“三超”发生阶段控制措施

（1）重视施工合同签订工作　确定施工合同中的经济合同条款是本阶段对造价管理的关键。这些条款的责任、约定必须明确，有制约性和可操作性。主要包括正确选择施工合同类型、工程造价计价条款清楚和仔细进行施工合同审核三方面。

（2）加强材料和设备的价格管理　要加强对工程材料价格信息的搜集、整理和分析工作；材料调查中应注意同一种材料的不同产地、运输方式和材料价格等。在工程招投标工作的同时进行主要材料招标，优选高质低价的材料。通过调查及信息发布工作，不断积累和分析有关数据，掌握其市场变化规律。

（3）严格控制工程变更和签证　工程变更和签证是施工阶段容易出现漏洞的环节，主要应做好三方面的工作：一要抓好招标管理，明确把施工招标的中标价控制在批准的设计概算之内，凡超过批准概算的建设项目须报原审批主管部门批准。同时要提高最高限价编制质量，保证中标价与最后工程结算价基本相衔接。二要强化合同管理，充分发挥中标价对结算价的约束作用，明确中标单位必须严格按中标价和工程设计要求进行施工，承包合同价和以后的合同价调整控制在施工预算之内。三要建立严格的设计变更、签证审批制度，杜绝不负责任的设计变更和“先干后变、先干后算”的现象。

3. 工程造价“三超”问题后果阶段的控制措施

（1）做好竣工结算资料收集　工程项目竣工后，竣工结算的审计是工程造价控制的最后环节。一般情况下，施工单位会利用各种方法获取超额的利润。为此，要做好工程建设过程中有关结算方面资料的归集整理，主要是工程计量、计价依据、签证、会议纪要等结算资料，落实完善审核依据，为竣工结算审计提供条件。

（2）竣工核算价实行合理风险承担　竣工结算阶段，按有关规定编制竣工结算，计算确定整个项目从筹集到全部竣工的实际费用。较先进的结算方式是在结算中按照国际惯例采用调值公式进行竣工结算，实行合理的风险分担。即在合同条款中写明双方约定的调整因素，明确哪几种物价可以波动，且波动到什么程度才同意调整。

（二）城市建设工程造价控制十方法

（1）总投资估算控制　在项目建议书和可行性研究阶段的测算叫投资估算，在初步设计、扩初、技术设计阶段的测算叫设计概算，在施工图设计阶段的测算叫施工图预算，在投标阶段的测算叫投标报价，最终结算叫结算价。项目结算价一定要控制在项目建议书和可行性研究阶段编制的总投资估算范围内。首先，总投资估算要确定建设项目的档次，因为档次不同，对总投资的影响极大。其次，要做到不漏项，总投资中含征地、拆迁、招投标、三通一平、规划、设计、监理、审计、工程造价、规费等几十种费用，工程造价、规费又各含几十种子项，总投资估算要力求详细、尽量全面。若漏项，则影响总投资估算，造成实际投资和计划有较大偏差。

（2）限额设计　总投资估算、建设档次、拟选用材料确定后，对施工图设计、二次设计、设备材料方案设计要根据以往的建设经验数据设定上限，限额设计。施工图设计要分析用钢量，要分析外部造型所引起的投资变化。重大项目的二次设计、设备材料方案设计，有的投资也很大，比如体育设施的场地照明、场地扩声、景观、标识系统、智能化、制冰系统、空调系统、电梯系统、供电系统，每一子项也要几百万元甚至上千万元。对这些投资较大的分项工程，二次设计要限额、限档次。

（3）工程量清单控制　工程造价由分部分项工程费、措施项目费、其他项目费、规费、税金五大部分组成。规费、税金两项费用按规定计算，是固定值，控制无从谈起。因此，工程量清单控制的重点应从分部分项工程费、措施项目费、其他项目费三项费用控制入手。

分部分项工程费控制的核心是抓好工程量认证、材料询价两项内容。工程量认证，主要是对工程量清单之外的签证和设计变更部分进行工程量认证，其原则是减少现场签证和设计变更，其主要手段是严格实行月结制度，即每月要进行1次汇总，1个月的时间过后不再补签。材料询价的关键是认证程序公开透明，要由施工单位申报，监理单位、跟踪审计单位、代建单位等责任主体分别询价。

措施项目费控制的关键是清楚地知道措施项目费所包含的内容，不能和现场签证重复计算。在措施项目费中考虑了，就不能再进行现场签证。

（4）材料招标有所突破　对设备材料价格的确定，没有比“公开招标，竞争性谈判”更有效的办法。

材料招标采用“公开招标，竞争性谈判”模式，要对现行规定有所突破。招投标法规定，标书中的商务标部分在评标的过程中是不允许修改的，而“公开招标，竞争性谈判”模式的精髓之处就在于对商务标部分可以修改，可以进行一次、两次、三次和多次报价，甲乙双方可以谈判并最终确定中标单位。“公开招标，竞争性谈判”模式的公开性体现在招标公告公开发布，每次报价公开透明。灵活性体现在商务价格部分现场竞价，采用竞争性谈判。“公开招标，竞争性谈判”模式可以有效避免围标、串标。

（5）减少签证、变更　现场签证、设计变更是工程造价控制甲乙双方关注的焦点。施工单位采用不均衡报价时，最关注的就是通过现场签证、设计变更增加造价，对那些会引起现场签证、设计变更的部位，有意报低造价，实施时通过现场签证、设计变更按实结算。因此，项目代建单位在编制工程量清单时就要注意会引起现场签证、设计变更的部位，在工程实施阶段更要加强管理，尽可能减少签证、变更。

（6）专家评审　建立建筑学、结构、给排水、暖通、供电、智能化、园林、照明等建筑各专业的专家库，抓好造价控制工作。要借鉴不同专业专家的见识、力量，从投资估算开始，对设计概算、施工图预算、投标报价、结算价提出专家修改意见。

（7）较小项目签订固定总价合同　较小项目，比如方案设计费、地勘费、项目咨询费、环境影响评价费、临时围墙费、路灯、绿化、门头标识等，单项投资在50万元以下的，签订固定总价合同，结算时不予调整，以减少争执争议，其实质是将工程造价的风险转移给了承包单位。

（8）及时纠偏　及时纠偏就是在工程项目的进展过程中，不断地把费用计划值与实际值进行比较，发现偏差、分析偏差发生的原因并及时采用纠偏措施。如费用超出预算，要仔细分析到底是进度提前造成的还是工程量增加、材料价格变更造成的。

（9）激励机制　为更好地做好工程造价控制，无论是设计单位还是施工单位、监理单位、项目管理单位、审计单位，凡提出切实可行的设计和施工方案、施工工艺的，降低工程造价的，按节约额的一定比例予以奖励，以提高参与工程造价控制的积极性。

（10）多级审核　项目竣工后要求施工单位上报3份竣工结算资料，由监理单位造价工程师、代建单位造价工程师、审计单位造价工程师“背对背”同时审核，并分别拿出审核意见。甲方应仔细分析3家的审核结果，尤其是分析差异产生的原因，最终确定结算价格。

第四节　××市建设资金投入估算报告示例

一、××市高铁站区建设资金估算说明

1.估算范围

估算范围是规划道路（和平路东延、京福高速、城东大道、金山北路）围合的高铁站区

约5.2km^{2}中心区域范围内。测算内容包括须由该市（市国有公司）投入的建设资金——站区内拆迁成本、土地整理等费用、站区主要基础设施建设费用、高铁新客站配套公共基础设施建设费用，其他相关费用等，但不包括由交通、铁道部门等投入的高铁客站站房等设施建设费用，也不包括通过市场运作进行商业、住宅、物流、仓储等类建筑及设施的开发投资。

2. 估算依据

估算的基础数据主要依据：① 前期调查的部分数据；② 按市规划部门划定的高铁站区范围，结合开发区提供的有关用地数据；③ 以阿特金斯（设计所）提交的规划方案通过图测和梳理分析推断的数据。

3. 相关说明

① 由于规划方案尚未全面论证比较明确，故本估算中只考虑以贷款融资方式取得建设资金，未估算站区土地整理开发后挂拍土地收益用于平衡建设投资的情况（以后补充）。也即只估算投资，而未测算土地挂拍收益。

② 相关水电等各类管线设施费用已进入设施建设估算单价中。

二、××市高铁站区基础建设投资估算

（一）站区范围内拆迁安置成本估算

需要拆迁：上山村500户左右村民；大湖村900户左右村民；2个水泥厂3万～4万平方米和一个垃圾处理厂搬迁。

1. 村庄拆迁安置

目前已全面摸底调查400户村民，拆迁建筑面积为12万平方米，以外推法推算两村1400户左右的拆迁建筑面积为42万平方米。

$$42万平方米 \times 1300元/m^2=5.46亿元$$

2. 企业搬迁成本

垃圾场搬迁系置换性质，两个水泥厂按3.5万平方米和拆迁建筑面积估算：

$$3.5万平方米 \times 750元/m^2=0.26亿元$$

$$拆迁安置成本=5.46亿元+0.26亿元=5.72亿元 \quad ①$$

（二）站区内土地整理等费用

1. 征地费用

$$1800亩 \times 9万元/亩=1.62亿元$$

2. 土地整理

约3km^{2}范围平均去除1～1.5m岩石，算得土地整理的岩石开采量为400万平方米，考虑场内运输主要挖填平衡，多余岩石卖给水泥厂方案，得单方采岩石造价为25元/平方米。

$$400万平方米 \times 25元/平方米=1.00亿元$$

3. 山体修复

采取山体绿化方案测算，3个小山头约合2200亩山地。按较高绿化标准。

2200亩 × 9000元/亩=0.20亿元

土地整理费用=1.62亿元+1.00亿元+0.20亿元=2.82亿元　②

（三）站区主要基础设施建设费用

主要包括区内道路、站前广场和轻轨通道预留建设。

1. 区内道路

分析初步规划区内道路大致为2纵3横，其中纵长2km，横长2.5km，除一纵宽50m外，其余道路路面均宽约30m。

道路总面积=2km × 50m+2km × 30m+3 × 2.5km × 30m=38.5万平方米

取大数40万平方米计算：40万平方米 × 250元/平方米=1.00亿元

2. 站前广场

按阿特金斯方案，高铁站区广场用地为108.36万平方米。

108.36万平方米 × 160元/m^2=1.73亿元

3. 轨道交通通道预留建设

轨道交通通道预留建设投资，按铁四院匡算为1.30亿元。

基础设施费用=1.00亿元+1.73亿元+1.30亿元=4.03亿元　③

（四）高铁客站站房配套公共设施建设费用

是指按市政要求为高铁客站站外分流人流的各交通公共设施配套建设，包括汽车站、公交站场港湾、交通连接人行道、交通分流停靠标示等，以及邮政、货币兑换、管理办公等配套公共服务设施。

按设计方案高铁客站建筑面积1万平方米，建设标准为1万元/m^2，因此高铁客站的匡算建设投资为1亿元，经分析对照比较案例，可按1：1.5的比例确定高铁客站配套投资。

客站配套费用=1亿元 × 1.5=1.5亿元　④

（五）其他相关费用

1. 高铁项目推进管理费用

项目推讲的启动、工资、差旅、手续、办公、接洽等管理费用，取4%的取费比例估算。

（5.72+2.82+4.03+1.50）× 4%=0.56亿元　⑤

2. 融资费用

主要是融资财务费用（利息）

（8亿元 × 2.5+4亿元 × 1.5+3亿元 × 0.5）× 8% × 70%=1.54亿元　⑥

（70%系考虑还款、部分低息、土地收益作为自有资本投入和用款时间非均匀等因素影响）

（六）建设总投资估算

建设总投资=式①+式②+式③+式④+式⑤+式⑥
=5.72+2.82+4.03+1.50+0.56+1.54=16.17亿元

考虑到估算的粗糙性，对上述数据略作放宽为16.45亿元。

三、××高铁站区建设资金年度使用初步安排

高铁站区基础建设总投资16.45亿元，分三期建设，其资金使用分年度初步安排建议见表9-2。

表9-2　高铁站区建设资金年度使用初步安排

序号	年度	年度投资额	主要建设内容	资金来源
1	2008—2009	6.60亿元	拆迁安置、土地整理	融资、部省支持
2	2009—2010	5.60亿元	土地整理，基础设施建设	融资、部省支持、土地出让等
3	2010—2011	4.25亿元	基础设施建设，客站配套建设	融资、土地出让等
4	总计	16.45亿元	（以上有并行交叉）	（有地方融资平台）

第十章　城市建设工程进度控制与管理

10 Chapter

第一节　城市建设工程进度控制概述

一、建筑工程进度控制基础

（一）建设工程进度控制的概念

1.建设工程进度控制的基本含义

施工项目进度控制与投资控制和质量控制一样，是项目施工中的重点控制之一。它是保证施工项目按期完成、合理安排资源供应、节约工程成本的重要措施。施工项目进度控制是指在既定的工期内，编制出最优的施工进度计划，在执行该计划的施工中经常检查，若出现偏差，便分析产生的原因和对工期的影响程度，找出必要的调整措施，修改原计划，不断地如此循环，直至工程竣工验收。施工项目进度控制的总目标是确保施工项目的既定目标工期的实现，或者在保证施工质量和不因此而增加施工实际成本的条件下，适当缩短施工工期。

2.建设工程进度控制的目标

简单说，进度控制就是确保工程项目按预定时间交付启用。进度控制必须遵循动态控制原理，是对工程项目建设各阶段的工作内容、工作程序、持续时间和衔接关系，根据进度总目标及资源优化配置的原则编制计划并付诸实施，然后在进度计划的实施过程中经常检查实际进度是否按计划要求进行，对出现的偏差情况进行分析，采取补救措施或调整、修改原计划后再付诸实施，如此循环，直到建设工程竣工验收交付使用。建设工程进度控制的最终目的是确保建设项目按预定的时间动用或提前交付使用。

3.施工建设中的工期控制任务

① 建筑施工中，进度控制的任务是进行进度规划、进度控制和进度协调。

② 进度控制和管理是对项目建设阶段的工作程序和持续时间进行规划、实施、检查、调查和管理等一系列活动的总称。其任务是针对建设项目的进度目标进行工期计算，是施工单位工程师根据工程建设项目的规模、工程量与工程复杂程度，建设单位对工期和项目投产时间的要求，资金到位计划和实现的可能性，主要进场计划，“建筑安装工程工期定额”标准，工程地质，水文地质、建设地区气候等因素，进行科学分析后，设计明确的工程建设项目的

最佳工期。

③ 合同工期确定后，工程施工进度控制的任务，就是根据进度目标确定实施方案，在施工过程中进行控制和调整，以实现进度控制的目标。

4. 建设工程进度控制特点分析

进度控制与质量控制、投资控制并列为工程项目建设的三大目标。它们之间互相依赖、互相制约。监理工程师要对三个目标全面系统地加以考虑，正确处理好进度、质量和投资的关系，既要进度快，又要投资省、质量好。尤其对于一些投资较大的工程，进行有效的进度控制，确保进度目标的实现，常常会产生很大的经济效益。进度控制体现出以下几方面的特点。

① 进度控制目标的可分性。按建设程序常可分解为前期阶段进度目标、设计阶段进度目标和施工阶段进度目标。

② 进度计划管理的多层性。主要指建设单位、监理单位、设计单位和施工单位都有相应的进度计划管理。

③ 进度目标受建设活动持续时间的影响程度不同。建设活动持续时间越长，对建设进度影响越大。因此应首先控制持续时间较长的建设活动，并对不同持续时间的活动进行不同等级的控制。

④ 进度计划具有一定的风险性。由于建设工期长，影响因素多，进度计划的编制和实施都会遇到一定的风险。

（二）工程项目进度控制的进度指标

进度控制的基本对象是工程项目。它包括项目结构图上各个层次的单元，上至整个项目，下至各个工作包（有时直到最低层次网络上的工程活动）。项目进度状况通常是通过各项工程完成程度（百分比）逐层统计汇总计算得到的。进度指标的确定对进度的表达、计算、控制有很大影响。由于一个工程有不同的子项目、工作包，它们工作内容和性质不同，必须挑选一个共同的、对所有工程活动都适用的计量单位。

1. 持续时间

工程活动的或整个项目的持续时间是进度的重要指标。人们常用已经使用的工期与计划工期相比较以描述工程完成程度。例如计划工期二年，已经进行了一年，则工期已达50%；一个工程项目，计划持续时间为30天，已经进行了15天，则已完成50%。但通常还不能说工程进度已达50%，因为工期与进度的概念是不一致的。工程的效率和速度不是一个直线，如通常工程项目开始时工作效率很低，进度慢，到工程中期投入最大，进度最快，而后期投入又较少。所以工期下来一半，并不能表示进度达到了一半，何况在已进行的工期中还存在各种停工、窝工、干扰作用，实际效率远低于计划的效率。

2. 按工程进度的结果状态数量描述

主要针对专门的领域，其生产对象简单、工程项目简单。例如：

① 设计工作按资料数量（图纸、规范等）。② 混凝土工程按体积（墙、基础、柱）。③ 设备安装的吨位。④ 管道、道路的长度。⑤ 预制件的数量或重量、体积。⑥ 运输量以t/km计。⑦ 土石方按体积或运载量等描述。特别是当项目的任务仅为完成这些分部工程时，以它们作指标比较反映实际。

3. 已完成工程的价值量

即用与已经完成的工作量相应的合同价格（单价）或预算价格计算。它将不同种类的分项工程统一起来，能够较好地反映工程的进度状况。这是常用的进度指标。

4. 资源消耗指标

最常用的有劳动工时、机械台班、成本的消耗等。它们有统一性和较好的可比性，即各个工程活动直至整个项目都可用它们作为指标，这样可以统一分析尺度。但在实际工程中要注意如下问题。

① 投入资源数量和进度有时会有背离，会产生误导。例如某活动计划需100工时，已用了60工时，则进度已达60%，这仅是偶然的，计划劳动效率和实际效率不会完全相等。

② 由于实际工作量和计划经常有差别，即计划100工时，由于工程变更，工作难度增加，工作条件变化，应该需要120工时。现完成60工时，实质上仅完成50%，而不是60%，所以只有当计划正确（或反映最新情况），并按预定的效率施工时才得到正确的结果。

③ 用成本反映工程进度是常见的，但有如下因素要剔除：

- 不正常原因造成的成本损失，如返工、窝工、工程停工。
- 由于价格原因（如材料涨价、工资提高）造成的成本增加。
- 考虑实际工程量，工程（工作）范围的变化造成的影响。

（三）建设工程进度控制的意义和作用

1. 保证工程按计划工期按时完成

建设工程进度计划是按经过细致测算的计划工期（目标工期）制定的，优良满意的工程进度控制，基本保证了工程的施工建设推进，保持了一种符合实际、科学、合理、有序、优良的施工状态，施工进展没有受到大的干扰和影响，没有停工、窝工、返工现象，没有现场施工互相妨碍、冲突、纠纷现象，没有交织混乱、进退无序、无计划、无规矩的现象。而是现场施工井然有序，各个工种平行并进、条理清晰、互不干涉，工序衔接对接到位及时。通过优化进度控制打下坚实工作基础，达成按期完成施工任务，形成高效优化建设局面，取得优良建设成果的目标。

2. 促进落实建设工程安全、质量、成本控制目标

工程进度控制顺利优化进行是建设工程落实安全控制、质量控制、成本控制的重要前提和保障，试想如果为了赶工，不惜野蛮施工，一不小心就出安全事故，何来安全控制？为了赶工，一拥而上，不按程序，不遵守施工工艺规程，何来质量控制？因此造成停工、窝工、返工损失，何来成本控制？

所以抓好建设工程进度控制，让施工建设进展基本处于一种不快不慢、不慌不忙、井然有序的良性推进状态，才能事半功倍，真正提高效率，顺利达成建设控制目标。

3. 节约成本造价的重要途径

通过高效的进度控制实施，不会造成工期延误，也不会造成停工、窝工、返工损失，也不会出现匆忙赶工、野蛮赶工、胡乱赶工的情形。就在这有序、和谐、协调、高效、可持续的推进中，事干好了干快了，钱反而省下来了。所以进度科学合理、实事求是地认真严格控制是节约施工成本造价的重要途径，一定要高度重视，用好进度控制的手段措施。

4. 争取质量效益、安全效益的有效手段

坚决制止胡乱赶工，随意加夜班搞疲劳战、车轮战，坚决制止野蛮施工搞疲劳战、车轮战，是严防安全、质量事故的前提和重要措施。连设计意图都没有搞清楚就匆忙上阵，很容易酿成大祸、造成严重损失。所以一定要加强和优化进度控制，一定要让施工建设在有序、平衡、和谐、协调、高效的状态、环境和条件下进行，进度控制是争取质量效益、安全效益的一个有效手段，一定要用好。

5.保证工程项目按时交付使用，提高项目经济效益

工程施工项目经济效益发挥的关键，是保证高质量的工程在合同规定的时间内竣工。工程项目能否在预定的时间内交付使用，直接关系到项目建设目标的最终实现，直接关系到项目的建设成果效能落实发挥，直接关系到项目经济效益的发挥。一般说来，工程质量是根本，是保证其他目标实现的基础，为工程投资创造前提条件。工程建设项目必须严把质量关，严格按照施工要求进行材料检查，重视工程的复核工作，这样才不致返工，又能保证工程建设进度，减少不必要的成本支出。

二、影响进度的因素分析

影响建设工程进度的不利因素有很多，其中，人为因素是最大的干扰因素。在工程建设过程中，常见的影响因素分析如下。

（一）主要参与方的因素

主要指参与到项目相关主管单位及协作单位的影响。相关主管单位及协作单位的影响可分为项目外部与项目内部两方面的影响，业主、设计顾问，水、电供应部门及政府的有关主管部门都可能给厂房建设造成困难而影响施工进度，如有关部门或业主对设计方案的变动是经常发生和影响最大的因素，从内部来讲，任何一个专业分包商的延误都可能影响整个工期的落后。

1.业主因素（建设单位）

如与业主方面沟通不够，业主方决策多变，对一些并不影响大局的细节过于计较，提出一些不合工程实际和计划甚至苛刻要求等。这极容易导致决策混乱、无所适从等问题，从而导致进度控制前后不一、变化多端、自造混乱的情形。

2.相关参与方（施工、设计、监理单位等）

相关参与方包括施工单位，勘察、设计单位，监理单位，还有材料供应、设备供应及相关协作单位等，如果这些单位出现延误、管理协调差、处理不及时甚至出现违约等情况，将不可避免地对工程进度产生不利影响乃至严重危害。

（二）组织管理与协调混乱不力

① 施工组织不合理、劳动力和施工机械调配不当、设备材料供应不及时、施工路线安排不周等都将影响施工计划的执行。

② 工程项目前期（可行性研究论证、初步设计等）工作不足而匆忙粗糙推进。

③ 勘察设计因素，包括出现设计缺陷或工作错误、疏漏等，造成设计反复变更，工程返工补缺陷的非正常情况，而造成进度延误、费用损失。

④ 施工及技术因素，施工技术因素，包括施工方案、工艺不当等；技术失误。对项目中应用的新技术、新材料尤其要重视，如采用技术措施不当而造成质量事故等，会严重影响施工进度。

⑤ 材料、设备因素出现采购延误、购置合同履约出现不当或困难局面等。

⑥ 组织管理因素，存在人浮于事、机构职责不清、部门结构有交叉重叠现象等。遇事不知向谁请示向谁汇报，谁来拍板谁来负责。

（三）资金及环境因素影响

1.资金因素等

如资金紧张甚至资金链中断等。本来是建设项目立项时就应该充分考虑的问题，但往往在厂房建设开始后，后续资金无法到位，导致项目停工或破产。

2.自然环境因素

自然环境、气候环境复杂多变，虽然是不可抗力，而应对准备明显不足。应该说有准备比没准备要好，没准备的后果很可能是严重损失。

3.社会环境因素

包括政策制度环境变化，金融、税收、工商管理政策不顺，地区贫困、民族矛盾等，也包括土地房屋征收问题、信访问题、维稳问题、网络舆论导向问题等，稍有应对不慎可能会酿成大事。

（四）施工现场条件变化异常

主要指施工现场出现异于平常的相对突然又巨大变化，出现异于平常的复杂、困难局面。

1.出现未预想的地质和水文地质情况

地质条件和水文地质条件与勘查设计得不符，如地质断层、溶洞、地下障碍物、软弱地基、过大面积漫滩，以及土地沉陷、开裂、不均匀沉降，还有地下水位异常上升等情况。

2.出现恶劣的气候情况

发生恶劣的气候变化，暴雨、台风、洪水、冰雹和高温等，以至引发泥石流灾害，甚至遇上“厄尔尼诺”现象等，这些都无可置疑地会对施工进度产生严重影响、造成临时停工、损失和破坏。

3.现场出现事故和灾难

一般是指现场出现在建建筑坍塌、倒塌，出现伤人死人事故尤其是死人特别是多死多伤事故时，以及出现火灾、爆炸等严重事故时，整个工程建设肯定要受到异乎寻常的大影响。

以上的这些情况，在工程建设中都必须做到未雨绸缪，在进度控制方面都必须谨慎严肃、认真对待，一定要预作准备，一定要有应急预案和针对措施，一定要做最坏准备。

第二节　城市建设工程进度控制计划

一、建筑工程进度控制计划系统总述

（一）建设工程进度计划系统概念

1.项目进度计划系统

建设工程项目进度计划系统是由多个相互关联的进度计划组成的系统，它是项目进度控制的依据。由于各种进度计划编制所必需的资料是在项目进展过程中逐步形成的，因此建立和完善也有一个过程，它是逐步形成的。

根据项目进度控制的不同需要和不同用途，业主方和项目各参与方可以根据系统建设工程进度控制的基本含义，构建多个不同的建设工程进度计划。

2.项目进度计划系统类型

（1）按不同需要和用途编制

① 由多个相互关联的不同计划深度的进度计划组成的计划系统。

② 由多个相互关联的不同计划功能的进度计划组成的计划系统。

③ 由多个相互关联的不同项目参与方的进度计划组成的计划系统。

④ 由多个相互关联的不同计划周期的进度计划组成的计划系统。

（2）由不同深度的计划构成的进度计划系统

① 总进度规划（计划）。

② 项目子系统进度规划（计划）。

③ 项目子系统中的单项工程进度计划等。

（3）由不同功能的计划构成的进度计划系统

① 控制性进度规划（计划）。

② 指导性进度规划（计划）。

③ 实施性（操作性）进度计划等。

（4）由不同项目参与方的计划构成的进度计划系统

① 业主方编制的整个项目实施的进度计划。

② 设计进度计划。

③ 施工和设备安装进度计划。

④ 采购和供货进度计划等。

（5）由不同周期的计划构成的进度计划系统

① 5年建设进度计划。

② 年度、季度、月度和旬计划等。

（二）项目总体进度计划系统

1.项目总体进度计划系统示意图

项目总体进度计划系统示意图见图10-1。

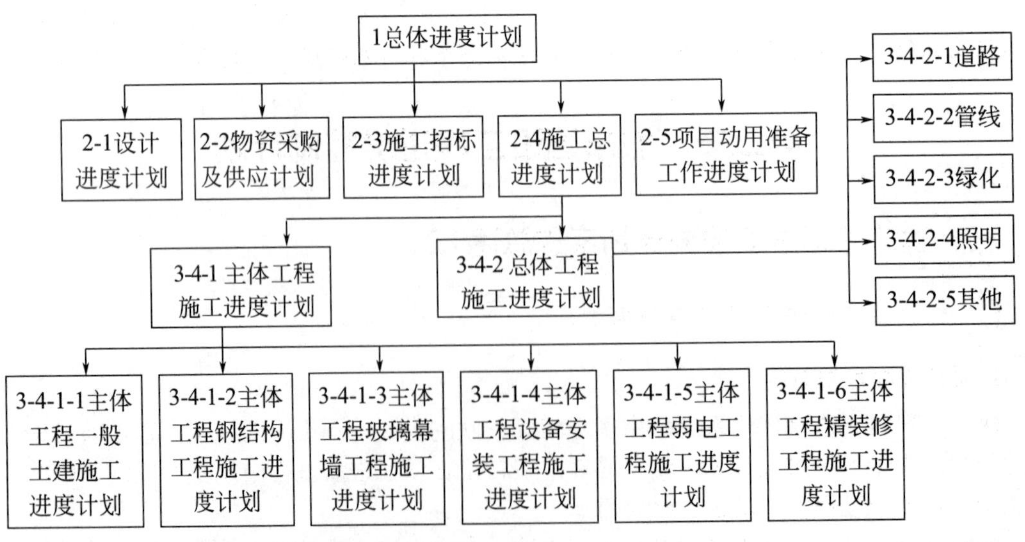

图10-1 项目总体进度计划系统示意图

2.控制性和实施性进度计划的作用

（1）控制性施工进度计划的作用　一个工程项目的施工总进度规划或施工总进度计划是工程项目的控制性施工进度计划。对于特大型工程项目，它往往包括许多子项目，即使对其编制施工总进度计划的条件已基本具备，还是应该先编制施工总进度规划，以便进度目标逐层分解和细化，使计划的编制由粗到细，且可对计划逐层协调，而不宜一步到位，编制较具体的施工总进度计划。

控制性施工进度计划编制的主要目的是通过计划的编制，以对施工承包合同所规定的施工进度目标进行再论证，并对进度目标进行分解，确定施工的总体部署，并确定为实现进度目标的里程碑事件的进度（或称其为控制节点的进度目标），作为进度控制的依据。控制性施工进度计划是整个项目施工进度控制的纲领性文件，是组织和指挥施工的依据。

控制性施工进度计划的主要作用如下。

① 论证施工总进度目标。

② 施工总进度目标的分解，确定里程碑事件的进度目标。

③ 是编制实施性进度计划的依据。

④ 是编制与该项目相关的其他各种进度计划的依据或参考依据。

⑤ 是施工进度动态控制的依据。

（2）实施性的施工进度计划的作用　项目施工的月度计划和旬施工作业计划是用于直接组织施工作业的计划，它是实施性施工进度计划。旬施工作业计划是月度施工计划在一个旬中的具体安排。实施性施工进度计划的编制应结合工程施工的具体条件，并以控制性施工进度计划所确定的里程碑事件的进度目标为依据。

实施性施工进度计划的主要作用如下：

① 确定施工作业的具体安排。

② 确定（或据此可计算）一个月度或旬的人工需求（工种和相应的数量）。

③ 确定（或据此可计算）一个月度或旬的施工机械的需求（机械名称和数量）。

④ 确定（或据此可计算）一个月度或旬的建筑材料（包括成品、半成品和辅助材料等）的需求（建筑材料的名称和数量）。

⑤ 确定（或据此可计算）一个月度或旬的资金需求等。

二、项目进度控制计划编制基础

（一）项目工作任务分解

1.工作分解结构

任何工程项目如果作为一个复杂的整体，在项目目标设定时，工期目标是一个总值，由于工程活动的细节不清楚，这样工期没有办法进行计划和管理。因此，有必要把项目根据实际需要，随着项目的推进，技术设计的细化，逐步层层分解成一系列可操作性的独立活动，这样就让工期项目的工期计划和管理成为可能。

工作分解结构即WBS（Work Breakdown Structure）是现代工程项目分解和综合的系统分析方法。它是以可交付成果为导向对项目要素进行的分组，逐层归纳和定义项目的工作目标和范围，是制定施工组织结构、进度计划、资源需求、成本预算、信息管理、风险管理计划和采购计划等的重要基础。

工作分解结构图是将项目按其内在结构或实施过程的顺序进行逐层分解而形成的结构示

意图。工作分解的要求包含实施项目所必须进行的全部活动，并将其分解到相对独立、内容单一的、易于核算和考核的工作单元。

工作分解结构每下降一个层次就代表对项目工作更加详细的定义和描述。随着项目结构分解的细化，工期计划也进一步细化。项目最低层次的单元是工作包。每个工作包可以分配给一位负责人（或部门）进行计划和执行。在施工计划中，工作包还可以进一步分解到工序，由这些工序构成的子网络是项目总网络的基础。工作包的定义应考虑80小时法则或两周法则，即任何工作包的完成时间应当不超过80工作小时。在每个80工作小时或少于80工作小时结束时，检查和汇报该工作包的完成情况。

2. 工程活动编码设计

对项目单元进行编码是现代项目管理中使用计算机进行信息化处理的前提。在项目设计的初期，项目管理者需要对每个项目单元进行编码设计，建立整个项目统一的编码体系，确定编码的规则和方法，并在整个项目中使用。

给每个项目单元编码，能让管理人员和计算机识别该项目单元的特征和信息，如属于哪个项目或子项目，实施阶段、功能和要素等。项目编码是项目管理过程中网络分析、成本管理、数据储存分析的基础，因此编码设计是保证整个项目的计划、控制和管理系统有效运行的关键。目前没有强制的项目编码规则，只要做到在同一个项目中，WBS编码统一、规范和使用方法明确就行。但通常方便起见，会按照WBS结构，采用“父码+子码”的方法编制。

3. 工作分解结构词典

项目分解结构不是把项目分解成若干个施工子系统就可以了，还要把分解的活动进行综合，编制成工作分解结构词典。

工作分解结构词典包含工作分解结构图、活动清单、编码等信息。

活动清单是一份包含项目所需的全部进度活动的清单，它包含每个活动的标志、足够详细的工作描述、进度日期、成本预算、责任人和人员分配等信息。

（二）工程活动持续时间的确定

1. 持续时间确定的基本原理

对于确定的工作范围和工作量，又可以确定劳动效率的工程活动，可以通过定额、合同、规范、工程量清单、施工技术方案等比较精确地计算持续时间。对于工程量或劳动效率无法定量的工程，可以参考组织过程资产中的相关数据以及和任务执行者充分协商，并考虑风险因素后确定。

组织过程资产是指一个学习型组织在项目管理中所积累的无形资产，组织过程资产的积累程度是衡量一个项目组织的管理体系成熟度的重要指标，是项目组织在实践中形成自己的独特过程资产，构建项目组织的核心竞争力，在现代项目管理中，起来越引起项目组织和管理人员的重视。

对于持续时间不确定的工程，其活动时间可以通过蒙特卡罗模拟法、德尔菲专家评议法、三时估计法等方法来估算。

2. 工程活动逻辑关系分析

在工作包中各工程活动之间以及工作包之间存在着时间上或技术要求的相关性，这就是工程活动的逻辑关系。只有全面定义了工程活动的逻辑关系，才能将项目的静态结构转变成动态的实施过程，得到网络计划。

两个不同的活动之间有着不同的逻辑关系，这种逻辑关系在项目管理上也叫搭接关系，因此，搭接所需要的持续时间也被称为搭接时距。工作之间通常有紧前工作、紧后工作、平行工作等关系，还可以工作间加入间隔时间的逻辑关系，就形成了以下几种常见的搭接逻辑关系。

（1）FTS，即结束-开始关系　这是一种最为常见的逻辑关系。如混凝土浇注完成后，技术上要求至少养护7天才能拆模，可以表示如图10-2所示。

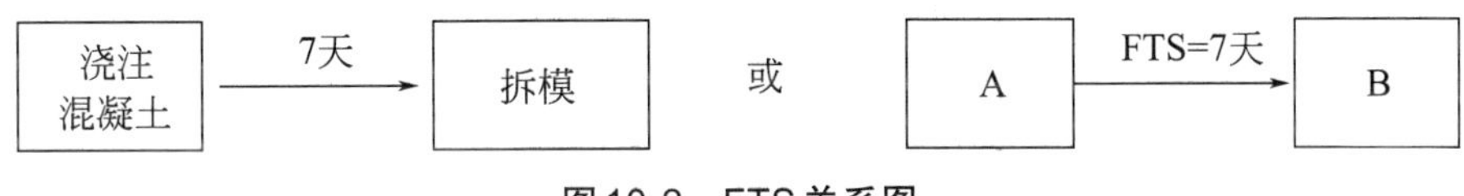

图10-2　FTS关系图

通常将A称为B的紧前活动，B称为A的紧后活动。

当FTS=0时，表示紧前活动完成后可以紧接着开始紧后活动，这是最常见的工程活动之间的逻辑关系。

（2）STS，即开始-开始关系　紧前活动开始后一段时间，紧后活动才可以开始，即紧后活动受紧前活动的开始时间制约。如某基础工程采用井点降水，按规定抽水设备安装完成，开始抽水1天后，即可开挖基坑，如图10-3所示。

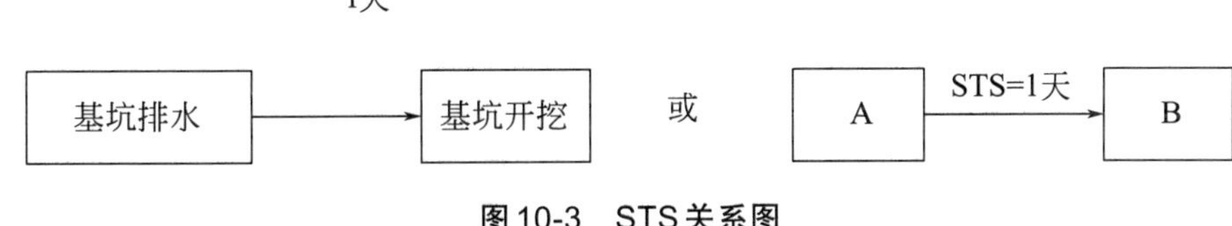

图10-3　STS关系图

（3）FTF，即结束-结束关系　紧前活动结束一段时间后，紧后活动才能结束，即前后活动的结束时间受紧前活动的结束时间约束。如基础回填土结束后，基坑排水才能停止，如图10-4所示。

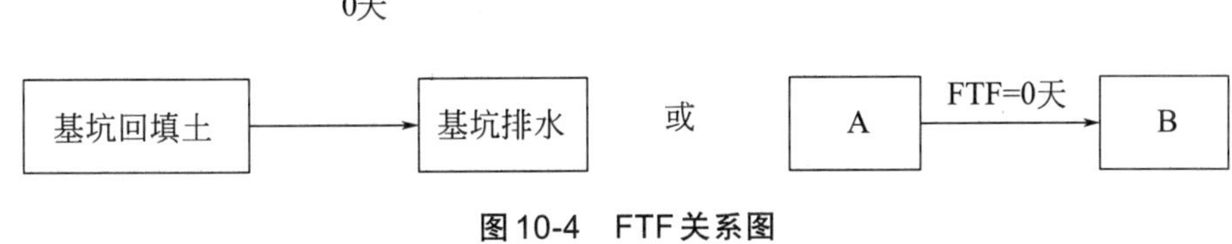

图10-4　FTF关系图

（4）STF，即开始-结束关系　紧前活动开始后一面时间，紧后活动才能结束，这种关系在实际工程中应用的并不多。

上述搭接时距是允许的最小值，实际安排时可以大于它，但不能小于它。

活动之间的逻辑关系及搭接时距的大小，由系统工作过程安排、专业活动之间的搭接关系、自然规律、技术规范的要求、办事程序要求、施工计划的安排以及实际工程中的各种现实情况来综合确定。

三、施工进度计划横道图

1.施工计划横道图

（1）施工组织通常有三种方式　当一个施工项目分成若干个施工区段进行施工时，可以采用依次施工、平行施工和流水施工三种方式组织施工。这三种组织方式的组织方法不同，适用范围各异，工作效率有别，资源消耗强度也不同，从而导致的工期也完全不同。

流水作业法最早起源于工业生产领域，它是建立在分工协作的基础上，合理组织产品批量化生产的理想方法。流水做业法原理不仅同样适用于建筑产品的生产过程，而且实际生产证明，流水施工还是目前工程项目施工最有效的科学组织法。

（2）施工进度计划横道图形式　施工进度计划横道图是以横向线条结合时间坐标表示各项工作施工的起始点和先后顺序的，整个计划由一系列的横道组成。一张横道图反映了工程施工工序按顺序的占用工期以及工程工期情况。

2. 总体施工进度计划横道图示例

总体施工进度计划横道图见图10-5。

序号	工程内容	工期		施工时间(天)	2013 年			2014 年						2015 年				
		开始日期	结束日期		10	11	12	1	2	3	4	…	12		9	10	11	12
一	施工准备	10.15	11.30	47								…						
1	三通一平			17								…						
2	施工场地建设			30								…						
二	栈桥施工			47								…						
三	主桥下部结构施工			183								…						
1	桩基施工			134								…						
2	承台施工			121								…						
3	墩身施工			96								…						
四	主桥上部结构施工			622														
1	上部钢桁梁			531														
1.1	钢桁梁制造、拼装及运输			516														
1.2	钢桁梁顶推施工			489														
2	桥面道碴槽板施工			351														
2.1	道碴槽板预制			305														
2.2	道碴槽板安装			320														
3	桥面及附属设施施工			92								…						
五	引桥			670														
1	下部结构施工			517														
1.1	桩基施工			212														
1.2	承台施工			243														
1.3	墩身施工			259														
2	现浇梁施工			427														
3	桥面及附属设施施工			109														

注:由于使用了省略号表达方式，所以图上的横线比例不是实际比例，应以天数为准。

图10-5　总体施工进度计划横道图(2013年10月15日—2015年10月14日)

3. 基坑支护和降水工程施工进度横道图示例

基坑支护和降水工程施工进度横道图见图10-6。

序号	工程内容	有效工作日																				
		2	4	6	8	10	12	14	16	18	20	22	24	26	28	30	32	34	36	38	40	42
1	准备工作																					
2	坡面调整																					
3	放线定位																					
4	钻机成孔																					
5	锚杆制作																					
6	安放锚杆																					
7	注浆																					
8	钢筋网片绑扎																					
9	喷射混凝土																					

图10-6　基坑支护和降水工程施工进度横道图

4.横道图的应用特点

（1）优点　横道图能够清楚地反映活动的开始时间、结束时间和持续时间，制作简单，通俗易懂，能被各个层次人员所掌握和运用，除了工期计划以外，还可以与资源计划、资金计划等结合使用。

（2）缺点　横道图表达的信息量过少，不能表达出活动之间的逻辑关系和活动的重要性。由于活动之间没有逻辑关系，决定了用横道图编制的工期计划不能用于计算机辅助计算，更不能优化工期计划。因此，横道图只能用简单的小型项目的工期计划，不能胜任中大型复杂的项目工期计划。

第三节　项目工程进度控制网络计划技术

一、进度控制中的网络计划技术综述

（一）工程网络计划技术

网络计划技术是20世纪50年代后期发展起来的一种科学的计划管理方法，为运筹学的一个分支。由于它符合统筹兼顾、适当安排的思想，因此，1965年华罗庚教授将此方法介绍到国内时将其称为统筹法。现在称之为网络计划技术。

1.网络计划技术的发展简史

1956年，美国的杜邦公司与兰德公司合作，开发了一种面向计算机描述工程项目的合理安排进度计划的方法，称为关键线路法（CPM）。该技术应用于杜邦公司的新厂房建设和设备维修时，工期大大缩短。1958年，美国海军军械局为了开发宇宙空间和军备竞赛的需要，在进行北极星导弹潜艇计划这个包括几十亿个管理项目，250个承包商和9000多个转包商参加的大型工程项目时，又创造出一种网络计划方式，即计划评审技术(PERT)。稍后的一种方法是搭接网络计划法（OLN）和图形评审技术（GERT）。随着电子计算机的发展和应用领域的不断拓展，又产生了多种网络技术。如决策网络计划法（DN）、风险评审技术（VERT）、仿真网络计划法和流水网络计划法等，并使得网络计划技术作为一种现代计划管理方法，广泛应用于工业、农业、建筑业、国防和科学研究各个领域。

1965年，网络计划技术由华罗庚教授介绍到国内，20世纪70年代后，在我国得到广泛的重视和研究，随着电话计算机的普及，网络计划技术逐渐取代横道图，在施工管理过程中作为编制工程生产和施工进度计划的一种有效方法。

2.基本原理

网络图是由箭线和节点组成的，用来表示工作流程的有向、有序的网状图形。在网络图上加注工作的时间参数而编成的进度计划，称之为网络计划。

在建筑工程计划管理中，可以将网络计划技术的基本原理归纳为以下四点。

① 把一项工程的全部建造过程通过WBS工具分解成若干项工作，对这些工作进行编码，并赋予这些工作间的逻辑关系，绘出网络图。

② 进行时间参数计算，找出关键工作和关键线路。

③ 利用最优化原理，改进初始方案，寻求最优网络计划方案。

④ 在网络计划的执行过程中，进行有效监督与控制，以最小的消耗获得最佳的经济效果。

3.工程进度网络计划技术的特点

与传统的横道图相比，网络计划技术具有以下特点。

① 从工程整体出发，统筹安排，明确各个工作之间的先后顺序和逻辑关系。

② 通过网络时间参数计算，找出关键工作和关键线路，显示各工作的机动时间，从而让管理人员能在抓住主要矛盾的同时，兼顾总工期、人力、物力和资源供应，努力降低成本，缩短工期。

③ 能够通过优化网络，可在若干的可靠方案中寻求最优的方案。

④ 可以用电子计算机进行时间参数计算和优化，可以用于大中型项目或特大项目的计划编制。

⑤ 当然，网络计划技术由于技术复杂，计算量大，调整起来复杂，对管理人员的专业要求高。

（二）工程进度网络计划表示方法分类

1.单代号网络计划

以单代号表示法绘制的网络计划。网络图中，每个节点表示一项工作，箭杆公用来表示各项工作的逻辑关系，如图示评审技术和决策网络计划等就是采用单代号网络计划。

2.双代号网络计划

双代号网络计划是以双代号表示法绘制的网络计划。网络图中，箭杆表示工作。

二、双代号网络计划技术

1.双代号网络图的组成

双代号网络图由工作、事件和线路三个要素组成。

工作是指计划任务按需要粗细程度划分而成的子项目或子任务，也可称为工序或活动。工作按是否消耗资源和时间，可以分成三种：需要消耗时间和资源的工作，需要消耗时间、不需要消耗资源的工作和既不要消耗资源也不消耗时间，仅仅用来表达前后相邻工作之间逻辑关系而设的虚工作。其表示方法如图10-7所示。

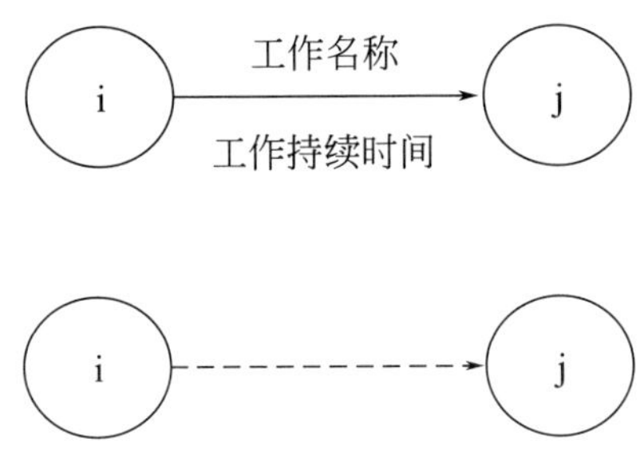

图 10-7　双代号网络图

工作由两个标有编号的圆圈和箭杆表达，箭尾表示工作的开始，箭头表示工作的结束。在时标网络计划中，箭杆的水平投影长度应与工作持续时间成正比。

事件是指双代号网络图中工作开始或完成的时间点。事件表示的是工作开始或完成的时刻，因此它不消耗时间也不消耗资源，仅表示紧前工作的结束或紧后工作的开始。

线路是指在网络图中，从起始节点开始，沿着箭线方向通过一系列的箭线和节点，最终到达终点的通路。完成某条线路的全部工作所必需的总持续时间，称为线路时间，也是该线路的计划工期。其计算方法如下

$$T_s = \sum D_{i-j}$$

式中，T_s为第s条线路的线路时间；D_{i-j}为第s条线路某项工作的持续时间。

在从网络起始点到终点的所有线路中，线路时间最长的线路为关键线路，其他的为非关键线路。

同一个网络计划中，关键线路至少有一条，关键线路的时间代表了整个网络计划的总工期。处于关键线路上的工作叫关键工作，关键工作没有时间储备。因此，在网络优化中要压缩工期时，只能通过技术组织措施压缩关键工作的持续时间。需要注意的是，在压缩关键线路工期的时候，关键线路可能会变成非关键线路。

双代号网络图的绘制，要求只允许有一个起始节点和结尾节点，不允许有循环线路和死路，不允许有相同编号的节点，箭头节点的编号（j）要大于箭尾节点编号（i），不允许出现两根箭杆有相同的首节点和尾结点。当两根箭杆不可避免地交叉时，可以采用断路法、过桥法和指向法等画法。

2. 时间参数计算

网络图的计算目的是确定图中各个节点的最早时间（ET_i）和最迟时间（LT_i）以及各项工作的最早开始时间(ES_{i-j})、最早结束时间（EF_{i-j}）、最迟开始时间（LS_{i-j}）、最迟结束时间（LF_{i-j}）、总时差(TF_{i-j})和自由时差（FF_{i-j}）,各种时间的关系如图 10-8 所示。

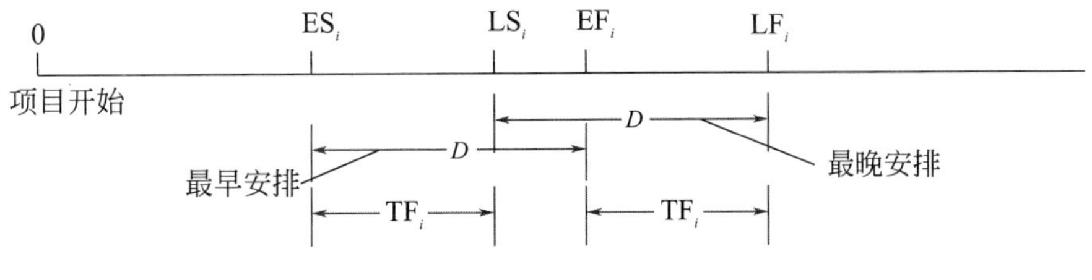

图 10-8　网络时间参数计算图

双代号网络计算图例见图 10-9。

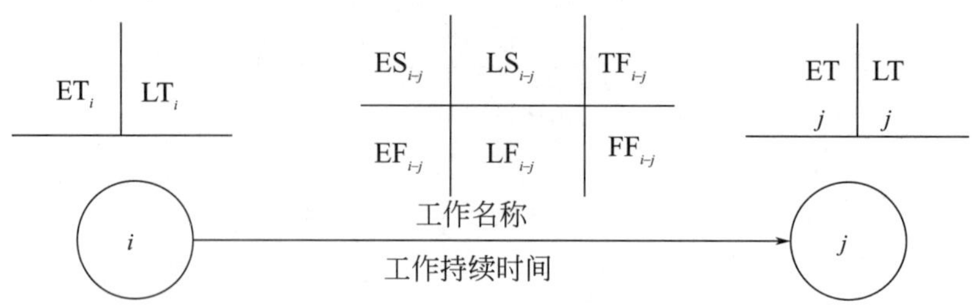

图10-9　双代号网络计算图

（1）节点最早时间的计算　节点最早时间，是指以网络起始节点的时间为零，沿着各条线路达到每一个节点的时刻。它表示该节点紧前工作的全部完成，从这个节点出发的紧后工作最早能开始的时间。

当节点i=1时，该节点为起始节点，如果没规定最早时间ET_i时，其值应该为零，即$ET_i=0$（i=1）；

其他节点j的最早时间$ET_j=Max\{ET_i+D_{i-j}\}$。

由此可见，节点最早时间的计算是从左向右用加法进行的，有多个紧前工作的线路取最大值就是该节点的最早时间。简单点说，节点最早时间的计算过程遵循“顺向求和，多线取大”的原则。

（2）节点最迟时间（LT_i）的计算　节点的最迟时间，就是在计划工期确定的情况下，从网络图终点节点开始，逆向推算出的各节点的最迟时刻。

终点节点的最迟时间LT_n应该等于网络计划的总工期T_p；

其他节点i的最迟时间$LT_i=min\{LT_i-D_{i-j}\}$。

节点最迟时间的计算过程遵循“逆向求差，多线取小”的原则。

（3）工作时间参数计算

① 最早开始时间(ES_{i-j})和最早结束时间（EF_{i-j}）的计算

$$ES_{i-j}=ET_i，EF_{i-j}=ET_i+D_{i-j}$$

② 最迟开始时间（LS_{i-j}）和最迟结束时间（LF_{i-j}）的计算

$$LF_{i-j}=LT_j，LS_{i-j}=LT_j-D_{i-j}$$

③ 总时差(TF_{i-j})和自由时差（FF_{i-j}）的计算。总时差(TF_{i-j})是工作在最早开始时间到早迟结束时间之间所具有的机动时间，也就是理解为在不影响总工期的条件下，各工作所具有的机动时间。

$$TF_{i-j}=LT_{i-j}-ET_i-D_{i-j}=LS_{i-j}-ES_{i-j}=LF_{i-j}-EF_{i-j}$$

总时差为零的工作为关键工作，由关键工作组成的线路叫关键线路。

自由时差（FF_{i-j}）是在不影响紧后工作最早开始时间的范围内，该工作可以利用的机动时间，自由时差不能大于总时差。

$$FF_{i-j}=ET_j-ET_i-D_{i-j}$$

三、单代号网络计划技术

1. 节点组成

双代号网络图存在着节点过多、工作之间复杂的搭接逻辑关系表达不出来等问题，在单代号网络图上得到了很好的解决。单代号网络图以工程活动为节点，以带箭杆表示逻辑关系，可以轻松地表达出工作之间多重复杂的搭接逻辑关系，而且，由于表达方式与人的思维接近，更易于被人理解。单代号网络图节点标注方法示意见图10-10。

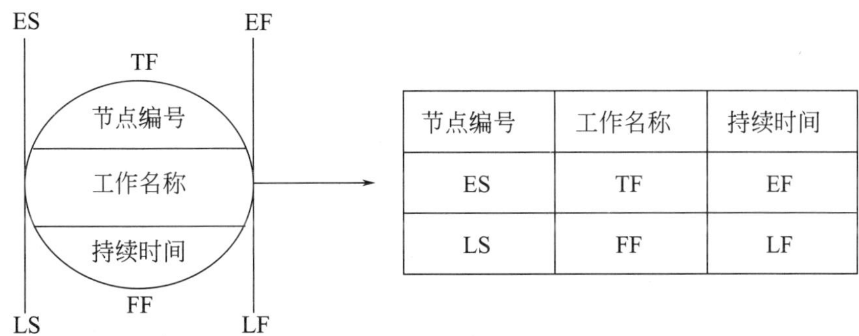

图10-10 单代号网络图节点标注方法

2. 双代号网络图与单代号网络图表示方式对照

双代号网络图与单代号网络图表示方式对照见表10-1。

表10-1 双代号网络图与单代号网络图表示方式对照

序号	逻辑关系	双代号网络图	单代号网络图
1	A完成后进行B B完成后进行C	1 —A→ 2 —B→ 3 —C→ 4	A → B → C
2	A完成后同时进行B、C	1 —A→ 2；2 —B→ 3；2 —C→ 4	A → B；A → C
3	A、B都完成后进行C	6 —A→ 8；7 —B→ 8；8 —C→ 9	A → C；B → C
4	A完成后进行C B完成后进行D A、B可同时进行	1 —A→ 2 —C→ 4；1 —B→ 3 —D→ 5	开始 → A → C；开始 → B → D
5	A完成后进行C A、B都完成后进行D	3 —A→ 4 —C→ 5；4 ⇢ 7；6 —B→ 7 —D→ 8	A → C；A → D；B → D

续表

序号	逻辑关系	双代号网络图	单代号网络图
6	A完成后同时进行B、C B、C都完成后进行D		
7	A和B都完成后同时进行C和D		
8	A和B都完成后进行D B和C都完成后进行E		
9	A完成后进行C B完成后进行E A和B都完成后进行D		
10	A、B两项先后进行的工作分为三个施工段进行 A_1完成后进行A_2、B_1 A_2完成后进行A_3、B_2 B_1完成后进行B_2 A_3、B_2完成后进行B_3		

3.单代号网络图时间节点参数

D_i为工作i的持续时间；ES_i为工作i的最早开始时间；EF_i为工作i的最早完成时间；LS_i为工作i的最迟开始时间；LF_i为工作i的最迟完成时间；TF_i为在总工期确定的情况下，工作i的最迟完成时间；FF_i为在总工作确定的情况下，工作i的最迟开始时间；LAG_{i-j}为工作i与工作j的间隔时间，也叫搭接时距。

节点时间参数的标注图例见图10-11。

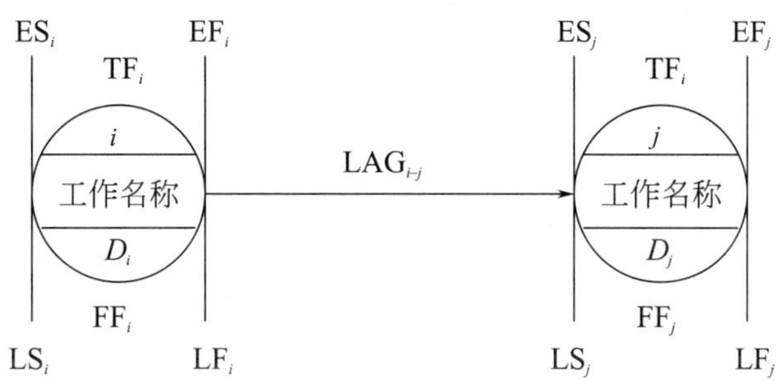

图10-11 节点时间参数的标注

普通的单代号网络图时间参数的计算原理与双代号网络图基本上相同，只是多了LAG_{i-j}参与计算。但对于有搭接关系的单代号网络图的时间参数的计算，相对普通的单代号网络图要复杂得多。

4.带搭接关系的单代号网络图计算规则

单代号搭接网络图时间参数计算公式汇总见表10-2。

表10-2 单代号搭接网络图时间参数计算公式汇总

搭接关系	图式	计算步骤与公式			
		MI			MA
FT_S	i FT_S j	最早时间 $ES_j=EF_i+F_{TS}$ $EF_j=ES_j+D_j$	最迟时间 $LF_i=LS_j-FT_S$ $LS_i=LF_i-D_i$	自由时差 $EF_i=ES_j-FT_S-EF_i$	最早时间 (1)令$ES_j=EF_i$; (2)$ES_j-EF_i\leqslant FT_S$, 则满足； 否则令 $EF_i=ES_j-FT_s$
ST_S	ST_S i j	$ES_j=ES_i+ST_S$	$LS_i=LS_j-ST_S$	$FF_i=ES_j-ST_S-ES_i$	(1)令$ES_j=ES_i$ (2)若$ES_j-ES_i\leqslant ST_S$则满足； 否则令 $ES_i=ES_j-ST_S$
FT_F	FT_F i j	$EF_j=EF_i+FT_F$	$LF_i=EF_j-FT_F$	$FF_i=EF_j-FT_F-EF_i$	(1)令$EF_j=EF_i$ (2)若$EF_j-EF_i\leqslant FT_F$, 则当满足； 否则令 $EF_i=EF_j-FT_F$
ST_F	ST_F i j	$EF_j=ES_i+ST_F$	$LS_i=LF_j-ST_F$	$EF_i=EF_j-ST_F-ES_i$	(1)令$ES_j=ES_i$ (2)若$EF_j-ES_i\leqslant ST_F$, 则满足； 否则令 $ES_i=EF_j-ST_F$

5. 计算案例

现以一个有搭接关系的单代号网络图为例，介绍单代号网络图的计算过程和公式的应用。

某工程的活动见表10-3。

表10-3　某工程活动表示

<table>
<tr><td>工程活动</td><td>A</td><td>B</td><td>C</td><td>D</td><td>E</td><td>F</td><td colspan="2">G</td><td>H</td><td>I</td><td colspan="2">J</td><td>K</td></tr>
<tr><td>持续时间</td><td>2</td><td>12</td><td>6</td><td>10</td><td>4</td><td>4</td><td colspan="2">6</td><td>4</td><td>6</td><td colspan="2">4</td><td>2</td></tr>
<tr><td>紧前活动</td><td>—</td><td colspan="4">A</td><td>B、C</td><td colspan="2">F</td><td>D</td><td>E</td><td>G</td><td>H</td><td>I、J</td></tr>
<tr><td>搭接关系</td><td>—</td><td colspan="4">FT_S</td><td>FT_S</td><td>ST_S</td><td>FT_F</td><td>FT_S</td><td>FT_F</td><td>FT_S</td><td>FT_S</td><td>FT_S</td></tr>
<tr><td>搭接时距</td><td></td><td colspan="4">0</td><td>0</td><td>2</td><td>3</td><td>0</td><td>10</td><td>0</td><td>MA=2</td><td>0</td></tr>
</table>

（1）作出单代号网络图，见图10-12。

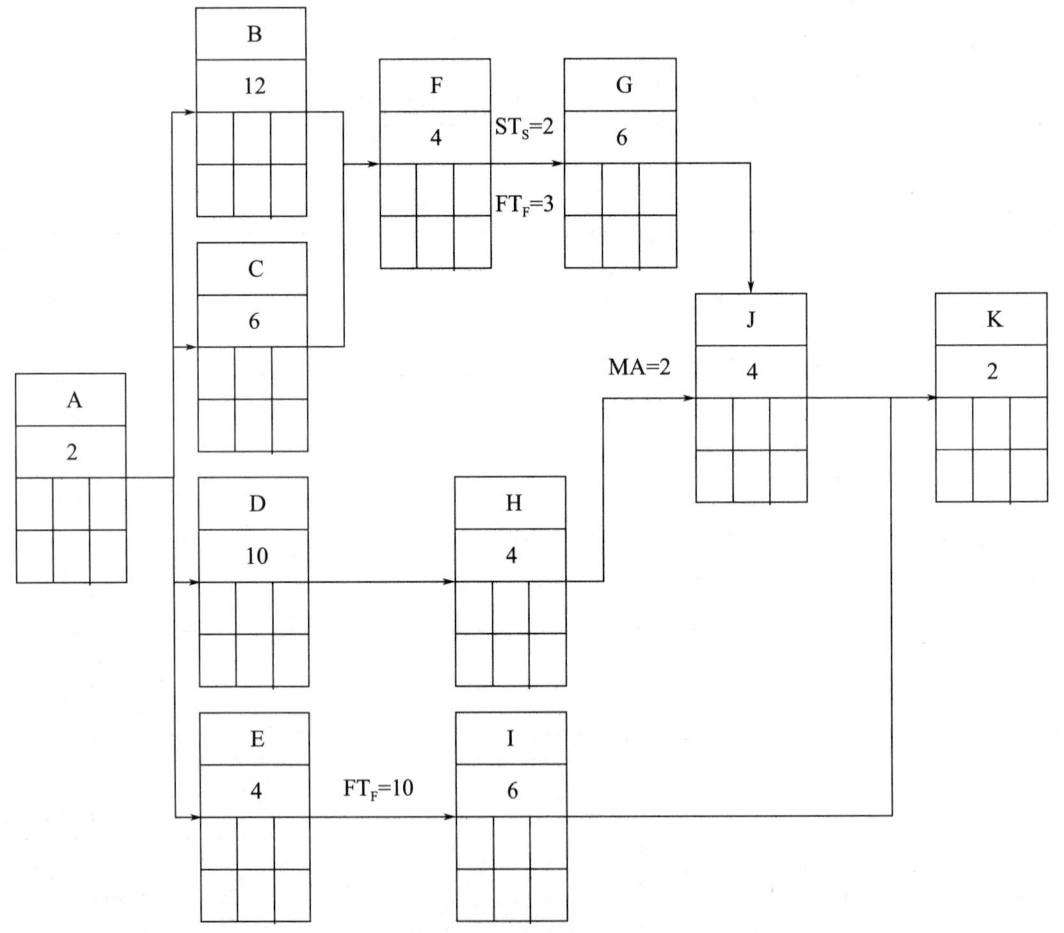

图10-12　单代号网络图

（2）最早时间计算　由于工程活动的最早时间（ES和EF）由项目的开始时间决定，所以最早时间计算从首节点开始，按规定的项目开始日期，顺着箭头方向向箭尾方向逐步计算。

① 设定首节点ESA=0，该日期为项目开始日期。那么依据表中的计算公式得到

$$EF_A=ES_A+D_A=0+2=2$$

② 按活动之间的搭接关系，用表中的公式计算A的紧后活动的ES和EF。

由于A、B为FT_S的关系，则

$$EF_B=EF_A+FTS_{AB}=2+0=2$$

$$EF_B=ES_B+D_B=2+12=14$$

同理，可以算出C、D、E等结点的最早时间分别为

$$ES_C=2,EF_C=8；\quad ES_D=2,EF_D=12；\quad ES_E=2,EF_E=6$$

由于活动之间存在复杂的逻辑关系，可能会导致有些活动的ES<0的情况，对此可以令ES=0。

对F：由于F前有两个紧前工作，最早时间计算时取最大值

$ES_F=\max\{EF_B+FTS_{BF},EFC+0\}=\max\{14+0,8+0\}=14$，同理可得$EF_F=18$

同理可以得出其他工作的最早时间。

③ 确定总工期（TD）。总工期为终点节点的最早结束时间的最大值。

本题中，$TD=\max(EF_K)=28$

④ 最迟时间（LS、LF）的计算。最迟时间计算由结束节点开始，逆箭头向首节点逐个推算。

令$LF_K=TD=28$，则 $LS_K=LF_K-D_K=28-2=26$

参照计算表中的公式，当一个活动有几个紧后工作时，取这几条线路中计算结果最小值。如果遇到一些特殊的搭接关系时，可能出现LF>TD的情况，对此，令LF=TD。

活动J只有一个紧后活动K：LFJ=LSK–FTSJK=26–0=26

则 LSJ=LFJ–DJ=26–4=22

同理也可以算出其他只有单个紧后工作的活动最迟时间。当搭接关系中出现MA时，要检验一下搭接时距是不是符合MA的约束。

对于F活动，尽管只有一个紧后活动G，但F和G之间有双重逻辑关系，则需要计算两次，然后取其中的最小值。

$LS_F=\min\{LF_G-FTF_{FG},LS_G-STS_{FG}\}=\min\{22-3,16-4\}=14$，同时可得 $LF_F=18$

同理可以计算出其他的节点最迟时间。

⑤ 计算总时差(TF)。一个活动的总时差是不影响总工期的最大机动时间，这个参数很容易计算

$$TF_i=LS_i-ES_i=LF_i-EF$$

⑥ 计算自由时差(FF)。自由时差是指这个活动不影响其他活动的机动时间，必须考虑该活动与其他活动的搭接关系来计算，当遇到MA逻辑时，不仅要考虑紧后活动，还可能要考虑紧前活动不受影响，因此，有多重搭接关系时，每重搭接关系都得算出一个自由时差，从中取最小值为该活动节点的自由时差。

⑦ 找出关键路径。由总时差和自由时差为零的活动组成的线路就是关键路径，工程的工期由关键路径决定。

本案例的计算结果如图10-13所示。

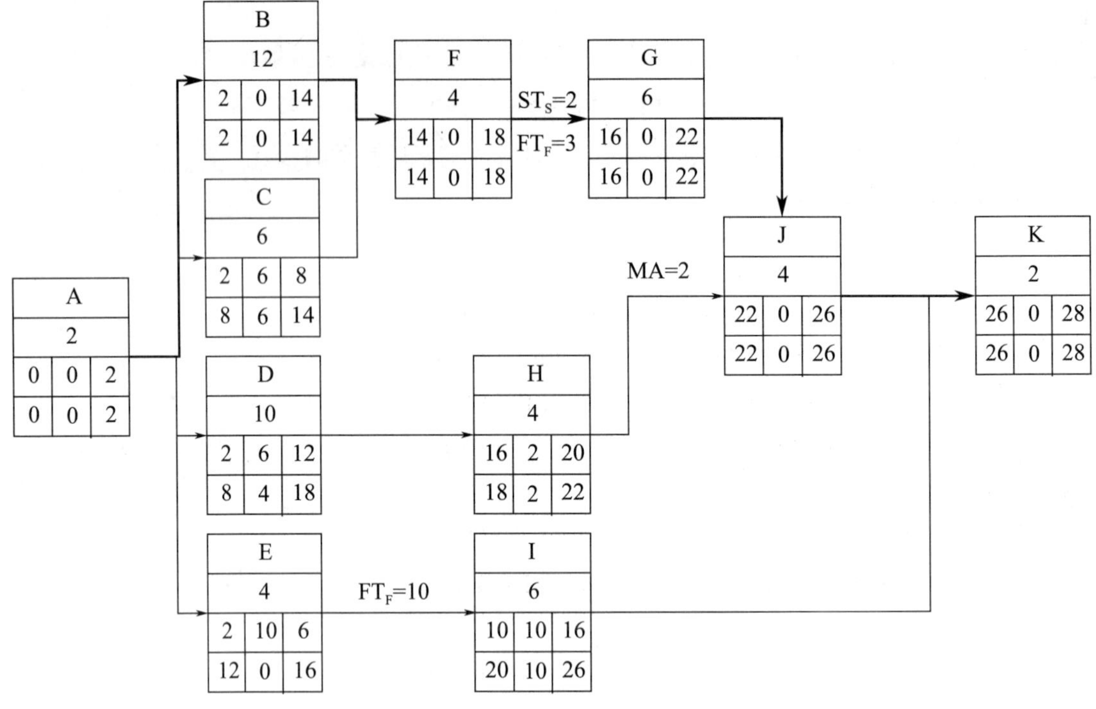

图10-13 计算结果

工程总工期为28，关键路径为A→B→F→G→J→K组成的线路。

四、关于关键路线法

1. 基本概念

关键路线法(CPM)是一种计划管理方法。它是通过分析项目过程中哪个活动序列进度安排的总时差最少来预测项目工期的网络分析方法。它用网络图表示各项工作之间的相互关系，找出控制工期的关键路线，求得一定工期、成本、资源条件约束下最佳的计划安排，以达到缩短工期、提高工效、降低成本的目的。CPM中工序时间是确定的，这种方法多用于建筑施工和大修工程的计划安排。它适用于有很多作业而且必须按时完成的项目。关键路线法是一个动态系统，它会随着项目的进展不断更新，该方法采用单一时间估计法，其中时间被视为一定的或确定的。

关键路线法是一种网络图方法，最早出现于20世纪50年代，用于对化工工厂的维护项目进行日程安排。这种方法产生的背景是，在当时出现了许多庞大而复杂的科研和工程项目，这些项目常常需要运用大量的人力、物力和财力，因此如何合理而有效地对这些项目进行组织，在有限资源下以最短的时间和最低的成本费用完成整个项目就成为一个突出的问题，这样CPM就应运而生了。

2. 关键路线法控制原理

关键路线法是应用网络模型描述工程项目所有活动的内容和顺序关系，据此选择最优计划方案的一种计划管理方法，英文缩写为CPM。关键路线法是美国杜邦公司在1957年研究成功的。利用关键路线法能在网络模型上直观地分析大型工程项目所需时间和费用的关系，找到缩短工程日期和节约费用的关键所在。

采用关键路线法时常用关键网络线路图（CPM图）中有关活动、后续活动、平行活动、虚拟活动的定义和绘制规则，以及节点最早开始时刻、节点最迟完成时刻、活动宽裕时间等的计算方法完全与计划协调技术相同。应用关键路线法制订工程进度计划时，有关活动所需时间和费用都有标准定额可查，不必重新估计。如果缩短进度计划的日期，则费用必然要相应增加。一般来说时间与费用呈线性关系。

缩短计划日期的方法具体步骤是：① 确定需要缩短的日期；② 找出需要缩短的活动路线；③ 确定缩短日期的最优方案;④ 重新绘制网络图。例如若要求缩短计划周期3天,则从网络图中各活动的宽裕时间T中减去3天，可得新的网络图。把所有T为负数的活动连接起来，即得到需要缩短的路线。

所以，关键路线法（CPM）是在不考虑任何资源限制的情况下，在给定活动持续时间、逻辑关系及其他制约因素下，分析项目关键路径的进度网络分析技术；该方法沿着项目进度网络路径进行顺推与逆推分析，计算出全部活动理论上的最早开始与完成日期、最晚开始与完成日期。关键路线法是时间约束性进度网路分析工具，应用关键路线法可以使工作尽早安排。进度安排的弹性大小由活动浮动时间决定，浮动时间小于等于零的路线定义为关键路线，关键路线上的进度活动称为“关键活动”。关键路线法关注的重点是活动的浮动时间。关键路线上的箭线通常是用双线或加粗线来表示。

第四节　城市建设工程进度控制管理与实施

一、进度控制的措施和主要任务

（一）工程项目进度控制措施

1.进度控制四大措施

进度控制的四大措施应包括：组织措施、技术措施、经济措施、合同措施。

2.四大措施主要内容

（1）组织措施

① 建立进度控制目标体系，明确工程现场监理机构进度控制人员及其职责分工。② 建立工程进度报告制度及进度信息沟通网络。③ 建立进度计划审核制度和进度计划实施中的检查分析制度。④ 建立进度协调会议制度，包括协调会议举行的时间、地点、参加人员等。⑤ 建立图纸审查、工程变更和设计变更管埋制度。

（2）技术措施

① 审查承包商提交的进度计划，使承包商能在合理的状态下施工。② 编制进度控制工作细则，指导监理人员实施进度控制。③ 采用网络计划技术及其他科学适用的计划方法，并结合计算机的应用，对建设工程进度实施动态控制。

（3）经济措施

① 及时办理工程预付款及工程进度款支付手续。② 对应急赶工给予优厚的赶工费用。③ 对工期提前给予奖励。④ 对工程延误收取误期损失赔偿金。

（4）合同措施

① 推行CM承发包模式，对建设工程实行分段设计、分段发包和分段施工。② 加强合同管理，协调合同工期与进度计划之间的关系，保证进度目标的实现。③ 严格控制合同变更，

对各方提出的工程变更和设计变更，监理工程师应严格审查后再补入合同文件之中。④ 加强风险管理，在合同中应充分考虑风险因素及其对进度的影响，以及相应的处理方法。⑤ 加强索赔管理，公正地处理索赔。

（二）项目工程控制工作的主要任务内容

1. 施工前进度控制

① 确定进度控制的工作内容和特点、控制方法和具体措施，进度目标实现的风险分析，以及还有哪些尚待解决的问题。

② 承包单位编制施工组织总进度计划，对工程准备工作及各项任务做出时间上的安排。

2. 审批进度计划

① 承包单位应根据建设工程施工合同的约定，按时编制施工总进度计划、季度进度计划、月进度计划，并按时填写《施工进度计划报审表》，报项目监理部审批。

② 审批工程进度计划的重点内容

a. 所动用的人力和施工设备是否能满足完成计划工程量的需要。b. 基本工作程序是否合理、实用。c. 施工设备是否配套，规模和技术状态是否良好。d. 如何规划运输通道。e. 工人的工作能力如何。f. 工作空间分析。g. 是否已预留足够的清理现场时间，材料、劳动力的供应计划是否符合进度计划的要求。h. 分包工程计划。i. 临时工程计划。j. 竣工、验收计划。k. 可能影响进度的其他施工环境和技术问题。

③ 监理工程师应根据本工程的条件（工程的规模、质量标准、复杂程度、施工的现场条件等）及施工队伍的条件，全面分析承包单位编制的施工总进度计划的合理性、可行性。

④ 施工总进度计划应符合施工合同中竣工日期规定，可以用横道图或网络图表示，并应附有文字说明。监理工程师应对网络计划的关键线路进行审查、分析。

⑤ 对季度及年度进度计划，应要求承包单位同时编写主要工程材料、设备的采购及进场时间等计划安排。

⑥ 项目监理部应对进度目标进行风险分析，制定防范性对策，确定进度控制方案。

⑦ 总进度计划经总监理工程师批准实施，并报送建设单位，需要重新修改，应限时要求承包单位重新申报。

3. 进度计划的实施监督

① 项目监理部应依据总进度计划，对承包单位实际进度进行跟踪监督检查，实施动态控制。

② 应将月检查月实际进度与月计划进度比较的结果进行分析、评价，发现偏离应签发《监理通知》，要求承包单位及时采取措施，实现计划进度目标。

③ 要求承包单位每月25日前报《（　月）工、料、机动态表》。

4. 工程进度计划的调整

① 发现工程进度严重偏离计划时，总监理工程师应组织监理工程师进行原因分析，召开各方协调会议，研究应采取的措施，并应指令承包单位采取相应调整措施，保证合同约定目标的实现。总监理工程师应在监理月报中向建设单位报告工程进度和所采取的控制措施的执行情况，提出合理预防由建设单位原因导致的工程延期及其相关费用索赔的建议。

② 必须延长工期时，应要求承包单位填报《工程延期申请表》，报项目监理部。

③ 监理工程师依据施工合同约定，与建设单位共同签署《工程延期审批表》，要求承包

单位据此重新调整工程进度计划。

5.施工后进度控制

施工后进度控制是指完成工程后的进度控制工作，包括：组织工程验收，处理工程索赔，工程进度资料整理、归类、编目和建档等。

二、关于赶工和赶工期问题

（一）基本概念与问题

1.赶工和赶工期

赶工一般是指在施工进行过程中，对成本和进度进行权衡，确定在尽量少增加费用的前提下最大限度地缩短项目所需要的时间。赶工赶进度并非总能产生可行的方案，有时反而常常增加成本。

赶工期则有两种含义，一种跟赶工概念类似，就是尽量赶时间，争取在尽可能短的时间内完成工程；另一种则是甲乙方签订的合同工期要短于正常的定额工期，出现为了履行合同而赶工，力争达成合同工期要求的情况。这个时候由于合同工期不少情况较明显地小于定额工期，施工单位会出现迫于压力而不顾客观实际情况一味加快进度和投入以求一逞的情况。

无论赶工或赶工期，实质上都是赶进度、争时间，希望缩短工期的一种举动和行为。我们常把这种行为称为“赶工”或“赶进度”。

2.“赶工”或“赶进度”一般路径

无论如何赶工或赶进度，其一般实施路径基本有两条：一是增加人力、物力（机械设备等）投入，提高单位时间完成的工作数量，实际是加快了完成工作的速度、进度；二是加班，延长工作时间，主要是加夜班，“挑灯夜战”是这种赶工的典型写照。

应该说这两种方法在实际工作中都是有效的，当然赶工会增加的额外的费用，甲方提出的情况下，甲方需要多增加赶工费。

（二）常用的赶工措施内容及其分析

1.经济措施

经济措施是指实现进度计划的资金保证措施。增加资源投入，这是最常用的办法，如增加劳动力、材料、周转材料和设备的投入量等。但这种方法会带来如下同题。

① 造成费用的增加，如增加人员的调遣费用、周转材料一次性费用、设备的进出场费用等。

② 由于增加资源造成资源使用效率的降低。

③ 加剧资源供应的困难，如果部分资源没有增加的可能性，则加剧分项工程之间或工序之间对资源的激烈竞争。

2.技术措施

技术措施主要是指采取加快施工进度的技术方法。

① 改善工具、器具以提高劳动效率，

② 提高劳动生产率，主要通过辅助措施和合理的工作过程，但需要注意如下问题。

a.加强培训。这也会增加费用，而且需要时间，通常培训应尽可能提前。b.注意工人级别与工人技能的协调。c.工作中的激励机制，如奖金、小组精神发扬、个人负责制、目标明确。d.改善工作环境及工程的公用设施（需要花费）。e.施工小组时间上和空间上合理的组合和搭接。f.避免施工组织中的矛盾，多沟通。

③ 改变网络计划中工程活动的逻辑关系，如将前后顺序工作改为平行工作，或采用流水施工的方法，但这又可能产生如下问题。

a.工程活动逻辑上的矛盾性；b.资源的限制，平行施工要增加资源的投入强度，尽管投入总量不变；c.工作面限制及由此产生的现场混乱和低效率问题。

④ 将一些工作合并，特别是在关键线路上按先后顺序实施的工作合并，与实施者一起研究，通过局部调整实施过程和人力、物力的分配，达到缩短工期的目的。

⑤ 修改实施方案，如将现浇混凝土改为场外预制，现场安装，这样可以提高施工速度。例如，在某一国际工程中，原施工方案为现浇混凝土，工期较长。进一步调查发现该国技术人员缺乏，劳动力的素质和可培训性较差，无法保证原工期，后来采用预制装配施工方案，则大大缩短了工期。当然，这一方面必须有可用的资源，另一方面又可能会造成成本的超支。

3.合同措施

合同措施是指对分包单位签订施工合同的合同工期与有关进度计划目标相协调。

4.组织措施

组织措施主要是落实各层次进度控制的人员、具体任务和工作责任；建立进度控制的组织系统；按照施工工程的结构、进展的阶段或合同结构等进行工程分解，确定其进度目标，建立控制目标体系；确定进度控制工作制度，如检查时间、方法、协调会议时间、参加人等；对影响进度的因素进行分析和预测。

① 重新分配资源，如将服务部门的人员投入到生产中去，投入风险准备资源，采用加班或多班制工作。

② 减少工作范围，包括减少工作量或删去一些工作（或分项工程），但这可能产生如下影响。

a.对工程的完整性，经济、安全、高效率运行产生影响，或提高工程运行费用。b.必须经过上层管理者，如投资者、建设单位的批准。

5.信息管理措施

信息管理措施是指不断地收集施工实际进度的有关资料进行整理统计与计划进度比较，定期地向建设单位提供比较报告。

6.采取措施时应注意的问题

① 在选择措施时，要考虑到以下问题：

a.赶工应符合工程的总目标与总战略。b.措施应是有效的、可以实现的。c.花费比较省。d.对工程的实施、承包商及供应商的影响面较小。

② 在制订后续工作计划时，这些措施应与工程的其他过程协调。

③ 在实际工作中，人们常常采用了许多事先认为有效的措施，但实际效力却很小，常常达不到预期的缩短工期的效果。原因有以下几个方面：

a.这些计划是无正常计划期状态下的计划，常常是不周全的。b.缺少协调，没有将加速的要求、措施、新的计划、可能引起的问题通知相关各方，如其他分包商、供应商、运输单位、设计单位。c.人们对之前造成拖延的问题的影响认识不清。例如，由于外界干扰，到目前为止已造成两周的拖延，实质上，这些影响是有惯性的，还会继续扩大。因此，即使现在采取措施，在一段时间内，其效果是很小的，拖延仍会继续扩大。

（三）赶工管理控制的基本原则

1. 选调精干队伍

配备专业的施工队负责本工程的施工。

2. 加强机具设备配备和投入

在设备保障上根据本工程的施工特点和工期要求，调配精良设备，实现机械化施工。根据现场实际需要随时抽调新的机械设备、人员充实一线施工，确保满足现场施工需要。

3. 强化组织指挥

采取项目法管理，在项目经理的带领下，各部室密切配合，加强同地方及兄弟单位的合作，指挥协调好各施工队的施工，做到紧张有序。

4. 加强动员教育，开展劳动竞赛

5. 合理计划、精心组织，认真贯彻落实业主下达和自己制定的施工计划

按业主总工期和年度施工计划要求，项目部将根据实际施工情况制定出详细的周计划、月计划和年度计划，做到“年保月，月保周”。同时做好雨季计划和安排，充分利用施工期间的每一天。施工中将按照制定的计划全面落实，做到“不欠账，不拖后腿”。

6. 加强资金保障

认真做好工程价款的计量支付工作，对已完工程，及时取得监理方的确认，及时取得各期工程预付款。加强资金管理，制定详细的资金使用计划。整个工程项目实行“一个账号一本账”，工程用款专款专用，不挪作他用。加强成本费用控制，最大限度减少地非生产性开支。

7. 狠抓关键工序的施工

项目部将指定专人负责控制工序的施工，给予控制工序一定的优惠条件，确保控制工序的不间断施工，施工进展情况每日向指挥部汇报，做到时时控制。

8. 编制相关赶工计划和方案

包括各单位工程及各施工阶段所需的工期，最早开始和最迟结束时间；各单位工程及各施工阶段所需要完成的工程量；各单位工程及各施工阶段所需配备的劳力和机械数量；各单位工程或分部工程的施工方案和施工方法；

9. 施工队伍和主要施工设备的调配顺序

10. 现场工作会议

在工地现场，需要时由项目经理或主任工程师主持，监理工程师参加，召开现场工作会议。在会上，对工程进度，质量存在的问题、资金情况进行研究讨论，解决施工中存在的问题。

三、关于实施赶工措施的一个示例

××项目6#栋主体结构赶工实施措施落实示例

1. 示例背景

××项目6#栋自开工以后，施工人数一直不足，地下室施工进度比计划滞后约50天，8

层以下主体结构比计划滞后约65天，6#栋处在交房关键线路上，主体结构进度严重滞后情况已影响项目能否在2012年年底如期交房。

为了完成6#栋主体结构在2012年1月15前顺利封顶目标，项目部多次与总包沟通，督促总包尽快调整施工资源、增加6#栋施工人手，要求总包及时采取：增加施工人数、更换技能较高的施工班组、增加梁板模板、在作业层增加卸料平台、于气温低的天气在主体结构混凝土中添加早强剂等赶工措施，在赶工的同时要采取有效措施保证工程质量，要保质保量完成施工任务；项目在采取赶工措施后，施工管理人员与施工班组信心倍增，热情高涨，施工班组之间紧密配合，施工步骤有条不紊，施工进度明显加快，在2012年1月8日，6#栋顺利完成主体结构封顶。

2.6#栋工程进度滞后原因分析

① 地下室与主体8层以下施工过程中，总包劳动力人数不足,施工材料未能及时到位，加之原劳务队伍操作水平低、工效差、施工进度缓慢，导致地下室及8层以下主体结构施工进度比计划滞后约65天。

② ××工程股份有限公司在建项目较多，资源需求总量大，对本项目投入不足，影响工程进度。

③ 地下室顶板混凝土浇筑完成时间比施工合同约定滞后50多天，8层以下主体结构进度比合同滞后60多天，给后续工程的施工造成较大压力，分包方多次口头通知总包采取措施，并发函要求加快工程进度，按期完成主体结构封顶和竣工交房目标。

④ 为了确保6#栋在2012年1月15日前封顶，总包针对原有木工班组施工技能较差、工效较低等因素，决定更换6#栋原来木工班组，换成技能较好、善于打硬仗的江苏本地的木工班组，同时大幅增加木工人数；在增加人数的同时增加梁板的模板套数和卸料平台以加快周转材的转运速度；为加快混凝土拆模时间，在气温较低时在混凝土中添加早强剂，并利用晚上浇筑混凝土，适当延长作业时间。在采取以上措施后，施工进度明显加快。在赶工的同时，要求加强质量管理，加大现场巡查力度，发现问题后及时发函至总包尽快整改，优质高速地完成了6#栋主体结构在春节前封顶的任务。

3.赶工措施落实经验总结

① 合同的执行是项目管理的基础，施工合同是双方责权的约定，只有严格执行合同的完整、严肃性才能管好项目，甲乙双方的责、权、利才能得到保障，项目的质量、进度等目标才能顺利完成。

② 项目的成功与优秀的总包密切相关，优秀的总包应包括在劳动力、周转材料、资金投入度，后续项目总包合同应明确总包的劳动力计划、材料计划（尤其是模板、钢管）、资金投入量等资源投入量，以避免施工过程中总包无材料也无劳动力的窘境出现。

③ 近几年，房地产业飞速发展，建筑施工单位良莠不齐，劳动力全国性紧缺，建筑工人整体素质明显下降，工程建筑施工质量整体下降，一支优秀的劳动力队伍与项目的进度、质量、安全息息相关。选择优秀的总包关键是挑选一支搭配齐全、操作技能较高的施工班组，在目前形势下，精心挑选优秀劳务队伍成为工程管理的重要工作。

④ 总包管理是项目管理的关键工作之一，如何在工程管理中充分调动总包的积极性，是项目施工管理顺利实施的重要环节。制订奖罚制度，做到有奖有罚，理解总包面临的实际困难，尽可能为总包解决一些实际问题，调动其积极性，加强总包管理与总包对分包的协调，充分发挥总包在工程建设中的主观能动作用。

第十一章　城市建设工程质量控制

11 Chapter

第一节　建设工程质量控制概述

一、建设工程质量及其控制

（一）建设工程质量

1. 建筑工程质量概念

建筑工程质量是指在国家现行的有关法律、法规、技术标准、设计文件和合同中，对工程的安全、适用、经济、环保、美观等特性的综合要求。组成一个建设项目的全部工程项目质量因素总和就是建设工程质量。有时建筑工程质量和建设工程质量也通用。

2. 建设工程质量特点

与一般的产品质量相比较，建筑工程质量具有如下一些特点：影响因素多、隐蔽性强、终检局限性大、对社会环境影响大、建筑工程项目周期长等。

① 影响因素多。体现在建筑工程项目从筹建开始决策、设计、材料、机械、环境、施工工艺、管理制度以及参建人员素质等均直接或间接地影响建筑工程质量。

② 隐蔽性强。终检局限性大体现在目前建筑工程存在的质量问题，一般事后表面上看质量尽管很好，但是这时可能混凝土已经失去了强度，钢筋已经被锈蚀得完全失去了作用，诸如此类的建筑工程质量问题在工程终检时是很难通过肉眼判断出来的，有时即使使用了检测仪器和工具，由于检验量大，容易漏检，也不一定准确地发现问题。

③ 对社会环境影响大。体现在与建筑工程规划、设计、施工质量的好坏有密切联系的不仅仅是建筑的使用者，而是整个社会。建筑工程质量直接影响人民群众的生产生活，而且还影响着社会可持续发展的环境，特别是绿化、环保和噪声等方面的问题。因此建设工程的质量控制管理问题就成为城市建设工程管理中的重要问题。

（二）影响建设工程质量的主要因素

在业主建设资金充足的情况下，影响建筑工程质量的因素归纳起来主要有五个方面，即人（Man）、材料（Material）、机械（Machine）、方法（Method）和环境（Environment），简称为4M1E因素。

1. 人员因素

人是生产经营活动的主体，人员的素质将直接和间接地对规划、决策、勘察、设计和施工的质量产生影响，而规划是否合理，决策是否正确，设计是否符合所需要的质量功能，施工能否满足合同、规范、技术标准的需要等，都将对建筑工程质量产生不同程度的影响，所以人员素质是影响工程质量的一个重要因素。

2. 工程材料

工程材料泛指构成工程实体的各类建筑材料、构配件、半成品等，它是工程建设的物质条件，工程材料选用是否合理、产品是否合格、材质是否经过检验、保管使用是否得当等，都将直接影响工程质量。

3. 机械设备

机械设备可分为两类：一是指组成工程实体及配套的工艺设备和各类机具，如电梯；二是指施工过程中使用的各类机具设备，如各类测量仪器和计量器具等，简称施工机具设备。机具设备对工程质量也有重要的影响。工程用机具设备其产品质量优劣直接影响工程使用功能质量。

4. 工艺方法

工艺方法是指施工现场采用的施工方案，包括技术方案和组织方案。前者如施工工艺和作业方法，后者如施工区段空间划分及施工流向顺序、劳动组织等。在工程施工中，施工方案是否合理，施工工艺是否先进，施工操作是否正确，都将对工程质量产生重大的影响。大力推进采用新技术、新工艺、新方法，不断提高工艺技术水平，是保证工程质量稳定提高的重要因素。

5. 环境条件

环境条件是指对工程质量特性起重要作用的环境因素，包括：工程技术环境，如工程地质、水文、气象等；工程作业环境，如施工环境作业面大小、防护等；工程管理环境，主要指工程实施的合同结构与管理关系的确定等；周边环境，如工程邻近的地下管线、建（构）筑物等。环境条件往往对工程质量产生特定的影响。

（三）建设工程质量控制

是指遵循坚持质量第一、预防为主、质量标准、以人为核心和严肃认真的工作态度等原则，致力于满足业主需要，符合国家法律、法规、技术规范标准、设计文件及合同规定的要求，建立建设工程质量责任体系，落实建设工程质量管理制度，确保建设工程质量水平，提高建设工程质量效益的体制性工作。

二、建设工程质量控制的意义

1. 工程质量是工程效益的根本关键性问题

工程质量控制是指为保证和提高工程质量，运用一整套质量管理体系、手段和方法所进行的系统管理活动。工程质量好与坏，是一个根本性的问题。工程项目建设，投资大，建成及使用时期长，只有合乎质量标准，才能投入生产和交付使用，发挥投资效益，结合专业技术、经营管理和数理统计，满足社会需要。世界上许多国家对工程质量的要求，都有一套严密的监督检查办法。在中国，自1984年开始，改变了长期以来由生产者自我评定工程质量的做法，实行企业自我监督和社会监督相结合，大力加强社会监督。

开展大规模的城市建设，不断推进的城市化进程，特别是许多有重大历史性影响的现代基础设施、公共设施建设工程，如三峡工程、南水北调工程、大型污水处理环保工程项目，城市地铁、航空、水运、道桥、隧道、港口交通运输项目，电信、通信、信息网络等邮电通信项目，以及石油、煤炭、天然气、电力等能源动力项目，还有高档CBD、城市综合体等大型综合化新型城市建筑群等建设工程项目建设，其工程建设质量更是根本涉及功在当代、利在千秋的大事情。工程质量直接、长久地影响着工程效益的发挥，是保证工程效益的根本性、前提性的关键因素。建设工程质量控制是城市建设工程管理的关键性工作。

2.建设工程质量低下将造成严重危害

（1）工程质量通病影响建设工程使用　在工程建设中，一些质量通病还是时有发生，这些通病，有的缩短了建筑物和构筑物的使用年限，有的直接影响了建筑物和构筑物的使用安全，有的影响了建筑物和构筑物的使用功能。施工组织不合理，各工种之间的协调配合不好，专业工种之间各自为政地进行施工，结果相互干扰、相互破坏，影响了工程质量，是导致工程质量通病的重要原因。比如有些工程主体施工结束后，水、电等其他专业队伍才开始进行施工，因此违背了施工程序，造成在承重墙、梁、板、柱上随意凿沟开洞，成为破坏主体结构甚至影响结构安全的质量通病。由于弱电工程的设计往往与主体结构施工不同步，有的在装饰工程已经大部分完成后才进行施工，因此出现的以上问题就更为严重。再有，由于对混凝土搅拌站的管理重视不够、制度不健全或不落实，造成混凝土配比计量偏差过大，严重影响了混凝土的强度。这些通病的发生，引起了人们对工程质量问题的投诉，成为社会的热点话题。

（2）楼倒桥塌的悲剧造成巨大的社会损失和灾难　近年来，在建设工程领域出现楼倒桥塌，造成人员伤亡、人民群众生命财产遭受重大损失的特大、重大工程质量安全事故时有所闻。这种重大质量事故一旦发生，就是重大灾难。这些惨重痛心的教训，必然要求我们高度重视城市建设工程质量控制工作，最大限度地加强工程质量的管理和控制，力争把损失和灾难程度降到最低。

（3）加强建设工程质量控制是全社会的要求　住房是百姓最关注的话题之一，涉及国计民生的各类城市基础设施和公共设施等建筑物和构筑物的工程质量关系到全社会的利益和要求，房屋质量直接关系到市民百姓的幸福生活。近年来，随着房地产市场的活跃，城市基础设施、公共设施建设加快，住宅产品工程质量投诉日益增多，商品房质量已成为社会关注的一个热点和难点问题。工程质量直接关系人民群众切身利益、国民经济投资效益和建筑业可持续发展。为规范建筑市场秩序，有效保障工程质量，促进建筑业持续健康发展，2015年9月，住建部在全国开展了工程质量治理两年行动，以前所未有的规模、力度和决心治理工程建设领域的质量问题，各地党委和政府主管建设的行政部门，也围绕工程质量治理开展了一系列专项活动，以实际行动助推建设工程质量的提升。

该行动要求通过两年治理行动，规范建筑市场秩序，落实工程建设五方主体项目负责人质量终身责任，遏制建筑施工违法发包、转包、违法分包及挂靠等违法行为多发势头，进一步发挥工程监理作用，促进建筑产业现代化快速发展，提高建筑从业人员素质，建立健全建筑市场诚信体系，使全国工程质量总体水平得到明显提升。该行动提出了6条具体行动重点任务：一是全面落实五方主体项目负责人质量终身责任；二是严厉打击建筑施工转包违法分包行为；三是健全工程质量监督、监理机制；四是大力推动建筑产业现代化；五是加快建筑市场诚信体系建设；六是切实提高从业人员素质。

三、《建设工程质量管理条例》

国务院令279号《建设工程质量管理条例》共9章总82条。主要明确了建设工程质量管理的责任单位和各责任单位的责任和义务，并对建设工程保修和建设工程质量管理的相关监督管理行为及其守则作了要求和明确。《建设工程质量管理条例》（2-16最新版），明确了建设单位、勘察设计单位、施工单位、工程监理单位的质量责任和义务，完善了建设工程质量保修制度和监督管理制度以及罚则等内容，是从事建设工程质量管理工作的依据、要求和守则，也是工作指南。

第二节　建设工程全面质量管理

一、建设工程全面质量管理概述

（一）建设工程全面质量管理

全面质量管理，在一般管理学意义上是指全过程、全企业、全人员的质量管理。对于建设工程质量管理而言，更注重引进全面质量管理思想和手段，注重对建设项目全过程、全参与方、全人员的质量管理行动。

（二）全过程、全参与方、全人员工程质量管理

（1）全过程　主要包括项目可行性研究阶段、项目建设决策阶段、勘察与设计阶段、工程施工阶段、竣工验收阶段5个阶段。应该说，项目可行性研究阶段的工作及成果直接影响决策和设计质量。

（2）全参与方　《建设工程质量管理条例》明确建设单位、勘察单位、设计单位、施工单位、工程监理单位依法对建设工程质量负责。

① 项目业主的质量责任。项目业主要根据建筑工程特点和技术要求，按有关规定选择相应资质等级的勘察、设计和施工单位，在合同中必须有质量条款，明确质量责任，并真实、准确、齐全地提供与建筑工程有关的原始资料。凡建筑工程项目的勘察、设计、施工、监理以及建筑工程建设有关重要设备材料等的采购，均实行招标，依法确定程序和方法，择优选定中标者。建筑工程项目业主对其自行选择的设计、施工单位发生的质量问题承担相应责任。

② 勘察、设计单位的质量责任。勘察、设计单位必须在其资质等级许可的范围内承揽相应的勘察设计任务，不许承揽超越其资质等级许可范围以外的任务，不得将承揽的工程转包或违法分包，也不得以任何形式用其他单位的名义承揽业务或允许其他单位或个人以本单位的名义承揽业务。

③ 施工单位的质量责任。施工单位必须在其资质等级许可的范围内承揽相应的施工任务，不许承揽超越其资质等级许可范围以外的任务，不得将承接的工程转包或违法分包，也不得以任何形式用其他单位的名义承接工程或允许其他单位或个人以本单位的名义承接工程。施工单位对所承包的建筑工程项目的施工质量负责。应当建立健全质量管理体系，落实质量责任制，确定建筑工程项目的项目经理、技术负责人和施工管理负责人。

④ 工程监理单位的质量责任。工程监理单位应按其资质等级许可的范围内承担工程监理业务，不许超越资质等级许可的范围或以其他工程监理单位的名义承担工程监理业务，不得转让监理业务，不许其他单位或个人以本单位名义承担工程监理业务。工程监理单位应依照法律、法规和有关技术标准和建设工程承包合同，与项目业主签订监理合同，代表项目业主对建筑工程质量实施监理，并对建筑工程质量承担监理责任。

（3）全人员　参加建设管理及施工人员的质量包括参与工程施工与管理各类人员的施工技能、管理水平、文化素养、生理体能、心理行为等方面的个体素质，以及经过合理组织和激励发挥个体潜能综合形成的群体素质。因此，应通过择优录用、加强思想教育及技能方面的教育培训，合理组织、严格考核，并辅以必要的激励机制，使企业员工的潜在能力得到充分发挥和最好组合，使施工人员在质量控制系统中发挥主体自控作用。

施工企业必须坚持执业资格注册制度和作业人员持证上岗制度；对所选派的施工项目领导者、组织者进行教育和培训，使其质量意识和组织管理能力能满足施工质量控制的要求；对所属施工队伍进行全员培训，加强质量意识的教育和技术训练，提高每个作业者的质量活动能力和自控能力；对分包单位进行严格的资质考核和施工人员的资格考核，其资质、资格必须符合相关法规的规定，与其分包的工程相适应。

二、全过程建设工程质量控制

（一）可行性研究阶段的质量管理

可行性研究阶段的质量是整个工程项目的关键，是质量管理的起点，直接决定着工程项目的前途和命运。其工作内容将直接影响到项目的决策质量和设计质量。项目建议书、可行性研究报告、初步设计文件等，必须严格按照国家规定的要求由具备相应资质的单位编制，编制单位应依据自身的资质等级承担的业务，如达不到规定要求的不予报批。对无资质证书或资质等级达不到要求的勘察、设计、咨询单位编制的文件坚决不予报批。

（二）勘察设计阶段的质量管理

设计阶段是形成质量标准的阶段，设计质量的好坏直接决定了建筑产品的最终质量，如果设计上存在“本质性”的质量缺陷，那么，即使施工质量百分之百符合设计质量要求，生产出来的也只能是伪劣产品。设计阶段的质量管理一般从以下三个方面进行控制。

（1）加强人力资源配置　选派业务能力强、管理水平高、富有经验的技术骨干作为项目的主要设计负责人，各专业设计人员必须搞好配合、会签和校核工作，有效控制接口质量，避免出现专业交叉冲突，确保设计质量总体优良。

（2）方案优选和比较　工程采用的工艺和装备是否先进合理，产品的品种、质量和成本是否有市场竞争力，建筑是否先进、适用，结构是否合理、坚固，以及建设速度的快慢、投资的大小、质量的优劣、效益的高低在很大程度上都取决于设计。因此，项目设计阶段应重点分析设计在技术上是否可行、工艺先进程度、经济的合理化、设备的配套能力等，广泛听取业主、监理、施工单位和使用单位的意见和建议，最终设计出既安全、可靠、技术先进，又经济、合理、质量优良的工程项目。

（3）加强施工图纸的审核　图纸交付使用前，由质量主管部门组织各专业主任工程师、监理单位、建设单位、施工单位、使用单位进行图纸会审，对完成的施工图纸进行质量大检查，参会人员应充分发挥专业优势，提出设计缺陷，将设计差错消灭在萌芽状态，从而使设计工艺得到改进和优化。

（三）工程施工中的质量管理

工程施工是形成工程项目实体的过程，也是工程项目全过程质量管理的关键环节，直接决定项目最终使用质量。

（1）制订质量控制目标　质量控制目标是质量控制预期应达到的程度和水平。在进行质量控制时实施目标管理，可以激发施工人员质量控制的积极性、主动性，使关键问题迅速得到解决。质量控制的目标管理应抓住目标制定、目标展开和目标实现这三个环节。目标制定是根据以往施工中没有解决的问题、没有经验的新产品以及用户的意见和特殊要求等制定，其中同类工程质量通病是最主要的质量控制目标；目标展开就是对目标的分解与落实，细化到每一个操作环节和操作人员；目标实施的中心环节是落实和实施目标责任。各专业、各工序都应以质量控制为中心，进行全方位的管理，从各个侧面发挥对工程质量的保证作用，从而使工程质量控制目标得以实现。

（2）加强全面质量管理意识　管理因素在质量控制中具有举足轻重的作用。质量目标确定后，组织各专业技术骨干和现场施工操作人员，根据施工队伍的自身情况和工程的特点及质量通病，编写施工组织设计，制定具体的质量保证计划和攻关措施，明确实施内容、方法和效果。在实施质量计划和攻关措施的同时，要加强质量自检、互检和交接检，检查结果要定量分析、定性处理直到最后得出结论。对取得的经验要加以总结和推广，并逐步转化为今后质量保证的标准和制度，形成新的质保措施；对暴露出的问题，则要作为以后质量管理的预控目标，严加防范。

（3）严格资质审查　严格关键工程、特殊工种的施工队伍和施工人员的资质审查。为了保证关键工种、特殊工程施工人员的业务素质和技术水平，保证施工质量和施工安全，就要提高技术工人的等级和数量，严格实行上岗考核制度并定期检查。没有国家和行业管理部门颁发的相应上岗证者严禁上岗。

（4）严把材料、机械进场检验关　材料是决定工程质量的关键，有些建材商受利益的驱使，以假乱真，以次充好，有些检验单位也把检验报告当成商品出售。因此，现场材料检验代表不能只看材料的出厂合格证和检验报告，要根据施工单位提供的报验单逐项检查，查看到场的材料是否与检验单一致。对一些明显存在问题的产品要进一步复检，对于不合格的产品必须清除出厂。施工机械也是决定施工进度和施工质量的关键，所有进场的机械必须经过质量检验且有专人负责，制订维修保养和运行计划，责任到人，确保能安全、正常施工。

（5）严肃现场检查制度　有了质量控制目标和质量管理意识，也控制了人、材、机等重要因素，施工项目有序开展和实施拉开序幕。因施工范围大、周期长、麻痹大意的思想难免出现，现场检查制度就显得尤为重要。通常采取“不通知”、“不定点”、“不定时”的“三不”巡检方式，一旦发现问题，及时制止、及时整改，避免了施工质量隐患，保证了监督检查的真实性和实效性，有效预防各工种、各环节出现的质量问题。

（四）工程竣工验收的质量管理

工程完工后，要求施工单位对所建工程进行自检，然后由建设单位对符合竣工验收条件的工程，组织勘察、设计、施工、监理等单位和其他有关方面的专家组成验收组，制定验收方案。一般先审查竣工资料的完整性，再现场排查施工中存在的质量问题，发现问题及时修改，对不能认真自查整改的单位工程，下发整改通知书，整改后验收合格，方能进行下一工序的验收。为保证验收质量，避免表面验收和人情验收，验收的质保资料要按基建档案管理办法进行整理，全体参与人员签字、签章，直至存档。

三、全参与方建设工程质量控制

（一）建设单位的质量责任和义务

① 建设单位应当将工程发包给具有相应资质等级的单位，并不得将建设工程肢解发包。

② 建设单位应当依法对工程建设项目的勘察、设计、施工、监理选择以及与工程建设有关的重要设备、材料等的采购进行招标。

③ 建设单位必须向有关的勘察、设计、施工、工程监理等单位提供与建设工程有关的原始资料。原始资料必须真实、准确、齐全。

④ 建设工程发包单位不得迫使承包方以低于成本的价格竞标，不得任意压缩合理工期；不得明示或者暗示设计单位或者施工单位违反工程建设强制性标准，降低建设工程质量。

⑤ 建设单位应当将施工图设计文件报县级以上人民政府建设行政主管部门或者其他有关部门审查。施工图设计文件未经审查批准的，不得使用。

⑥ 实行监理的建设工程，建设单位应当委托具有相应资质等级的工程监理单位进行监理。

⑦ 建设单位在领取施工许可证或者开工报告前，应当按照国家有关规定办理工程质量监督手续。

⑧ 按照合同约定，由建设单位采购建筑材料、建筑构配件和设备的，建设单位应当保证建筑材料、建筑构配件和设备符合设计文件和合同要求。建设单位不得明示或者暗示施工单位使用不合格的建筑材料、建筑构配件和设备。

⑨ 涉及建筑主体和承重结构变动的装修工程，建设单位应当在施工前委托原设计单位或者具有相应资质等级的设计单位提出设计方案；没有设计方案的，不得施工。房屋建筑使用者在装修过程中，不得擅自变动房屋建筑主体和承重结构。

⑩ 建设单位收到建设工程竣工报告后，应当组织设计、施工、工程监理等有关单位进行竣工验收。建设工程经验收合格的，方可交付使用。

⑪ 建设单位应当严格按照国家有关档案管理的规定，及时收集、整理建设项目各环节的文件资料，建立、健全建设项目档案，并在建设工程竣工验收后，及时向建设行政主管部门或者其他有关部门移交建设项目档案。

（二）勘察、设计单位的质量责任和义务

① 从事建设工程勘察、设计的单位应当依法取得相应等级的资质证书，在其资质等级许可的范围内承揽工程，并不得转包或者违法分包所承揽的工程。

② 勘察、设计单位必须按照工程建设强制性标准进行勘察、设计，并对其勘察、设计的质量负责。注册建筑师、注册结构工程师等注册执业人员应当在设计文件上签字，对设计文件负责。

③ 勘察单位提供的地质、测量、水文等勘察成果必须真实、准确。

④ 设计单位应当根据勘察成果文件进行建设工程设计。设计文件应当符合国家规定的设计深度要求，注明工程合理使用年限。

⑤ 设计单位在设计文件中选用的建筑材料、建筑构配件和设备，应当注明规格、型号、

性能等技术指标，其质量要求必须符合国家规定的标准。除有特殊要求的建筑材料、专用设备、工艺生产线等外，设计单位不得指定生产厂、供应商。

⑥ 设计单位应当就审查合格的施工图设计文件向施工单位作出详细说明。

⑦ 设计单位应当参与建设工程质量事故分析，并对因设计造成的质量事故，提出相应的技术处理方案。

（三）施工单位的质量责任和义务

① 施工单位应当依法取得相应等级的资质证书，在其资质等级许可的范围内承揽工程，并不得转包或者违法分包工程。

② 施工单位对建设工程的施工质量负责。施工单位应当建立质量责任制，确定工程项目的项目经理、技术负责人和施工管理负责人。建设工程实行总承包的，总承包单位应当对全部建设工程质量负责；建设工程勘察、设计、施工、设备采购的一项或者多项实行总承包的，总承包单位应当对其承包的建设工程或者采购的设备的质量负责。

③ 总承包单位依法将建设工程分包给其他单位的，分包单位应当按照分包合同的约定对其分包工程的质量向总承包单位负责，总承包单位与分包单位对分包工程的质量承担连带责任。

④ 施工单位必须按照工程设计图纸和施工技术标准施工，不得擅自修改工程设计，不得偷工减料。施工单位在施工过程中发现设计文件和图纸有差错的，应当及时提出意见和建议。

⑤ 施工单位必须按照工程设计要求、施工技术标准和合同约定，对建筑材料、建筑构配件、设备和商品混凝土进行检验，检验应当有书面记录和专人签字；未经检验或者检验不合格的，不得使用。

⑥ 施工单位必须建立、健全施工质量的检验制度，严格工序管理，作好隐蔽工程的质量检查和记录。隐蔽工程在隐蔽前，施工单位应当通知建设单位和建设工程质量监督机构。

⑦ 施工人员对涉及结构安全的试块、试件以及有关材料，应当在建设单位或者工程监理单位监督下现场取样，并送具有相应资质等级的质量检测单位进行检测。

⑧ 施工单位对施工中出现质量问题的建设工程或者竣工验收不合格的建设工程，应当负责返修。

⑨ 施工单位应当建立、健全教育培训制度，加强对职工的教育培训；未经教育培训或者考核不合格的人员，不得上岗作业。

（四）工程监理单位的质量责任和义务

① 工程监理单位应当依法取得相应等级的资质证书，在其资质等级许可的范围内承担工程监理业务，并不得转让工程监理业务。

② 工程监理单位与被监理工程的施工承包单位以及建筑材料、建筑构配件和设备供应单位有隶属关系或者其他利害关系的，不得承担该项建设工程的监理业务。

③ 工程监理单位应当依照法律、法规以及有关技术标准、设计文件和建设工程承包合同，代表建设单位对施工质量实施监理，并对施工质量承担监理责任。

④ 工程监理单位应当选派具备相应资格的总监理工程师和监理工程师进驻施工现场。未经监理工程师签字，建筑材料、建筑构配件和设备不得在工程上使用或者安装，施工单位不得进行下一道工序的施工。未经总监理工程师签字，建设单位不拨付工程款，不进行竣工验收。

⑤ 监理工程师应当按照工程监理规范的要求，采取旁站、巡视和平行检验等形式，对建设工程实施监理。

四、全人员建设工程质量控制

1.质量管理控制分管负责人

质量管理控制分管负责人对质量保证的具体工作负全面责任；贯彻执行上级的各项质量政策、规定及各项质量管理制度、规定和质量保证手册的实施；组织制定保证质量目标及质量指标的措施计划，并负责组织实施；组织质量保证的活动，有权及时制止违反质量管理规定的一切行为，有权提出停工要求，或立即决定停止施工；分析质量动态及综合质量信息，及时提出处理意见；负责组织质量大检查；执行质量奖惩政策，定期提出质量奖惩意见；对于工程不合格交工或因质量保证工作失误造成交工后严重质量问题的，应负管理责任。

2.项目经理

项目经理是施工组织者和质量保证工作的直接领导者，对工程质量负有直接责任；组织质量保证活动，认真落实质量保证手册及技术质量管理部门下达的各项措施要求；虚心接受质量保证部门及检验人员的质量检查和监督，对提出的问题应认真处理或整改，并针对问题性质及工序能力调查情况进行分析，及时采取措施；负责组织质量自检活动和工序交接的质量互检活动的开展，督促施工班组做好自检记录和施工纪录；认真处理质量和进度的关系，严格要求职工按程序办事；抵制来自各方面不顾质量抢进度、抢工作量的压力。当因抢进度而造成质量事故时，应负直接责任，坚持“质量第一”的思想教育，对违反操作规程、不按程序办事而致质量低劣的，应制止其继续施工或决定返工。

3.项目技术负责人

项目技术负责人对工程质量负有技术上的责任；要将上级质量管理的有关规定、技术规程、技术质量标准和设计图纸的要求，变成施工技术方案、技术交底中的具体措施，负责贯彻质量保证手册中与本单位施工内容有关的具体规定，对所辖范围内的质量控制措施作出相应的决定；对质量问题或工序中的失控环节，及时组织有关人员分析判断，解决办法和措施，使工序施工保持稳定；有权制止不按技术措施要求和技术操作规程施工的不良行为，必要时应制止其继续施工，已造成问题的，应向负责人反映，提出返工意见；检查质量自检进行情况以及自检纪录的正确性及准确性；掌握质量情况，对质量问题和质量事故，应在上级检查处理前，提出详细情况及原因初步分析意见；组织分项、分部工程的质量评定，参与单位工程的质量评定；协助质量检查员开展质量检查工作。

4.施工班组长（工长）

施工班组长（工长）是具体施工操作的组织者，是把设计意图的技术措施要求变成现实的直接指挥者，对本班组的施工质量负直接责任。施工班组长应认真执行上级各项质量管理规定、技术操作规程和技术措施，要严格按图纸施工，切实保证本工序的施工质量；组织本组的质量自检，并认真做好检查记录、施工记录和必要的标记工作；施工质量不合格，不得向下道工序移交，否则追究班组长的责任；接受技术人员、质量检查人员对本班组施工过程的监督、检查，并为他们提供必要条件和技术质量数据；发现投入施工的材料有异，必须向上级反映；拒绝使用质量不合格的材料，避免因材料问题造成质量事故的发生；出现质量问题或事故，应本着实施求是的精神，提供真实情况和数据，以利事故的分析和处理；隐瞒或谎报，均应追究班组长的责任。

5. **操作者**

操作者在一定程度上，是对工程质量起决定作用的责任者，因此说，操作者应对工程质量负直接操作责任；坚持按技术操作规程、技术交底及图纸要求施工，凡因违反上述要求，造成质量事故的，均应负直接操作责任；认真按规定要求做好质量自检，并做好自检记录和必要的质量责任标记；对本岗位、本工序操作负责，做到三不，即不合格的材料、配件不使用，上道工序质量不合格不承接，本道工序质量不合格不交出；虚心接受质量检查员和技术人员的监督，出现质量问题，主动提供真实情况，不隐瞒、不谎报，否则追究操作者的责任。

6. **专职质量检查员**

专职质量检查员是严把质量关、对工程质量实行全面监督检查的、重要的、特殊岗位的工作人员，其应对管辖范围的质量监督检查工作负全面责任；严把材料检查关、工序交接关、隐蔽验收关、重要工种考试资格审查关、交公验收检查关；发现施工中违反操作规程、技术措施、设计图纸等要求时，应坚持原则，立即提出，可分别决定返修或停工；收集、整理施工过程的检查记录，及时、准确、如实填报各种质量报表；协助做好分项、分部、单位工程质量工作。

第三节 建设工程质量监理

一、建筑工程质量监理控制内容

（一）对工程建设投入的资源和条件的控制（事前控制）

① 建立健全质量控制系统组织；
② 督促检查施工单位建立健全质量管理体系、质量保证体系；
③ 严格审查施工及管理人员的资质；
④ 严格检查验收原材料、半成品构配件及设备的质量，需复试检验的，必须复试合格后使用；
⑤ 严格审批施工方案和施工方法；
⑥ 认真进行图纸会审和技术交底；
⑦ 严格审查开工申请。

（二）对施工过程及各环节质量进行控制（事中控制）

① 严格工序的质量控制：
② 工序间交接检查，上一道工序不合格，不得进行下一道工序施工；
③ 严格隐蔽工程的检查验收，未经监理工程师检查验收或验收不合格的工程不得进行隐蔽；
④ 认真进行工序、部分工程的质量评定；
⑤ 严格管理设计变更，未经总监理工程师签字的设计变更，施工单位不得实施工程变更。

（三）对工程产品的质量进行控制（事后控制）

① 严格审查竣工验收报告；

② 认真组织工程预验收；
③ 认真整理工程监理资料，保证真实齐全。

二、建筑工程监理质量控制措施

监理质量控制措施概括为：一条原则、二个重点、三个阶段、六个方法、十个手段。

（一）一条原则

工程监理质量控制是整个监理工作的核心，与进度计划和工程计量相互制约，监理工程师监督施工单位按合同、技术规范、设计图纸要求施工，是监理工作的原则。

（二）二个重点

1. 重要的分部分项工程

基础工程、主体结构、设备管线安装、电气工程及根据工艺特殊要求重点控制的其他分项工程。

2. 关键部位

梁、柱等主要构件施工，楼地面、屋面、墙面装饰工程，管线安装和试压、电气的调试。

（三）三个阶段

1. 施工准备阶段——质量的事前控制

（1）掌握和熟悉质量控制的技术依据

① 由项目总监理工程师组织监理人员熟悉施工图纸，了解工程特点、明确质量评定标准，并将收集的相关问题整理汇总后，上报建设单位，由建设单位提交设计单位以便进一步完善设计。② 明确工程中有特殊要求时执行的质量指标和验收标准。③ 参加建设单位组织的设计交底及图纸会审，了解设计意图，明确关键部位以及新产品、新工艺、新材料的要求，提出图纸中的技术难点。④ 对基础主体、装饰、总体配套、细部检查四个阶段制订详细的、有针对性的现场监理实施细则和相应的检查表单（按分项工程写），并严格按此进行操作。每个分部工程开工前须提交一份该分部工程的质量通病或可能产生的质量问题、采取的预防措施和施工过程中有针对性的办法。

（2）对施工场地的控制　对原始基准点、基准线、标高等测量控制点进行复测，并要求承包单位进行保护。

（3）检查总包单位的机构设置、人员设备、职责与分工的落实情况，对分包单位应审核以下内容：

① 分包单位的营业执照、企业资质等级证书、特殊行业施工许可证。② 分包单位的业绩。③ 拟分包工程的内容和范围。④ 专职管理人员和特种作业人员的资格证、上岗证。⑤ 分包单位进场后，由承包单位向分包单位交代清楚各项监理程序，若发现分包单位有违反监理程序的情况，总监理工程师应指令承包单位停止分包单位的工作。⑥ 专业监理工程师必要时可向承包单位提出要求分包单位参加监理例会。⑦ 专业监理工程师应对分包单位的施工情况、人员情况、安全情况、分包工程质量进行检查，若发现分包单位由于技术、管理水平低，无法完成分包内容，总监理工程师应书面通知承包单位撤换分包单位。⑧ 总监理工程师对分包单位资格的确认不解除承包单位应负的责任。

（4）对工程所需原材料及半成品的质量控制

① 对施工中将要采用的新技术、新材料、新工艺进行审核，检查鉴定书和试验报告，新材料要求有省备案材料。② 对材料、半成品、设备的采购进行检查，看是否符合合同规定，对到场的材料、半成品、设备要及时检验，必要时配合建设单位对生产厂家实地考察，以确定定货厂家。③ 对于装饰材料、制品（如五金制品、卫生洁具）、部分设备（如电梯）应在协同建设单位审查样品后，再同意进货。④ 对于需要进口的材料，应有国家商检部门的证明，如发现质量问题不得用于工程上。⑤ 对于进场的设备在安装前要按相应的技术说明书、设备标准的要求进行质量检查。⑥ 专业监理工程师应要求承包单位对进场的材料、半成品、设备、器材等，根据它们特点、特性以及在温度、湿度、防潮、防晒等方面的不同要求进行存放。以保证其质量。⑦ 对国家及江苏省规定必须实行见证取样和送检的其他试块、试件和材料实行见证取样送样制度。⑧ 监理工程师应对承包单位试验室进行核查。⑨ 对施工机械的质量控制 a. 审查承包单位进场主要机械设备规格、型号及性能是否符合施工需要。b. 对施工中使用的水准仪、经纬仪、衡器、计量装置、量具等需要定期检定的设备是否有计量部门出具的检定证明。c. 对直接危及工程质量、人员安全的施工机械，如塔吊、施工电梯、混凝土搅拌机等重点关注。⑩ 审查承包单位提交的施工组织设计和施工方案。a. 工程开工前及时审核施工单位提交的施工组织设计，包括施工技术方案、施工进度计划、安全及文明生产措施，将审查结果书面答复施工单位，并抄送议价单位。b. 审查施工组织设计或施工方案，专业监理工程师应掌握的原则；审核程序要符合要求；施工组织设计应符合当前国家基本建设的方针和政策，突出“质量第一、安全第一”的原则；施工组织设计中工期、质量目标应与施工合同相一致；施工总平面图的布置应与地貌环境、建筑平面协调一致；施工组织设计中的施工布置和程序应符合本工程的特点及施工工艺，满足设计文件要求；施工组织设计应优先选用成熟的、先进的施工技术，且对本工程的质量、安全和降低造价有利；进度计划应采用流水施工方法和网络计划技术，以保证施工的连续性和均衡性，且工、料、机进场计划应与进度计划保持协调性；质量管理和技术管理体系健全，质量保证措施切实可行且有针对性；安全、环保、消防和文明施工措施切实可行并符合有关规定。c. 结合工程实际，要求承包单位对涉及专业性强的分项工程、有特殊要求的装饰工程、通风和空调系统安装、消防报警控制系统、电梯安装等分部（项）工程应单独编制施工方案。施工方案可随工程进展程度报专业监理工程师审核，总监理工程师批准。工程的重点或关键部位，应要求施工单位提出具体方案，经监理审查认定后方可施工，并着重检查其组织方式。总监理工程师批准的施工组织设计，实施过程中如出现问题，不解除承包单位的责任。由此引起的质量缺陷改正、工期延长、措施费用的增加，不应成为承包单位索赔的依据。⑪ 对管理环境的控制。总监理工程师应审查承包单位的质量管理体系、技术管理体系和质量保证体系，确能保证工程项目施工质量时予以确认。

2. 施工阶段——质量的事中控制

① 在施工过程中，当承包单位对已批准的施工组织设计进行调整、补充或变动时，应经专业监理工程师审查，并应由总监理工程师签认。

② 专业监理工程师应要求承包单位报送重点部位、关键工序的施工工艺和确保工程质量的措施，审核同意后予以签认。

③ 项目监理机构应对承包单位在施工过程中报送的施工测量放线成果进行复验和确认，用激光经纬仪、测距仪等复核、验收单体工程的定位放线，做好沉降观测等的复核工作。

④ 专业监理工程师审查施工总包单位提出的材料和设备计划与清单，以满足现场施工的需要。检查工程上所采用的主要设备、半成品、构配件是否符合设计文件或议价文件所规定的厂家、型号和标准。对进口设备必须检查其海关商检书。

⑤ 对承包单位报送的拟进场工程材料、构配件和设备的工程材料/构配件/设备报审表及其质量资料进行审核，对工程使用的原材料、半成品、构配件，进场时必须检查其出厂合格证、质保书、材质化验单，同时进行见证取样、送样（由见证员进行），并按规定进行抽查和复验。对进场的实物按照委托监理合同约定或有关工程质量管理文件规定的比例采用平行检验或见证取样方式进行抽检。密切配合建设单位做好甲供材（设备）的检验、验收工作，并及时对三方采购材料（设备）供货质量、进度状况跟踪考核，发现偏差，及时纠正。根据工程进展情况，按建设单位要求分阶段提交各类三方采购材料（设备）供货质量及进度考核情况报告，并进一步配合建设单位做好对各分包供货商合同履约情况的评审工作和对各施工单位分包材料管理工作情况的考评工作。

⑥ 建立健全质量保证体系，加强合同管理。由于工程材料的质量低劣造成的工程质量事故和损失往往是非常严重并难以弥补和修复的，因此，工程中必须尽力避免发生此类问题，防患于未然。在材料的质量监理中，首先要求施工单位建立健全质量保证体系，使施工企业在人员配备、组织管理、检测程序、方法、手段等各个环节上加强管理，同时在施工承包合同和监理委托合同中要明确对材料的质量要求和技术标准，并明确监理方在材料监理方面的责任、权限以及建设单位的要求。在监理委托合同中有关材料监理的内容是相似的，即：监理方有权对材料进行必要的抽检，施工单位要在监理方的监督下，同时取样和试（化）验工作，监理方负责提供准确、可靠的检验结果，当监理方的检验结果如与施工单位的试验结果不相一致时，以监理方所提供的检验结果作为标准。在项目实施过程中，严格按合同办事，加强合同管理，以合同为依据，始终坚持施工单位自检和监理方独立抽、复检相结合。改变过去只有施工单位自检为准，而没有第三方监督管理的状况。这样可以防止不合格的材料用于工程，保证工程建设质量。

⑦ 明确材料监理程序，制定材料监理细则。

⑧ 审核施工单位材料计划。材料监理工程师进场后，首先了解施工单位的材料总体计划，并审核其是否满足施工总进度的要求，对发现的问题提出改进建议，使材料总体计划与施工进度相一致。在此基础上，每月25日前，施工单位应向监理方提交下月的材料进场计划，包括进货品种、数量、生产厂家等，材料监理工程师根据工程月进度计划予以审核，使材料进场计划符合工程进度要求。

⑨ 材料采购的质量监理。对计划进场的材料，监理方会同施工单位对其生产厂家资质及质量保证措施予以审核，并对订购的产品样品要求其提供质保书，根据质保书所列项目对其样品质量进行再检验。样品不符合规范、标准的，不能订购其产品。

⑩ 进场材料的质量监理。在材料监理细则中，明确提出要加强现场原材料的试（化）验工作。例如：对工程中使用的钢筋、水泥要求有出厂质保书，砂石、砖等要具有材质试验单。在监理方监督下由施工方在有资质的试验室中进行，监理方负责审核，以确认施工单位提供的试（化）验报告。监理方在对现场材料的质量监理中，应严格按照材料质量监控流程，严格按照国家规范、标准、设计文件、合同及材料监理细则办事。

⑪ 项目监理机构应定期检查承包单位的直接影响工程质量的计量设备的技术状况。

⑫ 总监理工程师应安排监理人员对施工过程进行巡视和检查。对隐蔽工程的隐蔽过程、下道工序施工完成后难以检查的重点部位，专业监理工程师应安排监理员进行旁站。

⑬ 实行分项工程样板引路制（监理细则中明确样板内容）。必须在各分项工程、特殊的

工艺、重要的部位及新材料新工艺的应用等方面把好样板审核关，明确工艺流程和质量标准，经审查合格后方可大面积展开。

⑭ 专业监理工程师应根据承包单位报送的隐蔽工程报验申请表和自检结果进行现场检查，符合要求予以签认。对未经监理人员验收或验收不合格的工序，监理人员应拒绝签认，并要求承包单位严禁进行下一道工序的施工。

⑮ 专业监理工程师应对承包单位报送的分项工程质量验评资料进行审核，符合要求予以签认；总监理工程师应组织监理人员对承包单位报送的分部工程和单位工程质量验评资料进行审核和现场核查，符合要求后予以签认。

⑯ 对施工过程中出现的质量缺陷，现场监理负责人应及时下达监理工程师通知，要求承包单位整改，并检查整改结果。协助建设单位组织施工总包单位、设计单位研究处理工程质量、安全事故，监督整改方案的实施，并监督检查整改工作实施。

⑰ 监理人员发现施工存在重大隐患，可能造成质量事故或已经造成质量事故，应通过总监理工程师及时下达工程暂停令，要求承包单位停工整改。整改完毕并经监理人员复查，符合规定要求后，总监理工程师应及时签署工程复工报审表。总监理工程师下达工程暂停令和签署工程复工报审表，宜事先向建设单位报告。

对需要返工处理或加固补强的质量事故，总监理工程师应责令承包单位报送质量事故调查报告和经设计单位等相关单位认可的处理方案，项目监理机构应对质量事故的处理过程和处理结果进行跟踪检查和验收。

3.成品验收阶段——工程完工后的质量控制

负责隐蔽工程验收、中间验收和竣工初验，并督促整改。对工程施工质量、安全、文明施工提出评估意见。配合建设单位进行单位工程竣工验收。提供专业检测仪器和工具，协助建设单位在中间验收、竣工验收、每月的例行检查时对工程实体进行实测实量。

① 工程达到合同、设计文件要求，总监理工程师应组织现场监理负责人，依据有关法律、法规、工程建设强制性标准、设计文件及施工合同，对承包单位报送的竣工资料进行审查，并对工程质量进行竣工预验收。对存在的问题，应及时要求承包单位整改。整改完毕由总监理工程师签署工程竣工报验单，并应在此基础上提出工程质量评估报告。工程质量评估报告应经总监理工程师和监理单位技术负责人审核签字。

② 项目监理机构参加由建设单位组织的竣工验收，并提供相关监理资料。对验收中提出的整改问题，项目监理机构应要求承包单位进行整改。工程质量符合要求，由总监理工程师会同参加验收的各方签署竣工验收报告。

③ 对于需要进行试运转的分项（部）工程（如电梯、通风与空调系统）专业监理工程师应与建设单位、设计单位进行联系，共同对设备的试运转进行验收。

④ 审查总包单位编制的竣工图，保证其正确无误，并及时提交建设单位。负责工程监理文件的整理和归档，经建设单位认可后移交建设单位。专业监理工程师对竣工监理资料进行整理。

⑤ 工程进入缺陷责任期内，专业监理工程师监督承包单位完成未完成工程和缺陷修补，直到签发缺陷责任证书。

（四）六个方法

① 目标管理。按照监理合同所明确的工期、质量等级及投资目标，结合工程的特点，从总体入手进行分析、研究，将目标展开，编制实施细则，确定质量控制点，加强对重点部

位、重点工序的控制、分析、研究，采取预防措施，加强项目的预控、检查、分析、纠正，实现目标的动态控制。

② 审核项目的预算，以便于进行工程项目的投资控制。

③ 统计报表和资料的分析、研究，及时揭示项目的现状与进展情况，并做好资料的归档管理工作。

④ 项目管理人员及公司管理人员经常深入现场，及时了解工程进展情况等，以便更好地开展工作。

⑤ 组织专业技术人员进行认真的施工图纸审核，并做好交底工作，控制项目的投资，保证项目的进度和质量标准。

⑥ 审查施工单位的施工组织和施工方案、质保体系，使项目按期顺利实施并达到合同所明确的质量等级。

（五）十个手段

① 加强总监理工程师负责制，健全项目监理组织，完善监理运行制度，形成以总监理工程师为首的高效能的监理工作班子。

② 加强对工程施工图和计算书、计算依据等的审核，并进行必要的验算。

③ 旁站：施工过程中对重点的项目和部位实施旁站，检查施工过程中设备、主材、辅材、混合料等与批准的是否符合；检查施工单位是否按批准的方案、技术规范施工。

④ 测量：监理工程师对完成的工程的几何尺寸进行实测实量验收，不符合要求的要进行整修或返工。

⑤ 试验：对各种材料、半成品等，监理人员可随机抽样试验，施工单位要提供条件。

⑥ 指令性文件：施工单位和监理单位的工作往来，必须以文字为准，监理工程师通过书面指令和文字对施工单位进行质量控制，用以指出施工中发生或可能发生的质量问题，提请施工单位加以重视或修改。

⑦ 组织协调：由总监理工程师组织，适时、定期地召开工地会议，邀请承包商、建设单位等有关人员参加、讨论、协商施工过程中的实际情况，汇报施工进度、质量、投资等方面的情况，协调好各方面的关系。

⑧ 专家会议：在施工过程中，对于一些复杂的技术问题，本公司确定由总监理工程师负责召集召开专家会议的方式，进行研究讨论，根据专家意见和合同条件，由总监作出结论并付诸实施。

⑨ 停止支付：当承包商的任何工程行为违约或存在重大质量问题时，总监理工程师可利用合同条件中赋予的支付方面的权力，报经业主后暂停支付承包商的有关款项，监理工程师利用这一手段来约束承包商，使其按合同条件精心地完成合同规定的各项任务。

⑩ 邀见承包商：当工程承包商存在工程质量等方面的严重问题时，由总监理工程师出面邀请承包商负责人，及时提出问题及可能出现的后果，并提出挽救的途径和建议。

三、监理质量控制的组织、技术、经济及合同措施

1. 质量控制的组织措施

建立健全监理组织，完善职责分工及有关质量监督制度，落实质量控制的责任。

2. 质量控制的技术措施

材料设备供应阶段，通过质量价格比选，正确选择生产供应厂家，并协助其完善质量保

证体系；施工阶段，严格事前、事中和事后的质量控制措施。

3. 质量控制的经济措施及合同措施

严格质检和验收，不符合合同规定质量要求的工程项目拒付工程款；达到质量优良者，支付质量补偿金或奖金等。

第四节　建设工程质量事故与处理

一、关于建设工程质量事故

1. 建设工程质量事故概论

工程质量事故，是指因建设管理、监理、勘测、设计、咨询、施工、材料、设备等原因造成工程质量不符合规程、规范和合同规定的质量标准，影响使用寿命和对工程安全运行造成隐患及危害的事件。

2. 事故定性

（1）质量不合格　根据我国GB/T 19000—2000质量管理体系标准的规定，凡工程产品没有满足某个规定的要求，就称之为质量不合格；而没有满足某个预期使用要求或合理期望的要求，称为质量缺陷。

（2）质量问题　所有的不符合质量要求和工程质量不合格的情况，必须进行返修，加固或报废处理，由此造成直接经济损失低于5000元的称为质量问题。

（3）质量事故　凡是工程质量不合格，必须进行返修、加固或报废处理，由此造成直接经济损失在5000以上的称为质量事故。

3. 事故特点

（1）复杂性　影响工程质量的因素繁多，造成质量事故的原因错综复杂，即使是同一类质量事故，而原因却可能多种多样，截然不同。所以使得对质量事故进行分析，判断其性质、原因及发展，确定处理方案与措施等都增加了复杂性及困难。

（2）严重性　工程质量一旦出现质量事故，其影响较大。轻者影响施工顺利进行、拖延工期、增加工程费用；重者则会留下隐患成为危险的建筑，影响施工功能或不能使用。更严重的还会引起建筑物的失稳、倒塌，造成人民生命、财产的巨大损失。

（3）可变性　许多建筑工程的质量问题出现后，其稳定状态并非稳定于发现的初始状态，而是由可能随着时间进程而不断地发展、变化。因此，有些在初始状态并不严重的质量问题，如不能及时处理和纠正，由可能发展成为严重的质量事故。所以，在分析处理工程质量事故时，一定要注意工程质量事故的可变性，应及时采取可靠的措施，防止事故进一步恶化；或加强观测与实验，取得数据，预测未来发展趋向。

（4）多发性　建筑工程中有些质量事故，在各项工程中经常发生，而成为多发性的质量通病。因此应采取有效预防措施。

二、工程质量事故分类

（一）分类标准

《生产安全事故报告和调查处理条例》自2007年6月1日起施行。建设工程质量事故的分类方法有多种，既可按造成损失严重程度划分，又可按其产生的原因划分，也可按其造成的后果或事故责任区分。

（二）事故类别

国家对工程质量通常采用按造成损失严重程度进行分类，其分类方法如下。

（1）按事故造成损失程度分级　① 特别重大事故。是指造成30人以上死亡，或者100人以上重伤，或者1亿元以上直接经济损失的事故。② 重大事故。是指造成10人以上30人以下死亡，或者50人以上100人以下重伤，或者5000万元以上1亿元以下直接经济损失的事故。③ 较大事故。是指造成3人以上10人以下死亡，或者10人以上50人以下重伤，或者1000万元以上5000万元以下直接经济损失的事故。④ 一般事故。是指造成3人以下死亡，或者10人以下重伤，或者100万元以上1000万元以下直接经济损失的事故（以上包括本数，以下不包括本数）。

（2）按事故责任分类　① 指导责任事故。指由于工程指导或领导失误而造成的质量事故。② 操作责任事故。指在施工过程中，由于操作者不按规程或标准实施操作而造成的质量事故。③ 自然灾害事故。指由于突发的严重自然灾害等不可抗力造成的质量事故。

（3）按质量事故产生的原因分类　① 技术原因引发的事故。指在工程项目实施中由于设计、施工在技术上的失误造成的质量事故。② 管理原因引发的事故。指在管理上的不完善或失误引发的质量事故。③ 社会经济原因引发的事故。指由于经济因素及社会上存在的弊端和不正之风导致建设中的错误行为而造成的质量事故。

三、事故一般处理原则

1.处理一般依据

处理一般依据包括：① 质量事故的实况资料；② 有关合同及合同文件；③ 有关技术文件和档案；④ 相关的法规。

2.处理一般程序

① 事故调查；② 事故原因分析；③ 制订事故处理方案；④ 事故处理；⑤ 事故处理的鉴定验收。

3.处理一般方法

① 修补处理。② 加固处理。③ 返工处理。④ 限制使用。⑤ 不作处理。包括a.不影响结构安全，生产工艺和使用要求的；b.后道工序可以弥补的质量缺陷；c.经法定检测机构检测合格的；d.出现质量缺陷，经检测鉴定达不到设计要求，但经原设计单位核算，仍能满足结构安全和使用功能的。⑥ 报废处理。

四、建筑工程质量事故分析

（一）建筑材料及制品质量方面的原因

① 使用不合格的钢材。一些施工企业看重效益，不看重质量，低价购买一些不合格的钢材如地下小炼铁厂、黑工厂生产的螺纹钢或圆钢，或者是从废品回收站买来生锈钢材，致使钢结构强度和韧度达不到要求。使用的砂子杂质含量大。

② 一些施工企业为省工钱赶进度，一是以次充好，该用石砂时不用石砂，而用价格稍低

的石粉代替或掺杂部分石粉。二是砂子不上铁筛，连大带小，一齐拌入混凝土中。三是砂子中泥土含量太高，不经水洗，直接用于施工。

③ 承重结构材料质量不合格，会导致结构承载能力下降，造成结构裂缝，甚至倒塌。例如，钢筋物理力学性能不良使钢筋混凝土结构产生过大的裂缝或产生脆性断裂破坏，水泥安定性不合格造成结构混凝土爆裂；水泥受潮、过期、结块会直接影响混凝土的强度，甚至于出现裂缝导致构件或结构破坏；防水材料的质量不良导致渗漏、耐热度差、流淌等质量缺陷。保温、隔热材料、装饰材料等质量问题也都会直接或间接地造成工程质量事故。

（二）施工方面的原因

① 建设前期的工作问题。建设前期的某些工作是极其重要的工作，如果不认真按有关规定去做，很可能就决定了建筑工程质量的先天性不足，如项目可行性研究、建设地点的选择等。通过在工地上的调查，发现在工地上常常看到搅拌站砂、石严重混堆，在配混凝土时，水泥、砂、石、水和外加剂根本不过秤。有的工地甚至根本没有秤，现场的混凝土配比例牌只是摆设。

② 由于对土压力的作用缺少认识，采用不适当的回填基坑方法，而造成基础位移或基础裂缝。

③ 对简支梁和连续梁的基本概念模糊。如某单屋厂房为预制地梁，施工时用预制地梁的钢筋现浇成连续梁，造成地梁在支座处附近出现裂缝。

④ 对预制构件使用和施工时的受力区别认识不清。如预制桩使用时为受压构件，施工中为受弯、压弯、拉弯构件，施工操作稍不注意，就易使桩开裂或折断。其他如柱、屋架都有类似的问题。

⑤ 对砖砌体在施工中的稳定性认识不足，考虑不周。如山墙在大风或脚手架震动下倒塌。

⑥ 对装配式结构施工中的整体稳定认识不足。如装配多层框架接头混凝土没浇或浇后强度还没达到要求，就施工上层结构而造成事故。

⑦ 对悬挑结构的倾覆或折断问题缺乏认识。常因拆模过早而发生事故。

⑧ 对模板或支架的受力特点认识不足，造成模板工程结构方案不合理，安装不当，刚度不够，整体稳定性不好，而造成楼板、顶板、大梁倒塌。

⑨ 对施工中楼面超载要领不清或根本没有，其主要原因还是对结构设计理论不太懂，对楼面设计活荷载没有量的认识。因此，构件、材料随意堆放，稍不注意就要出现超载的断裂、倒塌事故。

⑩ 脚手架或井字架设置不当。有的外脚手架和井字架失稳倒塌；有的里脚手架的构造和布置不合理，造成楼板出现过大的变形和裂缝。不懂得对施工现场原有建筑物的保护和采取保护措施。如有的在基坑开挖时，破坏了已有建筑的地基；有的采用人工降低地下水位方法，造成已有建筑地基下沉加大等。

（三）管理方面的原因

① 建筑产品的优劣，除了要求建筑材料全部合格外，最根本是人员的素质问题。提高施工一线技能工人的职业技能和基本素质是提高施工企业整体素质、保证施工质量、增强企业竞争力的关键。但在中国建筑施工领域，农民工已经名副其实地成为工程建设的“主力军”，而这支主力军的素质却令人担忧。操作人员和管理人员缺乏基本的施工理论知识而造成事故的情况也很多，工地上缺乏熟练的、称职的施工技术人员、管理人员，而且技术人员更换频繁。

② 没有建立各级技术责任制，技术工作没有实行统一领导和分级管理，造成一些工作重复劳动，甚至出现一些无人管的真空地带，而造成事故。

③ 图纸不经会审，仓促施工。例如，建筑图与结构图有矛盾，以及建筑结构方案与施工条件有矛盾等。如果这些矛盾没有妥善解决就仓促施工，往往酿成事故。

④ 对“施工组织设计”指导施工的认识不足或根本没有，使施工组织设计成为应付检查和对付上级的材料。因此，施工中没有将经过推敲和反复对比而确定下来的施工方案和各种有效的施工技术措施加以实施和落实。

⑤ 技术交底不认真或交底不清，如在采用新结构、新材料、新技术和新的施工方法时，不进行必要的技术交底，也容易造成事故。

⑥ 施工顺序错误。例如，靠得较近的相邻基础，不是先做深基础，而造成开挖深基础时破坏浅基础的地基等。

⑦ 未经设计同意，乱改设计。例如，柱与基础连接节点、梁与柱连接节点任意施工，改变了原设计的铰接或刚接方案。

⑧ 不按有关的施工及验收规范施工。如现浇结构中不按规定位置和方法留设施工缝等。

⑨ 不按有关的操作规程施工。很多被破坏的砖柱、砖垛，破坏的主要原因之一就是砌筑质量不好，上下通缝，包心砌筑，砂浆强度不够。检查中发现破坏面都在通缝和内外包心处。

⑩ 没有按规定对进场材料和制品进行检查验收。钢筋进场不按规定抽样见证试验，造成错用。

⑪ 在建筑工程整个施工过程中，缺乏操作、试验和测量等方面的监督或者监督不严。

⑫ 季节性措施不力。冬施混凝土养护，有时不进行严格的热工计算而单凭经验或测温不及时、不准确都可能使混凝土受冻而强度遭破坏等。

⑬ 土建与各专业施工队伍之间配合协作不好。例如，装配式建筑施工中，有些大而刚度差的构件，只考虑了预制方便，使运输、安装困难而造成事故等。

⑭ 没有认真进行中间交接的质量检查验收工作。例如，基坑（槽）开挖前，不对测量放线进行复查；基础施工前，不认真验槽等。

⑮ 出了事故后，不认真调查事故的全部情况，没有认真分析事故产生的原因和进行必要的计算，就匆忙处理，往往是治标不治本。例如，现浇混凝土结构表面出现蜂窝麻面后，不调查分析，就用水泥砂浆抹涂，而给结构留下严重缺陷。

⑯ 出了事故后，不按照“四不放过”（事故原因不清不放过，事故责任人没有受到教育不放过，没有防范措施不放过，事故责任者没有处理不放过）的原则总结经验教训，而是“事过境迁”，无案可查，使类似事故重复发生。

（四）监理方面的原因

① 建设工程监理直接负责工程质量的检查验收，尤其是隐蔽工程和分部分项工程验收，全靠现场监理人员质量把关。因此监理工作对建筑工程质量来说是很重要的一个环节。但目前我国监理工作存在许多问题，在一定程度上影响了建筑工程质量，为建筑工程质量事故埋下了隐患。

② 有关建设工程质量监理方面存在的问题，这方面的情况也较多，比如：有的建设单位要求监理单位参与项目设计管理和施工招标工作，有的建设单位提出编制监理规划与施工图设计同时进行；还有的总监理工程师委托总监理工程师代表组织编制监理规划，由总监理工程师代表审核批准监理规划；又比如不少监理单位和人员不能严格按规范和程序实施建设工

程质量监理工作，许多做法不规范、不合规、不严谨、不准确等，这方面的例子是很多的。

五、工程质量事故的处理

1.工程质量事故处理程序

当发现工程出现质量缺陷或事故后，监理工程师首先应以“质量通知单”的形式通知施工单位，并要求停止有质量缺陷部位和与其有关联部位及下道工序施工，需要时，还应要求施工单位采取防护措施。同时，要及时上报主管部门。

2.工程质量事故处理方案

根据事故的性质、常见的处理方案有：封闭保护、复位纠偏、结构卸荷、结构补强，限制使用，拆除重建等。例如，结构裂缝，根据其所在部位和受力情况，有的只需要表面封闭保护，有的需要同时作内部滋浆和表面封闭，有的则需要结构补强等。在确定处理方案时，必须掌握事故的情况和变化规律。如裂缝事故，只有待裂缝发展到最宽时，进行处理才最有效。同时，处理方案还应征得有关单位对事故调查和分析的一致意见，避免事故处理后，无法做出一致的结论。

3.事故处理的鉴定

事故处理是否达到预期的目的，是否留有隐患，需要通过检查验收来做出结论。事故处理质量检查验收，必须严格按施工验收规范中有关规定进行；必要时，还要通过实测、实量，荷载试验，取样试压，仪表检测等方法来获取可靠的数据。这样，才可能对事故做出明确的处理结论。检查和鉴定的结论可能有以下几种。① 事故已排除，可继续施工；② 隐患已消除，结构安全有保证；③ 经修补、处理后，完全能够满足使用要求；④ 基本上满足使用要求，但使用时应有附加的限制条件，例如限制荷载等；⑤ 对耐久性的结论；⑥ 建筑物外观影响的结论；⑦ 对短期难以作出结论者，可提出进一步观测检验的意见。对于处理后符合规定的要求和能满足使用要求的，可予以验收、确认。

4.工程质量事故处理所需的资料

处理工程质量事故，必须分析原因作出正确的判断，这就要以充分的、准确的有关资料作为决策基础和依据，一般的质量事故处理，必须具备以下资料。

① 与工程质量事故有关的施工图。

② 与工程施工有关的资料、记录，例如建筑材料的试验报告，各种中间产品的检验记录和试验报告以及施工记录等。

③ 事故调查分析报告

● 质量事故情况表。包括发生质量事故的时间、地点，事故情况，有关的观测记录，事故的发展变化趋势，是否已趋稳定等。

● 事故性质。应区分是结构性问题还是一般性问题；是内在的实质性的问题还是表面性的问题；是否需要及时处理；是否需要采取保护性措施。

● 事故原因。阐明造成质量事故的主要原因，并应附有说服力的资料、数据说明。

● 事故评估。应阐明该质量事故对于建筑物功能、使用要求、结构承载力性能及施工安全有何影响，并应附有实测、演算数据和试验资料。

● 事故涉及的人员与主要责任者的情况等。

④ 设计、施工以及使用单位对事故处理的意见和要求。

六、工程质量事故处理的任务和基本要求

（一）工程质量事故处理的主要任务

① 创造正常施工条件。事故发生后往往影响后续施工的正常条件，只有及时正确地处理事故，才能创造正常的施工条件。

② 确保工程结构安全。对结构裂缝、变形等明显缺陷和结构构件中的强度不足、漏放或错放钢筋等问题，必须采用适当的处理措施，排除隐患，保证工程结构的安全。

③ 满足使用要求。

④ 保证工程的耐久性。有些质量事故虽然在短期内不影响使用和安全，但可能降低耐久性。如混凝土构件中受拉区较宽的裂缝，混凝土密实性差，道路工程的路床中含有“弹簧”等，均可能减少工程使用年限，应做适当处理。

⑤ 防止事故恶化，减少损失。不少质量事故随时间和外界条件而变化，必须及时采取措施，避免事故不断扩大造成不应有的损失。

⑥ 有利于交工验收。施工中发生的质量事故，必须在后续施工前，对事故原因、危害是否处理和怎样处理等问题作出必要的结论，并应使有关方面达成共识，避免到工程交工验收时发生不必要的争议，而延误工程的使用。

（二）质量事故处理的基本要求

① 处理应达到安全可靠，不留隐患，满足生产、使用要求，施工方便、经济合理的目的。

② 重视消除造成事故的原因，这是防止事故重演的重要措施。

③ 注意综合治理。既要防止原有事故的处理引发新的事故，又要注意处理方法的综合应用。

④ 凡涉及结构安全的，都应对处理阶段的结构强度、刚度和稳定性进行验算，提出可靠的防护措施，并在处理中严密监视结构构件的稳定性。

⑤ 对需要部分拆除的事故，应充分考虑对相邻区域结构的影响，以免事故进一步扩大，应制定可靠的安全措施和拆除方案，要严防对原有事故的处理引发新的事故。

⑥ 在不卸载条件下进行结构加固时，要注意加固方法和施工荷载的影响。要充分考虑对事故处理中所产生的附加内力以及由此引起的不安全因素。

⑦ 加强事故处理的检查验收工作，从施工准备到完成处理工作，均应根据有关规范规定和设计要求的质量标准进行检查验收。

第五节　建设工程质量管理案例与应对实例分析

一、工程质量控制应对案例分析

［**案例**］工程监理对工程施工问题的检查、控制和处理

1. 背景

某高层写字楼地下三层，地基采用地下灌注桩桩基，基础底板由两块160cm厚的承台，2根200cm宽、160cm高的承台梁和50cm厚的底板组成，柱网为6m × 6m，顶板梁截面为

80cm × 80cm。现在地基已处理完毕，正进行基础底板施工。

2. 问题

一是监理工程师在施工过程中应重点进行哪些质量检查工作？二是监理工程师应如何对用于工程的材料（水泥、砂石、钢筋、混凝土等）进行控制？三是一段时间后，基础底板表面出现裂缝，监理工程师应如何处理？

3. 应对处理

（1）监理工程重点进行以下几方面的质量检查：

① 施工过程中的旁站监督和现场巡视检查。混凝土的浇筑振捣质量如何，事后难以检验，抽样也有其局限性，故监理人员必须加强对现场的巡视、旁站监督与检查，及时发现违章操作，对不符合质量要求的要及时进行纠正和严格控制。

② 在施工过程中严格实施复核性检验，主要是进行隐蔽工程的检查验收、工序间交接检查验收和工程预检。只有在承台梁中的钢筋的规格、数量、位置经检查验收合格后才能浇筑混凝土，经监理人员检查确认前道工序质量合格并签字确认后，方可进行下道工序施工。工程预检则是在施工前检查、复核基础底板的标高，检查模板尺寸、位置，检查混凝土的配合比等。

③ 严格执行对成品保护的质量检查。检查施工单位对已完成施工的部位的保护措施，防止因成品缺乏保护或保护不善而影响工程质量。

（2）监理工程师应对材料进行全过程的质量控制

① 材料采购质量控制。要求施工单位采购材料前提出申请，提交样品，有的材料还应要求供货单位提交理化试验单（水泥、钢筋）对供货单位的质量保证能力进行评价，经审查认可后方允许订货。

② 材料进场验收控制。材料进场时应有产品出厂合格证，水泥钢筋还应有材质化验单，并要求施工单位按规定进行检验。经监理工程师审查并确认合格后，方准进场。必要时，监理工程师还可以对材料进行复检或抽样试验。

③ 材料存放条件的控制。对施工单位所准备的材料存放条件进行确认，要求根据材料特点以及对环境的不同要求安排适宜的存放条件，如水泥存放应当防潮。

④ 材料使用前的检查确认。防止错用或使用不合格材料，如确认钢筋的规格、型号有无错误，水泥是否过期、受潮。

⑤ 现场配制材料试配。对混凝土进行现场试配，试配合格后，配合比方能用于工程。

（3）监理工程师应按工程质量事故处理程序进行处理

① 当发现基础底板表面出现裂缝后，监理工程师首先以质量通知单的形式通知施工单位，并要求停止有质量缺陷部位和与其有关联部位及下道工序施工。同时，及时上报主管部门。

② 施工单位接到质量通知单后，在监理工程师的组织与参与下，尽快进行质量事故的调查，写出调查报告。

③ 在事故调查的基础上进行事故原因分析，正确判断事故原因。

④ 在事故原因分析的基础上，研究制订事故处理方案。

⑤ 确定处理方案后，由监理工程师指令施工单位按既定的处理方案实施对质量缺陷的处理。

⑥ 在质量缺陷处理完毕后，监理工程师应组织有关人员对处理的结果进行严格的检查鉴定和验收，写出“质量事故处理报告”，提交业主，并上报有关主管部门。

二、工程质量控制实例

实例1

某工厂新建一生活区，共14幢七层砖混结构住宅（其中10幢为条形建筑，4幢为点式建筑）。在工程建设前，厂方委托一家工程地质勘察单位按要求对建筑地基进行了详细的勘察。工程于1993年至1994年相继开工，1995年至1996年相继建成完工。一年后在未曾使用之前，相继发现10幢条形建筑中的6幢建筑的部分墙体开裂，裂缝多为斜向裂缝，从一楼到七楼均有出现，且部分有呈外倾之势；3幢点式住宅发生整体倾斜。后来经仔细观察分析，出现问题的9幢建筑均产生严重的地基不均匀沉降，最大沉降差达160mm以上。事故发生后，有关部门对该工程质量事故进行了鉴定，审查了工程的有关勘察、设计、施工资料，对工程地质又进行了详细的补勘。经查明，在该厂修建生活区的地下有一古河道通过，古河道沟谷内沉积了淤泥层，该淤泥层系新近沉积物，土质特别柔软，属于高压缩性、低承载力土层，且厚度较大，在建筑基底附加压力作用下，产生较大的沉降。凡古河道通过的9栋建筑物均产生了严重的地基不均匀沉降，均需要对地基进行加固处理，生活区内其他建筑物（古河道未通过）均未出现类似情况。该工程地质勘察单位在对工程地质进行详勘时，对所勘察的数据（如淤泥质土的标准贯入度仅为3，而其他地方为7～12）未能引起足够的重视，对地下土层出现了较低承载力的现象未引起重视，轻易地对地基土进行分类判定，将淤泥定为淤泥质粉土，提出其承载力为100kN，E_s为4MPa。设计单位根据地质勘察报告，设计基础为浅基础，宽度为2800mm，每延米设计荷载为270kN，其埋深为-1.4～2m。该工程后经地基加固处理后投入正常使用，但造成了较大的经济损失，经法院审理判决，工程地质勘察单位向厂方赔偿经济损失329万元。

实例2

某市一商品房开发商拟建10栋商品房，根据工程地质勘察资料和设计要求，采用振动沉管灌注桩，桩尖深入沙夹卵石层500cm以上，按地勘报告桩长应在9～10m以上。该工程振动沉管灌注桩施工完后，由某工程质量检测机构采用低应变动测方式对该批桩进行桩身完整性检测，并出具了相应的检测报告。施工单位按规定进行主体施工，个别栋号在施工进行到3层左右时，由于当地质量监督人员对检测报告有争议，故经研究决定又从外地请了两家检测机构对部分桩进行了抽检。这两家检测机构由于未按规范要求进行检测，未及时发现问题。后经省建筑科学研究院对其检测报告进行了审核，在现场对部分桩进行了高、低应变检测，发现该工程振动沉管灌注桩存在非常严重的质量问题，有的桩身未能进入持力层，有的桩身严重缩颈，有的桩甚至是断桩。后经查证该工程地质报告显示，在自然地坪以下4～6m深处，有淤泥层，在此施工振动沉管灌注桩由于工艺方面的问题，容易发生缩颈和断桩。该市检测机构个别检测人员思想素质差，一味地迎合施工单位的施工记录桩长（施工单位由于单方造价报得低，经常利用多报桩长的方法来弥补造价），将混凝土测试波速由3600m/s左右调整到4700～4800m/s，个别桩身经实测波速推定桩身测试长度为5.8m，而当时测试桩长为9.4m，两者相差达3.6m。这样一来，原本未进入持力层的桩、严重缩颈桩和断桩就成为了与施工单位记录桩长一样的完整桩。该工程后经加固处理达到了要求，但造成了很大的经济损失。

实例3

某市一开发商修建一商品房，为了追求较多的利润，要求设计、施工等单位按其要求进行设计施工。设计上采用底层框架（局部为二层框架）上面砌筑九层砖混结构，总高度最高达33.3m，严重违反国家现行规范《建筑抗震设计规范》(GBJ 11—89)和地方标准《四川省建筑结构设计统一规定》(DB 51/5001—92)的要求，框架顶层未采用现浇结构，平面布置不规则、对称，质量和刚度不均匀，在较大洞口两侧未设置构造柱。在施工过程中六至十一层采用灰砂砖墙体。住户在使用过程中，发现房屋内墙体产生较多的裂缝，经检查有正八字、倒八字裂缝、竖向裂缝，局部墙面出现水平裂缝，以及大量的界面裂缝，引起住户强烈不满，多次向各级政府有关部门投诉，产生了极坏的影响。

实例4

某县一机关修建职工住宅楼，共六栋，设计均为七层砖混结构，建筑面积10001m^2，主体完工后进行墙面抹灰，采用某水泥厂生产的325水泥。抹灰后在两个月内相继发现该工程墙面抹灰出现开裂，并迅速发展。开始由墙面一点产生膨胀变形，形成不规则的放射状裂缝，多点裂缝相继贯通，成为典型的龟状裂缝，并且空鼓，实际上此时抹灰与墙体已产生剥离。后经查证，该工程所用水泥中氧化镁含量严重超标，致使水泥安定性不合格，施工单位未对水泥进行进场检验就直接使用，因此产生大面积的空鼓开裂。最后该工程墙面抹灰全面返工，造成严重的经济损失。

实例5

某县级市一乡村修建小学教学楼和教师办公住宿综合楼，乡上个别领导不按照有关基本建设程序办事，自行决定由一农村工匠承揽该工程建设。工程无地质勘察报告，无设计图纸（抄袭其他学校的图纸），原材未经检验，施工无任何质量保证措施，无水无电，混凝土和砂浆全部人工拌和，钢筋混凝土大梁、柱子人工浇注振捣，密实度和强度无法得到保证。工程投入使用后，综合楼和教学由于多处大梁和墙面发生较严重的裂缝，致使学校被迫停课。经检查，该综合楼基础一半置于风化页岩上，一半置于回填土上（未按规定进行夯实），地基已发生严重不均匀沉降，导致墙体出现严重裂缝；教学楼大梁混凝土存在严重的空洞，受力钢筋已严重锈蚀，两栋楼的砌体砂浆强度几乎为零（更有甚者个别地方砂浆中还夹着黄泥），楼梯横梁搁置长度仅50mm，梁下砌体已出现压碎现象。经鉴定该工程主体结构存在严重的安全隐患，已失去了加固补强的意义，被有关部门强行拆除，有关责任人受到了法律的惩办。

实例6

某县有关部门为教师建教职工住房建设工程，位于河边，其上游数百米为电站大坝。该工程于1995年11于月开工建设，1997年元月竣工。具有关资料表明，该工程所在地20年一遇洪水水位313.50m（绝对标高），但建设、施工单位擅自将该工程±0.00标高由314.40m降到308.16m。致使该工程自1997年投入使用以来，遭遇洪水淹没五次，洪水水位高出二楼地面约70cm（相当于绝对标高312m），底楼地面受洪水冲刷已多处出现直径约1～2m、深0.5～1m的管涌坑，直接危及地基基础的长期稳定和上部结构的安全。受电站卸洪浪涌冲击压力影响，二楼楼面板向上反拱（据住户反映由二楼板缝冒出的水柱高达70cm），室内瓜米石地坪多处破损并与空心板剥离，二楼部分楼面板已不满足建筑构件安全使用要求。工程设计二个单元九层，实际建造四个单元十层，顶层部分住户擅自加建到十一层，不满足现行国家标准《砌体结构设计规范》（GBJ 3—88）和《建筑抗震设计规范》（GBJ 11—89）要求，该工程经有关部门鉴定为不合格工程。

实例7

四川省某市玻璃厂1999年4月为增加生产规模扩建厂房，在原来天然坡度约22°的岩石地表平整场地，即在原地表向下开挖近5m，并距水厂原蓄水池3m左右，该蓄水池长12m、宽9m、深8.2m，容水约900m^3。玻璃厂及水厂厂方为安全起见，通过熟人介绍，请了一高级工程师对玻璃厂扩建开挖坡角是否会影响水厂蓄水池安全作一技术鉴定。该高工在其出具的书面技术鉴定中认定：“该水池地基基础稳定，不可能产生滑移形成滑坡影响安全；可以从距水池3m处按5%开挖放坡，开挖时沿水池边先打槽隔开，用小药量浅孔爆破，只要施工得当，不会影响水池安全；平整场地后，沿陡坡砌筑条石护坡；……；本人负该鉴定的技术法律责任”。最后还盖了县勘察设计室的“图纸专用章”予以认可。

工程于7月初按此方案平基结束后，就开始厂房工程施工，至9月6日建成完工。然而，就在9月7日下午5时许，边坡岩体突然崩塌，岩体及水流砸毁新建厂房两榀屋架，其中的工人3死5伤，酿成了一起重大伤亡事故。

该工程边坡岩体属于裂隙发育、遇水可以软化的软质岩石，虽然属于中小型工程，但环境条件复杂，施工爆破、水池渗漏、坡体卸荷变形等不确定的不利影响因素甚多，在没有基本的勘察设计资料的前提下采用直立边坡，破坏了原边坡的稳定坡角，而且未采用任何有效的支挡结构措施，该边坡失稳是必然会发生的。若有正确的工程鉴定，并严格按基建程序办事，采用经过勘察设计的岩石锚桩（或锚杆）挡墙和做好水池防渗处理措施则是能够有效保证工程边坡安全的。

该高工的“技术鉴定”内容过于简略，分析评价肤浅、武断，未明确指出及贯彻执行现行勘察设计技术规范规定的技术原则及技术方法，主要结论建议缺乏技术依据，尽管其中有关地基施工中关于松动爆破和开槽减震的建议是正确的，也是有针对性的，但未经设计计算的有关边坡稳定的结论是不恰当的。有关用条石挡墙护坡的建议也不是该工程边坡条件下能确保边坡安全的有效支挡结构技术措施，而有关采用坡度为1：0.05的放坡建议，则更是没有贯彻现行规范的基本规定，缺少相应的论证分析，它的误导为该工程事故埋下了安全隐患。该“技术鉴定”虽然盖有县勘察设计室的“图纸专用章”，但却无一般勘察、设计单位通常执行的“审核”“批准”等技术管理和质量保证体系，从技术鉴定的内容到形式都缺乏严肃性；而且这种技术鉴定缺乏委托方与承担方之间的有关目的、任务、质量要求等基本的书面约定，这就从根本上影响了技术鉴定工作的深度和技术质量。

平基施工过程中及完工前后所发现的漏水等边坡岩体不稳定因素的征兆，虽然有关各方曾予以一定程度的重视与研究，但由于缺乏岩土工程及支挡结构方面的专业技术知

识与经验，对隐患认识不足，未能采取相应措施，而继续盲目施工至全部工程（人工边坡及厂房扩建）结束和水池继续运行，并在7月3日决定将水池蓄水至7m水深，使整个工程的安危事实上依赖于个人狭隘的专业技术知识与经验。

综上所述，此次事故造成人员伤亡、巨大经济损失以及负面社会影响，主要是由于违章进行工程鉴定、处理方案错误所至。从事工程鉴定的技术人员以及管理者应从此次事故中汲取经验教训，严格按照国家的统一鉴定方法与标准进行工程鉴定，即按照：客户委托，确定鉴定目的、范围和内容；初步调查；详细调查及检测验算；安全性、使用性鉴定评级；可靠性评级；出具鉴定报告及处理意见的基本鉴定程序规范、标准地进行工程鉴定。

第十二章　城市建设工程验收移交

12 Chapter

第一节　建设工程竣工验收概述

一、建设工程竣工验收一般介绍

（一）建设工程竣工验收概念

1. 工程竣工验收

工程竣工验收是指建设工程依照国家有关法律、法规及工程建设规范、标准的规定完成工程设计文件要求和合同约定的各项内容，建设单位已取得政府有关主管部门（或其委托机构）出具的工程施工质量、消防、规划、环保、城建等验收文件或准许使用文件后，组织工程竣工验收并编制完成《建设工程竣工验收报告》。工程项目的竣工验收是施工全过程的最后一道程序，也是工程项目管理的最后一项工作。它是建设投资成果转入生产或使用的标志，也是全面考核投资效益、检验设计和施工质量的重要环节。

2. 施工建设工作结束标志

竣工验收指建设工程项目竣工后开发建设单位会同设计、施工、设备供应单位及工程质量监督部门，对该项目是否符合规划设计要求以及建筑施工和设备安装质量进行全面检验，取得竣工合格资料、数据和凭证，是施工全过程的全面竣工和项目施工建设工作结束的标志。

（二）竣工验收的主要阶段

一般来说，一轮完整的建设工程竣工验收过程主要包括以下三个阶段。

（1）竣工验收前的准备工作阶段　主要是验收材料、必备条件的准备及因此进行的自检、预检等。

（2）现场竣工验收阶段　主要是业主方（建设单位）组织有关单位，提供工程竣工报告进行核查并得出验收结论。

（3）竣工验收备案阶段　建设工程竣工验收备案是指建设单位在建设工程竣工验收后，将建设工程竣工验收报告和规划，公安消防、环保等部门出具的认可文件或者准许使用文件报建设行政主管部门审核的行为。

（三）竣工验收的主要参与方

竣工验收的主要参与方有建设单位、施工单位、监理单位、设计单位、勘察单位及该工程质量监督机构。一般由建设单位负责组织工程竣工验收。

二、竣工验收应具备的条件

建设工程竣工验收应当具备下列条件：

① 完成建设工程设计和合同约定的各项内容；

② 有完整的技术档案和施工管理资料；

③ 有工程使用的主要建筑材料、建筑构配件和设备的进场试验报告；

④ 有勘察、设计、施工、工程监理等单位分别签署的质量合格文件；

⑤ 有施工单位签署的工程保修书。

三、建筑工程竣工验收流程

建设工程竣工验收程序如下。

① 工程完工后，施工单位向建设单位提交工程竣工报告，申请工程竣工验收。实行监理的工程，工程竣工报告须经总监理工程师签署意见。

② 建设单位收到工程竣工报告后，对符合竣工验收要求的工程，组织勘察、设计、施工、监理等单位和其他有关方面的专家组成验收组，制定验收方案。

③ 建设单位应当在工程竣工验收7个工作日前将验收的时间、地点及验收组名单书面通知负责监督该工程的工程质量监督机构。

④ 建设单位组织工程竣工验收。

● 建设、勘察、设计、施工、监理单位分别汇报工程合同履约情况和在工程建设各个环节执行法律、法规和工程建设强制性标准的情况。

● 审阅建设、勘察、设计、施工、监理单位的工程档案资料。

● 实地查验工程质量。

● 对工程勘察、设计、施工、设备安装质量和各管理环节等方面做出全面评价，形成经验收组人员签署的工程竣工验收意见。

⑤ 参与工程竣工验收的建设、勘察、设计、施工、监理等各方不能形成一致意见时，应协商提出解决办法，待意见一致后，重新组织工程竣工验收。

⑥ 工程竣工验收合格后，建设单位应及时提出工程竣工验收报告。工程竣工验收报告主要包括工程概况，建设单位执行基本建设程序情况，对工程勘察、设计、施工、监理等方面的评价，工程竣工验收时间、程序、内容和组织形式，工程竣工验收意见等内容。

四、竣工验收报告

竣工验收报告是指工程项目竣工之后，经过相关部门成立的专门验收机构，组织专家进行质量评估验收以后形成的书面报告。

竣工验收报告是综合性的报告，简要介绍工程建设的全过程，主要内容如下。

（1）建设工程概述　① 工程立项的依据和建设目的；② 工程概况，包括工程位置、规模、数量、概算（包括征用土地、拆迁等补偿费）、决算等；③ 工程设计、工程施工招投标情况，工程监理情况。

（2）设计、施工情况

① 设计情况：设计单位和设计内容（全部设计单位名称及设计内容），工程设计特点及新建筑材料。② 施工情况：开、竣工日期；施工组织、技术等情况，根据监理总结和施工总结编写。③ 质量事故及处理情况。④ 与市政公用工程连接的市政公用工程施工情况［包括道路、上水、雨（污）水、供电、电信、热力、燃气等］。红线内道路、绿化施工情况。

（3）工程质量及经验教训　工程质量鉴定意见和评价；工程遗留问题及处理意见。

（4）其他需要说明的问题　上述几项未包括的以及相关建议等。

五、关于工程验收、竣工、竣工验收报告

三个名词代表了工程的三个不同阶段。工程验收报告是单位、分部、分项工程施工完成经施工单位自检合格后向建设单位申请核验。工程竣工报告是单位工程完工、施工单位申请核验合格后向建设单位提出的要求竣工验收的报告。工程竣工验收报告是工程全部完成由建设单位组织设计、接收、施工、监理并有质量监督部门参加的验收结束后，有相关部门签认的工程验收报告。三种报告的表式、什么时间提出、提交给哪个部门，不能混乱。

六、竣工验收备案

（1）工程验收合格后，建设单位向工程质量监督机构提出《单位工程竣工验收报告》，工程质量监督机构形成《竣工验收监督记录》，7日内提出《单位工程竣工验收监督报告》。

（2）① 竣工验收合格后15日内，建设单位将相关备案文件报工程质量监督机构备案；② 工程质量监督机构检查竣工备案文件，齐全后在《单位工程验收备案表》上签署备案意见；③《单位工程验收备案表》作为固定资产或房产办理。

七、竣工验收的交接移交

（1）竣工验收或工程中间验收时，由施工单位等向建设单位或使用单位或物业管理单位转移交付施工建设成品及其附属物的环节。一般该环节应填写《工程竣工验收交接单》，或《工程竣工验收交接表》，或《工程竣工验收交接移交表》等材料。

（2）竣工验收移交。建设工程全面竣工验收合格，按可使用状态由施工方等单位向接收方转移交付施工建设成品及其附属物以及相关工程材料的行为。工程竣工验收应填写《工程竣工验收交接移交表》。

第二节　工程竣工验收前准备工作

单位工程的竣工验收准备工作主要包括：完成扫尾工程，竣工验收的资料准备，竣工验收的预验收等工作。

1. 完成扫尾工程

扫尾工程的特点是零星、分散、工程量小，但分布面广，如果不及时完成，将会直接影响项目的竣工及投产、使用。项目经理应注意抓好收尾工程，及时摸清工程项目的收尾工程任务情况，通过竣工前的预检，作一次彻底的清查，按设计图纸和施工合同要求，逐一对

照，找出遗漏项目和扫尾工程重点制定作业计划，相互穿插施工同时注意建设成品保护工作。

2.竣工验收的资料准备

竣工验收资料和文件是工程项目验收的重要依据，项目经理部从施工开始就应完整积累和保管，竣工验收时在职能部门的指导、配合下，按照相关规定、程序和要求编目建档。

3.竣工验收的预验收

竣工验收的预验收，是初步鉴定工程质量，避免收尾工程进度拖延，保证项目顺利投产、使用的不可或缺的工作。通过预验收，可及时发现遗留问题与遗漏项目，实现予以返修、返工、补遗、改正。

一、完成扫尾工程

（一）一般情况

一般而言，建筑工程扫尾工作包括剩余工程、需返工重做工程、现场收尾工程、现场清理、工程资料移交等工作。

要抓好竣工验收前的工程扫尾工作，有必要通过竣工前的预检，彻底梳理清查竣工前工程还遗留的问题和遗漏的项目，以保证工程完美收官。

（二）扫尾工程清查案例

［案例］一标段4-5#栋工程未扫尾及质量问题事项清查一览

1.房屋建筑物工程部分

（1）渗水　地下室伸缩缝、剪墙多处，外墙、屋面；某办公室，骑楼炮台渗水未处理。4#栋2 ～ 3层厕所渗水至外墙。

（2）未粉　5#栋梯管井门内侧多个，4#栋一层车库南入口处墙，5#栋管井内侧墙，二层剪力墙未粉。

（3）未做　5#栋梯过道处梁、顶油漆，4#栋玻璃门地套线，5#栋东头墙裙线油漆，4#栋2 ～ 3层消防审查通窗处砌900mm高、120mm厚墙，铝合金未验收，干挂未验收，分户验收，5#栋门楼阶台产面砖等未做。

（4）未处理　5#栋散水与墙裙缝未灌油；5#栋电梯地下室层孔洞未封堵；4#栋二层一厕所未填；5#栋西头增加挡墙屋面未开面，铝合金栏杆未做；5#栋东头踏步倾斜2 ～ 3段未返工等。

（5）未处理到位　车库金刚砂细部不到100mm级差处未粉到位、局部不平；5#一层消防盒周边处理不到位；外墙清洗不到位；伸缩缝铁板部分未做好；工程部办公区阳台窗滴水未处理及顶棚管处未处理好。

（6）其他问题　4 ～ 5#栋墙裙及柱、通道处门边返工干挂：5#栋门边拆除安装门；女儿墙干挂处土建扫尾4#栋车道夹层窗下口，三层女儿墙压顶几处；5#栋门楼女儿墙处；5#栋车道夹层油漆未扫尾炮楼油漆返工；4#栋2 ～ 3层厕所台板未安装，拖池未做。卫生未做，渗水至外墙；4#栋施工电梯处外墙多处不干净及未油漆、未括灰、括平；4 ～ 5#栋1 ～ 4层踏步补整不到位应返工修补；4#栋消防电梯间百叶窗处墙砖多个未扫尾；4 ～ 5#栋梯间888瓷漆修补清理；4#栋1 ～ 3层强电、消防管线洞未封堵；5#栋南向明沟下沉待处理；4#栋24层9户内大卫外墙窗边掉15块砖，4 ～ 29层施工电梯处2开间阳台外墙油漆很差待修补，28层梯间一排风孔位置错封堵，24层14户及其他层、户电梯小前室消管处墙油漆差待修补；

4#栋室外消防百叶窗3个未安装，2 ～ 3层消防排风洞周边补整3个；4#栋四层样板间阳台上下线未收尾；4#栋东头1 ～ 3层梯间桥架洞未封，板底未刮888瓷漆；4#栋地下室消防门未装，斜梁及墙未刮888瓷漆、墙洞2个未封。扫脚线已做，有积水未处理；5#栋样板间未扫尾。5#栋西头地下室顶板未做防水处理屋面渗水至女厕所。

2.水电、消防、太阳能部分

① 消防门油漆及百叶门安装、排风孔洞未打、屋面风机未装。② 太阳能无电源、5#栋未通电运行。③ 工程部 × 总办公室门窗颜色不对。④ 信报箱未安装完成及消防管井门4个未扫尾。

（三）建设单位推进扫尾工程安排

（1）要提前或者说提早进入收尾状态　比如，由于房地产竣工验收前的分项验收内容多，如消防、电梯、强配电、供水、环保、电梯、绿化等，这些验收是要由相关政府部门来进行的，因此房地产项目要提前进入收尾状态，正常情况下要在计划项目竣工验收前3 ～ 4个月进入收尾阶段。如遇上春节可能要更早安排准备。

（2）收尾工作包括三大项　这三项工作包括实体收尾、资料收尾和工程量确认。通常的说法只包括实体与资料，但考虑到工程量的确认影响施工方的收尾积极性，因此也要作为一个大项加以重视。

（3）收尾前要进行工程完成状态摸底　在确定了收尾阶段起始日后，在起始日前一周要对工程完成的状态进行全面摸底，查清楚有哪些项目还没有完成，有哪些小项还没有开始，有哪些项目做错了要进行变更或者说是做错了，有哪些严重的施工质量缺陷。

（4）收尾工程状态摸底内容：① 工程分部分项的完成情况，按承包单位甚至班组进行分类归纳；② 已完成的分部分项工程的成品保护和运行状态；③ 是否存在完全没开工的分部分项；④ 没完成、没开工的分部分项的原因。是否材料采购困难、材料不足？是否专业工种工人缺乏、劳动力不足？是否特种设备、配件不足？是否特种施工工具或机械缺乏？当相关原因发生时，要考虑改设计图纸来进行。⑤ 不要忽视小项目，如车库门、门锁、路牙石、门牌安装等一些小项。一些小项目由于特种工人不好找，影响后续工序，所以不能忽视。⑥ 不要小看现场清理，这也是一个重要项目，而且在清理后要设法维持整洁状态。⑦ 各种边角部位的收口。在统计未收口的同时，要弄清楚未收口的原因，如还有项目没做没完成收不了口、单纯是收口没做、分包单位做不了如弱电燃气管穿墙板管洞的封堵、施工合同的空白地带、交叉地带或扯皮地带等。

（5）要注意融洽与各承包单位的关系　甲方与施工方等相关参与方要注意保持好和谐、协调、友好合作的正常关系，在收尾工作中因多方面原因容易产生矛盾，甲方应多注意协调处理，为验收工作的顺利推进创造良好环境条件。

（6）制订消项收尾工作计划　制订收尾工作计划要注意在收尾工作与裂缝、渗漏等工作区别开来，即便是同时进行也要以完成工程内容优先。收尾计划要采取消项计划的方式，按单元、按部位、按楼栋一项一项地规定完成时间，完成一项消除一项。

（7）备有后备劳动力或施工队　由于房地产项目的设计变更多，承包单价低，施工方在最后关头总想用拖的方式与甲方谈判从而获取补偿。如果甲方不愿意让步或者施工方狮子大开口，这时就要有后备施工队顶上，从而确保工程按期竣工和交楼。

（8）通过分项验收、内部验收、联合验收举措来促进　比方说通过提前电梯验收、消防验收、规范验收来鞭策施工方，也可以搞几次验收才通过的专项验收来促进收尾工作。另组织公司内部、联合监理、甲方，甚至组织没有质量监督人员的监督下的四方验收。每次验收

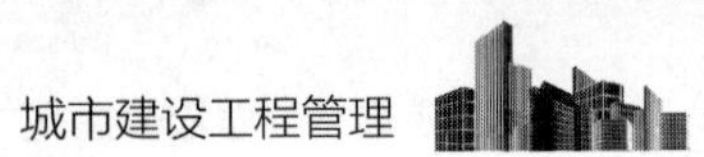

后要把没完成的工程内容和检查发现的问题列出来，并限定完成时间。

（9）专人跟踪　将收尾工作计划任务进行分工，派专人盯着和督促。

（10）及时做好工程资料和工程量确认　工程资料在交楼前是必须完成的，工程量确认有利于提高和保证工人的工作积极性。

二、竣工验收的资料准备

这里列出从项目立项开始，横跨工程建设全过程，直到竣工验收完成时的系统、全面的资料汇集。施工项目从立项到竣工验收，需要形成的文件有监理工作文件，有施工阶段形成文件以及验收阶段有关文件。业主需要提供资料包括立项文件、建设用地、征地、拆迁文件，勘察、测绘、设计文件，招投标文件及合同、开工审批文件等工程准备阶段文件。

（一）建设过程性文件

1. 工程准备阶段文件立项文件

① 项目建议书；② 项目建议书审批意见及前期工作通知书；③ 可行性研究报告及附件；④ 可行性研究报告审批意见；⑤ 关于立项有关的会议纪要、领导讲话；⑥ 专家建议文件；⑦ 调查资料及项目评估研究资料。

2. 建设用地、征地、拆迁文件

① 选址申请及选址规划意见通知书；② 用地申请报告及县级以上人民政府城乡建设用地批准书；③ 拆迁安置意见、协议、方案；④ 建设用地规划许可证及其附件；⑤ 划拨建设用地文件；⑥ 国有土地使用证。

3. 勘察、测绘、设计文件

① 工程地质勘察报告；② 水文地质勘察报告、自然条件、地震调查；③ 建设用地钉桩通知单；④ 地形测量和拨地测量成果报告；⑤ 申报规划设计条件和规划设计条件通知书；⑥ 审定设计方案通知书及审查意见；⑦ 有关行政部门（人防、环保、消防、交通、园林、市政、文物、通信、保密、教育、卫生等）批准文件或取得的有关协议；⑧ 政府有关部门对施工图设计文件的审批意见。

4. 招投标文件及合同

① 勘察、设计招投标文件；② 勘察、设计承包合同；③ 施工招投标文件；④ 施工承包合同；⑤ 工程监理招投标文件；⑥ 监理委托合同。

5. 开工审批文件

① 建设项目列入年度计划的申报文件；② 建设项目列入年度计划的批复文件或年度计划项目表；③ 建设项目规划许可证及其附件；④ 建设工程施工许可证；⑤ 投资许可证、审计证明、缴纳绿化建设费等证明；⑥ 工程质量监督手续。

6. 建设、施工、监理机构及负责人

① 工程项目管理机构（项目经理部）及负责人名单；② 工程项目监理机构（项目监理部）及负责人名单；③ 工程项目施工管理机构（施工项目经理部）及负责人名单。

（二）监理文件

1. 监理文件－监理规划

包括监理规划、监理实施细则。

2.监理月报中的有关质量问题

3.监理会议纪要中的有关质量问题

4.进度控制

① 工程开工/复工审批表。② 工程开工/复工暂停令。

5.质量控制

① 不合格项目通知；② 质量事故报告及处理意见。

6.造价控制

工程竣工决算审核意见书。

7.分包资质

① 分包单位资质材料；② 供货单位资质材料；③ 试验等单位资质材料。

8.合同与其他事项管理

① 工程延期报告及审批；② 合同争议、违约报告及处理意见；③ 合同变更材料。

9.监理工作总结

① 工程竣工总结；② 质量评价意见报告。

（三）施工文件

1.建筑安装工程

（1）土建（建筑与结构）工程

① 施工技术准备阶段：a.施工组织设计；b.技术交底；c.图纸会审记录。

② 施工现场准备：a.控制网设置资料；b.工程定位测量资料；c.基槽开挖线测量资料。

③ 地基处理：a.地基钎探记录和钎探平面布点图；b.验槽记录和地基处理记录；c.桩基施工记录；d.试桩记录.

④ 工程图纸变更：a.设计会议会审记录；b.设计变更记录；c.工程洽商记录。

⑤ 施工材料预测构件质量证明文件及复试试验报告：a.砂、石、砖、水泥、钢筋、防水材料、隔热保温、防腐材料、轻集料试验汇总表；b.砂、石、砖、水泥、钢筋、防水材料、隔热保温、防腐材料、轻集料出厂证明文件；c.砂、石、砖、水泥、钢筋、防水材料。轻集料、焊条、沥青复试试验报告；d.预制构件（钢、混凝土）出厂合格证、试验记录。

⑥ 施工试验：a.土壤（素土、灰土）干密度试验报告；b.土壤（素土、灰土）击实试验报告；c.砂浆（试块）抗压强度试验报告；d.混凝土（试块）抗压强度试验报告；e.混凝土抗渗试验报告；f.商品混凝土出厂合格证、复试报告；g.钢筋接头（焊接）试验报告；h.土壤、砂浆、混凝土、钢筋连接、混凝土抗掺试验报告汇总表。

⑦ 隐蔽工程检查：a.基础和主体结构钢筋工程；b.钢结构工程；c.防水工程；d.高程控制；

⑧ 施工：a.工程定位测量检查记录；b.沉降观测记录；c.现场施工预应力记录；d.工程竣工测量；e.新型建筑材料；f.施工新技术。

⑨ 工程质量事故处理。

⑩ 工程质量检验：a.基础、主体工程验收记录；b.幕墙工程验收记录；c.分部（子分部）分项工程质量验收记录。

（2）电气、给排水、消防、采暖、通风、空调、燃气、建筑智能化、电梯工程　① 图纸会审；② 设计变更；③ 工程洽商；④ 设备、产品质量合格证、质量保证书；⑤ 设备安装记录；⑥ 设备试运行记录；⑦ 设备明细表；⑧ 隐蔽工程检查记录；⑨ 电气接地电阻、绝缘电阻、综合布线、有线电视末端等测试记录；⑩ 楼宇自控、监视、安装、视听、电话等系统调试记录；⑪ 变配电设备安装、检查、通电、满负荷测试记录；⑫ 给排水、消防、采暖、通风、空调、燃气等管道强度、严密性、灌水、通水、吹洗、漏风、试压、通球、阀门等试验记录；⑬ 电气照明、动力、给排水、消防、采暖、通风、空调、燃气等系统调试、试运行记录；⑭ 电梯接地电阻、绝缘电阻测试记录；空载、半载、满载、超载试运行记录；平衡、运速、噪声调整试验报告；⑮ 质量事故处理记录；⑯ 分部（子分部）工程质量验收记录。

（3）室外工程　① 室外安装（给水、雨水、污水、热力、燃气、电信、电力、照明、电视、消防等）施工文件；② 室外建筑环境（建筑小品、水景、道路园林绿化等）施工文件。

2. 市政基础设施工程

① 图纸会审记录；② 工程定位测量资料；③ 工程定位测量复核记录；④ 导线点、水准点测量复核记录；⑤ 工程轴线、定位桩、高程测量复核记录；⑥ 设计变更通知单；⑦ 洽商记录；⑧ 砂、石、砌块、水泥、钢筋（材）、石灰、沥青、涂料、混凝土外加剂、防水材料、粘接材料、防腐保温材料、焊接材料等试验汇总表、质量合格证书和出厂检（试）验报告及现场复试报告；⑨ 水泥、石灰、粉煤灰混合料；沥青混合料、商品混凝土等试验汇总表、出厂合格证和试验报告、现场复试报告；⑩ 混凝土预制构件、管材、管件、钢结构构件等试验汇总表，出厂合格证书和相应的施工技术资料；⑪ 厂站工程的成套设备、预应力混凝土张拉设备、各类地下管线井室设施、产品等汇总表、出厂合格证书及安装使用说明；⑫ 砂浆、混凝土试块强度、钢筋（材）焊连接、填土、路基强度试验等汇总表；⑬ 回填土、路床压实长试验及土质的最大干密度和最佳含水量试验报告；⑭ 石灰类、水泥类、二灰类无机混合料基层的标准击实试验报告；⑮ 道路基层混合料强度试验记录；⑯ 道路面层压实度试验记录；⑰ 混凝土试块强度试验报告；⑱ 混凝土试块抗掺、抗冻试验报告；⑲ 混凝土强度试块统计、评定记录；⑳ 砂浆试块强度试验报告；㉑ 砂浆试块强度统计评定记录；㉒ 钢筋（材）焊、连接试验报告；㉓ 桩基础试（检）验报告；㉔ 地基钎探记录及钎探位置图；㉕ 地基与基槽验收记录；㉖ 地基处理记录及示意图；㉗ 桩基位置平面示意图；㉘ 打桩记录；㉙ 钻孔桩钻进记录及成孔质量检查记录；㉚ 钻孔（挖孔）桩混凝土浇灌记录；㉛ 厂（场）、站工程大型设备安装调试记录；㉜ 预应力张拉记录表；㉝ 预应力张拉孔道压浆记录；㉞ 孔位示意图；㉟ 沉井工程下沉观测记录；㊱ 管道、箱涵等工程项目推进记录；㊲ 构筑物沉降观测记录；㊳ 预制安装水泥壁板缠绕钢丝应力测定记录；㊴ 隐蔽工程检查（验收）记录；㊵ 分部工程质量评定记录；㊶ 道路工程的弯沉试验记录；㊷ 桥梁工程的动、静载试验记录；㊸ 无压力管道的严密性试验记录；㊹ 压力管道的强度试验、严密性试验、通球试验等记录；㊺ 水池满水试验；㊻ 消化池气密性试验；㊼ 电气绝缘电阻、接地电阻测试记录；㊽ 电气照明、燃气管网等网试运行记录；㊾ 供热管网、燃气管网等管网试运行记录；㊿ 燃气储罐总体试验记录；(51) 电信、宽带网等管网试运行记录；(52) 工程质量事故报告及处理记录；(53) 建筑物、构筑物竣工测量记录及测量示意图；(54) 地下管线工程竣工测量记录。

（四）竣工图文件

1. 建筑安装工程竣工图

（1）综合竣工图

① 综合图。a. 总平面布置图（包括建筑、建筑小品、水景、照明、道路、绿化等）；b. 竖

向布置图；c.室外给水、排水、热力、燃气等管网综合图；d.电气（包括电力、电信、电视系统等）综合图；e.设计总说明书；

② 室外专业图。

a.室外给水；b.室外雨水；c.室外污水；d.室外热力；e.室外燃气；f.室外电信；g.室外电力；h.室外电视；i.室外建筑小品；j.室外消防；k.室外照明；l.室外水景；m.室外道路；n.室外绿化。

（2）专业竣工图　① 建筑；② 结构；③ 装饰（装修）工程；④ 电气工程（智能化工程）；⑤ 给排水工程（消防工程）；⑥ 采暖通风空调工程；⑦ 燃气工程竣工图。

2.市政基础设施工程竣工图

① 道路竣工图；② 桥梁竣工图；③ 广场竣工图；④ 隧道竣工图；⑤ 铁路、公路、航空、水运等交通竣工图；⑥ 地下铁道等轨道交通竣工图；⑦ 地下人防竣工图；⑧ 水利防灾竣工图；⑨ 排水竣工图；⑩ 供水、供热、供气、电力、电信等地下管线竣工图；⑪ 高压架空输电线竣工图；⑫ 污水处理、垃圾处理处置竣工图；⑬ 场、厂、站工程竣工图。

3.竣工验收文件

① 工程概况表；② 工程竣工总结；③ 单位（子单位）工程质量验收记录；④ 竣工验收证明书；⑤ 竣工验收报告；⑥ 竣工验收备案表（包括各专项验收认可文件）；⑦ 工程质量保修书；⑧ 单位工程质量评定表及报验单；⑨ 决算文件；⑩ 交付使用财产总表和财产明细表；⑪ 工程有关照片；录音、录像材料；缩微品；光盘、磁盘。

三、竣工验收的预验收

（一）竣工验收的预验收的概念和内涵

1.竣工初验

工程竣工预验收也称工程（含专项工程）竣工初验，属于对专项工程竣工验收、工程竣工验收的工作的检查管理行为对房地产企业而言，一般在指专项竣工验收或工程竣工验收前，为了避免验收承包商不严格履行质量管理职责，可能影响验收工作的质量和进度，进行的一种预验收形式的质量验收。

按照建筑主管部门规定，先是由监理组织相关各施工单位（总、分包）进行预验收。预验收合格后，再由建设单位组织各责任主体进行竣工验收。工程竣工预验收阶段，往往根据计划组织情况，穿插进行专项工程竣工验收（与传统工程管理要求不同）。

2.两种预验收

按照现行规定，在工程建设过程中有2种“预验收”，即工程资料（工程档案）的预验收和工程竣工的预验收。

《建筑工程资料管理规程》（DB11/T 695-2009）规定：列入城建档案管理部门接受范围的工程档案，建设单位应在工程竣工验收前，依法提请城建档案管理部门对工程档案进行预验收，取得《建设工程竣工档案预验收意见》。

《建设工程监理规程》（DBJ01-41-2002）规定：施工单位在工程项目自检合格并达到竣工条件时，填写《单位工程竣工预验收报验表》，并附相应竣工资料报项目监理部，申请竣工预验收；总监理工程师组织监理工程师和施工单位共同对工程进行检查验收；需要对局部进行整改的，应在整改符合要求后再签署《单位工程竣工预验收报验表》；预验收合格后，监理单位应对工程提出《质量评估报告》。这里当然是以工程竣工的预验收为主。

3.建设工程预验收

建设工程预验收是工程完工后、正式竣工验收前进行的一项重要工作，也是不少地方建设行业诚信监理企业的必备制度之一。监理机构收到施工单位的工程竣工预验收申请报告后，应就验收的准备情况和验收条件进行检查，对工程质量进行竣工预验收。对工程实体质量及档案资料存在的缺陷，及时提出整改意见，并与施工单位协商整改方案，确定整改要求和完成时间。

（二）竣工验收的预验收的方案和工作内容

1.建设工程预验收的参与方

工程预验收由项目总监理工程师主持，监理单位有关部门、施工单位、项目监理机构参加，也可以邀请建设单位、设计单位参加，如有必要时可以邀请质量监督机构参加，目的是为了更好地发现问题、解决问题，为工程正式竣工验收创造条件。

2.建设工程预验收方案

（1）预验收前

① 施工单位应在完成单位工程施工内容并对检查结果进行评定，达到竣工验收条件时，向项目监理机构提交《单位工程竣工验收报审表》。

② 监理审查施工单位具备工程竣工预验收的条件（与正式工程竣工验收要求的条件相同）。

③ 工程竣工质量验收资料指：能够证明工程按合同约定完成并符合竣工验收要求的全部资料，包括各分部（子分部）工程验收记录、单位（子单位）工程质量控制资料核查记录、单位（子单位）工程安全和功能检验资料核查及主要功能抽查记录、单位（子单位）工程观感质量检查记录表等。对需要进行功能试验的工程（包括单机试车、无负荷试车和联动调试），应包括试验报告。

④ 监理审查施工单位子单位（专项）工程竣工验收资料。包括：一是工程项目规划；二是人防、消防、电力（强电）、燃气、热力工程，以及给水、排水，电信（弱电），交通设施，园林绿化工程；三是环境、文物保护，河湖等管理部门分别要求落实的资料；四是工程结算书等验收资料。

⑤ 监理审查施工单位上报的工程竣工预验收计划

● 验收依据（基本同工程竣工验收，略）。

● 组织机构。竣工预验收主要技术负责人，质量验收、资料验收等分组情况，邀请的参建单位及相关主管单位情况。

● 预验收主要内容及程序。听取项目法人总体工程施工情况报告；现场检查工程建设情况及查阅有关工程建设资料；审阅工程质量抽样检测报告等。

工程竣工预验收分成质量验收、资料验收等专业组，分组讨论并形成验收意见，在此基础上形成竣工预验收报告。

● 预验收时间安排、会议地点、会议形式内容等。

⑥ 监理注意事项。a.审查施工单位上报的《单位工程竣工验收报审表》签字盖章是否齐全。b.检查施工单位是否具备工程预验收条件。c.专业监理工程师分成质量验收、资料验收等专业组，明确组长、成员责任，进行必要的准备。d.明确会议纪要记录人员，准备会议参会人员签到表。e.工程预验收准备工程情况必须在监理日记、日志中详细记录。

（2）预验收过程中

① 总监理工程师组织召开工程预验收会议。

② 总监理工程师组织专业监理工程师，依据有关法律、法规、工程建设强制性标准、设计文件及施工合同，对工程实体质量情况及竣工资料进行全面检查。

③ 对于在预验收中发现的问题，应要求承包单位及时整改；整改合格后，总监理工程师应签认《单位工程竣工验收报审表》，并督促施工单位做好成品保护和施工现场清理工作，为工程正式竣工验收做好充分准备。

④ 监理注意事项。a.专业监理工程师对资料的审核形成书面审查意见并在监理日记、日志中详细记录。b.总监理工程师组织专业监理工程师对工程实体质量逐项进行检查，检查情况如实记录在监理日记、日志中。c.项目监理部针对检查中发现的各种问题，对施工单位下发《监理通知单》要求限期整改，并跟踪检查落实，整改情况及时记录在监理日记、日志中。d.《文件收发本》签字记录必须完整。

（3）预验收合格后

① 工程经竣工预验收合格后，项目监理机构应提出工程质量评估报告，并经总监理工程师和监理单位技术负责人审核签字后报建设单位。

② 工程质量评估报告应包括以下主要内容：a.工程概况；b.工程各参建单位；c.主要施工方法、施工工艺；d.工程质量验收情况；e.工程质量事故及其处理情况；f.竣工资料审查情况；g.工程质量评估结论。

③ 监理注意事项。a.总监理工程师应及时组织专业监理工程师编写工程质量评估报告，其内容、格式应符合相关规定及公司作业文件的要求。b.项目监理部留存签字审批齐全的报告一份，同时报送建设单位一份。c.监理单位的职能部门全过程参加工程预验收，同时征求建设单位、施工单位等对项目监理部的服务质量的意见和建议，进行满意度调查，并及时向公司领导汇报。d.《文件收发本》签字记录必须完整。e.监理工作情况及时记录在监理日记、日志中。

第三节　工程现场竣工验收

一、工程现场竣工验收概述

1.工程现场竣工验收的内涵

工程现场竣工验收是建设工程竣工验收交接的一项关键性、正式性内容，也是建设工程竣工验收的重要环节。工程现场竣工验收的顺利完成并认定验收结果，意味着竣工验收实质上的正式完成。工程现场竣工验收是对工程项目的建设、施工和管理情况的实地全面勘察，是对工程建设施工质量水平的现场综合评价。工程现场竣工验收结果《建设工程竣工验收报告》的确认，也意味着该建设产品可以交付给业主或使用单位进入使用过程了。

2.工程现场竣工验收的组织

一般工程现场竣工验收的组织，是由专业技术、业务、管理人员分成若干检查工作组，同时展开的方式进行，以保证验收工作的全面、有序和高效开展进行。检查验收小组的安排组织根据具体工程和人员等情况有多种分法。一般情况下有两大类分法：一是综合组+专业组模式；二是资料组+专业组模式。前者如：① 综合组；② 土建组；③ 工艺设备及公用系统组。其中综合组主要负责合同、文件、图纸等资料检查和会务等工作。后者如：① 资料组；② 土建组；③ 电气组；④ 水暖卫组等。

二、建设工程竣工现场验收程序

建筑工程竣工现场验收程序如下。

① 建设单位介绍到场参加人员及参加人员签字。

② 建设单位宣布工程符合建建2000（142）《房屋建筑工程和市政基础设施工程竣工验收暂行规定》中的验收条件及工程概况。

③ 施工单位做施工情况、合同履约情况、在工程建设各个环节执行法律、法规和工程建设强制性标准的情况说明。

④ 监理单位做工程评估情况、合同履约情况、在工程建设各个环节执行法律、法规和工程建设强制性标准的情况说明。

⑤ 设计单位做质量检查情况、合同履约情况、在工程建设各个环节执行法律、法规和工程建设强制性标准的情况说明。

⑥ 勘察单位做质量检查情况、合同履约情况、在工程建设各个环节执行法律、法规和工程建设强制性标准的情况说明。

⑦ 建设单位做参建情况说明及对其他四方工程合同履约情况、在工程建设各个环节执行法律、法规和工程建设强制性标准的情况评价。

⑧ 建设单位宣布检查方案及人员分组情况（验收组分为资料检查组和实物检查组）。

● 资料检查组：a.检验批、分项、分部验收资料；b.质量控制资料；c.安全和功能检验资料；d.施工管理资料及相关手续；e.监理资料。

● 实物检查组：a.观感检查；b.实测实量；c.主要功能抽查。

⑨ 分组检查审阅建设、勘察、设计、施工、监理单位的工程档案资料,实地查验工程质量。

⑩ 对工程勘察、设计、施工、设备安装质量和各管理环节等方面作出全面评价，形成经验收组人员签署的工程竣工验收意见。

⑪ 参与工程竣工验收的建设、勘察、设计、施工、监理等各方不能形成一致意见时，应协商提出解决的方法，待意见一致后，重新组织工程竣工验收。

⑫ 工程竣工验收合格后，建设单位应当及时提出工程竣工验收报告。工程竣工验收报告主要包括工程概况，建设单位执行基本建设程序情况，对工程勘察、设计、施工、监理等方面的评价，工程竣工验收时间、程序、内容和组织形式，工程竣工验收意见等内容。

工程竣工验收报告还应附有下列文件：

a.施工许可证。b.施工图设计文件审查意见。c.施工单位工程竣工报告。d.工程质量评估报告。e.勘察、设计单位出质量检查报告。f.城乡规划行政主管部门对工程是否符合规划设计要求进行检查，并出具认可文件。g.有公安消防、环保等部门出具的认可文件或者准许使用文件。h.验收组人员签署的工程竣工验收意见。i.市政基础设施工程应附有质量检测和功能性试验资料。j.施工单位签署的工程质量保修书。k.法规、规章规定的其他有关文件。

三、工程竣工现场验收内容及操作

（一）现场实物质量验收

① 验收组应按《建筑工程施工质量验收统一标准》（GB 50300—2001）要求，对照验收

标准审查施工资料质量，抽查安全和使用功能的质量，进行工程观感质量检查。对验收内容做出全面评价，形成工程施工质量竣工验收结论意见，验收组人员签字。如果验收不合格，验收组提出书面整改意见，限期整改，重新组织工程施工质量竣工验收；如果验收合格，填写《单位（子单位）工程施工质量竣工验收记录》，相关单位签字盖章。

② 项目质量监督机构对单位工程质量竣工验收的条件、组织形式、验收人员资格、验收程序、执行标准等情况进行现场监督，并对工程实物质量和工程资料进行监督抽查；如发现有不满足验收条件及违反建设工程质量管理规定行为和强制性条文的，责令改正或要求整改后重新验收，参建方有严重违反建设工程质量管理规定行为和强制性条文的，列入不良行为记录并在网上公示。

③ 当参建各方对工程验收意见不一致时，由项目质量监督机构协调处理，当参建各方对工程验收意见一致且抽查结果达到验收合格要求时，提出明确的验收监督意见并形成《单位工程施工质量竣工验收监督记录》。

（二）竣工资料验收

1.监理资料

① 监理规划；② 监理实施细则；③ 监理月报中的有关质量问题；④ 监理会议纪要中的有关质量问题；⑤ 工程开工/复工审批表；⑥ 工程开工/复工暂停令；⑦ 不合格项目通知；⑧ 质量事故报告及处理意见；⑨ 工程竣工决算审核意见书；⑩ 工程延期报告及审批；⑪ 合同争议、违约报告及处理意见；⑫ 合同变更材料；⑬ 工程监理总结报告；⑭ 工程竣工预验收质量评估报告（续）。

2.施工资料

（1）土建工程

① 施工技术准备文件，图纸会审记录。

② 施工现场准备。控制网络体系设置资料及相应报验单；工程定位测量资料及相应报验单；基槽开挖线测量资料及相应报验单。

③ 地基处理记录及相应报验单。地基钎探记录和钎探平面布点图；验槽记录和地基处理记录；桩基施工记录；试桩记录。

④ 工程图纸变更记录；设计会议会审记录；设计变更记录；工程洽商记录。

⑤ 施工材料、预制构件质量证明文件、复试试验报告及相应进场使用报验单。

● 砂、石、砖、水泥、钢筋、防水材料、隔热保温、防腐材料、轻集料试验，石材和地砖放射性试验汇总表。

● 砂、石、砖、水泥、钢筋、防水材料、隔热保温、防腐材料、轻集料出厂证明文件。

● 砂、石、砖、水泥、钢筋、防水材料、隔热保温、防腐材料、轻集料试验、焊条、沥青复试、石材和地砖放射性复试试验报告及相应进场使用报验单。

● 预制构件（钢、混凝土）出厂合格证、试验记录及相应进场使用报验单。

⑥ 试验报告。主要关于：a.土壤（素土、灰土）干密度；b.土壤（素土、灰土）击实；c.砂浆（试块）抗压强度；d.混凝土（试块）抗压强度；e.混凝土抗渗；f.筋接头（焊接）试验报告；g.混凝土出厂合格证、复试报告；h.土壤、砂浆、混凝土、钢筋连接、混凝土抗渗试验报告汇总表。

⑦ 隐蔽工程检查记录及相应报验单。包括：a.基础和主体结构钢筋；b.钢结构；c.防水工程；d.高程控制。

⑧ 施工记录及相应报验单

包括：a.工程定位测量检查；b.沉降观测；c.结构吊装；d.现场施工预应力记录；e.工程竣工测量；f.新型建筑材料；g.施工新技术。

⑨ 工程质量评定资料及相应报验单

⑩ 工程质量事故处理记录

⑪ 工程质量检验记录。a.基础、主体工程质量验收记录。b.幕墙工程验收记录。c.分部（子分部）工程质量验收记录。

（2）电气、给排水、消防、采暖、通风、空调、燃气、建筑智能化、电梯工程

① 图纸变更记录。a.图纸会审；b.设计变更；c.工程洽商。

② 设备、产品质量检查、安装记录及相应报验单。a.设备、产品质量合格证、质量保证书；b.设备安装记录；c.设备试运行记录；d.设备明细表。

③ 隐蔽工程检查记录及相应报验单（略）。

④ 施工试验记录及相应报验单。a.电气接地电阻、绝缘电阻、综合布线、有线电视末端等测试；b.楼宇自控、监视、安装、视听、电话等系统调试；c.变配电设备安装、检查、通电、满负荷测试；d.给排水、消防、采暖、通风、空调、燃气等管道强度、严密性、灌水、通水、吹洗、漏风、试压、通球、阀门等试验；e.电气照明、动力、给排水、消防、采暖、通风、空调、燃气等系统调试、试运行记录；f.电梯接地电阻、绝缘电阻测试记录，空载、半载、满载、超载试运行记录和平衡、运速、噪声调整试验。

⑤ 质量事故处理记录。

⑥ 工程质量检验记录

⑦ 分部（子分部）工程质量验收记录。

（3）竣工验收文件

① 工程竣工总结。a.工程概况表。b.工程竣工总结。

② 竣工验收记录。a.单位（子单位）工程质量竣工验收记录。b.竣工验收证明书。c.竣工验收报告。d.竣工验收备案表（包括各专项验收认可文件）。e.工程质量保修书。

（4）室外工程

① 室外安装（给水、雨水、污水、热力、燃气、电信、电力、照明、电视、消防等）施工文件（含报验单）。

② 室外建筑环境（建筑小品、水景、道路、园林绿化等）。

（5）竣工图

① 综合竣工图。包括：综合图，总平面布置图（包括建筑、建筑小品、水景、道路、绿化等），竖向布置图，室外给水、排水、热力、燃气等管网综合图，电气（包括电力、电信、电视系统等）综合图，设计总说明书。

② 室外专业图。包括以下两个方面：

● 室外给水；室外雨水；室外污水；室外热力；室外燃气；室外电信；室外电力；室外电视；室外建筑小品；室外消防；室外照明；室外水景；室外道路；室外绿化。

● 室外专业竣工图：建筑，结构，装修（装饰）工程，电气工程（智能化工程），给排水工程（消防工程），采暖通风空调工程，燃气工程竣工图。

（6）其他资料　包括桩基竣工验收资料；幕墙竣工验收资料；钢结构竣工验收资料；中央空调竣工验收资料；人防工程竣工验收资料等。

电梯资料：升降梯随机图纸；电梯安装过程质量检测记录表（复印件）；安装使用维护保养说明书；产品出厂合格证；电梯安装合格证明书；用户服务手册（使用指南）；电梯安

装检验报告；特种设备（普查）注册登记表；安全检验合格铭牌（复印件）；电梯开箱检查记录；电梯安装监督检验报告；特种设备安装安全质量监督检验证书，以上资料每台电梯一份。质量监督检验检疫当场行政许可决定书；质量监督检验检疫行政许可申请受理决定书；质量监督检验检疫行政许可申请材料清单。

四、工程现场竣工验收结论

1.工程现场竣工验收结论

最终结果当然是建设工程竣工验收报告。竣工验收报告是指工程项目竣工之后，经过相关部门成立的专门验收机构，组织专家进行质量评估验收以后形成的书面报告，现场竣工验收阶段，一般以工程验收报告或工程竣工报告提交。建设工程竣工验收报告主要内容已作专门介绍。实际操作时，常常因是现场验收而安排一份简要的文字性结论材料说明已按要求完成设计图纸和合同约定范围内的工程，验收程序有效符合规定要求，同意验收，本项目工程综合评定“合格”或“优良”等。常供宣读用。

2.验收报告内容

（1）建设依据　简要说明项目可行性研究报告批复或计划任务书和核准单位及批准文号，批准的建设投资和工程概算（包括修正概算），规定的建设规模及生产能力，建设项目的包干协议主要内容。

（2）工程概况

① 工程前期工作及实施情况。

② 设计、施工、总承包、建设监理、设备供应商、质量监督机构等单位。

③ 各单项工程的开工及完工日期。

④ 完成工作量及形成的生产能力（详细说明工期提前或延迟原因和生产能力与原计划有出入的原因，以及建设中为保证原计划实施所采取的对策）。

（3）初验与试运行情况　初验时间与初验的主要结论以及试运行情况（应附初验报告及试运转主要测试指标，试运转时间一般为3 ～ 6个月）。

（4）竣工决算概况　概算（修正概算）、预算执行情况与初步决算情况，并进行通信建设项目的投资分析。

（5）工程技术档案的整理情况　工程施工中的大事记载，各单项工程竣工资料、隐蔽工程随工验收资料、设计文件和图纸、监理文件、主要器材技术资料以及工程建设中的来往文件等整理归档的情况。

（6）经济技术分析

① 主要技术指标测试值及结论。

② 工程质量的分析，对施工中发生的质量事故处理后的情况说明。

③ 建设成本分析和主要经济指标，以及采用新技术、新设备新材料、新工艺所获得的投资效益。

④ 投资效益的分析，形成固定资产占投资的比例，企业直接收益，投资回报年限的分析，盈亏平衡的分析。

3.工程现场竣工验收结论案例

这是在 × 区 × × 学校教学楼工程项目现场验收会上宣读的一份总结讲话。

一、工程概况

×区××学校教学楼工程由国家投资建设。工程地址是在××学校院内，建筑面积1620㎡，该工程为框架结构。

该工程由×市××时代建筑工程设计咨询有限公司设计，××市××建设工程监理有限公司监理，××市××建筑有限责任公司施工。工程于2013年7月××日开工建设。

二、质量管理情况

工程所用主要建筑材料、各种构配件及设备均有合格证，按规范要求进行各种检测试验，其检测报告结果均合格。其中对用于承重结构的混凝土试件、砂浆试块进行了见证取样检测，检测数量符合要求。在施工中，我们按基础、主体、屋面、水电、装饰等分部分项工程分别编制了检验批资料及隐蔽工程验收资料，各类原材料检验资料、检验批记录、分项分部工程资料均完整，各类保证资料齐全。

本工程未发生任何质量事故和其他事故，基础、主体、屋面施工质量均符合规范及设计要求，有防水要求的屋面无渗漏现象。

三、安全及文明施工管理情况

由于在校内施工，我们按照本公司企业形象标识设立了五牌一图、宣讲栏，我们对施工现场进行了封闭施工，在课间休息和上课前与放学后由专人在施工现场周围巡视确保同学们的安全，并合理布置施工现场悬挂警示标志，确保现场安全、文明、整洁。对脚手架、临时用电等危险性较大的部位编制了专项安全方案，由于措施得当、现场管理得力，没有发生安全事故。

四、工程档案管理情况

施工过程中，我单位按《建筑工程资料管理规程》，设专人对施工过程的全部资料进行记录、收集和整理，建设、监理单位密切配合。随着工程的进展，双方共同对资料进行检查、核对和确认，目前，施工资料齐全。

综上所述，我们已完成了建设工程设计和合同约定的各项内容，各类施工技术管理资料完整，该工程使用的主要建筑材料、建筑构配件进场试验报告完整，有勘察、设计、施工、监理等单位签署的质量合格文件，观感质量符合要求。

本总结汇报如有不妥之处，恳请批评指正！谢谢大家！

××市××建筑有限责任公司

第四节 工程竣工验收备案与交付移交

一、工程竣工验收备案

（一）工程竣工验收备案的内涵

① 建设工程竣工验收备案是指建设单位在建设工程竣工验收后，将建设工程竣工验收报告和规划、公安消防、环保等部门出具的认可文件或者准许使用文件报建设行政主管部门审核的行为。

② 相关法规。《建设工程质量管理条例》规定：建设单位应当自建设工程竣工验收合格之日起15日内，将建设工程竣工验收报告和规划、公安消防、环保等部门出具的认可文件或者准许使用文件报建设行政主管部门或者其他有关部门备案。

《房屋建筑和市政基础设施工程竣工验收备案管理办法》规定：建设单位应当自工程竣工验收合格之日起15日内，依照本办法规定，向工程所在地的县级以上地方人民政府建设主管部门（以下简称备案机关）备案。

（二）备案应提交的文件

① 工程竣工验收备案表。② 工程竣工验收报告。竣工验收报告应当包括工程报建日期，施工许可证号，施工图设计文件审查意见，勘察、设计、施工、工程监理等单位分别签署的质量合格文件及验收人员签署的竣工验收原始文件，市政基础设施的有关质量检测和功能性试验资料以及备案机关认为需要提供的有关资料。③ 法律、行政法规规定应当由规划、环保等部门出具的认可文件或者准许使用文件。④ 法律规定应当由公安消防部门出具的对大型的人员密集场所和其他特殊建设工程验收合格的证明文件。⑤ 施工单位签署的工程质量保修书。⑥ 法规、规章规定必须提供的其他文件。⑦《住宅质量保证书》和《住宅使用说明书》。

（三）备案成果

① 备案机关收到建设单位报送的竣工验收备案文件，验证文件齐全后，应当在工程竣工验收备案表上签署文件收讫。

② 工程竣工验收备案表一式两份，一份由建设单位保存，另一份则留备案机关存档。

（四）备案程序

① 经施工单位自检合格后，并且符合《房屋建筑工程和市政基础设施工程竣工验收暂行规定》的要求方可进行竣工验收。② 由施工单位在工程完工后向建设单位提交工程竣工报告，申请竣工验收，并经总监理工程师签署意见。③ 对符合竣工验收要求的工程，建设单位负责组织勘察、设计、监理等单位组成的专家组实施验收。④ 建设单位必须在竣工验收7个工作日前将验收的时间、地点及验收组名单书面通知负责监督该工程的工程质量监督机构。⑤ 工程竣工验收合格之日起15个工作日内，建设单位应及时提出竣工验收报告，向工程所在地县级以上地方人民政府建设行政主管部门（及备案机关）备案。⑥ 工程质量监督机构，应在竣工验收之日起5工作日内，向备案机关提交工程质量监督报告。⑦ 城建档案管理部门对工程档案资料按国家法律法规要求进行预验收，并签署验收意见。⑧ 备案机关在验证竣工

验收备案文件齐全后，在竣工验收备案表上签署验收备案意见并签章。工程竣工验收备案表一式两份，一份由建设单位保存，一份留备案机关存档。

二、工程竣工验收备案表案例

1.封面

监督登记号：　　　　　　　　　　　　　　　　　　　　备案号：

建设工程竣工验收备案表

工程名称：××县污水处理设施建设管网工程第四标段
建设单位：× × 县 建 设 局

× × 省 建 设 厅 制

年　月　日

2.目录

3.竣工验收备案

湘质监统编
备2004—1

××县污水处理设施建设管网工程第四标段工程
竣工验收备案表

建设单位名称	××县建设局		
备案日期			
工程名称	××县污水处理设施建设管网工程第四标段		
工程地点	××县后山溪污水处理厂——大桥头泵站		
建筑规模、造价	9880米、1541.88269万元		
结构类型	管道埋设、管道基础、管道挡土墙		
工程用途	污水处理		
开工日期	20××年3月9日		
竣工验收日期	20××年9月29日		
施工许可证号	H1×—××××3020090214××××		
施工图审查意见			
勘察单位名称		资质等级	
设计单位名称	××省建筑材料研究设计院	资质等级	甲级
施工单位名称	××市××建设工程有限责任公司	资质等级	市政二级
监理单位名称	××市监理公司××分公司	资质等级	二级
工程质量监督机构名称	××县建筑工程质量监督管理站		

本表一式三份，建设单位、备案机关、房屋产权行政主管部门各一份。

4.竣工验收意见

竣工验收意见	勘察单位意见	单位负责人： （签名、公章）　年　月　日
	设计单位意见	单位负责人： （签名、公章）　年　月　日
	施工单位意见	单位负责人： （签名、公章）　年　月　日
	监理单位意见	单位负责人： （签名、公章）　年　月　日
	建设单位意见	单位负责人： （签名、公章）　年　月　日

5.备案意见

工程竣工验收备案文件目录	1.工程竣工验收报告；2.工程施工许可证；3.施工图设计文件审查意见；4.单位工程质量综合验收文件（含施工单位出具的工程施工质量验收申请报告、监理单位出具的工程质量评价报告等）；5.市政基础设施的有关质量检测和功能性试验资料；6.规划、公安消防、环保等部门出具的认可文件或者准许使用文件；7.施工单位签署的工程质量保修书；8.商品住宅的《住宅质量保证书》和《住宅使用说明书》；9.法规、规章规定必须提供的其他文件。		
备案意见	××县污水处理设施建设管网工程第四标段工程的竣工验收备案文件已于____年____月____日收讫，文件______________。 （公章） 年 月 日		
备案机关负责人		备案经办人	

注：表中____________内填写齐全或基本齐全，不齐全或其他原因不能备案。

三、工程竣工验收交付及案例

（一）法规规定

《中华人民共和国建筑法》规定："交付竣工验收的建筑工程，必须符合规定的建筑工程质量标准，有完整的工程技术经济资料和经签署的工程保修书，并具备国家规定的其他竣工条件；建筑工程竣工经验收合格后，方可交付使用，未经验收或者验收不合格的，不得交付使用。"因此工程竣工验收合格是建设工程项目交付或交接的前提条件。

（二）验收交付程序

① 以房屋建设开发工程项目为例。需要移交的有两大部分内容，一是房屋建设工程项目的专有部分，是专有部分交付；另一是指属于公用共用部分的移交交接。专用部分即指房屋建筑工程分户门以内部分，该部分最终是由住户（购房者）自己使用的；房屋建筑工程的共用部位和小区内共用设备设施内容移交，是公用共用部分验收交接。无论是专有部分还是公用共用部分交付，一般都由房地产开发商现场移交验收交接，同时物业公司应参加验收检查承接。

② 因此房屋建设工程项目移交验收交接的主要内容包括：a.专用部分：指房屋建筑工程分户门以内部分。b.共用部位：指楼梯间、共用门厅、单元门、户外墙面、共用上下水管等。c.共用设备设施：指建设费用已摊入房屋销售价格的共用的给排水管道、落水管、水箱、加压水泵、供热管道、供气管道、电梯、天线、照明、锅炉、供电线路、路灯、消防设施、安防设施、绿地、道路、沟、渠、池、井、非经营性停车场（库）、公益性文体设施和共用设施设备使用的房屋等。

简单梳理说来交付程序可以总结为两件事，一是办手续，二是交钥匙。办手续主要就是交接资料、填表签字；交钥匙则是现场清点、查看、测试、实物交领等事项。现在项目验收标准越来越多地要求按"交钥匙工程"的验收交付标准来进行。

（三）住宅房屋建筑工程交付即交房案例

城市建设中有大量的房地产开发建设项目，由于向住户业主移交住房是普遍的情形，此处将就小区商品房交付流程及实际交接特别举例说明。

1.对交付的新建物业要求

房地产开发商向物业公司交付的新建房屋项目（商品房）必须满足以下要求。

① 主体工程通过五大责任主体正式竣工验收，取得竣工验收报告。

② 取得《建设工程竣工备案书》或具备房地产项目销售合同约定的交房合格条件。

③ 楼宇单体室内外施工和公共区域配套管网工程全部结束并正常使用。

④ 公共区域不受季节影响的道路、景观、标识系统、文化设施全部施工完毕，安装到位。

⑤ 主干道、主景观区周边绿化到位。如因季节原因不能到位，考虑购置临时性花木弥补。不能绿化的区域土地应平整到位。

⑥ 正式或临时性供电、供电系统至少达到设计要求的70%以上的使用量。

⑦ 小区配套的电话、宽带及智能化系统能够随时启用。物业服务所需的岗亭、对讲系统、车辆管理系统、消防监控、安全监控系统安装到位，可正常使用。

⑧ 管理区域内无施工单位人员食宿，无建筑垃圾、施工材料现场堆放。

⑨ 所有室内卫生全部清理干净，无垃圾、污垢等。

⑩ 管理区域已进行有效封闭。

⑪ 物业用房（包括办公室、仓库、安管宿舍）已安排就绪。

⑫ 消防工程施工完成，通过消防验收。

⑬ 电梯安装调试完成，通过验收并投入正常使用。

房地产项目约定交房时间如不能满足以上基础要求，视为交房不合格。

2.满意交付目标

实现质量管理目标，确保向业主交房时合格率达到100%，使业主满意率达到95%以上。交房合格标准：物业验收或业主验收后认为合格并同意签收房产物业。

3.交接分工负责

① 开发商项目公司（甲方）负责工程移交承接、交工验收的组织工作，落实整改发现的质量问题。

② 甲方、施工单位、物业公司等联合对房屋建筑工程质量进行排查。

③ 物业公司负责工程专有部分的初验、验收承接及向业主交付、共用部分和小区内共用设备设施验收及交工后的日常管理工作。

4.接管内容和验收程序

① 房屋建筑工程（专有部分）的移交、（共用部位）交工验收时间，在向业主交房前的两个月进行；小区内共用设备设施工程的交工验收时间，在交房前一个月进行，确保在物业公司向业主交房前完成移交承接、交工验收。在制定项目的建设周期、确定交房时间时要考虑该验收时间并予以保证。

② 向物业公司交付的实物与资料（同步移交）

● 钥匙类：入户门、单元对讲门、楼内防火门、管道井、电表箱、水表箱（柜）、弱电箱、电梯、电梯机房、各类控制器、控制室、室外照明控制箱等。

● 数据类：水表读数、电表读数、气表读数（须经物业公司、施工单位共同抄读）。

● 文件类：各类设备使用说明书、合格证、验收报告、检测报告等；防水部位使用说明；主体竣工验收表、消防验收报告、电梯验收报告；试压、试水、通球验收报告；质量检查档案；

● 各类竣工图纸、资料。

③ 房屋建筑工程移交承接、交工验收

● 在工程移交承接（指专有部分）、交工验收（指共用部位）前，甲方公司内部先进行质量自检，待认为自检合格、具备移交条件时，与物业公司结合进行初验（即分户验收），初验中存在的问题，甲方项目公司工程部负责落实、整改。

● 物业公司初验后在报验申请单上填写验收意见，甲方相关部门进行抽查。对抽查发现的问题，甲方公司工程部负责落实整改，物业公司负责复验。

● 房屋建筑工程的专有部分的移交承接验收。a.由甲方项目公司组织项目销售人员、项目工程人员和物业公司，对房屋建筑工程的专有部分进行分户移交承接验收，逐户形成验收记录，参与验收人员应签字。b.分户验收记录由物业公司负责整理、统计，对存在的质量问题，由甲方项目公司负责落实整改，完成后再由物业公司复验，合格后签收、承接管理。

● 房屋建筑共有部位的交工验收。a.由甲方项目公司组织地产项目销售人员、甲方项目工程人员和物业公司，对房屋建筑工程的共有部位进行逐项检查，形成验收记录，参与验收人员签字。b.验收记录由物业公司负责整理、统计，对存在的质量问题，由甲方项目公司负责落实整改，完成后再由物业公司复验，合格后签收。

● 在房屋建筑工程移交承接、交工验收过程中，要求施工单位和监理单位参加，以便及时落实整改检查发现的问题。

④ 小区各共用设备设施工程交工验收。a.各共用设备设施工程的交工验收，在甲方项目公司已按照国家规范进行验收、工程质量合格的基础上进行。b.甲方项目公司应提前5个工作日向物业公司申请交工验收。c.交工验收，甲方项目公司负责组织地产项目专业工程师和物业公司参加的交工验收（施工单位参加，有委托监理的、监理单位也参加），形成验收记录，参与验收人员签字；对景观工程，甲方相关专业和管理部门参加交工验收过程。验收记录由物业公司负责整理、统计，甲方项目公司工程部负责落实整改检查发现的质量问题。完成后由物业公司复验，合格后签收。

⑤ 按照《城市房地产开发经营管理条例》规定，甲方项目公司向当地房地产开发主管部门提出竣工验收申请，经验收合格后，竣工项目全面向业主交付使用。

⑥ 向业主正式交房过程，由物业公司负责，甲方项目公司配合。对业主提出的质量问题，由地产项目公司负责在规定的时间内落实整改完毕，对提出的其他涉及工程的问题，及时做好解释工作。

5.接管标准和验收依据

① 接管验收方案依据国家标准及现场考察情况编写，国家及建设部颁布的《房屋接管验收标准》、《建筑工程施工质量验收标注》、《地下防水工程质量验收标准》、《通风与空调工程施工质量验收标准》、《智能、建筑工程质量验收标准》、《电梯工程施工质量验收标准》等，将其作为接管验收的依据。

② 甲方相关管理办法的文件要求也可以按需选择为接管验收的依据。

③ 针对硬件设施、设备遗留问题，一般问题要求甲方项目公司一周内解决，重大问题要求一个月内解决，确保交房合格率及业主满意率。

④ 对于长期解决不了，势必会影响后期物业管理的问题，将以备忘录的形式将问题登记后交地产项目公司进行备录并商定解决方案（解决时限为3 ～ 6个月）。

6.相关交接流程

① 房屋专用及共用部位交付

● 成员：销售部门、工程部门、物业公司及项目公司指定人员。

● 时间：集中交房前一个月。

● 工作内容：a.确定业主正式入住的时间表；b.审定房屋主体、公共设施验收交接标准；c.约定各类资料移交物业公司的时间；d.约定楼宇及公共设施初次内部验收时间；e.确定上述各部门的工作负责人。

● 各标准及表格。

② 内部房屋及公共设施交接

● 成员：销售部门、工程部门、物业公司及项目公司指定人员。

● 时间：约定的房屋内部交接时间前一周。

● 工作内容：a.检查各部门准备情况；b.确定房屋内部交接的内容及具体时间表；c.确认图纸资料交接是否完整；d.确定初次验收后房屋维修工作负责人及维修时间；e.约定二次验收时间。

● 各流程及表格。

③ 正式交接

● 成员：销售部门、工程部门、物业公司及项目公司指定人员。

● 时间：正式向业主交付前一周。

● 工作内容：a.检查各部门准备情况；b.未完成维修的工作内容及完成时间；c.确定正式交房的流程、时间、地点及现场布置方案；d.确定各部门交接现场负责人及工作职责；e.确定业主投诉、报修的处理流程；f.确定业主房屋问题赔付流程。

● 各标准及流程。

7.房屋验收合格后管理程序问题

房屋单体及公共配套设施经工程部门与物业管理部门验收整改合格后应交由物业公司项目部进行统一管理。

任何公司部门再进入现场进行施工、整改及物品出入均严格遵守物业公司所制订的《工程施工管理规定》的各项条款，办理各项相关手续。在工作当中遵守各项管理规定，服从物管部门的正常管理工作。

四、工程验收移交

1.工程验收移交的意义

随着城市化进程的日益加速，城市建设的规模和体量越来越大，城市建设的费用和难度越来越高，对城市建设的质量和要求的控制越来越严，对工程验收移交的要求也越来越规范、越来越严格、越来越透明，做好工程验收移交工作对于推动城市建设水平不断向前发展，对于促进城市建设质量不断提高，对于不断提升城市建设的社会经济效益具有重要而深远的意义。

做好工程验收移交工作，对于明确管理主体，落实管理责任，减少直至消除城市建设工作中存在的“重建轻管”现象，提高城市建设效益具有重要而关键的作用。

2.工程验收移交工作存在的问题

但长期以来，城市建设工作却存在着较为普遍的“重建轻管”甚至“只建不管”的情况，尤其是大量城市基础设施、市政公共设施的管理存在着较为严重的缺位问题，甚至一些“民生工程”建设项目也出现了这样的情况。城市基础设施建设与管理既互相依存，又存在着一定的矛盾关系。城市设施建设为人们营造了一个赖以生存和发展的环境基础，而城市管理则是对建设成果的巩固，高质量的城市管理是营造良好城市秩序、发挥城市功能的必要手段。但不少地方却管理意识淡薄，在城市管理上，存在着重建设轻管理的思想。很多城市注重搞形象工程，往往领导者在城市建设上花费了巨大的经历，而建设完成后就疏于管理了，这种管理意识的单薄会直接导致城市道路设施长期状况处于缺乏有效维护的状况。“管好城市”是摆在我们面前的一个重大课题，没有高效能的管理，城市的现代化就无从谈起。同时城市建设中城市基础设施、公共设施在项目验收移交过程信息缺失严重。在城市管理者交接班的过程中，虽然职位权力移交了，但是城市的发展规划思路、资金的使用规划信息在移交的过程中严重的流失，导致很多城市出现换一任领导搞一次重复建设，使得资金的利用效率大打折扣。另外，基础设施建设完毕的交接过程中也容易产生交接困难的现象。公益性公共建筑各部门自行建设，没有实行集中化、专业化建设与管理。

由此问题导致了许多消极现象，极大地影响了城市基础设施、公共设施效益效能的正常发挥。比如，在北京街头，很多信息亭因为缺乏更新维护已无法正常使用，沦为了张贴小广告的场所。在一些胡同里，崭新锃亮的垃圾分类收集装置甚至配备了LED显示屏等先进技术手段。但由于缺乏管理引导，居民依旧将未分类垃圾投进普通垃圾箱，“高大上”的装备只好无奈“睡大觉”。城市中，还有很多这样的公共服务设施。刚开始光鲜亮丽，但久而久之，使用率低、无人问津的有之；功能单一落后、使用不便因而逐渐淘汰的有之；缺乏有效管理和后期维护因而被改头换面、挪作他用的有之。建设公共服务设施花费了不少人财物力，本应更好地服务百姓，却屡屡变成“摆设”。

又比如，某省某年出现了53年来最强高温天气，不少水利工程在抗旱中发挥了巨大功效，但亦有一些水利工程因为跑冒滴漏，造成抗旱功效大打折扣。究其原因，主要是管护不到位，还存在着“重建轻管”思想。水利工程建设改造的过程是艰辛的，建设的资金也是来之不易的，而这些工程投入使用后的功效也是巨大的。但是，受“重建轻管”的思想影响，随着时间的推移，由于管护缺位造成的水利工程诟病很快就暴露无遗，不仅影响了工程功效，还会缩短其寿命。要保障水利工程的调蓄作用和惠民功效，在抗旱关键时刻派上用场，发挥最大作用，就要切实扭转“重建轻管”的思想，强化对水利工程的管护。

再比如，某省部分在建或已建民生工程存在建而无用、建后闲置现象，甚至成为少数主管部门的“面子工程”“政绩工程”；一些基础设施民生工程重建轻管，后续运转养护资金缺乏，导致已建工程加剧折旧，损坏严重。应该让基层民生工程发挥更大效用。还有不少地方也都出现了诸如公益项目资产重建轻管现象，城市道路交通出现重建轻管问题等。

导致上述这些现象的原因当然可能是多种多样的，但在城市建设工程验收移交中，情况交接不清、没有明确责任主体、没有落实划分责任范围等也都是重要的影响因素。

五、工程竣工验收移交实例

实例

某市跨铁路干线大桥竣工验收移交安排

1.移交背景

×市××路东延及××大桥工程为该市2006—2008年度城建重点工程，××路东延段是沟通城市新老城区，连接高铁客站的重要通道；××大桥既是连接该东延段进入城市中心区的桥梁，又是当时国内独塔跨铁路轨道数最多的大桥。该项目既是城建重点工程，也是为民办实事工程，对于改善市民出行条件、加快城市发展具有重要意义。经过3年建设该工程已于2008年年中竣工，为尽快发挥××路东延段及××大桥工程建设成果的经济社会效益，市重点办在市政府指示要求下，专题会议认真研究、协调、牵头落实了××路东延段及××大桥工程的竣工验收组织和移交安排方案。

2.工程竣工验收移交组织方案

① 成立工程验收委员会。委员会由市职能部门、工程监管单位和有关专家、工程技术人员组成。参加的单位有市发展和改革委员会、财政局、建设局、规划局、市容局、市政公用局、质监局、交巡警大队、重点工程办公室、××区政府，以及工程建设单位、设计单位、监理单位、监控单位、建设单位等的7～9名专家。

② 时间安排。5月19日至20日，××区组织有关单位开展预验收；5月22日，市重点办牵头组织正式全面验收。

③ 验收内容。对工程勘察、设计、施工、设备安装质量和各管理环节等方面作出全面评价，重点评价道路、排水、路灯、交通设施、环卫设施和高架桥等建设情况。

④ 移交工作。工程验收全面合格后，为确保使用和养护管理工作的连贯，建议验收工作结束后随即组织移交。应由建设单位与市政、交巡警、环卫等有关单位衔接移交。

⑤ 质保安排。由于××大桥为特大重要桥梁，质量安全事关重大。建设单位须委托具有专业资质的单位对大桥实施定期常规检测，及时处理解决使用养护期内出现的质量问题，并承担以上费用。

3.关于移交内容

① ××路东延段及××大桥的道路、桥梁、排水设施移交给市政公用局养护管理。

② 沿线的亮化、照明也移交给市政公用局管理。

③ 沿线的交通配套设施移交给市交巡警支队管理。

④ ××大桥的环卫保洁移交给市容局，市容局同时负责桥上的广告管理。××路东延段的环卫保洁暂由××区负责，下一步是否移交另行研究。

⑤ 沿线绿化暂不移交，由××区先行实施，待绿化完成后再按有关规定处理。

4.关于具体问题处理

① 整改工作继续由施工单位中铁××局的施工单位实施，接收单位可先行介入、了解情况，并对施工单位进行监督。

② 中铁××局、××区要将工程实施的有关资料移交给市政公用局，将交通配套设施的有关资料移交给市交巡警支队。

③ 桥梁、道路及相关设施的产权按照××区与中铁××局签订的工程建设合同的约定处理。主桥下的土地，铁路部门有使用权，但要严格遵守拆迁合同中的约定。

④ 大桥常规检测费用纳入财政预算；专项检测、特殊监测费用列入专项经费。

⑤ 保洁队伍要通过市场化方式，公开招投标确定。

⑥ 绿化由××区按既定方案继续实施。

⑦ 鉴于××区仍在实施绿化工程，东、西引桥下的停车场由××区管理，暂不移交。

5.关于移交实施

① 移交工作从7月10日开始，各有关接收单位要派人与中铁××局、××区政府联系。

② 7月18日前完成资料移交。

③ 道路、桥梁等的养护和照明、交通等设施，由各接收单位于7月17日前接手管理，具体移交日期以双方签字确认的交接日期为准。环卫保洁工作持续到重新选择保洁队伍的招投标结束。

④ 市重点办督查室要对移交实施情况进行跟踪督察。

第十三章　城市建设工程其他管理问题

13 Chapter

第一节　建设工程安全管理

一、建设工程施工安全管理

（一）建筑施工安全管理

建筑施工安全管理与建筑企业安全管理、建设工程安全管理体系都是建设工程安全管理最重要的、最基本的组成部分。抓好建筑施工安全管理是抓好建设工程安全管理的基础、前提和关键。

（二）建筑施工特点及其安全管理的工作内容

1. 建筑施工的特点

建筑施工的特点主要由建筑产品的特点所决定。建筑产品具有体积庞大、复杂多样、整体难分、不易移动等特点，从而使建筑施工除了一般工业生产的基本特性外，还具有下述主要特点。

① 生产的流动性。一是施工机构随着建筑物或构筑物坐落位置变化而整个地转移生产地点；二是在一个工程的施工过程中施工人员和各种机械、电气设备随着施工部位的不同而沿着施工对象上下左右流动，不断转移操作场所。

② 产品的形式多样。建筑物因其所处的自然条件和用途的不同，工程的结构、造型和材料亦不同，施工方法必将随之变化，很难实现标准化。

③ 施工技术复杂。建筑施工常需要根据建筑结构情况进行多工种配合作业，多单位（土石方、土建、吊装、安装、运输等）交叉配合施工，所用的物资和设备种类繁多，因而施工组织和施工技术管理的要求较高。

④ 露天和高处作业多。建筑产品的体形庞大、生产周期长，施工多在露天和高处进行，常常受到自然气候条件的影响。

⑤ 机械化程度低。目前我国建筑施工机械化程度还很低，仍要依靠大量的手工操作。

2. 建筑施工安全管理的工作内容

① 思想重视。

② 建立安全生产管理制度。包括安全生产教育制度（新工人进入工地或调动工作岗位时的安全教育，架子、起重、电气等特殊工种的安全教育，以及经常性的安全生产教育），安全生产责任制度（逐级建立，管理生产和管理安全并举），安全技术措施计划制度（企业各单位在编制年度生产、技术、财务计划的同时，必须编制安全技术措施计划），定期检查制度（定期进行安全检查），伤亡事故的调查和处理（调查处理事故要做到事故原因分析清楚，事故责任者和群众都受到教育，以及决定采取新的防范措施）。

③ 建立安全专职机构和配备专职的安全技术人员。

④ 切实保证职工在安全的条件下进行施工作业。各种临时施工设施都要符合国家规定的标准，各种安全防护装置都要可靠、有效。

⑤ 采取有针对性的安全技术措施。安全技术措施要针对工程特点，在深入调查研究后制定，还要做好安全技术交底工作。

二、建筑企业安全管理

（一）建筑企业安全机构的主要职责

建筑企业的安全机构是企业安全生产的决策和领导部门。其主要职责有：

① 贯彻执行党和国家的安全生产方针和劳动保护政策法规。

② 做好安全生产的宣传教育和管理工作，总结交流和推广先进经验。

③ 经常深入基层，指导施工现场安全管理人员的工作，掌握安全生产情况，调查研究施工中的不安全问题，提出改进意见和措施。

④ 组织安全活动和定期安全检查。

⑤ 参加审查施工组织设计或施工方案，编制安全技术措施计划，督促检查贯彻执行情况。

⑥ 与有关部门共同做好新工人、特殊工种工人的安全技术培训、考核、发证工作。

⑦ 进行工伤事故统计、分析和报告，参加工伤事故的调查和处理工作。

⑧ 制止违章指挥和违章作业，遇有严重险情，有权暂停施工，并向领导及时报告。

⑨ 对违反安全生产条例和有关安全技术法规的行为，经说服劝阻无效，有权越级上告。

（二）建筑企业的领导安全管理责任

建筑企业领导在管理生产的同时，必须建立、健全各级安全生产责任制。安全责任的第一条要求就是企业各级领导和相关人员必须认真贯彻执行党和国家的安全生产方针、政策、法令、规定。其他的主要安全责任如下。

① 建筑施工企业的法定代表人是本单位安全生产的第一责任人，对本单位的安全生产负全面责任。主管生产的企业负责人的主要安全责任为：认真贯彻执行党和国家的安全生产方针、政策、法令、规定；认真贯彻执行安全生产制度和安全操作规程，并督促有关部门检查执行情况；加强对职工进行安全生产教育；审批技术措施计划，落实安全技术措施费用；配置专职安全管理人员，支持安全管理部门和安全管理人员的工作，领导本单位的安全检查工作，组织对安全事故的调查分析和处理。

② 主管技术等工作的其他企业领导人的主要安全生产责任为：认真贯彻执行安全技术标准、规范，结合本单位技术状况制定具体措施，并检查落实执行情况；经常深入施工现场，进行安全生产检查，及时解决施工中的安全技术问题；组织职工安全技术知识培训，做好新工人的安全教育；总结交流安全生产经验，表彰先进，对违章造成事故者进行处罚；对于重

大事故从技术等方面分析原因，提出鉴定意见和改进措施。

（三）建筑企业相关人员安全生产责任

1. 项目经理安全职责

项目经理是施工项目的主要负责人，也是该施工项目安全生产的第一责任人。其主要安全职责如下。

① 认真执行上级批准的施工组织设计或施工方案。施工组织设计或施工方案如需修改，必须经过原编制、审批单位批准。

② 在计划、布置、检查、总结、评比生产活动中，必须同时把安全工作贯穿到每一个具体环节中去。遇到生产与安全发生矛盾时，生产必须服从安全。

③ 搞好施工项目的安全生产，组织项目施工人员执行安全生产规程，不违章指挥。

④ 加强对职工安全生产的教育。

⑤ 发生事故和未遂事故，要保护现场并立即上报。

⑥ 组织对施工现场环境安全和安全防护设施及生产设备的安全检查和验收工作，组织对施工项目进行周安全检查工作。

2. 生产班组长的主要安全职责

生产班组是建筑施工基层单位。生产班组长除了掌握施工技术、质量标准等问题外，还要负责本班组的安全生产。其主要安全职责如下。

① 认真遵守安全规程和有关安全生产制度，根据本班组人员的技术、体力、思想等情况合理安排工作，对本班组人员在生产中的安全和健康负责。

② 组织本班组职工学习安全规程和制度，检查执行情况，对新调入的工人进行现场安全教育，并在其熟悉工作环境前，指定专人照管其人身安全。

③ 经常检查施工场地的安全生产情况，发现问题要及时解决或上报。

④ 发生工伤事故要详细记录，及时上报，并组织全班组人员认真分析，吸取教训，提出防范措施。

⑤ 听从专职安全员的指导，有权拒绝违章指令。教育全班组人员坚守岗位，做好上、下班交接工作和自检工作。

⑥ 支持班组安全员的工作，及时采纳安全员的正确意见，发动全班组职工共同搞好安全生产。

3. 班组兼职安全员的安全职责

班组兼职安全员为班组中负责安全生产宣传教育和检查监督的安全技术人员。其主要安全职责如下。

① 模范地执行安全生产各项规章制度和领导提出的有关安全方面的要求，协助班组长做好本班组的安全工作，接受专职安全员的业务指导。

② 协助班组长组织全班安全学习，加强日常安全教育和宣传工作，搞好新工人的安全教育。

③ 反映班组安全生产情况和职工的要求，协助落实改进措施。

④ 管理本班组的安全工具、设施、标志等器材。

⑤ 及时发现和处理事故隐患，对不能处理的隐患要及时上报，并有权制止违章作业，有权抵制和越级上告违章指挥行为。

4. **建筑工人的安全职责**

建筑工人为参加建筑施工活动的生产工人，其主要安全职责如下。

① 牢记“安全生产，人人有责”，树立“安全第一”的思想，积极参加安全活动，接受安全教育。

② 认真学习和掌握本工种的安全操作规程及有关安全知识，自觉遵守安全生产的各项制度，听从安全人员的指导，做到不违章冒险作业。

③ 正确使用防护用品和安全设施，爱护安全标志，服从分配，坚守岗位，不随便开动他人使用操作的机械和电气设备，不无证进行特殊作业，严格遵守岗位责任制和安全操作规程。

④ 发生事故或未遂事故，立即向班组长报告，参加事故分析，吸取事故教训，积极提出促进安全生产、改善劳动条件的合理化建议。

⑤ 有权越级报告有关违反安全生产的一切情况。遇有危及人身安全而无保证措施的作业，有权拒绝施工，同时立即报告或越级报告有关部门。

三、建筑施工安全技术措施管理

1. **施工组织设计或施工方案中必须制定有针对性的安全技术措施**

施工组织设计或施工方案是实现建筑企业现代化施工管理的基础，企业据此能合理地组织安排劳力，选用有效的施工机具和先进的施工工艺，使施工工程优质、低成本地按期完成。在施工组织设计或施工方案中必须制定具有针对性的安全技术措施，原因如下。

① 国家关于安全生产有明确规定。如在《建筑安装工程安全技术规程》中规定：“施工单位的技术领导人必须熟悉本规程的各项规定，在编制施工组织设计中应提出安全技术措施，并应对工人讲解安全操作方法。”

② 关于防止工伤事故和职业病有具体保证。针对施工特点，选用的机械设备的特点，以及采用的材料有害施工人员身体健康等特点，从技术上采取防护措施，可有效避免工伤事故和职业病的发生。

③ 关于提高经济效益、如期按质完成工程任务有必要措施。若在方案设计中没有认真考虑施工安全问题，必将给施工过程带来危险，一旦造成事故，则损失重大。如某工程施工方案中因选用起重机械不当，使机械处于超负荷违章作业，最后决定更换机械，一拆一装，不但造成数千元的经济损失，并耽误了10多天的工期。

2. **安全技术措施在建筑施工安全生产中的作用**

有效的安全技术措施在施工过程中可以起到改善劳动条件、消除危险隐患、减少事故发生等作用，并且可以解除工人精神上的紧张状态，增加安全感，提高生产效率。具体地说：

① 安全技术措施可起预防为主的作用，把事故消灭在发生之前。如电器设备安装漏电防护装置等，可有效地避免触电事故的发生。起重机械装上的各种防护装置和保险装置，可使机械工作一旦越过界限便自动停电、停机，可有效地防止超载倒机、吊绳拉断、行走出轨等事故的发生。

② 安全技术措施可避免操作失误而造成的危害。人的注意力不仅有限，而且受到各种因素的影响，故单靠人的注意力来实现安全生产是有一定困难的，安全技术措施可使工人在操作失误时，仍能有效地保证安全。

3. **编制好建筑施工的安全技术措施**

首先，编制施工组织设计或施工方案的技术人员，不能闭门造车，而要深入施工现场，进行认真的观察和调查，掌握第一手资料，这是编制好施工组织设计或施工方案及其安全技术措施的必要条件。如果编制者不熟悉工程项目的情况，不了解安全技术措施的作用，那么就只能提出一些一般化的、口号化的东西，这样的东西是起不到安全技术措施的作用的。

其次，在编制安全技术措施时，一定要做到有针对性。主要应针对以下这些特点。

① 针对不同工程的结构特点可能给施工安全带来的危害，从技术上采取措施，清除危险，保证施工安全。

② 针对施工方法的具体特点，应从技术上采取相应的措施。

③ 针对选用的各种机械、设备、变配电设施可能给施工人员带来的不安全影响，从技术措施上和安全装置上加以控制。

④ 针对可能采用的有害施工人员身体健康材料的情况，从劳动卫生要求上、技术上采取措施，对应防护。

⑤ 针对施工场地及周围环境特点，给施工人员或周围居民及材料设备运输带来的危险，从技术上采取措施，加以防护。

4.建筑施工安全技术措施的主要内容

建筑施工安全技术措施的主要内容有：土石方开挖的坡度大小和采取固壁支撑的措施；起重架子、脚手架的负荷计算、锚固措施、搭设和拆除的程序和方法；脚手架施工时架设安全网的程序、方法；多层交叉作业隔离措施的设置方法；吊装工程高处作业系挂安全带的方法；施工机具制动装置的技术要求；电气设备保护接地接零的办法和技术要求；爆破工程用药量与警戒时间和安全范围的规定；原有建筑物、构筑物拆除的程序和方法；易燃品仓库的设置地点和安全距离；工地消防器材的配置和防火措施；防腐材料的化学性能安全注意事项；施工工程与周围通行道路及民房防护隔离的措施；高于周围避雷设施的金属构筑物的防雷措施等。安全技术措施应根据工程实际情况而制定，力求具体明确，切实可行。对于结构复杂、施工影响因素多的特殊工程，除采用一般的安全技术措施外，还必须编制专项安全技术措施。

5.贯彻执行施工中安全技术措施的方案

贯彻执行安全技术措施，必须认真做好安全技术措施的交底、检查工作。

在工程开工前，随同施工组织设计把安全技术措施向全体参加施工操作的人员交底，使大家知道在什么时候，进行什么作业，应采取哪些措施，并说明其重要性。每个单项工程开工前，须重复交代该工程的安全技术措施，并发动群众订出个人操作方法，保证施工安全。

在施工过程中，安全措施编制人、施工技术负责人、项目负责人和安全员都要随时检查安全技术措施是否落实，并通过检查，及时纠正违反安全技术措施规定的行为，发现、补充安全技术措施的不足，使之更完善有效。

此外，宣传教育工作也是贯彻执行安全技术措施的一个方面。可针对工程进度、工种特点，张贴富有警示性的大幅标语，使职工按施工程序和操作规定进行作业；可针对现场具体情况，利用各种宣传方式提醒职工注意安全生产。总之，贯彻执行施工中的安全技术措施可采用多种形式，但必须使群众易于接受，并能很快地见之于行动。

6.建筑施工要进行安全检查的原因

安全检查是及时发现、消除事故隐患，防患于未然的一种有效方法。建筑施工产品体积庞大、高处作业多，再加上施工周期长、技术复杂等因素，给施工生产带来很多不安全因素。通过领导和群众相结合的安全检查，可以有效地发现问题，及时采取措施，把事故消灭在发生以前。安全检查还可以及时总结交流安全生产的好经验，树立典型，推广到面，不断提高安全管理水平。发动群众进行安全检查，既能鼓舞群众参加安全管理的积极性，又能教育群众提高对安全生产意识的认识，自觉搞好安全生产。此外，安全检查还可以经常给忽视安全生产的思想敲起警钟，及时纠正违章指挥、违章作业的行为。

7.建筑施工的“十项安全措施”内容

① 按规定使用安全“三件宝”。

② 机械设备的安全防护装置一定要齐全有效。

③ 塔吊、人货电梯、物料提升机等起重设备必须有限位保险装置，不准“带病”运转，不准超负荷作业，不准在运转中维修保养。

④ 配电线路架设必须符合施工现场临时用电安全技术规范。

⑤ 电动机械和手持电动工具要设置漏电保护装置。

⑥ 脚手架材料及脚手架的搭设必须符合规范要求。

⑦ 特种作业人员必须持证上岗。

⑧ 在建工程的“四口”“五临边”，必须采取防护措施。

⑨ 严禁赤脚或穿高跟鞋、拖鞋进入施工现场，高处作业不准穿硬底或带钉易滑的鞋靴。

⑩ 施工现场的危险部位应有警示标志，夜间要设红灯示警。

8.建筑施工现场的防火措施

要保证建筑工地的防火安全，除了各级施工管理人员重视外，还必须采取切实的防火措施。主要有：

① 在编制施工组织设计时，应将施工现场的平面布置图、施工方法等和消防安全要求一并结合考虑。如临建设施搭设位置，用火、用电和使用易燃易爆品的安全管理等。

② 做好消防宣传，进行消防培训教育，组织职工学习消防知识。现场要有明显的防火宣传标志和消防制度牌。

③ 制定统一的防火管理制度，如电焊、气焊、油漆等火灾危险性较大的工种，要制定严格的操作规程。

④ 施工现场消防车道，必须保证在任何情况下都能畅通无阻。

⑤ 现场应有消防水源。消防水管直径应大于100mm或配置足够的消防器材。

⑥ 建立义务消防队伍，对义务消防人员加强业务培训和教育。

9.我国对高处作业的分级规定

所谓高处作业是指凡在坠落高度基准面2m以上（含2m）有可能坠落的高处进行的作业。通过最低坠落着落点的水平面，称为坠落高度基准面。在作业位置可能坠落到的最低点，称为该作业位置的最低坠落着落点。作业区的高处作业高度是指作业区各作业位置至相应坠落高度基准面之间的垂直距离中的最大值。

高处作业按级别可分为：一级高处作业（作业高度为2～5m），二级高处作业（作业高度为5～15m），三级高处作业（作业高度为15～30m）和特级高处作业（作业高度在30m以上）。

建筑施工企业应根据高处作业分级标准，结合本企业的施工条件和操作特点，制定不同的安全技术规程。

10.“三宝”防护措施

“安全三件宝”指的是现场施工作业中必备的安全帽、安全带和安全网。它们在预防高处坠落和物体打击事故中，曾挽救过许多建筑工人的生命。正确使用“三宝”防护措施，应做到：

① 进入施工现场必须戴好安全帽，帽衬和帽壳之间应保持4 ~ 5cm的间隙，并系好帽带防止脱落。

② 凡在2m以上悬空作业的人员必须系好安全带，若悬空作业点没有挂安全带的条件时，应设置安全拉绳或安全栏杆等。

③ 悬空高处作业点的下方必须设置安全网。

11.安全带的使用和保管

安全带是高处作业工人预防坠落的防护用品，由带子、绳子和金属配件组成。在使用和保管中应注意以下几个方面。

① 应根据工种和用途正确选用，如架子工可选用J1XY架子工I型悬挂单腰带式（大挂钩）安全带。

② 安全带应采用有合格证的产品，有磨损、断股、变质、受过冲击等情况的应停止使用。使用两年后，要进行抽验，合格的才能继续使用。做过冲击试验的安全带不能再用。

③ 安全带应高挂低用，注意避免摆动碰撞。

④ 不准将绳打结使用。不准将钩直接挂在安全绳上使用，应挂在连接环上用。不准将绳系在活动物体上，应挂在牢固的建筑物构件上。

⑤ 安全绳要避开锐角、尖刺、刀刃等，要避免接触明火和酸碱化学物质。使用频繁的绳，要经常做外观检查，如有异常，应立即更换。

⑥ 安全带要防止日晒、雨淋，平时储藏在干燥、通风的仓库内。

12.“四口”“五临边”防护措施

“四口”“五临边”防护措施是指：在建筑施工中为了有效地防止高处坠落和物体打击事故的发生，凡在楼梯口、电梯口（包括垃圾口）、预留洞口，必须设置栏杆或盖板、架设安全网；正在施工的建筑物的所有出入口，必须搭设牢固的防护棚。在施工过程中，尚未安装栏杆的阳台周边、无外架防护屋面周边、框架工程楼面周边、跑道（斜道）两侧边、卸料台的外侧边等，必须设置1.2m高的两道防护栏杆、挡脚板或设防护立网。

13.建筑工地防雷保护

雷电产生的冲击电压可达数十万至数百万伏。一旦雷击房屋，容易引起电气设备着火、爆炸，造成设备和设施的损坏和停电、触电事故。高层建筑物施工工地由于四周的起重机、井字架，门式架、脚手架矗立很高，易遭雷击，更应做好防雷保护工作。

常用的建筑物防雷装置有避雷针、避雷线、避雷网、避雷带和避雷器等，一个完整的防雷装置包括接闪器、引下线和接地装置。

建筑施工的主要防雷保护措施有：应随时将建筑物结构骨架混凝土柱子的主筋接地，以防施工期间遭受雷击；每层楼的金属门窗应随时和混凝土框架主筋相连接；应随时将金属管道及电缆外皮在进入建筑物的进口处与接地连接，并应把电气设备的铁架及外壳接地；建筑物四周的起重机、脚手架等必须安装防雷装置。

14.施工现场常见触电事故的原因

建筑施工现场的触电事故主要是由于配电线路架设、电气设备安装和起重机械运行不符合安全技术要求，以及存在临时观点想凑合使用，从而乱拉乱接电线等现象所造成。出现事故主要有下列情况。

① 违章在高压线下施工或在高压线下施工时不遵守操作规程，使金属构件物接触高压线路而造成触电。

② 施工供电线路架设不符合安装规程，经常可能使人碰到导线或由跨步电压造成触电。

③ 在维护检修时，不严格遵守电工操作规程，麻痹大意，造成事故。

④ 由于电气设备损坏或不符合规格，又没有定期检修，以至绝缘老化、破损而漏电，酿成事故。

⑤ 其他的原因，如在电线上晒衣服或大风把电线吹断形成跨步电压等。

由此可以看出，造成触电的基本原因，大多数是由于轻视电的危险性，缺乏用电常识，以及设备不合格或忽视设备缺陷的危险性而造成的，故在建筑施工中应严格遵守安全用电规范，减少和避免触电事故的发生。

四、工程施工安全技术

1.土方工程施工容易出现的危险及主要预防措施

建筑工程的土方工程主要为场地平整，基坑（槽）、路基及建筑物的基础开挖、回填和压实。土方工程施工中最容易出现滑坡和塌方事故，一旦发生事故，工人被埋在土方下面，最难抢救，用铁铲挖土怕伤人，用手扒土，人被救出时早已窒息。

产生滑坡和塌方的原因一般如下。

① 土石本身层理发达，破碎严重，受水浸后滑动或塌落。② 土石本身坚固性较差，基岩面或夹层倾斜度较大，施工时破坏了坡脚而引起滑坡。③ 土堆密实性差，堆体超过一定的要求而造成塌方。

主要预防措施有：① 施工前应做好必要的地质、水文和地下管道的调查和勘察工作，制定出相应的土方开挖方案。② 排除地表水、地下水，防止水冲刷、浸流产生滑坡或塌方。③ 挖土应从上而下进行，严禁掏洞挖土施工。④ 严格按照土质和深度情况进行放坡，放坡系数按施工规范执行。⑤ 施工区域狭窄或为其他条件所限，不能放坡时，应采取固壁支撑措施。⑥ 当施工时发现土壤有裂缝、落土或滑动现象时，应采取加固措施，排除险情后再施工。

此外，土方工程施工中还要防止坠物伤人。吊运土方的绳索、滑轮、钩子、箩筐等应牢固无损伤。起吊时，垂直下方不得有人。

2.土方工程中所放边坡的坡度的测度与确定

为了防止塌方，保证施工安全，在挖方或填方的开挖深度或填筑高度超过一定限度时，要在其边沿做成具有一定坡度的边坡（边坡的高度H与底B之比$H:B$称为坡度）。坡度过大，增加开支；过小又不安全。所以边坡坡度应根据挖方深度、土质和地下水的实况，按《土方和爆破工程施工及验收规范》的规定来决定。一般地讲，无地下水时，在天然湿度的土方开挖基坑（槽）不加支撑、不放坡的直立壁，不同土质的挖方深度最大值不得大于：砂土1m，亚砂土1.25m，黏土1.5m，特别坚实的土2m。水文地质条件良好时，永久性挖方边坡，在天然湿度，层理均匀，不易膨胀的黏土、亚砂土和砂土内挖方，深度不超过3m，坡度为1∶1 ～ 1∶1.25；深度为3 ～ 12m时，坡度为1∶1.25 ～ 1∶1.5。干燥地区内土的结构未经破坏的干黄土及类黄土，深度不超过12m时，坡度为1∶0.3 ～ 1∶1.25。在碎石土和泥灰岩土内挖方，深度不超过12m时，坡度为1∶0.5 ～ 1∶1.5。深度在5m以内的基坑（槽）、管沟边坡，坡顶无荷载时，其最陡坡度：中密砂土为1∶1，中密砂石为1∶0.75，中密的碎石类土为1∶0.50，老黄土为1∶0.3，软土（经井点降水后）为1∶1，硬塑的亚黏土、黏土为1∶0.30。当坡顶有静载或动载时，其坡度应相应放宽。放坡可放成斜坡，或按施工需要放成阶梯形。

3.土方工程在雨季、冬季和夜间施工应注意的事项

雨季、冬季和夜间施工条件较差，容易发生伤亡事故。故在施工中更应注意。如有可能，应避免在雨季、冬季和夜间施工。

土方工程在雨季施工时，要注意以下几个方面。

① 应全面检查原有排水系统，进行疏浚或加固，必要时要增加排水措施，保证水流畅通，傍山沿河地区应制定防汛措施。

② 开挖基坑（槽）或管沟时，应四周垒填土埂，防止雨水流入，并要特别注意边坡和直立壁的稳定。

③ 必要时可放缓边坡或增设支撑，并加强对边坡和支撑的检查。

④ 雨季施工不宜靠房屋墙壁和围墙堆土，防止倒塌事故。

土壤在冬季受冻变硬，难以挖掘，故在冬季施工应专门制定保证工程质量和施工安全的安全技术措施，并对操作人员进行安全技术培训。整个冬季施工应随时掌握气候变化情况，以便预先做好保护措施。开挖冻土，应根据施工方法，制定专门的安全技术措施。

雨季和冬季施工时应对运输道路采取防滑措施，如加铺炉渣、砂子等，以保证正常运输和安全。大风、大雨期间应暂停施工。

夜间施工应有足够的照明，在深坑、陡坡等危险地段应增设红灯标志，以防发生伤亡事故。

4.爆破工作的一般安全要求

爆破工作要做到安全生产，应认真贯彻执行爆破安全规程和有关安全规定，切实做好爆破工作前后各个施工工序的操作检查与处理，杜绝事故的发生。

爆破工作的一般要求有以下几个方面。

① 爆破工作要根据批准的设计方案进行，每个爆破工地都要有专人负责放炮指挥和组织安全警戒工作。② 从事爆破工作的人员必须受过爆破技术专门训练，熟悉爆破器材的性能、操作方法和安全规定。③ 爆破材料必须符合标准和工地使用条件，每批爆破材料使用前必须进行有关性能试验。④ 严禁边打眼、边装药、边放炮及冲击挤压装有雷管的起爆药。⑤ 进行爆破时，应同时使用音响和视觉两种信号，在完成警戒布置并确认安全无误后才可发布起爆命令。同一地区有几个爆破场地时，应统一指挥，统一行动。⑥ 在起爆中，必须有专人计数响炮个数，若装炮和响炮数量不一致，应在最后一炮爆炸后20min方可进入检查，严禁在一次爆破中使用不同燃速的导火索。⑦ 在浓雾、闪电、暴雨和黑夜时，不得进行露天爆破作业。

5.爆破施工的安全技术措施要点

爆破施工的安全技术措施要点如下。

① 炮眼应严格按规定的药量装药填塞。填塞时应注意保持导火索、导爆索及电雷管脚线的完整。② 装药必须用木棒把炸药轻轻压入炮孔，严禁冲捣和使用金属棒。堵塞炮泥时切不可击动雷管。③ 炮孔深度超过4m时，须用两个雷管起爆；如深度超过10m，则不得用火花起爆。④ 在闪电鸣雷时，禁止装药、安装电雷管和连接电线等操作，应迅速将雷管的脚线和

电线的主线两端短路。所有工作人员应立即离开装药地点，隐藏于安全区。⑤ 放炮前必须划出警戒范围，立好标志，并有专人警戒。⑥ 扩大药壶时，不得将起爆药卷的导火索点燃后丢进炮眼去。扩大眼深超过4m的药壶，宜采用电雷管或导爆索起爆。在两次扩大爆破之间要留有炮眼冷却需要的时间：当眼深在5m之内时，使用硝铵炸药或梯恩梯炸药时，其间隔时间不少于15min；使用硝酸甘油炸药时，其间隔时间不少于30min。

6. 脚手架工程的安全技术要求

脚手架在建筑施工中是一项不可缺少的重要工具。脚手架要求有足够的面积，能满足工人操作、材料堆置和运输的需要，同时还要求坚固稳定，能保证施工期间在各种荷载和气候条件下，不变形、不倾斜和不摇晃。

脚手架工程属高处作业，其安全技术要求主要有以下几个方面。

① 必须有完善的施工方案，并经企业技术负责人审批。② 必须有完善的安全防护措施，要按规定设置安全网、安全护栏、安全挡板。③ 操作人员上下架子，要有保证安全的扶梯、爬梯或斜道。④ 必须有良好的外电防电、避雷装置，钢脚手架等均应可靠接地，高于四周建筑物的脚手架应设避雷装置。⑤ 必须按规定设扫地杆、连墙件和剪刀撑，保证架体牢固。⑥ 脚手板要铺满、铺稳，不得留探头板，要保证有3个支撑点，并绑扎牢固。⑦ 在脚手架搭设和使用过程中，必须随时进行检查，经常清除架上的垃圾，注意控制架上荷载，禁止在架上过多地堆放材料和多人挤在一起。⑧ 工程复工和风、雨、雪后应对脚手架进行详细检查，发现有立杆沉陷、悬空、接头松动、架子歪斜等情况应及时处理。⑨ 遇6级以上大风或大雾、大雨，应暂停高处作业，雨雪后上架操作要有防滑措施。

7. 设备安装前应做妥的安全技术工作

设备安装指的是在施工中，根据要求进行工业设备、管道通风卫生设备、变配电和动力照明设备等的安装工程。设备安装过程由于技术复杂，高空、深沟多层交叉作业多，且牵涉到各种专业，给安全生产增加了一定的难度，故要求在施工过程中不失时机地采取各种有效的安全措施，以保证安全生产。

在设备安装准备阶段的主要安全技术工作如下。

① 施工前一定要编制好施工组织设计或施工方案，并针对具体情况制定安全技术措施。如吊装设备时应准确掌握该设备的重量，以防起重机械超负荷吊装等。② 熟悉施工地点周围环境，有针对性地提出预防措施。如在现场要进行电焊、气焊时，应了解四周是否有易燃、易爆物品，否则应有专门的防护措施。③ 在从事腐蚀、粉尘、放射性和有毒作业时，施工前要认真检查防护措施是否落实，劳保用品是否齐全，并对施工人员进行安全教育，患皮肤病或有过敏反应者不宜参加。④ 施工前应详细检查所用机械、工具，其传动和危险部位都要安装防护装置。⑤ 设备安装须进行交叉作业的，必须设置安全网或其他隔离措施，否则不许施工人员在同一垂直线的下面工作。

8. 管道安装施工技术要求

管道安装施工的安全技术要求主要有以下几个方面。

① 在挖掘管沟时，应按土方安全技术规定执行。② 管道试压特别是大直径气压试验和高压、超高压试压，应编制专门的安全技术措施。③ 管道吹扫，特别是大直径管道和高压、高温、低温、易燃、有毒等介质管道的吹扫，应编制专门吹扫方案，并指定有经验的人员进行。在吹扫、冲洗管道时，应缓慢开启阀门，以免管内介质冲击，产生水锤、气锤。④ 对地下管道进行修理时，应对输送有毒、易燃、易爆介质管道的气体进行分析。如超过允许量，

应采取抽风等措施，并再次检验合格后方可操作。操作人员应戴防毒面具。⑤ 参加冷冻管道系统的充氨试车人员应配置防毒面具、手套、皮腰带等必要的劳保用具，大型冷冻站充氨试车，应配置足够的消防用具和卫生救护人员值班。⑥ 直接从事化铅、灌铅及用铅液退火人员为防止吸入铅蒸气引起中毒，应采用抽风排毒技术措施，操作人员必须戴好防毒口罩。⑦ 当管道及附件冻结时，一般不能采用明火烘烤方法，对于输送易燃、易爆危险品管道，绝对禁止用明火烘烤，只能用蒸汽或热水冲洗解冻。

9. 拆除工程时的安全措施

拆除工程指的是建筑施工中对原有建筑物或不合格的建筑物的拆除工作。由于被拆除的建筑物的情况各异，容易发生危险，故在施工中应注意以下几个方面

① 在进行拆除工作前，应对建筑物结构强度进行详细调查，制定拆除施工方案，并对全体职工进行详细的安全技术交底，技术负责人要到现场指挥施工。② 拆除工作开始前，应先将电线、自来水管道、燃气管道等通往被拆除建筑物的支线切断或迁移。③ 拆除建筑物前，应在周围设安全围栏，设置警示标志，禁止其他人员入内。④ 拆除建筑物，应遵照拆除方案，自上而下进行，禁止数层同时拆除。拆除作业工人，应站在脚手架或稳固的结构上操作，拆除某部分时要防止其他部分发生坍塌，拆除梁、柱前应先拆除其承重的全部结构。⑤ 拆除前应将有倒塌危险的结构物，用支柱、绳索等临时加固。⑥ 拆除建筑物时，楼板上不准多人聚集和集中堆放材料，拆除较大或较重的材料，应用起重机械吊下、运走。散碎材料应用溜放槽溜下，拆下的材料要及时清理、运走。⑦ 采用推倒拆除法和爆破拆除法时，必须经设计计算后，制定和落实专项安全技术措施，统一指挥，防止事故发生。

10. 模板工程的安全技术要点

混凝土结构的模板工程，是混凝土成型施工中的一个组成部分。模板按材料可分为木模板、钢木模板、钢模板、铝合金模板等。模板工程的安全技术措施主要有以下几个方面。

① 工作前应戴好安全帽，检查使用的工具是否牢固，扳手等工具必须用绳索系挂在身上，防止掉落伤人。工作时应集中思想，避免钉子扎脚和空中滑落。② 安装与拆除5m以上的模板，应搭设脚手架，并设防护栏杆，防止在同一垂直面上下操作。高处作业要系牢安全带。③ 不得在脚手架上堆放大批模板等材料。④ 高处、复杂结构模板的安装与拆除，事先应有切实的安全措施。高处拆模时，应有专人指挥，并在下面标出工作区。组合钢模板装拆时，上下应有人接应，随装拆随运送，严禁从高处掷下。⑤ 支撑、牵杠等不得搭在门窗框和脚手架上。通路中间的斜撑、拉杆应设在高1.8m以上处。支模过程中，如需中途停歇，应将支撑、搭头、柱头板等钉牢。拆模间歇，应将已活动的模板、牵杠、支撑等运走或妥善堆放。⑥ 拆除模板一般用长撬棍。人不许站在正在拆除的模板上。在拆除模板时，应防止整块模板掉下，以免伤人。⑦ 模板上有预留洞者，应在安装后将洞口盖好。混凝土板上的预留洞，应在模板拆除后随即将洞口盖好。⑧ 在组合钢模板上架设电线和使用电动工具，应用36V以下安全电压或采取其他有效的安全措施。

11. 安装施工中的安全技术措施

安装施工中的一般安全技术措施如下。

① 安装施工中用电作业多，工地施工所用电气设备的金属外壳必须接地或接零，防止触电事故的发生。② 高处作业要有防护栏杆、挡板或安全网，要符合安全规程的要求。作业人员要系安全带，所用材料要平稳堆放，工具应放入工具袋内，禁止抛掷物件。③ 高处作业所用梯子不得缺档，不得垫高使用。上端要扎牢，下端要有防滑设施。禁止2人同时在1梯上

作业。④ 在起重吊装作业时，架设、拆卸、收紧缆风绳要注意四周带电线路，防止缆风绳晃动产生短路。缆风绳跨越马路时，架空高度应超过7m，并设警示标志。⑤ 在轻型屋面作业时应编制专门安全措施（如搭跳板，检查屋面结构等）。⑥ 在天棚内组装风管、电气线路时，必须有充分的照明，还应熟悉天棚结构，防止坠落事故。⑦ 容器、构件组装焊接时，不能在同一立面的两个高度同时工作，不然应在中间设隔板等防护设施。在密闭金属容器内施焊，要加强通风，采用12V低压行灯，并有人在外监护。⑧ 在天然光线不足的作业点或夜间作业时，都应设置足够的照明设备。在施工现场要有减速的交通指示标志，危险地区应悬挂“危险”或者“禁止通行”的明显标志，夜间应设红灯标志。

12.结构吊装的安全技术要点

目前我国工业建筑，大多采用钢筋混凝土预制构件，具有结构复杂、跨距大、高度高等特点，故在吊装中要求做到吊点正确、安装稳当、就位平稳和临时固定调节方便等。结构吊装的安全技术要点大致有以下内容。

① 吊装构件，当柱子较重、较长时，用旋转法。起重机在安全负荷下回转半径不够时，可采用滑行法吊装；采用双机抬吊时，应注意尽量选用同类型的起重机，各起重机的负荷不要超过其安全起重量的80%，在操作中2台起重机的动作必须相互配合，2机的吊钩、滑轮组都不能有过度的倾斜，以防1台起重机失重而另1台超载；吊装屋架和吊装梁，要求帮扎对称，使起吊后保持水平，便于就位，吊索与水平线的夹角，扶直时不宜小于60°，起重时不宜小于45°，当屋架跨度大于30m时，应用铁扁担增加吊点。② 以钢网架整体吊装时，要确保网架受力可靠，有足够的安全度；每台起重机的起吊速度要一致；在停止工作时要防止小牛脚上小梁移动，保持正确位置；设立中心指挥台，做到统一指挥，保持同步，以保证施工安全。

五、建设工程安全管理实例及分析

实例一

建设工程坍塌事故致人死伤

1.建设工程安全事故实例背景简介

20××年××月7日下午13时10分，××省××市××花园工程项目工地的卸料平台架体因失稳发生坍塌事故造成3人死亡，7人受伤，经济损失55万元。

2.事故发生经过

××市某化工厂工程项目建设单位是××市某房地产开发公司，施工单位是××市某住宅建设工程公司，监理单位是某监理事务所××监理部。

2009年9月12号，该市××区建设局发现该项目未领取《施工许可证》擅自施工，当即对××市某房地产开发公司发出了停工通知，要求他们在15天内到该市××区建设局办理有关施工报检手续。发出停工通知书后，××区建设局有关领导和工作人员曾多次督促他们办理施工报检手续，直至2012年12月上旬，建设单位才到××区建设局补办施工报检手续。2012年12月17日，××区建设局根据有关规定对该项目进行经济处罚后，当即发出了该项目的施工安全监督通知书，要求建设单位和施工单位到××区建设工程施工安全监督站办理建筑施工安全监督手续。2013年1月×日，××区建设工程施工安全监督站在工地进行检查时，发现该工地存在严重安全隐患，当场发出整改通知，要求他们在7天内整改完毕，但施工单位没有严格按照规定进行整改，致使在整改期内发生事故。该花园工程原为烂尾楼，后为××市某房地产公司收购建设开发。6月份工程动工复建，6月底该工程项目的现场施工员根据公司的安排，通知搭棚队黄某搭设脚手架，搭设时无施工方案，搭设完成后没有经过验收便投入使用。投入使用后，工程队在施工作业过程中，擅自拆除改动卸料平台架体每层两根横杆，对架体稳定性造成一定的影响。

12月底，为了赶工期，工地施工人员根据公司安排，通知搭棚队负责人黄某在工程未完成的情况下，先行拆除B、C栋与平台架体相连的脚手架，只剩下独立的平台架体。事故前几天，工程队带班黄某在施工作业工程中，发现卸料平台架体不稳定，向工地施工员报告了此事，但施工员和搭棚队负责人及有关管理人员均未对平台架体进行认真安全检查和采取加固措施。

20××年××月7日下午13时，工程队带班黄某安排工人在B、C栋建筑进行施工作业。13时10分，平台架体失稳发生坍塌，造成平台作业人员2人当场死亡，4人重伤，4人轻伤。其中1名重伤工人因伤势严重，于1月14日抢救无效死亡。

3.事故原因分析

① 缺少脚手架搭设方案。卸料平台应单独进行设计计算，不允许与脚手架进行连接。

② 工序颠倒。先行拆除了与平台架体相连的外脚手架，却没有对平台架体采取相应的加固措施。

③ 施工单位的管理人员安全意识差，施工单位明知存在事故隐患也没有及时纠正和采取防范措施，制度不健全，落实不到位。

④ 劳动组织不合理，造成人员集中，荷载集中造成超载。

⑤ 安全生产责任制不落实，该工程搭设卸料平台及外脚手架无设计方案，无验收便投入使用。

⑥ 该房地产公司在没有领取《建筑施工许可证》的情况下，组织施工人员擅自施工作业。

⑦ 现场施工混乱，没有专职安全员。

实例二

建设工地现场物体击打事故致三人死亡

1.事故经过

20××年××月9日上午，某商住楼施工现场，架子班任某等两人到位于25层的悬挑防护棚上将堆放在其上面的钢筋捆扎，以便用塔吊吊运到地面。

9时30分左右，任某在防护棚上捆扎钢筋时，防护棚突然失稳变形，向下倾斜，任某从防护棚坠落到地面，坠落高度74.3m。同时，该防护棚上面未捆扎好的数十根钢管随之滑落，部分掉至相邻的工地，砸中在地面上的社会人员刘某和唐某。三人被立即送往医院抢救，经抢救无效死亡。

2.事故原因分析

① 施工企业违章将拆下来的脚手架钢管堆放在防护棚上面，荷载超出了防护棚的承载能力导致防护棚失稳。

② 在拆除脚手架的周围未设置隔离区，无明显标志，无专人看守。当建筑靠近街道时，敞口立面必须采取挂满安全网或其他可靠措施作全封闭处理。

③ 工人高处作业未系安全带。

④ 施工企业安全管理体系不健全，现场管理混乱，也无安全警示等。

第二节　建设工程合同管理

一、建设工程合同管理概述

1.建设工程合同管理概念

① 建设工程合同管理是对工程项目施工过程中所发生的或所涉及的一切经济、技术合同的签订、履行、变更、索赔、解除、解决争议、终止与评价的全过程进行的管理工作。在市场经济条件下，合同是法制建设的载体，是信用经济的保证。就工程来说，合同管理贯穿于项目实施的全过程，其管理成效直接影响到施工单位利益。合同管理的关键在于事前管理，任何疏忽都有可能导致损失，而信用是履行合同的保障。工程项目的参建各方都应加强合同管理，完善合同管理制度，保证工程项目顺利实施，达到合同的预期目标。

② 建设工程（施工项目）合同管理的任务是根据法律、政策的要求，运用指导、组织、检查、考核、监督、跟进、协调等手段，促使当事人依法签订合同，全面实际地履行合同，及时妥善地处理合同争议和纠纷，不失时机地进行合理索赔，预防发生违约行为，避免造成经济损失，保证合同目标顺利实现，从而提高企业的信誉和竞争能力。

③ 建设工程合同管理的重要性

● 合同管理有利于工程建设的科学管理。建设工程项目活动投资大，涉及面广，要求要有一种科学的管理体系。合同管理充分地反映了这种管理的科学性。合同管理规定，工程施工过程中合同各方办事要有依据，验收要有数据，变更要有指令，支付要有凭证，即建设单位、施工单位、监理工程师各方都必须工作扎扎实实，以科学的态度，按客观规律办事，搞好工程项目的建设。

● 合同管理具有规范各方行为的意义。建设工程项目施工合同本身就是项目建设单位或其代理人与项目承包人或供应人为完成确定的施工项目所指向的目标或规定的内容，明确相互的权利义务关系而达成的协议。

● 合同是解决纠纷的法律证据。建设工程项目由于建设周期长、合同金额大、参建单位众多和项目之间接口复杂等特点，建设单位、承包商、分包商、材料供应商之间所不可避免产生的各种纠纷要依据合同解决。

2.建设工程合同分类及组成

（1）按承发包方式分类　包括：① 勘察设计或施工总承包合同；② 单位工程承包合同；③ 工程项目总承包合同；④ BOT合同（特许权协议）。

（2）按承包工程计价方式分类　包括：① 总价合同；② 单位合同；③ 成本加酬金合同。

其中，总价合同可分为固定总价合同和调价总价合同。单位合同分为估计工程量单价合同、纯单价合同、单位与包干混合合同等。

（3）与建设工程有关的其他合同　包括：① 建设工程委托监理合同；② 建设工程物资采购合同；③ 建设工程保险合同；④ 建设工程担保合同。

（4）按工程建设阶段分类　包括：① 工程勘察合同；② 工程设计合同；③ 工程施工合同。

3.施工项目合同管理的内容

① 建立健全施工项目合同管理制度，包括合同归口管理制度，考核制度，合同用章管理制度，合同台账、统计及归档制度等。

② 经常对合同管理人员、项目经理及有关人员进行合同法律知识教育，提高合同业务人员法律意识和专业素质。

③ 在谈判签约阶段，重点是了解对方的信誉，核实其法人资格及其他有关情况和资料；监督双方依照法律程序签订合同，避免出现无效合同、不完善合同，预防合同纠纷发生；组织配合有关部门做好施工项目合同的鉴证、公证工作，并在规定时间内送交合同管理机关等有关部门备案。

④ 合同履约阶段，主要的日常工作是经常检查合同以及有关法规的执行情况，并进行统计分析，如统计合同份数，合同金额、纠纷次数，分析违约原因、变更和索赔情况、合同履约率等，以便及时发现问题、解决问题；做好有关合同履行中的调解、诉讼、仲裁等工作，协调好企业与各方面、各有关单位的经济协作关系。

⑤ 专人整理保管合同、附件、工程洽商资料、补充协议、变更记录及与业主及其委托的监理工程师之间的来往函件等文件，随时备查；合同期满，工程竣工结算后，将全部合同文件整理归档。

二、建设工程合同管理的特点和存在问题

1.建设工程合同管理的特点

① 建设工程合同管理持续时间长。合同的形成是一个渐进的过程，合同的履行是一个持续的过程。因此，合同管理必然在项目生命周期内长时间连续地、不间断地进行，它不仅包括施工期，更重要的是包括项目前期，还涉及项目建设全过程，比如可行性研究、勘察、设计、征收、招标投标、竣工验收、移交、保修等许多环节都有合同管理问题。

② 合同管理的优劣直接影响到建设工程的经济效益，由于一般工程项目都具有资金规模大、合同价格高的特点，合同管理水平的高低对项目经济效益有明显影响，稍有不慎，大额资金有可能遭受不必要的浪费或损失。

③ 合同管理应该实行动态跟踪管理。由于合同的形成和履行往往时间较长、期间内外部情况变化较多，相应会出现合同条款变更、修改、补充、终止等情况，这也会相应导致合同的变更和调整，这就要求密切跟踪合同管理和履约过程中不断出现和变化的新情况，随时做出正确的判断和应对。

④ 建设工程合同管理过程中尤其要注意合同风险的管控和处理，合同是事先谈判和约定的，除了前面提到的情况外，建设工程的建设管理具有单件生产、野外作业、参与方众多、涉及行业专业众多、环境影响较大等特点，导致管理面临十分复杂的局面，积极关注项目信息，努力把握建设进程动态，在履约过程中，确保回避风险，保证合同履行过程平稳、有序、优化地推进。

2. 当前建设工程合同管理工作存在的问题

① 对合同认识及重视不够。在工程施工时如何有效地把合同贯彻执行下去，有的单位认识不清、执行不力，造成不良后果。这是因为有些施工单位领导对合同管理的重要性认识不够，没有建立完善的合同管理机构；对合同风险缺乏防范意识，没有认识到合同管理的关键重要性；在管理协调、机构设置、人员配备和经费等方面给予的支持不够。

② 由于历史和现实的多种原因，参与建设各方熟练运用现代合同制度的能力远远不够，操作运营合同管理的水平多数比较生硬低下。由于建设工程承发包合同条款多、文件涉及面广，其中矛盾、错误、两义性问题常常难免。按照建设工程施工合同的一般解释原则，施工单位应对施工合同的理解负责，建设单位应主动为合同文件起草，应对合同文件的正确性负责。但是施工企业为了达到中标目的，往往对施工合同不加细致研究，最终与招标投标文件中相应的合同条款已相距甚远。究其原因，一方面是施工单位不重视，认为合同只是一种表面形式；或因与建设单位的沟通不够，造成在合同文字表述上的矛盾、错误和两义性语句大量出现；甚至一些施工单位被迫有意使然，待事后通过“沟通”解决。另一方面，施工企业常常在合同签署上过分迁就建设单位，不计成本，违心地提高质量等级、压缩工期，或低于建设成本承包工程，使得工程质量无法得到保证，合同执行必然受阻，导致建设工程施工合同履约率低。

③ 合同执行力度不够。合同作为维系双方当事人的纽带，任何一方均须按合同办事。但由于双方均没有按合同办事，且又不进行及时、必要的经济技术签证，造成双方均违约。工程不能按期交工，工程款不能按时拨付，致使合同管理流于形式。

④ 招标监督机构和合同管理机构缺乏权威性。招标监督机构在审核、编制招标文件的过程中，明明知道有的条款是不平等的，甚至是不合法的，但实际上还是按照建设单位的意图办理。在招标时出现降低工程的取费类别、施工单位优惠条件的承诺、工程质量标准的提高、工期的缩短等不合理条款等，也无意更改。当然也有受投资者、权力者和周围环境的干扰而改变中标结果的。合同管理机构不仅应有监督职能、仲裁职能，而且对不合理的条款应有纠正职责。

⑤ 合同管理制度不健全，权责不分明。有些施工单位没有规定严谨统一的合同管理制度。由于缺乏统一的依据，各部门权责不分明，意见很难统一，造成权力大家争、责任大家推的局面。这是施工单位管理之大忌，最终将给施工单位带来重大的隐患。

⑥ 合同管理人员素质不高。一部分施工单位合同管理人员思想品德不过硬，文化水平不高，业务不精通，缺乏系统的法律知识，无法对合同涉及的各项法律问题做出正确判断，无法对合同进行有效的管理。在建筑工程行业中，轻合同人员、重施工技术人员的现象普遍存在。大家统一的认识是“工程是干出来的”。项目经理一般看重现场的施工技术人员，当现场施工任务紧张或者新工程抽调人员时，一般先从合同部门抽调，造成人员的不固定。当出现合同纠纷时，后续人员往往不明情况，难以跟进。大部分的合同管理人员是只在项目施工中自己摸索积累了一点体会，难以适应复杂情况。

三、提升建设工程合同管理水平的应对办法

1. 建设工程合同管理的基本原则

① 合同管理应以法律为依据，只有以合法为前提进行合同管理，才能切实保障业主的根本利益，促进工程的顺利建设。与建设工程合同管理密切相关的法律概括起来有两类：一类是包括民法通则、合同法在内的民事商事法律；另一类是包括建筑法、招投标法、担保法、

保险法在内的经济法。合同管理人员应熟知以上法律并能够较为熟练地应用，以保证合同条款的合法性，从而才能保证条款的有效性。法律赋予业主的权利和利益是业主最根本的利益，如合同条款因违法而无效，则业主的根本利益就没有任何保障了。

② 合同管理应以建设工程的实际情况为出发点和突破点，保证建设工程在实现质量、进度、投资三大目标的前提下顺利竣工并投入使用。合同管理应根据建设工程的实际情况制定出科学的合同管理方案，编制出可操作性较强的合同条款，并且工程在质量、进度、投资方面的目标应包括合同管理工作在内的所有工程管理工作内容，任何合同甚至任何合同条款都应体现和贯彻以上目标，只有如此，合同管理才会在建设工程项目管理中发挥出积极的推进作用。

③ 合同管理应以预防为主，减少甚至避免纠纷和索赔的发生。预防是进行风险控制的有效方法之一，项目管理公司应综合考虑项目管理过程中的各种风险，并尽可能制定出相应的风险控制方法并体现在具体合同条款中。同时，应确保合同条款的明确、具体，避免歧义和含糊。

④ 最大限度地将建设工程参建各方的权利、义务及责任纳入到合同管理的范围中，使参与项目建设的任何一方都能以合同为依据，享有权利，履行义务，共同保证建设工程的顺利竣工和投入使用。

⑤ 项目管理公司进行建设工程合同管理应以最大限度保护业主的合法利益为出发点，以推进项目顺利建设为中心，尽可能实现包括业主在内的项目各参建方的共赢。

2.完善建设工程项目合同管理的措施

① 树立合同观念，加强合同意识。工程项目的参建各方要对管理人员加强法制教育，特别是施工单位负责人、项目负责人、合同管理人员，不但要学习《建筑法》，更要学习《招标投标法》《合同法》，使他们在工程项目管理中处处以合同为依据，以合同管理为中心，只有这样，才能按合同办事，才能拿起法律的武器维护自身的合法权益。在国际工程中，合同管理更是项目管理的核心，尤其对承包商来讲，可以说其合同管理直接关系到项目实施是否顺利，自身的利益能否得到保护。

② 加强合同管理人员的业务素质。工程项目的参建各方应根据实际情况，组织合同管理人员进行合同专业知识的学习，既可组织管理人员进行脱产学习，也可进行在职学习，定期检查；进行短期培训；结合实际进行正反两方面的事例分析总结；参加法律专业或施工单位法律顾问的考试；开展职业道德教育等。

③ 建立健全合同管理体系。工程项目的参建各方要建立健全合同管理的组织体系和制度体系。遵守法律、诚实守信、讲求协作，要严格执行有关合同管理制度，使合同的策划、评审、谈判、签订、流转、学习、履行、变更、解除、终止等各个环节均有章可循。施工单位要由上而下建立健全合同管理机构（包括综合机构和专项机构），使合同管理覆盖施工单位的每个层次，延伸到各个角落。要独立设置法律顾问，配合合同专项管理部门，发挥法律咨询、合同评审、履约监督和组织仲裁、诉讼的作用。

④ 加强工程招投标管理。建立与工程量清单相配套的工程管理制度、合同管理制度。国家已经出台了招投标法并全力推行工程量清单报价体制。但在招标形式和方法上要兼顾建设单位和施工单位的双方利益，过分追求招标过程的严格、完善并不一定能达到的招标的最佳效果。建议在招标形式上应该重视原则、突出效果。同时，在合同文本的形式上，应该尽量采用合同示范文本。在实际工作中，因为使用不同格式的合同而产生经济纠纷的例子并不鲜见。因此，应该尽量使用各类公用建筑、民用住宅、工业厂房、交通设施及线路管理的施

工、设备安装的合同样本——《建设工程施工合同（示范文本）》。非特殊情况，勿使用发包承包双方自行拟设的合同文本格式。此举可以有效防止所拟定的合同出现缺项、漏项及不平等条款。同时，也有利于行政管理机关对合同实施进行监督，有助于仲裁机构或人民法院及时裁判纠纷，维护双方的合法利益。

⑤ 对建设工程合同实施动态管理。建设工程合同动态管理的过程可归纳为：确定履行合同的阶段性目标，通过检查、协调、纠偏，及时调整执行措施，并总结确定出下一个阶段目标。实现这一过程的主要手段是组织合同涉及的各单位召开定期或不定期的协调会议，形成各方一致认可的书面记录，共同遵照执行，由此促进各方的相互沟通和协调配合，及时解决合同履行中出现的问题和矛盾，确保合同顺利执行。此外，任何合同都难以十全十美，履约过程中应根据实际情况需要，协商签订补充协议，调整各方的权利义务。

⑥ 认真开展建设工程项目合同履行情况评价工作。建设工程项目合同内容丰富，真实地反映了整个建设工程项目建设的全过程，认真开展建设工程项目合同履行情况评价能够总结和归纳建设过程中的经验和教训。在合同终止之后，合同管理人员应该做好建设工程项目合同资料的收集、保存、整理、分类、登记、编号、装订、归档备案工作，实现工程合同档案管理程序化和规范化。同时，对建设工程合同履行情况与具体的工程实施计划进行分析比较，对合同履行情况做出客观评价，从中找出差异和干扰因素并分析其原因。通过开展建设工程项目合同履行情况评价工作，总结合同履行与管理的经验与教训，用于指导今后的合同管理工作，实现提高建设工程合同谈判的成交率和合同现代化管理水平的目标。

四、建设工程合同管理实例分析

（一）建设工程合同的内涵

1. 案例简介

××商场为了扩大营业范围，购得我市×××集团公司地皮一块，准备兴建××商场分店。××商场通过招标投标的形式与××建筑工程公司签订了建筑工程承包合同。之后，承包人将各种设备、材料运抵工地开始施工。施工过程中，城市规划管理局的工作人员来到施工现场，指出该工程不符合城市建设规划，未领取施工规划许可证，必须立即停止施工。最后，城市规划管理局对发包人作出了行政处罚，处以罚款2万元，勒令停止施工，拆除已修建部分。承包人因此而蒙受损失，向法院提起诉讼，要求发包人给予赔偿。

2. 案例评析

本案双方当事人之间所订合同属于典型的建设工程合同，归属于施工合同的类别，所以评判双方当事人的权责应依有关建设工程合同的规定。本案中引起当事人争议并导致损失产生的原因是工程开工前未办理规划许可证，从而导致工程为非法工程，当事人基于此而订立的合同无合法基础，应视为无效合同。依《中华人民共和国建筑法》之规定，规划许可证应由建设人，即发包人办理，所以，本案中的过错在于发包方，发包方应当赔偿给承包人造成的先期投入、设备、材料运送费用以及耗用的人工费用等项损失。

（二）建设工程合同应当采用书面形式

1. 案例简介

承包人和发包人签订了物流货物堆放场地平整工程合同，规定工程按某市工程造价管理部门颁布的《综合价格》进行结算。在履行合同过程中，因发包人未解决好征地问题，使承包人7台推土机无法进入场地，窝工200天，致使承包人没有按期交工。经发包人和承包人口头交涉，在征得承包人同意的基础上按承包人实际完成的工程量变更合同，并商定按“冶金部广东省某厂估价标准机械化施工标准”结算。工程完工结算时因为窝工问题和结算依据发生争议。承包人起诉，要求发包人承担全部窝工责任并坚持按第一次合同规定的计价依据和标准办理结算，而发包人在答辩中则要求承包人承担延期交工责任。法院经审理判决第一个合同有效，第二个回头交涉的合同无效，工程结算应当依据双方第一次签订的合同。

2. 案例评析

本案的关键在于如何确定工程结算计价的依据，即当事人所订立的两份合同哪个有效。依《合同法》“第二百七十条建设工程合同应当采用书面形式”有关规定，建设工程合同的有效要件之一是书面形式，而且合同的签订、变更或解除，都必须采取书面形式。本案中的第一个合同是有效的书面合同，而第二个合同是口头交涉而产生的口头合同，并未经书面固定，属无效合同。所以，法院判决第一个合同为有效合同。

（三）工程招标投标活动，应公开、公平、公正进行

1. 案例简介

199×年初，某房地产开发公司欲开发新区第三批商品房，同年12月，该公司分别在《××商报》和《××特区报》发出招标公告，该房地产开发公司作为招标人就该工程向社会公开招标，择其优者签约承建该项目。此公告一发布，引起不小反响，先后有二十余家建筑单位投标。原告A建筑工程公司和B建筑工程公司均在投标人之列。A建筑公司基于市场竞争激烈等因素，经充分核算，在标书中作出全部工程造价不超过500万元的承诺，并自认为依此数额，该工程利润已不明显。房地产开发公司组织开标后，B建筑工程公司投标数额为450万元。两家的投标均低于标底500万元。最后B建筑工程公司因价格更低而中标。该工程竣工后，房地产开发公司与B建筑工程公司实际结算的款额为510万元。A建筑公司得知此事后，认为房地产开发公司未依照既定标价履约，实际上侵害了自己的权益，遂向法院起诉要求房地产开发公司赔偿在投标过程中的支出等损失。

2. 案例评析

本案争议的焦点是：经过招标投标程序而确定的合同总价能否再行变更的问题，这样做是否违反公开、公平、公正的原则。当然，如果是招标人和中标人串通损害其他投标人的利益，自应对其他投标人作出赔偿。本案中无串通的证据，就只能认定调整合同总价是当事人签约后的意思变更（包括设计变更、现场条件引起措施的变更等），是一种合同变更行为。A建筑工程公司的起诉要求赔偿损失不应支持。如果没有出现上述的施工过程的变更（应以有效签证为准），依法律规定，通过招标投标方式签订的建筑工程合同是固定总价合同，其特征在于：通过竞争决定的总价不因工程量、设备及原材料价格等因素的变化而改变，当事人投标标价应将一切因素涵盖，是一种高风险的承诺。当事人自行变更总价就从实质上剥夺了其他投标人公平竞价的权利并势必纵容招标人与投标人之间的串通行为，因而这种行为是违反公开、公平、公正原则的行为，构成对其他投标人权益的侵害，所以如属实，A建筑工程公司的主张应予支持。

（四）发包人、总承包人、分包的关系

1. 案例简介

某市A服务公司因建办公楼与B建设工程总公司签订了建筑工程承包合同。其后，经A

服务公司同意，B建设工程总公司分别与市C建筑设计院和市D建筑工程公司签订了建设工程勘察设计合同和建筑安装合同。建筑工程勘察设计合同约定由C建筑设计院对A服务公司的办公楼水房、化粪池、给水排水、空调及煤气外管线工程提供勘察、设计服务，做出工程设计书及相应施工图纸和资料。建筑安装合同约定由D建筑工程公司根据C建筑设计院提供的设计图纸进行施工，工程竣工时依据国家有关验收规定及设计图纸进行质量验收。合同签订后，C建筑设计院按时做出设计书并将相关图纸资料交付D建筑工程公司，D建筑公司依据设计图纸进行施工。工程竣工后，发包人会同有关质量监督部门对工程进行验收，发现工程存在严重质量问题，主要是由于设计不符合规范所致。原来C建筑设计院未对现场进行仔细勘察即自行进行设计导致设计不合理，给发包人带来了重大损失。由于设计人拒绝承担责任，B建设工程总公司又以自己不是设计人为由推卸责任，发包人遂以C建筑设计院为被告向法院起诉。法院受理后，追加B建设工程总公司为共同被告，让其与C建筑设计院一起对工程建设质量问题承担连带责任。

2.案例评析

本案中，市A服务公司是发包人，市B建设工程总公司是总承包人，市C建筑设计院和市D建筑工程公司是分包人。对工程质量问题，B建设工程总公司作为总承包人应承担责任，而C建筑设计院和D建筑工程公司也应该依法分别向发包人承担责任。总承包人以不是自己勘察设计和建筑安装的理由企图不对发包人承担责任，以及分包人以与发包人没有合同关系为由不向发包人承担责任是没有法律依据的。所以本案判决B建设工程总公司和C建筑设计院共同承担连带责任是正确的。

值得说明的是，依《合同法》第二百七十二条："发包人可以与总承包人订立建设工程合同，也可以分别与勘察人、设计人、施工人订立勘察、设计、施工承包合同。发包人不得将应当由一个承包人完成的建设工程肢解成若干部分发包给几个承包人。总承包人或者勘察、设计、施工承包人经发包人同意，可以将自己承包的部分工作交由第三人完成。第三人就其完成的工作成果与总承包人或者勘察、设计、施工承包人向发包人承担连带责任。承包人不得将其承包的全部建设工程转包给第三人或者将其承包的全部建设工程肢解以后以分包的名义分别转包给第三人。禁止承包人将工程分包给不具备相应资质条件的单位。禁止分包单位将其承包的工程再分包。建设工程主体结构的施工必须由承包人自行完成。"及《建筑法》第二十八条、第二十九条的规定："禁止承包单位将其承包的全部工程转包给他人，施工总承包的，建筑工程主体结构的施工必须由总承包单位自行完成。"本案中B建设工程总公司作为总承包人不自行施工，而将工程全部转包他人，虽经发包人同意，但违反禁止性规定，亦为违法行为。

（五）重大项目必须按规定签订合同

1.案例简介

某城市拟新建一大型火车站，各有关部门组织成立建设项目法人，在项目建议书、可行性研究报告、设计任务书等经市计划主管部门审核后，报国家计划委员会、国务院审批并向国务院计划主管部门申请国家重大建设工程立项。审批过程中，项目法人以公开招标方式与三家中标的一级建筑单位签订《建设工程总承包合同》，约定由该三家建筑单位共同为车站主体工程承包商，承包形式为一次包干，估算工程总造价18亿元。但合同签订后，国务院计划主管部门公布该工程为国家重大建设工程项目，批准的投资计划中主体工程部分仅为15亿元。因此，该计划下达后，委托方（项目法人）要求建筑单位修改合同，降低包干造价，建筑单位不同意，委托方上诉至法院，要求解除合同。法院认为，双方所签合同标的系重大建设工程项目，合同签订前未经国务院有关部门审批，未取得必要批准文件，并违背国家批准的投资计划，故认定合同无效，委托人（项目法人）负主要责任，赔偿建筑单位损失若干。

2. 案例评析

本案车站建设项目属2亿元以上大型建设项目，并被列入国家重大建设工程，应经国务院有关部门审批并按国家批准的投资计划订立合同，不得任意扩大投资规模。根据《合同法》第二百七十三条，国家重大建设工程合同，应当按照国家规定的程序和国家批准的投资计划、可行性研究报告等文件订立。本案合同双方在审批过程中签订建筑合同，签订时并未取得有审批权限主管部门的批准文件，缺乏合同成立的前提条件，合同金额也超出国家批准的投资的有关规定，扩大了固定资产投资规模，违反了国家计划，故法院认定合同无效，过错方承担赔偿责任，其认定是正确的。

（六）施工合同条款必须完备

1. 案例简介

原告某房产开发公司与被告某建筑公司签订一施工合同，修建某一住宅小区。小区建成后，经验收质量合格。验收后1个月，房产开发公司发现楼房屋顶漏水，遂要求建筑公司负责无偿修理，并赔偿损失，建筑公司则以施工合同中并未规定质量保证期限，以工程已经验收合格为由，拒绝无偿修理要求。房产开发公司遂诉至法院。法院判决施工合同有效，认为合同中虽然并没有约定工程质量保证期限，但依建设部1993年11月16日发布的《建设工程质量管理办法》的规定，屋面防水工程保修期限为3年，因此本案工程交工后两个月内出现的质量问题，应由施工单位承担无偿修理并赔偿损失的责任。故判令建筑公司应当承担无偿修理的责任。

2. 案例评析

依据《合同法》第二百七十五条，施工合同的内容包括工程范围、建设工期、中间交工工程的开工和竣工时间、工程质量、工程造价、技术资料交付时间、材料和设备供应责任、拨款和结算、竣工验收、质量保修范围和质量保证期、双方相互协作等条款。本案争议的施工合同虽欠缺质量保证期条款，但并不影响双方当事人对施工合同主要义务的履行，故该合同有效。由于合同中没有质量保证期的约定，故应当依照法律、法规的规定或者其他规章确定工程质量保证期。法院依照《建设工程质量管理办法》的有关规定对欠缺条款进行补充，无疑是正确的。依据该办法规定，出现的质量问题属保证期内，故认定建筑公司承担无偿修理和赔偿损失责任是正确的。

（七）建设工程合同包括工程勘察、设计、施工合同

1. 案例简介

××商场为了扩大营业范围，购得某市毛纺织厂地皮一块，准备兴建该商场分店。××商场通过投标的形式与市建筑工程公司签订了建筑工程承包合同。之后，承包人将各种设备、材料运抵工地开始施工。施工过程中，城市规划管理局的工作人员来到施工现场，指出该工程不符合城市建设规划，未领取施工规划许可证，必须立即停止施工。最后，城市规划管理局对发包人作出了行政处罚，处以罚款2万元，勒令停止施工，拆除已修建部分。承包人因此而蒙受损失，向法院提起诉讼，要求发包人给予赔偿。

2.案例评析

依据《合同法》第二百六十九条，建设工程合同是承包人进行工程建设，发包人支付价款的合同。建设工程合同包括工程勘察、设计、施工合同。本案双方当事人之间所订合同属于典型的建设工程合同，归属于施工合同的类别，所以评判双方当事人的权责应依有关建设工程合同的规定。本案中引起当事人争议并导致损失产生的原因是工程开工前未办理规划许可证，从而导致工程为非法工程，当事人基于此而订立的合同无合法基础，为无效合同。依《中华人民共和国建筑法》的规定，规划许可证应由建设人，即发包人办理，所以，本案中的过错在于发包方，发包方应当赔偿给承包人造成的先期投入、设备、材料运送费用等项损失。

（八）签订合同资料必须齐全

1.案例简介

甲工厂与乙勘察设计单位签订一份《厂房建设设计合同》，甲委托乙完成厂房建设初步设计，约定设计期限为支付定金后30天，设计费按国家有关标准计算。另约定，如甲要求乙增加工作内容，其费用增加10%，合同中没有对基础资料的提供进行约定。开始履行合同后，乙向甲索要设计任务书以及选厂报告和燃料、水、电协议文件，甲答复除设计任务书之外，其余都没有。乙自行收集了相关资料，于第37天交付设计文件。乙认为收集基础资料增加了工作内容，要求甲按增加后的数额支付设计费。甲认为合同中没有约定自己提供资料，不同意乙的要求，并要求乙承担逾期交付设计书的违约责任。乙遂诉至法院。法院认为，合同中未对基础资料的提供和期限予以约定，乙方逾期交付设计书属乙方过错，构成违约；另按国家规定，勘察、设计单位不能任意提高勘察设计费，有关增加设计费的条款认定无效，判定：甲按国家规定标准计算给付乙设计费；乙按合同约定向甲支付逾期违约金。

2.案例评析

本案的设计合同缺乏一个主要条款，即基础资料的提供。按照《合同法》第二百七十四条“勘察、设计合同的内容包括提交有关基础资料和文件（包括概预算）的期限、质量要求、费用以及其他协作条件等条款。合同的主要条款是合同成立的前提，如果合同缺乏主要条款，则当事人无据可依，合同自身也就无效力可言，勘察、设计合同不仅要条款齐备，还要明确双方各自责任，以避免合同履行中的互相推诿，保障合同的顺利执行。”及建设工程勘察、设计合同条例有关规定，设计合同中应明确约定由委托方提供基础资料，并对提供时间、进度和可靠性负责。本案因缺乏该约定，虽工作量增加，设计时间延长，乙方却无向甲方追偿由此造成的损失的依据。其责任应自行承担，增加设计费的要求违背国家有关规定不能成立，故法院判决乙按规定收取费用并承担违约责任。

（九）工程施工要符合质量规定要求

1.案例简介

原告某房产开发公司与被告某建筑公司签订一施工合同，修建某一住宅小区。小区建成后，经验收质量合格。验收后1个月，房产开发公司发现楼房屋顶漏水，遂要求建筑公司负责无偿修理，并赔偿损失，建筑公司则以施工合同中并未规定质量保证期限，以工程已经验收合格为由，拒绝无偿修理要求。房产开发公司遂诉至法院。法院判决施工合同有效，认为合同中虽然并没有约定工程质量保证期限，但依建设部1993年11月16日发布的《建设工程质量管理办法》的规定，屋面防水工程保修期限为3年，因此本案工程交工后两个月内出现的质量问题，应由施工单位承担无偿修理并赔偿损失的责任。故判令建筑公司应当承担无偿修理的责任。

2. 案例评析

本案争议的施工合同虽欠缺质量保证期条款，但并不影响双方当事人对施工合同主要义务的履行，故该合同有效。《合同法》第二百七十五条规定“施工合同的内容包括工程范围、建设工期、中间交工工程的开工和竣工时间、工程质量、工程造价、技术资料交付时间、材料和设备供应责任、拇款和结算、竣工验收、质量保修范围和质量保证期、双方相互协作等条款。由于合同中没有质量保证期的约定，故应当依照法律、法规的规定或者其他规章确定工程质量保证期。法院依照《建设工程质量管理办法》的有关规定对欠缺条款进行补充，无疑是正确的。依据该办法规定：出现的质量问题属保证期内，故认定建筑公司承担无偿修理和赔偿损失责任是正确的。

第三节　建设工程信息管理

一、建设工程信息管理概述

（一）建设工程信息管理概念

1. 建设工程管理中应用信息化技术

计算机技术、微电子技术以及互联网技术的发展，使得信息化在我国呈现出了飞速发展的趋势，信息技术已经成为社会发展中不可或缺的重要组成部分。在建筑工程管理中，应用信息化技术，可以实现信息的及时、高效、准确传递，解决建筑管理中存在的问题，进而推动建筑行业的长远稳定发展，需要相关管理人员的重视。

在建筑工程管理中，信息化技术的应用是一个系统性的过程，涉及多个不同的部门、专业和环节，其信息的主要来源包括现场勘察资料、测绘资料、设计图纸、招投标书以及合同文件等，还包括了口头上的任务分配、工作指示、会议讨论等，概括来讲，建筑工程中的信息是工程项目建设过程中，各个单位和环节所产生的信息总体。建筑工程信息不仅包括了建筑项目自身蕴含的各种信息，还包括了来自外部环境的信息，不仅包括了相对固定的信息，还包括了许多处于不断变化的动态信息，涉及许多不同的学科和门类。而建筑工程管理信息化，主要是利用相应的信息技术，对建筑信息进行综合处理，通过记录、查询、计算、传输等方式，为建筑工程管理提供相应的信息支持，提升企业的经济效益和核心竞争力。

2. 建设工程管理中的信息管理

信息管理包括信息的收集、传递与处理、存储、发布等方面，根据建设工程建设规模庞大、资金款额巨大，建设期长，质量要求高，各种合同多，使用机械、设备、材料数量、种类多的特点，信息管理采取人工决策和计算机辅助管理相结合的手段，特别是利用计算机准确及时地收集、处理、传递和存储大量数据，并进行工程进度、质量、费用的动态分析，才能达到工程管理及工程监理的高效、迅速、准确。

3. 建设工程管理中应用信息技术的必要性

① 因为建筑产品相对固定、整体较难分配，所以施工处在流动的过程中。

② 施工的环境或条件、施工顺序和方法随着生产空间变化而变化，而为了适应新的环境

或条件，建筑工程施工的组织和管理变化也较为频繁。一般来说，建筑工程施工要经历一年四季气候的转变，露天施工作业会受到大的影响。所以缩短工期是必要的，利用建筑工程体型比较庞大的特点，充分利用空间，组织多层次的立体交叉作业以及平行的流水作业，而这些作业都需要各施工单位的紧密配合，根据详细合理的工程施工组织计划严格贯彻落实执行。

③ 考虑到建筑工程项目的复杂性，近几年我国科学技术快速发展，建筑工程的规模加大，针对上述情况，建筑工程单位要强化专业管理，重视工程施工不同工种之间的协调性。与此同时，项目经理利用项目计划向相关的工程技术人员传达有关质量、时间、费用和信誉的重要性。

④ 建筑工程施工有环境多变、单间生产和严格密切配合的特点，从而使得工程管理和组织的复杂化。综上所述特点，把信息技术应用于建筑工程当中，可以较好地安排整体工程、施工程序，并且通过网络信息及时反馈出现的问题，及时做出调整和改进意见，让建筑工程达到快速、节省和优质的要求。

（二）一般建设工程项目信息管理的基本任务内容

① 信息管理部门的工作任务。负责编制信息管理手册，在项目实施过程中进行信息管理手册必要的修改和补充，并检查和督促其执行；负责协调和组织项目管理班子中各个工作部门的信息处理工作；负责信息处理工作平台的建立和运行维护；与其他工作部门协同组织收集信息、处理信息和形成各种反映项目进展和项目目标控制的报表和报告；负责工程档案管理等。

② 信息管理的核心手段是基于互联网的信息处理平台。

二、优化信息技术在城市建设项目工程管理中的应用

（一）计算机在建筑工程项目管理中的作用

建筑工程项目管理是一类智力劳动，主要任务是按照建筑工程建设实践的规律，综合协调各有关方面的需求，将不同类型的项目资源配置到适当的环境和时段，并进行动态调整，以经济有效的手段达到预设的目标。计算机在建筑工程项目管理中的作用主要有以下几个方面。

1. 实现建筑工程公司范围的数据共享

现代建筑工程项目计算机管理系统使用完善的关系数据库管理数据，最大优点是保证数据共享。数据共享意味着有条件做到在建筑工程公司范围内所采用标准的统一。现代计算机数据库管理系统使用有效的查找算法，使得从几百万数据中查找特定要求的数据仅需几毫秒到几秒即可得到，同时还可实现复杂的组合条件查询、模糊查询等。

2. 保证统计资料的准确性

项目数据可以动态地以指定的精确度直接提供给项目管理人员，杜绝了人工层层汇总带来的种种弊端，避免了对情况的错误判断和时间延误。所有这些，给积累项目经验带来了很大的困难。计算机项目管理系统可以使用模拟技术，在几分钟内将同一项目实施数千次，取得的统计数据可以辅助项目管理人员进行科学决策。

3. 实现数据通信

借助计算机建筑工程项目管理系统和网络技术，可以实现项目管理人员之间的数据传输

和信息发布，利用INTERNET和公用通信传输手段还可实现公司本部与施工现场、业主、供货商的数据交流，实现远程数据操纵。

（二）计算机建筑工程项目管理的特点

从传统的管理模式转换为计算机管理模式，是一项系统建筑工程。不仅仅是简单地购置一些计算机装置，并且能够操作它们。在决定使用计算机管理项目时，必须对它的特点有充分认识，正确解决管理者、管理手段、管理对象以及外部环境之间的关系。

1.管理模式、管理制度与计算机管理系统的匹配

所有的计算机建筑工程项目管理系统都是为满足特定的管理模式而开发的。如果采用了一个先进的计算机建筑工程管理系统，而实际运作的管理模式是过时的、粗放的，或者即使采用了先进的管理模式，但是相关的统计管理不配套，或者缺乏合格的管理人员，结果不仅收不到预料的效果，反而客观上可能使人对先进的管理系统产生错觉。

2.数据的非实时性

建筑工程项目计算机管理系统并非一种实时系统，项目实施过程中发生的变化，并不是立即自动输入计算机，而是事后定期人工输入计算机。因此，输入的次序与实际数据发生的次序可能颠倒。

3.原始数据的重要性

除了预先设置的数据有效性检查，计算机对输入数据的一般性错误无法检查，对于人为精心制造的假数据更无法判断。因此，必须有健全的原始数据采集规程，建立输入数据的检查制度。

建筑工程项目本身是一个复杂的系统，实施过程的各个阶段，既密切相关又有着不同的规律，要处理大量的信息，以满足错综复杂的目标要求。因此，对建筑工程项目实现动态、定量和系统化的管理与控制，必须借助于计算机系统来完成。

三、拓展和推进城市建设中的信息管理水平

（一）建设工程项目信息管理的含义和目的

① 我国从工业发达国家引进项目管理的概念、理论、组织、方法和手段，历时20年左右，取得了不少成绩。但是，应认识到，在项目管理中最薄弱的工作环节是信息管理。至今多数业主方和施工方的信息管理还相当落后，其落后表现在对信息管理的理解，以及信息管理的组织、方法和手段基本上还停留在传统的方式和模式上。

② 信息指的是用口头的方式、书面的方式或电子的方式传输（传达、传递）的知识、新闻，或可靠的或不可靠的情报。声音、文字、数字和图像等都是信息表达的形式。建设工程项目的实施需要人力资源和物质资源，应认识到信息也是项目实施的重要资源之一。

③ 信息管理指的是信息传输的合理的组织和控制。

④ 项目的信息管理是通过对各个系统、各项工作和各种数据的管理，使项目的信息能方便和有效地获取、存储、存档、处理和交流。项目的信息管理的目的旨在通过有效的项目信息传输的组织和控制为项目建设的增值服务。

⑤ 建设工程项目的信息包括在项目决策过程、实施过程（设计准备、设计、施工和物资采购过程等）和运行过程中产生的信息，以及其他与项目建设有关的信息，它包括项目的组

织类信息、管理类信息、经济类信息、技术类信息和法规类信息。

⑥ 据国际有关文献资料介绍，建设工程项目实施过程中存在的诸多问题，其中三分之二与信息交流（信息沟通）的问题有关；建设工程项目10% ~ 33%的费用增加与信息交流存在的问题有关；在大型建设工程项目中，信息交流的问题导致工程变更和工程实施的错误占工程总成本的3% ~ 5%。由此可见信息管理的重要性。

（二）建筑工程应用信息技术进行管理的现状

信息技术起源于西方发达国家，而在中国的起步相对较晚，虽然经过我国科技工作者几十年的长期努力，我国的信息技术水平已经有了较为明显的提升和可观的成果，但相比较世界领先水平来说，总体上还是存在不小的差距，而因为建筑行业对信息技术使用的范围不够广泛、不够深入，所以我国建筑工程管理应用信息技术依旧处于较为落后的状态，体现在方式、应用手段上面，整体的水平不够高，和西方发达国家相比，差距较为明显。但是我们目前的信息技术应用已经有了不小的突破和成绩，在未来的发展中将会发挥更大的作用。

1.管理水平稳步提升

目前来说，我国经济增长速度相比以前变得缓慢，建筑行业的发展也不如以前迅猛，出现了疲软的现象，所以也就使得整个行业的竞争更为激烈。建筑企业要想在如今激烈的竞争环境中生存下来，并且逐步发展壮大，则需要提升企业的自身竞争力，从内部做起。所以，也就有了更多的建筑企业把目光放在了信息技术上面。渴望信息技术的投入可以帮助企业提升管理水平，从而带领企业走出目前的困境。不少大规模的实力建筑企业在企业的内部管理中首次使用局域网，实现了企业内部数据和资源的实时传输和共享，大大优化了企业管理能力和提升了管理水平。正是有了这样的企业示范作用，整个建筑行业将投入更多的财力物力到信息技术当中去，期待从根本上改善建筑工程管理水平整体落后的不良局面，提升整个建筑行业的形象，促进其健康蓬勃的发展。就现阶段而言，建筑行业的管理理念逐步往积极方向发现，即实现管理信息化，越来越多的建筑企业设立企业的内部局域网，使得信息传递逐步网络化。

2.信息化程度偏低

虽然目前而言，建筑工程管理中有着信息化技术应用深度和广度逐步往积极方向发展的良好趋势，但是对于整个建筑行业来说，其管理的信息化程度依然没有形成一个统一的框架和深入理解，所以并没有实现真正意义上的信息化技术翔实目标和具体计划，这也直接限制了信息化技术的进一步发展和应用。大多数人会有错误的想法，会认为通过计算机传输邮件和接收邮件就标志着信息化管理的实现，这种肤浅的认识也是导致目前建筑工程管理中信息化程度偏低的重要因素。事实上，信息化管理可以应用到企业资源的统筹、工作流程的规范化、项目风险的识别等一系列领域中。大部分的建筑企业工作人员对信息化管理有着积极的支持态度，也都表示愿意参与到这个改变中来，但同时也担心信息化管理会给他们带来不好的影响，比如日常的工作量上升等。所以，目前最重要的事情便是形成信息化程度的概念和认识。

（三）引进建设工程信息管理的主要做法

作为一项应用极其广泛的技术，信息技术在实际应用中，应该实现与行业技术的有机结合，才能确保其作用的充分发挥。

1.建立一体化的信息系统

建筑工程与建筑项目存在着一定的差异性，工程环节众多且相对繁琐，在前期需要做好大量的准备工作，建筑施工过程中也需要对照相应的设计施工图纸，以保证工程施工质量和施工进度。上述内容相对繁琐，涉及的专业学科和内容众多，数据量也非常巨大，创建信息一体化，是非常迫切的。在建筑工程施工过程中，管理工作包括了进度管理、资金管理、质量管理和人员管理、安全管理等，这些因素共同构成了建筑工程管理。因此，在构建信息化系统的过程中，应该立足工程的实际情况，充分考虑各方面的因素，突破陈旧的管理思想的束缚，应用先进的信息化技术，将各种数据信息有机联系在一起，最终形成完整的信息化管理系统，实现相关资源的整合和共享，确保建筑工程管理的有效展开，推动工程建设的顺利进行。

2.建立高效的运作机制

建筑工程设计的专业门类众多，包括土木工程、房建工程、管线安装、装饰装修，以及房地产业、勘察设计业等，形成了庞大而复杂的行业信息集合，信息量极其巨大，对于管理人员的要求较高。在传统的建筑工程管理中，单纯依靠人工管理的方式，不仅效率低下，进展缓慢，而且对于信息的查询和处理滞后，严重影响了建筑工程的施工进度。而应用现代化信息技术，构建专业的信息管理系统，能够实现对行业信息的收集、统计和分析，从而为企业决策提供良好的参考依据。在建立信息管理系统后，为了确保其功能的有效发挥，还应该建立高效的运行机制，制定相应的建筑工程管理标准，并根据具体的发展情况，对标准进行及时修改，同时定期对标准的执行情况进行检查和验收，实现建筑工程的标准化管理。

3.以建筑工程为核心

建筑工程管理信息化的核心内容，是利用信息化技术和信息管理系统，实现对于建筑工程相关信息的管理，确保建筑工程管理工作的有效展开。对于建筑企业而言，如果无法实现工程项目的信息化管理，企业的信息化也就无从谈起，两者之间是相辅相成的关系。信息化技术的应用是实现管理信息的基础条件，工程项目管理则是管理信息化的重要前提，能够确保工程项目的顺利进行。在建筑工程管理中，强化生产要素管理、合同管理以及相应的信息管理，能够逐步促进建筑工程管理由传统型向集约型的转变，从而实现对于信息的综合利用。需要注意的是，在对信息化管理进行逐步推进的过程中，应该从企业自身的具体情况以及建筑工程的具体情况出发，制定切实可行的管理计划，而不应对其他工程和企业的成功经验进行照搬照抄，以免影响管理的效果。企业管理人员应该立足长远，明确企业自身的发展路线，在不断的探索过程中，找到符合自身的道路。在信息化管理中，应该以建筑工程项目为核心，确保各项管理工作的展开都能够将建筑工程作为前提条件，充分考虑各方面的因素，尽可能减少问题的产生，确保信息化管理功能的有效发挥。

（四）提高我国建筑工程管理中信息技术应用的相关策略

提高建筑工程管理中信息技术应用的有关策略如下。

① 转变建筑工程单位管理者的观念，重视信息技术的应用。工程相关管理人员要与时俱进，认识到建筑工程管理中应用信息技术的重要性，面对信息技术应用范围不够广泛的现状，应当对信息技术方面进行强化培训，充分利用、开发信息技术，改变传统观念和做法，预见到应用信息技术将会给企业带来的经济效益，达到提高企业在市场中的竞争力的目标。

② 根据建筑工程管理中信息技术应用的有关需求，制定翔实合理的战略计划。努力实现网络化的信息交换、高效率地收集信息、集成化的信息技术、自动化存储信息、快捷地检索信息以及系统化地管理信息的目标，建筑工程单位更是要根据自身发展需求，应用现代化信息技术，形成在管理中应用信息技术的规划，进而达到提高企业信息化水平的目标。

③ 基于互联网计算机，开发信息化软件。信息化软件将会给企业带来不可估量的发展前景，利用计算机等建设管理方面的数据库和网络链接，从而达到施工材料的查询、投标、采购网络化的目标，同时实现信息资源的共享，提高工作效率，增进沟通交流。

④ 建立、完善建筑工程管理制度，为应用信息技术创造较好的环境，从而科学地实现建筑工程管理决策。与此同时，完善责任机制，真正做到管理工作责任到人，确保工作人员有明确的责任和工作。按照网络进度实现严格的工程管理，提高工程管理人员信息技术应用的积极性，促进信息技术在工程管理中能够有积极的作用。

⑤ 加大建设工程领域信息技术的广泛深入应用，以智慧建筑、智慧城市建设为新机遇，提高拓宽信息技术在城市建设领域的应用视野，将信息化技术、信息管理技术与智慧城市建设紧密结合。在竞争日趋激烈的背景下，建筑工程管理中将应用信息技术与智慧城市建设结合联系起来，有着不可忽视的意义和前景，不仅有利于提高城市发展的社会效益、经济效益、环境效益，同时可以使得企业长期稳定发展。因此需要抓住机遇，不断创新，加大信息技术在建筑工程管理中的运用，密切跟踪智慧城市建设现实，寻求城市建设中信息管理技术应用的新途径。

第四节　项目建设工程监理

一、项目建设工程监理概述

1. 项目建设工程监理概念

（1）工程监理单位及其活动　工程监理单位是指依法成立并取得建设主管部门颁发的工程监理企业资质证书，从事建设工程监理与相关服务活动的服务机构。建设工程监理单位受建设单位委托，根据法律法规、工程建设标准、勘察设计文件及合同，在施工阶段对建设工程质量、造价、进度进行控制，对合同、信息进行管理，对工程建设相关方的关系进行协调，并履行建设工程安全生产管理法定职责的服务活动。工程监理单位应公平、独立、诚信、科学地开展建设工程监理与相关服务活动。

（2）实施工程监理的基本依据　实施建设工程监理应遵循的主要依据主要包括：① 法律法规及工程建设标准；② 建设工程勘察设计文件；③ 建设工程监理合同及其他合同文件。

在订立建设工程监理合同时，建设单位将勘察、设计、保修阶段等相关服务一并委托的，应在合同中明确相关服务的工作范围、内容、服务期限和酬金等相关条款。

2. 关于工程监理的有关规定

① 建设单位、勘察单位、设计单位、施工单位、工程监理单位依法对建设工程质量负责。

② 实行监理的建设工程，建设单位应当委托具有相应资质等级的工程监理单位进行监理，也可以委托具有工程监理相应资质等级并与被监理工程的施工承包单位没有隶属关系或者其他利害关系的该工程的设计单位进行监理。

③ 工程监理单位应当依照法律、法规以及有关技术标准、设计文件和建设工程承包合同，代表建设单位对施工质量实施监理，并对施工质量承担监理责任。

④ 建设单位、勘察单位、设计单位、施工单位、工程监理单位及其他与建设工程安全生产有关的单位，必须遵守安全生产法律、法规的规定，保证建设工程安全生产，依法承担建设工程安全生产责任。

⑤ 工程监理单位应当审查施工组织设计中的安全技术措施或者专项施工方案是否符合工程建设强制性标准。工程监理单位在实施监理过程中，发现存在安全事故隐患的，应当要求施工单位整改；情况严重的，应当要求施工单位暂时停止施工，并及时报告建设单位。施工单位拒不整改或者不停止施工的，工程监理单位应当及时向有关主管部门报告。工程监理单位和监理工程师应当按照法律、法规和工程建设强制性标准实施监理，并对建设工程安全生产承担监理责任。

⑥“建设工程监理应当依照法律、行政法规及有关的技术标准、设计文件和建筑工程承包合同，对承包单位在施工质量、建设工期和建设资金使用等方面，代表建设单位实施监督。”同时，还要根据《建设工程安全生产管理条例》等法规、政策，履行建设工程安全生产管理的法定职责。

⑦ 中国的建设工程监理属于国际上业主项目管理的范畴。

3.关于工程监理的工作性质

工程监理单位是建筑市场的主体之一，建设工程监理是一种高智能的有偿技术服务。在国际上把这类服务归为工程咨询（工程顾问）服务。我国的建设工程监理属于国际上业主方项目管理的范畴。建设工程监理的工作性质有如下几个特点。

（1）服务性　工程监理机构受业主的委托进行工程建设的监理活动，它提供的不是工程任务的承包，而是服务，工程监理机构将尽一切努力进行项目的目标控制，但它不可能保证项目的目标一定实现，它也不可能承担由于不是它的缘故而导致项目目标的失控。

（2）科学性　工程监理机构拥有从事工程监理工作的专业人士——监理工程师，它将应用所掌握的工程监理科学的思想、组织、方法和手段从事工程监理活动。

（3）独立性　指的是不依附性，它在组织上和经济上不能依附于监理工作的对象（如承包商、材料和设备的供货商等），否则它就不可能自主地履行其义务。

（4）公平性　工程监理机构受业主的委托进行工程建设的监理活动，当业主方和承包商发生利益冲突或矛盾时，工程监理机构应以事实为依据，以法律和有关合同为准绳，在维护业主的合法权益时，不损害承包商的合法权益，这体现了建设工程监理的公平性。

4.工程监理术语

（1）项目监理机构　项目监理机构是监理单位为履行委托监理合同，实施工程项目的监理工作而按合同项目设立的临时组织机构。随着工程项目监理工作的结束而撤销。项目监理机构的组织形式应结合工程特点、规模、难易程度等因素综合考虑，可采用直线式、职能式、直线-职能式和矩阵式等不同的组织形式。

（2）监理工程师　监理工程师是岗位职务而不是技术职称。监理工程师是指经过考试，取得国务院建设行政主管部门与人事行政主管部门共同颁发的监理工程师执业资格证书，并经监理工程师注册机关注册，从事建设工程监理工作的人员。

（3）总监理工程师　总监理工程师是由监理单位法定代表人任命，并书面授权，按合同项目设立的行政职务。在项目监理机构中，总监理对外代表监理单位，对内负责项目监理机构日常工作。

（4）总监理工程师代表　总监理工程师代表由总监理工程师任命并授权，行使总监理工程师授予的权力，从事总监理工程师指定的工作。

（5）专业监理工程师　专业监理工程师是指根据项目监理岗位职责分工和总监理工程师的指令，负责实施某一专业或某一方面的监理工作，具有相应监理文件签发权的监理工程师。

（6）监理员　监理员属于工程技术人员，不同于项目监理机构中的其他行政辅助人员。

（7）工程变更　建设单位、设计单位、施工单位、项目监理机构各方均有权提出工程变更。

（8）工程计量　工程计量的范围仅限于承包单位完成的合格工程。

（9）延期批准　延期是指延长了原定的合同工期，其原因是由非承包单位责任引起的。临时延期批准是施工过程中的临时性决定。延期批准则是最终决定，并成为新的合同工期。

二、项目建设工程监理实施程序

1.确定项目总监理工程师，成立项目监理机构

监理单位应根据建设工程的规模、性质、业主对监理的要求，委派称职的人员担任项目总监理工程师，总监理工程师是一个建设工程监理工作的总负责人，他对内向监理单位负责，对外向业主负责。

监理机构的人员构成是监理投标书中的重要内容，是业主在评标过程中认可的，总监理工程师在组建项目监理机构时，应根据监理大纲内容和签订的委托监理合同内容组建，并在监理规划和具体实施计划执行中进行及时调整。

2.编制建设工程监理规划

建设工程监理规划是开展工程监理活动的纲领性文件。

3.规范化地开展监理工作

监理工作的规范化体现在以下几个方面。

① 工作的时序性。是指监理的各项工作都应按一定的逻辑顺序先后展开。

② 职责分工的严密性。建设工程监理工作是由不同专业、不同层次的专家群体共同来完成的，他们之间严密的职责分工是协调进行监理工作的前提和实现监理目标的重要保证。

③ 工作目标的确定性。在职责分工的基础上，每一项监理工作的具体目标都应是确定的，完成的时间也应有时限规定，从而能通过报表资料对监理工作及其效果进行检查和考核。

4.参与验收，签署建设工程监理意见

建设工程施工完成以后，监理单位应在正式验交前组织竣工预验收，在预验收中发现的问题，应及时与施工单位沟通，提出整改要求。监理单位应参加业主组织的工程竣工验收，签署监理单位意见。

5.向业主提交建设工程监理档案资料

建设工程监理工作完成后，监理单位向业主提交的监理档案资料应在委托监理合同文件中约定。如在合同中没有作出明确规定，监理单位一般应提交设计变更、工程变更资料，监理指令性文件，各种签证资料等档案资料。

6.监理工作总结

监理工作完成后，项目监理机构应及时从两方面进行监理工作总结。

其一，是向业主提交的监理工作总结，其主要内容包括：委托监理合同履行情况概述，监理任务或监理目标完成情况的评价，由业主提供的供监理活动使用的办公用房、车辆、试验设施等的清单，表明监理工作终结的说明等。

其二，是向监理单位提交的监理工作总结，其主要内容包括：① 监理工作的经验，可以是采用某种监理技术、方法的经验，也可以是采用某种经济措施、组织措施的经验，以及委托监理合同执行方面的经验或如何处理好与业主、承包单位关系的经验等；② 监理工作中存在的问题及改进的建议。

三、项目建设工程监理的主要内容

1.关于主要内容的两种提法

关于项目建设工程监理主要工作内容有两种提法，一般提法是："三控三管一协调"，即投资、进度、质量控制，合同、安全、风险管理，以及施工阶段的组织协调；另一种较新提法是"四控、两管、一协调"，即工程建设的投资控制、建设工期控制、工程质量控制、安全控制；进行信息管理、工程建设合同管理；协调有关单位之间的工作关系。目前我们主要介绍"三控三管一协调"的提法。

2.关于"三控制"

"三控制"包括的内容有：投资控制、进度控制、质量控制。

（1）建设工程项目投资控制　就是在建设工程项目的投资决策阶段、设计阶段、施工阶段以及竣工阶段，把建设工程投资控制在批准的投资限额内，随时纠正发生的偏差，以保证项目投资管理目标的实现。监理工程师在工程项目的施工阶段进行投资控制的基本原理是把计划投资额作为投资控制的目标值，在施工阶段，通过比较发现并找出实际支出额与投资目标值之间的偏差，然后分析产生偏差的原因，采取有效的措施加以控制，以确保投资控制目标的实现。这种控制贯穿于项目建设的全过程，是动态的控制过程。要有效地控制投资项目，应从组织、技术、经济、合同与信息管理等多方面采取措施。从组织上采取措施，包括明确项目组织结构、明确项目投资控制者及其任务，以使项目投资控制有专人负责，明确管理职能分工；从技术上采取措施，包括重视设计方案选择，严格审查监督初步设计、技术设计、施工图设计、施工组织设计、渗入技术领域研究节约投资的可能性；从经济上采取措施，包括动态比较项目投资的实际值和计划值，严格审查各项费用支出，采取节约投资的奖励措施等。

（2）建设工程项目进度控制　是指对工程项目建设各阶段的工作内容、工作程序、持续时间和衔接关系，根据进度总目标及资源优化配置的原则，编制计划并付诸实施，然后在进度计划的实施过程中经常检查实际进度是否按计划进行，对出现的偏差情况进行分析，采取有效的补救措施，修改原计划后再付诸实施，如此循环，直到建设工程项目竣工验收交付使用。建设工程仅需控制的最终目标是确保建设项日按预定时间交付使用或提前交付使用。建设工程进度控制的总目标是建设工期。影响建设工程进度的不利因素很多，如人为因素、设备、材料及构配件因素、机具因素、资金因素、水文地质因素等。常见影响建设工程进度的人为因素如下。

① 建设单位因素：如建设单位因使用要求改变而进行的设计变更；不能及时提供建设场地而满足施工需要；不能及时向承包单位、材料供应单位付款。

② 勘察设计因素：如勘察资料不准确，特别是地质资料有错误或遗漏；设计有缺陷或错误；设计对施工考虑不周，施工图供应不及时等。

③ 施工技术因素：如施工工艺错误；施工方案不合理等。

④ 组织管理因素：如计划安排不周密，组织协调不力等。

（3）建设工程项目质量控制　建设工程作为一种特殊的产品，除具有一般产品共有的质量特性，如适用性、寿命、可靠性、安全性、经济性等满足社会需要的使用价值和属性外，还具有特定的内涵。建设工程质量的特性主要表现在适用性、耐久性、安全性、可靠性、经济性和与环境的协调性。工程建设的不同阶段，对工程质量的形成起到不同的作用和影响。影响工程的因素很多，但归纳起来主要有五个方面：人，机、料、法、环。人员素质、工程材料、施工设备、工艺方法、环境条件都影响着工程质量。

3.关于“三管理”

三管理指的是：合同管理、安全管理和风险管理。

（1）合同管理　合同是工程监理中最重要的法律文件。订立合同是为了证明一方向另一方提供货品或者劳务，它是订立双方责、权、利的证明文件。施工合同的管理是项目监理机构的一项重要工作，整个工程项目的监理工作即可视为施工合同管理的全过程。

（2）安全管理　建设单位施工现场安全管理包括两层含义：一是指工程建筑物本身的安全，即工程建筑物的质量是否达到了合同的要求；二是施工过程中人员的安全，特别是与工程项目建设有关各方在施工现场施工人员的生命安全。监理单位应监理安全监理管理体制，确定安全监理规章制度，检查指导项目监理机构的安全监理工作。

（3）风险管理　风险管理是对可能发生的风险进行预测、识别、分析、评估，并在此基础上进行有效处置，以最低的成本实现最大目标保障。工程风险管理是为了降低工程中风险发生的可能性，减轻或消除风险的影响，以最低的成本取得对工程目标保障的满意结果。

4.关于“一协调”

一协调主要指的是施工阶段项目监理机构的组织协调工作。

工程项目建设是一项复杂的系统工程。在系统中活跃着建设单位、承包单位、勘察设计单位、监理单位、政府行政主管部门以及与工程建设有关的其他单位。

在系统中监理单位具备最佳的组织协调能力。主要原因是：监理单位是建设单位委托并授权的，是施工现场唯一的管理者，代表建设单位，并根据委托监理合同及有关法律、法规授予的权利，对整个工程项目的实施过程进行监督并管理。监理人员都是经过考核的专业人员，它们有技术，会管理，懂经济，通法律，一般要比建设单位的管理人员有着更高的管理水平、管理能力和监理经验，能促使工程项目建设过程的有效运行。监理单位对工程建设项目进行监督与管理，根据有关的法律、法规有自己特定的权利。

四、关于项目建设工程监理的实施原则

1.公正、独立、自主的原则

监理工程师在建设工程监理中必须尊重科学、尊重事实，组织各方协同配合，维护有关各方的合法权益。为此，必须坚持公正、独立、自主的原则。业主与承建单位虽然都是独立运行的经济主体，但他们追求的经济目标有差异，监理工程师应在按合同约定的权、责、利关系的基础上，协调双方的一致性。只有按合同的约定建成工程，业主才能实现投资的目的，承建单位也才能实现自己生产的产品的价值，取得工程款和实现盈利。

2.权责一致的原则

监理工程师的监理职权，依赖于业主的授权。这种权力的授予，除体现在业主与监理单位之间签订的委托监理合同之中，而且还应作为业主与承建单位之间建设工程合同的合同条件。因此，监理工程师在明确业主提出的监理目标和监理工作内容要求后，应与业主协商，明确相应的授权，达成共识后明确反映在委托监理合同中及建设工程合同中。并据此开展监

理活动。总监理工程师代表监理单位全面履行建设工程委托监理合同，承担合同中确定的监理方向业主方所承担的义务和责任。因此，在委托监理合同实施中，监理单位应给总监理工程师充分授权，体现权责一致的原则。

3. 总监理工程师负责制的原则

总监理工程师是工程监理全部工作的负责人。要建立和健全总监理工程师负责制，就要明确权、责、利关系，健全项目监理机构，具有科学的运行制度、现代化的管理手段，形成以总监理工程师为首的高效能的决策指挥体系。

总监理工程师负责制的内涵包括：

① 总监理工程师是工程监理的责任主体。责任是总监理工程师负责制的核心，它构成了对总监理工程师的工作压力与动力，也是确定总监理工程师权力和利益的依据。所以总监理工程师应是向业主和监理单位所负责任的承担者。

② 总监理工程师是工程监理的权力主体。根据总监理工程师承担责任的要求，总监理工程师全面领导建设工程的监理工作，包括组建项目监理机构，主持编制建设工程监理规划，组织实施监理活动，对监理工作总结、监督、评价。

4. 严格监理、热情服务的原则

严格监理，就是各级监理人员严格按照国家政策、法规、规范、标准和合同控制建设工程的目标，依照既定的程序和制度，认真履行职责，对承建单位进行严格监理。

监理工程师还应为业主提供热情的服务，“应运用合理的技能，谨慎而勤奋地工作”。由于业主一般不熟悉建设工程管理与技术业务，监理工程师应按照委托监理合同的要求多方位、多层次地为业主提供良好的服务，维护业主的正当权益。但是，不能因此而一味向各承建单位转嫁风险，从而损害承建单位的正当经济利益。

5. 综合效益的原则

建设工程监理活动既要考虑业主的经济效益，也必须考虑与社会效益和环境效益的有机统一。建设工程监理活动虽经业主的委托和授权才得以进行，但监理工程师应首先严格遵守国家的建设管理法律、法规、标准等，以高度负责的态度和责任感，既对业主负责，谋求最大的经济效益，又要对国家和社会负责，取得最佳的综合效益。只有在符合宏观经济效益、社会效益和环境效益的条件下，业主投资项目的微观经济效益才能得以实现。

第五节　项目建设工程节能与创新管理

一、项目建设工程节能管理概述

（一）项目建设工程节能管理概念

1. 节能的含义

能源，是指煤炭、石油、天然气、生物质能和电力、热力以及其他直接或者通过加工、转换而取得有用能的各种资源。节约能源是指加强用能管理，采取技术上可行、经济上合理以及环境和社会可以承受的措施，从能源生产到消费的各个环节，降低消耗、减少损失和污染物排放、制止浪费，有效、合理地利用能源。

2. **节能管理的基本思路**

（1）编制节能计划　国务院和县级以上地方各级人民政府应当将节能工作纳入国民经济和社会发展规划、年度计划，并组织编制和实施节能中长期专项规划、年度节能计划。每年向本级人民代表大会或者其常务委员会报告节能工作。

（2）节能考核评价　国家实行节能目标责任制和节能考核评价制度，将节能目标完成情况作为对地方人民政府及其负责人考核评价的内容。省、自治区、直辖市人民政府每年向国务院报告节能目标责任的履行情况。

（3）节能产业政策　国家实行有利于节能和环境保护的产业政策，限制发展高耗能、高污染行业，发展节能环保型产业。政府应当加强节能工作，合理调整产业结构、企业结构、产品结构和能源消费结构，推动企业降低单位产值能耗和单位产品能耗，淘汰落后的生产能力，改进能源的开发、加工、转换、输送、储存和供应，提高能源利用效率。国家鼓励、支持开发和利用新能源、可再生能源。

（4）节能技术创新　国家鼓励、支持节能科学技术的研究、开发、示范和推广，促进节能技术创新与进步。国家开展节能宣传和教育，将节能知识纳入国民教育和培训体系，普及节能科学知识，增强全民的节能意识，提倡节约型的消费方式。

（5）节能监督　任何单位和个人都应当依法履行节能义务，有权检举浪费能源的行为。新闻媒体应当宣传节能法律、法规和政策，发挥舆论监督作用。

（二）关于建筑节能

1. **建筑节能的监督管理**

建议政府建设主管部门负责本行政区域内建筑节能的监督管理工作。县级以上地方各级人民政府建设主管部门会同同级管理节能工作的部门编制本行政区域内的建筑节能规划。建筑节能规划应当包括既有建筑节能改造计划。

2. **建设主体的节能义务**

建筑工程的建设、设计、施工和监理单位应当遵守建筑节能标准。不符合建筑节能标准的建筑工程，建设主管部门不得批准开工建设；已经开工建设的，应当责令停止施工、限期改正；已经建成的，不得销售或者使用。

建设主管部门应当加强对在建建筑工程执行建筑节能标准情况的监督检查。房地产开发企业在销售房屋时，应当向购买人明示所售房屋的节能措施、保温工程保修期等信息，在房屋买卖合同、质量保证书和使用说明书中载明，并对其真实性、准确性负责。

3. **建筑节能制度**

（1）室内温度控制制度　使用空调采暖、制冷的公共建筑应当实行室内温度控制制度。具体办法由国务院建设主管部门制定。

（2）分户计量、按照用热量收费的制度　国家采取措施，对实行集中供热的建筑分步骤实行供热分户计量、按照用热量收费的制度。新建建筑或者对既有建筑进行节能改造，应当按照规定安装用热计量装置、室内温度调控装置和供热系统调控装置。具体办法由国务院建设主管部门会同国务院有关部门制定。

（3）发展节能产品制度　县级以上地方各级人民政府有关部门应当加强城市节约用电管理，严格控制公用设施和大型建筑物装饰性景观照明的能耗。

国家鼓励在新建建筑和既有建筑节能改造中使用新型墙体材料等节能建筑材料和节能设备，安装和使用太阳能等可再生能源利用系统。

二、建设节能的制度性安排

（一）节约能源的制度原则

1. 节能的产业政策

国家实行有利于节能和环境保护的产业政策，限制发展高耗能、高污染行业，发展节能环保型产业。国家对落后的耗能过高的用能产品、设备和生产工艺实行淘汰制度。禁止使用国家明令淘汰的用能设备、生产工艺。国家鼓励企业制定严于国家标准、行业标准的企业节能标准。

2. 用能单位的法定义务

用能单位应当按照合理用能的原则，加强节能管理，制定并实施节能计划和节能技术措施，降低能源消耗。用能单位应当建立节能目标责任制，对节能工作取得成绩的集体、个人给予奖励。用能单位应当定期开展节能教育和岗位节能培训。

3. 循环经济的法律要求

循环经济是指在生产、流通和消费等过程中进行的减量化、再利用、资源化活动的总称。发展循环经济应当在技术可行、经济合理和有利于节约资源、保护环境的前提下，按照减量化优先的原则实施。在废物再利用和资源化过程中，应当保障生产安全，保证产品质量符合国家规定的标准，并防止产生再次污染。

（二）建筑节能的规定

国家实行固定资产投资项目节能评估和审查制度。不符合强制性节能标准的项目，依法负责项目审批或者核准的机关不得批准或者核准建设；建设单位不得开工建设；已经建成的，不得投入生产、使用。国家鼓励在新建建筑和既有建筑节能改造中使用新型墙体材料等节能建筑材料和节能设备，安装和使用太阳能等可再生能源利用系统。

建筑工程的建设、设计、施工和监理单位应当遵守建筑节能标准。

1. 采用太阳能、地热能等可再生能源

《民用建筑节能条例》规定，国家鼓励和扶持在新建建筑和既有建筑节能改造中采用太阳能、地热能等可再生能源。

2. 新建建筑节能的规定

国家推广使用民用建筑节能的新技术、新工艺、新材料和新设备，限制使用或者禁止使用能源消耗高的技术、工艺、材料和设备。国家限制进口或者禁止进口能源消耗高的技术、材料和设备。

建设单位、设计单位、施工单位不得在建筑活动中使用列入禁止使用目录的技术、工艺、材料和设备。

3. 既有建筑节能的规定

既有建筑节能改造，是指对不符合民用建筑节能强制性标准的既有建筑的围护结构、供热系统、采暖制冷系统、照明设备和热水供应设施等实施节能改造的活动。实施既有建筑节能改造，应当符合民用建筑节能强制性标准，优先采用遮阳、改善通风等低成本改造措施。既有建筑围护结构的改造和供热系统的改造应当同步进行。

（三）施工节能的规定

1. 节材与材料资源利用

国家鼓励利用无毒无害的固体废物生产建筑材料，鼓励使用散装水泥，推广使用预拌混凝土和预拌砂浆。禁止损毁耕地烧砖。在国务院或者省、自治区、直辖市人民政府规定的期限和区域内，禁止生产、销售和使用黏土砖。

图纸会审时，应审核节材与材料资源利用的相关内容，达到材料损耗率比定额损耗率降低30%；根据施工进度、库存情况等合理安排材料的采购、进场时间和批次，减少库存；现场材料堆放有序；储存环境适宜，措施得当；保管制度健全，责任落实；材料运输工具适宜，装卸方法得当，防止损坏和遗洒；根据现场平面布置情况就近卸载，避免和减少二次搬运；采取技术和管理措施提高模板、脚手架等的周转次数；优化安装工程的预留、预埋、管线路径等方案；应就地取材，施工现场500公里以内生产的建筑材料用量占建筑材料总重量的70%以上。

2. 节水与水资源利用

国家鼓励和支持使用再生水。企业应当发展串联用水系统和循环用水系统，提高水的重复利用率。企业应当采用先进技术、工艺和设备，对生产过程中产生的废水进行再生利用。进一步提高用水效率、非传统水源利用和安全用水专门规定包括如下。

（1）提高用水效率

① 施工中采用先进的节水施工工艺。② 施工现场喷洒路面、绿化浇灌不宜使用市政自来水。③ 施工现场供水管网应根据用水量设计布置，管径合理、管路简捷，采取有效措施减少管网和用水器具的漏损。④ 现场机具、设备、车辆冲洗用水必须设立循环用水装置。⑤ 施工现场建立可再利用水的收集处理系统，使水资源得到梯级循环利用。⑥ 施工现场分别对生活用水与工程用水确定用水定额指标，并分别计量管理。⑦ 大型工程的不同单项工程、不同标段、不同分包生活区，凡具备条件的应分别计量用水量。⑧ 对混凝土搅拌站点等用水集中的区域和工艺点进行专项计量考核。

（2）非传统水源利用

① 优先采用中水搅拌、中水养护，有条件的地区和工程应收集雨水养护。② 处于基坑降水阶段的工地，宜优先采用地下水作为混凝土搅拌用水、养护用水、冲洗用水和部分生活用水。③ 现场机具、设备、车辆冲洗、喷洒路面、绿化浇灌等用水，优先采用非传统水源，尽量不使用市政自来水。④ 大型施工现场，尤其是雨量充沛地区的大型施工现场建立雨水收集利用系统，充分收集自然降水用于施工和生活中适宜的部位。⑤ 力争施工中非传统水源和循环水的再利用量大于30%。

（3）安全用水　在非传统水源和现场循环再利用水的使用过程中，应制定有效的水质检测与卫生保障措施，确保避免对人体健康、工程质量以及周围环境产生不良影响。

3. 节能与能源利用

对节能措施，机械设备与机具，生产、生活及办公临时设施，施工用电及照明都分别有了规定。

（1）节能措施

① 制定合理施工能耗指标，提高施工能源利用率。② 优先使用国家、行业推荐的节能、高效、环保的施工设备和机具。③ 施工现场分别设定生产、生活、办公和施工设备的用电控制指标，定期进行计量、核算、对比分析，并有预防与纠正措施。④ 在施工组织设计中，合

理安排施工顺序、工作面，以减少作业区域的机具数量，相邻作业区充分利用共有的机具资源。⑤ 根据当地气候和自然资源条件，充分利用太阳能、地热等可再生能源。

（2）机械设备与机具

① 建立施工机械设备管理制度，开展用电、用油计量，完善设备档案，及时做好维修保养工作，使机械设备保持低耗、高效的状态。② 选择功率与负载相匹配的施工机械设备，避免大功率施工机械设备低负载长时间运行。③ 合理安排工序，提高各种机械的使用率和满载率，降低各种设备的单位耗能。

（3）生产、生活及办公临时设施

① 利用场地自然条件，合理设计生产、生活及办公临时设施的体形、朝向、间距和窗墙面积比，使其获得良好的日照、通风和采光。南方地区可根据需要在其外墙窗设遮阳设施。② 临时设施宜采用节能材料，墙体、屋面使用隔热性能好的材料，减少夏天空调、冬天取暖设备的使用时间及耗能量。③ 合理配置采暖、空调、风扇数量，规定使用时间，实行分段分时使用，节约用电。

（4）施工用电及照明

① 临时用电优先选用节能电线和节能灯具，临电线路合理设计、布置，临电设备宜采用自动控制装置。采用声控、光控等节能照明灯具。② 照明设计以满足最低照度为原则，照度不应超过最低照度的20%。

4. 节地与施工用地保护

（1）临时用地指标

① 根据施工规模及现场条件等因素合理确定临时设施。② 要求平面布置合理、紧凑，在满足环境、职业健康与安全及文明施工要求的前提下尽可能减少废弃地和死角，临时设施占地面积有效利用率大于90%。

（2）临时用地保护

① 应对深基坑施工方案进行优化，减少土方开挖和回填量，最大限度地减少对土地的扰动，保护周边自然生态环境。② 红线外临时占地应尽量使用荒地、废地，少占用农田和耕地。③ 利用和保护施工用地范围内原有绿色植被。

（3）施工总平面布置

① 施工总平面布置应做到科学、合理，充分利用原有建筑物、构筑物、道路、管线为施工服务。② 施工现场搅拌站、仓库、加工厂、作业棚、材料堆场等布置应尽量靠近已有交通线路或即将修建的正式或临时交通线路，缩短运输距离。③ 临时办公和生活用房应采用经济、美观、占地面积小、对周边地貌环境影响较小，且适合于施工平面布置动态调整的多层轻钢活动板房、钢骨架水泥活动板房等标准化装配式结构。生活区与生产区应分开布置，并设置标准的分隔设施。④ 施工现场围墙可采用连续封闭的轻钢结构预制装配式活动围挡，减少建筑垃圾，保护土地。⑤ 施工现场道路按照永久道路和临时道路相结合的原则布置。⑥ 临时设施布置应注意远近结合（本期工程与下期工程），努力减少和避免大量临时建筑拆迁和场地搬迁。

三、建筑工程现场施工的节能降耗措施

① 临建设施采用便于拆卸可重复利用的材料。

② 施工期间充分利用现有的给水、排水、供电、燃气、电信等市政管线工程，避免不必要的材料浪费。

③ 材料的计量设备必须经具备资格的机构定期检验，确保计量所需要的精确度，检验不合格的设备不允许使用。

④ 进场的材料应进行数量验收和质量检验，作好相应的验收和标识的原始记录。数量验收和质量检验，应符合国家的计量方法和企业的有关规定。

⑤ 进入现场的材料应有生产厂家的材质证明（包括厂名、品种、出厂日期、出厂编号、试验检验单）和出厂合格证。要求复检的材料要有取样送检证明报告。新材料未经试验鉴定，不得用于工程中。现场配置的材料应经试配，使用前应经认证。

⑥ 杜绝使用《淘汰落后生产能力、工艺和产品目录》中所限制或淘汰使用的材料与产品，降低能源的消耗。

⑦ 选用可再生的原材料生产的建筑产品。

⑧ 所有进库的材料必须按验收规定进行外观、质量、性能、规格、型号等检查或复验，避免因各种缺陷造成浪费，影响节能降耗。

⑨ 根据材料的物理性能、化学特性、形状等选择适宜的存储方式，确保满足质量、安全环境要求，避免不必要的损失。

⑩ 各种材料应分类堆放和标识，并根据材料的物理化学特性保持三位一体的安全距离和适宜的高度。避免造成材料损坏、变形、变质、错用而导致的材料浪费。

⑪ 对有保质期材料要施行先进先出的发放政策，避免材料发生变质，造成浪费和能源消耗。

⑫ 作业现场应根据材料、施工进度选择适宜的临时堆放场地，避免或减少二次搬运造成资源浪费或不必要的损失。

⑬ 现场施工时下料工作必须严格控制，减少材料的损耗。

⑭ 可利用的边角废料（如短钢筋、切下的装饰材料）应根据实际进行回收再利用（如钢筋制作钢筋马凳、梯子筋等构造筋）。

⑮ 加强模板等周转材料的维护，使其发挥出最大价值。

⑯ 现场施工中所采用的安全防护采用工具式材料，能重复使用。临时使用的电缆、水管定期维护检修，回收率达到100%。

四、项目建设工程创新管理

（一）创新的必要性和重要意义

1. 建设工程形势促进创新

（1）现代企业制度不断建立发展的形势渴望创新　进行项目施工管理创新，有利于更好地进行现代企业各项制度的建设。伴随着我国逐步深入的改革开放以及所带来的经济持续快速发展，促使人们的意识、观念及思想认识也发生了巨大的变化，因而有关市场的竞争意识、市场生存观念以及企业的经营方式也在不断形成并在持续增强；在如此大的经济发展背景下，现代建筑企业，其招标承包制也正不断地走向市场；在经过多年改革开放的影响下，那些长期形成的诸如“等、靠、要”等经营观念，要在建筑施工企业身上得到彻底改变，因而为使自身不断得到持续快速发展，建筑企业对于现代企业的经营管理制度必须予以不断适应和学习；实践表明，不断地进行创新以及对项目施工管理不断地进行完善，是建筑施工企业建立现代企业制度的出发点和落脚点。

（2）现代先进科技和理论发展呼唤创新　现代先进的管理科学理论也要求建筑工程项目

施工管理必须进行创新。进行施工管理创新，其实质就是要促使人们的素质不断地提高以便能在进行项目施工管理的过程中，自觉应用日趋完善的现代管理科学理论，这可让建筑施工企业及时把科学技术向生产力进行转化，从而极大地把企业竞争力提高起来。

（3）不断推进与完善的建筑市场要求创新　不断发展和逐步在完善的建筑市场也要求建筑工程项目施工管理要不断进行创新。在工程进行投标过程中，建筑施工企业往往存在着很多不尽合理的现象，诸如相互压价、过度竞争以及出现低价中标等；当前，国有建筑施工企业、个体企业以及集体企业，这三者之间的相互竞争，还有些不尽合理、不正当的地方，例如，还存在着较为严重的地区保护以及行业保护现象，又如，一些人为壁垒还存在于建筑市场行业之间，所有这些，都对建筑市场的健康发展起着极大的阻碍和影响；此外，相关法律法规还不够完善和健全，致使很多人为因素、相关政策、政府行为以至灰色交易等，都对建筑工程的正常招标推进产生着极大的不利影响。

2.建筑工程项目施工管理创新的意义

（1）有利于管理观念的转变　管理人员认识到施工管理在建筑项目中的重要性与地位是做好项目施工管理的重要前提，只有创新施工管理才能使这种管理观念得到深化，并能改变目前企业对管理工作的认知偏差和提高其认知程度，有利于企业健康发展。

（2）有利于改善目前建筑工程施工管理中的不足　对当前建筑工程施工管理工作中所存在的不足进行弥补是创新施工管理的一项主要作用，也是施工管理的根本价值与目的。例如，针对目前建筑施工过程中由于复杂的工程项目而出现管理不到位的情况，就可通过创新管理措施来使自身的管理能力与价值得到提高。

（3）有利于管理技术的进步　创新施工管理是以建筑企业原有的管理手段与管理技术为基础而进行革新的，换句话说，创新施工管理可在一定程度上提高企业的管理技术，只有管理手段与技术都获得了提升，才能对整个管理水平的提高予以保障，这也是施工管理创新的一个基本优势。

（4）有利于施工管理制度的完善　施工管理的创新对管理制度的完善也是非常有利的，只有完善的管理制度才能保障建筑施工的顺利进行。随着施工管理的创新，为了适应当前的施工现状而对管理制度进行完善，使其更为健全，在很大程度上促进了管理水平的提升。

（二）当前我国建设工程管理中亟待创新应对的问题

① 执行落实相关法律、法规制度尚不到位、不完善，实际存在着滞后性、局限性、片面性现象；

② 工程管理和创新的科学化、专业化、标准化水平尚不够、不高、不新；

③ 工程建设及其推进的监管体制不够健全。全国性、行业性的，相对统一的专业协调、协作的组织尚未建立；

④ 部分从事建设管理人员的综合素质亟待提高。技术、管理、经营、合同等专业业务知识结合在一起的，实践能力强的复合人才极其缺乏；

⑤ 建设工程管理监控措施相对不完善，检测手段相对落后。现实情况是还有不少建筑工程项目，由于资金等多方面的原因，一些先进而重要的检测、检测设备仪器及其系统等至今没有被采用，一些监理、检查、观测手段和方式粗放、滞后、粗糙。

（三）建设工程项目管理创新体系建设与发展

1.建设工程管理中路径创新的探讨与推进

（1）与时俱进，转变观念　建筑企业一定要把企业所面临的新形势和新任务，不断地向

广大职工进行深入的宣传和教育，促使广大职工把有关市场竞争意识及生产效益观念树立起来。从而最大限度地调动广大职工的工作主动性和积极性，以促使集体创新思维的最充分发挥。以此为契机，对企业机构设置及机构职能进行深入改革，并基于市场经济发展规律来对负责项目管理的经营机构进行转换，以达到促使企业焕发崭新生机的效果。

（2）进行企业组织机构的创新　众所周知，建筑工程往往具有比较大的项目规模，不管是单项工程，还是分项工程，其数量均较多，故合同管理及施工管理难度较大。在对主体进行精简的基础上，建筑企业对于生产关系还必须予以进一步简化，以促使管理层次的进一步的减少，从而以扁平式管理来替代原本的金字塔式管理。对于工程项目管理而言，其管理要素是多方面的，故工程项目不同，其管理重点也就不同，但项目管理的核心内容始终为项目成本核算制以及项目管理责任制。

（3）进行科技创新　所谓科技创新，即把具有创新的知识及新技术等应用于企业，并以全新生产和管理模式来经营企业，以促使产品技术含量及市场竞争力的大幅度提高，从而能够把市场进行占领，最终实现其市场价值。实践表明，要顺利实施项目施工管理，一定要有创新科技的支持，这样才能确保施工的进度及施工质量，让企业获得经济效益的最大化，所以，建筑企业必须进行科技创新，才能在竞争如此激烈的市场中立于不败之地。

2.建设工程管理中模式创新的应用和发展

（1）建筑工程管理中创新模式的要求　建筑工程管理模式创新的根本目的就是适应科学技术不断进步和建筑市场日益激烈的市场竞争，同时有效提高企业管理的水平和效率，增强建筑企业的核心竞争力。所以对于建筑工程管理创新的根本要求就是改进企业工程管理中不合理、效率低的地方，使企业管理的模式更加富有弹性和刚性，同时创新模式的内容要贴合建筑企业的生产力发展和市场地位的巩固等方面。通过不断引进先进的信息化的建筑工程管理系统和管理体制，全面的学习工程管理先进技术，创新企业人才管理方式方法，提高建筑产品设计的质量，从而提高企业建筑施工的合理性、有序性和高效性。所以建筑工程管理创新模式的根本方法在于不断提高科学技术在工程管理中的应用比重，促进建筑行业的有序发展。

（2）建筑工程管理中创新模式的应用　建筑工程管理创新模式的应用体现在企业工程管理理念、管理体制和技术管理等方面。工程管理的模式创新首先是企业管理理念的积极改变和全面创新，企业管理层应该积极地学习先进的企业管理理念，处理好建筑工程各方面的利益关系，同时要牢固树立工程管理的目标概念，包括建筑工程的质量管理目标、进度管理目标、工程费用管理目标等，使工程管理各个环节的有效性得以体现。同时，建筑工程管理中创新模式的应用还体现在企业管理体制和管理方式方面。建筑企业要及时地响应时代技术进步的号召，积极建立科学高效的现代工程管理制度体系，实行科学有效的管理方法，明确建筑企业在建筑工程中的各方责任，及时有效地协调工程各方的责任和义务，建立适应企业发展的责任制度和财务管理制度，通过这种强化建筑企业内部控制环境的建设，提高企业的抗风险能力和经营管理能力，增强建筑工程管理的效率和水平。此外，建筑工程管理创新模式的应用还体现在技术管理创新方面。

企业的及技术管理对建筑企业技术水平的提高有着积极的促进作用，建筑企业面对日益激烈的市场竞争，必须积极构建合理的信息化技术管理模式，提高建筑产品的设计水平和设计质量。随着科技的进步，建筑工程的复杂程度不断增加，涉及的学科知识越来越多，这种情况下，建筑企业必须建立有效的信息化技术管理模式，提高工程管理的质量；同时要积极引进信息化的技术人才，不断提高企业管理者的管理知识和管理技能，才能有效发挥企业技术管理模式的应用价值。

（3）建筑工程管理中创新模式的发展前景　建筑行业的不断发展体现在建筑工程企业的规模扩张和数量增长方面，由于技术水平和资金实力的差别比较大，导致了建筑企业的市场地位和市场竞争能力参差不齐。企业能否生存的根本原因在于其产品的质量是否满足客户的需求，同时，随着经济的发展和技术的不断进步，建筑工程客户对建筑质量、建筑风格以及建筑的整体舒适程度的要求也越来越高，所以这些因素都会改变着建筑企业的市场定位和企业总体的发展方向。此外由于计算机技术、信息技术、网络技术的不断发展，建筑企业工程管理的信息化程度和自动化水平也在不断提高，这些技术的不断发展为企业建筑工程管理的创新提供了新的技术手段，为企业管理的健康发展奠定了坚实的技术基础。总的来说，建筑企业工程管理不断创新是企业发展必经的一个过程，也是新阶段建筑行业发展的必然趋势，企业的管理模式创新在建筑行业中有着广阔的发展前景。

3.建设工程管理中要素创新的研究和实践

（1）观念革新　当有人参与的事物改变时，总是人的思想观念改变，随后才发生实质性的变化，建筑工程管理的创新也不例外，首先要在思想上认可创新所能带来的好处，才能使创新在企业内推行下去。除了施工人员、管理人员在施工技术和管理方面进行革新思想的领悟外，要想让企业内有实质性的创新，还要让企业的决策者认识到创新的重要性从而推行创新观念，在随后的时间内慢慢发展对于企业有利的创新，这才是对企业而言最好的发展方法。在企业外，企业要牢牢关注市场变动和管理思想的发展，吸收先进的理念为己用从而提升自己的管理水平；在企业内，企业要根据发展速度和设备、技术、思想等的革新而进行制度上的改变，来奠定企业管理和施工的基础；在人员方面，首要是对施工人员和管理人员进行创新理念的传授并融入企业文化中，并在对其进行培训的时候激发其创新的主动性和积极性，集思广益，共同为企业的管理创新贡献力量。

（2）技术创新　在技术创新方面，主要是施工技术的创新和施工管理技术的创新，前者主要体现在各种新的建筑材料和工艺上，通过这些新元素的加入来使得施工过程更具效率，同时也相应提高了施工质量，一般这样的技术也会使施工的成本大为下降，相当于提升了企业的经济效益；而后者主要体现在管理水平的提升上，通过对于管理技术的创新来有效地提升管理效率，可以使工程中的管理发挥更大的作用，如在安全管理方面技术的提升，可以有效减少施工过程中安全事故的发生，使工程施工进度按照预期进行，更符合企业预期的战略目标，也更符合企业的发展战略。

（3）部门创新　虽然管理已经在我国的企业中占据重要地位，但是就建筑企业而言，还是有很多企业缺少对管理的认识，不重视管理，更别说有一支管理队伍或者部门了。但是反过来，一个人员、制度完善的管理部门所发挥的作用要比想象的大得多，它能够在各部门之间做好协调工作、在施工现场做好对于施工安全和质量的监测工作、做好对于事故的处理和记录工作等，从而提升企业的管理水平。但是一个良好的管理部门的建设是不容易的，作为管理部门，最缺的就是高素质的管理人才，其对于施工的管理权限和职能划分也要根据企业情况而定。所以企业要加强建设管理部门的决心，选取、招聘高素质人才充入队伍，共同为企业的管理努力。

（4）机制创新　谈到管理机制的创新，有许多现代化的机制可以借鉴使用，如奖惩机制，对于工作认真的人员进行奖励和选拔，委以重任，对于工作应付了事、引起安全事故或者有贪污等行为的人员要进行处理，提升人员的工作积极性；又如决策机制，依据科学理念对优秀的管理人员进行提升和任命，发挥其管理作用等。通过管理机制的革新可以使建筑施工管理的作用最大化。

第六节 国际工程承包管理

一、国际工程承包管理概述

（一）国际工程承包管理概念

1. 国际工程承包管理的基本含义

国际工程承包是指个人或企业，在国际承包市场上通过投标、接受委托或其他途径承揽国际组织、外国政府或私人业主的工程建设项目、物资采购及其他方面的承包业务，是一种涉及资金、技术、设备、劳务等多方面内容的综合性国际经济合作形式。国际工程承包的主要业务包括：建筑项目的咨询、可行性研究、项目地址选择、勘测和动力的提供；工程施工、设备安装和调试；人员培训；项目建成后的生产组织和指导；专项物资采购和各类经营管理等活动。

2. 国际工程承包管理一般定性

国际工程承包是指一个国家的政府部门、公司、企业或项目所有人委托国外的工程承包人按规定的条件承担完成某项工程任务。国际工程承包是一种综合性的国际经济合作方式，是国际技术贸易的一种方式，也是国际劳务合作的一种方式。之所以将这种方式作为国际技术贸易的一种方式，是因为国际承包工程项目建设过程中，包含有大量的技术转让内容，特别是项目建设的后期，承包人要培训业主的技术人员，提供所需的技术知识（专利技术、专有技术），以保证项目的正常运行。

（二）承包管理主要内容和项目类型

1. 工程承包主要内容

① 建筑项目的咨询，工程设计等技术服务。② 材料、设备的采购、动力提供。③ 施工、安装、试车。④ 人员培训。使业主今后能管理工程，也有施工过程中的培训。⑤ 建成项目的管理、指导、供销。

2. 主要涉及的项目类型

① 基础设施（交通、能源、通信、农业工程等）和土木工程（包括事业单位：学校、医院、科研机构、演剧院、住宅房产）。② 以资源为基地工程的各类工程项目。③ 制造业工程及其建设与生产工程项目。

3. 工程承包交付类型

（1）分项工程承包合同类型　发包人将总的工程项目分为若干部分，发包人分别与若干承包人签订合同，由他们分别承包一部分项目，每个承包人只对自己承包的项目负责，整个工程项目的协调工作由发包人负责。

（2）“交钥匙”工程承包类型　“交钥匙”工程指跨国公司为东道国建造工厂或其他工程项目，一旦设计与建造工程完成，包括设备安装、试车及初步操作顺利运转后，即将该工厂或项目所有权和管理权的“钥匙”依合同完整地“交”给对方，由对方开始经营。因而，交钥匙工程也可以看成是一种特殊形式的管理合同。要完成交钥匙工程，不等于组织大而全的集团公司，而是按市场经济规律，本着互惠互利、相互促进及相互支持的原则。要承担交钥匙工程，服务单位没有一定经济实力是不行的。

（3）“半交钥匙”工程承包类型　承包人负责项目从勘察一直到竣工后试车正常运转符合合同规定标准，即可将项目移交给发包人。它与“交钥匙”工程承包合同的主工区别是不负责一段时间的正式生产。

（4）“产品到手”工程承包类型　承包人不仅负责项目从勘察一直到正式生产，还必须在正常生产后的一定时间（一般分为二、三年）内进行技术指导和培训、设备维修等，确保产品符合合同规定标准。

（三）国际工程承包特点分析

国际工程承包是一种综合性的国际交易活动，是国际经济合作的一个重要组成部分，其主要特点如下。

1. 交易内容和程序复杂

由于国际工程承包和劳务合作涉及的面比较广，程序复杂，从经济和法律等方面来看，比一般商品贸易和一般经济合作的要求高得多。在技术上，包括勘探、设计、建筑、施工、设备制造和安装、操作使用、产品生产；在经济上，包括商品贸易、资金信贷、技术转让、招标与投标、项目管理等；在法律上，既要遵循国际惯例，又要熟悉东道国法律、法规、税收等；此外，派出人员还必须了解东道国的风俗习惯，才能签订一个平等互利并能顺利实施的工程承包项目。

2. 工程营建时间长、风险大

一项承包工程劳务合作项目，从投标及接受委托到工程完成，一般要经过很长的时间，项目金额一般在几百万美元以上，有的甚至高达几十亿美元。在国际政治经济形势多变，有些国家又经常发生政府更迭或政策变动的情况下，承包人承担的风险很大。此外，投标承包项目，投标人的报价必须是实盘，一经报出，不得撤回，如果要撤回，不但投入的费用无法收回，而且投标保证金也将被没收。因此，承包人必须量力而行，认真研究，慎之又慎。

3. 政府的支持和影响明显而重要

国际工程承包是一种综合性的交易，许多国家政府都直接开设公司或支持本国的工程承包公司开展这方面的业务，并采取措施使本国的承包公司从单纯的劳务输出向承包工程发展，从小型项目到大型项目发展，从劳动密集型项目向技术密集型项目发展。许多外国公司利用自身先进技术和高水平管理的有利条件，与东道国的承包公司进行联合，以期在该国项目竞标中获取优势。

4. 国际工程承包涉及面广

虽然国际工程承包的当事人是业主和承包人，但在项目实施过程中，却要涉及多方面的关系。例如，业主方面涉及聘用的咨询公司、建筑工程师；承包人方面涉及合伙人或分包商、各类设备和材料供应商等。此外，工程承包还涉及银行、保险公司一类的担保人或关系人。规模大、技术复杂的大型工程项目可能有多个国家的承包商共同承包，所涉及的关系更为复杂。因此，对业主和承包人来说，要使工程项目顺利完成，必须有处理好各种复杂关系的能力。

5. 国际工程承包履约具有连续性

国际工程承包履约具有渐进性和连续性。在工程承包中，施工过程就是履约过程。在整个施工期间，对工程的质量，承包人始终承担责任，并根据合同不断接受业主的检查直至最

后确认。

6. 国际工程承包是一种典型的国际服务贸易

国际建筑服务贸易通常是以承包国际工程项目作为其主要的业务形式。所谓国际工程项目，是指工程项目的参与者来自一个或多个国家，按照国际通用的管理模式进行管理的国际性建筑项目。从我国的角度看，国际工程项目既包括我国工程承包公司在海外参与的建筑工程，也包括大量的国内涉外建筑工程，如利用世界银行等国际金融组织贷款建设的工程项目。

工程承包公司和人员从事的国际工程业务，通常可以分为两个主要领域：一是国际工程咨询，二是国际工程承包。在国际工程市场上，工程咨询公司和工程承包公司可从事的业务范围并没有严格划分，一些有实力的咨询公司涉足的往往不是单纯的设计咨询任务，许多承包公司向提供全面服务方向发展，承担“设计-施工”一条龙服务。近年来，国际工程咨询与国际工程承包已呈现出相互渗透、相互竞争的态势。

7. 对项目的水平要求比较高

国际工程承包市场投资多元化趋势明显，市场竞争十分复杂、激烈而残酷。尤其是随着高新技术的应用和工程项目的大型化、复杂化程度的提高，对项目承包的水平要求越来越高，对企业的技术、管理、融资能力等的要求也越来越高，自然对企业参与国际竞争，熟悉国际规则、惯例、把握市场需求的要求也越来越高。企业只有不断地提升和发展自己，才能在国际工程承包市场上赢得自己的一席之地。

（四）国际工程承包方式、合同和基本程序

1. 国际工程承包方式

（1）单独承包　承包公司从外国业主那里独立承包某项工程。这种方式下，承包公司对整个工程项目负责，工程竣工后，经业主验收才结束整个承包活动。工程建设所需的材料、设备、劳动力、临时设施等全部由承包公司负责。

（2）总承包　总承包是指一家承包公司总揽承包某一项工程，并对整个工程负全部责任。但是它可以将部分工程分包给其他承包商，该分承包商只对总承包公司负责，而不与业主直接发生关系。国际工程承包上普遍采用总承包的方式。

（3）联合承包　几家承包公司根据各自所长，联合承包外国的一项工程。各自负责所承包的一部分建设任务，并各自独立向业主负责。

2. 国际工程承包合同

（1）国际工程承包合同的种类

① 按价格的构成和价格的确定方法来划分，合同可以分为总价合同、单价合同和成本加酬金合同。② 按承包的内容来划分，可以分为施工合同、设备的供应与安装合同、工程咨询合同、工程服务合同、交钥匙合同、交产品合同。③ 按承包方式划分，可分为总包合同、分包合同和二包合同。

（2）签订国际工程承包合同应注意的事项　国际工程承包业务中，合同条款的商榷是至关重要的环节，一旦合同签订，双方的权利义务即以此作为行为准则。为了保证合同的签订，在合同的具体条款上，应注意以下问题：

① 合理规定工程的工期和开工时间。② 要明确规定工程范围和施工工艺要求。③ 必须明确工程师的职权范围。④ 应在价格条款上列入增加条款。⑤ 争取以可兑换货币作为支付手段。

3. 国际工程承包的基本程序

国际工程承包是一项涉及经济、技术、法律等方面的综合性劳务贸易。它具有合同金额大、周期长、风险大等特点。因而，在进行国际工程承包时，必须做好充分的准备，还要具备高水平的技术条件及管理经验。进行这项工程的基本程序如下。

① 广泛收集招标信息，并对项目所在国进行各项调查。② 详细准备好报送的预审资料。③ 深入研究招标文件并参加标前会议。④ 正确确定报价水平。⑤ 评价、中标后签订承包合同。

（五）国际工程承包保险

1. 国际工程承包活动的风险

国际工程承包活动的风险主要包括：① 政治风险；② 经济风险；③ 其他风险。

2. 国际工程承包的险别

国际工程承包的险别包括：① 工程一切险；② 第三方责任险；③ 人身意外险；④ 汽车险；⑤ 货物运输险。

二、国内工程承包与国际工程承包的联系和区别

（一）关于国内工程承包与国际工程承包市场概念的不同

对国内承包商来说，国际工程承包首先是一个市场的概念。了解国际工程承包首先要明确市场的概念。国际工程承包在这里的含义首先是承包商取得的项目的不属于本国的地方，其次是通过优胜劣汰机制使企业得到生存和发展的本国以外的空间。空间的广度是指地域范围，即企业在哪些地区做工程，空间的深度是指在一个地区的经营情况。营销学上常用市场占有率来表示企业对一个市场经营的深度。国际工程承包市场经营深度包括对一个国家的了解程度、项目中标情况等。

由于建筑业在带动经济发展和就业方面的特殊作用，政府往往对建筑市场进行保护，限制外国承包商参与国内建筑市场的竞争，使国内的建筑市场优先满足国内承包商的要求。这种只能由本国承包商承担的项目称为国内工程承包市场。

（二）国内工程承包与国际工程承包市场的形成不同

国际工程承包市场是随着一个国家的建筑市场的发展而形成的。一个国家的国民经济发展、社会生活水平的提高会从各个方面促进本国建筑市场和建筑业的发展。由于建筑业在带动经济发展和就业方面的特殊作用，政府往往对建筑市场进行保护，限制外国承包商参与国内建筑市场的竞争，使国内的建筑市场优先满足国内承包商的需求。这种只能由本国承包商承担的项目称为国内工程承包市场。

当国民经济发展到一定程度，会因种种原因出现本国承包商不能满足承包工程市场需要的情况。这时，政府就会允许外国承包商直接参与本国的建设项目。这样，在本国的建筑市场内就出现了一些由外国承包商承担的项目，从而在国内建筑市场内形成了国际工程承包市场。促使一国向外国承包商开放本国承包工程市场的原因主要有以下几个方面。

1. 本国承包商没有能力承担某些工程

当一个国家的经济实力发展到一定程度后，需要建设一些特殊的工程，如超高层建筑、特大型桥梁、填海造地等。完成这些特殊的工程需要一些特殊的设备和技术，本国的承包商没有能力购买和掌握这些技术和设备，而且从投资的角度看，也不可能要求本国承包商购买

这些技术和设备。

2. 引进外部投资的需要

在经济发展过程中，建设资金不足是各国政府面临的主要问题之一。为解决建设资金问题，政府允许外部资金投资于本国的基础设施建设。外部投资主要有两部分，一是以盈利为目的的私人资本投资，二是以援助为目的的外国政府和国际金融组织投资。外部投资的项目往往要求政府允许外国承包商承担项目的建设工作，特别是外国政府和国际金融组织贷款的项目。例如，允许成员国的承包商参加投标，有条件地与当地承包商平等对待是世界银行贷款的条件之一。私人资本投资的项目往往也希望外国承包商参与竞争，以达到降低成本、控制工期和工程质量的目的。

3. 自然资源开发的需要

自然资源的开发对促进国家经济的发展有非常重要的作用。当一国的经济实力、技术力量等方面无力开发自然资源的时候，政府就需要以各种方式引进外国承包商进行资源的开发。

4. 市场竞争的需要

为保持承包工程市场的竞争态势，满足基础设施建设的需要，政府对外开放承包工程市场，让外国承包商参与国内的建设。

（三）国内工程承包与国际工程承包市场的构成不同

各国对外国承包商开放的承包工程市场形成该国的国际工程承包市场。各国的国际工程承包市场组成了全部的国际工程承包市场。从资金来源上看，国际工程承包市场由对外国承包商开放的政府投资项目、国际金融组织和外国政府的援助项目、私人投资项目三部分组成。从项目内容上看，涉及了基础设施建设的所有领域。国际工程承包市场由国家、行业、项目三个层次组成，即外国承包商可以承担的项目、外国承包商可以承担项目的行业、允许外国承包商承担项目的国家。对国际工程承包市场的研究需要分别研究这三个层次的情况。

各国或地区的承包工程市场对外国承包商的开放程度是不同的，对当地公司的保护措施也是不相同的。中国香港地区及中东地区国家采取外国公司和当地公司相同的资质管理的方法。政府管理部门根据承包商完成项目的业绩和资金实力，给承包商颁发资质等级证书，每一级承包商可以参加投标的项目有明文的规定。在资质审查中，如果承认外国承包商在外国完成的项目业绩，就使外国承包商可以争取到与当地公司同样的投标权力。日本政府则要求承包商要有在日本完成项目的业绩，实际上是把外国承包商排斥在本国市场以外。国际工程承包市场是在各国承包工程市场开放和政府对市场的保护中形成和发展的。各国对不同的行业、不同的项目有不同的保护措施，这就使得国际工程承包市场的情况错综复杂，对国际承包商的市场开发和经营提出了更高的要求。有些要求同国内市场相比，有明显的区别。

（四）国内工程承包与国际工程承包的联系

1. 国际工程承包市场应该是国内市场的自然延伸

国际工程承包市场应该是国内市场的自然延伸。自然延伸的意思是企业因生存和发展的原因需要国际市场。这种需要可能是为了机会，即取得更多的项目；也可能是为了利润，国际工程的利润可能比国内要高一些。但国际工程承包市场的开拓绝不是模仿行为，别人有了国外工程，我也要有；更不能是一种政府行为，政府部门或上级主管公司不能强迫企业去开拓国际市场；企业更不能为了响应政府的号召去开拓国际市场。

2. 工程承包的风险都比较大

国际工程不是所有企业都能搞的，也不是任何企业想搞就能搞好的。而国内工程承包也是要资质。国际工程承包市场是竞争激烈的市场，是国际上最优秀的公司竞争的地方，只有最优秀的公司才有生存的机会，只有准备充分的公司才有成功的希望。抱着试一试、看一看的想法去搞国际工程承包，结果只能是失败。这一点和国内工程承包是非常相似的。国际工程承包市场是风险度很高的市场，搞好的可能性小，搞不好的可能性大，赚大钱的可能性小，陪大钱的可能性大。

3. 国内与国际工程承包都是按合同办事

国内工程承包与国际工程承包都是市场经济，当然国际工程只认合同不认人，原则上没有人情可讲，特别是在成本上。没有任何人可以在合同规定之外给承包商提供帮助。而国内工程则有所不同，但总的原则是相同的。

4. 国内与国际工程承包市场的开拓都是一个渐进的过程

国内工程承包与国际工程承包市场的开拓都是一个渐进的过程，都需要大量的时间和资金的投入，需要耐心。

三、国际工程承包合同条款内容

招标成交的国际工程承包合同不是采取单一合同方式，而是采取另一种合同方式，这种合同是由一些有关文件组成的，通常称为合同文件。

合同文件包括招标通知书、投标须知、合同条件、投标书、中标通知书和协议书等。按照国际上通用的“合同条件”，一般包括以下内容。

1. 监理工程师和监理工程师代表权责条款

应该规定发包人须将其任命的监理工程师及时通知承包人，监理工程师是发包人的代理人，选定监理工程师代表负责监督工程施工和处理履约中出现的问题。

2. 工程承包的转让和分包条款

一般规定，承包人未经发包人或其代理人同意，不得将全部合同、合同的任何部分、合同的任何利益和权益转让给第三者。经发包人或其代理人同意，承包人方可把部分工程分包给他人，但原承包人仍对全部工程负责。

3. 承包人一般义务条款

合同规定，承包人应该负责工程项目的全部设计和施工，并无偿提供施工所必备的劳务、材料、机器设备及管理知识。

4. 特殊自然条件和人为障碍条款

工程承包合同，一般来说履行合同时间较长，在履行合同过程中，可能会由于特殊自然条件和人为原因给工程的施工带来困难，必须采取一定的措施才能排除，例如，增加施工机械设备、劳动力、材料等，这样就要增加承包费用或推迟工程进度。以上问题须经监理工程师或监理工程师的代表确认，发包人才能偿付额外增加的费用或同意工程延期。

5. 竣工和推迟竣工条款

合同中规定竣工时间和标准，工程完成后承包人经监理工程师或其代表验收无误后发给竣工证明，标志着工程项目已全部竣工。如果出现一些特殊情况，如工程变更、自然条件变化、人为障碍使工程延误，承包人经监理工程师同意，可以延长工程的竣工期限。

6.专利权和专有技术条款

承包人或分包人须向发包人提供专利和专有技术，并承担被第三方控告合同范围内专利权为非法以及专利权被第三方侵犯时的责任；承包人提供的专有技术，双方应订立保密条款。

7.维修条款

合同中的维修条款是说明维修期限和维修费用的负担问题。维修期限一般是从竣工证书签发之日起计算，一般土木工程维修期为十二个月。在维修期内，承包人应按监理工程师的要求，对工程缺陷进行维修、返工或弥补等。如果工程的缺陷是由于承包人的疏忽造成，由承包人负担由此而引起的费用。如果由于其他原因造成，由发包人负担费用。

8.工程变更条款

合同签订后，发包人或监理工程师有权改变合同中规定的工程项目，承包人应按变更后的工程项目要求进行施工。因工程变更增加或减少的费用，应在合同的总价中予以调整，工期也要相应改变。

9.支付条款

支付条款一般规定在合同条件的"特殊条件"之中，主要包括以下几项。

① 预付款：工程开工前，发包人应按合同规定支付给承包人一部分预付款，预付款金额一般是合同总价的5% ~ 15%，以便承包人购置机械设备和采购材料等。

② 临时结算：发包人每月向承包人支付一次，发包人每月支付的金额应扣除承包人的保留金，保留金通常是每月支付金额的5% ~ 10%，但保留金的累计金额达到合同总价款的5%时，就不再扣留，承包人交付的保留金应在工程竣工和维修期满后全部退还给承包人。

③ 支付期限：一般规定，在监理工程师签发给结算单之日起十五至三十天以内，发包人要向承包人付清费用。

④ 迟付加息：如果发包人不按规定付款，应按工程项目所在国中央银行放款利率加息。后结算证书之日起三十天内，发包人付清全部价款。

10.违约惩罚条款

合同项下的双方当事人在履行合同过程中，可能会出现违约的行为，针对各方违约的情况，分别订立违约惩罚条款。

（1）对承包人违约的惩罚　承包人未经发包人书面同意而转让和分包承包工程；承包人无正当理由不按时开工；承包人未按合同规定标准准备材料；承包人不听从监理工程师的正当警告；承包人忽视工程质量等，均属承包人的违约行为。对此，发包人有权终止合同，没收承包人的履约保证金或者采取其他必要的惩罚措施。

（2）对发包人违约的惩罚　凡是以下情况即构成发包人违约：未向承包人按时支付费用；干扰、阻碍或拒绝向承包人签发付款证明；无正当理由中途决定停工，故意制造事端，挑剔和责难承包人等。

对于发包人的违约行为承包人有权终止合同，发包人须赔偿承包人因准备开工或施工中所有费用的支出和机器设备折旧费用、运输费用等。

除上述合同条款外，还要订立仲裁条款、特殊风险条款等。

四、中国国际工程承包发展分析与对策研究

（一）全球国际工程承包市场发展总趋势

1.国际承包工程市场的发展前景

总体的发展趋势是机遇大于挑战，市场潜力很大，但是也还存在着很多问题。这几年中国对外承包工程的快速发展，无疑与以下两个方面的因素分不开。

① 国家“一带一路”战略的推进，迎来重大机遇，对开展对外工程越来越重视，支持政策和相关措施在不断完善，在财政、金融以及外交等诸多方面支持力度不断加大。

② 国际承包工程市场本身快速发展，为我国企业大力开展国际工程承包业务提供了难得的发展机遇，未来十来年，不仅仅是我国经济发展的重要战略机遇期，也是我国对外承包工程这个行业的重要战略机遇期。现在我国政府在和一些国外政府签署基础设施建设合作的框架协议，还有经济合作的一揽子协议。同时我国政府也在与周边国家以及其他国家进行基础设施的五年规划，因此国际市场的潜力巨大，这也为我国企业提供了很好的发展机会。

2.经济全球化和区域经济一体化进程进一步加快

从全球化市场来看，经济全球化和区域经济一体化进程进一步加快，世界各国与地区的经济联系越来越紧密，产业转移和分工合作不断增强，有力拉动了各国基础设施建设需求。发达国家在经历近25年的停顿以后，出现了一轮新的对地铁、发电进行改造扩容的趋势，而受惠于全球化和能源价格攀升的新兴国家纷纷崛起，这些新兴国家的GDP占世界GDP的比重从1990年的39.7%上升到2006年的48%，地位明显提高。新兴国家更多地投资于基础设施领域，每年大约以20%的速度增长，而美国只有5% ~ 6%，据分析新兴国家在基础设施建设的投资大约是一万亿美元，发达国家在基础设施建设的投资大约是5000亿美元，由于道路、港口、机场和其他大型基础设施建设通常都是15 ~ 20年的周期，可以预见，在未来的这段时间内，国际承包工程市场将继续扩大。以上是根据国际上一些权威机构发布的信息所作出的分析。从区域分布和发展来看，亚洲和非洲市场仍然是我国企业的主要市场，也是传统市场，这些国家现在都在经历着超常规的发展，建筑市场的规模在不断地扩大，远远高于世界经济的平均增长水平。无论是“金砖四国”巴西、俄罗斯、印度、中国，还是“远景五国”越南、印尼、南非、土耳其、阿根廷，有关经济体的经济都在强劲地增长。

（二）国际工程承包面临的问题与挑战

在前所未有的发展机调面前，我国的对外工程取得了很大的成绩和进展，但是有一些问题依然存在，有一些突出的问题要高度重视。

1.业务发展的整体质量不高

目前我国对外承包工程行业的增长方式仍然是粗放性，营业额的增长主要是依靠项目数量的增加，业务的质量提高还不明显，部分企业管理水平比较低，盈利能力比较差，存在着盲目追求项目数量的提高，忽视项目效益的情况。企业综合服务能力、融资能力不强，管理金融产品能力不强。从2007年投标统计来看，企业主要是传统的资金落实的现汇项目为主，我国企业在投标国际金融机构的项目占了12.4%，业主和地方政府自筹资金的项目占了65.9%，两者加起来，占全部投标项目的78.3%，带资承包所占的比例比较低，这种状况与国际工程65%采取带资承包的趋势还有很大的差距。此外企业大部分集中在产业链条低端、利润较低的施工领域，基本上靠成本价格在进行国际竞争，很不适应金融发达国家和地区的

社会经济情况，是目前的突出问题，当然这种情况在逐渐改变，推动企业向高端市场和高端业务发展有所进展，但离以设计咨询为龙头开展总承包的方式还存在着很大的差距。

2.企业经营秩序尚待规范

目前我国国际承包商之间的分工合作体系、诚信自律体系还没有完全形成。中国公司随着整体实力的增强，各类企业走出去的速度在明显加快，几乎在世界的每一个市场、每一个领域都有中国企业之间的竞争，同质竞争、过度竞争甚至恶性低价竞争现象还比较突出，相应的工期、质量等问题已经开始显现出来，由于不正当的竞争，导致国家利益、行业利益和公司利益受到严重损失，这就是市场经营秩序问题，这个问题不能小看，实际上它给企业、行业和国家带来了巨大损害。因此我们应该大力支持促进企业由竞争走向竞合，大家开展合作。实践也让企业也慢慢认识到合作比相互压价竞争获利更大。比如合同额六亿美元的苏丹麦洛维大坝项目，是中水电建设公司与中水电对外公司组成联营体共同承担的，双方通过组成联合体避免了国内企业互相压价竞争，并以令人满意的价格拿下了这个项目，从中可以看到合作的重要性，这样的案例非常多。

3.长期存在的安全问题

随着走出国门的企业越来越多，涉及的领域越来越广，境外人员和机构面临的新情况也就越来越复杂，总体安全形势不容乐观。目前安全形式错综复杂，安全隐患甚多，如恐怖分子的袭击、社会治安问题以及与当地利益集团发生矛盾等问题。除了自己采取安全措施以外，恐怕更深层次的问题是我国企业要处理好方方面面的关系，履行社会责任，很多企业就是因为不太注重这个问题，从而自觉不自觉地和当地利益集团产生了矛盾。比如在巴基斯坦的瓜德尔港，我国公司在那里承建项目，使得当地一些既得利益者受到了损失，因此产生了矛盾。现在很多企业在开展业务时候，应要注意这方面的情况，尤其在非洲，当地的就业率非常低，很多人找不到工作，因此当地员工的雇佣是一个要解决的问题。同时，我国企业要注意处理好与项目所在地的关系。比如中国公司在非洲的一些做法非常好，给当地建个学校，打个井，修条路，让附近的老百姓受益，相处得非常好，这也为我国企业在当地顺利地开展项目铺平了道路。

4.政治和金融风险需要关注

目前我国对外承包工程主要集中在亚、非等发展中国家，部分国家的政治经济形势不稳定，存在运作不规范和腐败等问题，使得行业风险较大。此外，由于人民币对美元有持续升值的可能性，给项目的实施带来不利的影响。

（三）国际工程承包企业的发展策略与分析

1.微观层面——企业

（1）选准项目，加强市场调研　我国企业在开拓国际市场时，应注意项目信息的来源、项目的付款保证能力，选准项目进行跟踪。

（2）善于利用当地资源　由于国际上很多承包工程市场操作不是很规范，市场规模和发展潜力有限，这就要求企业更加注重与当地公司、当地人的合作，更多地利用当地资源，提高我国企业在当地投入产出的效率。

（3）扩大经营领域，开展相关多元化经营　中国企业在国际上的工程承包业务主要涉及水利、交通运输石化、房屋建筑、通信、电力等基础设施领域。为了应对其他国家的竞争对手，中国应多层次、多领域地开辟国际的工程承包市场。国际工程承包项目高度专业化的特征，对承包商的专业技术能力提出很高的要求，使承包商跨专业领域实施项目竞争成本高、代价大。因此，我国承包商应该依托企业的核心竞争优势，通过以企业核心技术体系为基础和技术的延伸扩展，实施环绕主业的多元化经营。

（4）加强中国公司之间的合作　我国企业在充分竞争的同时，也应注意尽量避免恶性价格竞争，加强我国企业间的合作，在保证企业利益、维护市场竞争秩序的同时，也维护国家利益，在当地市场形成多赢格局。

2.中观层面——金融体系

（1）参与风险管理　银行利用自身资金和信用为承包商的投资进行风险管理，这不仅可以解决承包商对国际进行投资的后顾之忧，加大承包商的投资力度，而且可以提高银行获利的空间，拓宽银行的业务领域，加速我国银行业的国际化进程。

（2）加大信贷支持力度，建立信用保险体制　一方面，银行通过向承包商提供买方信贷、打包放款以及政府优惠政策等资金融通，为我国承包商开拓国际市场提供可靠的资金后盾，并以此为龙头，提供融资、担保结算、咨询等多功能、全方位的配套服务。另一方面，银行通过建立政策性的保险机构为承包工程提供汇率保险、政治保险及工程项目成套设备出口信贷担保等，增加信用保险品种，扩大出口信用保险规模。

（3）创新投资方式　银行利用在国际资本市场筹资相对便利的条件，通过担保、信用证业务等服务方式或以参股的方式向承包商投资，提高对外工程承包业务的项目融资能力，建立银行间资源和信息共享的体系，使各自的海外风险得以分散，共同提高海外业务的成功率。

3.宏观层面——政府

（1）建立并健全对外工程承包的相关法律法规　尽快建立完善对外工程承包业务的政策体系，建立和健全大项目报送、跟踪的动态管理系统；完善资本市场的运作机制，促进资金的合理流动和资源的有效配置，为具备条件的企业利用境内外上市和发行债券等方式筹措资金创造条件。

（2）完善对企业融资支持体系　积极推动国际承包工程企业与金融机构的合作，完善金融服务的产品和程序，扩展项目融资渠道，突破融资瓶颈，以满足企业开拓国际市场的需要。可考虑将进出口银行提供的直接贷款改为信用担保，由资金实力雄厚的商业银行提供贷款，风险由对外工程承包企业、商业银行和进出口银行按照一定比例共同承担。同时积极探索适合国际市场的融资渠道和担保方式，形成以项目盈利能力为基础，各种金融机构互相配合的融资体系。

（3）规范市场竞争秩序　根据波特的竞争理论，国家是企业在国际间创造或保持竞争优势的决定因素，政府和行业协会的一个重要任务是要尽力去创造一个支撑生产率提升的良好环境与外部竞争条件。因此，制定和完善《对外承包工程管理条例》等相关法律法规，实行依法管理，是项必要而有效的工作。同时，应及时加强对国际工程承包管理的相关基础性政策和法规建设工作，形成我国对外工程承包企业“走出去”的法律基础，对采取不正当竞争手段损害国家和行业利益必须予以严惩，以达到规范市场竞争秩序的目的。

（4）加大技术创新鼓励力度，推广管理创新　企业的竞争是科技创新能力和科技人才的竞争，科技能力高，效率就高，成本也就更低。面对国际承包工程市场日趋激烈的市场竞争环境，企业必须强化研发能力和技术创新能力，拥有更多的具有自主知识产权的技术专利，增强核心竞争力。政府应制订为对外工程承包企业增加研发投入的鼓励措施，可以按其研发投入资金额给予一定的补贴，也可以依据其所取得技术专利的情况给予奖励，或者依据承包工程项目对高新技术应用情况及产品使用情况进行评比，并给予一定奖励。从而不断推动企业技术创新，发展核心技术，确保竞争优势。

五、国际工程承包面临的“一带一路”重大机遇

（一）国际工程承包的机遇

1.“一带一路”带来的机遇

2015年前三季度，我国企业共对“一带一路”沿线的48个国家进行了直接投资，投资额达到120.3亿美元，同比增长66.2%，占我国非金融类对外直接投资的15.3%，主要流向新加坡、哈萨克斯坦、老挝、印度尼西亚、俄罗斯等国家；我国企业在“一带一路”沿线的57个国家承揽对外承包工程项目3059个，新签合同额达到591.1亿美元，占同期我国承接对外承包工程新签合同额的54.3%，同比增长24.9%，主要涉及电力工程、房屋建筑、通信工程、石油化工、交通运输建设等领域。同时，中国对外承包工程企业在一些传统国家的市场不断在萎缩，“一带一路”战略的提出将“走出去”的重点聚焦在“一带一路”沿线国家，集中亚洲乃至世界的资源加强亚洲国家基础设施的建设，为对外承包工程开创了新的市场，必将给中国对外承包工程企业带来更多的机遇，具体可从政策沟通、设施联通、贸易畅通、资金融通、民心相通的主要合作内容来看。

政策沟通落实互联互通，“一带一路”打通新型丝路。在2015年3月下旬，我国的国务院推出促进“一带一路”发展的相关文件，结合该文件的相关内容，基础性设施的互联互通也是建设优先领域，这是对区域经济的融合发展起到促进作用的新型举措。“一带一路”的倡议能够带动大量的铁路、能源和港口等方面的建设。国际范围内承包商也闻风而动，抓住了“一带一路”所带来的建设机遇，对经营布局进行了适当的调整，对商业模式进行了创新，在不断的区域经济发展当中推行业务转型以及新发展。在这样的新机遇影响下，将会有更多企业走出我国的国门，改善我国国内需求增长滞缓的现实情况，并且还能够拉动材料以及辅助设备的出口。

2.设施联通将直接催生对外承包工程新的项目机会

基础设施互联互通是“一带一路”建设的优先领域，目标是形成连接亚洲各次区域以及亚欧非之间的基础设施网络，其中包括大量的对外承包工程业务。从《推动共建丝绸之路经济带和21世纪海上之路的愿景和行动》（以下简称《愿景与行动》）来看，交通基础设施、能源基础设施和通信基础设施将是重点，相关市场机遇尤其值得关注。

3.贸易畅通正在消除投资和贸易的交流阻碍

通过解决投资贸易便利化问题及消除投资和贸易壁垒，有利于推动对外承包工程新的项目的落地。贸易畅通将推动“一带一路”沿线国家各领域的合作，特别是《愿景与行动》提出，沿线国家宜加强信息互换、监管互认、执法互助的海关合作，以及检验检疫、认证认可、标准计量、统计信息等方面的双边、多边合作，推动世界贸易组织《贸易便利化协定》生效和实施，将有利于中国对外承包工程企业开拓市场和实施项目。2014年12月1日，国家质量监督检验检疫总局发布了《“丝绸之路经济带”检验检疫区域一体化工作方案》，推行丝绸之路经济带检验检疫区域一体化模式改革，自2015年5月1日起，中国启用丝绸之路经济带海关区域通关一体化方式，这些措施将有利于对外承包工程项目实施。

4.资金融通正在开通国际工程承包的资金渠道

资金融通将为对外承包工程提供急需的资金支持。在国际工程承包市场上，市场的竞争

已从设计、采购、施工和工程管理的综合能力的竞争演变为企业融资能力的竞争。根据亚洲开发银行和世界银行的统计，亚洲基础设施投资的资金需求每年大约为8000亿美元，而世界银行所提供的约为300亿美元，如果没有资金支持，亚洲基础设施领域的对外承包工程市场机会无法变现。中国对外承包工程企业在激烈的国际市场竞争中已感受到融资渠道不通和成本高等瓶颈制约。随着“一带一路”战略的实施，亚洲基础设施投资银行、丝路基金、金砖国家开发银行等金融机构的组建运营，将缓解“一带一路”沿线国家的基础设施建设资金需求，使得更多对外承包工程项目的落地成为可能，其他金融合作也有利于对外承包工程的融资和结算。

5.政策沟通加民心相通正在成为“走出去”的坚强软支撑

政策沟通和民心相通作为合作重点，极大加深“一带一路”沿线各国人民对中国的了解和支持，进一步吸引了他们对中国的向往和期待，改善了他们对“一带一路”建设的良好印象和信心，也有利于创造对外承包工程较好的双边和多边政策环境和社会环境，正在成为我们“走出去”的坚强软支撑，必将进一步促进我国对外承包工程的合作。

（二）促进我国国际工程承包良好发展的对策建议

1.针对企业自身进行完善

从企业自身来说，需要加强对于自身进行管理的力度，同时强化国内外企业之间的合作，改善经济管理情况，提升法律和社会责任、道德意识等，这也是我国企业参与到国际竞争当中比较重要的筹码，必须要保证工程以及产品的高质量才能够赢得国际市场。作为承包企业而言，需要切实提升自己的技术服务水平以及工程质量水平。借助实施工程项目的过程，令我国设计标准和设计规范获得认可，提升自身国际竞争力。在提升自身综合能力的基础上，各个企业之间还需要注意进行优势互补和相互协作，共同发展进步。

除此之外，作为企业还需要强调对自身的安全生产和管理体系进行完善，保证安全生产以及健全的保障都是在对外承包过程当中比较重要的竞争资本，同时也是保证企业可持续发展的重要因素之一。

2.认真处理好金融问题

针对我国的对外承包当中所存在的一些金融问题，我国的进出口银行通过贷款产品的开发来对产业发展提供支持。参考“一带一路”的战略思想，我国成立了丝路基金以及亚投行，在最大程度上解决各个企业面临的金融问题。借助新型基金来源，协助各个企业实现海外业务。国内的商业银行则需要尽快加快国际化的发展步伐，保证对外承包工程单位以及银行之间的协作关系，继而满足各个工程企业对外承包的国际化需求，保证对外承包工程可以获得一些多元化的资本。强调企业优势的发挥，借助联合投资或者并购投资等形式来提升承包工程企业的实际规模。

3.高度重视和抓紧人才培养

目前人才匮乏对我国对外承包工程而言依然是比较普遍的问题，提升培养力度，定期组织专业培训以及员工考核，有效提升员工的综合能力水平，提升企业管理的综合水平和工作效率。可以采取国际专家聘请制度，对企业的员工进行适当的专业培训和信息咨询，令企业员工能够了解国际先进技术和国际需求，建立起合理且规范化的人才培养制度，打造专业的优秀管理团队。

4. 落实和完善国家政策的引导和推进

健全完善对外工程的相关法律法规，提升对外承包工程企业进行政策指导的力度，对企业的经营行为进行适当的规范化，有效促进企业之间良性竞争。保证政府的行政审批手续得以适当的简化，同时缩短国内办理手续花费的时间，提升工作效率，打造良好的环境，并鼓励企业借助属地化经营模式来推进企业的国际化进程。作为对外承包工程的企业管理人员，需要了解自身作用，和同行进行沟通交流，掌握国际工程市场变化情况，为企业进行海外市场的开拓奠定基础。

（三）“一带一路”倡议下的国际工程承包机遇示例

1. “一带一路”引发各方关注

“一带一路”愿景和行动的发布，为区域合作描绘了美好蓝图。沿线国家深谙其中的机遇所在，尤其是这一战略所带动的庞大基础设施建设需求。目前，已经有60多个沿线国家和国际组织对参与“一带一路”建设表达了积极态度。而在近期由中国对外承包工程商会主办的第六届国际基础设施投资与建设高峰论坛上，除了沿线国家，包括拉美地区在内的一些市场也向中国企业敞开。中外企业共签署乌拉圭铁路及莫桑比克住房等11项战略合作协定，涉及总金额超过25亿美元。多家国内企业负责人均表示，为对接各个市场的不同需求，正谋求转型，从只注重单一产品到关注全生命周期产业链，昔日的工程商们也开始寻求相关投资机遇，谋划“走出去”升级版。

2. 沿线国家需求旺盛，基建大单纷至沓来

根据《全球建筑2020》报告，全球建筑市场将以年均4.9%的速度增长，增至2020年的12.7万亿美元，占全球总产出的14.6%。“一带一路”沿线有44亿人口、26个国家地区、21万亿美元的经济规模，其中，中国便将成为建筑业增长的主要市场之一。

事实上，多位海外政府官员都已经表达出在这一方面的需求。波兰信息与外国投资局主席表示，希望实现合作共赢，中国经济与世界经济的联系更加紧密，而基础设施和物流方面的发展能够帮助增强双边贸易。

柬埔寨方面同样指出，“一带一路”倡议将带来很多共赢机会。柬埔寨将在这样的大背景下进一步加强国内的建设，并希望进一步加大公共交通领域的发展，通过BOT（建设—经营—转让）和PPP（公私合作）的模式来实现融资多元化。

数据显示，2014年，中国对外承包工程新签合同额1918亿美元，完成营业额1424亿美元，业务遍及190多个国家和地区。中国在铁路、电力、通信、建材、工程机械等行业具有比较优势，可灵活采取投资、工程建设、技术合作等多种方式，与“一带一路”沿线国家和地区开展广泛的互利合作。

除了“一带一路”沿线国家，拉美地区同样想要抓住庞大基础设施建设需求所带来的机遇。巴哈马方面指出，中国有着巨大的购买力，并且也有很多资源储备，同时它也是投资型基金的主要来源，因此自然而然成为拉美和加勒比海共同体的合作伙伴。

前不久，美丽山水电站特高压输电项目的正式奠基成为基础设施领域合作最大的亮点，2016年1月该项目全线施工，是中国在海外中标的首个特高压直流输电项目。而连接巴西和秘鲁的两洋铁路也取得实质进展。中国-巴西-秘鲁三方工作组已启动了两洋铁路的可行性基础研究工作，这对中巴开展铁路领域合作及在南美建设一体化的基础设施网络打下了基础。

一张张合作协议成为这种共赢憧憬的载体。据中国对外承包工程商会会长介绍，在第六届国际基础设施投资与建设高峰论坛举行期间，中外企业共签署乌拉圭铁路及莫桑比克住房等11项战略合作协定，涉及总金额超过25亿美元。其中包括中国对外承包工程商会与伊斯兰私营发展机构、泛美开发银行之间的协议，也包括中国交通建设股份有限公司与乌拉圭联合集团、中国冶金科工股份有限公司和新昌营造集团有限公司等企业的项目，协议所涉及的内容覆盖行业战略合作、金融合作、基础设施项目建设合作、工程机械设备合作、高科技合作等各个领域。

3.企业踊跃对接市场，谋求升级版走出去

在一项项协议签署的背后，中国企业也在寻找更好适应对方市场需求的方法，不少企业都提及“转型”一词。在这其中，全生命周期产业链和PPP的融资方式成为关键词。

中国长江三峡集团公司总经理助理、三峡国际能源投资集团有限公司高层对上证报指出，早在2008年，三峡集团便开始提出三大转型思路，其中包括要由项目法人向企业法人转变、由总公司的形式向集团化转变以及把业务集中于国内向国际化转变。2008年，三峡集团承建马来西亚沐若水电站项目，这是三峡集团总部第一次走出国门参与国际项目。如今，迎来“一带一路”倡议，三峡集团正致力于打造中国水电产业“走出去”升级版，并且初见成效。该集团的转型包括从国际工程承包向海外清洁能源投资转型。该集团的转型包括从国际工程承包向海外清洁能源投资转型。经过五六年的努力，三峡集团如今已经实现投资和承包并举。此外在资源获取方面，三峡集团目前拥有海外权益装机容量约530万千瓦，已经落实的开发资源1500万千瓦，还有2500万千瓦正在跟踪过程中。这意味着从无到有，向投资的转型基本上已经实现。要致力于以投资为龙头，带动中国整个水电或者清洁能源产业走出去，并力争成为这一行业的领跑者。这是三峡集团为走出去所布局的升级版转型，目的在于希望通过中国的投资带动“一带一路”沿线国家经济的发展，实现双赢。

目前，三峡集团以及所属三峡国际能源投资集团有限公司、中国水利电力对外公司在葡萄牙、巴基斯坦、巴西、老挝、苏丹等40多个国家和地区进行清洁能源投资和国际工程承包业务。今年4月，丝路基金、三峡集团与巴基斯坦私营电力、基础设施委员会，在伊斯兰堡共同签署了联合开发巴基斯坦水电项目的谅解合作备忘录，这是丝路基金首个落地的实质性投资项目。

中国建筑股份有限公司高层则表示，“一带一路”给出了在短期内完成增量升级的机会。过去企业只是做工程服务，但如今不但要关注基础设施，还可以把我国生产的工业化原材料进行二次加工用于其他国家经济发展。据透露，该公司在“中巴经济走廊”的项目已经进入早期收获。此外，阿尔巴尼亚议会目前已经通过授权，同意中国建筑作为独家合作方与阿国政府就道路项目进行议标谈判。该项目隶属于欧洲2025高速公路计划，规模为2亿欧元，拟通过PPP的方式进行，阿方将以年金的形式予以回报。目前，该项目谈判进展顺利。此外，中国建筑在斯里兰卡、蒙古、中亚及东南亚等“一带一路”沿线其他国家和地区也在参与一些近期或者中长期即将启动的大型项目，尤以基础设施为主。

上海建工高层同样描述了企业在“一带一路”倡议下的转变：从单一施工承包模式加快向全生命周期的建筑转变，包括项目前期调查、方案、图纸以及标准等；从比较封闭或者半封闭的管理状态加快向开放合作共赢的模式转变；从单纯的建筑施工向产能结合转变。

中国对外承包工程商会副会长、中国电力建设集团（股份）有限公司副总经理王先生则表示，企业应该进行较多的商业模式创新，“比如像我们电力建设企业，原来主要是以总承包为主，现在是从规划设计、投资、建设管理到运营全产业链、全生命周期，为社会提供一揽子的解决方案。”

在这其中，将融资列入项目后端也成为多家企业的关注点。中交国际（香港）控股有限公司总经理表示，中国企业目前已经发展到了需要认真思考投资和并购的阶段，应当积极去尝试和探索。中交国际的定位即是中国交通建设股份有限公司的海外投融资平台，作用是为中国交通建设股份有限公司“走出去”提供资本纽带与支撑。中国承包商走出去最初阶段是借助于援外项目，在第二阶段中国企业开始独立承揽一些建造与分包项目，第三阶段中国企业逐渐开始承揽一些设计-施工总承包项目但主要是利用中国政府的对外贷款获取项目，发展到目前阶段也就是四阶段，市场越来越多地要求中国企业能够为业主提供更加全面、灵活的一揽子服务方案，尤其是符合业主需求的融资方案，甚至是进行直接投资。

“一带一路”建设，也是中国的建设企业的蜕变之路。昨天它们是承包商，明天它们将是更具竞争力的综合服务商。

第十四章　城市建设工程资金运作与融资

14 Chapter

第一节　建设工程资金筹集运作

城市建设工程对建设资金的需求庞大，建设周期也相对较长，只有通过良好的资金筹集和运作才能保证城市建设工程的顺利进行，推动城市建设的可持续发展。建立健全良性循环的建设资金筹集运作机制，最大限度地拓宽建设资金的投融资渠道，有效规避金融风险是城市建设工程管理应关注的重要内容。

一、资金总额的构成

资金筹措阶段，建设工程所需资金总额由资本金和债务资金两部分组成。

1. 资本金

资本金是指由建设工程项目权益投资人以获得项目财产权和控制权的方式投入的资金。投资人以资本金形式向项目或企业投入的资金称为权益投资。根据投资主体的不同，资本金分为国家资本金、法人资本金、个人资本金及外商资本金等。资本金筹集可以采取国家直接投资、各方集资投资、发行股票等方式。投资者可以用现金、实物（有形资产）和无形资产等进行投资。

2. 债务资金

债务资金是指建设工程项目投资总额中除资本金外，以负债方式取得的资金。债务资金一般是通过国内外银行贷款、国际金融组织贷款、外国政府贷款、出口信贷、发行债券、补偿贸易等形式筹集。

为让投资者承担风险，国家对资本金最低数额、比例及资本金筹集到位的期限等都有明确规定，并要求在生产经营期内不得抽走。国家允许投资者以已有的固定资产和无形资产作为投资的出资，但要经具有资质的单位评估作价，并出具验资报告，无形资产（不包括土地使用权）的出资不得超过注册资本的20%。

二、资金筹集主体和投资产权结构

（一）资金筹集主体

建设工程资金筹集主体是指进行建设工程项目融资活动并承担融资责任和风险的经济实

体。为建立投资责任约束机制，规范项目法人的行为，明确其责、权、利，提高投资效益，明确建设工程实行项目法人责任制，由项目法人对项目的策划、资金筹措、建设实施、生产经营、债务偿还和资产的保值增值实行全过程负责。建设工程项目的资金筹集主体应是项目法人。按是否依托于建设工程项目组建新的项目法人实体划分，项目的资金筹集主体分为新设法人和既有法人融资。

1.新设法人融资

新设法人融资是指组建新的项目法人进行项目建设的资金筹集活动。在这种方式下，为了实施新项目，由项目的发起人及其他投资人出资，建立新的独立承担民事责任的法人（公司法人或事业法人），承担项目的融资及运营。新组建的法人享有法人财产权，并承担融资责任和风险。新设法人可按《公司法》的规定设立有限责任公司（包括国有独资公司）和股份有限公司。

2.既有法人融资

既有法人融资是指以既有法人作为项目法人进行项目建设的资金筹集活动。采取既有法人融资方式，项目的融资方案需要与既有法人公司的总体财务安排相协调，将项目的融资方案作为公司理财的一部分考虑。所以既有法人融资又称公司融资或企业融资。在这种方式下，由发起人公司——既有法人（包括企业、事业单位等）负责筹集资金，投资于新项目，不组建新的独立法人，负债由既有法人承担。

（二）项目法人与项目发起人及投资人的关系

组织发起投资活动，为投资活动投入财力、人力、物力或信息的被称作项目发起人或项目发起单位。项目发起人可以是项目实际权益资金投资的出资人（项目投资人），也可以是项目产品或服务的用户或者提供者、项目业主等。

对于建设工程投资来说，资本金的出资人也就是权益投资的投资人。投资人提供权益资金的目的就是为了获取建设工程投资所形成的权益。权益投资人取得对建设工程项目或企业产权的所有权、控制权和收益权。

投资活动的发起人和投资人可以只有一家（一家发起，发起人同时也是唯一的权益投资的出资人），也可以有多家。因此，建设工程投资主体也可以分为两种情况，一是单一投资主体，二是多元投资主体。单一投资主体不涉及投资项目责、权、利在各主体之间的分配关系，可以自主决定其投资产权结构和项目法人的组织形式。多元投资主体则必须围绕投资项目的责、权、利在各主体之间的分配关系，恰当地选择合适的投资产权结构和项目法人的组织形式。

（三）投资产权结构

1.投资产权结构的内涵与分类

建设工程项目的投资产权结构是指项目投资形成的资产所有权结构，是项目的权益投资人对项目资产的拥有和处置形式、收益分配关系。权益投资方式有股权式合资、契约式合资、合伙制三种结构。

（1）股权式合资结构　依照《公司法》设立的有限责任公司、股份有限公司是股权式合资结构。在这种投资结构下，按照法律规定设立的公司是一个独立的法人，公司对其财产拥有产权。一般情况下，公司的股东依照股权比例来分配对于公司的控制权及收益。公司对其债务承担偿还的义务，公司的股东对于公司承担的责任以注册资本额为限。公司股东可以用货币出资，也可用实物、知识产权、土地使用权等可以用货币估价并可依法转让的非货币财产作价出资，但法律、行政法规规定不得作为出资的财产除外；全体股东的货币出资金额不得低于公司注册资本的30%。

（2）契约式合资结构　契约式合资结构是公司的投资人（项目的发起人）为实现共同的目的，以合作协议方式结合在一起的一种投资结构。在这种投资结构下，投资各方的权利和义务依照合作契约约定，可以不严格地按照出资比例分配，而是按契约约定分配项目投资的风险和收益。这种投资结构在石油天然气勘探、开发、矿产开采、初级原材料加工行业使用较多。

（3）合伙制结构　合伙制结构是两个或两个以上合伙人共同从事某项投资活动建立起来的一种法律关系。根据《中华人民共和国合伙企业法》，合伙制企业有两种基本形式：普通合伙企业和有限合伙企业。对于普通合伙企业，每一个合伙人对于合伙企业的债务及其他经济责任和民事责任均承担无限连带经济责任。对于有限合伙企业，合伙人中至少有一个普通合伙人和一个有限合伙人，每一个普通合伙人对于合伙企业承担无限连带责任，有限合伙人只承担有限责任。普通合伙企业通常只适用于一些小型项目。有限合伙制可以在一些大型基础设施建设及高风险投资项目中使用。在国外，85%以上的风险投资都采用有限合伙制。

2.投资产权结构的选择

投资产权结构是项目投资前期研究的重要内容，通常应当在项目研究的初期确定。投资产权结构与投融资的组织形式联系密切，直接影响项目的投资方案、融资方案、融资谈判，影响项目实施的各个方面。投资产权结构选择要服从项目实施目标的要求。商业性的投资人需要取得投资收益，投资结构应当能够使权益投资人获取满意的投资收益。基础设施投资项目需要以低成本取得良好的服务效果，投资结构应当能够使得基础设施得以高效率运行。

三、资金筹集运作模式

（一）资金筹集运作模式分类

建设工程资金筹集运作模式是指资金筹集运作所采取的基本方式。融资主体、投资产权结构、融资组织形式以及资金来源渠道和融资方式的选择不同，就会形成不同的资金筹集运作模式。根据融资主体可分为新设法人融资和既有法人融资；根据资金的追索性可分为企业融资（也称公司融资）和项目融资。

1.企业融资

企业融资是指企业从自身生产经营现状及资金运用情况出发，根据企业未来经营与发展策略的需要，通过一定的渠道和方式，利用内部积累或外部投资者及债权人筹集生产经营（或项目）所需资金的一种经济活动。它是传统的城市建设工程融资，实际就是既有法人融资。其资金来源于企业内部资金（如货币资金、资产变现、资产经营权变现、直接使用非现金资产等）、新增资本金（如股东增资扩股、吸收新股东、发行新股和政府投资等）和新增债务资金。以企业融资方式为项目筹措资金属于有追索权融资，即当该项目净营运收益不能满足合同规定的报偿或偿还贷款资金时，可追索企业其他项目、业务收益及资产来偿债。

2.项目融资

项目融资定义的基本特征可以归纳为以下两点：第一，项目融资是以项目为主体而开展的融资，项目导向是项目融资最基本特征；第二，项目融资的还款来源仅限于融资项目本身，而非融资主体自身拥有的信用或资产，即项目能否获得融资主要取决于项目未来可产生的净现金流量或项目本身的资产收益和价值。

（二）资金筹集运作模式比较

企业融资与项目融资相比，在融资主体、追索程度、风险分担程度、投资者出资比例、会计处理以及融资周期和成本等方面都有显著差别。

1.融资主体

企业融资下，抵押品主要是发起公司的现有全部资产及信用，这就决定了融资除要考虑项目的未来收益外，主要考虑的是项目发起人的总体信用状况，项目发起人是融资的主体。项目融资则不同，项目公司本身是融资主体，项目未来资产产生的现金流和收益是项目融资还款的主要来源，融资提供者能否按时收回贷款本息，主要取决于项目的好坏，而项目开办前项目公司的资产及信用状况甚至是项目主要发起人的资产及信用状况仅起基础性作用。

2.追索程度

企业融资下，借款人以自有资产作为抵押，如果项目出现问题或未来产生的收益和现金流不能还本付息，贷款方则有权将借款人或担保人提供的抵押品进行拍卖来偿还贷款，并有权对借款人或担保人的其他资产进行追索，直至贷款本息的全额归还，即为完全追索。项目融资则不同，项目融资方式是有限追索甚至是无追索融资，借款人用来抵押的资产主要是项目未来的收益或项目建成后的资产，而不是借款人的资产，即如果出现项目失败，贷款人将承担风险，贷款人无权对贷款协议中由借款人提供的抵押品及权益转让外的资产进行追索。这样的好处有两点，一是有限追索或无追索使得借贷款人高度关注项目，会对项目的谈判、建设、运行进行全过程的监控，在维护贷款资金安全的同时，促进了项目成功率的提高。二是项目投资者的其他资产能够得到有效保护，从而提高投资者参与的积极性。因此，有无追索是区别项目融资与传统融资最为重要的标准。

3.风险分担程度

项目融资与企业融资的风险分担有三点不同：第一，由于项目融资往往是投资期长、投资数额大和建设期长的大项目，其融资风险相比企业融资方式更大。企业融资方式主要以借款人的现有资产为融资担保，而对于大项目，仅靠借款人的实力，无论是担保提供还是项目风险，借款人都难以承受。第二，项目融资比企业融资具有更为复杂的风险，如项目的政治风险、运营风险、财务风险、法律风险等。第三，企业融资模式下的风险主要集中在投资人、贷款人和担保人，风险相对集中，但项目融资则通过一系列严格的法律合同将项目的风险合理分摊给所有项目融资参与人，如项目投资者，项目公司，贷款人，保险公司，工程公司，设备、原材料和能源供应商，产品购买或设施使用人、政府机构等。因此，合理、有效地分担项目融资风险是项目融资方案设计中的关键环节之一。

4.投资者出资比例

企业融资一般要求项目投资者出资占全部项目投资的比例较高，可高达30% ~ 40%，甚至更多，其余不足部分由债务资金解决。而项目融资则是有限追索或无追索融资，贷款人对投资者股权出资比例要求不会太高，一般股权出资占项目总投资的5% ~ 30%，即通过项目融资模式可以筹集到高于投资者自身资产几十倍的资金。因此，项目融资是一种负债比例较高的融资形式，有些特殊的项目融资甚至可以实现100%债务。

5.会计处理

对发起人而言，项目融资属于资产负债表外融资，而企业融资则是资产负债表内融资。建设期长，投资回收期也长，如果把项目的融资计入资产负债表，会造成资产负债比例很高，而无法取得进一步的融资，且短期内很难改变，采用项目融资则可避免这一问题。

6.融资周期和成本

相对于企业融资，项目融资具有技术复杂、融资额大、建设周期长、投资回收期长等特点，因此在进行融资分析与融资方案设计时需要考虑很多因素，如融资方式的选择、工程技术能力、项目未来的收益与风险的合理分摊等。相对于传统的企业融资模式，项目融资成本比企业融资高0.3% ~ 1.5%。

总体看来，城市建设工程项目融资既包括企业融资，也包括项目融资。企业融资理论和实践发展都较为成熟，一直是最典型、最普遍的融资模式。但由于项目融资能更有效地解决大型基础设施建设工程投资规模巨大，而私人资本难以担当承受风险的融资难题，逐渐成为城市建设工程资金筹措的主要模式，被越来越多地应用于城市基础设施项目和其他各类投资项目中。

第二节　建设工程融资方式

融资方式是指筹集资金所采取的方式方法以及具体的手段和措施。建设工程所需资金因来源与融资方式不同，其筹集的条件、筹集的成本和筹集的风险也不相同。因此，资金筹集管理的目标就是寻找、比较和选择对资金筹集最有利、资金筹集成本最低和资金筹集风险最小的资金来源和融资方式。

一、资本金的资金来源与筹集

（一）资本金资金来源

投资者以货币方式认缴的资本金，其资金来源如下。

① 各级人民政府的财政预算内资金、国家批准的各种专项建设基金、“拨改贷”和经营性基本建设基金回收的本息、土地批租收入、国有企业产权转让收入、地方人民政府按国家有关规定收取的各种规费及其他预算外资金。

② 国家授权的投资机构及企业法人的所有者权益（包括资本金、资本公积金、盈余公积金和未分配利润、股票上市收益等）、企业折旧资金以及投资者按照国家规定从资金市场上筹措的资金。

③ 社会个人合法所有的资金。

④ 国家规定的其他可以用作投资项目资本金的资金。

财政预算投资即政府投资，是指以政府预算资金为来源安排的，并列入年度基本建设计划的固定资产投资。主要包括：中央财政安排的投资、地方财政安排的投资、主管部门和国家专业投资公司拨给或委托银行贷给建设单位的基本建设拨款、中央基本建设基金以及中央财政安排的专项拨款中用于基本建设的资金。财政预算投资计划具体反映了国家的方针政策和建设要求，反映各个年度国家对基本建设投资分配的数量与方向，反映根据资源优化配置和宏观经济形势而制定的各种财政政策。

（二）资本金筹集

1.既有法人项目资本金筹集

既有法人可用于项目资本金的资金来源分为内、外两个方面，由既有法人负责筹集。

（1）内部资金来源　内部资金来源主要是既有法人的自有资金，包括企业的现金、未来生产经营中获得的可用于项目的资金、企业资产变现和企业产权转让。在项目融资方案研究中，应通过分析公司的财务和经营状况，预测公司未来的现金流，判断现有企业是否具备足够的自有资金投资于拟建项目。如果不具备足够的资金能力，或者不愿意失掉原有的资产权益，或不愿意使其自身的资金运用过于紧张，则应该设计外部资金来源的资本金筹集方案。

（2）外部资金来源　外部资金来源主要是既有法人通过在资本市场发行股票和企业增资扩股以及一些准资本金手段（如优先股）获取的外部投资人的权益资金投入。

2.新设法人项目资本金筹集

新设法人项目的资本金由新设法人负责筹集。其形成分为两种形式：一种是在新法人设立时由发起人和投资人按项目资本金额度要求提供足额资金，另一种是由新法人在资本市场上发行股票进行融资。

按照资本金制度的相关规定，应由投资人或项目的发起人认缴或筹集足够的资本金提供给新法人。至于投资人或项目的发起人如何筹措这笔资本金，是投资人或项目发起人的自身内部事务。项目发起人和投资人的身份不同（如政府职能部门或控股的国有公司、民营或外资企业等），其用于资本金投资的资金来源也多种多样。

有些情况下，项目最初的投资人或项目发起人对投资项目的资本金并没有安排到位，而是要通过初期设立的项目法人进一步进行资本金筹措活动。由初期设立的项目法人进行的资本金筹集形式主要有以下两种。

（1）在资本市场募集股本资金　在资本市场募集股本资金可以采取两种基本方式：私募与公开募集。私募是指将股票直接出售给少数特定的投资者，不通过公开市场销售。公开募集是在证券市场上公开向社会发行销售。实施建设工程项目的企业可以在国内也可以在国外的资本市场融资。股票一经购买就不能退还本金，而且股息和红利也会随企业经营状况而变动，这一点是股票同其他融资工具的主要区别。由于股票可以在证券市场上转让流通，因此流动性很强。

在证券市场上公开发行股票，需要取得证券监管机关的批准，需要通过证券公司或投资银行向社会推销，需要提供详细的文件，保证公司的信息披露，保证公司的经营及财务透明度，筹资费用较高，筹资时间较长。私募程序可相对简化，但在信息披露方面仍必须满足投资者的要求。

（2）合资合作　通过在资本投资市场上寻求新的投资者，由初期设立的项目法人与新的投资者以合资合作等多种形式，重新组建新的法人，或者由设立初期项目法人的发起人和投资人与新的投资者进行资本整合，重新设立新的法人，使重新设立的新法人拥有的资本达到或满足项目资本金投资的额度要求。采用这一方式，新法人往往需要重新进行公司注册或变更登记。

不论以何种方式筹措的资本金，都必须符合国家对资本金来源的要求和限制，符合国家资本金制度的规定。有外商投资的还应符合国家有关外商投资的相关规定。

二、债务资金的资金来源与筹集

（一）信贷方式融资

信贷是体现一定经济关系的不同所有者之间的借贷行为，以偿还为条件的价值运动特殊形式，是债权人贷出货币，债务人按期偿还并支付一定利息的信用活动。与其他长期负债融资相比，信贷融资具有筹资速度快、借款弹性较大、融资成本适中、来源可靠的特点，因此是目前我国项目融资的主要渠道。常见的信贷融资方式主要有以下几类。

1. 国内银行贷款

银行贷款筹资是指银行等金融机构把货币资金按一定利率条件暂借给企业或项目公司使用，约定一定期限内收回，同时收取利息的一种经济行为。银行贷款是银行利用信贷资金所发放的投资性贷款，应遵循安全性、效益性和流动性三项原则。

（1）政策性银行贷款　政策性银行是具有独立法人地位的经济实体，实行独立核算，自主经营，自担风险，责权统一。目前，我国政策性银行有三家，即国家开发银行、中国农业发展银行、中国进出口信贷银行。政策性银行的主要任务是：建立长期稳定的资金来源，引导社会资金，确保重点建设需要，从资金源头强化对资金总量和结构的调节，提高投资效益，促进国民经济的发展。

（2）商业银行贷款　商业银行，是以经营存、放款为主要业务，并以盈利性、安全性和流动性为主要经营原则的信用机构。商业银行贷款是长期借款的主要形式。按照借款的用途不同，商业银行借款可分为基本建设借款、更新改造借款、科研开发和新产品借款等。

2. 国外银行贷款

国外商业银行贷款包括国外开发银行、投资银行、长期信用银行以及开发金融公司对我国提供的贷款。这些银行可以单独向我国提供贷款，也可以由几家银行共同向我国提供贷款，即银团贷款。建设工程投资贷款主要向国外银行筹集中长期资金，一般通过中国银行、国际信托投资公司办理。这种贷款的特点是可以筹集大额资金，借得资金可由借款人自由支配，但贷款条件较为苛刻，贷款利率相对高，另外还要收取承诺费、手续费等各种费用。

3. 外国政府贷款

外国政府贷款指外国政府通过财政预算每年拨出一定款项，直接向我国政府提供的贷款。这种贷款的特点是利率较低（年利率一般为2% ~ 3%），期限较长（平均为20 ~ 30年），但数额有限，具有双边经济援助的性质，一般都限定用途，并要从贷款国进口机器设备，所以这种方式的贷款比较适用于建设周期较长、金额较大的低收益项目，如发电站、港口、铁路及能源开发项目。

4. 国际金融组织贷款

国际金融组织贷款是指联合国的专门国际金融机构，如国际货币基金组织、世界银行集团（其中包括国际复兴开发银行、国际开发协会和国际金融公司）及其他地区性的国际金融结构，如亚洲开发银行、欧洲开发银行、美洲开发银行、非洲开发银行等，根据其建立的宗旨和任务，贷款使用的性质和目的，按照各项贷款的具体规定，根据成员国的申请，经审查核准后提供的贷款。

5. 出口信贷

出口信贷是西方国家政府为了鼓励资本和商品输出而设置的专门信贷。这种贷款的特点是利率较低，期限一般为10 ~ 15年，借方所借款项只能用于购买出口信贷国设备。出口信贷可根据贷款的对象不同分为买方信贷和卖方信贷。买方信贷是指发放出口信贷的银行将贷款直接贷给国外进口者；卖方信贷是指发放出口信贷的银行将资金贷给本国的出口者，以便卖方将产品赊卖给国外进口者，而不致发生资金周转困难。

（二）债券方式融资

债券是由债务人按照法定程序发行的，证明债权人有按约定的条件取得利息和收回本金的权利凭证。债券可以流通，是现代经济中一种十分重要的融资工具，按发行主体的不同可分为政府债券、企业债券和金融债券。

1.政府债券

政府债券的发行主体是政府，可分为中央政府债券和地方政府债券。中央政府发行的债券称为国债。国债是政府为筹集资金解决财政困难及开发国内资源而在国内发行的长期政府债券。国库券是由国家财政部门发行，用来调节国库收支差额的短期政府债券。国家重点建设债券是为保证国家计划内的重点建设项目，由政府投资公司向其他企事业单位或个人发行的基本建设债券。地方政府债券是地方政府为加快本地区投资建设，委托银行发行的各类地方政府债券，筹措的资金主要用于地方的能源、交通、市政设施等重点工程建设，发行的对象主要是地方政府所辖范围内企事业单位、城乡居民个人。

2.企业债券

企业债券的发行主体是企业，是企业为筹集经营所需的资金而向社会发行的借款凭证。企业债券以中长期居多。由于企业债券的发行主要靠企业的信誉和实力，所以企业债券的风险相对较大，而且有不同的信用等级。

3.金融债券

金融债券是银行和其他非银行金融机构为了筹集资金而发行的债券。金融债券以中长期为主，风险比一般企业债券的风险小。目前我国发行的金融债券有建设银行、工商银行、农业银行、中国银行债券等，主要向个人发行，分一年期、二年期、三年期，均为有息债券。

此外，在国外金融市场也可以发行债券。其主要特点是：使用外国货币为面值；偿付期限较长，一般在2年以上；发行金额一次可在1亿美元左右；筹得的款项可自由使用，且可连续发行。这种方式筹资比较适用于金额不大、资金运用要求自由的建设项目，特别是在国外银行贷款较多、希望分散债权人的情况下可以采用这种方式筹资。

（三）租赁方式融资

融资租赁是一种特殊的债务融资方式，即由设备出租方购或租进设备，再出租给项目投资者使用，项目投资者按照约定时限、额度及范围给付设备价款、贷款利息及手续费，租赁期满，项目投资者取得设备所有权。融资租赁在资产抵押性融资中用得很普遍，特别是在购买大型设备的融资中。融资租赁将贷款、贸易与出租三者有机结合起来，是市场经济发展到一定阶段而产生的一种适应性较强的融资方式。

三、发展、创新中的融资方式

在城市建设工程领域，除了传统的融资方式外，国际上还涌现出了较多的创新融资工具和方式，有效地实现了以多种不同的手段引导民间资本、各类企业的资金、各种贷款、外资等进入城市建设工程。有代表性的主要有以下几种。

（一）特许权融资

1. 建造-转让-经营项目融资模式（BOT）

BOT项目融资是指政府通过契约授予私营企业以一定期限的特许专营权，许可其融资建设和经营特定的公用基础设施，并准许其通过向用户收取费用或出售产品以清偿贷款，回收投资并赚取利润，特许权期限届满时，该基础设施无偿移交给政府的融资方式。在国际融资领域，BOT不仅仅包含了建设、运营和移交的过程，更主要的是项目融资的一种方式，具有有限追索的特性。由于BOT项目的债务不计入项目公司股东的资产负债表，项目公司股东可以为更多项目筹集建设资金，该融资方式因受到了股本投资人的欢迎而被广泛应用。

为使我国的建设工程融资尽快走上正轨，并按国际惯例进行运作，原国家对外贸易经济合作部于1994年发布了《关于以BOT模式吸引外商投资有关问题的通知》，原国家发展计划委员会也于1997年4月发布了《境外进行项目融资管理暂行办法》和《外商投资产业指导目录》，这些文件基本构成了中国BOT项目融资的法律框架。目前我国项目融资在国内的运用范围主要是电力、公路、桥梁等大型基础设施项目，在很多奥运场馆的建设中也采用了项目融资。

2. 公私合伙制项目融资模式（PPP）

PPP项目融资是公私合营伙伴关系融资形式的英文简称，也称3P融资，即政府与私营企业合作的项目融资。广义的概念是指政府与私营企业合作项目的过程中，让私营企业所掌握的资源参与提供公共产品和服务，以协议方式明确各自承担的责任和融资风险，最大限度地发挥各方优势，在实现政府职能的同时也为私营企业带来利益。狭义的概念是指政府与私营企业为建设基础设施、提供公共产品和服务等特殊目的而共同组建机构（SPV），该机构获得项目一定期限的运营特许权，合作各方共同设计开发，共同承担风险，全过程合作，在运营期内收回投资或获得合理收益，特许权期满后再把项目移交给政府的融资方式。PPP融资是以项目为主体的融资活动，主要根据项目预期收益、资产以及政府扶持措施的力度而不是项目投资人或发起人的资信来安排融资。项目经营的直接收益和通过政府扶持所转化的效益是偿还贷款的资金来源，项目公司的资产和政府给予的有限承诺是贷款的安全保障。由于PPP融资由私营企业负责项目融资，可缓解政府资金压力，增加项目资本金，降低资产负债率，不但能节省政府投资，还可以减轻政府风险。PPP融资模式在国内外的基础设施建设与公用事业发展中得到了广泛应用，显示了巨大优势，我国在经历了20世纪80、90年代的第一次应用高潮后，现在又进入了新一轮高潮。

（二）建设-转让项目融资模式（BT）

BT融资是由BOT演变而来的，建设部《关于培育发展工程总承包和工程项目管理企业的指导意见》首次定义了BT的概念，“鼓励有投融资能力的工程总承包企业，对具备条件的工程项目，根据业主的要求，按照建设-转让（BT）、建设-经营-转让（BOT）、建设-拥有-经营（BOO）、建设-拥有-经营-转让（BOOT）等方式组织实施”，更是进一步推动了BT模式在全国的发展。虽然BT模式在国内外的发展已经经历了一段很长的时间，但是对BT的概念尚无统一的界定。综合现有的BT定义，可将其理解为是业主经过法定程序选择项目的投资人，项目投资人负责项目的投资、融资和建设，在工程竣工验收合格后按约定进行工程归属权移交，并从业主支付中收回投资的融资方式。与传统投资建设方式相比，BT模式可缓解项目业主在建设期间的资金压力、降低工程实施难度、降低业主投资建设风险、降低工期风险和提高建设投资效率等。

（三）投资基金

投资基金是将中小投资者分散的小额资本集中起来，然后按投资组合原理再分散到有价证券、货币黄金、企业产权和工程投资中，以获取稳定的投资收益。业主在建设资金不足情况下，可以运用投资基金来开发建设工程。

（四）产权融资

产权融资是在直接投资、项目融资基础上发展起来的一种高级形态的直接融资方式，是因交易企业部分或全部产权而发生的融资行为。按所交易产权的流通性分为非上市公司产权融资和上市公司产权融资。不同的建设工程项目，融资来源也不同，例如，房地产项目可以从金融机构获得建设贷款和长期抵押贷款；工业项目因贷款担保物受到限制，所需资金大多源于企业的发展基金和项目融资；政府投资的基础建设项目因其资产不能作为贷款抵押物，所需资金来源于财政募集（财政税收、政府债券）和项目融资。

（五）信托融资

信托融资是间接融资的一种形式，同银行贷款与股权融资相比较其法律环境较为宽松。信托融资具有降低公司整体融资成本、节约财务费用，融资期限较长、有利于公司的持续发展和公司可以在不提高资产负债率的情况下实现融资，优化公司资产负债结构的优点，非常符合城投公司的融资需求。城投公司信托融资主要有信托贷款、股权信托投资基金、集合信托计划等方式。

（六）产业基金融资

产业投资基金是指通过发行基金受益份额，面向投资者券募集资金，交由专业投资人才组成的投资管理机构运作，基金资产分散投资于不同的实业项目，收益按投资分成的金融工具。产业投资基金有利于优化金融资产结构，化解金融风险，有利于改进国有资产管理，引导社会资金参与城市基础设施建设，属于一种创新型融资模式。

第三节　建设工程资金运作操作实务

建设工程资金运作操作一般可分为建设工程项目提出与投资决策、项目融资决策、项目融资谈判和项目融资执行四个阶段。

一、项目提出与投资决策

（一）建设工程项目的提出与构思

建设工程的提出与构思是对未来投资工程项目的目标、功能、范围以及项目设计的各主要因素和大体轮廓的设想和初步界定，投资估算及资金筹措对该阶段各项工作成果的提出有重要影响，因而是建设工程融资的第一个阶段。

1. 需求识别与建议书编制

城市建设工程的需求可能来源于城市环境改善（如城市绿化、道路拓宽、旧城区改造）、公共需求和民间需求、政府经济体制改革和各种新政策实施等推动城市可持续发展的所有方面。需求识别在建设工程项目融资中的作用非常重要，它是一个反复认识的过程，需要在收集相关信息和资料、进行广泛深入的调查研究、分析相应的约束条件基础上明确目标和构思，形成一份比较完整和详细的从客户角度出发，全面、详细地向承约商说明如何满足其已识别需求的文件——需求建议书，以作为工程项目构思及方案拟定的基础。

2.项目的识别、构思与方案确定

（1）项目的识别、构思　建设工程项目的识别是指承约商从备选的工程项目方案中挑选出一种能够满足已识别的需求方案，它属于承约商的行为。工程项目构思一般应对项目的投资背景及意义、项目的投资方向和目标、项目投资的功能及价值、项目的市场前景及开发的潜力、项目的建设环境和辅助配套条件、项目的成本及资源约束、项目所涉及的技术及工艺、项目投资的风险及化解方法、项目的实施及其管理等方面进行初步的分析、论证。

（2）项目方案的确定　承约商应在项目的识别、构思基础上，拟定可供选择的多个实施方案，并对各个方案进行比选分析，以选择能够满足客户需求，同时在现实中可行且投入产出合理的工程项目方案。评选方案一般需要考虑工程项目方案是否符合社会发展趋势，工程项目完成时间，工程项目方案需要的人力、物力和财力，工程项目方案在技术上的可行性和在经济上的合理性等。

（二）建设工程项目的投资决策分析

尽管城市建设工程投资决策与融资决策是建设程序的两个不同阶段，但由于投资决策分析所包含的内容与融资决策分析有着密切的相互影响关系，如投资决策分析成果之一——工程项目可行性研究报告是融资主体对工程项目风险分析和判断的主要依据；投资决策分析成果之二——工程项目投资结构的选择将影响到融资结构和资金来源的选择，融资结构设计在多数情况下也会对投资结构的安排做出调整等。

1.建设工程项目可行性研究与融资风险分析

可行性研究是工程项目开发的前期准备工作，主要是从工程项目投资者的角度出发，分析投资者在工程项目整个生命期内能否达到预期的经济效益，并与同行业的标准投资效益率进行比较，以判断工程项目的经济合理性和技术可行性，为工程项目投资决策提供参考依据。工程项目融资的风险分析则是在工程项目可行性研究的基础上，从工程项目债务资金提供者的角度出发，重点考察和分析工程项目融资期内的工程项目风险，以判断工程项目债务资金本息偿还的可靠性和安全程度。工程项目风险存在于工程项目全过程的各个阶段，因此，在工程项目可行性研究的基础上，还有必要按照工程项目融资的要求，对工程项目风险做出详细的分类研究，分析各种风险因素对工程项目现金流量的影响，以设计出可被出资方接受的工程项目融资方案。

2.建设工程项目投资结构的确定

国际上较为普遍的投资结构包括公司型合资结构、合伙制或有限合伙制结构、非公司型合资结构和信托基金结构。无论工程项目采用的是复杂的还是简单的投资结构，一些带有共性的关键性问题是所有的投资项目都会面对的，并且需要通过投资者之间的谈判对工程项目的法律结构、投资者的性质和战略目标、工程项目的生产管理和市场安排、工程项目的融资方式等一系列问题加以协商和解决。这些问题的处理结果将会直接影响到贷款银行以及其他资金提供者对工程项目的信心和工程项目融资安排的成效。

二、项目融资决策

（一）建设工程项目融资模式选择

融资模式是工程项目融资整体结构组成中的核心部分。工程项目融资模式的设计需要考虑工程项目投资结构的设计情况，在投资结构确定的条件下细化完成融资模式的设计工作。建设工程项目投资者决定采用何种融资模式取决于投资者对债务责任分担的要求形式、贷款额要求、时间要求、融资费用要求以及债务会计处理等方面要求的综合评价。建设工程项目融资模式主要有以下几种。

1.项目公司融资模式

项目公司融资模式是指投资者通过建立单一项目子公司或合资项目公司，通过商业金融渠道安排融资的一种模式，融资的抵押是项目公司经营权、财产及其他可得到的任何业务合同的权利，其担保是项目投资人的资金缺额担保、完工担保、客户承诺的无论是否提货均须付款担保等。

（1）单一项目公司形式　在非公司型合资结构、合伙制结构，甚至公司型合资结构中，项目投资者经常通过建立单一项目子公司作为投资载体，以该公司的名义与其他投资者组成合资结构安排融资，即所谓单一项目子公司的融资形式。

该融资形式的特点是项目子公司代表投资者承担项目的全部或主要经济责任，但由于该公司是投资者为一个具体项目专门组建的，缺乏必要的信用和经营经历，有时也缺资金，所以需要投资者提供一定的信用支持和保证。如由投资者为项目子公司提供完工担保和产品购买担保等。

采用单一项目子公司形式安排融资，对投资者的积极影响体现在：① 该模式易划清项目的债务责任，贷款银行的追索权也只能涉及项目子公司的资产和现金流量，其母公司除提供必要担保外，不承担任何直接责任，融资结构较投资者直接安排融资相对简单清晰；② 该项目融资有条件也有可能被安排成非公司负债型融资，有利于减少投资者的债务危机。该模式缺点是：因各国税法对公司之间税务合并的规定，有可能影响到公司经营成本的合理控制。

（2）合资项目公司形式　合资项目公司是通过项目公司安排融资的形式，指投资者共同投资组建项目公司，再以该公司名义拥有、经营项目和安排项目融资。采用这种模式时，项目融资由项目公司直接安排，涉及债务的信用保证来自于项目公司的现金流量、项目资产以及投资者提供的担保和商业协议。对于具有较好经济强度的项目，该模式甚至可以被安排成对投资者无追索的形式。

具体操作时，首先由项目投资者根据股东协议组建单一目的项目公司，并注入股本资金；建后项目公司法人签署一切与项目建设、生产和市场有关的合同，建设经营并拥有项目；最后由项目公司安排有限追索的项目融资。但因项目公司融资前还没有形成项目资产，也无经营经历，原则上要求投资者提供信用担保，承担一定的项目责任，如提供项目建设期的完工担保。

2.BOT融资模式

BOT融资模式的实质是债权与股权混合的产权融资模式，是由项目有关单位（承建商、经营商及用户）组成财团性组织，对项目设计、咨询、供货和施工实行总承包。项目竣工后，在特许权期限内经营，向用户收费，以此回收投资、偿还债务及赚取利润，期满后将项目移交政府。该融资模式适用于道路、桥梁、轻轨、隧道、铁道、地铁、水利、发电厂和水厂等基础设施建设项目。实务操作中，BOT融资模式又有以下衍生形式。

（1）建造-转让-经营（BTO）形式　BTO与一般BOT模式的不同在于“经营”和“转让”发生了次序上的变化，即在项目设施建成后，由政府先行偿还所投入的全部建设费并取得项目设施所有权，然后按事先约定由项目公司租赁经营一定年限。例如，国际惠民环保技术有限公司获得的我国香港新界东南区一个垃圾填埋场项目，就是采用BTO模式，即建设、转让后再经营的。

（2）建设-拥有（所有）-经营（BOO）形式　BOO模式是由项目招商人（政府机构）提供长期经营协议，通过招标，出让在经营协议中规定的资产经营权利，运营商（即建造商及投资人）则通过投标获得建造、拥有、经营该资产的权利。在这一模式中，项目公司实际上成为建设、经营某个特定基础设施而不转让项目设施财产权的私人公司。其在项目财产所有权上与一般私人公司相同，但在经营权取得和经营方式上与BOT模式相似，即项目主办人获得政府特许授权，在事先约定经营方式的基础上，从事基础设施项目投资建设和经营。

（3）购买-经营-转让（POT）形式　POT模式是政府出售已建成的、基本完好的基础设施并授予特许专营权，由投资者购买基础设施项目的股权和特许专营权。其与一般BOT的差别在于“建设”变为“购买”。上海黄浦江两桥一隧（打浦路隧道、南浦大桥和杨浦大桥）项目就采用了POT模式。

（4）建设-拥有-经营-补贴-转让（BOOST）形式　BOOST是开发商在项目建成后，在授权期内，既直接拥有项目资产，又经营管理项目，但由于风险高或经济效益不佳，须由政府提供一定的补贴，授权期满后将项目资产转让给政府。

（5）建设-租赁-转让（BLT）形式　BLT模式是发展商在项目建成后将项目以一定租金出租给政府或其他运营商经营，以租赁收入分期付款给发展商，授权期满后，将项目资产转让给政府，这一方式与融资租赁非常相似，但客体由大宗设备换成了基础设施。

BOT融资模式可实现非公司负债型融资，负债义务由政府转移到项目发起人；减少政府财政负担，弥补财政资金短缺；民间资本参与基础设施建设，打破了政府垄断；有利于分散、转移和降低建设风险、技术风险、市场风险、政策风险及一些不可预测风险等，在政府与项目其他参与者之间重新分配；政府与项目其他参与者共担风险，各尽职责，使项目成功运作；专业化项目管理公司参与基础设施建设，较政府直接参与经验管理，更能提高服务质量和运营效率；可以提前满足社会和公众需求；由外国公司承包的BOT项目还可带来先进技术和管理经验，既给本国承包商带来发展机会，也促进了国际经济的融合。但BOT融资模式也有缺点，以经营权转让为例，对于项目发起人来说，只能一次性获得一定资金，可能导致巨大损失；债务未实质性转移；融资成本高，耗时长；某些项目长期交给外方经营，可能带来诸多问题等。对BOT融资项目来说，可能造成税收大量流失及对设施的掠夺性使用，对于后者则要在特许权协议中规定移交资产的规格和性能要求指标。总之，BOT中市场机制和政府干预相结合，具有项目导向性、有限追索权、表外融资、较高的债务比例以及风险分散和风险隔离的优点，但其项目参与方多、前期工作时间长、融资成本高的缺点也不容忽视。

3.PPP融资模式

PPP融资模式的投资结构以有限责任为主，由一个发展商或主办人牵头，再选择若干伙伴组成联合体参加投标，中标后组建项目公司。项目运作方式主要包括委托运营（O&M）、管理合同（MC）、建设-运营-移交（BOT）、建设-拥有-运营（BOO）、转让-运营-移交（TOT）和改建-运营-移交（ROT）等。

① O&M是指政府将存量公共资产的运营维护职责委托给社会资本或项目公司，社会资

本或项目公司不负责用户服务的政府和社会资本合作项目运作方式。政府保留资产所有权，只向社会资本或项目公司支付委托运营费。合同期限一般不超过8年。

② MC是指政府将存量公共资产的运营、维护及用户服务职责授权给社会资本或项目公司的项目运作方式。政府保留资产所有权，只向社会资本或项目公司支付管理费。管理合同通常作为转让-运营-移交的过渡方式，合同期限一般不超过3年。

③ TOT是指政府将存量资产所有权有偿转让给社会资本或项目公司，并由其负责运营、维护和用户服务，合同期满后资产及其所有权等移交给政府的项目运作方式。合同期限一般为20 ~ 30年。

④ ROT是指政府在TOT模式的基础上，增加改扩建内容的项目运作方式。合同期限一般为20 ~ 30年。

PPP项目融资被广泛地应用在基础设施建设项目中。不同类型的公共基础设施项目都可以通过公私合营伙伴关系来实现。这些合作伙伴关系已经存在于世界各地的许多领域，包括建设学校、医院和其他卫生保健设施，传统能源和可再生能源项目，水和废水处理事业，政府大楼，监狱，警察局和消防局，国防工程等。实务操作中PPP具体运作模式的选择主要由收费定价机制、项目投资收益水平、风险分配基本框架、融资需求、改扩建需求和期满处置等因素决定。

4. 私人主动融资（PFI）形式

PFI是指由私营企业进行项目建设与运营，从政府方或接受服务方收费，以回收成本。在这种方式下，政府并未采取传统的由政府负责提供公共项目产出的方式，而是采取促进私人企业有机会参与基础设施和公共物品的生产及提供公共服务的一种全新的公共项目产出方式。在PFI模式下，政府部门发起项目，由私人企业负责进行项目的建设和运营，并按事先的规定提供所需的服务；政府部门以购买私营企业提供的产品或服务，或给予私营企业以收费特许权，或政府与私营企业以合伙方式共同营运等方式，实现政府公共物品产出中的资源配置最优化、效率和产出的最大化。与BOT相比，PFI的主体集中于国内民间资本，用于收益性较高的基础设施建设和公益项目，也不要政府担保最低收益。政府只提出项目的具体功能目标，而不作具体说明，合同期满后，项目运营权的处理方式也较灵活。

5. 资产支持证券化（ABS）融资模式

ABS是以项目所拥有的资产为基础，以项目资产可以带来的预期收益为保证，通过在资本市场发行债券来募集资金的一种项目融资方式。ABS资产证券化是国际资本市场上流行的一种项目融资方式，已在许多国家的大型项目中采用。1998年4月13日，以获得国际融资为目的ABS证券化融资方案率先在重庆市推行。这是中国第一个以城市为基础的ABS证券化融资方案。ABS资产证券化融资模式又可分为抵押贷款证券化和资产支持证券化两类。

ABS融资模式是以支持证券的资产的未来现金流入作保障的，因此资产负债表中的资产被改组成了市场化的投资品，提高了公司资产的质量。由于清偿债券本息的资金仅限于项目资产的未来现金收入，而不是企业资产状况和信用等级，且有担保公司介入，可提高投资者投资的安全性。ABS通过证券市场向不同类型的投资者发行债券，很好地分散了投资风险，尤其是国际高端证券市场发行债券筹集资金，可以降低筹资成本，提高证券的安全性与流动性，特别适合大规模地筹集资金。该模式操作流程规范，利于培养东道国在项目融资方面的专门人才。目前ABS融资主要应用于居民住宅抵押贷款、商业房地产抵押贷款和各类工商企业贷款等。

（二）建设工程项目融资资金的结构与选择

建设工程项目融资的资金由股本资金与债务资金两部分构成。资金结构是由投资结构和融资结构决定的，但反过来也会影响到整体项目融资结构的设计。针对同一个工程项目，选择不同的融资结构和资金结构最终所得到的结果可能会有相当大的差别。项目融资重点解决的是项目债务资金问题。当然，在整个结构中也需要适当数量和适当形式的股本资金和准股本资金作为结构的信用支持。工程项目中债务资金和股本资金之间的比例关系、工程项目资金的合理使用结构以及税务安排对融资成本的影响，是确定工程项目资金结构和资金形式的三个主要因素。

（三）工程项目融资的信用保证

信用保证结构的核心是融资的债权担保。工程项目融资包括企业融资与项目融资，企业融资的特点是无限追索权，它的债权以企业的信誉、实力、财务状况等能力为保证以及其他的一些直接或间接的担保。而项目融资的资金安全来自于工程项目的经济强度及工程项目之外的各种直接或间接的担保。这些直接或间接的担保可以由工程项目的投资者提供，也可以由与工程项目有直接或间接利益关系的相关方提供，可以是直接的财务保证，如完工保证、成本超支保证等，还可以是间接的或非财务性的担保，如长期供货协议等。所有这些担保形式的组合，就构成了工程项目的信用保证结构。

（四）工程项目融资风险的分析与评价

1. 工程项目融资中风险管理的特点

（1）以工程项目的可行性研究报告作为风险控制的首要前提　工程项目的可行性研究需要分析诸如工程项目的原材料供应、技术设备及劳动力的可获得性、工程项目产品或服务的需求状况、工程项目的环境效应等一系列与工程项目有关的风险因素。一份有说服力的、权威性的、包括技术和经济效益的工程项目可行性报告将有助于组织工程项目融资，并对工程项目风险予以分析、判断。

（2）以风险的识别与细分为设计融资结构的依据　工程项目融资是依据投资者的投融资战略以及工程项目的实际情况量身定做的一种结构性融资。设计合理的融资结构的前提工作是对各风险进行鉴别并根据各自特征加以细分，然后将各细分风险合理分配到各个参与人，以明确风险控制的目标，保证风险控制过程的阶段连续性。

（3）以项目当事人为风险分担的主体　参与工程项目融资并在其中发挥不同作用的利益主体包括工程项目发起人、项目公司、工程项目贷款人、工程承包商、能源和原材料供应商、工程项目产品的购买者、工程项目融资顾问以及有关政府机构等。工程项目融资风险控制的核心环节是在工程项目风险与工程项目当事人之间以合同形式建立对应关系，形成风险约束体系，从而保证融资结构的稳健性。

（4）以合同作为风险控制的首要手段和主要形式　在工程项目融资中，需要将各类风险具体化，以合同的方式明确约定当事人承担多大程度的风险，用何种方式来承担，通过工程项目合同、融资合同担保和支持文件来控制贯穿于工程项目周期的各种风险，并使风险控制措施彼此衔接，使风险得以规避。

2. 工程项目融资风险的管理

工程项目融资的风险可以分为系统风险与非系统风险两大类。前者是指与市场客观环境条件有关，工程项目无法通过有效措施来避免的超出工程项目自身的风险；后者是指可由工程项目实体自行控制和管理的风险。但是，两种风险的划分并不是绝对的，有时候系统风险可以通过一定的手段予以消减，而非系统风险却无法避免

与其他经济活动的风险一样，工程项目融资在风险特征、效应以及管理等方面并没有特殊性，其内容和程序大致包括识别风险、估量风险、指定应对措施、编制风险管理计划并付诸实施。

3.工程项目融资风险分析与评价

（1）资金来源的可靠性　工程项目的资金来源包括两个方面：股本资金与债务资金。在融资过程中，主要考虑债务资金来源的可获得性。债务资金中，除了商业银行贷款和融资租赁，只注重工程项目本身的风险和经济强度以外，其他的资金来源都和工程项目所在国的信用等级、一定时期的体制、经济政策等有关。这样，就必须在考虑各种来源必要性的基础上，充分考虑这些相应来源的可行性。只有符合工程项目所在国的贷款要求、担保要求、国家和行业倾向等约定的债务资金才能作为选择的对象。对工程项目融资风险进行分析，有助于对工程项目融资的资金来源做出选择。

（2）与股本与债务资金比例相关的财务风险　这是工程项目融资中资金结构选择的核心问题。股本资金融资的机会成本高，融资风险低；债务资金的融资成本低，融资风险高。因此，保持合理的股本与债务资金的比例是工程项目成功的保障。比如说，由于某项账款无法及时收回，致使该工程项目现金流紧缺，债务资金提供者由此会产生恐惧心理，增加其风险预期，债务资金提供者可能因此要求收回其贷款资金，这可能导致工程项目资金链断裂，最后导致工程项目的失败。

（3）风险的分配是否合理　风险分配时保证各方承担其最适合承担的风险，将所有风险都分配给最适合承担该风险的一方。

三、项目融资谈判

在初步确定了项目融资方案后，融资顾问将有选择地向商业银行或其他一些金融机构发出参加项目融资的建议书，组织贷款银团，起草项目融资有关文件。这一阶段经过多次反复谈判，不仅会对有关法律文件做出修改，也会涉及融资结构或资金来源的调整，甚至会修改项目投资结构及相应的法律文件，以满足贷款银团的要求。该阶段中，强有力的融资顾问和法律顾问可以帮助加强项目投资者的谈判地位，保护投资者的利益，并在谈判陷入僵局时，及时灵活地找出适当的变通办法，绕过难点解决问题。

（一）选择银行，发出参加工程项目融资的建议书

工程项目融资中，采取银团贷款取得工程项目所需资金时，项目公司或项目投资者会将贷款要求通知给几家潜在贷款银行，然后与他们讨论条件，初步讨论之后，邀请几家银行提出正式建议书，作出要约。在这期间，其他的未受邀请的银行也可以自动提出建议书。

建议书可以由一家银行单独提出，也可以由两家或两家以上的银行根据各自需要联名提出。对银行来说，联名或单独提出建议书是其一项重要的决定。银行的建议书一旦被借款人接受，该家或多家银行就正式成为受托银行，担当贷款人的角色。建议书的典型条款包括贷款数额和货币币种、贷款目的、有关提款的条款、取消贷款和提前偿还贷款的条款、利率及计息时期和息差、收费项目、必须十足付款及不得扣除任何税款和其他预扣税费、管辖的法律和法院管辖权、标准文件、约定费用、失效日期、其他条件等。

（二）工程项目融资谈判

工程项目融资谈判是一项十分复杂的工作，需要必要的知识和技能、高超的谈判艺术和经验。为保证融资谈判的顺利进行和取得良好的效果，应先做好工程项目的可行性研究及必要的谈判准备工作，制定严密而周详的谈判方案。由于谈判班子中成员的谈判水平直接关系着当事人在协议中的利益和谈判工作的成败，参与谈判的人应是在某一方面有特长、技能或经验的人员，一般包括技术专家、工程专家、融资专家、律师、税务顾问及借款单位代理人等，在实际谈判过程中，谈判班子成员要互相配合，取长补短。此外，谈判中应掌握好政策、法律尺度，与贷款方建立相互信任的协议关系。

（三）签订融资合同

1. 贷款合约

为维护借、贷双方的合法权益，保证资金的合理使用，双方应在平等协商的基础上签订贷款合约。贷款合约一般应具备贷款的种类、贷款的用途、贷款的币种、贷款的数额、贷款的期限、贷款的利率、还款资金来源及还款方式、保护性条款、违约责任等主要条款。

2. 特许权协议

在特许经营项目融资中，特许权协议是融资合同中一项重要的内容，如BOT项目基本围绕特许权展开。特许权是指业主政府授予国内外的项目主办者在其境内或本地区内从事某一工程项目的建设、经营、维护和转让等的权利。特许权是约定和规范工程项目业主政府与该工程项目主办者之间权利、义务关系的法律文件，它往往是项目融资中所有协议合同的核心和依据。特许权协议主要包括特许权的范围、工程项目建设方面的约定、工程项目的融资及其方式、工程项目的运营及维护、合同设施的收费水平及其计算方法、能源供应、工程项目的移交、协议的通用条款、合同义务的转让。

四、项目融资执行

在正式签署项目融资法律文件后，项目融资进入执行阶段。企业融资模式一旦进入贷款执行阶段，借贷双方的关系就变得简单明了，借款人只要求按照贷款协议的规定提款和偿还贷款本息。然而在项目融资模式中，贷款银团通过其代理银行将会经常性地监督项目进展，根据融资文件规定，参与部分项目的决策程序，管理和控制项目的贷款资金投入及部分现金流量。

（一）执行建设工程项目投资计划

1. 建设工程项目建设阶段

本阶段承包商将进行实际的建设工程项目施工。在特许经营项目融资模式下，可能需要进一步进行工程项目的融资工作。工程项目施工通常采用的方法是交钥匙、固定价格承包方式。承包商的总包价格不应受通货膨胀的影响，同时承包商还需要承担不可预见的场地情况所带来的风险。在特许经营项目融资模式下，承包商为了保证施工工作的合理进行和正确执行，常雇用独立的检查机构对工程项目进行检查，包括工程项目的施工设计、施工质量和费用控制以及工程项目的管理等。

2. 建设工程项目运行阶段

本阶段建设工程项目的运行和维护者将管理合同实施的运行，并负责在该阶段中收回投

资并取得适当的利润，以归还贷款，支付运营费用、政府税收及股东分红等。如果是BOT等特许权融资项目，那么在约定的特许期限到期后，应将合同设施的所有权或业主权无偿归还给政府或其指定的接收单位。

（二）贷款银团经理人监督并参与工程项目决策

在特许经营项目融资中，由于贷款银团的贷款金额大，贷款银团一般参与工程项目的决策，对工程项目建设、运营进行监督。在工程项目实施的不同阶段贷款银团参与的事项不尽相同。在工程项目的建设期，贷款银团经理人（一般由项目融资顾问担当）将经常性地监督工程项目的建设进展，根据资金预算和建设日程表安排贷款的提取。如果融资协议包括有多种货币贷款的选择，银团经理人可以为工程项目主办者提供各种资金安排上的策略性建议。在工程项目的试运行期，银团经理人监督项目试运行情况，将实际的工程项目运行数据和技术指标与其融资文件约定的完工标准进行比较，判断工程项目是否达到了融资文件约定的完工标准。在工程项目的正常运行期，工程项目投资者所提供的完工担保将被解除，贷款的偿还将主要依赖工程项目本身的现金流量。银团经理人将按照融资文件的约定管理全部或一部分工程项目的现金流量，以确保债务的偿还。除此之外，银团经理人也会参加一部分工程项目的运行经营决策，在工程项目的重大决策问题上（如新增资本支出、减产、停产和资产处理等）有一定的发言权。由于工程项目融资的债务偿还与其工程项目的金融环境和市场环境密切相关，因此帮助工程项目投资者加强对工程项目风险的控制和管理，也成为银团经理人在工程项目正常运行阶段的一项重要工作。

（三）工程项目风险的控制与管理

1.系统风险的管理

（1）不可抗力风险管理　不可抗力风险在理论上应由项目公司和贷款银行共同承担，但在实践中主要通过购买保险的方式，将风险转移给第三方。项目公司用于购买保险的费用可计入融资项目成本，而保险补偿权益将按贷款合同约定，由项目公司转移给贷款银行。对于自然灾害（火灾、洪水和地震等）引起的项目损失，一般通过保险将损失转移给商业保险机构承担。如建筑（安装）工程一切险、预期利润损失险、第三者责任险、海洋货运险及海洋预期利润损失附加险、雇主责任险等。对于战争、罢工等不可抗力引起的项目物质或财务损失，许多国家的出口信贷机构或世界银行的多边投资担保机构可以为之提供保险。

（2）政治风险管理　因项目所在国政府最有能力承担政治风险，按照前述工程项目融资风险分配原则，政治风险最好由项目所在国政府来承担，提供某种承诺或协议。

（3）金融风险管理　金融风险管理分为汇率风险管理和利率风险管理。

① 汇率风险管理。基础设施的产品和服务通常面向当地需求，且收入也为当地货币，而外国投资者和外国贷款者则希望以原来的币种进行偿还，并得到收益。因此，汇率风险能否有效消除，在很大程度上关系到项目资本成本的高低和项目现金流量风险的大小。汇率风险一般或通过市场组合运作方式对冲风险，或通过协议将风险分散给其他项目参与人共同承担。

② 利率风险管理。投资者可以通过多种货币组合贷款方式，建立合理的贷款期限结构，降低利率变动造成的风险。当然，如果资产或负债使用的是硬通货，通过金融衍生工具（利率期权、利率期货、利率掉期、远期利率协议等）将浮动利率转换成符合项目现金流量特点的固定利率结构来消除风险是比较有效的；若使用的不是硬通货，则最好通过适当的协议将风险分散给其他项目参与人共同承担，其做法与汇率风险管理基本相似。

2.非系统风险的管理

（1）完工风险管理　完工风险通常由投资者或项目公司承担，因为投资者或项目公司最有能力承担该风险。投资者或项目公司常用以下方法承担完工风险：提供完工担保；做出债务承购保证，项目的完工条件最终不能达到时，由投资者将项目债务收购或将其转化为公司债务；转移风险（即投资者或项目公司向其他项目参与人寻求完工的保证，一般是通过与信誉良好的承包商签署类似于固定价格的交钥匙合同的方法来转移完工风险）；加强对项目建设的全过程监督等。

（2）运行风险管理　运行风险管理有技术风险管理、能源和原材料供应风险管理和经营管理风险管理。技术风险一般由项目公司承担。能源和原材料供应风险通常采用长期购买合同如“或供或付”合同来减少供应的不确定性。由于不对称信息的存在，除了采用竞标的方式选择有丰富经验和较强能力的经营者以外，更为重要的是项目投资者要设计出一套科学合理的激励机制，如利润分成和成本控制奖励条款以及其他的惩罚性条款来化解管理效率、质量控制和成本控制等风险。如果项目经营者同时又是项目投资者（投资达到40%以上），则贷款方通常认为经营管理风险更低。

（3）市场风险管理　项目市场风险通过安排长期的市场合同约定数量和价格来规避风险。

第四节　PPP融资模式运作操作

一、PPP模式背景

2014年11月，国务院发布了《国务院关于创新重点领域投融资机制鼓励社会投资的指导意见》，提出鼓励社会资本投资运营农业和水利工程，积极推动社会资本参与市政基础设施建设运营。2015年5月，国务院总理李克强主持召开常务会议，部署推广政府和社会资本合作的PPP模式，汇聚社会力量增加公共产品和服务供给。会议称，“在交通、环保、医疗、养老等领域，推广政府和社会资本合作模式，以竞争择优选择包括民营和国有企业在内的社会资本，扩大公共产品和服务供给，并依据绩效评价给予合理回报，是转变政府职能、激发市场活力、打造经济新增长点的重要改革举措”。同时各职能部门、各省也发文部署政府和社会资本的融资模式，如财政部《关于推广运用政府和社会资本合作模式有关问题的通知》、《关于印发政府和社会资本合作模式操作指南的通知》、《PPP项目合同指南（试行）》等。国内外大部分学者也认为，为减轻政府的财政负担，加速项目进程，将有限的资金应用到更多的项目中，开展PPP融资模式是一个必然趋势。在西方发达国家，尤其在英国，PPP融资形式已经被广泛应用到公路、铁路、医院、学校等公共基础设施的建设中，这些应用大大解决了政府资金短缺的问题，同时满足了经济发展与人民生活各方面的需求。由此，以下主要介绍PPP模式的运作方式。

二、PPP模式的分类

PPP模式是公共部门与私人部门基于某个项目而形成的相互合作形式，是一种以项目各参与方的“双赢”或“多赢”为基础的现代融资模式。通过这种合作模式，合作各方可以得到比单独行动更有利的结果。合作各方参与某个项目时，政府并不是把项目的责任全部转移给社会投资者，而是由参与合作的各方共同承担责任和融资风险。

根据不同的分类方式PPP融资模式会有不同的分类结果。

① 根据私营部门的投资不同，可以将PPP项目分为三大类：外包类、特许经营类和私有化类。外包类指由政府投资，私营部门承包项目中的一项或者多项任务；特许经营类指需要私营部门参与部分或者全部投资，通过一定的合作机制与公共部门分担项目风险，共享项目收益；私有化类项目的所有权永久归私营部门所有，私营部门承担的风险最大。

② 根据私营部门在项目中的参与程度将PPP项目分为五种模式：服务合同、租赁、合资公司、特许权授予和私有化。

③ 根据公共部门和私营部门之间的合作关系可以将PPP项目分为横向和纵向合作关系两种类型。

值得注意的是，并不存在一个可以适用于所有或者大多数PPP项目的最佳固定模式。每个PPP项目都应该根据自身特点和参与者的管理、技术、资金实力，对所采用的PPP融资模式进行优化调整，以争取获得更大的投资效益。

投资规模较大、需求长期稳定、价格调整机制灵活、市场化程度较高的基础设施及公共服务类项目，适宜采用政府和社会资本合作模式。政府和社会资本合作项目由政府或社会资本发起，以政府发起为主。PPP模式最核心的问题是公共部门和私人部门之间就公共项目达成伙伴关系，签署合同明确双方的权利和义务，以确保公共项目的顺利完成。

三、PPP模式运作的程序

PPP模式运作程序包括项目识别、项目准备、项目采购、项目执行和项目移交五大阶段。

（一）项目识别

项目识别阶段的工作内容包括项目发起、项目筛选、物有所值评价和财政承受能力论证等。

PPP项目一般由政府或社会资本发起，以政府发起为主。实务操作中一般由财政部门（政府和社会资本合作中心）向交通、住建、环保、能源、教育、医疗、体育健身和文化设施等行业主管部门征集潜在的PPP合作项目；然后会同行业主管部门，对潜在PPP合作项目进行评估筛选，确定备选项目；再从定性和定量两方面开展物有所值评价工作；最后由财政部门分析项目全生命周期内的财政支出、政府债务等因素，对部分政府付费或政府补贴的项目，开展财政承受能力论证，通过物有所值评价和财政承受能力论证的项目，则可进行项目准备。

项目识别阶段的工作目的是决策拟建项目是否能采用PPP模式，因而物有所值评价是该阶段的核心工作。物有所值评价是判断是否采用PPP模式代替政府传统采购模式实施基础设施及公共服务项目的一种评估方法。物有所值评价包括定性评价和定量评价。定性评价重点关注项目采用政府和社会资本合作模式与采用政府传统采购模式相比能否增加供给、优化风险分配、提高运营效率、促进创新和公平竞争等。定量评价主要通过对政府和社会资本合作项目全生命周期内政府支出成本现值与公共部门比较值进行比较，计算项目的物有所值量值，判断政府和社会资本合作模式是否降低项目全生命周期成本。

（二）项目准备

项目准备阶段的工作内容包括组建管理构架、编制实施方案和审核实施方案等。

项目准备工作的目的是决策拟建项目如何采用PPP模式，实施方案的编制与审核是该阶段的核心工作。项目实施机构是实施方案的编撰主体，然而现阶段项目实施机构常委托具有经验的第三方咨询机构进行方案编制。由此，咨询机构将陆续成为PPP项目实施方案编制的中坚力量。实施方案编制完成后，需要通过财政部门的审核。现阶段，财政部门的审核多以委托的第三方咨询机构提供的建议为主。

依据《政府和社会资本合作模式操作指南（试行）》规定，实施方案的主要内容应包括以下几项。

1. 项目概况

主要包括项目基本情况、经济技术指标和项目公司股权情况等。项目建设背景、内容、区位、面积、规模、产出等相关信息可从项目的可行性研究报告中获取；PPP模式运作的必要性和可行性则需要根据项目以及PPP模式特点进行撰写。

2. 风险分配基本框架

风险分配基本框架是体现PPP项目核心思想的关键内容。PPP项目风险分配应按照风险分配优化、风险收益对等和风险可控等原则，综合考虑政府风险管理能力、项目回报机制和市场风险管理能力等要素，在政府和社会资本间合理分配。原则上，项目设计、建造、财务和运营维护等商业风险由社会资本承担，法律、政策和最低需求等风险由政府承担，不可抗力等风险由政府和社会资本合理共担。

3. 项目运作方式

项目运作方式主要包括委托运营、管理合同、建设-运营-移交、建设-拥有-运营、转让-运营-移交和改建-运营-移交等。具体运作方式的选择主要由收费定价机制、项目投资收益水平、风险分配基本框架、融资需求、改扩建需求和期满处置等因素决定。

4. 交易结构

主要包括项目投融资结构、回报机制和相关配套安排。

5. 合同体系

主要包括项目合同、股东合同、融资合同、工程承包合同、运营服务合同、原料供应合同、产品采购合同和保险合同等，见图14-1。合同体系中的项目合同是核心的法律文件。财

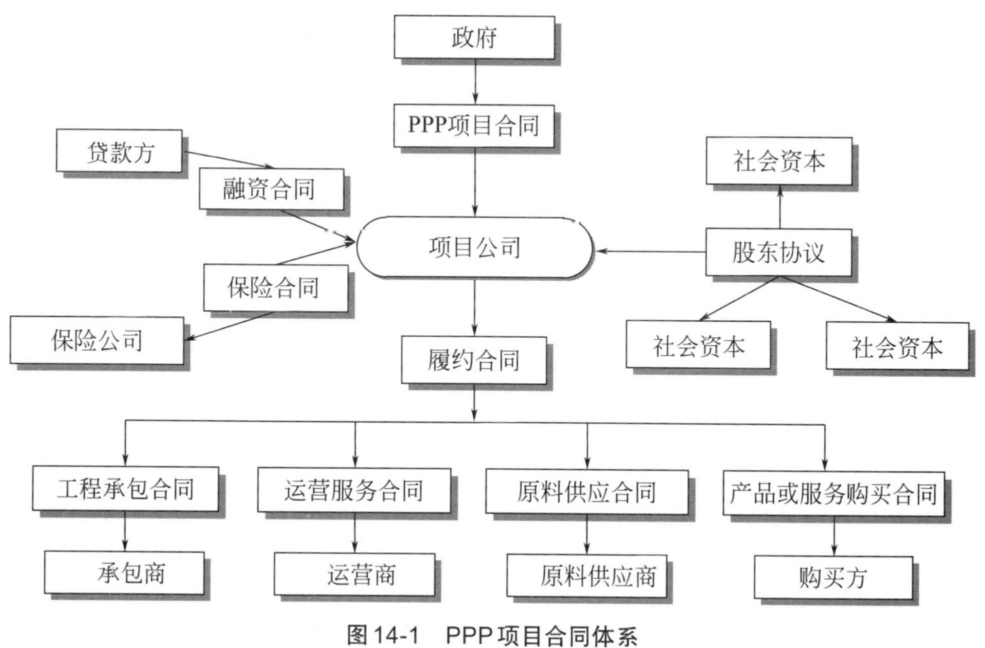

图14-1　PPP项目合同体系

政部出台的《PPP项目合同指南》以及发改委出台的《政府和社会资本合作项目通用合同指南》均为PPP项目合同的拟定提供了参照，可依据上述两份指引进行合同的拟定。

PPP项目合同拟定时应注意以下问题。

（1）项目唯一性条款的设置　在采用使用者付费制项目中，由于项目公司成本回收和利益取得与项目实际需求量直接挂钩，为降低项需求风险，确保项目能够顺利获得融资支付和稳定回报，项目公司通常会要求在PPP项目合同中增加唯一性条款，要求政府承诺在一定期限内不在项目附近新建竞争性项目，以保证一定的垄断性。

（2）社会资本收入额度的调整　实施方案编写中对社会资本回报方式的规定都是基于预期数据，当实际运营中特别是使用量与预期出现偏差时，为保证公众服务的正常提供，根据实际数据重新计算社会资本的收益情况，并调整社会资本的收益。

（3）特许经营期调整　财政部合同指引中规定了“政府违约事件”、“项目公司违约事件”、“政府选择终止”与“不可抗力”四种提前结束特许经营期的情形。除此之外，也可利用特许经营期的调整来实现对社会资本方盈利的调整。

6.监管架构

主要包括授权关系和监管方式。授权关系主要是政府对项目实施机构的授权，以及政府直接或通过项目实施机构对社会资本的授权；监管方式主要包括履约管理、行政监管和公众监督等。

7.采购方式选择

项目采购应根据《中华人民共和国政府采购法》及相关规章制度执行，采购方式包括公开招标、竞争性谈判、邀请招标、竞争性磋商和单一来源采购。项目实施机构应根据项目采购需求特点，依法选择适当的采购方式。2015年2月15日，财政部发布了《关于印发2015年政府采购工作要点的通知》，其中要点二推进政府购买服务等各项改革工作中指出：大力开展政府购买服务工作，推进各地有序开展政府与社会资本合作（PPP）项目政府采购活动。适应政府购买服务、PPP项目的需求特点，推广应用竞争性磋商等非招标采购方式，开展政府购买服务结果评价试点。

（三）项目采购

项目采购阶段的工作内容有，对供应商的资格预审、编制采购文件、评审响应文件和谈判与合同签署等。

项目采购文件一般应包括采购邀请、竞争者须知（包括密封、签署、盖章要求等）、竞争者应提供的资格、资信及业绩证明文件、采购方式、政府对项目实施机构的授权、实施方案的批复和项目相关审批文件、采购程序、响应文件编制要求、提交响应文件截止时间、开启时间及地点、强制担保的保证金交纳数额和形式、评审方法、评审标准、政府采购政策要求、项目合同草案及其他法律文本等。

（四）项目执行

项目执行阶段的工作内容有设立项目公司、融资管理、绩效监测与支付和中期评估等。

社会资本可依法设立项目公司，政府可指定相关机构依法参股项目公司。实务操作中政府可参股组建项目公司，也可由社会资本独资组建项目公司，或可社会资本配合其他形式组成联合体成立项目公司，具体配比由各方协商一致确定。

项目融资由社会资本或项目公司负责。社会资本或项目公司应及时开展融资方案设计、机构接洽、合同签订和融资交割等工作。财政部门和项目实施机构应做好监督管理工作，防止企业债务向政府转移。社会资本或项目公司应按照项目合同约定完成融资；当项目出现系统性金融风险或不可抗力因素时，政府、社会资本或项目公司可根据项目合同约定协商修订合同中相关融资条款。项目出现重大经营或财务风险，威胁或侵害债权人利益时，债权人可依据与政府、社会资本或项目公司签订的直接介入协议或条款，要求社会资本或项目公司改善管理。在直接介入协议或条款约定期限内，重大风险已解除的，债权人应停止介入。

项目实施过程中，应加强工程质量、运营标准的全程监督，确保项目建设和运营管理的质量、效率和延续性，从而有效控制项目建设的投资规模和工程质量。项目实施机构将根据项目PPP合同约定，监督社会资本或项目公司履行合同义务，定期监测项目产出绩效指标，编制季报和年报，并报相关部门备案。项目公司在项目筹备及建设过程中，每月定期向行业主管部门报告项目进展、工程进度、质量、安全的情况；运营管理和维护阶段，定期向行业主管部门报送运营管理月报、年报及其年度财务报表。

（五）项目移交

项目移交阶段的工作内容有移交准备、性能测试、资产交割和绩效评价等。

项目移交时，项目实施机构或政府指定的其他机构代表政府收回项目合同约定的项目设施。实施机构或指定的其他机构应组建项目移交工作组，根据项目合同约定与项目公司确认移交情形，制定性能测试方案。项目移交工作组应严格按照性能测试方案和移交标准对移交设施进行性能测试。测试结果不达标的，移交工作组应要求项目公司进行恢复性修理或提交移交维修保函。项目公司应将满足性能测试要求的项目设施移交项目实施机构或政府指定机构，办妥管理权移交手续，并配合做好项目后续运营平稳过渡相关工作。项目移交完成后，财政部门应组织有关部门对项目产出、成本效益、监管成效、公众满意度、可持续性、政府和社会资本合作模式应用等进行全面绩效评价即项目后评价，并按相关规定公开评价结果。评价结果作为政府开展政府和社会资本合作管理工作决策、完善PPP模式制度体系的参考依据。

四、PPP模式应用案例

（一）项目概况

南京地铁一号线南延线是连接南京主城中心区和东山新市区及江宁大学城的纽带，线路全长24.551km，其中地下线12.327km，高架线12.184km。全线共设十五座车站。

2007年2月，南京地铁集团有限公司（原南京地下铁道有限责任公司）发出公开招标文件，南京地铁一号线南延线采用PPP模式通过公开招标的方式确定中标人，由中标人在南京投资成立项目公司，项目公司负责PPP项目的融资、投资和建设。PPP方以总承包的方式组织施工，工程竣工、验收合格后，招标人按照规定的时间向PPP方收购项目公司股权，并支付股权转让金。2007年4月，经评标委员会评审、报南京地铁招标委员会确认，由中铁电气化局集团有限公司中标。双方签订《南京地铁一号线南延线工程PPP项目投资建设合同》。

（二）融资方式和资本结构

该项目是由南京地铁集团有限公司作为政府授权的公司，与中铁电气化局集团有限公司为代表的民营机构合作，以南京中铁电化投资管理有限公司为项目公司组成的PPP建设模式的项目。融资主体为项目公司，项目融资的总金额约17.8亿元。根据《PPP投资建设合同》的规定，南京地铁一号线南延线PPP项目的资本金占项目总投资的35%，债务资金占项目总投资的65%；项目的资本金由项目公司股东以自有资金的形式出资，作为项目公司注册资本金管理使用。项目的债务资金由项目公司为主体向商业银行申请长期固定资产贷款筹集，不再采用其他方式。按照公司章程规定，公司的注册资本50000万元，占项目总投资的35%，由公司股东分期在2年内以货币形式缴足；其余项目建设资金由项目公司作为融资主体向商业银行申请固定资产长期贷款解决。

根据集团公司的整体安排和要求，项目公司向商业银行申请贷款的主要原则为：① 建设期内，项目公司股东不对该项贷款提供相关担保；项目建成回购完成后，项目贷款由公司股东承担或提供连带责任担保；② 融资费率在中国人民银行规定的5年期以上贷款基准利率的基础上下浮5%以上。项目公司在与银行洽谈贷款事项时，充分发挥利用“中国中铁”品牌优势和城市公共交通中地铁项目优势，克服项目公司的“新公司”（无信誉记录）和“项目性”（无持续经营能力）在银行贷款审批中的弱点，努力降低项目融资成本。项目进入回购期后，项目公司银行贷款的主体可变更为南京地铁集团有限公司，并由中铁电气化局集团有限公司提供担保。若主体不能变更为南京地铁集团有限公司，则由中铁电气化局集团有限公司承担。

（三）财务管理

1. 事前管理

主要是做好项目前期决策支持和融资准备工作。包括积极参与项目可行性分析，对项目进行风险评估，考察、鉴定项目业主的回购能力，测算项目的融资成本及总收益，选择资目融资方式，与银行进行融资意向洽谈，努力取得项目所需的一切财务支持。

2. 事中管理

主要是根据工程规模、工期安排、工程进度等对资金使用量的要求，灵活、合理安排工程建设资金，监控建设资金流向，适时申请银行放贷，充分降低融资成本。

3. 事后管理

主要是在工程回购条件成熟的第一时间，立即联系业主收取回购资金，充分保证贷款资金的归还，防止了不良银行信用的产生，并随时注意业主未能按时足额支付回购款，易造成的建设期外利息增加及违约损失的索赔。

（四）回购模式

本项目建成后交付南京地铁公司统一管理。项目试运营开始之日起，即进入回购阶段，办理相关回购手续，回购期为十年，建设回购模式如图14-2所示。

（五）项目移交

项目建设完成后，由南京地铁集团有限公司采用股权收购的方式收购项目公司，并按十年分次（每年10%）向PPP方中铁电气化局集团有限公司支付股权转让金及其相应的融资费用。股权转让金支付完毕，合同执行结束。

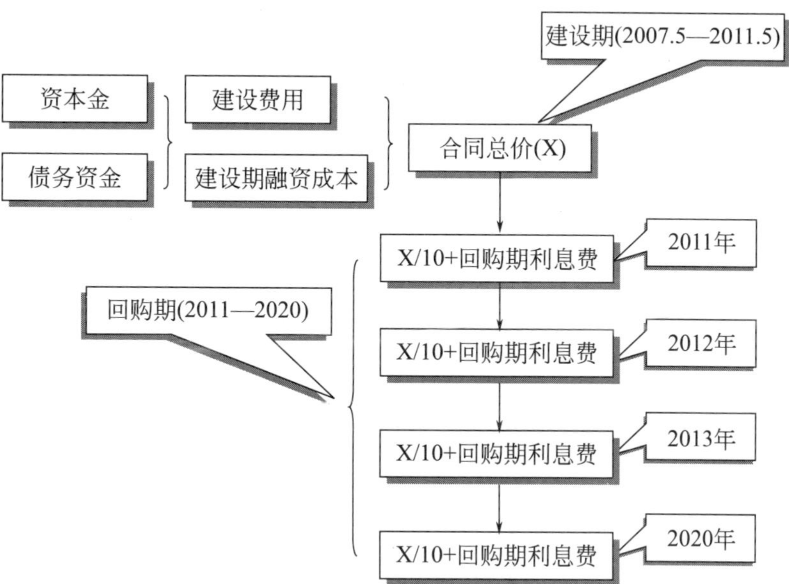

图 14-2　南京地铁一号线南延线建设回购模式

第十五章　城市建设重大重点工程推进管理

15 Chapter

第一节　现代城市重点建设工程管理

一、城建重大重点工程项目建设

（一）城市化进程与城市建设热潮

一份SZW城市化建设考察报告，把赴JS、ZJ、HB等地就城市化建设进行考察学习的印象总结为“涌动的城市化大潮”。

1.总体印象

所到之处，无论在JS省的NJ、WX、KS，还是在ZJ省的HZ、WZ、TZ以及HB省的XF，看到的是一座座区域中心城市正在做大、做强、做美，一些县城和重点镇正在竞相崛起，群星拱月般的城市化体系初露端倪，感受到强烈的城市化意识以及对城乡一体化发展的充分信心。所考察过的城市，一个共同的特点就是城市化建设起步早，发展快，成效显著。目前，又掀起了新一轮加快城市化进程的热潮。

2.中心城市正在做大

每当走进一座中心城市，登高鸟瞰城市发展的全貌，眼前的情景总是令人由衷地感叹：蓝天白云下，绿树碧水间，一幢幢透着现代气息的高楼大厦拔地而起，各展风姿；一条条宽阔繁华的街道正在向外延伸；一片片新区、开发区呈组团式拉大着城市的框架。HZ作为省会大都市，凭借着强大的产业支撑和名城效应，开发经营城市的气魄大，动作也大，正在形成“一个主城、两个副城，六个旅游区”的中心城区空间布局，建成面积已达150平方公里。SZ地处长江三角洲中心，是与HZ齐名的历史文化名城。该市大力实施开放带动战略，积极探索出一条保护古城风貌与适应时代要求相兼容的城市建设路子，目前已构建了“东园西区，古城居中，一体两翼”的发展格局。即在古城以西沿运河两岸规划建设了52平方公里的新区，在古城以东开发建设了SZ工业园区，市区建成面积达82平方公里。位于ZJ沿海中部的TZ，抓住1994年撤地建市的难得机遇，经过短短几年的艰苦努力，便在城市建设上脱颖而出，市区建成面积已由原来的22平方公里扩大到36平方公里。目前已构筑了以市府大道、中心大道为主干的交通网络；建成了市府大楼、高教园区、开元小区、中心医院等办公、教学、医疗、商住楼群；完成了电信枢纽中心、创业中心、安居二期小区等10多个重点工程。

尤其是新建成的总建筑面积23万平方米，集购物、休闲、娱乐为一体的商业街，以其新颖的设计、合理的布局、独树一帜的风格，成为TZ一道亮丽的风景线。

3. 城市功能逐步完善

不管是中心城市还是小城镇，并非一味地拉大城市框架，盲目地扩展城镇规模，而是始终坚持以人为本，把完善城市功能放在首要位置。NJ作为特大型省会城市，自1990年以来，面对保护改造古城和开发建设新区的双重任务，仍不惜投巨资加强基础设施建设，提高综合服务功能。相继建成了机场高速公路、沪宁高速公路NJ段等70多条道路，形成了由城市向周边辐射的公路网络；构筑了“经五纬八”城市道路主干骨架，市内交通状况得到改善。同时，先后完成了电网建设工程、饮用水源改造工程和50万立方米油制气工程，城市供电、供水状况明显好转，供气问题基本解决，气化率达到96%以上。还全面开通了卫星通信地球站和2.5 g信息高速公路内环线、智能网、综合业务数字网，电话普及率达50%，电话用户结构达到中等发达国家水平。XF市的太平店镇，基本做到了设备完备，功能齐全。目前已达到镇内主干道铺装率100%，通电率100%，自来水普及率85%，燃气普及率70%，污水处理率92%。

4. 生态环境明显改观

这些城市大多工业化程度比较高，这既给城市带来了经济快速增长的甜头，也带来了环境严重污染的苦头。所以，近几年这些城市从中吸取教训，在保护和建设生态环境、走可持续发展道路方面普遍达成了共识。SZ为实现“水更清、地更绿、天更篮、城更美”的目标，采取有效措施对某湖沿岸的278家企业进行重点治理，20世纪末基本做到了废水达标排放，使某湖逐步恢复到二级或三级水质。21世纪初投资12亿元开始对古城河道实施了水环境综合治理工程，力争用三年时间使河水变清、变活。而且还开展了大规模的植树种草活动，建起了河道、街道林带和公共绿地。HZ为让城市“绿起来、亮起来、美起来、洁起来”，实施了“蓝天、碧水、绿色、清静”生态工程，目前HZ城区累计新增绿地面积5856万平方米，建成公园绿地314处；2016年年底，HZ城区绿地率、绿化覆盖率、人均公园绿地面积指标分别达到37.2%、40.7%、14.4平方米。如今的SZ、HZ两地，随着生态环境的改善，更加展示出“人间天堂”的诱人风采。

5. 产业集聚势头强劲

随着城市外延的扩张和内涵的提升，产业集聚势头十分强劲。SZ依托东园西区，大力招商引资，目前已有4587家企业入驻园区，其中外资企业914家，国内企业3673家；合同利用外资106.68亿美元，实际利用外资58.23亿美元。XF市的太平店镇经过几年的开发建设，已成为乡镇企业集聚的一片热土。目前全镇共有各类企业449家，其中围绕城镇建厂的就达304家，形成了一个以纺织服装、建筑建材、机械铸造、化工印刷为主体的乡镇工业园区，年产值达29.7亿元。工业园区的兴起，也带动了第三产业的迅速发展，全镇注册登记的个体私营户已达3500多家，年产值6.5亿元，从业人员突破1.8万人，并涌现出了一批资产超百万甚至千万元的民营大户。

6. 发展目标清晰远大

这些城市的规划决策把城市化建设的发展蓝图绘制得十分明确，发展目标清晰而相对具体。以WX为例，预计到2020年，城区建成面积达到400余平方公里，城市人口达到600余万人，城市化水平达到75%，力争成为全国的重点经济中心城市、区域性交通枢纽和国内著名的旅游胜地。该市还根据“积极发展特大城市和大城市，大力发展重点中心镇”的总体思

路，预计到2020年，构建起“一个主城（WX）、两个副城（JY、YX）、十五个重点中心镇”的城市化空间框架，形成以特大城市为主体、中等城市为辅翼、重点中心镇为基础的梯度组合、层次分明、中心突出、群体呼应、功能协调、优势互补的城市体系。HZ、NJ两个省会城市的战略定位同样清楚明确。按HZ市规划，预计到2020年，逐步建成1个250余万人以上的特大城市，3个20万～50万人口的中等城市，4个10万～20万人口的小城市，7个5万～10万人口的重点镇，10个3万～5万人口的中心镇，100个3万人以下的一般镇。NJ市提出要将6516平方公里的城乡面积全部纳入城市发展规划之中，以主城为核心，以长江两岸束状交通走廊为市域城镇的主发展轴，以主城向南的交通干线为次发展轴，形成主城-都市圈-市域三个层次的城市总体格局。

（二）城市重大重点工程建设基本背景

1.城市建设“项目群”

上述这些城市化建设成果无不跟一个建设模式有关。城市化进程的加速,促进城市建设热潮的不断高涨，大量城市基础设施、公共设施、环境保护、绿色生态、民生工程、产业转型等工程项目不断涌现，城市建设规模不断扩大，建设投资不断成规模地增加，各地城市涌现的地铁热、桥梁热、城市综合体热、超高层建筑（“地标式建筑”）热等此起彼伏。这种形势下，发挥集中力量办大事的优势，将当前城市建设中一些建设规模大、要求高、时间紧的工程项目，遴选列入、确定为当年度城市建设重点、重大工程项目，将其集中起来纳入相对统一的“项目群”内，动用政府资源集中精力、集中资源、集中队伍、集中优势；一般都是设立城市建设重点工程办公室（常简称为“重点办”），制定年度计划，对当年度纳入城建重点工程计划的建设项目实行相对统一的指挥、协调、组织、合作、实施、管理、控制等运作，以求得集约、高效、满意，见效速度快、成果集成大、建设效益明显的建设效果，这种对城市重大重点建设工程项目集中协调推进的模式，即“城市重大重点工程项目建设推进”模式。

2.城建重大重点工程项目

一般是对城市社会、经济、环境等具有重要而积极意义的重要和重大建设项目，列入城建重大重点工程项目一般是对当地建设、发展有重大现实影响、适应时代发展需要的城市基础设施、城市公共设施项目，如地铁、跨江跨海大桥、跨江隧道等重大交通项目，重大环境绿化美化和环境保护建设与改造项目，特大规模体育场馆，也有民生工程、棚户区改造、安居工程等。

3.城建重大重点工程建设协调推进模式特色

城建重点工程项目一般是指地方政府（市、区、县，本处主要指地级及以上市）主导安排，列入地方城市年度建设重点任务的相关建设项目。安排与设置城市建设重点工程办公室，目的是突出重点抓好重点工程、重大项目的建设管理、协调、推进力度，是地方政府组织和协调城市建设工作的一项具有全局性、针对性、突出重点、明确目标、提高城建效益的重要举措，目前国内大多数城市都采用了这种城市重大、重点建设项目的建设和工程管理工作集中推进运作模式，由于过去一般常以“城建重点工程办公室（简称城建重点办）”或“重大项目工程建设指挥部”的名义运作，这也就是所谓的城建重点工程建设协调模式。这种由重点办牵头推进城建重点工程项目建设工作的管理、组织、指挥、协调、推进模式，应该说这是一种富有中国特色的城市工程项目建设的组织、协调的推进运作模式。

（三）城市重大重点工程建设推进管理示例

以中部某省会城市召开的201×年全市城建工作大会为例，说明城市重大重点工程建设的推进部署落实的基本方式。

1.城市重点工程推进目标与原则

当前和今后一个时期，市城建工作要着力追求完美、注重细节、彰显品质、打造经典，加快实现三个转变，即城市规划由指导建设向规范建设与保护生态并重转变、城市建设由打造功能向提升功能与改善品质并重转变、城市管理由传统主导向社会共治与智慧现代并重转变，合力打造城市升级版。

今年市城市建设项目投资计划为2000.55亿元，较去年实际完成投资增长11.25%，确定103项工程为重点工程。今年城建工作，将更加注重城市品质，更加注重市民意愿。交通基础设施功能提升项目中，建成轨道交通6号线、机场线等，完成三环线南段、中山大道改造等；综合交通枢纽功能提升项目中，基本建成××机场三期、四环线西段等；生态环境提升项目中，重点推动湖泊保护治理、污水两年决战计划、排水两年决战计划、海绵城市建设、垃圾全收集全处理工程等；园林绿化提升项目中，建设绿地772万平方米，建成环东湖绿道工程东环、新开工府河湿地等。

要清醒认识城市建设所面临的形势和主要特征，锲而不舍地推进城市建设，打造城市升级版。规划方面，要重点抓好总规修编、划定边界工作；建设方面，基础设施要着眼“四通”，即枢纽联通、路网畅通、管网贯通、信息流通，重点开展好“拥抱蓝天”、“拥抱绿水青山”两项行动；继续保持城市建设高投入的连续性，不负历史垂青、不负市民期待、不负子孙后代。

2.按“十三五”城建新目标、新思路确定的重大项目

根据“十三五”城建新目标、新思路，201×年市城建委会同市发改委安排了40余项城建项目开展前期研究。主要是与沪汉蓉平行的沿江高铁（含××北高铁枢纽）、西安-××-福州高铁（含新××高铁站）、××至杭州高铁等高铁项目的前期研究。强化××铁路大通道往西北、东南、东北、西南等方向的能力，使目前6个方向能力扩展至12个方向，基本建成全国性铁路路网中心，促使××以铁路为骨干的交通枢纽功能更加匹配国家中心城市的建设要求。

新策划一批过江通道，包括××路至铁机路和堤角至工业大道过×江通道、江×七桥、江×九桥、××街至南岸嘴过×江通道、多福路至×北片跨×江步行桥，并开展地下快速路系统研究。

3.城建重点工程项目建设推进与管理

（1）绿网建设　“绿网”建设方面，201×年将建设绿地772万平方米，其中新建绿地面积346万平方米，改建绿地面积426万平方米。完成“绿满江城”行动年度计划，即造林2.63万亩，建设生态示范区1个、生态示范村20个。

开展景观道路建设年行动，围绕道路绿化景观提升（城市主次干道、立交桥匝道、地铁站点）、府河湿地、绿道、临江环湖沿河公园、城中村控规绿地、立体绿化等方面开展工作。重点新开工府河湿地、东湖沿线建筑及景观改造；完工环东湖绿道工程东环（梨园广场-一棵树）和西环、“3+5”主干绿道，将东湖绿道打造成世界级绿道，继续推进墨水湖公园等临江环湖沿河公园建设。

（2）治水截污　治水截污方面加大力度，“十三五”期间，主城排水防涝能力提升至10

年一遇。结合中心城区治污两年行动计划，加快城区湖泊截污，重点启动青山港及×钢二号明渠综合整治、九峰渠连通工程；重点推进南湖水环境综合治理、青山滨江区域综合改造；完成汉×六湖连通之龙阳湖、墨水湖、南太子湖清淤及生态修复工程等。

污水和排水打响两年决战计划。重点启动北湖污水处理厂建设；重点实施黄浦路、黄家湖污水处理厂改扩建，推进落步嘴、黄家湖、三金潭、汉西等污水系统骨干管网建设，同步推进系统内雨污混接改造及区域雨污分流；完成南太子湖、汉西污水处理厂改扩建、黄家湖东线截污干管工程，龙王嘴污水处理厂尾水排江箱涵全线贯通，建成汉西污水处理厂污泥处理处置项目。明年新增污水处理能力20万吨/日，污水管网100km，污泥处理处置能力300t/d。

重点启动后湖四期、港西二期、江南、琴断口、什湖等10余座泵站建设，巡司河、21号公路明渠、平安渠、四季渠等10余条骨干排水港渠的清淤整治；重点推进巡司河第二出口、夹套河、青菱路箱涵等20余条骨干排水通道，新增排水管网100余公里；建成后湖三期泵站改造和民生路泵站，新增泵站抽排能力14.5m^3/s。

（3）城市主干路建设　城市主干路建设方面，今年将完工中山大道综合改造、×阳大道景观大道、新武金堤路（江×路-三环线）、李纸路二期（南湖大道-新路村）等；新开工江城大道、青化路（×大铁路跨线桥-外环线）维修、青化路（青江大道-吴土公路）、建设大道延长线、×施公路（解放大道-三环线）改造、沿河大道（硚口路-民权路）改造等，继续推进岱家山大桥及两岸接线、丁字桥南路（雄楚大街-瑞安街）等项目建设。

在人流、车流集中路段实行机非分离、人非分离，建设人行天桥及人行地下通道过街设施，新建及改造非机动车道，构建以人为本、绿色低碳的慢行交通系统。

（4）路网主攻方向　今年路网主攻方向还将瞄准“微循环路”，目标是完工100条。中心城区加密次干路、支路，打通一批断头路。完工金沙路、紫阳东路、乐业路、永泰路、常飞路、丰美路、下马湖路、武×六巷、宝通寺路、铁机路等；新开工黄×路延长线、天泽横路、锦绣一路、夹套河路、武梁路等；继续推进韦桑路、高家台路、城华路、琴断口路、武车路、白沙四路等。

按照规划，××主城区快速路网将形成“三环十三射”格局，其中“十三射”即金桥大道、姑嫂树路、长丰大道、龙阳大道、国博大道、白沙洲大道、珞狮南路、雄楚大街、欢乐大道、×江大道、江北快速路、墨水湖北路、友谊大道-中山路快速化改造等。

今年将完工一批呈放射线状快速路网：雄楚大街（楚平路-三环线立交）、雄楚大街BRT、白沙洲大道对接的武咸公路（三环线-红霞村）、长丰大道（地面段）、东风大道二期、江×六桥×阳岸接线一期、杨泗港快速通道四新段。

一批工程续建：××四环线、杨泗港长江大桥、×江大道常青路至建设大道段、建设大道至京汉大道段、京汉大道至梅子山通道南段、常青路（三环线-青年路）等路段建设。其中，原规划四环线东段33公里与××外环线并线，但为让四环线独立成环，目前更改方案，串起武汉-阳新、鄂州-咸宁、黄冈-鄂州、新港高速4条高速公路作为替换路线，使外环东绕。

新建一批快速路和过江通道：江北快速路（江岸段、黄陂段）、墨水湖北路（孟家铺立交-龙阳大道）；新开工杨泗港快速通道青菱段、江×六桥×阳接线二期。

（5）综合交通枢纽功能将大幅提升　今年，××综合交通枢纽功能将大幅提升，将基本建成天河机场三期、天河机场交通中心、天河机场主进场路、四环线西段、孝汉大道××段等；继续推进慈天公路跨府河大桥（机场三通道）、青山长江公路大桥、沌口长江公路大桥、四环线南段、硚孝高速公路、××至深圳高速公路××段等。

轨道交通建设再度发力，今年有13条地铁线同时建设，其中将竣工并试运营6号线一期、机场线两条线；新开工8号线二期、11号线武昌段两条线；继续推进7号线一期、8号线一期、5号线、1号线径河延伸线、2号线南延线、11号线东段、阳逻线、纸坊线、蔡甸线等9条线。

此外，沌口、光谷将开跑有轨电车。今年将完工××经济开发区有轨电车试验线、×湖新技术开发区有轨电车T1、T2示范线一期。

4.提升功能与改善品质并重

今年城市建设将由去年的打造功能向提升功能与改善品质并重转变，实现城市功能和品质双提升。今年是实施“十三五”规划的开局之年，也是我市大建设、大发展和实现城市跨越发展的关键之年。

在目前中心城区已经建成“三环八射”快速路网基础上，继续加大城市建设力度，今年将续建四环线，完工一批放射线，基本形成“三环十三射”快速路网体系；同时，着力打造地铁城市，今年起，将力争每年开通2条地铁，在去年11条线同时建设的基础上，将形成13条线同时建设的局面。

××市综合交通枢纽功能将大幅提升。基本建成××机场三期、××机场交通中心、四环线西段等；轨道交通机场线将竣工并试运营，××市民将迎来坐地铁赶飞机时代。中山大道综合改造、汉×大道景观大道等一批城市主干道也将在今年完工。同时，还将建成100条“微循环”等次支路，让市民家门口的道路更畅通。

未来5年城市将仍处于大建设时期，但是“十三五”的主要特征将呈现功能完善与品质提升交汇。市城建委投资计划处负责人表示，今年，城市建设在继续加大对轨道交通、路网、综合交通枢纽投入的同时，也呈现出新特点，即城市生态环境提升项目投资较2015年提高了22%，这一增幅超过历年，其重点投向治水与截污。

过去的城市建设，往往重地上、轻地下。从今年开始，将统筹城市地上地下空间，着力推进海绵城市建设，推进排水深隧建设，城市主城范围内的排水防涝能力提升到10年一遇水平。在加快编织轨道网和快速路网的同时，“蓝网”和“绿网”也在加速形成，今年更加注重城市发展的持续性、宜居性，提高城市综合承载能力，改善城市人居生态环境。

二、城建重点工程项目组织协调机构

城市重点工程项目建设推进与管理协调机构许多城市都有，大多以重点办、重大办的名义设立。为说明城市建设重大重点工程办的性质、职能、组织架构、主要工作及其项目建设协调推进的工作程序等内容，本处选择了三座城市的实例作介绍。

1.北京市重大项目建设指挥部办公室

以北京市重大项目建设指挥部办公室为例。

为统筹做好2008年北京奥运会场馆及配套设施建设的综合组织和协调工作，2003年9月经市委、市政府批准成立了北京市奥运场馆建设指挥部及其办公室，并于2004年10月更名为北京市人民政府“2008”工程建设指挥部及其办公室，圆满完成了奥运工程建设任务，为奥运会残奥会成功举办提供了有力支撑。2008年9月北京市人民政府“2008”工程建设指挥部办公室被党中央、国务院授予“北京奥运会、残奥会先进集体”荣誉称号。

奥运会结束后，市编委于2009年1月下发《关于北京市人民政府“2008”工程建设指挥部及办公室更名等有关事项的批复》，将北京市人民政府“2008”工程建设指挥部及其办公

室更名为北京市重大项目建设指挥部及其办公室。2009年9月，市政府办公厅印发了《北京市重大项目建设指挥部办公室主要职责内设机构和人员编制规定》，进一步明确了北京市重大项目建设指挥部办公室（正局级，简称市重大项目办）的主要职责、内设机构和人员编制等事项。

市重大项目办不替代市政府职能部门的工作。市政府相关职能部门按照“三定”规定和职责分工依法负责本市重大项目建设的有关行政管理工作。建设单位为工程项目的第一负责人，对投资效益、安全生产、工程质量及工程建设的全过程负责，依法承担相应的经济责任和法律责任。

2. × × 市重点项目建设办公室

以南方某省会城市——× × 市重点项目建设办公室为例。

市重点项目建设办公室是2012年8月撤销市固定资产投资工作办公室后设立的，与 × × 市铁路建设办公室实行“一个机构，两个牌子”的体制。2014年8月机构改革后，× × 市重点项目建设办公室（× × 市铁路建设办公室）相关职责划入 × × 市人民政府办公厅，× × 市人民政府办公厅加挂 × × 市重点项目建设办公室牌子。南宁市重点项目建设办公室内设项目综合管理科、项目建设管理科、项目建设协调一科、项目建设协调二科4个科室，下设 × × 市城市轨道交通建设服务中心（相当于正科级事业单位）。× × 市城市轨道交通建设指挥部办公室设在 × × 市重点项目建设办公室。

主要职责：组织研究、制定全市重点项目建设的重大政策和运行机制，拟定年度重点项目建设计划并组织实施；统筹、指导、协调全市重点项目建设工作，承担重点项目建设协调例会具体工作；负责全市重点项目建设的统计分析，组织开展重点项目建设督查。

3. × × 市城建重点工程办公室

再以京沪高铁线上某地级市的重点办的人员组成和部门设置为例，说明市重点办的人员和机构情况。

（1）市城建重点工程办公室组成人员

① 主任：协助分管城建的市领导。

② 常务副主任：市政府分管副秘书长1人，市建设局局长1人。

③ 副主任：来自市发展和改革委员会、财政局、规划局、市政公用局、园林局、国土资源局、市容与城管执法局、水利局、建设局副处级分管领导各1人。

（2）市城建重点工程办公室内设机构及主要职责　办公室内设综合处、规划设计处、征地拆迁处、工程处、财务审计处、督察室六个处室。

① 综合处主要职责：负责市城建重点工程办公室内部日常事务，包括计划、文字、档案、宣传等；负责重点工程的年度考核；协助办理重点工程前期手续等。

② 规划设计处主要职责：负责工程技术方案设计、初步设计的组织协调、调度监督、审查论证、协助办理工程规划手续等。

③ 征地拆迁处主要职责：负责征地、拆迁工作的组织、调度、协调、监督，工程拆迁调查、方案编报、拆迁费用审核，违章建筑拆除及环境整治，协助办理拆迁手续等。

④ 工程处主要职责：负责工程实施方案审查及施工图设计、工程招标、现场管理、文明安全管理、质量监督、进度调度、工程量审核、验收移交、竣工备案的组织协调、调度监督，工程施工涉及的管线建设协调，协助办理工程建设手续等。

⑤ 财务审计处主要职责：负责工程资金筹集、管理和使用，工程预算及决算评审，市城建重点工程办公室办公经费管理等。

⑥ 监督室主要职责：负责城建重点工程全过程的监督管理，协助进行重点工程年度考核。

市城建重点工程办公室设在市建设局二楼，具体负责全市城建重点工程的组织、协调、检查、调度、考核等各项工作，办公室副主任享有本部门相关审批权。各处室工作人员从市各有关部门、单位抽调，集中办公，专职参与城建重点工程办公室工作，不再承担原单位的具体工作。

按照以上举例就能基本明确，城建重点办并非取代或代替建设单位职能，而是在政府层面上主要制定全市重点项目建设的重大政策和运行机制，拟定年度重点项目建设计划并组织实施；统筹、指导、协调重点项目建设工作，组织开展重点项目建设督查等。为便于叙述，后面城市建设重点工程项目办公室等一类机构，一般简称为重点办。

第二节　城市建设重点工程项目年度推进计划

一、城建重大重点工程项目建设计划示例

城市建设重大重点工程项目推进，首先要认真制定城市建设年度工程项目投资推进计划，此处以一个城市城建重点办制定的201×年度工作重点和城建重点工程项目推进计划方案为例，介绍城建重点工程项目的推进与管理。

（一）城建工作基本思路和重点

1. 城建工作基本思路

2016年城建工作基本思路是：继续以新型城镇化统揽城乡建设全局，按照“加快扩容提质，建设宜居山城”的工作目标，完善城乡规划、加速城镇建设、抓好城乡经营和管理。

2. 城建工作重点

（1）科学编制城乡发展规划　进一步完善老城区、东城片区控规编制以及道路交通、消防、商业体系等三个专项规划编制工作；完成石门大道周边地块、沅澧快速干线周边地块、安慈高速入口区域地块的城市设计和详细规划编制；完成全市脱贫攻坚扶贫重点村1∶500地形图测绘，重点抓好宝峰区和老城区控制性详细规划和夹山、蒙泉、皂市、维新、罗坪、壶瓶山、南北镇等特色乡镇规划编制工作，认真做好澧水风光带规划设计、澧滨路道路改造提质规划设计、大剧院区域策划咨询设计、宝塔公园及周边地块及“四馆两中心”规划设计。

（2）全力以赴推进项目建设

① 重大城建工程。按照工期倒排、任务倒逼的原则，建成老城区小街小巷、永兴大道、南区四条道路（梯云路、电厂路、双宝路）以及夹山大道提质改造工程。完成雄黄矿工矿区棚改、自来水宿舍棚改、航运公司区域棚改，适时启动三岔路片区棚改和田园公司区域棚改。全面启动×水北岸风光带、×滨路提质改造（观潭花园至田园公司道路及河堤改造）、智能立体停车场、汽贸城、商贸城等重点项目。全面推进东城路网建设、方顶山公园、全民健身活动中心等项目建设。

② 路改、水改工程。全面启动红土坡延长线、白云路、市场东路、三江路、二桥南端匝道、人民医院西侧下穿涵及道路等改造和建设工程。完成东城2号污水泵站及配套管网建设，完成赛奥硅业污水管网和污泥干化工程。启动楚江街道办红土社区2000t高位水池工程，建

成杨岭岗水厂扩建工程、易家渡镇供水工程、新关镇自来水厂管网建设和壶瓶山镇水厂改造项目。

③ 绿化、美化、亮化工程。完成城区所有公共绿地及主次干道行道树栽植、补植。完成三江广场建设，以创建国家森林城市和省级园林县城为契机，加大城区道路绿化、公共绿地、社区院落园林绿化及城区公园建设力度，调整充实园林工作力量，逐步增加城区园林绿化财政投入比例。对西溶路、观山、澧阳、荷花、中渡、宝塔社区存在安全隐患的路灯实施全面改造。

④ 安居工程。完成公租房建设1210套，完成棚户区改造3391套，完成农村危房改造2000户。完成刘家坪公寓安置小区二期建设，启动中渡异地扶贫搬迁安置房建设项目，推进三岔路片区湘运保养厂居民小区建设项目。

⑤ 生态环保工程。全面启动雄黄矿第三、第四期硫酸渣、废矿渣及危险建筑废物治理工程，完成维新镇冷风垭、罗坪乡西北环线、白云乡苏家湾山体崩塌治理。启动农村环境整治整县推进项目，完成农村垃圾收运系统建设（PPP项目）。

⑥ 特色集镇建设。充分发挥各乡镇主导作用，盘活新型城镇化政策环境资源，重点引导一批初具规模的特色集镇快速发展，采取财政资金以奖代投、城镇建设政策重点倾斜、建设环境和技术人才优先保证等措施，重点抓好夹山、蒙泉、皂市、维新、罗坪、壶瓶山、南北镇等特色集镇建设，打造具有当地人文地理特质的新型集镇。

（3）突出加强城市经营管理　一是充分发挥以城投公司为主体的融资平台作用，力争全年总融资31.78亿元，其中银行贷款融资25.6亿元（含6亿元非公开发行债券），企业自筹资金12.38亿元。大胆创新开发建设模式，大力提升资金效益，做大做强公司实业，全面启动汽贸城、驾考培训中心、停车场及物流中心、壶瓶山车站等经营性项目建设。二是建立健全土地征用、储备、出让工作机制，切实有效盘活土地存量，增加可用土地资源。准确把握当前土地存量和项目建设需求量的关系，做到应收尽收、应储尽储，进一步加大用地报批力度，力争全年土地收储1000亩以上，经营土地500亩以上，实现财政收入1亿元。三是认真研判国家新型城镇化和宏观经济政策，加大城镇建设向上争资争项力度，综合运用好市场和改革杠杆，确保城镇建设资金良性运转、安全可控。城市管理继续深化“一改四化”工作。重点抓好三个方面：一是推进市场化运营。逐步建立“政府主导、市场运作”的服务模式，逐步将公共资源的经营、公共设施的维护、垃圾清扫清运、公共地段灭鼠灭蟑等项目交专业公司经营，实现市政运营市场化。二是狠抓精细化作业。按照“主干道严管、次干道严控、背街小巷规范管理”的原则，对市容市貌、园林绿化、环境保护、交通秩序等管理标准实行分类管理，完成县城区交通智能化二期工程。三是结合智慧城市建设，推进城市智能化管理，提高城市管理效率和水平，将管理人员下沉到网格、责任分解到网格、任务处置到网格、兑现奖罚到网格的运行机制全面推开，并将管理延伸到部分重点乡镇，实现交通秩序、市容市貌等管理的常态化、制度化和规范化。

（二）201×年城建项目具体情况

201×年新建城建项目共40个，总投资49.59亿元，其中市政建设项目23个，总投资18.23亿元（财政预算、争国投、城投融资、引资）；安居工程4个，总投资22.26亿元（争国投、单位自筹）；国土、环保、规划、自来水及城管建设项目13个，总投资9.1亿元（争国投、财政预算、单位自筹、招商引资）。续建项目17个，总投资8.58亿元。财政回购项目13个，需回购资金2.83亿元。

（三）201×年度城建项目计划安排表

1. 市政建设项目

市政建设项目见表15-1。

表15-1　市政建设项目

序号	项目名称	建设内容	投资概算金额/万元	完成时间	责任单位	开发建设模式	备注
1	老城区沿河区域棚户区改造工程（含磷肥厂区域）	西起三江路、东至观潭花园接永兴路延伸段、澧阳路以南和澧水北岸沿河滨水地区，以及政府确定的其他相关地区。改造对象是拆除结构简陋、设施不配套、房屋质量差、使用年限久、交通不畅、安全隐患较大的房屋以及片区改造需要拆除的其他房屋；修复修缮具有石门文化特色和需要保护的近现代历史建筑物和民居民宅；改造改建相关的市政道路、地下管网、绿地广场、堤岸护坡、完善相关公用设施配套建设等。改造规模：区域总户数近8000户，包含磷肥厂区域，澧滨路沿线小区改造、危房、立面棚户区改造1913户，澧滨路改造，澧水河道疏浚，澧水河堤整治	57000	2019年	住建局房管局城投公司	片区开发总承包，项目分年度回购	已在谈判对接，开展项目前期。年底完成澧滨路道路改造工程；2017年2前完成火烧街片区改造、原五一机械厂危楼改造、沿线小区配套建设、澧滨路沿线和澧水河沿岸景观节点、澧水河道疏浚及河堤整治建设；2019年完成磷肥厂片区（工矿区）改造建设
2	白云路（澧阳路-S308线）	道路全长2.41km，沥青混凝土路面，人行道铺装、绿化、亮化；雨、污水管网建设	1890	2016年启动	城投公司	融资建设	
3	红土坡路延长线	铁路桥下至省道308线入口段的道路改造，建设内容包括道路、给排水、综合管道、道路亮化等	5000	2017.12	城投公司	城投公司	
4	污水2#泵站及配套管网建设	黄金路至2#提升泵站处管网铺设工程、2#提升泵站至3#提升泵站处跨江管网铺设工程、消能井至3#提升泵站处管网铺设工程、污水沉井工程、污水检查井工程、提升泵站工程、配电房工程、工艺管道安装工程、进厂区道路及道路工程、透视围墙工程等	570	2016.12	城投公司	中央、省两级管网资金	已招标
…	……	……	……	……	……	……	……

续表

序号	项目名称	建设内容	投资概算金额/万元	完成时间	责任单位	开发建设模式	备注
12	天门北路下穿铁路涵建设	天门北路穿支柳铁路下穿涵建设	2000	2017.12	城投公司	融资建设	
13	夹山采煤沉陷区综合治理工程	夹山镇青玄山社区等10个村的受沉陷区影响的居民集中安置，小区占地200亩，安置户数690户，搬迁人口约2070人，总建筑面积7.20万平方米；建设内容包括安置房面积6.15万平方米，活动中心0.67万平方米，幼儿园0.28万平方米，卫生所0.1万平方米，以及小区配套建设道路、给排水管网、电气管网铺设、绿化、停车服务设施等公用工程	31000	2017.12	城投公司	融资建设	
…	……	……	……	……	……	……	……
21	养老服务中心	430亩农用地转国有建设用地，土地报批	2300	2016.12	城投公司	融资建设	
22	城区道路、管网维修、绿化等项目	奉天路、古樟路、站东路道路及排水管网维修；西溶路、澧澜中学、观山、澲阳、荷花、中渡、宝塔社区原有存在安全隐患的寄杆灯进行改造，共106盏；城区道路标示标线划定及标牌制作安装；澧滨路城隍庙至一桥段供水管网；建设路改造工程；城区景观节点宿根花卉栽植及交通岛季花栽植；城区行道树及公共绿地苗木补植；城区小型绿地建设；苗圃地及公共设施仓储用地建设；城区树木刷石灰水；澧阳路景观节点公共绿地撒黑麦草共7000m^2	510	2016.12	住建局	财政预算	澧滨路城隍庙至一桥段供水管网2015年实施2016年付款；建设路改造工程开发商代建，政府补贴
23	2013—2015年项目资金及政府指定性工作	2013-2015年项目建设资金欠款安排	320	2016.12	住建局	财政预算	
小计			182327				

2. 安居工程建设项目

安居工程建设项目见表15-2。

表15-2　安居工程建设项目

序号	项目名称	建设内容	投资概算金额/万元	完成时间	责任单位	开发建设模式	备注
1	异地扶贫搬迁安置房	中渡社区、壶瓶山镇、罗坪乡三个安置点	54000	2018年5月	城投公司	专项资金与财政投资	
2	城镇棚改	共计3391套，共8个项目，建筑面积29.6万平方米，其中三岔路居民小区393套（三岔路113套、老湘运车站86套、湘运保养厂75套、原商业局小区54套、方顶山65套）、刘家坪城中村安置房200套、东方桥居民小区275套、壶瓶山镇老街二期366套、南北镇267套、新关镇新桥、新建小区358套、夹山片区1028套、闫家溶安置房504套	137700	除三岔路片区外，其余项目应2016年12月底完工	房管局、城投公司、涉及乡镇	上级补助5900万元，其他不足部分业主自筹	
3	公租房	共计1210套，共47个项目，总建筑面积7.26万平方米	12886	2016.12	房管局、水利局、卫生局、教育局等	争取上级投资4465万元，其余不足部分业主单位自筹	任务数待定
4	农村危房改造	已下达计划1800户，争取3000，共计5000户	18000	2016.12	房管局、各乡镇政府	争取上级投资2500万元，其余资金农危改造户自筹	任务数待定
小计			222586				

3. 国土、环保、规划、自来水建设及城管项目

国土、环保、规划、自来水建设及城管项目见表15-3。

表15-3　国土、环保、规划、自来水建设及城管项目

序号	项目名称	建设内容	投资金额/万元	完成时间	业主单位	开发建设模式	备注
1	土地开发整治项目	高标准农田建设试点县项目61500亩，蒙泉、太平、子良；2016年度县级耕地占补平衡项目500亩，磨市、二都等乡镇；2016年度旱地改水田项目180亩，雁池、易家渡等乡镇；夹山镇高标准农田建设示范县县项目32750亩	17120	2017	国土局	省、县投资	夹山镇高标准农田建设2016.12完成
2	山体崩塌治理项目	维新镇冷风垭、罗坪乡西北环线、白云乡苏家湾	693	2016.12	国土局	国家投资	
3	地灾隐患点搬迁避让	全县各乡镇共计142户	710	2016.12	国土局	国家投资	
…	……	……	……	……	……	……	……
11	××农村垃圾收运系统建设PPP项目	建设大型中转站1座，压缩式生活垃圾中转站14座（含停车场），智能指挥中心，配置垃圾收运车辆73辆，各式垃圾收集容器3377只。新增城区清扫保洁配置保洁车辆53辆	12000	2016.12	城管执法局	PPP项目	
12	拟实施项目修建性详细规划、城市设计	五条路道路规划设计（红土路、三江路、S308、夹山路延长线、黄金路）；大剧院区域策划咨询设计；大汉新城往东沿河风光；沅澧干线周边地块的城市设计带规划设计；城区居民安置点测量及规划（湘北职专新校区、沅澧快线、红星美凯龙）	270	2016.12	住建局	各项目前期经费	
13	脱贫攻坚项目	脱贫攻坚1∶500地形图；攻坚村、镇详细规划；不可预测费	250	2016.12	住建局	脱贫攻坚项目经费	
小计			90896				

4. 续建项目

续建项目见表15-4。

表15-4　续建项目

序号	项目名称	建设内容	投资概算金额/万元	完成时间	合同单位	开发建设模式	备注
1	来山大道提质改造工程	东起石门大道西至冠一路，全长4792m，路宽46m。建设内容包括：道路改造、给排水改造、绿化景观提质、强弱电入地改造、照明路灯改造、两厢建筑立面改造等	14000	2016.6	××市政工程建设有限公司	施工总承包	
2	永兴大道提质改造工程	观潭花园至机场路全长4499m，其中：观潭至狮子脑路段宽度22m；狮子脑至黄金路段路宽度34m；黄金路至机场路路宽度53m。建设内容包括：道路改造、给排水改造、绿化景观提质、强弱电入地改造、照明路灯改造、两厢建筑立面改造等	18000	2016.6	××华兴工程建设有限公司	施工总承包	
…	……	……	……	……	……	……	……
9	水厂改扩建工程	日供水10万吨，106项水质检测中心	5000	2016.12	自来水公司	农发行建设基金	
10	新关镇供水工程	新关主管及管道进村入户工程，主管*DN*300，长度8000m	1300	2016.12	自来水公司	安饮资金及自筹	
…	……	……	……	……	……	……	
16	续建项目	安慈高速入口片区规划设计	31.5	2016.12	住建局	2015财政投入	已到账
17	续建项目	乡镇1∶500地形图	264	2016.12	住建局	2016财政预算	已支74万元
合计			85750.8				

5. 回购项目

回购项目见表15-5。

表15-5　回购项目

序号	项目名称	工程完工审计情况	回购时间	账面金额/元	备注
1	富康小区及周边道路	已审结	2016年	16295461.50	待报财政局备案回购
2	石门大道及夹山路亮化	已审结	2016年	13268683.13	已送财政局待备案回购
3	一江两岸亮化	已审结	2016年	5882000.00	已送财政局待备案回购
4	武装部新营房改造	已审结	2016年	26949862.84	已送财政局待备案回购
…	……	……	……	……	……
6	宝峰南路改造工程	已审结	2016年	15471580.70	审计局未决算审计
…	……	……	……	……	……
13	三江口污水泵站及污水管网	已送审	2016年	6338174.00	
合计				283014717.5	

二、城建重点工程建设推进程序

（一）城建重点工程推进基本程序及其说明

可以说城市建设重点工程推进的基本程序应该是以城市建设的基本程序与城市政府建设和推进管理工作程序相结合，按照城市的社会、经济、环境发展和前进方向，紧紧围绕打造高效益、精品质、优水平工程目标，积极创新项目推进机制，精心安排落实工作环节和进程，确保所承担的城建重点工程高质量、高标准快速建设，以科学、严格、精密的组织协调方式又快又稳地有序推进，取得城市建设和发展的好成绩。

一般的城建工程程序为：一是制定年度城市建设重点工程项目推进计划，以明确目标任务，突出工作重点，科学组织施工建设，积极破解土地、资金、征收三大要素瓶颈约束。二是建立“项目包挂”机制，所谓“包挂”是要将项目任务“包”给单位并“挂”到具体人员头上，明确项目责任单位，并强化领导责任，具体项目的推进要包挂落实到责任单位和责任人（分管包挂责任人），保证“人人头上有项目，人人肩上有任务”。三是要并行推进重点工程项目“前期手续协调办理”和“施工准备督查”工作，保证前期工作得到有效、及时处理，保证前期工作准备充分、条序清楚、相关障碍性问题提前得到梳理和处置。四是举行“集中开工”仪式，以凝心聚力、鼓舞士气、振奋精神、明确节点、动员斗志，一般现在城建重点工程的推进中，不少地方会组织“集中开工”仪式，以达成上述目的。五是开工建设后，工程督查推进工作必须紧紧跟上，绝对不可懈怠。通过工程督查，及时准确地了解掌握工程进度、质量、资金、安全等情况，高效推进项目建设工作。六是对工程督查和建设过程中发现、出现的问题，应及时组织、安排集中会办、现场会办应对、处置和解决，以把问题解决在萌芽状态，保证工程进度、质量、成本、安全等的良好管控。七是一般为保持对重点工程持续稳步高效的推进态势，在工程进入到下半年后，有些项目或单项工程已接近施工，为掌握重点工程建设的全面情况，可举行“城市建设重点工程现场观摩推进会”，以现场第一手情况核查了解全市城市建设工作进展。八是一般在靠近年终时候，举行一批重点工程的竣工交付仪式，总结成绩，鼓励先进，督促后进，始终保持城市建设工作的良好推进态势和效果。

（二）城建重点工程推进基本程序示意图

城建重点工程推进基本流程见图15-1。

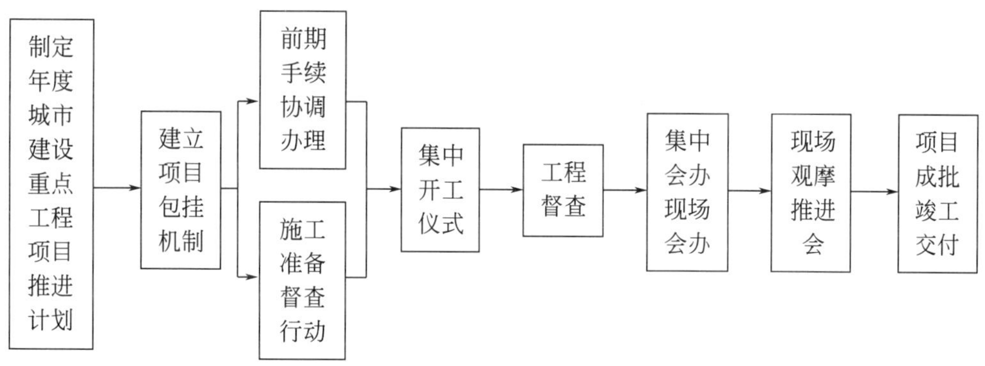

图15-1　城建重点工程推进基本流程图

三、城建重点办工作流程图示例

（一）城建重点办工作总流程图

某市城市建设重点工程推进协调总体工作主要可分成日常工作、工程推进、资金管理和工程督查四大块内容（见图15-2）。日常工作块主要有协调推进例会、重点工程推进宣传、项目文档资料管理及办公室内部管理等工作内容；工程推进块主要是按照城建重点工程项目的建设程序，从项目规划设计开始，经过项目前期、征收拆迁，到工程开工、施工，一直到项目竣工验收移交结束的推进环节工作内容；资金管理块主要包括项目资金的计划、拨付、结算环节工作内容；工程督查块主要包括招投标、工程控制、资金督查环节工作。

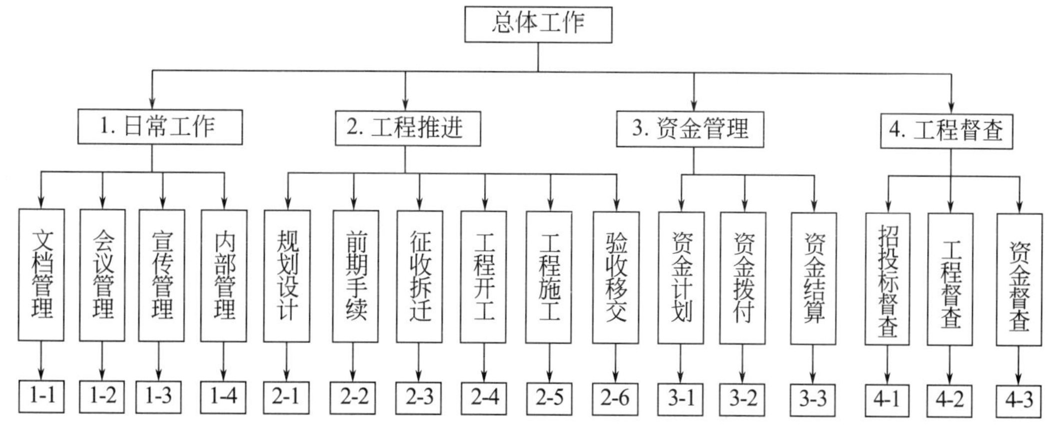

图15-2　某城建重点办工作流程

（二）城建重点办工作子流程

1. 日常工作子流程

（1）（1-1）文档管理　文档管理内容见图15-3。

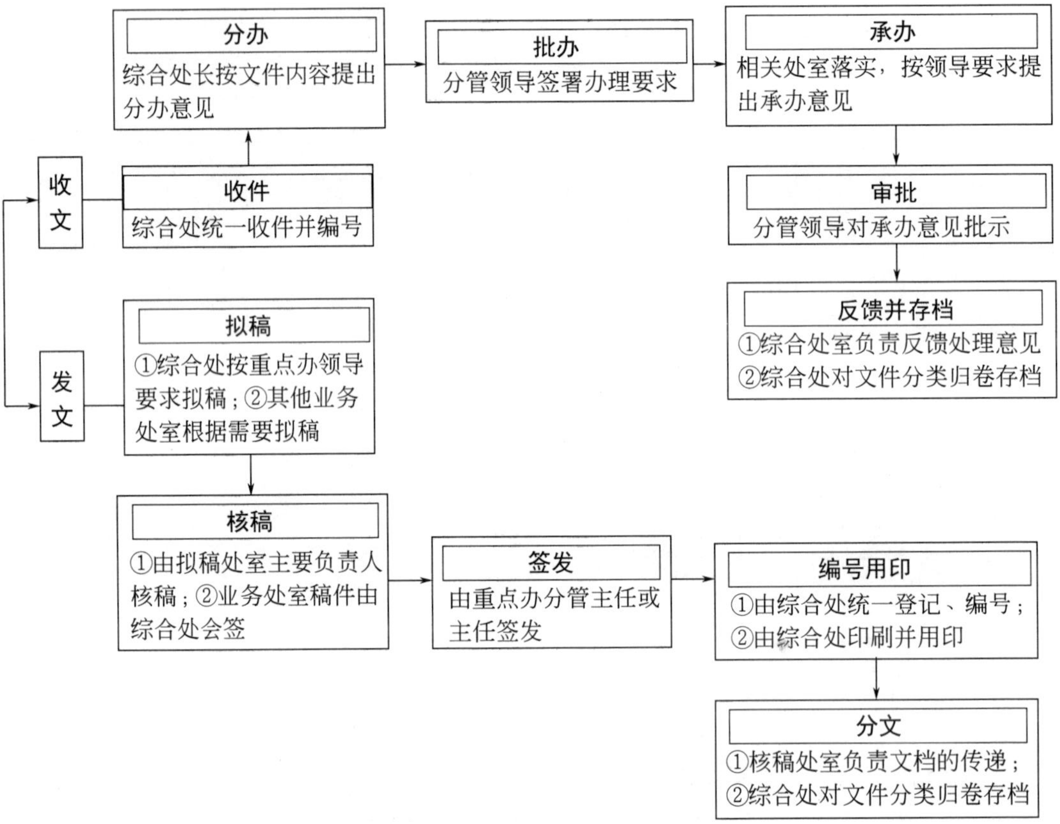

收文
收件
综合处统一收件并编号
分办
综合处长按文件内容提出分办意见
批办
分管领导签署办理要求
承办
相关处室落实，按领导要求提出承办意见
审批
分管领导对承办意见批示
反馈并存档
①综合处室负责反馈处理意见
②综合处对文件分类归卷存档
发文
拟稿
①综合处按重点办领导要求拟稿；②其他业务处室根据需要拟稿
核稿
①由拟稿处室主要负责人核稿；②业务处室稿件由综合处会签
签发
由重点办分管主任或主任签发
编号用印
①由综合处统一登记、编号；
②由综合处印刷并用印
分文
①核稿处室负责文档的传递；
②综合处对文件分类归卷存档

图15-3　文档管理

（2）（1-2）会议管理　会议管理内容见图15-4。

会前准备
①安排会议议题、议程、明确会议时间、地点和出席人员；②制发会议通知；③准备会议材料
会议服务
①做好会议签到；②做好会议记录；③做好会场服务
会后处理
①综合处分解会议任务；②相关处室负责承办、督办；③将会后的落实情况报告会议召集人

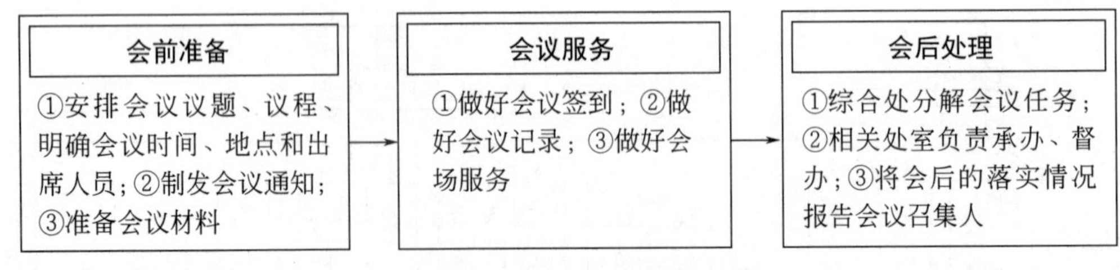

图15-4　会议管理

注：1. 重点办例会由综合处做好签到、记录工作。

2. 业务会由相关处室牵头组织，市领导调度会由综合处配合政府办做好相关工作。

（3）（1-3）宣传管理 宣传管理内容见图15-5。

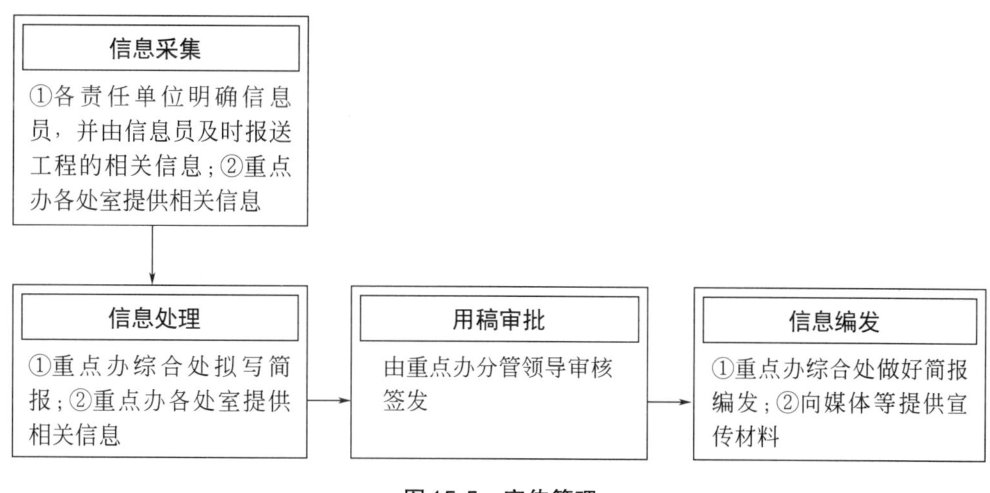

图15-5 宣传管理

（4）（1-4）内部管理 内部管理内容见图15-6。

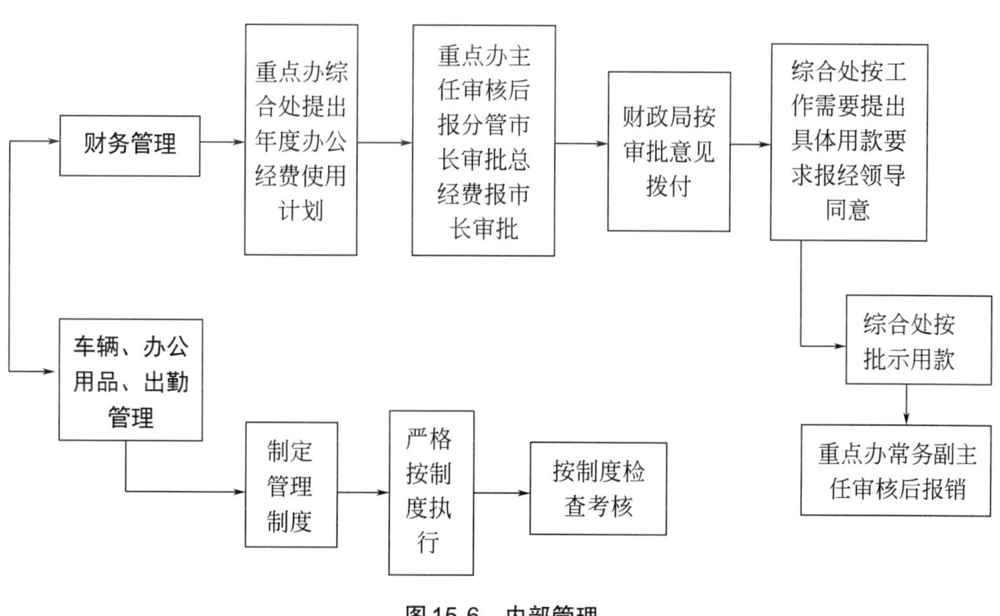

图15-6 内部管理

2. 工程推进子流程

工程推进子流程见图15-7 ～图15-12。

（1）（2-1）规划设计

方案阶段

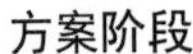

委托

①重点办或市规划局委托：市投重大项目或特批项目。②重点办或市园林局委托：重要园林项目或特批项目。③责任单位委托：环境整治类、商贸类等一般项目

↓

总体方案

①重点办或市规划局及园林局委托项目均应征求市政府主要领导和分管领导修改调整意见；②一般项目方案报重点办征求修改调整意见

↓

方案深化

①设计单位按修改调整意见深化方案；②规划局、园林局及各责任单位负责与设计单位衔接

↓

方案审批

①重点办或市规划局、园林局委托项目由市政府审批；②责任单位委托项目原则上由重点办审批

→

设计阶段

委托

①特批项目由规划局、园林局委托设计；②其余项目由责任单位委托设计；其余项目由责任单位委托设计

↓

施工图设计

①特批项目由规划局、园林局与设计单位衔接；②其余项目由责任单位与设计单位衔接

↓

施工图审查

①建筑工程设计由建设局审查；②市政、园林等其他工程设计由重点办会同建设局组织专家论证

图15-7　规划设计

（2）（2-2）前期手续

项目立项

①市投项目重点办统一申请；非市投项目责任单位提出申请；②发改委审批办理（× 个工作日内）

→

规划选址

①责任单位提出申请；②规划局办理（× 个工作日内）

↓

用地预审

①责任单位提交相关材料；②国土局办理（× 个工作日内）

→

可研审批

①项目责任单位填表申请；②一般市投项目发改委填表备案（× 个工作日内）；③特殊项目发改委批复可研（× 个工作日内）

↓

环评审批

①项目责任单位填表申请；②一般市投项目环保局备案（× 个工作日内）；③特殊项目环保局批复环评（× 个工作日内）

规划定点

①责任单位申请；②规划局发定点通知及规划许可证（× 个工作日内）

↓

用地审批

①责任单位提交材料；②国土局审批（× 个工作日内）

图15-8　前期手续

（3）（2-3）征收拆迁

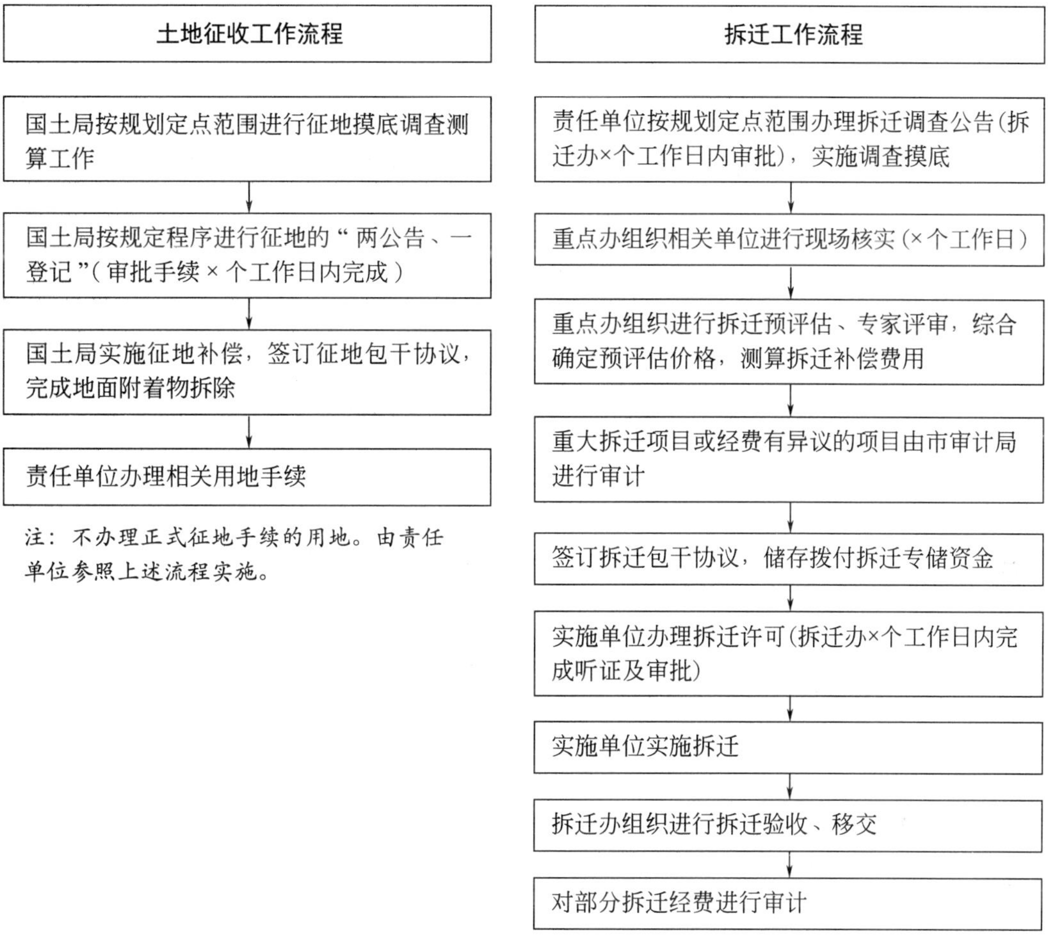

土地征收工作流程
国土局按规划定点范围进行征地摸底调查测算工作
国土局按规定程序进行征地的“两公告、一登记”（审批手续×个工作日内完成）
国土局实施征地补偿，签订征地包干协议，完成地面附着物拆除
责任单位办理相关用地手续
注：不办理正式征地手续的用地。由责任单位参照上述流程实施。
拆迁工作流程
责任单位按规划定点范围办理拆迁调查公告（拆迁办×个工作日内审批），实施调查摸底
重点办组织相关单位进行现场核实（×个工作日）
重点办组织进行拆迁预评估、专家评审，综合确定预评估价格，测算拆迁补偿费用
重大拆迁项目或经费有异议的项目由市审计局进行审计
签订拆迁包干协议，储存拨付拆迁专储资金
实施单位办理拆迁许可（拆迁办×个工作日内完成听证及审批）
实施单位实施拆迁
拆迁办组织进行拆迁验收、移交
对部分拆迁经费进行审计

图15-9　征收拆迁

（4）（2-4）工程开工

责任单位按审定的施工图编制预算，报财政局委托评审中心进行工程项目预算评审，并批复（3000万元以下七个工作日内，3000万元以上十个工作日以内）
责任单位根据财政局的工程预算批复确定标底，编制招标文件，报重点办工程处审核（×个工作日内回复）
根据经审核的招标文件进入招标市场进行招投标
责任单位根据开标结果与中标单位签订工程合同并备案（×个工作日内备案）
责任单位办理开工手续，施工单位在合同约定的期限内开工

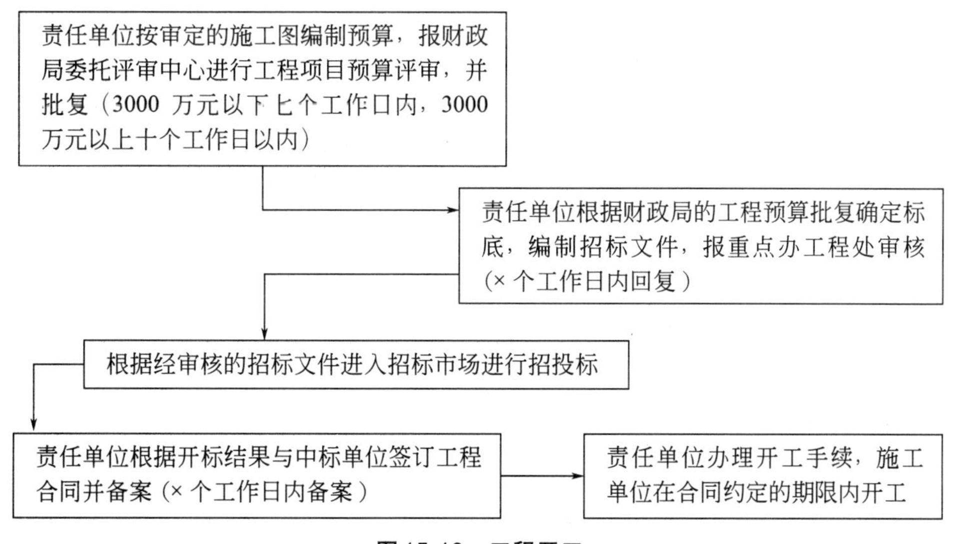

图15-10　工程开工

（5）（2-5）工程施工

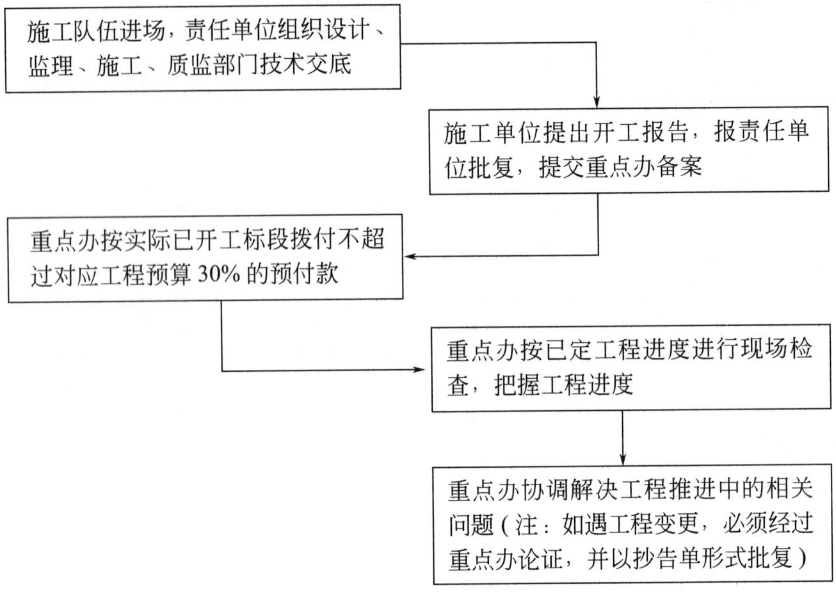

图15-11　工程施工

（6）（2-6）验收移交

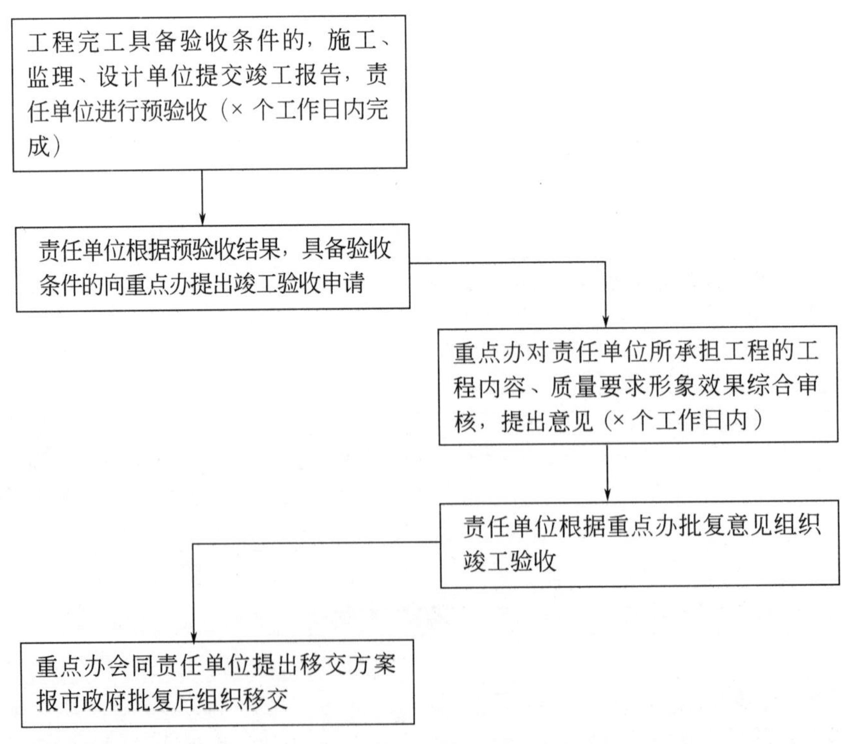

图15-12　验收移交

3.资金管理子流程

资金管理子流程见图15-13 ～图15-15。

（1）（3-1）资金计划

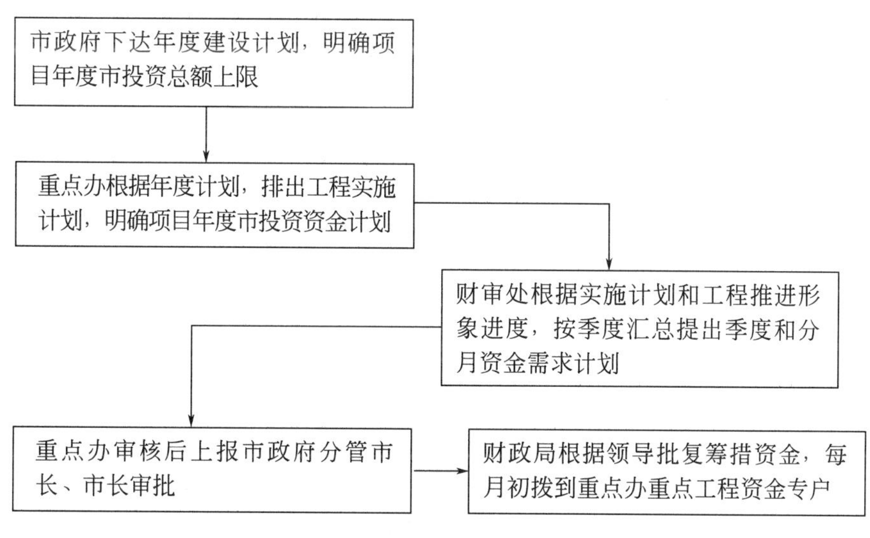

图15-13　资金计划

（2）（3-2）资金拨付

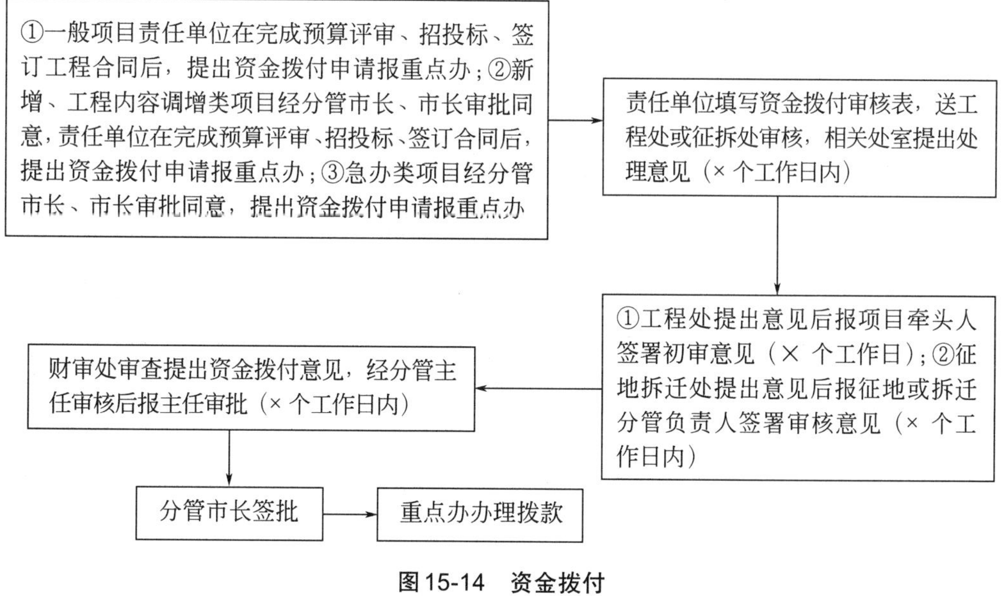

图15-14　资金拨付

（3）（3-3）资金结算

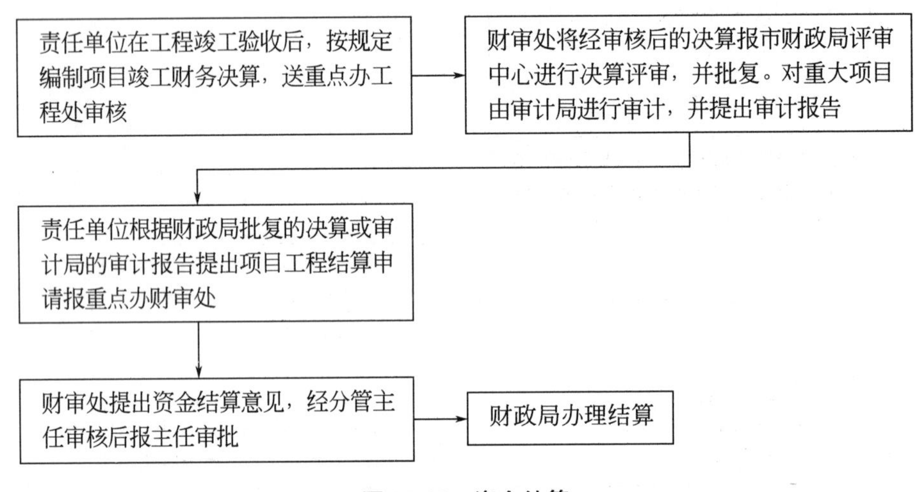

图 15-15　资金结算

4. 工程督察子流程

工程督察子流程见图 15-16 ~ 图 15-18。

（1）（4-1）招投标督察

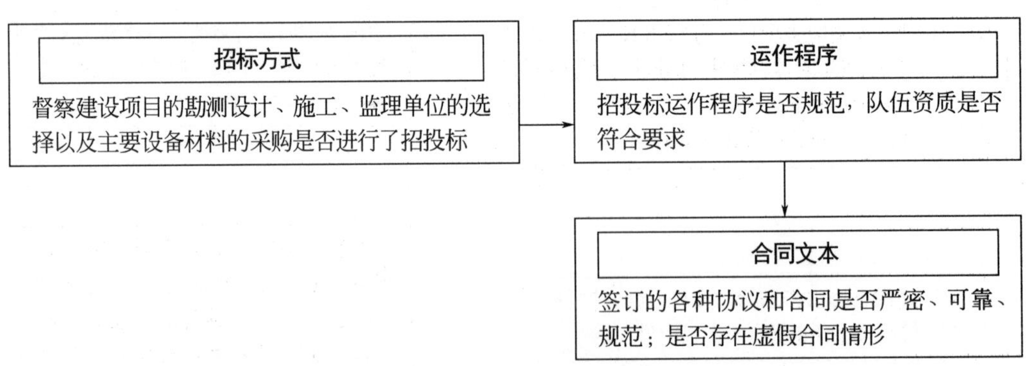

图 15-16　招投标督察

（2）（4-2）工程督察

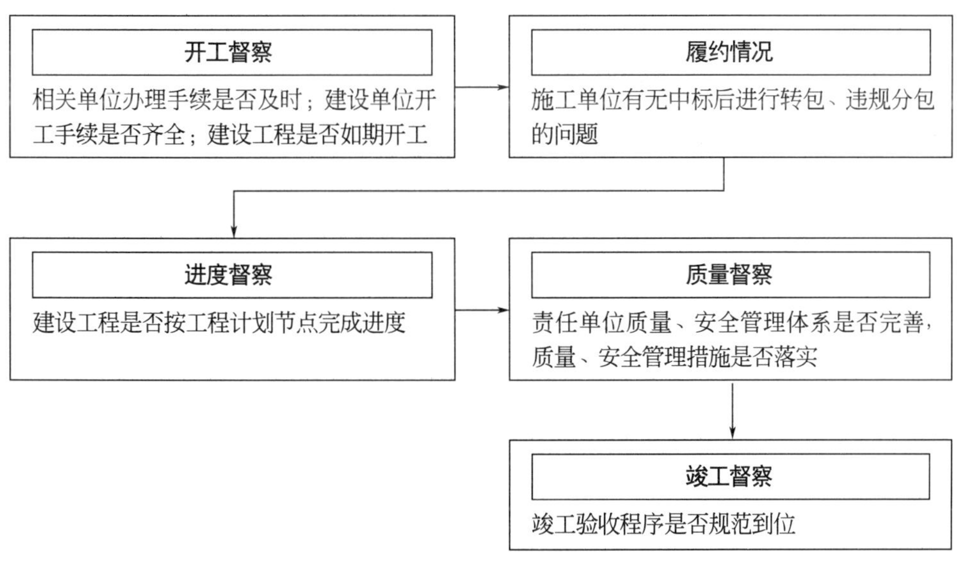

图 15-17　工程督察

（3）（4-3）资金督察

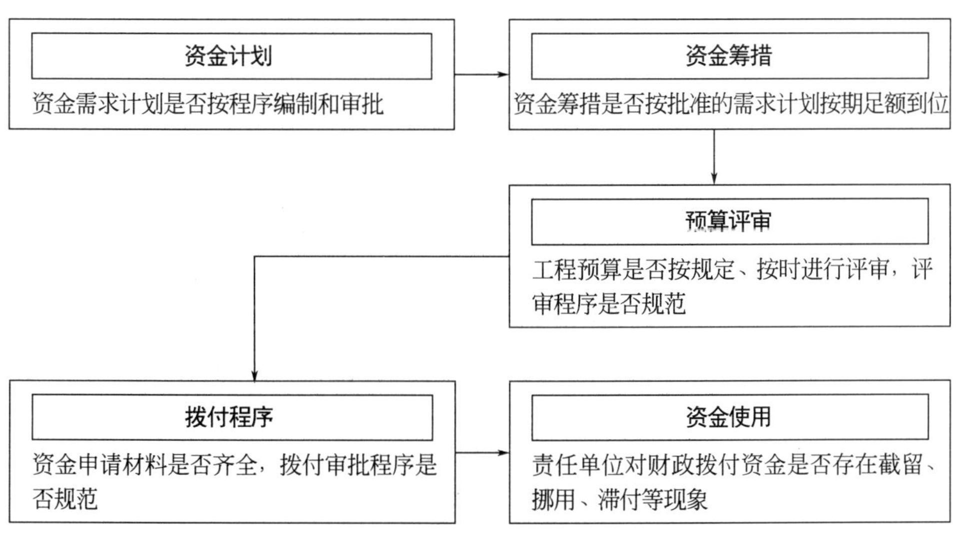

图 15-18　资金督察

第三节　城市建设重点工程推进协调及示例

一、城建重点工程建设推进协调

（一）城建重点工程推进协调

1. 城建重点工程项目协调特点

一是地方政府专门设立城市建设工程管理的工作机构，城建重点工程项目协调办公室，常称为重点办，重点办一般以矩阵式组织结构形式组建。常见模式可参见前面地级市重点办机构组成内容。

二是一般以年度为单位编制当年重大重点城建项目的投资建设计划。

三是城建重点工程项目多是以基础性、公益性、针对性、重要性、影响性为特征的城市基础设施、公共设施、民生工程、环保工程、文化工程等项目。

四是城建重点工程以政府及政府相关部门主导协调和组织、推进与督促运作，项目建设单位可以得到城建等政府相关部门的支持、协助、指导和高效办理以至特事特办的承诺。

五是城建重点办是市政府指挥、协调推进城市建设工作，特别是城建重点工程项目工作的重要执行部门。

2. 城建重点工程项目推进的特别措施

为推进城建重点工程项目建设的高效进行，以加快城市化进程，增强城市基础设施和公共设施的承载和运作能力水平，改善民生、改善环境，不断提升城市建设的经济、社会、环境效益，在城建重点工程建设中，各地相继采取了一些有特色的政策措施做法，取得了良好的推进效果。

①“集中开工”。为鼓舞信心，引导前行，促进项目建设推进，一些城市集中一批具备或基本具备开工条件、有影响的城建重点工程项目统一开工时间节点，集体集中同时开工，以扩大声势、提升形象、鼓舞士气、形成推力，造就齐头并进、奋力争先的项目推进态势的有利局面。

②“例会协调”。一般是市重点办以定期例会制度的形式，定期召开会议研究、处理和解决各责任单位遇到的项目建设难题及困难，及时、有针对性地和有效地协调和推进。例会协调可及时、全面而快速地解决城建重点工程的日常推进问题及矛盾，并及时处理相关事宜。

③“集中会办”。通常是指在城建工程项目建设的项目前期，为推进急需开工建设的项目启动和加快建设步伐，以及为加快需要确保进度的重点工程项目建设速度，为提升项目前期手续行政审批效率等，一般由市重点办牵头组织，实施项目前期手续集中会办。通常做法是集中某几个工作日，相关发改委、规划、建设、国土、环保、园林、市政公用、水利、财政、城管、消防、安监等部门集中开展会办工作。即在系统研究辖区内项目前期工作进展的整体状况，认真分析存在的突出问题，全面真实掌握前期工作总体进展情况的基础上，对于项目建设的责任单位、建设单位、代建单位等提出的审批事项，要进行认真梳理，主动做好与相关单位及部门的沟通衔接，加快各项前期审批要件的准备，突出集中会办事项工作重点，确保集中会办项目的前期工作质量，达成又好又快地推进市重点工程项目建设的重要目标。

④“现场会办”。对出现困难或重要问题的建设项目，一般由市重点办按市政府要求，协调相关管理部门现场办公，现场相关部门沟通协作处理解决相关问题。

⑤“节点验收”。一般为了确保工程进度，以合理又醒目的时间节点定为建设项目工程竣工验收或阶段性工程完工验收的时点，比如重要节假日或重要纪念日作为“节点验收”的节点，对工程建设进度的管理和控制起到良好的促进作用。比如，某城市在城市重大工程建设项目的城市地铁1、2号线建设中，为保证工程建设进度，地铁建设以“五通”，即洞通、轨通、电通、信号通、车通为工期控制点，安排相应节日、纪念日作为阶段性完工验收节点，目前1号线第一个关键节点“洞通”已实现，下一步的工作就是全力推进“轨通”“电通”和其余附属工程的建设，全面开展机电安装及装修施工等工作，以确保明年年中东段开通试运营及年底全线开通的目标实现。

⑥“现场巡查观摩”。这种模式有点类似于流动巡查式的“现场会办”，即市重点办有关人员会同相关建设单位、责任单位人员集中乘车，到工地建设现场，观摩巡查以现场观察了解掌握工程现场建设的形象进度、施工及工地管理、施工建设质量、存在问题等情况，有些问题有的当场拍板、协商、协调解决。这种模式机动灵活、现实高效，也是一种及时发现问题、处理问题、解决问题的较好方式。

⑦“成批交付”。这种模式一般也由市重点办牵头组织和协调、安排，是指在预先计划确定的时间节点或时间段，明确工程进度目标，加强对建设工程项目的推进协调，将一批达到建设竣工验收并可移交标准的重点工程项目，成批一次性地移交到业主、使用单位手中，即集中交付投入使用。“成批交付”对于检验建设成果，提高建设效益，确保建设进度，明确建设目标，激励队伍士气都是十分有意义的，实际工作中也是有明显效果的。

（二）现场会办示例

为更好践行101%服务承诺，加快挂钩帮扶的红星国际广场项目进展，5月31日，市规划局局长××带领市局分管领导及相关工作人员到红星国际广场项目现场，就建设单位遇到的实际问题召开项目推进会办会，解决实际问题。

项目总经理高××介绍，该项目一期部分进展顺利，二期方案目前正在设计中，主要存在两个问题，一是西北角小地块面积较小，会产生超容积率问题；二是项目可能会对北侧部分住户产生日照影响问题。针对地块超容问题，××召集规划人员现场办公，对相关指标进行测算，并提出解决方案，根据初步核算，将现有方案进行微调即可解决超容问题。对于项目日照问题，××指出，百姓权益无小事，规划部门将严格把关，认真将相关规范要求落到实处。

考虑到该项目北侧为大片棚户区，居住环境较差，抓住国家对棚户区改造政策的契机，结合我市棚户区改造工作，规划部门积极向市、区两级政府建议将项目北侧地块纳入全市棚户区改造计划。同时，清浦区政府要求区政府、街道、社区会同建设单位对北侧居住相关利益人做好解释及协调工作，确保项目顺利推进。

以上该项目遇到的两个问题，在市规划局及清浦区政府的共同会办下，得到了圆满的解决，建设单位对此次会办成果非常满意，对市规划局领导对此项目的高度重视和关心表示感谢，对市规划局一行的业务水平和扎实的机关作风表示敬佩。

最后，××强调，规划部门将继续全力做好红星国际广场项目的规划服务与帮办工作，直属分局提供全程服务，定期、不定期进行沟通，建立绿色审批通道。按照101%服务要求，遵循“超常规”、“不违规”的工作思路，主动对接，扎实工作，确保项目顺利推进。

二、城建重点工程建设推进协调示例

（一）××市城市建设重点工程年度推进协调综述

2015年年初，武×撤县设区、三大收费站外迁让××市版图进一步外扩，形成××市城市“一小时经济圈”，年末××-百色动车的开通，拉近了与革命老区的距离；在道路桥梁方面，继罗文大桥于2015年2月2日通车后，英华青山立交、长虹路、长堽厢竹立交等已全线通车，备受关注的良庆大桥已实现主桥顺利合龙；在公共交通方面，地铁1号线进行试运阶段，4号地铁开工仪式已于2015年12月28日举行……从年初到年末，××城建项目不断给市民带来好消息，不少与民生息息相关的城市立交、道路改造等城建重点项目已投入使用。

从阡陌交通到高楼林立，××埌东、凤岭新区正用自己全新的面貌向人们诠释着城市东扩发展的含义。××东、安吉东、玉洞西3个新收费站的建设在2015年全速推进，工程紧锣密鼓地进行，届时实现升级后的收费站将成为开放、现代、富有地方特色的“××窗口”。3月初，民政部官网发布消息提到，××市撤销武×县，设立武×区。“县改区”后，武×居民的生活环境、水平将得到提升。业内人士介绍，县改区后，县里的财政、规划将统一由市里安排，在财政上，××市可能会对武×区予以扶持，在规划上将更具前瞻性，规格、水平也会更高。

（二）重点工程项目推进情况

1.桥梁项目取得突破性进展

“十二五”的后三年里，交通基础设施是建设的重点。一大批将起到拉动城市新区发展、解决城市拥堵问题的跨江桥、立交桥，将在这三年内陆续建成通车，而2015年是关键的一年。2月2日罗文大桥通车，6月30日青山英华立交提前两个月通车，6月30日五象平乐立交主线/玉洞平乐立交主线/玉洞大道八尺江桥主线通车；青竹立交经过维修加固后于8月30日正式恢复通车，长堽厢竹立交也于9月基本通车。

五象新区作为××市的重头戏，未来××的名片，如何把新旧城区的距离尽量压缩实现交通贯通自由切换，跨江大桥必不可少！继南宁大桥、五象大桥、英华大桥跨江大桥顺利通车后，2015年良庆大桥、青山大桥、青坪大桥三座跨江大桥工程进度捷报连连，良庆大桥12月中旬实现主桥顺利合龙，主桥跨梁全部完成吊装，已于2016年5月建成通车；青山大桥在2015年全线开工，于2017年年初建成通车；青坪大桥在2015年年末开始动工！

2.长虹路建成通车，秀田路终开工

凤岭北已从青涩期走向成熟，作为××“城市门户新区”，在交通方面早已打破以前的路面窘局，如今整个片区都被纵横交错的路网覆盖；枫林路北段及长虹路都于9月后实现全线通车，在道路改造方面，青环路改扩建成双向8车道，从此，凤岭北与火车东站、东盟商务区以及五象新区等核心城区的联系更加紧密，凤岭北也进入高速发展时期。周边房产项目更是炙手可热，例如荣和•悦澜山、万科城、联发君澜等都是购房者争抢的人气热盘。

秀田路在2013年已在规划中但一直不动工，因为正处江宇世纪城一、二期之间，不开工建设给业主出行带来不便，2016年7月下旬江宇世纪城门前的秀田路终于开工。秀田路连接北湖路和邕武路，直通狮山公园，原计划9月底完工，但因各种原因没有实现通车。

3.五象新区总部休闲公园于9月开放

绿城是××的一个标签，为了更好地建设天蓝、地绿、水清的生态城市，××市大力推进城市精品线路、城市立交、城市重要门户、公园景区及城市重要景观节点提升工程，以及四季鲜花、滨水景观廊道、城市绿道、各城区新增绿地建设等工程建设，累计完成建设投资约64.16亿元，届时绿地率、绿化覆盖率和人均公园绿地面积大幅度提高，市民不管是在上班的路上，或是公园，均处在四季花开、春意盎然的绿城中。

“十二五”期间，××新建公园12个，目前已经开放的公园包括凤岭儿童公园、邕江滨水公园、体育休闲公园、李宁体育公园、花卉公园、青秀湖公园、相思湖湿地公园、五象湖公园、××五象新区总部休闲公园，正在建的公园包括江南公园、明月湖公园、五象新区滨江公园。其中××五象新区总部休闲公园于2015年9月“两会”期间正式对外免费开放，作为山地休闲森林公园，它融入海绵城市设计理念，重点打造××市首个紫薇品种最为丰富的“紫薇园”以及4.6km自行车骑行道。

4.××列为国家16个“海绵城市”建设试点市

“下雨天来××看海”，虽说有点夸张，但是××的内涝不仅存在安全隐患，而且给出行市民带来诸多不便，如何让××能像一块巨大的海绵一样，下雨后迅速被吸收，想用时又能马上“挤”出来？这不是脑洞大开，今年，××市被列为国家16个“海绵城市”建设试点市之一，在市政道路、城市广场、内湖等方面都进行了有益的探索，而接下来，这些影响市民生活的“海绵”或将铺向更广阔的地方。

位于××市南湖边上的滨湖广场，是××市“海绵城市”改造示范工程之一，采用了“渗、滞、蓄、净”的方式对道路、绿地和径流污染控制进行“海绵化”改造，改造后的滨湖广场可达到30.6mm降雨不产流、80%降雨不外排、颗粒物（TSS）去除率达70%，可解决周边道路初期10mm降雨的雨水径流污染。这只是“海绵城市”的一个缩影，期待××道路能大规模普及“海绵化”，不再有短时暴雨造成的城市内涝问题。

5.1号地铁“试跑”成功、首条BRT开工建设

2016年一件关乎市民出行的大事——1号地铁是否能运行，这主要看2015年地铁试运进度。1号线是连接××市东西方向的骨干线，覆盖××中心城区东西方向的主要客流走廊，衔接主要客流集散点和对外交通枢纽。12月9日，1号地铁“试跑”成功，1030m长的试车线只用一分钟跑完，整个过程中列车行驶平稳，2016年通车；2号线于12月15日全线封顶，提前3个月完成主体工程建设，全线已有83%完成盾构，预计2017年年底建成通车；3号线站点已经公布，预计2020年完工；4号地铁开工仪式已于2015年12月28日举行。

除了地铁，公交系统方面，××市将打造成为具有国际水准的公交都市，建立公交场站、线网、路权及补贴机制四位一体的“大公交”系统，形成以轨道、BRT为骨干，常规公交为主体，各种方式无缝衔接的公交系统。××规划3条快速公交线路，而××首条BRT线路规划为火车站-朝阳路-民主路-长堽路-××东站，2015年开工建设，2016年年底之前将完成建设并投入运营，值得期待。

6.良庆大桥实现主桥顺利合龙

五象新区是××市政府的“头号工程”，2015年的五象新区堪称“大工地”，除了不断开发建设的房地产项目外，道路、跨江大桥、行政配套工程在紧锣密鼓地进行中，并且取得突破性进展，特别是桥梁方面，为加快五象新区与各城区无缝隙连接的步伐，良庆大桥、五象平乐立交、青山大桥、青坪大桥同时开工建设，其中，五象平乐主干线已于6月30日通车，青山英华立交全线通车，良庆大桥已实现主桥顺利合龙。

为了完善五象新区的路网，南宁市还启动了平乐-玉洞立交、玉洞大道八尺江大桥的建

设，其中，7月1日，平乐-玉洞立交实现主线通车，玉洞大道八尺江主线通车。随着路网的完善，五象新区不少楼盘封顶、落架甚至交房，例如农房澜湾九里一期已于9月交房，绿地中心于12月交付，可以预见，越来越多的楼盘交付后五象新区人气爆棚。

7. 五象新区教育配套逐渐跟进

数据显示，2007年至2015年的8年中，××市市区内共建起了52所学校，新增学位10.72万个。仅2013—2014年，建成的中小学幼儿园就达29所，预计到2015年年底，××市将有10所以上的新学校建成。根据规划，武鸣与广西-东盟经济开发区（以下简称东盟经开区）之间，将打造一个总面积约31.26平方公里的教育园区，并以规划中的××-贵阳铁路为界分为东、西两个片区，距离××市区约30km。

随着路政配套的完善，五象新区的教育配套逐渐跟进，今年不少开发商引进品牌小学，例如万达茂引进民主路小学、合景天汇广场引进滨湖路小学、天誉花园引进衡阳路小学；此外，五象湖小学、××三中、三美中学公立学校建设中，其中××三中的宿舍楼已落架；××二十六中已招生。

《2015年自治区层面统筹推进重大项目建设实施方案》总投资17122亿元，其中，新开工项目159项，总投资2885亿元，2015年计划投资297亿元。2015年，××城建项目（包括续建）有了量的突破，2016年出行、休闲娱乐设施更健全，生活更美好！

第四节　以重点工程推进“海绵城市”建设案例

一、首批“海绵城市”试点城市建设综述

（一）“海绵城市”建设

1. 海绵城市

海绵城市是指城市能够像海绵一样，在适应环境变化和应对自然灾害等方面具有良好的“弹性”，下雨时吸水、蓄水、渗水、净水，需要时将蓄存的水“释放”并加以利用。海绵城市建设与管理应遵循生态优先等原则，将自然途径与人工措施相结合，在确保城市排水防涝安全的前提下，最大限度地实现雨水在城市区域的积存、渗透和净化，促进雨水资源的利用和生态环境保护。在海绵城市建设过程中，应统筹自然降水、地表水和地下水的系统性，协调给水、排水等水循环利用各环节，并考虑其复杂性和长期性。

2. 推进海绵城市建设

2013年12月12日，习近平总书记在《中央城镇化工作会议》的讲话中强调：“提升城市排水系统时要优先考虑把有限的雨水留下来，优先考虑更多利用自然力量排水，建设自然存积、自然渗透、自然净化的海绵城市。”

国务院办公厅2015年10月印发《关于推进海绵城市建设的指导意见》，从加强规划引领、统筹有序建设、完善支持政策、抓好组织落实四个方面，提出了十项具体措施。一是科学编制规划。将雨水年径流总量控制率作为城市规划的刚性控制指标，建立区域雨水排放管理制度。二是严格实施规划。将海绵城市建设要求作为城市规划许可和项目建设的前置条件，在施工图审查、施工许可、竣工验收等环节严格把关。三是完善标准规范。抓紧修订完善与海绵城市建设相关的标准规范。四是统筹推进新老城区海绵城市建设。从2015年起，城

市新区要全面落实海绵城市建设要求；老城区要结合棚户区和城乡危房改造、老旧小区有机更新等，以解决城市内涝、雨水收集利用、黑臭水体治理为突破口，推进区域整体治理，逐步实现小雨不积水、大雨不内涝、水体不黑臭、热岛有缓解。建立工程项目储备制度，避免大拆大建。五是推进海绵型建筑和相关基础设施建设。推广海绵型建筑与小区、海绵型道路与广场，推进城市排水防涝设施建设和易涝点改造，实施雨污分流，科学布局建设雨水调蓄设施。六是推进公园绿地建设和自然生态修复。推广海绵型公园和绿地，消纳自身雨水，并为蓄滞周边区域雨水提供空间。加强对城市坑塘、河湖、湿地等水体的保护与生态修复。七是创新建设运营机制。鼓励社会资本参与海绵城市投资建设和运营管理，鼓励技术企业与金融资本结合，采用总承包方式承接相关建设项目，发挥整体效益。八是加大政府投入。中央财政要积极引导海绵城市建设，地方各级人民政府要进一步加大资金投入。九是完善融资支持。鼓励相关金融机构加大信贷支持力度，将海绵城市建设项目列入专项建设基金支持范围，支持符合条件的企业发行债券等。十是抓好组织落实。城市人民政府是海绵城市建设的责任主体，住房城乡建设部会同发展改革委、财政部、水利部等部门指导督促各地做好海绵城市建设相关工作。

（二）南宁市成为国家首批海绵城市建设试点市

包括南宁、济南在内的16个城市将获得中央财政补贴10多亿元，用于海绵城市建设。这一补贴源于2014年12月31日财政部发布的《关于开展中央财政支持海绵城市建设试点工作的通知》。

2015年3月4日，三部委确定22个城市参与国家海绵城市建设试点城市竞争性评审答辩，最后有16家获得海绵城市的资格。

2015年4月2日晚据财政部网站消息，海绵城市建设试点城市名单正式公布。根据竞争性评审得分，排名在前16位的城市将正式成为海绵城市试点城市，南宁位列其中。

（三）海绵城市建设的理念、原则与条件

1.海绵城市建设应遵循的原则

建设“海绵城市”应坚持生态优先，但并非推倒重来，取代传统的排水系统，而是对传统排水系统的一种“减负”和补充，最大限度地发挥城市本身的作用。

2.设计理念

传统城市建设模式到处是硬化路面，每逢大雨，主要依靠管渠、泵站等“灰色”设施来排水，以“快速排除”和“末端集中”控制为主要规划设计理念，往往造成逢雨必涝、旱涝急转。按《海绵城市建设技术指南》(以下简称《指南》)，强调优先利用植草沟、渗水砖、雨水花园、下沉式绿地等“绿色”措施来组织排水，以“慢排缓释”和“源头分散”控制为主要规划设计理念，既避免洪涝，又有效收集了雨水。

3.配套设施

建设海绵城市就要有“海绵体”。城市“海绵体”既包括河、湖、池塘等水系，也包括绿地、花园、可渗透路面这样的城市配套设施。雨水通过这些“海绵体”下渗、滞蓄、净化、回用，最后剩余部分径流通过管网、泵站外排，从而可有效提高城市排水系统的标准，缓减城市内涝的压力。

4.主要条件

建设海绵城市，关键在于不断提高“海绵体”的规模和质量。过去，城市建设追求用地

一马平川，往往会填湖平壑。根据《指南》，各地应最大限度地保护原有的河湖、湿地、坑塘、沟渠等“海绵体”不受开发活动的影响；受到破坏的“海绵体”也应通过综合运用物理、生物和生态等手段逐步修复，并维持一定比例的生态空间。

有条件的还应新建一定规模的“海绵体”。根据《指南》，海绵城市建设要以城市建筑、小区、道路、绿地与广场等建设为载体。比如让城市屋顶“绿”起来，“绿色”屋顶在滞留雨水的同时还起到节能减排、缓解热岛效应的功效。道路、广场可以采用透水铺装，特别是城市中的绿地应充分“沉下去”。

5.海绵城市建设的两大困难

（1）资金需求量大。预计海绵城市建设投资将达到每平方公里1亿元至1.5亿元；首批16座试点城市计划3年内投资865亿元，建设面积450多平方公里。按当前国家海绵城市的建设规划，估计至2020年，全国658个城市建成区的20%以上面积需要达到设计标准，全国每年投资总额预计将超过4000亿元。到2030年，城市建成区80%以上的面积达到目标要求，需要资金约16000亿元。

（2）缺乏稳定收益回报。《关于推进海绵城市建设的指导意见》提出，坚持政府引导、社会参与。发挥市场配置资源的决定性作用和政府的调控引导作用，加大政策支持力度，营造良好发展环境。积极推广政府和社会资本合作（PPP）、特许经营等模式，吸引社会资本广泛参与海绵城市建设。

PPP模式在基础设施上用得不错，比如污水处理等项目，每年政府作为公共投入的部分是以购买服务的方式回报给投资商，这方面已经很成熟。但是，PPP模式用在海绵城市，怎么计算公共服务？它不像一吨污水处理完了是干净的，很容易计算出来。海绵城市相当于在建一个生态绿地系统。这部分的服务怎么计算是一个难点，据现在所知，目前还没有特别成功和完善的模式，PPP模式应用在海绵城市建设还有一定困难。

二、海绵城市建设技术措施

（一）海绵城市建设技术措施总述

目前所倡导的海绵城市，目标是为了让城市“弹性适应”环境变化和自然灾害，强调对城市原有生态系统的保护、生态恢复、修复和低影响开发。海绵城市不仅仅单纯从源头及小区域进行控制，而是统筹低影响开发雨水系统、城市雨水管渠系统和超标雨水径流排放系统，实现源头减排、过程控制与系统治理同步。转变城市建设理念和方式，通过“渗、滞、蓄、净、用、排”六个要素对雨水施行立体化、系统化、科学化、合理化的综合管理，从雨水“快收快排”变成“慢排缓释”，强化系统治理，统筹上游与下游、雨水与污水再生利用。

在城市建设中，采用雨水源头控制和综合利用设施，提高绿色基础设施建设比例，达到渗透、调蓄、净化等“海绵”功能，同时充分利用城市绿地空间、水系等，使其发挥“海绵”的积存、渗透、净化、释放等作用。因此海绵城市的建设应落实到“渗、滞、蓄、净、用、排”，构建低影响开发雨水系统、城市雨水管渠系统、超标雨水径流排放系统等综合统筹系统。

（二）六项技术措施分述

1.措施之一：渗

“渗”即渗透，运用生态手段在开发的同时维持或恢复到城市开发前的自然水文特征。

海绵城市推行建设可渗透下垫面，尽可能地增大雨水下渗比例。一方面在源头建设径流，缓解排水设施的压力，另一方面净化初期雨水，减少初雨对下游水体的污染。

由于当前城市下垫面过硬，到处都是水泥，改变了原有自然生态本底和水文特征，因此，要加强自然的渗透，把渗透放在第一位。其好处在于，可以避免地表径流，减少从水泥地面、路面汇集到管网里，同时，涵养地下水，补充地下水的不足，还能通过土壤净化水质，改善城市微气候。而渗透雨水的方法多样，主要是改变各种路面、地面铺装材料，改造屋顶绿化，调整绿地竖向，从源头将雨水留下来然后“渗”下去。

可以采用下述一些做法。

（1）透水景观铺装。传统城市建设无论是市政公共区域景观铺装还是居住区景观铺装设计，多数采用的都是透水性差的材料，导致雨水渗透性差，而在这一方面可以通过透水铺装实现雨水渗透，或通过水渠和沟槽将雨水引流至街道附近的滞留设施中。

（2）透水道路铺装。传统城市开发建设中道路占据了城市面积的10% ~ 25%，而传统的道路铺装材料也是导致雨水渗透性差的重要原因，除了景观铺装方面可以通过透水铺装实现雨水渗透之外，还可以将园区道路、居住区道路、停车场铺装材料改为透水混凝土，加大雨水渗透量，减少地表径流，渗透的雨水储蓄在地下储蓄池内经净化排入河道或者补给地下水，减少了直接性雨水对路面冲刷然后快速径流排水对于水源的污染。

（3）绿色屋顶。海绵城市建设措施不仅在于地面，屋顶和屋面雨水的处理也同样重要。在承重、防水和坡度合适的屋面打造绿色屋顶，利于屋面完成雨水的减排和净化。对于不适用绿色屋顶的屋面，也可以通过排水沟、雨水链等方式收集引导雨水进行储蓄或下渗。对于不适用绿色屋顶的屋面，也可以通过排水沟、雨水链等方式收集引导雨水进行储蓄或下渗。

2. 措施之二：滞

“滞”即滞留，采用模拟自然的方式来增大径流时间以此削减径流峰值，延缓峰值出现的时间。绿化设计可采用滞留塘、下凹式绿地和雨水花园等。其主要作用是延缓短时间内形成的雨水径流量。例如，通过微地形调节，让雨水慢慢地汇集到一个地方，用时间换空间。通过“滞”，可以延缓形成径流的高峰。具体形式总结为四种：雨水花园、生态滞留池、渗透池和人工湿地。

（1）雨水花园。是指在园林绿地中种有树木或灌木的低洼区域，由树皮或地被植物作为覆盖。它通过将雨水滞留下渗来补充地下水并降低暴雨地表径流的洪峰，还可通过吸附、降解、离子交换和挥发等过程减少污染。其中浅坑部分能够蓄积一定的雨水，延缓雨水汇集的时间，土壤能够增加雨水下渗，缓解地表积水现象。蓄积的雨水能够供给植物利用，减少绿地的灌溉水量。

（2）生态滞留区。指浅水洼地或景观区利用工程土壤和植被来存储和治理径流的一种形式，治理内容包括草地过滤，砂层和水洼面积、有机层或覆盖层、种植土壤和植被。生态滞留区对于土壤和工程技术的要求不同于雨水花园，形式根据场地位置不同也较为多样，如生态滞留带、滞留树池等。

① 植草沟。植草沟具有输水功能和一定的截污净化功能。适用于径流量小及人口密度较低的居住区、工业区或商业区、公园、停车场及公共道路两边，可以代替路边的排水沟或者雨水管渠系统。植草沟沟顶宽0.5 ~ 2m，深度0.05 ~ 0.25m，边坡（垂直：水平）1∶3 ~ 1∶4，纵向坡0.3% ~ 5%。可设置在雨水花园、下凹式绿地前作为预防处理。② 雨水塘。雨水塘是渗水洼塘即利用天然或人工修筑的池塘或洼地进行雨水渗透，补给地下水，雨水塘能有效地削减径流峰值。但雨水塘护坡需要种植耐湿植物，若雨水塘较深（超过

60cm），护坡周边就要种植低矮灌木，形成低矮绿篱，消除安全隐患。同时整个雨水塘系统还要形成微循环才能防止水体腐坏。③ 雨水湿地。人工雨水湿地是一个综合的生态系统，它应用生态系统中物种共生、物质循环再生原理，结构与功能协调原则，将雨水花园、生态滞留池收集的雨水进行集中净化。而且其具有缓冲容量大、处理效果好、工艺简单、投资省、运行费用低等特点，极其适合海绵城市建设中多处应用。

3.措施之三：蓄

“蓄”即调蓄，重点在于增加储水空间，从而保证更多的雨水在外排前被场地设施进行积存、调蓄，降低峰值流量，同时为雨水利用创造条件。把雨水留下来，要尊重自然的地形地貌，使降雨得到自然散落。现在人工建设破坏了自然地形地貌后，短时间内水汇集到一个地方，就形成了内涝。所以要把降雨蓄起来，以达到调蓄和错峰。而当下海绵城市蓄水环节还没有固定的标准和要求，地下蓄水样式多样，总体常用形式有两种：塑料模块蓄水、地下蓄水池。

（1）塑料模块蓄水。雨水蓄水模块是一种可以用来储存水，但不占空间的新型产品，具有超强的承压能力，95%的镂空空间可以实现更有效率的蓄水。配合防水布或者土工布可以完成蓄水、排放，同时还需要在结构内设置好进水管、出水管、水泵位置和检查井。

（2）地下蓄水池。雨水收集池，由水池池体、水池进水沉沙井、水池出水井、高位通气帽、低位通气帽，水池进、出水水管、水池溢流管、水池曝气系统等几部分组成。

4.措施之四：净

“净”即净化，采用生物手段减少径流污染，让城市绿地与水体维持和恢复其净水能力。主要可采用人工湿地、河岸生态滤池等措施。

通过土壤的渗透，通过植被、绿地系统、水体等，都能对水质产生净化作用。因此，应该蓄起来，经过净化处理，然后回用到城市中。雨水净化系统根据区域环境不同从而设置不同的净化体系，根据城市现状可将区域环境大体分为三类：居住区雨水收集净化、工业区雨水收集净化、市政公共区域雨水收集净化。

① 土壤渗滤净化：大部分雨水在收集时同时进行土壤渗滤净化，并通过穿孔管将收集的雨水排入次级净化池或贮存在渗滤池中；来不及通过土壤渗滤的表层水经过水生植物初步过滤后排入初级净化池中。

② 人工湿地净化：分为2个处理过程，一是初级净化池，净化未经土壤渗滤的雨水；二是次级净化池，进一步净化初级净化池排出的雨水，以及经土壤渗滤排出的雨水，经二次净化的雨水排入下游清水池中，或用水泵直接提升到山地贮水池中。初级净化池与次级净化池之间、次级净化池与清水池之间用水泵进行循环。

③ 生物处理净化。生物处理净化是利用微生物的生命活动，对废水中呈溶解态或胶体状态的有机污染物进行降解，从而使废水得到净化的一种处理方法。废水生物处理技术以其消耗少、效率高、成本低、工艺操作管理方便可靠和无二次污染等显著优点而备受人们的青睐。利用微生物的代谢作用除去废水中有机污染物的一种方法，亦称废水生物化学处理法，简称废水生化法。由于传统治理方法有成本高、操作复杂、对于大流量低浓度的有害污染难处理等缺点，经过多年的探索和研究，生物治理技术日益受到人们的重视。随着耐重金属毒性微生物的研究进展，采用生物技术处理电镀重金属废水呈现蓬勃发展势头，根据生物去除重金属离子的机理不同可分为生物絮凝法、生物吸附法、生物化学法以及植物修复法。

雨水净化系统三大区域环境如下。

① 居住区雨水收集净化　居住区雨水收集净化过程中由于居住区内建筑面积和绿化面积

较大，雨水冲刷过后大量水体可以经生态滞留区、雨水花园、渗透池收集起来经过土壤过滤下渗到模块蓄水池中，相对来说雨水径流量较少。所以利用海绵城市雨水收集系统将雨水蓄存、下渗、过滤然后经过生物技术净化之后就可以大量用于绿化灌溉、冲厕、洗车等方面。

② 工业区雨水收集净化。工业区有别于居住区，相对来说绿地面积较少，硬质场地和建筑较多，再加上工业产物的影响，所以在海绵城市雨水收集和净化环节就要格外注意下渗雨水的截污。经过承载海绵城市原理的园林设施对工业污染物的过滤之后，雨水经过土壤下渗到模块蓄水池，在这个过程中设置截污处理对下渗雨水进行第二次净化，进入模块蓄水池之后配合生物技术再次净化后循环利用到冷却水补水、绿化灌溉、混凝土搅拌等方面。

③ 市政公共区域雨水收集净化。市政公共区域雨水收集净化对比前两个区域环境有着不一样的方面，绿地面积大，不同地区山体高程不同所以导致径流量不同，并且河流、湖泊面积较大，所以减缓雨水冲刷对山体表面的冲击破坏和对水源的直接污染是最为重要的问题。就上述问题来讲，市政区域雨水净化在雨水收集方面要考虑生态滞留区和植物缓冲带对山体的维护作用以及对河流、湖泊的过滤作用。在雨水调蓄方面主要使用调蓄池来对下渗雨水进行调蓄，净化后的水一方面用于市政绿化和公厕冲厕，一方面排入河流、湖泊补给水源，解决了水资源短缺的问题。

5. 措施之五：用

“用”即利用，海绵城市建设与低影响开发有别于传统排水系统的最大区别，在于“回归自然的水文循环”，合理的利用不仅使水资源安全有序释放，还能缓解水资源短缺，节水减排。

在经过土壤渗滤净化、人工湿地净化、生物处理多层净化之后的雨水要尽可能被利用，不管是丰水地区还是缺水地区。这不仅能缓解洪涝灾害，收集的水资源还可以再利用，如将停车场的雨水收集净化后用于洗车等。应该通过“渗”涵养，通过“蓄”把水留在原地，再通过净化把水“用”在原地。比如收集雨水用于建筑施工、绿化灌溉、洗车、抽水马桶、消防和景观用水等。

6. 措施之六：排

“排”即排放，传统排水系统应与低影响开发雨水系统共同组织径流雨水的收集、转输与排放，在强调“慢排缓释”的同时，达到排水防涝的能力。可利用城市竖向与工程设施相结合，排水防涝设施与天然水系河道相结合，地面排水与地下雨水管渠相结合的方式来实现一般排放和超标雨水的排放，避免有些城市因为降雨过多导致内涝。这就必须要采取人工措施，把雨水排掉。经过雨水花园、生态滞留区、渗透池净化之后蓄起来的雨水一部分用于绿化灌溉、日常生活，一部分经过渗透补给地下水，多余的部分就经市政管网排进河流。不仅降低了雨水峰值过高时出现积水的概率，也减少了第一时间对水源的直接污染。

三、南宁市海绵城市建设试点市工程组织

1. 基本历程

（1）2014年11月，南宁市就正式启动了海绵城市建设相关工作，并将其列为2015年度工作重点之一。

（2）2015年4月1日，《广西日报》报道，《南宁将打造国家“海绵城市”》，内中写道，2015年起实施，至2017年结束，建造60多平方公里的示范区。

（3）2015年4月2日晚间，国家海绵城市建设试点城市名单正式公布。首批16家城市，

南宁位列其中。作为首批试点城市之一，有着“中国绿城”之称的南宁启动了项目建设三年实施计划，正式拉开海绵城市试点建设帷幕。

（4）2015年9月2日，《南宁日报》报道，《南宁市：200多个试点项目推进海绵城市建设》中写道，南宁市持续实施多年的“中国绿城”“中国水城”战略已经取得一定成效。目前，城市建成区绿地率已经达到36.64%。值得一提的是，已经集中打造了南湖、五象湖、相思湖等一大批在国内享有一定知名度的集景观、娱乐、休闲、防洪、调蓄等多功能于一体的城市河湖水系治理样板工程。这些大面积的绿地和河湖湿地等生态结构网络，可以在下雨时吸水、蓄水、渗水、净水，需要时将蓄存的水“释放”并加以利用，已形成南宁市的“海绵骨架”，是南宁市已经形成的“大海绵”，为南宁市海绵城市建设奠定了良好的基础。

（5）2016年1月15日，《南宁晚报》报道，《南宁加快海绵城市建设　今年计划完成73项海绵项目》中写道，南湖公园环湖路改造工程已完成约90%的工程量，石门森林公园海绵化改造计划当月完工，竹排江上游植物园段（那考河）流域治理PPP项目预计当年7月底竣工。

（6）2016年12月22日，《南宁日报》报道，《总投资11.9亿！广西南宁那考河综合整治PPP项目基本建成进入试运行阶段》中写道，12月21日，记者来到那考河上游段，只见鸟语花香、流水潺潺，更令人惊喜的是，河里水质非常清澈，可以清晰地看到河底的水草、卵石等。漫步在那考河湿地公园，只见道路干净整洁、广场宽阔大气、园林漂亮雅致，许多市民在这里散步健身、休闲娱乐。经过一年多的建设，南宁市那考河综合整治PPP项目开始试运行，预计在2017年3月正式运行。作为一条新的休闲滨水景观带，那考河必将成为南宁的新名片。

（7）2017年3月12日，人民网报道，《全国首个内河流域治理PPP项目南宁那考河大变身》。中写道，3月6日，记者来到位于南宁市金川路和大乌路交叉路口的那考河上游，这里已然是一个岸绿景美的湿地公园。此处虽偏安首府城区东北面一隅，可因道路干净整洁、广场宽阔大气、园林漂亮雅致，吸引了许多市民在此散步健身和休闲娱乐。作为全国首个实行“按效付费”的内河流域治理PPP（公共私营合作制）项目，南宁市那考河的整治模式，在2017年2月的全区环境保护工作会议上，被提到要“各市参考借鉴”。那考河的华丽变身，将为广西黑臭水体治理提供有益的经验。

（8）央视网2017年4月21日报道，《习近平在广西考察工作》中写道，20日下午，习近平在南宁考察了那考河生态综合整治项目和南宁·中关村创新示范基地。在那考河湿地公园，习近平听取南宁市内河水系分布、“海绵城市”建设等情况介绍，实地察看整治成效。习近平对南宁市整治城市内河河道，形成水畅水清、岸绿景美的休闲滨水景观带的做法表示肯定，希望他们探索更多经验。

2.重点工程推进的组织领导协调

（1）领导小组　海绵城市建设试点工作领导小组改为试点城市建设领导小组，组长仍为书记和市长。

（2）领导小组主要工作职责：

① 领导小组负责统筹协调推进南宁市海绵城市建设试点工作。

② 部署和监督全市海绵城市试点（示范）建设工作。

③ 决策试点工作中的重要试点事项。

④ 协调解决试点（示范）工作中的重大问题。

⑤ 制定试点（示范）工作的相关政策。

（3）领导小组下设办公室　领导小组下设建设办公室，承办领导小组交办的事项。建设办公室由市发展和改革委员会（以下简称发改委）、市财政局、市城乡建委、市规划局、市园林局、市水利局、五象新区管委会直接参与构成。

（4）领导小组下划分为7个工作小组：① 规划前期组；② 项目建设综合组；③ 项目验收组；④ 项目资金保障组；⑤ 项目督查组；⑥ 建设宣传组；⑦ 五象新区建设组。

3. 实施计划编制

（1）实施工作分组及主要职责　见表15-6。

表15-6　实施工作分组及主要职责

分组	项目	工作内容	牵头单位	责任单位
规划编制	—	负责编制相关规划； 将试点项目列入市城建计划； 负责分解落实示范区项目控制指标； 制定、出具出让地块的海绵城市规划指标； 负责编制年度示范区内拟出让地块清单	市规划局	市发展和改革委员会、市国土局、市城乡建委、市园林局、市气象局、市环保局、市财政局
项目建设	河流水系	负责示范区内的河道拓宽、河流水系整治、水质治理项目的海绵城市建设	市城乡建委	市水邕办、市水利局、市国土局、五象新区桂建局、市财政局
	公园绿地	负责示范区内的公园绿地项目及花样南宁范畴内的海绵城市建设		市园林局、五象新区桂建局、财政局
	公共建筑	负责示范区内的学校、医院、办公楼项目的海绵城市建设		市教育局、市城乡建委、市住房局、五象新区桂建局、财政局
	居住小区	负责示范区内的居住小区项目的海绵城市建设		市住房局、兴宁区政府、青秀区政府、五象新区桂建局、财政局
	道路广场	负责示范区内的道路、立交、广场项目的海绵城市建设		市城乡建委、市园林局、五象新区桂建局、财政局
	污水厂及排水管网	负责示范区内的污水厂、排水管网的海绵城市建设		市城乡建委、市城管局、五象新区桂建局、财政局
	五象新区	负责统筹五象新区试点项目规划建设工作		五象新区国土局、 五象新区财政局、 五象新区经投局、 五象新区管委会等
项目验收	—	负责制定海绵城市试点项目验收的具体办法，完成试运行验收工作。作好迎检准备	市城乡建委	市规划局、市城管局、市住房局、市园林局、市水邕办、市环保局、市财政局
项目资金保障	—	负责编制资金筹措方式； 落实项目建设资金； 安排上级资金分配的规范使用； 落实工作经费管理和项目建设经费管理等日常工作	市财政局	市发改委、市规划局、市住房局、市园林局
项目督查	—	负责对试点项目推进情况进行监督检查和问责问效，配合领导小组开展定期分级考核工作	市“两重两问”办	市委督查室、市政府督查室、市绩效办、市城乡建委、财政局
建设宣传	—	负责作好海绵城市建设宣传报道	市委宣传部	市文化新闻出版广电局、市规划局、市城乡建委、财政局、南宁日报社

（2）项目牵头单位包挂项目数量　见表15-7。

表15-7　项目牵头单位包挂项目数量

项目牵头单位	包挂项目数量	项目牵头单位	包挂项目数量
市城乡建委	21项	市教育局	12项
市林园局	11项	市水邕办	10项
市五象管委会	66项	自治区	6项
市住房局	11项	其他	5项

4.试点项目推进原则

① 示范项目2015—2017年三年大致按45%∶35%∶20%的比例，逐年启动开工进行安排。

② 项目难易应互相搭配。实施难度大的项目尽量往前排，以预留充足的时间，解决项目实施中出现的问题，为后续项目建设提供借鉴。

③ 对实现年径流总量控制率等总体目标贡献率大的项目尽量往前排，以尽快显现海绵城市建设效果。

④ 项目安排既要考虑在示范区6个分区的均衡分布，同时在示范区内集中连片。通过第一年的实施达到片区内效果初显，集中展示南宁市海绵城市建设的成绩，形成可模仿、可复制推广的模块化经验。

5.项目建设资金来源渠道

资金来源有市财政、业主自筹、社会资本等，具体落实方案另列。

四、海绵城市试点市建设推进实施

1.2015年试点项目下达与进展

（1）2015年试点项目下达

① 在总体情况上。初步下达2015年海绵城市建设项目，共143项，其中已纳入2015年城建计划的项目49项。

② 在项目类型上。河流水系类11项，公园绿地类15项，公共建筑类45项，居住小区类28项，道路广场类40项，其他类4项。

③ 在资金投入方面。初步估算，143个项目海绵城市投资共43亿元，占比超过三年海绵城市总投资的45%以上。

④ 在项目进度上。结合城建计划和实施难度，进行合理安排，预计2015年度完成项目47项，2015年度开工项目57项，预计完成前期工作项目39项。

（2）海绵城市试点项目进展（2015年度）　见表15-8。

表15-8　海绵城市试点项目进展（2015年度）

项目名称	责任单位	实施单位	工程进展
竹排江上游植物园段（那考河）流域治理	水邕办	南宁北排公司	已开工
南湖合流制溢流污染控制项目	绿城水务 市政管理处	绿城水务 市政管理处	已完成排水管网普查，合流制溢流污染治理。已进行初步设计

续表

项目名称	责任单位	实施单位	工程进展
第二机场路建设工程	市城乡建委	城建集团	已纳入海绵要求
玉洞大道（玉象路-良庆大道）改造工程	市城乡建委	城建集团	已纳入海绵要求
白沙大道后排绿地建设工程	园林局	绿化处	已开工
双凤立交桥建设工程	市城乡建委	城建集团	已开工

2.海绵城市建设试点工程

（1）工程项目的启动　2015年4月，南宁市获国家财政部、住建部、水利部评定为全国首批海绵城市建设试点城市，并提出了“治水、建城、为民”的理念。一年过去，南宁市海绵城市建设已取得了初步成效：截至2016年10月已启动海绵项目累计178项，完工项目65项，在建项目50项，前期项目63项。

（2）工程推进过程

① 项目建设总体考核目标。市委、市政府高度重视海绵城市建设工作，对全市海绵城市建设工作进行了全面部署和系统安排，结合南宁实际，加强海绵城市建设规划工作，先后出台了6个政策措施和6个技术标准规范。《中共南宁市委南宁市人民政府关于全面推荐海绵城市建设的决定》和《南宁市海绵城市规划建设管理暂行办法》两个重要的文件的印发，明确了要在全市推广海绵城市建设，确定了各项重要任务和目标及配套的资金、政策等保障措施，对全市的海绵城市规划、建设、运营、维护提出了全面要求。南宁市确定海绵城市建设示范区54.6平方公里，年径流总量控制率不低于75%、年径流污染控制率（SS总量去除率）不低于50%的总体考核目标。

② 实施基本方案和计划。按照要求，南宁市以穿过市区的邕江为主，划定了54.6平方公里的海绵城市建设示范区域。其中，邕江以北大部分为现状建成区，面积为37.68平方公里，海绵城市试点建设中将以城市初期雨水径流污染控制和合流制溢流污染控制为主，并兼顾年径流总量控制；邕江以南为南宁市正在重点打造的五象新区，面积17.92平方公里，大部分为新建地区，重点探索年径流总量控制，兼顾初期雨水径流污染控制。

（3）推进实施示例

① 石门森林公园、青秀山兰园改造项目。2016年3月，石门森林公园的樱花吸引了大批踏春赏花的市民。令人惊喜的是，石门森林公园比以前漂亮了，废旧游泳池改造成叠瀑景观，原来单调的草坪变成了雨水花园、旱溪景观……

原来，石门森林公园进行了海绵化改造，这块新打造的“海绵体”成为南宁打造海绵城市的又一范本。市民对石门森林公园的海绵化改造非常满意。今年樱花季，石门森林公园游园人数大约40万，游客量比去年同期增长了近一倍。“建设海绵城市就要有‘海绵体’。‘海绵体’既包括河、湖、池塘等水系，也包括绿地、花园、可渗透路面这样的城市配套设施。通过构建立体化的‘海绵系统’，使城市变成容量巨大的‘蓄水池’，减少城市建设对自然生态的破坏。”海绵城市建设是一个系统性工程，“渗、滞、蓄、净、用、排”6个字是落实海绵城市理念的具体措施。

在青秀山兰园，一株株怒放的兰花映入眼帘，水雾缭绕，美不胜收，“怀石叠瀑”“空中花园”“翠屏兰香”“兜兰花瀑”等景点充分体现了海绵城市“自然蓄存”“收集利用”的建设理念。改造后的青秀山，已经成为了南宁一日游必去景点，2015年12月—2016年2月，青秀山游客量为100.3万人次，比去年同期的70万人次同比增长约43.3%。青秀山兰园及北门区自然积存储蓄雨水能力1.39万立方米，可接纳客水量0.42万立方米。通过水资源水量平衡计算，每年回用水量（替代自来水用量）24.3万立方米，净化后雨水回用于绿化浇灌、道路冲洗、冲厕，雨水收集利用率17%，每年节约水资源成本约200万元。

石门森林公园、青秀山兰园是南宁打造海绵城市试点的一个缩影。根据《南宁市海绵城市试点建设三年实施计划（2015—2017）》，安排海绵项目总数203项，截至目前已启动海绵项目累计178项，完工项目65项，在建项目50项，前期项目63项。完成了青秀山兰园（一期、二期）及北门区项目、青秀湖东段工程、南宁市竹排江上游植物园段（那考河）项目、××体育中心海绵化改造、石门森林公园海绵化改造、南湖环湖路海绵化改造、示范区内中小学海绵化改造等重点项目建设。

② 那考河湿地公园。万米桂花溪谷、千棵朱槿水岸……被称为“国内最长桂花景观”的南宁那考河湿地公园，一派世外桃源的景色。那考河湿地公园“色”“香”“味”俱全，显现出柳绿桃红、水清岸绿的湿地公园景观。

那考河流域治理PPP项目是南宁市在打造海绵城市建设过程中极具典型性的一个示范项目。

首先，那考河流域治理PPP项目作为申报国家PPP示范项目的第一批重点项目，是广西首个采用政府和社会资本合作模式（PPP）的建设项目，也是全国首个运用流域治理进行水环境治理的PPP项目，实现了城市生态治理投融资模式的制度创新，为探索社会资本参与城市生态治理提供了可复制的运营模式。

其次，那考河流域治理PPP项目通过将海绵城市理念与流域治理进行深度融合，以汇水分区为单元进行划分，进行治理。通过将流域内多个项目产生的雨水引入那考河湿地进行消纳，经自然积存、自然渗透、自然净化后排入河道，以此实现海绵碎片连体化的目标。简言之，除了常规的河道整治手段，那考河整治项目在实施过程中，引入了海绵城市的建设理念，通过设置大量下沉式绿地、雨水湿地、植草沟等“海绵体”，对雨水进行自然调节。

作为南宁市海绵城市示范性项目，那考河流域治理PPP项目在进行海绵化改造的过程中兼顾提高内河整治和黑臭水体治理成效。事实上，在打造海绵城市建设过程中，南宁强化黑臭水体治理，规划流域性海绵设施。根据《南宁市海绵城市总体规划》中构建治污为本、科学保护、健康和谐的内河冲沟水环境保护与修复体系，以恢复和改善水体功能为目标，以“削减总量、改善水质、营造景观”为主线，完善污水收集系统，提高污水处理能力和处理标准，控制水环境污染和生态破坏，逐步修复河湖系水生态系统。

在开展海绵城市建设过程中，南宁市不仅先试先行PPP投融资建设模式，还积极探索统筹布局形成连片效应的建设思路，总结形成“南宁做法”，即通过雨水“断接”等技术使雨水“分散开、慢下来、吸进去、降污染”；引入绿地周边“客水”，发挥绿地自然积存、自然渗透、自然净化作用，对城市河湖水体进行生态修复；通过管网综合整治，强化灰色基础设施功能，增加绿色基础设施，有效削减径流污染，采用流域治理思路消除城市黑臭水体。

③ 那考河湿地公园的建设效果。3月6日，记者来到位于南宁市金川路和大乌路交叉路口的那考河上游，这里已然是一个岸绿景美的湿地公园。从“金桂广场”拾级而下走近河岸时，只见鸟语花香、流水潺潺，一路惊喜不断。漫步在“彩塘之韵”的木栈道上，滨水间成片的美人蕉在风中轻轻摇曳着，与周遭种类繁多的野趣植物相映成趣；河道两岸栽种了大量桂花树和朱槿，东盟和壮乡风情雕塑点缀其中，仿佛在迎接四方来客……这一切，共同绘成

了一幅生机盎然的城市生态画卷。

那考河项目首先提出了“全流域治理”和“海绵城市”相结合的创新理念——6.35km的河道，从河道治理、两岸截污、污水处理到水生态修复、景观建设（含“旱溪”“植草沟”“潜流湿地”“净水梯田”等一系列海绵化设施），全流域同步启动、统筹推进，实现“一条龙”治水。

第十六章　现代城市重要基础设施建设推进与管理

16 Chapter

第一节　城市重大基础设施工程建设管理

一、现代城市重大基础设施建设概述

（一）现代城市重大基础设施概念和内容

1.城市基础设施概念

城市基础设施是城市生存和发展所必须具备的工程性基础设施的总称，是城市中为顺利进行各种经济活动和相关社会活动而建设的各类设施及设备装置的总称。这里主要考虑工程技术性基础设施，如能源、交通、环保等内容，而将教科文卫体等社会性公共性设施纳入城市公共设施内容。

城市基础设施是城市企业、单位和居民等生产经营工作和生活共同的物质基础，是城市主体设施正常运行的保证，既是物质生产的重要条件，也是劳动力再生产的重要条件，是城市运营和发展的基础性、工程性物质、技术系统，是城市开展各项生产、生活活动的技术性、手段性平台。

2.城市基础设施的主要内容

① 能源设施：包括电力、煤气、天然气、液化石油气、暖气和新兴太阳能设施等。② 供排水设施：包括水资源保护、自来水厂、供水管网、排水和污水处理。③ 交通设施：分为对外交通设施和对内交通设施。前者包括航空、铁路、航运、长途汽车和高速公路；后者包括道路、桥梁、隧道、地铁、轻轨高架、公共交通、出租汽车、停车场、轮渡等。④ 邮电通信设施：如邮政、电报、固定电话、移动电话、互联网、广播电视等。⑤ 环保设施：如园林绿化、垃圾收集与处理、污染治理等。⑥ 防灾设施：如消防、防汛、防震、防台风、防风沙、防地面沉降、防空等。

（二）现代城市基础设施的特点特性

1.城市基础设施的一般特点特性

（1）生产性和经营性　例如，城市基础设施中的货运、客运系统一般包含了运输生产和

客运市场经营的特色内容，都是自主生产经营、自负盈亏的。具有明显的市场性、生产性、经营性。

（2）公用性和公益性 城市基础设施是城市的工程性、基础性支撑平台，具有较强而明显公共利用特点，为公众服务、为社会和城市系统服务的特色鲜明。无论是交通还是能源，也无论是通信还是环保，公用公益的功能特点十分突出。在城市基础设施服务的这种公用性、公共性体现表现在两个方面：① 任何一项基础设施都不是为特定部门、单位、企业或居民服务的，而是为城市所有部门、单位、企业和居民提供服务的，是为城市社会整体、为整个城市提供社会化服务。② 城市基础设施提供的服务，从服务对象上看，既为物质生产服务，又为居民生活服务，两者难以截然分开。据有关资料显示，城市自来水30%、70%，城市煤气50%、50%，城市道路运输量的30%、70%分别是为城市居民生活服务和为物质生产服务的。

（3）自然垄断性和成本沉淀性 一般而言，基础设施运营行业如自来水供水、供电、燃气等一般都是规模经济较明显的行业，即规模愈大，生产成本就愈低。譬如，煤气公司要输送煤气，就必须铺设管道，而铺设管道的成本是非常高的，但一旦铺设完毕，向管道泵注入更多的煤气则不需要更多的资金注入，以至于边际成本趋向于零。因此，一般要求由一家规模最大的企业进行垄断性经营。自然垄断行业有大量的“沉淀成本”，即资金一旦投入就难以在短时期内收回，也难改为其他用途。如果多个企业之间进行竞争，势必导致重复建设，造成资源的大量浪费。

（4）效益的间接性和长期性 城市基础设施的建设和运营，其目的并不完全着眼于获得自身的经济效益，而在于为整个城市经济的发展提供基础条件，促进城市经济和其他各项城市事业的发展，增进城市的总体效益。城市基础设施的投资效益和经营管理效果，往往表现为服务对象的效益提高，进而促进城市总体效益的提高。例如，城市道路和桥梁的建设投资和维护费用都很大，但一般并不直接向使用者收费，当然也就不能采取市场补偿的方式直接收回投资或进行更新和再建，更不能为财政提供积累。孤立地看城市道路和桥梁的效益很差，但它们确为城市高效运转创造了条件。重庆长江大桥、嘉陵江大桥建成后，使重庆市江北、南岸和市区连成一片，几乎100%的企业受益；上海市的南浦大桥、杨浦大桥、延安东路越江隧道的建设，对上海市建设成国际性大城市将产生深远影响，这些大桥和隧道都没有直接向使用者收费。又如，天津引滦入津引水工程完成后，由于水质改善，天津纺织印染工业的染色牢度提高半级到一级，一级品率也大为提高。反之，上海因排污及污水处理工程设施的建设跟不上需要，导致市区江河水质日趋下降，以致啤酒质量下降，纺织品洁白度不够，不少罐头食品难以外销，企业因此而蒙受重大损失。此外，城市基础设施的间接效益，有时还可以通过其服务对象的效益来计算。例如，大连市前几年因为缺水每年损失工业产值6亿元；上海工业如能增加32万立方米煤气，每年可增加产值7亿～8亿元。所以城市基础设施的效益主要是通过整体社会经济效益而间接地表现出来的。

城市基础设施投资大、使用期长，其经济效益、社会效益、环境效益等总的投资效益在短期内难以得到集中反映，要通过一段相当长的时期才能表现出来，而且，城市基础设施的经济效益、社会效益、环境效益会长期反映出来。例如，城市园林绿化等环境设施，给城市居民创造了良好的生活环境和活动场所，使居民身心得到健康发展；城市防灾设施的健全，可使城市能稳定安全地运转，这些效益是深远的。

（5）承载性和系统性 承载性指的是城市基础设施系统是整个城市的各类人的活动的基础，起到支撑、容纳、承受的平台性作用。城市运作发展所需要的能源、水、通信、交通等设施功能，发挥着重要而不可缺少的承载基础作用的。

系统性，这相对容易理解。城市基础设施系统，是一个各类不同功能设施子系统有机集成构成的相互联系、相互作用、相互衔接、相互协调的整体。城市基础设施子系统只有在有序、可控、协调的运营中，才能正常发挥各部分的功能作用，才能整体协调一致地运转达成系统良好的运作状态。

（6）建设的超前性和形成的同步性　指的是城市基础设施建设要有适度的超前性，要有提前量，规划要留有余地，要预留科学的发展提前量。而不是卡得紧紧的，一点弹性都没有。这是科学而有道理的，基础设施实体庞大，投资量大，一旦因余量不足出现问题，影响和损失常常都是巨大的。城市基础设施建设的超前性还有两层含义。一是时间上的超前。从城市发展的要求来看，作为城市发展和存在的基础，城市基础设施的建设理应在前：从技术角度讲，城市基础设施建设的工期长，埋设在地下的部分较多，必须先行施工，否则不但会造成重复施工，影响整体建设工程的工期和效率，而且会浪费大量资财，影响整体效益，所谓城市建设前期准备必须先做到“七通一平”，就是这个道理。二是容量上的超前，即城市基础设施的能力应走在城市对其需要的前面。这是因为，城市对基础设施的需要往往随时会有变化且会不断增长，而基础设施却因牵动面大而不宜随时扩建变动。城市道路埋设在地下的各种管线等有关工程量大、使用年限长、建成后不易移动的设施，应按城市一定时期内发展规划和总体要求一次建成或按最终规划建设或者预留，否则会妨碍城市今后的发展和扩建。如某市地铁，1965年设计时每天的人流量为20万人次，现在平均每天的人流量为170万人次。××站1959年设计时每天的人流量为5万人次，现在平均每天的人流量为17万人次，高峰时每天的人流量竟达到23万人次。对城市基础设施容量上的超前性认识不足，会严重影响城市的经济建设。

形成的同步性是指城市基础设施与相关的其他设施工程同时形成能力。基础设施提前形成能力会造成基础设施投资的呆滞，而基础设施滞后形成能力又会造成企业或住宅区等设施使用和发展呆滞不前，影响其发挥效益，只有形成建设同步，才能实现宏观最佳投资效益。××市1981—1991年，平均每年新建住宅约500万平方米，11年累计达5600多万平方米，超过前30年的总和，而且近几年住宅竣工量大大增加，但由于基础设施跟不上，每年有25%左右的住宅建成后不能及时交付使用。

2.关于基础设施超前性要求

基础设施超前性要求示例：一条投入使用才两年多的藏×公路，由于规划起点低、建设标准低，已无法满足地区经济社会一日千里的快速发展需要。为打破交通瓶颈制约，打造连接川、滇、青、藏四省区的交通枢纽，自治区党委、政府日前决定投入几十亿元，尽快实施新的公路建设规划。

听到这个消息，昌×广大干部群众对国家和自治区给予的大力支持深受感动，同时也对刚刚改造完又要重建的巨大投入十分痛惜：这么重要的基础设施为什么不一步建设到位呢？

其实，这是该区基础设施建设中相对比较普遍存在的一个问题。类似情况不少，有的认为能满足多少年用电问题的水电站刚投入使用几年，就已经超负荷运转；刚修好的城市道路，没多久陆续就被“开膛破肚”；一些刚刚改扩建的基础设施，很快就因无法满足需要重新进行改扩建……

这些问题的存在，从根本上讲是规划设计中缺乏长远战略眼光。现在该区很多基础设施的改造与建设，由于只求满足于中短期需要，缺乏长远和前瞻性规划设计，不可避免地带来了重复建设和巨大浪费，也给群众生产生活带来不利影响。

3.从超前性引出与其他设施建设的比较

与其他设施建设相比，基础设施建设规模大、施工周期长，而且大部分是基础工程和地下工程。同时，城市经济和人口一般都是逐步增长的，而给排水、供电、供热、供气等公用设施都具有一定的规模效应，不能因需求的少量增加随时相应扩大，只能按一定等级规模跳跃发展。还有相当一部分城市基础设施，如道路、桥梁和电缆等各种管线，建成后如需拓宽和增容，工程难度增大，拆迁费用高，还影响其他设施的正常运转。

与沿海发达地区和中部地区相比，西藏的基础设施无论是在数量上，还是在质量上都存在着一定的差距，目前还不能适应城市化和工业化的需要，成为制约发展的瓶颈。无论从经济的快速发展，还是社会需求的急剧增长来看，在未来二三十年内，西藏不太可能存在基础设施过剩或超前的问题。基础设施是百年大计，今天的建设必须得考虑到将来几十年后的需求。

因此，城市基础设施建设不但要把握经济社会发展的趋势和目标，还要科学判断群众日益增长的物质文化需求，不仅要在时序上超前，而且要高标准、高起点规划设计，使基础设施和公共设施建设具有一定的超前性并留有余量，只有这样，才能为未来长期发展留下足够的空间，才能保证与城市其他建设同步协调发展，才能最大限度地减少浪费、提高效益。

二、基础设施对城市发展的重要作用

1.城市基础设施是城市赖以生存和发展的基本条件

从城市发展历史考察，城市基础设施是城市形成的重要条件。城市要赖以生存，必须要维持城市居民生活，要有足够的水源补给，不能想象在一个缺乏充足水源没有供水设施的地方能形成某个城市。我国历史上处于西北丝绸之路的楼兰古城、印度北部的斯育等城市，由于自然条件恶化，水源枯竭，城市由盛到衰，最后成为废墟，就是例证。城市要生存和发展，还必须具有便利的交通条件。改革开放新时期出现的深圳、珠海等特区城市，仅用10余年时间就从边陲小镇发展成为今天的现代化城市，并呈现继续发展的良好势头，其中重要原因之一就在于城市开发初期进行的大规模城市基础设施建设。由此可见，城市基础设施建设对城市的形成和发展所起的重要作用。

2.城市基础设施是城市经济正常运转的前提条件

城市基础设施中的很大一部分以社会方式直接参与了生产企业的生产，其中，供水、排水、道路、交通、煤气、热力、电报、电话等设施，以各自特殊的方式，直接进入了物质生产部门的产品生产全过程。不容讳言，没有水资源的开发利用和雨水污水的排放处理，企业就无法生产，没有城市道路的交通设施，生产资料就难以进入社会再生产过程，产品或商品流通势必会遇到极大的困难。实际上在社会化大生产的城市经济中，几乎所有的生产企业都以电力为动力，以水为生产手段，以道路交通设施作为生产企业投资和产出的基础物质条件。

3.城市基础设施是城市居民生活质量的重要制约因素

城市基础设施也具有为社会服务的性质，其服务对象不仅是生产，而且还有城市居民的生活，有些设施例如防火、防洪、防震等还担负着保证城市安全的作用。为城市居民生活服务是城市基础设施一开始出现就具备的职能。

城市居民生活质量高低主要取决于国家经济的发展，取决于国家的综合国力及人均国民生产总值的水平，而城市基础设施的完善及良好与否也对城市居民生活质量有重要影响。很难想象一个现代化城市，没有了电力和燃气供应，居民的生活会出现什么样的情况；一个城市如果交通不畅、通信不灵、电力燃气供应不足、给排水能力低下等，就谈不上城市居民生活的高质量，充其量也就是维持居民生活而已，最终，城市将会因此而萎缩下去。相反，完善而良好的城市基础设施为城市居民创造清洁、卫生、优美、舒适的工作条件和生活环境，提高城市居民生活质量，增强城市居民对城市的向心力、凝聚力，从而促进城市经济的发展。既使城市居民在生活上得到实惠而且感同身受，也使城市经济的持续发展获得推动力，其影响是潜在而深远的，作用是不容忽视的。

4. 城市基础设施是城市产生聚集效益的决定因素

城市是经济社会发展的产物，城市作为人类文明、社会进步的象征和生产力空间载体，聚集了一定区域范围内的生产资料、资金、劳动力和科学技术及文化教育卫生，而成为一定区域内社会各要素的聚集体。这种聚集体产生巨大的城市聚集效益和广泛的城市辐射力。

城市聚集效益的产生是由于众多的社会经济单位集合于城市这个空间内，既实现高度专业化分工，又形成经济实体、社会实体和物质实体三者的有机结合，提高了劳动生产率，产生了整体性高效益。高度的专业化分工与经济实体、社会实体和物质实体的综合统一，形成彼此间广泛紧密的交流、协作、互动，城市成为高度社会化的有机整体。这种社会化是建立在完善而良好的城市基础设施之上的，从而使城市各社会经济单位更好地分工协作加强联系，城市基础设施的各个方面迅速传导着，互动着人流、物流和信息流，把城市地域内各社会经济要素紧密地聚合在一起，大大提高城市所有部门的经济效益、社会效益和生态环境效益有机结合的城市聚集效益。

5. 城市基础设施建设的乘数效应

基础设施是指为社会生产和居民生活提供公共服务，是用于保证国家或地区社会经济活动正常进行的公共服务系统。基础设施建设具有所谓“乘数效应”，即能带来几倍于投资额的社会总需求和国民收入。一个国家或地区的基础设施是否完善，是其经济是否可以长期持续稳定发展的重要前提。20世纪30年代，为应对空前的经济大萧条，美国总统罗斯福推行了著名的“罗斯福新政”，其中很重要的一项政策就是政府主导的大规模基础设施建设，这些基建项目，不仅增加了就业，增加了民众收入，还为日后美国经济的大发展打下了坚实的基础。

如今我国开展的“供给侧”改革和“一带一路”所拉动的城市基础设施建设的蓬勃兴起，极大地影响和促进了基础设施建设的投入，它所带来的“乘数效应”将是影响十分巨大、意义十分深远的，值得我们高度重视，值得我们积极认真准备，努力争取和抓住机遇，取得优化、良好的社会、经济、环境效果。

三、城市基础设施建设与发展

（一）中国城市基础设施建设总体情况

1. 中国城市基础设施建设水平

城市基础设施状况是城市发展水平和文明程度的重要支撑，是城市经济和社会协调发展的物质条件。2015年中国城镇人口7.68亿，城市化率达55.88%，随着城市人口不断增加，对城市基础设施需求也不断增加。2015年城市市政公用设施固定资产投资完成16204.4亿元，占同期全社会固定资产投资总额的2.88%，其中，道路桥梁、轨道交通、园林绿化投资分别占城市市政公用设施固定资产投资的45.8%、22.9%和9.8%。

2.中国城市基础设施建设积累能力

统计公报显示，中国城市供水日生产能力从1999年的562万立方米增长到2015年的29700万立方米，增长近52倍；煤气日生产能力从202万立方米增长到人工煤气供气总量471000万立方米，增长2330余倍；天然气储气能力从22万立方米增长到10408000万立方米，增幅高达47.3万倍；2015年年末，城市蒸汽供热能力8.1万吨/小时，热水供热能力47.3万兆瓦，供热管道20.4万公里，集中供热面积67.2亿平方米。城市供水综合生产能力达到2.97亿立方米/日，供水管道长度71.0万公里，年供水总量560.5亿立方米。污水厂日处理能力14028万立方米，排水管道长度54.0万公里，城市年污水处理总量428.8亿立方米，城市污水处理率91.90%，城市再生水日生产能力2317万立方米，再生水利用量44.5亿立方米。

城市道路长度从3032公里增长到365000公里，增长了119.38倍；城市轨道交通运营线路长度114公里，增长到2015年年末，全国有24个城市建成轨道交通，线路长度3069公里。全国38个城市在建轨道交通，线路长度3994公里。全年清运生活垃圾、粪便2.06亿吨，日处理能力57.7万吨，处理量1.80亿吨，城市生活垃圾无害化处理率94.10%。

基础设施的增长不仅是城市容量的基础，更是城市生活品质提高和城市文明的保证。城市供水设施保障城市居民饮水具有卫生标准。城市燃气工程建设使居民用上了洁净方便的煤气、天然气或者液化石油气。全国城市拥有公共交通车辆、出租车辆不断增加，地铁、轻轨等进入越来越多的城市，为方便市民工作、购物、娱乐、交流提供了优良的物质条件。

（二）城市基础设施建设发展

1.发展评价

中国城市基础设施的现代化程度显著提高，新技术、新手段得到大量应用，基础设施功能日益增加，承载能力、系统性和效率都有了显著的进步，推动了城市经济发展和居民生活条件改善。

2.领域拓展

随着社会经济发展水平的不断提高，中国城市基础设施除了交通、能源、饮水、通信等的供给外，已经扩展到环境保护、生态支持、信息网络、环境保护、灾害治理等新的领域。

一是城市信息网络设施建设日益受到重视。数字化建设成为城市建设新宠，信息网络构成城市发展的基础性条件。以移动通信和互联网为代表，城市移动通信和网络基础设施建设异军突起。2006年全国城镇用于信息传输、计算机服务和软件业的固定资产投资达到1786亿元。在北京市总体规划修编中，通信网络的专项规划覆盖辖区1.67万平方公里，五年拟建设4000沟公里通信管道，总投资达20多亿元。

二是防灾减灾、处置突发事件的能力建设受到重视。城市紧急避险平台、消防和人防设施、紧急医疗救护设施等成为城市基础设施建设新的重点。城市基础设施不仅要保持良好的运行状态，还要保证在特殊情况下不中断。提高城市基础设施安全保障系数，建设供电双回路及多回路，备用水源、备用气源、备用热源、备用通道等得到加强。

三是基础设施构成明显变化。除增加信息网络、城市应急设施和备用设施外，环境保护设施和电力、天然气等洁净能源建设份额明显加大。原有设施的改造、升级和换代成为重要建设内容。

四是基础设施的技术条件进步显著。新技术、新材料不断得到应用，技术和装备水平普遍提升，例如为了提高饮用水的水质标准，自来水厂进行净水工艺技术改造，除常规处理工艺外，实施预处理工艺，同时对供水管网、供水检测、供水计量、再生水生产等普遍进行技术更新和升级。

3. 合理规划

城市基础设施建设与城市发展的均衡协调是保证城市科学发展、可持续发展的前提。这种均衡协调包括基础设施与城市规模、功能和空间的均衡，与城市发展阶段和城市外部环境的均衡，城市基础设施系统本身以及各个子系统的完整性和有效性，各子系统之间的均衡和协调等。在强调均衡的基础上，城市基础设施的投资建设必须适度超前，避免建设滞后和盲目性。所以科学合理的城市基础设施发展规划是重要前提。

4. 设施建设

随着城市容量的扩张和人们生产、生活方式的改变，对水的需求量与日俱增，缺水已经成为制约中国城市经济和社会发展的障碍，节约用水、提高用水效率和加强水资源的再利用成为新形势下城市水务设施建设的重要内容。在城市供水管网改造力度不断加大的同时，中国全面推进节水型技术、设备的研究和应用，加强用水设备的日常维护管理，推进中水回用、雨水收集等水资源再利用基础设施建设。

5. 推进节能

以“十一五”规划为例，规划确定全国单位GDP能耗比“十五”期末降低20%。城市耗能是中国能源消耗的主体，实现能耗降低目标首先取决于城市基础设施的升级和改造。城市冬季供暖和夏季制冷是城市节能的主战场。建筑能耗占全国能源消费的20%左右，而采暖和空调能耗约占建筑能耗的65%左右，供热采暖年耗能约为1.3亿吨标煤。规划要求全国节能2.4亿吨标煤，其中建筑节能1.01亿吨，供热采暖须承担至少1/3。集中供热比分散小锅炉供热效率高50%。适应中国能源条件和居民居住状况，加快城市集中热源和管网等供热基础设施的建设，运用先进适用技术改进和完善集中供热系统，在满足居民采暖需要的同时提高能源利用效率和改善环境质量。据统计，CHP（大型热电联产）的供热只能解决29%的用能及提供电力，而CCHP可以提供47%的用能及电力。中国CHP在大城市中发展较快，北京、武汉、上海等有天然气供应的中心城市，严格限制煤炭使用，天然气热电联供正在逐渐兴起。部分城市在拥有燃煤热电厂的基础上正在建立CCHP系统。与此同时一些城市在开发和利用地热、太阳能等可再生能源及清洁能源供热等方面取得了进展。

四、城市基础设施建设改革

（一）城市基础设施建设体制改革

从20世纪80年代开始，中央政府颁布了一系列有关城市基础设施建设的法规和政策。包括强调公用设施建设是城市政府的主要职能，从工商业利润中提取城市建设维护税，新建项目必须配套建设市政公用设施，土地使用权出让收入部分用于城市建设等。以桥梁道路征收通过费为开端，施行“贷款建设、收费还贷”的基础设施建设模式。

开辟了城市综合开发的道路。20世纪90年代开始，城市基础设施建设投融资体制市场化改革步伐加快，成立了国家开发银行；放宽了基础设施使用的收费限制，基础设施建设投资必须依据《公司法》成立项目法人；投资收益和风险市场化，对城市基础设施的经营权、使用权、收益权做出了明确的界定；对外资进入城市基础设施领域进行了规定。2001年开始允许和鼓励民间资本进入城市基础设施建设领域。按照加入世界贸易组织所做出的承诺，电信、燃气、热力、给排水等领域对外资开放，特许经营制度成为城市基础设施经营和管理的主要形式。

城市基础设施的特许经营制度是指在市政公用行业中，由政府授予企业在一定时间和范围对某项基础设施的使用和服务进行经营的权利，即特许经营权。政府通过合同协议或其他方式明确政府与获得特许权的企业之间的权利和义务。中国现实行特许经营的范围已包括城市供水、供气、供热、污水处理、垃圾处理及公共交通等行业，初步形成了与社会主义市场经济体制相适应的城市基础设施建设体制。

① 鼓励社会资金、外国资本采取独资、合资、合作等形式参与市政公用设施的建设，形成多元化的投资结构。对供水、供气、供热、污水处理、垃圾处理等经营性市政公用设施建设公开向社会招标，选择投资主体。

② 允许跨地区、跨行业参与市政公用企业经营。采取公开向社会招标的形式选择供水、供气、供热、公共交通、污水处理、垃圾处理等市政公用企业的经营单位，由政府授权特许经营。

③ 通过招标发包方式选择市政设施、园林绿化、环境卫生等日常养护作业单位或承包单位。实施以城市道路为载体的道路养护、绿化养护和环卫保洁综合承包制度。

城市政府负责本行政区域内特许经营权的授予工作，各市政公用行业主管部门负责特许经营的具体管理，承担授权方相关权力和责任。市政公用行业主管部门主要职责是贯彻国家有关法律法规，制定行业发展政策、规划和建设计划；制定市场规则，创造公开、公平的市场竞争环境；加强市场监管，规范市场行为；对进入企业的资格和市场行为、产品和服务质量、履行合同情况进行监督；对市场行为不规范、产品和服务质量不达标和违反特许经营合同规定的企业进行处罚。

（二）城市基础设施建设融资模式

为了吸引更多的资金进入城市基础设施建设，近几年中国各城市实施了公有公营、私有私营、公有私营、用户和社区自助模式等基础设施建设与运营模式。其中公有私营又分为两种主要形式即BOT方式和TOT方式。

1.BOT模式

BOT意思是“建设-运营-移交”。联合国工业发展组织、世界银行、亚洲开发银行、国家发改委对BOT的定义略有差别。在此选取比较通行的定义：政府（中央或地方政府/部门）通过特许权协议，授权项目发起人（民营企业、外资企业、法人国企）联合其他公司或股东为某个项目（主要是自然资源开发和基础设施项目）成立专门的项目公司，负责该项目的融资、设计、建造、运营和维护，在规定的特许期内向该项目（产品/服务）的使用者收取适当的费用，由此回收项目的投资（还本付息）、经营和维护等成本，并获得合理的回报；特许期满后，项目公司将项目（一般免费）移交给政府。在国际融资领域BOT不仅仅包含了建设、运营和移交的过程，更主要的是项目融资的一种方式，具有有限追索的特性。

BOT项目融资的优点，一是有利于分散和转移项目风险，降低项目所在地政府的债务风险。二是有利于加快基础设施建设，减少政府财政负担。三是可以借鉴外来先进的技术和项目管理经验。四是有利于提高基础设施项目的建设和使用效率。BOT项目具有系统外风险和系统风险。系统外风险主要包括不可抗力、国有化、政府越权干预、违约、公共政策及法律变化、金融风险等。系统风险又称可控风险，主要包括信用、市场、竞争性、建设工程（完工风险）、运营维护风险和环境风险。

2.TOT模式

TOT即转让-经营-转让，是指通过转让出售拥有投产项目在一定期限内的现金流量从而获得资金建设新项目的一种融资方式。具体来说，就是指把已经投产运行的项目在一定期限内移交给受让方经营，以项目在该期限内的现金流量为标的，一次性地从受让方融得资金，用于建设新的项目，受让方经营期满后，再把项目移交回来。我国山东的烟台至威海高速公路、上海南浦大桥、杨浦大桥及过江隧道均成功实施了TOT融资方式。

TOT方式的优势，一是融资方式只涉及已建基础设施项目经营权的转让，不存在产权、股权的让渡，避免不必要的争执和纠纷。回避了国有资产流失问题，保证了政府对公共基础设施的控制权，使得问题尽量简单化。二是减少政府财政压力，促进投资体制的转变。三是有利于盘活国有资产存量，实现国有资产保值增值，为新建基础设施筹集资金，提高基础设施运营管理效率，提高项目产品质量。四是风险小，项目引资成功率高。五是项目成本和项目产品价格相对较低。六是受体制因素制约较少，方便外资和国内民营资本参与基础设施和国企投资。

（三）政府新作用

① 审定和监管市政公用产品和服务价格。在充分考虑资源的合理配置和保证社会公共利益的前提下，遵循市场经济规律，根据行业平均成本并兼顾企业合理利润确定市政公用产品或服务的价格（收费）标准。

② 保障市政公用企业通过合法经营获得合理回报。若为满足社会公众利益需要，企业的产品和服务定价低于成本，或企业为完成政府公益性目标而承担政府指令性任务，政府应给予相应的补贴。

③ 以法律的形式明确投资者、经营者和管理者的权力、义务和责任，明确政府及其主管部门与投资者、经营者之间的法律关系。

④ 通过规定的程序公开向社会招标选择投资者和经营者。按照相关法律规定，首先向社会发布特许经营项目的内容、时限、市场准入条件、招标程序及办法，在规定的时间内接受申请；组织专家根据市场准入条件对申请者进行资格审查和严格评议，择优选择特许经营权授予对象；在新闻媒体上对被选择的特许经营权授予对象进行公示，接受社会监督；公示期满后，由城市市政公用行业主管部门代表城市政府与被授予特许经营权的企业签订特许经营合同。政府直接委托经营权的，由主管部门与受委托企业签订经营合同。

（四）现状与新政

1.城市基础设施建设亟待加强

中国城市基础设施建设欠账多，缺口大；交通阻塞日趋严重；供水不足，排水设施落后；城市汽化率低；能源供应长期不足；交通运输，尤其是铁路运输能力严重不足，这些也都是制约经济发展的瓶颈，很需要加强基础设施的建设。

2.鼓励社会资本参与

2014年4月24日国务院常务会议，确定进一步落实企业投资自主权的政策措施，决定在基础设施等领域推出一批鼓励社会资本参与的项目，部署促进市场公平竞争维护市场正常秩序工作。

进一步缩减投资核准范围，下放核准权限。在去年修订的政府核准投资项目目录基础上，今年再作修订。对市场竞争充分、企业能自我调节、可以用经济和法律手段有效调控的项目，由核准改为备案；对现阶段仍需核准的，要明确中央部门和地方的责任。改革创新投资管理，减少、整合和规范前置审批及中介服务，尽快发布企业投资核准办法、外商投资核准备案办法。

为加快投融资体制改革，推进投资主体多元化，让社会资本特别是民间投资进入一些具有自然垄断性质、过去以政府资金和国企投资为主导的领域，会议决定，按照《政府工作报告》部署，在铁路、港口等交通基础设施，新一代信息基础设施，重大水电、风电、光伏发电等清洁能源工程，油气管网及储气设施、现代煤化工和石化产业基地等方面，首批推出80个符合规划布局要求、有利转型升级的示范项目，面向社会公开招标，鼓励和吸引社会资本以合资、独资、特许经营等方式参与建设营运。下一步将推动油气勘查、公用事业、水利、机场等领域扩大向社会资本开放。

要继续放宽市场准入，加快推进探索负面清单管理模式和建立权力清单制度。严禁将审批事项转为有偿中介服务。全面清理有关法规和规章制度，坚决废除和纠正妨碍竞争、有违公平的规定和做法。建立守信激励和失信惩戒机制。对违背市场竞争原则和侵犯消费者、劳动者合法权益的市场主体建立“黑名单”制度，对失信主体在投融资、土地供应、招投标等方面依法依规予以限制，对严重违法失信主体实行市场禁入。

第二节　城市能源和给排水基础设施工程建设

一、城市能源基础设施建设内容

以我国某特大城市（简称J市）的能源基础设施建设的重点任务和重点领域为例，示例说明确定城市能源基础设施建设的重点内容。

（一）从能源结构看，重点加强天然气、电力、太阳能等清洁能源基础设施的建设

J市煤炭消耗总量从2005年后持续下降。该市煤炭消耗总量达到3069.1万吨峰值，从此以后煤炭消耗量一直下降，煤炭在能源结构中的比重从2005年的46.69%下降为2011年的24.62%。而以天然气、电力等为代表的清洁能源比重快速上升。2011年，J市天然气和电力消费总量占比达到27.77%（其中：天然气12.77%，电力15%），首次超越煤炭在能源结构中的比重，标志着该市能源结构正处于从高碳能源转向清洁能源的结构转型时期。

1. 天然气基础设施的建设

J市天然气全部依靠外部供应。2012年，全市天然气消费总量为84亿立方米，全部依靠外部输送。天然气基础设施建设的重点任务：一是加强气源建设，形成多元化供气格局；二是加强建设天然气管网；三是加快燃煤锅炉的改造力度，建设大型燃气热电中心；四是建设燃气冷热电三联供和分布式能源设施。

2. 电力基础设施的建设

一是要提高供电能力。重点解决J市500千伏电网主变供电能力不足问题，以及220千伏和110千伏变压器、线路存在负载过高和不满足N-1现象。二是要进一步完善网架结构，提高网架的稳定性和安全性。三是要提高供电的可靠率，供电可靠率要从目前的99.978%提高到99.999%的世界城市先进水平。太阳能、地热能、生物质能和风能基础设施建设：J市全年平均气温13.1℃，年日照时数为2594h，太阳能资源比较丰富，适合于太阳能热水、太阳房、光伏发电等技术的应用。J市有丰富的地热资源，年可开采量在2000万立方米以上，目

前开发利用了约1/2，包括小汤山地热田、J市东南城区地热田、良乡地热田和李遂地热田。生物质能资源主要分布在J市郊区，主要有薪炭林、农作物秸秆、畜禽粪便、其他植物残体、农村生活垃圾等。J市西北部A水库周边及B水库地区蕴藏的风能也比较丰富，总能量可达830兆瓦。假如装机10万千瓦，年发电量可达1.75亿，可替代6.95万吨标煤。

（二）从产业调整看，重点加强第三产业和服务业能源基础设施的建设

2000—2011年间，J市第一产业能源消费比重最低，呈下降趋势，比重年均下降率为3.71%；第二产业能源消费比重最高，也呈下降趋势，比重的年均下降率为3.26%；第三产业能源消费增长最快，占总能源消费的比重逐年提高，比重的年均增长率达到3.6%；生活消费相对比较稳定，占总能源消费的比重每年略有增加，比重的年均增长率为2.51%。从2011年的相关数据来看，J市第二产业能源消费比重进一步下降（下降至35.58%），产业结构调整以及工业技术节能效果明显。而第三产业和居民生活消费比重上升较快，现代化、都市型的能源消费特征更趋明显。因此，必须加强第三产业和服务业领域能源基础设施的建设。第三产业和服务业能源基础设施的建设：主要是为计算机信息产业、物流服务业、金融服务业等现代服务业提供能源保障建设，提高能源保障和服务水平。

（三）从区域分布看，重点加强城市发展新区和城市功能拓展区能源基础设施的建设

J市四类主体功能区分别是首都功能核心区、城市功能拓展区、城市发展新区以及生态涵养发展区。从2011年分区域统计数据来看，城市发展新区的能源消费量最多，达到了2843.2万吨标准煤，占全市能源消费总量的比重达到了40.64%，比2005年能源消费比重上升了10.47个百分点。城市功能拓展区能源消费量仅次于城市发展新区，为2538.8万吨标准煤，占全市能源消费比重为36.29%，比2005年降低了14.87个百分点。城市发展新区能源基础设施建设：主要建设高起点、现代化的能源基础设施，实现经济增长与节能降耗、经济发展与环境协调相统一，避免走过去的老路。城市功能拓展区能源基础设施建设：主要围绕城市功能建设能源基础设施重点项目，重点支持科技园区、高新技术产业区、文化产业园区等功能区能源基础设施建设。

（四）从能源运行看，重点加强传输管网维护、技术升级改造和节能减排等基础设施领域的建设力度

（1）传输管网维护　以能源传输管网为重点，定期排查，对超期服役的传输管网、存在安全隐患的管线、被占压的管线进行更新、改造，避免出现跑、冒、滴、漏等现象。改造措施包括建设骨干网（站）、更换管道、管线、更换阀门等。

（2）技术升级改造　通过“煤改电”、“煤改气”等措施，改变以高碳能源为主的能源结构；淘汰落后生产工艺流程，应用现代高科技手段，提升北京市能源基础设施领域的建设水平。

（3）节能减排　J市工业、建筑、供热、交通等领域的节能潜力十分巨大，能源合理利用市场空间广阔。主要通过能源合同管理等措施，挖掘节能潜力，提升北京能源基础设施的建设水平。

（五）从能源发展看，重点应启动构建智慧城市能源供应体系

J市加快实施燃煤设施资源整合和清洁能源改造，主要能源消费中，天然气、电力等优质清洁能源占比稳步提高。2011年全市天然气消费占能源消费总量的比重达到14.1%，电力

消费占能源消费的比重达25.3%。

进入21世纪，随着信息技术的快速发展，城市生活方面的科技创新与多元化的城市能源基础设施建设等驱动力相互影响、相互作用，正在为城市能源供应体系的智慧化开辟路径。例如：基于高级计量体系及智能仪表的需求侧管理；基于智能电网等理念的风能、太阳能、天然气等分散小型式分布式发电的并网使用；基于低碳化甚至零排放的智慧能源和智能建筑的建设使用。随着分布式能源和可再生源的推广使用，能源的互联互通被提升到更广泛的层次上。随着风力发电、太阳能光电、生物质能热电联产（包括垃圾发电）、天然气分布式能源（包括家用燃料电池）、城市污水和土壤中的低品位热能的提取和并网使用，能源供应的变化和需求响应更加复杂多变，多种平台的联合调度将变得尤为重要。可以想见在新型的能源互联网中，多种供能方式同时存在，这些提供电能或热力的源点又可能分属于不同的运营商或管理者，系统对气象等外部条件的变化更为敏感，备份和互联互通成为基本要求，这就需要更加智能的管控平台保障能源供应安全。目前J市正在计划分类推进智慧城市建设，其中城市运行、资源环境也是今后J市智慧城市建设的重点领域。在与居民生活密切相关的水、电、燃气、热力等领域，基于已推行的预付费制卡，预计将实现远程抄表和一卡多用等功能，智慧城市建设总体上仍处于酝酿或刚刚起步阶段。信息技术的不断发展，为市政基础设施的精细化、定量化管理提供了技术手段，不同能源形式的商业模式也正在向互融互通发展。

城市能源结构和运行管理模式优化是一项系统工程，能源结构的优化要重点考虑能源供应的安全性和可持续性，建设统筹协调的网络系统，保证经济和社会效益。综合我国城市能源运行的管理和发达国家城市能源管理经验，建议基于三方面构建更加智慧的城市能源供应体系，作为城市生命线永续发展的根本保障：一是要搭建“城市能源管理信息系统”，形成智慧供能体系的中枢神经。二是要多部门、跨行业共同规划建设“城市地下综合管廊系统”，形成智慧供能体系实时监测、互联互通的空间渠道。三是推广“智能化的计量仪表”，形成智慧供能体系中能实时响应用户需求的神经末梢。

二、城市给、排水基础设施建设内容

（一）城市给、排水设施的重要意义

城市给、排水工程是城市公共建设的重要基础设施之一，是城市居民等生活、生产、商贸、服务业及其他社会活动必不可少的基础物质条件。尤其在人口密集和用水相对紧张的城市地区，城市的给水、排水以及废水污水处理工程是保障城市居民生活质量、保护城市安全用水的十分重要而必需的基础设施。城市给排水设施在城市现代化进程的发展中起着举足轻重的作用，是衡量城市现代化水平的重要标志，是保护人类生存环境，提高人民物质生活水平的重要前提，是衡量现代化城市水平的重要标志之一。给排水行业已经从过去的“冷行业”到现在逐步被人们所重视。城市人口不断增加，经济飞速发展，城市对水资源需求逐步增加，导致给排水之间的矛盾日益突出，而全面提升给排水设施建设质量，对缓解矛盾起到相当大的作用，成为市政工程质量中不可忽视的关键环节之一。

（二）城市给、排水基础设施现状和主要问题

1.供需矛盾突出

城市人口和经济的快速发展，使得城市对水资源的需求大大增加，工业用水、城市绿化

与生活用水的增长大大超过了农业用水，使得供需矛盾加剧。目前，在我国的600多座城市中，有三分之二的城市存在着不同程度的水源短缺问题，其中有一百多座城市处于严重缺水状态。大部分严重缺水的城市都分布在我国北方地区，引起北方地区城市供水短缺的主要原因为当地的水资源总量无法承载城市发展的速度与规模，而南方城市的供水问题主要体现在水资源的污染问题。诸多问题使得我国的城市供水矛盾更加突出。

2.污水处理水平低下，排水设施不完善

由于人口的迅速增多和工业生产的迅速发展，城市所产生的生活污水和工业废水也越来越多，在全国污水、废水的排放总量中，工业废水占据了总量的70%，而生活污水则占据了总量的30%，这些废水和污水无法得到及时排出和净化处理，使得城市地表、地下水受到一定程度的污染。

3.供水来源建设难度大

随着近几年城市规模和工业生产的扩大，水量消耗不断增大，可继续开发利用的水源越来越少，且城市的集中分布使得其对供水的量与稳定程度提出更为严格的要求，很多远离江河湖泊的城市，供水来源地建设变得越来越困难，且由于离水源较远，供水系统的建设难度大，很多城市附近甚至已无可利用水源，只得依靠大规模跨流域的调水工程例如南水北调来缓解供水问题。而随着城市供水水源的不断开采，很多城市的地下水资源利用强度过高，造成地面沉降形成地下水漏斗，甚至引起海水倒灌，在北方城市尤为严重。

4.当前城市供排水体制的问题

造成城市供排水建设跟不上经济发展的原因很多，如水价长期偏低、水价中缺少水资源费和污水处理费等内容，水价改革无疑是重要的。但在进行水价改革之外，有必要对传统的城市供排水管理体制进行改革，有必要开展对应配套的改革，以确保城市供排水行业良性发展。

（三）城市给、排水基础设施建设

1.城市给、排水基础设施建设与管理原则

（1）充分发挥原有供排水系统作用原则　在制订市政供排水规划时，要从实际出发，认真分析和研究原有供排水管网存在的主要问题和改造的可能性，使新的管网系统与原有管网能有机结合起来，共同担负起对供排水的责任。

（2）与城市整体规划相适应原则　由于市政供排水工程是城市规划建设的重要组成部分，因此，供排水工程规划建设必须服从城市规划所确定的原则，从全局出发，合理布局，并应与其他单项工程建设配合、互相协调，使其成为整个城镇建设的组成部分。

（3）市政供排水工程应注重经济性原则　在规划建设供排水管网时应尽可能降低工程总造价及日常运行管理费用，以节省投资。

（4）符合环境保护的需求原则　在供排水工程规划建设时，应全面规划、合理布局、综合利用，尤其是排污管道，应严防因污水泄漏而造成对地下水的污染。城市污水和垃圾处理厂选址应远离居民区建造，以利于居民健康地工作和生活。

2.城市给、排水工程规划及其完善

（1）城市给水排水工程规划

①城市给水排水工程规划是解决我国城市水供需矛盾的重要手段。随着我国经济的快速发展，城市化进程的不断推进，城市人口的愈发增长，我国城市水资源出现供不应求的趋势

日益显现。我国城市目前正以千分之二的人口年增长速度促进着城市化发展，城市用水量不断攀升，而水资源的供给却远远赶不上这般速度，甚至有时会出现负增长。同时，城市单位用水量也不断增加，随着我国城市经济的发展，社会的进步，人们生活水平的不断提升，城市单位用水与前些年相比翻了数番，其中工业用水量占重大比例。我国城市水资源供需矛盾日益显现。因此，必须对城市给水排水进行有效规划，防止城市水资源的浪费，有效节制水的利用，极力保护水资源的无污染。

② 城市给水排水工程规划是提升城市人口用水质量的有效保证。随着人们生活质量的提升，生活节奏的加快，人们对饮用水的质量和要求不断提高。不过在实际生活中，各种水污染、水中毒事件偶有发生，严重影响到人们的健康和安全，也极大地打击了他们对城市供给水的信心，甚至引发恐慌心理。因此，为了提升人们生活质量，保障人们的人身健康，必须对城市水的给水排水进行有效规划，以确保水的安全供给。

③ 城市给水排水工程规划将明确相关安全措施。目前，随着我国城市经济的发展，城市工业用水和生活用水的排放面临着诸多难题。很多污水直接流入河流、湖泊，无任何处理，这严重影响着我国河流、湖泊的水质。造成许多城市水环境破坏严重，有效饮用水不断减少，水资源缺乏日益严重。因此，做好水污染防治和处理工作显得越来越重要。必须对城市给水排水工程进行有效规划以对城市污水排放进行安全处理，确保城市水环境的安全和绿色化。

（2）城市给排水工程规划的完善

① 城市发展的不断推进，导致城市给排水系统总会出现相应变化，因此，城市给排水规划不可能做到完美的预测性，其规划应随着城市的发展而改进。在城市给水排水规划过程中，对于遇到的问题如环境影响预测问题和管网安全预测问题等，应该进行有针对性的处理。以这些问题为导向，步步为营，科技攻关，从而促进城市给水排水规划的有效性和实用性，最终促进规划效益的成熟和稳定。

② 当前我国城市规模日益扩大，城市网络化效应也日益明显，城市再也不是一个单独的系统，其是整个城市网络中的一个单元，因此，城市给水排水规划应该根据这个网络系统的发展趋向，结合其宏观发展背景进行及时调整。所以，随着网络的发展和扩充，应及时加强城市给排水网络规划的推进调整。从而有效地实现规划方案的全面功能。

③ 城市给水排水规划不是孤立地只针对城市供水和排水，其也涉及许多方面，除了前面提到的水文、气象、地质、管道工程、土木工程、水资源等方面，其还涉及城市道路管网设计、房屋布局、电力设施设置等。并且给水排水规划对其他方面的规划和实施也会产生一定的影响，因此在城市给水排水规划过程中，应对这些规划进行统一协调考虑。以确保城市规划的整体性。

3. 城市供排水基础设施建设的要点

（1）完善城市供排水建设管理和建设规划　为了改善城市供排水工程基础设施建设管理的不足方面，必须制定专门的供排水管理制度与方案，明确供排水建设的管理与监督职责。根据相关的城市水利建设法律法规，制定出相应的供排水建设规范标准，规范市场和市场监管行为。在供排水基础设施的建设规划上，要明确所在城市的供排水系统现状，对于系统的老化、设计量不足、分布不合理等情况要进行详细摸底，同时要严格对待排水系统的建设方案，针对工业、农业、生产生活污水、废水的收集和处理出台相应的排污和污水处理方案，加大对污染密集地点的排水管道建设，配套污水处理系统，最大限度地降低城市污水所带来的环境污染。

（2）实际调研，改革供排水基础设施建设的投资方案　城市供排水系统的基础设施建设是一项耗资巨大的系统工程，需要大量的资金投入，传统的以政府为主导的国营建设方式已远不能满足工程建设的实际需求，通过供排水建设的立法和改革，利用市场监管手段，使供水企业走规范化、法制化的轨道。加快企业改革，采用融资、股份制形式使国外公司参与建设，引入竞争机制调动员工的积极性，制定社会资本包括国外资本准入的条件和实施程序，依法确立特许经营制度，制定相关法规和标准，规范市场和市场监管行为。在实际的供排水系统的基础设施建设中可以进行项目招标，在保障项目质量和项目进度的前提之下，发挥市场管理的作用，提高供排水建设的整体效率。

（四）城市给、排水基础设施建设示例

1. 千岛湖自来水厂建设进展示例

随着高铁新区、文昌园区、珍珠半岛的建设力度不断加大，加上近年来某区多处房产项目开发建成，用水量必将出现暴增期，实施千岛湖自来水厂扩建项目成为我区城市供水的现实需要。

千岛湖自来水厂一期项目于2005年7月建成投产，日供水规模为5万吨。近几年来，千岛湖自来水厂运行基本处于满负荷运行状态，最高日供水量达7.05万吨，已经远远超过日供水5万吨的设计规模，特别是夏季高峰时，接近整月超负荷运行。长期超负荷运行将会对水质及各运行设备带来不利影响，因此，千岛湖自来水厂扩建势在必行。

2016年1月4日，千岛湖自来水厂扩建项目正式开工建设，千岛湖自来水厂扩建项目为区重点项目，总投资约7031万元，日供水规模为5万吨，工程建设内容包括新建综合池、V形滤池、吸水池等构筑物以及次氯酸钠加药房、配电房、附属用房等，同时取水泵房、送水泵房等也进行改造和提升。扩建后，日供水规模将达10万吨，供水范围包括千岛湖主城区、排岭半岛、鼓山区块、珍珠半岛、文昌园区、高铁新区及部分千岛湖镇农村地区，出水水质除了达到《生活饮用水卫生标准》外，还将达到《浙江省城市供水现代化水厂评价标准实施细则》的水质标准。

经过近一年的奋力建设，千岛湖自来水厂二期扩建项目土建工程于2016年年底建成完工，随后完成了自控、设备二期单机接线调试、工艺管道穿电缆、取水泵房施工等。2017年3月计划自控穿线完成配合设备调试、设备单机和联动调试，4月中旬投入试运行。

2. 坪山污水处理厂

近年来，某区加大城镇污水处理设施建设，提高城镇截污纳管率，同时，城区的南山污水厂日趋饱和，千岛湖啤酒有限公司等企业需纳管处理。因此，利用坪山预留用地实施扩建工程，共同处理城区污水势在必行。近日，从千岛湖建设集团了解到，目前千岛湖镇坪山污水厂扩建工程已经建成，并进入单机调试阶段。

坪山污水处理厂位于青溪新城坪山区块，主要收集坪山、鼓山、珍珠半岛区块工业废水和周边居民的生活污水。坪山污水厂扩建工程于2016年年初启动建设，为县重点项目，概算投资约9000万元，厂区扩建总用地面积约25.58亩，总建筑面积8731m^2，主要建设内容为土建、设备安装、室外配套设施及景观工程等。经过一年的紧张建设，坪山污水厂扩建工程已建设完成。

坪山污水厂扩建工程项目负责人介绍，设备厂家的技术员给员工讲解了新引进的污泥脱水离心机的使用方法。污泥离心脱水处理成套装置是城市生活污水处理过程中进行污泥处理的重要设备，具有污泥脱水、污泥浓缩脱水一体化处理功能。

坪山污水厂厂长也表示，先期进行单机调试，经过单机调试以后，进行设备的联动调试，也就是设备与设备之间关联的调试，联动调试以后，再进污水，最后一步是系统调试，培养细菌的菌种，到水质达标，这个过程大概要持续一年左右时间。

据了解，坪山污水处理厂一期规模为1万吨每日，2007年12月建成投入运行，运行至今整体良好，出水水质优良。而扩建工程建成并投入使用以后，污水处理规模将从1万吨每日提升到2万吨每日，远景将达到3万吨每日的设计总规模。此外，扩建的坪山污水处理厂采用最新工艺，污水处理能力得到大幅提升，投入使用后，将进一步提高污泥脱水系统的处理效率，减少污染物向水体排放的污染负荷量，提高千岛湖区域的水质环境。

第三节　城市邮电通信、环保和综合防灾基础设施建设内容

一、城市邮电通信基础设施建设内容

（一）邮电通信基础设施建设概述

1.邮电通信行业

邮电通信业，是指专门办理信息传递的业务，包括邮政和电信。电信单位是指电信企业和经电信行政管理部门批准从事电信业务的单位。其从事的电信业务包括基础电信业务和增值电信业务。所谓基础电信业务是指提供公共网络基础设施、公共数据传送和基本语音通信服务的业务，具体包括固定网国内长途及本地电话业务、移动通信业务、卫星通信业务、因特网及其他数据传送业务、网络元素出租出售业务、电信设备及电路的出租业务、网络接入及网络托管业务、国际通信基础设施国际电信业务、无线寻呼业务和转售的基础电信业务。增值电信业务是指利用公共网络基础设施提供的电信与信息服务的业务，具体包括固定电话网增值电信业务、移动电话网增值电信业务、卫星网增值电信业务、因特网增值电信业务、其他数据传送网络增值电信业务等服务。邮电通信业包括邮政、电信及与邮政、电信相关的业务。

2.邮电通信设施

邮电通信设施是指邮电通信线路设施及其附属配套设施。

邮电通信线路设施主要包括以下几类：① 架空明线：电杆、电线、电缆、线担、隔电子、拉线及其他附属设备。② 埋设线路：地下、水底和管道电缆、人孔、标石、水线标志牌、无人值守载波增音站、电缆充气站及其他附属设备。③ 无线线路：无人值守微波站，微波无源反射板，无线电收、发天线，微波和卫星通信地面站的天线，天线馈线的杆塔、导线、波导和相应的供电设施及其他附属设备。附属配套设施主要指为上述设施附属、配套的站房、机房、沟槽、沉井、平台等及部分专业配套仪器设备等设施设备。

（二）邮电通信基础设施建设规划问题

1.问题的提出及形势要求

近年来，随着我国互联网和移动通信的飞速发展以及“智慧城市”建设的推进，一项基础设施越来越受重视，即通信基础设施。在“宽带中国”战略以及“互联网+”行动计划出台的大背景下，做好城市通信基础设施的良好规划，迫切地摆在了每一个城市管理者面前。

而从目前情况来看，许多城市的无线通信基站、宽带基础设施等规划并不完善，选址

难、建设难等问题比较突出，“光纤到户”还面临诸多困难，制约了城市信息通信网络的快速发展。因此，一份从国家层面统一出台、对全国各个城市具有指导意义甚至硬性要求的城市通信基础设施规划，成为下好这盘棋的重中之重。日前，住房和城乡建设部、工业和信息化部联合印发了《关于加强城市通信基础设施规划的通知》，要求2016年年底前，所有大城市、特大城市完成通信基础设施专项规划编制工作，其他城市于2017年年底前完成。

将通信局房、基站、铁塔、管道线路等通信基础设施纳入城市规划是《中华人民共和国城乡规划法》《电信条例》的基本要求，也是深入贯彻《国务院关于加强城市基础设施建设的意见》和《国务院办公厅关于加强城市地下管线建设管理的指导意见》《国务院办公厅关于加快高速宽带网络建设推进网络提速降费的指导意见》的重要举措。

有了法律依据，就需要从行动上抓紧落实。在实际操作中，各大通信运营企业在建设通信基站、管道线路时，依然遇到了不少困难。长期以来，通信基础设施建设一直面临着多重尴尬：一边是客户投诉要求解决信号弱覆盖问题，一边是少数市民因不了解辐射知识而盲目抵制。加强城市通信基础设施规划的最终目的，是将通信基础设施建设纳入城市的整体规划，确保通信基础设施建设维护有法律保障和规划依据，从而大幅减少通信建设中的负面影响。

2.为“宽带中国”和“互联网+”提供强力支撑

2013年8月17日，国务院发布了《“宽带中国”战略及实施方案》，明确了未来8年宽带发展目标及路径，这意味着“宽带战略”从部门行动上升为国家战略，宽带首次成为国家战略性公共基础设施。

其实，宽带不仅是国家战略性公共基础设施，也是现代化智慧城市正常运转的基石。建设高速畅通、覆盖全面、质优价廉、服务便捷的宽带网络，既满足了大众基本通信和信息需求，也有利于壮大信息消费、拉动城市有效投资，还为打造大众创业、万众创新和增加公共产品、公共服务“双引擎”，推动“互联网+”发展提供强力支撑。对于正处于信息化快速发展关键时期的各大城市来说，加快通信基础设施建设规划，对推动云计算、大数据、物联网等新兴产业发展，培育电子商务、现代物流等新兴服务业态，提升信息消费水平，建设智慧城市，具有十分重要的现实意义。

加快通信基础设施建设规划，不仅是全面推进城市信息化建设，促进信息消费的基本保障，更是提升城市服务功能，提高城镇化发展质量的客观需要。但从目前情况看，许多城市的无线通信基站、宽带基础设施等规划不完善，选址难、建设难等问题较突出，“光纤到户”还面临诸多困难，制约了城市信息通信网络的快速发展。要解决这些问题，对于通信基础设施建设进行有效规划是非常有必要的。在这方面，其实早有不少地方政府进行了有益探索，不少做法也具有指导意义：一是有效衔接通信建设和城市发展总体规划；二是各级政府机构为移动通信网络基础设施建设项目开辟绿色通道，简化审批流程；三是城市大型、重点项目预留移动通信配套设施资源并统一预算；四是针对移动通信基站在建设过程中经常受到阻挠或破坏的现象，要求环保、公安、城市管理等部门加强移动通信网络基础设施保护，维护合法权益。

将通信基础设施建设纳入城市的统一规划，能够有效将城市的各个职能部门组织起来，各负其责、分工合作，拧成一股绳，劲往一处使，从而在最大程度上确保通信基础设施建设顺利、高效开展。

（三）邮电通信设施建设的两个示例

1.东南沿海××经济区实例

（1）海峡西岸地区邮电通信建设现状　邮政行业在经济发展和人民生活等方面都扮演着

十分重要的角色。近年来，电子商务快速发展，更是推动了以电子商务为依托的快递行业快速发展，传统的邮政服务业又迎来新的春天。海峡西岸经济区作为对外开放、协调发展、全面繁荣的经济综合体，人员及物资的流动非常频繁，同时也对邮政服务业有着极大的需求。在此背景下，海峡西岸各地区都十分重视邮政行业的发展。邮政行业的业务量和营业收入每年都以较大的比例增长。以××省为例，2012年全省邮政企业和规模以上快递企业业务总量累计完成78.69亿元，同比增长32.68%；业务收入（不包括邮政储蓄银行直接营业收入）累计完成71.74亿元，同比增长24.24%；规模以上快递企业业务量累计完成25593.84万件，同比增长62.35%；快递业务收入累计完成42.1亿元，同比增长32.96%。

电信业是基础性、先导性和战略性行业，不但在经济发展中发挥着不可替代的作用，而且在国民生活中也扮演着举足轻重的角色。以××省为代表的海峡西岸经济区一直注重电信业的建设与创新。自1995年有记录以来，××省电信业务总量基本保持者每年以较大幅度增长的态势。

（2）海西邮电通信建设中存在的问题

① 宽带建设与发展仍然面临制度壁垒和障碍。虽然“宽带中国”战略已经开始实施，但目前宽带建设和发展仍然面临政策扶持、建设环境等瓶颈。宽带建设投入高度依赖基础电信企业，海峡县经济区内众多的农村和山区宽带建设仍然滞后，市场动力不足，行业亟待政府财政支持及跨部门协调。宽带建设通行权难以保障，网络设施规划、改造与城建、土地利用规划脱节，面临接入难、进入难、穿行难、用地难等突出问题。

② 新业务新应用的发展给电信监管带来巨大挑战。互联网特别是移动互联网快速发展的今天，新业态不断涌现，给新业务新应用的分类监管带来了较大挑战。电信行业面临的竞争将更为激烈，融合转型成为主流。对电信市场规范方面的监管政策、法律法规等的需求将越来越多，新的监管体系还应该能够较为灵活地对市场情况作出反应，面临的挑战非常突出。

③ 增值互联网产业发展中仍然存在较多突出问题。一是互联网产业规模较小，大企业引领示范作用不突出。二是企业市场竞争的良性发展尚未形成，市场更多地集中于先进企业。三是市场良好的竞争秩序仍未建立。互联网市场不正当竞争行为频发，个别互联网企业出于商业利益，不遵循行业管理和规范，采用高科技手段侵害用户权益，排挤竞争对手。

（3）解决以上问题的可行对策

① 以落实“宽带中国”战略为龙头，促进信息消费，全面推进光纤宽带网络建设，大力发展高宽带小区和商务楼宇，推进城市百兆光纤工程建设。统筹3G和4G建设，实现城市地区、县城的4G网络覆盖。推动海西全面进入4G时代。理顺规范宽带市场秩序，对驻地网商、房产商、物业等进入电信业的行为进行规范管理，建立有效的宽带市场竞争秩序。

② 鼓励基础电信运营商的运作方式由提供纯粹接入式服务向提供智能管道转变，推进基础运营商和互联网企业有效合作，实现双赢。鼓励和引导电信业务经营者的创新业务，并对促进电信技术、服务发展的新型电信业务给予财政补贴和税收优惠政策，合理促进有利于国民经济增长和电信行业发展的新型业务的创新和发展。

③ 组织实施民间资本进入移动通信转手业务、接入网业务试点。建立健全新形势下电信业务监管体系。理顺电信业务分类原则，并采取措施激励运营企业、互联网企业等市场参与者有效竞争，对不正当行为加以监督和制止。

（4）海峡西岸经济区邮电通信业发展前景　海峡西岸经济区具有得天独厚的经济发展优势，又有从中央到地方各级政府的政策支持，社会经济的整体发展前景非常良好，因此，对于邮电通信业务的需求也会不断增加。在需求过剩的前提下，只要生产能够持续增加，邮电通信业的经济效益就会高歌猛进。虽然还有一些问题有待解决，但是相信只要政府与相关企业协同努力，海西邮电通信业的快速增长势头就会一直持续下去。在整个“十二五”规划内都保持每年超过10%的增长速度。

2. 邮电通信基础设施建设共享示例

（1）邮电通信基础设施共享趋势　如今，电信基础设施共享越来越成为全球通信业普遍认可的方式。网络发展初期，基础设施通常是基站和漫游的共享，有助于加快网络建设、降低成本，特别是对新的市场进入者。对于市场原有运营商，共享可扩大收入来源，同时降低运营成本。对于成熟的网络，经营的重点已不再是网络建设，而是业务创新。在这种情况下，共享的目的更多的是降低运营成本。通常是两家原有的运营商联手，通过部分或全部基础设施共享，扩大网络覆盖。此外，若干战略或商业考虑，也驱动运营商进行基础设施共享。比如：将网络扩展到不发达地区，无利润或回收期长；降低成本；扩大收入源；运营和支出成本的优化；推动市场进入。

基础设施共享带来的好处显而易见，一是效率的改善，包括覆盖、服务质量和定价。二是优化国家稀有资源，可实现资源的有效利用。三是减少重复投资，减少运营商的运营成本。对于用户来说，意味着其可获得间接的支出价格下降的福利。四是刺激运营商加大对不发达地区的业务提供。五是运营商的网络覆盖范围和区域将有所扩大，服务质量将有明显改善。六是促进产品和技术创新。七是用户的选择增加。基础设施共享为新的市场进入者提供了更多机会，消费者可获得更多选择。

（2）韩国：五类基础设施共享模式　韩国的基础设施共享有五类。

一是本地环路解绑（铜线全解绑、高频线共享、宽带互联网+线路规定）。根据2002年的电信商业法开始实施本地环路解绑，同年，KT开始提供这种共享方式，但其他运营商很少使用。原因主要有：本地环路线路很多已被光纤路线替代，国家信息通信部为吸引运营商投资FTTH，本地环路解绑不包括光纤；采取其他手段接入本地环路；KT在许多情况下拒绝其他运营商接入或延迟本地环路接入。

二是联合建设电信设施。根据韩国国家通信商业法第63条款，从2003年开始可实施电信设施共建，但这一法律条款不是强制性的。自2003年实施以来尚无修改。在固定宽带领域，KTOA牵头（海外电信运营商）联合开展建设网络，主要在新开发的居民区、商业区。在移动宽带领域，KRTnet牵头联合管理和运营塔台，主要在国家公园、山区、公路等。

三是漫游。国家通信商业法第37项条款对国家漫游做出了规定。2003年，LGT与KTF签订了漫游协议，根据协议，LGT可使用KTF的基站，实现其网络的全国覆盖。

四是设施共享。韩国通信商业法第33项条款对共同使用用户线、互联、共同使用无线设施、共同使用孔洞和外部设备做出规定。

五是频率共享。2006年，韩国第三大移动运营商LGT的网络缺乏农村覆盖，要求信息通信部让它共享SKT的频率—800MHz，这是SKT垄断的黄金频段。2008年，LGT和KTF要求信息通信部协调SKT的800MHz频率的共享，SKT以同意提供铁塔服务作为回应。2009年，SKT收购了HT，公平贸易委员会要求SKT与其他运营商共享未使用的频率。FTC也要求信息通信部对频率进行再分配。信息通信部否决了FTC的要求，作为对SKT的制裁，要求SKT提交2012年农村地区宽带融合网络投资计划。

二、城市环保基础设施建设内容

（一）加强环保基础设施建设的重要意义

我国城市的环保基础设施，是城市建设发展的根基，更是实现中国梦的中坚力量，因此必须加强建设。城市基础设施是一座城市发展运行的物质基础，对增强城市综合能力，提高城市运行效率，改善人居环境，都有着极大的作用。但是在当前我国城市发展基础设施建设具有一些弊端和瑕疵，例如环保的基础设施总量不够多、建设标准相对较低、管理制度不太标准等。加强和改进城市基础设施建设，是为了更好地营造城市生产和生活环境，提升城市发展空间与高度。在推进城市化进程中加强城市环保基础设施建设工作，是改善城市整体容貌、完善人民生活水平、提高城市文明的必然要求。

（二）我国城市环保基础设施建设现状

我国城市化水平在最近几年发展相对迅速，城市环保基础设施的需求量不断增大，环保设施质量也在不断提高，中国的城市环保基础设施建设体系从无到有、从试点到普遍应用，经过几十年的发展，已经具有相当规模，并且拥有了自己的特色。在北京、上海等大城市，这个体系与其他市政规划基本能够做到互相配合、相得益彰，为城市的繁荣贡献了自己的力量。但是在一些现代化不是那么发达、市政规划不是那么完善的城市。尤其是中小城市中，城市环保基础设施建设还远远没能发挥其应有的作用，主要包括城市污水处理、城市生活垃圾处理、城市环境绿化等建设投资。从整个社会的角度来看，中国城市环保基础设施建设严重滞后于城市化的进程。在大城市的城乡结合部、中小城市的一些“非黄金区域”以及一些刚刚规划成立的“新城市”，城市环保基础设施的触角并未能触及到。生活垃圾和污水未经处理就进入循环，集中供暖和供气未能做到，城市的整体绿化更是无从谈起。这些都严重影响着当地居民的身体健康和生活质量，也很大程度上制约了当地经济的发展。而且我国当前城市环保基础设施建设与城市发展水平不相符，导致我国城市环境污染与破坏问题加剧，从而威胁城市人民生活健康与城市经济的发展与稳定。目前的大多环卫设施破损现象严重且都相对陈旧，数量不足以满足城市人口的消耗需求，质量不能体现当前城市发展的经济水平，地下垃圾池依然在使用，使得操作不便，且存在安全隐患。所以，加强城市新的环保基础设施建设是解决城市环境问题的根本性措施。

（三）加强我国城市环保基础设施建设的措施

1.必须重视的几项相关设施建设改造措施

在城市环保基础设施建设中，对城市管网建设和改造、城市市政道路交通设施的建设、城市污水垃圾的处理以及城市生态园林等的建设是首当其冲的重要项目，必须首先予以重视。主要措施如下。

（1）加强城市市政道路交通基础设施建设　在我国经济建设快速发展的情况下，城市的整体建设也有了明显的发展提高。在城市的建设过程中道路交通基础设施的建设作为影响城市经济，市民生产生活质量的重要基础保障，不仅与城市经济的健康发展有着重要的联系，而且在提升城市综合竞争力上也占据着核心的地位。因此，加强城市道路交通的基础建设就显得十分重要。首先，要大力发展城市公交、地铁、轻轨等高效化的交通工具。城市公交一直是最符合我国城市发展需求和市民出行最常用的交通工具。近几年很多大中城市对公交优先通道的建设越来越重视，也越来越受到人们的欢迎。此外对运载客流量较大的交通模式如地铁和轻轨的建设，可以有效地缓解交通拥堵压力。其次，应制定出相应的城市道路交通基础设施的相关法律法规。目前城市道路交通基础设施缺少法律规范，使得相关部门无法进行正常的监督工作。因此，必须要制定相应的法律法规制度，并且在城市道路交通基础设施建设时，要注意政企分开，依法招标。对城市基础设施也要依法进行维护，对破坏和损害基础设施建设的行为必须要进行严惩，依法处置，从而来更好地维护城市道路基础设施建设的运行使用。

（2）加大城市管网建设和改造力度　加快现代化城市建设向正规化方向发展，就必须提高城市建设科学管理水平，以高起点、高要求、高质量、高效率地开展城市管网建设和改造，对埋设于城市地下的各种管道、线缆以及露在地表和架空的管线加大改造管理力度。首先，要进行管线探测，地下管线检测所依据的准则是由易到难，从已有到未有。同时，由于不同的地质环境和管材，管线本身的质量特征会存在差异，对不同地下管线进行勘探检测时，要根据不同的时点，据点选取不同的工作模式与参数，尽量满足取点的精度要求。现如今，科技进步使得探测仪器的探测水平不断提高，管线探测的精准度与效率也在不断实践中加强。先进的探测仪器和技术如探地雷达、井下机器人、GPS技术和我国自主研发的北斗技术在探测中一起运用。测量机器人在探测时具有自主能动性，加之GIS与RS的发展，避免了管线的交叉与重叠，在路面上即能检测地下三维立体画面，当进行地形透明度设置后，可以看到地面及地面上的建筑模型等，防止在进行施工时损伤建筑物与管网。城市管网建设使得地下管线探测和测量定位技术及建立数字模型技术得到极大提高。总之，通过结果预测和场景模拟的方法，借助科学的算法和工具，在进行城市建设规划总结时更加具有科学依据，并可迅速大规模运用于城市建设中，从而满足各类管线的施工和生产。

（3）加快污水和垃圾处理设施建设　建立科学完善的城市污水和垃圾处理市场化机制，可以为城市污水和垃圾处理市场化创造基础条件，促进城市污水和垃圾处理的市场化发展。随着城市经济建设的快速发展，露天堆放城市垃圾现象时有发生，城市污水肆意排放河流中的现象也是屡禁不止，大量的城市污水被直接排入到城市河流水系中，污染了居住环境，对城乡居民的生活环境产生了很坏的影响。所以，加快城市污水治理和垃圾处理建设，可以使我国的城市环境污染问题得到有效解决，有利于我国城市建设的可持续发展要求，符合我国当前国情的需要。因此，我国政府在对城市污水和垃圾的处理问题中，应加强市场化建设认识。首先，必须要对法律法规制度进行修订完善，从而为城市污水和垃圾处理提供有力的保障，完善城市污水及垃圾管理体系的建设内容。其次，还应当不断创新城市污水和垃圾处理的市场化机制，加大对城市污水及城市生活垃圾的各项处理费用的征收力度，对相关费用进行价格改革，建立起比较科学合理的污水和垃圾处理收费制度。而且要严格对所征收的费用的使用渠道进行严格监管，把城市垃圾和污水处理所征收的费用用于城市垃圾和污水处理的设施建设及其维护运用中，有针对性、有目的地进行费用消化。同时，还应制定科学合理的征收费用标准，严格按照标准征收，严禁滥收滥用，损害广大人民的利益。要建立平等的市场化环境，改善我国城市污水与城市垃圾的处理费用征收问题，提高我国城市污水与城市垃圾的处理效率。最后，对城市污水和垃圾的处理市场监管力度必须要加强，这也是现今各级政府部门应关心重视的问题，合理高效地处理城市污水与垃圾工作，应当纳入国民经济发展的重点范围，并且要按照国家对城市污水和垃圾处理市场化发展的要求，制定具体的、有效的发展规划，对传统的管理模式进行转变，对污水垃圾的市场化必须要进行长期的管理和监督，最终确立明确的城市污水和垃圾处理的质量标准，进而促进城市污水和垃圾处理的市场化。

（4）加强生态园林建设　一座城市的发展除了建筑的发展带给人们的视觉改变外，城市内生态园林的建设也是一个很重要的内容，其中城市生态园林建设的最终目的是为居民创造舒适的生活环境，同时促进城市的绿色健康发展。首先，城市中绿色生态园林系统中的绿色植被能够有效地对空气中的二氧化碳进行光合作用释放出氧气，进而有效改善城市的空气质量，对空气中的湿度也能进行调节。其次，城市中美丽的生态园林和城市中的钢筋混凝土建筑很好地融合，总体增加城市建筑的艺术效果和美感。为了生态园林建设更好地体现其重要作用，在生态园林建设的过程中，管理部门要合理布局园林绿地的种植结构，尽量要体现出当地城市的自然风貌和文化特色，从而提升城市的整体形象。根据生态专家的研究发现，稳定的植物群落在资源利用和时空条件中互补，和谐相处，并非恶意竞争，在物种丰富的环境中，植物群落的发展水平也更加稳定。因此，在城市生态园林建设中，选取针阔叶混交种植模式，有利于保持物种多样性，这也是当前大部分城市所采取的种植方式。在进行植物选择和配置时，要深入了解植物的生态特征，避免出现物种之间的直接竞争，从而使植被种群稳定和结构合理。因此，在进行城市园林建设中，应相互补充，充分利用资源，形成美丽景观。在特殊的城市生态环境中，对于抗旱抗寒的植物要进行合理选择。总之，生态园林建设关系到城市的形象和城市的生态环境保护，必须高度重视。

2.科学编制规划，发挥调控引领作用

在进行城市规划建设时要具有整体性与规划性，重点加强城市环保基础设施建设，把城市环保的公共设施加以整体规划，这也是对城市建设的主要调控作用。首先，城市的经济发展状况在城市规划建设调控中起主要作用，有的城市经济发展比较好，所以完成城市规划的基础设施建设所用的时间就相对较少些，相反，如果城市的经济发展不是太好，基础设施建设相对就会落后一些。因此，加强城市环保基础设施建设有利于促进政治、经济、文化的和谐统一，加快城市经济与社会的高质高效发展，并根据现实，制定可行的发展规划与战略。其次，政府应充分发挥城市规划的政治职能，规范城市用地管理，合理使用城市土地，充分利用城市规划对房地产开发的调控和引导作用。随着科学技术的不断发展，科技产业的兴盛给城市发展规划带来巨大挑战，因此，如何面对这种挑战，如何把这种挑战变成机遇并促进经济发展，是摆在政府城市规划方面的重要问题。城市总体规划应充分考虑信息时代的特征及其带来的影响，以此来提升城市规划水平和进行城市定位，将城市建设提升至较高的水平。

3.发挥政府作用，推进基础设施建设投融资体制和运营机制改革

近几年来坚持不断加大完善政府在科技方面的投入力度。目前，在城市的基础设施建设中，政府高度重视，不断加大资金投入。根据当前的经济形势，我国的投资融资不断优化，非政府资金比例逐渐增大，逐渐出现了一批政策性投资公司，对于分散政府职能、加大政府控制力度具有积极的意义，政企分开，有利于分化基础设施的事权与财权，使政府从投融资的具体行为中解放出来。根据有关政策及经济发展规划和行业发展战略，对具体项目的投资进行地点选择和经济分析并进行决策，不但能反映政府的整体方向，又能实现经济效益的提高，利国利民。给予投融资公司项目建设期间的管理权，从而提高投资决策的科学化水平，也实现资源的高效合理配置，可实现经济目的与公益目的的和谐统一。政府的职能得到转变，从一些具体的杂事中分解出来，来制定宏观的国民政策决定。为充分发挥政策性投融资公司的投融资职能，提升政策性投融资公司的融资能力，需要采用多种市场化手段，股票融资、债券融资等是目前各种融资模式的基础。政府在进行社会经济与政治方面的职能发挥时，结合市场经济运行体制，实施政府增信，建立信用体系，对规范维护市场秩序等方面有着重要的作用，也对协调各方行为、增强风险防范能力、弥补现存体制缺损、促进城市建设的良性发展有重要作用。

（四）不断推进和发展环保设施建设的方向建议

1.解决问题的关键是建设资金

从现状等实际情况可以看出，并不是环保“偏爱”大城市，而是小城镇对建设城市环保体系“有心无力”。中国目前绝大多数的城市环保设施体系都是由当地政府出资建立的，无利可图，完全是“赔本儿的买卖”。对于那些财力不是特别雄厚的城市来说，建设和维护一个庞大的城市环保系统无疑是一项无力挑起的重担。这种单一僵化的投资和运营模式，一方面减缓了大中城市随着城市发展而更新城市环保系统的步伐，另一方面使一些小城市和城镇根本无力建设自己的城市环保体系。变更现有的城市环保体系投资和运营模式，是解决这一问题最根本的手段。

2.实现投融资主体的多元化

① 政府仍旧是主要的投资者，这是由城市环保的公益本质决定的。

② 要加快推进企业成为主体，这是因为：首先，企业按照市场需求进行研发和推广，能够更快更好地满足公众的需要。其次，企业的天职就是盈利，企业能够最大限度地节约成本、提高盈利。再次，企业的参与使得优胜劣汰的市场规律进入到城市环保基础设施建设领域，使竞争机制融入到基础设施建设和运行中来，使其永葆活力，不会因为懈怠而停止发展。

③ 企业应主要在城市供水、污水处理、垃圾处理等比较具有竞争性和盈利性的领域开展投资和经营。在政府指导下。综合应用直接投资和间接投资两种投资方式，充分借鉴国外成熟的投资模式，如BOT模式、受让资产和特许经营权模式、TOT模式等，实现资本的高效应用。

④ 尝试吸引外资加入城市环保投资行列。国际环境保护组织基金、跨国企业、外国政府专项资金以及国际资本市场等都是应当争取的对象。在欧洲普遍陷入国家财政危机、全球仍未从金融危机的阴霾中恢复的国际经济形势下，中国以其雄厚的外汇储备、强劲的经济发展势头，得到了全世界的关注和尊重，上述机构因而都有非常强烈的进入中国的意愿，表现出非常好的发展前景。

3.政府为主构建市场配套机制

构建城市环保的市场体制就是要建立一个有竞争、有盈利、在价格规律支配下运行的市场环境，这主要需要法律体系的建立和政府的指导，而后者的作用更加重要。政府应该完成自身的角色转换，从“参与者”逐渐转变为“指导者”和“服务者”。

首先，践行“服务型政府”的定位，制定优惠政策，协调各方利益，鼓励良性竞争，在税收上给予投资者一定的优惠，并争取获得银行业的支持，为投资者开启贷款的方便之门，并且采取一定的利率优惠和还贷期限宽缓措施。

其次，将城市环保体系划分为纯公益性项目和经营性项目两类，将“有利可图”的经营性项目交给企业投资。

第三，健全城市环保的市场准入和产权转让机制，并要花大力气建立一个既能满足投资者资金收益需求又能为广大消费者所接受的价格体系。

4.开动全国城市环保模板工程

各地的城市环保基础设施建设虽然有所区别，但是也有共同之处。国家应当尽快开动全国城市环保模板工程，为中国几大代表区域建立不同规模的设计图模板，使各地的城市环保建设有标准可依、提高效率、避免失误并减少一些无谓的设计投入。

5. 厉行节约，多采用国产设备

尽量使用国产设备对于减少投入、实现盈利意义重大。性能优良的国产设备能够很好地满足环保设施的工作任务，相对于昂贵的进口设备，价格比较低廉，而且可以带动相关工业，长远看来能够很好地促进中国环保行业的良性运行和活跃发展。

三、城市综合防灾基础设施建设内容

（一）城市防灾规划

1. 城市防灾规划及分类

（1）城市防灾规划　城市规划中为抵御地震、洪水、风灾等自然灾害，保护人类生命财产而采取预防措施的规划通称为城市防灾规划。主要包括四个方面：城市防洪规划、城市防火（消防）规划、城市减轻灾害规划和城市防空规划。

（2）相关概念的内涵

① 城市防洪。为抵御和减轻洪水对城市造成灾害而采取的各种工程和非工程预防措施。城市防洪标准是根据城市的重要程度、所在地域的洪灾类型以及历史性洪水灾害等因素而制定的城市防洪的设防标准。

② 城市防洪工程。为抵御和减轻洪水对城市造成灾害性损失而兴建的各种工程设施。

③ 城市防震。为抵御和减轻地震灾害及由此引起的次生灾害而采取的各种预防措施。

④ 城市消防。为预防和减轻因火灾对城市造成损失而采取的各种预防和减灾措施。

⑤ 城市防空。为防御和减轻城市因遭受常规武器、核武器、化学武器和细菌武器等空袭造成的危害和损失所采取的各种防御和减灾措施。

2. 防灾原理和防灾建设准备

（1）防灾原理

① 应急决策原理。城市减灾对策有技术性措施和社会性措施两大类，而城市灾害应急决策属社会性措施。它强调城市要建成完整的防灾减灾网络及预警预案，在灾害事故到来时能有效地指挥管理，使政府及公众有充分的时间按预案要求有计划地避难、救灾，最大限度地减少伤亡及控制灾情，应急决策即按应急法令办事。规划师、建筑师尤其要按防灾要求制定应急规划，如现代化城市应急救灾，必须具有便捷畅通的道路系统，并充分开发利用城市地下空间等。这些。在我国目前的情况下还很欠缺，不少新区规划也缺少此内容。

② 综合防护原理。城市是一个复杂的系统，任何严重城市灾害的发生和造成的后果都不可能是独立或单一现象。因此，城市具有总体和综合的特性，并在此基础上制定城市防灾对策和措施，这就是城市综合防灾。它是城市的基本功能之一。城市防护与减灾的综合性原理，本质上是要求建立统一的城市综合防灾体制。对此，不论是对战争的防御，还是对灾害的防抗，都要走上整体化和综合化的道路。鉴于两种灾害有着多方面的共同性，又同样关系到城市总体抗灾抗毁能力的提高，应进一步将城市的防护与防灾功能统一起来，形成一个统一领导下的城市综合防灾体制。这将使城市在任何情况都处于强有力的防灾体制保护之下，包括把握灾害事故危险分析技术；加强城市事故与灾害的计量；重在对城市规划设计中的缺陷提出完善的应急组织管理指挥系统；强有力的应急工程救援保障体系；综合协调、应对自

如的相互支持系统；充分备灾的保障供应体系；综合救援的应急队伍等。建立城市防灾应急预案计划的基本思想有两点：其一，必须建立城市的最大风险评价体系，这就要求把握城市所有灾害状态及其隐患程度，从而模拟出城市在最大危险图景下人员伤亡及其损失度；其二，城市应急预案必须是多方案，必须有对应不同灾种的特性预案；必须是操作性强，并能够分层、分级别管理实施，否则将无从动作。要营造建筑的安全小气候，不仅在于建筑本身的设计，更在于对周边环境到位的城市安全设计。从城市备灾角度看，现在的中国城市应考虑设防灾公园，这绝不是要再建什么新设施，而是要在做城市广场、城市公园时充分考虑其防灾功能。

（2）防灾建设知识准备　① 要进一步研究城市灾害学作为一门新兴交叉学科的指导思想和原则，使之尽快纳入各类城市规划、建筑学及土木工程类专业课题中；② 要进一步研究减灾知识、能力、素质培养原则；③ 进一步改革多少年来我国只重视安全工程的生产类人才的高校培养模式，要加强安全与减灾、安全与环保、自然与社会诸学科的交叉研究，尤其加大对灾害心理与伦理、安全减灾美学的教育，从根本上提高安全素质；④ 加强城市灾害学教材的建设，虽然现在社会上多种安全类、减灾类教科书，或陈旧，或缺少教材全面规划，从新学科及交叉特性出发，必须使城市灾害学及其学科体系有清晰的逻辑脉络。为此，必须组织编撰城市综合减灾及各门类学科安全的书本，构建城市灾害学母学科及子学科体系。

（二）城市建设防灾减灾的基本内容

1.基本内容

主要包括四个方面：城市防洪规划、城市防火（消防）规划、城市减轻灾害规划和城市防空规划。城市防灾规划在硬件方面，是布置各种防灾工程设施；在软件方面，是拟定城市防灾的各种管理措施和指挥运作系统。总的目的是重点保障生命线系统，即指维持市民生活的电力、煤气、自来水供应等系统继续运行。

目前不少城市尤其新区、经济区等新开发区域都已编制应急避难场所规划，规划中包括危险源分布、区域人口疏散策略以及各等级避难场所选址等内容。具体如下：疏散市中心区过密人口，留出足够的绿地、广场和疏散通道，并充分利用地下空间防灾避灾；加强对易燃、易爆、剧毒化学药品的生产、储存和疏送设施的管理，防止出现一种灾害发生时引发多种次生灾害；交通及市政公用设施需地上地下结合，市区内主、次干道均应环状连通，多路输送，十层（含十层）以上楼房必须满幅设地下室，增强灾时应变能力；建立城市灾害预测和应急报警系统，健全城市防灾机构；加强对军事设施和城市要害部门的保护。

同时，按照人防要求安排隐蔽工程、疏散手段和地下基地的建设。规划期内要基本完成人防工程建设，形成人防工程系统。按防震要求，对7度设防城市，城市的主要街道、桥梁、隧道、建（构）筑物应有足够的抗震措施，灾变发生时能迅速做出反应。按消防有关要求，本着消防道路与城市道路相结合的原则，一般消防间距不大于160m，宽度不小于6m，长度超过120m的尽端式道路需设15m×15m的停车场和回车场。山林要留出防火带路。防洪方面，例如设定城市防洪等级为二级，重现期20年一遇，沿海护岸工程以50年一遇进行安全设计，防潮高度按20年一遇设计，50年一遇校核。需解决城市洪涝区域的排涝问题，其中主要有市区主干道和相对闹市低洼区域、市区洪水期积水区域、人口集中区域、工业区域等。

2.一份关于城市防灾建设的建议示例

（1）关于城市防灾减灾建设存在的问题

① 城市建设“重建设轻规划、重地上轻地下”，城市防灾设施建设严重滞后。城市的发

展质量和精细化管理上仍然存在诸多问题，城市建设、规划、管理缺乏有效衔接，道路、供水、排水、供热等基础设施严重短缺，对可能发生的突发性灾害带来的严重后果认识不足、重视不够，城市管网等配套设施建设滞后、设备陈旧、标准偏低。城市房产开放与房屋建设先于基础设施，先盖房后修路、再修下水道的“重地上轻地下”的做法和思路给城市公共安全带来巨大问题。

② 防灾减灾“重硬件轻软件、重预案轻预警”，城市综合防灾能力较差。面对灾情，快速反应机制不健全，主要表现为重集中统筹轻分层响应、重单兵作战轻部门联动、重行政命令轻制度建设、重安全保密轻信息公开。城市综合防灾仍然以单灾种的技术标准为核心，各自独立编制预案，或者把单灾种的内容简单叠加形成综合防灾规划，且以《城市建筑综合防灾技术政策纲要》中常见灾害为主，缺乏对现代城市综合防灾体系的整体设计。

（2）应对建议

① 加大投入力度，加强对防灾减灾基础设施的建设与改造，提高防灾减灾标准。要更加重视市政基础设施，特别是城市轨道交通、城市桥梁、供气、供水、排水、供热等地下设施的防灾能力建设。推动城市抗灾能力普查工作，开展既有工程的抗灾能力鉴定和评价，对不具备抗灾能力的市政基础设施进行加固改造。对新建的市政基础设施，要提高防灾减灾标准，提高城市综合防御各种灾害的能力。

② 推动地下设施防灾减灾的规划编制和立法工作。开展地下设施防灾减灾规划的编制，并纳入城市总体规划一并实施。研究建立有利于推进建设系统防灾减灾工作的法规制度，及时将地下设施防灾减灾的有关工作纳入法制化的管理轨道，为开展系统防灾减灾工作提供制度保障。

③ 进一步加强城市防灾减灾软件建设。提高对突发性自然灾害的应急处置能力，提高灾害预警的即时性和有效性，及时准确地向公众传达预警信息，提高公众自我防范意识，提高预防、自救与互救能力。

（三）城市综合防灾的规划建设

1. 城市综合防灾基础设施系统

（1）城市防灾基础设施系统　根据相关规定和标准，城市综合防灾系统包括建筑防灾系统、防灾工程系统、避难疏散系统、防救灾公共设施系统、基础设施系统、综合防灾管理系统。作为城市生命线系统重要组成的城市基础设施系统是保障城市运转、城市防灾抗灾、灾害救援的支撑体系，是城市综合防灾规划建设的主要和关键内容。

城市基础设施通常指的是工程型基础设施，有交通、水、能源、通信、环境、防灾六大系统。从城市安全与防灾角度，可将基础设施分为生命线系统或应急保障系统。据《工程抗震术语标准》，“生命线工程”指与人们生活密切相关，且地震破坏会导致城市局部或全部瘫痪、引发次生灾害的工程，如道路、供水、供电、电信、燃气等专业工程基础设施。《城市综合防灾规划标准》对“应急保障基础设施”的定义为：交通、供水、供电、通信等基础设施中，保障应急救援和抢险避难顺利进行所必需的工程设施。从上述定义可以看出，生命线工程侧重于灾前保障城市正常运转的基础设施，而应急保障基础设施则侧重于对灾后承担救灾功能的基础设施。

（2）按城市综合防灾要求的基础设施分类　城市防灾、救灾相关的基础设施，即供水、排水、供电、电信、燃气、供热、环卫等专业工程基础设施，可根据防灾规划要求，进一步将这些专业工程基础设施分为应急保障基础设施、重点设防基础设施和其他基础设施（图

16-1）。需要注意的是，“应急保障基础设施”与“重点设防基础设施”的划分并不是绝对的，其名称是突出了各专业工程基础设施在灾前、灾时、灾后的功能。重点设防基础设施的划定是为了避免该基础设施自身的破坏给城市带来的次生灾害，因此将其列为重点设防对象。

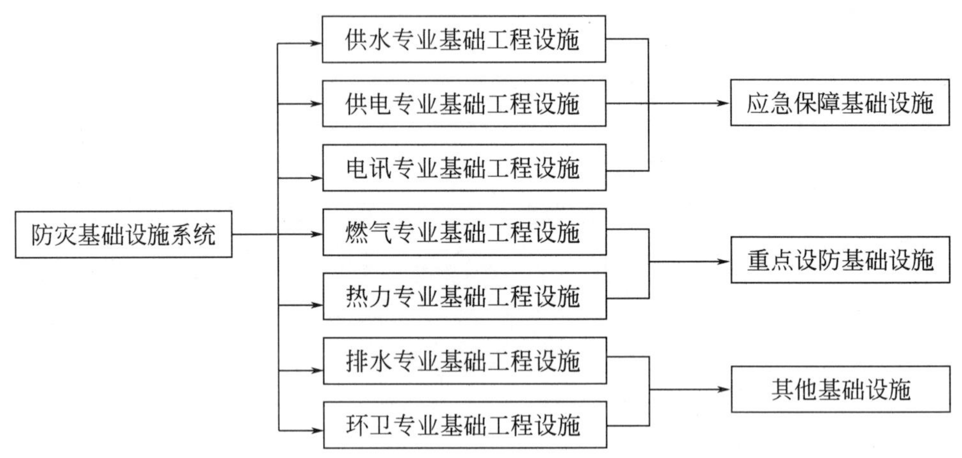

图 16-1　城市防灾基础设施系统分类图

2. 城市综合防灾中的基础设施特征及其防灾能力指标

（1）城市综合防灾中的基础设施特征

① 空间特征。各专业工程基础设施的空间布局方式不同，将对基础设施自身的防灾性能乃至城市整体安全都产生影响。在城市水平空间上，基础设施管网呈网状、线状或点状布局，其防灾性能相应地由强至弱；在竖向空间上，基础设施及管网有架空、地敷、地埋等方式，其防灾性能相应地由弱至强。

② 时间特征。同类基础设施由于建设时期不同、设备和材料不同、施工工艺不同以及维护管理方法不同，其防灾能力也不同。

（2）城市基础设施综合防灾能力评价　通过对城市安全与防灾的需求分析，可从安全性、可靠性和应急能力三个方面对专业工程基础设施现状防灾能力进行评价。

① 安全性。安全性评价即通过对设施和管网承灾能力的评价，判别基础设施建设布局的外部环境是否安全，这是保证基础设施可靠性的基本前提。安全性评价包括基地安全性、设施安全性、环境安全性三项评价因子。

基地安全性评价是分析基地地质情况是否对基础设施产生安全性影响。设施安全性评价是从设施设计标准方面对基础设施的承灾能力进行评价，包括抗震等级、防洪等级、防火等级等。环境安全性评价包括环境对设施的影响以及设施对环境的影响两个方面。

② 可靠性。可靠性反映了基础设施系统的防灾、抗灾能力。通过对设施和管网运转过程的可靠性评价，分析设施能否达到可持续的供给能力。

与设施运转相关的可靠性因子主要指资源的可靠性，即资源的供给是否满足未来需求，是否有其他可替代资源或设施；与管网相关的可靠性因子包括网络拓扑结构（空间布局）、敷设方式、管径、管材、接头形式等。

③ 应急能力。应急能力评价主要是对基础设施灾时的紧急应对能力、维生需求的供给能力的评价。

3.综合防灾基础设施规划建设应对

针对应急保障基础设施和重点设防基础设施，制定相应的规划对策与措施。

（1）应急保障基础设施规划对策与措施　针对应急保障基础设施系统中的供水、供电、电信等专业工程基础设施规划，需要采取下列对策与措施。

① 选择和采用安全、可靠的设施源头（水源、电源、电信类型），并备有应急备用源头。

② 关键设施备有用于应急保障功能的设备和运行能力。

③ 对其各级设施和管网制定具体防灾保障要求，包括供给范围的均等性、限制建设条件、系统保障要求等。

④ 制定近期建设规划，提出优先建设原则，安全规划建设时序，明确近期建设项目库。

（2）重点设防基础设施规划对策与措施　针对重点设防基础设施系统中的燃气、供热等专业工程基础设施规划，需要采取下列对策与措施。

① 确保燃气气源设施、储气设施、热源设施基地自身的安全性。

② 确保上述设施基地周边环境和防护要求，杜绝周边环境对此类设施的危害，避免此类设施对周边环境产生的次生灾害。

③ 对设施和管网布局进行安全校核，采用安全的管网敷设方式（地埋或管网敷设）。

④ 制定近期建设规划，提出相应预案建议。

（四）城市综合防灾保障体系建设示例

1.××市防灾减灾系统建设内容

（1）城市防涝设施建设　结合我市水文地质条件和气候特征，及时修订暴雨强度计算公式和地方排水标准，全面完成地下排水管网普查，于2014年6月底前完成各区县（自治县）城区排水防涝设施建设规划。加快雨污分流管网改造与排水防涝设施建设，解决城市积水内涝问题。积极推行低影响开发建设模式，因地制宜配套建设雨水滞渗、收集利用等削峰调蓄设施。到2024年，全市各区县城全面建成较为完善的城市排水防涝体系。

（2）城市防洪设施建设　加快推进长江、嘉陵江、乌江及其他主要支流河道整治和堤防建设，建设58处城市防洪工程，治理河道336公里，堤防护岸396公里。加强城市水系保护和管理，强化城市蓝线保护，坚决制止非法侵占河湖水系的行为，维护其生态、排水防涝和防洪功能。完善城市防洪设施，健全预报预警、指挥调度、应急抢险等措施。到2015年，通过工程措施和非工程措施，全市各区县城建成区基本达到国家规定的防洪标准。

（3）城市消防设施建设　加快城市消防站、消防水源和区域性消防训练基地等建设，推进国家（重庆）陆地搜寻与救护基地、三峡库区综合应急救援指挥中心建设。完善消防车通道建设，满足消防应急救援需要。按标准增补城市建成区市政消火栓，同步建设新城区市政消火栓，确保公共消防设施与城市发展相匹配。到2015年，各区县（自治县）市政消火栓建有率达到100%，完好率达到95%以上。

2.日本城市防灾体系构建

日本的城市防灾系统体系主要由灾害应急避难、救灾物资储备、医疗救治、救灾通道及物资运输、志愿者救灾参与五个系统构建组成。

（1）灾害应急避难系统　主要包括避难场所、避难道路及避难路线指示系统等。

① 避难场所。各城市应统一规划全市范围内的正规避难场所，并建设阻断燃烧带。由道路、铁路、河流等城市设施和沿路的街区构成了防灾生活圈，实现“不用逃跑的街区，安全安心的街区”建设目标。避难场所可结合公园、广场等开放空间一起设置，当然应满足一定

的防灾要求。

② 避难道路及避难路线指示系统。灾害发生时，保证疏散道路的使用安全及疏散路线的指示清晰十分重要。在对避难场所进行了统一规划的同时，在每一区段的显著位置（如小区入口、主要道路等）都建有标明本区避难场所及到达避难场所的具体避难路线的指示牌，以便在灾害发生时迅速到就近避难场所避难。

（2）救灾物资储备系统　救灾物资储备系统主要包括水、食品、药品、生活必需品储备。

① 水储备。为防止灾害时因断水而影响灾民的工作与生活，城市应规划建设足够的储水所及供水设施；储备能确保全市3个星期每人每天3L的饮用水，且供水点的设置尽可能均匀分布在整个城市，基本上确保在2km范围内有1处供水设施。各城市可进行灾害时生活用水储备，紧急供水点按半径结合避难所位置进行合理布局。

② 食品、药品及生活必需品储备。因灾害时可能会发生暂时的物资运输瘫痪状态，城市救灾物资储备应结合避难场所的性质（临时的或正规的）与规模储备不同数量的物资，故一般要求避难场所应建有物资储备用房。

（3）医疗救治系统　医疗救治系统主要是指灾害定点医院体制与医疗救护所体制。

① 医疗定点医院。为确保灾害时伤员能得到及时的床就，防灾减灾基础设施建设还应进行灾害定点医院的规划布置，医院建筑物还必须达到一定的抗震强度要求。灾害定点医院周围必须有一定的安全防护距离，有一定规模的室外广场空间，以备灾害时病房不够的情况下可以迅速在室外搭建治疗帐篷。

② 医疗救护所。灾害发生时，根据实际情况在灾区避难所适当地方设立医疗救护所，现场对受伤灾民进行急救措施，然后再转往后方医院治疗。

（4）救灾通道及物资运输系统　救灾通道及物资运输系统主要包括救灾道路系统与停机坪两方面。

① 救灾道路系统。灾害时往往城市道路破坏严重，造成交通阻塞瘫痪、对外联系中断等现象，这就为救灾抢险工作带来了很大的困难，因此构建一套系统完善的救灾道路系统对于城市防灾减灾设施建设来说，显得尤为重要。

② 停机坪。正是鉴于道路交通系统很可能出现瘫痪等严重情况，构建一套空中“生命线”便显得很有意义。比如东京对整个城市的停机坪进行了系统的部署，按照一定的防灾分区及服务半径展开布局，同时停机坪可结合物资储备一起设置，以便停机坪周围平时做物资储备用，发生灾害时能马上利用直升机将救灾物资投送到灾区。

（5）志愿者救灾参与系统　志愿者救灾参与系统主要是指对救灾志愿者的集散和活动场地进行统一规划安排。

为了有效地发挥志愿者跟政府之间的协调联系效率，有序地开展救灾抢险活动，一般应专门对志愿者的集合与活动场所统一指定与布局，比如东京共指定了14个公共广场作为灾害时接收和协调管理从全国赶来的志愿者的活动场所。所以城市防灾减灾基础设施系统建设也应对志愿者的集散和活动场地进行预先规划和安排，以免届时发生混乱。规划应根据辐射半径、环境设施、交通状况等因素，综合协调考虑部署志愿者的集合与活动场所，从而最大程度上发挥社会力量协助救灾的作用。

第十七章 城市交通基础设施建设与推进

17 Chapter

第一节 城市交通基础设施建设总述与道路建设

一、城市交通基础设施建设综述

（一）交通基础设施主要内容和类型

城市交通基础设施中，道路交通设施占主体地位，这些设施总体可分为一般公路、高速公路、市政道路、轨道交通、停车场设施等。交通基础设施包括为保障交通系统安全正常运营而建设的公路、轨道、隧道、高架道路、车站、通风亭、机电设备、供电系统、通信信号、道路标线等设施。

（1）按我国国家运输系统的构成，交通运输基础设施可分为五类：① 铁路交通运输基础设施；② 道路交通运输基础设施；③ 水路交通运输基础设施；④ 空中交通运输基础设施；⑤ 管道运输基础设施。

（2）按照交通线路特征分为三类：① 陆地交通运输基础设施；② 空中交通运输基础设施；③ 水路交通运输基础设施。

（3）按运载导向方式分为四类：① 轨道交通；② 管道交通；③ 航道交通；④ 道路交通。

（4）按作用功能分为四类：① 线路基础设施；② 站场基础设施；③ 枢纽基础设施；④ 附属基础设施。

（二）交通基础设施建设

1. 交通基础设施建设总体内容

总体内容一般从工程角度讲，主要是道路建设工程、桥梁建设工程、隧道建设工程、轨道建设工程以及路桥隧轨交通附属及配套设施工程。

2. 道路建设工程

道路基本建设活动的内容分为以下三个部分。

① 建筑安装工程，如路基、路面、桥梁、隧道、防护工程、沿线设施等；设备安装工程，如高速公路、大型桥梁所需各种机械、设备、仪器的安装、测试等。② 设备，工、器具

的购置。③ 其他基本建设内容，如勘测与设计、征用土地、青苗补偿和安置补助工作等。

3. 桥梁建设工程

桥梁工程指桥梁勘测、设计、施工、养护和检定等的工作过程，它是土木工程的一个分支，其发展主要取决于交通运输的需要。古代桥梁以通行人、畜为主，载重不大，桥面纵坡可以较陡，甚至可以铺设台阶。自从有了铁路以后，桥梁所承受的载重逐倍增加，线路的坡度和曲线标准要求又高，且需要建成铁路网以增大经济效益。因此，为要跨越更大更深的江河、峡谷，迫使桥梁向大跨度发展，石材、木材、铸铁、锻铁等桥梁材料显然不合要求，而钢材的大量生产正好满足这一要求。

4. 隧道建设工程

隧道是修建在地下或水下并铺设铁路供机动车辆通行的构筑物。根据其所在位置可分为山岭隧道、水下隧道和城市隧道三大类。为缩短距离和避免大坡道而从山岭或丘陵下穿越的称为山岭隧道；为穿越河流或海峡而从河下或海底通过的称为水下隧道；为适应铁路通过大城市的需要而在城市地下穿越的称为城市隧道。这三类隧道中修建最多的是山岭隧道。

隧道工程则是指隧道的勘测、设计、贯通控制测量和施工等工作。

5. 轨道建设工程

轨道交通属于城市公共交通业，包括地铁交通、轻轨交通、有轨电车交通、各种索道/缆车的经营管理活动。轨道交通是一种独立的有轨交通系统，它提供了资源集约利用、环保舒适、安全快捷的大容量运输服务方式，能够按照设计的能力正常运行，与其他交通工具互不干扰。

具有强大的运输能力、较高的服务水平、显著的资源环境效益。因此，轨道交通的应用首先是表现在经济发达的城市中，并且在城市应用中有140多年的历史，于是人们也习惯把轨道交通称之为城市轨道交通。其实，根据轨道交通的特性，从广义上讲，车辆运行在导轨上的交通都应称为轨道交通。但是，在轨道交通发展的历史进程中，人们又把铁路运输称为大铁路，与轨道交通区别开来。因此，轨道交通不包括大铁路。

轨道交通有多种类型，如地铁、轻轨、有轨电车、跨座式独轨、磁浮列车、城际列车等。每一种类型都有其应用范围，像地铁比较适合在大城市的中心区客流密集度极高的路段建设；轻轨适合在中等客流密集度的路段建设；跨座式独轨适合在地形复杂（丘陵）的区域建设；城际列车主要应用于城市与城市之间或城镇之间；磁浮列车主要应用于对旅行速度要求较高的区域之间。

6. 交通附属及配套设施工程

道路隧道交通工程与附属设施的主要内容有标志、标线，照明与照明控制设施，通风与通风控制设施，交通监控设施，紧急呼叫设施，火灾报警设施，消防与避难设施，供配电设施，中央控制管理设施，接地与防雷设施，缆线及相关设施、设备基础等。

公路附属设施，是指为保护、养护公路和保障公路安全畅通所设置的公路防护、排水、养护、管理、服务、交通安全、渡运、监控、通信、收费等设施、设备以及专用建筑物、构筑物等。包括以下几类。

① 交通安全设施，如护栏、反光标志，防眩设施，危险路段的反光镜、警告标志等。② 交通管理设施，如交通标志、路面标线、紧急电话、公路通信、监控、收费设施等。③ 防护设施，如在积雪、积沙、坠石等地段设置的防护设施。④ 服务设施，如高速公路的服务区。⑤ 公路管理房屋，如公路养护所需的生产和生活用房等。⑥ 绿化设施。

二、交通基础设施的重要意义

（一）交通设施与城市发展密切不可分离

1. 交通引导城市发展

交通是连接城市的重要纽带，也是为城市发展运送人流、物流的重要通道，作为城市发展的主要动力，交通对生产要素的流动、城镇体系的发展有着决定性的影响。交通与城市发展之间有着不解之缘，在城市产生和发展的过程中，处处留下了交通的印记。

水运是古代大规模运输最为有效的方式，城市发展与航运改进具有很强的同步性，从我国城市发展的历史来看，水路运输对城市格局的形成和演化具有很强的引导作用。魏、晋、南北朝以后，长江流域逐步发展成为主要的经济基地，而隋唐大运河的开凿，把逐渐成为中国经济中心的长江流域与仍作为政治、军事中心的黄河流域以通畅便捷的水运方式联结起来，大运河成为中国主要商品流通通道和经济发展的命脉，在沿河两岸形成了中国第一条南北向城市发展轴线，沿岸的楚州（淮安）、扬州、苏州、杭州在当时并称四大都市。

2. 近代铁路交通促进城镇迅速崛起

工业革命后，铁路交通开始发展，使得大宗货物在陆地上远距离运输成为可能，此时，在铁路交通发达的地理位置迅速发展起来了一批新型的城市，如河北省石家庄市就是凭借优越的铁路交通条件而迅速发展的一个非常典型的例子。20世纪初，石家庄村的面积还不足0.1km^2，仅有200户人家，600余口人。由于公路交通十分落后，货物运输严重依靠铁路交通，而由卢汉线运往当时的重镇正定的物资都要在石家庄下站，再由石家庄运往正定，石家庄也因此成为重要的物资集散地，并进一步诱发了工商业、服务业、金融业的全面兴起。1941年2月，石太、石德、京汉三条铁路在石家庄接轨，使石家庄的交通经济地位进一步提高。1947年石家庄市解放，当时全市人口19万，有大小工厂27家，工业总产值2000万元左右。

3. 现代高速公路推进沿线地区城市化

国内外的实践经验表明，一条高速公路，特别是大城市之间的高速公路建成后，就会使两端的大城市沿高速公路逐渐延伸发展，形成以高速公路为轴线的城市群，在各处出口或立交桥附近形成一系列卫星城镇，这些卫星城镇更主要的功能是对中心城市功能的有益补充。如贯穿安大略省和魁北克省的被称为“加拿大的主要街道”的高速公路，其日交通量达35万余辆，高峰期超过40万辆。之前，安大略省的工业主要分布在多伦多南部，1962年，该高速公路建成，工业布局逐渐向北延伸，形成了以高速公路为轴线的工业走廊，集中了全加拿大70%以上的工业，相应地促进了高速公路沿线商业、文化设施的发展和中小城镇的发展。目前，这一地区为全加拿大城市化水平最高的地区。

4. 综合交通带动城市群的发展

长江三角洲被称为世界第六大城市群，其城市空间格局的形成和演变具有明显的交通导向性。明清时期，长江三角洲基本形成了沿长江和沿运河的两条城市发展轴；随着1904—1911年沪宁、沪杭铁路，1912—1949年沪杭甬铁路的建成通车，长江三角洲铁路沿线城市带开始形成；改革开放后，公路已成为长江三角洲人员和货物流动的主要通道，构成了长江三角洲城市空间格局的主要框架；长江三角洲目前的主要交通方式有汽车、火车、轮船、飞机，是世界上港口和机场密度较高的地区之一；今后，长江三角洲将进入高速公路和城际轨道交通快速发展的时期。随着交通条件的革命性变化，产业将在长江三角洲内重组，城市空间格局将随之发生重大变动，长江三角洲的产业竞争力和城市竞争力将进一步增强。

（二）交通对城市发展影响的内在机制

1. 交通改变产业布局

依据经典的产业布局理论，运输条件是产业区位选择和产业布局调整的重要影响因素，运输条件的改变往往直接导致产业布局的形成与改变。在交通运输较为落后的阶段，高额的运输成本限制了城市间外部贸易的发展，工业活动在城市间难以形成专业化分工，大多数工厂在其选址时会把城市经济作为首要条件，落后的交通条件将经济的多样化限制在城市范围内。随着交通的发展，区位约束不断减小，长距离的商品运输成为可能，围绕着中心城市的腹地市场开始增长，中等城市和小城市开始出现，工业生产可在不同城市间实现专业化分工，这促进了聚集经济效应的充分发挥，推动了城市向外分散型发展，更多城市将会出现。此外，便利的交通还能够促进沿线地区人口的快速流动，加快地区经济的对外联系，从而带动沿线周围的旅游、餐饮、房地产等第三产业的迅速发展，推动沿线经济的产业结构升级。

2. 交通促进经济发展

交通运输业对国民经济发展的支撑作用是其他任何行业都无法企及的，加大交通投资力度，对经济增长和扩大就业机会将产生积极作用，而且交通运输具有较强的正外部性，即交通建设对其他部门的生产和服务需求的影响较大，这也将促进经济的发展。根据清华大学胡鞍钢教授测算，1985—2006年，中国交通运输投资每增加1%，将会带动GDP增长0.28%，其中，交通运输投资的直接贡献为0.22%，由于其外部性的存在而导致的经济增长为0.06%，也就是说，如果考虑交通运输的正外部性，交通运输投资对我国经济增长的贡献率为年均13.8%。总体而言，1985—2006年交通运输投资带动GDP每年增加248亿元，其中196亿元来自投资的直接贡献，另外52亿元为交通运输的正外部效益。同时，交通基础设施对我国的就业率也有着显著的正向影响，能够有效地促进就业。

3. 交通引导城市发展

从城市发展的历史和经验来看，交通是城市发展的主要动力，它决定着生产要素的流动、城镇体系的发展，甚至是城镇的兴衰。交通线路走向决定着产业和城市的空间分布及发展方向，交通线路的空间组合状况决定着产业和城市的空间组织结构，主要交通方式的效率决定着产业和城市空间布局的灵活性与高效性。

目前，我国正处于城市建设的加速阶段，人在空间运动上向城市超强集聚，物也呈现向城市强集聚和弱扩散的现象，经济与城市化取得了快速发展，同时也显现出一系列的问题，如城市交通拥堵、房价高涨等，这些问题已经引起了各界人士的高度关注。由于这一阶段也是交通发展的成长期，因此可以考虑借助交通运输对城市发展的作用力，引导城市健康发展。我国现行行政管理体制中，交通和城市分归不同部门，不同运输方式的管理和规划也分属不同的部门，这就使得城市与交通发展不同步，而且本应为弱替代性的不同运输方式，表现出来更强的竞争性，使有限的资金又有一部分用于重复建设。为加强交通规划与城市发展的协调，要求政府部门或者委托中介组织对交通项目的决策进行监督和协调，以构建“和谐社会”的基本思想为指导，统筹考虑城市与交通的协调发展，不同地区间的均衡发展。

三、道路建设工程

1. 一般内容

包括道路网规划和线路勘测设计，路基工程，路面工程，道路排水工程，其他工程以及附属、养护工程。

2.路网规划和路线勘测设计

路网规划应考虑各种交通运输综合功能的协调发展，路网布局的完善。路线勘测设计则应根据国家制定的分级管理和技术指标，选定技术经济最优化的路线，对平、纵、横三个面进行综合设计，力争平面短捷舒顺、纵坡平缓均匀、横断面稳定经济，以保证设计车速、缩短行车时间、提高汽车周转率。对路基、路面、桥梁、隧道、排水等构造物进行精心设计，在保证质量的条件下降低施工、养护、运营和交通管理等费用。

3.路基工程

路基既是路线的主体，又是路面的基础并与路面共同承受车辆荷载。路基按其断面的填挖情况分为路堤式、路堑式、半填半挖式三类。路肩是路面两侧路基边缘以内地带，用以支护路面、供临时停靠车辆或行人步行之用。路基土石方工程按开挖的难易分为土方工程（松土、普通土、硬土三级）与石方工程（软石、次坚石、坚石三级）。路基工程在道路建设中，工程量大、占地广，常为控制施工进度的关键，故要求：

① 尽可能与沿线农田水利建设相结合并力争节约用地；

② 按照标准设计，严格控制施工质量，保证路基具有足够的强度和稳定性；

③ 搞好排水和防护加固工程，沿河路基应注意不被洪水淹没冲毁；

④ 填方工程应慎选土质并分层夯实，对其密实度和含水量进行现场控制；

⑤ 冰冻地区还应设置防冻层或设置隔水层和隔温层，切断毛细水，减少负温差的不利影响；

⑥ 当路线通过悬岩峭壁需修建悬出路台或半山桥，陡峻山坡则需修筑挡墙、石砌护坡或护脚等工程以保证路基和山体的稳定；

⑦ 当路线不能避让必须通过特殊或不良地质、水文的地区或路段时，路基工程应针对其具体情况和特征，采取防治措施。

为保证路基、路面和其他构筑物的稳固及交通安全。沿路基可修筑：① 路基坡面防护。铺种草皮、植树、抹面、灌浆沟缝、砌石护坡和护面墙等。② 冲刷防护。有直接防护的构筑物，如抛石防护、石笼防护、梢料防护、驳岸、浸水挡墙等；有间接防护的调治构筑物，如丁坝、顺水坝、格坝等。③ 支挡构筑物。主要是挡土墙等构筑物。

4.路面工程

为适应行车作用和自然因素的影响，在路基上行车道范围内，用各种筑路材料修筑多层次的坚固、稳定、平整和一定粗糙度的路面。其构造一般由面层、基层（承重层）、垫层组成，表面应做成路拱以利排水。路面按其使用特性分为四级：① 高级路面；② 次高级路面；③ 中级路面；④ 低级路面。按其在荷载作用下的力学特性，路面可分为刚性路面和柔性路面。

5.道路排水工程

水的作用是造成路基、路面和沿线构筑物的病害和冲毁的主因。根据来源不同分为地表水和地下水。地表水若沿道路表面流向或渗入路基土内时，可能将冲毁路基的路肩和边坡以及路面；地下水能使路基湿软，降低土基强度和路面承载力，严重时可引起翻浆或边坡滑坍，导致交通中断。

排水工程要与水利灌溉相配合，地面排水和地下排水兼顾，路基路面排水与桥涵工程相结合。总的要求是：查明情况，全面考虑，因地制宜，就地取材，防重于治，经济适用，多种措施，综合治理，构成一个统一的排水系统。

6.其他工程以及附属、养护工程

（1）附属设施工程

① 安全防护设施。如保证夜间车辆和行人交通安全的照明设施，指导道路工程行车的交通标志、路面标线，防护用的护栏、护墙、护柱，沙漠地区的防沙栅栏，多雪地区的防雪走廊。

② 改善环境设施。重点是绿化，可稳定路基、防治污染、美化路容，其他如减小噪声干扰的隔声墙等。

③ 养护管理设施。如养路道班房、巡逻管理站等。

④ 路旁服务设施。如休息区、停车场、电话亭及旅游服务设施等。

（2）养护工程　养护工程维护道路完好状况，预防和及时修复各种缺陷损坏，提供并保证安全、快速、经济、舒适的行车条件，有计划地改善道路技术状况，以适应交通发展需要。

各国多采用经过训练、具有装备的养路道班和工程队组织完成养护工程任务。养护工程按其工作性质和任务分为：

① 小修保养。对道路及其一切设施进行预防事故和维修较小损坏部分。重点是排水和路面，冬季防冰雪，雨天防滑溜。

② 大中修工程。对道路及其设备进行较大的修复，或在原有技术等级内的添建和局部改建。

③ 改善工程。分期分段改善道路的技术条件或进行局部改建能显著提高通行能力，如改进线形视距，拓宽路基、提高路面等级、改建桥涵等。

（3）其他工程　道路交通设施、护栏、护栏网、交通警示灯、道路减速设备，铁马，水马，防护栏，警示柱，挡轮杆，停车场设施，定位器，车位锁，车轮锁，车位划线，道路划线，爆闪灯，雪糕筒，防撞杆，防撞桶，反光衣，警示服，警示牌，岗亭，道闸，减速带，路锥，轮廓标，道钉，不锈钢护栏等。范围：停车场，道路，高速公路，小区，校园等。

第二节　城市桥梁、隧道交通基础设施建设

一、城市桥梁工程建设设计问题

（一）城市桥梁建设设计的时代新理念

1.三种新理念

为了现代桥梁工程建设事业的不断发展，设计工作者应该拓展思路，丰富认知，敢于挑战常规设计理念，从而突破原始的设计方式。目前，在国内桥梁工程中，主要有三种前沿技术：① 桥型设计新理念。② 桥梁美学与绿色工程设计理念。③ 桥梁耐久性设计新理念。

2.三种新理念的介绍

（1）桥型结构新理念　根据桥梁的受力体系分类，可将其分为三大基本体系：梁式桥、拱式桥和悬索桥，这三大基本体系分别以受弯、受压和受拉为主。近些年来，我国广大的设计工作者在设计理念上的兼容与开放，使得桥型向多样性和合理性方面发展，可同时也存在了一些难以攻克的问题。比如悬索桥在施工中比较稳定，可是风动稳定性较差，增加锚钉

难度。而斜张桥则能够省去锚钉，相较于悬索桥，斜张桥的风动稳定性较好，但在施工中大悬臂施工稳定性差，塔处主梁轴向压力过大，压曲失稳。还有一种多跨斜张桥，它的主梁连续，而中间塔刚度放大，或塔顶有固定于边跨桥台上或塔梁结合处的拉索锚，例如我国香港的汀九桥，就是属于后者。另一种叫斜张悬索协作桥的桥型，是将悬索桥和斜张桥的优点兼顾的新桥型，使得斜张桥施工中出现的问题得到解决。最近我国就考虑了这样的方案，就是在塔的附近采用斜张桥的方法而跨中附近采用悬索桥的悬吊方式，并且把悬索主缆中的拉力锚固定在边跨末端的锚钉中，这样，锚钉受力也会大大减少。这是因为主梁扭转基频比提高了，混凝土箱梁增加了桥梁与空气质量密度比，而主缆、桥塔和拉索能够分担主梁从导流中吸收的能量，从而使得结构抗风能量增加，颤振临界风速。从经济性来说，首先可以节省主缆和拉索的钢丝用量。其次，增加的辅助墩能够使协作体系的结构刚度增加，减小了它的交变应力幅度和吊杆工作的平均应力，使它的疲劳安全度提高。当桥梁投入运用若干年后，难免会发生一些变化或者特殊情况，使得桥梁自身的承受能力和使用寿命受到影响，此时，改变桥梁结构受力体系，这种加固和改造技术，十分方便地提高了桥梁的承载能力。

（2）桥梁美学与绿色工程设计理念　一个优秀的设计师，不应仅仅关注于桥梁的结构而忽视美观，更不应为了追求形式上的美观而忽视结构，而是应该把桥梁的品质和体现桥梁的美学价值相统一，既要考虑桥梁结构的可靠性和经济要求，又要注重桥梁美学的三要素，即“形式美”“功能美”以及“与环境协调美”。它不是仅凭空间组成的形式美就足够了，也应同时体现其功能，并显示其生机勃勃的力量形象，这是桥梁的美学组成一个不可或缺的要素。桥梁与环境是相互制约的，所以在桥梁设计与建造过程中，考虑自身技术美感的同时，不要忽略与周围环境的和谐美。另外，现代桥梁设计要突破传统桥梁设计的束缚，克服传统设计的不足，使之满足绿色工程的要求。这就涉及产品整个生命周期。在这个过程中，从概念形成到生产制造，投入使用乃至废弃后的回收，各个阶段都在防止污染、节约资源的基础上进行。而这些关键都在于设计与制造，要预先设法防止以后对环境所产生的负作用，而后再制造。绿色设计原则为：① 产品全生命周期并行的闭环设计原则。② 资源最佳利用原则。③ 能耗最小原则，尽量使用清洁能源或二次能源，且力求桥梁在整个生命循环中能耗最小。④ 充分考虑如何消除污染源，做到从根本上防止污染。⑤ 技术先进原则。为获得最佳的生态效益，就应采用先进技术，再加以创造性地应用，使得设计体现绿色设计的效果。

此外，因为桥梁工程是一项高投入且不易回收再利用的项目，所以延长其寿命意义重大。达到设计年限的桥梁，应进行相关检验以确定承载能力，从而确定是继续使用或是降低等级使用。

（3）桥梁结构耐久性设计理念　现代社会高速发展，桥梁的作用也随之增多，对桥梁要求也就更高，现在的桥梁工程规模巨大，结构复杂，功能繁多，这些工程投资巨大，技术复杂，可受环境影响巨大，受风、浪、海啸、地震等袭击的概率也增大，所以使维护加固的难度增加。过去，寻求结构安全只是单一地从设计与施工质量着手，但从现在形式上看来仅这样是不够的，新设计理念认为，桥梁的设计、施工、运营和维护，各个阶段共同努力，才是桥梁耐久性的保证。在设计和建造过程中出现的问题，如材料的选择、功能问题等与耐久性有关的问题，设计师应该根据业主的要求来确定桥梁及其构件的使用寿命，确定设计方案，制定实施方案，选取设计和施工方法时都不能脱离投资成本的经济效益问题。结构的设计应注意使得结构具有可检性、可修性、可换性、可强性、可控性及可持续性这六大特性。因为当桥梁一旦建成，各个部件不可更换、不可控制、不可加强、不能加强、无法修复，结构在内外复合作用下，将会一天天老化、损坏、倒塌。不同结构在设计寿命期内有不同的耐久性极限，因此需要经常维修、更换或加固，只有这样，才能确保结构在设计寿命内的良好使用。

（二）桥梁建设工程设计论证

1. 一般中小型桥梁主要工作在于桥梁设计

（1）桥梁设计程序　包括前期工作、初步设计、技术设计、施工设计。

（2）桥梁的规划设计　包括野外勘测与调查研究、纵断面设计、横断面设计、平面布置、桥梁的设计原则。

（3）桥梁体系、造型与美学　桥梁的体系主要有梁式体系、拱式体系、架刚桥、组合体系，桥梁的设计一定要满足美学要求。

（4）桥梁设计过程

① 前期工作。预可行性研究报告与可行性研究报告的编制，包括工程必要性论证、工程可行性论证、经济可行性论证。

② 初步设计。进一步开展水文、勘测工作；桥式方案比选；科研项目立项；施工组织设计、概算。

③ 技术设计。进一步深化初步设计：充分勘探、确定细部尺寸、截面配筋、确定施工方法、调整概算。

④ 施工设计。编制施工图、编制工程预算。

2. 大型复杂桥梁主要工作在于可行性研究论证

对于大型复杂的桥梁工程，除了桥梁设计与建设的正常程序开展进一步细致认真的工作外，其前期工作中的具有特殊重要意义的是对项目进行认真、严肃、仔细、系统、全面的可行性论证。

可行性论证包括以下三项。

① 工程必要性论证：评估桥梁建设在国民经济中的作用。

② 工程可行性论证：本阶段工作重点首先是选择好桥位，其次是确定桥梁的建设规模，同时还要解决好桥梁与河道、航运、城市规划以及已有设施（通称“外部条件”）的关系。

③ 经济可行性论证：包括造价及回报问题、资金来源及偿还问题。

（1）工程必要性论证　必要性论证是评估桥梁建设在国民经济中的作用。桥梁是交通工程中的一部分，交通工程有铁路、公路、城市交通之分，评估方法也有所不同。

铁路桥梁一般从属于路网规划。后者是以沿线工农业生产的需要在近期、远期可能的运量为研究对象。铁路桥梁一般本身不作单独的研究。

公路桥梁有的从属于国家规划干线，该不该修建，则是时机问题，有的是以属于区域内的桥梁，两者都是以车辆流量为研究对象。为此，要对距准备建桥地点最近及附近的渡口车辆流量，包括通过的车数、车型、流向进行调查。在此基础上，从发展的观点以及桥梁修通以后可能引入的车流进行科学分析，得出每日车流量，作为立论的依据。超过一定的日流量修建桥梁才是必要的。根据车辆流向研究，桥梁应该修在有利于解决流向最大的地区。

城市桥梁则从属于城市规划，也必须确定通过桥梁的可能日流量。

无论是铁路运量指标或是公路的车辆流量指标，都是确定桥梁建设标准的重要指标。

（2）工程可行性论证

① 制定桥梁标准问题。确定线路等级、是否有特殊荷载（等级以外的荷载）、允许车速、桥梁坡度和曲线半径等。

根据前面调查的运量或流量先要确定线路等级，如铁路是否干线，公路是否高速、一级、二级等，并确定车道数、桥面宽及荷载标准。铁路只有一种标准，即中-活载。公路有多种等级，并要确定是否有特殊荷载（等级以外的荷载）。其次要确定允许车速、桥梁坡度和曲线半径。还要委托地震研究机构进行本地区的地震危险性分析，从而确定桥梁抗震标准。此外，还要确定航运标准、航运水位、航道净空、船舶吨位以及要求的航道数量及位置等。航运标准影响桥梁的高度和跨度，直接影响桥梁建设规模以及设计时如何满足航运的需要。因此，设计部门必须与航运部门充分协商，慎重对待。

② 自然条件及周围环境问题。关于地质工作、周围环境调查、水文工作。为调查自然条件及周围环境而进行的勘测工作称为草测。为此要收集万分之一地形图，进行纸上定线，在实地桥位两岸设点，用测距仪测得跨河距加以校正，并进行现场核查。本阶段的地质工作以收集资料为主，辅以在两岸适当布置钻孔进行验证。要探明覆盖层的性质、岩面高低、岩性及构造，有无大的构造、断层。并从地质角度对各桥位作出初步评价。

要对各桥位周围环境进行调查，包括桥头引线附近有无要交叉的公路、铁路、高压线、电话线；附近有无厂房、民房要拆迁，有无不能拆迁的建筑物，有无文物、古迹；桥梁高度是否在机场航空净空范围以内；附近有无码头、过江电缆、航运锚地等。以上均属要调查清楚的外部条件。对涉及的问题都必须妥善加以处理。

本阶段的水文工作十分重要。如发现地质有问题时，直到初步设计阶段，桥位尚可作适当调整，但水文方面如存在问题，其影响则不是适当调整桥位可以解决得了的。水文工作一般要求提供设计流量，历史最高、最低水位，百年一遇洪水位，常水位情况及流速资料。在提供这些资料时要考虑上游是否有水库及拟建水库的影响。要通过资料或试验，论证河道是否稳定，主槽的摆动范围，以及桥梁建成后本河段上、下游是否会产生不利影响。譬如建桥后形成的壅水是否影响上游防汛水位；上下游流速减速所形成的淤积，对下游沙洲进退有何影响；对下游分汊河道（有沙州的河道分为左、右二支，称为分汊河道）的分流比有何影响，对河道形状可能产生的改变。还有对船舶在桥梁中轴线上、下游的走行轨迹进行测定。这些问题在预可行性研究报告阶段可以只提供分析成果；而在可行性研究报告阶段则必须通过水工模型试验加以论证。

此外还要对一些特殊水文条件进行研究，例如涌潮河段的问题（如杭州钱塘江第二桥）、沿海地区的潮汐问题等。

③ 桥式方案问题。桥式方案重点在于评估方案的可行性，特别是基础工程的可行性。

● 制定桥梁标准问题。如前所述，此处不再赘述。

● 桥位问题。至少应该选择两个以上的桥位进行比选。遇某些特殊情况时，还需要在大范围内提出多个桥位进行比选。桥位比较的内容可以包括以下因素。

首先是桥位对路网布置是否有利。过去大型桥梁选择桥位时，总是以桥梁为主体，线路走向服从桥梁。这样线路往往要绕行，甚至导致布置上的不合理。现在由于建桥技术的发展进步，要树立什么地方都能修桥的观念，应该把桥位置于路网内一起考虑，尽量满足选线的需要。

比较造价时，要把各桥位桥梁本身的造价与联络线的造价加在一起进行比较。桥梁建在城市范围内时，要重视桥梁建设满足城市规划的要求，还要比较各桥位的航运条件，即航道是否顺直，尤其是桥位上游有无足够长的航道直线段。

在进行自然条件的比较时，要考虑到地质条件对基础工程的设计、施工难度以及工程规模有直接影响。要考虑是否存在难以处理的自然条件，譬如水特别深、覆盖层软弱层特别厚、基岩软、构造发育、基岩破碎、风化严重、熔岩、岩面高差特别大等不利地层存在。

另一比较因素是外部条件的处理能否落实，不同桥位时的桥梁对周围设施影响程度如何，以及不能拆迁的设施对桥梁的影响程度如何等。对环境保护的评估也是必不可少的。经综合比较，根据每个桥位的不同着眼点，选定一个桥位作为推荐桥位。

（3）经济可行性论证

① 建设效果问题。从现实情况看，桥梁建设的投资规模大，建设周期长，但通过收费等方式回收，效益并不乐观，实际回报率偏低，桥梁建设效果主要看社会效益。

② 资金来源及偿还问题。对资金来源，预可行研究报告阶段要有所设想，可行性研究报告阶段则必须予以落实。通过国外贷款、发行债券、民间集资等渠道筹措资金则必须得到有关部门的批准。

③ 关于造价高回报低的问题。公路桥梁一般通过收取车辆过桥费取得回报，实际上回报率一般偏低。尤其是特大桥，由于投资大，取得全部回报的时间往往拖得很长。不过考虑回报一般也不能就桥论桥，要看到桥梁建设对全社会的经济发展和社会效益的作用是巨大的。铁路干线上的特大桥的经济、社会效益则更是全国性的，其回报很难由直接投资者收回。这也是为何一些大桥、特大桥的投资只能是国家或地方政府的行为，个人和社会集团较少感兴趣的原因。

二、桥梁建设工程类型及示例

十年来，我国大跨径桥梁的建设进入了一个最辉煌的时期，在中华大地上建设了一大批结构新颖、技术复杂、设计和施工难度大、现代化品位和科技含量高的大跨径斜拉桥、悬索桥、拱桥、PC连续刚构桥，积累了丰富的桥梁设计和施工经验，我国公路桥梁建设水平已跻身于国际先进行列。现综述大跨径桥梁建设和发展情况。

（一）斜拉桥

1.斜拉桥概述

斜拉桥作为一种拉索体系，比梁式桥有更大的跨越能力。由于拉索的自锚特性而不需要悬索桥那样巨大锚碇，加之斜拉桥有良好的力学性能和经济指标，已成为大跨度桥梁最主要的桥型，在跨径200 ~ 800m的范围内占据着优势，在跨径800 ~ 1100m特大跨径桥梁角逐竞争中，斜拉桥将扮演重要角色。

斜拉桥由索塔、主梁、斜拉索组成，选择不同的结构外形和材料可以组合成多彩多姿、新颖别致的各种形式。索塔形式有A型、倒Y型、H型、独柱，材料有钢、混凝土的。主梁有混凝土梁、钢箱梁、结合梁、混合式梁。斜拉索布置有单索面、平行双索面、斜索面，拉索材料有热挤PE防护平行钢丝索、PE外套防护钢绞线索。

现代斜拉桥可以追溯到1956年瑞典建成的主跨182.6m斯特伦松德桥。历经半个世纪，斜拉桥技术得到空前发展，世界已建成主跨200m以上的斜拉桥有200余座，其中跨径大于400m有40余座。尤其20世纪90年代以后在世界上建成的著名的斜拉桥有法国诺曼底斜拉桥（主跨856m），我国南京长江二桥钢箱梁斜拉桥（主跨628m）、福建青州闽江结合梁斜拉桥（主跨605m），挪威斯卡恩圣特混凝土梁斜拉桥（主跨530m），1999年日本建成的世界最大跨度多多罗大桥（主跨890m）。

2.斜拉桥示例1：世界大跨度斜拉桥

我国自1975年四川云阳建成第一座主跨为76m的斜拉桥，至今已建成各种类型斜拉桥100多座，其中跨径大于200m的有52座。多年来，我国在斜拉桥设计、施工技术、施工控制、斜拉索的防风、防雨、防震等方面，积累了丰富的经验。20世纪80年代末，我国在总结加拿大安那西斯桥的经验基础上，1991年建成了上海南浦大桥（主跨为423m结合梁斜拉桥），开创了我国修建400m以上大跨度斜拉桥的先河，大跨径斜拉桥如雨后春笋般发展起来。据统计，我国修建跨度大于400m的斜拉桥有20座，已建成通车14座，在建6座。我国已成为拥有斜拉桥最多的国家，在世界10大著名斜拉桥排名榜上，中国有6座，跨度600m以上的斜拉桥世界仅有6座，中国占了4座。

3.斜拉桥示例2：中国主跨400m以上斜拉桥

我国在400m以上大跨径斜拉桥建设中，创造了自己独特的风格：索塔采用混凝土塔、不用钢塔。最高的混凝土塔为徐浦大桥，塔高210m；索塔形式多种多样，有A型、倒Y型、H型、独柱；主梁结构类型多种，有钢箱梁4座、混合式5座、结合梁4座、混凝土梁7座；斜拉索采用平行钢丝的有15座、钢绞线的有3座。

2001年建成的名列世界第三位的南京长江二桥钢箱梁斜拉桥（主跨628m）和名列世界第五位的福建青州闽江结合梁斜拉桥（主跨605m）均处于世界斜拉桥领先地位。整体来说，我国斜拉桥设计施工水平已迈入国际先进行列，部分成果达到国际领先水平。当时我国还在筹划建设的香港昂船洲大桥、江苏苏通大桥，其主跨均达到1000m以上，斜拉桥建设技术将要有新的突破。目前，被誉为“中国桥梁建设最高水平”的苏通大桥已经建成，提升了我国桥梁技术在世界工程领域的地位，代表了当前中国桥梁建设的最高水平。

（二）悬索桥

1.悬索桥概述

悬索桥是特大跨径桥梁的主要形式之一，悬索桥优美的造型和宏伟的规模，人们常将它称为“桥梁皇后”。当跨径大于800m，悬索桥方案具有很大的竞争力。我国在20世纪90年代以前，虽也修建了60多座悬索桥，但跨径小，桥面窄，荷载标准低。

悬索桥由主缆、塔架、加劲梁和锚碇四部分组成。大缆以AS法（空中送丝法）或PPWS法（预制束股法）制造，美国、英国、法国、丹麦等国均采用AS法，中国、日本采用PPWS法。塔架形式一般采用门式框架，材料用钢和混凝土，美国、日本、英国采用钢塔较多，中国、法国、丹麦、瑞典采用混凝土塔。加劲梁有钢桁架梁和扁平钢箱梁，美国、日本等国用钢桁架梁较多，中国、英国、法国、丹麦用钢箱梁较多。锚碇有重力式锚碇和隧道锚碇，采用重力式锚碇居多。

现代悬索桥从1883年美国建成布鲁克林桥（主跨486m）开始，至今已有130多年历史。20世纪30年代，相继建成的美国乔治·华盛顿桥（主跨1067m）和旧金山金门大桥（主跨1280m）使悬索桥的跨度超过了1000m。1940年7月美国塔可曼大桥（主跨853m）建成后仅四个月，在19m/s风速作用下突然倒塌，引起各国学者大力研究桥梁风致振动问题；1964年英国塞文桥（主跨988m）首先选用流线型扁平钢箱梁，增大了桥梁抗风性能和抗扭刚度，且用钢量少，维护方便，得到推广；1970年丹麦小海带桥首次采用箱内空气干燥装置，对钢箱梁起到了很好的防腐作用；1995年日本神户大地震，经受大地震考验的明石海峡大桥成功的抗震设计，使得悬索桥的技术在各方面得到空前的发展。

随着世界经济快速发展，尤其从20世纪80年代至世纪末，世界上修建悬索桥到了鼎盛时期，建成跨径大于1000m以上的悬索桥17座。在此期间，世界建成的著名悬索桥有20世纪60年代前后美国相继建成的麦基纳克桥（主跨1158m）、韦拉扎诺桥（主跨1298m）和80年代英国建成了亨伯桥（主跨1410m）、90年代丹麦建成了大海带桥（主跨1624m）、瑞典建成了滨海高大桥（主跨1210m）、日本建成了南备赞濑户大桥（主跨1100m，公铁两用）。可喜的是，在这期间我国相继建成了名列世界第四、第五位的江阴长江大桥（主跨1385m）

和香港青马大桥（主跨1377m，公铁两用）。日本于1998年建成了世界最大跨度的明石海峡大桥（主跨1991m），将悬索桥跨径从20世纪30年代的1000m，历经70年，跨径达到近2000m。

2.悬索桥：世界超过1000m跨度悬索桥

我国在悬索桥建设方面犹如异军突起，1995年在国内率先建成了汕头海湾大桥（主跨452m），在近五年内，相继建成西陵长江大桥（主跨900m）、虎门大桥（主跨888m）、宜昌长江大桥（主跨960m）以及名列世界第四位的江阴长江大桥（主跨1385m）、香港青马大桥（主跨1377m）等11座大跨度悬索桥。多年来，我们积累了丰富的悬索桥设计与施工经验，满怀信心建设完成润扬长江大桥（主跨1490m），我国悬索桥设计和施工水平已迈入国际先进行列。目前，我国正在规划建设琼州海峡大桥（主跨1600m）和香港青龙大桥（主跨1418m）等大跨径悬索桥。

3.PC连续刚构桥

PC连续刚构桥比PC连续梁桥和PCT型刚构桥有更大的跨越能力。近年来，各国修建PC连续刚构桥很多，随着世界经济发展，PC连续刚构桥将得到更快发展。1998年挪威建成了世界第一Stolma桥（主跨301m）和世界第二拉夫特桥（主跨298m），将PC连续刚构桥跨径发展到顶点。我国于1988年建成的广东洛溪大桥（主跨180m），开创了我国修建大跨径PC连续钢构桥的先例，十多年来，PC梁桥在全国范围内已建成跨径大于120m的有74座。世界已建成跨度大于240m PC梁桥17座，中国占7座，其中西部地区占5座。1997年建成的虎门大桥副航道桥（主跨270m）为当时PC连续刚构世界第一。后来相继建成了泸州长江二桥（主跨252m）、重庆黄花园大桥（主跨250m）、黄石长江大桥（主跨245m）、重庆高家花园桥（主跨240m）、贵州六广河大桥（主跨240m），近期还将建成一大批大跨径PC连续钢构桥。我国大跨径PC连续钢构桥型和PC梁桥型的建桥技术，已居世界领先水平。

4.拱桥

（1）石拱桥　石拱桥是我国历史悠久、源远流长的一种技术。最近又有新的突破，2001年建成的山西晋城晋焦高速公路丹河大桥，跨径146m，是世界最大跨度的石拱桥。

（2）混凝土拱桥　混凝土拱桥分箱形拱、肋拱、桁架拱。我国采用缆索吊装架设法施工的最大跨度是1979年建成的四川宜宾马鸣溪大桥（主跨150m），采用拱架法施工的最大跨度是1982年建成的四川攀枝花市宝鼎大桥（主跨170m），采用支架法施工的最大跨度是河南许沟大桥（主跨220m），采用转体法施工的最大跨度是1990年建成的重庆涪陵乌江大桥（主跨200m）。在这个时期，国外混凝土拱桥最大跨度已达390m（前南斯拉夫克尔克桥，1980年建成）。此时，我国与国外差距最少10年。1990年宜宾南门金沙江大桥在国内首先采用劲性骨架，建成了主跨240m中承式钢骨混凝土拱桥，接着广西邕宁邕江大桥改进了工艺（钢骨采用钢管混凝土），使这种施工方法又跨上了一个新台阶，于1996年建成了主跨312m中承式钢骨混凝土拱桥，1997年建成的重庆万州长江大桥（主跨420m），为世界上最大跨度的混凝土拱桥。与此同时，贵州江界河大桥建成了世界最大跨度的混凝土桁架拱桥（主跨330m）。据统计，世界上已建成跨径超过240m混凝土拱桥15座，中国占4座，而跨径大于300m的混凝土拱桥，世界上仅有5座，中国占3座，其中西部地区占2座。我国大跨度混凝土拱桥的建设技术居国际领先水平。

（3）钢管混凝土拱桥　钢管混凝土是一种钢-混凝土复合材料，具有高强、支架、模板三大作用，自架设能力强，较好地解决了大跨径拱桥经济、省料、安装方便，后期承载能力高的问题。该桥型我国近年来发展很快，自20世纪90年代以来，我国建成跨径大于120m钢管混凝土拱桥40多座，跨径大于200m的13座，最大跨径为2000年建成的广州丫髻沙珠江大桥（主跨360m）中承式钢管混凝土拱桥，为世界第一钢管混凝土拱桥。相继建成的还有武汉江汉三桥（主跨280m）、广西三岸邕江大桥（主跨270m）等多座钢管混凝土拱桥。已建设完成的巫山长江大桥（主跨460m），是一座创世界纪录特大跨径钢管混凝土拱桥。

（4）钢拱桥　世界最大跨径钢拱桥是1997年建成的美国新河桥（主跨518.2m）上承式钢桁架拱桥；名列第二是1931年建成的美国贝尔桥（主跨504m）中承式钢桁架拱桥；名列第三是1932年建成的澳大利亚悉尼港桥（主跨503m，公铁两用）中承式钢桁架拱桥。我国大跨径钢拱桥修建较少，最大跨径的钢拱桥是四川攀枝花3002桥（主跨180m）。

朝天门长江大桥位于长江上游重庆主城区，西连江北五里店，东接南岸弹子石，主跨长552m，全长1741m，若含前后引桥段则长达4881m，主跨为世界跨径最大的拱桥，超越上海的卢浦大桥。桥是重庆主城区的第8座跨江桥梁，于2006年3月动工，并于2009年4月29日通车。不管是白天还是黑夜看起来都很宏伟壮观。

（三）中国桥梁建设的一个典型项目示例

1.苏通大桥建设综述

苏通大桥为主跨1088m的世界第二斜拉桥。2003年6月27日开工以来，在省委、省政府和交通部的正确领导及社会各界的大力支持下，万余名建设者经过近5年的艰苦奋战，历经基础、索塔、箱梁吊装三大施工阶段，攻克了十大世界级关键技术难题，创造了最深基础、最高索塔、最长拉索、最大跨径四项斜拉桥世界纪录，到2007年年底大桥主体工程提前近一年顺利完成。

苏通大桥全过程实施“政府监督、法人管理、社会监理、企业自检”的四级质量保证体系，引入系统工程理论创新项目管理，进一步健全了质量监管体系，强化了工程质量的事前控制、过程控制和节点控制，确保了工程质量始终处于受控状态。专家们认为，大桥的质量监管实现了“无缝隙覆盖”。

2008年1月，交通部公路科学研究院、同济大学建设工程质量检测站等权威机构对苏通大桥进行了荷载试验与全面质量检测。结果表明，大桥结构的静、动力性能满足设计和规范要求，具有承受预定设计荷载的足够强度和刚度；桥梁基础、墩台、索塔、钢箱梁、斜拉索、钢桥面铺装等施工原材料控制严格，施工、制造、安装等各项检测指标均满足规范要求；基础、墩台及塔身混凝土强度，结构几何尺寸，控制点高程，混凝土保护层厚度，桥面纵横坡，钢结构焊缝检测，桥面铺装平整度等各项检测指标合格率均为100%。

目前，苏通大桥主体工程已顺利通过交工验收，广大建设者正抓紧推进桥面安全设施完善、照明调试、营运管理人员培训、通信系统联网调试等扫尾工作，为大桥正式通车作最后冲刺。

2008年6月30日苏通大桥正式通车。

2.苏通大桥结构

苏通大桥工程起于通启高速公路的小海互通立交，终于苏嘉杭高速公路董浜互通立交。路线全长33.21km，主要由北岸接线工程、跨江大桥工程和南岸接线工程三部分组成。

（1）跨江大桥工程　总长8206m，其中主桥采用100+100+300+1088+300+100+100（其中主桥长约1088m）=2088m的双塔双索面钢箱梁斜拉桥。斜拉桥主孔跨度1088m，列世界第二；主塔高度300.4m，列世界第二；斜拉索的长度577m，列世界第一；群桩基础平面尺寸113.75m×48.1m，列世界第一。专用航道桥采用140+268+140=548m的T形刚构梁桥，为同类桥梁工程世界第二；南北引桥采用30m、50m、75m预应力混凝土连续梁桥。

（2）北岸接线工程　路线总长15.1km，设互通立交两处，主线收费站、服务区各一处。

（3）南岸接线工程　路线总长9.1km，设互通立交一处。

苏通大桥全线采用双向六车道高速公路标准，计算行车速度南、北两岸接线为120km/h，跨江大桥为100km/h，全线桥涵设计荷载采用汽车一超20级，挂车一120。主桥通航净空高62m，宽891m，可满足5万吨级集装箱货轮和4.8万吨船队通航需要。全线共需钢材约25万吨，混凝土140万立方米，填方320万立方米，占用土地一万多亩，拆迁建筑物26万平方米。工程总投资约64.5亿元，计划建设工期为六年。

3.苏通大桥建设意义

苏通大桥的成功建设树立了工程师追求技术卓越与不断革新的典范。苏通大桥在国际上首创了静力限位与动力阻尼组合的新型桥梁结构体系及关键装置与设计方法，使得千米级斜拉桥在世界上首次得以实现；开发了内置式钢锚箱组合索塔锚固结构和大型群桩基础结构及设计方法，已在苏通大桥等多座国际重大桥梁工程中得到广泛应用；在国际上首创了大型深水群桩基础施工控制技术；并且在国际上首次提出了千米级斜拉桥的施工控制目标、总体方法、过程与内容以及控制精度标准，基于几何控制法原理在国际上首次系统地建立了多构件三维无应力几何形态和设计制造安装全过程控制方法，应用该方法苏通大桥实现的控制精度高于国际同类标准，攻克了千米级斜拉桥施工控制技术难题。以上这些技术的革新和应用有力地支撑了苏通大桥的建设，实现了千米级斜拉桥关键技术的突破，为世界斜拉桥技术的发展做出了重要贡献。

苏通大桥的建设成功克服了长江天险带来的气象条件差、水文条件复杂、基岩埋藏深、通航密度高四项建设条件挑战，创造了1088m斜拉桥最大跨径、300.4m最高索塔、577m最长斜拉索和131根长117m、直径2.8m/2.5m最大群桩基础四项世界第一，使人类建设斜拉桥的跨越能力首次突破了1000m大关。之前世界斜拉桥最大跨径纪录为主跨890m的日本多多罗大桥，苏通大桥的建成将世界斜拉桥的最大跨径记录提升了22%，大大提高了斜拉桥的竞争力，揭开了世界斜拉桥发展历史的新篇章。

苏通大桥在项目全过程管理的咨询服务、招标采购方面坚持贯彻FIDIC理念，采用合同管理模式、质量管理模式，高效率地协调了数十家咨询、科研、承包商等机构的活动，保证了工程质量、进度和投资控制管理目标，注重实力建设，培养了大批工程咨询及管理人才。

作为全球首座超千米跨径斜拉桥，苏通大桥在线形优美、技术领先和管理科学的同时，在环保、耐久和经济社会效益方面也保持了完美的平衡，对现代桥梁建设理念进行了很好的诠释。

苏通大桥采用主跨1088m的斜拉桥方案，相比过去在此种跨度领域必须采用的悬索桥方案，直接节约了工程投资约2亿美元，并且避免了巨大水中锚碇对长江河势以及水域生态系统的破坏和不利影响，更切实地保证了长江航运安全以及长江口水体的安全环保。

苏通大桥建立了完善的实时在线结构健康监测系统，监测对象分为两类：荷载监测和结构响应监测，荷载监测主要有环境参数（风、大气温湿度与桥梁内部温度）监测，结构响应监测主要有整体位移、支座位移、加速度、应力应变监测。全桥共设565个测点，597个传感器。运营4年多来的监测显示，大桥结构位移、应力水平均在设计和预计范围内，大桥处于弹性工作状态，各方面状态良好，结构性能良好，完全符合要求。

（四）21世纪世界桥梁的发展趋向

1.桥梁建设的发展趋势

综观大跨径桥梁的发展趋势，可以看到世界桥梁建设必将迎来更大规模的建设高潮。就我国来说，国道主干线同江至三亚就有5个跨海工程——渤海湾跨海工程、长江口跨海工程、杭州湾跨海工程、珠江口伶仃洋跨海工程以及琼州海峡工程。其中难度最大的有渤海湾跨海工程，海峡宽57km，建成后将成为世界上最长的桥梁；琼州海峡跨海工程，海峡宽20km，水深40m，海床以下130m深未见基岩，常年受到台风、海浪频繁袭击。此外，还有舟山大陆连岛工程、青岛至黄岛以及长江、珠江、黄河等众多的桥梁工程。

在世界上，正在建设的著名大桥有土耳其伊兹米特海湾大桥（悬索桥，主跨1668m）；希腊里海安蒂雷翁桥［多跨斜拉桥，主跨（286+3×560+286）m］，已获批准修建的意大利与西西里岛之间墨西拿海峡大桥，主跨3300m悬索桥，其使用寿命均按200年标准设计，主塔高376m，桥面宽60m，主缆直径1.24m，估计造价45亿美元；在西班牙与摩洛哥之间，跨直布罗陀海峡桥也提出了一个修建大跨度悬索桥，其中包含2个5000m的连续中跨及2个2000m的边跨，基础深度约300m。另一个方案是修建三跨3100m+8400m+4700m的巨型斜拉桥，基础深约300m，较高的一个塔高达1250m，较低的一个塔高达850m。这个方案需要高级复合材料才能修建，而不是当今桥梁用的钢和混凝土。

2.桥梁技术的发展方向

① 大跨度桥梁向更长、更大、更柔的方向发展。研究大跨度桥梁在气动、地震和行车动力作用下，结构的安全和稳定性，将截面做成适应气动要求的各种流线型加劲梁，增大特大跨度桥梁的刚度； 采用以斜缆为主的空间网状承重体系；采用悬索加斜拉的混合体系；采用轻型而刚度大的复合材料做加劲梁，采用自重轻、强度高的碳纤维材料做主缆。

② 新材料的开发和应用。新材料应具有高强、高弹模、轻质的特点，研究超高强硅烟和聚合物混凝土、高强双相钢丝钢纤维增强混凝土、纤维塑料等一系列材料取代目前桥梁用的钢和混凝土。

③ 在设计阶段采用高度发展的计算机辅助手段，进行有效的快速优化和仿真分析，运用智能化制造系统在工厂生产部件，利用GPS和遥控技术控制桥梁施工。

④ 大型深水基础工程。目前世界桥梁基础尚未超过100m深海基础工程，下一步需进行100～300m深海基础的实践。

⑤ 桥梁建成交付使用后，将通过自动监测和管理系统保证桥梁的安全和正常运行，一旦发生故障或损伤，将自动报告损伤部位和养护对策。

⑥ 重视桥梁美学及环境保护。桥梁是人类最杰出的建筑之一，闻名遐迩的美国旧金山金门大桥、澳大利亚悉尼港桥、英国伦敦桥、日本明石海峡大桥，中国上海杨浦大桥、南京长江二桥、香港青马大桥，这些著名大桥都是一件件宝贵的空间艺术品，成为陆地、江河、海洋和天空的景观，成为城市标志性建筑。宏伟壮观的澳大利亚悉尼港桥与现代化别具一格的悉尼歌剧院融为一体，成为今日悉尼的象征。因此，21世纪的桥梁结构必将更加重视建筑艺术造型，重视桥梁美学和景观设计，重视环境保护，达到人文景观同环境景观的完美结合。

在20世纪桥梁工程大发展的基础上，描绘21世纪的宏伟蓝图，桥梁建设技术将有更大、更新的发展。

三、城市地下空间工程开发建设

（一）城市地下空间开发现状

1.城市地下空间开发面对新的机遇和挑战

随着国内各大城市地铁的修建，地下空间的开挖与发展，使得城市地下空间的工程建设和利用面临新的机遇和挑战。

以交通阻塞、环境污染，生态恶化为集中表现的“城市综合征”是世界上很多城市在发展过程中碰到的问题；世界发达国家的发展经验表明，作为地上空间的补充，城市地下空间的开发利用意义重大。长期以来，人防工程曾是我国城市地下空间开发利用的主体，如今随着社会经济的加快发展，城市化进程增速迅猛，人防建设与城市建设结合日益紧密，城市建设特别是基础设施建设中不少城市加入了“地铁热”“标志性建筑热”等为标志的城市建设热潮。城市地下空间开发建设既面临着难得的发展机遇，同时也相应面对着资源、土地、征收等瓶颈的约束。

2.城市地下空间的现状

地下空间是一个城市空间不可分离的组成，它可以吸收和容纳相当一部分的城市功能和城市活动，使城市获得更大的活力和发展潜力。从新中国成立60余年的发展来看，地下空间在交通、贮藏、人防、商业等方面发挥了一定的作用，缓解了部分城市压力。另外，城市的各种管线，特别是原来的架空线路也适合安排在地下空间内。

交通是城市功能中最活跃的因素。当城市交通矛盾严重到一定程度后，单靠在地面上采取措施已难以解决。因此利用地下空间对城市交通进行改造成为城市地下空间利用开始最早和成效最显著的一项内容，并由此带动了其他内容的发展，成为城市地下空间利用的主要动因。

我国的第一条地铁始建于1965年。截至2016年6月22日，目前已建成地铁的城市有：北京、天津、上海、广州、武汉、深圳、南京、成都、沈阳、佛山、重庆、西安、苏州、昆明、杭州、哈尔滨、郑州、长沙、宁波、无锡、大连、青岛、南昌、福州、东莞、南宁、合肥、长春以及港澳台地区的香港、台北、高雄等数十座城市。在大中城市，隧道和城市高架桥一起成为城市轨道交通系统体系，已作为缓解交通压力的一个重要而富有现实和长远的宏大举措。

作为重要的城市轨道交通，北京地铁第一条线路于1971年1月15日正式开通运营，使北京成为中国第一个开通地铁的城市。截至2017年1月，北京地铁运营线路共有19条地铁线路，覆盖北京市11个市辖区，运营里程574km，共设车站345座。截至2017年7月，北京地铁在建线路20条，共354.8km。到2020年，北京地铁将形成线网由30条运营，总长1177km的轨道交通网络。2016年，北京地铁年乘客量达到30.25亿人次，日均客流为824.7万人次，单日客运量最高达1052.36万人次。广州地铁是广州市的城市轨道交通系统，也是国际地铁联盟的14个成员之一，首条线路于1997年6月28日开通，广州也成为中国大陆第四个开通并运营地铁的城市。截至2016年12月28日，广州地铁共有10条运营线路（地铁1号线～地铁8号线、地铁广佛线及地铁APM线），总长为308.7km，共167座车站，开通里程居中国第三，世界前十，日均客流量预计达777万人次，广州地铁由广州市地下铁道总公司负责营运管理，并且还是广佛地铁的实际建设及营运者，因此广州地铁的服务范围亦延伸至佛山市。

上海轨道交通，又称上海地铁，其第一条线路上海轨道交通1号线于1993年5月28日正式运营。上海轨道交通由上海申通地铁集团有限公司负责运营，按照上海市物价主管部门批复的轨道交通网络票价体系计价，有多种票价优惠情况和车票种类。截至2016年12月，上海轨道交通共开通线路14条（1 ～ 13号线、16号线），全网运营线路总长617km，车站366

座（不含上海磁浮示范运营线，3/4号线共线段9个车站的运营路程不重复计算，多线换乘车站的车站数分别计数），并有5条线路延伸规划、4条线路新建计划。上海城市轨道交通运营规模在世界各大城市中也居于前列。

（二）地下空间工程建设开发前景

（1）注重城市地下空间的高效益开发利用　随着工程技术的发展，地下空间的施工技术难题基本上不存在，以地下轨道交通缓解城市交通压力成为可能。针对大城市，特别是建有CBD的区域，要避免夜晚变为“死城”，可以考虑以地铁出站口为起点，建立地下步行系统与地下商城结合的地下空间形式。这样一方面可以减轻地面交通压力，另一方面可以为商务人士提供一个下班后休闲舒适的环境进行购物或休憩。

城市建设和土地开发的一个重要结果就是城市空间开发的立体化。现代城市的立体化体现在于中心区建筑高度的不断提升，也反映在地下空间的开发利用不断加强加快。发达国家的实践表明，地下空间开发利用是提高城市土地利用效率、缓解城市中心密度、人车立体分流、扩充基础设施容量、减少环境污染、改善城市生态最为有效的途径。地下空间是城市的战略性空间资源，是新型国土资源。

（2）强调城市地下空间工程建设和利用的可持续发展　应该强调城市空间的可持续发展与社会各方面的可持续发展相一致，也要强调生态环境的持续发展。城市地下空间开发利用的一个重要内容就是体现设计结合自然环境，环境建设应体现地方特色和结合当地的气候、材料与能源，保持生态环境的持续发展。国内外一些地下空间开发利用实践对城市公园、绿地水体等自然环境资源的保护和开发，改善了生态环境，取得了良好的综合效益。

（3）要强调社会文化的持续发展。城市是一个具有地域文化的人居环境，需要保持具有历史价值和精神价值的城市人工环境。城市地下空间开发利用中的文化因素是在对历史建筑实行保护与再利用，保持社区结构和文化的多样性的基础上，使环境质量得到更大的提高，满足人民精神上和心理上的要求，使社会文化得以持续发展。

（4）要强调城市存量资源的充分合理深化利用。旧建筑与城市空间环境可以作为潜在的和存储的资源。在城市地下空间开发利用中采取措施，合理分配空间资源，保护和再利用周边环境和设施，可以节约资源，同时保持城市历史的可持续发展。21世纪是知识经济的时代，知识经济对社会结构、人性发展以及市场经济、生活交往内容方式等方面都有重大影响；并影响到城市传统设施系统的机制和功能，所对应的服务、管理等软功能也将随之产生一系列的变化，进而影响到城市空间形态的发展趋势。知识经济时代城市空间形态发展变化及其趋势，反应在工作场所、居住空间、公共设施和城市空间结构的多个方面。这种变化、影响是不容忽视的。一是引致城市管理、控制、设计等部门之间交流进一步加强，城市计划、组织、协调互动进一步密切强化等；当然，同时知识经济对城市空间利用和转化，可能导致人的面对面的交流减少，造成公共社会联系机制的衰退等。而对城市空间的立体开发，已被证明是解决城市矛盾，改善城市环境、改进城市面貌的一种有效途径，立体化开发意味着在水平和垂直两个方向上发展，在垂直方向上又包括向高空和地下发展。

四、隧道建设工程推进与管理

（一）隧道与隧道建设

1. 隧道

隧道是埋置于地层内的工程建筑物，是人类利用地下空间的一种形式。隧道的结构包括主体建筑物和附属设备两部分。主体建筑物由洞身和洞门组成，附属设备包括避车洞、消防设施、应急通信和防排水设施，长大隧道还有专门的通风和照明设备。

2. 隧道建设特点

公路隧道工程和一般的公路工程、桥梁工程相比，有其自身的特点，建设管理较为复杂，难度更大。

公路隧道的主要特点如下。

（1）不可预见因素多　公路隧道属于地下工程，围岩地质的变化对施工影响极大。地质的不可预见性是隧道施工的主要特点。施工前往往不可能对地质情况准确掌握，对围岩的变化、地下水、溶洞、泥石流、涌沙及瓦斯地层等不良地质无法预见。

（2）工程风险性大　由于隧道地质的变化无法事先准确预报，所以施工过程中塌方事故发生概率较大，施工过程中的安全隐患较多，工程风险性大。因此，国际隧道协会（ITA）曾经有文件规定：地质风险由业主承担，施工风险由承包商承担。

（3）隐蔽工程多　隧道是地下工程，由于隧道结构的特点和工程的时效性，绝大部分的后一道工序都是在前一道工序的基础上立即进行，隐蔽部分较多。如果内在质量出现问题，事后很难发现，并且也很难采取措施补救。

（4）施工时效性强　由于隧道施工中围岩多变，地质水文条件复杂，并且大多不可预见。所以一旦出现意外情况，必须当机立断及时变更，进行现场处治，工程时效性较强。

（5）施工空间狭小　隧道施工是在一个狭小的空间中进行，开挖、支护、防排水、衬砌、附属设施预埋件、路面等施工工序多，时效性强。施工过程中的水、风、电、气管线复杂，相互干扰大，施工管理难度较大。

（6）施工环境恶劣　由于隧道施工是在一个半封闭的空间内进行，开挖和施工过程的污染很大，加之施工危险性大，所以施工环境比较恶劣。

（二）隧道建设施工方法

一般有矿山法、新奥法、盾构法、浅埋暗挖法、盖挖法等。

1. 矿山法

（1）原理。矿山法指的是用开挖地下坑道的作业方式修建隧道的施工方法。矿山法是一种传统的施工方法。它的基本原理是，隧道开挖后受爆破影响，造成岩体破裂形成松弛状态，随时都有可能坍落。基于这种松弛荷载理论依据，其施工方法是按分部顺序采取分割式一块一块地开挖，并边挖边撑以求安全，所以支撑复杂，木料耗用多。

（2）做法。要用钻眼爆破方法开挖断面而修筑隧道及地下工程的施工方法。因借鉴矿山开拓巷道的方法，故得其名。用矿山法施工时，将整个断面分部开挖至设计轮廓，并随之修筑衬砌。当地层松软时，则可采用简便挖掘机具进行，并根据围岩稳定程度，在需要时应边开挖边支护。分部开挖时，断面上最先开挖导坑，再由导坑向断面设计轮廓进行扩大开挖。分部开挖主要是为了减少对围岩的扰动，分部的大小和多少视地质条件、隧道断面尺寸、支护类型而定。在坚实、整体的岩层中，对中、小断面的隧道，可不分部而将全断面一次开挖。如遇松软、破碎地层，须分部开挖，并配合开挖及时设置临时支撑，以防止土石坍塌。喷锚支护的出现，使分部数目得以减少，并进而发展成新奥法。

2. 新奥法

新奥法是应用岩体力学理论，以维护和利用围岩的自承能力为基点，采用锚杆和喷射混凝土为主要支护手段，及时地进行支护，控制围岩的变形和松弛，使围岩成为支护体系的组成部分，并通过对围岩和支护的量测、监控来指导隧道施工和地下工程设计施工的方法和原则。

新奥法是在利用围岩本身所具有的承载效能的前提下，采用毫秒爆破和光面爆破技术，进行全断面开挖施工，并以形成复合式内外两层衬砌来修建隧道的洞身，即以喷混凝土、锚杆、钢筋网、钢支撑等为外层支护形式，称为初次柔性支护，在洞身开挖之后必须立即进行的支护工作。因为蕴藏在山体中的地应力由于开挖成洞而产生再分配，隧道空间靠空洞效应而得以保持稳定，也就是说，承载地应力的主要是围岩体本身，而采用初次喷锚柔性支护的作用，使围岩体自身的承载能力得到最大限度的发挥，第二次衬砌主要是起安全储备和装饰美化作用。

3.盾构法

盾构法是暗挖法施工中的一种全机械化施工方法，将盾构机械在地中推进，通过盾构外壳和管片支承四周围岩防止发生往隧道内的坍塌。同时在开挖面前方用切削装置进行土体开挖，用出土机械运出洞外，靠千斤顶在后部加压顶进，并拼装预制混凝土管片，形成隧道结构的一种机械化施工方法。

盾构机于1847年发明，它是一种带有护罩的专用设备。利用尾部已装好的衬砌块作为支点向前推进，用刀盘切割土体，同时排土和拼装后面的预制混凝土衬砌块。盾构机掘进的出碴方式有机械式和水力式，以水力式居多。水力盾构在工作面处有一个注满膨润土液的密封室。膨润土液既用于平衡土压力和地下水压力，又用作输送排出土体的介质。

盾构机既是一种施工机具，也是一种强有力的临时支撑结构。盾构机以外形看是一个大的钢管机，较隧道部分略大，它是设计用来抵挡外向水压和地层压力的。它包括三部分：前部的切口环、中部的支撑环以及后部的盾尾。大多数盾构的形状为圆形，也有椭圆形、半圆形、马蹄形及箱形等其他形式。

（1）盾构法的特点

① 盾构法适用条件。在松软含水地层或地下线路等设施埋深达到10m或更深时，可以采用盾构法。线位上允许建造用于盾构进出洞和出碴进料的工作井；隧道要有足够的埋深，覆土深度宜不小于6m且不小于盾构直径；相对均质的地质条件；如果是单洞则要有足够的线间距，洞与洞及洞与其他建（构）筑物之间所夹土（岩）体加固处理的最小厚度为水平方向1.0m，竖直方向1.5m；从经济角度讲，连续的施工长度不小于300m。

② 盾构法优点。安全开挖和衬砌，掘进速度快；盾构的推进、出土、拼装衬砌等全过程可实现自动化作业，施工劳动强度低；不影响地面交通与设施，同时不影响地下管线等设施；穿越河道时不影响航运，施工中不受季节、风雨等气候条件影响，施工中没有噪声和扰动；在松软含水地层中修建埋深较大的长隧道往往具有技术和经济方面的优越性。

③ 盾构法缺点。在断面尺寸多变的区段适应能力差；新型盾构购置费昂贵，对施工区段短的工程不太经济；工人的工作环境较差。

（2）盾构法的施工准备工作　采用盾构法施工时，首先要在隧道的始端和终端开挖基坑或建造竖井，用作盾构及其设备的拼装井（室）和拆卸井（室），特别长的隧道，还应设置中间检修工作井（室）。拼装和拆卸用的工作井，其建筑尺寸应根据盾构装拆的施工要求来确定。拼装井的井壁上设有盾构出洞口，井内设有盾构基座和盾构推进的后座。井的宽度一般应比盾构直径大1.6 ~ 2.0m，以满足铆、焊等操作的要求。当采用整体吊装的小盾构时，则井宽可酌量减小。井的长度，除了满足盾构内安装设备的要求外，还要考虑盾构推进出洞

时，拆除洞门封板和在盾构后面设置后座以及垂直运输所需的空间。中、小型盾构的拼装井长度，还要照顾设备车架转换的方便。盾构在拼装井内拼装就绪，经运转调试后，就可拆除出洞口封板，盾构推出工作井后即开始隧道掘进施工。盾构拆卸井设有盾构进口，井的大小要便于盾构的起吊和拆卸。

（3）施工步骤　① 在置放盾构机的地方打一个垂直井，再用混泥土墙进行加固；② 将盾构机安装到井底，并装配相应的千斤顶；③ 用千斤顶之力驱动井底部的盾构机往水平方向前进，形成隧道；④ 将开挖好的隧道边墙用事先制作好的混凝土衬砌加固，地压较高时可以采用浇铸的钢制衬砌加固来代替混凝土衬砌。

盾构法施工中，其隧道一般采用以预制管片拼装的圆形衬砌，也可采用挤压混凝土圆形衬砌，必要时可再浇筑一层内衬砌，形成防水功能好的圆形双层衬砌。

4. 浅埋暗挖法

（1）概念　浅埋暗挖法是在距离地表较近的地下进行各种类型地下洞室暗挖施工的一种方法。在城镇软弱围岩地层中，在浅埋条件下修建地下工程，以改造地质条件为前提，以控制地表沉降为重点，以格栅（或其他钢结构）和喷锚作为初期支护手段，按照十八字原则进行施工，称之为浅埋暗挖法。

浅埋暗挖法是在距离地表较近的地下进行各种类型地下洞室暗挖施工的一种方法。继1984年王梦恕院士在军都山隧道黄土段试验成功的基础上，又于1986年在具有开拓性、风险性、复杂性的北京复兴门地铁折返线工程中应用，在拆迁少、不扰民、不破坏环境下获得成功。同时，结合中国特点及水文地质系统，创造了小导管超前支护技术，8字形网构钢拱架设计、制造技术，正台阶环形开挖留核心土施工技术和变位进行反分析计算的方法，提出了“管超前、严注浆、短开挖、强支护、快封闭、勤量测”18字方针，突出时空效应对防塌的重要作用，提出在软弱地层快速施工的理念。由此形成了浅埋暗挖法，创立了适用于软弱地层的地下工程设计、施工方法。

（2）基本原理　浅埋暗挖法沿用新奥法基本原理，初次支护按承担全部基本荷载设计，二次模筑衬砌作为安全储备，初次支护和二次衬砌共同承担特殊荷载。应用浅埋暗挖法设计、施工时，同时采用多种辅助工法，超前支护，改善加固围岩，调动部分围岩的自承能力，并采用不同的开挖方法及时支护、封闭成环，使其与围岩共同作用形成联合支护体系。在施工过程中应用监控量测、信息反馈和优化设计，实现不塌方、少沉降、安全施工等，并形成多种综合配套技术。

浅埋暗挖法施工的地下洞室具有埋深浅（最小覆跨比可达0.2）、地层岩性差（通常为第四纪软弱地层）、存在地下水（需降低地下水位）、周围环境复杂（邻近既有建、构筑物）等特点。

由于造价低、拆迁少、灵活多变、无需太多专用设备及不干扰地面交通和周围环境等特点，浅埋暗挖法在全国类似地层和各种地下工程中得到广泛应用。在北京地铁复兴门-西直门区间、西单车站、国家计委地下停车场、首钢地下运输廊道、城市地下热力、电力管道、长安街地下过街通道及地铁复—八线中推广应用，在深圳地下过街通道及广州地铁一号线等地下工程中推广应用，并已形成了一套完整的综合配套技术。

同时，经过许多工程的成功实施，其应用范围进一步扩大，由只适用于第四纪地层、无水、地面无建筑物等简单条件，拓广到非第四纪地层、超浅埋（埋深已缩小到0.8m）、大跨度、上软下硬、高水位等复杂地层及环境条件下的地下工程中。

信息化技术的实施，实现了浅埋暗挖技术的全过程控制，有效地减小了由于地层损失而引起的地表移动变形等环境问题。不但使施工对周边环境的影响降低到最低程度，由于及时调整、优化支护参数，提高了施工质量和速度，使浅埋暗挖法的特点得到更进一步的发挥，为城市地下工程设计、施工提供了一种非常好的方法，具有重大的社会效益和环境效益，该方法在总体上达到国际领先水平。

5.盖挖法

（1）盖挖法概念　盖挖法是当地下工程明做时需要穿越公路、建筑等障碍物而采取的新型工程施工方法。

盖挖法是由地面向下开挖至一定深度后，将顶部封闭，其余的下部工程在封闭的顶盖下进行施工。主体结构可以顺作，也可以逆作。在城市繁忙地带修建地铁车站时，往往占用道路，影响交通，当地铁车站设在主干道上，而交通不能中断，且需要确保一定交通流量要求时，可选用盖挖法。

（2）分类

① 盖挖顺作法。盖挖顺作法是在地表作业完成挡土结构后，以定型的预制标准覆盖结构（包括纵、横梁和路面板）置于挡土结构上维持交通，往下反复进行开挖和加设横撑，直至设计标高。依序由下而上，施工主体结构和防水措施，回填土并恢复管线路或埋设新的管线路。最后，视需要拆除挡上结构外露部分并恢复道路。在道路交通不能长期中断的情况下修建车站主体时，可考虑采用盖挖顺作法。

工程实例：深圳地铁一期工程华强路站位于深圳市最繁华的深南中路与华强路交叉口西侧，深南中路行车道下。该地区市政道路密集，车流量大，最高车流量达3865辆/h。车站主体为单柱双层双跨结构，车站全长224.3m，标准断面宽18.9m，基坑深约18.9m，西端盾构并处宽22.5m，基坑深约18.7m。南侧绿地内东西端各布置一个风道。主体结构施工工期为2年，其中围护结构及临时路面施工期为7个月。为保证深南中路在地铁站施工期间的正常行车，该路段主体结构施工采用盖挖顺作法施工方案。

② 盖挖逆作法。盖挖逆作法是先在地表面向下做基坑的维护结构和中间桩柱，和盖挖顺作法一样，基坑维护结构多采用地下连续墙或帷幕桩，中间支撑多利用主体结构本身的中间立柱以降低工程造价。随后即可开挖表层土体至主体结构顶板地面标高，利用未开挖的土体作为土模浇筑顶板。顶板可以作为一道强有力的横撑，以防止维护结构向基坑内变形，待回填土后将道路复原，恢复交通。以后的工作都是在顶板覆盖下进行，即自上而下逐层开挖并建造主体结构直至底板。如果开挖面积较大、覆土较浅、周围沿线建筑物过于靠近，为尽量防止因开挖基坑而引起临近建筑物的沉陷，或需及早恢复路面交通，但又缺乏定型覆盖结构，常采用盖挖逆作法施工。

工程实例：南京地铁南北线一期工程的区间隧道在地质条件和周围环境允许的情况下，以造价、工期、安全为目标，经过分析、比较，选择了全线区间施工方法。其中，三山街站，位于秦淮河古河道部位，位于粉土、粉细砂、淤泥质黏土土层中。因为是第1个车站，又位于十字路口，因此采用地下连续墙作围护结构。除人口结构采用顺作法外，其余均为盖挖逆作法。

③ 盖挖半逆作法。盖挖半逆作法与逆作法的区别仅在于顶板完成及恢复路面后，向下挖土至设计标高后先浇筑底板，再依次向上逐层浇筑侧墙、楼板。在半逆作法施工中，一般都必须设置横撑并施加预应力。

（3）施工特点

① 施工优点。围护结构变形小，能够有效控制周围土体的变形和地表沉降，有利于保护邻近建筑物和构筑物。基坑底部土体稳定，隆起小，施工安全。盖挖逆作法施工一般不设内布支撑或锚固，施工空间大。盖挖逆作法施工基坑暴露时间短，用于城市街区施工时，可尽快恢复路面。

② 施工缺点。盖挖法施工时，混凝土内衬的水平施工缝的处理较困难。盖挖逆作法施工时，暗挖施工难度大，费用高。盖挖法每次分部开挖及浇筑衬砌的深度，应综合考虑基坑稳定、环境保护、永久结构形式和混凝土浇筑作业等因素来确定。

（4）施工要求　主要包括从施工准备开始的十四项内容。

① 施工准备

- 完成地质补勘专项工作。
- 基坑范围内地表建筑物已清除，地下管线已进行迁改或采取了保护措施，作业面已具备施工条件。
- 相应方案已编制并审批完毕，手续齐全。
- 已按照施工方案，合理安排了施工人员、材料、机械设备等。

② 测量放样。依据甲方提供的平面、高程控制点（经复核无误）进行本工程的平面及高程控制网的布设，布设完毕后即开始进行施工放样，放样结果须经监理及第三方测量单位复核。

③ 围护结构施工。在做好各种准备工作后，将进行施工基坑围护结构施工，围护结构有钻孔灌注桩、地下连续墙等承载能力大、刚度大的支护结构，具体施工作业根据施工图的围护结构类型，见相应的作业指导书。

④ 基坑降水。（略）。

⑤ 中间柱施工。中间柱是盖挖逆作法施工的地下车站重要的工程构件。中间柱由中柱及基础中桩两部分组成，一般为永久立柱，为主体结构的承载结构。

⑥ 施工顶板及顶板回填恢复路面。

⑦ 基坑开挖。基坑开挖在降水施工完毕并降水20天后，进行土方施工。由于盖挖法施工时已经限定了出土口的位置，土方开挖必须根据出土口的位置，向下、左右单方向推进开挖，基坑开挖竖向分层、对称平衡开挖。

开挖过程中应充分发挥机械的施工效率。一个工作面上，采用小型挖掘机进行作业，并配置小型的出土车进行出土作业，每台挖机均设专人指挥。

⑧ 出土口。出土口的主要工程是出土、下料和调运设备，应根据地质情况、基坑大小、施工工期等布置出土口。为了便于安装提升设备（龙门吊、电动葫芦、汽车吊）和堆土等，出土口靠近地面运输道路设置，布置在基坑端头或侧边。出土口结构施工应预留钢筋，出土完成后进行封闭。

⑨ 上下人口。在施工初期，由于各个工作面还没有连通，一般出土口兼作上下人口，当各个工作面扩大连通之后，应设置专门的上下人口，深基坑的上下人口应安装步梯，一般情况下，根据上下人的多少，确定步梯的宽度，一般不宜小于3m，对于深度超过20m的基坑除安装步梯外，应安装电梯。一般情况下，一个出土口宜对应一个上下人口，上下人口可同时兼作消防口、通风口、排水口等。

⑩ 基坑清理。基坑开挖后，采用人工清除坑底松土，铲平凸起部分，修正边坡。以铲为主，超挖部分须报告监理、设计单位等共同研究处理。

基坑底预留750mm厚土方采用人工开挖，人工开挖期间测量组跟班进行标高测量，确保基坑底开挖标高符合设计要求，严禁超挖。

⑪ 基坑检查

● 基坑开挖到基坑底高程后，必须进行基底检验，方可进行下道工序施工。基坑检验合格后，应尽快进行下道工序施工，尽量缩短暴露时间。

● 利用测量控制系统，对基底进行放样，测设基础底面中心十字线、轮廓线和基坑底高程。桩点应设置牢固，并挂线以备检查。

⑫ 基底处理。当基底以下地质不符合地基承载力要求时，应通过变更设计采取处理措施，处理方法随地基土质不同而异。

如遇到地基软硬不均、溶洞、裂隙、泉眼等特殊情况，应采用换土法、土桩法、砂桩法、重锤夯实法、强夯法、旋喷法、塑料排水法、振动水冲法、化学液体加固法等特殊的处理方法。对于粉质土、黄土、砂土、小粒径等基底，也可采用旋喷桩加固。

⑬ 监控量测反馈程序。地铁车站沉降变形监测资料均采用计算机配专业技术软件进行自动化分析、处理。根据实测数据分析、绘制各种表格及曲线，当曲线趋于平衡时推算最终值。

监测人员按时向施工监理、设计单位提交监控量测周报和月报，并综合分析监测成果，对当月的施工情况进行评价并提出施工建议，及时反馈指导信息，调整施工参数，保证安全施工。

⑭ 基坑监测。为了基坑开挖施工的安全，保证工程质量，为使周围已有建筑物、市政设施、地下管线等不受损伤、少受干扰，必须对基坑开挖全过程进行系统监测。

基坑放坡开挖监测工作主要为：地表沉降值、坡面位移值、地下水位监测值。通过监测，随时掌握边坡的稳定状态、安全程度，为设计和施工提供信息。

（三）隧道建设实例

1. 实例一：青藏铁路风火山隧道

青藏铁路风火山隧道地处低高山区，全长1338m，线路高程约4905m。气候属于青藏高原冰雪型气候。该处冻土层达150多米，覆盖层最薄只有8m。

青藏铁路多年冻土隧道处于高海拔、高寒及冻土的特殊环境中，这使得多年冻土隧道的设计与施工面临着许多特殊的工程技术问题，主要工程技术问题详述如下。

（1）冻融圈的热稳定性　由于寒暖季交替变化，冻融圈会处于冻融循环的不稳定状态，致使衬砌结构处在冻胀力往复作用的不利环境中，往往造成衬砌严重开裂甚至破坏。

解决方法：采取隧道隔热保温技术，在一、二层衬砌间设置隔热保温层，以减弱内外气温与围岩的热交换，达到减小冻融圈的目的。复合防冻胀技术及综合防排水设施，有效控制冻融圈的范围，消除产生冻胀和冻害的根源。

（2）防排水特殊性　多年冻土隧道排水系统处于水温低、周边围岩负温积大的特殊环境中，自然的排水通道很难畅通；防水材料在负温及冻融条件性能降低，施工缝、变形缝等薄弱环节的处理与一般地区也不相同。

解决方法：考虑到风火山隧道处于多年冻土中，地下水主要为冻结层上水和基岩裂隙水，总体上地下水不发育，流量较小，经过广泛的调研和专题论证，确定多年冻土隧道防排水设计遵循以堵为主，防、截、排、堵、隔热、保温等多道防线综合治理的原则进行设计。

（3）衬砌及支护的特殊性　由于冻融循环及冻胀力的存在，支护结构在冻胀力作用下严重开裂破坏。对于多年冻土隧道，支护的稳定主要依赖于冻融圈的稳定，而冻融圈的稳定则

依赖于自身的热稳定，即围岩处于永久的冻结状态。在实际工程中可通过将冻融圈的范围减小来保证结构不被破坏。

解决方法：采用一次衬砌+防水板+隔热保温层+防水板+二次衬砌复合封闭结构，沿隧道全长环向全包铺设，形成隧道二次衬砌完全与地层隔离。

2.实例二：大瑶山隧道

大瑶山隧道是中国已通车的最长双线电气化铁路隧道，位于京广铁路广东省粤北瑶山山区的坪石至乐昌间，全长14295m。隧道埋深70 ~ 910m，双线铁路电力牵引断面，由于采用截弯取直的长隧道设计方案，隧道建成后，比既有铁路坪石至乐昌间缩短约15km。开挖大瑶山隧道，推行了国外最先进的设计和施工的方法——"新奥法"。采用20世纪80年代国内外最先进的大型机械，实现了主要工序——钻爆、支护、装运三条机械化作业线。开挖使用的全液压钻孔台车是按照大瑶山隧道的设计断面，从国外引进的大型机械，在国内铁路隧道施工中第一次使用。它的4个臂膀上装有4台高效液压凿岩机，电力驱动液压传动，自动进退，有自动平行机构和外插角机构，以确保钻孔质量。这种台车工效高、噪声低、粉尘浓度低、操作简便、作业灵活，每班仅需4人操作，而且能一机多用。开挖断面面积86 ~ 118m^2，钻孔175 ~ 200个，钻孔时间4 ~ 5h，爆破一次进入约4.8m。

隧道的两次支护都采用大型机械——喷射混凝土三联机和机械手，对开挖后的岩面及时喷射混凝土；由四臂全液压台车打眼，安装钢筋砂浆锚杆，做第一次支护。待围岩变形基本稳定后，在第一次支护面上粘贴聚氯乙烯防水层。然后用全断面轨行式钢模板台车，灌注第二次混凝土衬砌。大瑶山隧道全断面开挖，一次爆破的碴石约600m^3，采用2.7m^{3}的轮胎式装载机装碴，载重20t的自卸卡车运碴，两台机械紧密配合，只要8 ~ 10h就能将一次爆破的碴石清理干净。

大瑶山隧道在"新奥法"原则指导下，首次运用大型机械联合施工。隧道自1981年11月起正式开工，1987年建成通车。

五、港珠澳大桥建设实例

（一）项目背景

1997年亚洲金融危机后，我国香港特区政府为振兴香港经济，寻找新的经济增长点，认为有必要尽快建设连接香港、澳门和珠海的跨海陆路通道，并于2002年向中央政府提出了修建港珠澳大桥的建议。2003年7月，内地与香港有关方面共同委托研究机构完成了《香港与珠江西岸交通联系研究》，研究结果表明修建港珠澳大桥连通三地具有重大的政治及经济意义，需要尽早安排建设。2003年8月，国务院批准开展了港珠澳大桥项目前期工作，并同意成立由香港特区政府作为召集人，粤港澳三方组成的"港珠澳大桥前期工作协调小组"，2004年3月，港珠澳大桥前期工作协调小组办公室成立，全面启动港珠澳大桥各项建设前期工作。

为进一步加快港珠澳大桥项目前期工作，2006年12月，成立了由国家发改委牵头的"港珠澳大桥专责小组"，负责项目前期工作中重大问题的协调。在中央的高度关注和支持下，以及"专责小组"和"前期工作协调小组"的推动下，到2009年8月，粤港澳三地协作配合，确定了大桥两端的登陆点、跨珠江的主要线位和技术方案、口岸设立模式和大桥融资方案等重大问题，保障了项目前期工作的顺利开展。2009年10月28日，正式批准了港珠澳大桥工程可行性研究报告，标志着港珠澳大桥前期工作已顺利完成，港珠澳大桥正式进入实施阶段。2009年12月15日，由粤、港、澳三地政府主办，珠海市政府和港珠澳大桥前期工作协调小组办公室承办的港珠澳大桥开工仪式在珠海隆重举行。

2017年5月28日南方日报讯：经过20个日日夜夜连续作业，中国交建建设者攻克了沉管隧道建设的最后一道难关，最终接头与两端E29、E30沉管焊接形成整体，标志着港珠澳大桥6.7km的沉管隧道永久结构胜利贯通。

（二）项目建设意义及必要性

港珠澳大桥东接我国香港特别行政区，西接广东省（珠海市）和澳门特别行政区，是国家高速公路网规划中珠江三角洲地区环线的组成部分和跨越伶仃洋海域的关键性工程，将形成连接珠江东西两岸新的公路运输通道。

珠江三角洲地区是我国改革开放的先行地区和重要的经济中心区域，依托毗邻港澳的区位优势，在全国经济社会发展和改革开放大局中具有突出的带动作用和举足轻重的战略地位。珠江三角洲在快速发展的同时，珠江两岸发展的差距也在逐步拉大，珠江西岸经济发展明显滞后于东岸，与香港交通联系不便是影响珠江西岸经济发展的重要因素之一。受珠江阻隔，珠江西岸与香港之间的陆路需绕行虎门大桥，水路交通受天气影响较大且运行时间较长，现有交通基础设施难以满足珠江两岸经济社会发展和交通运输的需要。

香港是全球重要的国际经济、金融、商业、贸易和航运中心，对周边地区既发挥重要的辐射和聚集作用，同时又依托周边地区的丰富资源。改革开放以来，香港与珠江东岸地区经济联系日趋紧密，香港经济保持持续繁荣，珠江东岸地区率先建立起开放型经济体系，成为我国外向度最高的经济区域和对外开放的重要窗口。澳门以旅游和金融保险为支柱产业，澳门和香港之间长期以来形成的产业分工和社会格局，使得两地的经济社会联系十分紧密。尽快构建港珠澳交通大通道，增强香港及珠江东岸地区的经济辐射带动作用，充分挖掘珠江西岸发展潜力，便捷港澳及珠江两岸之间的交通联系，已成为三地共同的愿望。

因此，完善国家和粤港澳三地的综合运输体系和高速公路网络，密切珠江西岸地区与香港地区的经济社会联系，改善珠江西岸地区的投资环境，加快产业结构调整和布局优化，拓展经济发展空间，提升珠江三角洲地区的综合竞争力，保持港澳地区的持续繁荣和稳定，促进珠江两岸经济社会协调发展，建设港珠澳大桥是必要而迫切的。

（三）工程概况及主要内容

港珠澳大桥工程包括三项内容：一是海中桥隧工程；二是香港、珠海和澳门三地口岸；三是香港、珠海、澳门三地连接线。根据达成的共识，海中桥隧主体工程由粤港澳三地共同建设；海中桥隧工程香港段、三地口岸和连接线由三地各自建设。

海中桥隧工程采用石散石湾-拱北/明珠的线位方案，路线起自香港石散石湾，接香港口岸，经香港水域，沿23DY锚地北侧向西，穿（跨）越珠江口铜鼓航道、伶仃西航道、青州航道、九洲航道，止于珠海/澳门口岸人工岛，全长约35.6km，其中香港段长约6km；粤港澳三地共同建设的主体工程长约29.6km。主体工程采用桥隧结合方案，穿越伶仃西航道和铜鼓航道段，约6.7km采用隧道方案，其余路段约22.9km采用桥梁方案。为实现桥隧转换和设置通风井，主体工程隧道两端各设置一个海中人工岛，东人工岛东边缘距粤港分界线约150m，西人工岛东边缘距伶仃西航道约1800m，两人工岛最近边缘间距约5250m。

海中桥隧主体工程采用双向六车道高速公路标准建设，设计速度采用100km/h，桥梁总宽33.1m，隧道宽度采用2×14.25m、净高采用5.1m。全线桥涵设计汽车荷载等级采用公路-Ⅰ级，同时应满足香港《Structure Design Manual for Highways and Railways》中规定的活载要求，大桥的设计使用寿命120年。其他技术标准应符合原交通部颁发的《公路工程技术标准》中的规定。通航标准按交通运输部《关于港珠澳大桥通航净空尺度和技术要求的批复》执行。

口岸采用“三地三检”模式分别由各方建设、各自独立管辖，香港口岸区设置在我国香港境内；内地（珠海）口岸和澳门口岸在澳门明珠点附近内地水域填海同岛设置。内地（珠海）口岸和澳门口岸人工岛填海总面积约208.87hm^2，分为四个主要区域，包括港珠澳大桥主体工程管理区、珠海连接线衔接区、珠海口岸管理区以及澳门口岸管理区。

珠海连接线起自珠海口岸人工岛，经湾仔、珠海保税区北，止于珠海洪湾，接拟建的珠江三角洲地区环线高速公路珠海南屏至洪湾段，全长约13.4km，采用双向六车道高速公路标准建设，设计速度为80km/h，路基宽度32m，桥梁总宽31.5m，隧道宽度2×14m。全线桥涵设计汽车荷载等级采用公路-Ⅰ级，其他技术指标应符合原交通部颁发的《公路工程技术标准》中的规定。

三方共建的海中桥隧主体工程估算投资约381亿元人民币（按照交通运输部对主体工程初步设计的批复）。项目资本金为人民币157.3亿元，其中：内地出资人民币70亿元，香港特别行政区政府出资人民币67.5亿元，澳门特别行政区出资19.8亿元。资本金以外部分建设资金由项目法人（港珠澳大桥管理局）根据内地适用法律通过银行贷款解决。

（四）建设主体工程重大施工推进时间节点

1.2012年7月：主体桥梁工程全面开工

2012年7月，港珠澳大桥主体桥梁工程全面开工，桥梁工程队伍进场，打响了伶仃洋上的“百团大战”。主体桥梁工程包括3座通航孔桥（九洲航道桥、江海直达船航道桥、青州航道桥）及深、浅水区非通航孔桥。深水区非通航孔桥采用110m跨径整幅整墩钢箱连续梁桥，浅水区非通航孔桥采用85m跨径钢混组合梁。

2.2012年8月：总重42万吨钢箱梁工程全面开工

2012年8月22日，武船双柳基地高大的钢结构厂房内设备轰鸣，中船重工集团武昌造船厂集团有限公司举行仪式，正式启动港珠澳大桥主体武船承建CB02标段钢箱梁工程建设，标志着港珠澳大桥主体钢箱梁工程全面开工。港珠澳大桥主体工程共分六个标段，其中CB01、CB02、CB05三个标段为钢箱梁制造项目，总重达42万吨，足以建造60座埃菲尔铁塔。

3.2013年12月：九洲航道桥“巨龙”出水

2013年12月2日，在距离拱北口岸约两公里的伶仃洋上，“天一号”3000t运架梁起吊船将一片长达85.3m、重约1900t的组合梁，稳稳架设到港珠澳大桥非通航孔桥191号墩和192号墩上。桥梁工程CB05标（九洲航道桥）率先架设首片组合梁，标志着港珠澳大桥桥梁工程开始由下部结构施工向上部结构施工转化，终于“巨龙”出水。

4.2015年1月：港珠澳大桥第一高塔封顶

2015年1月8日，随着港珠澳大桥青州航道桥163米高、相当于近50层楼高的主塔最后一斗混凝土浇筑完成，宣告港珠澳大桥第一高塔封顶目标顺利实现。青州航道桥主塔的成功封顶，标志着青州航道桥主体工程转入了斜拉桥主梁施工和斜拉索挂索施工的新阶段。青州航道桥主塔高度达163m，是港珠澳大桥跨度最大、主塔最高的通航孔桥，建成后将成为“中国结”主题造型。

5.2015年2月：120m高“风帆”矗立伶仃洋

2015年2月2日晚8时许，经过14个多小时的连续施工，港珠澳大桥九洲航道桥主塔206

号墩上塔柱顺利竖转提升到位，120m高主塔犹如一座巨大的“风帆”，矗立在辽阔的海面上，蔚为壮观。这是国内首次采用整体竖转提升方式安装的上塔柱，其精确安装到位，填补了我国在大型桥梁上塔柱整体竖转提升安装领域的空白，标志着九洲航道桥正式进入上部结构施工阶段。

6.2015年8月：江海直达船航道桥首座钢索塔成功吊装

起钩平吊、竖转穿裆、横移对位、临时匹配……随着一个个关键节点被攻克，港珠澳大桥江海直达船航道桥第一座钢索塔——140号墩钢塔于2015年8月23日下午成功完成吊装，巍然屹立于伶仃洋上。“海豚”造型钢塔高度达105m，相当于35层楼高；吊装总质量约3100t，相当于1400辆小汽车。类似大型钢塔整体吊装在国内外尚属首次。

7.2015年9月：208座墩台全线圆满完工

2015年9月6日，港珠澳大桥CB03标非通航孔桥顺利完成最后一件上节墩身安装，这宣告了CB03标历时两年多的港珠澳大桥墩台工序就此完成，同时也标志着港珠澳大桥208座墩台全线圆满完工。本次安装完成后，港珠澳大桥桥梁工程将正式转入到钢箱梁吊装的施工工序，全面进入工程冲刺阶段。

8.2015年11月：九洲航道桥段主体工程完工

2015年11月22日，由中国中铁大桥局承建的港珠澳大桥九洲主航道桥主塔斜拉索22日全部挂设并张拉完成，这标志着港珠澳大桥九洲航道桥段（即全桥第CB05标段）主体工程完工。CB05标段是三个海上桥梁标段中工程量最大、结构形式最复杂的标段。

9.2016年4月：青州航道桥全线顺利合龙贯通

2016年4月11日，随着最后一片中跨合龙段钢箱梁安装完成，港珠澳大桥青州航道桥全线顺利合龙。青州航道桥是双塔双索面钢箱梁斜拉桥，最大跨度达458m，主塔高度达163m。作为港珠澳大桥三座通航孔桥中跨径最大、桩基最深、索塔高度最高、施工区域离岸最远的控制性工程，青州航道桥的合龙贯通，也正式打通了港珠澳大桥从西人工岛至深水区通航孔桥的主通道，向实现港珠澳大桥主体工程全面完工迈出了重要一步。

10.2016年6月：三只“超级海豚”挺立海上

2016年6月2日，港珠澳大桥江海直达船航道桥最后一座钢塔顺利完成安装！最后一座钢塔安装是江海直达船航道桥乃至港珠澳大桥桥梁工程的一个收官之战，三只“超级海豚”形钢塔已经挺立在浩瀚的伶仃洋海面上，标志着港珠澳大桥主体工程桥梁工程全面进入最后的冲刺阶段。

11.2017年4月：拱北隧道全隧贯通

2017年4月10日，港珠澳大桥珠海连接线最后一项控制性工程，拱北隧道全隧贯通，标志着港珠澳大桥珠海连接线主体工程实现全线贯通。2017年4月13日香港特区政府路政署公布，全长12km的香港接线将于本月内全线贯通。

12.2017年5月，沉管隧道接头安装和焊接合龙成功

5月2日22时30分许，重达6000t的港珠澳大桥沉管隧道最终接头在经过16个多小时的吊装沉放后，最终安装成功。2017年5月25日15点36分，伶仃洋水下近30m的沉管隧道管内，港珠澳大桥沉管隧道最终接头焊接合龙完成。

（五）建设主体工程重大施工推进时间节点

港珠澳大桥是中国的一座跨海大桥，连接香港大屿山、澳门半岛和广东省珠海市，全长为49.968km，主体工程“海中桥隧”长35.578km，其中海底隧道长约6.75km，桥梁长约29km。

2009年12月15日，港珠澳大桥正式开工建设；2016年6月29日，主体桥梁成功合拢；2016年9月27日，港珠澳大桥主体桥梁正式贯通；预计2017年年底建成通车。

第三节　轨道交通设施的城市地铁建设推进

一、城市轨道交通及其设施

（一）轨道交通建设总述

1.城市轨道交通概念

城市轨道交通是指具有运量大、速度快、安全、准点、保护环境、节约能源和用地等特点的交通方式，简称“轨交”，包括地铁、轻轨、磁悬浮、市域铁路、有轨电车、新交通系统等。各国普遍认识到，解决城市交通问题的根本出路在于优先发展以轨道交通为骨干的城市公共交通系统。

城市中使用车辆在固定导轨上运行并主要用于城市客运的交通系统称为城市轨道交通。在中国国家标准《城市公共交通常用名词术语》中，将城市轨道交通定义为“通常以电能为动力，采取轮轨运输方式的快速大运量公共交通的总称”，是指具有固定线路，铺设固定轨道，配备运输车辆及服务设施等的公共交通设施。“城市轨道交通”是一个包含范围较大的概念，在国际上没有统一的定义。一般而言，广义城市轨道交通是指以轨道运输方式为主要技术特征，城市公共客运交通系统中具有中等以上运量的轨道交通系统（有别于道路交通），主要为城市内（有别于城际铁路，但可涵盖郊区及城市圈范围）公共客运服务，是一种在城市公共客运交通中起骨干作用的现代化立体交通系统。

2.城市轨道交通系统

城市轨道交通是属于集多专业、多工种于一身的复杂系统，通常由轨道路线、车站、车辆、维护检修基地、供变电、通信信号、指挥控制中心等组成。城市轨道交通的运输组织、功能实现、安全保证均应遵循轨道交通的客观规律。在运输组织上要实行集中调度、统一指挥，按运行图组织行车。在功能实现方面，各有关专业如线路、车站、隧道、车辆、供电、通信、信号、机电设备及消防系统均应保证状态良好，运行正常。在安全保证方面，主要依靠行车组织和设备正常运行，来保证必要的行车间隔和正确的行车线路。

为了保证列车运行安全、正点，在集中调度、统一指挥的原则下，行车组织、设备、车辆检修、设备运行管理、安全保证等均由一系列规章制度来规范。列车运行是一个多专业、多工种配合工作，围绕安全行车这一中心而组成的有序联动、时效性极强的系统。

轨道交通系统中，采用了以电子计算机处理技术为核心的各种自动化设备，从而代替人工的、机械的、电气的行车组织、设备运行和安全保证系统。如ATC（列车自动控制）系统可以实现列车自动驾驶、自动跟踪、自动调度；SCADA（供电系统管理自动化）系统可以实现主变电所、牵引变电所、降压变电所设备系统的遥控、遥信、遥测和遥调；BAS（环境监控系统）和FAS（火灾报警系统）可以实现车站环境控制的自动化和消防、报警系统的自动化；AFC（自动售检票系统）可以实现自动售票、检票、分类等功能。这些系统全线各自形成网络，均在OCC（控制中心）设中心计算机，实现统一指挥，分级控制。

3. 城市轨道交通在城市公共交通的地位与作用

① 是城市公共交通的主干线，客流运送的大动脉，是城市的生命线工程。建成运营后，将直接关系到城市居民的出行、工作、购物和生活。

② 是世界公认的低能耗、少污染的“绿色交通”，是解决“城市病”的一把金钥匙，对于实现城市的可持续发展具有非常重要的意义。

③ 是城市建设史上最大的公益性基础设施，对城市的全局和发展模式将产生深远的影响。为了建设生态城市，应把摊大饼式的城市发展模式改变为伸开的手掌形模式，而手掌形城市发展的骨架就是城市轨道交通。城市轨道交通的建设可以带动城市沿轨道交通廊道的发展，促进城市繁荣，形成郊区卫星城和多个副部中心，从而缓解城市中心人口密集、住房紧张、绿化面积小、空气污染严重等城市通病。

④ 其建设与发展有利于提高市民出行的效率，节省时间，改善生活质量。知名国际城市因轨道交通事业十分发达方便，人们出行很少乘私人车辆，主要依靠地铁轻轨等轨道交通，故城市交通秩序井然，市民出行方便、省时。

（二）轨道交通技术特点

1. 运输能力

城市轨道交通由于高密度运转，列车行车时间间隔短，行车速度高，列车编组辆数多而具有较大的运输能力。单向高峰每小时的运输能力最大可达到6万～8万人次（市郊铁道）；地铁达到3万～6万人次，甚至达到8万人次；轻轨1万～3万人次，有轨电车能达到1万人次，城市轨道交通的运输能力远远超过公共汽车。据文献统计，地下铁道每公里线路年客运量可达100万人次以上，最高达到1200万人次，如莫斯科地铁、东京地铁、北京地铁等。城市轨道交通能在短时间内输送较大的客流，据统计，地铁在早高峰时1h能通过全日客流量的17%～20%，3h能通过全日客流量的31%。

2. 准时性

城市轨道交通由于在专用行车道上运行，不受其他交通工具干扰，不产生线路堵塞现象并且不受气候影响，是全天候的交通工具，列车能按运行图运行，具有可信赖的准时性。

3. 速达性

与常规公共交通相比，城市轨道交通由于运行在专用行车道上，不受其他交通工具干扰，车辆有较高的运行速度，有较高的启、制动加速度，多数采用高站台，列车停站时间短，上下车迅速方便，而且换乘方便，从而可以使乘客较快地到达目的地，缩短了出行时间。

4. 舒适性

与常规公共交通相比，城市轨道交通由于运行在不受其他交通工具干扰的线路上，城市轨道车辆具有较好的运行特性，车辆、车站等装有空调、引导装置、自动售票等直接为乘客服务的设备，城市轨道交通具有较好的乘车条件，其舒适性优于公共电车、公共汽车。

5. 安全性

城市轨道交通由于运行在专用轨道上，没有平交道口，不受其他交通工具干扰，并且有先进的通信信号设备，极少发生交通事故。

6. 充分利用空间

大城市地面拥挤、土地费用昂贵。城市轨道交通由于充分利用了地下和地上空间的开发，不占用地面街道，能有效缓解由于汽车大量发展而造成的道路拥挤、堵塞，有利于城市空间合理利用，特别有利于缓解大城市中心区过于拥挤的状态，提高了土地利用价值，并能改善城市景观。

7. 运营费用较低

城市轨道交通由于主要采用电气牵引，而且轮轨摩擦阻力较小，与公共电车、公共汽车相比节省能源，运营费用较低。

8. 环境污染低

城市轨道交通由于采用电气牵引，与公共汽车相比不产生废气污染。由于城市轨道交通的发展，还能减少公共汽车的数量，进一步减少了汽车的废气污染。由于在线路和车辆上采用了各种降噪措施，一般不会对城市环境产生严重的噪声污染。

二、城市轨道交通基本类型

（一）基本类型总论

城市轨道交通种类繁多，技术指标差异较大，世界各国评价标准不一，并无严格的分类。由于城市轨道交通在世界范围内发展较快，地区、国家、城市的不同，服务对象的不同等，使城市轨道交通发展成为多种类型，尚无十分统一的分类标准，不同的分类方法，可以分出不同的结果。

① 若按容量（运送能力），可分为高容量、大容量、中容量和小容量。② 若按导向方式，可分为轮轨导向和导向轨导向。③ 若按线路架设方式，可分为地下、高架和地面。④ 若按线路隔离程度，可分为全隔离、半隔离和不隔离。⑤ 若按轨道材料，可分为钢轮钢轨系统和橡胶轮混凝土轨道梁系统。⑥ 若按牵引方式，可分为旋转式直流、交流电机牵引和直线电机牵引。⑦ 若按运营组织方式，可分为传统城市轨道交通、区域快速轨道交通和城市（市郊）铁路。

城市轨道交通按运能范围、车辆类型及主要技术特征可分为有轨电车、地下铁道、轻轨道交通、市郊铁路、单轨道交通、新交通系统、磁悬浮交通七类。

（二）城市轨道交通主流类型

1. 有轨电车

现代有轨电车（Tram或Streetcar）是使用电车牵引、轻轨导向、1 ~ 3辆编组运行在城市路面线路上的低运量轨道交通系统。

有轨电车是最早发展的城市轨道交通之一，一般设在城市中心穿街走巷运行，具有上下车方便的特点。

有轨电车起源于城市公共马车，为了多载客，人们把马车放在铁轨上。随着电动机的发明和牵引电力网的出现，世界上第一条有轨电车线于1888年5月在美国弗吉尼亚州里士满市开通。到20世纪20年代，美国的有轨电车总长达2.5万千米。到20世纪30年代，欧洲、日本、印度和中国的有轨电车有了很大发展。1906年，中国第一条有轨电车线在天津北大关至老龙头火车站（今天津站）建成通车，随后上海、大连、长春、鞍山、北京、南京等城市相继修建了有轨电车或电铁客车，在当时的城市公共交通中发挥了重要作用。

旧式的有轨电车单向运输能力一般在1万人次/小时以下，通常采用地面路线，与其他车辆混合运行，运行速度一般在45km/h左右。旧式有轨电车由于运能、挤占道路、噪声等问题，在20世纪五六十年代世界上各大城市纷纷拆除有轨电车线路，改建运量大的地铁或轻轨道交通通。中国的有轨电车在20世纪50年代末已拆得所剩无几，仅大连、长春两城市保留。大连还对有轨电车进行了改造，使其成为城市的一张名片。

旧式的有轨电车已停止了发展，基本上完成了它的历史使命。经改造后的现代有轨电车与性能较差的轻轨道交通已很接近，只是车辆尺寸稍小一些，运营速度接近20km/h，单向运能可达2万人次/小时。

2. 地铁

地铁是城市快速轨道交通的先驱。地铁是由电力牵引、轮轨导向、具有一定规模运量、按运行图行车。地铁的运能，单向在3万人次/小时，最高可达6万～8万人次/小时。最高速度可达120km/h，旅行速度可达60km/h以上，可为3～8节编组，车辆运行最小间隔可低于1.5min。驱动方式有直流电机、交流电机、直线电机等。地铁造价昂贵，每公里投资在3亿～6亿元人民币。地铁有建设成本高、建设周期长的弊端，但同时又具有运量大、建设快、安全、准时、节省能源、不污染环境、节省城市用地的优点。地铁适用于出行距离较长、客运量需求大的城市中心区域。国家规定，常住人口超过二百万的大城市就可以修建地铁了。地铁的主要技术参数见表17-1。

表17-1 地铁的主要技术参数

顺序	项目	技术参数	顺序	项目	技术参数
1	高峰小时单向运送能力/人	30000～70000	9	安全性和可靠性	较好
2	列车编组	4～8节（大陆规定）	10	最小曲线半径/m	300
3	列车容量/人	3000以上	11	最小竖曲线半径/m	3000
4	车辆构造速度/（km/h）	80～120	12	舒适性	较好
5	平均运行速度/（km/h）	60	13	城市景观	无大影响
6	车站平均间距/m	600～2000	14	空气污染、噪声污染	小
7	最大通过能力/（对/h）	30	15	站台高度	一般为高站台
8	与地面交通隔离率	95%			

地下铁道由于大部分线路在地下或高架通行，因此技术水平要求较高，可靠性和安全性要求也高。地铁系统与国家干线铁路一样，主要由线网、轨道、车站、车辆、通信信号等设备构成，要求各部门能够有机结合，协同动作，最大限度地完成输送任务。

3. 轻轨

轻轨的定义规范最早来自于美国UMTA《城市公共交通扶持法》，是由美国城市轨道交通管理局在1972年创造的，来描述在欧洲和美国正在发生新变革的轨道交通，轻轨的“轻”源自于UMTA对这种交通方式的描述。实际上“轻”指的是轻载重，而不是轻轴重和轨重，事实上跟轴重、轨重根本没任何关系，很多人误解轻轨指轨道的重量轻，实际上轻轨的轨重根本不轻。轻轨的另一种称呼Overhead来源于1893年开通的英国利物浦轻轨意为在“头顶上的铁路系统”，可惜该轻轨系统已于1956年停止运营并被拆除。

轻轨是个比较广泛的概念，公共交通国际联会（UITP）关于轻轨运营系统的解释文件

中提到：轻轨是一种使用电力牵引、介于标准有轨电车和快运交通系统（包括地铁和城市铁路）、用于城市旅客运输的轨道交通系统。

轻轨是在市郊铁路和有轨电车的基础上改造发展起来的城市轨道交通系统。原来采用轻型轨道，现在轻轨已采用与地铁相同质量的钢轨。只有中国在《城市轨道交通工程项目建设标准》（试行本）中，把每小时单向客流量为0.6万～3万人次的轨道交通划分为中运量轨道交通，即轻轨，并不是世界公认标准。轻轨一般采用地面和高架相结合的方法建设，路线可以从市区通往近郊。列车编组采用2～6辆或单节，铰接式车体。由于轻轨采用了线路隔离、自动化信号、调度指挥系统和高新技术车辆等措施，最高速度可达60km/h，克服了有轨电车运能低、噪声大等问题。

由于轻轨具有投资少（每公里造价在0.6亿～1.8亿元人民币）、建设周期短、运能高、灵活等优点，因此发展很快。无论是发达国家，还是发展中国家，轻轨方兴未艾。各国纷纷根据自己的国情，制定相应的轻轨发展战略和模式。纵观各国情况，大致有以下三类发展模式：一是改造旧式有轨电车为现代化的轻轨。这种模式以德国、前苏联及东欧各国为典型代表。二是利用废弃铁路线路改建成轻轨路线。这种方式以美国圣迭戈轻轨为代表，欧洲也有类似的情况，如瑞典的哥德堡、德国的卡尔·马克思州也都采用这一方式。中国上海5号线、武汉轨道交通1号线一期工程也属于这种方式。三是建设轻轨新线路的方式。对有些城市而言，修建轻轨比修建地铁更经济实惠，因此，诸如马尼拉、鹿特丹、中国香港等城市都相继新修了轻轨线路。

经过100多年的发展，轻轨已形成3种主要类型：钢轮钢轨系统、线性电机牵引系统和橡胶轮轻轨系统。

钢轮钢轨系统即新型有轨电车，是应用地铁先进技术对老式有轨电车进行改造的成果。线性电机牵引系统是曲线性电机牵引、轮轨导向、车辆编组运行在小断面隧道及地面和高架专用线路上的中运量轨道交通系统。20世纪80年代，加拿大成功地开发了线性电机驱动的新型轨道交通车辆。它采用线性电机牵引、径向转向架和自动控制等高新技术，综合造价节约近20%。它与轮轨系统兼容，便于维护救援，具有较大的爬坡能力。线性电机技术在加拿大、日本、美国都取得了较大的成功，由此研制的线性电机列车也投入了使用。线性电机列车在中国的广州和北京也有应用。由于线性电机列车具有车身矮、重量轻、噪声低、通过小半径曲线和爬坡能力强等优点，可以轻便地钻入地下，爬上高架，是地下与高架接轨的理想车型。以线性电机作动力，其意义还在于它引起了轨道车辆牵引动力的变革。橡胶轮轻轨系统采用全高架运行，不占用地面道路，具有振动小、噪声低、爬坡能力强、转弯半径小、投资较少等优点。

4.磁悬浮

磁悬浮交通，中国应用城市有上海与长沙。是一种非轮轨黏着传动，悬浮于地面的交通运输系统。磁悬浮列车是利用常导磁铁或超导磁铁产生的吸力或斥力使车辆浮起，用以上复合技术产生导向力，用直线电机产生牵引动力，使其成为高速、安全、舒适、节能、环保、维护简单、占地少的新一代交通运输工具。

5.新交通系统

新交通系统是一个模糊的概念，不同国家和城市对此都有不同的理解，还没有统一和严格的定义。广义上认为，AGT是那些所有现代化新型公共交通方式的总称。狭义上新交通系统则定义为：由电气牵引，具有特殊导向、操作和转向方式胶轮车辆，单车或数辆编组运行在专用轨道梁上的中小运量轨道运输系统。

在新交通系统中车辆在线路上可无人驾驶自动运行，车站无人管理，完全由中央控制室的计算机集中控制，自动化水平高。新交通系统与独轨道交通有许多相同之处，最大的区别在于该系统除有走行轨外，还设有导向轨，故新交通系统也称为自动导轨道交通。新交通系统的导向系统可分为中央导向方式和侧面导向方式，每种方式又可分为单用型和两用型。所谓单用型是指车辆只能在导轨上运行，两用型则指车辆既可在导轨上运行，又可以在一般道路上行驶。

新交通系统最早出现在美国，当初多为一种穿梭式往返运输乘客的短距离交通工具，曾被称为“水平电梯”或称为“空中巴士”“快速交通”。在逐渐发展成一种城市客运交通工具后，一般称为“客运系统”。后来日本和法国又作了进一步的技术改造和发展，并使其成为城市中的一种中运量客运交通系统。日本称为新交通系统（意指含有高度自动化新技术的交通系统），以区别于其他各种交通运输工具。法国称为VAL系统，名称来源于轻型自动化车辆的法文字母字头的拼音，也有一种说法VAL一词的来历是线路起始地名字头缩写。

新交通系统自1963年美国西尼电气公司研发面世后，在世界许多地方被逐渐推广采用，尤以日本和法国无论是技术还是规模都处于领先的地位。世界各地已有几十条规模不等、用途不同、具体构造也有所不同的新交通系统线路。日本有10条线路，日本将高架独轨和新交通系统看做现代化的象征，故从1976年起做出规定，新交通系统可使用国家的财政资助，以促进新交通系统的发展。

中国内地的新交通系统处在起步阶段，天津市于2006年为纪念天津有轨电车百年在滨海新区开通了全长7.6km的亚洲首条胶轮导轨线路，北京市于2008年奥运会前开通了服务于首都机场T3航站楼的新交通系统，上海市也于2009年开通了胶轮导轨电车。中国台湾地区的台北市1994年建成、1996年3月投入运营的木栅线（中山中学至木栅动物园），线路全长10.8km，其中高架线10km、地下线0.8km，采用VAL制式，属中运量新交通系统。中国香港20世纪90年代后期建设的新机场从登机厅到机场主楼，为接运旅客也建成了一条长约1km采用VAL制式的新交通系统。

城市轨道交通经过较长时间的发展，不同运量等级的线路，有不同形式的交通系统适应，在同一等级线路上，有多种可供选择的交通形式。

三、城市轨道交通项目建设融资

（一）城市轨道交通的投融资分类

投融资模式是指投融资活动的运行机制和管理制度，包括投融资管理主体、投融资组织形式等。基于城市轨道交通既具有社会公益性，又有市场经济特性，它的建设运营可以由政府直接提供，也可以在政府支持下由私人企业通过市场提供。国内外城市轨道交通建设投融资可以分为政府主导型投融资模式和市场化竞争型投融资模式两类。

1.政府主导型投融资模式

政府主导型投融资模式，即政府负责全部建设投资与运营补贴，指定一家机构负责城市轨道交通项目投资、建设、运营的具体执行。政府投融资模式有政府财政出资与政府债务融资两种资金筹措途径。

政府主导投融资模式的优点是关系简单，政府决策、执行、协调效率高，并且利用政府信用良好的优势，融资速度快，可以在短时期内集中财力、物力和人力，加快城市轨道交通项目的建设进程。

而政府主导投融资模式的缺点，一是政府财政压力较大，由于政府财力和能提供的信用程度有限，导致融资能力不足，无法满足城市轨道交通建设运营所需大量资金；二是资金使用效率低下，可能滋生腐败，并且责任划分不明确，存在于建设、运营之间的矛盾虽然被掩饰，但不利于提高投资效率，不利于转换企业经营机制而进行投资主体多元化的股份制改制，无法对建设者和经营者建立成本的激励与约束机制。

2. 市场化竞争型投融资模式

市场化投融资模式是指政府不再作为城市轨道交通项目的投融资主体，而是由企业在市场化规则下，采用商业贷款、发行股票、债券、产业投资基金等商业化融资手段，负责城市轨道交通项目的融资、建设、开发、运营。为了使城市轨道交通项目具有一定的盈利能力以吸引社会资本参与，政府通常给予城市轨道交通项目许多的优惠政策，包括城市轨道交通线路沿线土地的商业、物业开发等，从而改进项目的资金运营状况，创造具有吸引力的项目融资环境，并且降低城市轨道交通项目融资成本。

城市轨道交通市场化投融资模式的优点是可以通过吸引广泛的社会资金来减轻当地政府的财政压力，也有利于城市轨道交通运营企业完成市场化改制，转换企业经营机制，提高企业经营效率，杜绝政企不分而导致的官僚化、腐败化。

该模式最典型的就是香港地铁的建设与经营，它的主要特点是政府将地铁沿线若干规划地块划拨给地铁公司，由香港地铁公司一并进行这些地块的房地产、商业、物业开发，所得资金在很大程度上补贴了香港地铁建设和运营的费用。另外，为保证城市轨道交通建设的外部效益部分能够充分内部化，将外部收益返还给城市轨道交通建设，香港政府给予了项目公司一些土地、物业的特许经营权，并在税收方面给予了一定的优惠。

（二）城市轨道交通的投融资特点

1. 资金需求量巨大

城市轨道交通建设运营的资金需求量巨大。城市轨道交通项目建设投资数额巨大，并且运营后票价受到政府的限制，企业常常处于财务亏损的状态。因此，必须寻找新的融资途径缓解资金匮乏矛盾，从而实现城市轨道交通快速持续发展。表17-2为中国几个特大城市的城市轨道交通建设资金需求量。

表17-2　中国部分城市轨道交通建设资金需求量

城市	规划年度/年	线路/条数	总规划里程/km	预计总投资/亿元
北京	远景年	28	1101	4000
上海	远景年	17	810	3000
广州	远景年	19	726	2500
深圳	远景年	16	585.3	2000
武汉	远景年	7	223	800

2. 投资回报周期长

城市轨道交通建设和投资回报周期长。城市轨道交通投入运营后，出于公益性需要，票价不能定得太高，不会立即产生显著的经营效益。当投资者对城市轨道交通项目投资以后，需要很长的时间收回投资，所以不容易引起普通投资者兴趣。表17-3列出了一些中国城市轨道交通建设周期。

表17-3　中国部分城市轨道交通建设周期一览表

城市	线路名称	开始年份	完工年份	时间/年
北京	1号线	1965	1969	4
	2号线	1971	1984	13
上海	1号线	1990	1995	5
	2号线	1996	2000	4
	明珠线	1996	2001	5
广州	1号线	16	1999	5
	2号线	7	2003	4
深圳	1号线	1999	2004	5

3.投资决策专业化程度高

城市轨道交通建设投资决策专业化程度高。由于城市轨道交通工程庞大，技术复杂，涉及诸多专业领域，影响其投资效益的因素非常多，而大多社会民间投资者都无法进行这样专业化程度高的投资，因此也就很难吸引社会民间资本参与到城市轨道交通项目中来。

4.资产保值增值能力强

城市轨道交通的网络规模效应使其保值增值潜力较大。此外，城市轨道交通具有独占排他性，这将使其吸引越来越多的客流，票款收入也会稳定的增长。与此同时，城市轨道交通的固定资产利用期很长，可以通过沿线商业、物业开发来增加附加收入。

（三）城市轨道交通项目的资金来源渠道

根据资金的可得性、供应的充足性、融资成本的高低选择资金来源渠道。城市轨道交通资金的来源主要有以下几个方面。

1.政府投资

在政府投资中，中央政府在最高层面上负责全国基础设施的投资与管理，并且制订、实施、协调和管理全国基础设施发展规划。而地方各级政府对本地区基础设施建设项目进行投资和管理。随着近几年投入的加大，政府的财政压力也逐渐加大，所以政府对基础设施项目的投资总额有所限制，且主要投资在一些扶贫项目上，如乡村公路等。公路、城市轨道交通、收费高速公路等基础设施有一定收益能力，因此政府对这些项目的投融资体制进行了改革，以致力于减轻政府财政压力，实现投资主体多元化，融资渠道多样化。

2.发行股票

中国股份制改革于1983年开始试点，经过近20年的探索，已经发展到了一定的规模，并积累了许多经验。这种直接融资方式被实践证明是有效的，而交通基础设施项目具有第一、第二产业的一般经营性项目所没有的优势：收益稳定、准行政性、准垄断性等。通常情况下，由于投资风险相对较小，随着社会经济的发展，其收益逐步提高，对长期持有的投资者有一定的吸引力，这就为城市轨道交通企业股票的发行提供了可能。

3.引进直接投资

改革开放以来，中国加大了引进外商直接投资的力度，但大部分集中在工业领域，在基础设施领域很少。对于部分基础产业领域对外开放来看，不仅开辟了新的融资渠道，而且由此引入了国外相关基础产业先进技术和管理模式，对于提高中国基础设施产业的整体素质，将比单纯的资金投入更有意义。

4. 发行债券

与向银行贷款类似，向社会公开发行需要还本付息的建设债券。截至目前中国发行了多种的债券，有国家债券、铁路建设债券、金融债券等。期限长的债券最长的有20年期国债，短期的有半年、几个月不等。债券投资比股票投资风险小，收益更加稳定，受到投资大众的青睐。债券的发行方式主要有三种：一是银行、金融机构包销；二是采用向有关部门分摊；三是向社会公开发售。

5. 各类贷款

（1）政策性银行贷款　1994年，中国成立了三家政策性银行，即国家开发银行、中国农业发展银行和中国进出口银行。其中只有国家开发银行跟交通基础设施有关，直属国务院的领导。

（2）商业银行贷款　商业银行贷款是指工商银行、建设银行、农业银行、中国银行、交通银行等商业银行利用信贷资金发放的投资性贷款。它具有偿还期灵活，筹资数量大，操作手续更简便、快捷的优点。国家投资重心向基础设施建设倾斜，资金供给环境十分宽松。各大商业银行也响应国家政策的号召，纷纷加大力度投放高速公路、铁路、城市轨道交通这些收益稳定的建设项目的贷款，不断增加信贷规模。

（3）国外贷款　自从中国加入WTO，在引进外资促进国内经济发展方面取得了巨大成就。而中国引进并利用外资的一种重要方法就是向国外贷款。国际金融组织贷款、州政府贷款和国际商业贷款是中国的主要贷款方式。

6. 投资基金

基金业务也属于信托业务中的一种，首先发行收益凭证募集资金，然后由专门的基金经营管理机构将募集到的资金用于城市轨道交通等实业进行投资，基金管理者只获得管理费用，其他收益全部归投资人所有。

产业投资基金具有以下优点：由专业的基金管理机构进行专家理财，投资者不参与投资管理，减小了投资风险；对城市轨道交通项目进行权益投资，参与运营公司的管理运作，这对于提高城市轨道交通运营企业的效率，降低成本，建立健全的现代企业制度都会产生巨大的推动作用。城市轨道交通项目的收益稳定，投资风险低，保值增值能力强，对产业投资基金具有巨大的吸引力。从上述分析可以得知，中国城市轨道交通建设完全可以通过多元化投融资方式来解决政府财政资金短缺的问题，而产业投资基金正是解决这一问题最有效、最先进的方式。

第四节　轨道交通项目建设——以地铁建设为例

一、城市地铁系统及其特性概述

（一）城市地铁系统

地铁又称为地下铁道交通，分属于轨道交通行业范畴，是城市公共交通的重要组成部分。地铁是指在城市中修建的快速、大运量、大众化、用电力牵引、线路全封闭的轨道交通。目前地铁已经不局限于运行线在地下隧道中的这种形式，而是泛指采用高规格电客列车同时高峰小时单向运输能力在3万至7万人的大容量城市轨道交通系统。运行线路多样化，采用地下、地面、高架三者有机结合建造而成。从专业角度讲，轻轨和地铁的区别并非轨道是否位于地下，而是编组：选用C型列车并采用2 ～ 4卡编组列车的轨道交通路线称为轻轨。

地铁在建设过程中除了设立进出站口，一般是不占用城市土地的，这样既可以为乘客提供便捷的乘坐服务，也可以避免对地面造成环境污染，为乘客营造良好的环境，因此城市地铁在城市交通运输中具有重要影响，是促进城市现代化的重要途径。

（二）城市地铁系统内涵

1.地铁与其他交通方式相比特点

① 地铁交通是大型城市基础设施，为社会生产和生活提供基础服务，具有显著的公益性。

② 地铁交通基础设施的线路、车站、通信和车辆等，具有资产专用性，一经完成不能它用。

③ 地铁交通建设成本高，规模大，回收周期长。地铁网络系统规模的扩大，可以降低成本。

④ 地铁交通项目的规划、设计、建设和运营等各阶段，需多专业、多行业、多企业间相互配合。

2.城市地铁的特点特性分析

（1）优点

① 节省土地：由于一般大都市的市区地皮价值高昂，将铁路建于地底，可以节省地面空间，地面地皮可以作其他用途。② 减少噪声：铁路建于地底，可以减少地面的噪声。③ 减少干扰：由于地铁的行驶路线不与其他运输系统（如地面道路）重叠、交叉，因此行车受到的交通干扰较少，可节省大量通勤时间。④ 节约能源：在全球暖化问题下，地铁是最佳大众交通运输工具。由于地铁行车速度稳定，大量节省通勤时间，使民众乐于搭乘，也取代了许多开车所消耗的能源。⑤ 减少污染：一般的汽车使用汽油或石油作为能源，而地铁使用电能，没有尾气的排放，不会污染环境。

（2）其他优点　地铁与城市中其他交通工具相比，除了能避免城市地面拥挤和充分利用空间外，还有很多优点。① 运量大。地铁的运输能力要比地面公共汽车大7 ～ 10倍，是任何城市交通工具所不能比拟的。② 准时，正点率一般比公交高。③ 速度快，地铁列车在地下隧道内风驰电掣地行进，行驶的最高时速普遍为80km，可超过100km/h，甚至有的达到了120km/h。

（3）缺点　① 建造成本高：地铁工程路线长，影响范围广，通常需要对路线沿线的建构筑物、管线、道路进行拆迁、改造、保护等，工程以外的费用比较大。由于要钻挖地底，地底建造成本比建于地面高。② 前期时间长：兴建地铁的前期时间较长，由于需要规划和政府审批，甚至还需要试验。从开始酝酿到付诸行动破土动工需要非常长的时间，短则几年，长则十几年也是有可能的。③ 部分灾害抵御能力弱：虽然地铁对于雪灾和冰雹的抵御能力较强，但是对地震、水灾、火灾和恐怖主义等抵御能力很弱。由于地铁的构造而导致极易因为这些因素发生悲剧。为此自地铁出现以来，工程师们就不断持续研究如何提高地铁的安全性。关于对灾害的抵御问题，涉及的具体缺点如下。

- 地震。可以导致行进中的车辆出轨，因此地铁都设计有遇到地震立即停驶的功能。为防止地铁地道坍塌，处于地震地带的地铁结构必须特别坚固。

- 水灾。由于地铁内的系统低于地平线，而导致地上的雨水容易灌入地铁内的设施。因此地铁在设计时不得不规划充分的防水排水设施，即使如此也可能发生地铁站淹水事件。为此，在发生暴雨之时，地铁车站入口的防潮板和路线上的防水闸门都要关闭。一个知名的例子是我国台北捷运在纳莉台风侵袭时曾经发生淹水事件，还有北京地铁一号线曾因暴雨积水关闭了数小时。

● 火灾。在以前，人们不太重视地铁站内的防火设施，车站内一旦发生火灾，瞬间就会充满烟雾，而引发严重的灾祸。1987年11月18日，英国伦敦地铁King’s Cross站发生火灾，导致31人死亡。产生火灾的原因之一是因为伦敦地铁内采用了大量木质建筑。因此，日本地铁部门规定在地铁站内禁烟来避免火灾。2003年2月28日，韩国大邱广域市的地铁车站因为人为纵火而产生火灾，13辆车卡被烧毁，192人死亡，148人受伤。这次火灾产生如此严重死伤的原因除了车辆内部装潢采用可燃材料之外，车站区域内排烟设施不完善也是重要因素，加上车辆材质燃烧时产生了大量的一氧化碳等有害物质，导致不少人中毒死亡。

（三）城市地铁产生的原因及其重要性

城市飞速发展，仅仅依靠路面交通已经无法解决现在的城市交通问题了。城市人口众多，道路空间资源却很有限，这就对道路交通提出了更高的要求，要求城市轨道交通系统尽可能减少人均占用道路空间资源，降低能耗和污染。但是随着城市交通可持续发展战略的实施开展，城市交通涌现出更多的问题，为应对解决这些问题，地铁应运而生。

地铁在许多城市交通中已担负起主要的乘客运输任务。莫斯科地铁是世界上最繁忙的地铁之一，800万莫斯科市民平均每天每人要乘一次地铁，地铁担负了该市客运总量的44%。东京地铁的营运里程和客运量与莫斯科地铁十分接近。巴黎地铁的日客运量已经超过1000万人次。纽约的地铁营运路线总长居世界第五，日客运总量已达到2000万人次，占该市各种交通工具运量的60%。我国香港地铁总长虽然只有43.2km，但它的日客运量高达220万人次，最高时达到280万人次，如按地铁总长折算，完全可以与上述这些城市地铁相媲美。可以想象，如果没有地铁，这些城市也就不可能成为交通发达的现代化大都市。

地铁的出现很好地解决了城市轨道交通的空间资源问题，具有运量大、安全无污染、受气候条件影响小的特点，对于整个城市的空间、时间和地点距离的缩短都有积极意义。从环保角度看，地铁能够最大限度地降低能源消耗量，相对于其他交通方式，地铁的大气污染物排放量更少。为了保证环境的可持续发展，促进城市发展，进一步地缓解交通压力，各城市需要通过建设快速轨道交通即地铁来促使城市交通快速发展。

二、城市地铁建设——以建设前期工作为主

（一）地铁建设概述

一是地铁项目建设的特点是，工程预见性强，建设周期长。总体上可以分为地铁的前期建设规划、政府审批、项目融资、项目建设四个大的步骤。地铁的建设周期较长，一般有3 ～ 5年。我国轨道交通建设，以地下线路为主的地铁工程，平均造价在5亿元/千米左右；高架线路工程平均造价1.5亿～ 2.5亿元/千米左右；总体均价在4亿～ 5亿元/千米之间。

二是地铁建设为公益性项目，投入巨大。目前国家规定地铁建设的资本金为全部投资的40%，其余60%可以采取其他方式融资。融资方式主要有5种：① 政府财政出资+发行债券；② 政府财政出资+银行（团）贷款；③ PPP模式，即公司合作方式；④ 地铁公司上市募集资金；⑤ 其他新兴融资模式，比如轨道+土地模式等。地铁建设包括车站和隧道的建设。目前国内外修建地铁车站的方法有明挖法、盖挖法等，隧道的挖掘现在一般采用盾构机的方式展开，与车站建设同步进行。

三是地铁工程建设项目涉及地下、地上工程，情况复杂、施工建设难度大。参与地铁工

程建设的公司不少都是中字头的国有大型企业，开展建设的企业实力、规模水平、施工经验、信誉评价一般在国内都是首屈一指的。这些从事地铁建设的大企业，都是上市公司，如隧道股份、宏润建设、中国中铁、中国铁建、上海建工、中国建筑等。另外，各地地方政府也纷纷建立了许多地方性城轨建设公司或市政公司作为融资与推进城市轨道交通建设工作的平台，如北京城建地铁地基市政工程有限公司、上海市第一市政工程有限公司、上海市第二市政工程有限公司、天津城建等。

（二）城市地铁建设工作阶段内容

1. 六阶段建设工作

城市轨道交通项目一般分为决策（前期工作）、设计、施工、验收、试运营、正式运营这六个阶段，其中验收和试运营是相互穿插进行的。

① 决策（前期工作）阶段包括线网规划、建设规划、可行性研究内容。

② 设计阶段包括总体设计、初步设计、招标图设计、施工图设计内容。

③ 施工阶段以洞通、轨通、电通、车通为主要控制节点。

④ 验收阶段包括单位工程验收、项目工程验收和竣工验收，其中竣工验收包括竣工初验、竣工正式验收两个环节。

⑤ 试运营阶段包括运营规划期、运营接管期、综合联调及试运行期、试运营期。

⑥ 至此，项目进入正式运营阶段。

2. 项目报建的流程和主要材料准备

（1）整理报建材料（成果文件）　城市地铁建设项目报建，必须要提交前期工作中获得的相关成果文件。特别是城市轨道交通报建过程中，报建流程复杂、周期长，尤其是线网规划、建设规划和可行性研究这三个阶段报建涉及的成果文件繁多，如图17-1所示。

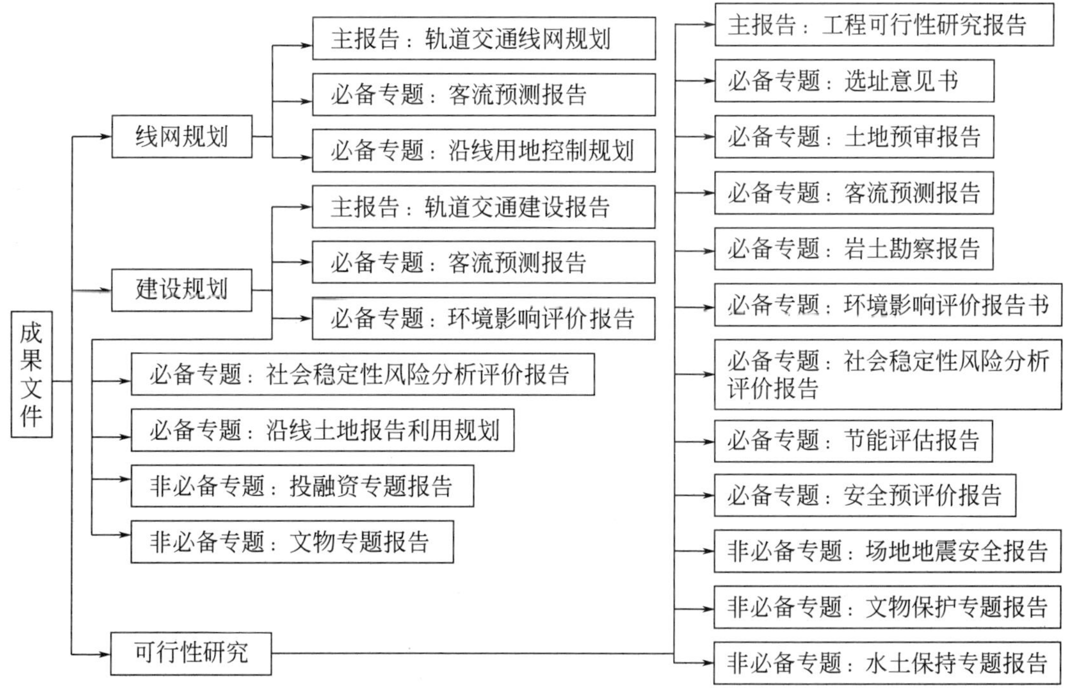

图17-1　报建涉及成果文件

（2）依据的主要政策法规文件　依据的主要政策法规文件见表17-4。

表17-4　政策法规文件

发文单位	政策法规文件
国务院	《国务院办公厅关于加强城市快速轨道交通建设管理的通知》（国办发〔2003〕81号）
	《关于加强地方政府性债务管理的意见》（国发〔2014〕43号）
国家发改委	《关于加强城市轨道交通规划建设管理的通知》（发改基础〔2015〕49号）
	《关于开展政府和社会资本合作的指导意见》（发改投资〔2014〕2724号）
发改委、住建部	《关于优化完善城市轨道交通建设规划审批程序的通知》（发改基础〔2015〕2506号）
	《城市轨道交通工程项目建设标准》（建标104-2008）
	《城市轨道交通建设工程验收管理暂行办法》（建质〔2014〕42号）
	《城市轨道交通试运营基本条件》（GB/T 30013—2013）
环保部	《中华人民共和国环境保护法》
	《关于做好城市轨道交通项目环境影响评价工作的通知》（环办〔2014〕117号）
财政部	《关于推广运用政府和社会资本合作模式有关问题的通知》（财金〔2014〕76号）
	《关于印发〈地方政府存量债务纳入预算管理清理甄别办法〉的通知》（财预〔2014〕351号）

（3）项目报建主要流程　城市轨道交通可行性研究报告的报批流程与其他工程项目差别不大，不再赘述，重点介绍线网规划和建设规划的报批流程。

① 线网规划报批

● 在城市总体规划编制时，应统筹研究发展城市轨道交通的必要性，确需发展的，应同步编制线网规划，做好相互协调与衔接。已有线网规划的城市，在修改或修编城市总体规划时，要开展线网规划实施评估，对线网规划实施情况进行总结，研究是否需要修改或修编线网规划，如有需要，应以线网规划实施评估为基础，与城市总体规划同步修改或修编线网规划。

● 线网规划编制（或者修改、修编）完成后，应当组织技术审查。直辖市的线网规划由住建部组织进行技术审查；其他城市的线网规划，由省、自治区住房城乡建设厅组织进行技术审查。发展城市轨道交通的城市，线网规划技术审查意见，是住建部对其城市总体规划进行审查的基础条件之一。

● 经技术审查后，线网规划明确的城市轨道交通发展目标、功能定位、线网布局、车辆基地等设施用地控制要求等应纳入城市总体规划，并与城市总体规划一并审批。线网规划经批准后，具有法定效力，任何单位和个人不得随意修改；确需修改的，应当按照城市总体规划的修改程序进行。

② 建设规划报批。轨道交通作为大型基础设施投资项目，在建设前需要编制《城市轨道交通近期建设规划》，是审批级别最高（国务院）、审批层次最多（市、省、部委、国务院）和审批部门最多（发改、住建、环保）的项目之一。其编制审批流程一般包括报送、初审、征求意见、反馈及修改、再审、审批的多层次、多部门审批流程。

需要注意以下几点。

● 住建部要求，近期建设规划线路，应纳入城市总体规划中的远期线网，并与城市市总体规划远期用地相一致。

● 根据发改基础[2015]2506号文，建设规划在上报国家发改委之前，应由省发改委会同省住建厅进行初审。

● 环评报告上报环保部之前，建设规划需取得省发改委和省住建厅的一致初审意见，环保部才受理环评报告。

● 环评得到国家环保部批复后，国家发改委才受理建设规划申报。

● 第一轮建设规划，仍由国家发改委审查后，上报国务院审批；非第一轮建设规划，由国家发改委审批，报国务院备案。

● 最快报批时限为1年，一般1 ~ 2年。

3.地方自身的努力和协作

同时，报批材料准备工作照样牵动着本市（一般地级及以上）各相关部门的协作和齐心推进。因此，轨道交通作为城市重大工程，在《城市轨道交通近期建设规划》准备报批过程中除了需要指定或者成立专门的部门负责外，还需要全市各部门、区的大力协同参与。

（1）项目报批各阶段市政府参与的各部门 见表17-5。

表17-5 项目报批各阶段市政府参与的各部门

工作阶段	协调对象
建设规划启动会，协调收集资料	市级发改、规划、国土、交通、财政、环保、维稳、文保等职能部门
建设方案确定	市政府听取方案汇报
组织维稳评估的群众调查、座谈	各区相关管理部门、街道；市级发改、规划、国土、交通、财政、环保、维稳、文保等职能部门
组织环评调查、公示	各区相关管理部门、街道；市级规划、国土、环保、文保等职能部门；公众媒体
政府出资承诺、资本金比例	市政府、市财政局
银行贷款承诺	相关意向银行
相关职能部门出具建设规划意见	市级发改、规划、国土、交通、财政、环保、维稳、文保等职能部门
组织建设规划部门通气会	市级发改、规划、国土、交通、财政、环保、维稳、文保等职能部门以及相关区县

（2）需要密切合作的各职能部门 见表17-6。

表17-6 需要密切合作的各职能部门

职能部门	主管事宜
市政府	协调市级各部门大力支持建设规划报审工作 市主管领导出席国家部委组织的审查会
发改委	出具对建设规划的意见 向省发改委上报建设规划
规划局	提供《城市总体规划》《城市综合交通规划》《城市轨道交通线网规划》等上报支撑性文件 将轨道交通线网方案纳入最新的《城市总体规划》 组织审批《轨道交通用地控制规划》，将成果纳入城市规划管理体系 在审查会上，组织汇报城市总体规划、综合交通规划，并解释规划问题

续表

职能部门	主管事宜
财政局	落实资金筹措方案，解释有关财政数据 出具资本金承诺函
国土局	负责对轨道近期建设项目的用地进行合规性审核并出具相关文件
环保局	向省环保厅上报环评影响报告 负责对建设规划在环保方面的合规性进行审核，并出具相关文件
文物局	负责对建设规划在文物方面的合规性进行审核，并出具相关文件
园林局	负责对建设规划在园林绿地方面的合规性进行审核，并出具相关文件

三、城市地铁建设推进与管理示例

以某市地铁10号线为例，对这类规模大、建设期长、工程复杂、施工困难多的城市轨道交通基础设施建设工程项目的建设情况作一个全面的、大局性的、战略规划性的介绍。

（一）总述及线路参数

1.×× 地铁10号线总述

××地铁10号线是××地铁第一条开通的过江线路，于2014年7月1日正式运营，标志色为香槟色。

地铁10号线一期工程途经浦×区、建×区和雨××区，线路西起雨山路站，经过浦×新城，下穿长江进入河西新城，东至安德门站。二期工程将向东延伸至王武庄站。地铁10号线一期工程全长21.6km，其中地下线19.5km、地面线和高架线2.1km；共设置14座车站，其中地下站13座、高架站1座；列车采用6节编组A型列车，由中国南车××浦×车辆有限公司和法国阿尔斯通公司联合制造。10号线过江隧道全长3600m，是中国掘进距离最长、埋深最深、水压最高、直径最大的地铁过江隧道。

截至2017年3月，××地铁10号线日均客流13万人次。2016年9月30日的17.1万人次为地铁10号线最高单日线路客运量。

2.线路参数

线路参数见表17-7。

表17-7　线路参数

基本信息	
类　型	城市轨道交通（地铁）
系　统	××地铁
状　态	运营中
起讫站	雨山路站，安德门站（二期工程东延后为王武庄站）

续表

线路数据	
线路长度	21.6km，其中地下线19.5km、地面线和高架线2.1km（二期33.7km）
车站数量	14座，其中地下站13座、高架站1座（二期21座）
屏蔽门	所有车站全部安装
类　型	地下/高架
停车场	1处（城西路停车场）
车辆段	1处（城西路车辆段）
运营信息	
开通日期	2014年7月1日
运营单位	××地铁运营有限责任公司
购　票	乘坐地铁除了使用公交卡“金陵通”外，还可以在地铁站现场购买单程票
轨道车辆	
轨道数	2
轨　距	1435mm
电气化	隧道使用钢性悬挂接触网，高架线路采用架空全补偿链形悬挂接触网，直流1.5kV。
主变电站	地铁供电系统采用110kV-35kV两级供电方式，位于南京工业大学地铁站站点处
车辆编组	A型车6节编组
运营速度	最高80km/h
制造单位	中国南车××浦×车辆有限公司、法国阿尔斯通公司联合制造

（二）硬件设施

1.屏蔽门

××市既有地铁线均在车站站台边缘设置了安全门，但这种安全门上半部分没有完全封闭，无法将车站与隧道完全分开，隧道内的灰尘会随着列车活塞风进入车站站台，影响站台的空气品质。

××地铁10号线在借鉴了××既有地铁线路和全国各地地铁线路的经验之后，将车站站台边缘的安全门改成屏蔽门，从而将车站站台与隧道完全隔开。屏蔽门可将隧道内的灰尘、垃圾等都拒于站台外，使车站保持较高的清洁度。安装了屏蔽门的地铁车站，可以减少因轨道通风造成的空调用电浪费，通风空调装机容量为既有线路的80%左右，系统可以根据客流情况变频运行，比传统车站节电40%以上。

2.列车信息

截至2014年7月，××地铁10号线共计21列车126辆，6节编组A型铆接铝合金地铁列车，车辆由××南车浦×城轨车辆有限责任公司生产。

××地铁10号线列车是由车辆供应商南车浦×车辆公司自主集成设计，采用阿尔斯通公司牵引控制系统，列车沿用了原阿尔斯通的Metropolis系列车体并在此基础上进行了优化设计，明快的香槟色外观透出时尚因素，客室内部采用了先进的LED照明技术使得灯具寿命更长，优化的座椅使客室内可以容纳更多的乘客，精心设计的小屏风使得乘客获得更加开阔的视野，以黄色为基础的客室氛围衬托出10号线列车富有活力的气息。

3. 服务网点

① 充值网点：奥体中心站、元通站、小行站。

② 综合业务点：文德路站、××大学站、安德门站。

4. 逃生通道

南京地铁10号线穿江而过，正常运行时会有3列列车同时处在过江隧道内。在某列车发生事故或火灾时，为保证其他车辆的安全和事故车辆的通风排烟，需要在隧道中部设置中间风井。但是整个隧道在长江下，无条件设置中间风井。南京地铁结合隧道方案，创造性地提出利用圆形隧道顶部比较大的空间在两条线路的顶部设置一条土建通风道，最大限度地保证人员安全。

此外，过江隧道内还加设中隔墙，墙上每隔200m开设防火门1个，隔墙两侧各有0.7m宽的疏散平台，防火门两侧与疏散平台由台阶连接，地铁列车若着火，乘客可以利用疏散平台，穿越防火门进行疏散。

（三）建设历程

××地铁10号线的雏形是1号线西延过江线，列入《××市城市快速轨道交通建设规划（2005—2015年）》上报国务院获批。

2010年1月10日，××地铁3号线暨××地铁1号线西延过江线试验段（即××地铁10号线）在××南站举行开工典礼。安德门站至奥体中心站段已建成，是地铁1号线的一部分，地铁10号线一期工程计划于2014年建成，届时该段将并入10号线。

2010年5月6日，××地铁发布招标文件中，已将1号线西延过江线改称地铁10号线，且对工程予以明确，加入了新建安德门站和小行站-奥体中心站改造工程。

2010年8月2日，××市规划局对××地铁10号线规划作出了调整，10号线在安德门站与1号线进行换乘后，继续向东延伸两个站，分别为雨××区政府站和卡子门站，卡子门站将与3号线进行换乘，未来还将继续向东延伸至麒麟生态科技城的王武庄站（均为二期工程）。

2012年5月4日，××地铁10号线盾构施工正式掘进。

2013年1月30日，江心洲站顺利封顶。

2013年5月2日，××地铁10号线列车抵达马群车辆段，正式开始进行调试。

2013年5月3日上午，××地铁10号线车辆项目首列车如期交付至马群车辆段，这是继××地铁3号线首列车交付又一关键节点的兑现。

2013年5月10日，中国掘进距离最长、埋深最深、水压最高、直径最大的地铁过江隧道——地铁10号线过江地铁贯通。过江部分是地铁10号线建设的关键性控制工程。隧道全长3600m，埋深为58m，合同总价约8.2亿元，合同工期36个月。该项目是国内单洞双线最长穿江隧道，具有掘进断面大、隧道长、水压高、透水性强、局部埋深浅、工期紧的特点。隧道采用直径11.64m的超大型泥水盾构机挖掘施工，是××地铁首次采用单洞双线过江的盾构隧道。

2013年6月15日，绿博园站顺利封顶。

2013年6月20日下午，××地铁10号线实现全线贯通，正式进入铺轨工程阶段。与此同时，地铁10号线绿博园站顺利封顶，这也标志着该线10座车站主体结构全部完工，全面转入附属结构及安装装修施工阶段。其中城西路停车场房基本完成，全面进入安装装饰施工阶段，9月份具备接车调试条件，铺轨工作也在紧张有序的推进之中。

2013年11月30日，××地铁10号线实现轨通，2013年12月30日实现电通。

2014年5月31日运营结束后，1号线安德门至奥体中心区间开始停运改造，6月正式割接至10号线。

2014年6月13日，经试运行检验，各系统工作基本稳定，满足试运营要求。同意工程通过竣工验收。

2014年7月1日上午6点，××地铁10号线正式营运。

（四）建设与运营

1. 施工难度

××地铁10号线是过江线路，在河西地区会遭遇河漫滩；长江底卧有卵砾石层；线路上存有多处断裂带和断层等，两次下穿长江更是无任何经验可循，复杂的水文地质情况将成为××地铁建设的拦路虎，从而使得地铁建设用地非常紧张和对施工的要求也更为苛刻。10号线过江隧道全长3600m，是中国掘进距离最长、埋深最深、水压最高、直径最大的地铁过江隧道。

2. 建设意义

××地铁10号线跨长江连接主城与江北新区，创建了××主城区内外便捷的交通条件，缩短了主城与浦口区的交通通行时间，对于加强城市内外联系，促进浦口新城发展，形成南京沿江开发、跨江发展的都市发展区格局，有着重要的作用。

××地铁10号线的开通，将直接影响浦口新城的整体布局、功能和地位的发挥，对浦口新城的未来发展和××的城市结构调整都将产生深远的影响。

3. 客流统计

截至2015年9月，××地铁10号线日均客流约12万人次。2015年9月26日，地铁10号线客流达15.3万人次。

2015年10月30日，××地铁10号线再创新高，客流达15.7万人次，为最高单日线路客运量。

2016年9月30日，××地铁10号线再创新高，客流达17.1万人次，为最高单日线路客运量。

（五）二期工程

××地铁10号线二期工程将从安德门站向东延伸至麒麟地区的王武庄站，二期工程线路全长约12.1km，设站7座，投资97.2亿元，规划建设期为2017 ~ 2020年。

四、中国轨道交通建设与发展

1. 中国城市轨道交通现状

据《2014—2020年中国城市轨道交通行业发展模式与未来前景分析报告》统计数据显示，截至2013年末，中国大陆累计有18个城市建成投运轨道交通路线87条，运营里程2539km。2013年实际新增2个运营城市、16条运营路线、395km运营里程。在2539km运营里程中，地铁2074km，占总里程的81.7%；轻轨192km，占总里程的7.6%；单轨75km，占总里程的3.0%；现代有轨电车100km，占总里程的3.9%；磁悬浮30km，占总里程的1.2%；市域快轨67km，占总里程的2.6%。

截至2016年年底，中国大陆建成投运地铁的城市已达28个，分别为北京、天津、上海、广州、武汉、深圳、南京、成都、沈阳、佛山、重庆、长春、西安、苏州、昆明、杭州、哈尔滨、郑州、长沙、宁波、无锡、大连、青岛、南昌、福州、东莞、南宁、合肥，中国港澳台地区建成投运地铁的城市达3个，分别为香港、台北、高雄。

表17-8　中国已开通现代城市轨道交通的31座城市

序号	城市	开通时间	序号	城市	开通时间
1	北京地铁	1971.01.15	17	西安地铁	2011.09.16
2	香港地铁	1979.10.01	18	苏州地铁	2012.04.28
3	天津地铁	1984.12.28	19	昆明地铁	2012.06.28
4	上海地铁	1995.04.10	20	杭州地铁	2012.11.24
5	台北捷运	1996.03.28	21	哈尔滨地铁	2013.09.26
6	广州地铁	1997.06.28	22	郑州地铁	2013.12.28
7	长春地铁	2002.10.30	23	长沙地铁	2014.04.29
8	大连地铁	2002.11.08	24	宁波地铁	2014.05.30
9	武汉地铁	2004.09.28	25	无锡地铁	2014.07.01
10	重庆地铁	2004.11.06	26	青岛地铁	2015.12.16
11	深圳地铁	2004.12.28	27	南昌地铁	2015.12.26
12	南京地铁	2005.09.03	28	福州地铁	2016.05.18
13	高雄捷运	2008.04.07	29	东莞地铁	2016.05.27
14	沈阳地铁	2010.09.27上午	30	南宁地铁	2016.06.28
15	成都地铁	2010.09.27下午	31	合肥地铁	2016.12.26
16	佛山地铁	2010.11.03			

2.发展前景

2008年我国城市轨道交通信息化系统市场规模仅为31亿元人民币，增长率为12.73%；到2010年，我国城市轨道交通信息化系统市场规模已达45亿元人民币；到2012年，市场规模已达65亿元人民币，增长率为23.19%；2013年我国轨道交通信息化系统市场规模已达81亿元人民币。

中国城镇化进程较快，2011年全国的城镇化率为51.27%，2012年全国城镇化率为52.57%，2013年全国城镇化率为53.73%。预测到2020年，全国的城镇化率将超过60%，巨大的人口涌入城市，将意味着公共交通需承担起更多运量。而伴随着城市轨道交通建设逐渐转入运营，未来几年城市轨道交通仍将处于供小于求的局面。预计到2020年，全国城市轨道交通客运量将超过200亿人次。

2012年城市轨道交通发展国际论坛在深圳举行，海内外城市轨道交通领域的专家及企业围绕新融资模式，城市轨道交通网络建设与安全管理，以及开展第三方认证制度等方面进行研讨。

城市轨道交通作为支撑城市正常运行的大动脉，发展迅速。中国交通运输协会城市轨道交通专业委员会主任高毓才说，十几年前，地铁还只是北上广等少数城市的“风景线”，但20世纪90年代后，中国许多城市在轨道交通建设上发展迅速，这十几年来建成了50多条线路，约1600多公里的运输轨道。在下一个十年，中国城市轨道交通的发展将会更加迅速，据不完全统计，其里程为2200 ~ 2500km，运力与运能成几何增长。

总结中国城市轨道交通近二十年来的发展，同济大学《城市轨道交通研究》杂志社社长认为，中国城市轨道交通发展用15年走过了发达国家100年的发展历程，轨道交通的技术和装备也从原来的依赖进口走向自主化、国产化开发。这使得轨道装备的市场前景巨大，已经向建设健全产业链发展，许多企业都希望进入装备的生产和供应领域。

我国城市轨道车辆牵引系统国产化已经占据了50%的市场，在信号设备制造生产领域也同样如此，从只有一家公司生产经营发展至10多家企业共同竞争开发，到民营企业将积极参与到这个领域的开发建设中来。因此，为了规范市场，建立统一标准，保障装备的安全质量，我国正在积极开展独立的第三方认证制度。

为进一步规范城市轨道交通技术装备市场，保障城市轨道交通车辆及装备的安全可靠，自2011年9月起我国正式在城轨技术装备领域建立独立第三方认证制度。最后，这个认证制度还处于探索和试验阶段，上海地铁已在此方面做出一些尝试。高毓才表示，希望通过独立的第三方认证制度，能将中国城市轨道交通的认证标准与国际接轨，保障城市轨道装备生产的安全质量。

第十八章　城市重点公共设施建设推进与管理

18 Chapter

第一节　城市重点公共设施建设工程管理

一、现代城市重点公共设施工程

（一）城市公共设施基本概念

1.城市公共设施基本定义

公共设施是指由政府或其他社会组织提供的、给社会公众使用或享用的公共建筑或设备、设施，按具体的项目可大致分为教育、医疗卫生、文化娱乐、交通、体育、社会福利与保障、行政管理与社区服务、邮政电信和商业金融服务等。

2.公共设施的一般内涵

公共设施是政府提供的公共物品或设备，公共设施是满足人们公共需求（如便利、安全、参与）和公共空间选择的设施，如公共行政设施、公共信息设施、公共卫生设施、公共体育设施、公共文化设施、公共交通设施、公共教育设施、公共绿化设施以及公共房屋等。

城市公共设施包括城市污水处理系统、城市垃圾（包括粪便）处理系统、城市道路、城市桥梁、港口、市政设施抢险维修、城市广场、城市路灯、路标路牌、城空防空设施、城市绿化、城市风景名胜区、城市公园等。城市公共设施按收费与否，有收费和不收费之分。从空间布局来分，有全市性公共设施、区域性公共设施、邻里性公共设施三种。

3.一般功能分类

城市公共设施的分类大致按其在城市运营管理中所发挥的功能作用，可分为基础性、功能性、附属性公共设施三个大类。

（1）基础性公共设施　主要是市政公用类设施，包括市内公共交通、路灯和交通信号灯，市区下水道、污水处理和雨污分流管网，市区环卫、垃圾处理等，还常常也包括市区生活供水、供电、燃气、电信、宽带网络、数字电视等设施。

（2）功能性公共设施　就是教科文卫体，如学校、科研大楼、实验中心、基地等，文化艺术方面的影剧院、展馆、博物馆、美术馆、音乐厅等，医疗卫生方面的医院、卫生院、疗养院、康复中心等设施，还有各种体育场馆，更有承办各种全球最高体育赛事的奥体馆、世界杯足球赛场等大型、高档的体育场馆，以及会议中心、展览中心、规划展示馆、多功能场馆等体现城市实力和城市建设发展规模、水平的大型公共设施。同时，为满足商业、购物、金融等设施场所，还有为服务型行业提供的各类场所，以及政府机构、各类组织和社会团体的办公建筑等。

（3）附属性公共设施　主要包括城市园林绿化，城市公园，市民广场，城市街道出新亮化，城市街头景观小品，城市旅游风景名胜景点，以及新出现的大型城市娱乐、游乐、旅游等设施。

（二）城市公共服务设施工程

1. 基本定义

公共服务设施是由公共、服务和设施三个词语或者是公共服务与设施两个词语构成的合成词，是这些词语含义的整合。公共服务，是21世纪公共行政和政府改革的核心理念，包括加强城乡公共设施建设，发展教育、科技、文化、卫生、体育等公共事业，为社会公众参与社会经济、政治、文化活动等提供保障。公共服务以合作为基础，强调政府的服务性，强调公民的权利。

公共服务设施工程是重要的城市公共设施建设内容。

2. 公共服务设施工程建设用地

一般称公建用地，是与居住人口规模相对应配建的、为居民服务和使用的各类设施的用地，应包括建筑基底占地及其所属场院、绿地和配建停车场等。根据国家《城市用地分类与规划建设用地标准》（GBJ 137—90），公共服务设施用地分为两大类：一类为居住小区及小区级别以下的公共服务设施用地（归属为居住用地R），如托儿所、幼儿园、小学、中学、粮店、菜店、副食店、服务站、储蓄所、邮政所、居委会、派出所等用地。另一类为居住区及其以上的行政、经济、文化、教育、卫生、体育以及科研设计等机构和设施的用地，不包括居住用地中的公共服务设施用地（归属为公共设施用地）。

3. 公共服务设施工程的作用

一是基础性公共设施主要满足了城市居民日常城市生活出行、用水、排污、用电、用气等需要，通信联系、联络交流、人际交往等需要，以及电视欣赏、网络信息等精神生活的需要。

二是功能性公共设施主要满足城市居民就医、就学需要，办事、购物、金融需要，文化艺术欣赏等精神文化生活需要，体育比赛欣赏等其他需要。

三是附属性公共设施主要满足休闲、旅游、娱乐等需要。

二、公共服务设施工程建设布局方案

我们以某市公共服务设施工程规划建设方案为例，介绍公共设施规划建设的基本安排、组织、布局、协调、部署情况。

1. 信息工程

抓好基础电信网建设。大力发展电话网、数据通信网、智能业务网，建成网路运行可靠、业务品种齐全、用户服务优良的现代化电信通信网，实现光纤到村屯。提高电话普及率。乡镇政府所在地电话普及率接近城市水平，远期要达到城市水平。进一步拓展邮政业务，合理布局邮政局所，提高邮政服务综合能力。积极推进“数字化庄河”工程。加强政府系统信息网络基础设施建设和信息技术的应用，带动和推进全社会的信息化进程，实现社会资源共享，发展信息产业。建设城南新区、花园口新城和青 × 镇的光纤通信网。

2. 防灾减灾工程

（1）消防工程 根据责任区内的被保护目标、地貌特征、人口密度、建筑状况、交通水源条件等因素布置消防站，确定消防等级。近城区消防站达到三座，远城区达到五座，使消防站责任区面积平均达到6.5m^2，基本建立覆盖全面、责任明确的消防网络。每个重点镇新建一处消防站。强化北部自然保护区的森林防火设施建设。

（2）防洪工程。高标准、高质量整治庄河、小寺河。规划小寺河控制宽度为150 ~ 200m，庄河控制宽度为200 ~ 250m。庄河城区防洪标准达到50年重现期，小寺河、庄河为50年重现期，明、暗渠汇水面积大于5km^{2}的重现期为20年、小于5km^{2}为10年，截洪沟设计重现期为10年。为防止山洪对城市的危害，沿城市建设用地外围山体建截洪沟。规划在西山公园南侧、东侧沿40m等高线、九顶梅花山北侧及南侧沿城市规划道路一侧等建设截洪沟。严格控制填海造地，保证河道出海口畅通。

（3）防震减灾工程。城市规划、房屋建筑严格按照防震减灾技术规程要求建设。

（4）人防工程。坚持长期准备、重点建设、平战结合、持续发展的原则，人防工程以新城区建设和重要经济目标为重点，进行全面防护和重点保护。

（5）其他灾害与突发性事件。面临地震、海啸、台风、洪水等灾害威胁，加强技术保障体系建设，制定应急预案，完善预警机制，做好物资储备。

3. 公共服务设施

按照产业发展和人口聚集方向，调整优化教育布局。规划在明 × 镇新建高中、初中和小学，迁建大 × 镇中心小学，新建青 × 镇小学。扩大庄 × 城区中小学办学规模，迁建二高中和三十一中学，增设城西中小学。大力发展职业教育，扩建职教中心，建设高等职业技术学院和花园口、青堆、仙人洞技术分院。积极发展高等教育，采取多种形式开办高等院校。加强学前教育，新建城区中心幼儿园。加快公共卫生服务体系建设，扩建城区中心医院、中医院和第三人民医院，增扩社区医疗服务中心。进一步完善文化体育设施，新建博物馆、文化馆、档案馆、游泳馆和体育场，扩建乡镇文化站，建设黑岛甲午海战纪念馆。加强妇女工作，筹建妇女活动中心。发展社会福利事业，扩建庄河养老服务中心，建设17所乡镇中心敬老院。加强各旅游景区基础设施建设，增强旅游服务功能。

4. 城市公共服务设施规划

① 健全完善城市公共服务体系和社会公益事业，形成与现代化中心城市相匹配的格局，公共服务设施的建设要符合社会发展和经济发展相结合、精神文明建设和物质文明建设相结合的原则，满足人们日益增长的物质和文化生活需要，全面提升生活品质。

② 公共设施规划按市级、区级两级设置，部分内容配置到居住区级。市级公共设施规划建设以行政管理中心、商业金融贸易中心、文化娱乐中心为主的城市中心，强化城市中心的凝聚力，发挥城市中心的职能作用，反映出独特的具有时代特征的海滨城市风貌。居住区级公共设施规划建设要层次分明，服务半径适中，布局合理，人民生活方便。旧区应结合街区改造、闲置土地调整来完善设施配套，新区应统一规划建设配套设施。鼓励社会投资建设各类社会公益性服务设施。

5. 公共设施中心布局

① 市级行政管理中心。布置在会展中心对面、平湾路以西用地，可以和会展中心、体育

中心、滨海绿地等形成较好的景观和中心区形象。

② 市级商业金融贸易信息中心。位于人民路与乐山路交界一带，包括超级市场、大型购物中心、金融、贸易、旅馆业等。

③ 市级文化娱乐中心。规划设置在海湾大桥东边，与行政中心区、商业金融贸易信息中心隔海相望，布置影剧院、文化艺术中心等，形成一个高标准的独具特色的中心。

④ 市级体育中心。位于人民北路，在现状基础上扩建。

⑤ 在赤坎、霞山、麻章、坡头、东海岛布局区级中心。赤坎公建中心，对现有的设施进行调整和改造，发展具有地方特色的商业、服务业。以康顺路与人民大道北地段为赤坎公建中心；规划以解放路和人民大道南交界地段为霞山公建中心，各项设施齐全，商业贸易繁华；坡头公建中心设置在坡头带状中心公园附近，按城市的副中心级要求，高标准、高起点，设置大型的商业、金融贸易、行政办公、医疗、娱乐、体育等设施，构成完整的综合性公建中心；麻章公建中心规划结合中心绿地布置商业、金融贸易、医疗、娱乐、体育等设施。

6. 商贸设施

分三级规划：一级商业服务金融贸易设施如大型商贸中心、交易中心、大型专业市场，以及金融、保险、信息、咨询等设施是城市中心的重要组成部分，主要布置在市中心区，各区中心也适当布置；二级商业服务金融贸易设施如一般商场、酒店、银行等设施，主要布置在区级中心；三级商业服务业金融贸易设施如粮店、小市场、储蓄所等，布置在居住区或小区中心。各主要城市片区均设置区级商业服务中心。区级公共设施规划建设采用集中与分散相结合，强化各区的职能，对公共设施进行有机组织，使公共设施与城市结合更密切。

7. 文化设施

① 文化设施的规划和建设应与城市规划和建设同步进行。② 市级文化中心布置见第×条。③ 其他组团的区级文化中心主要布置于公建中心。④ 新建住宅区应按人均不低于0.2m^2的标准预留公共文化设施用地。

8. 体育运动设施

① 市级体育中心布置见第×条。② 各区级运动场每个占地约10hm^2，配有三场一馆。对霞山、赤山现有体育场及游泳场进行改造或扩充。③ 各居住区按国家标准设置，每5万人设一处体育设施用地，包括相应的体育设施系统。

9. 医疗保健设施

健全三级医疗保健体系，以三级综合医院建设为核心，以二级、三级医院及专科医院为主体，以保健防疫、社区医疗服务网络为基础，均衡布置各级医疗保健机构。总量按每千人4张病床的指标配置。

建设专科医院；如口腔医院、肿瘤医院、妇产医院、儿童医院、传染病医院、精神医院、康复医院、骨伤科医院；迁建××市中心医院至市体育中心北面的文保小区；设置急救指挥中心、市中心血站；设置三级综合医院3家，××市中心人民医院、××医学院附属医院、××省农垦中心医院；设置二级中医院2家，××市第一中医医院、××市第二中医医院；设置二级综合医院3家，××市第二人民医院、南油职工医院、东海岛人民医院；以市防疫站为基础组建××市疾病预防控制中心（卫生检验中心）和××市卫生监督所。

社区卫生服务中心按服务人口3万～5万人单位设置。设市防疫站和霞山、赤坎、坡头、麻章区防疫站及湛江港务局、南油防疫站。

10.教育科研及科学普及设施

① 中等职业教育尽可能利用现有中专教学资源进行布局调整与整合。

② 中小学按居住区、小区配套标准设置，在规划期内实现高中普及教育。

③ 大中专院校用地集中在寸金大学城集中建设，海洋大学新校区在现状基础上进一步扩展，远期根据发展需要，在坡头布置新的教育基地。

④ 重视组织市民的科普交流活动，市级科技交流中心在坡头区安排，各区级科普活动场所可结合文化设施安排。

11.邮政设施

规划建设布局合理、功能完善、设施先进、用邮方便、安全快捷的现代化邮政服务网。城市按邮政分局、支局、所三级设置邮政服务机构，调整、改建和新建相结合，邮政网点同步到小区，邮政箱同步到户。规划新建邮政设施11处，市区邮政局所服务半径：中心城区1 ~ 1.5km，其他1.5 ~ 3km。服务人口：邮政局4万~ 6万人；邮政所1.5万~ 2万人。合理分布邮政设施，新居住区开发建设应同步规划建设邮政所、信报箱群，在中心城区，结合旧城改造，适当调整和改建现有邮政局所，建成运输快速化、作业机械化、营业电子化、管理信息化、服务多元化网络。

12.社会民政福利设施

① 中心城区规划设置福利院3所，分别设置在赤坎、坡头和麻章。

② 按老年人口规模和有关标准安排敬老院。

③ 保留现有殡葬设施用地。

④ 收容遣送站选址在霞山海头新村附近（市新村戒毒所东边）。

13.治安管理设施

建立健全城市治安管理设施，每一万户城市居民应设置1处公安派出所；在社区配套服务设施中，设立社区警务室。

14.市民休闲活动广场

市级市民广场在市级行政中心附近，区级市民活动广场按8万~ 10万人设置1处，成为城市公共开敞景观空间的重要部分，并兼具城市必需的紧急避难场所的功能。

15.“五个一”的布局标准

一个服务中心；一个小公园；一处活动场所；一个医疗服务机构；一个视频监控中心。

三、城市公共设施和公共设施服务的意义

1.城市公共设施利用的基本特性

一是利用上的公共性。城市公共设施的社会利用面极其广泛，通常体现为公众参与、大众使用性质，社会使用性质，多数还有公益使用性质。就是一般大家都要用，大家都可用。

二是利用支付的双重性。城市公共设施的使用许多都是免费或基本免费或由政府补贴的，也就是说具有明显公益性的，如九年制义务教育、公费医疗等，环境绿化、市内公共交通等，公园、城市街道景观等；但同时有不少公共设施的使用是要付费的，也就是按市场经济原则消费的，如需要支付水费、电费、燃气费、有线电视费、宽带使用费等。

三是使用平台的集约性。也就是说城市建设的公共设施平台是垄断和集约的，自来水、供电、燃气、公交、地铁、环保、环卫一般是一座城市由一家企业或事业单位来管理经营

的，相关资源是整合集成在一起的。

四是公共服务的专业性。教育、医疗、科研、文化艺术、体育都具有明确的专业性质，就是供水、供电、供气、轨道交通等都有明显的行业性专业性。

五是服务区域范围内的配套性。是为城市居民和单位的生产、生活及各项社会、文化、经济方面，提供各种基础支撑性、协作互助性、服务性的配套、补充、完善作用。

2.城市公共设施的重要意义

（1）城市公共设施改善的政治意义、社会意义、经济意义、文化意义。

城市公共基础设施的改善，有利于城市的发展，这是毋庸置疑的。

① 政治、社会意义。最能体现的是城市内部资源的分配，市中心一般会从政治中心演化为政治商业中心。而在发展到一定阶段，市中心都会迁移，并在新市中心周围改善公共设施，吸引资金发展开发该地区，从而使得发展较为平衡。不仅如此，它还便利市民的生活，营造出幸福感，并一定程度上减少市民的支出，增加收入，拉动内需，促进城市的正常运转。

② 经济意义。它的经济意义则为工业的集聚地，高新技术的集聚地，巨大的物流、能量流和信息流能够增加城市运转速度，刺激一座城市的发展。

③ 文化意义。文化意义则在于，大学城的建立易产生思想的火花，教学资源的共享，便于教师的共同交流以及教育资源的流通。学生与学生之间更容易沟通，文化上可能会形成竞争的良好氛围，“百花齐放”的思想盛况也是可能的。

（2）城市公共设施对提高城市居住生活品质的意义

① 整个城市社区的环境通过改善提升。各类环保、保洁、卫生设备设施配套齐全，城市社区环境条件优良，城市环境干净整洁，宁静平和。

② 增加了方便市民的各类体育、医疗、文化、旅游、休闲设施。比如增加了市民广场、健身馆、游泳池、卫生所、宣传栏、报栏等设施，方便了居民的物质和精神文化生活的需要。

③ 可以获取最大的城市社会效益，因免费使用带来的好名声和城市人文关怀，有利于树立塑造现代化的、高度文明的城市形象，这样的效益要远比收费取得的经济效益大，充分展示了现代都市社区政府“一切为了社区成员，为了社区每一个人”的价值理念。

④ 容易迅速凝聚人气，化解城市空心化现象的压力。因都市社区公共设施关系免费使用将大大降低社区常住成员的生活开支，同时吸引更多高层次的外来人入住，从而保持社区地块的土地资源价格和房价高居不下，增加社区的税收，提升社区政府的公共财政能力，这是现代公共政府提供免费公共产品带来的良性互动结果。

⑤ 有助于提升人的素质。人们在接受公共设施免费服务的过程中，感受最多的是现代文明城市的温馨，强化的是一种现代公共意识，养成的是一种良好的消费习惯，有利于构筑都市社区健康的精神家园，打造完美的城市精神，从而增进社区的竞争力和品牌价值。

（3）城市公共休闲空间的意义分析

① 室外公共休憩空间是一种比较常见、与人关系密切的城市公共设施，它是城市家具的一种。城市家具是指街道、广场、居住区等室外空间中的设施。城市家具又包含城市建筑设施和公共设施，如候车亭、指示牌、售货亭、路灯、垃圾桶、桌子、坐具等，它们多被用于交通、商业资讯传播、休憩等与人们生活相关的各个方面。

② 城市公共休憩空间满足了人们生理与心理的双重需求，不仅为在城市公共空间中的人们提供休息的空间，而且还为人们的交流提供了场所。城市公共休憩空间增进了人们的情感交流，改善了人际关系，提高了人们的生活愉悦性，满足了人们对城市的认同感。随着生活品质的提高，21世纪的人们对城市公共空间和户外休闲活动越来越注重。比如，室外公共座

椅则是城市公共休憩空间中最重要的公共设施之一，它不仅为人们提供了户外休闲功能，而且其本身就可作为一处景观小品，兼具美观与实用的双重价值。因而集休息、交流、观赏为一体的多功能公共座椅具有非常重要的研究意义。

③ 随着我国的城市化进程速度的加快，城市人口急剧增长，引起城市建筑拥挤，密度过高引起城市人居环境恶化，城市居民对改善人文生活环境、提高生活环境质量的要求极其迫切，建设城市广场被认为是改善人们生活环境质量最有效的方法之一。我国大规模的城市广场建设于20世纪90年代逐步开始并取得显著成就，各大中城市纷纷建设自己城市的广场，同时休息广场的公共设施设计与实施也与广场的建设同步发展，吸取了国外大量经验并应用了很多的设计实例。

④ 随着经济的发展，人们越来越多地来到城市中，城市虽说在不断扩张，却难以满足人们的需要。城市中“无序化”的问题日趋显露，公共设施的发展速度跟不上城市的现代化进程，随着城市功能的不断深化，城市公共设施的品种和数量也会越来越多。城市公共设施在欧洲被称为“街道的工具”“园地装置”“城市的配件”；日本人则称其为“步行者道路的家具”。看到这些称呼，我们可以看出对这些设施的重视。在我国，随着人们闲暇时间的大量增加，作为公共设施“主力”的户外公共休憩空间的数量和样式也会相应地大量增加。通过对我国城市户外公共休憩空间设计的研究，发现还是有些空间在设计上存在着很多弊端，人们在认识上也存在很多误区，以至难以真正做到以人为本。

⑤ 户外公共休憩空间是城市中使用分布广而又与人群接触频繁的公共设施，它因其独特的功能特点遍布城市的大街小巷。户外公共休憩空间作为城市空间的要素之一，在实现它自身功能的基础上也能反映一个城市的特色和风采，体现着市民的生活质量，其特点在于“公共性”和“交互性”两个特征。户外公共休憩空间不仅可供人们休息，还促进了人们的交流，增进彼此的了解。

第二节　一般城市公共设施建设推进

一、一般城市公共设施建设概念

1. 分类

城市公共设施建设按其建设工程特点而言，可以分为一般城市公共设施建设和特大规模公共设施工程建设两类。

2. 一般城市公共设施建设简述

一般城市公共设施建设通常是指建设规模不大，建设方式以传统土木建设工程为主，建设工程类型多样，附属性、配套性、共用性相对突出的公共设施建设项目。大部分的城市公共设施如基础性、功能性、附属性项目都属于这一类。于是将一般城市公共设施建设分为一般基础性公共设施、功能性公共设施、附属性公共设施分别举例说明。

二、基础性公共设施工程建设

1. 示例一：雨污分流

① 雨污分流，是一种排水体制，是指将雨水和污水分开，各用一条管道输送，进行排放或后续处理的排污方式。雨水可以通过雨水管网直接排到河道，污水需要通过污水管网收集

后，送到污水处理厂进行处理，水质达标后再排到河道里，这样可以防止河道被污染。

② 中国以前由于在城市基础设施建设方面比较落后，没有对排水管道根据水的来源进行分设，采用的是雨水和污水合用一条排水管道的形式，即合流制的排水系统。随着经济的发展和环境意识的增强，再加上水资源越来越珍贵，为了能够更好地利用各种水资源，开始实施雨水和污水各用一条排水管道的排水方式，就叫雨污分流。雨水可以通过雨水管网直接排到河道，污水需要通过污水管网收集后，送到污水处理厂进行处理，水质达标后再排到河道里，这样可以防止河道被污染。

③ 雨污分流的效果影响

● 对生态环境。由于雨水污染轻，经过分流后，可直接排入城市内河，经过自然沉淀，即可作为天然的景观用水，也可作为供给喷洒道路的城市市政用水，因此雨水经过净化、缓冲流入河流，可以提高地表水的使用效益。同时，让污水排入污水管网，并通过污水处理厂处理，实现污水再生回用。雨污分流后能加快污水收集率，提高污水处理率，避免污水对河道、地下水造成污染，明显改善城市水环境，还能降低污水处理成本。

● 对城市排水。雨污分流工程对城市排水是有促进作用的。第一，污水管剥离出来，原有的管道不再走污水，就腾出了一定的空间，相应提高了排水能力。第二，在实施过程中，通过收集老百姓的意见，对雨水管道进行清疏，并对一些容易积淹水的地方，更换掉老旧破损的管道。结合雨污分流工程，污水管埋到哪里，就清到哪里，改造到哪里。雨污分流便于雨水收集利用和集中管理排放，降低水量对污水处理厂的冲击，将会大大提升城市的环境质量、城市品位和管理水平，切实改善广大市民群众的生存环境和生活质量。

④ 沈阳做法。2010年率先启动的雨污分流排水项目建设，计划投资估算为18.49亿元，主要包括川江街、乐山路、怒江西街、西江街、黄河大街北三环出口、黄河大街、辽河街、黑龙江街、怒江街、淮河街、嘉陵江街、武当山路、五爱街、风雨坛街、奉天街、南运河截流等项目，将新增分流制排水管道长131.39km，雨水泵站6座。

2.示例二：城市燃气工程

① 燃气工程是城市具有先导性的重要城市公共设施之一，同时也是环保、节能工程，与城建、环保、交通、安全、国土、水利等工程相互配套、相互促进，因此城市燃气公共设施工程建设必须服从和满足城市建设总体规划和地区国民经济发展的目标和要求。

② 城市燃气属公共事业，为城市经济建设提供清洁能源，又改善了城市居民生活质量。特别是次天然气做城市燃气的气源替油、代电、换煤，为能源结构的调整做出了贡献，节约了能源。改善大气环境为招商引资创造了投资环境，提高了环境效益，也因此创造了综合社会经济环境效益。

③ 城市燃气分为气源工程、输配入储备站、各级别管网及附属设施（含管理系统等）工程、室内（应用）工程等。

④ 燃气工程建设应遵循以下几点：一是按照现行强制性国家技术标准、规范等进行设计施工，并处理好近期、远期关系；二是工程建设中涉及安全、公共利益和强制性技术标准、规范的内容、重要点的审核、监督；三是利用行之有效的新技术、新工艺、新材料、新设备时，必须依据现行国家行业标准或可研依据（如鉴定、许可证等）；四是按国家统一的“市政工程”建设项目的定额、取费标准进行工程预、决算。从而达到工程技术先进、经济合理、确保质量、安全适用、保护环境等基本原则，工程投产运行后，持续、长期安全运行。

⑤ 燃气工程安全管理

● 城市燃气厂（站）、输配设施等的选址，必须符合城市规划、消防安全等要求。在选址审查时，应当征求城建、劳动、公安消防部门的意见。

● 城市燃气工程的设计、施工，必须由持有相应资质证书的单位承担。

● 城市燃气工程的设计、施工，必须按照国家或主管部门有关安全的标准、规范、规定进行。审查燃气工程设计时，应当有城建、公安消防、劳动部门参加，并对燃气安全设施严格把关。

● 城市燃气工程的施工必须保证质量，确保安全可靠。竣工验收时，应当组织城建、公安消防、劳动等有关部门及燃气安全方面的专家参加。凡验收不合格的，不准交付使用。

● 城市燃气工程的通气作业，必须有严格的安全防范措施，并在燃气生产、储存、输配、经营单位和公安消防部门的监督配合下进行。

三、功能性公共设施工程建设

（一）示例一：某省属理工学院基建工作年终总结提纲

① 2009年是学校基本建设工作任务艰难，推进情况复杂，但最终圆满全面合格完成各项年度基建任务的一年。这一年里围绕校园建设和学苑小区开发两个学校基建任务重心，我们振奋精神，艰苦奋斗，科学管理，以良好的服务意识和责任意识，努力提高工程质量，不断降低工程造价，取得了明显的成绩和优良的绩效。

② 全处15位同志深入基层一线，不分寒冬酷暑、白天黑夜，需要的时候在工地现场，在脚手架上，在拆迁户家中，在讨价还价的协调会上，在政府部门的办事窗口前等地方出现。靠着这种实干苦干精神，以前从来没有主办过全省高校基建工作会议的我们，成功地让这次会议得到与会者和领导部门的交口称赞；从来没从事过挂牌出让最终取得国有建设用地的我们，首次进行这项工作便全身心投入，虚心学习认真工作，结果在土地竞拍中顺利摘牌，顺利圆满取得出让建设用地；不熟悉房地产开发，我们边干边学，跟踪开发程序，稳步推进项目建设工作。一年中同时开工建设学校公寓13#楼、15号楼20000m^2，学生公寓16#、17#楼20000m^2，综合实验楼24000m^{2}和学苑小区63000m^2，总建筑面积近14万平方米。

③ 十几年来，已制定15个有关学校基建及其工程管理的规章制度，明确13个岗位的业务职责。

（二）示例二：某学院年度基建工作总结

1. 已建工程

① 学生公寓室外消防通道，5月份已完成。

② 学生公寓、游泳池、康体中心、路南区职工宿舍场地平整，5月份已完成。

③ 学生公寓挡土墙，7月份已完成。

2. 在建工程

（1）动物实验中心工程　该工程建筑面积1932㎡，总造价约300万元，于3月底开工，工程进展比较顺利，9月主体结构验收合格，目前正在收尾，年底进行竣工验收。该工程的电梯、内装饰等配套工程的招标工作也于11月前全部完成。

（2）图书信息中心工程　该工程建筑面积30020㎡，总造价约3000万元，于3月17日举行开工典礼。该工程在施工过程中遇到了地质情况复杂、夏季高温等实际困难，仍能按施工进度计划进行，10月份进行了基础工程竣工验收。目前工程进展顺利，已完成全部裙楼浇注，主楼进行至第四层，预计在春节前后主体封顶。该工程的消防、网架、电梯等配套工程的招标工作也于10月前全部完成。各分包单位配合施工正常进行。

（3）简易教室工程　该工程建筑面积1500㎡，总造价约60万元，该工程于年初完成招标工作，3月28日开工，工程进展虽然不太顺利，但经我处积极多次协调，加大管理力度，仍于9月份将教室按时交付使用。目前剩余的厕所工程正在收尾。

（4）6#学生公寓工程　该工程建筑面积6013㎡，总造价约400万元，该工程于11月完成报建和招标工作，12月4日开工，目前工程进展顺利，已完成土方工程和验槽。

（5）康体中心、游泳池工程　该工程建筑面积7000㎡，总造价约500万元，该工程于12月8日完成报建和招标工作，争取元月初开工。

3.拟建工程

（1）路南区职工宿舍工程　该工程占地4.66万平方米，规划住宅楼18幢，该项目8月份已完成规划、设计、报建等工作。目前正在抓紧补办因征地时没有办好的用地红线图、土地证、土地规划平面图等手续。地勘已组织进场并进行地质勘察工作。

（2）多功能礼堂（风雨运动场）工程　该工程为大型网架工程，建筑面积5642.3m^2，总造价约220万元，该项目已完成初步设计工作，正在按程序报规划审批。

（3）动物实验中心挡土墙及室外附属工程　目前已完成设计工作，预计12月底开工。

（4）简易教室及动物实验中心工程室外的环境绿化工程　正在设计中，总造价约45万元。

（5）西区足球场及篮球场改建工程　该工程准备工作正在进行中，总造价预算约235万元。

4.简短的总结

回顾过去的一年，在工程多、任务重、时间紧、要求高的情况下，首先，在工作中我们始终坚持“以评促改、以评促建、以评促管、评建结合、重在建设”的原则，始终坚持以教学为中心的思想，特别是在暑期阶段，全处职工战高温、斗酷暑，战斗在第一线，牺牲休息时间，积极认真地工作，发扬了×北医人艰苦奋斗、自强不息、吃苦耐劳、任劳任怨的精神，为完成工作任务打下了良好的思想基础；其次，扎扎实实完成基建任务。施工中因今年天气炎热，施工单位问题比较多，在管理中我们想了很多办法，解决了很多困难，举例如下。

① 图书信息中心桩基工程按设计要求要做承载力实验，检测起来非常困难，需用资金50万～60万元，还要耗时5～6个月。为节约资金，提前工期，处班子成员想尽了各种办法，跑了不少的路，最后找到了××省建筑科学研究院，根据各种检测资料，出具了技术检验报告，用5万元就解决了这个难题，为学院节约了50万元左右的资金。

② 图书信息中心原设计2台（双电源）1000kVA变压器，购置新设备和增容费、安装费等所需资金约150万元，通过多次与设计单位和南充市消防支队协商，根据技术规范，分析问题、优化方案，最后大家一致认为同意变更原设计方案，改为将我院东区一台闲置630kVA的变压器和另一台正在低负荷运行的1250kVA的变压器利用起来，这样可为学院节约上百万资金投入。

③ 简易教室工程因我们没有报建审批，在时间紧、任务重，施工方存在很多问题的情况下，我们采取了加大对工地的管理力度，一是调整了有管理经验的老同志去管理，二是要求工程科长天天到工地督促施工，三是处班子多次到现场召开协调会，及时解决实际问题，保证了学生的正常上课。

（三）示例三：某医院基建办基建工作总结

（1）重视学习，提高建设管理水平和服务意识　组织基建办人员认真学习国家的有关法律法规、条例以及基本建设程序，通过加强警示教育以及职业道德教育，全面提高了部门人员的法律意识、管理水平和服务意识。

（2）精心组织，努力完成中心建设“十二五”规划　为把我院建设成为服务经济区建设的科技公共服务平台，推动我院各项事业再上新的台阶，基于科学规划、分步实施、奖优扶重、优化基础、统筹兼顾的原则，基建办与有关部门密切沟通，加班加点，确保中心“十二五”规划报告编制工作按时高质量完成。

（3）齐心协力，按时努力推进各项基建工作的开展和落实。

① 中心1号工程建设工作。一装主体工程现已基本结束，进入零星收尾工作，计划本月20日准备初验收，今年一装主要完成的施工内容有外墙复合板安装、外墙屋面氟碳漆施工、屋面防水工程施工、铝合金门窗、金属百叶窗及玻璃幕墙的安装、水电专业的安装等。二装工程八月份正式全面展开施工，目前已基本完成内墙墙体砌筑及粉刷、腻子基本过一遍、防火门安装、石材门窗套及石材墙柱面施工、天棚吊顶龙骨布设、房间配电箱壳安装、电缆桥架、给排水管安装、地面玻化砖铺贴。分项工程方面，两部电梯已安装到位，具备验收条件，消防通风工程已安装完成85%，空调安装工程已初步完成，电力配套工程已正式送电，原20亩红线内的配套工程现已进入施工阶段，园林设计已完成招标工作。

② 中心2号工程建设工作。虽然去年就开展了前期工作，但因许多问题没有明确，进展缓慢。今年初，中心获批准后，通过基建办多次沟通协调，引起了市政府的高度重视，先后四次召开相关部门联席会议进行布置协调。但因中心所征地块的道路规划的改变，导致8月底重新出具选址意见书和红线图，立项、征地、申报等工作几乎从头再来，但基建办仍然积极促进各项工作的开展，办理各项手续。至目前为止，完成以下主要工作。

● 与市政府及各相关部门建立了友好的联系。

● 在建设局和国土资源局完成选址意见书和红线图。

● 完成环评报告、可研报告、地质灾害评估报告、林地调查报告、地类分类、国土预审等工作。

● 完成环评批复和可行性研究报告批复并代立项批复。

● 敦促国土收储中心在我院的土地款已拨付的情况下先行代付征地补偿协议和补偿款下拨，加快了征地工作的进度。

● 配合省建筑轻纺设计院完成总平面图、绿地图设计、管综图设计，提交规划办组织相关部门审核；目前因护坡设计等因素影响，正在进行修改。

● 在不具备条件的情况下，为加快进度，与当地乡政府及村委会积极沟通，做好村民和工厂的协调工作，使地质勘察工作在极其复杂的情况下得以顺利完成，推动了市政府对建设用地拆迁和市政道路配套建设的开展。

● 征用地上的林地因村民违章砍伐和违章搭建，造成征地和办证手续复杂，办理难度很大。情况特殊，如按常规处理，可能需要几个月甚至更长时间。经过我们多次与当地林业部门沟通，同时积极做好村民工作，讲清相关政策和利害关系，得到多方面的理解和支持，使林地使用证在一个多月的时间即完成了审批，大大缩短了报批的时间，为后续的国土报批准备了必要的条件。

● 完成土地总体利用规划图和勘测定界技术报告书。

● 在工程还未正式开展、投入不多的情况下，争取到市政府的第一笔支持中心建设的款项150万拨付到账，为下一步的工作奠定了基础。

● 完成建设用地申报各项准备工作，正提交国土部门审批。

● 完成土建设计代理招标工作，并基本完成建设任务书的编制。

（4）加强控制，认真规范做好工程招标工作　根据院领导要求，基建办组织了中心排风系统采购安装、园林绿化设计、二期项目可研报告编制以及电机中心地质勘察、土建设计代理的招投标工作。在招投标程序上，从院务公开栏和院、局网上公开发布招投标信息，到招标资料提供、踏勘现场、招标答疑、公开开标和公正议标等环节，基建办都是严格执行有关规定，真正做到公平、公正、公开。同时，对于每次招标议标活动，还主动邀请省局监察室、计财处等部门参与监督和评审，进一步保证了工程招标工作的规范有序。

（5）严格把关，加强对建设工程现场各项环节的监管　严格执行基建管理程序，部门和施工现场每周各召开不少于一次的碰头例会，及时解决存在的问题，督促各建设单位保质保量按期完成进度。同时，加强施工现场环节的监督管理，对原材料质量进行严格把关，委托我院相关检验部门对重要原材料进行抽检。在质量监管工作中，对中心二装过程中出现的细木工板质量问题进行了严肃的处理，并进一步加强了监管力度。

（6）积极争取，做好新建项目的前期论证和设计。

① 明年是“十二五”规划的第一年，根据我院的要求，基建办完成了基地一期园林设计的招标工作，即将进行园林绿化的深化设计和施工工作。

② 二期新建项目的基础调研和项目规划等前期工作也即将完成，并积极向马尾区申请立项，争取更多的支持。

③ 为按期完成国家电器中心的验收使用，基建办协调电器部等部门，制定了电器中心建设改造方案，并制定了建设进度表。

④ 在电机中心筹建方面，完成土建设计代理招标工作，并基本完成建设任务书的编制。

⑤ 在我院整体搬迁建设规划工作方面，基建办根据省局领导和我院领导的指示，提交了多份请示报告和整体搬迁建设规划方案。目前，相关申请选址工作正在积极争取中。

（四）示例四：某医院基建工程管理案例解析

1.工程案例背景

（1）项目建设单位　××市工人医院是一所集医疗、保健、科研为一体的国家三级甲等医院。

（2）工程项目由来　医院现行总建筑面积6万多平方米。随着城市化进程的加速，医院发展也进一步加快，但社会对医疗资源的需求进一步扩大和提升，医疗用房不足已成为医院发展的瓶颈。为了给广大群众提供良好的就医环境，在2011年医院充分整合现有用房资源，改扩建病区，仅用半年时间，完成了办公楼、门诊、14个病区等50多项建设工程装修改造工作。短期内可有效缓解医院床位紧张局面，但仍然无法满足人民群众对医疗服务更进一步的需求。故医院远期建设目标是以总院为主的整体改造建设，规划总建筑面积约15万平方米，分三期建设，一期住院大楼建筑面积2.9万平方米，已于2010年6月开工，将于2011年7月投入使用。为确保基建工程质量，提高基建投资效益，维护医院的合法权益，医院在工程建设过程中大力强化内部管理，取得了显著成效。是××市政府的重点工程和2010年“十大民生”工程。

2.项目建设过程中的工程管理

（1）抓住设计质量，选好设计单位　由于医院建筑的复杂性，决定了其配套项目众多，同时又具有医用专业特殊要求。选好设计单位是保证建设项目满足医疗流程需要，又保障优良设计质量的关键。

建设单位的做法是对工程设计单位比选过程中优先选择近期设计过3万平方米以上医院建筑并与我院改扩建内容近似的设计单位。在土建、水暖、强电、弱电等建设的图纸设计出来后，医院必须召集有关使用科室和设计专业施工技术人员，进行图纸会审和反复论证，及时根据需要提出具体修改意见和建议，确保工程设计质量和使用流程的合理性。也是由于医院建筑内部要求的复杂性及患者对医疗环境的高要求，决定了建筑内部装饰布置的高标准。由于在一期工程忽视了这一点，医院是在土建主体结构建成后发现原装修设计不能满足现代医院发展的需求，不得不招标二次装修设计单位，导致原土建、水暖、强电图纸和二次装修方案存在较多冲突，不得不多次变更施工，造成施工中困难重重，既延误了工期，又增加了施工费用，因此我们的体会是做好土建施工图设计，同时聘请专业的二次装修设计单位对二次精装修进行同步设计，这样才能保证既能合理地控制投资成本，又能保证质量和施工顺利。

（2）严肃制度程序，做好招标工作　在工程建设招标过程中，除了严格依照《中华人民共和国建筑法》和《中华人民共和国招标法》等相关规章制度外，为加强基建项目的管理，保证廉洁、公正、严明，医院还成立了招标领导小组。制定设备招投标，合同审批签订，设计变更确认，支付工程、设备款，工程资料交接签收及存档等各项具体工作流程，严格实行工程建设流程化管理，做到有效地杜绝招投标和施工管理中发生各种漏洞，便于领导的监督和检查，对每一标段都要进行认真分析和进行市场调研，确保标价的真实可靠。同时在招标工程中不能一味追求最低价，要严防中标单位以低价中标，但在施工过程中，因质量和使用功能原因以种种理由增加变更费用。

（3）健全管理组织，科学决策审定　医院建设工程周期长，涉及面广，工作量大，除制定和完善各项管理制度和工作流程外，还必须建立健全专门的管理组织，加强协作，才能确保工程建设的顺利进行。为此，我院成立以院长、书记为组长，纪委、监察、审计、财务、基建等有关部门人员共同组成的医院建设领导小组，专门负责医院建设规划，工程进展，工程预算，招标、议标项目等重大事项的审定。

（4）准确审核把关，强化资金监管　在对工程项目的审计和监督工作中，我院重点把好“四关”，即：由基建办重点把好工程质量和造价关，由监察、审计部门重点把好工程造价审计关，由财务科重点把好工程造价复核及工程款支付关，由医院聘请第三方专业咨询公司负责重点工程完成情况和报量是否符合清单报价的复审以及价款的审定，杜绝弄虚作假情况发生，以保证建设资金合理使用。实践证明，只有四方互相协作，相互制约，才能确保医院基建工程的顺利进行，才能避免了工程建设中腐败现象的发生。

在强化基建财务管理中的资金管理方面，一是要建立基建专用账户，要求所有基建开支从基建账户进出。当单位有多个基建项目时，应严格分清各项目资金的收支，结余情况，以确保“专款专用”的建设资金不能盲目一次拨入基建账户，而应根据工程进度逐笔拨入。二是充分发挥财务监督职能，财务科直接参与基建项目经济合同的洽谈、签订，并着重在付款进度、价格、违约赔款等方面把关。并协同基建办做好当年基建项目资金预算，控制基建支出，以提高医院投资效益。

（5）加强现场监督，确保按时竣工　在工程建设过程中，必须在进度、质量、安全和成本控制4个方面加强施工现场的监督和管理。

首先加强工程推进控制（现场管理控制）。

① 严格按照工程进度计划进行现场管理控制，必要时编制旬进度计划和日进度计划。

② 每十天召开的工程监理例会，落实上旬进度计划，并提出下旬施工计划以及现场需设计、业主协调解决的问题。

③ 各分项工程要相互配合，实行总包管理负责制。总包在土建、设备安装、二次装修施工过程中，要结合现场施工情况，协调各分包单位施工过程中出现的交叉问题。

其次抓好工程质量控制。

① 医院基建办要密切配合代建单位重点加强施工现场日常巡查和监督工作，对每天巡查过程中发现的施工质量、劳动力、项目管理不到位、安全隐患等问题，及时反馈代建单位并督促施工单位及时整改。同时监督监理单位在规定的时间内对整改项目进行复查或抽查，对出现质量问题未及时处理或未落实整改的，要开具停工通知，待整改完毕，经验证合格后再复工。

② 要求施工各专业在开工前均要组织好图纸会审和设计技术交底工作，使技术管理人员和参与管理工人心中明白所进行工作必须达到的质量要求和必须把握好的技术要点、难点，并做好施工过程中的跟踪管理，尽量杜绝质量事故的发生。

③ 在对项目施工管理中坚持实行样板开路，要求专业施工队伍对每一个分项工程都要按照设计要求做好样板，经业主、代建单位和监理单位确认后，再以此为参照进行大面积施工，确保工程的整体质量。同时对选用的施工材料均编号封样，指派专人负责保管，每批材料进场，均要组织抽样比对，杜绝以次充好。

最后落实工程成本造价控制。

① 为了控制造价及工程变更，医院制定了大量的工作流程，建立各项签证、变更手续上报审批制度，并严格按照流程执行。

② 由医院聘请审计部门全程跟踪审计。

③ 建筑材料及设备等采用公开招标的形式；一般材料可以采用询价方式，由纪委、审计部门、外审及询价小组参与，询价后集中讨论，不仅保证的材料的质量，也控制了价格。

（6）做好材料工作，保证完整归档　在医院工程建设中，各类档案及资料是评价工程建设质量和成本控制的重要依据，也是发生协议纠纷时的有效法律证明。因此，必须大力做好各类基建档案材料的收集和管理工作。

① 建立健全基建档案归档制度，明确保管期限、归档范围和要求等，并将这些制度和规定纳入科室目标考核中。

② 经常性地组织基建施工档案资料人员开展业务培训，明确档案资料的归档范围、整理分类方法等，以提高档案资料的质量。

③ 采取必要的行政和经济的手段来促进施工单位，代建单位共同做好基建档案的收集、整理、归档工作。在基建工程竣工时，要对竣工资料逐项核对和检查，对诸如缺页、字迹模糊不清、鉴章手续不完备、用复印件代替竣工蓝图等不符合要求的，要一律退回。要做到档案收集不完整，工程不予验收，竣工材料不全或质量不合格，工程验收人员不予

验收。

（7）医院协调抓总，推行透明管理　优秀的建筑是集体智慧的结晶，业主、代建方、设计、施工、监理以及所有的材料和设备供应商必须团结协作，密切配合，才有可能创造精品。业主、代建方在施工过程中的作用以及所处的位置是至关重要的。作为项目的业主，就是工程质量的责任人；作为投资者，也是工程投资管理的控制人；作为最终的使用者，必须严格控制工程的质量、进度以及设计方案的合理性；作为工程管理者，应是一个头脑清醒的决策人和参建各方的总协调人。因此，医院的工程管理者，必须具备处理各种突发事件的权力、指挥和协调各方工作的威力和全面的施工管理能力。

对于工程建设要推行透明化管理，实行重大事项集体决策制。其中定期召开医院建设推进会是我院推行透明化管理的一项重要途径和方法。我院在工程建设过程中，每月定期召开医院建设推进会，解决在建设过程中存在的问题，并每两周在院周会上向医院职工汇报建设进展和建设资金使用情况。基建办每周召开项目协调会，要求代建单位、总监、总包的项目经理和分包项目负责人参加，必要时设计单位也要参加，会上除各项目负责人汇报上周的工作以外，更重要的是部署讨论下一周的工作计划，解决施工中遇到的困难。通过这些会议，所有的问题公开透明，解决问题的方法集思广益，工程的进度以及下一步的工作大家做到心中有数，更主要的是通过会议，监理和施工单位可以更好地了解业主的工作意图，及时沟通、避免互相扯皮。

3.工程实施初步结果

一期住院大楼建筑面积2.9万平方米，已于2010年6月开工，于2011年7月投入使用。后续工程××市工人医院西院于2016年年底也正式启用，该院也是某省中部及北部地区最好的骨科医院。

四、附属性公共设施工程建设

（一）一般附属性公共设施主要内容

一般附属性公共设施主要是园林绿化工程建设内容。因为无论是公园（国家公园、地质公园、森林公园、植物园、动物园等）还是市民广场、旅游景点、城市街道出新改造，园林绿化工程都是其中主要且不可或缺的内容。

（二）园林绿化建设工程

1.城市园林绿化建设内涵

（1）城市园林绿化建设概念　园林绿化建设是城市公共设施建设的重要内容，是城市市政公用事业和城市环境建设事业的重要组成部分。

城市园林绿化，包含城市园林与绿化两个概念：园林是指“在一定区域内运用花草、营造建筑、布置园路、设置水景等途径创造而成的自然环境和游憩境域”；城市绿化是指“人们运用栽培植物的手段改善城市生态环境的工作，包括城市绿地的建设以及对原有植被的维护”。现代城市园林绿化建设的内涵，是置身于现代城市环境，进行特定满足人的生态需求和环境建设。城市园林的功能也不仅仅是满足人们观赏需要，而是创造优良的现代城市生态环境。

（2）园林绿化工程的特点

① 实施对象大部分是有生命的植物。园林绿化工程是通过各种植物的配置，充分利用各种苗木特殊功能，以达到净化空气，吸尘降温，隔音杀菌，营造观光休闲与美化环境空间的目的。此类工程大部分实施对象都是有生命的活本，只有保证成活才能实现工程效益。因此，园林绿化工程一般施工难度大，施工时间受到很大限制，工程的工期和成本较难控制，工程竣工验收标准难确定。

② 需要较长时间的施工养护和永久性的日常养护管理。园林绿化工程实施对象的特殊性决定了只有精心养护管理，确保各种苗木的成活和良好长势，才能达到工程实施的目的。养护管理又分施工养护和日常养护两种，施工养护是工程实施过程中的一个环节，是验证工程实施效果的一个过程，一般为一到三年，只有在这段时间内将栽植的苗木养护成活并保持良好长势，达到了生态园林环境景观的特殊要求和效果，工程才算是达到了建设单位的要求；才能移交到园林管理部门进行永久性的日常养护，以保证长期工程效果。

③ 园林绿化工程对艺术层次上的要求比其他工程要高要精。园林绿化工程在景观、小品、植物配置等方面更讲究艺术性，其景观效果要给人以美的感受。园林绿化工程无论是在设计方面还是在施工方面都提出了专业上的高要求和高标准。

2. 城市园林绿化建设的重要意义

（1）园林绿化建设的主要作用

① 城市园林绿化是提高城市生活品质的主要方式。现在城市里多是高楼林立，居住环境紧凑，工作节奏也很快，人们就像一部高速运转的机器，没有机会接触大自然。园林绿化不但满足了城市居民返璞归真、向往大自然的愿望，而且可以满足人们的精神文化需求，人们不仅可以在那里游玩、锻炼，还能进行一些交友活动，促进大家和谐共处。

② 城市园林绿化可以净化空气、调节气候、减弱噪声。园林绿化植物对净化空气有非常独特的作用，它能使烟尘和粉尘停滞，并且还能吸收空气中的大部分有害气体，在吸收二氧化碳的同时释放出氧气。建设城市园林绿化后能大大改善城市的空气质量，还城市居民更美丽的蓝天。园林绿化树木具有降温、遮阳和增加空气湿度的作用。园林绿化周围的温度比建筑地区的温度要低，树木可以蒸腾水分，提高空气的相对湿度，大面积园林绿化周围的空气相对湿度比建筑区的要高大约40%。生长茂密的树木有明显的吸收声音和阻挡声音传播的作用，能有效降低噪声的分贝。

③ 园林绿化能与城市和谐共处并成为人文景观。城市园林绿化建设中，追求人与环境的和谐是园林绿化的最终目标。作为具有优化环境功能和丰富文化、艺术内涵的学科和建设行业，园林绿化建设，不仅要考虑到对生态环境的作用，也要同时考虑是否与当地的历史文化、古建筑遗迹能和谐共处。

（2）园林绿化建设产生的正面效益

① 改善气候条件和自然环境，净化空气质量。绿化在改善气候，净化空气和美化环境中起着重要的作用；在生态系统中，绿色植物是地球上整个生命之网的一部分；绿色植物直接或间接地给人类和动物提供赖以生存的物质和能量。一定规模的绿色植物有降温增湿、改善光照、净化大气污染物、杀菌等功能，对构建良好的城市生态系统具有决定性的作用。

② 园林绿化工程持续产生经济效益。城市中新绿地不断涌现，环境不断优化，城市的品质也会不断提升，大量的投资就会被吸引过来，比如，较直接的受益者就有房地产业。城市

品质的提升整体上会提高住宅的价格，小区绿化是否配套成为市民购房的重要参考要素。实践证明，投资建设的绿化项目，最终将反馈于经济的发展。这种“绿化经济链”效应，将对我国经济、社会、人口、资源的协调发展起到长远而有效的推进作用。

③ 园林绿化工程间接产生社会效益。随着城市大型绿地的建设越来越多，市民的活动场所也越来越多，也慢慢地改变了过去一些不良生活习惯，不仅改善了市民的健康状况，还大大增加了市民的生活情趣，提高了生活质量，这对提高市民的幸福指数是有益的。

（3）园林绿化建设对城市环境的影响

① 改善环境，美化城市。城市园林绿化一般以乔灌草相结合，配置些花、草、树木，成为布局合理、设计美观的城市绿地，不但具有显著的生态作用，改善城市环境，而且具有较高的观赏价值，使人赏心悦目。一年四季五颜六色的花、千姿百态的造型，均可为城市增添几分自然美。在现代的城市中，大量高耸林立的楼房形成轮廓挺直的建筑群体，而城市小的园林绿化对其进行搭配，形成了柔和的软质景观。如果两者配合得当，便能形成美丽的街景。城市中由于交通的需要街道成网状分布，如在道路及城市广场形成优美的林荫道绿化带，既可以衬托建筑艺术效果，同时也形成了园林街和绿色走廊美化城市。

② 防灾避难。城市园林绿化具有防灾避难，保护城市和人民生命财产安全的功能。园林绿化植物像自然的植物群落一样具有很强的改善环境的功能。与此同时，园林植物还可以过滤、吸收和阻隔空气中放射性物质，减少光辐射的危害和传递。

③ 净化空气，调节氧气和二氧化碳平衡。随着城市人口越来越集中，工业生产逐步发展，排放的废水、废气、燃烧烟尘越来越多，这些可不仅影响了环境质量，而且严重影响人们的身体健康。植物是一种重要的天然空气净化器，其机理主要是通过叶片气体交换原理，将空气中的污染物质吸收，从而使得空气中的污染物质浓度降低，空气得到净化。园林绿化植物还可以通过光合作用使空气中的氧气和二氧化碳含量保持在一个相对平衡的水平。

④ 调节温度和湿度。城市园林中的树木在夏季有一个重要功能，就是能为树下游人遮挡直射阳光，白天地面上吸引的太阳辐射热量可以通过这种方式散发出去，地表温度得到降低，减轻城市的“热岛效应”。同时，园林植物叶片蒸腾作用，可以提高空气的湿度，使人们享有舒适感。

⑤ 杀死病菌。由于园林绿地上有树木、草、花等植物覆盖，上空的灰尘相对减少，粘附其上的病原菌同时也减少了。此外，许多园林植物能分泌一种杀菌素，具有杀菌的作用。据调查，林区空气中有较多的负氧离子，人体吸入后，可以调节大脑皮质的兴奋和抑制过程，提高机体免疫能力。

⑥ 减少噪声。绿色植物是生态平衡的支柱，能减弱噪声。植物的叶与枝条轻而柔软，对噪音具有良好的吸收屏障作用，从而减少噪音。宽阔高大且浓密的树丛可以减弱噪音5 ~ 10dB，乔灌草绿化带30m宽可降低噪音3 ~ 5dB。

⑦ 监测环境。一般情况下，人能够对环境做出客观的体验评价，但如果环境是在日常生活中逐渐被破坏的，人就不可能及时做出相关的反映，至少要在一段时间之后，才能够感受到环境的改变。但是植物就有所不同，即使是很短的时间，植物也能够及时的做出反映，比如：枯萎、积灰、变黄等。由此可以看出，城市园林绿化能够有效的检测环境，从而及时向人们发出信号。

（三）园林绿化建设现状与改进提升对策

1. 园林绿化建设现状

（1）中国园林绿化建设行业现状特征

① 资金密集型特征。一个园林绿化企业从项目招标、景观规划设计、原材料采购，到工程施工、项目维修质保、绿化养护等各个业务环节，都需要资金支持运行，而上下游领域的结算存在时间差异，导致园林企业在项目施工和养护管理过程中占用了大量运营资金。

② 劳动密集型、技术密集型和知识密集型特征。在园林工程施工和绿化养护项目中，生产经营活动主要依靠大量劳动力的使用，为了满足不同发包方对多样化和个性化的需求，以及对精湛园艺品质的不同追求时，必须保留或采用大量的人工作业。园林工程施工和绿化养护所需的专业人才需求正朝着多层次和多样化方向发展，技术结构已经表现出由劳动密集型向技术密集型方向转变。传统的手工操作、车拉马耕的小农园林经营和管理方式已经不复存在，取而代之的是需要具有操作能力、管理能力、观察能力和解决问题能力的专业高等技术应用人才，并配之以现代工程的技术管理体系。在园林景观设计领域，则更多是依赖设计师的天赋和灵感，并结合地域、地貌和整体布局，以完成园林景观的设计项目，这些都充分体现了知识密集型产业的特点。

③ 周期性特征。城市园林绿化水平与一个城市的经济实力和经济发展水平具有密切对应关系。一般来说，在满足基本发展需要的基础之上，政府和企事业单位等各类投资主体才更注重环境保护和园林绿化；而且，在我国国民经济总体发展态势良好时，各类投资主体的可支配收入相对较高，在园林绿化方面的投资也相对较大。所以，总体上讲，园林绿化产业发展与经济发展水平和经济发展周期具有一致性。

④ 季节性特征。苗木的种植与苗木资源在园林工程施工中的配置受季节性影响。在冬季土壤基本不冻结的西南、华南、华中和华东等地区，可以实现冬植。对于园林工程施工业务而言，我国北方地区由于受寒冷气候影响，冬季属于园林工程施工业务的淡季，而南方地区因冬季温度相对较高，园林工程施工业务基本不受季节性影响。此外，气候、自然灾害等不可抗力因素也可能直接影响园林工程施工的可行性和施工周期，如旱涝、冷暖天气都将会影响到绿化施工的进度。

⑤ 区域性特征。我国幅员辽阔，各地区之间经济发展不平衡，我国园林绿化行业的发达程度在东部、中部和西部之间具有明显的差异。如以深、穗为中心的珠三角地区及海南等其他沿海省份，以京、津为中心的环渤海地区和以沪、浙、苏为中心的长三角地区等，园林绿地面积和绿化覆盖率居全国前列；相应的，园林绿化项目和园林绿化企业的数量也比较多，园林绿化行业产值也相对较高。

（2）城市园林绿化现状与存在问题

① 现阶段城市园林绿化的常见问题。一是城市园林绿化的工程设计环节科学性缺失，不符合实际环境情况的案例比比皆是。设计是一个工程投入建设的首要环节，对于城市园林绿化建设工程而言，设计的合理性对于建筑的生态价值至关重要。然而，许多工程企业在园林绿化的设计环节意识薄弱、投入不足、管理力度较差；绿化方面的设计图纸常常出现不符合建设实际环境要求、可行性低、功能不强以及经济效益较差等问题；不仅不利于绿化工程的质量提升，同时也给相应的管理工作带来了不同程度的困难。

二是城市园林绿化的绿化材料选择、采购以及维护等工作存在较多漏洞。从实际情况上看，许多工程在进行绿化材料的选择与建设过程中存在忽略植物本性、建筑环境规律、建筑功能、植物价格与成长规律等情况。常常在运输、栽种、护理过程中发生病害、意外等现象，直接给工程效益造成损害。植物是园林绿化的关键内容，绿化的本质即在于建筑与植物的和谐发展。部分企业盲目追求低成本，绿化材料质量差，造成工程后期的绿化严重损失的后果。

三是部分工程未能真正将城市园林绿化的发展持续化、长期化，往往存在“重建设，轻管理”的情况，导致建筑以及相关绿化设施后期绿化受损。城市园林的绿化发展不仅在于建设，更在于后期的长期持续养护与管理，包括栽种的规划更新、植物的病虫害管理、环境及自然灾害治理等。

② 中小城市园林绿化规划存在的问题。一是缺乏城市绿地系统规划。没有中长期的城市绿地系统规划，有的即使做了规划也没有切实实施。同时，在实际绿化工作中存在很大的随意性，多是在建筑物的空地上进行填充或控制，整体规划时并未将园林绿地纳入其中，绿地始终在为建筑让步，使城市居民人均绿地率逐年下降，无法满足人们对居住环境的要求。有的地方领导干部3 ～ 5年一调整，规划前年栽后年改，绿化景观始终难以形成规模。

二是绿化意识不足，对园林规划的认识存在偏颇。在进行园林绿化规划建设时，很多地方追求单纯意义上的绿化，例如：种植喜爱的树种而忽略该树种是否适合本地环境；大面积种植苗木而忽略园林景观的美感；单纯追求绿化量的提高而忽略生态景观的构成等。诸如此类的行为忽略了园林景观规划的美化作用、生态效益和社会效益。

三是绿化面积小，绿地规划重视程度不高。中小城市的城市建设高速发展，城市基础设施以及商业建筑逐渐增加，造成城市绿地大面积减少。中小城市的土地面积有限，绿化建设资金和绿化意识不足，使城市用地在作为商业用地和景观建设用地的选择时大幅度的倾向于商业建设，以谋取更大的经济利益。城市面貌的改善只能体现在高耸的楼房、宽敞的道路和逐渐增加的汽车尾气，城市的河流、绿地、空气各方面的污染却日益严重。

四是规划设计水平低，盲目效仿。中小城市由于起步较晚、人才流失严重，设计水平有限，在进行规划时往往效仿大城市的园林规划建设，盲目追求广阔的空间、考究的建筑小品或名贵的植物品种，对于本城市是否适合或需要这样的建设、是否具有建设的能力不做任何考虑，后期由于资金或施工方面的问题造成中断，虎头蛇尾，不伦不类，没有发挥出本地的地理、文化优势，凸显地方特色。

五是绿化管护不到位，管理措施不完善。园林景观的社会效益具有其特殊性，它不具有直接的经济效益，它所创造的的环境效益的体现是一个长期的过程，并且具有很大的潜在性，使得城市园林绿化管理的作用和价值很难被承认。养护管理工作滞后，对树木的后期适应性管理、修剪不到位，病虫害防治工作不及时，造成植株死亡的现象颇多，管理人员素质较差。

2. 园林绿化建设水平的改进提升对策

（1）值得注意的三个问题

① 传统模式不能再重复。随着定性变化，定位也随之升格，城市绿化现已名正言顺地跻身于社会公益事业行业。绿化建设功能的传统排序从昔日“景观效益 - 经济效益 - 社会效益”，转化为“生态效益 - 景观效益 - 社会效益”，生态成为首要目标。

② 重栽轻管是发展瓶颈。根据城市绿化的业态架构显示，无论是创建森林城市还是生态

园林城市，都必须以绿地为平台、以植物为基础、以树木为核心，都必须以树木的健康生长为终极目标。

③ 养护边缘化问题重重。在绿化系统内部，则普遍存在重规划设计和工程施工、轻养护管理的业态偏见，视养护管理为“缺技术、少文化、没艺术”，充其量是个技能型工作。

总之，对养护管理的轻视，反映的其实是理念和意识方面的“三化”问题：在园林绿化的业态框架中，其功能作用被淡化；在园林众多的业务办理中，其应有地位被弱化；在整个园林绿化的建设运作中，养护管理被边缘化。

（2）改进提升城市园林绿化建设水平的对策思考　一是建立健全城市园林绿化的设计管理机制。当前，城市园林绿化工程的设计工作还存在较多漏洞。因此，要提高整个绿化工程的建设效率，必须首先从管理机制入手进行设计优化。园林绿化设计管理机制的内容可包括调查机制、审核机制、监督机制以及财务管理机制、施工管理机制等。只有在园林绿化工程实际基础上的设计体制才能真正为工程质量与效益提供坚实基础。

二是优化城市园林绿化材料的选择。绿化材料是城市园林建设的主要内容，在选择环节，应充分遵循自然规律原则，提高绿化材料的建设可行性。尽可能选择经济、易成长、符合环境规律的绿化材料，避免盲目追求高价格、稀缺价值等情况的出现。

三是提高园林绿化工程相关人员的综合素质。人员素质是园林绿化工程质量的重要基础和保证，只有提升整个施工团队的综合素质才能真正促进城市园林绿化工程的可持续发展。

四是完善城市园林绿化工程的后期养护管理机制。后期的维护是城市园林绿化建设的重要特征，如何提高城市绿化的可持续发展水平，是新时期相关领域的研究中心。城市园林的绿化养护首先在于植物的专业养护与管理，其次，后期的养护必须有强有力的技术支持、管理支持以及规范支持。

（3）针对中小城市园林绿化建设的对策建议　一是因地制宜制定绿化建设方案。针对本市的绿地情况、环境特点和经济状况，在进行园林绿地规划时，充分保留本地的特色。首先，可以了解当地的历史文化，包括古迹遗址、古树名木、历史人物、民间传说以及民风民俗等；其次，结合现有的公共建筑、厂矿建筑、居住建筑一起进行规划设计，体现园林绿化的实用性；再次，在植物品种上建议以乡土树种为主，否定盲目引进外来树种的方式。

二是提高绿化意识，加大宣传力度，增强法制力度。保护好原有生态环境，尽量避免不必要的破坏。开展义务植树活动，使人们参与绿化、认识绿化、理解绿化。增加园林绿化咨询、知识讲座等普及绿化宣传活动。制定相关的条例或办法，加大执法力度，对于侵害园林绿化的行为，及时发现、及时处罚。

三是提高设计水平。积极引进优秀设计人才，建立有效的竞争机制，对于大型广场、绿地项目的设计方案采取公开招标的方式，多多学习各地设计公司的经验，取长补短，定期对设计人员进行培训和交流，提供深造的机会。

四是增加绿地建设，保证城市绿化率。在城市建设中，留足城市绿地面积，保证城市覆盖率达标，努力把我们的城市建设成为“花园城市”“生态城市”“绿色城市”。

（四）徐州九里湖国家生态湿地公园建设案例

1. 基本背景

九里湖位于徐州城市北部，徐丰公路两侧，由采煤塌陷地改造而成，并因在九里区境内又与九里山组成“湖光山色”而得名。亭台水榭环绕其间，曲桥、花架点缀湖面，临水栈道间或穿插。湖心岛以栈道与湖岸相连，湖水清澈，芳草萋萋，时有水鸟掠水而过，间有鱼儿跳波嬉戏。这就是徐州重点打造的九里湖生态湿地公园。

徐州地下藏有极为丰富的煤矿，位于九里区的庞庄煤矿是其中之一。数十年的地下开采，造成了地面的塌陷，至2008年年初，已达31.2平方公里。这些煤炭塌陷地，大多积存了水，深浅不一，最深处有6m。但水面并不是一个整体，有的变成了一个个鱼塘，有的成了垃圾堆放场，还有的在无水处建起了小工厂，因而外貌杂乱无章，并形成了污染。为改变这种状况并结合城市的拓展需求，徐州市政府决定将这片塌陷地的一部分水面改造成一个九里湖，并建设成九里湖生态湿地公园。

2. 主要建设内容

① 规划设计。除一般生态湿地公园的园林绿化工程及其设施外，主要是湖岸线的形状、范围、位置设计，以及游湖道路设计。

② 东南湖、西湖、北湖开挖，主要是土石方工程以土方为主。

③ 游湖道路及相关公园设施施工建设。

④ 园林绿化施工建设。

3. 主要建设过程

① 2006年底，徐州市决定对采煤塌陷地实施科学改造，利用市区土地资源及空间，建造大型生态湿地公园。

② 2007年初，这个项目被列入2007年徐州市重点工程，九里湖生态湿地公园正式开工建设。

③ 2007年底，九里湖东南湖首先建成。

④ 九里湖湿地生态公园的核心区域为11.1平方公里，2008年施工形成总体框架。

⑤ 2010年《徐州九里湖湿地公园总体规划》通过江苏林业局论证，并获得2010年度“江苏省人居环境范例奖”。

⑥ 2012年底，九里湖正式获评为“江苏省省级水利风景区”。

⑦ 2013年初，国家林业局下发文件正式命名九里湖湿地为国家湿地公园。

4. 建设效果

九里湖湿地生态公园的核心区域为11.1平方公里，2008年形成总体框架。九里湖湿地生态公园分为三片，其中东南湖800亩，西湖1700亩，北湖3000亩，共计5500亩。而东南湖、西湖、东北湖这三个景观区，又相对独立而各具特色。其中，东南湖主体现风景园林的观赏性；西湖主要为游人提供娱乐性服务；北湖则主要展示对生态的良好保护。

九里湖生态湿地公园建成后，使徐州形成“南有云龙山、云龙湖，北有九里山、九里湖”的山水格局，这对于改善徐州市西区北部的生态环境，加强生态涵养，促进城市与自然和谐发展具有十分重要的意义。九里湖生态湿地公园为徐州继新沂骆马湖后，第二个获得省级湿地公园认定的景区，也是全国最大的城市生态湿地公园。湿地公园被城建专家称为城市的“绿肾”，它对提升生态涵养、促进城市与自然和谐具有重要意义。

第三节　特大规模公共设施工程建设案例

一、北京奥运会场馆建设案例

（一）主要场馆情况

1. 主要场馆

2008年举世瞩目的北京奥运会成功举办，比赛用的场地总共涉及37个场馆，其中国家体育场（鸟巢）、国家游泳中心（水立方）、国家体育馆（折扇）被称为北京奥运三大主体育场馆。

三大体育场馆建设是国家高水平的特大规模城市体育场馆公共设施建设的典范。

2. 三大体育场馆简介

（1）国家体育场（鸟巢）　2008年北京奥运会的主场馆——国家体育场，位于北京奥林匹克公园中心区南部，为2008年第29届奥林匹克运动会的主体育场。工程总占地面积21hm^2，建筑面积258000m^2。场内观众坐席约为91000个，其中临时坐席约11000个。奥运会后已成为北京市民广泛参与体育活动及享受体育娱乐的大型专业场所，并成为具有地标性的体育建筑和奥运遗产。由于其独特造型又俗称“鸟巢”，体育场在奥运会期间设有10万余个座位，承办该届奥运会的开、闭幕式，以及田径同足球等比赛项目。

国家体育场于2003年12月24日开工建设，2004年7月30日因设计调整而暂时停工，同年12月27日恢复施工，2008年3月完工。工程总造价22.67亿元。

（2）国家游泳中心（水立方）　国家游泳中心又被称为“水立方”，是北京为2008年夏季奥运会修建的主游泳馆，位于北京奥林匹克公园内，是2008年北京奥运会标志性建筑物之一。承办游泳项目比赛。

国家游泳中心规划建设用地62950m^2，总建筑面积65000 ~ 80000m^2，其中地下部分的建筑面积不少于15000m^2，长宽高分别为177m × 177m × 30m。

（3）国家体育馆（折扇）　国家体育馆俗称折扇，作为北京奥运会三大主场馆之一，工程于2006年5月28日正式开工，并在2007年11月底竣工验收。国家体育馆在奥运期间主要承担竞技体操、蹦床和手球比赛项目。奥运会后，国家体育馆作为北京市一流体育设施，成为集体育竞赛、文化娱乐于一体，提供多功能服务的市民活动中心。是北京奥运会三大主场馆之一。

（二）国家体育场馆建设

1. 国家体育场馆

国家体育场工程为特级体育建筑，主体结构设计使用年限100年，耐火等级为一级，抗震设防烈度8度，地下工程防水等级1级。工程主体建筑呈空间马鞍椭圆形，南北长333m、东西宽294m，高69m。主体钢结构形成整体的巨型空间马鞍形钢桁架编织式“鸟巢”结构，钢结构总用钢量为4.2万吨，混凝土看台分为上、中、下三层，看台混凝土结构为地下1层、地上7层的钢筋混凝土框架-剪力墙结构体系。钢结构与混凝土看台上部完全脱开，互不相连，形式上相互围合，基础则坐在一个相连的基础底板上。国家体育场屋顶钢结构上覆盖了双层膜结构，即固定于钢结构上弦之间的透明的上层ETFE膜和固定于钢结构下弦之下及内环侧壁的半透明的下层PTFE声学吊顶。

2.场馆建设模式及建筑特点

国家体育场工程按PPP（Private+Public+Partnership）模式建设，是由北京市国有资产经营有限责任公司与中国中信集团联合体共同组建的项目公司，主要负责国家体育场的投融资、建设、运营和管理。中信联合体出资42%，北京市国有资产经营有限责任公司代表政府给予58%的资金支持。中信联合体同时拥有赛后30年的特许经营权。

3.设计和施工的特点难点

（1）构件体型大，单体重量重　作为屋盖结构的主要承重构件，桁架柱最大断面达25m×20m，高度达67m，单榀最重达500t。而主桁架高度12m，双榀贯通最大跨度145.577m+112.788m，不贯通桁架最大跨度102.391m，桁架柱与主桁架体型大、单体重量重。

（2）节点复杂　由于本工程中的构件均为箱型断面杆件，所以，无论是主结构之间，还是主次结构之间，都存在多根杆件空间汇交现象。加之次结构复杂多变、规律性少，造成主结构的节点构造相当复杂，节点类型多样，制作、安装精度要求高。

（3）工期紧　本体工程量大，但安装工期相当短，工程于2003年12月24日开工，预计于2007年年底前完工，2008年3月底竣工。工期紧，与土建施工交叉作业，平面场地紧张。

（4）焊接量大　本工程工地连接为焊接，吊装分段多，现场焊缝长度长，加之厚板焊接、高强钢焊接、铸钢件焊接等居多，造成现场焊接工作量相当大，难度高，高空焊接仰焊多。

（5）冬雨季施工　本工程主结构吊装时间需跨越冬季和春节，所以存在冬雨季施工，施工难度较大。

4.建设工程管理难点

（1）工程组织难度大　主结构吊装时，土建施工还未结束，现场组装正在大面积开展，故存在多方施工交叉作业现象。加之现场场地狭小，施工场地布置、构件运输及大型吊机行走路线等受到很大限制。同时，本工程结构复杂，各吊装分段之间相互关联，必须按一定顺序进行组装、吊装，否则将出现窝工现象。各施工方需合理协调、统筹管理，工程组织难度大。

（2）构件翻身、吊装难度大　为降低组装难度，本工程中的桁架柱将采用卧拼法，主桁架将采用平拼法（内圈主桁架立拼除外），故拼装结束后、吊装前必须进行翻身工作。由于构件体型较大，重量重，翻身时吊点的设置和吊耳的选择难度较大，特别是桁架柱的翻身，吊耳在翻身和吊装时的受力有所变化，需考虑三向受力。同时，翻身过程中的稳定性比较难控制。由于桁架柱和主桁架的分段口均为箱型断面，分段吊装时存在多个管口对接的问题，对于箱型断面，要保证多个管口的对口精度，难度巨大。起吊时，必须调整好分段构件的角度和方位，而对于体型大、重量重的构件，角度调节相当困难，吊装难度大。

（3）高空构件的稳定难度大　由于本工程采用散装法（即分段吊装法），分段吊装时，高空构件的风载较大，在分段未连成整体或结构未形成整体之前，稳定性较差，特别是桁架柱的上段和分段主桁架的稳定性较差，必须采用合理的吊装顺序（尽量首尾相接、分块吊装）和侧向稳定措施（如拉锚、缆风绳等）。

（4）焊接难度大　本工程中既有薄板焊接，又有厚板焊接，既有平焊、立焊，又有仰焊，既有高强钢的焊接，又有铸钢件的焊接，焊接工作量大。薄板焊接变形大，厚板焊接熔敷量大，温度控制和劳动强度要求高。而高空焊接、冬雨季焊接的防风雨、防低温措施更使得焊接难度增大。

（5）安装精度控制难　由于施工过程中结构本身因自重和温度变化均会产生变形，而且支撑胎架在荷载作用下也会产生变形，加之结构形体复杂，均为箱型断面构件，位置和方向性均极强，安装精度受现场环境、温度变化等多方面的影响，安装精度极难控制，施工难度大。施工时必须采取必要的措施，提前考虑好如何对安装误差进行调整和消除，如何进行测量和监控，使变形在受控状态下完成，以保证整体造型和施工质量。

（6）质量要求高，施工难度大　本工程无论是外观质量，如外形尺寸、焊缝外观，还是内在质量，如焊缝质量等级、焊接残余应力消除等，都要求相当高，而现场施工条件差。同时，对于大跨度空间结构，温度变形和温度应力较大，为此，设计确定了分块合拢和合拢温度，操作难度大。

（三）国家游泳中心馆建设

1. 工程总况

项目名称：国家游泳中心（水立方）。

设计机构：CCDI悉地国际。

项目地点：中国，北京，奥林匹克公园。

设计时间：2003年。

竣工时间：2008年。

总建筑面积：87200m^2。

合作单位：建筑设计，PTW Architects。

2. 主要设计意图与效果

一个正方体，简洁明快又富有神秘感，这就是北京2008年奥运会场馆国家游泳中心——“水立方”。“水立方”位于北京奥林匹克公园内，与中轴线另一侧的国家体育场“鸟巢”遥相呼应、一静一动、相得益彰，以和谐的面貌把主场区的气氛推向了高潮。其功能完全满足2008年奥运会中各种水上赛事的要求，可容纳坐席1.7万个，且易于赛后运营。赛后它成为北京最大的、具有国际先进水平的多功能游泳、运动、健身、休闲中心，成为奥林匹克运动留给北京的宝贵遗产和北京城市建设的新亮点。

“方形”是中国古代城市建筑最基本的形态，而水是一种重要的自然元素，中国传统的设计哲学催生了“水立方”的概念设计，而方盒子亦能很好地满足国家游泳中心的多功能要求。设计师在设计时探寻“水”可以提供的各种娱乐方式，从而开发出水的各种不同的用途，这种设计理念就被称作“水立方”。为了体现这一理念，设计师将水的概念深化，不仅利用水的装饰作用，还利用其独特的微观结构。基于“泡沫”理论的设计灵感，设计师为“方盒子”包裹上了一层建筑外皮，上面布满了酷似水分子结构的几何形状；通过表面覆盖的（四氟乙烯）ETFE透明膜赋予了建筑冰晶状的外貌，使其具有独特的视觉效果和感受，轮廓和外观因此变得柔和，水的神韵在建筑中得到了完美的体现。

国家游泳中心的设计为北京乃至中国的城市设计建立起新的标准。这幢建筑的设计是世界上最优秀的设计之一，其新颖的结构充分体现了2008年奥林匹克运动会“绿色奥运”“科技奥运”“人文奥运”三大主题。

3. 建设过程

2003年7月，国家游泳中心建筑设计方案正式确定。

2003年12月24日，水立方奠基，土方及基础处理工程开工。

2004年4月7日，完成土方及基础处理工程。

2004年7月17日，国家游泳中心建筑安装工程施工总承包合同正式签约。

2005年一季度，完成全部主体混凝土结构施工。

2006年4月10日，国家游泳中心主体结构封顶完成钢结构的安装。

2006年6月16日，钢结构支撑体系成功卸载。

2006年8月1日，国家游泳中心膜结构安装第一块膜结构气枕。

2006年12月26日，完成膜结构安装。

2007年3月，完成设备安装，并开始联机调试。

2008年1月28日，正式竣工。

2008年1月31日-2008年2月5日，承办2008“好运北京”中国游泳公开赛。

2008年2月19日-2008年2月25日，承办2008“好运北京”第16届伙计泳联跳水世界杯。

2008年4月16日-2008年4月20日，承办2008“好运北京”奥运会花样游泳资格赛。

（四）国家体育馆建设

1. 国家体育馆总况

国家体育馆位于北京奥林匹克公园中心区的南部，总建筑面积为80890m^2，是奥林匹克中心区的标志性建筑之一。国家体育馆俗称折扇，作为北京奥运会三大主场馆之一。

2. 设计思路

作为三大“国字号”奥运场馆之一，最晚开工的国家体育馆率先揭开了它的神秘“面纱”。与造型别致的“鸟巢”和“水立方”相比，国家体育馆的设计相对低调，但并不缺少丰富内涵。

从远处观赏其外景，四周竖立的钢骨架与大面积晶莹剔透的玻璃幕墙相映衬，犹如一把张开的中国折扇；屋顶处行云流水般的波浪形曲线，飘逸又富于动感，好似艺术体操中舞动的彩带。从内部品味其细节，所有硬件设施堪称一流水准，北京奥运会“绿色奥运、科技奥运、人文奥运”的理念，更是从点滴处彰显出来。国家体育馆是北京设施最先进、坐席最多的室内运动馆，以组织各类国际国内专业体育赛事和大型体育、文艺商业性表演活动为主导功能，它位于奥林匹克公园中心区的南部，与“鸟巢”和“水立方”和国家会议中心比邻而居。国家体育馆由主体建筑和与之相连的热身馆以及室外环境组成，赛时可容纳观众约1.8万人。

3. 建设工期

国家体育馆于2005年5月28日开工建设，2007年11月28日完工。2007年11月28日至2008年1月26日举办多项测试赛。据悉，国家体育馆项目总投资规模将控制在8.5亿元以内。

4. 设计灵感与意图

由于比赛场馆和场馆对空间高度的要求不同，国家体育馆以中国“折扇”为设计灵感，采取由南向北的波浪式造型，屋面轻盈而富于动感。这种波浪造型也巧妙地连接了与之南北相应的平顶造型“水立方”和单曲面造型的国家会议中心，使得奥林匹克公园内的城市景观达到协调统一。

采用多功能技术的复合屋面解决了大多数体育建筑普遍存在的屋面雨点噪声问题，减少对体育馆正常使用的干扰。屋顶采用国内比较罕见的九层复合结构，由水泥板、玻璃棉、防水层、吸隔声材料组成，并在最外层喷涂吸声材料，最大限度地减少屋外噪声的影响。同时，场馆四周的玻璃幕墙采用中空Low-E玻璃和金属板组合的形式，全部采用双层玻璃。两层玻璃间的空隙充有氩气，既起到了良好的保温隔热作用，也有效地降低了噪声影响。此外，场馆内的空调和制冷设备也进行了专门的消声减噪设计，最大限度为观众创造一个宁静舒适的观赏环境。漫步奥运村，您也许想不到这里的道路是用首钢堆积的废钢渣铺就的。在国家体育馆，这种通常人们眼中的“废物”也成了宝贝。

（五）奥运会“三大理念”的现实实现

“绿色奥运，科技奥运，人文奥运”是北京2008年奥运会的三大理念。

1.绿色奥运

（1）建筑节能　建筑节能是指在建筑中合理使用和有效利用能源，不断提高能源利用效率，主要涉及采暖、空调、热水供应、炊事、照明、家用电器等方面的能耗。在全国总的能源消耗中，建筑耗能所占比率为35% ～ 40%。

为此，在奥运建筑工程中采用可持续发展的设计理念和技术策略，减少能源和资源消耗。例如，采用先进的围护结构节能技术，最大限度地减少建筑对常规能源的消耗，改善自然采光、自然通风等。

奥运村的建筑节能措施主要体现在两方面。首先，对建筑围护结构进行高水平的隔热保温。通过围护结构的进一步合理设计和优化，使能耗在JGJ26-95节能标准的基础上再降低30%，从而接近西方发达国家现行建筑节能标准要求。其次，用先进供能技术，充分利用可再生能源，如先进热泵供热/空调技术（包括地源热泵技术、水源热泵技术等），蓄热蓄冷技术，太阳能光利用（照明）与供热技术，同时减少输热、输冷能耗，充分利用清洁能源，扩大热电联供或热电冷联供，扩大应用热泵、贮能、热回收和变流量技术。

（2）园林绿化　奥林匹克公园各项建设应在已确定的总体规划指导下进行，形成完整的绿地体系。各类建设项目用地的绿地率也应高于《北京市城市绿化条例》规定的相关指标。

奥林匹克公园园林景观规划设计，既要强调公园的整体性、统一性，又要突出不同功能区域的特色和变化。

园林植物种植规划与设计总体上应参照《北京市园林局关于城市绿地植物种植若干意见》的相关要求，以乔木为主，扩大乔、灌、草（地被）相结合的复层种植结构的比例，同时考虑特定区域功能要求与环境条件，讲求配置的科学性与艺术性，以发挥园林植物的生态和景观作用。

绿地内的各类设施应符合节能、节水等环保要求，应科学地选择灌溉方式和设施，总之，要有效发挥绿化的作用，保证二氧化碳固定量，改善微环境。奥林匹克森林公园将成为北京奥运时最大的绿化地带。奥林匹克森林公园占地680hm^2，是北京奥林匹克公园的重要组成部分，将建设为一个绿色生态地带，成为北京市区绿色屏障的一部分。其主要功能在于以下几个方面。一是生态，成为奥运场馆和商务区的环境依托，并对一定区域环境质量的提高产生积极影响；二是美化环境，塑造公园自身景观风貌，并在宏观上形成城市轴线尽端宽厚的绿化背景；三是提供游憩，就其所处位置和规模，应成为为市民服务的全市性公园。

（3）绿色建材　绿色建材是指采用清洁生产技术、少用天然资源和能源、大量使用工业或城市固态废物生产的有利于环境保护和人体健康的建筑材料。其生产原料尽可能少用天然资源、大量使用工业固体废物；采用低能耗制造工艺和无污染环境的生产技术；产品运输过程中污染小；产品的使用是以改善生产环境、提高生活质量为宗旨，如抗菌、节能等；产品

可循环或回收利用，无污染环境的废弃物。

2. 科技奥运

2008年奥运场馆的建设中运用了大量的高新技术。北京奥运会的奥运村是奥运历史上第一次全面采用世界最先进的太阳能光热系统提供运动员洗浴热水。此外，奥运村内的路灯照明用电也将由太阳能产生。奥运场馆建设在建筑节能、环境和生态保护、资源可持续利用、绿色环保建材等方面有了很大的突破。除了使用太阳能这一清洁能源外，奥运场馆另一个有代表性的环保举措是水资源综合利用系统。奥林匹克公园和五棵松文化体育中心等均采用了中水处理和雨水收集再利用技术，大大节约了用水。

3. 人文奥运

运动员休息室应该有多少个衣柜？平均几个人一个淋浴喷头合适？诸如此类的细节问题是每个奥运场馆设计者和施工单位都要考虑的问题。“人文奥运”是三大奥运理念的核心，它要求奥运筹办工作处处以人为本。具体到场馆建设，就是要注意强化人性化的设计，尽可能让运动员、教练员、裁判员和广大观众感受到方便与舒适，充分体现对各类人群特别是残障人士的关怀。“人文奥运”不是一句空话。“人”也不是一个抽象的概念，我们必须充分考虑方方面面人的需要。

为此，北京市“2008”工程建设指挥部特别成立了体育专家组，充分听取他们的意见，使场馆在使用功能等方面，满足奥运会比赛需要，体现人性化。北京奥运会结束后，奥运村将紧接着迎来参加残奥会的运动员和官员，因此在奥运村的功能设计上还必须考虑到残疾人的特殊需要。奥运村内的设施将不仅实现“无障碍”，而且场馆在设计之初已经考虑好了哪些房间将接待盲人，哪些房间将接待肢残人，并根据他们的不同需要做了相应设计。

二、杭州G20大型国际会议场馆建设案例

（一）杭州国际博览中心

1. 来历沿革

杭州国际博览中心是G20峰会的主场馆。G20峰会开幕一年前，中心通过竞争方式经过上级部门的考察审核，赢得主场馆的设计、改造和装修工作，成功推出G20大型国际会议场馆。

2. 总体介绍

（1）业主与业态　杭州国际博览中心位于素有“人间天堂”美誉之称的杭州，坐落于钱塘江南岸、钱江三桥以东的萧山区钱江世纪城，与奥体中心共同组成杭州奥体博览中心。杭州国际博览中心隶属于杭州奥体博览中心萧山建设投资有限公司，委托中国最大的会展输出管理集团——“北辰会展”管理运营，已于2016年10月投入使用。其总占地面积19.7hm^2，是集会议、展览、酒店、商业、写字楼五个业态的综合体。

（2）功能与规模　杭州国际博览中心位于杭州市萧山区钱江世纪城，是二十国集团领导人第十一次峰会的主场馆，其作为浙江省重点项目规划建筑面积84万平方米，设有展览中心、会议中心、综合物业、屋顶花园（城市客厅）、地下商业及车库五大功能区。展览中心设计国际标准展位7500个（其中1000个为室外展位）；会议中心能满足举办APEC、达沃斯等高规格的国际会议；规模6万平方米的屋顶花园结合城市客厅既能满足高规格接见、高标准宴会、高档次精品展的需要，城市客厅与钱塘江对岸的“城市阳台”遥相呼应，形成一个新的城市亮点。

（3）规划、设计与建设简况　杭州国际博览中心由北京市建筑设计研究院有限公司设计。杭州国际博览中心位于杭州市萧山区钱江世纪城。根据《杭州市城市总体规划》，钱江世纪城将与钱江新城共同构成杭州城市新中心和杭州中央商务区，是杭州由“西湖时代”逐步迈向“钱塘江时代”的重大举措。

杭州国际博览中心占地面积19万平方米，主体建筑由地上5层和地下2层组成，总建筑面积85万平方米，会议面积1.8万平方米，61个会议室，展览面积9万平方米，可容纳国际标准展位4500个，拥有万米无柱展厅。停车位4000个，是集会议、展览、酒店、商业、写字楼五个业态的综合体。

国际博览中心共有5层，61个会议室，大会议厅3000m^2，宴会厅1800m^2，多功能厅1300m^2，其中大会议厅配备16路同声传译，能满足国际会议需求。

2016中国杭州G20峰会主会场就位于杭州国际博览中心的四层，总面积约2000m^2，为45m边长的方正空间，体现“天圆地方”的朴素哲学观。

（二）杭州G20峰会主会场建设进程

1. 主要建设内容

杭州市并没有为此次峰会专门兴建任何新设施，而是利用杭州市发展规划过程中已有的国际博览中心，根据这次办会的需要作了一些必要调整，这些调整主要是对原博览中心整体增加、增强了大型国际会议功能，据此进行了新的规划设计、改造、装修等工作。杭州国际博览中心工程是杭州奥体博览城的主体项目，总用地面积19万平方米，建筑面积85万平方米，是一座集会展、会议、商务、休闲、娱乐为一体的大型博览中心，包含会展中心、上盖物业、屋顶花园、地下商业、地下车库及机房五大功能区。这座坐落于钱江世纪城核心区域的标志性建筑，作为举世瞩目焦点的同时，也成了不折不扣的“网红”。

2. 杭州国际博览中心主要建设进程

2012年7月，国际博览中心开工。

2013年12月，国际博览中心主体结构结顶。

2014年12月，安装内部装修开始。

2015年3月，国际博览中心外部工程已近尾声。

2015年8月，国际博览中心进行内部改造精装修。

2015年12月，国际博览中心景观绿化工程已近尾声。

3. 主要工程建设做法

（1）巨大的建设投入，挑战超级大规模工程　时间轴拉回到4年前，杭州国际博览中心工程图纸基本敲定，一组惊人的数据摆在负责建设的中建八局项目团队面前：单体建筑面积85万平方米，位居全国第三；土方开挖总量约250万立方米，可以填平钱塘江近400m；总用钢量达15万吨，相当于3.5个北京“鸟巢”，囊括了钢结构建筑的所有技术形态；混凝土60万立方米，可以填平240个标准游泳池；在其高44m的屋面上，还建有一个6万平方米的花园，相当于142个标准篮球场大小……

而要将这些数据变为现实，留给中建八局团队的时间只有仅仅4年。“体量大，不仅意味着更多的人力、物力投入，还需要整个管理思路、施工方法作出相应改变。”早在开工之初，项目部管理、技术负责人员就预料到这一超级工程带来的难题。2012年6月，项目团队进场施工，深12m、面积达17万平方米的地下土方开挖，验证了项目组的判断。

（2）开展科技创新，看齐国际先进水平　难度也意味着高度，而解开难题的钥匙就是创新。开工伊始，工程建设方根据技术难点制定了详细的科技规划。优化取消了混凝土施工中的“后浇带”，引进“跳仓法”等先进技术，在科学施工控制混凝土裂缝的基础上，提高了施工质量，减少施工缝条数、避免后浇带锈蚀等问题造成的质量通病；同时加快了施工工期，有效划分区块，加快交叉施工速度，避免留置后浇带悬臂结构引起的安全隐患等问题。

项目团队运用BIM技术对工程钢结构体系建模，形成三维模型，在电脑上进行虚拟拼装；总钢构件6万余件，通过对每个构件进行定位编号，完成工厂按照编号生产加工，再运送到施工现场组装。施工过程中，采用10台轨道式可移动塔吊进行吊运安装，并在钢构件上安装传感器，数据实时传输到手机和电脑上，随时监测钢结构体系稳定情况。通过这些方法，项目团队完成了从18 ~ 72m管桁架的安装，用最重达每平方米2.8t的钢构件“织”成长300多米的飘逸彩带，以及重达1197t的飘带网架。“城市客厅”为球面直径达60m、高度42m的半球壳型“穹顶”建筑，钢结构的吊装、玻璃幕墙的安装，都堪称建筑史上的奇迹。

工程建设方通过技术攻关，取得数十项科技成果。在国家级和省部级刊物共发表论文30余篇，获发明专利和实用专利共49项，超大面积预应力梁板结构递推流水施工工法被评为国家级工法，屋盖钢结构综合施工技术经鉴定达到国际先进水平。

（3）引进绿色、环保、节能理念，打造新型现代先进建筑　杭州国际博览中心既是智能建筑，也是绿色建筑。在这个全国第三大建筑单体里，上演着世界古巴比伦“空中花园”的绿色奇迹——在高44m的屋面上建造一个6万平方米的花园，相当于142个标准篮球场大小。

与平地造园相比，屋顶花园的空间布局受建筑固有平面的限制和建筑结构承重的制约，施工要求非常高。为了减小荷载，全部采用不到一吨的小型挖机作业，尽可能使用人力施工，最多的时候有550人同时在现场作业。因此，这是一个利用小型化、迷你化、轻型化手段建造起来的超大化花园。施工过程中解决了6万平方米屋面的漏水问题，攻克了5万多立方米土方垂直运输和水平运输问题、化解了大量珍贵苗木在80 ~ 120cm厚种植土层养护生长的难题，整个施工过程不但绿色环保，而且尽显人文关怀。

（4）先进技术+先进管理+传统队伍优势，4年创造“杭博速度”见证“杭博奇迹”　作为中建八局迄今为止最大的BT项目，杭州国际博览中心在钱塘江畔上演着“杭博速度”与“杭博奇迹”。从2012年6月起，工程主体结构施工仅仅用了一年半的时间；外立面幕墙装修和内部建筑施工也在2015年4月提前完成；因改造图纸下发较晚，BT外改造工程于2015年10月才开始大面积施工，17万平方米、合同额38亿元的改造工程，仅用7个月时间完成；到2016年4月30日竣工，也只用了不到4年的有效施工时间。

造就这一奇迹的，是平均年龄仅28岁的中建八局项目团队，而4年前，他们大部分是刚入职的大学生。他们继承和弘扬着传统的铁军精神，也焕发出独有的杭博精神，用杭博精神丰富和充实着铁军精神新的时代内涵。“团队、担当、精进、从容，这就是杭博精神！”中建八局总经理、杭博项目总指挥校荣春总结得非常贴切。

（5）工匠精神的追求，小细节彰显大国文化风范

① 宏伟中的工匠精神光耀。杭州国际博览中心单体建筑面积85万平方米，位居全国第一；钢构件安装任务相当于3.5个北京“鸟巢”；总用钢量14.5万吨，囊括了钢结构所有技术形态，如单层球壳直径60m、最大跨度达72m的无柱式鱼腹式梁，钢结构飘带等难以尽数；离地44m屋面上建有6万平方米的空中花园，有8.5个标准足球场大；土方开挖总量约250万立方米，可填平钱塘江近400m；混凝土60万立方米，可以填平280个标准游泳池；……；中建八局、中建安装、中建方程三家单位，仅用一年半的时间就建起了这座宏伟的建筑。

走进杭州国际博览中心，就会感受到这里浓厚的中国文化元素。进入门厅，抬头看到的是玻璃幕墙以及紫铜仿古椽子，左右两侧各有三盏仿古代如意的玉制宫灯。在领导人齐聚的

主会议厅，架设着金丝楠木的四梁八柱，寓意“四平八稳”；天花板用紫铜做成斗拱结构，地上则是一圈巨大的缅甸花梨圆桌，领导人坐的椅子由红酸枝制成，散发着中国传统实木家具的古朴和大气。因为很重，一个人根本抬不动，椅子腿下都装有轮子。所有的家具都没有刷油漆，由工匠细心打磨得光滑圆润。

杭州国际博览中心有一个6万平方米的“空中花园”，铺设着4万立方米、1m厚的种植土。花园里，种植着各类色块苗100多万株，苗树1万多株，其中有从全国12个苗圃精心挑选的28株罗汉松，最大的一株高约4.2m，伫立在花园的正中央位置。空中花园里除了有多色彩的植物，还有占地1200多平方米的古典徽派建筑，融入了西湖十景中“断桥残雪”“我心相印亭”等元素，成为一个园林版的“迷你西湖”。

② 细节里的大国元素彰显。细节决定了品质。中建团队在杭州国际博览中心设计、施工上一丝不苟、精益求精，体现了中国的品质和风范。负责电力安装的中建安装公司，打造出一套国内顶级的供电系统，就算整座杭州城断电了，这里也不会断电。为此，他们采取了严格的终身负责制，即严格地落实责任到人，就连每一个螺丝钉是谁拧的，都有据可查。这样的例子在杭州国际博览中心比比皆是。走过连廊，你会好奇地探究那些看似木头、浑然天成的印花墙体，是怎么由铝板3D打印出来；多功能厅里的巨幅地毯，是怎样看起来毫无接缝；重达50多吨的水晶吊灯，是怎么一点点装好并发出璀璨的光芒；所有的地板、墙面、扶手，闻不到一点装修后的味道，材料都是经过检验合格，甲醛含量为零；任何构件不能掉一颗螺丝钉，空调不能滴一滴水；在楼里的任何角落都听不到噪声——空调、扶梯，都安静地运行，让人惊讶！

耗时数年，钱江世纪城全体建设者“牢记使命、不负重托”，不折不扣高标准、严要求地完成了G20峰会主场馆的建设任务，实现主场馆世纪精品、传世之作的建设目标。

第十九章　现代城市新型建筑和住宅建设工程

19 Chapter

第一节　城市新型建筑和现代住宅建设

一、城市现代新型住宅建筑概述

（一）现代新型住宅建筑概念与类型

1. 现代新型住宅建筑

在研究城市新型建筑和现代住宅建设问题时，将主要以现代住宅建筑为主体，这是因为现在不断涌现的智能型、生态型、节能型、环保型等所谓新型建筑，基本上都是从住宅开始的；然后才逐步扩展到工业、办公、学校、医院等建筑应用上，如所谓花园式工厂、生态型校园、生态型医院等。而规模更为巨大的新型建筑群——城市综合体中，一般情况下都以住宅建筑为主，就是主要以商业贸易为主的城市综合体商业圈，也基本必定包含着高层住宅楼、公寓楼等，以及宾馆等住宅型建筑。所以为讨论叙述方便，直接让城市新型建筑和现代住宅建筑合在一起，以“城市现代新型住宅建筑”的名义开始。也即，城市现代新型住宅建筑=现代城市新型建筑+新型住宅建筑。

时代的发展，促进着城市建设的日新月异，与人类生活密切相关的“衣食住行”中的住宅建筑更是随之发生着日新月异的快速变化，新型住宅建筑迅速走入了现代社会生活。一般而言，所谓现代新型住宅建筑是指当前不断在现代房地产市场和金融投融资投资市场涌现的功能高效能、引进高科技，重视生态、节能、环保效益的，相比传统住宅建筑更加适宜现代人居生活，更加改善周边生态环境和质量，更加注重美观、舒适、多功能、个性化、可持续使用的开发在当今时代的新型住宅建筑。

2. 新型住宅房地产

目前人们谈论和关注的现代新型住宅房地产，一般包括如下一些类型。

① 城市综合体。城市综合体就是大型的城市建设综合项目，多功能集于一身的，包括了住宅楼、办公写字楼、娱乐休闲、大型商场、交通枢纽、酒店等，如今北上广深和一些较大型二线城市都正在大量打造这些新型的地产。这是以后的趋势。

② 新型高层（超高层）住宅建筑。现代城市高层甚至超高层住宅建筑数量急剧增长，高

层商品住宅建筑小区林立，以至成为一些特大型城市现代住宅建筑的主流。

③ 新概念（住宅）建筑。不少开发商作为广告招揽标志的绿色、生态住宅建筑，还有所谓节能、环保建筑等，这类新概念建筑如今有异军突起之势，市场上成批推出。

④ 智能化建筑。指吸收、引入电子化、信息化、智能化等先进科技造就的智能化建筑等类房地产。

⑤ 新型别墅建筑

（二）现代新型住宅建筑主要新特点

不断涌现的现代新型住宅建筑已经不能简单地归类和下评价结论了。目前的对所谓现代城市新型建筑（如前所述，可以以现代城市新型住宅建筑的名义讨论，因为这里的新型建筑在一般意义上包含着大量新型住宅建筑类型）而言，总体上主流上看主要新在高度、新在材料、新在装修、新在科技创新。

1.新在高度

新型住宅中高层、超高层建筑不断涌现，由于位于现代化大都市里，高层建筑以用地高效、设备设施先进、配套集约、居住集中、高档装修水平等因素不断增强着对消费者、投资者的吸引力。

2.新在材料

包括在以下现在正在以及未来设计研发新型建筑材料的几个主要重要方向。

① 以最低资源和能源消耗、最小环境污染生产传统建筑材料，如用新型干法工艺技术生产高质量水泥材料。

② 发展大幅度减少建筑能耗的建材制品，如具有轻质、高强、防水、保温、隔热、隔声等优异功能的新型复合墙体和门窗材料。

③ 开发具有高性能长寿命的建筑材料，大幅度降低建筑工程的材料消耗和延长服务寿命，如高性能的水泥混凝土、保温隔热、装饰装修材料等。

④ 发展具有改善居室生态环境和保健功能的建筑材料，如抗菌、除臭、调温、调湿、屏蔽有害射线的多功能玻璃、陶瓷、涂料等。

⑤ 发展能替代生产能耗高、对环境污染大、对人体有毒有害的建筑材料，如无石板纤维水泥制品，无毒无害的水泥混凝土化学外加剂等。

⑥ 开发工业废弃物再生资源化技术，利用工业废弃物生产性能优异的建筑材料，如利用矿渣、粉煤灰、硅灰、煤矸石、废弃聚苯乙烯泡沫塑料等生产的建筑材料。

⑦ 发展能治理工业污染、净化修复环境或能扩大人类生存空间的新型建筑材料，如用于开发海洋、地下、盐碱地、沙漠、沼泽地的特种水泥等建筑材料。

⑧ 扩大可用原料和燃料范围，减少对优质、稀少或正在枯竭的重要原材料的依赖。

3.新在装修

（1）新装修　新在装修材料，品种繁多的玻璃、墙砖等，追求新的大幅落地玻璃窗效果等；新在各类设备，如灯具、五金、各种饰品等；此外，现代电脑、电视等家用电器及空调、地暖、太阳能热水器等现代电器产品，让装修效果日新月异。还有新的装修模式，新的装修风格，新的装修工艺等，不一而足。

（2）2017最新装修材料示例　见表19-1。

表 19-1　最新装修材料示例

序号	新材料名称	材料情况描述
1	瓷质抛光砖	瓷质抛光砖是国内外非常流行的新型装饰材料，具有坚硬耐磨、抗冻防污、耐酸碱、光亮华丽、经久如新的特点。装饰效果可与花岗岩相媲美。其种类有无釉抛光砖、花岗岩抛光砖、幻彩抛光砖和渗花抛光砖四大系列上百个品种
2	软石地板	软石地板是以天然大理石粉及多种高分子材料合成的新一代高档建筑装饰材料。它既有天然大理石的纹理，又有特殊的图案与性能，具有柔、轻、坚、防滑、防火阻燃、安装简单的特点，是物美价廉的一种符合潮流的环保装饰材料。我国政府及有关部门，对推广使用绿色环保建材非常重视，由于软石地板具有节能无污染、可回收再利用的优点，被越来越多的专家消费者青睐，成为时下消费新时尚
3	高强度木质装饰板	在欧洲流行一种高科技，无毒、无污染、高强度装饰板，现在国内已生产并走俏市场。这种装饰板表面呈枫木、榉木、柚木、樱桃木等丰富纹理饰面，可制成能拆卸护墙板、强化地板、吊顶板、踢脚板等木制品。不需要大面积施工，可节能木材和提高利用率。优点是工艺简单、加工制作快捷方便、安全卫生
4	玻晶砖	能实现建材工业清洁生产的玻晶砖装饰材料在西北轻工业学院研制成功。其特点是以碎玻璃为原料，加入极少量其他配合料（黏土），低温烧成，二氧化碳废气的排放减少25%，达到清洁生产成本低于其他同类建材产品；性能优异，与烧结法生产的微晶玻璃饰面板材性能相当，硬度高、强度大，使用范围广，并可长期反复使用于不同的场合；产品可回收循环利用，为我国碎玻璃的利用开辟了一条新途径
5	水晶玻璃内墙砖	水晶玻璃内墙砖集水晶、玻璃、瓷砖的主要特征于一身，既有水晶的明快亮丽，又像玻璃晶莹剔透，更似瓷砖坚固耐久。其内在质量经强化处理而得。经有关部门测试证明，它的吸水率、耐冷热变化、耐磨损、耐腐蚀、抗折强度、规格尺寸等性能指标完全符合国家标准，而且达到了国际水平
6	微晶玻璃花岗岩装饰板	微晶玻璃花岗岩装饰板是目前国际上开始流行的高级建筑装饰材料，较天然花岗岩石材更能进行灵活设计，而且装饰效果更佳。是21世纪的绿色建材，是内、外墙及地面的理想装饰材料
7	防火木地板	法国威得胜公司推出的防火木地板，其内部为高密度木纤维，具有木材的温馨感和接近石材的特性。具有抗冲击、防断裂等特点。它的底层采用特殊树脂浸泡处理，防潮效果明显，不起鼓变形，表面是木纹和石纹的装饰层，上面再涂以高强度、耐磨损的合成树脂漆膜。不自燃也不助燃，还具有抗污的特点。适用于家庭、办公室或商业设施等
8	高密度地板	英国市场上推出一种高密度组合式地板，它采用高科技纤维物质，由多层不同功能的物质经高温加工而成，再加上保护层、装饰层和聚酯喷涂层后，其表层坚固耐用，不易磨损，既富有原木的质感，又可配合图案拼装组成

4. 新在科技智能

应用电子化、信息化、网络化、数字化等最新电脑、通信、网络、控制技术等科技成果，在城市建设、建设工程领域的最新成就是智能化建筑。智能化建筑是指通过将建筑物的结构、系统、服务和管理根据用户的需求进行最优化组合，应用主要由现代建筑技术、现代电脑技术、现代通信技术和现代控制技术所组成的，能对建筑物所配置的设备、设施、机械进行智能分析、监控、判断、执行操作，从而为用户提供一个高效、舒适、便利的人性化建筑环境。智能建筑是集现代科学技术之大成的产物。

智能建筑在建筑物智能安保、消防、避灾救灾、节能、节水、节电、设施设备监控以及建筑物内外动态监控等方面有着不可比拟的优势和作用。更值得特别关注的是，随着新一代信息技术急剧发展和国家新四化的演变，特别是在新型城镇化目标的指导下，为了破解城镇化带来的各种“城市病”，智慧城市建设时不可待。而智能建筑作为智慧城市的重要组成元素，随着国家智慧城市建设广度和深度展开，智能建筑必须融入智慧城市建设，这是智能建筑今后发展的大方向。与此同时，智能建筑融入智慧城市应从智能建筑体系架构确定、设计理念更新、标准与规范完善、B/S访问模式确立、集成融合平台建设、云计算服务平台建设以及嵌入式控制器系统架构等方面来考虑。

二、现代新型住宅建设工程类型

（一）新型节能环保住宅建筑

1.建筑节能

建筑节能，在发达国家最初为减少建筑中能量的散失，普遍称为“提高建筑中的能源利用率”，在保证提高建筑舒适性的条件下，合理组织能源，不断提高能源利用效率。

（1）基本概念　建筑节能具体指在建筑物的规划、设计、新建（改建、扩建）、改造和使用过程中，执行节能标准，采用节能型的技术、工艺、设备、材料和产品，提高保温隔热性能和采暖供热、空调制冷制热系统效率，加强建筑物用能系统的运行管理，利用可再生能源，在保证室内热环境质量的前提下，增大室内外能量交换热阻，以减少供热系统、空调制冷制热、照明、热水供应因大量热消耗而产生的能耗。

（2）使用范围

① 建造过程中的能耗，包括建筑材料、建筑构配件、建筑设备的生产和运输以及建筑施工和安装中的能耗。

② 使用过程中的能耗，包括房屋建筑和构筑物使用期内采暖、通风、空调、照明、家用电器、电梯和冷热水供应等的能耗。

（3）涉及内容

建筑节能涉及内容广泛，工作面广，是一项系统工程。从建设程序看，建筑节能与规划、设计、施工、监理等过程都密切相关，不可分割；从建筑技术看，建筑节能包含了众多技术，如围护结构保温隔热技术、建筑遮阳技术、太阳能与建筑一体化技术、新型供冷供热技术、照明节能技术等；从建筑材料看，建筑节能包含了墙体材料、节能型门窗、节能玻璃、保温材料等。

（4）建筑节能途径

① 被动式节能：利用建筑设计和自然能源。主要包括建筑布局和外形设计；门窗、屋顶与外墙；自然采光；自然通风；建筑蓄能；太阳能利用（Trombe’s Wall和Green House）；植物和水池（中水处理，冷却水池）。

② 主动式节能：技术手段的应用。主要包括能源规划（电、热、燃气、水，DHC系统）；暖通空调系统优化控制；新型空调形式；遮阳采光控制（人工照明+自然采光控制）；地热、地下水、太阳能的综合利用。

2.环保建筑

（1）基本概念　环保建筑是指在建筑的全寿命周期内，最大限度地节约资源（节能、节地、节水、节材）、保护环境和减少污染，为人们提供健康、适用和高效的使用空间，与自然和谐共生的建筑。

（2）主要内涵　一是广义上包括节能、节地、节水、节材，主要是强调减少各种资源的浪费；二是保护环境，强调的是减少环境污染，减少二氧化碳排放；三是满足人们使用上的要求，为人们提供“健康”“适用”和“高效”的使用空间。

① 建筑物的环境：要有洁净的空气、水源与土壤，不致受到不良自然环境的危害，也不易遭受自然灾害的侵袭。② 建筑物能够有效地使用水、能源、材料和其他资源，也就是说，要使能源和资源消耗降至最低程度。建筑物的围护结构、外墙、窗户、门与屋顶，应该采用高效保温隔热构造；充分利用太阳能；有良好的自然采光系统；气密性良好，夏季又有充分的自然通风条件。③ 回收并重复使用资源。从旧有建筑物中拆除的建筑材料，如砖石、钢材、木料和玻璃等，尽可能保护好，根据不同情况，力求回收利用，并积极利用其他工农业废弃物料。④ 建筑物的朝向、体形与室内空间布置：减小建筑物的表面积与其体积的比值，以减少采暖与制冷能耗；使建筑物朝向合理以获取更多的太阳热量；建筑物内房间设置及尺寸布置恰当，既提高居住生活舒适度，又节省能源。⑤ 尽量保持和开辟绿地，在建筑物周围种植树木，以改善景观，保持生态平衡，并取得防风、遮阴等效果。⑥ 重视室内空气质量。一些“病态建筑”就是由于油漆、地毯、胶合板、涂料及黏结剂等含有挥发性造成对室内空气的污染。通风不良又使吸烟烟雾、氡气以及浮游在空气中的细菌、人类和宠物的皮屑和微小的尘螨等引起人体不适或导致疾病。因此，围护结构保温效果好的建筑物，更应该注意良好的通风，新风在室内的流动对健康是必不可少的。⑦ 积极保护建筑物附近有价值的古代文化或建筑遗址。⑧ 建筑造价与使用运行管理费用经济合理。适用的先进技术，可使建筑运行费用较低，还有可能使建筑物造价得到节约。

（二）新型生态绿色住宅建筑

1. 生态建筑概念

① 生态建筑也被称作环保建筑、可持续建筑。生态建筑涉及的面很广，是多学科、多工种的交叉，是一门综合性的系统工程。

② 所谓生态建筑，是根据当地的自然生态环境，运用生态学、建筑技术科学的基本原理和现代科学技术手段等，合理安排并组织建筑与其他相关因素之间的关系，使建筑和环境之间成为一个有机的结合体，同时具有良好的室内气候条件和较强的生物气候调节能力，以满足人们居住生活的环境舒适，使人、建筑与自然生态环境之间形成一个良性循环系统。

③ 生态建筑应该处理好人、建筑和自然三者之间的关系，它既要为人创造一个舒适的空间小环境（即健康宜人的温度、湿度、清洁的空气、好的光环境、声环境及具有长效多适的灵活开敞的空间等），同时又要保护好周围的大环境——自然环境（即对自然界的索取要少、且对自然环境的负面影响要小）。

④ 以建筑设计为着眼点，生态建筑主要表现为：利用太阳能等可再生能源，注重自然通风、自然采光与遮阴，为改善小气候采用多种绿化方式，为增强空间适应性采用大跨度轻型结构，水的循环利用，垃圾分类、处理以及充分利用建筑废弃物等。

2. 绿色建筑概念

（1）在全寿命期内，最大限度地节约资源（节能、节地、节水、节材）、保护环境、减少污染，为人们提供健康、适用和高效的使用空间，与自然和谐共生的建筑。“绿色建筑”的“绿色”，并不是指一般意义的立体绿化、屋顶花园，而是代表一种概念或象征，指建筑对环境无害，能充分利用环境自然资源，并且在不破坏环境基本生态平衡条件下建造的一种建筑，又可称为可持续发展建筑、生态建筑、回归大自然建筑、节能环保建筑等。绿色建筑评价体系共有六类指标，由高到低划分为三星、二星和一星。

（2）绿色建筑十分强调室内外环境的和谐自然，互动协调。绿色建筑的室内布局十分合理，尽量减少使用合成材料，充分利用阳光，节省能源，为居住者创造一种接近自然的感觉。以人、建筑和自然环境的协调发展为目标，努力布局室外环境的自然利用并形成与室内环境的自然顺势衔接，在结合天然条件和人工手段创造良好、健康的居住环境的同时，尽可能地控制和减少对自然环境的使用和破坏，充分争取向大自然的索取和回报之间的平衡。

① 室内环境

● 温度问题。首先，热舒适明显地影响着工作效率。传统的空调系统能够维持室内温度，但是，近几年的研究表明，室内达到绝对舒适，容易引发出“空调病”问题，且消耗大量能源，增加氟里昂对臭氧层的破坏。绿色建筑则要求除保证人体总体热平衡外，应注意身体个别部位如头部和足部对温度的特殊要求，并善于应用自然能源。常采用的极大玻璃面建筑在夏季能发生温室效应，而在冬季发生来自冷玻璃面的低温辐射效应。除了冬夏空调设计条件外，要分析当地气候及建筑内部负荷变化（最好每个月每小时的变化）对室内环境舒适性的影响。

● 日光照明、声问题。同样的，室内光环境直接影响到工作效率和室内气氛。绿色建筑中引进无污染，光色好的日光作为光源是绿色光环境的一部分。但舒适健康的光环境同时应包括易于观看、安全美观的亮度分布、眩光控制和照度均匀控制等，因此应根据不同的时间、地点调节强光从而不影响阳光的高品质。健康舒适的声环境有利于人体身心健康。绿色声环境要求不损伤听力并尽量减少噪声源。设计时通常将产生噪声的设备单独布置在远离使用房间的部位，并控制室外噪声级。

● 空气质量。空气质量的好坏反映了满足人们对环境要求的程度。通常影响空气质量的因素包括空气流动、空气的洁净程度等。如果空气流动不够，人会感到不舒服，流动过快则会影响温度以及洁净度。因此，应根据不同的环境调节适当的新风量，控制空气的洁净度、流速应使空气质量达到较优状态。同时应有效减弱室内空气污染物，控制空气的洁净度。影响室内空气品质的污染物有成千上万种。绿色建筑认为要使空气中的污染物浓度达到公认的有害浓度指标以下，要使处于室内的绝大多数人对室内空气品质指标表示满意。

② 室外环境。绿色建筑创造的居住环境，既包括人工环境，也包括自然环境。在进行绿色环境规划时，不仅重视创造景观，同时重视环境融和生态，做到整体绿化。即以整体的观点考虑持续化、自然化、绿色化。除了建筑本身外还包括周围自然环境，生活用水的有效（生态）利用，废水处理及还原，所在地的气候条件。

● 绿色环境的地域主义。绿色建筑要考虑如何与所在地的气候特征、经济条件、文化传统观念互相配合，从而成为周围社区不可分离的整体部分。绿色建筑作为一个次级系统依存于一定地域范围内的自然环境，不能脱离生物环境的地域性而独立存在。绿色建筑的实现与每一个地域的独特气候条件、自然资源、现存人类建筑、社会水平及文化环境的和谐协调有关。

● 自然通风。自然通风即利用自然能源或者不依靠传统空调设备系统而仍然能维持适宜的室内环境的方式。自然通风最容易满足建筑绿化的要求，它一般都不用外来不可再生资源，而且常常能节省可观的全年空调负荷而达到节能以及绿化的目的。要充分利用自然通风必须考虑建筑朝向、间距和布局。例如南向是冬季太阳辐射量最多而夏季日照减少的方向，并且中国大部分地区夏季主导风向为东南向，所以从改善夏季自然通风、房间热环境和减少冬季的房间采暖空调负荷来讲，南向是建筑物最好的选择。另外，建筑高度对自然通风也有很大的影响，一般高层建筑对其自身的室内自然通风有利。而在不同高度的房屋组合时，高低建筑错落布置有利于低层建筑的通风，处于高层建筑风景区内的低矮建筑受到高层背风区回旋涡流的作用，室内通风良好。自然通风也是环境绿化的重要手段，是引进比室温低的室外空气而给人凉爽感觉的一种节能的简易型空调。

三、关于绿色城市、绿色建筑建设工程

（一）绿色建筑设计理念

1. 节约能源

充分利用太阳能，采用节能的建筑围护结构，减少采暖和空调的使用。根据自然通风的原理布置风冷系统，使建筑能够有效地利用夏季的主导风向。建筑采用适应当地气候条件的平面形式及总体布局。

2. 节约资源

在建筑设计、建造和建筑材料的选择中，均考虑资源的合理使用和处置。要减少资源的使用，力求让资源可再生利用。节约水资源，包括节约绿化用水。

3. 回归自然

一是绿色建筑外部要强调与周边环境相融合，和谐一致、动静互补，做到保护自然生态环境。舒适和健康的生活环境：建筑内部不使用对人体有害的建筑材料和装修材料；室内空气清新，温、湿度适当；居住者感觉良好，身心健康。二是绿色建筑的建造特点包括：对建筑的地理条件有明确的要求，土壤中不存在有毒、有害物质，地温适宜，地下水纯净，地磁适中；尽量采用天然材料；建筑中采用的木材、树皮、竹材、石块、石灰、油漆等，要经过检验处理，确保对人体无害。绿色建筑还要根据地理条件，设置太阳能采暖、热水、发电及风力发电装置，以充分利用环境提供的天然可再生能源。随着全球气候的变暖，人们越来越认识到，建筑使用能源所产生的CO_2是造成气候变暖的主要原因。节能建筑成为建筑发展的必然趋势，绿色建筑也应运而生。

（二）积极推进和引进绿色建筑

1. 降低绿色建设与使用成本

引进绿色建筑标准和技术时，就必须充分考虑绿色建筑的建设和使用成本问题，规定绿色建筑所采用的技术、产品和设施，成本要低，要对整个房地产的价格影响不大。值得一提的是，一旦应用了这些技术和设备后，投资回报率是很高的，因为住户可以最大限度地减少电费、水费和其他能源费的开支，一般5 ～ 8年之内，就可以把成本收回来。比如，德国一家公司援助的一项建筑节能改造项目，政府给每户出3000元钱，住户自己出2000元钱，国外援助2000元，总共一户投资7000元钱，对建筑进行了从外保温到供热、智能、玻璃、门、天花板和水循环系统的全面改造。改造后，住户一年所减少的开支就达到3000元以上，周边的许多老百姓也要求运用这些技术。

要突破一些认识误区，并不是现代化的、高科技的就是绿色的，把绿色建筑和建筑节能的发展道路定位在高端、贵族化，不会取得成功。事实证明把发展道路确定为中国式、普通老百姓式、适用技术式，绿色建筑才能健康发展。因为绿色建筑的标识不明确，人人都可以滥用，“绿色建筑”也就成为一些房地产开发商提高房价的欺骗性概念。应大力推广绿色建筑的规范标识，通过对建筑的节能、节水、节地、节材和室内环境的具体性能进行实测，给出数据有绿色建筑定量检测标准，明确对生态环境的保障。把绿色建筑从一个简单概念变成

定量检测标准，对达到标准的给予绿色建筑规范标识，这样伪绿色就会现原形，最终会退出市场。

2.立足现实走中国绿色建筑发展之路

中国新建建筑节能工作做得较好，基本遵循了绿色建筑的标准，但对大量既有建筑改造成绿色建筑的工作推进得不是很顺利，许多既有建筑仍是耗能大户。据建设部统计，新建建筑在设计阶段执行强制性节能标准的执行率和在施工阶段执行强制性节能标准的执行率均逐年明显提高，总共每年可节约700万吨左右标准煤。未来的30年之内，还要新建400多亿平方米的建筑，在现行建筑管理体系中，达不到绿色建筑标准就不得开工，所以新建建筑的节能只是执行问题，难度并不是很大。难度在于中国既有的400亿平方米建筑的节能改造，让既有建筑成为绿色建筑。

3.多方协力齐心推进

最新规定，凡是财政投资的项目，都必须达到建筑节能的最低标准，一定要应用建筑节能的标识；廉租房和经济适用房，不管哪个公司或机构建造，都必须是节能的绿色建筑，这需要政府去实施，也需要广大市民关心监督。建筑节能和绿色建筑，不能只停留在专家、政府官员和一些大企业、大城市，应进入寻常百姓家，要让老百姓知道什么是绿色建筑，不是有鲜花绿草、喷泉水池、绿化得好的楼盘就是“绿色建筑”。如果老百姓都能关注到建筑节能和绿色建筑，都注意到房屋的能耗、材料、对室内环境的影响、二氧化碳气体的减排，那么大家的共识就会形成绿色建筑的市场需求。有了市场需求，建筑节能和绿色建筑才能在全社会广泛地推广应用。

4.低碳建筑需要因地制宜

应当把握因地制宜的灵魂，走适合国情的低碳之路。通过自然通风、采光、围护结构，把墙和保温层加厚，让外面的冷空气进不来，里面的热量出不去，这样就能减少室内能耗。其中，玻璃窗的传热系数很高，是一个关键环节。因此要做多层多空腔窗，外层还可以涂低辐射膜，将太阳辐射热量反射出去。

目前有一种倾向，就是你用什么我也用什么。技术是没有高低的，只要适合当地，就是实用技术，就会有地方特征，可以避免千城一面。另外要解决室内环境控制问题。根据不同地区、不同要求，在建筑物剖面设计上有所考虑，做到有利于采光、通风，建筑师要成为绿色建筑设计的主导，要和暖通人员配合，提高空调设备的利用率，才能形成一个比较高效率的结果。

（三）关于走向绿色城市

1.绿色城市概念

绿色城市是充满绿色空间、生机勃勃的开放城市；是管理高效、协调运转、蓬勃上进的健康城市；是以人为本、舒适恬静、适宜居住和生活的家园城市；是各具特色和风貌的文化城市；是环境、经济和社会可持续发展的动态城市。这五个方面是绿色城市的充分和必要条件，也可以称之为绿色城市的五大目标，也是建设绿色城市的主要方向和内容。

走进绿色，拥抱森林，营造人与自然和谐相处的生态文明城市，是全球化时代城市发展的新潮流。绿色城市意味着污染全部控制、资源高效利用、人与自然和谐相处。绿色城市需要合理的规划布局，完善的基础设施体系，良好的环境质量。需要强调尽可能少的能源消耗、尽可能低的排放污染物的同时，进一步增强环保意识，保护生活环境。拥有绿色城市，

就是拥有健康生活，森林是人们理想的家园，要把发展城市森林提升到城市品牌战略层面来考量，以世界眼光和科学理念规划建设城市的绿色未来。

建设富有竞争力的绿色城市，让一个天更蓝、地更绿、水更清的美丽家园将以更加绚丽的姿态展现在市民面前，就要融入“绿色、健康、安全”的理念，就必须着力提升城市绿色竞争力。自然生态良好是城市最好的“名片”。

2.绿色城市规划的特点

在现代的城市规划中，绿化率成了硬指标，而仅仅只考虑绿化率的城市规划不能等同绿色规划。一般城市规划应该具有适合不同人居的住宅、完整而不同类别的使用功能、完整的街道系统、良好的开放空间、良好的交通导向和可以使用的绿地。绿色规划除了具备这些特点外，还应有其自己的特点。

（1）以人为本　生活在城市中的人们是规划建设的最终受用者，也是最佳评价者，在保护生态的前提下，以使用者而不是规划建设者或个别领导为本。规划是把居住环境跟老百姓的价值观很好地结合起来。规划一个城市的设施，必须考虑到当地人的习性，否则规划出来的空间很难被当地居民所接受和适应，不仅会带来极大的浪费，而且会阻碍城市的健康发展。

（2）保持生态与人文　规划设计最终的目的是为人类创造宜适性的空间，对自然的保护与人类空间的创造本身都是相辅相成的。有人提出，在中国做规划应该采用“四因二应”手法：因地制宜，因人而异，因山而起，因水而回，响应历史和呼应未来。在绿色规划中，水资源、生态保护和人对环境污染的控制就显得尤为重要。现代住宅讲究依山傍水，人们选择适宜居住的环境，城市因为人们的迁入而兴起，因为人们的迁出而衰败。“四因二应”的规划在以人为本的同时，有效地利用和保持了原有的生态和人文特点，将其融入到规划设计的思想里，以绿色思维为导向，将可持续发展进行到底。

（3）低碳、节能　绿色规划的思想归根结底体现在人与自然的和谐发展，在不破坏生态和人文环境的同时，秉持节能和可再生的原则，采用绿色建筑和节能材料，建设低碳的绿色城市。对城市的自然资源、居住条件、交通状况、工作环境、休憩空间等诸多问题进行科学合理的解决与实现，使城市在其使用周期内，最大限度地节约资源、优化环境和减少污染，为人们提供健康、宜居和高效的城市空间，创造与自然和谐共生的环境。

3.绿色城市建设内容

（1）绿化种树

① 城市园林。种草是最直观的绿色规划，早已被人们认可并转化为城市规划的硬性指标，并且已经发展为多样化的城市园林，成为城市中不可或缺的魅力风景线。城市园林给了都市生活的人们贴近自然的机会，从最初以欣赏为主的公园到现在随处可见的市区绿色空间，它以不可或缺是姿态走入人们的视野。房前屋后的块状绿地，道路两侧的“绿色走廊”，以及小区中的点缀花园都是形成城市园林的一部分。城市园林在实现生态效益的基础上，突出了艺术效果和审美价值，落实了生态环境良性循环。

城市森林公园属于新兴的城市绿化，是以森林景观、森林环境及其他相关方面作为生态、休闲、观光旅游的主要对象而设置的公园。公园内的森林以大面积的人工林或天然林为主体，保留自然景观特色，再根据需要进行适当整理布置。把森林引入城市，实现人与自然的协调发展，改善城市的空气质量，为都市人群缓解压力提供健康的休闲场所。我国第一座的森林公园是张家界国家森林公园，有“三千奇峰，八百秀水”之美称，是一座巨大的生物宝库和天然氧吧，是休闲旅游的好去处。

② 都市农业。都市农业的出现给城市中生活的人们增加了接触自然和与自然互动的机

会，有利于维护城市居民的身心健康。它是随着城市化水平和人们收入水平的提高而逐步发展起来的，是依托城市、服务城市、适应城市、满足城市人们各种需要的现代农业。都市农业的出现似乎是一个转机，它在调节城市生态平衡的同时，为都市中的人们提供了更为健康的生活空间，现代农业有效利用了城市完备的基础设施来促进自身发展。

（2）绿色建筑　绿色建筑是指在建筑的全寿命周期内，最大限度地节约资源，保护环境和与自然减少污染，为人们提供自然健康、适用且高效的使用空间，与自然和谐共生的建筑。绿色建筑的基本内容可以概括为：减轻建筑对环境的负荷，即节约能源及资源；提供安全、健康、舒适度良好的生活空间；与自然环境亲和，做到人及建筑与环境的和谐共处，永续发展。太阳能、风能的利用是目前最为普遍的节能技术，它们作为可再生的新能源，被广泛应用于发电技术，实现了节能建筑的电力自给。号称中国太阳能第一楼建筑的北京北苑太阳能示范工程，其能源全部采用太阳能。同时，绿色建筑还体现在建筑材料的节能上，随着科学技术的发展，越来越多的新型材料被开发应用，黏土空心砖、加气混凝土等新型墙体材料，玻璃钢、铝木复合、铝塑复合等节能门窗，这些材料的应用不仅降低了能耗，而且提高了建筑物的质量。

此外，技术创新也是绿色建筑必不可少的因素。席卷欧洲的“房屋呼吸系统”，在优化房屋空气质量的同时，将住宅的能耗进一步降低了。而且单户式空气置换系统的体积不大，噪声极低，每天24小时持续工作的运行费不超过人民币0.6元，成本极低，且不会危害人体健康。

绿色建筑顺应时代发展的潮流和社会民生的需求，是建筑节能的进一步拓展和优化。绿色建筑在中国兴起较晚，但是其顺应世界经济增长方式的转变，又是我国建立创新型国家的必然组成部分，日益体现出愈来愈旺盛的生命力，具有非常广阔的发展前景。“十一五”以来，在各级政府的高度重视下，全国各个省市先后通过了全面推进新建建筑节能和可再生能源建筑应用等一系列措施，积极推动绿色建筑发展，并取得了明显的成效。

4. 十大著名绿色城市建设示例

（1）阿姆斯特丹　特点：鼓励环保交通工具，阿姆斯特丹财政每年会拨出4000万美元的预算用于城市基础设施的环保改造。在阿姆斯特丹，37%的市民都骑车出行。不久前，该市市政厅还公布了一项限制旧汽车进入市中心的计划，规定从2009年年底开始，所有1991年前生产的汽车都将被禁止进入阿姆斯特丹市中心区域，以减少城市的空气污染。

（2）芝加哥　特点：氢气燃料、风力发电，当时的芝加哥市长从1989年上任以来一直带头植树，为该市创造了50万棵新树的环保纪录。2001年，芝加哥大规模推行的通过“屋顶绿化”储存太阳能和过滤雨水，以节省能源的举措取得很大成效，每年为芝加哥市政厅节约1亿美元的能源开支。市政厅还将位于市中心的机场改建为公园，并在千禧公园内建造了一座可容纳1万辆自行车的“车站”。芝加哥也是全美第一座安装氢气燃料站的城市。风力发电也是这座“风之城”最可利用的能源之一。

（3）库里提巴　特点：公交系统独特独到，巴西南部巴拉那州首府库里提巴市，是全球第一批被联合国列为“最适宜居住的5大城市”之一，早在1990年，就被联合国授予“巴西生态之都”和“世界3大生活质量最佳的城市之一”的称号。库里提巴市长是建筑师出身，擅长调整城市中的设施、布局，达到环保目标。他设计了一种独特的公交系统，候车站犹如巨大的玻璃圆筒，两头分别设出入口，且入口处设有旋转栅栏，以保证有序。公交车地盘与路面持平，使乘客上下车如履平地，以此吸引更多市民放弃私家车，乘坐同样方便舒适的公交车。此外，库里提巴市政厅早在数十年前就禁止市区和近郊兴建工厂。

（4）弗赖堡　特点：太阳能发电，弗赖堡是德国黑森林地区附近的一座小城。20世纪70年代，这里的市民曾拒绝在这里建核电站，因此，该市市民普遍环保意识都比较高。该市是成功将太阳能转化为能源的城市之一。无论市中心的车站、医院、足球场、还是城市花园和当地的酿酒厂屋顶或顶篷上都安装了太阳能电池板。1/3的市民出行选择骑自行车。此外，弗赖堡从20世纪80年代开始，就注意垃圾的回收利用，至今，该地区的垃圾数量已减少2/3。

（5）加德满都　特点：屋顶绿化、建筑限高，尼泊尔首都加德满都依然保留了昔日原始建筑风貌，但这座城市的环保措施，如“屋顶绿化”、利用太阳能发电和加热等，即使在一些欧洲主流城市也属于先进的理念和技术。此外，为了最大限度减少能耗，该市市政厅要求所有建筑高度限制在9ft（约2.7m）以下。

（6）伦敦　特点：征收车辆“环保税”，去年2月，伦敦市长肯·利文斯通宣布，计划在20年内将伦敦二氧化碳排放量减少60%，使其成为全球最环保的城市。新规划的改革措施覆盖家庭、企业、供电系统和交通4个领域，比如，要求伦敦居民将减少看电视的时间、换用节能灯泡，全城1/4的供电系统也将得到改造，一些发电站将被迁至居民区附近，以避免电力能源传输过程中的浪费。在交通领域，市政厅对于排量大的汽车征收每天25英镑的高额“环保税”，并在伦敦街头推出自行车出租服务。

（7）雷克雅未克　特点：氢燃料巴士、地热，冰岛地热资源丰富，在冰岛语中，其首都雷克雅未克的意思就是“冒烟的城市”，“烟”就是岛上温泉的水蒸气。冰岛在其首都大力推行地热和水力作为取暖和电力能源的措施，此外，还推动氢燃料巴士和“百公里耗油量低于5L的环保型汽车可以在市区免费停车”等环保活动。预计到2050年，雷克雅未克将彻底告别石油燃料，成为欧洲最洁净的城市。

（8）波特兰　特点：绿色建筑、发展轻轨，波特兰是第一个将节能减排立法律的城市。除了“绿色建筑中心”，该城市还大力推行环保交通工具，轻轨、巴士和自行车是波特兰市民主要的出行工具。为了鼓励更多市民选择亲近自然的生活方式，波特兰在城内开辟了近56万亩的绿地以及长为120km、供市民散步和骑脚踏车的专用道。

（9）新加坡　特点：“零能耗”建筑，作为亚洲的“花园城市”，新加坡在环保方面的努力一直有目共睹，长达12年的口香糖进口禁止令就是例证。2009年，新加坡第一座“零能耗”建筑竣工。这座由旧楼改造的建筑，能源利用率将比常规建筑高60%，屋顶采用总面积达1300m^{2}的太阳能板供电，并与公共电力网相连，可做到电力的互相补充，内部还装有感应器，能自动调节室内的冷气系统。

（10）多伦多　特点：LED照明系统、深层湖水冷却系统，早在2002年，多伦多为解决“热岛效应”（由于城市化发展，导致城市中的气温高于外围郊区的现象），就已开始在城市建筑的屋顶种上绿色植物，改善环境质量。多伦多宣布将用LED照明系统取代传统灯泡和霓虹光管，以节省用电，在维护夜景的同时，减少城市的光污染。此外，该市的一些建筑将利用安大略湖的湖水冷却降温，以缓解电力供应压力。

5.走向绿色城市

一个城市要有活力、魅力，那么绿色建筑最好的形象是和乡土建筑结合。活力通常表现在消费上，商业要发达，文化休闲要充分。城市的魅力取决于城市的轮廓线有没有秩序，以及尺度是不是宜人、亲切。人所关注的大多集中于建筑的地面两层。如果一定要建造高层，应该用行道树遮挡一下，这样城市才有魅力。当然，城市魅力要看历史文化的沉淀是否丰厚，以及自然景观是否优美，有了活力和魅力，人才会聚集，否则城市就是空城、死城，使用效率低，变成高碳城市，所以说高效也是低碳。

第二节　现代城市综合体建设工程管理

一、现代城市综合体

（一）现代城市综合体概述

1.城市综合体概念

（1）一般性描述　随着现代社会活动、城市功能及空间环境的变化，建筑越来越趋向于功能的多元混合与空间的综合利用，由此出现了一种新的建筑类型，即建筑综合体，是把多种功能的空间有机组合在一起的一幢巨型建筑，或几幢由联系体组合在一起的建筑群。综合体不但为人们提供了理想的办公、生活、社交的场所，而且它还能合理、有效地利用城市土地，减少交通负荷，提高经济效益、节省市政设施投资、减少城市经营管理费用及改善城市景观等。

（2）简单定义　城市综合体是将城市中的商业、办公、居住、酒店、展览、餐饮、会议、文娱和交通等城市生活空间的三项以上功能内容进行组合，并在各部分间建立一种相互依存、相互助益的能动关系，从而形成一个多功能、高效率的综合体。

通常城市综合体的六大业态是：H（hotel）酒店、O（office）写字楼、P（parking）公园、S（shoppingmall）购物中心、C（convention）会议中心和A（apartment）公寓，组成了一个新的合生词——HOPSCA。HOPSCA基本具备了现代城市的全部功能，所以也被称为“城中之城”。

（3）通用定义　当前相对比较广泛采纳的定义：城市综合体是以建筑群为基础，融合商业零售、商务办公、酒店餐饮、公寓住宅、综合娱乐五大核心功能于一体的“城中之城”（功能聚合、土地集约的城市经济聚集体）。但是随着时代的进步，越来越多源于城市综合体运作模式的综合体建筑不断演化出来，它们的功能比狭义意义上的城市综合体少，根据不同功能的侧重有不同的称号，但是可以都属于城市综合体。如：① 商务综合体，一般是CBD，酒店和写字楼为主导，未有居住物业；② 商业综合体——区域中心，以购物中心为主导；③ 生活综合体——郊区和新城，居住比例高于30%；④ 单一综合体——一为无住宅、公寓的纯综合体；一为单栋建筑多种功能；⑤ 综合体集群——一个以上的综合体复合体或商圈。

城市综合体基本具备了现代城市的全部功能。大型城市综合体适合经济发达的大都会和经济发达城市，在功能选择上要根据城市经济特点有所侧重，一般来说，酒店功能或者写字楼跟购物中心功能是最基本的组合。城市综合体与多功能建筑的差别在于，多功能建筑是数量与种类上的积累综合，这种综合不构成新系统的产生，局部增减无关整体大局。而城市综合体则是各组成部分之间的优化组合，并共同存在于一个有机系统之中。

2.城市综合体的产生原因

（1）城市功能要素结合有机性的要求　现代社会生活方式与城市功能运作方式需要较强的城市功能复合度，需要城市功能互补与联系，也需要各种城市功能空间互补性的有机结合，这是现代城市综合体产生的主要原因。城市的经济快速增长和发展，城市中的交流比过去增加，这些变化促使城市尺度发生变化，成为综合体的物质基础。现代城市功能要素相互联结，从一元变成多元，这种变化不是固定的而是更富弹性的，不是绝对的而是更加有选择性的，不是强制的而是更加自发的。大城市由于半径太大带来人与人交往的不便，而城市土地的集约化利用使得城市设施可以多用途、高效率地利用，同时也利于人与人的密切交往，这体现在城市综合体的三度综合开发。城市现代交通系统的发展赋予城市综合体重要的功能角色。高速交通工具的出现，改变了道路和建筑的关系，使得原有的城市结构无法满足现代社会的要求，而城市综合体可以适应这种变化。城市综合体是一个能把城市、交通和建筑加以联系与有机组合的结构系统，这里的结构不是支承建筑物的结构，而是把物与物之间联系起来的结构系统。就建筑或城市而言，即是把建筑和城市加以系统组织的一种结构和系统。

（2）城市建设规模的不断扩大与建造技术的日益成熟　现代城市的聚集效应，使得城市越来越大，这种扩大有两种方式：一是城市面积的扩大，二是城市单位空间容量的增加。在有限土地资源的限制下，城市单位空间容量的增加成为扩大城市规模的主要途径，集合多种城市功能的城市综合体作为提高城市单位空间容量的重要手段日益受到重视。新技术与新材料的应用使建造技术得到了大幅度提高，这也为大规模城市综合体的实现提供了有力支持。

（3）城市建设者与使用者的分离　自建自用的方式使城市建筑不可能容纳更多类型的城市功能。因为受经济能力与使用对象的限制，建造者与使用者为一体的建筑使用目的都比较单一，要么居住，要么办公，要么商业，在这样的条件下不可能产生超大规模的、对城市开放的城市综合体。现代城市地产的开发模式造就了建造者与使用者的分离，建造开发者有机会把多种城市功能纳入一个地产项目中，然后把它们以买卖或者租赁的方式提供给不同的使用者，从某种程度上说，这称得上是一种城市建造史上的革命，它为城市综合体的产生提供了操作程序上的可能性。

3.现代城市综合体的典型特征和类型

（1）城市综合体与传统城市功能分区的规划区别　长期以来，受传统的功能分区规划思想的影响，我国城市的土地利用通常是将不同的使用功能分开布置，如清一色的工业区、居住区、商业区、文教区等，虽然分区规划思想有一定的合理性，但其最大的弊端是忽视城市是一个联系密切的有机整体。城市的每一个功能要素既有一定的独立性，同时它们之间又是相互依存、相互补充的。例如，在一个居住区中，如果完全清一色的住宅，既没有相应的商业、文教、医疗、娱乐等配套设施，又缺乏便捷的道路交通系统。即使居住再好，也不会受到居民的青睐，因为生活极不方便，单一的住宅已不能满足人们日常生活需要。同样，城市的中心商务区如果全部被商务写字楼占据，没有高档酒店、餐饮、购物、公寓、政府办事机构等设施，办公环境将十分空洞无依靠。城市发展到今天，需要一个精神引领、资源共生、聚合增值的模式，将生活资源融入其中。城市综合体HOPSCA这一城市新形态就应运而生了。

（2）现代城市综合体的五大典型特征

① 超大空间尺度。城市综合体是与城市规模相匹配，与现代化城市主干道相联系的，因此室外空间尺度巨大，一般均具有容纳超大建筑群体和众多的生活空间。由于建筑规模和尺度的扩张，建筑的室内空间也相对较大，一方面与室外的巨形空间和尺度协调，另一方面则与功能的多样相匹配，成为多功能的聚集焦点。

② 通道树型体系。通过地下层、地下夹层、天桥层的有机规划，将建筑群体的地下或地上的交通和公共空间贯穿起来，同时又与城市街道、地铁、停车场、市内交通等设施以及建筑内部的交通系统有机联系，组成一套完善的“通道树型”体系。这种交通系统形态打破了传统街道单一层面的概念，形成丰富多变的立体街道交通空间。

③ 现代城市设计。应用现代城市设计、环境与行为理论进行景观与环境设计是城市综合体的重要特征。运用对建筑群体的深度表现打破传统建筑立面概念，通过标志物、小品、街道家具、植栽、铺装、照明等手段形成丰富的景观与宜人的环境。使建筑群体成为景观的主

体，同时又承载着城市文明与经济发展的历史责任。

④ 高科技设施。城市综合体既有大众化的一面，同时又是高科技、高智能的集合。其先进的设施充分反映出科学技术的进步是这种建筑形式产生的重要因素。室内交通以垂直高速电梯、步行电梯、自动扶梯、露明电梯为主；通信由电话、电报、电传、电视、传真联网电脑等组成；安全系统通过电视系统、监听系统、紧急呼叫系统、传呼系统的设置和分区得以保证。

⑤ 地标式建筑。城市综合体一个显著特点就是均在所在城市矗立了地标式建筑。如超高层酒店——济南万达广场180m高超白金五星级酒店；又如高层地标式双塔——无锡万达广场白金五星级酒店及酒店式公寓组成的玻璃雕塑双塔等。

（3）现代城市综合体的类型划分　大型城市综合体是现代城市社会、经济、环境等发展的必然趋势和要求，可将相关综合体划分为：① 城市CBD中心的城市综合体，如北京万达广场。② 交通枢纽型城市综合体，如上海五角场。③ 城市副中心城市综合体，城市副中心，是城市经济新增长点。④ 城郊结合部城市综合体。由于很多的大城市市区已经没有能够找出占地5万平方米以上的地块，因此很多城市综合体最大的选址可能是在城郊结合部，如上海世茂蝶湖湾。

（二）现代城市综合体系统分析

1. 城市综合体系统功能模块总体分析

（1）系统功能总体划分　城市综合体是“城中之城”。这就决定了在总体上它与整个城市实际上具有相对应的功能系统，只是现代条件下更集约、更综合、组合更优化而已。于是可以把城市综合体系统分成为两部分：一是作为该城市综合体的支撑性、基础性、公共性服务功能空间平台。包括不可或缺的城市交通功能，以及给排水、供电、供暖、环卫、环保（有时包括园林绿化）、邮电、能源等功能平台。二是作为综合体内各类建筑发挥特定社会、经济、文化、环境运作功能平台，比如零售、商务、酒店、居住等。这里可以相应地总结为酒店旅馆，商务办公及写字楼，公园与园林绿化，购物中心与商贸零售，会议场馆、展览中心等，公寓、居民小区等居住建筑等一般称为城市综合体的六大业态（即前述合生词HOPSCA）。

（2）城市综合体系统功能模块划分图　见图19-1。

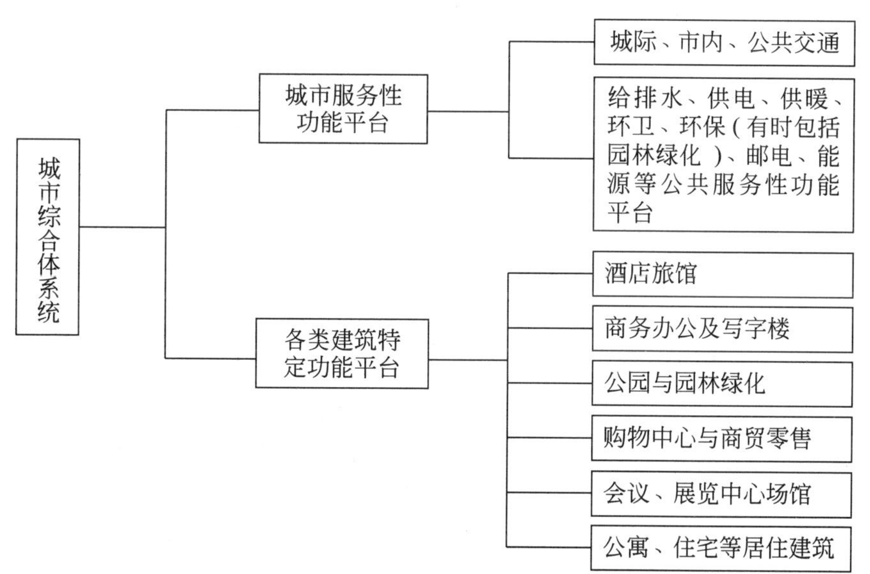

图19-1　城市综合体系统功能模块划分图

（3）城市综合体的业态功能分析

① 商业功能。商业零售与人们的日常生活最密切，形成城市范围的市场并吸引和支持其他功能。零售更主要的是提供生活性、愉快性和丰富性，以满足人们的多样化选择，并形成热闹繁荣的街区。能够充分满足各类阶层的消费需求。

② 商务办公功能。商务是现代城市的主要功能，操纵着城市大部分资金流和物流方向。一个区域空间能否提供充分、便捷的商务空间，决定着这一区域的城市地位和功能。城市综合体应用高规格空间满足不同企业的商务需求。企业的级别通常也能体现出城市综合体的高度。

③ 居住公寓功能。居住是城市开发的基本成分，是解决市中心居住问题，避免每天上下班长途跋涉造成交通拥挤和能源浪费的有效办法，同时居住为城市街区提供安全的生活空间。城市综合体的开发应为了节省时间和其他各类资源，完成综合体的聚合效应，满足了城市其他阶层人士的居住需求。

④ 酒店接待功能。酒店是综合体中最赢利的项目，它为综合体提供流动的“居住”人口和活动的人，并提供娱乐设施和夜间服务，24小时的服务使项目保持持久的繁荣并增加其活力。

⑤ 休闲活动广场。休闲文化广场、公园会给城市综合体形成一个缓冲区，可以聚集人气。

⑥ 其他公共商务活动功能。如会所、展厅、电影院、交通枢纽等。但是通常全部具备这些功能的城市综合体比较少，这点与商业的经济利益有直接关系，对于营利性不高或非营利性的功能空间，开发商通常不考虑。

⑦ 特殊功能。特殊功能是一个城市综合体所独有的不可能为每一个城市综合体都必备的功能，亦称综合体的软性功能，它反映了综合体的特性，是城市综合体核心竞争力——通过对稀缺的、不可复制的要素和资源进行配置和利用而形成的能力（包括聚集能力，辐射能力、流通能力和增长能力）。如以北京的国贸为地标象征的CBD综合群以及社区型综合体的典范上海社区型综合体大拇指广场。

2.城市综合体的一般特征分析

（1）具备超大的空间尺度　占据空间巨大是城市综合体的一个明显特征。城市综合体是与城市规模相匹配，与现代化城市干道相联系的，因此室外空间尺度巨大；由于建筑规模和尺度的扩张，建筑的室内空间也相对较大，一方面与室外的巨形空间和尺度协调，另一方面则与功能的多样相匹配，成为多功能的聚集焦点。

（2）具有系统功能总体协调配合性　城市综合体自身可以实现完整的工作、生活配套运营体系。其拥有城市的多重功能：商务办公、居住（包括酒店、住宅、居住公寓等）、商业、文化娱乐消费、完善的交通出行系统，一般是相互配套、协调运行的，系统内各功能之间联系紧密衔接，互动循环补充，形成城市综合体的功能多样性和多功能协作复合性。

（3）拥有通道树型空间立体交通体系　一般综合体内高层建筑居多，各建筑、各建筑群间联系数量多、要求高，立体交通联络体系应运而生。通过地下层、地下夹层、天桥层的有机规划，将建筑群体的地下或地上的交通和公共空间贯穿起来，同时又与城市街道、地铁、停车场、市内交通等设施以及建筑内部的交通系统有机联系，组成一套完善的“通道树型”体系。这种交通系统形态打破了传统街道单一层面的概念，形成丰富多变的立体街道空间。

（4）应用了丰富多彩的现代城市景观设计手段　通过标志物、小品、街道家具、植栽绿化、铺装、照明等手段形成丰富的景观与宜人的环境。街道小品、布景、店招、街头广告等的功能日趋追求综合效益，其细部设计越来越符合人体尺度的要求，布置的位置、方式、数量更加考虑人们的行为心理需求特点。街道街区相关小景点、建筑及绿化小品与周围的环境配合更加协调，从而丰富了街道空间景观；街头设施用材、亮化等考虑了环保节能要求，做到与环境的和谐和可持续发展的良性循环。

（5）高新科技成果设施得到及时集成应用　城市综合体通过引进和应用先进的高科技成果和设施，不断创新建筑形式与功能，取得优良的使用效果。室内交通以垂直高速电梯、步行电梯、自动扶梯、露明电梯为主；通信系统由电话、电报、电传、电视、传真联网电脑等组成；安全系统通过电视系统、监听系统、紧急呼叫系统、传呼系统的设置和分区得以保证。

（6）满足高可达性要求　城市综合体通常位于城市交通网络发达、城市功能相对集中的区域，如位于城市CBD、城市的副中心或规划中的城市未来发展新区，拥有与外界联系紧密的城市主要交通网络和信息网络，从而拥有了方便、快捷、高效的信息联系、传输、储藏、查找、保密等处理技术、设施和手段，满足了城市综合体系统对信息交流、交互、交接等处理的快捷、高效、高质等高可达性的信息处理要求。

（7）系统风貌与环境整体的统一性　城市综合体是主要以高层建筑和高层建筑群为主体构成的城中之城，这种地域上的集中、规划上的同一、系统内部联系的相对紧密、资源和公共服务设施条件的类似和集约使用、发展模式的相互配合协调充分等因素，使城市综合体自身特色、风貌、景观、环境影响呈现出明显的统一性和协调性。城市综合体中建筑风格的统一协调，各个单位建筑的配合合作，互相之间的影响联系，也导致城市综合体建筑与外部空间整体环境的协调、有序和统一。

（8）引导土地使用的优化均衡性　城市综合体是个多功能、多因素的生活、生产、经营等活动的复杂大系统，在相对统一规划、建设和运营、发展进程中，在综合体内各相关功能在相互紧密联系互动，同时相互配合支持下，客观存在能够自然协调并且相关资源能够优化组合的有利条件。这促进城市综合体倾向均衡的土地使用方式和最大限度地利用土地资源，就是避免土地过分集中某一特定功能，不同种类的土地相对均衡地分布于不同功能的建筑群；也可以兼顾到不同时段对综合体中各个功能的不同使用，例如昼夜之间，工作日和周末之间不同时段，会对商务、商业、居住、娱乐消费产生不同的需求，城市综合体可以顺利地接受、容纳和利用这一点。

（9）系统空间具有结构上的连续性　城市综合体在相对集中的地域上运作发展，存在着内部空间结构的连续性，这一方面主要是指空间功能结构的平面延续性，比如不少商贸、商务、办公、展览、会议等活动平面延续和伸展情况是相对较多而必要的；但另一方面更重要的是指客观上在综合体系统内人流、物流、信息流一刻不停地在立体空间范围内连续流动着，在流动中进行着、运输、传递、交互作用等活动。这种平面和立体空间的连续流动作用，有效方便和提高了综合体功能发挥所必需的运作、联系、交流、互动、协作工作的效率和效益。

（10）存在内外部交通网络联系的完整性　城市综合体内部自身拥有复杂的、完善的交通体系，通过立体交通网络的建立，使内部各不同功能的建筑有机结合。城市综合体对外界的交通依赖性较强，其外界的交通体系直接影响到综合体内部不同功能的使用效率和规模。如果不能保证综合体内交通运输流动应用的网络完整性，交通拥堵将给城市综合体的正常运转带来严重破坏性甚至是灾难性的影响，这是不能掉以轻心的。

（11）可能带来十分巨大的社会效益　城市综合体具有一般城市系统所难以企及和达成的集约发展优势，也有其他一般城市系统所难以企及和达成的基础和公共服务设施条件优

势，还有其他一般城市系统所难以企及和达成的高新技术及成果的应用优势、产业化优势。因此，城市综合体作为城市系统核心化、集约式、创新产业型的“城中之城”，起到巨大的示范、引领、带动作用，带来十分巨大的社会效益，这里没有仅仅单纯考虑经济因素，而是从整个城市发展来研究分析城市综合体的重要发展意义。例如，上海卢湾区太平桥改造项目，其启动区上海新天地商业旅游项目，因其成功的商业运营模式和效果，更成为上海海派文化、建筑、旅游的标志性项目，成为上海市的一张文化标签和名片。

（12）还具有巨大升值潜力空间　一个成功的城市综合体项目的开发及运营，会带来巨大的社会价值，为开发商、运营商带来巨大的品牌价值，同时作为地产物业的城市综合体，随着城市的不断发展，其物业自身也具有升值潜力。例如，上海太平桥改造项目，开发商在成功开发上海新天地后，带动周边土地的升值。新天地物业通过成功商业运营，自身价值也有所提升，开发商更通过此项目产生的巨大社会效应，产生良好口碑和巨大的品牌效应，创造开发商“拿好地”的新模式。

3.城市综合体建设发展成因分析

城市综合体的产生和由来，可以说是为满足城市的不断发展，城市化进程不断加速，城市生活、工作方式不断进步转型的需要而逐步萌发、成型、生长，进而发展壮大而成的，不是一夜之间拔地而起的，这正应了那句关于城市建设的古老的话，就是“罗马不是一天之内建成的”。城市综合体的生成、生长可以主要追索到如下几个方面。

（1）应运应势而生　城市是聚集的产物，这种聚集从根本上讲，是人流、人口的聚集，是城市化进程不断推进的重要标志。城市化导致人口不断向城市集聚，一般集聚的中心就容易形成“城中之城”；另一方面，现代都市中，习惯快节奏的人们需要在一个方便、快捷、经济、集多种功能于一体的综合空间里，享受高效率的生活和工作，于是城市综合体便应运而生。

（2）应地应时而生　城市综合体的出现是城市形态发展到一定程度的必然产物。因为城市本身就是一个聚集体，当人口聚集、用地紧张到一定程度的时候，在这个区域的核心部分就会出现这样一种综合物业。人们在城市是如何集聚的呢？当然是向“好地方”聚集，什么是“好地方”，当然是地理位置好，工作生活方便的地段，比如交通方便、离工作地点近，还比如说就医、就学、购物方便的地方，人们乐意向之聚合。

优越的地段和区域催生了城市相对集中（中心）区域，城市综合体依地段而生，城市一般都在CBD区域建有高档次的复合建筑楼群，其功能不能是单一的，而是复合性的，从这一点来看，CBD本身就是一个综合体。如北京万达广场就是一个典型的CBD区域的城市综合体。以北京的CBD规划方案为例，CBD整个建筑规模控制在1000万平方米之内，写字楼约占50%，公寓占25%左右，其他25%为商业、服务、文化及娱乐设施等。从一个大的综合体理念开始，再通过一个个小综合体的建设，最后形成一个大综合体，共同促进CBD的整体建设。

（3）应人应需而生　人流、人口的汇聚聚合，催生了城市综合体。而现代城市发展的新情况更进一步促进了对城市综合体的真实需求。由于城市顾客群大多从事脑力劳动，具备一定的物质基础，有追求高档住宅的能力与强烈的意愿，并且一般受过良好教育，具有较强的专业知识和职业能力及相应的家庭消费能力，大多追求生活质量，向往高品质的生活。

自然而然，集公寓、商场、休闲、娱乐、主题公园于一体的城市综合体物业的需求渐成热点，城市综合体就在这样的背景下应运而生。

（4）应降低成本而生　在城市核心区域为了降低综合商务成本而为之，比如在一幢高层建筑内集合办公、餐饮、商业等服务场所的独栋式综合建筑体，这种综合建筑体也属于城市综合体。随着开发商开发规模的不断增大，规划了办公、居住、商业设施等多种独立场所，并通过一个连廊或其他各种形式将它们联结在一起，形成新型的独立式的城市综合体。

二、现代城市综合体开发建设

（一）开发建设基础及理念原则

1.开发对象（综合体）业态规划的基本原则

（1）定位优先的原则　单个综合体或购物中心的业态组合须服务于公司整体战略的发展要求。购物中心业态的选择与配比规划须符合城市综合体的整体定位，满足商家的经营需要和消费者的消费需求。综合体或购物中心的定位包括三个层面，即企业发展战略、城市综合体的政府规划、市场需求分析。

（2）功能性选择是业态组合规划基础的原则　综合体（购物中心）用地条件因周围的商业环境与竞争态势的不同，其功能结构也将有所区别。对于位于城市中心区的综合体，购物中心、写字楼、酒店、公寓等业态的比例相对比较均衡，而位于市郊的综合体，住宅、购物中心等业态比重较大。位于城市中心区的购物中心，购物、餐饮、休闲娱乐等功能业态相对突出；社区型购物中心，目的性消费较强的零售类业态会比较多；郊区型的购物中心，主题性消费更强，娱乐体验类消费业态则更加丰富。

（3）遵循业态之间的相关性原则　业态相关性是确保客流顺畅、提升总体销售收益的重要途径，相关业态布局与相互衔接时各业态间能否有效互融十分重要，关系到购物中心内消费的舒适性及流畅性，而直接影响到顾客在购物中心逗留的时间及消费的客单总量。业态的互融相关性通常情况下从两个角度进行思考：一是从业态的相容集聚性方面考虑，比如玉石、金银饰物、工艺品等是类似的业态，集聚在一起容易形成市场规模范围，也方便吸引消费者；二是从业态交互互补性和配合协作性方面考虑，比如宾馆与餐饮的相容性、协作及配合性就很高了。要考虑不同业态间的相互补充、促进、协作和配合，从总体上系统考虑提高共同效益的解决方案。

（4）注重长期租金回报能力（商家承租能力）的原则　长期租金回报能力的评估是业态和品牌规划的前提，各业态的行业盈利能力是重要参考，不同的业态，其行业的平均盈利能力有很大的区别。通常情况下，低毛利业态的客流带动能力比较强，而高毛利业态承受租金的能力较强，但客流量有限。大众型购物中心需要在高毛利业态和低毛利业态方面进行平衡，一般通过低毛利业态拉动客流，用高毛利业态获取租金。

（5）规划中注重空间资源的约束性研究原则　空间资源的约束是在业态规划中必须面对的课题：如何利用有限的租赁空间创造更多的长期投资价值，这要求做到有所为有所不为，在目标客群和相关业态的选取上必须有所取舍，并根据市场的需求适时调整。

（6）业态组合是一个永远的动态过程的原则　综合体中购物中心内的业态则可能会有比较大的弹性。购物中心发展的不同时期，由于其面临的任务与挑战不同，业态和品牌作为实现目标的工具，必定会有所变化。购物中心开业初期更多的是关注购物中心整体品牌的知名度以及其对周围消费群体的吸引能力，在业态规划与配比上，更多会考虑那些能迅速促进“稳场”与“旺场”经营的业态与品牌；而对于步入稳定成长区或成熟区的购物中心，更多考虑的是购物中心的品质和持续盈利能力，这时候对业态和品牌肯定会有更高的要求。

2.城市综合体选址和建设条件

（1）城市综合体项目选址的三条标准

① 项目所在位置为城市核心区，有人流和消费基础。② 项目位于城市中心，是城市经济新增长点。③ 位于新开发区。

城市综合体项目选址一般应符合上述标准至少之一。

（2）城市综合体一般应作好必要准备，以满足下述建设条件。

① 必须有营造园林景观的基础。大型城市综合体必须有大面积的绿化作为其营造园林景观的基础。

② 必须具有交通便捷的区位优势。城市综合体与城市的经济有着密切的联系，这一切都需要与城市其他区域之间有快速便捷的交通网络做纽带，保证在综合体内的办事人员出行的便利性，最好位于地铁站或交通便利位置。交通的便利将为城市综合体项目带来大量的人流和物流，特别是为零售提供持续不断的人流，保证所有资源使用的最大化。

③ 必须营造齐备的生活系统。为满足城市精英阶层的居住、消费、休闲、娱乐、社交多种形态的生活需求，大型城市综合体建筑必须拥有齐备的生活系统，必须具备一定规模的大型购物中心、五星级酒店和国际化写字楼。

④ 因为综合体建筑包含多方面内容，所以一个综合体要有自己的专业的物业管理公司，引进最为专业的合作伙伴，共同管理项目，为业主提供周到的服务。

3. 城市综合体开发建设的理念归纳

主要归纳为城市综合体的功能优化组合原则、主导因素牵头原则、多要素集约融合原则。

（1）优化组合原则　即多功能综合建筑远不能等同城市综合体，城市综合体不是多功能建筑的集合，而是城市各种功能区域、主体的有机的优化组合，一般是城市商贸、金融、宾馆、娱乐、餐饮、办公，甚至园林、会议、体育等等功能区域、系统的相互连接、组合、建构。城市综合体是城市各种建筑、设施组合的有机大系统，基本独立发挥着一个现代新型城市的功能。因此，城市综合体的开发建设不是城市各种功能的简单增加、堆积和集中，而是城市综合体各建筑或建筑群多功能的优化组合，是有结构、有协作、有配合、有交互支持的功能体的优化组合，成为一个有机的、可持续发展的、实现良性循环的城市综合体系统。

（2）主导因素牵头原则　这一点与现代城市综合体的类型密切相关，比如城市CBD中心综合体主要是以商业、居住业态为主导功能的城市综合体系统；交通枢纽型综合体则是以交通枢纽为核心而开发建设的城市综合体系统；城市副中心综合体自然是以该城市经济新生长点的城市副中心为核心成长壮大的城市综合体系统；城郊结合部综合体是指地理位置在城郊结合部并依托此位置的某些优势建设发展的城市综合体系统。因此，城市综合体的开发建设要十分注意围绕主导因素或核心因素，积极组织、布局，优化组合，调动一切积极因素迅速高效跟进，以主导因素牵头，善为统筹，发挥主导因素或核心因素的带头、示范和拉动作用，实现城市综合体开发建设的创新、可持续、良性循环的优化发展。

（3）多要素集约融合原则　城市综合体代表着城市的未来发展方向，代表着城市科技创新、产业转型、环保升级、服务换代的前沿。因此，将城市建设发展的最新成果，如绿色、环保、节能、智慧建设的最新成果，加快转移、升级、运用到城市综合体开发建设的方方面面，极大推进城市综合体的社会进步、经济发展、环境升级，并成为中国城市发展进步的引领和排头兵。

（二）现代城市综合体开发建设及经营模式

1. 城市综合体开发建设的演进阶段

（1）建筑综合体的雏形　19世纪早期的法国巴黎“Walk-up”住宅，可以说是综合体的最初模式。这种建筑的底层用作商场、餐馆、咖啡厅和剧院，楼上的四层或五层是公寓用房。街道的底层有一个连续的拱廊，以保护顾客不遭到风雨的侵袭，同时，在视觉上有一个统一的街道立面。后来，这种多功能的商业居住模式得到了进一步发展。如公寓街区水平地汇集成一个长长的、连续的商业街。两边有人行道，上面加玻璃顶，而街道的两端是敞开的。这种封闭的通道或柱廊，使商业街与城市道路网格编织在一起，并很好地与现存的建筑物结合，使那些既窄又深的街道场地得到了综合利用，为居民提供了新的步行街区，更使原来沉寂的街区中央获得了盎然生机。

（2）第一代建筑综合体 20世纪30年代中期，美国纽约建成了洛克菲勒中心，它可以说是美国最早的大型多功能综合体之一。其中包括70层的大楼，周围由15幢建筑组成的建筑群。

其主要特点如下。

① 建筑组合形成的城市空间，是市民公共生活、文化娱乐的场所。低于街道层的地下步行系统与商场大厅、地下铁道及各种不同用途综合楼相连接。

② 整个中心占数个街区。

③ 大楼一端，邻接一个辟作花园的下沉式广场。

④ 中心内各大楼的基本格调和标准尺寸与RCA Radio Building无线电大楼基本一致。

（3）第二代建筑综合体 20世纪60年代初期，工业化国家城乡之间，生活条件的差异已经开始消失，中产阶级远离城市到郊区居住，强烈要求从各方面提高生活舒适度。在这种形势下，首先促使城市郊区的综合体与步行商业街（Shopping Mall）结合起来，如美国的休斯敦长廊（The Galleria Houston）建于20世纪60年代初。长廊内设办公、旅馆、商店等，是一个综合的商业中心。

这一时期，综合体的主要特点是：① 车行、人行完全分开；② 结合步行商业街，而多有盖顶；③ 有的将商场放到地下，使其可以在地下穿过好几条地面上的马路，互相连成一片。

（4）第三代建筑综合体 出现于20世纪60年代末到70年代，主要以中庭为标志。它是根据人们的喜好和活动要求而进行设计的。不仅具有第一、第二代综合体的优点，而且中庭具有空调、阳光和绿化，空间具有趣味性。有代表性的有美国明尼阿波利斯的IDS中心，该中心建于1973年，高57层（235m），中心的中庭被称为“水晶院”，大体是五边形的空间，上层有回廊，它既是人流交通的广场，又起到吸引顾客的作用。

2.城市综合体开发建设对开发商的要求

（1）对开发商资金实力的要求 城市综合体从建筑的规模上看，小规模在20万～30万平方米，大规模在60万～80万平方米；从建筑的功能档次看，主要都是大型购物中心、五星级酒店、甲级写字楼及高档住宅及公寓。从投资周期看，大型购物中心及五星级酒店通常要长期持有，只有写字间及公寓、住宅可以开发后快速变现，因此对开发商的资金实力要求较高。如杭州万象城建筑面积55万平方米，将以“万象城”购物中心为核心，建成集大型购物中心、甲级写字楼、五星级酒店、高档公寓及住宅等功能为一体的都市综合体，总投资预计超过40亿元人民币；北京万达广场总建筑面积52万平方米，是集高级公寓、五星级酒店和5A级写字楼以及包括多个大型国外商业品牌店的大型购物中心于一体的城市综合体，总投资40亿元人民币。因此城市综合体项目比较适合的开发商是实力雄厚的企业、财团或背后有基金支持的大公司。比如，万达集团由麦戈理万达基金支持。“华润置地”由拥有多家海内外上市公司的华润集团强大资金支持。凯德置地由拥有嘉茂、嘉康和雅诗阁三个房地产信托基金的新加坡嘉德置地集团支持。

（2）对开发商开发节奏的要求　城市综合体作为高投入、多功能、多业态、大体量建筑群，要求开发商分期开发。通常先开发可以拉动项目价值及可以收回资金部分，再通过品牌提升及资金滚动开发其余部分。如杭州万象城一期启动的是近20万平方米的商业和10万平方米的住宅。二期启动的是酒店及写字间。中国国际贸易中心一期开发高档酒店，二期开发甲级写字楼、公寓以及大型商业购物中心，三期又是甲级写字楼、酒店和商业，基本是持有。

（3）对开发商配套资源及经营能力的要求　城市综合体从功能上一般包括大型购物中心、五星级酒店、高标准写字间及高级公寓或高级住宅。开发商是否具备配套资源及经营能力也是一个重要课题。比如是否具有大型商业中心的管理能力及大型品牌主力店、旗舰店招商资源，是否具有五星级酒店管理能力或酒店管理战略合作伙伴，是否具有大型写字楼管理经验或大型物业管理战略伙伴，是否具备数十万平方米建筑群综合运营管理能力，上述各方面都是制约开发商的条件，要求开发商不仅能有大量资金开发项目，更重要的是要求开发商拥有能力去运营综合项目。

（4）对开发商人才团队的要求　城市综合体作为大体量、多功能、高投入项目，对开发商人才团队也有很高要求。如何融资及作好财务规划，如何作方案规划与设计，如何能在技术上保证支持，如何能保证施工质量，如何做营销策划与推广，如何招商与运营，如何统筹整合各方面资源，这些方面都对开发团队各方面人才提出高标准要求。

3.城市综合体开发建设基本模式

① 模式一：酒店、写字楼、商业、住宅（公寓）等功能均衡发展模式。采取这种模式发展的项目有香港太古广场、北京华贸中心、鸿路明珠国际城等。

② 模式二：以写字楼为核心（主导因素）功能发展模式，如北京银泰中心、广州中信广场等。

③ 模式三：以酒店为核心功能（因素）的发展模式，如上海的上海商城等。

④ 模式四：以商业为核心功能（因素）的发展模式，如深圳的华润万象城，日本的福岗博多运河城等。

4.城市综合体开发建设资金运作模式

主要以国外经典案例为例。

（1）“独立”开发模式　这一模式产生于早期工业化时代，资本主义原始积累产生了大量财富，一些大财团和政府纷纷通过建设都市综合体来彰显自己的实力。最典型的例子，美国“洛克菲勒中心”由洛克菲勒财团兴建；法国巴黎德方斯区由法国政府兴建。这种开发模式的特点是投资主体单一（多为财团或政府），合作机构比较少（主要是建筑承包商、设计公司等），功能也相对比较简单。

（2）“合资-公共财政补贴”模式　这种模式一般是对旧城商业中心进行改造时，单个开发商力量比较薄弱，因此政府给予优惠政策，包括一系列公共财政补贴、无息贷款等政策，由开发商合资或合作进行开发，达到复兴旧城的目的。这一模式在20世纪70 ～ 80年代日本的城市综合体开发中比较常见。如日秕谷商业区、池袋日之出大街、新宿“西口商业会馆”等。这一模式的特点是公私合作、各取其利，相关的合作单位也比较少，功能性较强，但专业性不够。再如国内上海新天地的片区改造、北京前门改造也类似于这种模式。

（3）“合作链”开发模式　现代城市发展对城市综合体要求越来越高，它是城市功能组合体，是一种典型的房地产形态，而不是广泛意义上的建筑形态。城市综合体强调城市、建筑和市政配套、交通的综合发展，更大程度上是城市环境、建筑空间有机结合，构成一个连续协调的空间。合作链模式既能够整合合作双方的各自优势，又同时搭建了城市综合体开发商业模式的全新平台。例如华润集团和新鸿基集团联合开发的“万象城”品牌。

三、城市综合体开发建设与经营实例

（一）十大著名城市综合体实例简列

因没有查到评选来源，这里列出2016年最新中国十大著名城市综合体，仅供参考和进一步检索。

（1）最国际化的综合体——香港IFC　总建筑面积44万平方米，业态组合办公、购物中心、酒店，现为恒基总部，楼高210m，香港第一高楼。

（2）最高地标综合体——台北101　总建筑面积37.5万平方米，购物中心19.6万平方米，写字楼18.8万平方米，楼高509.2m，地上101层。

（3）最巨无霸综合体——福州东二环泰禾广场　总建筑面积150万平方米，相当于210个足球场大，业态组合奢侈品购物中心、泰禾新天地、文化娱乐集群、世界级酒店集群、市中心商务集群、高端奢华住区。

（4）全球最大LED天幕——苏州圆融时代广场　总建筑面积51万平方米，包括写字楼、购物中心，巨型LED天幕长500m，宽32m，号称“世界第一天幕”。

（5）百年旧区改造最成功的综合体——上海新天地　中西融合、新旧结合，扩容后100万平方米，业态包括酒店、商业、住宅、写字楼。

（6）商业规划最合理的综合体——深圳万象城　总建筑面积55万平方米，购物中心18.8万平方米，包括5A写字楼、五星级君悦酒店、国际名品商业街、高端住宅。

（7）设计最前卫的综合体——银河SOHO　银河SOHO综合体，总建筑面积46.6万平方米，包括购物中心、商铺、写字楼、SOHO公寓等内容。据说开盘当天，银河SOHO销售额达46.75亿元。

（8）硬件设施最高端的综合体——北京银泰中心　总建筑35万平方米，中央主楼249.9m长安街沿线最高，包括高端酒店、高端写字楼、高端商业、高端住宅。

（9）商铺租金最贵综合体——北京东方广场之东方新天地　总建筑80万平方米，包括8栋写字楼、3个酒店含五星级君悦、1个大型购物中心，租金4000元/（m^2·月）。

（10）最四通八达的交通枢纽综合体——上海虹桥综合交通枢纽　占地26平方公里，建设有高铁、城际和城市轨道及其配套服务设施。

（二）城市综合体建筑与商业业态示例

以中国国际贸易中心为示例。

1.总体概况

（1）基本简况　中国国际贸易中心（以下简称“国贸中心”）位于北京商务中心区核心地段，是中国规模最大的综合性高档商务服务企业之一，国贸中心地处北京商务中心区核心地段，占地12hm^2，总建筑面积56万平方米（国贸中心一期、二期工程），集办公、住宿、会议、展览、购物和娱乐等多功能于一体，是众多跨国公司和商社进驻北京的首选。

（2）位置与占地情况　位于东三环中路与建国门外大街交接构成的金十字黄金地带，是北京商务中心区的核心，其具体用地范围为：东至东三环中路西侧，西至光华机电大厦东侧，南至建国门大街，北至光华路南侧。总体占地面积达到17hm^3，总建筑面积达110万平方米（国贸中心一期、二期与三期工程总合）。项目分三期开发建设而成。

国贸中心地处北京东长安街延长线与东三环路交界处，毗邻使馆区，与天安门广场近在咫尺，距首都机场只有25min车程。国贸地处北京中央商务区的核心部位，周边的国贸立交桥四通八达，是首都北京东部的交通枢纽。地铁国贸站与各线地铁相通，多条公共汽车线路从门前通过，地理位置优越，交通十分快捷。

（3）主要经营发展情况　国贸中心始建于1985年8月，1990年8月30日全面开业，由对外贸易经济合作部所属鑫广物业管理中心和马来西亚郭氏兄弟集团所属香港嘉里兴业有限公司共同投资兴建。自开业以来，国贸中心已成功地举办了各种国内、国际性展览、博览会近400个，每年举行各种国际、国内会议、活动4700多场，其中中外部长级以上贵宾出席的高规格、高档次的政务、商务活动四五百次。与此同时，国贸中心还接待了许多国家的国家元首、政府首脑、重要国际组织及其常设机构的负责人以及各国商业巨头和社会知名人士等。

国贸中心写字楼是北京市首屈一指的顶尖甲级写字楼，中国大饭店的各项经济指标在北京五星级酒店中居于前位，并以良好的服务多次获奖，其中包括美国优质服务科技协会颁发的"五星钻石奖"，并连续多年被多家世界知名商业媒体评为全球最佳饭店之一。

国贸中心于1999年年初在上海证券交易所发行了A种股票1.6亿股并上市，融资8.5亿人民币。股票发行和上市的成功，为国贸中心今后的长足发展开辟了新的融资渠道，使企业走上了实业经营和资本经营相结合的道路。

2. 实体主要组成部分

（1）国贸中心的五大组成部分　由国贸写字楼、国贸公寓、国贸商城、中国大饭店和国贸饭店、国贸展览大厅五大部分组成。

（2）国贸中心三期工程功能业态情况　见表19-2。

表19-2　国贸中心三期工程功能业态

建设阶段	项目名称	建筑面积/万平方米	建筑及功能业态描述	面积占比
一期 二期	中国大饭店	11	五星级的中国大饭店地上21层，地下2层，总建筑面积11万平方米，客房738间，是众多国家元首、政府首脑、重要国际组织及常设机构负责人和各国商业巨头、知名人士的下榻之地，有“第二国宾馆”之称	20%
	国贸饭店	4	四星级的国贸饭店总建筑面积3.9万平方米，地上8层，地下1层，共有客房552间，是各类商务客人理想的下榻之地	7%
	国贸写字楼	18	两幢外观相同的38层写字楼——国贸大厦1座和国贸大厦2座以及6层的国贸西楼和2层的国贸东楼，总出租面积约11.3万平方米	32%
	国贸商城	6	总营业面积3万平方米，地上2层，地下2层，荟萃中外服饰名品，餐饮娱乐设施齐全，领导时尚消费潮流	11%

续表

建设阶段	项目名称	建筑面积/万平方米	建筑及功能业态描述	面积占比
一期 二期	国贸公寓	6	国贸公寓由国贸南公寓和国贸北公寓组成，楼高30层。共有401套房间。主要租客来自于各大跨国公司和高级管理人员和驻京外交使节，一直被公认是北京顶级豪华公寓	11%
	国贸展览大厅	1	展厅总面积1万平方米，由序厅和三个展厅构成，主要进行中小型和档次较高的展览会和博览会	2%
	其他部分	10	车库/附属配套	17%
三期	主塔写字楼			
	主塔超五星酒店			
	综合商业楼			

3.经营业态现状

（1）写字楼　国贸写字楼由国贸大厦1座、国贸大厦2座、国贸西楼、国贸东楼组成，总建筑面积176000m^2，可出租面积从64m^2到整层1727m^2。卓越的办公环境、先进的科技设施、完善的配套服务、优越的商业氛围以及丰富的物业管理经验，令国贸写字楼成为众多国内外客户理所当然的至优之选。全球财富500强中的多家企业均落定其间，图划伟业。

入驻品牌：世界500强47家，美铝公司、美国运通、美国电话电报公司、美国银行、中国银行、百思买、法国巴黎银行、雪佛龙、中国建设银行、中国电信、丘博（美国联邦保险）、澳大利亚联邦银行、康力斯集团、德意志银行、沃特迪斯尼、杜邦、EDS电子数据系统、埃克森美孚、联邦快递、福特汽车、俄罗斯天然气工业、汇丰、伊维尔德罗拉、中国工商银行、韩国电信、雷曼兄弟、马士基集团、美林、三井物产、摩根士丹利、慕尼黑再保险、澳洲银行、新日本石油、诺华、巴西石油、力拓集团、皇家壳牌石油、意大利圣保罗银行、斯普林特、挪威国家石油、澳大利亚电信、道达尔、丰田汽车、瑞银集团、联合包裹运输、韦里孙通信、沃达丰。

（2）国贸商城

① 概述。1990年8月开业，在北京率先引进品牌专卖店从事零售业务的经营模式，是北京著名的以提供高档商品和服务为主的现代化购物场所。经2000年改造扩建后，总建筑面积6万平方米，营业面积为3万平方米，分为地上两层和地下两层。近200家专卖店为宾客提供高品质的商品和服务，包括国际精品、服装服饰、中西餐饮、娱乐健身、礼品玩具、邮政快递、银行等。美国著名设计公司ARQUITECTONICA担纲商城的整体设计，循环式的结构布局展示出流畅的弧形曲线，将国贸中心的庞大建筑群体有机地联系起来，并与地铁国贸站直接相接，通行十分便利。商城建造的由加拿大引进全套制冷设备的国贸溜冰场，成为北京第一家商厦室内水冰场。

② 业态定位。首层、二层是服装服饰精品区。地下一层是时尚消费区（国内外时装、休闲装、童装、珠宝、化妆品、音像、礼品、图书、家居和个人用品等），地下二层为休闲娱乐区。

③ 入驻品牌。FENDI、CARTIER、PRADA、HERMES、LOUIS VUITTO、DIOR、MONTBLANC、KENZO、DUNHILL、GIVENCHY等。

（3）中国大饭店　北京中国大饭店傲据北京市政治及商业核心，是市内首屈一指的酒店，深受商界翘楚、政界名人及精明旅客欢迎。中国大饭店已于2003年换上豪华新装，716间房间优雅舒适、特色餐厅誉满全城，另外备有北京最大型会议场地之一，配套极臻完善，屡获殊荣。此外，中国大饭店矗立于中国国际贸易中心之内，中国国际展览中心及名牌林立的大型商场就在其中。

（4）国贸饭店　国贸饭店坐落在北京市内四通八达的商贸中心区域，与首都机场相距仅30min车程。由香格里拉饭店管理集团管理的国贸饭店，以其优越的地理位置、完善先进的设施和关怀备至的服务为来京的商务之旅提供了最大的方便，也是他们的最佳选择。国贸饭店是中国国际贸易中心的一部分，下榻客人足不出户尽可享用国贸中心的一切设施及服务。

（5）国贸公寓　国贸公寓坐落在中国国际贸易中心内，由南、北两座30层高的公寓楼组成。共有一居到四居及顶层豪华套房401套。国贸公寓租客可以充分享受国贸中心综合完善的配套设施带来的便利生活。

国贸中心秉承“以客为尊，追求完美”的服务宗旨，开业来，不断投入巨资，对国贸公寓进行多次装修改造，为租客创造符合时代理念的居住环境。国贸公寓的家居设计、家具电器配置一直保持北京顶级豪华公寓的水准。经过多年的积累，国贸公寓已形成一整套体贴入微，高效完善的客户服务体系。国贸公寓的租客均来自各大跨国公司首席代表、高层管理人员和驻京外交使节，这些租客的入住，形成了国贸公寓高尚的国际化居住氛围。国贸公寓附设的“儿童之家”国际幼儿园为国贸公寓租客和其他驻京外籍人士的子女提供同国际接轨的全英文幼儿教育。

（6）国贸展厅　国贸展览部成立于1989年，是中国国际贸易中心股份有限公司下属从事展览组织、管理的专业部门，是中国最具实力的综合性展览公司之一，不光拥有地处CBD核心的三个展览大厅，更是一个优秀的展会组织者。

贸展览部开业以来，已经主办承办了400多个具有一定影响的国内国际展览会，例如中国国际服装服饰博览会（简称CHIC）、中国国际汽车展、BIRTV、PATA旅游交易大会，第15届世界石油大会、埃及产品展览会、英国教育展、葡萄牙产品及技术展览会、2003/2004香港时尚汇展、中国国际裘皮革皮制品交易会、中国国际光存储设备展、现代化铁路装备展、国际金融商品博览会、国际房地产展、中国国际智能卡博览会、中国国际艺术博览会、中国国际邮票钱币博览会、中欧信息论坛等。其中埃及产品展览会、英国教育展、葡萄牙产品及技术展览会三个展览会均由所在国驻京大使馆直接参加与主办工作。这些展览会的成功举办使国使国贸中心成为目前北京知名度最高、展项密度最大的展览设施之一。

4. 中国国际贸易中心第三期工程

（1）国贸中心三期主要参与方　中国国际贸易中心第三期，简称国贸三期，是当今北京的最高建筑之一。其位于北京中央商务区，2007年建成，高330m，80层，由国贸中心和郭氏兄弟集团联合投资建设。其与国贸一期、国贸二期一起构成110万平方米的建筑群，是今日全球最大的国际贸易中心之一。

主要参与单位见表19-3。

（2）国贸三期工程规模　国贸三期位于东三环与建国门外大街立交桥的西北角，地处北京商务中心区的核心区域，工程总建筑面积54万平方米，由中建一局发展建设公司承建。

表19-3　主要参与单位

单位类型	单位名称
投资建设单位	中国国际贸易中心股份有限公司
建筑设计单位	SOM建筑设计事务所
结构设计单位	奥雅纳工程顾问
造价顾问单位	务腾咨询（上海）有限公司
工程施工单位	中建一局集团建设发展有限公司
工程监理单位	Thornton Tomasetti Engineering

国贸三期工程建设东起东三环路，西至机械局综合楼，南起国贸大厦2座，北至光华路，占地6.27hm^2，总建筑规模达54万平方米。除国贸大酒店、高档写字楼、国际精品商场、电影院等多种设施外，该工程还包括一个2340m^{2}的大宴会厅，是目前北京酒店内最大的无柱宴会厅。

中国国际贸易中心第三期工程建设规模为54万平方米，分两个阶段实施；第一阶段建筑规模为28万平方米，主塔楼建筑高度为300m，第二阶段工程将根据市场情况择期实施。

国贸三期与国贸一期、二期组合，使国贸总体占地面积达到17hm^2，总建筑面积达110万平方米，遵循国际标准，完善办公、酒店、宴会、会议、购物、展览、娱乐等服务设施。三期工程的兴建必将进一步提升中国国际贸易中心在全球世贸中心的地位。

（3）国贸三期功能设计　国贸三期主塔楼总高度330m，地上层数为74层，地下4层，集现代办公楼、豪华五星级酒店、高档宴会厅和精品商场于一体，2005年6月16日动工，可抗8级地震，每15层设计一个避难层，危急时刻人员可就近躲避，楼顶还可停降直升机。

因为是超高层建筑，国贸三期格外注意使用舒适度，新风量达到每人每秒12L，高于美国标准，每层办公区设有64套变风量装置，室温可任意调节，空调设备及系统末端还设有消声装置。

国贸与国贸一期、二期一起构成110万平方米的建筑群，成为世界最大的国际贸易中心。国贸一期的中国大饭店、国贸饭店以及二期的国贸写字楼已经成为CBD具有代表性的建筑。国贸三期工程主楼将以330m的身高，超越209m高的京广中心和249.9m高的北京银泰中心，成为北京第一高楼。

（4）国贸三期建设背景　早在1985年，中国国际贸易中心定位于国际高标准，引进国际流行的“世贸中心”，开创了国内综合性高档服务业的先河，成为“城中之城”。特别是在北京CBD核心区，国贸中心以一期的国贸大厦1座、中国大饭店、国贸饭店以及二期的国贸大厦2座，成为首都具有代表性的工程。“超越自我，再创经典”，这是国贸三期工程的目标。

（5）国贸三期设计理念　作为北京第一高楼，国贸三期凝聚了业主方、设计方、施工组织者的心血和智慧，为保障建筑品质，国贸中心精心选择合作团队。方案设计由美国的SOM完成，还有中国香港王董WITL国际，结构顾问是奥亚纳OAP。这么多公司联合打造，就是想把它建成超级甲级写字楼，设计师以创新的设计思想、巧妙地将世界最新建筑潮流与国贸中心现有建筑群有机结合起来，成功地设计出一个新的综合建筑体系，创造出令人无法忘却的标志性建筑物。

作为北京的标志性建筑，国贸三期工程方的质量管控非常严格，无论是对施工队伍还是建筑材料的评价与选择，全部采用透明的竞标方式来择优录用。国贸三期高楼内所有需要采用墙漆涂装的内墙墙面及地下室全部采用嘉宝莉内墙涂料进行装饰与保护，而整个内墙涂料的竞标过程分为四个阶段：筛选候选品牌、评选出10个品牌参与第二次竞标、从中再评选出5个品牌参加最后竞标、最终确定1个中标品牌。每个阶段的评选标准、方法与程序都坚持统一、公开、透明的原则，无论是企业资质、产品性能、涂装工艺、涂装成本、样板效果、样板工程、实地考察、配套服务、团队形象等，都是工程方评价的重要指标。

（6）国贸三期主体结构　国贸三期主塔楼主体结构为筒中筒结构，即外部的型钢混凝土框架筒体与内部的型钢混凝土支撑核心筒体的组合。抗震等级为8级，设计难度和施工难度为世界超高层建筑结构所罕见。

主塔楼1 ～ 2层是气势宏大、宽敞明亮、净高9m的商务办公大堂和酒店大堂。高格调和创新理念的装修设计将给人以庄严、典雅、心旷神怡的感觉。办公区分为高低两个区域。低区为6 ～ 27层，高区为30 ～ 53层。办公区最大的特点之一是空调采用世界最先进的变风量空调系统。

从56层开始到68层为豪华酒店。这里总共有宽大明亮、装修豪华的客房270余套，每套平均60m^2。71层为酒店空中大堂，由商务中心、会客厅、会议厅和酒吧组成。而72层和73层为餐饮和观景区。国贸三期的裙房分为宴会附楼和商业附楼。共有建筑面积约5.5万平方米。宴会附楼位于主塔楼北侧，首层和二层为商铺，并与商业附楼连通。

商业附楼位于主塔楼的东面，地上5层，地下4层（含停车楼），线条简洁的商业附楼配以拉索式玻璃幕墙增强了商场内的光线及空间。挑空了一层至四层的楼板可直接引进光线到室内，令商场内环境更自然，里外融合成为一个整体。商业附楼近百家专卖店为宾客提供高品质的商业服务，包括国际精品、服装服饰、中西餐饮、娱乐健身、礼品玩具等。

（7）国贸三期建设特色

① 品位保证。国贸三期有330m，完全可以做到80层甚至90层，然而最高点是74层，将建筑层高定位在4.25m，这是很少的，可与世界顶级写字楼相媲美。据了解，国贸三期为无柱式办公空间，整层净面积从1500 ～ 2100m^2；楼层净高为2.75 ～ 2.8m。随着建筑物智能化的提高，架空地板在国际型写字楼里成为了一个新的需求。国贸三期特意为租户预留了综合布线的架空地板高度，租户可根据自身要求任意分割布置。

② 环保调适。国贸三期的空调系统通过先进技术组合，实现环保、节能与舒适的效果。比如，采用VAV变频空调系统营造全天候适宜的办公环境，紫外线杀菌和高效过滤系统保证室内空气质量和新风供应，九台独立冷冻机和冰蓄冷系统保障24h冷冻水运行、提供机房全天候的制冷需求。空调系统采用了冰蓄冷技术，即在用电低谷时启动制冰，用电高峰时停机，仅依靠储备的冰块供冷，实现了电力的移峰填谷和能源费用支出。

除了电制冷外，国贸三期还有能量互备方案，选择了远大空调的吸收式蒸汽机。如果供电让空调系统受到影响，可通过蒸汽能源的输入形成互补。空调设备及系统末端设有消声装置，为客人提供安静的办公环境。在冬季，为了保护建筑围护结构的传热，国贸三期在空调系统加了一个暖气片的采暖系统，可大大提高人的舒适度。为提升楼宇品质，国贸三期配备了24小时电子设备专用空调。

③ 避难层设置。对于超高层建筑，人们对其安全性难免会有担忧。对于北京第一高楼来说，考虑到北京处于寒冷地区以及风速和保温要求，国贸三期设计了4 ～ 5个避难层，同时，避难层将被设置成封闭式的。一旦火灾发生，烟雾将无法进入避难层，而避难层内人群的呼吸可以通过内部的供气设备来解决，人们可以进入避难层等待救援。另外，考虑到消防要求，国贸三期的楼顶还将建造一个直升机停降平台。

④ 电梯标准。对于高层建筑来说，电梯是衡量建筑品质的一个重要指标。一个甲级写字楼，电梯衡量有两个标准：5min的载客率和35s的等候。对于超高层写字楼来说，办公人员

比较多，矛盾很突出，特别是上下班高峰期，电梯将会很紧张。

业主方中国国际贸易中心股份有限公司与迅达（中国）电梯有限公司签订合作协议，安装在主塔楼的客运电梯，上下行速度可达每秒10m，创国内大陆地区电梯速度之最。同时，国贸三期每层双路供电和通信电缆保证大厦供电和通信的畅通。为保障客户业务的连续性，国贸三期还考虑到为租户提供应急电源。

⑤ 专家点评。北京国贸中心见证并推动着北京的城市化进程，是令人感动的建筑。北京先有国贸中心，后有CBD，国贸中心为北京CBD规划和建设打下了良好的基础。顺应北京城市化高速发展趋势崛起的国贸三期工程，对于进一步提升其在全球世贸中心的地位，提升北京CBD内商务写字楼的国际化程度具有重要意义。

第三节　现代城市高层住宅建筑建设

一、现代城市高层住宅建筑

（一）现代城市高层住宅建筑概述

1. 现代城市高层住宅概念及其特色

① 狭义的高层为12层及以上的住宅，称之为高层住宅，广义的高层为18层及以上建筑。高层住宅是城市化、工业现代化的产物，按它的外部体形可分为塔式、板式和墙式；按它的内部空间组合可分为单元式和走廊式。

② 高层住宅一般设有电梯作为垂直交通工具，十二层及十二层以上（目前多数城市定位为18层及以上楼盘）的住宅，每栋楼设置电梯不应少于两台，其中应设置一台可容纳担架的电梯。

③ 高层住宅的优点是可以节约土地，增加住房和居住人口，如同样的地基建六层住宅与建12层住宅，土地利用率、住房和居住人口可以提高一倍。尤其是在我国人口密度和建筑密度较高的地区，拆迁的费用很高，动员人口外迁的工作难度很大，但通过建设高层住宅就能较好地处理各方面的矛盾。同时，建造和使用高层住宅也有不足之处，如：投资大，钢材和混凝土消耗量都高，加上要配置电梯、高压水泵，增加公共走道和门窗，一次性投入很大；另外使用后，还要为电梯、泵站修缮养护付出一笔经常性费用；上下不便，电梯服务虽很方便，但遇到停电、修理就很麻烦；安全性差，高层住宅留置多个互相连通的疏散口和楼梯，往往为入户偷盗和其他犯罪提供作案条件；高层住宅还应注意防火，因为一旦发生火灾很难扑救；在高层生活的家庭有一种孤独和封闭感，老人和孩子因上下不便，双职工要每日上班，很难建立和发展良好的人际交往和邻里关系；多幢点式高层住宅建在一起，会产生不规则的高空风，影响居住区的生态环境质量。

根据上述情况，国家1985年对高层住宅建设作了明确地规定："在大城市的特定地点，当建造高层住宅节约用地效果显著，而且具备相应的技术条件、设备条件和经济条件时，可以建造适量的高层住宅。"

2. 现代城市高层住宅建筑的基本内容及特点

（1）高层建筑定义

① 一般定义。高层建筑指建筑高度大于27m的住宅建筑和建筑高度大于24m的非单层厂房、仓库和其他民用建筑。在美国，24.6m或7层以上视为高层建筑；中国《高层建筑混凝

土结构技术规程》（JGJ 3-2010）规定10层及10层以上或房屋高度大于28m的住宅建筑以及房屋高度大于24m的其他高层混凝土结构民用建筑为高层建筑。

现代高层建筑兴起于美国，1883年在芝加哥建起第一幢高11层的保险公司大楼，1931年在纽约建成高102层的帝国大厦。第二次世界大战以后，出现了世界范围的高层建筑繁荣时期。1970 ~ 1974年建成的美国芝加哥西尔斯大厦，约443m高。

② 最新定义。超过一定层数或高度的建筑将成为高层建筑。高层建筑的起点高度或层数，各国规定不一，且多无绝对、严格的标准。

一是中国定义。旧规范规定：8层以上的建筑都被称为高层建筑，而目前，接近20层的称为中高层，30层左右接近100m称为高层建筑，而50层左右200m以上称为超高层。在新《高层建筑混凝土结构技术规程》里规定：10层及10层以上或高度超过28m的钢筋混凝土结构称为高层建筑结构。当建筑高度超过100m时，称为超高层建筑。另外，中国的房屋6层及6层以上就需要设置电梯，对10层以上的房屋就有提出特殊的防火要求的防火规范。

二是国外定义。美国24.6m或7层以上视为高层建筑；日本31m或8层及以上视为高层建筑；英国把等于或大于24.3m的建筑视为高层建筑。

（2）高层建筑分类 《民用建筑设计通则》将住宅建筑依层数划分为：一层至三层为低层住宅，四层至六层为多层住宅，七层至九层为中高层住宅，十层及十层以上为高层住宅。除住宅建筑之外的民用建筑高度不大于24m者为单层和多层建筑，大于24m者为高层建筑（不包括建筑高度大于24m的单层公共建筑）；建筑高度大于100m的民用建筑为超高层建筑。

建筑高度的计算：当为坡屋面时，应为建筑物室外设计地面到其檐口的高度；当为平屋面（包括有女儿墙的平屋面）时，应为建筑物室外设计地面到其屋面面层的高度；当同一座建筑物有多种屋面形式时，建筑高度应按上述方法分别计算后取其中最大值。局部突出屋顶的瞭望塔、冷却塔、水箱间、微波天线间或设施、电梯机房、排风和排烟机房以及楼梯出口小间等，可不计入建筑高度内。

（3）高层（超高层）建筑优缺点简析

① 高层（超高层）建筑主要优点。高层（超高层）建筑可以带来明显的经济、社会效益。

首先，使人口集中，有效提高了城市各种基础性公共服务设施的集约使用效益，如水电气、网络、通信线路、环保设施使用有了重要的技术节约手段和平台；还可利用建筑内部的竖向和横向交通缩短部门之间的联系距离和人流、物流等的运输距离，从而提高效率。

其次，可以节约土地，增加住房和居住人口，如同样的地基建6层住宅与建12层住宅，土地利用率、住房和居住人口可以提高一倍。尤其是在我国人口密度和建筑密度较高的地区，拆迁的费用很高，动员人口外迁的工作难度很大，但通过建设高层住宅就能较好地处理各方面的矛盾，从而能使大面积建筑的用地大幅度缩小，有可能在城市中心地段选址。

第三，可以减少市政建设投资和缩短建筑工期。由于各种技术资源、服务资源更加集中，使具有明显节约潜力的资源和设施有了集约使用和集约建设的平台，比如各种线路线材可在同一管道中并行接入接出，各种管道可以预先安排同一涵洞、涵管同时并行建设等。

第四，就一般平坦的城市地区而言，正常地理、气候、环境生态条件下，高层建筑由于远离噪声、尘嚣、废气污染相对较重的地面区，而有相对较好的视野、清静、通风和相对较高的空气质量。当然由于情况的复杂性，不是越高越好。

最后，高层（超高层）建筑是目前发展、开发迅速的城市综合体的主体且重要的组成部分，也是一个城市发展程度的一个标志，特别是迈向城市现代化的标志。

② 高层建筑主要不足。建造和使用高层住宅也有不足之处，列举如下。

首先是投资大，高层建筑的钢材和混凝土消耗量都高于多层建筑，高层建筑由于应力增加，设备和装修水平必须提高，施工难度增大，因而造价必然大大高于多层建筑，加上要配置电梯、高压水泵，增加公共走道和门窗，因此，需要各专业设计人员密切合作使平面布局合理，提高使用系数，做到构造简洁，自重轻，便于安装，综合降低造价，而高质量、高水平的技术服务也是要考虑费用的。这样一次性投入很大，另外使用后，还要为电梯、泵站修缮养护付出一笔经常性费用。

此外，上下不便，电梯停电、修理很麻烦；安全性差，留置多个互相连通的疏散口和楼梯；高层住宅还应注意防火，因为一旦发生火灾很难扑救；在高层生活的家庭有一种孤独和封闭感，很难建立和发展良好的人际交往和邻里关系；多幢点式高层住宅建在一起，会产生不规则的高空风，影响居住区的生态环境质量。

最后，高层（超高层）建筑建设，体量大、规模大、影响大，涉及城市社会效益、经济效益和环境效益方方面面问题，政府的法律、政策规定和监管要求相对比较全面严格，应遵照城市规划部门指定的地段和控制高度建造，而不能完全根据建筑本身的需要。因此，高层（超高层）住宅建筑在开发建设过程中接受的约束、规矩更多些。

（二）现代城市高层住宅的现状与发展综述

1.现代城市高层住宅建筑的基本特色分析

一是建筑产品的特点是体量庞大，而与传统建筑产品相比较，高度尚且不论，高层（超高层）住宅建筑更是面积规模巨大、体量巨大，一幢高层住宅动不动就是数百户乃至上千户，有的大型高层住宅建筑小区就是“万家灯火”也不夸张。这种情况下，高层住宅建设项目的建设和使用都是一件影响深远而重要的大事，必须以系统的管理思维理念来处理好复杂问题，处理好大问题。

二是城市高层（超高层）住宅建筑中，各类资源、配套设施等的集约程度明显高于传统住宅建筑。也就是说水电暖气、通信、环卫、电梯等都是从规划设计开始就集中统一安排和优化组合布局，保证节省空间占用，保证集中建设集中使用，尽可能地降低成本和费用。这种安排不仅平面布局的充分利用是“见缝插针”得到了优化处理，就是垂直空间也是高强度安排，尽量“尽其所用”。这样做也是城市高层（超高层）住宅建筑的重要优势和特色之一。

三是技术性问题。首先在高层建筑结构中，较大的建筑高度造成了完全不同的受力情况，水平荷载不仅是主要荷载的一种，跟竖向荷载共同起作用，而且往往还成为设计中的控制因素。因此，在水平荷载作用下，若高层建筑结构的抵抗侧向变形能力或侧向刚度不足，将会产生过大的侧向变形，不仅使人产生不舒服的感觉，而且会使结构在竖向荷载作用下产生附加内力，会使填充墙、建筑装修和电梯轨道等服务设施出现裂缝、变形，甚至会导致结构性的损伤或裂缝，从而危及结构的正常使用和耐久性。因此，设计高层建筑结构时，不仅要求结构有足够的强度，而且要求结构有合理的刚度，使水平荷载所产生的侧向变形限制在规定的范围内。同时，有抗震设防要求的高层建筑还应具有良好的抗震性能，使结构在可能的强震作用下当构件进入屈服阶段后，仍具有良好的塑性变形能力，即具有良好的延性性能。综合高层建筑的上述受力特点可知，与低层结构不同，高层建筑结构在强度、刚度和延性三方面要满足更多的设计要求。抗侧力结构的设计成为高层建筑结构设计的关键。也正因此结构设计优化成为高层（超高层）建筑设计的越来越关键和必要的内容。

四是高层（超高层）住宅建筑在建设和使用中，必须充分考虑筹划、精心安排协调，以应对传统住宅建筑一般不会遇到的诸多问题。

例如，高层建筑是现在科学技术的产物，传统的木、砖、石材料以及结构基本上很难满足要求，除非不计成本不惜代价。高层建筑一般以钢材和钢筋混凝土为建造材料，通常采用框架结构、剪力墙结构、筒体结构甚至筒中筒结构形式，以保证建筑的整体结构强度；垂直交通是高层建筑的一大特点，由于高层建筑的单层面积不大，但层数很多，因此垂直交通量很大，一般采用电梯为主要载客工具，超高层建筑还会对电梯分组，有类似轨道交通调度系统的电脑进行安排调度；消防是高层建筑的一大难题，当建筑高度超过50m时普通的消防车已经无能为力，所以高层建筑的消防要本着自防自救的原则，每层都要设置烟雾感应器和自动喷淋，每隔若干楼层还要设置避难层和消防水箱，超高层建筑的屋顶要设直升机平台。

2. 高层建筑结构住宅在中国的发展现状

（1）从近代开始的中国高层住宅建筑　中国近代的高层建筑始建于20世纪20～30年代。1934年在上海建成国际饭店，高22层。20世纪50年代在北京建成13层的民族饭店、15层的民航大楼；60年代在广州建成18层的人民大厦、27层的广州宾馆。70年代末期起，全国各大城市兴建了大量的高层住宅，如北京前三门、复兴门、建国门和上海漕溪北路等处，都建起12～16层的高层住宅建筑群，以及大批高层办公楼、旅馆。中国1986年建成的深圳国际贸易中心大厦，高50层。上海金茂大厦于1994年开工，1998年建成，有地上88层，若再加上尖塔的楼层共有93层，地下3层。上海环球金融中心是位于中国上海陆家嘴的一栋摩天大楼，2008年8月29日竣工，是中国目前第二高楼、世界第三高楼、世界最高的平顶式大楼，楼高492m，地上101层。

（2）中国现代高层建筑发展沿革简述　中国现代高层建筑20世纪50年代开始自行设计与建造，1959年北京建成了一批高层公共建筑，如民族饭店（14层）、民航大楼（16层）。60年代最高的是广州宾馆（27层，87m）。70年代高层建筑发展加快，上海、广州、北京都兴建了一批高层办公楼和旅馆。上海首先兴建了一批13～16层高层住宅，把高层建筑推向量大面广的住宅建筑，1975～1976年间北京建成了前三门一条街高层住宅群，从此高层住宅迅速发展，成为我国高层建筑中数量最多的类型。20世纪80年代国内高层建筑高速发展。1980～1984年间所建成的高层建筑相当于新中国成立30年来的总和。1985年以后，随着国民经济的发展和旅游、外贸的增长，我国高层建筑出现了一个新的高潮。

（3）中国高层建筑发展一般展望　中国高层建筑的迅速发展，除了建筑功能、城市规划需要外，主要是因为城市人口集中、建设用地紧张。目前北京城区人口已达25000人/km^2，远远超过伦敦、东京等大城市。我国13个百万人口以上大城市人均建设用地不足60m^2，上海不足30m^2，远远低于国外大城市人均200m^2的水平，因此人口增长与土地资源缺乏成了难以解决的矛盾，在未来的几十年内，兴建高层建筑，节省建设用地还是必要的。近期内高层建筑迅速发展的趋势还会继续下去。

3. 中国高层建筑发展趋势一般分析

① 层数增多，高度加大。由于多种因素的影响，我国高层建筑的层数和高度不断增长。

目前国内最高的建筑物是上海中心大厦，是中国上海市的一座超高层地标式摩天大楼，其设计高度超过附近的上海环球金融中心，建成后将可取代它，成为目前中国最高的摩天大楼及全球第二高的摩天大楼。上海中心大厦项目面积433954平方米，建筑主体为118层，总高为632米，结构高度为580米，机动车停车位布置在地下，可停放2000辆。2008年11月29日进行主楼桩基开工，2016年3月12日，上海中心大厦建筑总体正式全部完工。目前越来越多在全球都能站在高度前列的超高层大厦建筑在中国不断涌现。

② 平面形状和空间体型日益复杂化。近几年，三角形平面、弧形平面、圆形和椭圆形平面及其他复杂平面的应用，使建筑物更富于现代的色彩，在已建成和正在施工的100m以上的60幢高层建筑中，矩形和方形平面只占一半左右。在竖向，外挑内收成了常用的建筑手法。上海华亭饭店的阶梯形立面、深圳新都酒店的斜立面都得到了关注。

③ 新的结构体系广泛应用。1980年以前国内高层建筑基本上是框架、剪力墙和框架-剪力墙结构三大常规体系。这些体系难以达到很高的高度，也难以提供自由灵活使用的大空间，满足不了建筑功能的要求。20世纪80年代，筒体结构迅速登上了舞台，以深圳国际贸易中心、北京中央彩电大楼为开始，现在普遍用于高度60m以上的旅馆和办公建筑。另一方面，更为新颖的悬挑结构、巨型框架结构，都已经在工程中应用。另外，为满足高层建筑竖向多功能需要而设置的刚性层、转换层，都在工程中得到了应用。

④ 钢结构高层建筑不断兴起。1985年以前，国内高层建筑几乎全部为钢筋混凝土结构。如今，已建成的瑞金大厦、香格里拉饭店、静安希尔顿饭店、深圳发展中心等工程都采用了钢筋混凝土井筒（剪力墙）加钢框架的方案，能充分发挥钢筋混凝土刚度大，有利于抵抗水平力和钢框架自重轻、形成大空间容易的特长，能充分利用我国丰富的地方材料和劳动力资源，比较适合我国的国情，是很有前途的结构形式。

⑤ 高层建筑结构的高度出现新的突破。进入20世纪90年代后，高层建筑迅猛发展，在数量、质量及高度上都有了大飞跃，高层建筑中的科技含量越来越高。

⑥ 进一步快速持续发展的趋势可以预期。中国高层建筑正处于上升和发展的阶段，经济发展、人口增加、城市建设扩张都要求加速高层建筑的兴建，我国高层建筑的设计与施工技术正进入国际先进水平。这些都使得我国高层建筑既有发展的必要性，又有发展的可能性。在可以预见的将来，我国高层建筑将会继续发展，达到更高的水平。

4.应对高层（超高层）建筑中的新情况新问题展望

高层建筑能够节约城市土地，缩短公用设施和市政管网的开发周期，从而减少市政投资，加快城市建设，这些优点已经逐渐得到公认。各国的大城市建设部门，都在不断地对已经出现的各种问题进行全面研究，采取改进措施。

① 城市发展规划提前预作统筹安排，协调单个高层建筑、高层建筑群布点同周围环境、已有建筑、名胜古迹、城市风貌、市政公用设施等之间的矛盾。

② 克服高层建筑使大量人口远离绿化地带、生活环境不如低层和多层建筑等缺点，设法增加每层绿化阳台、敞开式的公共休息层、屋顶花园等。

③ 大力开发高层建筑结构、构造、防火安全、竖向交通所必需的高级材料、设备和设计施工技术等基本条件，严格控制质量，力争降低工程造价和管理费用。

④ 在建筑设计方面，对高层建筑带来的日照阴影和电磁波干扰的影响，对体量高大突出

的建筑造型风貌和城市空间天际线的艺术效果，以及高层建筑群大量集中的人口对城市供应和交通的影响等多种问题，采取新的科学分析和研究步骤，以求得最佳设计方案。

二、现代城市高层（超高层）住宅建设

（一）城市高层住宅建设主要内容和过程

1.先要考虑的综合问题

在建设开始推进前，需要预先通盘考虑并预做计划安排的问题主要有以下几方面。

① 关于城市社会效益、经济效益和环境效益问题，应遵照城市规划部门指定的地段和控制高度建造，而不能完全根据建筑本身的需要。

② 高层建筑由于应力增加，设备和装修水平必须提高，施工难度增大，因而造价必然大大高于多层建筑。因此，需要各专业设计人员密切合作使平面布局合理，提高使用系数，做到构造简洁，自重轻，便于安装，综合降低造价。

③ 高层建筑最突出的是防火安全设计，各专业设计人员应严格遵守高层建筑设计防火规范的规定。

④ 一般设计问题。当高层建筑的层数和高度增加到一定程度时，它的功能适用性、技术合理性和经济可行性都将发生质的变化。与多层建筑相比，在设计上、技术上都有许多新的问题需要加以考虑和解决。

2.高层（超高层）建筑结构体系的把握问题

（1）高层建筑结构设计原则

① 钢筋混凝土高层建筑结构设计应与建筑、设备和施工密切配合，做到安全适用、技术先进、经济合理，并积极采用新技术、新工艺和新材料。

② 高层建筑结构设计应重视结构选型和构造，择优选择抗震及抗风性能好而经济合理的结构体系与平、立面布置方案，并注意加强构造连接。在抗震设计中，应保证结构整体抗震性能，使整个结构有足够的承载力、刚度和延性。

（2）高层建筑结构体系及适用范围　目前国内的高层建筑基本上采用钢筋混凝土结构。其结构体系有框架结构、剪力墙结构、框架-剪力墙结构、筒体结构等。

① 框架结构体系。框架结构体系是由楼板、梁、柱及基础四种承重构件组成。由梁、柱、基础构成平面框架是主要承重结构，各平面框架再由连系梁连系起来，共同构成一个空间结构体系。

框架结构体系优点是：建筑平面布置灵活，能获得大空间，建筑立面也容易处理，结构自重轻，计算理论也比较成熟，在一定高度范围内造价较低。框架结构的缺点是：框架结构本身柔性较大，抗侧力能力较差，在风荷载作用下会产生较大的水平位移，在地震荷载作用下，非结构构件破坏比较严重。

框架结构的适用范围：框架结构的合理层数一般是6 ～ 15层，最经济的层数是10层左右。由于框架结构能提供较大的建筑空间，平面布置灵活，已广泛应用于办公、住宅、商店、医院、旅馆、学校及多层工业厂房和仓库中。

② 剪力墙结构体系。为提高高层建筑房屋结构的抗侧力刚度，在其中设置的钢筋混凝土墙体称为“剪力墙”，剪力墙的主要作用在于提高整个房屋的抗剪强度和刚度，墙体同时也作为维护及房间分隔构件。剪力墙结构中，由钢筋混凝土墙体承受全部水平和竖向荷载，剪

力墙沿横向纵向正交布置或沿多轴线斜交布置，它刚度大，空间整体性好，用钢量省。剪力墙结构表现了良好的抗震性能，震害较少发生，而且程度也较轻微，在住宅和旅馆客房中采用剪力墙结构可以较好地适应墙体较多、房间面积不太大的特点，而且可以使房间不露梁柱，整齐美观。

剪力墙结构墙体较多，不容易布置面积较大的房间，为了满足旅馆布置门厅、餐厅、会议室等大面积公共用房的要求，以及在住宅楼底层布置商店和公共设施的要求，可以将部分底层或部分层取消剪力墙代之以框架，形成框支剪力墙结构。在框支剪力墙中，底层柱的刚度小，形成上下刚度突变，在地震作用下底层柱会产生很大内力及塑性变形，因此，在地震区不允许采用这种框支剪力墙结构。

③ 框架-剪力墙结构体系。在框架结构中布置一定数量的剪力墙，可以组成框架-剪力墙结构，这种结构既有框架结构布置灵活、使用方便的特点，又有较大的刚度和较强的抗震能力，因而广泛地应用于高层建筑中的办公楼和旅馆。

④ 筒体结构体系。随着建筑层数、高度的增长和抗震设防要求的提高，以平面工作状态的框架、剪力墙来组成高层建筑结构体系，往往不能满足要求。这时可以由剪力墙构成空间薄壁筒体，成为竖向悬臂箱形梁，加密柱子，以增强梁的刚度，也可以形成空间整体受力的框筒，由一个或多个筒体为主抵抗水平力的结构称为筒体结构。通常筒体结构有以下几种。

● 框架-筒体结构。中央布置剪力墙薄壁筒，由它受大部分水平力，周边布置大柱距的普通框架，这种结构受力特点类似框架-剪力墙结构，目前南宁市的地王大厦也用这种结构。

● 筒中筒结构。筒中筒结构由内、外两个筒体组合而成，内筒为剪力墙薄壁筒，外筒为密柱（通常柱距不大于3m）组成的框筒。由于外柱很密，梁刚度很大，门密洞口面积小（一般不大于墙体面积50%），因而框筒工作不同于普通平面框架，而有很好的空间整体作用，类似一个多孔的竖向箱形梁，有很好的抗风和抗震性能。目前国内最高的钢筋混凝土结构如上海金茂大厦（88层、420.5m）、广州中天广场大厦（80层、320m）都是采用筒中筒结构。

● 成束筒结构。在平面内设置多个剪力墙薄壁筒体，每个筒体都比较小，这种结构多用于平面形状复杂的建筑中。

● 巨型结构体系。巨型结构是由若干个巨柱（通常由电梯井或大面积实体柱组成）以及巨梁（每隔几层或十几个楼层设一道，梁截面一般占一至二层楼高度）组成一级巨型框架，承受主要水平力和竖向荷载，其余的楼面梁、柱组成二级结构，它只是将楼面荷载传递到第一级框架结构上去。这种结构的二级结构梁柱截面较小，使建筑布置有更大的灵活性和平面空间。

⑤ 其他结构体系。除以上介绍的几种结构体系外，还有其他一些结构形式也可应用，如薄壳、悬索、膜结构、网架等，不过目前应用最广泛的还是框架、剪力墙、框架-剪力墙和筒体四种结构。

3. 高层建筑住宅建设一般全过程简要流程

该流程从建设用地获得开始，历经招投标、队伍进场、主体施工、装饰、消防、水电气网、园林绿化等，直到竣工验收和交付使用，如图19-2所示。

(1)建设用地获得阶段

①获得项目施工建设用地

(2)招投标、设计、施工组织设计方案阶段

②建筑方案招标—建筑师初步设计—方案深化—方案报批；③施工图设计。土建工程师等要求对施工图设计提出合理建议（主要确保可以施工）；④工程管理策划书编写。确定主要时间节点及进度安排，施工组织设计包括质量、安全、费用控制，以及经济效益测算等，一般工程部牵头地产公司其他部门配合

(3)施工进场及准备阶段

⑤施工总承包入场；⑥三通一平和办理各种证件；⑦土方单位入场—场地平整—基坑开挖（开挖前应该先降水，地下水到基地标高2m以下基坑开挖才可以开始）

(4)主体施工阶段

⑧基坑支护施工；⑨抗浮锚杆与基底施工（基底施工因该是在验槽以后，所谓验槽就是对持力层结构的检验，保证不会出现不均匀沉降。基底施工主要是为了做好防水）；⑩防水施工（地下多用sbs防水卷材）然后是防水保护层（防水材料的种类、价格、应用范围等土建工程师要牢牢掌握，防水是关键）；⑪基础钢筋绑扎（基础分为筏板基础、独立基础等，施工工艺不一样）；⑫基础浇筑砼（质监站对基础钢筋验收以后浇筑）；⑬地下室挡土墙浇筑（挡土墙的砼配合比要求高，应该为防水混凝土，注意检查）；⑭地下室顶板浇筑（重点注意模板满堂架搭设等的安全问题，地下室顶板跨度较大）；⑮地下室顶板浇筑完成（是个重要节点）。⑯一层梁柱钢筋绑扎—关模板—浇筑（然后逐层按此模式重复循环进行，并无例外，注意过程控制即可）；⑰主体工程封顶以后，砌体工程、屋面花架、地下室顶板防水可以同时开始施工（此时施工电梯应该入场安装完成，这个很重要；降水可以停了）。

(5)内装、装修等阶段

⑱内装工程开始；⑲内装二模施工（就是构造柱浇筑）；⑳内墙抹灰（施工工艺和材料控制都很重要）；㉑外墙抹灰（一定是内墙完成再做外墙，方便处理接口位置）；㉒外墙面砖施工（放样、垂直度、平整度等检查非常重要，且应该在外架拆除前）；㉓地坪施工；㉔卫生间防水施工；㉕外墙面砖施工；㉖公共区域内装与外墙GRC线条同步施工；

(6)消防及绿化园林阶段

㉗消防与公共装配合，完成消防管道安装与公共装饰；㉘消防等设备入场，地下室覆土开始。㉙园林硬质铺装；㉚乔木、灌木施工、绿化完成；㉛消防联动实验（非常重要，标志安装工程的结束）。

(7)水电气网阶段

㉜正式电、水、网、气入场。

(8)验收和交付阶段

㉝竣工验收；㉞交付业主使用。

图19-2　高层建筑住宅建设过程简要流程图

（二）城市高层住宅工程建设问题

1.城市高层住宅的规划设计问题

（1）建筑方面

①总平面布局要加大防火间距，处理严重的日照干扰，为大量集中的人口疏散和停放车

辆安排通道和场地。

② 在符合功能要求的基础上将多层重复的建筑平面布局标准化、统一化，以满足主体结构、设备管线、电气配线分区、防火疏散等竖向设计技术的要求。

③ 合理布置竖向交通中心，确定楼梯、电梯的数量和布置方式，保证使用效率和防火安全。

④ 内外建筑装修、构造、用料和做法必须适应因风力、地震、温度变化等所引起的变形和安全问题。

⑤ 在建筑艺术方面要考虑高大体型在城市和群体中的形象和全方位造型效果。

（2）结构方面

① 考虑高层建筑遇到巨大风力和地震力时所产生的水平侧向力。

② 严格控制高层建筑体型的高宽比例，以保证其稳定性。

③ 使建筑平面、体型、立面的质量和刚度尽量保持对称和匀称，使整体结构不出现薄弱环节。

④ 妥善处理因风力、地震、温度变化和基础沉降带来的变形节点构造。

⑤ 考虑在重量大、基础深的地质条件下如何保证安全可靠的设计技术和施工条件问题。

（3）设备和电气方面

① 设计供暖和给水排水系统时，必须考虑因建筑高度增大的压力，保证管道、炉片具有耐压能力。

② 特殊处理消防和排烟问题。

③ 在供暖、通风中考虑因高处风力增大而增加的空气渗透和中合面以上、以下的热压变化对于散热量计算的重要影响。

④ 考虑由于增加了电梯、水箱供水和消防动力用电，对电气设计的区域配电和干线、支线布置提出的要求。

2. 高层建筑抗震设计（结构抗震）等问题

（1）高层建筑抗震措施　在对结构的抗震设计中，除要考虑概念设计、结构抗震验算外，历次地震后人们在限制建筑高度、提高结构延性（限制结构类型和结构材料使用）等方面总结的抗震经验一直是各国规范重视的问题。当前，在抗震设计中，从概念设计、抗震验算及构造措施三方面入手，在将抗震与消震（结构延性）结合的基础上，建立设计地震力与结构延性要求相互影响的双重设计指标和方法，直至进一步通过一些结构措施（隔震措施、消能减震措施）来减震，即减小结构上的地震作用使得建筑在地震中有良好而经济的抗震性能是当代抗震设计规范发展的方向。而且，强柱弱梁，强剪弱弯和强节点弱构件在提高结构延性方面的作用已得到普遍的认可。

（2）高层建筑抗震设计理念　中国《建筑抗震规范》对建筑的抗震设防提出“三水准、两阶段”的要求，“三水准”即“小震不坏，中震可修，大震不倒”。当遭遇第一设防烈度地震即低于该地区抗震设防烈度的多遇地震时，结构处于弹性变形阶段，建筑物处于正常使用状态，建筑物一般不受损坏或不需修理仍可继续使用。因此，要求建筑结构满足多遇地震作用下的承载力极限状态验算，要求建筑的弹性变形不超过规定的弹性变形限值。当遭遇第二设防烈度地震即相当于该地区抗震设防烈度的基本烈度地震时，结构屈服进入非弹性变形阶段，建筑物可能出现一定程度的破坏，但经一般修理或不需修理仍可继续使用。因此，要求结构具有相当的延性能力（变形能力）不发生不可修复的脆性破坏；当遭遇第三设防烈度地震即高于该地区抗震设防烈度的罕遇地震时，结构虽然破坏较重，但结构的非弹性变形离结构的倒塌尚有一段距离，不致倒塌或者发生危及生命的严重破坏，从而保障了人员的安全。因此，要求建筑具有足够的变形能力，其弹塑性变形不超过规定的弹塑性变形限值。

三个水准烈度的地震作用水平，是按三个不同超越概率（或重现期）来区分的：多遇地震，50年超越概率63.2%，重现期50年；设防烈度地震（基本地震），50年超越概率10%，重现期475年；罕遇地震，50年超越概率2% ~ 3%，重现期1641 ~ 2475年，平均约为2000年。

对建筑抗震的三个水准设防要求，是通过“两阶段”设计来实现的，其方法步骤如下。第一阶段，第一步采用与第一水准烈度相应的地震动参数，先计算出结构在弹性状态下的地震作用效应，与风、重力荷载效应组合，并引入承载力抗震调整系数，进行构件截面设计，从而满足第一水准的强度要求；第二步是采用同一地震动参数计算出结构的层间位移角，使其不超过抗震规范所规定的限值；同时采用相应的抗震构造措施，保证结构具有足够的延性、变形能力和塑性耗能，从而自动满足第二水准的变形要求。第二阶段：采用与第三水准相对应的地震动参数，计算出结构（特别是柔弱楼层和抗震薄弱环节）的弹塑性层间位移角，使之小于抗震规范的限值，并采用必要的抗震构造措施，从而满足第三水准的防倒塌要求。

（3）高层建筑结构抗震设计方法　中国的《建筑抗震设计规范》对各类建筑结构的抗震计算应采用的方法作了相关规定（略）。

3.高层建筑防火安全问题

（1）高层建筑的火灾因素　① 天然气设施气体泄漏造成的火灾蔓延。② 家用电器使用不当而引起的火灾。③ 人为的火灾因素。④ 烟花爆竹燃放引起的火灾。⑤ 民用电线短路造成的火灾。⑥ 间接引发的火灾。

（2）高层建筑防火材料及其技术规范问题　① 高层建筑墙体的防火材料有质量问题。② 室内防火安全监控装置失控，产品的技术性能不达标。③ 建筑材料的防火设施扩展使用问题没有得到建设部门的支持。④ 没有建立高层建筑自动灭火装置的设计性规范条文。⑤ 施工单位对于住宅装饰材料的选型没有统一的定性标准。⑥ 没有颁布完全禁止高层建筑以及住宅小区烟花燃放法令。⑦ 天然气终端使用设备的安全性检查不到位。⑧ 没有设立预防天然气泄漏的安全监控装置。⑨ 季节性的安检宣传工作不到位。

（3）关于高层建筑的火灾防范措施　① 健全高层住宅火灾的防范网络安全自动控制系统。② 缩减住宅建筑的高度，以减少财产及生命的损失及伤害。③ 降低高层建筑的密集度。④ 完善建筑材料的防火性措施，加快研制新型的防火涂层材料和建筑材料。⑤ 研制新型的民用防火产品，加大推广使用家用防火材料生产力度。⑥ 防火安检期的不定期检查和教育宣传。⑦ 加快研制家庭民用快速自动灭火器材。⑧ 制定社区防火责任人制度并落实到位。

4.高层建筑坠落物体的安全防范问题

（1）高层坠物问题简述　现代楼宇建筑高度不断提升，城市范围不断扩大，高层建筑密度不断加大，防范高层建筑坠落物体对人身的伤害，应当纳入设计安全规范。应明确高层住宅户外附加物体安装工程的安全标准；安全防盗网栏、门窗玻璃等都应当规定使用年限；物体紧固装置的使用期限、材料的选择、防老化工艺等一定要有严格的规定。不然，一旦发生高空物体坠落事故，会危及行人的人身生命以及财产安全，其后果是不堪设想的。

（2）高层建筑可能坠落物体分析　高层建筑可能坠落物体见图19-3。

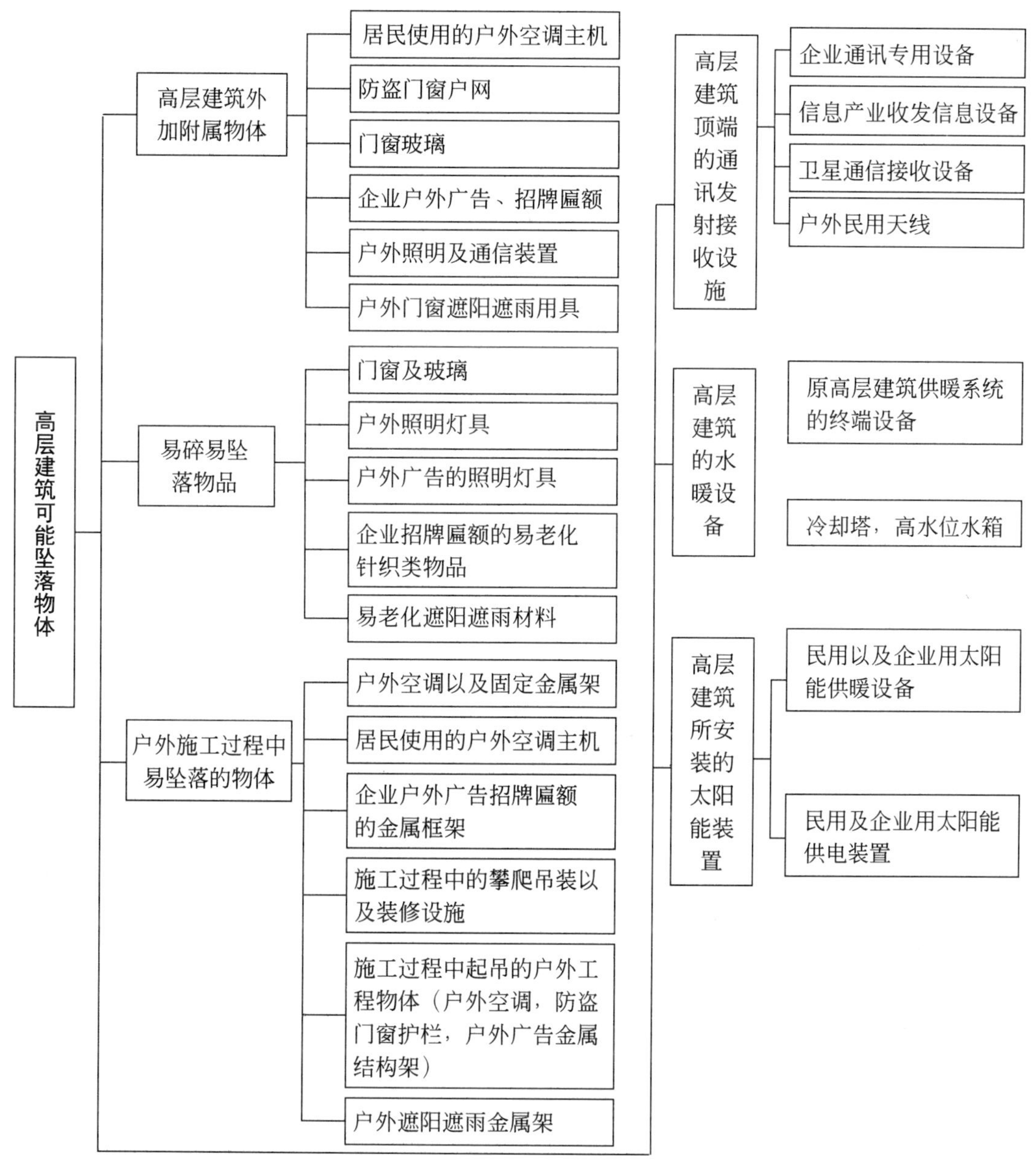

图 19-3 高层建筑可能坠落物体

（3）高层建筑户外物体坠落的主要因素

① 高等量级别飓风灾害，可导致高层建筑的门窗玻璃以及广告匾额坠落。

② 户外空调系统的主机，由于固定结构在长时间的氧化学反应下失去作用，从而造成物体坠落事故。

③ 高层建筑外加附属设备的金属部分，在大自然有害气体的侵蚀下，产生老化损坏坠落。

④ 由于施工质量低劣而造成的人为物体坠落。

5. 火灾自动报警系统

随着城市现代化进程的不断发展，各种高层建筑、大中型商业建筑、厂房不断涌现，对消防自动报警系统提出了更高、更严的要求。为了在早期发现和通报火灾，防止和减少火灾危害，保护人身和财产安全，火灾自动报警系统已成为必不可少的设施。

建筑中火灾自动报警系统的设计必须遵循国家有关方针、政策、规范和公安消防部门的有关法规，针对保护对象的特点，做到安全可靠、技术先进、经济合理、使用方便。首先要明确建筑本身的建筑和功能特点，了解与火灾报警系统工程设计有关的相关专业硬件设施，尤其是设备通风、给排水专业对于电气专业的设计要求，然后根据有关规范确定消防报警系统的总体结构形式。

火灾自动报警系统是为了早期发现并及时通报火灾，以便采取有效措施使火灾得以控制和扑灭而设置在民用建筑内的一种自动消防设施。当某一探测区域内发生火情时，该处探测器采集现场信号，并立即把信号发回控制中心的控制器，控制器对此信号进行判断。确认着火后，向火灾现场发出声光报警信号和播放疏散指令。另外，联动控制向需要联动的消防设备发出控制信号，包括点燃应急照明和疏散指示器照明；启动消防泵和正压送风机；启动火灾现场的排烟风机，打开相关的排烟口和防火阀；追降电梯停于首层，并使消防电梯处于待命状态；切断非消防电源，进行初期火灾防范。

（三）城市高层住宅建设工程管理

1.高层住宅施工全过程示例

建筑工程项目案例背景为一栋高层住宅楼，总高30层，地下1层，高强预应力管桩-筏板基础，框剪结构。

本实例中，高层住宅施工全过程包括：前期施工准备阶段、地基与基础施工阶段、节能工程施工阶段、建筑装饰装修施工阶段、屋面工程施工阶段、电梯安装施工阶段、给水排水及采暖工程施工阶段、电气工程施工阶段、智能工程施工阶段、通风与空调施工阶段、施工电梯拆除、室外工程施工阶段、工程竣工验收、工程备案14个阶段。

2.全过程14个阶段工程管理内容

（1）前期施工准备阶段

① 地质勘察。地质单位受建设单位的委托，据设计提供的相关资料，对拟建场地通过各种勘察手段和方法对地质结构或地质构造——地貌、水文地质条件、土和岩石的物理力学性质等，做出分析评价，出具详细的“岩土工程勘察报告”，为设计和施工提供所需的工程地质资料。

② 文物勘察。根据国家文物保护法相关规定，进行基本建设工程，建设单位应当事先报请政府文物行政部门组织从事考古发掘的单位在工程范围内有可能埋藏文物的地方进行考古调查、勘探。

考古调查、勘探中发现文物的，由省、自治区、直辖市人民政府文物行政部门根据文物保护的要求会同建设单位共同商定保护措施；遇有重要发现的，由省、自治区、直辖市人民政府文物行政部门及时报国务院文物行政部门处理。

③ 建筑边坡与深基坑工程的设计方案评审。设计方案评审是指县级以上住房城乡建设主管部门或其委托机构依据国家、地方有关技术规范和相关的强制性条文，对建筑边坡与深基坑工程设计方案进行的安全、经济、合理等方面的技术性论证。其目的是：为加强对建筑边坡与深基工程的管理，确保建设工程及其相邻建（构）筑物和地下管线、道路的安全，土方开挖图确定后，建设单位应委托评审组织机构对建筑边坡与深基坑工程的设计方案进行评审。

④ 工程测量定位。是指建筑工程开工后的第一次放线，建筑物定位参加的人员是：城市规划部门（下属的测量队）及施工单位的测量人员（专业的），根据建筑规划定位图进行定位，最后在施工现场形成（至少）4个定位桩。放线工具为“全站仪”或“比较高级的经纬仪”。

⑤ 施工现场市政临水临电报批。建筑单位在取得建设行政主管部门批准的建筑工程许可证之后，持相关证明分别到电力公司、自来水公司办理临水临电审批手续。

⑥ 三通一平。三通一平是指基本建设项目开工的前提条件，具体指水通、电通、路通和场地平整。随着现场办公信息化，增加通信、通网（五通）或通信、通网、通邮、通气（七通）。

⑦ 工地围栏及大门建设。一是施工现场实行封闭式施工。主要路段围墙不低于2.5m，一般路段的围墙不低于1.8m（用于企业宣传的围挡钢架及基础应进行专项设计）。

二是主入口处应设置大门，高度与围墙相适应，宽度不宜小于5m。大门内侧应设置门卫室，其内张贴门卫制度。大门外侧应当在围墙醒目处悬挂五牌一图，包括工程概况牌、组织网络牌、消防保卫牌、安全生产牌、文明施工管理牌和施工总平面布置图。

⑧ 组织员工培训及图纸会审。为提高项目部参建员工的综合业务素质与管理水平，有必要在项目正式开工前对员工进行培训。

图纸会审是指工程各参建单位（建设单位、监理单位、施工单位）在收到设计院施工图设计文件后，对图纸进行全面细致的熟悉，审查出施工图中存在的问题及不合理情况并提交设计院进行处理的一项重要活动。图纸会审由建设单位负责组织并记录（也可请监理单位代为组织）。通过图纸会审可以使各参建单位特别是施工单位熟悉设计图纸、领会设计意图、掌握工程特点及难点，找出需要解决的技术难题并拟定解决方案，从而将因设计缺陷而存在的问题消灭在施工之前。

（2）地基与基础施工阶段

① 基坑放线。根据城市规划部门给定的水准点位，依据土方开挖图施测建筑工程基坑开挖边线，撒灰线时要考虑工作面和放坡系数。

② 基坑降水施工。若设计基底高程低于地下水位，在基坑开挖前要进行降水工程，降水一般采用各类井点降低地下水位的方法。深基坑施工常需要挖掘到地下水位以下的含水层中。因此开挖前需把地下水位降低到边坡面和坑底以下，以防止边坡的塌陷和涌流，并保证施工过程中处于疏干和坚硬的工作条件下进行开挖，持续时间为从基坑开挖前开始直到基坑施工完毕并回填土方为止。

③ 第一次土方开挖。第一次土方开挖为桩基施工作准备（开挖应分层、分段开挖，分层对基坑进行支护）。

④ 基坑支护。为保证地下结构施工及基坑周边环境的安全，对基坑侧壁及周边环境采用的支挡基坑支护、加固与保护措施，属临时工程，但基坑支护工程施工周期长，从开挖到完成地面以下的全部隐蔽工程，常需经历多次降雨、周边堆载、振动、施工不当等许多不利条件，其安全度的随机性较大，事故的发生往往具有突发性。最常用的支护型式为土钉墙喷锚支护。

⑤ 桩基施工。由桩和连接桩顶的桩承台桩组成的深基础或由柱与桩基连接的单桩基础，简称桩基，按受力特点可分为摩擦桩和端承桩，按照施工方式可分为预制桩和灌注桩。建筑工程常用的管桩全称为高强预应力混凝土管桩（PHC），因其单桩承载力高、单位承载力价格低、施工快、工效高、工期短、现场整洁等优点在建筑工程中被广泛应用。

⑥ 单桩静载检测。桩基施工结束并达到休止期后（对于混凝土灌注桩，龄期达到28d或

预留同条件养护试块强度达到设计强度），开始做单桩静载检测，其抽检数量为施工桩总数的1%，且不小于3根。

⑦ 第二次大开挖至基底设计标高。桩间土开挖应注意对桩身的保护，并遵循“开槽支撑，先撑后挖，分层开挖，严禁超挖”的原则，预留20 ～ 30cm进行人工清挖，引定位桩检查基坑开挖尺寸、标高是否正确。

⑧ 机械截桩头。超过设计桩顶标高的部分采用机械截除（个别低于设计标高按设计要求接桩），截桩完成后应保证同一基坑内桩顶标高一致（高于基垫层顶5cm），确保桩身无破损。

⑨ 桩基小应变检测桩。目的：检测桩身缺陷及其位置，判定桩身完整性类别，抽检数量不应小于总桩数的20%，且不少于10根。

⑩ 地基验槽。人工清槽完成，由建设单位组织勘察单位、设计单位、施工单位、监理单位（即参建五大责任主体）共同检查验收。

验收目的：一是核对其平面位置、平面尺寸、槽底标高是否满足设计要求；二是核对土质和地下水情况是否满足岩土工程勘察报告及设计要求；三是检查是否存在软弱下卧层及空穴、古墓、古井、防空掩体、地下埋设物等及相应的位置、深度、性状。

⑪ 基础垫层混凝土浇筑。砖胎模一般用于地下室底板侧壁，由于是外防水，须在垫层上做防水，且防水要延伸到砖胎模上，以便以后浇注完混凝土后，防水能上翻到侧壁混凝土墙上，如果底板侧壁用模板的话，无法做防水，所以采用了用砖做模板的办法，另外在一些浇完混凝土后模板无法拆除或者拆除难度很大的地方也有采用砖来代替一般模板的办法。

⑫ 桩芯钢筋笼制作、安放、混凝土浇筑。目的：为实现桩顶与基础筏板有效连接，加强桩顶抗剪强度，填芯深度设计无要求时，为桩径的3倍。

⑬ 防水层及保护层施工。尤其注意：桩头防水应严格按设计要求施工，确保与底板防水层整体一致，保护层施工完毕后，引定桩测设出筏板边线、剪力墙、柱子等位置（即基础放线，用红漆标示主要构件位置）。

⑭ 基础筏板施工。施工内容包括：钢筋绑扎、上下层钢筋支架制作、安装，墙柱插筋、电梯井、集水坑、后浇带等支模，测温仪安放、电气接地网焊接、混凝土浇筑；参考工期15天。

⑮ 地下室外墙防水。正负结构完成，模板拆除后开始施工，施工内容包括基层处理、防水层、保护层等，参考工期10天。

⑯ 基础回填土。地下防水层保护层完成开始施工，施工内容包括分层摊铺、分层压实、压实度检测。

⑰ 负一层主体结构施工。施工内容包括模板支架搭设、墙柱钢筋绑扎、梁板支模、梁板钢筋绑扎、安装管线预埋、混凝土浇筑等，参考工期20天。

⑱ 1、2层主体结构施工（非标层）。施工内容：模板支架搭设、墙柱钢筋绑扎、梁板支模、梁板钢筋绑扎、安装管、线预埋、混凝土浇筑等。参考工期20天（工序同地下室结构）。

⑲ 3 ～ 30主体结构施工（标准层）。施工内容：模板支架搭设、墙柱钢筋绑扎、梁板支模、梁板钢筋绑扎、安装管线预埋、混凝土浇筑等。参考工期每层6天，共180天。

⑳ 屋顶设备用房及造型主体结构施工。施工内容：模板支架搭设、墙柱钢筋绑扎、梁板支模、梁板钢筋绑扎、安装管线预埋、混凝土浇筑等，参考工期20天。

㉑ 施工电梯安装。主体结构施工至16层（主体结构完成1/2）开始安装，随主体结构提升，为二次结构工程施工创造条件，工期5天，不占用总工期

㉒ 卫生间、厨房间排气道安装。二次结构施工前3天安装，施工内容包括洞口清理、吊

运、安放钢筋支承、就位、临时固定、洞口封堵等。

㉓ 砌体及二次结构。主体结构至17层开始施工，施工内容包括卫生间、空调板止水带支模、混凝土浇筑，砌体拉结筋、GZ、GL、QL、窗台压顶等植筋，砌体砌筑，混凝土构件钢筋绑扎、支模、混凝土浇筑等，标准工期每层5天，共180天，占用总工期58天。

（3）节能工程施工阶段　节能工程包括墙体节能、幕墙节能、门窗节能、屋面节能、地面节能、配电与照明节能。

（4）建筑装饰装修施工阶段

① 内墙抹灰施工。二次结构完成至17层开始，施工内容包括基层处理、不同材料交接处钉钢丝网片、浇水、喷浆、打点、冲筋、分层抹灰、护角、包口、养护等，装饰工程均应样板先行，经各部门验收合格后方可大面积施工。参考工期每层4天，共144天。

② 外墙面抹灰。二次结构完成经结构验收合格开始施工，施工内容包括外架局部调整、基层处理、不同材料交接处钉钢丝网、浇水、喷浆、挂垂线、分洞口、分层抹灰、养护等。参考工期90天。

③ 外墙面砖粘贴。外墙面抹灰完成50%开始施工，施工内容包括根据面砖模数分线排砖、墙面浇水湿润、刷胶水结合层、粘贴、勾缝、养护、清洗等。参考工期90天。

④ 铝合金门窗、阳台栏杆安装。外墙面砖施工至35天开始施工，施工内容包括校核洞口、门窗框固定、装饰管安装、缝隙填塞、打胶、玻璃、五金安装、成品保护，参考工期60天。

⑤ 外架拆除。外立面完成，经查与外立面相关的各项施工内容施工整改完毕，外架拆除时应注意对铝合金外窗、外饰面等成品进行保护，参考工期40天。

⑥ 入户门头外装。外架拆除完成开始施工，施工内容包括幕墙（石材、玻璃）、钢架玻璃雨棚、全玻门、内装交接处收口等。参考工期30天。

⑦ 室内混凝土（砂浆）楼地面施工。内墙面抹灰、管道口吊洞完成开始施工，施工内容包括基层清理、浇水湿润、打点、冲筋、刷素水泥结合浆、摊铺混凝土（砂浆）、槎平、压实，养护等，参考工期每层2天，共72天。

⑧ 卫生间防水层施工。室内混凝土（砂浆）楼地面层完成后开始施工，施工内容：面层试水、渗点处理、墙根倒角、细部处理基层干燥、刷处理剂、加设附加层（管道及墙根部）、刷涂膜防水层、闭水试验、防水保护层施工等，参考工期每层1天，共34天。

⑨ 楼梯间踏步施工。室内混凝土（砂浆）楼地面层完成后开始施工，施工内容包括踏面放踏步线、基层处理、刷素水泥结合层、抹底层灰找平、找方、水泥砂浆面层槎平、压光、养护、成品保护等，参考工期每层1天，共34天。

⑩ 楼梯扶手、护窗栏杆施工。楼梯间踏步完成后开始施工，施工内容包括扶手、栏杆制作、安装、成品保护等，参考工期每层1天，共34天。

⑪ 室内涂饰施工。室内楼地面完成50%后开始施工，施工内容包括基层处理、找角、打底找平、分遍批涂、刷面漆、刷踢脚线、成品保护等，参考工期每层2天，共68天。

⑫ 地下车库地坪漆施工。地下室所有工程完成开始施工，施工内容包括基层处理、找角、打底找平、刷面漆、标示标线等。

⑬ 公共部分精装。室内楼地面完成后开始施工，施工内容包括工作面移交、电气线路改造、吊顶、墙面砖、地砖、电梯门套、灯具安装等，参考工期60天。

⑭ 入户门及防火门安装。精装地砖完成后开始施工，施工内容包括施工准备、测量、安装固定、打胶等，参考工期30天。

（5）屋面施工阶段　开始施工，施工内容包括基层处理、保温层、找坡层、找平层、刷基层处理剂、防水层铺设、防水隔离层、保护层等，参考工期每层30天。

（6）电梯安装施工阶段　一是室内电梯安装调试；二是内墙抹灰完成开始施工。

施工内容包括设备进场验收，土建交接检验，驱动主机，导轨，门系统，轿厢，对重（平衡重），安全部件，悬挂装置，随行电缆，补偿装置，电气装置，整机安装验收等，参考工期50天。

（7）给水排水及采暖工程施工阶段

① 室内给、排水及采暖系统安装　施工内容：给水管道及配件安装，室内消火栓系统安装，给水设备安装，管道防腐、绝热，排水管道及配件安装，雨水管道及配件安装，系统试验等。

② 室外给、排水及供热管网。施工内容包括给水管道安装，消防水泵接合器及室外消火栓安装，管沟及井室；排水管道安装，排水管道与井池；管道及配件安装，系统水压试验及调试、防腐、绝热等。

（8）电气工程施工阶段

① 电气照明安装。施工内容：成套配电柜、控制柜（屏、台）和动力、照明配电箱（盘）安装，电线、电缆导管和线槽敷设，电线、电缆导管和线槽敷线，槽板配线，电缆头制作、导线连接和线路电气试验，普通灯具安装，专用灯具安装插座、开关、风扇安装，建筑照明通电运行。系统测试包括线路绝缘电阻测试、漏电保护器模拟漏电测试、照明试运行记录等。

② 防雷及接地安装。施工内容：接地装置安装，避雷引下线和变配电室接地下线敷设，建筑等电位连接，接闪器安装。系统测试包括接地电阻测试、等电位导通性测试等。

（9）智能工程施工阶段　施工内容：通信系统，卫星及有线电视系统，公共广播系统；火灾自动报警及消防联动系统，安全防范系统（含电视监控系统、入侵报警系统、巡更系统、门禁系统、楼宇对讲系统、住户对讲呼救系统、停车管理系统等）。

（10）通风与空调施工阶段　施工内容：风管与配件制作，部件制作，风管系统安装，空气处理设备安装，消声设备制作与安装，风管与设备防腐，风机安装，系统调试，风管与配件制作，部件制作，风管系统安装，防排烟风口、常闭正压风口与设备安装，风管与设备防腐，风机安装，系统调试。

（11）施工电梯拆除　施工内容全部完成，室内电梯启用开始拆除，电梯口处收边收口，参考工期40天。

（12）室外工程施工阶段

① 室外综合管网施工。施工内容：给水系统，排水系统，供热系统，供电系统，室外照明系统等。

③ 室外建筑环境。施工内容：车棚，围墙，大门，建筑小品，道路，亭台，连廊，花坛，场坪绿化。

（13）工程竣工验收

① 工程竣工验收的条件

- 完成建设工程设计和合同规定的各项内容。
- 有工程使用的主要建筑材料、建筑构配件和设备的进场报告。
- 有完整的技术档案和施工管理资料。
- 有勘察、设计、施工、监理等单位签署的质量合格文件。
- 建设单位已按合同支付工程款，并有工程款支付证明。
- 有施工单位签署的工程保修书。
- 规划行政主管部门、公安消防、环保等部门出具的认可文件或者准许使用文件。

② 竣工验收。《建筑工程施工质量验收统一标准》规定，单位工程完工后，在施工单位自行质量检查评定的基础上，建设单位组织参与建设活动的相关责任单位（建设、勘察、设计、施工、监理）共同对建筑工程的分部工程质量、观感质量、质量控制资料采取抽检复验和查阅资料的方式，根据设计文件、施工合同及相关标准以书面形式对工程质量是否合格做出确认。工程竣工验收是工程参与各方依法行使的工程质量行为。

（14）工程备案 《建设工程质量管理条例》第四十九条规定：建设单位应当自建设工程竣工验收合格之日起15日内，将建设工程竣工验收报告和规划、公安消防、环保等部门出具的认可文件或者准许使用文件报建设行政主管部门或者其他有关部门备案。

3.施工监测

① 从基坑开挖至基坑回填完成期间软土地区尚应延长一个月，应对影响区范围内的邻近建筑物和管线垂直与水平变形进行监测。

② 实施降水和回灌方案时应进行降水观测井和回灌观测井的水位测试以及邻近建筑物管线的沉陷与水平位移观测。

③ 采用护坡桩系统时，应对挡土桩的变形桩的内力变化进行监测。

④ 当采用地下连续墙作为围护结构时，应监测墙体位移、平面变形、结构整体稳定、土压力、孔隙水压力、土体位移和地下水位等项目。

⑤ 基坑开挖过程中，应对水平支撑系统和锚杆工作状态进行检查和监测。

⑥ 施工中应进行大体积混凝土的测温工作。测温点的布置应便于绘制温度变化梯度图，可布置在基础平面的对称轴和对角线上。测温点应设在混凝土结构厚度的1/2、1/4和表面处，离钢筋的距离应大于320mm。

第四节　城市新型别墅住宅建筑建设

一、城市新型别墅住宅建筑综述

（一）城市新型别墅住宅的概念

1.别墅住宅的定义

别墅，改善型住宅，在郊区或风景区建造的供休养用的园林住宅。

我国古代也很早就出现了别墅，大的有帝王的行宫，将相的府邸，小的有富商巨贾地主乡绅的山庄、庄园。别墅在国外的出现已经有很长的历史，西方意义上的别墅主要是师承国外工业革命后的开发理念。按其所处的地理位置和功能的不同，又分为山地别墅（包括森林别墅）、临水（江、湖、海）别墅、牧场（草原）别墅、庄园式别墅等。“别墅”这一名称是舶来品。现在常说的“别墅”，实际上涵盖了国外的两种物业类型：一种是House，另一种是Villa。如果直译过来，House应该是“房子”、“住宅”；而Villa才是真正的“别墅”，也可以译成“庄园”、“城堡”，一种带有诗意的住宅。事实上，国内目前房地产市场所销售的大部分“别墅”，并不是Villa，而是House。

别墅一般多建在城郊或风景区，现在城市中也不乏“别墅”了，这也是现代的新情况。中国古代称别业、别馆，3世纪，意大利山坡地带出现台阶式别墅。中国西晋出现别墅，如洛阳石崇的金谷别墅。此外，历代著名的别墅有唐代蓝田王维的辋川别业、明代苏州的拙政园、清代杭州的金鳛别业和北京的勺园。近代、现代最具特色的别墅有：赖特设计的流水别墅，勒·柯布西耶设计的萨伏伊别墅等。别墅设计要点是：因景、因地制宜，布局灵活，体型轻巧，结构简洁。真正说起来，中国最早的别墅是叫别业，所谓别的意思就是第二。在国外第一居所的房子叫做House，第二居所叫Villa。Villa最早出现在中国时，经常翻译成三种，有的时候叫别墅，有的时候叫庄园，有时还叫城堡，不管怎么翻译都是国外独立庄园生活的代称。当别墅多起来的时候，一个庄园和另外一个庄园联起来就成了庄园区，这是别墅区原形。

按《民用建筑设计术语标准》中定义："别墅"Villa一般指带有私家花园的低层独立式住宅。

2.别墅住宅的主要类型

别墅住宅的定义还没有一个严谨、规范、一致、准确的说法，只能把高档型的、改善型的住宅（House）和花园、庄园型的别墅（Villa）合并在一起都作为别墅住宅，从建筑形式上将其分为5种类型，即独栋别墅、联排别墅、双拼别墅、叠加式别墅、空中别墅（严格意义上讲：联排、双拼以及排屋Town House等低密度住宅不属于别墅范围，应属高档住宅范围）。

五类别墅住宅的基本特点如下。

① 独栋别墅。即独门独院，上有独立空间，下有私家花园领地，是私密性极强的单体别墅，表现为上下左右前后都属于独立空间，一般房屋周围都有面积不等的绿地、院落。这一类型是别墅历史最悠久的一种，私密性强，市场价格较高，也是别墅建筑的终极形式。

② 双拼别墅。它是联排别墅与独栋别墅之间的中间产品，由两个单元的别墅拼联组成的单栋别墅。在美国比较流行的2-PAC别墅是一种双拼别墅。降低了社区密度，增加了住宅采光面，使其拥有了更宽阔的室外空间。双拼别墅基本是三面采光，外侧的居室通常会有两个以上的采光面，一般来说，窗户较多，通风不会差，重要的是采光和观景。

③ 联排别墅。即Townhouse，有天有地，有自己的院子和车库。由三个或三个以上的单元住宅组成，一排二至四层联结在一起，每几个单元共用外墙，有统一的平面设计和独立的门户。Townhouse别墅是大多数经济型别墅采取的形式之一。

④ 叠拼别墅。它是Townhouse的叠拼式的一种延伸，介于别墅与公寓之间，是由多层的别墅式复式住宅上下叠加在一起组合而成。一般四至七层，由每单元二至三层的别墅户型上下叠加而成，这种开间与联排别墅相比，独立面造型可丰富一些，同时一定程度上克服了联排别墅窄进深的缺点。

⑤ 空中别墅。空中别墅发源于美国，称为"penthouse"，即"空中楼阁"，原指位于城市中心地带，高层顶端的豪宅。一般理解是建在公寓或高层建筑顶端具有别墅形态的大型复式/跃式住宅，跃式住宅。要求产品符合别墅全景观的基本要求、地理位置好、视野开阔、通透等。

（二）新型别墅住宅的主要特性分析

1.新型别墅住宅是有特色的住宅

站在现代城市的角度和发展的角度，一方面别墅住宅建筑具有一些明显而独特的特性区别于其他的住宅建筑；另一方面别墅住宅作为体现高端生活品质的高档住宅，必然在诸个方面有与一般住宅相比有更为优良和高水平、高标准的特色所在。

2.新型别墅住宅的一些主要特性

别墅住宅的一些主要特性基本上可以总结为：城市性；稀缺资源的独占性；低密度性和

舒适性；装修和装饰的豪华性；物业管理的尊贵性；适度超前与可持续性。

① 城市性：当然是指别墅住宅与城市居住生活紧密相连，现代新型别墅不仅要安宁平和，也要舒适方便。而舒适方便免不得在衣食住行等上与城市高品质的购物时尚消费、美食餐饮、公共服务、游玩娱乐、市政交通等密切联系。所以新型别墅住宅建筑一般都位于城郊。

② 稀缺资源的独占性：既要有城市高品质生活的质量保证，又要宁静美丽、绿色生态、健康休闲，那么符合这种条件、环境的地块一定十分稀缺难找，一定十分稀贵。作为家庭独自占有，确实体现了“稀缺资源的独占性”。

③ 低密度性和舒适性：这很容易理解，别墅当然不能位于拥挤喧闹之处，别墅的生活当然必须宽松、和谐、宁静、怡人，这些如果缺少了低密度性和舒适性，当然是无法实现和做到的。

④ 装修和装饰的豪华性：装修和装饰的豪华体现了一种高端的体验，一种品质的展示，一种地位的传达，一种实力的标注，一种自信和成就感的宣扬。

⑤ 物业管理的尊贵性：可能更多的是要强调别墅区物业管理的规范、标准、高端、亲切、尊重以及高素质的亲和、礼貌、周到、热心、耐心、勤劳、努力的物业服务人员队伍。

⑥ 适度超前与可持续性：这是由别墅居住生活模式所决定的，别墅生活在品质和体验感受上会比一般人的体验感受更超前和先走一步；别墅生活同时也体现着一种相对高端而步入良性循环可持续的生活轨道的状态，生活其中更有一种对未来的乐观和向往的心态与感觉。

（三）别墅住宅与一般住宅区别

1. 普通住宅相对简单

普通住宅往往结构比较简单，功能单一，在设计上几乎是千篇一律，没有变化。别墅则具有个性化、风格各异、功能齐全、生活设施齐备。普通住宅由于受统一规划的限制，其房屋的内部结构，如门向、客厅、厨房、卧室等位置比较固定，不管是否符合风水要求都很难改变，而高档的别墅住宅，则可以在建筑设计时，根据风水的要求，按照趋吉避凶的原则合理安排布局别墅的内部结构和外部造型，使其更具有突出的个性和时尚的风格。

2. 室外空间是别墅区别于普通住宅的最大优势

室外空间作为别墅的一个不可分割的部分，提供给人们的别墅感觉可能更重要。别墅室内的空间是两层、三层，跟城里面的复式住宅没有什么区别，而别墅建筑之外的环境，却能使自己真正置身于私家花园，享受到清新自然的优美景色。再就是室内外空间的融合，相邻别墅的室外空间之间互相影响，即便境中之窗是私有庭院，也要与小区景观空间体系相协调。而作为一个完整的别墅来讲，它的室内生活空间跟室外空间应该是统一的，密不可分的。

别墅住宅强调“地平线的生活”，即生活空间向地面层集中，并尽量保证地面层室内外生活空间的私密性。别墅住宅的间距应在六米以上，利用树木绿篱等元素提高私密性，使相邻住宅开窗的错位更明显，以提高私密性。

而普通住宅中四合院的特点就在于它也提供了一个特别具有私密感的室外生活空间，它以家庭院落为中心，街坊邻里为干线，镜中之窗所透过的社区地域为平面的社会网络系统，符合中国人特有的传统文化观念，这一点是四合院特有的，也是中国的特点。住在四合院，人与人之间能产生一种凝聚力与和谐气氛，同时有一种安全稳定感和归属亲切感。但普通住宅的四合院却不具备别墅住宅庭院的那种豪华秀美，风格别致的气派。

3.普通公寓住宅彼此有更多相似性

普通公寓住宅是求大同、存小异。而别墅由于室内外空间的充足和灵活，则是求大异、存小同。别墅作为高端住宅的统称，从最高端至最低端之间，可以划分出不同层次。不同的人群有迥异的生活方式和观念。生活方式对户型的影响，在普通公寓和别墅效果完全不同。人们选择别墅，也就是选择了一种新的生活方式。

4.别墅的多样性和多元化

狭义的别墅，国土资源部的规定是指独门独户独院，占地面积相当大，容积率又非常低，带室内车库，包括地下层在内的最多三层的独栋住宅形式。现在通常的说法是指高档住宅，包括独栋别墅、双拼别墅、联排别墅、叠拼别墅、空中别墅等。普通住房的功能是居住，而别墅除"居住"这个住宅的基本功能以外，更主要是体现生活品质及享用特点的高级住所。

二、城市别墅住宅的风格模式

（一）别墅住宅风格模式内涵

1.别墅要有自己的风格

别墅住宅以其个性化、差别化、创新化、多样化的建设风格，展现着各具千秋的特色，洋溢着万种生机的美丽。因此，别墅讲究风格，讲究美观，讲究舒适，讲究宁静而和谐。风格影响着别墅的设计和建设，影响着别墅的需求和价值，影响着别墅的使用和发展。别墅的风格模式是别墅的一种精神、一种特色、一种标志、一种灵魂。

2.别墅住宅风格模式的分析

别墅住宅风格模式分析可以从两种情况出发，一种是空间性的、地区属地性的，另一种是时间性的、历史时代性的。从空间属地来分，一般有中式、日式、欧陆传统式、北美风情式等；从时间历史来分，一般有现代式、古典传统式、新古典式、古典复兴式、中世纪式、当代花园式、现代传统式、当代传统式等，而在这些风格样式下面有些还可以继续细划细分。如图19-4所示。

（二）关于别墅住宅风格模式的有关认识

1.认识别墅住宅风格模式的两种角度

应该说要认识分析别墅住宅的风格模式，可以从空间和时间两个角度来进行。显然，别墅住宅与其空间地理位置密切相关，不同地区不同地域有不同的地理、气候、土壤、山水、风景等环境和条件，相应不同的风格模式是完全可以理解和认识的；别墅住宅也与历史时间性密切相关，不同历史阶段，不同的社会制度，不同的文化传统，不同的社会和生活条件，不同的生产方式，不同的社会经济人文环境，乃至不同的人生认识、价值观等，导致在别墅设计建造上的不同经验和观点，也是完全正常的。所以可以从空间属地、时间历史两个角度来分析掌握别墅住宅的风格模式。

2.从空间属地性角度

（1）中式风格　中式风格主要是中国传统的园林式风格（中式别墅）。中国园林建筑艺术是世界文化中最具特色的，是中国传统文化的重要组成部分。它经历了一个长达两千多年的历史发展过程，有着极为丰富的文学、美学内涵。

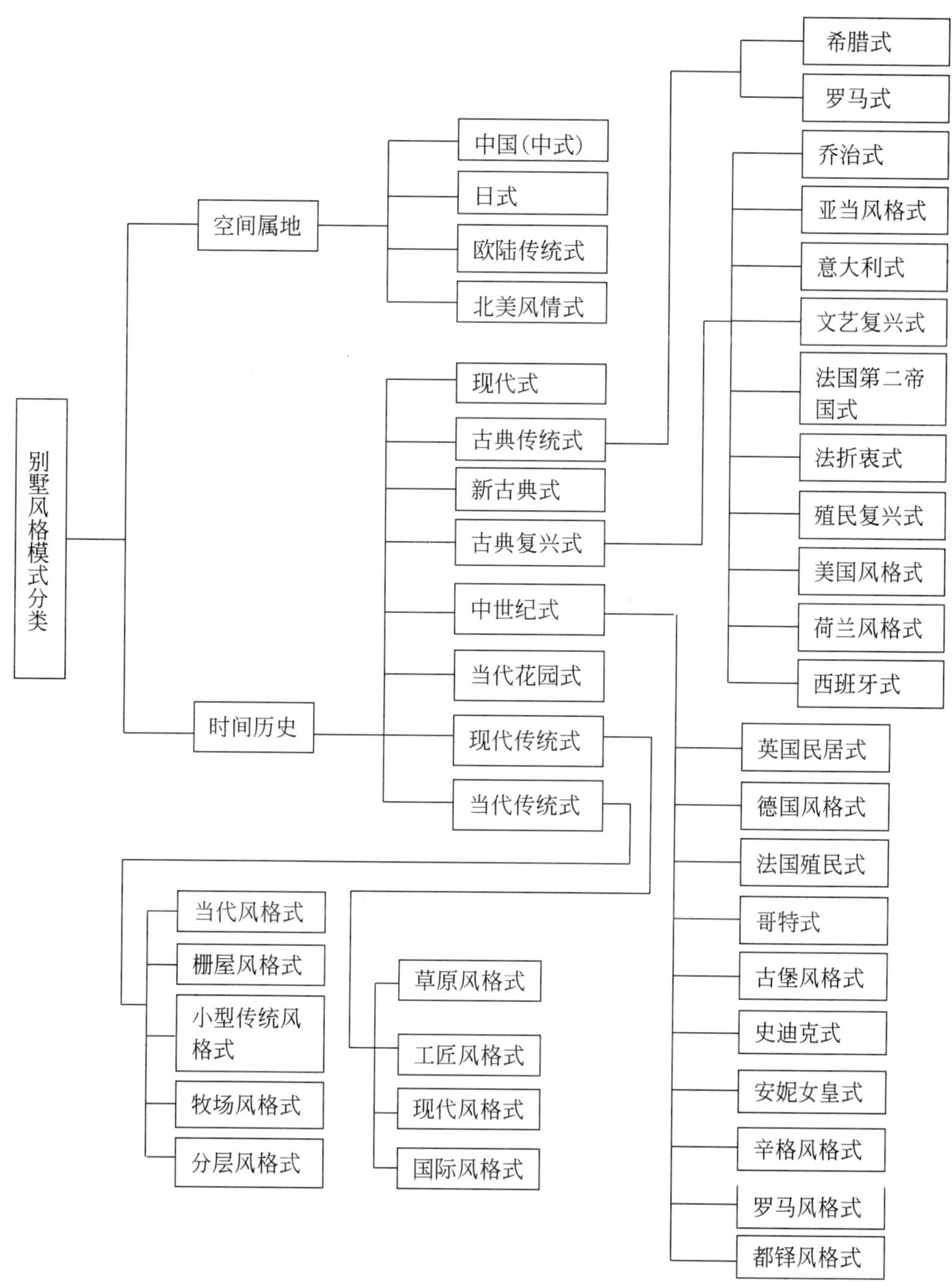

图 19-4　别墅住宅风格模式分析示意图

其发展大致可分成以下三个时期。

先秦及秦汉时期的“自然时期”，此时期是从“囿”到“苑”的发展时期，特点是占地宽广、工程浩大、人工设施增加；经过东汉、三国、魏晋南北朝到隋代统一中国的过渡，园林发展出现了两个特点，一是在苑囿的营建中注意了游乐和赏景的作用；二是绘画技术发展与造园艺术的发展互相促进。

唐宋时期古典园林的形成时期，由汉代开端了中国园林发展进程，形成时期突出的成就就是造园和文学、绘画的结合。

明清时期是中国古典园林的全盛时期，至此中国园林建筑艺术已具备了功能全、形式多及艺术化三个特点。

中国古典园林，一向被称为“文人园林”。白居易在《草堂记》中说：“覆篑土为台，聚拳石为山，环斗水为池”，这是文人园林的范式。园林式别墅充分体现了“自然美”的主旨，在设计构筑中，采用因地制宜，借景、对景、分景、隔景等种种手法来组织空间，造成园林中曲折多变、小中见大、虚实相间的景观艺术效果。通过叠山理水，栽植花木，配置园林建筑，形成充满诗情画意的文人写意山水园林，在都市内创造出人与自然和谐相处的“城市山林”，修身养性，陶冶情操。绿色、文化与健康并存。

（2）日式风格（日式别墅） 日式设计风格直接受日本和式建筑影响，讲究空间的流动与分隔，流动则为一室，分隔则分几个功能空间，空间中总能让人静静地思考，禅意无穷。传统的日式家居将自然界的材质大量运用于居室的装修、装饰中，不推崇豪华奢侈、金碧辉煌，以淡雅节制、深邃禅意为境界，重视实际功能。日式风格特别能与大自然融为一体，借用外在自然景色，为室内带来无限生机，选用材料上也特别注重自然质感，以便与大自然亲切交流，其乐融融。

（3）欧陆传统的贵族风格（欧式别墅） 欧陆传统风格于17世纪盛行欧洲，强调线形流动的变化，色彩华丽。它在形式上以浪漫主义为基础，装修材料常用大理石、多彩的织物、精美的地毯、精致的法国壁挂，整个风格豪华、富丽，充满强烈的动感效果。另一种是洛可可风格，其爱用轻快纤细的曲线装饰，效果典雅、亲切，欧洲的皇宫贵族都偏爱这个风格。

（4）北美风情风格（美式别墅） 在中国发展进行的北美风格，更多地体现在别墅这种业态上，北美别墅发展成为既简约大气、又集各种建筑精华于一身的独特风格，充分体现了简洁大方、轻松的特点，居住非常具有人性化，在别墅市场非常受欢迎，进入别墅市场百花齐放的今天，北美风格依然占据着市场的主导地位。

3. 从时间历史性角度

（1）现代风格 现代风格是比较流行的一种风格，追求时尚与潮流，非常注重居室空间的布局与使用功能的完美结合。现代主义也称功能主义，是工业社会的产物，其最早的代表是建于德国魏玛的包豪斯学校。其主题是：要创造一个能使艺术家接受现代生产最省力的环境——机械的环境。这种技术美学的思想是20世纪室内装饰最大的革命。

（2）古典传统风格 这一传统源于公元前9世纪到公元前4世纪古希腊神庙建筑，以及公元前1世纪到5世纪古罗马公共建筑法风格，其雄伟的古典柱廊，高大的柱头和朴实的质感令世人赞叹，匀称的比例、突出的个性，2000多年来一直成为人们追求的目标。经文艺复兴运动和19世纪新古典主义运动的完善，已发展成古典建筑理论的思想根基。属于这一风格有罗马风格、希腊风格。

（3）新古典风格 1893年在美国芝加哥举行的世界博览会上，主会场的世纪方案一开始就决定采取古典主义的思想与风格，后各国分会场等一大批建筑的设计都将古典风格发挥得淋漓尽致。该别墅的特征表现在：① 外观装饰得豪华、繁杂，正立面（一层或多层）通常为一排有气度的柱廊（或双柱）；② 墙面、窗户、窗顶和屋檐等处有精细的雕花装饰，尽显豪华气势；③ 墙体由石块砌成，立面常显对称。它有两种形态：平式或低坡度屋顶；孟马莎顶。

（4）古典复兴式 指古典文艺复兴时期，主要流行样式包括乔治式、亚当风格式、意大利式、文艺复兴式、法国第二帝国式、法折中式、殖民复兴式、美国风格式、荷兰式、西班牙式等多种样式。

（5）中世纪　中世纪指公元5世纪到15世纪文艺复兴时期前这1000年的时间。这一时期，欧洲各地普遍兴建教堂和修道院等建筑，主要风格常是哥特式和罗马风，在这种风格体系的引导下，派生出许多风格，如史迪克风格、都铎风格等。所有这些风格的共同点都是重形式、轻功能，装饰性强，空间布局落伍，这一切都是受宗教统治影响的结果。

主要包括英国民居、法国风格、法国殖民、哥特风格、古堡式、史迪克式、安妮女皇式、辛格风格、罗马风格、都铎风格等多种样式。

（6）当代花园　当代花园别墅有现代传统和当代传统之分，1900 ~ 1940年之间的风格归属为现代传统，1940年以后为当代传统。

现代传统朝两个方向发展：① 工艺运动，并派生出两个风格，即草原风格和工匠风格；② 机器运动，派生出现代风格与国际风格。1940年后国际风格延续至今。

当代传统也有两种趋势，即创新与发展，建筑师们用当今的新材料、新施工方法，灵活而自由地创造出各种造型的别墅，像当代风格和棚屋风格等；另一方面，建筑师们同样采用新材料及新工艺，将它们继承融入传统风格，结果可以看到有些别墅明显带有19世纪的痕迹，但全是当代的手法，如美国最传统的牧场风格和分层风格以及新殖民风格等。

（7）现代传统　现代风格是经密斯·凡·德·罗、柯布西耶和格·罗皮乌斯等第一代建筑大师的开拓才奠定其地位。这些大师都在美国成名，并留下作品，故美国在本世纪初开始就成为世界地建筑中心，在别墅建筑上也不例外。经第二代、第三代甚至第四代建筑大师地创作和努力，才使建筑设计与技术发展到现代的水平。主要包括草原风格、工匠风格、现代风格、国际风格等样式。

（8）当代传统　主要包括当代风格、棚屋风格、小型传统风格、牧场风格、分层风格等。

4.关于别墅住宅风格模式的小结

以上所概述的是一些相对突出的别墅风格，事实上，别墅风格的划分是一个较专业的问题，在实践中会产生如下几种情形。

由于当代建筑材料和施工方法的革新，许多古典别墅在当代再现或改建时，外观风格略有变化，要将它们归入新风格又缺乏一种风格形成的深刻背景，最多在风格的名称前冠以“新（NEO-）”字，比如：新法国第二帝国风格；新殖民风格；新法国风格；新都铎风格；新地中海风格；新古典复兴风格；新维多利亚风格等。

许多别墅建设中在突出一种风格同时，还兼有其他风格的特征，我们称复合风格，比如有的别墅既有平坦屋顶的特征，而且后花园很大，并且还略带一点古风，就属于复合风格。

三、城市新型别墅住宅开发建设

（一）新型别墅住宅开发规划标准

1.对别墅住宅开发的限制性要求

2006年7月，原建设部办公厅《关于低密度、大套型住房和别墅住房标准有关说明的函》给出了较明确的标准和要求。提出目前情况下，一般对于占地面积大，低密度、低容积率（低于1.0）、大套型（单套建筑面积大于144m^{2}的）的住宅视为别墅或高档住宅，要受到开发建设方面的限制。

2.别墅住宅的开发建设情况

但从实际局部的房地产开发和市场情况看，确实也还有不少别墅项目在建设和销售。究其原因，主要可能有以下几个方面。

一是，别墅标准不够明确，一些地方通过规划规避国家供地政策限制，规划意见书确定的用途往往是居住用地，但所确定的具体规划指标，如容积率和建筑密度很低，绿地率又很高，给开发商建设低密度、大户型住宅和别墅留下空间；二是，一些地方规划建设指标如容积率等大多限高不限低，对户型面积等也缺乏约束，造成一些开发商自行调低容积率建别墅；三是存在一些开发商为追求广告效应，将高档公寓等高档房地产当作别墅宣传销售；四是一些地方在供地时，规划部门确定的容积率较低，但用途写的是居住用地，国土部门按此条件供应土地后，开发商又向规划部门申请调整规划条件，特别是规划部门通过发放建设用地规划许可证和建设工程规划许可证进一步明确了具体容积率、建筑密度、高度和户型结构，这些指标可能就是按照别墅确定的，因此为开发商建造别墅提供了依据。

可以看出，居住用地供应和使用过程中，是否建成别墅的关键就在规划部门确定的规划条件，特别是其给用地者发放的建设用地规划许可证和建设工程规划许可证所确定的具体规划条件和套型结构。

（二）别墅住宅规划设计的四种主要风格流派及其理念

1.别墅规划设计的四种主要风格流派

一般认为别墅住宅规划设计的四大主要风格流派是现代主义风格、北美风格、欧式风格、中式风格。

2.四大主要风格流派的理念简介

（1）现代主义风格　现代主义风格主张建筑师要摆脱传统建筑形式的束缚，大胆创造适于工业化社会的要求和条件的崭新建筑。因此，现代主义风格具有鲜明的理性主义和激进主义色彩，又被称为现代派建筑。主张积极采用新材料、新结构，并在建筑设计中发挥其特性；主张坚决摆脱过时的建筑样式的束缚，放手创造新的建筑风格；主张发展新的建筑美学，创造建筑新风格。现代主义建筑的代表人物提倡新的建筑美学原则，其中包括表现手法和建造手段的统一；建筑形体和内部功能的配合；建筑形象的逻辑性；灵活均衡的非对称构图；简洁的处理手法和纯净的体型；在建筑艺术中吸取视觉艺术的新成果。

（2）北美风格　北美风格融合多种风情于一体。北美风格实际上是一种混合风格，不像欧洲的建筑风格是一步步逐渐发展演变而成的，它在同一时期接受了许多种成熟的建筑风格，并将它们融合。北美风格具有注重建筑细节、有古典情怀、外观简洁大方和融合多种风情于一体的特点，在别墅市场很受欢迎。代表楼盘如广州南沙滨海花园和帝景山庄。

（3）欧式风格　欧式风格是多种风格的融合。欧式风格是巴洛克风格、法国古典主义风格、哥特式风格、古罗马风格、古典复兴风格、浪漫主义风格、折中主义风格、文艺复兴风格、罗曼风格等的总称。由于它是多种风格的融合，因此很难从它的建筑元素方面来分析它的风格特征，只能从大体上来把握它。欧洲的建筑设计强调的是与周围环境的和谐统一。瑞士建筑学家凯乐说：“真正的别墅应该是融在自然环境里，需要你在自然环境里寻找才能发现的，而不是个性的张扬。”欧式风格别墅在外观上既有浪漫典雅的一面，又有简洁大气的一面，同时也不乏清新明快的感觉，对房子的空间感比较注重。如广州珠江国际城和深圳观澜高尔夫别墅。

（4）中式风格　中式风格又分为以下四个流派。

① 四合院派：继承北方传统的四合院风格。

四合院派的特点是继承北方传统的四合院风格。中国的住宅建筑大部分都是内院式住宅，但南北方有差异。南方许多地区的四合院四面的房屋多为楼房，而且在庭院的四个拐角处房屋相连，东南西北四面的房屋并不独立存在。在楼房合围下，南方住宅庭院一般较小，被称为“天井”；而北方的四合院院落宽绰舒朗，四面房屋各自独立，彼此之间有游廊连接，方便起居。

四合院建筑的规划布局以南北纵轴对称布置和封闭独立的院落为基本特征。形成以家庭院落为中心、街坊邻里为干线、社区地域为平面的社会网络系统，也形成了一个符合人的心理、保持传统文化和邻里融洽关系的居住环境。

四合院派项目在其产品的设计中较多采用街巷式布局、庭院式空间等。如北京易郡的户型包括了一些以院落为空间的平层四合院、独栋三合院、双拼三合院，门窗设计上采用方格窗户；观唐的规划也以方方正正的十字轴和环路形成明确的街巷式布局，主街宽、胡同窄、内庭院豁然开朗，使得空间序列连续变化。庭院的设计和街巷式布局是完全借鉴和运用了我国传统的建筑设计风格，而方格窗户则是典型的中国窗户。

② 江南园林派：继承江南园林景观设计风格。

江南园林派继承江南园林景观设计风格，有江南的味道。中式园林崇尚顺应自然，讲究人与自然的和谐统一。中式园林以山水园林为基本形式，力求自然与人工巧妙、完善地结合，创造出自然舒适、温馨典雅的生活空间。苏州园林以小巧、自由、精致、淡雅、写意见长。苏州古典园林宅园合一，可赏、可游、可居，这种建筑形态的形成是在人口密集和缺乏自然风光的城市中，人类依恋自然，追求与自然和谐相处，美化和完善自身居住环境的一种创造。苏州古典园林的另一个重要特色是，它不仅是历史文化的产物，同时也是中国传统思想文化的载体，表现在园林厅堂的命名、匾额、楹联、书条石、雕刻、装饰以及花木寓意、叠石寄情等，这些不仅是点缀园林的精美艺术品，同时也储存了大量的历史、文化、思想和科学信息，物质内容和精神内容都极其深广。

③ 中式符号派：加入中式建筑风格和元素。

中式符号派在产品的设计中把传统的中式建筑风格和元素运用进来，如加入木雕、石雕、砖雕等传统意义上的经典中式符号。特别值得一提的是，中式建筑不应是简单的模仿建筑符号，而要突出建筑深层次的文化内涵和历史底蕴，好的中式住宅应该是“神”的效仿。

④ 改良派：对传统建筑的传承与发展。

改良派在文脉上与中国传统建筑一脉相承，而且更重要的是体现在对传统建筑的发展和变化上：既很好地保持了传统建筑的精髓，又有效地融合了现代建筑元素与现代设计元素，改变了传统建筑的使用功能。新式的中式住宅要按照现代人群的消费思路来做，为消费者服务，体现消费者的个性而非设计者的个性。该派的建筑风格理念兼顾现代化生活方式的布局设计国际化要素，在设计风格上有融合趋势，在设计中参照了不少西式住宅的表现手法。

（三）别墅住宅规划设计主要内容

1. 别墅建筑的五大基本设计要素

在别墅建筑的设计内容中，有5项基础性、环境性、心理性、人文性、依据性的要素应注意纳入、融合到设计内容中，这5项要素是景观、逸事、阳光、运动、溪流。

① 景观。景观当然是别墅住宅设计中的最重要设计要素，情景交融、宁静致远、优美自然、和谐悠扬当然是别墅景观设计的重要原则要求。一般都是依山傍水建造，不仅有优美的自然景观，而且还要有精心规划设计的私家花园，使居住环境和自然环境融为一体。

② 逸事。这里指的是所在地拥有的人文、历史遗迹、传说、故事的各种材料，这些材料经过艺术加工、创造、升华后成为地理、人生环境的文化、修养等的重要背景、符号、标志和纪念物，如西施浣纱、严子陵钓台、三顾茅庐等等都因逸事而来。要努力挖掘周边应有浓厚的人文气息和悠远的历史沉淀，充分体现社区人杰地灵的底蕴。

③ 阳光。阳光是上天的赐予，阳光照耀下的别墅、庭院、草地、绿树、水池、石板小径……，都成为精致的小品。由于别墅的建造大多选择在市郊或远郊，上有天下有地，或间接造景，或依山傍水，与大自然相得益彰，阳光更是相伴左右，将这些纳入重要背景内容就成为别墅建筑设计的题中之意。

④ 运动。运动可以更广泛地以“休闲”替代。就是说别墅设计必须为人们提供一个自由、个性化、充足的活动、运动、休闲的空间。固然可以在窗前一边品茗，一边欣赏窗外的景色；也不妨走上草地享受那明亮的阳光、清新的空气；同样适合做操、打球、跑步……就是说要给人们一处自由、宽松、富有活力的空间，无论他要休闲还是要运动。

⑤ 溪流。溪流是宁静的源泉，透过绿叶的光斑在溪流里跳跃、闪耀……。水的灵气、水的滋润、水的明净，让蜿蜒于人们脚下的泉水滋养着绿色的草地，清洗着刚从尘嚣中归来的人们的心灵。让溪流在房屋边流过，在阳光下闪亮，在青草丛中吟唱……

2.别墅规划建设时若干环节的处理和协调

（1）别墅规划建设历经的主要环节　简化并突出主要环节来看，别墅建设过程包含的主要环节应该包括：选地→设计→监控→配套→绿化→调整→物业管理等环节内容。

（2）选地　选地环节要注意选好地段、地形、地貌、地脉。所谓地段是指好的地理位置，地段好，居住既舒适又方便；地形或蜿蜒起伏、曲折多变、余味无穷，或陡峭俊耸、危岩直立、好韵绕峰；地貌则植被繁茂、满眼青翠，春日里绿浪翻滚，秋浓时万山红遍；地脉佳则山脊走势如龙，游走灵活、错落有致、四通八达。好的别墅应具备好的山水，世界很多著名的别墅豪宅群都很注重地形地貌，建在半山环水之间，如美国依山就水豪宅荡然延伸，奥地利的萨尔茨堡，阿尔卑斯山庄与萨尔茨河环抱着莫扎特的故乡，属于欧美的山水楼盘，它们的价格高得惊人，比没有山水自然资源条件的楼盘售价高出数倍。

山水楼盘的概念、模式和学说，表现出“高文化、高技术、高情感、高生态”（包括自然生态、社会生态、人的行为心理状态等考虑）。众所周知，水是生命之源，山是长寿之本，“仁者乐山，智者乐水”“寄情于山水之间”追求“天人合一”等，这是中华民族的优良传统，也是当今世界各国人们普遍追求的保持生态平衡、保护环境、节约资源能源的时代要求。为什么好山总是配有一湖清水，这是我国有着悠久历史传统的水润土、土生木、木成林、林生氧、氧密化成负离子，人居于此长寿健康，人杰地灵出奇才，是体现人与自然和谐"共生、共存、共乐、共享、共雅"五大特征，是有山水楼盘的特别之处。

（3）设计　设计则融入理念、细审风格流派、精研布局谋篇，构架建筑图画，达到美观、和谐、便利、舒适、高质的目标。因此，设计需要外形优美大气，适当超前，线条流畅，色彩配搭和谐稳重。套内设计空间实用不浪费，功能明晰，私密性强，互不干扰，给业主以足够的隐私权。

因此，应该追求通过别墅住宅设计打造出别墅住宅6大使用空间，充分满足使用者的要求。这六大空间就是：

① 居住便利实用的功能空间。指满足人们居住生活在别墅所进行的衣食住行、休闲养性、运动锻炼、交往聚会乃至工作学习等各项事宜的活动空间或平台、载体。

② 日常生活所适应的平和有序的心理空间。设计的建筑空间、式样、形态、采光、观景等，能有利于让人的心情处于一种平和、悠闲、安静、有条有理的良性、健康状态。

③ 设置能满足人们保持身心健康等各项有益活动、运动的载体、平台的宽松自然的休闲空间。人们能在休闲空间里休闲、运动、锻炼、聚会……。

④ 精心布置、认真协调、巧妙安排好与人造别墅住宅建筑空间密切联系、和谐互动的自然空间。

别墅由于自身独特的地理位置和环境导致别墅的自然空间要优于任何其他住宅。目前研究别墅自然环境和自然空间在别墅设计上还基本是个空白点。随着最佳别墅标准反复讨论和论证以及市场对别墅最后论证的出台，可以说别墅的自然环境属性将放在衡量别墅价值的最重要位置上。面对一些大都市充满钢筋混凝土森林，充满城市噪声、空气污染严重的今天，别墅的自然环境，别墅的自然阳光、空气和空间等这些稀缺资源一时间显得尤为珍贵、重要。作为自然环境承载的别墅的建筑，“天然去雕饰”的名言至理显然令人回味。天然的植被，天然的绿化，天然的阳光，天然的新鲜空气是多么美好。引进新鲜的空气和阳光，引进自然环境的策划设计是别墅设计首选语言。任何装饰手段，包括室内配置，也包括硬装修所使用的主材，都应该让位或考虑天然的空间回归人类心理的自然要求。因此哪怕在使用环保材料上，在自然空间两次设计上都必须尊重自然环保的大自然概念，体现原自然生态。无论是多豪华奢侈的装饰在大自然业已存在的自然空间理念比对之下，都显得多么苍白无力。在别墅设计新概念上多一些自然语言，是别墅住宅建筑建设的一大进步。

⑤ 建设好以人为本的生活空间。这就要求能尽量做到卧室里的温馨、宁静、舒适；厨房、餐厅里的清洁、雅致、便利；客厅里的美观、亲和、宽敞；当然还有灯光的明亮柔和，采暖的温煦和暖，通风的清新怡人，用水的便利纯净等，一切都是那样的整整齐齐、有条有理、有先有后、落落有序。

⑥ 安排好安宁平静的私密空间。远航的航船需要安宁的港湾，辛苦的人们需要休息的家园。安宁平静的别墅带给人身体和精神的抚慰。在私密的空间里，人的身体、精神得到休息，得到释放，得到抚慰，得到调整。

（4）监控　监控是对别墅住宅建设中建设质量、成本、进度的管理和控制。在别墅建设中尤其重视建设质量的监控，高水平的别墅住宅一定来自以高质量进行管理、控制建设的别墅建筑工程。比如，在质量方面要注重选材用料，以坚硬耐久不过时的墙砖为首选；屋内墙体垂直不裂，楼板楼顶不裂无缝为上好等。现在市场上推出的新外墙体涂料，一时间各发展商为降低开发成本广泛应用，某市在主要路段街区穿衣戴帽，外墙都涂得焕然一新，但经过半年时间的历程，问题就来了，掉块的、水渍变花的，如今都变成了城市牛皮癣。

（5）配套　配套是与一般住宅房屋建设一样，都有水电气、环保、环卫、通信及网络等配套设施的安装与建设。别墅住宅应该配有高水平、高质量的配套，保证别墅的居住生活质量与较高标准对接。

（6）绿化　这里的绿化是园林绿化。对别墅住宅周边环境及院内土地进行适当的、专业的、协调的、有较高园艺水平的绿化，美化环境、促进环保，提升别墅住宅环境的美化、优化水平是很重要的工作。园林绿化在提升别墅住宅建设水平，提高别墅居住生活品质、水平方面会起到重要的“点睛之笔”的作用。

（7）调整　别墅住宅在交付使用前，一般应进行一次全面的清扫、绿化等修剪、梳理、造型改善、开展环境卫生等事项，保证环境品质优良，各项居住生活、休闲、运动服务设施齐全。

（8）物业管理　交付后，别墅住宅进入物业管理阶段。建设阶段的管理重要，使用阶段的管理更重要。物业管理进入住宅是加速住宅城市化进程的组成部分，开发商建设楼盘少即一年，多即三五年，物业交给业主之后，业主面对的将是物业公司，这个时间相当漫长，问题往往出在这里，好的物业管理公司，是以专业、规范的服务为先，为业主所急，体现业主是“上帝”。差的物业管理公司把“管理”放在第一位，“重收钱、轻做事”主次倒置，更甚者衙门作风，业主有难置之不理，搞到业主“居不安，住不宁”。殊不知，物业产权是业主的，而不是物业管理部门的。聪明的开发商会选用好的物业公司，聪明的业主会选择聪明的开发商。

（四）别墅住宅一般施工工序流程简介

1.别墅住宅施工流程总体内容

根据当前实际情况，本处按① 主要工程=主体工程+其他重要工程；② 附属工程；③ 别墅装饰装修工程；④ 园林绿化工程进行介绍。

2.别墅住宅主要工程施工一般流程

（1）地基基础工程　定位放线→复核（包括轴线，方向）→桩机就位→打桩→测桩→基槽开挖→锯桩→浇筑混凝土垫层→轴线引设→承台模板及梁底板安装→钢筋制安装→承台模板及基础梁侧板安装→基础模板、钢筋验收→浇筑基础混凝土→养护→基础砖砌筑→回填土。

（2）模板工程　轴线投设→柱（剪力墙）模板制安→设置标高控制点→二层梁板模板制安→线管预埋验收→验收→依次推进。

（3）钢筋工程　熟悉图纸→钢筋下料→钢筋制作→钢筋绑扎（柱、墙、梁板）→验收。

（4）混凝土工程　作业准备→混凝土搅拌→混凝土运输→柱、梁、板、剪力墙、楼梯混凝土浇筑与振捣→养护。

（5）砌体工程　砌砖作业准备→砖浇水→砂浆搅拌→砌砖墙→验收。

（6）抹灰工程　门窗框四周堵缝（或墙身预留线管、槽、孔洞）→墙面清理→粘贴加强网→墙体基层处理→吊垂直、套方、抹灰饼、冲筋→浇水湿润墙面→分层抹灰。

（7）楼地面水泥砂浆工程　基层处理→找标高、弹线→洒水湿润→抹灰饼和标筋→搅拌砂浆→刷水泥浆结合层→铺水泥砂浆面层→木抹子搓平→铁抹子压第一遍→第二遍压光→第三遍压光→养护。

（8）饰件工程

① 室外饰件。基层处理→吊垂直、套方、找规矩→贴灰饼→抹底子灰→弹控制线，排砖，贴样板块→面砖粘贴→回缝→清理墙面。

② 室内饰件。清理基层→弹线→刷水泥素浆→水泥砂浆找平层→水泥浆结合层→铺贴饰件→回缝→清理墙面。

（9）屋面防水工程　基层检验、清理、修补→防水涂膜施工→卷材铺设→收头固定→清理、检查、验收。

（10）屋面瓦工程　屋面贴瓦次序按从檐口由下到上、自左至右的方向进行。为了保证瓦质量，应从屋脊拉一斜线到檐口，即斜线对准屋脊下第一张瓦的右下角，顺次与第二排的第二张瓦、第三排的第三张……直到檐口瓦的右下角，都在一直线上。然后由下到上依次逐张铺挂，可以达到铺贴顺直，整齐美观。

（11）装修工程　装修材料原材料品质确定，并进场，施工大样图、分割图绘制并得到批准→装修样板施工与确认→装修基层处理及基层施工→装修面层施工。

① 内墙装修工程

● 基层处理→做灰饼→抹底层→抹垫层→抹面层。

● 抹灰分底层和垫层分层进行，每层厚度控制在5 ~ 7mm。

● 墙面、天花乳胶漆施工。

② 外墙装修工程

● 根据结构轴线核定结构外表面及干挂石材外露面之间的尺寸后，用经纬仪放线。通过水平线及垂线形成的标准平面标测出结构面的垂直平整凹凸程度，为结构修补及安装龙骨提供可靠的依据。

● 用螺栓将镀锌钢角码固定于墙、柱体，并检查相邻钢角码竖直、水平。

● 石材立面以镀锌63角钢为竖向主龙骨与钢角码焊接，横向次龙骨用40镀锌角钢焊接在主龙骨上。

（12）门窗工程

① 首先对进场的门窗进行验收，规格、等级、品种、型号、质量必须符合设计要求及产品标准，每批门窗附件应有出厂合格证和出厂产品的验收记录。

② 安装工作应在室外粉刷找平刮糙等湿作业完毕后进行。

③ 门窗框与墙体之间的间隙应符合规范要求。

④ 安装前首先弹出窗洞口中心线，从中心线确定其洞口宽度，在洞口两侧弹出同一标高水平线，且水平线在同一楼层内标高均相同，竖向也应在同一垂线上，安装位置应在墙中间。

⑤ 按照设计开启方向及弹线位置，将临时木楔固定，符合要求后贴上保护胶纸，安好后严禁搁置脚手板或其他重物。填缝：填充材料按设计要求，若设计无要求时，应采用矿棉条或玻璃棉毡条分层填塞，缝隙外表留5 ~ 8mm深的槽口，填嵌密封材料。

⑥ 门窗扇安装在室内外粉刷工程施工基本结束后进行。

⑦ 密封胶的施工，清除被黏结物表面的油污、铁锈、灰尘，并表面保持干燥，施工后密封胶表面平整，凹凸不能超过1mm。

⑧ 粉刷及室内装修工作全部完成后将保护胶纸撕去，塑料胶纸在型材表面留有的胶痕，宜用香蕉水清理干净。

（13）电气工程

① 电管敷设的工艺流程，见图19-5。

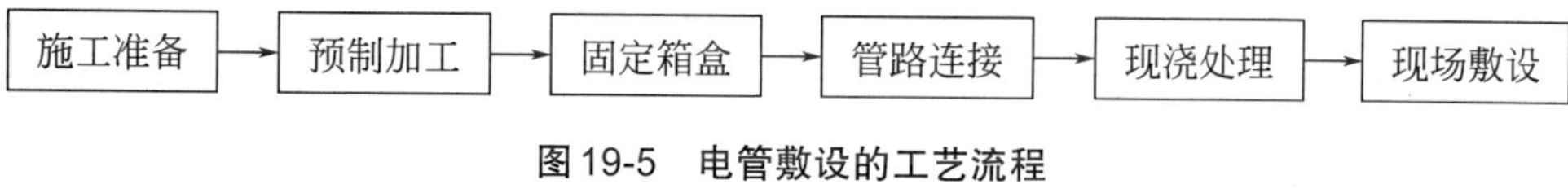

图19-5　电管敷设的工艺流程

② 穿线工艺流程，见图19-6。

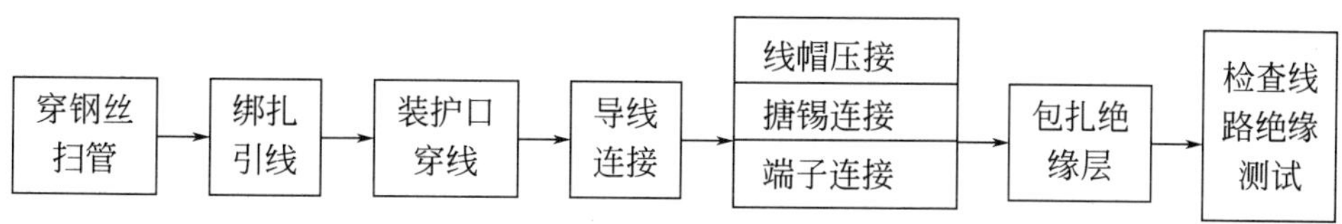

图19-6　穿线工艺流程

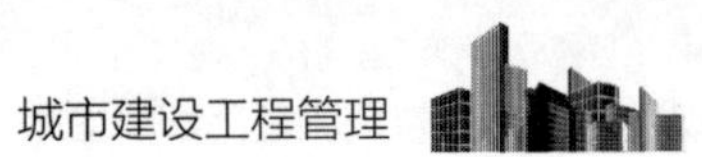

③ 配电柜（盘）安装工艺流程，见图19-7。

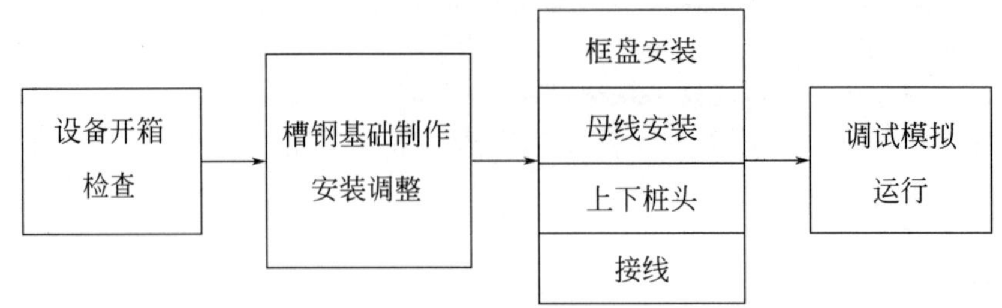

图19-7　配电柜（盘）安装工艺流程

（14）给排水工程

① 排水系统（包括雨水）管道，采用UPVC管，管材和管件应符合《建筑排水用硬聚氯乙烯管材和管件》的规定，黏结剂应选用相应厂家的产品，严禁混用。

② 排水管安装首先要注意的问题是严格按设计的标高和坡度进行施工，严禁倒坡。

③ 按设计要求或规范规定，设置检查口、伸缩节、清扫口，排水管口露出地坪的高度，应根据卫生器具和排水设备的附件种类决定，地漏应低于地坪5mm。

④ 管道的连接采用承插粘接法，管材或管件在黏合前用绸布将承口内圈和插口外圈擦拭干净；黏结剂涂刷用刷子；管子插入时应注意保持管子间的同轴度，管端插入深度，直径50为25mm，直径70为40mm，直径110为50mm，插接完毕后，要根据黏结剂的性能和气候条件静置至接口固定为止。

⑤ 立管的固定支架每层设置两个，应上下对称设置。横管长度大于500mm应有支架固定，90° 弯头处应有吊架或托架。横管固定间距：直径50不大于600mm，直径75不大于800mm，直径110不大于1000mm。

⑥ UPVC管与预埋在混凝土内的镀锌管连接时，采用承插连接。当采用水泥捻口连接时，应先将塑料管插入承口部分的外侧，用砂纸打毛或涂刷胶黏剂滚粘干燥的粗黄沙；插入后应用油麻丝嵌均匀，用水泥捻口。

3. 别墅住宅附属工程施工内容

这里介绍除园林绿化工程外的其他附属工程内容，主要如下。

① 建筑物配套的围墙。

② 室外排水设施（排水沟，雨水、污水排水管道排水管，检查井等），化粪池，室外给水、消防管道。

③ 室外道路工程，室外通道、楼梯。

④ 室外铺装工程；停车场、车棚、垃圾站等。

⑤ 室外电气安装工程。

4. 别墅园林绿化工程

园林景观工程包括道路工程、绿化工程、景观工程（含景观灯饰、室外照明灯）、挡土墙、室外土石方等（将进一步介绍）。

（五）别墅装饰装修流程

室内装修与别的房屋高档装修在工艺技术上有相通之处，室外园林工程与园林装修将进一步介绍。

四、别墅园林绿化与装修工程

（一）别墅整体园林绿化与装修工程范围

1.别墅整体园林绿化与装修工程概念

别墅住宅可以分为别墅房屋和别墅院落两大部分。别墅房屋又可以包括房屋室内和房屋周围两部分；别墅院落也包括私人庭园和公共绿地两部分。一般对别墅房屋按别墅住宅工程建设流程及其工序开展施工建设，对房屋周围还有附属工程及设施建设内容；对别墅院落则有园林绿化及装修的工程内容，注意这里的“装修”，绝大部分是指“绿化工程”的“装修”，主要是以园林绿化来装饰。图19-8介绍了别墅住宅及其园林绿化与装修工程组成。

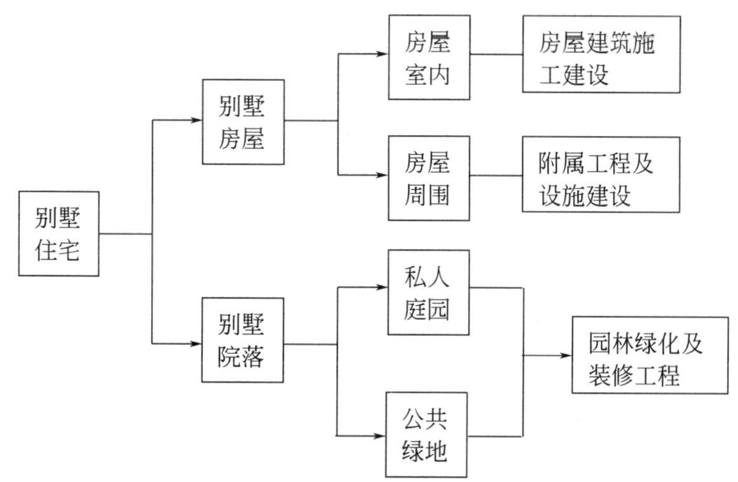

图19-8　别墅住宅及其园林绿化与装修工程组成图

2.别墅绿化环境

一般别墅绿化环境都包括私人庭园和公共绿地两部分，两者相辅相成，缺一不可。

3.私人庭园和公共绿地

私人庭园一般是居住者相对私密空间，居住者根据自身的喜好，布置安排相应各种园林绿化植物或小品；公共绿地是因每户之间的界限分隔造就的绿化范围，一般采用绿篱、灌木分界，庭园里面仍然是草地、树木、小品等内容。

（二）城市别墅住宅本体园林绿化

1.别墅庭园景观绿化及装修内容

主要内容有植物、水体、园路、建筑小品、附属设施等。

其中植物根据需要有观赏、功用等植物，通过栽培、养护达成效果；水体有泉源、溪流、小河，以及潭、池、瀑、塘、泊、涌等情况；园路则有小径、通道、游廊、游步道、车行道等类型；建筑小品一般有庭园假山、常用山石、园亭回廊以及花架、雕塑、花坛、堆砌景物等。附属设施则主要是围墙、栏杆、分隔带和园门等情形。

2.别墅景观（庭园绿化+公共绿地）园林绿化工程

（1）别墅景观绿化效果的决定因素　前已述及，别墅环境绿化包含私人庭园和公用绿

地，两者相互补充引申，缺一不可。别墅相比其他类型住宅最大的优点，是接近自然。因此，景观环境绿化是别墅优劣的重要标志之一。别墅环境的绿化建设必须具备三个因素，其一是环境设计，其二是景观施工，其三是甲方业主。环境设计决定设计水平的高低，景观施工决定建设效果的优劣，甲方业主的决策则决定园林绿化工程的成败。

此处，讨论别墅环境绿化时，实际考虑庭园绿化和公共绿地的一体绿化问题，并且这是一种从别墅环境绿化实际出发的一种情形。

（2）园林绿化工程设计问题

① 园林绿化景观的基本构成　别墅绿化景观基本由以下7个部分组成。

● 私人庭院用地。有时这块地可达1亩左右，业主可根据自己喜爱，在其中布置各种园林绿化植物或小品。

● 住宅分割带。也就是用以隔离别墅，区分私人用地的分割绿化带，现在最为流行的是绿篱。

● 行道树。这里所指是车行道，在别墅里往往也作人行道用的行道树。

● 别墅周边的绿地。因为用地和规划，周边绿地形状往往不规则。

● 水景。水体使别墅环境活泼，亲水是目前的热门话题。

● 孤植树。这里是指别墅每户并联房屋幢间补植的孤植大树。

● 景点。别墅建筑组团之间留出较为集中绿地，这里暂称景点。

② 园林绿化景观设计的分隔组织。绿化空间的分隔要满足居民在绿地中活动时的感受和需求。当人处于静止状态时，空间中封闭部分给人以隐蔽、宁静、安全的感受，便于休憩；开敞部分能增加人们交往的生活气息。当人在走动时，分隔的空间可起到抑制视线的作用。通过空间分隔可创造人所需的空间尺度，丰富视觉景观，形成远、中、近多层次的空间深度，获得园中园、景中景的效果。用水面、山石、树丛、花架、小品等分割水面处理得当能拓宽空间，将有限的距离拉大；山石砌筑得法，配以树丛能增加空间层次。花架能使空间隔而不断，但要注意比例和尺度。过于粗壮则有堵塞感，过于纤细起不到分割作用。

（3）私人庭园+公共草地的三种环境绿化模式

① 生态观光型模式。该模式遵循地带性植被的生物学规律，应用植物生态互补、互惠共生的生态学原理，科学配置人工植物群落，体现植物景观的文化特色和地方风韵。主要应用垂柳、银杏、碧桃、梅花、紫薇、玉兰、桂花、泡桐、木棉、槐树、观赏竹等形体优美或花朵艳丽的树种。林木栽植以群落组合为主，疏密有致，高低错落。群落结构一般控制为乔木与花灌木的比例为3∶1，落叶树与常绿树的比例为3∶1，阔叶树与针叶树的比例为8∶1，地被草坪覆盖率85%以上。

② 生态保健型模式。该模式依据植物吸收二氧化碳、释放氧气的光合作用功能和某些树种分泌植物杀菌素的生物特性，运用拟生造林学原理，配置生态保健型的人工植物群落。主要树种配置有白皮松、罗汉松、丁香合欢、悬铃木、臭椿、白杨、榆树等。其结构要求加大复层立体绿化，突出生态保健功能，兼顾景观质量要求。群落结构主要为释氧、分泌杀菌素效应强的、地带性特色明显的树种集合。其中，大乔木、小乔木、花灌木的比例为5∶2∶2。绿色植物不仅可以缓解人们心理和生理上的压力，而且植物释放的负离子及抗生素，还能提高对疾病的免疫力。另外森林中每立方米空气中细菌的含量也远远低于市区街道和超市、百货公司。构建芳香型生态群落，香樟、广玉兰、白玉兰、桂花、蜡梅、丁香、含笑、栀子、紫藤、木香等都可以作为嗅觉类芳香保健群落的可选树种，努力创造一个健康、清新的保健型生态绿色空间。

③ 生态环保型模式。该模式主要针对交通流量大或周边环境有较大污染的别墅区，强

化森林植被吸收有害气体、吸滞粉尘、削减噪声等生态环保效应，减轻环境污染对人体的危害。植物配置主要强调发挥森林植物的生态环保功能，以改善环境质量为主，适当考虑景观效果。选配主要树种时，基调树种可选择垂柳、合欢、紫薇、大叶女贞、广玉兰、棕榈、侧柏等，骨干树种可选择国槐、冬青、黄杨、杜鹃等。行道树栽植，可采用栾树与大叶女贞，臭椿与广玉兰，枫香与大叶冬青，合欢与厚皮香等常绿树种和落叶树种组合形式，既增强林带的生态环保功能，又能兼顾生态景观效果。

（4）分割带绿化布局问题　每户私人用地之间界限，有部分开发商用简单的栏杆、界桩表示；有的则以绿篱、灌木为界；也有考虑比较细微的，是入口部分的庭院并没有特别的界限，显得很开畅自然，而后庭院则有明确分隔，强调私密性，作室内活动的室外延伸。砌筑围墙把整个庭院封闭起来的做法越来越少，反映人们开放、外向的心理和社会的进步，而不同于封建社会的高墙无窗，画地为牢。如果以绿化作为分隔，要考虑植物无毒、不要带刺，有比较整齐的外形，同时价格不要太昂贵，如黄杨、蜀柏等。也有用花架来分割的，别墅区绿地的花架不但可分割空间，还能使两侧的景物互为因借，彼此衬托。花架在这里作为中景，使空间具有远、中、近3个层次，产生空间延伸的效果。

（5）行道树的绿化布置　行道树的种植需注意以下几点。

① 树种：希望以干道式组团划分，选择一种树种。在别墅内有多种行道树。目的一是形成组团之间不同的景观、意境，识别性强；二是构成多样性树种。

② 地位：避开地下管线，也避开天线和路灯。最好是树冠的下面在路灯之上，树干的中心离开管线1m以上。同时要考虑让开别墅住宅入口道路地坪。

③ 靠近别墅建筑的地方，尤其是建筑在北面的，行道树要让开建筑的门口、窗口。行道树处在两幢建筑之间，让建筑的角隅有背景衬托，也不影响建筑采光、通风和视线，是很理想的地位。

④ 由以上要求形成的行道树（车行道）是有规律的，但不是固定的间距种植。在健身步行道、小径等纵道周旁的树林，如以行道树称呼，则要融入周围环境，自由布置较为适宜。

（6）别墅周边绿地的绿化　在别墅周边的绿地上可以种植一些结构紧密的树丛，进行树丛隔离带的配置，可以在有限的空间上拥有更多绿量，还可以在享受绿色美景的同时拥有独立的空间，草坪空间的树丛隔离带常用于草坪与道路的隔离，草坪与建筑物的隔离。除了突出别墅建筑物的轮廓外，最重要的是可以隔声除尘。如在草坪与道路之间的隔离带，就是运用花卉、灌木、高大的树丛形成的，将草坪与道路完全隔离开来，行人与草坪上的人互不干扰，从而使草坪上的人在享受到自然美的同时，又形成一个独立的舒适的空间。草坪上树丛的配置应最大限度地体现其美化环境、改善和保护环境的综合功能。要考虑树木外形美、色彩美以及与周围环境的协调美。要求是：组成常绿浓密绿带，形成别墅住宅区内良好环境和小气候，与外界有所区别，形成立体层次，有高大乔木、浓密灌木、良好的地被和攀援植物。围墙上有铅丝网、防盗设施的要预先留好地位。还可设计有利防盗之绿化，如种蔓性蔷薇，就使透空围墙有刺；浓密灌木丛，也使围墙有了空间的距离。

（三）城市别墅住宅环境绿化与装修工程

1.水景利用安排

（1）水体布局　水体使别墅环境活泼，亲水是目前的热门话题。水面在这里有两种情况一种是喷水池、嬉水池，以混凝土做底和壁，用循环水，往往结合在景点、入口内使用；还有一种是自然水体，就是别墅区内的小河浜。挖河做景观要注意几点：与地形改造相结合，尽量做到土方平衡；在凹地挖河，有利汇水又省土方。河道的形状要有利于水体的循环流通，必要时可以泵作水源头，形成水位差，呈跌泉形式，构成循环。是否与别墅外界河道沟通，要视外界水质和水位而定。水质好可用泵或闸来调节水位，沟通内外。水质不好的只能外泄而不能引入。

（2）亲水空间　为求水面积界限稳定，一般要做人工驳岸，按别墅总体要求，做规则式或自然式。通常用山石、树桩等较为自然形式的多。河驳是水体景观重要组成，注意既须实用经济又须美观。河水近岸的地方要考虑安全、种植水生植物和河驳价格，不宜太深，一般0.4 ~ 0.6m；中部要考虑养殖、底坡稳定和水体自净，不能过浅，按河宽一般深至2m之内。为促使水体上下循环，可于适当地方挖若干河中水井，注意井栏略高出河底坡0.4 ~ 0.5m，以防淤泥溢入沉积即可。水面两侧一般应是公用绿地。如两岸为别墅私家庭院，则不利于水体的统一利用、管理和景观设计。水体考虑综合利用、生态平衡，加强水面管理，倒影、水姿成为现成的美景，水产养殖、观赏鱼、观赏水生植物种植，成为高效益产出的经济活动，汇水、抗旱，也有了完善的设施和条件。

（3）水生植物与水体绿化　在应用水生植物进行配置时，要注意以下原则：水生植物与水边的距离要有远有近、有疏有密，切忌沿边线等距离种植，要留出必要的透景线；要注意植物群落配置后的立体轮廓线与水景的风格相协调；还应考虑水面的镜面作用，水面植物不能过于拥挤，一般不要超过水面的三分之一，以免影响水面的倒影效果和水体本身的美学效果；对视觉作用不大的水面，可加大植物的配置密度，以形成绿色景观；栽植的植物应严格控制其蔓延，可设置隔离绿带，也可缸栽放入水中。

在应用水生植物进行水体绿化时，首先要选好材料，力求做到既兼顾景观效果又能有效净化水质；其次，植物配置要讲究园林美学原则。此处推荐一些具有净化水质作用的水生植物。

① 荷花：睡莲科睡莲属，多年生挺水植物，分株或播种繁殖。荷花花叶清秀、花香四溢，是良好的美化水面、点缀亭榭或盆栽观赏的植物材料。

② 芦苇：禾本科芦苇属，播种或分株繁殖。其净化水质的效果较好，如将芦苇布置于自然式水岸边，别有一番野趣。

③ 水葱：莎草科草属，多年生宿根挺水草本茎秆高大通直，青翠碧绿。其变种花叶水葱，在茎秆上有黄色环斑，具有一定观赏价值。水葱多于初春分株繁殖，栽种初期宜浅水。水葱茎秆挺拔翠绿，常用于水面绿化或作岸边点缀。

④ 蒲草：香蒲科香蒲属，多年生沼生草本，分株繁殖。其蒲棒可做切花或干花。

2. 单植树安排

这里是指别墅每户占地大，建筑分布集中，单靠行道树、景点和周边绿化，部分别墅住宅建筑周围林冠线还不够丰富时，开发商在私人庭院之间，并联房屋幢间补植的孤植大树。这些树木品种可异于其他，要求分叉点低，树冠形态优美，如槐、榆、银杏、马褂木等。在宅旁屋后，形成美观优雅的立面轮廓和居住环境。一般讲究住宅大门、窗口前不种大树，有开阔视野，采光通风，避雷击、避鸟巢、避蚊蝇。

3. 景观景点利用安排

别墅景点往往有以下内容。

① 儿童活动场所。设小型、安全、色彩丰富、活动多样的常规儿童玩具及相应软垫、辅地、休息椅凳等，现在有翻斗乐、白玉兰太阳鸟等成套现货设备可供选择，还可设室外乒乓球桌、沙坑等内容。

② 老人休闲活动场所。内容较为广泛，供老人休憩、品茗、棋牌、打拳、观赏用，常布置花架、亭廊、桌凳、花坛、水池、铺装地坪等，须与园林景观紧密结合。健身器材有扭腰、划船、上肢牵引、重力水车、伸背、太空漫步、健骑等多种，价廉物美。健身步道借助于在鹅卵石上行走，产生脚底穴位按摩而受青睐。这些是一般居住社区必须设置的内容，而占地和所费均不多。

③ 体育活动项目。有的高级住宅别墅景区，还设有网球场、老人活动的门球场和与环境结合的迷你高尔夫球场；不少社区活动中心里都配置、设置单双杠、羽毛球场、篮球场等体育锻炼娱乐设施。如与外河沟通，划船活动也可被开发为一种锻炼娱乐健身活动内容。

④ 雕塑小品。结合水池、花坛布置，起到画龙点睛、点题的作用。园林植物景观贯穿于所有绿地景点之中，以绿为主，为基础环境，创造人与自然和谐生存的生态社区。

除此之外，在景点设计中，往往也有把植物景观作为景点内容的，如翠竹园、松柏园、牡丹园等，或者适当放入少量小型吉祥动物，如天鹅、鸳鸯、白兔等。

这种情况的景点，可以结合挖河塑造部分地形，既为植物造景、植物种植创造适宜的立地条件，也使别墅更接近自然，建筑组团的空间划分更有趣味，是完全平坦的别墅区域不易达到的。

（四）别墅环境园林绿化工程建设时应注意的两个问题

1.园林绿化中的植物配置问题

植物配置中，设计师还应该尽量多挖掘植物的各种特点，考虑如何与其他植物搭配，尤其重要的是尊重植物自身的生态习性。如垂柳好水湿，有下垂的枝条、嫩绿的叶色、修长的叶形，适宜栽植在水边；红枫弱阳性、耐半阴，枝条婆娑，阳光下红叶似火，但是夏季孤植于阳光直射处易遭日灼之害，故宜植于高大乔木的林缘区域；桃叶珊瑚的耐阴性较强，喜温暖湿润气候和肥沃湿润土壤，与香樟的生长环境条件相一致，是香樟林下配置的良好绿化树种，如果配置在郁闭度较低的棕榈林下就生长不良。再如某些适应性较强的落叶乔木有着丰富的色彩，较快的生长速度，就可与常绿树种以一定的比例搭配，一起构成复层群落的上木部分。落叶树可以打破常绿树一统天下（四季常绿、三季有花）的局面，为秋天增添丰富的色相，为冬天增添阳光，为春天增添嫩绿的新叶，为夏天增添荫凉。还有就是要提倡大力开发运用乡土树种，乡土树种适应能力强，不仅可以丰富植物多样性，而且还可以使植物配置更具地方特色。

住区环境中的植物配置必须要求设计方和施工方都要熟悉和了解植物的生态习性，了解不同生长期的植物形态、生长量以及植株与环境、地形、土壤性质、空气湿度的关系，综合各种因素对植物的影响为植物创造良好的生境。此外，还要了解植物配置中植物与人类的交流，植物内在的意境。熟悉地方民风民俗和对植物的生态欣赏理念，设计施工应该相互协作弥补不足，共同营造科学合理、景观优美的居住环境。

2.别墅庭园绿化常见树种推荐

（1）棕榈　又名棕树。既有观赏价值，树干又可作为亭柱等，棕毛可入药，功能为收涩止血，主治吐血、崩漏诸症。

（2）橘树　即桔树。桔与吉谐音，象征吉祥，果实色泽呈红、黄色，充满喜庆，盆栽甘橘是人们新春时节家庭的重要摆设，而桔叶更有疏肝解郁功能，能够为家中带来欢乐。

（3）竹　宁可食无肉，不可居无竹，竹是高雅脱俗的象征，且不惧东南西北风。

（4）椿树　因此椿树是长寿之兆，后世又以之为父亲的代称。

（5）槐树　槐树木质坚硬，可为绿化树、行道树等。古代朝廷种三槐九棘，公卿大夫坐于其下，面对三槐者为三公，因此槐树在众树之中品位最高。

（6）桂树　相传月中有桂树，桂花又即木犀，桂枝可入药，功能为驱风邪、调和作用。桂子月中落，天香云外飘。桂花象征着高洁，夏季桂花芳香四溢，是天然的空气清新剂。

（7）灵芝　灵芝性温味甘、益精气、强筋骨，东篱观园有观赏作用，是长寿之兆，自古被视为祥物，鹿口或鹤嘴衔灵芝祝寿，是吉祥图的常见题材。

（8）梅　梅树对土壤适应性强，花开五瓣，清高富贵，其五片花瓣有梅开五福之意。

（9）榕树　含有容乃大、无欲则刚之意，居者以此自勉有助于提高涵养。

（10）枣树　在庭院中植枣树，喻凡事快人一步。

（11）石榴　常用作多子多福的祝愿祥兆。

（12）葡萄　葡萄藤缠藤，象征亲密，自古有葡萄架下七夕东篱观园相会之说，而夏季在葡萄荫下纳凉消暑，亦是人生一大快事。

（13）海棠　花开鲜艳，令富贵满堂，而棠棣之华，象征兄弟和睦，其乐融融。

（14）杏树　杏树是我国一种优良的果树，属于蔷薇落叶乔木，分布在我国北方。京西一带漫山遍野举可见，枝繁叶茂郁郁葱葱。

（15）桃树　桃树为落叶乔木，树皮黑色，为常见的果树及观赏花木。果肉清津味甘，除生食之外亦可制干、制罐。桃木古时候有辟邪之意，桃符即喻此意。

（16）栗子树　栗子树，落叶乔木，果实叫栗子，果仁味甜，可以吃，板栗是中国栽培最早的果树之一，已有2000 ~ 3000年的栽培历史。

五、城市别墅住宅交付

主要介绍交付的一般流程。

1.接待、验证

（1）业主到场　在小区大门、交付厅拱门，安排销售人员和物业公司保安欢迎、引导业主进入交付厅。

（2）提交材料　业主应提供以下资料：《交付通知书》、身份证、《购房合同》等相关证件，[委托他人代办，需提供委托书、公（私）章、代办人的身份证件]。

到资料发放处领取业主资料袋。

2.销售签订合同、房款结算

（1）签订合同　签订《商品房买卖合同》补充合同及《业主临时公约》。

（2）房款结算　进行房款结算，办理完成后财务人员在《入伙手续单》相关栏内签字，业主也须在该手续单上签字。

3.办理相关物业手续

业主填写《业主基本情况登记表》，并在《入伙手续书》相关栏内签字。

4.交纳物业管理费

① 查看《购房合同》。

② 根据《交付收费一览表》上的内容交纳各项费用，拿到开具各项费用的发票、收据。

5.物品发放

① 物业人员发放《业主手册》《质量保证书》《产品说明书》及相关资料，解释钥匙等物

品的使用方法，提醒业主《业主手册》上有物业管理处的联系方式。

② 业主在《进户资料签收单》上签字一式二份。

③ 移交《质量保证书》《产品说明书》后请业主在《入伙手续书》相应栏目内签字确认。

6.验房

① 在业主交纳完相关费用时，物业陪同人员填好《物业验房交接单》一式二份，陪同人员从资料袋内取得钥匙盒后陪同业主一起去验房。

② 陪同人员与业主一起上车，并向业主大致介绍园区的基本情况、房屋的位置。

③ 引领业主到别墅门口为业主举行小小的开门仪式（建议送业主的小礼物为金色小剪刀，钥匙盒用红色的丝带装饰。在开门前为业主举办一个小小的剪彩仪式，用金剪刀剪开钥匙，此时陪同人员放礼花，另一位陪同人员为业主留影，留下这个有纪念意义的时刻）。进入房间指明业主户内的总电源开关、电表、水表位置，打开水表阀门和电源空开，将房内电源送上，然后开始陪业主验房、指导业主如何用验房工具进行验房，抄水表、电表、水表初始读数。

④ 结束室内验收，出房门前注意关电源、门窗、水表阀，带业主检查信箱及车库，并核对钥匙，填写《钥匙签收单》。

⑤ 提醒有整改要求的业主填写《钥匙托管单》（附件9）并留下钥匙，整改完毕电话联系业主二次验收。

⑥ 认真填写《物业验房交接单》，详细记录业主整改要求，合格项也要全部填写，并请业主在《物业验房交接单》签字确认，一份交于业主保存。并在《入伙手续书》相关栏内签字。

第二十章　现代城市既有建筑改造推进与管理

20 Chapter

第一节　城市既有建筑改造概述

一、既有建筑改造的分类及内涵

在城市建设与发展过程中，一方面为满足社会、经济发展的需求，新的建筑在不断地建设；同时，由于人类生产和生活对建筑要求的提高，过去建造的低标准建筑，经过数十年的使用后因人们对现有建筑功能要求的不断提高而不能满足社会的需求，出于对资源利用和环境保护的重视，既有建筑改造因投资少、影响小、见效快，不仅具有客观的经济效益，还具有巨大的社会与环境效益，从而成为城市建设工程的又一重要组成部分。

依据既有建筑改造范围及发展进程，可将其划分为以下几类。

（一）既有建筑安全性改造

随着人类社会的不断进步，人们对建筑物的安全性能、使用功能等各方面提出了越来越高的要求。然而，建筑物由于材料自然老化、累积损伤、环境侵蚀、自然灾害以及施工质量等原因又不可避免地出现大量的问题。特别是2008年国家新抗震规范出台后，抗震设防要求和设防烈度有所提高，多数既有建筑不能满足现有抗震设防的要求。此外，人为因素也同样对既有建筑的安全性能造成很大影响。如很多已建、新建结构由于不能满足使用者的要求，而对原建筑结构进行破坏性改造（如加荷、楼板开洞、断梁、断柱、剪力墙开洞等），导致结构的可靠性降低、承载力不足、抗震能力下降等。为此，需要对建筑结构加固补强、纠偏平移、地基基础加固和建筑防火改造，这些都可统称为建筑安全性改造。

（二）既有建筑节能改造

我国幅员辽阔，南北跨度大，跨越了严寒地区、寒冷地区、夏热冬冷地区、夏热冬暖地区和温和地区五个气候区。北方采暖地区的供暖能源消耗占到全国总建筑能耗的40%，人均能耗是欧美相似气候条件地区的2 ~ 3倍。与此同时，我国南方地区夏季炎热，空调日益普及，空调能耗正在迅速增加。而我国的既有建筑大多都是不节能的，既有建筑外墙热损耗水平是其他北半球国家的3 ~ 5倍，外窗热损耗是其他北半球国家2倍。目前，我国正处在工业化、城镇化和住房商品化快速推进的时期，也是建筑物业量急剧增长的时期，预计今后每年新增建筑面积将超过20亿平方米，到2020年累计新增建筑面积为160 ~ 200亿平方米，届时，建筑能耗的比例将会增加，很可能接近发达国家的建筑使用能耗水平，达到40%左右。既有建筑规模和能源消耗量的巨大使得既有建筑节能改造成为实现节能减排战略的重要内容。

鉴于我国南北气候条件迥异，经济发展水平极不平衡，对既有建筑节能改造的范围及迫切程度均存在很大差别。北方采暖地区的既有建筑节能改造，一般是以提高建筑外围护结构的保温隔热性能和供热采暖系统的热效率为重点。过渡地区的既有建筑节能改造则是提高建筑外围护结构的保温隔热性能、改善室内热环境，或者对现有不符合节能标准要求的供热采暖或空调制冷系统进行重点改造。对南方夏热冬暖地区的既有建筑的节能改造，是以提高建筑外围护结构的隔热性能、增加遮阳措施和提高空调制冷系统的效率为重点。由此，既有建筑节能改造，是指对不符合民用建筑节能强制性标准的既有建筑的围护结构、供热系统、采暖制冷系统、照明设备和热水供应设施等实施的节能改造活动。

（三）既有建筑绿色改造

随着城镇化进程的加快，大规模建设带来的资源需求与供给矛盾日渐明显，以循环经济范式实施可持续建设势在必行。科技部在《“十二五”绿色建筑科技发展专项规划》中首次提出了“既有建筑绿色化改造”的概念，扩充和提升了既有建筑改造的内涵。相关学者也开始研究绿色改造的内涵，典型定义有：绿色化改造是力求在原有节能改造的基础上，将绿色建筑“四节（节水、节地、节材、节能）一环保”的理念融入节能改造中，实现建筑全生命周期的节能减排；绿色化改造主要包含节能改造、节材改造、节地改造、节水改造及室外环境的改造，其中节能工作是绿色化改造的重点；既有建筑绿色改造是绿色建筑发展的重要组成部分，是指对不满足绿色建筑标准的既有建筑实施的以节约能源资源、改善人居环境、提升使用功能为目标的维护、更新、加固等活动。2015年，我国颁发了《既有建筑绿色改造评价标准》（GB/T 51141—2015）（以下简称《绿色改造评价标准》），该标准将绿色改造定义为——是指以节约能源资源、改善人居环境、提升使用功能等为目标，对既有建筑进行维护、更新、加固等活动。

截至2015年，我国既有建筑面积已经接近600亿平方米（其中居住建筑占总量的一半左右），达到国家绿色建筑标准的不到2%。据中国建筑科学研究院测算，大概有351.5亿平方米的既有建筑进入到节能改造的大范围内，其中工作基础较好，实施可行性较高，易于在节能改造当中通盘考虑绿色改造的既有居住建筑为4.5亿平方米，绿色改造是改善环境、缓解城市发展资源供需矛盾、促进城市可持续发展的新抓手。“十三五”时期是我国全面建成小康社会的决胜阶段，绿色建筑的发展仍将呈增长态势，未来，绿色建筑的发展趋势将是：从新建建筑的绿色建造转向新建建筑绿色建造和老旧建筑的绿色化改造；从单个建筑的绿色化改造建设转向一个小区、一个城市、一个社区的绿色建筑集群建设和管理；从建筑的耐用、实用转向建筑的健康、超低能耗和高端化；从建筑的居住功能转向建筑的健康、美观、更人性化。我国城市发展也将逐步由大规模建设为主转向建设与管理并重的发展阶段，从简单的数量扩张转变为质量提升阶段。既有建筑绿色改造已经逐步成为我国推进新型城镇化建设的一项重要工作，也将成为我国建筑绿色化道路上的“新常态”和重要组成部分。抓住既有建筑绿色化改造的契机，能够有力地促进建筑行业转变原来粗放的发展方式，向绿色、集约的发展方式迈进，进而带动建筑相关产业转型升级，加快科技创新，扩大绿色就业，发展绿色经济。

此外，由于既有建筑节能改造和绿色改造具有外部经济性，其实施、运作管理远比安全性改造复杂，为突出重点，本书中的既有建筑改造主要是指既有建筑的节能改造和绿色改造。

二、既有建筑及其改造特征

（一）既有居住建筑及其改造特征

既有居住建筑包括住宅、别墅、宿舍、公寓等。由于普通居民住宅存量最大，且产权分散，改造难度最大，而其他类型的居住建筑由于产权统一，便于实现更为彻底的节能或绿色改造，以下主要分析普通居民住宅及其改造特征。

1.既有居住建筑特征

（1）产权结构复杂　数据资料显示，我国既有居住建筑私有化率平均为81.62%，远高于美国和欧洲，而高私有化率也就代表既有住宅的产权更复杂。此外，我国私有住宅的形式也与发达国家不同。20世纪20年代，西方发达国家的大城市开始出现郊区化，大量兴建独栋式住宅，50～60年代，郊区化达到高潮。这种独栋的单业主私有产权在节能改造中所面临的沟通难度小，也能通过节能改造收回直接的经济效益，而我国大部分为多业主的整栋住宅，每户各自的成员数量、年龄、职业、兴趣爱好各不相同，业主在改造意愿和出资问题等方面难以达成一致。

（2）对住宅功能的改善要求高　由于受到一定时期经济条件的制约，我国有不少既有建筑套型平面布局不尽合理，功能组织不尽完善，空间可塑性差。例如，存在既有居住建筑套型面积偏小，过道窄，功能分区交叉、客厅光线差、卫生间和厨房空间狭小，缺少无障碍设计等问题。随着人们生活水平的不断提高，居民对住宅功能的改善日趋迫切。

（3）保温隔热性能对建筑能耗影响大　我国北部冬季采暖地区的供暖能源消耗占到全国总建筑能耗的40%，人均能耗是欧美相似气候条件地区的2～3倍。与此同时，我国南方地区夏季炎热，空调日益普及，其能耗正在迅速增加。既有建筑外墙隔热水平是影响建筑耗能的重要因素。

（4）居住区建筑规模大、设计风格类似　统计数据显示，我国近十年建筑规模持续增长，每年新增建筑面积超过20亿平方米。虽然存在不同时期设计风格和工艺特点的差异，但是总体上居住建筑从用能到形式基本类似，存在的问题和需要改造的内容也基本相同。

2.既有居住建筑改造特征

① 初期投资成本高、投资回报期长且经济效益需与政策配合方可完全显现、投资具有外部经济性。

② 同地区、同时期设计风格类似，且以小区形态存在的比例较大，客观上适宜进行产业化大规模改造。

③ 改造过程中产生的噪声、烟尘、污染等会对居民的正常生活产生影响。

④ 居民对改造的个性化要求较高，居民满意度是影响改造顺利推进的重要因素。

⑤ 改造涉及的部门较多，改造管理难度大。

（二）既有公共建筑及其改造特征

1.既有公共建筑特征

（1）能耗大、能效低　公共建筑为全社会提供公共服务，其发展状态、服务水平和服务质量在一定程度上也是衡量一个国家现代化程度的标准之一。但与此同时，作为建筑能耗大户，公共建筑的平均单位面积能耗是其他建筑的2 ~ 3倍。在经济发达地区这一比例则更高，如上海市即达到5倍。大量的能耗统计、能源审计和节能诊断发现，各类公共建筑用能水平不完全与服务品质匹配，而是普遍存在着不同程度的高能耗、低能效问题，其中大型公共建筑普遍存在30%以上的节能潜力。因此，如何有效发现既有公共建筑的节能潜力，并在政策引导下将节能潜力转变成节能改造的市场需求，充分发挥市场主体的作用进行改造，实现能效提升目标，是既有公共建筑节能改造市场化途径的基本取向。这一过程也是将市场机制引入外部性较强的建筑节能与绿色建筑领域，以改善和提高节能减排工作效率与效果的有效途径。

（2）产权结构相对单一　在产权结构方面，公共建筑和居住建筑相比，产权结构比较单一。如，像酒店或商场，大多只有一家公司法人作为股东，管理主体一般是股东或委托的管理公司，这有利于改造的进行。而对于像写字楼之类的公共建筑，产权结构比较复杂，统一改造意愿相对比较困难。

2.既有公共建筑改造特征

（1）商业建筑主要为局部节能改造　由于合同能源管理机制在我国实行时间不长，实施合同能源管理项目的节能服务公司缺乏实施整体节能的能力，因此绝大多数的节能服务公司都只专注于局部的节能服务，如只提供节能设备、提供节能技术和提供融资租赁服务。因此目前节能服务公司对于公共建筑节能改造为局部节能改造，待节能服务公司整体节能实力提高之后，才能实现整体节能。

（2）不同类型的公共建筑节能改造侧重点不同　对于像商场、酒店之类的公共建筑，由于其能耗在围护结构上损失比较少，能源消耗主要在用能设备上，因此对于这类公共建筑，节能改造的重点是对耗能设备进行改造，如采用以旧换新、加强能效管理、智能控制等手段减低能耗，提高用能效率，从而达到节能的目的。而对于像写字楼、宾馆等公共建筑，由于围护结构保温性较差，热耗损失较大，因此在围护结构和能耗设备上都要进行一定的节能改造。

（3）节能效益明显　与住宅建筑节能改造相比，相同面积的公共建筑节能改造所产生的节能量大，节能效益明显。

第二节　国外既有建筑改造情况

一、国外既有建筑改造进程

回顾世界各国的城市建设发展进程，大体都经历了大规模新建、新建与维修改造并重和以更新改造为主的三个阶段。

（一）大规模新建阶段

第二次世界大战结束后，世界各国，特别是欧洲国家积极开展战后重建工作，城市建设规模逐年扩大。但是，由于战后经济衰退和复苏缓慢，各国在城市建设中普遍资金不足，为了尽快解决居民生活居住需要，用降低建设标准来换取扩大建筑面积，往往导致房屋建设质量较低，或者使用功能不完善。大规模的城市建设虽然在较短时期内满足了人们居住和恢复生产对场所的要求，但是由于房屋的功能不完善，房屋质量不高，为房屋的后期维护带来了较大负担。

（二）新建与维修改造并重阶段

英国从20世纪70年代开始，就把旧住宅维修改造作为住宅发展计划的重心，改变了大规模拆旧建新的住宅建设模式，转为保护性维修改造和内部设施现代化。至80年代，欧洲各国的建筑日常维修资金投入年递增6% ~ 10%，其中，旧住宅维修改造总额占住宅建设总额的1/3 ~ 1/2。西方国家逐步向多元化发展，过渡到新建和维修并重的第二个发展时期。在此期间，人们对现有建筑物的功能要求不断提高，要求增加既有建筑的使用面积，提高房屋保温隔热和隔声性能，对建筑外观和室内环境进行再次装修，美化居住环境等。例如，由于人均建筑面积标准的提高和人民生活方式的变化，为增加通行安全性和提高舒适性而对既有建筑的公用部分加以改造。如增设楼梯、电梯，改造长廊式建筑，提高地下室的防水性能，在邻近建筑间开设穿廊，以利于交通和外部空间的利用。

（三）以更新改造为主阶段

20世纪90年代，发达国家新建建筑的市场日渐萎缩，而以既有建筑为主要对象的建筑维修改造得到了快速发展。欧美发达国家出于对资源利用和环境保护的重视，建筑业跨入以现代化改造和维修加固为重点的第三个发展时期。在此期间，原有低标准、老龄化和长期使用后结构功能的逐渐减弱等一系列的结构安全问题，开始引起人们的关注。但是，由于昂贵的拆建费用，以及对正常生活和环境的影响等问题阻碍了新一轮新建高潮的兴起，于是人们纷纷把目光投向对既有建筑的维修、加固和改造，这种在保存原来建筑形体的基础上对其进行的加固和改造，即在提高结构安全性的同时，使其内部设施功能得以进行现代化的加固改造，投资少、影响小、见效快，不仅具有客观的经济效益，同时也具有巨大的社会效益。

随后，太阳能、风能等可再生能源利用技术以及其他建筑节能技术的应用，为欧美等发达国家大力推行建筑节能改造提供了技术支撑，节能建筑体系逐渐完善，并在美、英、法、德、加拿大等发达国家广为应用。

2003年，美国绿色建筑委员会（The United State Green Building Council）将既有建筑改造定义为是“既有建筑通过任意一种形式的改造升级，致力于提高能效和环境性能，减少用水量，提高空间的舒适性和质量”，绿色改造概念由此产生，并在欧美发达国家进一步推进，成为既有建筑改造的发展趋势。

二、国外既有建筑改造运作模式

由于既有建筑改造领域存在一定程度的外部性，市场机制配置资源的结果无法达到最优效果，各国在既有建筑改造推进初期都采用了政府主导的组织模式，如国外早期的大部分项目都由政府或非营利性组织（如大型环保组织）进行组织和实施，这类政府主导模式被看作是业主为被动目标的自上而下的组织模式。该模式依靠政府强大的执行能力和严格的考核标准，能够促使既有建筑节能改造在短时间内规模化实施。但学者也逐步认识到，政府单纯通过直接投入与传统的政策性融资方式引导和推动既有建筑改造，无法对改造工作较为出色的地区或团体予以鼓励，无法实施价值发现与创新。由此，改造由以政府推动为主逐步向社会化、市场化方向转变是多年研究与实践磨合的必然结果。国外社会化、市场化的运作模式有以下三类。

（一）合同能源管理模式

1.EPC内涵

EPC是指从事节能服务的公司（ESCO），通过与客户签订节能服务合同，自主担负风险为愿意进行节能改造的客户提供节能潜力分析、项目可行性研究、设计、融资、设备选购、施工、节能检测、人员培训等工作的一整套服务，保证实现合同中承诺的节能量和节能效益，并从客户节能改造后获得的节能效益中收回投资和取得利润的一种商业运作模式，其实质就是一种以减少能源费用来支付节能项目全部投资的营运方式。

相对用户自行改造而言，采用合同能源管理模式进行既有建筑节能改造既能够增加客户收益，而且通过和有能力提供施工、运营管理和资产维护等综合服务的节能服务企业合作可以降低节能投入失败的技术风险与财务风险。

2.EPC运作模式

在EPC的发展中，形成了节能效益分享型、节能保障型、节能费用托管型、融资租赁型四种基本的运作模式。

（1）节能效益分享型运作模式　节能效益分享型运作模式是：在项目期间能耗用户和ESCO双方分享节能效益。节能改造工程的投入按照ESCO与用户的约定共同承担或由ESCO单独承担。项目建设完成后，经双方共同确认节能量后，双方按合同约定比例分享节能效益。项目合同结束后，节能设备所有权无偿移交给能耗用户，以后所产生的节能收益全归能耗用户。

（2）节能保障型运作模式　节能量保证型运作模式是：以ESCO承诺保证节能量为前提，能耗用户事先支付一定年限的节能效益或者费用，作为节能项目的全部投资以及ESCO的服务费用，委托ESCO实施节能项目。项目完成，经双方确认达到承诺的节能效益，用户一次性或分次向ESCO支付服务费，如达不到承诺的节能效益，差额部分由ESCO承担。节能量保证型合同适用于实施周期短、能够快速支付节能效益的节能项目，合同中一般会约定固定的节能量价格。此种模式在发达国家政府机关节能改造中比较常用。

（3）节能费用托管型运作模式　节能费用托管型运作模式是指能耗用户委托ESCO出资进行能源系统的节能改造和运行管理，并按照双方约定将该能源系统的能源费用交ESCO管理，系统节约的能源费用归ESCO。项目合同结束后，节能公司改造的节能设备无偿移交给能耗用户使用，以后所产生的节能收益全归能耗用户。

（4）融资租赁型运作模式　融资租赁型运作模式是指ESCO或融资租赁公司把节能设备租给能耗用户，能耗用户以设备生产的节能效益支付租金。合同期满，ESCO或融资租赁公司可以将设备转让给能耗用户，也可以收回。如果采用融资租赁公司的设备，则ESCO负责对能耗用户的能源系统进行改造。

3.EPC的发展动态

EPC发端于20世纪70年代，因其具有很好的市场化运作效果，能够大力吸引市场上的资金、技术、管理等先进因素参与到建筑节能改造中来，具有很强的专业性和广泛的适用性，且能很好地解决传统政府主导模式中政府的被动角色和资金压力等问题，因此在美国、日本、加拿大等市场机制发达国家得到了较广泛的研究与应用。

美国学者通过对2008—2011年节能服务公司（Energy Service Companies，ESCO）的行业增长、市场趋势分析发现：从行业分布来看，多数国家ESCO产业还主要分布于商业、工业和市政领域，在居住建筑逐渐被运用，但是总体而言由于居住建筑收益低，使得这种成熟的市场化运作模式在既有居住建筑的绿色化改造中应用相对较少。国外学者对英国的2014—2015年的EPC市场调查结果也显示，英国的节能服务市场较大且相对集中，但绝大多数主要集中在具有高回报率项目上。

由于EPC的本质是通过节能并分享节能收益，所以ESCO也可以由多个主体共同组成，参与各方整合各自优势来更好地实现节能服务，获得收益。

（二）公共部门、私有部门合作伙伴模式

20世纪80年代开始，鼓励私人投资成为城市更新政策的主流，私有部门在城市发展与更新中扮演着越来越重要的角色，PPP作为公共政策被正式提出，并得到了广泛的发展。国外PPP模式受居住产权形式与管理方式不同的影响，又有不同的具体形式。

1. 德国模式

德国居民个人购买和拥有住房的情况比较少，私有产权住宅仅占三成左右，私有率非常之低，大部分房屋都由住宅公司进行管理。德国既有居住建筑改造参与方主要有政府、投资银行、住宅公司及咨询公司四类，其改造的投融资模式为利益主体共同投资，见图20-1。

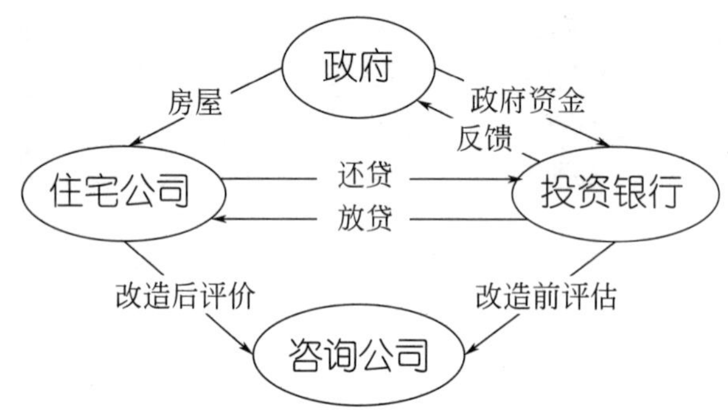

图20-1　德国既有居住建筑改造实施主体及关系

2. 波兰模式

波兰住宅产权形式多样化，住宅私有化率达到50%。其管理模式为：利益主体分工实施改造。波兰节能改造的各相关主体分工明确，热力公司主要负责实施热网和热源的改造工作；住房合作社主要负责室内采暖系统的改造。管理模式如图20-2所示。

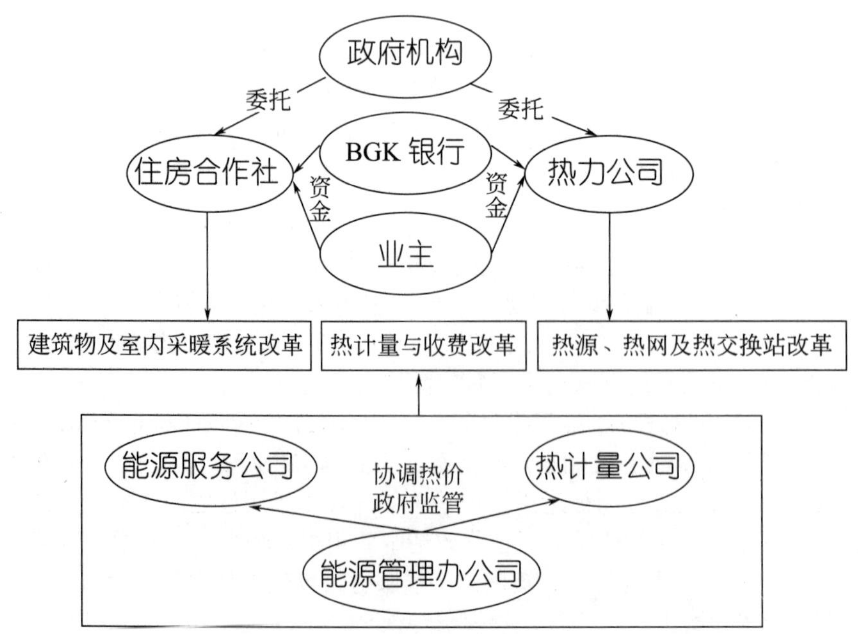

图20-2　波兰既有居住建筑改造实施主体及关系

3. 法国模式

法国既有住宅改造主要有集中产权单位组织改造与业主独立改造两种组织模式。法国铁路房产集团（ICF）是推行集中产权单位组织改造模式的典型，该公司拥有10万处住宅，其中80%为社会福利住房。在改造过程中，通过提高租金、节约能耗及银行贷款等形式筹措改造费用。业主独立改造并引入银行竞争改造的既有建筑节能改造模式首先在法国皮卡罗地区应用，由法国能源环境署开发并推广实施，法国能源环境署首先通过与当地政府协商确定节能改造规划，确定改造内容、改造范围及改造标准，改造标准要求高于法国现行建筑节能强制性标准，节能改造方案确定后，地方政府组织银行招标，贷款优惠程度最高的银行中标并提供贷款给业主实施节能改造。此模式可以用较少的改造费用撬动节能改造的有效实施，为有节能改造意愿的业主提供了节能改造启动资金。

（三）公共部门、私有部门、和社区三方合作伙伴关系模式（以下简称“三方合作”）

自20世纪90年代开始，“三方合作”伙伴关系使得长期被忽视的弱势社区居民被纳入城市政策的主流，使他们有机会在更新决策过程中行使自己的权利，参与方案的制定和实施。“三方合作”关系在西方是被认为更具包容性的更新途径，是“自上而下”与“自下而上”相结合的、兼顾三方目标、关注公众参与的“三方合作”伙伴关系。近年，以社区发展为框架，通过不断加强系统主体要素相互之间的协作和沟通，把住宅改造转化为一种集体性认知，继而获得大规模住宅建筑改造的新方式得到了进一步的研究。其主要观念是：住房改造将成为社区可持续发展的重大愿景，应倡导形成一种吸引不同的当地利益相关者加入到一个社区项目中来的方式——建立居住建筑节能社区联盟，“围绕对现有住宅存量进行升级改造，在社区发展中建立共同利益；通过改造追求多个议程；通过整体的发展，获取新的资金机会和政策促进”。部分学者也认为，与市场经济对比，社区活动与社会企业的“社会经济”中存在“基层创新”，社区主导（community-led）能源项目即将到来。在英国，这类社区主导的改造方式已经出现并成为了一种替代途径，在促进家庭住宅改造方面表现得特别成功。

第三节　国内既有建筑改造推进及管理

一、国内既有建筑改造内容及实施步骤

（一）既有建筑改造内容

1. 既有建筑节能改造

国内既有建筑节能改造一般包括建筑外墙、屋面、外门窗等围护结构的保温改造，采暖系统分户供热计量及分室温度调控的改造，热源（锅炉房或热力站）和供热管网的节能改造，涉及建筑物修缮、功能改善和采用可再生能源等的综合节能改造。

2. 既有建筑绿色改造

依据国家《绿色改造评价标准》，绿色改造包括规划与建筑、结构与材料、暖通空调、给水排水、电气、施工管理、运营管理7大部分。各部分具体内容及改造评价指标见表20-1。

表20-1　既有建筑绿色改造内容及评价指标

	规划与建筑	结构与材料	暖通空调	给水排水	电气	施工管理	运营管理
控制项	场地安全； 污染源排放； 日照标准； 历史建筑和历史街区； 围护结构基本性能	非结构构件专项检测； 建筑材料及制品； 新增纵向受力钢筋； 原结构构件利用率	节能诊断； 热负荷和逐时冷负荷重新计算； 电直接加热设备； 室内空气参数设置	专项方案； 给排水系统安全可靠； 安全非传统水源利用	照明质量； 照明功率密度值； 高压汞灯和白炽灯； 照明光源电容补偿电器产品能效等级； 夜景照明控制模式	管理体系和组织机构； 环境保护计划； 安全施工； 绿色改造专项会审	节能、节水、节材与绿化管理制度； 垃圾管理制度； 污染物管理制度； 公共设施运行记录
评分项	场地交通； 周边生态环境； 停车场所和设施； 绿化用地； 透水地面； 室内功能分区； 风格统一、装饰简约； 室内空间灵活分隔； 被动降低能耗措施； 围护结构热工性能； 功能房间隔声性能； 场地内环境噪声； 场地风环境； 光污染控制； 室内噪声； 天然采光	结构改造方案； 结构改造要求； 结构改造技术； 土建与装修一体化设计； 高强结构材料； 高耐久性结构材料； 装修简约、材料环保； 结构加固和防护材料； 可再利用和可再循环材料 预拌混凝土和预拌砂浆； 结构抗震性能提升； 结构耐久性与设计使用年限相适应	供暖空调机组能效； 空调输配系统性能部分负荷运行能耗暖通空调用能计量； 能源系统管理平台； 低成本改造技术； 末端独立调节； 室内空气净化； 自然冷源； 余热回收； 可再生能源； 空调能耗； 静态回收期； 室内热湿环境	给水系统出水压力； 管网漏损； 用水分项计量与收费； 热水系统； 卫生器具； 绿化灌溉； 空调冷却水系统； 非传统水源； 景观水体； 节水效率增量； 场地雨水综合径流系数	用电分项计量； 变压器优化运行； 火灾报警和漏电保护； 电器产品能效等级； 谐波抑制装置； 间接照明； LED照明； 照明分区控制； 可再生能源照明； 电梯节能； 建筑智能化； 照明功率密度值； 照度	降尘措施； 减振、降噪措施； 绿色拆除； 用能和节能方案； 用水和节水方案； 材料工厂加工和现场排版设计； 土建装修一体化施工； 绿色施工宣传，奖惩制度； 设计文件变更； 信息化施工技术	物业管理机构认证； 能源和水资源管理机构； 预防性维护制度及应急方案； 能源资源激励机制； 绿色建筑宣传； 公共设施技术资料； 运行管理人员培训和考核； 公共设施检查和调试； 公共设施清洗； 信息化物业管理； 机动车停车场管理； 能耗统计和能源审计； 运行管理跟踪评估； 用户满意度调查

（二）国内既有建筑改造的实施步骤

国内既有建筑改造一般分为5个阶段。

1.项目计划和改造前的调研

既有建筑改造应符合城市规划要求，改造项目建设过程中应尽可能维持原有场地的地形地貌，减少对建筑周边环境的改变。改造前应对拟改造项目进行调研，收集勘察报告、设计图纸、施工验收资料、前期使用情况和改造情况等各项有关资料，梳理可利用的现有资源，总结现有的既有建筑的改造条件，明确后续使用年限及改造目标，以作为改造设计的依据。

2.能耗审计和建筑性能测试

对拟改造建筑进行能耗测试与诊断，通过测试、计量、计算和分析等方式确定项目能耗基准及项目节能量、节能率或节能空间，判断能耗的薄弱环节，并锁定改造重点。改造前应对围护结构做好节能诊断，诊断报告应提供围护结构的热工性能，外窗的气密性，确定节能潜力，并通过与现行建筑节能设计标准的相关要求对比得出改造结论，制定初步改造方案。

3.改造方案的选定

基于重难点分析，对各建筑改造方案进行设计优化与能耗评估，对其经济性和风险系数进行评估并经过比选选出优秀的改造方案。基于节能诊断，针对客户用电设备的耗电特性，制定节能方案，选用适用且先进的节能技术路线，细化节能设备和材料选型规范，明确相关技术标准，提出适用可行的拟改造建筑整体解决方案。

4.执行

按照拟定的改造方案对既有建筑进行改造，合理安排设备材料采购、施工组织、设备安装调试等环节的时间进度任务调配。加强对改造建筑进行过程监督和管理，使其改造能够按照设计方案进行，并且达到预定的改造效果。

5.确认与验证

对改造后的建筑进行实地测量与修正，并且进行改造后的使用状况调研，通过调研进行改造后评价，找到改进的方向，以便对后期改造项目进行经验借鉴。

二、国内既有建筑改造运作模式

（一）既有公共建筑改造运作模式

国内既有公共建筑改造按主导者不同可分为市场主体自发型改造模式和政府引导型改造模式。

1.市场主体自发型改造模式

市场主体自发型的改造模式是指业主主动进行改造的模式。该模式有以下3个特点。

① 从市场发展阶段看，目前尚处于导入期，主要以少数高档酒店、宾馆和大型商场为主。

② 属于利益导向驱动型改造，以短期行为为主，在技术上主要以单项设备的改造为主，如空调的变频改造、水泵改造和LED节能灯具的更换等。改造的决策依据关键在于投资回收期，一般以不超过3年为准，难以实现整体性的能效提升。

③ 主要采取业主自行改造或由ESCO进行改造，改造资金来源于营业收入或由ESCO融资。

2. 政府引导型改造模式

2011年，财政部和住建部选择了上海、天津、重庆、深圳4个城市作为我国公共建筑节能改造重点示范城市，启动了“政府引导，市场推动”的模式。这种模式主要有4个特点。

① 明确了能效和面积双导向的改造目标要求。即在2年之内，改造面积不低于400万平方米，单位建筑面积能耗下降20%以上。

② 明确了政策。中央财政给予8000万元的补助资金，折合20元/平方米，并要求地方有相应的资金配套。

③ 4个示范城市均利用已建立的公共建筑能耗监测平台所发现的节能潜力，因地制宜地制定了改造工作量与节能量双控的目标体系及重点工作领域。

④ 建立并逐步完善了相关的政策、技术标准、质量管控、第三方核证等体系，使市场有序运行。

这种模式通过财政补贴政策形成的外来驱动使市场主体以较低的投入获取较高的节能量，既实现自身更大的能源费用节约，也实现全社会更高的能效目标，有效激发了业主的改造意愿，激活了合同能源管理等商业模式的应用，初步调动了银行等市场主体的积极性，提升了改造的效率和效果。但主要问题是政府层面无中长期的能效提升目标引导，无中长期的经济激励政策支撑，市场主体难以形成长期的市场预期，示范城市2年执行期结束后，已经启动的市场有可能迅速回落。

（二）现有既有居住建筑改造运作模式

“十二五”期间，我国北方采暖地区已完成既有居住建筑改造4亿平方米，夏热冬冷地区居住建筑改造5000万平方米。各地结合自身实际采取不同推广措施，几种代表性模式如下。

1. 北京模式

北京位于我国北部寒冷地区。北京市对既有居住建筑节能改造问题十分重视，为推广改造工作，北京市建委在2008年初发布了《北京市既有建筑节能改造专项实施方案》，对不同产权结构、不同使用性质、不同供热方式、不同外装饰情况的建筑，分类确定改造技术方案。在筹资机制上特别提出建立由产权单位、业主、财政（包括中央财政、市级财政、区县财政）分担的筹资机制。针对不同的产权、不同建筑类型、不同改造方式，采取全额支付、补贴、贷款贴息等多种方式的财政支持政策。

2. 天津模式

天津同样位于北部寒冷地区。为做好节能改造工作，天津市本着不让既有居住建筑中的居住者承担任何经济负担和“谁投资、谁受益”的基本原则，采取了以供热企业投资为主、政府适当补贴为辅的市场化推广模式。通过改造，供热企业节约的燃料费用能够用来为新增片区供热，从新增供热管网获取的收益能够弥补30% ~ 50%的改造投资。

3. 哈尔滨模式

哈尔滨位于我国北部严寒地区，改造的首要问题是建筑外立面保温。但外立面改造投资较大。哈尔滨市采取节能改造与建筑楼顶“平改坡”相结合方式，这样一方面达到节能50%的效果，另一方面利用销售平改坡形成的居住空间（阁楼）所取得的收益，来弥补节能改造资金，在改造融资方式上有所突破。此外，阁楼空间还采取出租方式，租期为20年，在弥补节能改造投资之后，阁楼出租收入归居民楼全体住户所有。

4.深圳模式

深圳位于我国南方夏热冬暖地区，其特点为夏季漫长，冬季寒冷时间很短，既有建筑改造的主要工作是改善围护结构热工性。为推广既有建筑节能改造，深圳市颁布实施了《深圳市节能中长期规划》《深圳市节能减排综合实施方案》和《深圳市建筑节能“十一五”规划》等政策措施。在筹融资机制上，对大型建筑范改造项目，政府采取全额投资或补贴、奖励等方式予以支持；对普通建筑，政府引导社会资金投入，鼓励和支持业主自行节能改造。在管理体制上，采取属地管理，市、区财政分别支持各自改造项目，同时注意对项目改造前后的能效进行测评，为政府制定财政补贴政策提供科学的数据和依据。

三、国内既有建筑改造推进需解决的关键问题

（一）明确中央政府与地方政府在既有建筑节能改造中的定位

根据现代财政理论，惠及全国的公共物品应由中央政府提供，惠及地方的公共物品则应由地方政府提供。从实用功能上看，既有居住建筑改造的收益方是地方供热企业以及居民；从节能环保效果来看，受益方是全体人民，同时中央政府又是节能改造工作的主要推动力量。因此，既有居住建筑节能改造工作政府的资金支持应由中央政府与地方政府共同承担。在方式上，一方面根据转移支付理论，从中央到地方的功能性转移支付能有效刺激地方政府的积极性，是促进地方政府落实中央意旨的有效财政手段，因此中央政府应特别为既有居住建筑节能改造工作安排转移支付；另一方面，可以仿照发达国家模式，设立国家既有居住建筑节能改造基金。但由于我国地域宽广，处于不同气候条件的地区的节能改造工作有很大的区别。因此，节能改造政府补贴主体部分还应以地方政府为主，承担节能改造基础补贴部分，同时结合节能改造评级标准，对达到高等级节能效果的改造工程奖励部分，由中央政府设立的基金承担。

（二）拓宽融资渠道，实现融资渠道和投资主体的多元化

既有建筑改造需要大量的资金，而融资模式的匮乏已经成为阻碍既有建筑改造的瓶颈。如何科学有效地通过投融资体制使既有建筑改造获得充分的资金支持，实现既有建筑改造融资渠道的多元化、融资方式的市场化、组织管理的科学化，已经成为我们所面临的重要课题。而我国目前既有居住建筑改造财政政策主要依靠政府补贴的单一手段。借鉴发达国家经验，可采取税收优惠的方式对建筑节能进行引导。对个人层面来说，一方面对居住房屋节能改造承担部分费用的产权个人，可采取抵扣个人所得税政策，鼓励个人积极参与既有居住建筑节能改造；另一方面对于购买节能电器的个人也可在增值税、消费税上进行部分优惠。对北方供热企业来说，政府应建立一套对供热企业节能情况的监督评价标准体系，将税收额度与节能水平挂钩，对达到节能标准的企业给予税收优惠，同时对不达标企业实施惩罚性高税收。此外，在节能改造过程中还应鼓励新型节能材料与高新技术如太阳能运用，对改造施工单位进行针对性税收支持。除税收政策之外，中央政府还应委托政策性银行对既有居住建筑节能改造工作提供一定比例的低息贷款，利息部分由中央政府改造基金部分补贴。同时，对改造后达到较高节能等级的，可相应扩大贴息比例、免息或减免一定比例还款额。

但是，既有建筑绿色化改造需要大量的人力、物力和财力，政府的财政投入面临巨大压力。尽管目前各级政府在全力推进既有建筑的绿色化改造，但在当前经济增长速度趋缓、进入经济中低速度增长的“新常态”背景下，仅仅依靠政府的财政支持是远远不够的。政府资

金投入存在以下弊病：首先，投资主体单一，国家财政的拨付期长，配套资金到位周期长，造成改造过程中对于政府的补贴比较依赖，缺乏探索和引入其他市场化手段的积极性；其次，由于资金审批和拨付周期较长，难以满足既有建筑绿色化改造项目资金的迫切需求。更重要的是，当前“公共投入型”的改造模式，使得对既有建筑的改造只能形成单一化的改造模式，而无法在既有建筑改造的市场化、商业化运作模式上进行探索性创新，从而制约了既有建筑绿色化改造的规模和推进速度。

因此，要推进既有建筑绿色化改造的“单一公共投入型”向“政府推动下的市场化运作”转变，即改变政府作为单一投资主体的模式，通过市场化的运行机制来实现投资主体的多元化，在此基础上构建起一套切实可行、科学有效的长效投融资机制，既减少政府的财政负担，又能充分调动各投资主体的积极性，并且还能够探索出新的既有建筑绿色化改造的商业模式。如，在项目资金筹集上，可以将过去一次性拨付财政资金的模式改为分期分批拨付，当期拨付的财政资金作为改造项目的启动资金，余下所需要的改造资金由承担改造项目的节能服务公司，通过融资平台向社会进行融资以垫付余下部分的资金，待政府拨付余下各期的资金之后再返还垫付的资金，以缓解政府的财政压力。

（三）充分调动市场主体改造的积极性

一方面，既有建筑绿色化改造需要从节能、节水、节地、节材及环境保护等多方面进行，短期需要投入大量资金，预期成本较高；另一方面，由于既有建筑绿色化改造具有长远性和公益性，能够节约资源、保护环境，造福子孙后代。既有建筑绿色化改造长期效益显著，成本较低，短期效益却并不明显，投入较大。这种矛盾抑制了各方投资改造的积极性。

而且，我国不同地区的业主对既有建筑节能改造的认识也存在较大的差距，住建部关于建筑节能的调查见表20-2，严寒和寒冷地区、夏热冬冷地区的居民对于建筑节能的认同程度接近，均高于夏热冬暖地区。这主要是因为受到气候因素的影响，严寒和寒冷地区冬季十分寒冷，居民对建筑物的保温隔热性能要求较高，由于冬季室内阴冷潮湿、夏季气候闷热，居民也希望加强建筑物的保温隔热性能，以改善室内热环境和提高居住质量。对于公共建筑的业主来说，由于公共建筑同时牵涉到冬季采暖和夏季制冷的问题，因此，对建筑产品的认同程度略高于居民。总体来看，各地区既有建筑耗能特点各异，但高能耗既有建筑业主的节能意识比较薄弱。

表20-2　不同地区业主对建筑节能认同程度调查表

业主属性	地区	建筑产品认同程度/%		
		较高	一般	低
居民	严寒和寒冷地区	3.2	46.2	50.6
	夏热冬冷地区	2.8	53.6	43.3
	夏热冬暖地区	1.6	38.1	60.3
公共建筑业主	严寒和寒冷地区	4.2	58.3	37.5
	夏热冬冷地区	4.8	64.3	30.9
	夏热冬暖地区	18.2	31.6	50.2

既有建筑改造应以绿色的理念为突破口，结合政策推广工作，加强市场对既有建筑绿色改造带来的直接利益和间接效益的认识，形成“政策+宣传”环环相扣的联动模式，放大政

策正面效应。同时，既有建筑改造相比新建建筑更加具有特殊性，改造目标也更具有多样性，因此应充分考虑人文历史及当地民族生活习惯、使用者的年龄特征、城市功能定位等多因素，制定“以人为本”的绿色改造方案，提升人居环境品质。应从“以人为本”的角度推动既有建筑绿色改造，同时针对业主和企业分别制定相应的经济激励政策，满足其正当的利益诉求，充分调动两者的节能积极性，加快既有建筑改造的进程和发展。

（四）针对不同性质建筑的政策应有差异

不同类型的既有建筑业主在节能意识、能源费用敏感度、改造意愿和积极性等方面存在差异性，政策设计时，不应“一刀切”，而应有的放矢。不同气候区、地理区位、经济发展水平下的既有建筑，在用能特点、强度、能耗增长趋势、节能潜力等方面存在差异性，制定政策时应充分考虑这些差异，设计有针对性的政策。如国家在考虑财政补贴政策设计时，应对西部经济落后地区有所倾斜。应允许地方政策存在差异，鼓励地方因地制宜进行体制机制创新（如能源费用全额财政拨款、部分财政拨款、无财政拨款）。

政府及相关主管部门应根据实际情况规划好既有建筑绿色化改造的进程，明确年度目标，建立指标体系，进行量化管理。推进既有建筑绿色化改造，要避免大而全地盲目上项目，应当采用分类改造、分步改造的策略。区分既有建筑不同的类别和功能，有步骤、有秩序地稳步推进改造进程。

（五）加强对既有建筑改造市场管理

在既有建筑改造过程中，信息不对称现象普遍存在着。各参与主体由于所处地位及职业属性不同，导致在信息获取能力方面具有一定程度上的不均衡性。政府、供热企业相对于居民、物业公司、节能服务公司等处于信息相对优势一方。然而信息优劣势并不是绝对的，节能服务公司在选择投资对象时处于信息相对劣势一方，但与居民相比，由于其专业化水平较高，有可能成为信息相对优势一方。信息的不对称容易造成“逆向选择”和“道德风险”问题。此外，既有建筑改造涉及的范围和相关管理部门较多，各部门间职能划分不清晰，职能交叉与缺位并存，管理效率较低，在既有建筑改造过程中分散参与各方的大量精力，改造实施效果受到影响。

因此，为了营造一个良好的既有建筑改造市场氛围，必须建立行之有效的市场规范，减少乃至避免改造过程中的质量安全隐患。必须实施既有建筑绿色化改造监管机制，加强对既有建筑绿色化改造全过程的监管，这是规范既有建筑绿色化改造市场，提高改造工程质量的必要保证。为了确保监管机制的实施效果，必须将强化监管手段，建立行之有效的监管制度作为监管机制的实施重点。同时，政府应基于监管平台的信息优势，提供全市场共享的资源，建立相关既有建筑节能改造的信息平台，使得节能改造的参与各方能通过该平台获取信息，进行交流，更快地匹配市场需求信息，以有效解决供需双方信息不对称的问题。信息平台公平、公开、公正地分享政府的信息资源，能有效地促进建筑节能改造市场化的健康发展。

（六）促进ESCO的发展

ESCO因其主营业务是通过对既有建筑改造资本、技术、能力的投入，识别节能潜力并将其转变成节能量，在一定阶段后得到回报，为此，ESCO需要有自身的竞争优势，通过延展价值链、促进技术优势形成、商业模式创新、规模成本降低等，实现以最小的成本，分享获取最多的节能收益。

目前既有建筑改造市场机制不完善，ESCO作为市场最主要的参与主体之一，融资能力、技术水平不足，改造积极性不高。如果缺乏政府的激励措施，ESCO将因成本低、收益高而选择“提供不合格的节能改造服务”，这样，必将造成市场陷入ESCO信誉降低、业主抵制的恶性循环，长此以往，既有建筑节能改造市场的发展将踏上一条步履蹒跚之路，甚至是秩序混乱、发育畸形，必然阻碍绿色化改造的发展。如：对于新成立的ESCO公司，国家应给予各种优惠政策，例如，成立初期可免除或降低营业税，对其实施的改造项目给予优惠贷款等。同时，对于所有ESCO公司，应该适时对其服务和技术质量进行多维度评价，建立节能服务公司星级，对于优秀的公司给予一定的荣誉及物质奖励，促进节能服务公司之间的竞争和优胜劣汰，从而提升既有建筑改造的质量。

（七）建立、健全法律法规体系和技术标准体系

目前我国既有建筑改造尤其是既有建筑绿色改造方面的法律法规体系、标准规范不够健全，亟待补充和完善。因此，要在对现行法律法规和既有建筑绿色化改造实际需要在进行充分调研的基础上，研究制定工程建设、市场管理、资金筹措与使用、信息管理与发布等方面的法律法规，以适应推动既有建筑绿色化改造工作的要求。建议相关主管部门根据不同地区既有建筑的实际情况，参考绿色建筑的相关标准，制定既有建筑绿色化改造专项标准，并以专项标准为核心，修订或完善其他相关标准，整合形成既有建筑绿色化改造的技术标准体系。

完善国家标准《既有建筑绿色改造评价标准》的各项保障措施，鼓励更多的绿色改造项目申请标识认证，充分发挥绿色建筑标识的规范和带动作用；整合现有既有建筑绿色改造相关的标准规范，在此基础上制定既有建筑绿色改造全生命周期各阶段以及涉及各技术专业的标准规范系列，同时开展地方既有建筑绿色改造相关标准规范的研究，形成“国家标准+地方标准”联合推进的形式，后续还应根据既有建筑绿色改造的实践经验及发展趋势，及时修订相关既有建筑绿色改造标准，建立动态的、完备的既有建筑绿色改造标准体系。